EUROPA-FACHBUCHREIHE
für wirtschaftliche Bildung

Büro 2.1

Kaufmann/Kauffrau für Büromanagement

Informationsband XL

Lernfelder 1 - 6

Bartnik Debus Keiser Kramer Schneider Scholz Steininger-Niederleitner

5. Auflage

VERLAG EUROPA-LEHRMITTEL
Nourney, Vollmer GmbH & Co. KG
Düsselberger Straße 23
42781 Haan-Gruiten

Europa-Nr.: 74584

Verfasser

Dorothea Bartnik, 68782 Brühl
Martin Debus, 45659 Recklinghausen
Ilona Hochmuth †
Dr. Gerd Keiser †
Holger Kramer, 40764 Langenfeld
Alexander Schneider, 76857 Eußerthal
Annika Scholz, 45665 Recklinghausen
Monika Steininger-Niederleitner, 93049 Regensburg

Verlagslektorat

Anke Hahn

5. Auflage 2024

Druck 5 4 3 2 1

Alle Drucke derselben Auflage sind parallel einsetzbar, da sie bis auf die Korrektur von Druckfehlern identisch sind.

ISBN 978-3-7585-7594-5

Umschlag, Satz: Grafische Produktionen Jürgen Neumann, 97222 Rimpar
Umschlagkonzept: tiff.any GmbH, 10999 Berlin
Umschlagfoto: © Csaba Peterdi–shutterstock.com
Druck: APPL aprinta druck GmbH, 86650 Wemding

Vorwort

Das vorliegende Unterrichtswerk ist ein Lehr- und Lernbuch für den Ausbildungsberuf **„Kaufmann/Kauffrau für Büromanagement“** und richtet sich an

- alle Berufsschulklassen mit verkürzter Ausbildung bzw.
- alle Bundesländer, die im ersten Ausbildungsjahr 6 Lernfelder unterrichten.

Der **Informationsband XL LF 1 – 6** ist Bestandteil des umfassenden Europa-Programms **Büro 2.1**. Dieses Programm wurde zur Entwicklung einer beruflichen Handlungskompetenz für die Bearbeitung von Geschäfts- und Büroprozessen in den kaufmännischen Abteilungen von Unternehmen der verschiedensten Wirtschaftsbereiche oder im öffent-lichen Dienst erstellt.

Büro 2.1 ist ein modernes Komplettprogramm. Es folgt konsequent dem kompetenzorientierten Rahmenlehrplan nach dem **Lernfeldkonzept**. Die Unterrichtswerke des Programms (**Informationsbände** und **Arbeitsbücher mit Lernsituationen** für alle Jahrgangsstufen sowie die entsprechenden **Lehrerlösungen, Hefte zur Informationsverarbeitung** in Excel, Word und PowerPoint, **Lernspiele,** konventionelle und digitale **Prüfungsvorbereitung** für Teil 1 und Teil 2 der gestreckten Abschlussprüfung sowie **Office now!** inkl. digitalem Vokabeltrainer für den Englischunterricht) sind aufeinander abgestimmt. Sie sind gezielt an einer Didaktik ausgerichtet, die **Handlungsorientierung** betont und Lernende zu **selbstständigem Planen, Durchführen, Kontrollieren und Beurteilen** von Arbeitsaufgaben unter Berücksichtigung aller Kompetenzdimensionen führt. Dabei wird die berufliche Wirklichkeit als Ganzes mit ihren ökonomischen, ökologischen, rechtlichen und sozialen Aspekten erfasst.

Das Konzept von **Büro 2.1**, das handlungs- und fachsystematische Strukturen miteinander verschränkt, deckt alle Anforderungen des Ausbildungsberufes von der fachlichen Aufgabenerfüllung bis hin zu einem reflektierten Verständnis von Handeln in beruflichen Zusammenhängen ab. Ein Vorschlag für eine **kompetenzorientierte didaktische Jahresplanung** unterstützt die Arbeit im Bildungsgang.

Der vorliegende **Informationsband XL** umfasst die **Lernfelder 1 - 6** des Rahmenlehrplans.

Die Inhalte entsprechen konsequent den **Aufgabenprofilen des modernen Büromanagements**. Die Informationen sind schülergerecht, übersichtlich und verständlich aufbereitet und werden anschaulich in zahlreichen Beispielen, Tabellen, Struktogrammen und kurzen, präzisen Zusammenfassungen präsentiert. **Aufgabenblöcke** nach jedem Teilkapitel ergänzen die informativen Darstellungen. Die ausdrückliche Einbeziehung kommunikativer Aspekte **(Fachsprache** und **Fremdsprache als integrative Bestandteile)** sowie der **Informationsverarbeitung im Anwendungszusammenhang** unterstützt die Entwicklung einer ganzheitlichen, prozessorientierten Handlungskompetenz.

Die systematisierenden Sachdarstellungen stellen zudem die zur Bewältigung der auf diesen Informationsband abgestimmten **Lernsituationen Büro 2.1** notwendigen **Wissensbestände** vollständig bereit; sie greifen aber auch verallgemeinernd über die Situationsbezüge hinaus, z. B. durch zahlreiche Hinweise auf Gesetzestexte.

Ihr Feedback ist uns wichtig!

Wenn Sie mithelfen möchten, dieses Buch für die kommenden Auflagen noch weiter zu optimieren, schreiben Sie uns unter *lektorat@europa-lehrmittel.de*.

Das Autorenteam freut sich auf Anregung und Unterstützung durch Kritik und wünscht erfolgreiches Arbeiten mit dem Lehrwerk.

Ein Löser zu den Aufgaben ist als Digitales Buch in unserer EUROPATHEK (www.europathek.de) unter der Europa-Nummer 71576L (4-Jahreslizenz) oder 71576V (Jahreslizenz) erhältlich.

Juli 2024 Autoren und Verlag

Die eigene Rolle im Betrieb mitgestalten und den Betrieb präsentieren

©Picture-Factory-fotolia.com

Das werden Sie hier lernen …

1 - Die eigene Ausbildung aktiv mitgestalten

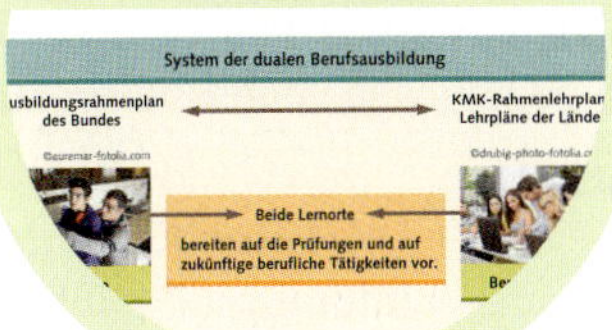

2 - Sich über Grundlagen wirtschaftlichen Handelns Klarheit verschaffen

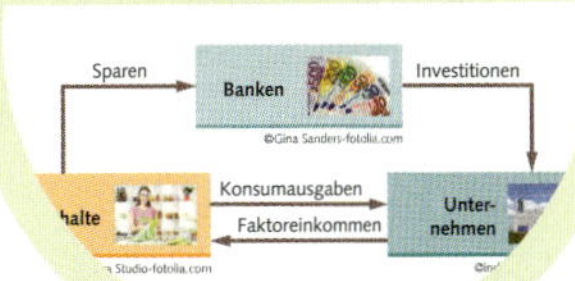

3 - Den betrieblichen Leistungsprozess beschreiben

©industrieblick-fotolia.com

4 - Die Organisationsstruktur der Betriebe darstellen

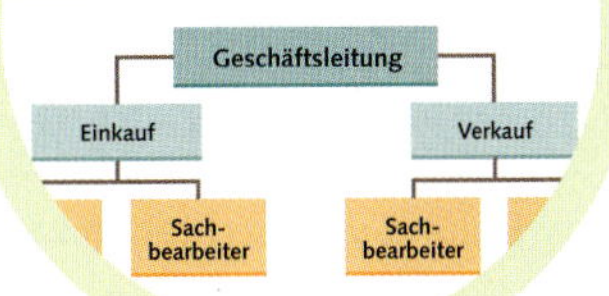

5 - Präsentationen vorbereiten, durchführen und nachbereiten

©fotomek-fotolia.com

Die eigene Rolle im Betrieb mitgestalten und den Betrieb präsentieren

1 Die eigene Ausbildung aktiv mitgestalten

1.1 Ziele der Berufsausbildung

Die Wirtschaftsordnung der Bundesrepublik Deutschland gibt jedem die Möglichkeit, frei über seine Berufsausbildung und über seine Berufstätigkeit zu entscheiden. Die Wahl einer Berufsausbildung ist ein erster Schritt, sich für die künftigen Ansprüche des Arbeitsmarktes zu qualifizieren, aber auch, eine persönliche Lebensperspektive zu entwickeln.

§§§

§ 1 BBiG

(3) Die Berufsausbildung hat die für die Ausübung einer qualifizierten Tätigkeit in einer sich wandelnden Arbeitswelt notwendigen beruflichen Fertigkeiten, Kenntnisse und Fähigkeiten (berufliche Handlungsfähigkeit) in einem geordneten Ausbildungsgang zu vermitteln. Sie hat ferner den Erwerb der erforderlichen Berufserfahrungen zu ermöglichen.

Die **betriebliche** und **schulische Ausbildung** soll auf berufliche und gesellschaftliche Aufgaben vorbereiten.

So führen neue Herausforderungen auf dem Arbeitsmarkt dazu, dass sich der berufliche Alltag der **„Kaufleute für Büromanagement“** ständig ändert.

Dabei wird der Arbeitsmarkt insbesondere geprägt durch Innovationen und Veränderungen im Bereich neuer Technologien, betrieblichen Anforderungen z. B. bei Kunden- und Lieferantenbeziehungen einschließlich des Logistikbereiches und der fortschreitenden Internationalisierung der Wirtschaftsbeziehungen.

Merke

Ziel der Ausbildung: Handlungsfähigkeit des Auszubildenden!

Diese Lage auf dem Arbeitsmarkt erfordert, dass der Auszubildende während seiner Ausbildung eine **umfassende Handlungskompetenz** in den Dimensionen von Fachkompetenz, Sozialkompetenz und Selbstkompetenz erwirbt.

Berufliche Handlungskompetenz		
Fachkompetenz	**Sozialkompetenz**	**Selbstkompetenz**
= Bereitschaft und Fähigkeit, auf der Grundlage fachlichen Wissens und Könnens Aufgaben und Probleme zielorientiert, sachgerecht, methodengeleitet und selbstständig zu lösen und das Ergebnis zu beurteilen.	= Bereitschaft und Fähigkeit, soziale Beziehungen zu leben und zu gestalten, Zuwendungen und Spannungen zu erfassen, zu verstehen sowie sich mit anderen rational und verantwortungsbewusst auseinander zu setzen.	= Bereitschaft und Fähigkeit, als individuelle Persönlichkeit die Entwicklungschancen, Anforderungen und Einschränkungen in Familie, Beruf und öffentlichem Leben zu klären, zu durchdenken …
Beispiele: Fachwissen, Fachsprache, PC-Kenntnisse …	**Beispiele:** Teamfähigkeit, Kooperationsbereitschaft, Fairness, Kritikfähigkeit …	**Beispiele:** Zuverlässigkeit, Verantwortungsbewusstsein, Sorgfalt, Einsatzfreude, Pflichtbewusstsein …
Methodenkompetenz, kommunikative Kompetenz und **Lernkompetenz** sind immanenter Bestandteil der drei Dimensionen.		
• Methodenkompetenz	z. B. Arbeitstechniken, Entscheidungen treffen, Informationen verarbeiten	
• kommunikative Kompetenz	z. B. Wahrnehmungsfähigkeit, Umgang mit Meinungsverschiedenheiten	
• Lernkompetenz	z. B. Entwicklung von Lerntechniken und Lernstrategien, lebenslanges Lernen	

1.2 System der dualen Berufsausbildung

Grundlage einer einheitlich geordneten Berufsausbildung für die Bundesrepublik Deutschland ist das **Berufsbildungsgesetz (BBiG).** Es sieht unter anderem vor, dass die Berufsausbildung in den beiden **Lernorten Betrieb** und **Berufsschule** stattfindet.

Merke

Als duale Ausbildung bezeichnet man die parallele Ausbildung in Betrieb und Berufsschule.

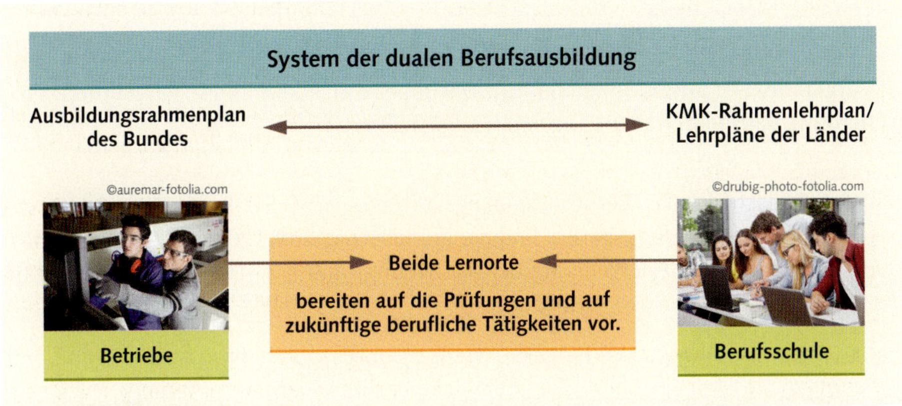

Im **Betrieb** wird praktisch und berufsbezogen nach den Vorgaben des Ausbildungsrahmenplans auf Grundlage der für diesen Beruf geltenden **Ausbildungsordnung** gearbeitet.	In der **Berufsschule** wird überwiegend theoretisch, berufsbezogen und bereichsübergreifend nach den **Lehrplänen der Bundesländer** unterrichtet. Grundlage dieser Lehrpläne ist der von der Konferenz der Kultusminister erarbeitete Rahmenlehrplan **(KMK-Rahmenlehrplan).**

Die duale Berufsausbildung erfordert eine **enge Zusammenarbeit zwischen Betrieb und Berufsschule.** Aus dieser Verpflichtung ergibt sich die Beachtung folgender Punkte:

- Tariflich vereinbarter Urlaub soll grundsätzlich während der Schulferien gewährt werden.
- Maßnahmen überbetrieblicher Ausbildung bedürfen der besonderen Genehmigung durch die Schulaufsicht bzw. die Schulleitung.
- Auf Beurlaubung aus betrieblichen Gründen gibt es grundsätzlich keinen Rechtsanspruch.
- Krankmeldungen für die Zeit des Berufsschulbesuchs sind an den Betrieb und an die Berufsschule zu richten.
- Schulische Fehlzeiten sind dem Betrieb zur Kenntnis zu bringen.
- Zeugnisse sind vom Ausbildenden zu unterzeichnen.

§§§

§ 2 BBiG

Lernorte der Berufsbildung

Berufsbildung wird durchgeführt

- in Betrieben der Wirtschaft ...
- in berufsbildenden Schulen ...
- in sonstigen Berufsbildungseinrichtungen ...

Merke

Betrieb und Berufsschule sind zur **Zusammenarbeit** verpflichtet!

©XtravaganT-fotolia.com

http://www.bmbf.de

1.3 Berufsbildungsgesetz als Grundlage der Berufsausbildung

©vege-fotolia.com

Die Berufsausbildung in Deutschland wird insbesondere durch das **Berufsbildungsgesetz** geregelt. Die letzte Novellierung des Berufsbildungsgesetzes trat zum 01.01.2020 in Kraft. Es bildet die Grundlage für die betriebliche Ausbildung und stellt eine Orientierungshilfe für die **Ausbildungsbetriebe**, für die zuständigen **Kammern** sowie für die **Berufsschulen** dar. Es wird ergänzt durch weitere bedeutende Rechtsgrundlagen wie z. B. das Jugenarbeitsschutzgesetz, das Arbeitszeitgesetz, das Arbeitsschutzgesetz, das Mutterschutzgesetz und Tarifverträge.

Merke

Kaufmännischer Auszubildender ist, wer in einem kaufmännischen Betrieb zur Erlernung kaufmännischer Tätigkeiten angestellt ist.

§ 4 f. BBiG

Mit dem Abschluss des Berufsausbildungsvertrages sind Sie kaufmännische Auszubildende. Im Berufsbildungsgesetz sind die grundsätzlichen Inhalte der Ausbildung festgelegt. § 4 regelt die Anerkennung der Ausbildung, und § 5 bildet die Grundlage für die Inhalte der betrieblichen Ausbildung.

Die **Ausbildungsordnung** legt demnach für den jeweiligen Beruf folgende Inhalte fest:

§ 5 BBiG

Inhalte der Ausbildungsordnung	
Bezeichnung des Ausbildungsberufes	Kaufmann/Kauffrau für Büromanagement
Ausbildungsdauer	3 Jahre
Ausbildungsberufsbild	Gegenstand der Berufsausbildung (Fertigkeiten, Kenntnisse und Fähigkeiten)
Ausbildungsrahmenplan	Fertigkeiten, Kenntnisse und Fähigkeiten nach sachlicher und zeitlicher Gliederung
Ausbildungsplan	Gestaltung der betrieblichen Ausbildung nach den Vorgaben des Ausbildungsrahmenplans
Berichtsheft	Berichtsheft in Form eines Ausbildungsnachweises
Prüfungen	gestreckte Prüfung

Die Summe dieser Regelungen soll den Erwerb beruflicher Handlungsfähigkeit in der Ausbildung sichern.

Die für die Ausübung einer qualifizierten beruflichen Tätigkeit mindestens zu vermittelnden Fertigkeiten sind rechtsverbindlich im **Ausbildungsberufsbild** angegeben und im **Ausbildungsrahmenplan** zeitlich und sachlich näher bestimmt.

Nach diesen Vorgaben und den betrieblich-organisatorischen Gegebenheiten hat Ihr Ausbildungsbetrieb Ihren **Ausbildungsplan** zu bestimmen.

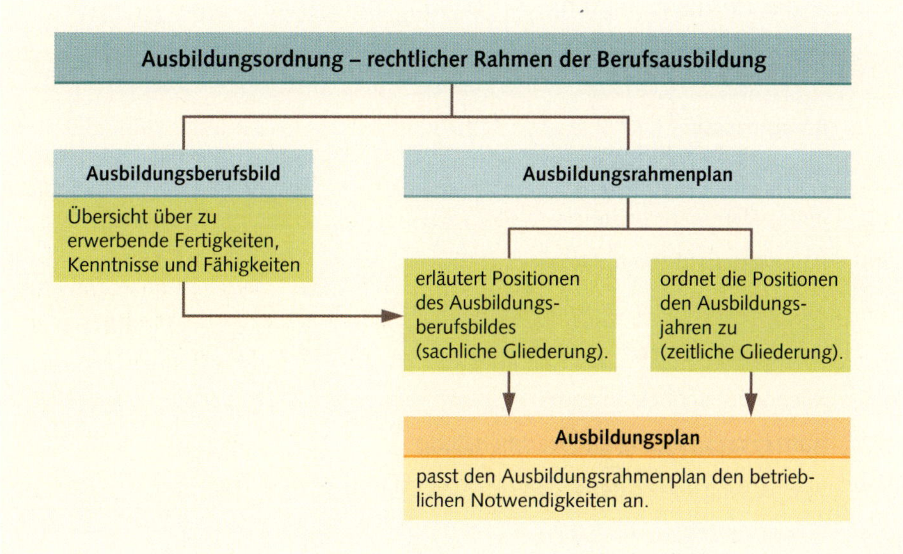

1.3.1 Ausbildungsberufsbild/Ausbildungsrahmenplan

Die Tätigkeiten im Ausbildungsberuf **„Kaufmann/-frau für Büromanagement"** erstrecken sich auf alle kaufmännischen Aufgaben und Probleme in Betrieben unterschiedlicher Wirtschaftszweige, Branchen und Größen. Damit ist er ein sogenannter Querschnittsberuf.

Die grundsätzlichen Regelungen zu diesem Ausbildungsberuf sind in der „Verordnung über die Berufsausbildung zum Kaufmann für Büromanagement und zur Kauffrau für Büromanagement" (BüroMKfAusbV) festgehalten. Dort sind auch das Ausbildungsberufsbild (§ 4) und der Ausbildungsrahmenplan (§ 3) aufgeführt.

Die Struktur des Ausbildungsberufsbildes sieht einen Aufbau in **Pflichtqualifikationen** und **Wahlqualifikationen** mit Differenzierungsmöglichkeiten vor.

Der Ausbildungsrahmenplan gliedert die Berufsausbildung in folgende Abschnitte:

Ausbildungsrahmenplan: Abschnitte der Berufsausbildung		
Abschnitt A Pflichtqualifikationen	**Abschnitt B Wahlqualifikationen**	**Abschnitt C Pflichtqualifikationen**
gemeinsame berufsprofilgebende Fertigkeiten, Kenntnisse und Fähigkeiten	weitere berufsprofilgebende Fertigkeiten, Kenntnisse und Fähigkeiten in zwei Wahlqualifikationen von jeweils fünf Monaten	gemeinsame integrative Fertigkeiten, Kenntnisse und Fähigkeiten

Merke

Für die Ausbildung sind aus einer vorgegebenen Auswahlliste **zwei** Wahlqualifikationen zu wählen und im Ausbildungsvertrag festzulegen.

Struktur der Berufsausbildung, Ausbildungsberufsbild

§ 4 BüroMKfAusbV

Pflichtqualifikationen des Abschnitts A	
1	**Büroprozesse:**
1.1	Informationsmanagement
1.2	Informationsverarbeitung
1.3	Bürowirtschaftliche Abläufe
1.4	Koordinations- und Organisationsaufgaben
2	**Geschäftsprozesse:**
2.1	Kundenbeziehungsprozesse
2.2	Auftragsbearbeitung und Nachbereitung
2.3	Beschaffung von Material und externen Dienstleistungen
2.4	Personalbezogene Aufgaben
2.5	Kaufmännische Steuerung

Wahlqualifikationen des Abschnitts B	
1.	Auftragssteuerung und -koordination
2.	Kaufmännische Steuerung und Kontrolle
3.	Kaufmännische Abläufe in kleineren und mittleren Unternehmungen
4.	Einkauf und Logistik
5.	Personalwirtschaft
6.	Marketing und Vertrieb
7.	Assistenz und Sekretariat
8.	Öffentlichkeitsarbeit und Veranstaltungsmanagement
9.	Verwaltung und Recht
10.	Öffentliche Finanzwirtschaft

Pflichtqualifikationen des Abschnitts C	
1.	Ausbildungsbetrieb
2.	Arbeitsorganisation
3.	Information, Kommunikation, Kooperation

Jeder der im Ausbildungsberufsbild aufgeführten Positionen wird im **Ausbildungsrahmenplan** durch Aufzählung einzelner Tätigkeiten näher beschrieben **(sachliche Gliederung)** und den einzelnen Ausbildungsjahren zugeordnet **(zeitliche Gliederung).** Grundsätzlich gilt, dass die zu vermittelnden Fertigkeiten, Kenntnisse und Fähigkeiten sich in den einzelnen Ausbildungsjahren wiederholen und ein wachsendes Maß an Selbstständigkeit verlangen.

1.3.2 Ausbildungsplan

Der betriebliche Ausbildungsplan soll z. B. folgende **Mindestinhalte** enthalten:

- Umsetzung und Konkretisierung der Berufsbildpositionen des Ausbildungsrahmenplanes,
- Beschreibung des Arbeitsplatzes im ausbildenden Betrieb (ggf. Hinweise zu einem Ausbildungsverbund oder zu einer überbetrieblichen Einrichtung),
- Vermittlung der Ausbildungsinhalte in zeitlicher Hinsicht,
- Benennung von Ausbildern.

1.3.3 Berichtsheft

§ 14 BBiG
§ 43 BBiG

Nach den Vorgaben des Berufsbildungsgesetzes, der Ausbildungsverordnungen sowie der IHK-Prüfungsordnungen besteht für Auszubildende die Verpflichtung, Ausbildungsnachweise (Berichtshefte) regelmäßig zu führen. Diese müssen folgenden Anforderungen entsprechen:

- Die Ausbildungsnachweise sind grundsätzlich wochenweise zu führen.
- Sie enthalten stichwortartig die Ausbildungstätigkeiten, betriebliche Unterweisungen, Unterricht und Schulungen sowie die Inhalte des Berufsschulunterrichts.
- Die Richtigkeit und Vollständigkeit der Angaben ist durch die Unterschrift der Ausbildungspartner zu bestätigen.

Tipp

Führen Sie Ihr **Berichtsheft** von Anfang an gewissenhaft, sauber und vollständig!

Das ordnungsgemäße Führen der Ausbildungsnachweise wird bei Unternehmensbesuchen sowie bei der Zulassung zur Abschlussprüfung von der IHK stichprobenartig und unangekündigt kontrolliert.

Merke

Das ordnungsgemäße Führen der Ausbildungsnachweise ist Voraussetzung für die Zulassung zur Abschlussprüfung!

1.3.4 Prüfungsanforderungen

Das Prüfungsverfahren findet in einer **gestreckten Prüfung** statt. Zwei Teilabschlussprüfungen fließen in die Endnote ein, wobei die erste Teilprüfung bereits in der Mitte der Ausbildung absolviert wird. Darüber hinaus können leistungsstarke Auszubildende auf Antrag eine Zusatzqualifikation erwerben.

Teil 1	Teil 2	Zusatzqualifikation
Mitte der Ausbildung	Ende der Ausbildung	Ende der Ausbildung auf Antrag

Teil 1

Prüfungsfach	Gewichtung	Prüfungszeit	Inhalte
Informations-technisches Büromanagement Nach 18 Monaten auf der Basis der ersten 15 Monate	25 %	120 Minuten schriftlich	1. Der Prüfling soll nachweisen, dass er im Rahmen eines ganzheitlichen Arbeitsauftrages Büro- und Beschaffungsprozesse organisieren und kundenorientiert bearbeiten kann. Dabei soll er nachweisen, dass er unter Anwendung von Textverarbeitung sowie Tabellenkalkulation recherchieren, dokumentieren und kalkulieren kann; 2. der Prüfling soll berufstypische Aufgaben schriftlich computergestützt bearbeiten.

Teil 2

Prüfungsfach	Gewichtung	Prüfungszeit	Inhalte
Kunden-beziehungs-prozesse	30 %	150 Minuten schriftlich	1. Der Prüfling soll nachweisen, dass er komplexe Arbeitsaufträge handlungsorientiert bearbeiten kann. Dabei soll er zeigen, dass er Aufträge kundenorientiert abwickeln, personalbezogene Aufgaben wahrnehmen und Instrumente der kaufmännischen Steuerung fallbezogen einsetzen kann; 2. der Prüfling soll berufstypische Aufgaben schriftlich bearbeiten.
Wirtschafts- und Sozialkunde	10 %	60 Minuten schriftlich	1. Der Prüfling soll nachweisen, dass er allgemeine wirtschaftliche und gesellschaftliche Zusammenhänge der Berufs- und Arbeitswelt darstellen und beurteilen kann; 2. der Prüfling soll fallbezogene Aufgaben schriftlich bearbeiten.
Fachaufgabe in der Wahlqualifikation 2 Varianten: (siehe unten) • Prüfungsaufgabe durch Prüfungsausschuss • Report	35 %	Fallbezogenes Fachgespräch 20 Minuten	Der Prüfling soll nachweisen, dass er • berufstypische Aufgabenstellungen erfassen, Probleme und Vorgehensweisen erörtern sowie Lösungswege entwickeln und begründen, • kunden- und serviceorientiert handeln, • betriebspraktische Aufgaben unter Berücksichtigung wirtschaftlicher, ökologischer und rechtlicher Zusammenhänge planen, durchführen und auswerten sowie • Kommunikations- und Kooperationsbedingungen berücksichtigen kann.

Zur Durchführung sind zwei Varianten des fallbezogenen Fachgesprächs möglich:

Variante 1: Prüfungsaufgabe durch Prüfungsausschuss	Variante 2: Report
Der Prüfling soll eine von zwei ihm vom Prüfungsausschuss zur Wahl gestellten praxisbezogenen Aufgaben bearbeiten und Lösungswege entwickeln; dem Prüfling ist eine Vorbereitungszeit von 20 Minuten einzuräumen. Das Fachgespräch soll die Dauer von 20 Minuten nicht überschreiten und wird mit einer Darstellung durch den Prüfling eingeleitet.	Der Prüfling soll für jede der beiden gewählten Wahlqualifikationen einen höchstens dreiseitigen Report über die Durchführung einer betrieblichen Fachaufgabe erstellen. Die Reporte werden nicht bewertet. Sie sind dem Prüfungsausschuss am ersten Tag von Teil 2 der Abschlussprüfung zuzuleiten. Aus den beiden betrieblichen Fachaufgaben wählt der Prüfungsausschuss **eine** Aufgabe als Grundlage für das Fachgespräch aus.

■ Zusatzqualifikation

Nicht in Teil 2 gewählte Wahlqualifikationen können als Zusatzqualifikation im Rahmen der Abschlussprüfung auf Antrag gesondert geprüft werden. Für das Prüfungsverfahren gelten die Regelungen zur Fachaufgabe.

1.4 Weitere Grundlagen des Ausbildungsverhältnisses

Die Rahmenbedingungen für die Berufsausbildung bilden das **Berufsbildungsgesetz** und die **Berufsausbildungsverordnung.** Das Berufsbildungsgesetz schreibt den Abschluss eines Ausbildungsvertrages vor.

Darüber hinaus gibt es weitere **Schutzgesetze,** insbesondere das Jugendarbeitsschutzgesetz, die bei der individuellen Ausgestaltung des Arbeitsvertrages zu beachten sind.

§§§

§ 10 BBiG
Wer andere Personen zur Berufsausbildung einstellt (Ausbildende), hat mit den Auszubildenden einen Berufsausbildungsvertrag zu schließen.

1.4.1 Ausbildungsvertrag

Der Ausbildungsvertrag ist eine **schriftliche Vereinbarung** zwischen dem Ausbildenden und dem Auszubildenden. Ist der Auszubildende noch keine 18 Jahre alt (nicht volljährig), so ist der Vertrag auch von dem gesetzlichen Vertreter (Eltern oder Vormund) zu unterzeichnen. Die Vereinbarungen sind in das **Verzeichnis der Berufsausbildungsverhältnisse** bei der zuständigen Stelle, Industrie- und Handelskammer (IHK) bzw. Handwerkskammer (HWK), einzutragen.

©seen-fotolia.com

§ 34 BBiG

§ 43 I 3 BBiG

Die Eintragung ist Voraussetzung für die Zulassung zur Prüfung.

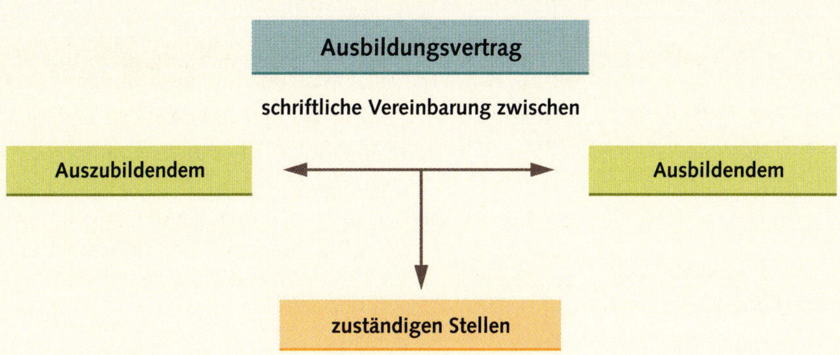

Nach § 11 BBiG muss der Ausbildungsvertrag u. a. folgende Mindestanforderungen enthalten:

Mindestanforderungen	Erklärungen
Art, sachliche und zeitliche Gliederung sowie Ziel der Berufsausbildung	z. B. Ausbildungsberuf, Fachrichtung, Hinweise auf Ausbildungsordnung und Ausbildungsplan
Beginn und Dauer der Berufsausbildung	Dauer gemäß Ausbildungsordnung unter Berücksichtigung von Anerkennung und Verkürzung
Ausbildungsmaßnahmen außerhalb der Ausbildungsstätte	z. B. außerbetriebliche Maßnahmen wie Seminare, Lehrgänge und Schulungen
Dauer der regelmäßigen täglichen Ausbildungszeit	Regelungen durch Arbeitsrecht,Tarifverträge und Jugendarbeitsschutzgesetz
Dauer der Probezeit	Probezeit mindestens 1 Monat bis maximal 4 Monate
Zahlung und Höhe der Vergütung	Regelung durch tarifliche und gesetzliche Bestimmungen (z. B. Tarifvertrag, § 17 BBiG)
Dauer des Urlaubs	Regelung durch tarifliche und gesetzliche Bestimmungen (z. B. JArbSchG)
Kündigungsvoraussetzungen	Bedingungen für eine Kündigung während und nach der Probezeit
Hinweise auf die Tarifverträge, Betriebs- oder Dienstvereinbarungen	Hinweise auf branchen- und betriebsspezifische Vereinbarungen

BBiG § 17

Aus dem Abschluss des Ausbildungsvertrags ergeben sich Pflichten von Ausbildendem und Auszubildendem.

Tipp

Nach Jugendarbeitsschutzgesetz obliegt **Jugendlichen** die Pflicht, vor Eintritt in das Berufsleben eine ärztliche Erstuntersuchung nachzuweisen.

Der Ausbildungsvertrag verpflichtet	
den **Ausbildenden** u. a. zur	den **Auszubildenden** u. a. zur
• qualifizierten Ausbildung (planmäßig, zeitlich und sachlich gegliedert) • Fürsorge • Vergütung • Freistellung für den Berufsschulunterricht • Freistellung für Prüfungen • Bereitstellung von Arbeitsmitteln • Ausstellung eines Zeugnisses.	• Lernpflicht • Einhaltung der Betriebsordnung • Bewahrung von Betriebsgeheimnissen • Befolgung von Anweisungen • Führen von Ausbildungsnachweisen (Berichtsheft) • Teilnahme an Ausbildungsmaßnahmen • Teilnahme am Berufsschulunterricht.

■ Vergütungsanspruch und Mindestvergütung

Mit der Novelle des Berufsbildungsgesetzes (§ 17 BBiG) zum 01.01.2020 sind der Vergütungsanspruch und die Mindestvergütung nun gesetzlich geregelt.

§§§

§ 17 BBiG
(1) Ausbildende haben Auszubildenden eine angemessene Vergütung zu gewähren. Die Vergütung steigt mit fortschreitender Berufsausbildung, mindestens jährlich, an.

Die monatliche Mindestvergütung für das **erste Ausbildungsjahr** ist für die Jahre 2021 bis 2024 gestaffelt. Jeweils zum 01. Januar wird die Staffelung fortgeschrieben.

Im **zweiten Ausbildungsjahr** erhöht sich die Ausbildungsvergütung gegenüber dem ersten Ausbildungsjahr um **18 Prozent.**

Im **dritten Ausbildungsjahr** erhöht sich die Ausbildungsvergütung gegenüber dem ersten Ausbildungsjahr um **35 Prozent.**

Für die Mindestausbildungsvergütung bei den Kaufleuten für Büromanagement ergibt sich je nach Datum des Ausbildungsvertrags folgende Tabelle:

Höhe der Mindestausbildungsvergütung			
Jahr	**1. Ausbildungsjahr**	**2. Ausbildungsjahr**	**3. Ausbildungsjahr**
2021	550,00 EUR	649,00 EUR	743,00 EUR
2022	585,00 EUR	690,00 EUR	790,00 EUR
2023	620,00 EUR	732,00 EUR	837,00 EUR
2024	649,00 EUR	766,00 EUR	876,00 EUR

Ist der Ausbildungsbetrieb **tarifgebunden**, gilt die tariflich vereinbarte Ausbildungsvergütung. Die Tarifbindung wird nicht gesetzlich ausgehebelt.

Nicht tarifgebundene Ausbildungsbetriebe dürfen einen branchenüblichen Tarif um maximal **20 Prozent unterschreiten**. Die Mindestausbildungsvergütung ist dabei aber auf jeden Fall einzuhalten. **§ 17 III, IV**

Beispiel

Ein Arbeitgeber ist im Jahr 2024 nicht tarifgebunden. Die tarifliche Ausbildungsvergütung beträgt im ersten Ausbildungsjahr 780,00 EUR. Der Ausbildungsbetrieb möchte 20 Prozent (= 156,00 EUR) weniger an Ausbildungsvergütung zahlen, als im Tarif festgelegt ist. Er kann die 624,00 EUR nicht realisieren, weil er an die Mindestausbildungsvergütung von 649,00 EUR gesetzlich gebunden ist.

§§§

§ 20 BBiG

Probezeit
Das Berufsausbildungsverhältnis beginnt mit der Probezeit. Sie muss mindestens einen Monat und darf höchstens vier Monate betragen.

Probezeit

Die **Probezeit** von einem Monat bis zu vier Monaten dient dem gegenseitigen Kennenlernen und soll dem Auszubildenden und dem Ausbildungsbetrieb Auskunft darüber geben, ob die Voraussetzungen für eine erfolgversprechende Ausbildung gegeben sind. Auszubildender und Betrieb haben deshalb das Recht und die Pflicht, diese Voraussetzungen festzustellen und gewissenhaft zu prüfen, ob eine Fortsetzung des Ausbildungsverhältnisses sinnvoll ist. Eine begründete Aussage setzt voraus, dass der Auszubildende berufsbezogen eingesetzt wird und auch Rückmeldungen über seine Eignung erhält.

Eine **Verlängerung der Probezeit** ist möglich, wenn die Ausbildung (z. B. wegen einer Erkrankung) länger als ein Drittel der Probezeit unterbrochen wird.

Kündigung

Der Ausbildungsvertrag kann in folgenden Fällen gekündigt werden:

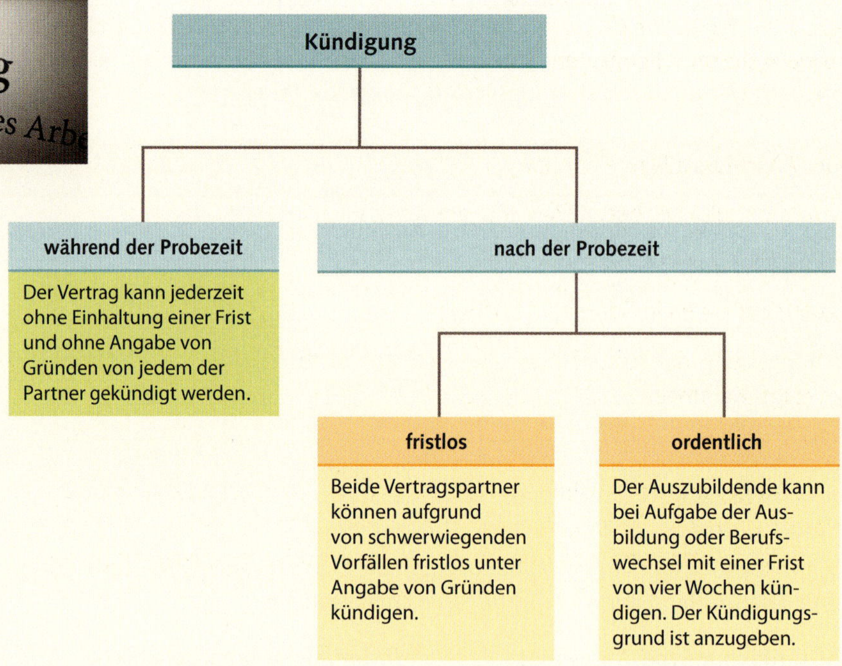

Merke

Jede **Kündigung** muss **schriftlich** erfolgen!

Schwangeren Auszubildenden kann während der Probezeit grundsätzlich nicht gekündigt werden.

Eine Kündigung seitens des Arbeitgebers muss bei nicht volljährigen Auszubildenden dem gesetzlichen Vertreter zugehen.

Während der Probezeit erwerben Auszubildende Urlaubsansprüche ($^1/_{12}$ je Ausbildungsmonat). Im Falle einer Kündigung muss dieser Anspruch finanziell ausgeglichen oder als Urlaub gewährt werden.

Beendigung und Verkürzung oder Verlängerung des Ausbildungsverhältnisses

Zur **Beendigung des Ausbildungsverhältnisses** sieht das Berufsbildungsgesetz vor:

(1) Das Berufsausbildungsverhältnis endet mit dem Ablauf der Ausbildungszeit.

(2) Besteht der Auszubildende vor Ablauf der Ausbildungszeit die Abschlussprüfung, so endet das Berufsausbildungsverhältnis mit Bestehen der Abschlussprüfung.

(3) Besteht der Auszubildende die Abschlussprüfung nicht, so verlängert sich das Berufsausbildungsverhältnis auf seinen Wunsch hin bis zur nächstmöglichen Wiederholungsprüfung, höchstens um ein Jahr.

§ 21 BBiG

Merke

Wird der Auszubildende im Anschluss an die Ausbildung ohne weitere Vereinbarungen beschäftigt, so wird ein Arbeitsverhältnis auf unbestimmte Zeit begründet.

§ 24 BBiG

Unter bestimmten Voraussetzungen ist eine **Verkürzung der Ausbildungsdauer** möglich. Es handelt sich um Kann-Regelungen, die Gestaltungsmöglichkeiten der Ausbildungspartner beinhalten.

Wenn

- der Abschluss allgemeiner oder
- vollzeitschulischer beruflicher Bildungsgänge,
- berufliche Vorerfahrungen bzw.
- gute Leistungen in Betrieb und Schule

eine Verkürzung der Ausbildung nahelegen bzw. erfordern, so ist ein **Antrag** an die **zuständige Kammer** zu richten, die nach der jeweiligen Landesverordnung über den Antrag entscheidet.

Eine **Verlängerung der Ausbildungszeit** kann der Auszubildende beantragen, wenn die Verlängerung (z. B. wegen einer längeren Erkrankung oder Unterbrechung der betrieblichen Ausbildung) erforderlich ist, um das Ausbildungsziel zu erreichen.

1.4.2 Jugendarbeitsschutzgesetz

Das Jugendarbeitsschutzgesetz (JArbSchG) gilt für die Beschäftigung von Personen, die noch nicht 18 Jahre alt sind. Die im JArbSchG getroffenen Regelungen zu den Arbeitsbefreiungen für den Besuch der Berufsschule gelten auch für Auszubildende, die über 18 Jahre alt sind.

§ 1 JArbSchG

§ 15 BBiG

Für Jugendliche gelten im Einzelnen folgende Regelungen:

§	Regelungen des Jugendarbeitsschutzgesetzes	
§ 4 JArbSchG	**Arbeitszeit**	Tägliche Arbeitszeit ist die Zeit vom Beginn bis zum Ende der täglichen Beschäftigung ohne Ruhepausen.
§ 8 JArbSchG	**Dauer der Arbeitszeit**	• Jugendliche dürfen nicht mehr als acht Stunden täglich und nicht mehr als 40 Stunden wöchentlich beschäftigt werden. • Wenn an einzelnen Werktagen die Arbeitszeit auf weniger als acht Stunden verkürzt ist, können Jugendliche an den übrigen Werktagen derselben Woche achteinhalb Stunden beschäftigt werden.
§ 9 JArbSchG	**Berufsschule**	Der Arbeitgeber hat den Jugendlichen für die Teilnahme am Berufsschulunterricht freizustellen. Er darf den Jugendlichen nicht beschäftigen • vor einem vor 9 Uhr beginnenden Unterricht, dies gilt auch für Personen, die über 18 Jahre alt und noch berufsschulpflichtig sind. • an einem Berufsschultag mit mehr als fünf Unterrichtsstunden von mindestens je 45 Minuten, einmal in der Woche. Auf die Arbeitszeit werden angerechnet: • ein wöchentlicher Berufsschultag von mehr als 5 Unterrichtsstunden mit der durchschnittlichen täglichen Arbeitszeit (i. d. R. 8 Stunden), • ein zweiter wöchentlicher Berufsschultag mit der tatsächlichen Unterrichtszeit plus Pausen- und Wegezeit(en) zwischen Ausbildungsunternehmen und Berufsschule.
§ 11 JArbSchG	**Ruhepausen**	Jugendlichen müssen im Voraus feststehende Ruhepausen ... gewährt werden. Die Ruhepausen müssen mindestens betragen • 30 Minuten bei einer Arbeitszeit von mehr als viereinhalb bis zu sechs Stunden, • 60 Minuten bei einer Arbeitszeit von mehr als 6 Stunden. Als Ruhepause gilt nur eine Arbeitsunterbrechung von mindestens 15 Minuten. Die Ruhepausen müssen in angemessener zeitlicher Lage gewährt werden, frühestens eine Stunde nach Beginn und spätestens eine Stunde vor Ende der Arbeitszeit. Länger als viereinhalb Stunden hintereinander dürfen Jugendliche nicht ohne Ruhepause beschäftigt werden.
§ 15 JArbSchG	**5-Tage-Woche**	Jugendliche dürfen nur an fünf Tagen in der Woche beschäftigt werden.
§ 32 JArbSchG	**Erstuntersuchung**	Ein Jugendlicher, der in das Berufsleben eintritt, darf nur beschäftigt werden, wenn • er innerhalb der letzten vierzehn Monate von einem Arzt untersucht worden ist (Erstuntersuchung) und • dem Arbeitgeber eine von diesem Arzt ausgestellte Bescheinigung vorliegt.
§ 33 JArbSchG	**Erste Nachuntersuchung**	Ein Jahr nach Aufnahme der ersten Beschäftigung hat sich der Arbeitgeber die Bescheinigung eines Arztes darüber vorlegen zu lassen, dass der Jugendliche nachuntersucht worden ist (erste Nachuntersuchung). Die Nachuntersuchung darf nicht länger als drei Monate zurückliegen.

Für **erwachsene Auszubildende** gleicht § 15 BBiG die Anrechnung der Berufsschulzeiten für alle Auszubildenden an. Jugendliche und erwachsene Auszubildende sind in diesem Punkt gleichgestellt.

§§§

Berufsbildungsgesetz (BBiG) § 15 Freistellung, Anrechnung

(1) [1]Ausbildende dürfen Auszubildende vor einem vor 9 Uhr beginnenden Berufsschulunterricht nicht beschäftigen. [2]Sie haben Auszubildende freizustellen
1. für die Teilnahme am Berufsschulunterricht,
2. an einem Berufsschultag mit mehr als fünf Unterrichtsstunden von mindestens je 45 Minuten, einmal in der Woche,

[...]

(2) Auf die Ausbildungszeit der Auszubildenden werden angerechnet
1. die Berufsschulunterrichtszeit einschließlich der Pausen nach Absatz 1 Satz 2 Nummer 1,
2. Berufsschultage nach Absatz 1 Satz 2 Nummer 2 mit der durchschnittlichen täglichen Ausbildungszeit,

[...]

Merke

Liegt der Berufsschulunterricht **innerhalb** der betrieblichen Ausbildungszeit, wird er voll auf die betriebliche Ausbildungszeit angerechnet.

Beispiel

Die betriebsübliche Ausbildungszeit liegt an allen Werktagen zwischen 7:30 Uhr und 17:00 Uhr. Der Berufsschulunterricht beginnt an zwei Wochentagen jeweils um 8:00 Uhr.

Merke

Liegt der Berufsschulunterricht **außerhalb** der betrieblichen Ausbildungszeit, wird er nicht auf die betriebliche Ausbildungszeit angerechnet.

Beispiel

Die betriebsübliche Ausbildungszeit findet bei Friseuren von dienstags bis samstags statt, der Berufsschulunterricht ist montags. Die gesetzliche Höchstarbeitszeit von 48 Stunden/Woche darf aber in keinem Fall überschritten werden.

Für erwachsene Auszubildende sind weitere Fragen zur Arbeitszeit im **Arbeitszeitgesetz** (ArbZG) geregelt, z. B.:

§§§

ArbZG § 3: Arbeitszeit der Arbeitnehmer

Die werktägliche Arbeitszeit der Arbeitnehmer darf acht Stunden nicht überschreiten. Sie kann auf bis zu zehn Stunden nur verlängert werden, wenn innerhalb von sechs Kalendermonaten oder innerhalb von 24 Wochen im Durchschnitt acht Stunden werktäglich nicht überschritten werden.

ArbZG § 4: Ruhepausen

Die Arbeit ist durch im Voraus feststehende Ruhepausen von mindestens 30 Minuten bei einer Arbeitszeit von mehr als sechs bis zu neun Stunden und 45 Minuten bei einer Arbeitszeit von mehr als neun Stunden insgesamt zu unterbrechen. Die Ruhepausen nach Satz 1 können in Zeitabschnitte von jeweils mindestens 15 Minuten aufgeteilt werden. Länger als sechs Stunden hintereinander dürfen Arbeitnehmer nicht ohne Ruhepause beschäftigt werden.

ArbZG § 5: Ruhezeit

(1) Die Arbeitnehmer müssen nach Beendigung der täglichen Arbeitszeit eine ununterbrochene Ruhezeit von mindestens elf Stunden haben.

1.4.3 Interessenvertreter der Auszubildenden und Beratungshilfen

Die Ausbildung wird durch eine Vielzahl von Rechtsvorschriften in Betrieb und Schule geregelt. Sollte es dennoch zu **Meinungsverschiedenheiten** oder **Konflikten** kommen, so gibt es unterschiedliche Institutionen/Einrichtungen, die dafür sorgen, dass die ausbildungsrechtlichen Ansprüche durchgesetzt werden.

Institution	Erklärungen
Industrie- und Handelskammer, Handwerkskammer	Die Kammern sorgen nach den Vorgaben des **Berufsbildungsgesetzes** für die ordnungsgemäße Durchführung der betrieblichen Ausbildung. Sie prüfen die betrieblichen Voraussetzungen für eine erfolgreiche Ausbildung, betreuen und beraten die Betriebe, z. B. gehen Ausbildungsberater regelmäßig in die Betriebe. Die Kammern sind Ansprechpartner für die Auszubildenden in rechtlichen Fragen und vermitteln in Konflikten. Sie führen die Prüfungen durch, bieten Zusatzqualifikationen an, organisieren Auslandsaufenthalte u. v. a. m.
Betriebsrat	Der Betriebsrat hat nach den Regelungen des **Betriebsverfassungsgesetzes** (BetrVG) Mitwirkungs- und Mitbestimmungsrechte für alle Mitarbeiter. Die Mitwirkung umfasst insbesondere Informations- und Beratungsrechte in wirtschaftlichen und personellen Angelegenheiten (z. B. Förderung der Berufsausbildung).
Jugend- und Auszubildendenvertretung	Die Jugend- und Auszubildendenvertretung ist kein selbstständiges Organ, sondern dem Betriebsrat nachgeordnet. Sie vertritt die Interessen der Auszubildenden bei der **Überwachung** und **Einhaltung** der **Vorschriften** (z. B. Verpflichtung des Ausbildenden zu qualifizierter Ausbildung). Sie geben Anregungen (z. B. eine „Azubi-Stunde" in der Woche) und Beschwerden an den Betriebsrat weiter.
Gewerkschaften	Gewerkschaften treten für die **wirtschaftlichen** und **sozialen Interessen** ihrer Mitglieder ein. Sie schützen Auszubildende z. B. vor Ausbeutung oder ungerechtfertigter Entlassung.
Gewerbeaufsichtsämter	Die Gewerbeaufsichtsämter überwachen die **Arbeitszeiten** und **Tätigkeiten** von Jugendlichen (Aufsicht über die Einhaltung des Jugendarbeitsschutzgesetzes).
Berufsgenossenschaften	Die Berufsgenossenschaften haben die Aufgabe, für die Durchführung des **Arbeitsschutzes** durch den Arbeitgeber zu sorgen. Dazu zählt insbesondere die Einhaltung der **Unfallverhütungsvorschriften.**
Schülervertretung (SV)	Die SV vertritt die **Interessen** der Auszubildenden in der **Berufsschule.** Insbesondere bei schulischen Konflikten ist auch der SV-Verbindungslehrer ansprechbar.
ausbildungsbegleitende Hilfen (abH)	Ausbildungsbegleitende Hilfen **fördern kostenfrei** und **individuell** im Auftrag der Bundesagentur für Arbeit Auszubildende, die Unterstützung benötigen (z. B. Nachhilfeunterricht, Prüfungsvorbereitung).

Ein besonderer Beratungsbedarf ist gegeben, wenn eine drohende **Insolvenz des Ausbildungsbetriebs** oder die Einstellung des Geschäftsbetriebes die Ausbildung gefährdet. Auzubildende haben in diesem Fall grundsätzlich die Möglichkeit einer Kündigung. Andernfalls sollten sie zunächst ihre Arbeitskraft weiter anbieten und die Berufsschule besuchen und auf keinen Fall einem Verzicht auf die Zahlung der Ausbildungsvergütung zustimmen, um einen Anspruch auf Insolvenzgeld sowie auf Kranken- und Rentenversicherung aufrecht zu erhalten.

Eine Meldung an die **Agentur für Arbeit** ist erforderlich. Für die Weiterführung der Ausbildung sollten Betroffene Kontakt mit der **Berufsschule** und insbesondere mit der zuständigen **Kammer** aufnehmen, die in der Regel bei der Suche nach einem neuen Ausbildungsplatz hilfreich mitwirken und individuell die Auswirkungen auf das Prüfungsverfahren abwägen.

Tipp

Bei Insolvenz des Ausbildungsbetriebs:

- **Kein Verzicht** auf Ausbildungsvergütung!
- Agentur für Arbeit, Berufsschule und zuständige Kammer **informieren!**

1.4.4 Tarifvertrag

Bei der Gestaltung von Arbeitsverträgen/Ausbildungsverträgen sind insbesondere wesentliche Regelungen von Tarifverträgen zu beachten. Tarifverträge werden nach den Vorschriften des Tarifvertragsgesetzes (TVG) typischerweise von den **Tarifvertragsparteien** in eigener Verantwortung **(Tarifautonomie)** abgeschlossen. Die Tarifparteien sind auf der Seite der Arbeitgeber die **Arbeitgebervereinigungen/Arbeitgeberverbände** und auf der Arbeitnehmerseite die **Gewerkschaften**. In Ausnahmefällen können auch einzelne Arbeitgeber Vertragspartei sein.

§§§

§ 1 TVG

Inhalt und Form des Tarifvertrages

Der Tarifvertrag regelt die Rechte und Pflichten der Tarifvertragsparteien …

Ein Tarifvertrag regelt die **Rechte** und **Pflichten** der **Tarifvertragsparteien,** z. B.

- Art und Höhe der Entlohnung/Ausbildungsvergütung,
- Arbeitszeiten,
- Dauer des Jahresurlaubs,
- sonstige soziale Leistungen wie Urlaubsgeld.

Von den **Tarifbestimmungen** darf nur zugunsten der Arbeitnehmer abgewichen werden **(Günstigkeitsprinzip)**. An die Regelungen von Tarifverträgen sind grundsätzlich nur die Mitglieder der Vertragsparteien gebunden. Häufig orientieren sich jedoch nicht tarifgebundene Unternehmen an den einschlägigen Tarifverträgen. Die Anwendung von tarifvertraglichen Regelungen kann auch **einzelvertraglich** zwischen Arbeitgeber und Arbeitnehmer vereinbart werden. Auf Antrag einer der Tarifvertragsparteien können bestimmte Tarifverträge vom Bundesministerium für Arbeit und Soziales oder vom jeweiligen Landesarbeitsministerium für allgemein verbindlich erklärt werden. Mit der **Allgemeinverbindlichkeitserklärung** werden auch die nicht tarifgebundenen Arbeitgeber und Arbeitnehmer an die jeweiligen Rechtsnormen gebunden.

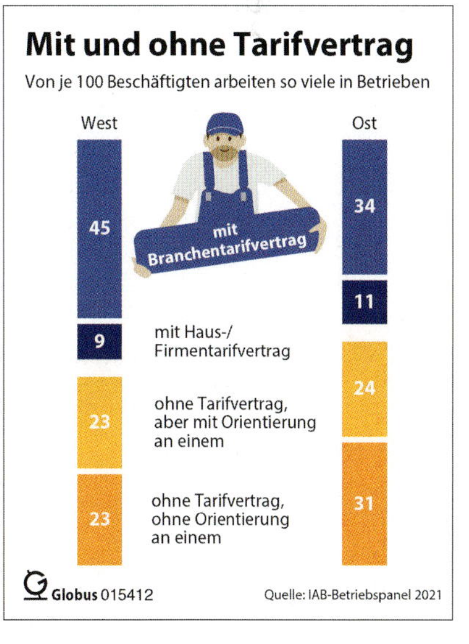

Im Hinblick auf die unterschiedlichen Regelungen in Tarifverträgen unterscheidet man insbesondere **Manteltarifverträge** (Rahmentarifverträge) und **Entgelttarifverträge** (Lohn- und Gehaltstarifverträge), nach dem Geltungsbereich auch Verbands- bzw. Flächen- und Firmentarifverträge.

Tarifverträge	Regelungen (Beispiele)
Der **Manteltarifvertrag** regelt die grundsätzlichen Arbeitsbedingungen. Er wird in der Regel für eine längere Dauer abgeschlossen (z. B. drei Jahre).	• Arbeitszeit • Zuschläge für Mehrarbeit • Urlaub • Probezeit und Kündigungsfristen
Entgelttarifverträge werden unterschieden in **Lohn- und Gehaltstarifverträge** mit häufig jährlichen Laufzeiten und	Lohn- und Gehaltstarifverträge • Löhne, Gehälter • Urlaubsgeld • Sonderzahlungen
in **Lohn- und Gehaltsrahmentarifverträge** mit etwa drei Jahren Laufzeit.	Lohn- und Gehaltsrahmentarifverträge • Einordnung von Tätigkeiten in Lohnarten und Lohngruppen

1.4.5 Förderung der Berufsausbildung und Wege zur weiteren Qualifizierung

■ Förderung der Berufsausbildung

www.arbeitsagentur.de

Entwicklungen auf dem Ausbildungsmarkt und wirtschaftlicher Strukturwandel mit steigendem Qualifikationsniveau erfordern erhebliche Anstrengungen auf allen politischen und gesellschaftlichen Ebenen, um Jugendlichen eine berufliche Perspektive zu geben. Eine **Förderung** zusätzlicher **betrieblicher Ausbildungskapazitäten** wird u. a. durch folgende Maßnahmen angestrebt:

- vereinfachte fachliche Anerkennung von Ausbildern durch die Kammern;
- Unterstützung der Betriebe durch die Möglichkeit einer Verbundausbildung, d. h., spezialisierte Betriebe, die nicht alle Ausbildungsinhalte vermitteln können, führen die Ausbildung gemeinsam mit anderen Betrieben durch;
- Hilfen beim Übergang von der Schule in den Beruf durch z. B. Beratung, Praktika, Kompetenzcheck;
- partnerschaftliche Ausbildung, d. h., die Ausbildung findet bei einem Bildungsträger und in einem Partner- bzw. Praktikumsbetrieb statt;
- neue Wege bei Ausbildung und Qualifizierung für „unversorgte“ Ausbildungsbewerber: z. B. besondere vollzeitschulische Ausbildungsgänge an den Berufsschulen;
- Flexibilisierung des Berufsschulunterrichts: z. B. nur noch ein Berufsschultag im zweiten und dritten Ausbildungsjahr;
- Ausbau von zweijährigen Ausbildungsberufen;
- Verkürzungsmöglichkeiten von Ausbildungszeiten: z. B. durch Anrechnungen von schulischen Qualifikationen auf die Ausbildung.

■ Wege zur weiteren Qualifizierung

Die fortschreitende Digitalisierung ganzer Arbeitsbereiche sowie die fortschreitende Internationalisierung der Wirtschaftsbeziehungen werden neben anderen Änderungen immer neue Anforderungen an die beruflichen Tätigkeiten stellen. Ergänzende berufliche Qualifizierungen und eine dauernde Weiterbildung werden daher unumgänglich sein.

©bluedesign-fotolia.com

Schon **während der Ausbildung** können u. a. folgende Weiterbildungsangebote wahrgenommen werden:

- Wahlangebote der Berufsschule: Fremdsprachenzertifikate, Datenverarbeitungsqualifikationen, Erwerb der Fachhochschulreife, ggf. Stütz- und Förderkurse
- Angebote/Zusatzqualifikationen anderer Träger: z. B. IHK/Handwerkskammer (Europa-Assistent/-in), Volkshochschulen, Bildungsträger, Berufsverbände.

Im **Anschluss an die Ausbildung** bieten sich die folgenden Möglichkeiten der Weiterqualifizierung:

- Fachschulen/Fachakademien der Berufsschulen,
- Kammern und freie Träger der Weiterbildung,
- unter bestimmten Bedingungen auch ohne Hochschulreife ein Studium an Hochschulen für beruflich Qualifizierte.

Informationen über das vielfältige Weiterbildungsangebot erhalten Sie an Ihren Berufsschulen, bei der zuständigen Kammer (z. B. IHK/HWK) und unter anderem bei der Bundesagentur für Arbeit.

www.arbeitsagentur.de

1.5 Zusammenfassung und Aufgaben

Zusammenfassung

System der dualen Berufsausbildung

Betriebe und Berufsschule bereiten **gemeinsam** auf die Prüfungen und auf zukünftige berufliche Tätigkeiten vor.

Ausbildungsberufsbild: Übersicht über zu erwerbende Fertigkeiten, Kenntnisse und Fähigkeiten.

Ausbildungsrahmenplan: sachliche und zeitliche Gliederung der Positionen des Ausbildungsberufsbildes

Ausbildungsplan: passt den Ausbildungsrahmenplan den betrieblichen Notwendigkeiten an

Berichtsheft: ist regelmäßig zu führen. Die Kammern kontrollieren unangemeldet stichprobenartig die ordnungsgemäße Führung der Ausbildungsnachweise.

Prüfungen

Gestreckte Prüfung:
Teil 1: Nach 18 Monaten findet eine Prüfung im Fach **„Informationstechnisches Büromanagement"** statt.

Teil 2: Am Ende der Ausbildung stehen ein schriftlicher Prüfungsteil in den Fächern **„Kundenbeziehungsprozesse"** und **„Wirtschafts- und Sozialkunde"** und ein mündlicher Prüfungsteil **(Fachaufgabe in der Wahlqualifikation)** an.

Eine **Zusatzqualifikation** am Ende der Ausbildung ist für leistungsstarke Auszubildende auf Antrag möglich.

Weitere Grundlagen des Ausbildungsverhältnisses

Ausbildungsvertrag: schriftliche Vereinbarung zwischen Auszubildendem und Ausbildendem; Eintragung ins Verzeichnis der Berufsausbildungsverhältnisse bei der zuständigen Stelle.

Probezeit: ein bis vier Monate

Beendigung des Ausbildungsverhältnisses:
- **innerhalb der Probezeit** jederzeit ohne Angabe von Gründen
- **nach der Probezeit** nur bei schwerwiegenden Vorfällen oder Aufgabe der Ausbildung

Ausbildungsrechtliche Regelungen und Interessenvertreter der Auszubildenden

Berufsbildungsgesetz (BBiG): regelt Fragen zur Gestaltung der Ausbildung über den Ausbildungsrahmenplan und das Ausbildungsberufsbild. § 15 BBiG stellt erwachsene Auszubildende bei der Anrechnung von Berufsschulzeiten jugendlichen Auszubildenden gleich.

Jugendarbeitsschutzgesetz (JArbSchG): gilt für Personen, die noch keine 18 Jahre alt sind (Regelungen u. a. zu Arbeitszeit, Berufsschule, Ruhepausen).

Manteltarifvertrag: regelt die grundsätzlichen Arbeitsbedingungen und wird in der Regel für eine längere Dauer abgeschlossen (z. B. drei Jahre).

Lohn- und Gehaltstarifverträge: regeln u. a. Löhne, Gehälter, Urlaubsgeld, Sonderzahlungen; häufig jährliche Laufzeiten.

Interessenvertreter der Auszubildenden: Industrie- und Handelskammer, Handwerkskammer, Betriebsrat, Jugend- und Auszubildendenvertretung, Gewerkschaften, Gewerbeaufsichtsämter, Berufsgenossenschaften, Schülervertretung (SV)

Förderung der Ausbildung und Wege zur weiteren Qualifizierung

Förderung zusätzlicher betrieblicher Ausbildungskapazitäten: z. B. Verbundausbildung, vollzeitschulische Ausbildungsgänge, Flexibilisierung von Berufsschulunterricht u. a. m.

Weiterbildungsangebote während der Ausbildung: z. B. Kurse zum Erwerb von Zertifikaten in der Berufsschule

Weiterbildungsangebote nach der Ausbildung: z. B. Fachschulen/Fachakademien der Berufsschulen, Kurse bei Kammern und freien Trägern der Weiterbildung, Studium an Hochschulen für beruflich Qualifizierte (u. U. auch ohne Hochschulreife)

Aufgaben

1. Prüfen Sie folgende Aussagen auf ihre Richtigkeit. Die Antwort ist jeweils zu begründen.

   (1) Lern- und Leistungsbereitschaft sind notwendige fachliche Kompetenzen, die von Auszubildenden erwartet werden.

   (2) Ein Ausbildungsvertrag kann schriftlich, mündlich und durch schlüssiges Handeln zustande kommen.

   (3) Die Vorgaben des Ausbildungsrahmenplans können im Ausbildungsplan den betrieblichen Gegebenheiten angepasst werden.

   (4) Die Probezeit, festgelegt im Berufsbildungsgesetz (BBiG), ist eine lästige Pflicht. Sinn dieser Regelung ist lediglich, beiden Seiten eine Kündigung des Ausbildungsverhältnisses zu erleichtern.

   (5) Nach Ablauf der Probezeit kann nur noch der Auszubildende kündigen.

   (6) Die Inhalte der Prüfungen beziehen sich allein auf die im Ausbildungsrahmenplan genannten Fertigkeiten, Kenntnisse und Fähigkeiten.

   (7) Nach dem Jugendarbeitsschutzgesetz gilt das Recht auf Freistellung für den Berufsschulunterricht auch für Auszubildende, die über 18 Jahre alt und berufsschulpflichtig sind.

   (8) Für die Vorbereitung auf die Abschlussprüfung ist nur die Berufsschule zuständig.

   (9) Das Berufsausbildungsverhältnis endet spätestens mit Ablauf der Ausbildungszeit.

   (10) Für eine erfolgreiche Berufsausübung ist Weiterbildung unerlässlich.

2. Beschreiben Sie Ihren individuellen Ausbildungsplan.

3. Erstellen Sie eine Auflistung der Ihnen bekannten Rechtsgrundlagen, welche für die Berufsausbildung bedeutsam sind.

4. Beschreiben Sie das Aufgabenprofil und die Arbeitsgebiete von Kaufleuten für Büromanagement.

5. Bereiten Sie einen Kurzvortrag zum Thema „Ziele und rechtliche Grundlagen der Berufsausbildung“ vor.

6. Erstellen Sie eine Übersicht über Beratungsmöglichkeiten, Fördermaßnahmen und Angebote zur weiteren Qualifizierung
   - an Ihrer Schule
   - im Ausbildungsbetrieb
   - durch andere Einrichtungen.

7. Erkunden Sie Möglichkeiten des Hochschulzugangs für beruflich Qualifizierte.

2 Sich über Grundlagen wirtschaftlichen Handelns Klarheit verschaffen

2.1 Bedürfnisse

Der Fachbegriff **Bedürfnisse** bezeichnet Wünsche, die erfüllt werden sollen. Dabei ist grundsätzlich davon auszugehen, dass die Menge der Bedürfnisse unbegrenzt ist.

Merke

Ein **Bedürfnis** ist das Empfinden eines Mangels, der beseitigt werden soll.

Bedürfnisse können nach unterschiedlichen Gesichtspunkten eingeteilt und genauer gekennzeichnet werden.

Kategorie	Einteilung	Beispiele
Dringlichkeit	**Existenzbedürfnisse** dienen zur Sicherung des Überlebens.	Essen, Trinken
	Zivilisationsbedürfnisse bedeuten, in einer bestimmten Gesellschaft entsprechend den üblichen Lebensstandards zu leben.	Theater besuchen, Musik hören
	Luxusbedürfnisse bedeuten, in einem sich von den üblichen Standards weit abhebenden „exklusiven" Stil zu leben.	exklusives Ledersofa
Fassbarkeit	**Materielle Bedürfnisse** können durch Sachgüter zufriedengestellt werden.	Kleidung, Auto
	Immaterielle Bedürfnisse sind nicht gegenständlich fassbar und haben keinen konkreten Bezug zu Gütern.	Anerkennung, Sicherheit, Rechte
Träger der Bedürfnisbefriedigung/ Art der Bedürfnisbefriedigung	**Individualbedürfnisse** Jeder Einzelne gilt grundsätzlich als verantwortlich für die Befriedigung.	Essen, Wohnen
	Kollektivbedürfnisse Die Gemeinschaft wird für die Befriedigung verantwortlich gemacht.	Sicherheit, Bildung

Aufgrund der Vielfalt der Bedürfnisse ist es sinnvoll, durch eine Einteilung eine gewisse Übersichtlichkeit zu schaffen. Dennoch ist die Einteilung auch problematisch und nicht immer trennscharf vorzunehmen. So ändert sie sich mit dem Alter des Menschen, mit der Zivilisation, in der er lebt, mit den Mitteln, die ihm zur Bedürfnisbefriedigung zur Verfügung stehen, und mit der Situation, in der sich die Person befindet.

Eine weitere Vereinfachung stellt deshalb der Versuch dar, die Bedürfnisvielfalt in folgende Gegenüberstellung einzuteilen:

Primärbedürfnisse	Sekundärbedürfnisse
müssen unbedingt befriedigt werden, Essen, Schlafen, Wohnen usw.	können aufgrund des Einkommens, des sozialen Umfeldes usw. zusätzlich befriedigt werden, repräsentative Wohnungseinrichtung, modebewusste Kleidung usw.

In dieser Gegenüberstellung kommt bereits zum Ausdruck, dass sich der Mensch im Prozess der Bedürfnisbefriedigung wahrscheinlich und sinnvollerweise an einer **Rangordnung** bzw. Reihenfolge orientiert. Dabei kann unterstellt werden, dass er die vorhandenen Mittel (z. B. Einkommen) zunächst für – nach seiner Einschätzung – besonders wichtige Bedürfnisse einsetzt, und sich erst dann, wenn noch weitere Mittel zur Verfügung stehen, auf die nächsthöheren Bedürfniskategorien zubewegt.

Nach diesem Prinzip ist auch **MASLOW** vorgegangen, der aus dieser Rangordnung eine **Bedürfnispyramide** entwickelt hat. Dabei unterstellt er, dass die nächsthöhere Bedürfnisstufe erst dann in den Blick gerät, wenn die vorhergehende Stufe der Pyramide – zumindest überwiegend – befriedigt worden ist. Aber auch hier bleibt zu beachten, dass diese Rangordnung nicht allgemeingültig erstellt werden kann. Sie wird vielmehr für verschiedene Menschen unterschiedlich ausfallen können und auch bei einem einzelnen Menschen nicht zu jeder Zeit und in jeder Lebenslage gleich sein.

Bedürfnispyramide nach Maslow

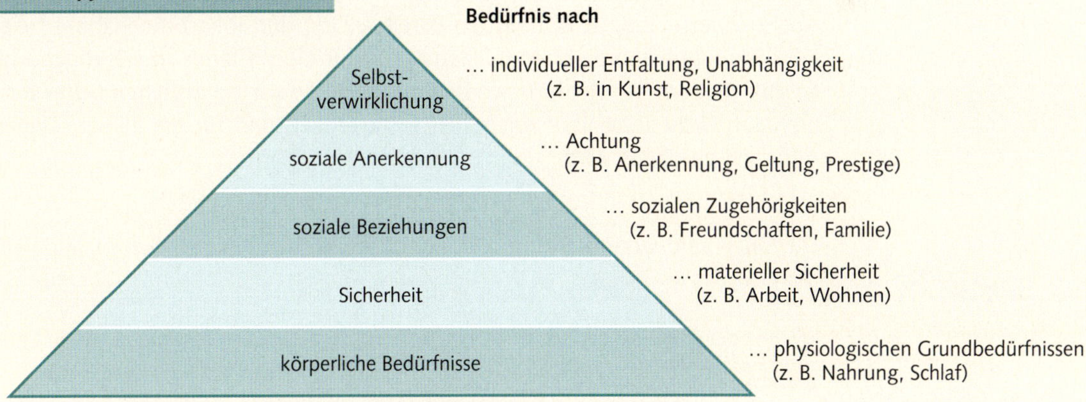

Werden Bedürfnisse konkretisiert, d. h., richten sie sich auf bestimmte Güter, so entsteht ein Bedarf: Das **Mangelgefühl** Hunger führt zu einem **Bedürfnis** zu essen; wird festgelegt, was gegessen werden soll, so ist ein **Bedarf** an Nahrungsmitteln bestimmt. In einer Geldwirtschaft ist allerdings nur der Bedarf unmittelbar wirtschaftlich wirksam, für den auch die finanziellen Mittel (Kaufkraft) zur Verfügung stehen. Kommt jetzt noch der Kaufentschluss hinzu, so wird in einer Marktwirtschaft aus dem Bedarf die **Nachfrage.** Wenn ein entsprechendes Angebot gegeben ist, kommt es zum **Kauf.**

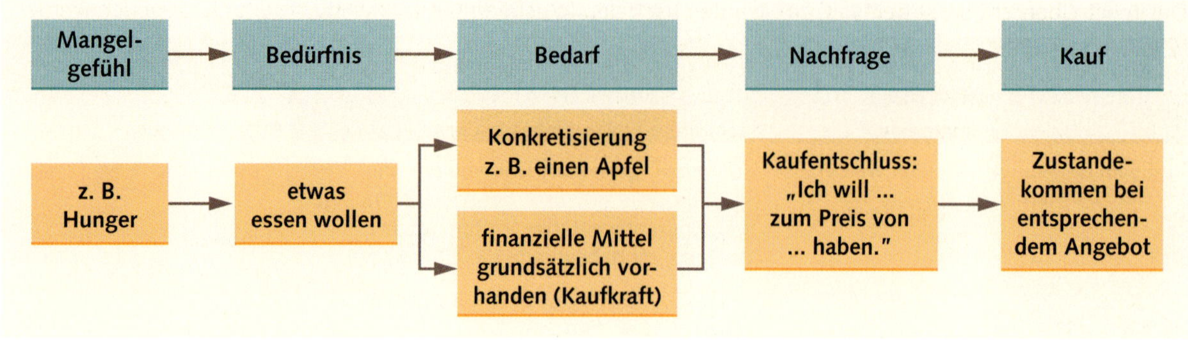

2.2 Güter

Güter dienen uns als Mittel zur Bedürfnisbefriedigung. Zunächst können grundsätzlich freie Güter und wirtschaftliche Güter unterschieden werden.

Freie Güter	Wirtschaftliche Güter
• sind ohne Kosten • sind jederzeit verfügbar • haben keinen Preis.	• sind knapp • haben einen Bereitstellungsaufwand • sind mit Kosten verbunden • werden auf Märkten gehandelt • haben einen Preis.

Selbstverständlich finden wir heute fast ausschließlich wirtschaftliche Güter zur Bedürfnisbefriedigung, während der Zugriff auf freie Güter die Ausnahme bleibt. Die Auseinandersetzung z. B. über die Bereitstellung und Inanspruchnahme freier Güter wäre ein interessantes eigenes Thema, das für die weiteren Überlegungen hier aber auszuklammern ist. Vielmehr werden nur noch die **wirtschaftlichen Güter** betrachtet, die ihren Preis durch ihre Knappheit rechtfertigen und für die in irgendeiner Weise Aufwand betrieben wird.

Die Über- und Unterordnung der Güterarten wird durch die nachfolgende Übersicht deutlich:

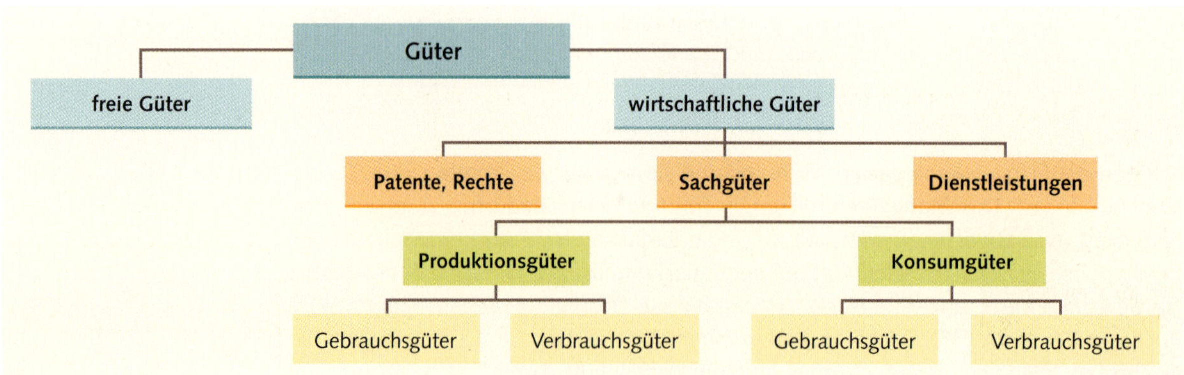

Die in der Übersicht dargestellten Güter können nach den folgenden Merkmalen genauer unterschieden werden.

Unterscheidungs-kriterium	Arten	Erläuterungen	Beispiele
Erscheinungs-formen der Güter	**materielle Güter**	Sachgüter wie dingliche Gegenstände und Waren	Auto, Handtuch
	immaterielle Güter	Dienstleistungen: Sie unterscheiden sich von Sachgütern dadurch, dass sie nicht lagerfähig sind, sondern unmittelbar zur Nutzung bereitstehen.	Leistungen eines Friseurs, eines Anwaltes
		Rechte	Nutzung von Räumen (gegen Mietzahlung)
		Patente und Lizenzen	Recht an der Herstellung eines Produktes, Weitergabe dieses Rechtes (Lizenz)
Verwendung in privaten Haushalten oder Betrieben	**Konsumgüter**	Sie werden in privaten Haushalten verwendet, unabhängig davon, wie langlebig oder wertvoll sie für die Versorgung des Haushaltes sind.	Möbel, Kartoffeln
	Produktionsgüter	Sie werden in Betrieben eingesetzt, um andere Güter zu produzieren.	Maschinen, Brennstoffe
Nutzungsdauer	**Gebrauchsgüter**	Es erfolgt eine mehrmalige, längerfristige Nutzung.	Möbel, Maschinen
	Verbrauchsgüter	Es findet eine kurzfristige, in der Regel nur einmalige Nutzung statt.	Kartoffeln, Brennstoffe

Güter lassen sich auch nach ihrer Beziehung zueinander gruppieren.

Unterscheidungs-kriterium	Arten	Erläuterungen	Beispiele
Unterscheid-barkeit	**homogene Güter**	gleichartige Güter: Aufgrund dessen verfügen sie tendenziell über einen „Einheitspreis“.	Eier, Mehl, Benzin (jeweils vom gleichen Typ)
	heterogene Güter	verschiedenartige Güter: Häufig wird die Verschiedenartigkeit mit dem Ziel höherer Preise bewusst herbeigeführt.	PKW, T-Shirts (unterschiedlicher Marken)
Güter-beziehungen	**komplementäre Güter**	sich im Verbrauch oder in der Produktion ergänzende Güter	Auto – Benzin
	substitutive Güter	sich gegenseitig ersetzende Güter	Apfelsaft – Orangensaft, Butter – Margarine
Wertigkeit der Güter	**superiore Güter**	höherwertige Güter, die über den Grundbedarf hinausgehen	Ledercouch, Schmuck
	inferiore Güter	geringwertige Güter, die ausschließlich den Grundbedarf befriedigen können	Kartoffeln, einfacher Holzstuhl

2.3 Wirtschaften

2.3.1 Definition

Wir alle haben täglich mit Wirtschaft zu tun: Wir arbeiten und beziehen Einkommen, wir kaufen und geben Geld aus oder sparen vielleicht. Dementsprechend haben wir auch alle eine mehr oder weniger klare Vorstellung davon, was **Wirtschaften** heißt. Unter Fachleuten (hier: Ökonomen) ist es üblich und zweckmäßig, zur reibungslosen Verständigung möglichst genaue Begriffsbestimmungen (Definitionen) zu vereinbaren. Allerdings besteht auch unter Ökonomen keine völlige Einigkeit - und damit auch keine einheitliche Definition von „Wirtschaften“.

Das ist zurückzuführen zum einen auf unterschiedliche Wissenschaftsverständnisse und Lehrmeinungen, zum anderen darauf, dass die Vielzahl der möglichen Untersuchungsaspekte sich kaum in einer einzigen Definition angemessen einfangen lässt.

Merke

Ein Definitionsvorschlag:

Wirtschaften heißt ein planvolles menschliches Handeln, das durch rationales (vernünftiges) Entscheiden über knappe Mittel zur Befriedigung von Bedürfnissen (Wünschen) führen soll.

2.3.2 Elemente des Wirtschaftens

Als wesentliche Elemente des Wirtschaftens lassen sich damit die folgenden Grundphänomene benennen:

- **Knappheit der Mittel** (wirtschaftliche Güter),
- **unbegrenzte Bedürfnisse** der Wirtschaftssubjekte,
- **Notwendigkeit von Wahlentscheidungen** durch die Wirtschaftssubjekte.

Im Rahmen dieser Wahlentscheidungen wird sich das Wirtschaftssubjekt, ausgehend von seinen prinzipiell **unbegrenzten Bedürfnissen,** an seinen **Einkommensverhältnissen** sowie den **Güterpreisen** orientieren. Die Güterpreise bringen dabei die Knappheit der jeweiligen Güter zum Ausdruck.

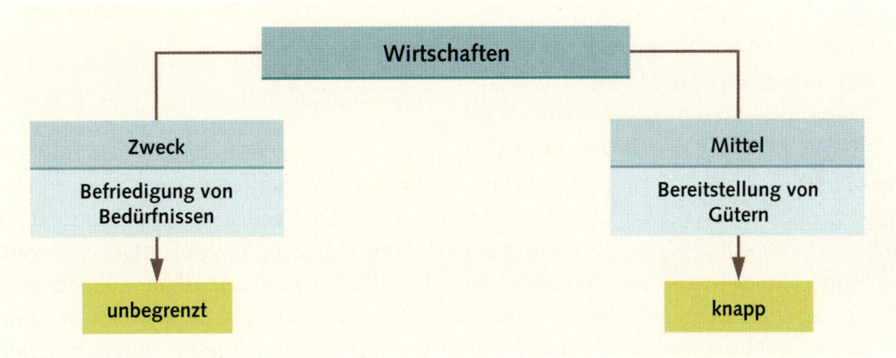

Werden die **Bedürfnisse** nun in Beziehung zu **Einkommen** und **Güterpreisen** gesetzt, reduzieren sich die unbegrenzten Bedürfnisse auf einen konkreten **Bedarf.**

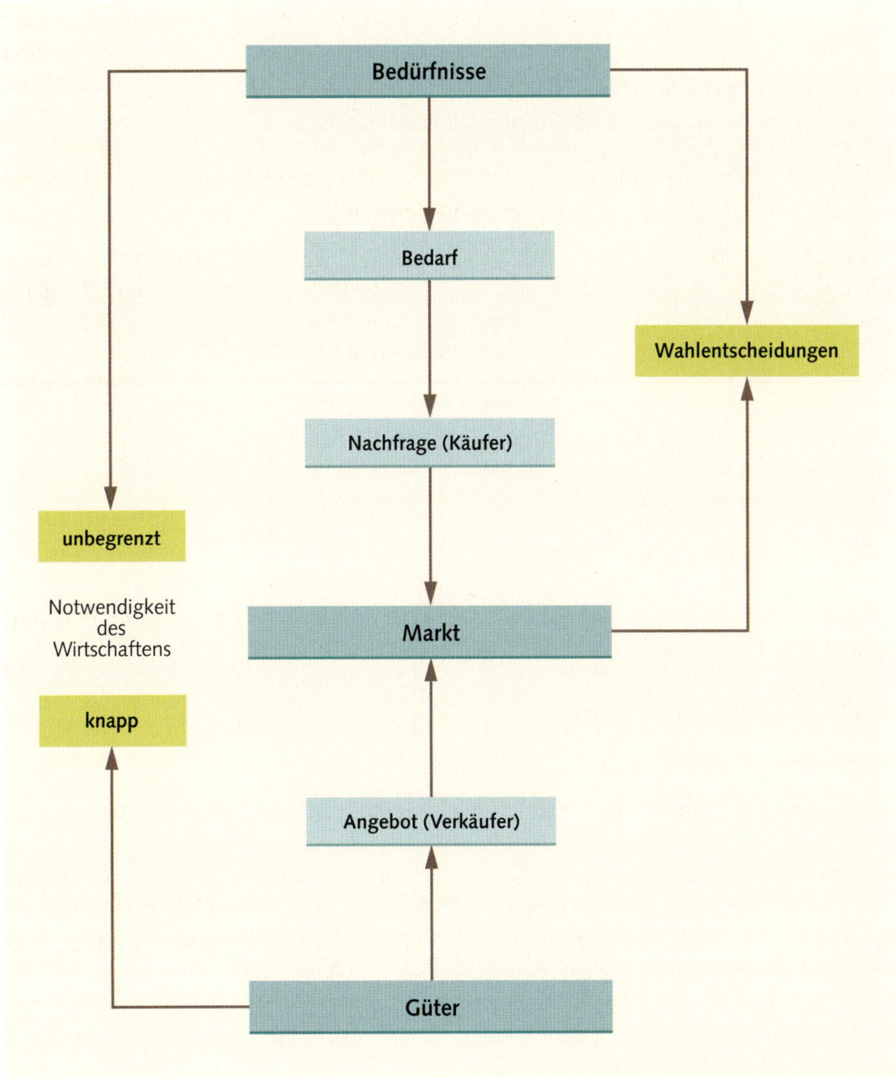

Haushaltsbudget

Preise der Güter

Zur **konkreten Nachfrage** wird der Bedarf, wenn sich Käufer (Nachfrager) und Verkäufer (Anbieter) in Verhandlungen auf einen **Preis** für ein bestimmtes Gut einigen.

Merke

Bedarf = Konkretisierung der Bedürfnisse durch Einkommen und Güterpreise

Die Wirtschaftssubjekte (hier: Käufer) nehmen bei ihren Wahlentscheidungen also einerseits die zur Verfügung stehenden Mittel (z. B. Haushaltsbudget) und andererseits die mit Preisen ausgestatteten Güter in den Blick. In dieser Entscheidungssituation steht folglich wieder der Gegensatz zwischen „Knappheit der Mittel" und „unbegrenzte Menge der Bedürfnisse" im Vordergrund.

2.3.3 Ökonomisches Prinzip

Wenn wir unterstellen, dass sowohl Unternehmen als auch private Haushalte und öffentliche Haushalte (Staat) wirtschaftlich vernünftige Entscheidungen treffen, die auch das Ziel verfolgen, möglichst keine Verschwendung vorzunehmen, um „gut zu wirtschaften", lässt sich dies in zwei Möglichkeiten formulieren:

Merke

Minimalprinzip: Das Ziel ist festgelegt, und man will es mit möglichst geringem Mitteleinsatz verwirklichen.

Beispiel

Mit dem Pkw nach München fahren und dabei möglichst wenig Benzin verbrauchen.

Merke

Maximalprinzip: Die Mittel sind festgelegt, und man will damit möglichst viel erreichen.

Beispiel

Mit 20 Litern Benzin möglichst viele Kilometer zurücklegen.

Eine Kombination von Maximal- und Minimalprinzip ist grundsätzlich nicht möglich: Man kann nicht gleichzeitig einen Weltrekord im Gewichtheben aufstellen und seine Eiweißzufuhr minimieren wollen. Allerdings lassen sich häufig Maximierungs- in Minimierungsaufgaben umformen und umgekehrt: z. B. aus einer bestimmten Menge von Stoff möglichst viele Westen zuschneiden – eine bestimmte Anzahl von Westen aus möglichst wenig Stoff zuschneiden.

Ökonomisches Prinzip

als Minimalprinzip		als Maximalprinzip	
gegeben: Ziel →	**gesucht: geringster Mitteleinsatz**	**gegeben: Mittel** →	**gesucht: größter Erfolg**
Mit dem PKW nach München fahren …	… und dabei möglichst wenig Benzin verbrauchen.	Mit 20 Litern Benzin …	… möglichst viele Kilometer zurücklegen.

2.4 Produktion

2.4.1 Wirtschaftliche Produktion und Produktivität

Die **Herstellung** und **Bereitstellung wirtschaftlicher Güter** betrifft zunächst – gemäß der vorangegangenen Güterübersicht – materielle und immaterielle Konsumgüter (z. B. Shampoo und Haarschnitt), aber auch materielle Produktionsgüter (z. B. Schere und Föhn des Friseurs). Zu denken ist allerdings auch an immaterielle Produktionsgüter wie z. B. ein patentiertes Produktionsverfahren oder die Qualifikationen, die bei Mitarbeitern über die Teilnahme am Produktionsprozess entstehen. Dies alles könnte man als erwünschten Güterausstoß **(Output)** bezeichnen.

©Sergbob-fotolia.com

Die menschliche Regie beim wirtschaftlichen Produktionsprozess zeigt sich darin, dass eine planvolle Kombination von Einsatzgütern **(Input)** erfolgt.

Das **mengenmäßige** Verhältnis von Güterausstoß (Output) zu Gütereinsatz (Input) gilt als Maßstab für die Produktivität:

Merke

$$\text{Produktivität} = \frac{\text{Produktionsergebnis (Output)}}{\text{Arbeitseinsatz (Input)}}$$

Wirtschaftliche Produktion bedeutet die Herstellung und Bereitstellung von wirtschaftlichen Gütern (Output) durch Kombination von Einsatzgütern (Input).

2.4.2 Produktionsfaktoren

Im Produktionsprozess eingesetzte Güter bezeichnet man als **Produktionsgüter** bzw. **Produktionsmittel.** Die Vielfalt dieser Einsatzgüter wird üblicherweise auf wenige grundlegende **(Produktions-)Faktoren** zurückgeführt. Diese gehen – so die gängige Auffassung – beim Einsatz nicht selbst in die produzierten Güter ein; sie bleiben als Produktionsfaktoren zur produktiven Nutzung über längere Zeiträume erhalten.

Merke

Als volkswirtschaftliche **Produktionsfaktoren** unterscheidet man traditionell:
- **Boden** (Natur);
- menschliche **Arbeit**;
- (Real-)**Kapital** (Hilfsmittel).

Boden (Natur) und menschliche **Arbeit** gelten als **ursprüngliche** (originäre) **Produktionsfaktoren.** Aus diesen wurde als dritter Faktor das (Real-)**Kapital** im Sinne von erstellten Hilfsmitteln (produzierten Produktionsmitteln wie Werkzeuge, Maschinen) geschaffen. Dieser dritte Produktionsfaktor wird deshalb auch als **abgeleiteter (derivativer) Faktor** bezeichnet.

Die Beziehungen der drei Produktionsfaktoren können demnach folgendermaßen dargestellt werden:

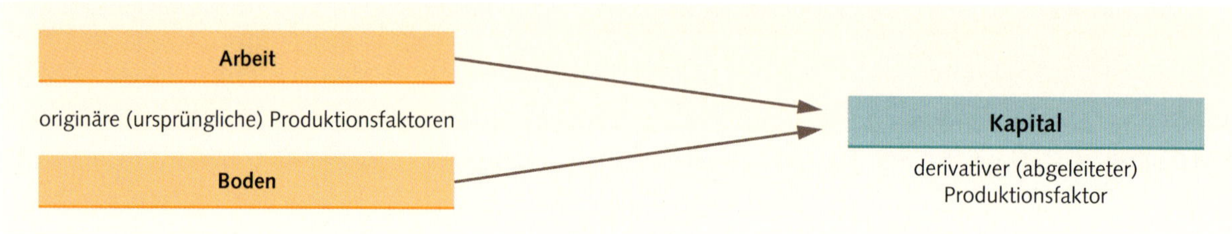

Die folgende Darstellung zeigt den Zusammenhang von Gütereinsatz und Güterausstoß:

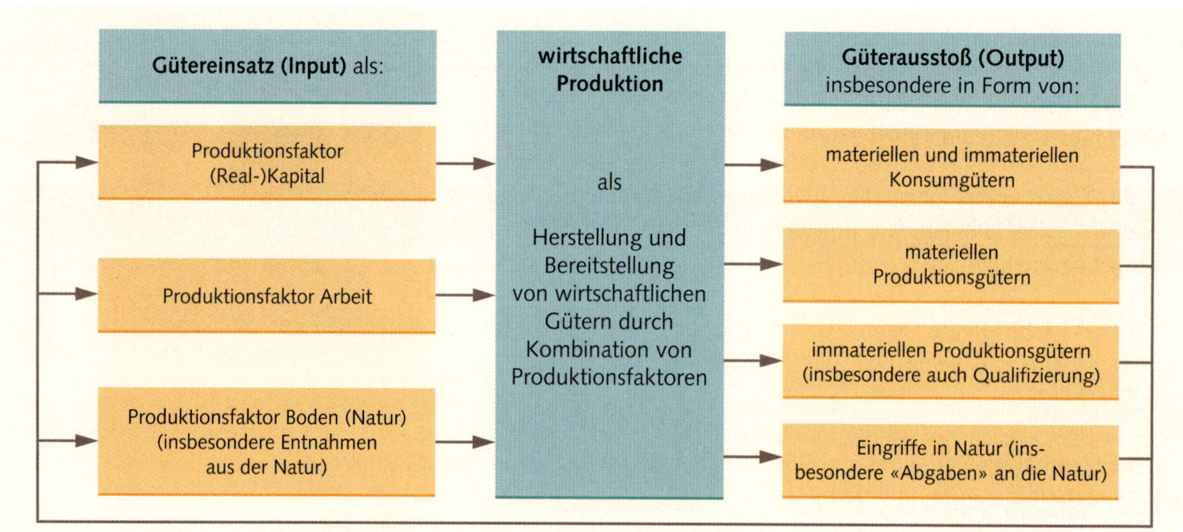

Bei der Befassung mit Produktionsfaktoren steht immer auch die Frage nach dem **Entgelt für das Zur-Verfügung-Stellen** im Raum. Wer Boden für die Nutzung (das „Ziehen von Früchten") zur Verfügung stellt, kann dafür grundsätzlich **Pacht** verlangen; er bezieht damit eine „Bodenrente". Wer Kapital zur Verfügung stellt, kann **Zinsen** fordern (z. B. der Vermieter eines Bürohauses – in altmodischer Sprache – einen „Mietzins"). Für Erwerbsarbeit erwartet man **Lohn.**

©ponsulak-fotolia.com

Produktionsfaktor Boden (Natur)

Die für uns heute eher befremdlich wirkende Engführung von Natur auf den Begriff „Boden" lässt sich nur historisch erklären. Sie entstammt einer Auseinandersetzung um die wirtschaftliche Bedeutung der Landwirtschaft im 18. Jahrhundert. Im Mittelpunkt stand der **Anbauboden.**

Im Laufe der wirtschaftlichen Entwicklung (Industrialisierung, Wandlung zur Dienstleistungsgesellschaft) wurde der Boden dann auch und gerade als **Abbauboden** und als **Standortboden** in den Blick genommen.

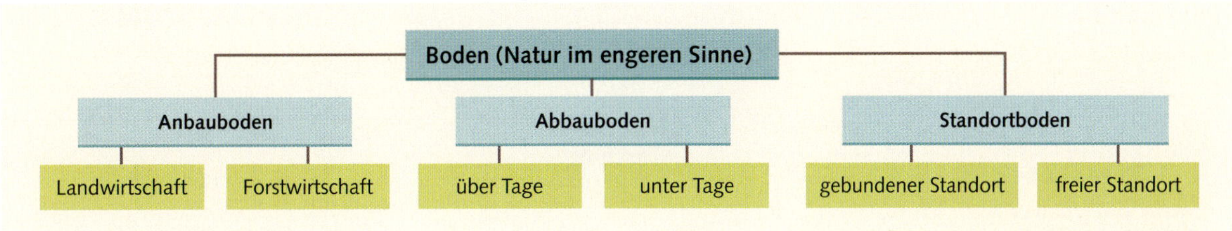

Produktionsfaktor Arbeit

Der Produktionsfaktor **Arbeit** umfasst grundsätzlich jegliche menschliche Arbeit, die für den Prozess der Produktionsherstellung zur Verfügung steht und auf das Ziel gerichtet ist, Einkommen für die individuelle Bedarfsdeckung zu erzielen.

Erwerbsarbeit umfasst **entgeltliche, selbstständige** oder **unselbstständige** Tätigkeit, die auf die Herstellung und Bereitstellung von Sachgütern und Dienstleistungen gerichtet ist. Das Entgelt für Erwerbsarbeit wird üblicherweise zusammenfassend als Lohn bezeichnet.

Gängige Unterscheidungsmöglichkeiten für Erwerbsarbeit	
nach dem Grad der Selbstständigkeit:	selbstständige oder unselbstständige Tätigkeit
nach der Beanspruchung von Fähigkeiten:	(vorrangig) körperliche oder geistige Arbeit
nach dem Grad an erforderlichen Qualifikationen:	gering qualifiziert bis hoch qualifiziert
nach den damit verbundenen Entscheidungsmöglichkeiten:	leitend (dispositiv) oder ausführend (exekutiv)
nach der Einbeziehung in Sozialversicherungspflicht:	sozialversicherungspflichtig oder nicht sozialversicherungspflichtig

Es bereitet durchaus große Schwierigkeiten, den gesamten Umfang der tatsächlichen Erwerbsarbeit einer Volkswirtschaft zu erfassen. So weicht ein Teil der Erwerbstätigen in die **Schattenwirtschaft** aus, indem sich die Arbeitsleistung und das zugehörige Entgelt der Belastungen durch Steuern und Sozialabgaben entzieht. Wesentlichster Teil der Schattenwirtschaft ist die sogenannte „Schwarzarbeit".

Im **offiziellen Arbeitssektor** können deshalb nur die zur Verfügung stehenden Arbeitsmarktdaten erfasst werden. So kann in der Statistik der Bundesanstalt für Arbeit nur die Zahl der gemeldeten Erwerbstätigen sowie der registrierten Arbeitslosen verarbeitet werden. Demgegenüber werden in einem **inoffiziellen Sektor** Arbeitskräfte tätig sein, die nicht angemeldeten Tätigkeiten nachgehen (z. B. Schwarzarbeit). Diese beiden Arbeitsmarktsektoren überlappen sich dort, wo **„soziale Dienste"** einerseits feste Bestandteile der Erwerbsarbeit sind, andererseits aber auch als ehrenamtliche Tätigkeiten unentgeltliche Beiträge leisten (z. B. Telefonseelsorge, Pflege innerhalb der Familie).

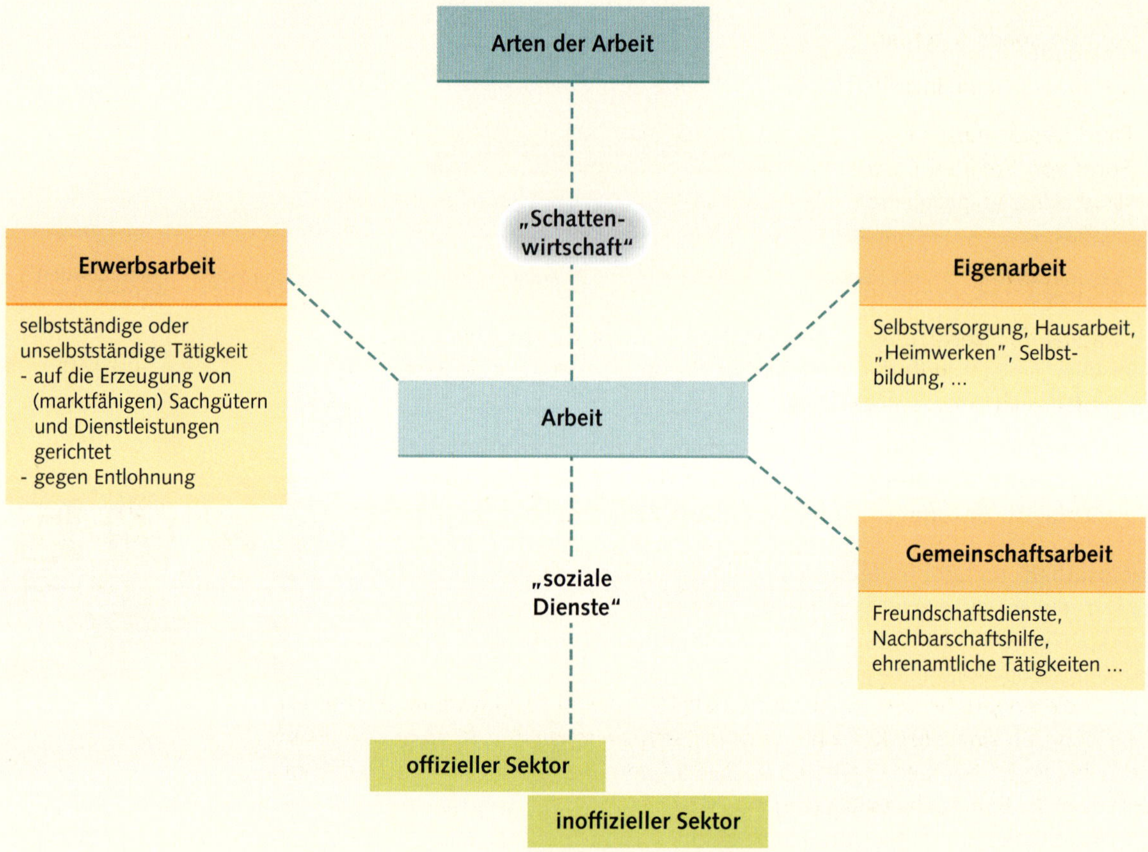

Arbeit = menschliche Tätigkeit, die für den Prozess der Produktionsherstellung zur Verfügung steht und auf das Ziel gerichtet ist, Einkommen für die individuelle Bedarfsdeckung zu erzielen.

■ Produktionsfaktor Kapital

Umgangssprachlich ist der Begriff **Kapital** zumeist gleichbedeutend mit Geld. In der Fachsprache wird dagegen zumindest unterschieden zwischen **Geldkapital** (Finanzkapital) und **Sachkapital** (Realkapital). Im Zusammenhang „produktiver Leistung" steht dabei (zunächst) das Sachkapital im Vordergrund.

Sachkapital umfasst dabei herkömmlich insbesondere materielle Güter, die hergestellt worden sind, um damit andere Güter zu produzieren („produzierte Produktionsmittel" wie Werkzeuge, Maschinen, Fabrikhallen). Aber auch Vorräte der Unternehmen und z. B. das Straßennetz – als öffentliches Gut – zählen dazu. Seit einiger Zeit ist eine Ausweitung auch auf immaterielle Produktionsgüter (z. B. Patente und Lizenzen, Software) durchaus üblich.

In einer modernen (Geld-)Wirtschaft verläuft der Prozess der Kapitalbildung in mehreren Schritten:

Merke

- Es wird **Geldkapital** gebildet, indem Einkommen nicht für den Konsum verwendet, sondern gespart werden.
- **Geldkapital** kann investiert werden, z. B. umgewandelt werden in **Sachkapital.**
- Der Investor muss nicht selbst gespart haben; er kann sich das Geldkapital in Form von Krediten beschaffen; die Kreditgeber müssen wiederum nicht unbedingt selbst gespart haben – das Geld kann aus dem Geldschöpfungsprozess des „Bankensystems" stammen.

Wer Kapital zur Verfügung stellt, kann eine Verzinsung erwarten, entweder über die Gutschrift des vereinbarten Zinssatzes oder über die Beteiligung am Gewinn des Unternehmens.

Merke

$$\text{Rentabilität (\%)} = \frac{\text{Gewinn}}{\text{Ø eingesetztes Kapital}} \cdot 100$$

So kann die erwartete bzw. erreichte Rentabilität sowohl für private Investoren wie für Betriebe ein sinnvolles Kriterium sein, um sich zwischen den Alternativen „klassische Geldanlage" bei Kreditinstituten (z. B. Kauf von Wertpapieren) und „eigentliche Investition" (z. B. in Sachkapital) zu entscheiden.

2.4.3 Betriebswirtschaftliche Produktionsfaktoren

In der Betriebswirtschaftslehre (BWL) werden üblicherweise **vier Produktionsfaktoren** ausgewiesen, die anders abgegrenzt sind als die volkswirtschaftlichen.

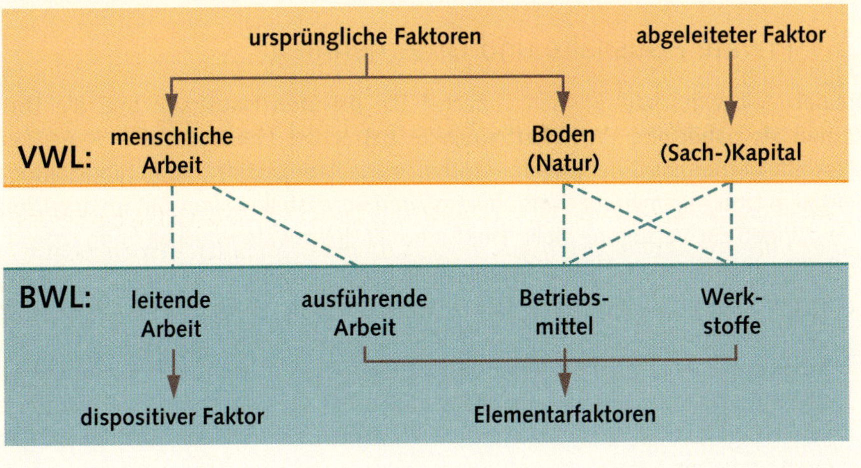

- Die menschliche Arbeit wird aufgespalten in **ausführende** und **leitende Arbeit;** letztere hat für die Kombination der Elementarfaktoren zu sorgen.
- Boden (Natur) ist kein selbstständiger Produktionsfaktor, sondern geht in anderen auf: insbesondere in **Werkstoffen** als Rohstoffe (z. B. Holz), Hilfsstoffe (z. B. Leim, Lack) oder Betriebsstoffe (z. B. Strom/Energie) – und über deren Verwendung auch in produzierten **Betriebsmitteln.**
- Sachkapital ist investiert in **Werkstoffen** (z. B. Rohstofflager) und **Betriebsmitteln** (z. B. Werkshalle, Maschinen).

Ein Unternehmer wird in der Regel versuchen, die für ihn kostengünstigste Kombination der Produktionsfaktoren vorzunehmen. Häufig kann das Einsatzverhältnis der Produktionsfaktoren in gewissen Grenzen verändert werden (Substitution). Dabei müssen allerdings technische Gegebenheiten (z. B. Produktionsverfahren) und gesellschaftliche Vorgaben (z. B. Arbeitszeitregelungen, Arbeitsschutz, Entsorgungsrichtlinien) berücksichtigt werden.

Beispiel

- Eine Steigerung der Lohnkosten kann z. B. dazu führen, dass einzelwirtschaftlich die Anschaffung arbeitssparender Maschinen vorteilhaft wird (kapitalintensivere Produktion).
- Staatliche Umweltschutzvorschriften (z. B. zur Entsorgung) können ein bestimmtes Produktionsverfahren so verteuern, dass eine Umstellung des Verfahrens kostengünstiger wird.

Im ersten Fall sind Entlassungen allerdings nur dann betriebswirtschaftlich rational, wenn der eigene Beitrag zu den Kosten der Arbeitslosigkeit vergleichsweise gering ist. Im zweiten Fall ist nicht ohne Weiteres auszuschließen, dass sich ein Ausnutzen von „Grenzwerten" oder sogar deren Überschreitung einzelwirtschaftlich „rechnet". Dies sind typische Probleme, die bei öffentlichen Gütern auftauchen.

2.5 Einfacher Wirtschaftskreislauf

2.5.1 Private Haushalte und Unternehmen

In einer Volkswirtschaft können zunächst die **privaten Haushalte** und die **Unternehmen** als handelnde Wirtschaftssubjekte betrachtet werden. In der Regel kann unterstellt werden, dass der private Haushalt seine Arbeitskraft (Produktionsfaktor Arbeit) dem Unternehmen für die Produktion und Bereitstellung von Gütern und Dienstleistungen zur Verfügung stellt. Hierfür erhält der private Haushalt Lohn- bzw. Gehaltszahlungen vom Unternehmen. Im Gegenzug tätigt der private Haushalt von seinen erzielten Einkommen Konsumausgaben für Güter und Dienstleistungen, die er wiederum von einem Unternehmen bezieht. Dieser Zusammenhang kann auch unter der Annahme getroffen werden, dass alle privaten Haushalte und alle Unternehmen mit der Bereitstellung von Gütern und Dienstleistungen zusammengefasst (aggregiert) werden. Haushalte stellen demnach also den **Produktionsfaktor Arbeit** zur Verfügung, erhalten von den Unternehmen dafür das

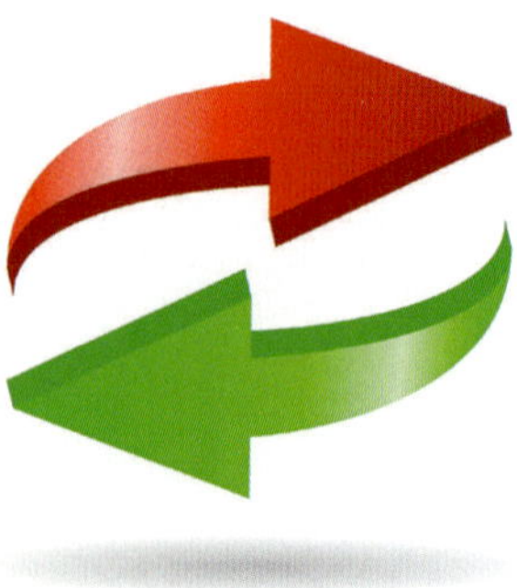

Faktoreinkommen (Lohn/Gehalt), private Haushalte tätigen **Konsumausgaben,** dafür erhalten sie **Konsumgüter** von den Unternehmen.

Diese systematische Beziehung wird üblicherweise wie folgt dargestellt:

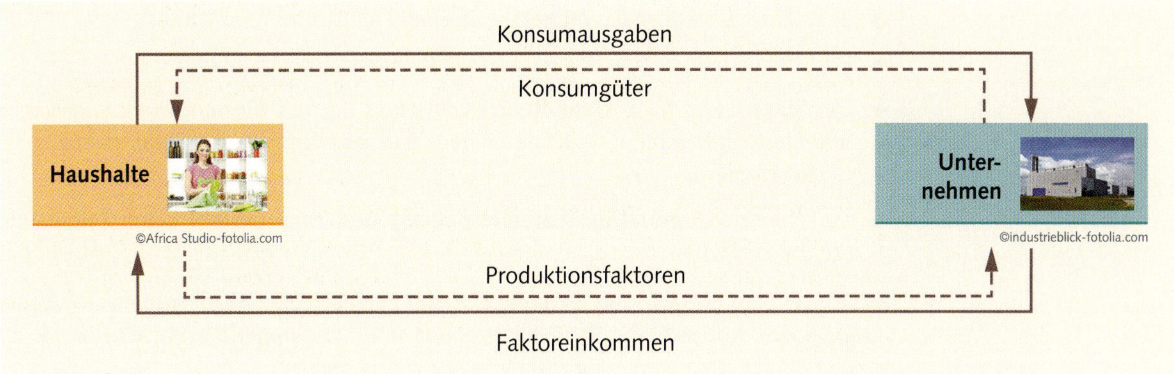

Als Kreislaufströme werden in diesem ersten Modell nur Beziehungen zwischen privaten Haushalten einerseits und Unternehmen andererseits dargestellt.

Diese Zusammenfassung (Aggregation) macht das Kreislaufmodell übersichtlich. Allerdings „verschwinden" dadurch die vielfältigen wirtschaftlichen Beziehungen zwischen den einzelnen Betrieben innerhalb des Sektors Unternehmen (innersektorale Verflechtungen im Sinne von wechselseitigen Vorleistungen). Entsprechendes gilt für die privaten Haushalte.

Beispiel

Im Modell nicht zu sehen ist z. B.: Herr Müller kauft von Frau Schmidt einen gebrauchten PC.

2.5.2 Einfache Modelldarstellung

In der bisherigen Modelldarstellung stehen den Geldströmen (Konsumausgaben und Faktoreinkommen) noch Güter- und Faktorströme gegenüber (Konsumgüter, Produktionsfaktoren).

In einer weiteren Vereinfachung des Modells wird unterstellt, dass jedem Realstrom (Güter und Produktionsfaktoren) der wertmäßig entsprechende Geldstrom entgegenläuft.

Nach dieser Unterstellung kann deshalb aus Vereinfachungsgründen auch die Vereinbarung getroffen werden, dass in der Darstellung eines Wirtschaftskreislaufes immer **lediglich** die **Geldströme** abgebildet werden. Die dahinterliegenden Realströme werden vernachlässigt. Die Umsetzung dieser Annahme führt dann zu der folgenden Modelldarstellung:

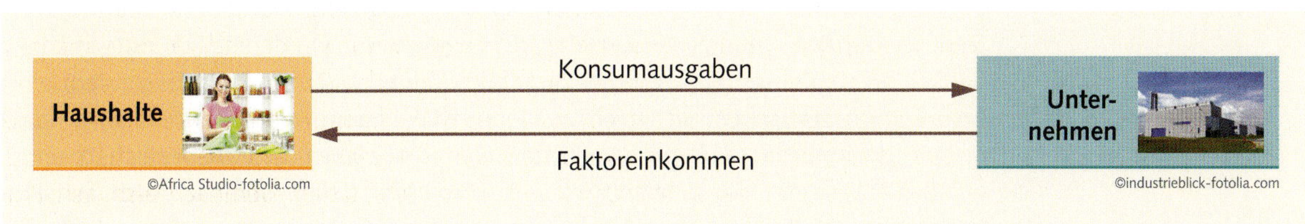

Dieses Modell wird als **einfacher Wirtschaftskreislauf** bezeichnet, in dem die Grundbeziehungen einer Volkswirtschaft schematisch verdeutlicht werden.

Bei genauerer Betrachtung beinhaltet das Modell eine Reihe bedeutsamer Modellannahmen **(Modellprämissen):**

- Es werden ausschließlich **monetäre Ströme** (Geldströme) betrachtet.
- Haushalte konsumieren das **gesamte Einkommen** (damit: Sparen = 0).
- Der **Staat** findet noch **keine Berücksichtigung** (keine Unterscheidung von Brutto- und Nettoeinkommen, da keine Steuern und Abgaben an den Staat in Abzug gebracht werden).
- Zwischen der **Produktion** und dem **Konsum** der Güter besteht **keine Zeitspanne** (Zeitbedarf = 0).

In der weiteren Betrachtung werden nach und nach einzelne Modellprämissen wieder aufgegeben, wodurch die Modelldarstellung zwar zunehmend komplexer wird, zugleich dadurch aber eine realitätsnähere Abbildung gelingt.

2.6 Erweiterter Wirtschaftskreislauf

2.6.1 Banken im „evolutorischen" Wirtschaftskreislauf

Merke

Der **Konsumverzicht** besteht darin, dass nicht das gesamte Einkommen für Konsumzwecke ausgegeben wird (wie bisher unterstellt), sondern ein Teil des Einkommens zurückgelegt wird (Sparen), um dann ggf. eine größere Anschaffung zu tätigen.

Konsumverzicht

In einem ersten Erweiterungsschritt wird die Annahme aufgegeben, dass die Haushalte das gesamte Einkommen konsumieren (vgl. Modellprämissen). Hierdurch wird aber zugleich unterstellt, dass die privaten Haushalte als Konsumenten einen bestimmten Konsumverzicht üben, da sie nun nicht mehr alle Einkommen für Konsum ausgeben.

Merke

Von den **Banken** können diese gesparten Geldeinheiten als Investitionen an die Unternehmen weitergegeben werden, die hierdurch den Produktionsfaktor Kapital erweitern bzw. modernisieren können.

Anlage des Gesparten

Die Rücklagen werden in der Regel nicht bar aufbewahrt, sondern bei Banken (Kapitalsammelstellen) hinterlegt.

©electriceye-fotolia.com

Dem bisherigen Modell (Haushalte, Unternehmen) werden jetzt entsprechend Banken als Kapitalsammelstellen hinzugefügt. Der einfache Wirtschaftskreislauf einer ursprünglich **statischen,** sich nicht weiterentwickelnden Volkswirtschaft wird damit in eine **dynamische,** sich mit Wachstum weiterentwickelnde Volkswirtschaft umgewandelt. Diese Art der sich entwickelnden Volkswirtschaft wird als **„evolutorische" Volkswirtschaft** bezeichnet.

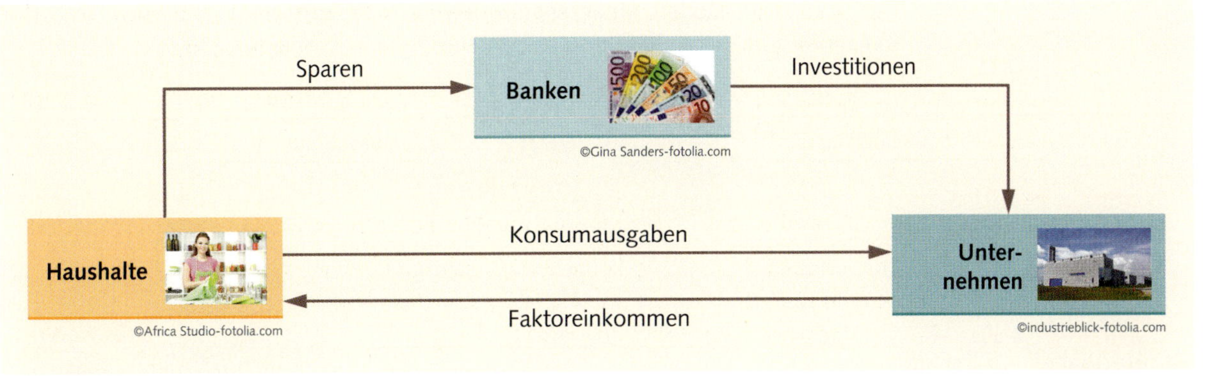

2.6.2 Staat im Wirtschaftskreislauf

In den bisherigen Überlegungen wird davon ausgegangen, dass die privaten Haushalte die gesamten Einkommen (Löhne und Gehälter) entweder konsumieren oder sparen können. Diese Annahme ist insoweit unrealistisch, als lediglich das **verfügbare Einkommen** konsumiert bzw. gespart werden kann. Bislang ist aber unterstellt worden, dass das Bruttoeinkommen dem verfügbaren Nettoeinkommen entspricht. Diese Modellannahme wird nun aufgegeben und damit das Modell des Wirtschaftskreislaufes nochmals erweitert.

Von den Einkommenszahlungen der Unternehmen werden die Anteile für die **Steuern** sowie die **Sozialversicherungen** abgezogen bzw. einbehalten.

Hier wird nun angenommen, dass diese einbehaltenen Zahlungen an den Staat fließen. Da auch die Unternehmen Steuern an den Staat zahlen (z. B. Gewerbesteuern), weist ein Zahlungsstrom von den Unternehmen zum Staat.

Die Einnahmen verwendet der Staat selbst wieder für Zahlungen an die privaten Haushalte und die Unternehmen.

Dabei ist zu unterscheiden, ob es sich hierbei um Zahlungen mit oder ohne Gegenleistungen handelt. Zahlungen ohne Gegenleistungen werden als **Transferzahlungen (Sozialleistungen/Subventionen)** bezeichnet.

Zahlungsströme	Beispiele
Transferzahlungen des Staates an Haushalte (Sozialleistungen)	Kindergeld, Wohngeld, Bürgergeld-Zahlungen
Zahlungen des Staates an Haushalte **mit Gegenleistungen**	Personalausgaben für Angestellte und Beamte
Transferleistungen des Staates an Unternehmen (Subventionen)	Hilfen für die Landwirtschaft, Unterstützung für den Bau von Solaranlagen
Zahlungen des Staates an Unternehmen **mit Gegenleistungen** (Konsumausgaben des Staates)	Straßenbau, Schulmöbel

Das komplexe **Modell einer evolutorischen Volkswirtschaft mit Staat** hat dann folgendes Aussehen:

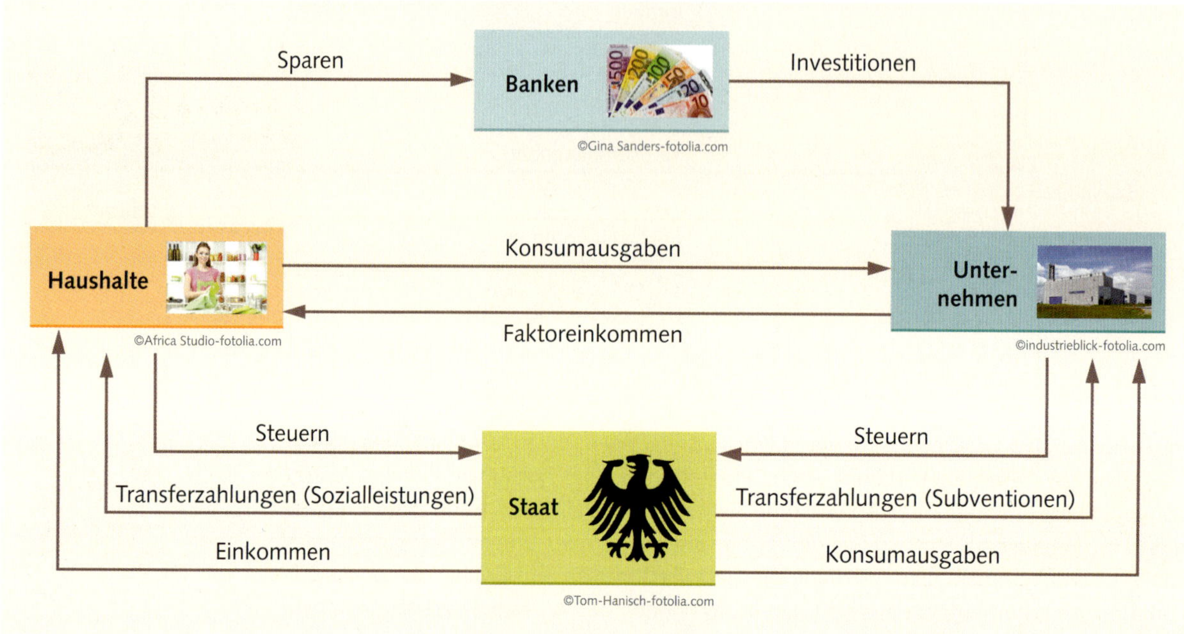

2.6.3 Ausland („Übrige Welt") im Wirtschaftskreislauf

©stockWERK-fotolia.com

Um die Modelldarstellung des Wirtschaftskreislaufes der komplexen Realität weiter anzupassen und dadurch die Volkswirtschaft in allen ihren Verknüpfungen darzustellen, ist es erforderlich, als letzte Prämisse aufzugeben, dass die Volkswirtschaft ausschließlich in inländischen Beziehungen abläuft.

Realistisch ist es, dass eine Volkswirtschaft in internationale Verflechtungen eingebunden ist. Hierzu werden die folgenden **Annahmen** getroffen:

- Alle **Ausfuhren** von Gütern und Dienstleistungen werden als **Exporte** bezeichnet und führen gleichzeitig zu einem Zufluss an Geldeinheiten in das Inland.
- Alle **Einfuhren** an Gütern und Dienstleistungen werden als **Importe** bezeichnet und führen zu einem Abfluss an Geldeinheiten.
- Die **Importe und Exporte** werden ausschließlich über die Unternehmen abgewickelt.
- Da in dem Modell des Wirtschaftskreislaufes immer nur Geldströme dargestellt werden, zeigt der Geldstrom des Güter- und Dienstleistungsexportes vom Ausland zu den inländischen Unternehmen und der Geldstrom des Güter- und Dienstleistungsimportes von den Unternehmen zum Ausland.

Das komplexe **Modell einer offenen, evolutorischen Volkswirtschaft mit Staat** hat dann folgendes Aussehen:

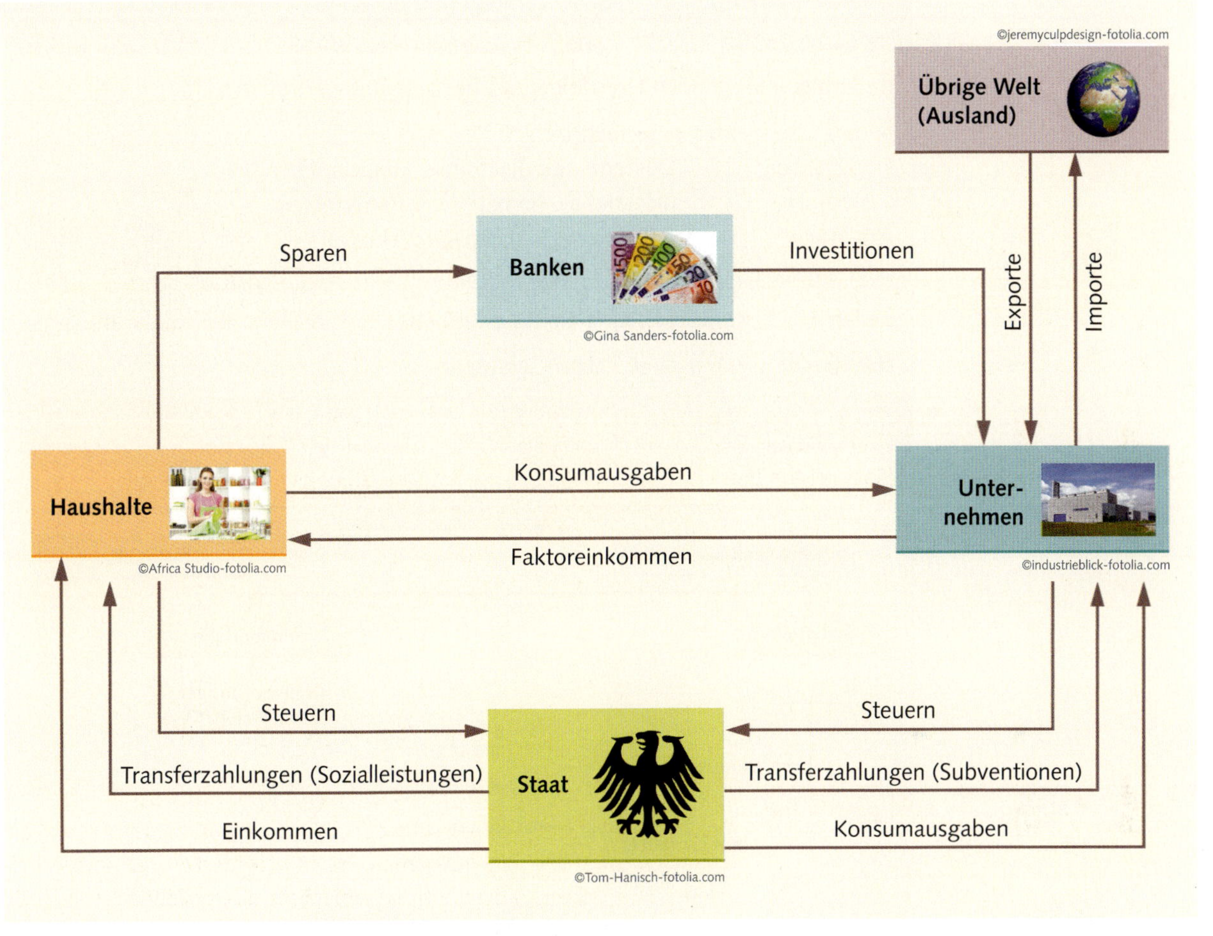

Die Exporte in Beziehung gesetzt zu den Importen stellen den **Außenbeitrag** einer Volkswirtschaft dar. Für den Außenbeitrag sind grundsätzlich drei Situationen vorstellbar:

- **Exporte = Importe:** Der Außenbeitrag ist **ausgeglichen.** In der Summe werden gleich viele Geldeinheiten der Volkswirtschaft zufließen wie abfließen.
- **Exporte > Importe:** Hier handelt es sich um einen **Exportüberschuss.** In dieser Situation fließen mehr Waren aus der Volkswirtschaft ins Ausland ab als hineinfließen. Dadurch vergrößert sich die inländische Geldmenge. Wirtschaftlich wird sich hieraus in der Regel eine stärkere Beschäftigung (sinkende Arbeitslosigkeit) und eine Tendenz zu Preissteigerungen ergeben (Inflation).
- **Exporte < Importe:** In dieser Situation sprechen wir von einem **Importüberschuss.** Hierbei ergibt sich ein stärkerer Warenzufluss und ein größerer Geldmengenabfluss. Die inländische Geldmenge sinkt. Als Folge könnte deshalb die Beschäftigung sinken (steigende Arbeitslosigkeit) und eine zunehmende Preisstabilität eintreten.

2.7 Zusammenfassung und Aufgaben

Zusammenfassung

Bedürfnisse

Bedürfnis = Empfinden eines Mangels, der beseitigt werden soll.

Bedürfnisse werden unterteilt nach:
Dringlichkeit: **Existenz-, Zivilisations-, Luxusbedürfnisse**
Fassbarkeit: **materielle-, immaterielle Bedürfnisse**
Art/Träger: **Individual-, Kollektivbedürfnisse**
oder pauschal nach: **Primär-, Sekundärbedürfnisse**

Bedarf: Konkretisierung eines Bedürfnisses entsprechend der Kaufkraft

Nachfrage: Fällen eines Kaufentschlusses

Güter

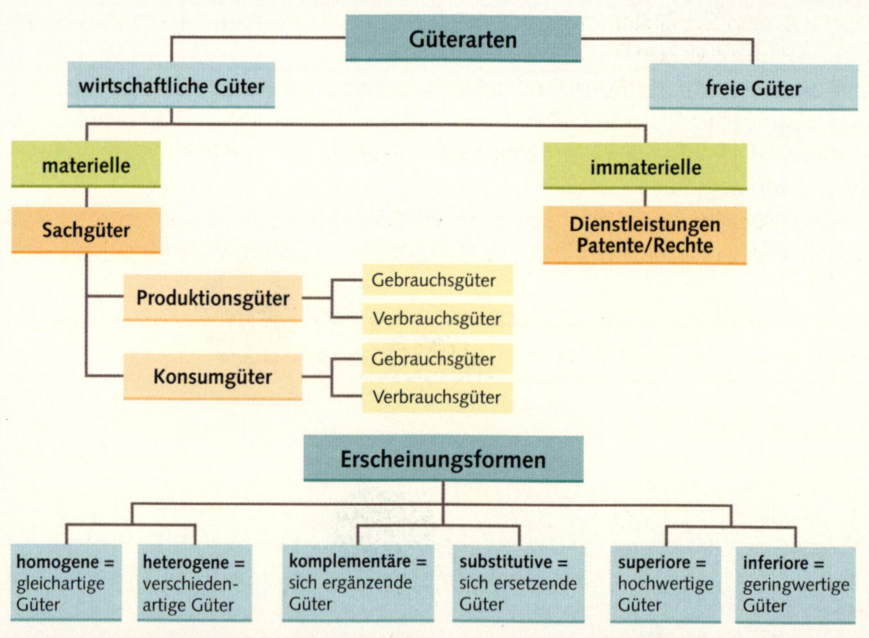

Wirtschaften

Die **Notwendigkeit des Wirtschaftens** ergibt sich durch die **Unbegrenztheit** der Bedürfnisse und der **Knappheit** der Güter. Wirtschaftssubjekte treffen im Rahmen des Wirtschaftens **Wahlentscheidungen**.

Das **ökonomische Prinzip** ist als Maximal- und Minimalprinzip umsetzbar.
Maximalprinzip: Mit gegebenen Mitteln möglichst viel erreichen.
Minimalprinzip: Bestimmte Ziele mit möglichst geringen Mitteln erreichen.

Produktivität misst das mengenmäßige Verhältnis von Output zu Input (z. B. Stück/Stunde).

Produktionsfaktoren

Der Produktionsfaktor **Arbeit** umfasst grundsätzlich jede Form menschlicher Arbeit und wird vor allem nach **selbstständiger** Arbeit und **unselbstständiger** Arbeit unterschieden.

Der Produktionsfaktor **Boden** erscheint als **Anbauboden** (Land-/Forstwirtschaft), **Abbauboden** (Bergbau) und **Standortboden** (Standortflächen).

Der **Produktionsfaktor Kapital** ergibt sich aus produzierten Gütern (Produktionsmitteln) und wird als derivativer (abgeleiteter) Faktor aus den Produktionsfaktoren Boden und Arbeit verstanden.

Betriebswirtschaftliche Produktionsfaktoren: Arbeit (leitende, ausführende), Betriebsmittel, Werkstoffe

Wirtschaftskreislauf

Im Wirtschaftskreislauf werden **ausschließlich monetäre Ströme** (Geldströme) dargestellt.

Der **einfache Wirtschaftskreislauf** (Haushalte, Unternehmen) ist dadurch gekennzeichnet, dass alle Einkommen konsumiert werden. Diese Volkswirtschaft kann sich nicht weiterentwickeln (statische Wirtschaft).

Der einfache Wirtschaftskreislauf (Haushalte, Unternehmen) wird durch Sparen (= Konsumverzicht) und Investitionen (Anlage des Gesparten) zu einem **erweiterten Wirtschafskreislauf** einer evolutorischen Volkswirtschaft weiterentwickelt, in der Wachstum möglich ist.

Um das Modell realitätsnäher zu machen, wird der **Staat** mit Steuereinnahmen, Transferzahlungen, Konsumausgaben und Einkommen in den Wirtschaftskreislauf eingefügt.

Um den Wirtschaftskreislauf einer **offenen Volkswirtschaft** abzubilden, werden **Exporte** (Ausfuhren) und **Importe** (Einfuhren) hinzugefügt.

Aufgaben

1. Prüfen Sie die nachfolgenden Aussagen auf ihre Richtigkeit. Die Antwort ist jeweils zu begründen.

(1) Die Rangordnung der Bedürfnisse eines Menschen bleibt immer gleich.

(2) In der Bedürfnishierarchie von Maslow steht an höchster Stelle die Selbstverwirklichung.

(3) Mit zunehmendem Wohlstand in einer Gesellschaft nimmt die Anzahl der knappen Güter ab.

(4) Dienstleistungen werden in Gebrauchs- und Verbrauchsgüter eingeteilt.

(5) Wenn ein Hersteller sein Produkt sowohl als Markenartikel als auch als „No-Name-Produkt" verkauft, so handelt es sich um ein homogenes Gut.

(6) Substitutive Güter können sich wechselseitig ersetzen.

(7) Die Produktionsfaktoren Boden (Natur) und Arbeit gelten als „ursprünglich", der Produktionsfaktor Kapital als „abgeleitet".

(8) Das Minimalprinzip liegt vor, wenn für gegebene Konsumausgaben möglichst preiswert eingekauft werden soll.

(9) Man sollte sich bemühen, gleichzeitig nach dem Minimal- und nach dem Maximalprinzip zu handeln.

(10) Wirtschaften ist erforderlich, da unbegrenzte Bedürfnisse auf knappe Güter treffen.

2. Grenzen Sie die Begriffe Bedürfnis, Bedarf, Nachfrage gegeneinander ab.

3. Welche Güterbeziehung besteht zwischen:
- Taxi und Bus im Nahverkehr,
- Katalysatoren und bleifreiem Benzin,
- Benzin und Heizöl,
- Autos und Straßen,
- Bleistift und Lippenstift?

4. Ökonomisches Prinzip

Begründen Sie, warum die Formulierung „mit geringstmöglichen Mitteln den größtmöglichen Erfolg erreichen" nicht dem ökonomischen Prinzip als Minimal- oder Maximalprinzip entsprechen kann.

5. a) Beschreiben Sie die volkswirtschaftlichen Produktionsfaktoren.

b) Stellen Sie den Zusammenhang von Gütereinsatz, Kombination von Produktionsfaktoren und Güterausstoß dar.

c) Erläutern Sie, warum es Schwierigkeiten bereitet, den gesamten Umfang der tatsächlichen Erwerbsarbeit einer Volkswirtschaft zu erfassen.

6. Inwieweit ist Konsumverzicht als wesentliche Voraussetzung von Investitionen anzusehen?

7. Nehmen Sie zu folgenden Aussagen begründet Stellung:

(1) Sowohl Geldströme als auch Realströme werden in einem Wirtschaftskreislauf abgebildet.

(2) Wenn die Annahme aufgegeben wird, dass die privaten Haushalte die gesamten Einnahmen konsumieren, ergibt sich die Möglichkeit von Investitionen.

(3) Subventionen sind staatliche Transferleistungen ohne Gegenleistungen der Empfänger.

(4) Im Wirtschaftskreislauf einer „evolutorischen" Volkswirtschaft wird angenommen, dass die privaten Haushalte alle Einkommen konsumieren.

(5) In einer offenen Volkswirtschaft werden die Exporte und Importe als Geldströme hinzugefügt, sodass die Importe von den Unternehmen ins Ausland laufen.

3 Den betrieblichen Leistungsprozess beschreiben

©DOC RABE Media-fotolia.com

Kaufleute für Büromanagement sind qualifiziert für Büro- und Geschäftsprozesse in unterschiedlichen Wirtschaftszweigen, Branchen und Betriebsgrößen. Die Vielzahl der Betriebe beteiligt sich in unterschiedlichster Weise an der bedarfsgerechten Versorgung der Wirtschaftssubjekte. Sachgüter werden hergestellt und verteilt, Dienstleistungen werden bereitgestellt, damit Bedürfnisse befriedigt werden können.

3.1 Einteilung der Betriebe

Betriebe lassen sich u. a. nach der Verarbeitungsstufe, der Absicht der Gewinnerzielung und nach der Art der erstellten Leistung einteilen.

Unterscheidungs-merkmale	Arten von Betrieben
Verarbeitungsstufe	**Primärer Sektor** (Urproduktion) Land- und Forstwirtschaft, Rohstoffgewinnung, Energiegewinnung **Sekundärer Sektor** (verarbeitendes Gewerbe) Handwerk, Industrie **Tertiärer Sektor** (Güterverteilung und Dienstleistung) Handel (Groß- und Einzelhandel), Banken, Verkehr, Versicherungen und sonstige Dienstleistungen (z. B. Makler, Unternehmensberater)
Absicht der Gewinnerzielung	**Erwerbswirtschaftlich** organisierte Betriebe wollen ihren Gewinn langfristig maximieren bzw. streben an, einen angemessenen Gewinn zu erzielen. **Gemeinwirtschaftlich** organisierte Betriebe streben keine Gewinnerzielung an. Ihre Strategie heißt Kostendeckung.
Art der erstellten Leistung	**Sachleistungsbetriebe** als • Industriebetriebe, z. B. Rohstoffgewinnungsbetriebe (z. B. Windkraftanlagen), Produktionsmittelbetriebe (z. B. Maschinenfabrik), Verbrauchsgüterbetriebe (z. B. Bekleidungsindustrie, Nahrungs- und Genussmittelhersteller) • Handwerksbetriebe, z. B. Schreinerei, Kfz-Werkstatt, Druckerei **Dienstleistungsbetriebe** z. B. Handelsbetriebe, Banken und Versicherungen, Verkehrsbetriebe, öffentliche Verwaltung und sonstige Dienstleistungsbetriebe

3.2 Leistungsprozesse in Dienst- und Sachleistungsbetrieben

Während **Sachleistungsbetriebe** materielle Güter produzieren, stellen **Dienstleistungsbetriebe** ihre Leistungen als immaterielle Güter auf allen Stufen des Wirtschaftsprozesses zur Verfügung. In einer Volkswirtschaft, deren Märkte sich ständig ausdehnen und deren Zweige sich immer weiter spezialisieren, stellen sie die notwendigen Verbindungen her. Nach vorherrschender Auffassung gehören zum Dienstleistungssektor alle Bereiche außerhalb der eigentlichen Warenproduktion, so z. B. **alle Formen des Handels, Banken, Versicherungen** und **Transportunternehmen** sowie sonstige **gewerbliche Serviceleistungen** (z. B. Zeitarbeitsfirmen) bis hin zu **personenbezogenen Dienstleistungen** (z. B. Ärzte) und **sozialen Einrichtungen.** Auch die **öffentliche Verwaltung** beteiligt sich mit einer Vielzahl von Dienstleistungen an der Versorgung der Bürger.

3.2.1 Dienstleistungsbetriebe

■ Handelsbetriebe

Zu den Dienstleistungsbetrieben gehören insbesondere die **Handelsbetriebe** (z. B Groß- und Einzelhandel). Gerade in unserer hochentwickelten Industriegesellschaft mit einem ständig wachsenden Warenangebot und dem Anstieg des privaten Verbrauchs gewinnt der **warenverteilende Sektor** eine immer größere Bedeutung.

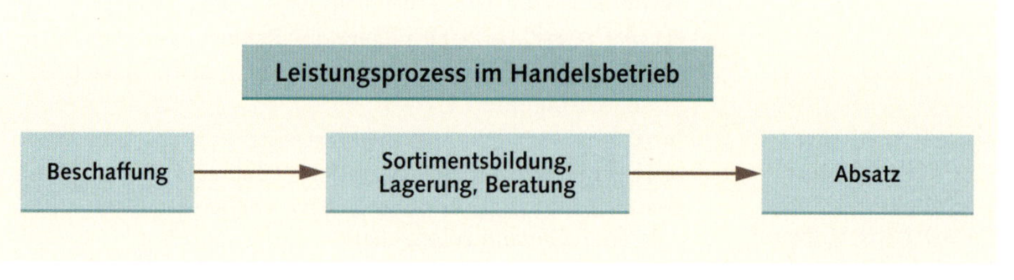

Hauptaufgabe des Handels ist es, die **Herstellung** von Produkten für einen anonymen Markt **mit dem Verbrauch** zu **verbinden**. Daraus ergeben sich verschiedene Funktionen des Handels.

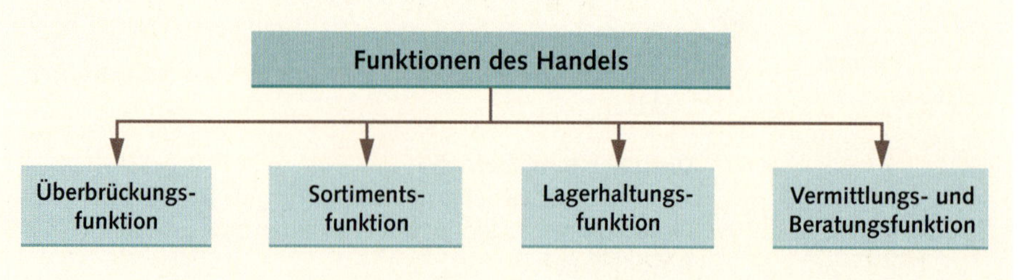

Funktionen des Handels	
Überbrückungs-funktion	Die Herstellung von Produkten und ihr Verbrauch stimmen in der Regel **zeitlich** und **räumlich** nicht überein. Der Handelsbetrieb überbrückt die räumliche Entfernung z. B. zwischen Hersteller und Endverbraucher **(Raumüberbrückung)** und stellt die gewünschte Ware dem Verbraucher zum Bedarfszeitpunkt zur Verfügung **(Zeitüberbrückung).**
Sortiments-funktion	Der Handelsbetrieb wählt aus einer Fülle von **Erzeugnissen** unterschiedlicher **Art**, **Qualität** und **Ausführung,** die in großen Mengen vom Hersteller für einen anonymen Markt produziert werden, für seine Kundschaft ein absetzbares Sortiment aus. Je nach Branche (z. B. Getränke), Betriebsform (z. B. Discounter) und Kundenkreis entscheidet der Händler über seine **Sortimentsstruktur** (z. B. breites und flaches Sortiment mit vielen Warengruppen und relativ geringer Auswahl innerhalb der jeweiligen Warengruppe).
Lagerhaltungs-funktion	Zum Zwecke der **Überbrückung** und **Sortimentsbildung** ist eine **Lagerhaltung** erforderlich, damit der Verbraucher in der Lage ist, seinen Bedarf unmittelbar und bequem in der gewünschten Menge und Auswahl zu decken. Stufen des Handels (z. B. Großhandel) sowie Transportsysteme (z. B. Apotheken-Schnellbelieferung) spielen hier eine wichtige Rolle.
Vermittlungs- und Beratungsfunktion	Der Handelsbetrieb tritt als **Vermittler** zwischen **Hersteller** und **Verbraucher** auf. Aufgrund seiner Marktübersicht und Marktstellung informiert er die Produzenten und berät die Verbraucher. Er sorgt mit dafür, dass Güter erzeugt werden, die auch tatsächlich abgesetzt werden können.

Banken und Versicherungen

Wie bereits im volkswirtschaftlichen Modell des Wirtschaftskreislaufs und in dem betriebswirtschaftlichen Funktionsmodell dargestellt wurde, bedingen die vielfältigen güterwirtschaftlichen Beziehungen einen funktionierenden **Geldkreislauf.**

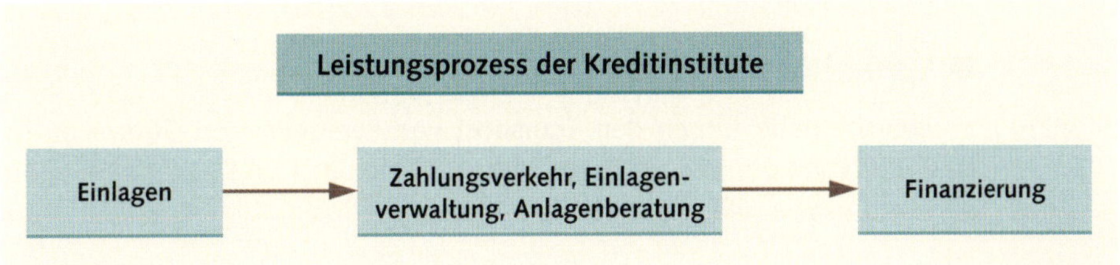

Die **Kreditinstitute** (Geschäftsbanken, Sparkassen, Postbank usw.), aber auch teilweise die **Versicherungen** sehen in der Bereitstellung der für diesen Prozess erforderlichen Leistungen ihre Hauptaufgaben.

©Dan Race-fotolia.com

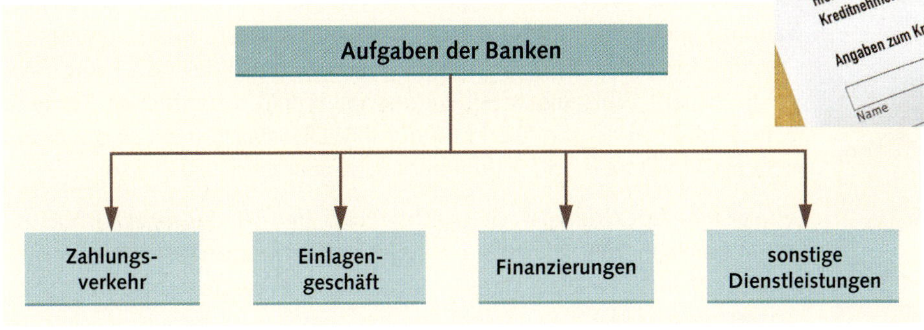

Aufgaben der Banken	
Zahlungsverkehr	Die Banken sind die wichtigsten Träger des **halbbaren** und **bargeldlosen Zahlungsverkehrs** und beschaffen erforderliche in- und ausländische Zahlungsmittel für den **Barzahlungsverkehr.**
Einlagengeschäft	Sie **sammeln** von Haushalten und Unternehmen zeitlich befristete **Einlagen** (Sichteinlagen, Termineinlagen, Spareinlagen) und verzinsen sie in der Regel.
Finanzierungen	Die angesammelten Finanzmittel können wiederum den Haushalten als Geld und Unternehmen als **Kapital** zu **Finanzierungszwecken** zur Verfügung gestellt werden.
sonstige Dienstleistungen	Kreditinstitute führen auch **Wertpapiergeschäfte** durch. Dazu gehören neben dem Kauf und Verkauf von Wertpapieren auch deren Verwahrung und Verwaltung sowie eine fachkundige **Anlagenberatung.** Darüber hinaus übernehmen Kreditinstitute auch sonstige Dienstleistungen wie z. B. die Vermittlung von **Bausparverträgen, Versicherungen, Kreditkarten.**

Versicherungen sammeln Kapital durch die Erhebung von Beiträgen (Prämien) als Preis für den gewährten Versicherungsschutz. Das Risiko eines Versicherungsschadens wird dabei auf die gesamte Versicherungsgemeinschaft verteilt, um die Versicherungsleistung bei Auftreten eines einzelnen Schadens sicherzustellen.

Leistungsprozess der Versicherungen

Prämien → Risikoverteilung → Schadensregulierung

©Franck Boston-fotolia.com

■ Verkehrsbetriebe

Verkehrsbetriebe führen den **Transport** von **Personen** und **Gütern** durch. Hauptaufgabe der Verkehrsbetriebe ist es, Personen und Güter zum richtigen Zeitpunkt an den richtigen Ort zu transportieren.

Neben der Durchführung des Warentransports umfassen die Dienstleistungen der Verkehrsbetriebe insbesondere Beratungstätigkeiten über Transportmöglichkeiten und Vermittlung von Frachtverträgen.

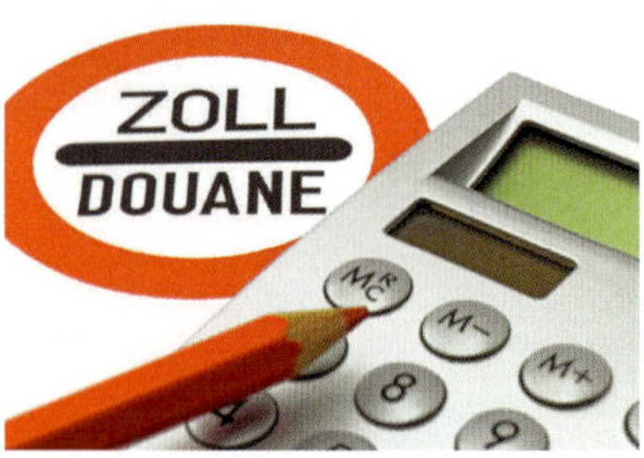

©Schlierner-fotolia.com

■ Öffentliche Verwaltung

Die öffentliche Verwaltung ist einerseits mit ihren **Behörden** (z. B. Kreisverwaltung) zuständig für die weisungsgebundene Ausführung von Rechtsvorschriften, andererseits nimmt sie Aufgaben, die in der Regel von privaten Betrieben nicht angeboten werden, durch ihre **öffentlichen Betriebe** (z. B. Stadtwerke) wahr. Die Preise für ihre Dienstleistungen sind deshalb nicht marktorientiert und nicht immer kostendeckend.

Ihr Leistungsspektrum ist vielschichtig und betrifft die verschiedensten Lebensbereiche der Bürger: z. B. **Gesundheitswesen** (Krankenhäuser), **Hygiene-Schutz** (Kanalisation, Müllabfuhr), **Ernergieversorgung** (Gas, Wasser, Elektrizität).

3.2.2 Sachleistungsbetriebe

Die Verarbeitung von Roh-, Hilfs- und Betriebsstoffen sowie vorgefertigten Teilen zu Gebrauchs- und Verbrauchsgütern ist die zentrale Aufgabe der Sachleistungsbetriebe. Sachleistungsbetriebe werden unterteilt in

- **Industriebetriebe** und
- **Handwerksbetriebe.**

Industriebetriebe sind eher **groß**, **kapitalintensiv** und verfügen über eine **maschinelle** bzw. **automatische Fertigung** (z. B. Fahrzeugbau).

Handwerksbetriebe sind eher **klein, personalintensiv** und fertigen **manuell** (z. B. Schreinerei).

Im Produktionsbetrieb werden die betriebswirtschaftlichen Produktionsfaktoren (Arbeit, Betriebsmittel und Werkstoffe) zur Erstellung materieller Produkte möglichst wirtschaftlich miteinander kombiniert. Durch diese Fertigung (Produktion im engeren Sinne) unterscheidet sich der Sachleistungsbetrieb grundlegend vom Dienstleistungsbetrieb.

Zur Produktion als Hauptaufgabe des Sachleistungsbetriebes kommen insbesondere im Industriebetrieb verschiedene Teilaufgaben:

- Forschung und Entwicklung,
- Planung des Produktionsprogramms,
- Fertigungsplanung,
- Fertigungs- und Qualitätskontrollen,
- Lagerhaltung.

Leistungsprozess im Sachleistungsbetrieb

betriebswirtschaftliche Produktionsfaktoren → **Kombination der Produktionsfaktoren** → **Sachgüter**

■ Leistungserstellung im Industriebetrieb

Im Industriebetrieb unterscheidet man unterschiedliche **Fertigungsverfahren** und unterschiedliche **Organisationsformen der Fertigung**.

Fertigungsverfahren

Fertigungsverfahren	Merkmale/Beispiele
Einzelfertigung	Herstellung eines Produktes einmalig nach den Wünschen der Auftraggeber: z. B. Schiffe, Brücken, individuelle Häuser, Spezialmaschinen.

Fertigungsverfahren	Merkmale/Beispiele
Mehrfachfertigung als **Serienfertigung**	Herstellung von **mehreren gleichartigen Produkten;** nach Erreichen einer bestimmten Stückzahl wird eine neue Serie aufgelegt, die eine Umrüstung der Produktionsanlagen erfordert: z. B. Autos, Möbel, elektronische Geräte.
Sortenfertigung	Herstellung von **Produkten,** die sich aufgrund des verwendeten Materials und ihrer Herstellung nur **unwesentlich unterscheiden:** z. B. Bekleidung aus unterschiedlichen Stoffen, Werkzeuge in unterschiedlichen Größen.
Massenfertigung	Herstellung des **gleichen Produktes** (einfache Massenfertigung) bzw. **verschiedener Produkte** (mehrfache Massenfertigung), die einander sehr **ähnlich** sind, auf gleichen Produktionsanlagen in sehr großen Stückzahlen: z. B. Elektrizität, Gas, Wasser, Schwefelsäure, Flaschen, Bleistifte, Schokolade.

Organisationsformen der Fertigung

Der Fertigungsablauf erfordert eine rationelle Organisation der räumlichen Anordnung der Betriebsmittel, der Zuordnung der Arbeitsplätze sowie der Gestaltung des Fertigungsdurchlaufs. Dabei unterscheidet man verschiedene Organisationsformen:

Organisationsformen der Fertigung	Merkmale/Beispiele
Werkstattfertigung	Zusammenfassung von Maschinen und Arbeitsplätzen mit gleichartigen Arbeitsverrichtungen in einer fertigungstechnischen Einheit (Werkstatt). Eignung insbesondere für Einzelfertigung, häufig auch für Klein- und Gruppenfertigung.
Fließfertigung	Anordnung der Maschinen und Arbeitsplätze nach dem Fertigungsablauf (z. B. Automobilherstellung).
Gruppenfertigung	Kombination der Werkstatt- und Fließfertigung: Maschinen und Arbeitsplätze werden verschiedenen Fertigungsabschnitten zugeordnet.

■ Leistungserstellung im Handwerksbetrieb

Im Gegensatz zu Industriebetrieben haben sich **Handwerksbetriebe** auf individuelle Arbeiten für einzelne Auftraggeber spezialisiert. Neben meist **manuellen Leistungen** in der Be- und Verarbeitung werden auch **Reparaturarbeiten** ausgeführt. In vielen Fällen gehören zusätzlich Dienstleistungen von der Planung bis zur Beratung zum Leistungsspektrum.

3.3 Ziele des Unternehmens

Die Erhaltung des Unternehmens ist grundsätzlich das oberste wirtschaftliche Ziel. Dies schlägt sich in der Zielsetzung nieder, einen längerfristigen Gewinn zu erwirtschaften. Die **Gewinnerzielung** gilt als zentrales Kriterium für Markterfolg. Das Gewinnziel des Unternehmens findet seine Ausgestaltung in vielfältigen – auch kurzfristigen – wirtschaftlichen Zielsetzungen: z. B. **Umsatzsteigerung, Zahlungsfähigkeit, Wettbewerbsfähigkeit** und **Wachstum.**

Zielbündel
- wirtschaftliche Ziele
- soziale Ziele
- ökologische Ziele

Die Realisierung der **wirtschaftlichen** Ziele kann allerdings nur unter Beachtung der innerbetrieblichen und außerbetrieblichen Bedingungen gewährleistet werden. So sind die Interessen und Ansprüche der Arbeitnehmer durch Festlegung **sozialer** Ziele zu berücksichtigen und das Streben nach einer umweltorientierten Unternehmensführung ist in **ökologischen** Zielsetzungen zu formulieren.

Wirtschaftliche Ziele

Zur Beurteilung des wirtschaftlichen Erfolges werden in der Regel Maßstäbe herangezogen, mit deren Hilfe das Erreichen der gesetzten Ziele gemessen werden kann. Solche Maßstäbe sind z. B. **Produktivität, Wirtschaftlichkeit, Rentabilität** und **Liquidität.**

Merke

Die **Produktivität** misst die Beziehung zwischen dem erzielten Ergebnis (Output) und den eingesetzten Mitteln (Input) in mengenmäßigen Größen.

$$\textbf{z. B. Arbeitsproduktivität} = \frac{\text{Produktionsergebnis (z. B. Stück)}}{\text{Arbeitseinsatz (z. B. Stunden)}}$$

Die **Wirtschaftlichkeit** gibt an, welche Leistung (z. B. in Form von Umsatzerlösen) sich pro eingesetztem Euro Kosten ergeben hat.

$$\textbf{Wirtschaftlichkeit} = \frac{\text{Leistungen (EUR)}}{\text{Kosten (EUR)}}$$

Die **Rentabilität** drückt aus, mit welchem Prozentsatz sich das eingesetzte Kapital verzinst hat.

$$\textbf{z. B. Eigenkapitalrentabilität} = \frac{\text{Gewinn}}{\text{Ø Eigenkapital}} \cdot 100$$

Die **Liquidität** beschreibt die Fähigkeit, den fälligen Zahlungsverpflichtungen stets nachkommen zu können.

$$\textbf{z. B. Liquidität 1. Grades} \text{ (Barliquidität)} = \frac{\text{flüssige Mittel}}{\text{kurzfristige Verbindlichkeiten}} \cdot 100$$

Soziale Ziele

Soziale Ziele berücksichtigen vor allem die **Interessen** und **Ansprüche** der **Arbeitnehmer.** Beispiele sind **Sicherung der Arbeitsplätze, menschenwürdige Arbeitsbedingungen, gerechte Entlohnung, Mitbestimmung.** Diese konkurrieren häufig mit wirtschaftlichen Zielen (Zielkonflikt). Sie müssen – auch in Abhängigkeit von äußeren Bedingungen (z. B. Konjunktur) – konkretisiert und immer wieder überprüft werden.

Merke

Das Unternehmen der Zukunft wird nicht nur an der Qualität seiner Leistungen und Produkte, sondern auch an den **Maßstäben** einer **ökologischen Betriebsführung** gemessen.

Ökologische Ziele

Bewusstseinswandel und Sachzwänge sowie ständig verschärfte gesetzliche Auflagen bewirken eine wachsende Aufmerksamkeit für den **Schutz der Umwelt,** z. B. Reinhaltung von Luft und Gewässern, Schonung von Ressourcen und Recycling von Wertstoffen in den Betrieben.

Ein vorausschauendes, innovatives betriebliches **Umweltkonzept** schließt den Ertrag keinesfalls aus. Umweltschutz muss sich an ganzheitlichen Lösungen von der Produktentwicklung bis zum Recycling orientieren. Dies bedeutet eine Abkehr von einer Unternehmenspolitik des Durchlaufs von Stoffen zu einer **Politik der Wiederverwertung.** Das hat Auswirkungen auf die gesamte Unternehmenskonzeption von dem unternehmerischen Zielsystem bis zur tatsächlichen Umsetzung in den einzelnen Funktionsbereichen des Unternehmens.

©Stauke-fotolia.com

Heute verstehen es schon viele Unternehmen, die Erfordernisse des Umweltschutzes mit den Zielen ihres Unternehmens zu vereinbaren – und mehr noch: Einige profitieren sogar davon.

Insbesondere große Unternehmen haben sogenannte **Corporate-Responsibility-Konzepte** entwickelt, um transparent zu machen, inwieweit sie ihrer umfassenden unternehmerischen Verantwortung z. B. im Hinblick auf Umwelt, Gesellschaft und Mitarbeiter nachkommen.

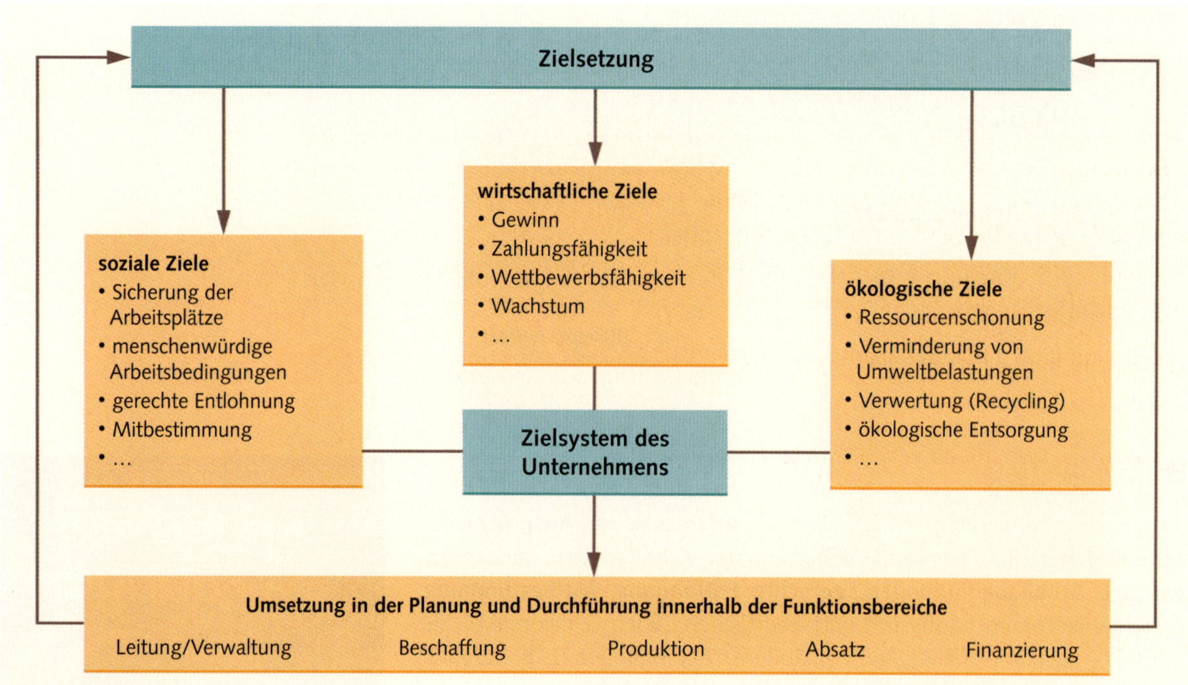

Zielharmonie, Zielkonflikt, Zielindifferenz

Wirtschaftliche, soziale und ökologische Ziele sind miteinander vernetzt.

Ergänzen sich die Ziele, so liegt **Zielharmonie** vor.

Beispiel

Verbesserungen der Beschaffungsorganisation im Bereich der Transportwege, der Transportträger und der Lagerhaltung führen zu Kostensenkung und Schonung der Umwelt.

Behindern oder schließen sich die Ziele gegenseitig aus, so liegt ein **Zielkonflikt** vor.

©fotomek-fotolia.com

Beispiel

Der Wunsch nach z. B. Gehaltserhöhung, verbessertem Kündigungsschutz, Reduzierung der Arbeitszeit bei vollem Lohnausgleich kann bei abflauender Konjunktur die Wirtschaftslage eines Unternehmens gefährden.

Von **Zielindifferenz** spricht man, wenn die Verfolgung bestimmter Ziele sich gegenseitig nicht beeinflusst.

Beispiel

In der Finanzbuchhaltung sollen Kosten gesenkt werden und Werbeausgaben werden erhöht.

3.4 Funktionsbereiche des Unternehmens

Obwohl die Betriebsarten in der Erbringung von Sachleistungen und/oder Dienstleistungen und ihrer Verwertung am Markt sehr unterschiedlich sind, findet man bestimmte Aufgabenbereiche unabhängig vom Betriebstyp in allen Unternehmen. So ist in jedem Betrieb eine **Planung, Durchführung** und **Kontrolle/Bewertung** aller Aufgaben und Arbeitsabläufe erforderlich. Wenn auch alle Tätigkeiten in irgendeiner Weise miteinander verknüpft und voneinander abhängig sind, ist es zunächst für einen wirtschaftlichen Betriebsablauf erforderlich, bestimmte Tätigkeiten zu Funktionen zu bündeln und dementsprechend das Unternehmen nach **Funktionsbereichen** zu gliedern.

Grundlegende **Funktionsbereiche eines Unternehmens** sind

- Leitung/Verwaltung,
- Beschaffung,
- Leistungserstellung,
- Absatz,
- Finanzierung.

Leitung/Verwaltung		
Die **Leitungsaufgabe** umfasst Entscheidungen zur **Steuerung, Koordination** und **Überwachung** des **Zusammenwirkens aller Grundfunktionen.** Sie ist verantwortlich für die verbindliche Festlegung der **Unternehmensziele,** die **Planung** des betrieblichen Geschehens sowie deren **Durchsetzung** und **Kontrolle.** In der **Koordination der betrieblichen Funktionsbereiche** wird die Unternehmensleitung von der **Verwaltung** unterstützt. Diese ist insbesondere für die Aufbereitung von Daten des Rechnungswesens für betriebliche Entscheidungen verantwortlich. Auch das **Personalwesen** kann zu den Aufgaben der Verwaltung gerechnet werden. Konkrete Aufgaben des betrieblichen Personalwesens ergeben sich aus der Bereitstellung, dem Einsatz und der Betreuung der Mitarbeiter. Zu den Aufgabengebieten des Personalwesens gehören insbesondere: • Personalbedarfsplanung • Personalbeschaffung und -einsatz • Personalentwicklung und -betreuung • Personalfreisetzung und • Personalorganisation.		
Beschaffung	**Leistungserstellung**	**Absatz**
Die **Beschaffung** im weitesten Sinn ist verantwortlich für die **Bereitstellung** der betriebswirtschaftlichen **Produktionsfaktoren.** Dazu zählen: • Betriebsmittel (z. B. Maschinen, Werkzeuge, Büroausstattung) ebenso wie der • Produktionsfaktor Arbeit, der neben den zu beschaffenden eigenen Arbeitskräften auch fremdbezogene Dienstleistungen umfasst. Im engeren Sinn beschäftigt sich der Beschaffungsbereich aber mit dem **Einkauf** insbesondere **von Materialien:** Roh-, Hilfs- und Betriebsstoffen sowie Teilen bzw. Handelswaren.	Die **Leistungserstellung** hat die Aufgabe, die **betrieblichen Produktionsfaktoren** so zu kombinieren, dass die gewünschte Leistung (z. B. ein Produkt) entsteht. Zu den Aufgabengebieten gehören insbesondere: • Produktionsprogramm- und Fertigungsplanung • Produktionsdurchführung und -kontrolle • Lagerung von unfertigen und fertigen Produkten. In einem weiteren Sinn umfasst die Leistungserstellung nicht nur die Herstellung von Sachgütern, sondern auch die **Bereitstellung von Dienstleistungen.**	Der **Absatz** hat die Aufgabe, Produktion und Beschaffung marktbezogen zu lenken und für die **Verwertung von** erstellten oder zu erstellenden **Leistungen** bzw. gegebenenfalls von fremdbezogenen Handelswaren **am Markt** zu sorgen. Zu seinen Aufgaben gehören u. a.: • Produkt-, Sortiments- und Servicepolitik • Preispolitik • Kommunikationspolitik • Distributionspolitik. Die **Marktforschung** liefert die dazu notwendigen Informationen.
Finanzierung		
Aufgabe der **Finanzierung** ist es, das Unternehmen ständig mit ausreichendem Geldkapital zu versorgen. Daneben gehört es auch zu den Aufgaben der Finanzierung, für kurzzeitig frei werdende Gelder Anlagemöglichkeiten zu suchen.		

Zusammenwirken der Funktionsbereiche

Die Funktionsbereiche eines Unternehmens sind eng miteinander verknüpft, sie stehen in einer wechselseitigen Abhängigkeit zueinander. Entscheidungen in einem Funktionsbereich wirken sich immer auch auf die anderen Funktionsbereiche des Unternehmens aus. Die optimale Verwirklichung der Unternehmensziele verlangt deshalb eine **Abstimmung aller Bereiche** des Unternehmens zu einer Gesamtstrategie.

Beispiel

Die Anfrage eines Kunden wird geprüft z. B. hinsichtlich der Produktionsmöglichkeiten, der Beschaffung und des Einsatzes von Produktionsfaktoren, der Lagerung von Materialien und Fertigteilen sowie der Kalkulation des Preises und Terminierung der Zahlungseingänge. Ein Angebot wird daraufhin erteilt.

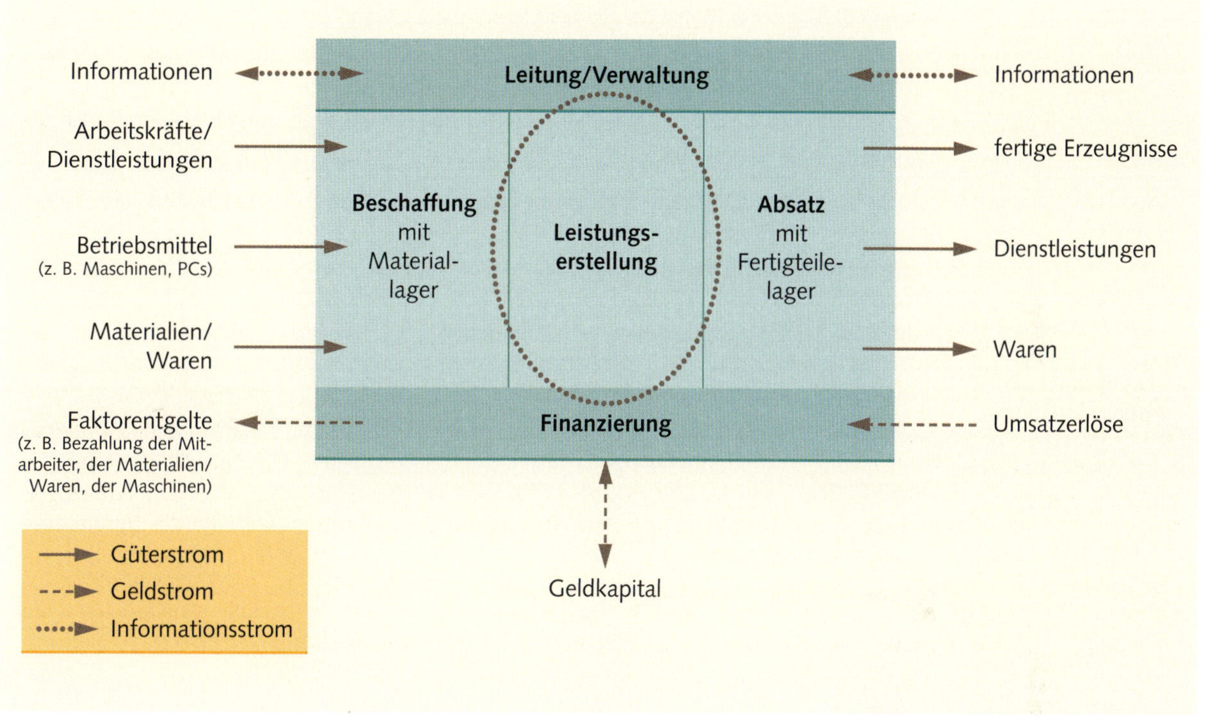

3.5 Betrieb und natürliche Umwelt

Die **Vermeidung** bzw. **Reduzierung** von **Umweltbelastungen** durch Umweltverschmutzungen, Ressourcenverknappung und Klimaänderungen erfordern ein **Umweltmanagement** für einen nachhaltigen Schutz der menschlichen Lebensgrundlagen.

EMAS (Eco Management and Audit Scheme) der Europäischen Union ist das weltweit anspruchsvollste System für **nachhaltiges Umweltmanagement.** Es bietet Organisationen die Möglichkeit, sich freiwillig an dem EG-weiten System für Umweltmanagement und Umweltbetriebsprüfung zu beteiligen. Der Begriff „Audit“ (Prüfung von Qualitätsmerkmalen) weist darauf hin, dass es sich um eine **systematische umwelttechnische** und **umweltgerechte** Betriebsprüfung handelt. Diese wird regelmäßig von unabhängigen, staatlich autorisierten Umweltgutachtern durchgeführt; die „Umweltleistungen“ werden in einer „Umwelterklärung“ veröffentlicht. Mit der Zertifizierung gemäß **Öko-Audit** verpflichten sich die Teilnehmer zu einer kontinuierlichen Verbesserung ihrer Umweltschutzleistungen.

Betriebliches Umweltmanagement umfasst eine Fülle von möglichen Umweltschutzmaßnahmen in allen Funktionsbereichen des Unternehmens.

Umweltschutzmaßnahmen in den Funktionsbereichen des Unternehmens	
Umweltschutz und Beschaffung	• Umweltverträglichkeitsprüfung der bezogenen Materialien, z. B. hinsichtlich ihrer ökologischen Folgen bei der Herstellung, Nutzung und Beseitigung; • Anlegen ökologischer Maßstäbe bei der Lieferantenauswahl; • Ersetzen von umweltschädlichen Einsatzfaktoren, Handelswaren oder Energien durch umweltfreundliche Alternativprodukte; • Verbesserung der Beschaffungsorganisation im Bereich der Transportwege, der Transportträger und der Lagerhaltung.
Umweltschutz und Leistungserstellung	• Berücksichtigung zukünftiger ökologischer Rahmenbedingungen einschließlich gesetzlicher Bestimmungen bei aktuellen Investitionsentscheidungen; • Ersatz traditioneller Herstellungsmöglichkeiten durch neue, ökologisch vorteilhafte Fertigungsverfahren; • Einbeziehung fertigungstechnischer Einrichtungen, die zu einer Verringerung des betriebsbedingten Verbrauchs von Wasser, Energie und sonstigen Einsatzstoffen führen sowie Abfall, Schadstoffe und Lärm reduzieren; • Abfallbeseitigung, Wertstoffrückgewinnung, Luftreinhaltung durch nachsorgende Umweltschutzanlagen soweit vorsorgende Umweltschutztechnologien noch nicht hinreichend verfügbar sind; • Einstellung der Produktion von umweltschädlichen Erzeugnissen und Entwicklung umweltfreundlicher Produkte; • Verlängerung der Lebensdauer der Produkte.
Umweltschutz und Absatz	• umweltfreundliche Produktgestaltung (einschließlich Verpackung); • Informationen für umweltfreundliche Produktnutzung im Ge- und Verbrauch sowie in der Entsorgung; • Verwendung von Umweltzeichen für umweltfreundliche und recyclingfähige Produkte; • umweltbezogene Preisgestaltung (Berücksichtigung der Umweltbelastung in der Preiskalkulation, Erhebung einer Entsorgungsgebühr beim Verkauf einer Ware); • ökologisch orientierte Absatzwerbung und Öffentlichkeitsarbeit durch entsprechende Umweltschutzinformationspolitik oder Zusammenarbeit mit Verbraucher- und Umweltschutzorganisationen; • Gestaltung einer ökologisch orientierten Absatzorganisation (insbesondere Verkehrskonzepte und Rücknahmesysteme).

DER BLAUE ENGEL
JURY UMWELTZEICHEN

EMAS
GEPRÜFTES UMWELTMANAGEMENT

3.6 Zusammenfassung und Aufgaben

Zusammenfassung

Einteilung der Betriebe

Unterscheidet man nach der **Verarbeitungsstufe**, so lassen sich Betriebe
dem **primären Sektor**,
dem **sekundären Sektor** oder
dem **tertiären Sektor** zuordnen.

Unterscheidet man nach der **Absicht der Gewinnerzielung**, so lassen sich Betriebe
- als **erwerbswirtschaftlich** organisiert oder
- als **gemeinwirtschaftlich** organisiert kennzeichnen.

Unterscheidet man Betriebe nach der **Art der erstellten Leistung,** so lässt sich zwischen
- **Sachleistungsbetrieben** und
- **Dienstleistungsbetrieben** differenzieren.

Leistungsprozesse in Dienst- und Sachleistungsbetrieben

Zu den **Dienstleistungsbetrieben** zählen:
- **Handelsbetriebe** (Beschaffung, Sortimentsbildung, Absatz),
- **Banken und Versicherungen** (Einlagen, Zahlungsverkehr, Finanzierung, sonstige Dienstleistungen)
- **Verkehrsbetriebe** (Transport von Personen und Gütern)

Dienstleistungen werden auch durch **Behörden** und **Betriebe der öffentlichen Verwaltung** erbracht.

Zu den **Sachleistungsbetrieben** gehören **Industriebetriebe** und **Handwerksbetriebe.**

Fertigungsverfahren

Fertigungsverfahren im Industriebetrieb unterscheidet man nach der Anzahl der Produkte in **Einzelfertigung** und **Mehrfachfertigung.**

Zur **Mehrfachfertigung** zählen **Serienfertigung, Sortenfertigung** und **Massenfertigung.**

Nach den **Organisationsformen der Fertigung** unterscheidet man **Werkstattfertigung**, **Fließfertigung** und **Gruppenfertigung.**

Ziele des Unternehmens

wirtschaftliche Ziele: z. B. Gewinn, Zahlungsfähigkeit, Wettbewerbsfähigkeit, Wachstum

soziale Ziele: z. B. Sicherung der Arbeitsplätze, menschenwürdige Arbeitsbedingungen, gerechte Entlohnung, Mitbestimmung

ökologische Ziele: z. B. Ressourcenschonung, Verminderung von Umweltbelastung, Recycling, umweltverträgliche Entsorgung

Zielbeziehungen
Zielharmonie: Die Ziele ergänzen sich. **Zielkonflikt:** Die Ziele schließen sich gegenseitig aus. **Zieldifferenz:** Die Ziele beeinflussen sich gegenseitig nicht.
Funktionsbereiche des Unternehmens
Leitung/Verwaltung: Steuerung, Koordination und Überwachung; Festlegung der Unternehmensziele, Durchführung und Kontrolle; Unterstützung durch Verwaltung einschließlich Personalwesen und Buchhaltung **Beschaffung:** Bereitstellung der Produktionsfaktoren: Arbeitskräfte, Betriebsmittel, Einkauf von Werkstoffen/Materialien bzw. Handelswaren **Leistungserstellung:** Produktionsprogramm- und Fertigungsplanung, Produktionsdurchführung und -kontrolle, Lagerung von unfertigen und fertigen Produkten **Absatz:** Verwertung der Leistung bzw. von Handelswaren mithilfe von Produkt-, Sortiments- und Servicepolitik, Preispolitik, Kommunikationspolitik und Distributionspolitik **Finanzierung:** Versorgung mit ausreichendem Geldkapital; Anlage von Geldern

Aufgaben

1. Prüfen Sie die folgenden Aussagen auf ihre Richtigkeit. Die Antwort ist jeweils zu begründen.

   (1) Banken und Versicherungen gehören zu den Dienstleistungsbetrieben, das Handwerk ist ein Sachleistungsbetrieb.

   (2) Dienstleistungen zur Versorgung der Bürger kann die öffentliche Verwaltung nicht bereitstellen.

   (3) Jedes Unternehmen lässt sich in folgende Funktionsbereiche gliedern: Beschaffung, Leistungserstellung und Absatz.

   (4) Unter der Überbrückungsfunktion des Handels versteht man ausschließlich die Überwindung der räumlichen Entfernung von Herstellung und Verbrauch.

   (5) Der Kapitalmarkt steht für die Abwicklung der betrieblichen Zahlungsvorgänge zur Verfügung.

   (6) Zur Mehrfachfertigung gehören die Serien- und Sortenfertigung.

   (7) Die Fließfertigung ist besonders für die Großserienfertigung geeignet.

   (8) Die betriebswirtschaftlichen Produktionsfaktoren sind die Arbeitsleistungen und Betriebsmittel, die in der Fertigung eingesetzt werden.

(9) Maßstäbe zur Beurteilung des wirtschaftlichen Erfolgs eines Unternehmens sind die Rentabilität und die Liquidität.

(10) Zielindifferenz bedeutet, dass das Erreichen bestimmter Ziele sich gegenseitig ausschließt.

(11) Bei der Verfolgung wirtschaftlicher und ökologischer Ziele besteht immer ein Zielkonflikt.

2. Beschreiben Sie die Funktionsbereiche Ihres Ausbildungsbetriebs.

3. Erläutern Sie an einem Beispiel, inwieweit die Bedingungen des Absatzmarktes die betrieblichen Pläne und Entscheidungen in allen Funktionsbereichen beeinflussen.

4. Schildern Sie für ein typisches Produkt Ihres Ausbildungsbetriebs den Arbeitsablauf von der Kundenbestellung bis zum Rechnungsausgleich.

5. Machen Sie deutlich, welche Erwartungen Mitarbeiter an ihren Betrieb haben können.

6. Erläutern Sie an Beispielen Maßnahmen einer ökologisch orientierten Unternehmenspolitik.

7. Stellen Sie den Leistungsprozess Ihres Ausbildungsbetriebs dar.

8. Die Kühne & Ortmann OHG ist ein mittelständiges Unternehmen in der Elektroindustrie. Spezialisiert hat man sich auf die Montage von Schalterkästen. Für diesen Bereich legt die Abteilung Rechnungswesen der Kühne & Ortmann OHG für den Monat November folgende Zahlen vor:

Absatzmenge	Verkaufspreis	Gesamtkosten	Ø Eigenkapital
1 250 Stück	360,00 EUR/Stück	432 750,00 EUR	230 000,00 EUR

a) Berechnen Sie den Umsatz, den Gewinn und die Eigenkapitalrentabilität.

b) Berechnen Sie die Wirtschaftlichkeit und interpretieren Sie Ihr Ergebnis.

c) Schlagen Sie zwei Möglichkeiten vor, die Wirtschaftlichkeit zu verbessern.

4 Die Organisationsstruktur der Betriebe darstellen

4.1 Grundbegriffe und Grundsätze der betrieblichen Organisation

©scusi-fotolia.com

Die Erreichung und Sicherung der betrieblichen Ziele erfordert ein optimales Zusammenwirken u. a. von Mitarbeitern und Sachmitteln.

Organisation = dauerhafte Regelungen

Es ist Aufgabe der **Organisation,** auf Dauer angelegte Regelungen zu schaffen, die die betrieblichen Abläufe zielorientiert steuern. Wiederkehrende Aufgaben können so zeitsparend, rationell und kostengünstig erledigt werden.

Beispiel

Die Abteilungsleitung „Einkauf" vertritt grundsätzlich die Abteilungsleitung „Lager" bei Abwesenheit.

Improvisation = provisorische Regelungen

Im Gegensatz dazu bezeichnet die **Improvisation** die Regelung von vorübergehenden, ungeplanten oder unerwarteten Fällen.

Beispiel

Der Auslieferungsfahrer ist plötzlich erkrankt. Ein Mitarbeiter im Verkauf „Kleinmöbel" wird auf der morgendlichen Besprechung mit der Vertretung beauftragt.

Disposition = fallweise Regelungen

In vielen Fällen müssen auch im Rahmen einer Dauerregelung einmalige Entscheidungen getroffen werden, um sich flexibel einer bestimmten Situation anzupassen. Eine solche fallweise Regelung wird **Disposition** genannt.

Beispiel

Im Lager ist heute eine umfangreiche Lieferung eingetroffen. Wie üblich erhält ein Mitarbeiter aus dem Verkauf den Auftrag, im Lager auszuhelfen.

Merke

Die Organisationsstruktur unterscheidet **unterschiedliche Organisationsgrade** (Organisation, Improvisation, Disposition), die zur Erreichung der betrieblichen Ziele aufgabenbezogen miteinander zu verbinden sind.

Organisation, Improvisation und Disposition sind gleichermaßen Bestandteil der Organisationsstruktur. Sie ergänzen einander und unterstützen die Einhaltung zentraler Grundsätze der betrieblichen Organisation. Sie

- sorgen für Stabilität und Flexibilität,
- vermeiden Über- und Unterorganisation,
- dienen der Wirtschaftlichkeit und Zweckmäßigkeit,
- schaffen Klarheit.

Im Rahmen der betrieblichen Organisation unterscheidet man die zwei Teilbereiche **Aufbau**- und **Ablauforganisation.** Die **Aufbauorganisation** schafft die Organisationsstruktur durch die Bildung organisatorischer Einheiten (z. B. Abteilungen) und Hierarchieebenen. Die **Ablauforganisation** beschreibt die Aufgabenerledigung durch die beteiligten Mitarbeiter und Sachmittel.

4.1.1 Aufbauorganisation

Die Aufbauorganisation bildet das hierarchische Gerüst eines Unternehmens (Über- bzw. Unterordnung). Eine optimale Gliederung und Ordnung im Aufbau wird durch Aufspaltung der Gesamtaufgabe in sinnvolle Haupt- und Teilaufgaben und anschließender Bündelung von zusammengehörenden Teilaufgaben zu Stellen herbeigeführt. Den Stellen und Abteilungen werden Zuständigkeiten und Verantwortung sowie Leitungsbefugnisse übertragen.

Merke

Eine **Stelle** ist die kleinste Organisationseinheit in einem Unternehmen.

Stellen und Abteilungen werden durch **Aufgabenanalyse** und **Aufgabensynthese** gebildet.

Merke

Stellen, die weisungsbefugt sind, werden als **Instanzen** bezeichnet.

Analyse
Auflösung, Zergliederung eines Ganzen in seine Teile

Synthese
Zusammenfügung gleichartiger Teile

Stellenbildung

Nach Ermittlung der **Teilaufgaben** durch die Aufgabenanalyse werden in der Aufgabensynthese Teilaufgaben, die dem normalen Leistungsvermögen eines Mitarbeiters (Stelleninhabers) entsprechen, nach sachlichen Gesichtspunkten **zu einer Stelle gebündelt.**

Merke

Durch Zusammenfassung von Stellen entstehen **Abteilungen.**

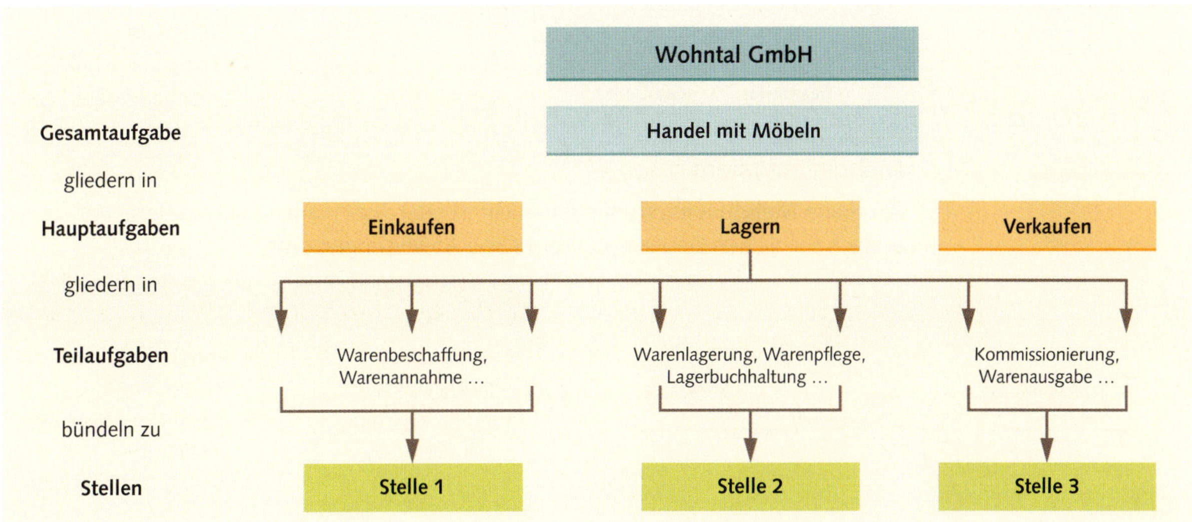

Abteilungsbildung

Abteilungen entstehen durch die **Zusammenfassung von mehreren Stellen** zu überschaubaren Bereichen unter einer einheitlichen Leitung. Die Abteilungsbildung kann nach unterschiedlichen Gesichtspunkten, die auch bei der Aufgabenanalyse zugrunde gelegt werden können, vorgenommen werden:

Abteilungsbildung nach

Funktion/Verrichtung: z. B. Einkaufen, Lagern, Verkaufen

Objekten/Produkten: z. B. Küchen, Wohnzimmer-, Schlafzimmer-, Kindermöbel

Personen: z. B. dispositive (leitende) Arbeit, ausführende Arbeit

Phasen: z. B. Planung, Durchführung, Kontrolle (z. B. der Produktion)

Leitungssysteme

Die Organisationsstruktur eines Unternehmens mit Entscheidungs- und Weisungsbefugnissen (Instanzenaufbau) wird grafisch in **Organigrammen** dargestellt. Dabei sind Instanzentiefe und Instanzenbreite sowie Linien- und Stabsstellen zu unterscheiden:

- **Instanzentiefe** beschreibt die Anzahl der Hierachieebenen mit Weisungsbefugnis.
- **Instanzenbreite** beschreibt die Anzahl der Stellen mit Weisungsbefugnis (Instanzen) auf einer Hierarchieebene.
- **Linienstellen** sind Stellen **mit Weisungsbefugnis**, die vertikal in die Betriebshierarchie eingebunden sind.
- **Stabsstellen** sind Stellen, die **ohne Weisungsbefugnis** horizontal einem Aufgabenträger zugeordnet sind.

Einliniensystem

Bei einem **Einliniensystem** bekommt jede Stelle nur von der unmittelbar vorgesetzten Stelle Anweisungen.

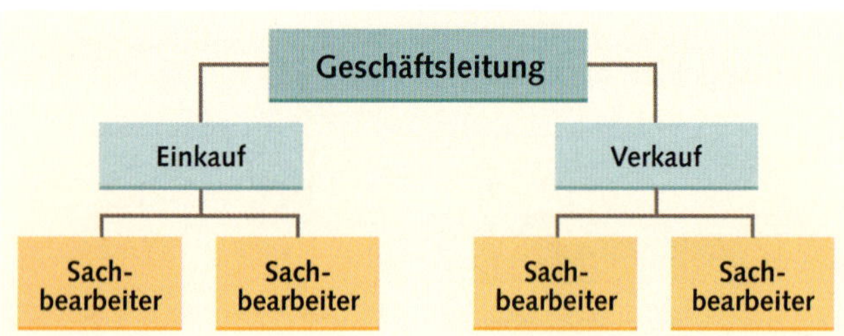

Vorteile	Nachteile
• übersichtlicher Aufbau • klarer Dienstweg • keine Kompetenzprobleme	• starre Organisation • lange Kommunikationswege • starke Belastung der Entscheidungsträger

Mehrliniensystem

Bei einem **Mehrliniensystem** hat der Mitarbeiter verschiedene Vorgesetzte, von denen er nach sachlichen Gesichtspunkten seine Anweisungen erhält.

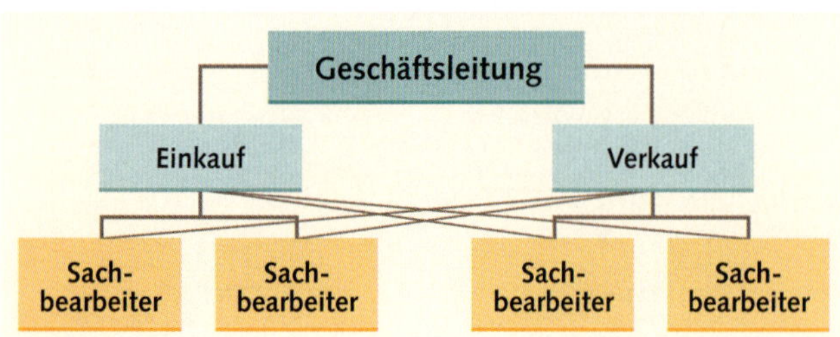

Vorteile	Nachteile
• Spezialwissen der Vorgesetzten • kurze Kommunikationswege	• Kompetenzüberschneidungen • hoher Koordinationsaufwand • Anordnungskonflikte

Stabliniensystem

Im **Stabliniensystem** beraten und unterstützen Stabsstellen mit ihrem Spezialwissen (z. B. Rechtswesen, Statistik) die Linienstellen. Stabsstellen haben jedoch **keine Weisungsbefugnis**. Stabsstellen können in allen Leitungssystemen vorkommen.

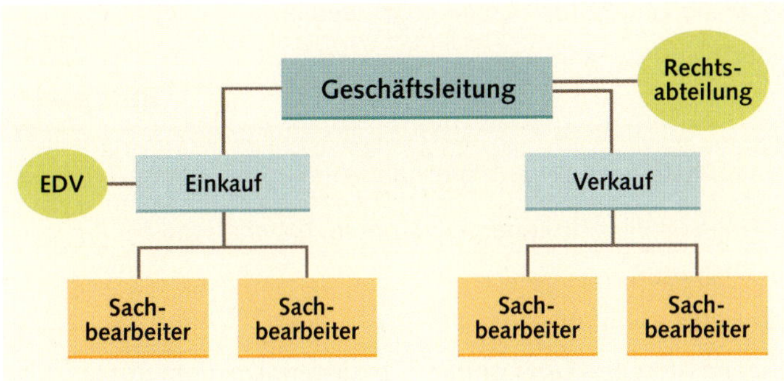

Vorteile	Nachteile
• Entlastung der Instanzen • Nutzung von Fachwissen • bessere Entscheidungen	• hohe Kosten • Akzeptanzprobleme • Trennung von Entscheidung und Entscheidungs-vorbereitung

Mischformen

In größeren Unternehmen sind einfache Liniensysteme nicht geeignet, die komplexen Organsisationsstrukturen und Entscheidungslinien umzusetzen. Als Mischformen sind die Spartenorganisation und die Matrixorganisation bekannt. In der **Spartenorganisation** gliedert man das Unternehmen nach Produkten/Produktgruppen (Sparten). Die Spartenorganisation ist eine Form des Einliniensystems, bei der jede Produktgruppe als eigenständiger Geschäftsbereich mit jeweils eigenen Abteilungen geführt wird. Das Strukturprinzip einer **Matrixorganisation** ist eine Kombination von Funktionen und Produkten; dabei wird die Leitungsfunktion auf zwei gleichberechtigte Instanzen verteilt. So bestimmen z. B. über den Einkauf von Produkt A gemeinsam der entsprechende Einkäufer und der jeweilige Produktmanager.

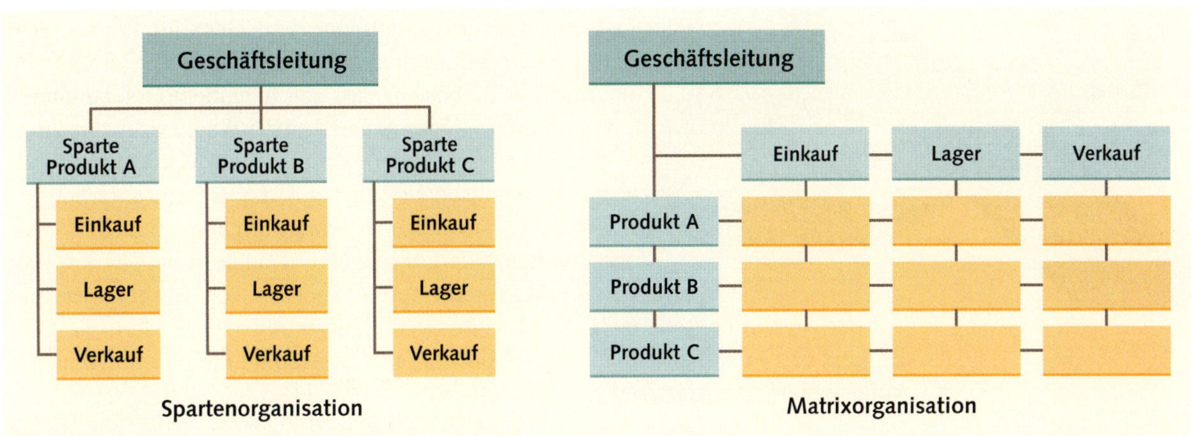

4.1.2 Ablauforganisation

Die Ablauforganisation befasst sich mit der **Strukturierung von Arbeits-/Geschäftsprozessen.** Die Erledigung von wiederkehrenden Aufgaben im Betrieb wird unter inhaltlichen, räumlichen und zeitlichen Aspekten beschrieben. Ziel der Ablauforganisation ist die effiziente, zweckmäßige und wirtschaftliche Gestaltung der Arbeitsabläufe.

Die **Ablauforganisation** legt u. a. fest,

- welche Arbeitsschritte vorgenommen werden,
- wo diese Arbeiten erledigt werden,
- welche Organisationseinheiten zuständig sind,
- in welcher Reihenfolge die Tätigkeiten durchgeführt werden,
- welche Hilfsmittel eingesetzt werden.

Beispiel

Für die Bearbeitung des Posteingangs wird folgender Arbeitsablauf festgelegt.

1. Grobsortieren der Eingangspost (Irrläufer, Privatbriefe, Geschäftspost ...)
2. Öffnen der Post (Hilfsmittel)
3. Entnahme der Inhalte (Leerkontrolle)
4. Anbringen des Eingangsstempels (Ausnahmen: Urkunden, Dokumente, Verträge)
5. Eintragen ins Posteingangsbuch
6. Verteilen der Post (Fächer, Verteilermappen, Bote)

4.2 Entscheidungsbefugnisse von Mitarbeitern

©fotomek-fotolia.com

Die Unternehmensleitung hat grundsätzlich das Recht und die Verantwortung, Entscheidungen zur Führung des Unternehmens zu treffen **(Geschäftsführungsbefugnis)** und Rechtsgeschäfte mit Dritten abzuschließen **(Vertretungsbefugnis)**. Je nach Rechtsform des Unternehmens wird diese Führungsaufgabe vom Eigentümer, von Geschäftsführern oder Vorstandsmitgliedern wahrgenommen. Die Unternehmensleitung i. e. S. bezieht sich im Allgemeinen - zumindest in größeren Unternehmen - nur auf solche Instanzen an der Spitze des Unternehmens (Top-Management), deren Wirkungsbereich sich auf das Gesamtunternehmen erstreckt. Vielfältige Führungsaufgaben auf den nachgeordneten Führungsebenen (Middle-Management und Lower-Management) sowie die Fülle von Rechtsgeschäften auf der Ausführungsebene (z. B. Abschluss von Kaufverträgen) erfordern die Übertragung von Aufgaben auf kompetente Mitarbeiter. Diese sind mit den notwendigen **Vollmachten** auszustatten.

§§ 48 ff. HGB

Der Umfang einer Vollmacht kann vom Vollmachtgeber grundsätzlich frei bestimmt werden. Für die besonderen Erfordernisse der handelsrechtlichen Stellvertretung in der betrieblichen Praxis regelt das Handelsgesetzbuch zwei Arten von Vollmachten: **Prokura** und **Handlungsvollmacht.** Hinsichtlich des Umfangs der Handlungsvollmacht ist zu unterscheiden: **Allgemeine Handlungsvollmacht, Artvollmacht** und **Einzelvollmacht.**

4.2.1 Prokura

Die Prokura ist die **weitestgehende handelsrechtliche Vollmacht mit gesetzlich festgelegtem Umfang.** Sie kann nur von dem Inhaber des Handelsgeschäftes oder seinem Vertreter durch ausdrückliche Erklärung erteilt werden und ist zur Eintragung in das Handelsregister anzumelden.

§§ 48 f. HGB

Der Umfang der Prokura wird vom Gesetz jedoch eingeschränkt.

Merke

„Die **Prokura** ermächtigt zu allen Arten von gerichtlichen und außergerichtlichen Geschäften und Rechtshandlungen, die der Betrieb eines Handelsgewerbes mit sich bringt (vgl. § 49 I HGB)."

Umfang der Prokura	
nur mit besonderer Befugnis erlaubte Handlungen	**gesetzlich ausgeschlossene Handlungen**
• Veräußerung von Grundstücken • Belastung von Grundstücken	• Unterschreiben von Bilanzen und Steuererklärungen • Anmeldungen von Eintragungen ins Handelsregister • Aufnahme von Gesellschaftern • Erteilung von Prokura • Beantragung des Insolvenzverfahrens • Verkauf des Unternehmens

Eine weitere Beschränkung der Prokura ist im **Außenverhältnis** (also Dritten gegenüber) unwirksam. Die Prokura wird wirksam, sobald sie ins Handelsregister eingetragen wurde oder ein Dritter davon Kenntnis erlangt hat.

Im **Innenverhältnis** können jedoch weitere Beschränkungen hinsichtlich der selbstständigen Ausübung vereinbart werden. Entsprechend unterscheidet man folgende Arten der Prokura:

Arten der Prokura		
Einzelprokura	**Gesamtprokura**	**Filialprokura**
Der Prokurist ist ermächtigt, alle Rechtsgeschäfte allein vorzunehmen.	Rechtsgeschäfte können nur von mehreren Prokuristen gemeinschaftlich vorgenommen werden.	Die Vollmacht ist auf eine bestimmte Filiale/Niederlassung beschränkt.

Eine Beschränkung als Filialprokura ist Dritten gegenüber ausnahmsweise wirksam, wenn die Niederlassungen unter verschiedenen Firmen betrieben werden.

§ 50 HGB

Die Prokura wird im Geschäftsverkehr durch einen die Vollmacht andeutenden Zusatz zur Unterschrift deutlich gemacht: **„ppa."** (per procura autoritate; lat. = durch die Macht der Prokura). Die Prokura erlischt durch

- Widerruf,
- Aufhebung des Dienstverhältnisses,
- Auflösung des Unternehmens,
- Tod des Bevollmächtigten (nicht jedoch durch den Tod des Inhabers).

Das Erlöschen der Prokura muss ins Handelsregister eingetragen werden.

4.2.2 Handlungsvollmacht

Merke

Die allgemeine Handlungsvollmacht ermächtigt zu allen Arten von Geschäften und Rechtshandlungen, die der Betrieb eines derartigen Handelsgewerbes gewöhnlich mit sich bringt (vgl. § 54 I HGB).

Jede andere im Betrieb eines Handelsgewerbes erteilte Vollmacht, die keine Prokura ist, wird als **Handlungsvollmacht** bezeichnet. Die Erteilung muss durch den Kaufmann selbst oder seinen Prokuristen erfolgen und kann förmlich (durch ausdrückliche mündliche oder schriftliche Äußerung) oder formlos (durch konkludentes Handeln) erfolgen und ist nicht in das Handelsregister einzutragen.

Auch der Umfang der Handlungsvollmacht wird vom Gesetz näher umschrieben. Zur Durchführung folgender Rechtsgeschäfte ist der Handlungsbevollmächtigte nur ermächtigt, wenn ihm eine solche Befugnis ausdrücklich erteilt ist:

§ 54 HGB

Umfang der Handlungsvollmacht – nur mit besonderer Befugnis erlaubte Handlungen

- Veräußerung von Grundstücken
- Belastung von Grundstücken [...]
- Aufnahme von Darlehen
- Führen von Gerichtsprozessen

Die Handlungsvollmacht kann – im Gegensatz zur Prokura – auch Dritten gegenüber beschränkt werden. Der Dritte muss die **Beschränkung** gegen sich gelten lassen, wenn er sie kannte oder kennen musste.

Der Umfang der Handlungsvollmacht kann beliebig den Bedürfnissen des betreffenden Handelsgewerbes angepasst werden. Entsprechend unterscheidet man:

Arten der Handlungsvollmacht		
allgemeine Handlungsvollmacht oder **Generalhandlungsvollmacht**	**Arthandlungsvollmacht** oder **Teilvollmacht**	**Einzelvollmacht** oder **Spezialhandlungsvollmacht**
Ermächtigung zur Vornahme aller gewöhnlichen/branchenüblichen Rechtsgeschäfte	Ermächtigung zur Vornahme wiederkehrender Rechtsgeschäfte einer bestimmten Art/üblicher Geschäfte eines Arbeitsgebiets	Ermächtigung zur Vornahme eines bestimmten einzelnen Rechtsgeschäftes/einmalige Vornahme

Die Handlungsvollmacht wird im Geschäftsverkehr durch einen die Vollmacht andeutenden Zusatz zur Unterschrift deutlich gemacht: **„i. V."** (in Vollmacht), **„i. A."** (im Auftrag).

Die Handlungsvollmacht erlischt durch

- ➔ Widerruf oder
- ➔ mit Ende des Geschäftsbetriebes.

Handlungsvollmacht

Hiermit erteilen wir, die Wohntal GmbH, Frau Franziska Leidholz mit sofortiger Wirkung Handlungsvollmacht für Tätigkeiten in der Abteilung Einkauf in unserem Unternehmen.

Die Handlungsvollmacht ist auf die in der Abteilung Einkauf auf regelmäßig vorkommende Geschäfte beschränkt.

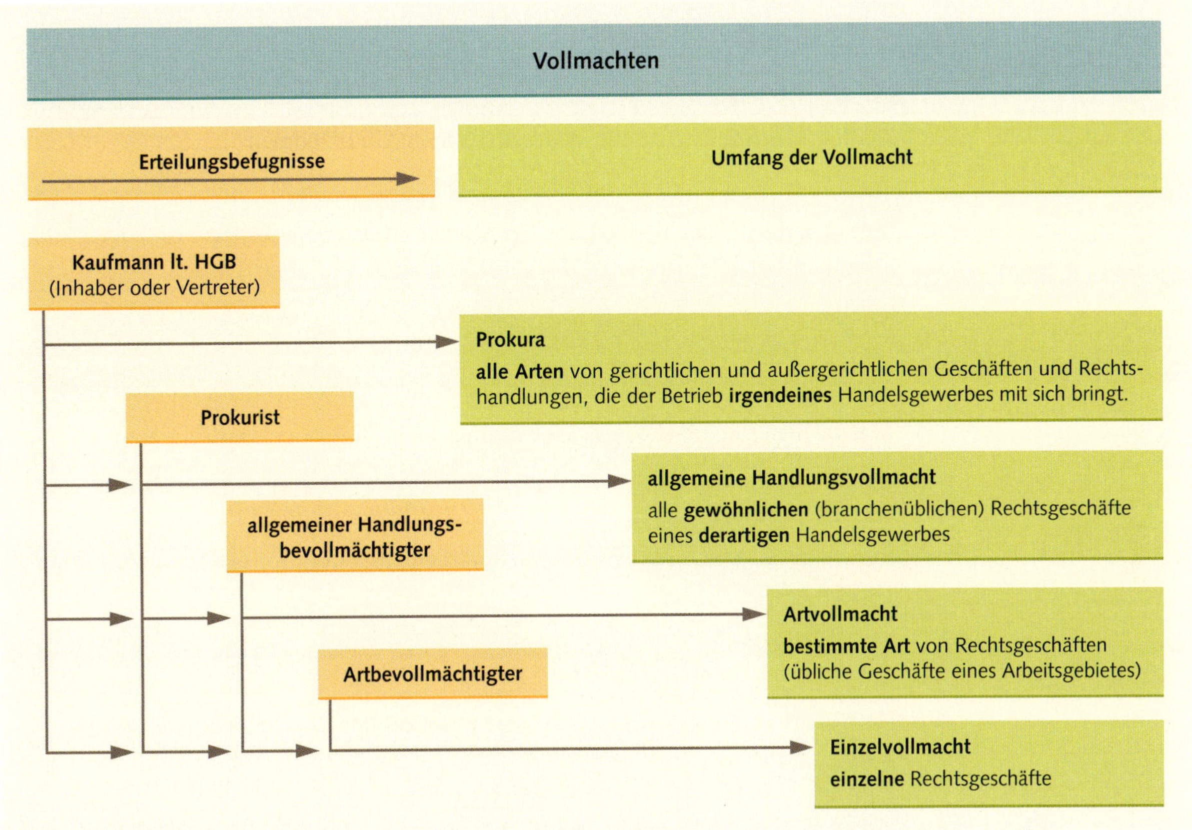

4.3 Zusammenfassung und Aufgaben

Zusammenfassung

Grundbegriffe und Grundsätze der betrieblichen Organisation
Betriebliche **Organisation** bedeutet, dauerhafte Regelungen zu schaffen, die zielorientiert die betrieblichen Abläufe steuern. **Improvisation:** Regelungen von vorübergehenden, ungeplanten oder unerwarteten Fällen **Disposition:** fallweise Regelung **Grundsätze der Organisation:** Stabilität und Flexibilität, Vermeidung von Über- und Unterorganisation, Wirtschaftlichkeit und Zweckmäßigkeit, Klarheit
Bereiche der Organisation
Die **Aufbauorganisation** schafft eine Organisationsstruktur durch die Bildung organisatorischer Einheiten (Stellen, Abteilungen) und Hierarchieebenen (Leitungssysteme). Die **Ablauforganisation** beschreibt die Aufgabenerledigung und strukturiert dadurch Arbeits- bzw. Geschäftsprozesse.

Stellen und Abteilungen
Aufgabenanalyse und **Aufgabensynthese** führen zu Stellen- und Abteilungsbildung.
Stellen: kleinste Organisationseinheit in einem Unternehmen
Instanzen: Stellen, die weisungsbefugt sind
Abteilungen: Zusammenfassung von Stellen; Abteilungen können gebildet werden nach Funktion/Verrichtung, Objekten/Produkten, Personen, Phasen.

Leitungssysteme
Linienstellen sind **mit Weisungsbefugnis** in die Betriebshierarchie eingebunden.
Stabsstellen sind **ohne Weisungsbefugnis** einem Aufgabenträger zugeordnet.
Einliniensystem: Jede Stelle erhält Anweisungen nur von der unmittelbar vorgesetzten Stelle.
Mehrliniensystem: Mitarbeiter erhalten Anweisungen von verschiedenen Vorgesetzten.
Stabliniensystem: Stabsstellen ohne Weisungsbefugnis beraten und unterstützen mit ihrem Spezialwissen die Linienstellen.
Als Mischformen gelten die **Spartenorganisation** und die **Matrixorganisation.**

Vollmachten
Das Handelsgesetzbuch regelt zwei Arten von Vollmachten: **Prokura und Handlungsvollmacht.**
Prokura ist die weitestgehende handelsrechtliche Vollmacht mit gesetzlich festgelegtem Umfang.
allgemeine Handlungsvollmacht: Ermächtigung zur Vornahme aller gewöhnlichen/branchenüblichen Rechtsgeschäfte
Artvollmacht: Ermächtigung zur Vornahme wiederkehrender Rechtsgeschäfte einer bestimmten Art/üblicher Geschäfte eines Arbeitsgebiets
Einzelvollmacht: Ermächtigung zur Vornahme eines bestimmten, einzelnen Rechtsgeschäftes/einmalige Vornahme

Aufgaben

1. Prüfen Sie die folgenden Aussagen auf ihre Richtigkeit. Die Antwort ist jeweils zu begründen.

(1) Aufgabe der Organisation ist es, auf Dauer angelegte Regelungen zu schaffen, die zielorientiert die betrieblichen Abläufe steuern.

(2) Die Regelung von vorübergehenden, ungeplanten oder unerwarteten Fällen wird als Disposition bezeichnet.

(3) Eine Abteilung ist die kleinste Organisationseinheit in einem Unternehmen.

(4) Instanzen und Stabsstellen sind niemals weisungsbefugt.

(5) Durch die Aufgabensynthese ermittelt man die Teilaufgaben in einem Unternehmen.

(6) Bei einem Einliniensystem bekommt jede Stelle nur von der unmittelbar vorgesetzten Stelle Anweisungen.

(7) Im Mehrliniensystem sind die Vorgesetzen zur Kommunikation untereinander verpflichtet.

(8) Stabliniensysteme nutzen zur Verbesserung von Entscheidungen den Rat von Experten.

(9) Sparten- und Matrixorganisation eignen sich besonders für kleine Handwerksbetriebe.

(10) Der Prokurist darf Bilanzen und Steuererklärungen unterschreiben.

(11) Gesamtprokura bedeutet, dass Rechtsgeschäfte nur von mehreren Prokuristen gemeinschaftlich vorgenommen werden können.

(12) Mit einer Einzelvollmacht können regelmäßig wiederkehrende Rechtsgeschäfte abgeschlossen werden.

2. Erläutern Sie die Grundsätze der Organisation.

3. Unterscheiden Sie Aufbau- und Ablauforganisation.

4. Erläutern Sie die Bildung von Stellen durch Aufgabenanalyse und Aufgabensynthese anhand eines Beispiels aus Ihrem Ausbildungsbetrieb.

5. Beschreiben Sie die bekannten Leitungssysteme und erklären Sie jeweils Vor- und Nachteile.

6. Erstellen Sie ein Organigramm Ihres Ausbildungsbetriebs.

7. In der Ablauforganisation wird u. a. die Reihenfolge von Arbeitsschritten festgelegt. Skizzieren Sie die Arbeitsschritte beim Postausgang.

8. Welche Rechtsgeschäfte sind dem Prokuristen gesetzlich verboten?

9. Unterscheiden Sie: Generalhandlungsvollmacht, Arthandlungsvollmacht und Spezialhandlungsvollmacht.

10. Stellen Sie fest, wann die Erteilung der Prokura Dritten gegenüber wirksam wird.

11. Klären Sie, welche Bedeutung die Beschränkung auf eine Gesamtprokura für das Außen- und Innenverhältnis hat.

5 Den eigenen Betrieb präsentieren – Präsentationen vorbereiten, durchführen und nachbereiten

5.1 Informationen und Informationsquellen suchen und bewerten

Um den eigenen Betrieb angemessen präsentieren zu können, müssen die hierzu erforderlichen Informationen beschafft werden. Aufgrund der häufig eher im Überfluss vorhandenen Informationen ist hierbei vorab eine genauere Überlegung notwendig, um einerseits wirtschaftlich, also mit dem angemessenen Aufwand vorzugehen, zugleich aber auch zeitnah an die richtigen Informationen zu kommen. Zu bedenken ist auch, dass die beschafften Informationen auf die jeweilige Zielgruppe zugeschnitten werden müssen und in angemessener Form präsentiert werden sollen.

5.1.1 Informationsbeschaffungsstrategie

Für die zielgerichtete und planvolle Vorgehensweise ist zunächst der konkrete **Informationsbedarf** festzulegen. Es ist zu klären, für welche Zielgruppe welche Informationen mit welcher Zielsetzung beschafft werden sollen. Im Zusammenhang der Präsentation des eigenen Betriebes geht es darum,

- die anderen Auszubildenden über den Betrieb zu informieren und
- zu belegen, dass der eigene Betrieb richtig erkundet werden konnte.

Danach sind die in einem vertretbaren Zeitumfang zu erkundenden Informationen zu bestimmen.

Anders gesagt: Um sich bei der Informationsbeschaffung nicht zu verzetteln, sollte vorab festgelegt werden, welche Informationen benötigt werden.

Grundsätzlich kommen hierzu vor allem die folgenden Quellen in Frage:

- **Internet** (eigene Homepage und Fremddarstellungen),
- **Presseberichte** über den eigenen Betrieb,
- **Prospekte** des Ausbildungsunternehmens,
- **Expertenbefragung** (z. B. Ausbildungsleiter, Mitglied der Unternehmensleitung),
- eigene **Umfragen.**

Insbesondere durch das **Internet** stehen heute sehr viele Informationen zur Verfügung. Diese enorme Informationsvielfalt birgt die Gefahr, dass das Wichtige von dem Unwichtigen, das Aktuelle von dem Veralteten, das Glaubwürdige von dem Unglaubwürdigen zunächst mühsam getrennt werden muss. Dabei muss dann nicht nur die jeweilige Information untersucht werden, auch die Informationsquelle ist einzuschätzen. Außerdem führt die Informationsvielfalt unter Umständen zu einem sehr hohen Zeitaufwand, der kaum noch im Verhältnis zu den erzielten Ergebnissen steht.

Damit bezogen auf den eigentlichen Informationszweck die richtigen Informationen zusammengestellt werden können, sind die gesammelten Informationen zu **bewerten** und dann **gezielt auszuwählen.** Deshalb spricht man auch von einer **selektiven Informationsbeschaffungsstrategie.** Die erforderlichen und geeigneten Informationsinhalte müssen aus den Gesamtinformationen herausgelöst werden.

Merke

Eine planvolle **Informationsbeschaffungsstrategie** umfasst:

- Zielgruppe und Zielsetzung festlegen,
- benötigte Informationen identifizieren,
- Informationsquellen auswählen,
- zusammengestellte Informationen bewerten,
- Informationen für konkrete Zielsetzungen in angemessenem Umfang auswählen.

5.1.2 Elaborationsstrategie

Die Informationsrecherche führt bei dem Informanten in der Regel zu einer Anhäufung neuer, vielfach bislang unbekannter Informationen. Damit diese gesammelten Informationen mit den bisherigen eigenen Erkenntnissen in einen sinnvollen Zusammenhang gebracht und für die Präsentation gegenüber anderen aufbereitet werden können, ist eine entsprechende eigenständige Bearbeitung der Informationen erforderlich. Dieser Vorgang wird auch als **Elaborationsstrategie** bezeichnet. Dabei werden aus den zusammengestellten Informationen

- **Querverbindungen** zwischen bereits vorher Bekanntem und Neuem hergestellt,
- logische **Schlussfolgerungen** gezogen,
- **Formulierungen** in eigene Worten gefasst,
- **Medien** festgelegt, mit denen die Informationen präsentiert werden sollen.

Im Hinblick auf die Präsentation des eigenen Betriebes im schulischen Zusammenhang ist bei der Elaborationsstrategie besonders darauf zu achten, dass eine **eigenständige Präsentation** entsteht, die

- bereits vorhandene Informationen **individuell** (sachgerecht und zielgruppenadäquat) zusammenstellt und
- in eine **allgemein verständliche Sprache** „übersetzt".

Darüber hinaus sollten alle präsentierten Informationen vom Präsentierenden selbst so gut verstanden worden sein, dass er **Rückfragen** der Zuhörer selbstständig und sicher beantworten kann.

Die ausgewählten Informationen können dabei z. B. folgendermaßen umgesetzt werden:

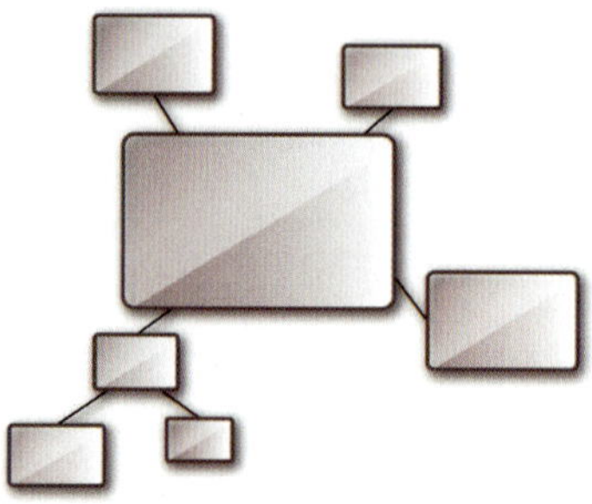

©JiSIGN-fotolia.com

Beispiel

- PowerPoint-Präsentation,
- Mind-Map,
- Plakat,
- Videopräsentation.

Merke

Elaboration der Informationen: Umsetzung der ausgewählten Informationen in eigene Sprache und mit eigenständig gestalteten Medien.

5.2 Eine geeignete Präsentationsform wählen

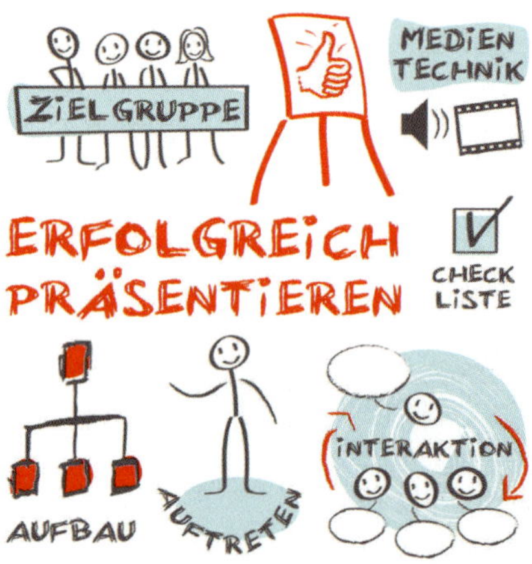

©Trueffelpix-fotolia.com

Während Ihrer Ausbildung im Betrieb und in der Schule sowie bei Ihrer späteren Tätigkeit im Beruf erhalten Sie häufig den Arbeitsauftrag, Ihre Ergebnisse (z. B. eines Arbeitsprojektes oder eines Unterrichtsprojektes) zu präsentieren. Im Rahmen des Berufsschulunterrichts ist die Lernsituation „Den eigenen Betrieb präsentieren" zu bearbeiten. Sie haben sich unter Berücksichtigung der Ihnen bekannten Strategien Informationen zur Darstellung Ihres Betriebes beschafft und diese bewertet. Sie kennen den Aufbau des Betriebes, seine Stellung in der Gesamtwirtschaft, das Leistungsspektrum und seine Ziele.

Falls der Arbeitsauftrag zur Präsentation sehr allgemein und offen formuliert ist, werden Sie zuerst einige Vorüberlegungen anstellen.

- Vor **welchem Publikum** wird die Präsentation gehalten (z. B. Lerngruppe, neue Auszubildende)? Welches ist der **Präsentationsanlass** (z. B. Ausbildungsmesse)?
- Wie viel **Präsentationszeit** steht zur Verfügung?
- Welche **Inhalte** sollen präsentiert werden?
- Welche **Medien** stehen zur Verfügung? Welche **Form** der Präsentation ist geeignet (z. B. gesprochener Kurzvortrag mit oder ohne Einsatz von Medien)?
- Wie sind **Aufbau** und **Gliederung** zu gestalten (z. B. Gestaltung des Einstiegs)?
- Welche **Präsentationsregeln** sind zu beachten, damit die Aufmerksamkeit des Publikums erreicht wird?

Ein weiterer Aspekt, der bereits bei Ihren Vorüberlegungen eine Rolle spielen sollte, betrifft die **Bewertung** Ihrer Präsentation.

5.2.1 Präsentationsformen

Merke

Die gewählte **Präsentationsform** soll geeignet sein, die erarbeiteten Inhalte in der vorgegebenen Zeit sachgerecht, verständlich, anschaulich und interessant zu übermitteln.

©Rudie-fotolia.com

Dazu können prinzipiell ein **Vortrag** bzw. ein **Referat,** ein **Plakat,** eine **Broschüre** oder ein **Rollenspiel** zweckmäßig sein. Häufig werden aber Medien genutzt, die durch die Möglichkeiten der Visualisierung (z. B. Bilder, Zeichnungen) zu einem besseren Verständnis führen und als Gedächtnisstütze wirken. Der Einsatz von Medien sollte jedoch mit Bedacht gewählt werden. Es geht nicht um die Darstellung einer reinen Technikkompetenz, sondern um den sachgerechten zielorientierten Einsatz von Medien. Die soundsovielte **PowerPoint-Präsentation** erweckt vielleicht nicht mehr die Bedürfnisse und Interessen des Publikums.

Ausgewählte Präsentationsmedien

Wandtafel/White Board/digitale Tafel

... bis zu 30 Personen

Tafeln sind in Präsentationsräumen fast immer verfügbar, relativ einfach zu handhaben und ermöglichen eine **dynamische Entwicklung von Sachverhalten.** Das Löschen und Korrigieren ist jederzeit möglich. Sie sind geeignet für farbige Darstellungen von Schrift und Skizzen bei entsprechender Qualität der Handschrift. Die Tafelbilder müssen abgeschrieben werden, ggf. ist eine fotografische Sicherung möglich. Die feste Montage der Tafel erfordert eine bestimmte Sitzordnung. Die Gleichzeitigkeit von Tafelanschrieb und Sprechen erschwert die Kommunikation mit dem Publikum.

Flipchart

... bis zu 30 Personen

Das Flipchart ist ein Block mit großen Papierbögen, der zur Präsentation auf einem Ständer mit einer Klemmvorrichtung angebracht wird. Flipcharts sind einfach in der Handhabung, transportierbar und flexibel aufstellbar. Es besteht die Möglichkeit zur **Entwicklung von Sachzusammenhängen während des Vortrags** und zur Aufnahme von spontanen Beiträgen. Flipchartbögen können vorbereitet werden und Ergänzungen sind leicht möglich. Erstellte Charts lassen sich gut verwahren und bei Bedarf wiederverwenden. Für die Darstellungen gibt es eine Fülle von Hilfsmitteln wie Klebepunkte, Moderationskarten, bunte Stifte u. a. m. Flipcharts eignen sich aufgrund der Größe und begrenzten Lesbarkeit eher für kleine Gruppen.

©fotomek-fotolia.com

Moderationswand/Pinwand

... bis zu 30 Personen

Die Moderationswand/Pinwand ist i. d. R. eine Stellwand, die in verschiedensten Ausführungen eingesetzt werden kann (z. B. Hochformat, Querformat, Wand-Pinwand, klappbare Pinwand, Magnettafel). Ein Moderationskoffer mit unterschiedlichen Materialien (z. B. Plakate, Karten, Wolken, Pushpins/Nadeln, Stifte, Klebstoff) wird häufig genutzt, um die **Ergebnisse einer Teamarbeit zu entwickeln und darzustellen** und eine Präsentation vorzubereiten. Ergänzungen und Änderungen sind während eines Vortrags leicht möglich. Je nach Ausführung kann die Moderationswand mehr oder weniger leicht transportiert und flexibel genutzt werden.

... bis zu 200 Personen

Dokumentenkamera

Eine Dokumentenkamera gehört seit einigen Jahren zur Standardausstattung in Schulen und Seminarräumen. Sie projiziert – verbunden mit einem PC über einen Beamer – Gegenstände und Dokumente auf eine Leinwand oder weiße Fläche.

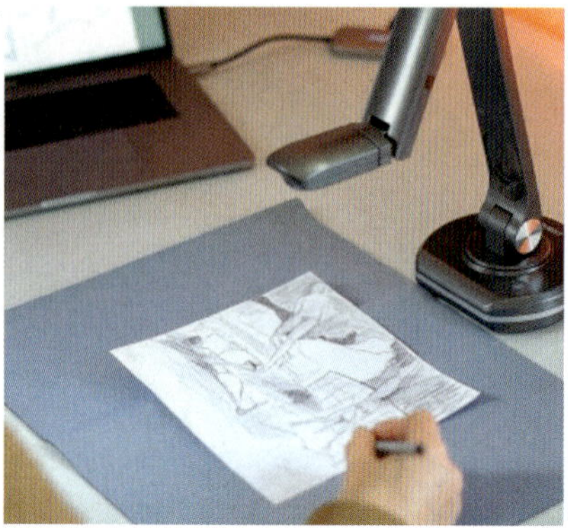

Die Dokumentenkamera lässt sich schnell an die USB-Schnittstelle des Laptops oder PCs anschließen und über eine mitgelieferte Software leicht handhaben: z. B. sorgt die Autofokus-Funktion für die passende Bildschärfe.

Dokumentenkameras haben den Vorteil, dass Papierdokumente präsentiert werden können (z. B. Buchseiten, Zeitungsausschnitte, Arbeitsblätter). Ebenso können dreidimensionale Objekte projiziert und vergrößert werden (Zoom-Funktion). Dokumente können während der Präsentation ergänzt oder über die mitgelieferte Software z. B. durch Hervorhebungen präzisiert werden. Dabei geht aber in der Regel der Blickkontakt zu den Zuhörern verloren.

... jede Gruppengröße

PC/Notebook/Beamer

Präsentationen in der Kombination von PC/Notebook und Beamer haben sich als wichtigstes Präsentationsmedium etabliert. Der mit dem PC/Notebook verbundene Beamer zeigt auf der Projektionsfläche die Präsentation, die mit einer Software, z. B. PowerPoint, erstellt wurde. PowerPoint ist weit verbreitet und hat sich auch in Schulen und Betrieben durchgesetzt. Die Präsentationen werden in einer **Datei gespeichert,** die **immer wieder verwendet** und problemlos **verändert** werden kann. Mit dem Programm ist eine Präsentation mit Texten, Bildern, Grafiken, Diagrammen, Filmausschnitten, Hintergrundbildern sowie mit vielen Effekten und Animationen relativ leicht zu erstellen. Das Programm bietet selbst eine Fülle von Vorlagen für die vielfältige Gestaltung der Folien. Dabei besteht aber leicht die Gefahr einer Überfrachtung von Stilelementen, Animationen und Effekten. Die Beachtung von Präsentationsregeln ist für eine gute PowerPoint-Präsentation unerlässlich.

5.2.2 Präsentationsregeln

Aufgabe einer guten Präsentation ist es, eine Kommunikation mit der **Zielgruppe** herzustellen, ihre Interessen und Bedürfnisse zu berücksichtigen, sachlich zu informieren, zu motivieren und zu überzeugen. Entscheidend dafür sind eine klare Struktur, ein logischer Aufbau, eine angemessene Visualisierung sowie der überzeugende Vortrag.

■ Aufbau und Struktur

Der grundlegende Aufbau einer Präsentation besteht immer aus A = Anfang/Einleitung, H = Hauptteil und A = Abschluss (AHA-Prinzip).

Merke

AHA-Prinzip: A = Anfang/Einleitung, **H =** Hauptteil und **A =** Abschluss

Einleitung

Der richtige Einstieg in die Präsentation ist wichtig, um Aufmerksamkeit zu erwecken, zu motivieren, Interesse hervorzurufen und zum Thema hinzuführen. Eine **positive Stimmung** zu Beginn einer Präsentation schafft Akzeptanz, gibt Sicherheit, baut Lampenfieber ab und ist mitentscheidend für den Erfolg. Neben einem ernsten, sachlichen Beginn mit einer **Begrüßung** und direkter **Vorstellung des Themas** gibt es je nach Anlass vielfältige Möglichkeiten für einen gelungenen wirkungsvollen Einstieg.

Tipps

- Beginnen Sie mit einer **aktuellen Nachricht** oder mit einem besonderen Ereignis.
- Kündigen Sie eine **Neuheit** an.
- Eröffnen Sie mit einem **Zitat,** Sprichwort oder Aphorismus.
- Starten Sie einen **humorvollen Beginn** durch Erzählen einer Anekdote oder einer witzigen Begebenheit (Vorsicht! Wirkung vorher testen!).
- Führen Sie durch **Illustrationen**, Karikaturen oder Sketche zum Thema.
- Stellen Sie eine sachliche oder provozierende **Leitfrage.**
- **Begrüßen** Sie Ihr Publikum als fachkompetente Zielgruppe.

Der Einstieg in eine Präsentation sollte möglichst kurz sein, um die Spannung und Erwartungshaltung aus der Eröffnung dynamisch in den Hauptteil zu überführen.

Hauptteil

Im Hauptteil der Präsentation wird das **eigentliche Präsentationsthema** ausführlich dargestellt. Eine Erfolg versprechende Struktur erfordert eine deutliche und nachvollziehbare Gliederung der Inhalte und einen logischen Aufbau (z. B. von der Beschreibung der Ist-Situation über die Nennung von Zielen und Problemen bis zu Lösungsvorschlägen). Der Adressat muss die **Kernbotschaft** wahrnehmen und den roten Faden stets erkennen können. Dazu sind folgende Tipps zu beachten:

Merke

Der **rote Faden** muss stets erkennbar sein.

Tipps

- Ihre **Gliederung** muss klar, zielführend und in sich logisch sein.
- Halten Sie die **Anzahl der Gliederungspunkte möglichst gering** bzw. übersichtlich.
- Wählen Sie nur Informationen, die für die Zielgruppe **bedeutsam** sind.
- **Wiederholen** Sie Kerninhalte.
- **Verstärken** Sie Kernaussagen mit einer geeigneten Visualisierung.
- Lassen Sie Unwichtiges unbedingt weg **(keine Folienschlachten!)**.
- Stellen Sie den **Nutzen** für die Adressaten heraus.
- Stellen Sie Sachverhalte möglichst **einfach** dar. (KISS: Keep it short and simple!)
- Wählen Sie pro Gliederungspunkt **nur einen Sachverhalt** (Weniger ist mehr!).
- Halten Sie unbedingt den **Zeitrahmen** ein.

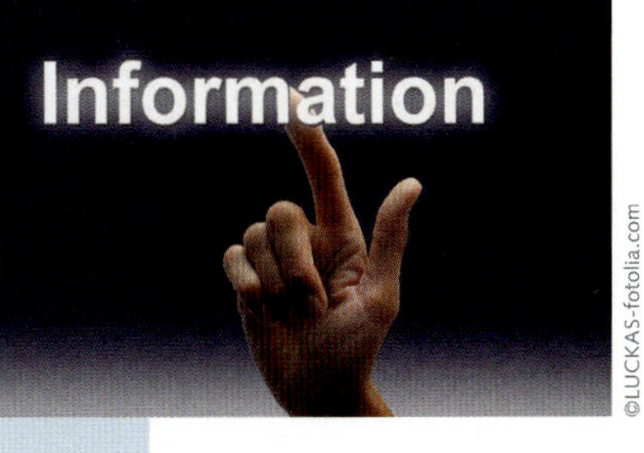

Schluss

Der Schlussteil rundet die Präsentation ab. Empfehlenswert ist eine **kurze Zusammenfassung** (keine Wiederholung!) der Kernaussagen, um diese beim Zuhörer nochmals zu verstärken. Es können Schlussfolgerungen gezogen werden mit Hinweisen auf offene Fragen und einem Ausblick auf konkrete Maßnahmen, die nun zu ergreifen sind. Gegebenenfalls fordert man das Publikum auf, Fragen zu stellen, oder man eröffnet eine Diskussion. Der Dank für die Aufmerksamkeit und die Verabschiedung gehören selbstverständlich zum Schluss der Präsentation dazu. Die Schlussfloskel „Danke für Ihre Aufmerksamkeit" ist zwar allgemein üblich, aber nicht sehr professionell.

©cirquedesprit-fotolia.com

Tipp

Ein **originelles Ende** der Präsentation bleibt beim Publikum am meisten im Gedächtnis (z. B. Cartoon, Zitat).

■ Visualisierung

Merke

Sparsamkeit bei Texten und Effekten!

Der Einsatz von Präsentationsprogrammen bietet eine Fülle von Möglichkeiten zur Visualisierung mit **Texten, Farben, Hervorhebungen, Grafiken, Bildern, Cliparts, Animationen, Geräuschen** u. v. a. m. Voreingestellte Layouts und Design-Vorlagen unterstützen die Gestaltung der Folien. Zur Grundregel jeder Visualisierung gehört es jedoch, sparsam mit Texten und Effekten umzugehen. Eine Visualisierung muss immer zweckgebunden sein und darf die Aufmerksamkeit des Publikums nicht ablenken. Ein schlichtes und klar gestaltetes Foliendesign ist deutlich besser geeignet, den inhaltlichen Aussagen zu folgen und diese zu verstehen, als ein Übermaß an visuellen Elementen (keine fliegenden Buchstaben, keine nervenden Sounds!).

©XtravanT-fotolia.com

Merke

Visualisierung ist kein Selbstzweck!

Entscheidend ist die **Lesbarkeit!**

Tipps

- Wählen Sie für alle Vorlagen ein **einheitliches Layout**.
- Schaffen Sie eine **Ordnung** durch Anordnung von Zusammengehörigem (Schaffen von Sinnblöcken durch Zeichen, Rahmungen, Farbunterlegungen usw.).
- Erstellen Sie für jede Folie eine **prägnante Titelbezeichnung** als Überschrift oder Unterschrift oder in der Mitte stehend.
- Vermeiden Sie textlastige Folien. (Das Publikum soll sich nicht mit Lesen beschäftigen; **ganze Sätze sind ein „No-Go"**!).
- Langweilen Sie nicht mit ständigen **Bulletpoint-Aufzählungen.**
- Wählen Sie zur besseren Lesbarkeit eine einfache **serifenlose Schrift.**
- Nutzen Sie **einheitliche Schriftarten, -größen** und **-farben** für die jeweiligen **Gliederungsebenen.**
- Achten Sie auf **lesbare Schriftgrößen.**

©Flixelpix-fotolia.com

- Verwenden Sie **kontrastreiche Farben** (Kontrast zur Hintergrundfarbe), ohne bunt zu werden.
- Setzen Sie **Farben funktionsbezogen** ein: Gleiche Farbe signalisiert gleiche Bedeutung.
- Arrangieren Sie **Text-Bild-Kombinationen.** Beide Gehirnhälften werden angesprochen und erhöhen somit die Informationsaufnahme: Die linke Gehirnhälfte speichert begriffliche Informationen, die rechte Gehirnhälfte verarbeitet bildhafte Eindrücke.
- Bild schlägt Wort: Gestalten Sie aussagekräftig, aber zweckmäßig und **sparsam** mit Bildern, Fotos, Diagrammen, Grafiken, Tabellen, Demos, Cliparts.
- **Überfordern** Sie das Publikum nicht mit visuellen Elementen, die zusätzlichen Erklärungsbedarf hervorrufen.
- **Testen Sie Ihre Präsentation.**

Vortrag

Die beste Visualisierung ist ohne einen gelungenen Vortrag nicht viel wert. Visualisierung und Vortrag müssen zueinander passen, die Zielgruppe ist adressatengerecht (z. B. Fachpublikum) anzusprechen. Ungeübte sind häufig nervös und haben die Befürchtung, den Text zu vergessen oder sich zu verhaspeln und beim Publikum nicht anzukommen. Eine **intensive Vorbereitung,** eine **präzise Planung** und ein **mehrmaliges Üben** sind deshalb für ein sicheres Auftreten unerlässlich. Neben einer ansprechenden sprachlichen Vortragstechnik sind auch die Körpersprache, die auch ein Ausdruck für die eigene Selbstsicherheit ist, und das Outfit für den Erfolg eines Vortrags nicht zu unterschätzen. Die folgenden Empfehlungen sind Anregungen für die Gestaltung eines guten Vortrags.

Merke

Bereiten Sie Ihren Vortrag gut vor!

Tipps

- Bereiten Sie Ihren Vortrag mit einem **Manuskript** vor (z. B. Stichworte auf Karteikarten).
- Halten Sie **Blickkontakt** zum Publikum. Reden Sie nicht zur Leinwand, zum Laptop oder zum Manuskript.
- Lernen Sie die ersten 2-3 Sätze **auswendig.**
- Sprechen Sie möglichst **frei.**
- Sprechen Sie **langsam** und **deutlich,** machen Sie Pausen.
- Vermeiden Sie lange Sätze und Füllsel **(„äähm", „hm").**
- Tragen Sie **akzentuiert** vor (keine monotone Sprechweise).
- Achten Sie auf Ihre **Körperhaltung.** Zappeln Sie nicht und vermeiden Sie übertriebene Gesten. Stecken Sie die Hände nicht in die Hosentaschen!
- Vermeiden Sie es, **Inhalte der Folien** vorzulesen.
- **Verdecken** Sie nicht die Projektionsfläche.
- Halten Sie die **Zeitvorgaben** ein.

5.3 Präsentationen bewerten

Selbstverständlich werden Präsentationen durch die **Zuhörerschaft bewertet** – immer! Eine erste, spontane Bewertung geschieht quasi automatisch: Wir können gar nicht verhindern, dass wir einen (wenn auch zunächst nur diffusen) Eindruck gewinnen, ob uns die Präsentation gefallen hat oder nicht. Je nachdem, in welchem Zusammenhang die Präsentation stattgefunden hat, wird es aber Sinn machen, sie nicht nur intuitiv, sondern ausdrücklich (z. B. mittels Fragebogen) zu evaluieren. So lässt sich aus erster Hand erfahren, wie die Zielgruppe die Präsentation wahrgenommen hat, worin die Stärken der Präsentation lagen, aber auch, welchen **Verbesserungsbedarf** die Zuhörer gesehen haben.

©Rido-fotolia.com

Wenn eine Präsentation besonders wichtig ist, z. B. weil Vorgesetzte unter den Zuhörern weilen werden, empfiehlt sich ein **Probevortrag** mit anschließender Evaluation, um Zwischenbilanz ziehen und Optimierungen vornehmen zu können.

Längerfristiges Ziel ist es, Selbst- und Fremdbild abzugleichen und allmählich immer sicherer darin zu werden, schon beim Erstellen der Präsentation die wahrscheinliche Reaktion der Zuhörer/innen vorwegnehmen und berücksichtigen zu können.

5.3.1 Bewertungsmethoden

Um Präsentationen explizit zu bewerten, gibt es unterschiedliche **Evaluationsinstrumente.** Welches davon geeignet scheint, ist situativ zu entscheiden und u. a. abhängig von der zur Verfügung stehenden Zeit. Üblich sind z. B. für die **schriftliche Evaluation**:

■ Kartenabfrage

©sunnychicka-fotolia.com

Jeder Zuhörer erhält zwei Karteikarten, eine für **positive Eindrücke,** die andere für **negative Eindrücke.** Auf jede Karte wird nur ein Aspekt notiert. Das hat zwei Vorteile: Die Zuhörer konzentrieren sich auf wesentliche Kritik, und man selbst wird von der Masse an Kritik nicht erschlagen. Wenn die Auswertung öffentlich stattfinden soll, können die Karten z. B. an eine Pinnwand geheftet, sortiert (geclustert) und besprochen werden.

■ Bewertungsbogen

Ein Bewertungsbogen gibt einen **differenzierteren Einblick** in die **Stärken** und **Schwächen** einer Präsentation. Er kann ganz unterschiedlich angelegt sein und z. B. offene Fragen, Ergänzungsfragen oder Ankreuzfragen enthalten. Weil die Auswertung schnell und leicht durchzuführen ist, beschränken sich viele Bewertungsbögen auf Ankreuzfragen: Festgelegte Kriterien werden mittels einer Skala bewertet. Im Berufsalltag ist es wahrscheinlich, dass ein vorgefertigter Bewertungsbogen eingesetzt wird, der also ohne Beteiligung der Zuhörerschaft entstanden ist. Im Kontext Schule kann gemeinsam mit der Zielgruppe überlegt werden, was den Zuhörern wichtig ist. Konsens ist wohl, dass man alle drei Bereiche evaluieren sollte, die bei Präsentationen eine Rolle spielen: **Inhalt**, **Körpersprache/Sprache**, **Optik der Medien.**

Als tendenziell allgemeingültige Kriterien gelten:

- für den **Inhalt:** z. B. sachliche Richtigkeit, Verständlichkeit, Konzentration auf das Wesentliche;
- für die **persönliche Darbietung:** z. B. Auftreten (Körpersprache), Sprechweise;
- für die **optische Darbietung:** z. B. Lesbarkeit, Anschaulichkeit.

Um aussagefähige Ergebnisse zu erhalten, wird man sinnvollerweise bei der Festlegung der Kriterien eine auf die eigenen Bedürfnisse zugeschnittene **Auswahl treffen** und **Schwerpunkte** setzen müssen. Unter anderem ist also festzulegen, ob die o. g. drei Teilbereiche gleich oder unterschiedlich stark gewichtet werden sollen. Nicht zuletzt auch, damit die Zuhörer den Bogen während bzw. in kurzer Zeit nach der Präsentation ausfüllen können, sollte der Bogen (auf nicht mehr als einer Seite) konzentriert die wesentlichen Kriterien abfragen.

Bei der **Festlegung der Skala** wird häufig auf eine an Schulnoten angelehnte Einteilung von 1 **(sehr gut)** bis 6 **(ungenügend)** zurückgegriffen. Denkbar ist auch eine schlichtere Einteilung z. B. in **„trifft zu - trifft teilweise zu - trifft nicht zu".** Zu überlegen ist aber in jedem Fall, ob man der sogenannten **„Tendenz zur Mitte"** durch die Wahl der Skalierung entgegenwirken will. Immer wenn eine Skala eine ungerade Anzahl an Ausprägungen enthält, weist sie zwangsläufig eine Mitte auf, und Menschen neigen dazu, diese Mitte anzukreuzen, weil es sie davon befreit, sich auf die eher positive oder eher negative Seite festzulegen. Möglicherweise führen Skalierungen ohne Mitte also zu einer besseren Aussagefähigkeit.

■ Blitzlicht

Für eine spontane, ausschließlich **mündliche Evaluation** bietet sich das **Blitzlicht** an: Jeder Zuhörer gibt in einem oder ggf. zwei Sätzen eine Antwort auf eine zuvor festgelegt Frage, z. B. „Was hat Ihnen an der Präsentation besonders gut gefallen?" oder „Was hätten Sie sich anders gewünscht?". Kennzeichen des „Blitzlichtes" ist, dass die Äußerungen nicht kommentiert oder diskutiert werden. Das Blitzlicht braucht nicht weiterbearbeitet zu werden, sondern bleibt als Momentaufnahme so stehen. Damit ist es ein unaufwändiges Instrument, das eine sehr schnelle, allerdings meist wenig detaillierte Rückmeldung liefert.

5.3.2 Bewertungsregeln

Die Notwendigkeit einer ehrlichen Rückmeldung durch die Zuhörer leuchtet ein. Gleichwohl fühlen sich „die Evaluierten" häufig unwohl in ihrer Rolle, weil sie herabwürdigende Kritik befürchten, die sie als verletzend empfänden. Um das möglichst auszuschließen, sollten in der Gruppe vorab Regeln für das Feedback vereinbart werden.

■ Feedback geben

Tipp

Positives benennen!

Jeder Vortrag hat Stärken! Diese **Stärken benennen** zu müssen hat gleich mehrere **positive Wirkungen:** Die Zuhörer konzentrieren sich nicht ausschließlich auf die Schwächen des Vortrags, sondern sind gezwungen, gut Gelungenes aktiv wahrzunehmen.

Zusätzlich erfährt der Feedback-Nehmer eine Würdigung seiner Leistung. Sich anerkannt zu fühlen, schafft Sicherheit. Ohne diese Grundlage wird man wenig Offenheit für negative Kritik erwarten dürfen.

©stockWERK-fotolia.com

Tipp

Klarstellen, dass man seine individuelle Sicht der Dinge wiedergibt!

Dazu eignen sich insbesondere Ich-Botschaften, z. B. „Ich fand...; Mir hat gefallen...; Aus meiner Sicht hat etwas gestört, dass...; Ich hätte gerne noch mehr erfahren über..."

Tipp

Ehrlich, aber nicht verletzend sein!

Das entsprechende Motto sollte lauten: **„Ich meine, was ich sage. Aber ich muss nicht alles sagen, was ich meine."** Jede Präsentation (und jeder Präsentierende) hat Schwächen. Aber fast jeder reagiert auf negative Kritik empfindlich. Dieses Dilemma lässt sich am ehesten lösen, indem man ausdrücklich eine **Sache und nicht die Person** kritisiert, z. B. „Die langen Sätze auf den ersten Folien haben mir nicht so gut gefallen. In der Zeit, in der ich sie gelesen habe, konnte ich dem Vortrag gar nicht zuhören. Das hat mich gestört, weil ich das Thema eigentlich interessant finde." Auch hierbei punkten **Ich-Botschaften.** Du-Botschaften (z. B. „Du hast viel zu viel auf eine Folie gepackt.") werden schnell als Angriff auf die eigene Persönlichkeit gewertet, auch, wenn es „gar nicht so gemeint war".

©DOC RABE Media-fotolia.com

Tipp

Konstruktiv sein, Verbesserungsvorschläge mitliefern!

Wenn man sich darauf einigt, dass mit jeder negativen Kritik ein (erster) konkreter Verbesserungsvorschlag zu unterbreiten ist, fällt es i. d. R. leichter, die Kritik anzunehmen. Günstig ist das allerdings auch, weil weniger „wahllos gemeckert" werden kann.

Tipp

Zuhören!

Feedback annehmen

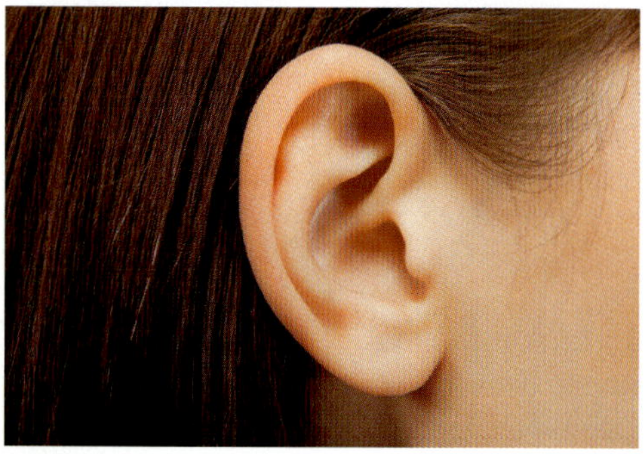

©ninell-fotolia.com

Fast jeder Präsentierende besitzt (häufig schon während des Vortrags) selbst ein Gefühl dafür, welche Teile der Präsentation warum gut oder auch weniger gut ankommen. Die **Rückmeldung** durch ein **Feedback** kann dennoch sehr hilfreich sein, weil die eigene Reflexion in einigen Punkten vielleicht zu kritisch, gelegentlich aber auch zu unkritisch ausfällt: Die Nervosität, die uns selbst beim Vortrag sehr präsent war, hat möglicherweise niemand von außen annähernd so deutlich bemerkt - oder einfach niemanden gestört. Denkbar ist aber ebenso: Die wesentlichen Erkenntnisse der präsentierten Thematik am Schluss noch einmal zusammenzufassen schien uns unnötig, weil der Stoff ja leicht verständlich war; die Zuhörer geben uns aber ein ganz anderes Feedback; ihnen hätte die Zusammenfassung zum Schluss Sicherheit verliehen, das Wesentliche erfasst und verstanden zu haben.

Merke

Der eigene Eindruck (die **Selbstevaluation**) ist wichtig, und die Eindrücke der Zuhörer (der **Fremdevaluation**) ernst zu nehmen, kann uns nur bereichern!

Ausreden lassen ist nicht nur ein **Gebot der Höflichkeit,** sondern auch deshalb angeraten, weil niemand vorher wissen kann, was genau der andere sagen möchte. Außerdem gewinnt man so Zeit, das Gehörte auch gedanklich zu verarbeiten.

Tipp

Ausreden lassen!

Wer ein Feedback einholt, sollte wissen wollen, wie er **von anderen** wahrgenommen wird! Ist nicht wirklich klar, was der andere meint, können Nachfragen hilfreich sein. Ziel eines Feedbacks ist es damit keinesfalls, im Nachhinein die Wahrnehmung der Zuhörer durch Rechtfertigungsversuche verändern zu wollen.

Tipp

Nachfragen, aber nicht rechtfertigen!

Ein gelungenes Feedback wird viele Facetten für **Optimierungsmöglichkeiten** eröffnen. Das spricht zunächst nicht gegen die Präsentation, sondern für die Qualität des Feedbacks. Zu entscheiden ist dann, welche der kritisierten Aspekte zukünftig verbessert werden sollen. Dabei wird man sich z. B. daran orientieren, wie häufig ein Aspekt kritisiert wurde, welche Wichtigkeit man selbst der Kritik zuschreibt, und nicht zuletzt, wie groß man die Chance einschätzt, etwas tatsächlich verändern zu können.

Tipp

Bedeutsames auswählen!

Merke

Letztlich sollte klar sein: Ein **Feedback** ist ein **Angebot**, etwas darüber zu erfahren, inwieweit man seine Zielgruppe erreicht hat. Also nichts anderes als eine **Chance** dazuzulernen!

5.4 Ein Handout zur Präsentation erstellen

Zu Ihrem Vortrag gehört in der Regel auch ein Handout (hand-out: Handreichung, Handzettel, Tischvorlage) mit einem systematischen Überblick über die Inhalte der Präsentation. Handouts werden häufig vor dem Vortrag ausgehändigt, um den Zuhörern das Verständnis zu erleichtern. Sie begleiten die Präsentation, ersparen die Mitschrift, sollten aber Platz für individuelle Notizen lassen. Sie können das Handout auch erst nach dem Vortrag aushändigen, damit die Aufmerksamkeit der Zuhörer nicht durch Lesen abgelenkt wird. Das sollte jedoch vor dem Vortrag angekündigt werden, damit niemand unnötig mitschreibt. Die Frage, wann das Handout ausgeteilt werden soll, ist immer neu zu beantworten: Dürfen die Teilnehmer auf keinen Fall vorauslesen oder sind z. B. Notizen unerlässlich, um den Überblick zu wahren?

©contrastwerkstatt-fotolia.com

Das Handout dient auch dazu, dass sich Ihre Zuhörer nach längerer Zeit an Ihren Vortrag erinnern und die Thematik noch einmal nachvollziehen können. Es muss deshalb selbsterklärend, d. h. auch ohne den Vortrag verständlich sein.

Merke

Ein **Handout** hilft Ihnen selbst, Klarheit und Struktur für Ihren Vortrag zu bekommen.

Ein gutes Handout ist aber keine bloße Wiederholung des Vortrags, sondern eine knappe Zusammenfassung der Präsentation. Es sind deshalb nur die zentralen Leitgedanken, Informationen und Zusammenhänge, die für das Verständnis Ihres Themas wichtig sind, darzustellen.

Eine vorangestellte Gliederung trägt zur Orientierung bei und lässt den roten Faden erkennen. Aus Gründen der Platzersparnis kann man zwar auf die separate Darstellung der Gliederungspunkte verzichten, sie müssen dann aber im Text deutlich voneinander abgegrenzt werden, z. B. durch entsprechende Nummerierungen. Der Umfang des Handouts ist möglichst knapp zu halten. Bei Vorträgen bis zu 10 Minuten reichen häufig 1 - 2 DIN A4 Seiten (1 Doppelseite) aus.

Die Berücksichtigung der folgenden Tipps für die Erstellung von Handouts verspricht ein gutes Ergebnis:

Tipps für ein gutes Handout

Zum Inhalt:

- Bezeichnen Sie das Handout mit Ihrem Thema und dem Titel Ihres Vortrags. Geben Sie auch das Datum an.
- Überladen Sie das Handout nicht mit Informationen; nur die wesentlichen Inhalte des Vortrags sind wichtig.
- Vermeiden Sie lange Sätze, und nutzen Sie Stichworte an geeigneter Stelle.
- Bilden Sie Themenblöcke, die Sie optisch voneinander abgrenzen.
- Es ist wichtig, die Gliederungsebenen zu beachten, gleichwertige Informationen gehören auf die gleiche Gliederungsebene.

Zur Optik:

- Gestalten Sie das Handout ansprechend und übersichtlich, z. B mit Aufzählungen, Listen, Tabellen, Grafiken, Abbildungen.
- Achten Sie auf eine gute Qualität von Fotos, Screenshots und Scans.
- Fügen Sie bei mehreren Seiten Seitenzahlen ein.

Sonstiges:

- Vergessen Sie nicht, alle Quellen anzugeben.
- Stellen Sie ausreichend Exemplare zur Verfügung.

Büroprozesse gestalten und Arbeitsvorgänge organisieren

LERNFELD 2

©Picture-Factory-fotolia.com

Das werden Sie hier lernen …

1 – Die Arbeitsumgebung gestalten

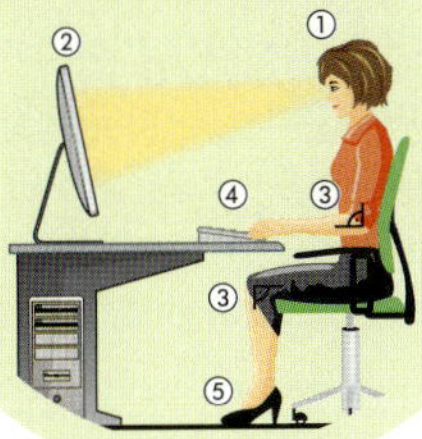

2 – Gesundheitsgefahren erkennen und Strategien zur Bewältigung entwickeln

©fotomek-fotolia.com

3 – Arbeitsprozesse effizient und aktiv gestalten

©fotomek-fotolia.com

4 – Termine im Büro organisieren

©Detlef-fotolia.com

5 – Sitzungen und Besprechungen durchführen und nachbereiten

6 – Informationswege im Unternehmen kennen und nutzen

©Klaus Eppele-fotolia.com

7 – Schriftstücke und Dokumente verwalten

©Carmen Steiner-fotolia.com

8 – Kommunikationsfähigkeit im Arbeitsalltag weiterentwickeln

©fotomek-fotolia.com

1 Die Arbeitsumgebung gestalten

©vector_master-fotolia.com

Die Gestaltung der Arbeitsumgebung ist für ein Unternehmen keine einfache und schnell zu treffende Entscheidung. Arbeitsabläufe und Aufgaben unterscheiden sich in jedem Unternehmen und daher muss eine individuelle Anpassung der Arbeitsumgebung auf jedes Unternehmen erfolgen. Aspekte wie die passende Büroform, gesetzliche Vorschriften, Ergonomie und Ökologie und andere Einflussfaktoren im Büro sind wichtige Gesichtspunkte, die beachtet und stetig überprüft werden müssen. Die ausgewählte Büroform könnte in der Zukunft nicht mehr passend sein, da sich in den vergangenen Jahren die Arbeitsabläufe im Büro durch den vermehrten Einsatz von digitalen Medien grundlegend verändert haben. Bei der Wahl der geeigneten Arbeitsumgebung müssen diese Veränderungen neben den oben genannten Aspekten, die in diesem Kapitel erörtert werden, berücksichtigt werden.

Merke

Durch die geeignete Wahl der Arbeitsumgebung stellt der Unternehmer die Weichen für ein gut funktionierendes Büro.

Tipp

LF13

Die Auswahl einer geeigneten Arbeitsumgebung kann von einer Projektgruppe gemeinsam erarbeitet werden.

1.1 Die verschiedenen Büroformen

Die Raumgestaltung ist abhängig vom vorhandenen Raumangebot, dem wirtschaftlichen Vorhaben des Unternehmens und den Interessen der beschäftigten Personen. Zum einen muss der vorhandene Raum wirtschaftlich, effizient und sinnvoll für das Unternehmen genutzt werden und zum anderen möchten die Beschäftigten einen angenehm gestalteten Arbeitsplatz vorfinden, um effektiv arbeiten zu können.

Um diesen Anforderungen gerecht zu werden, gibt es verschiedene Büroformen, die Vor- und Nachteile besitzen. Nachfolgend sind die gängigsten aufgelistet:

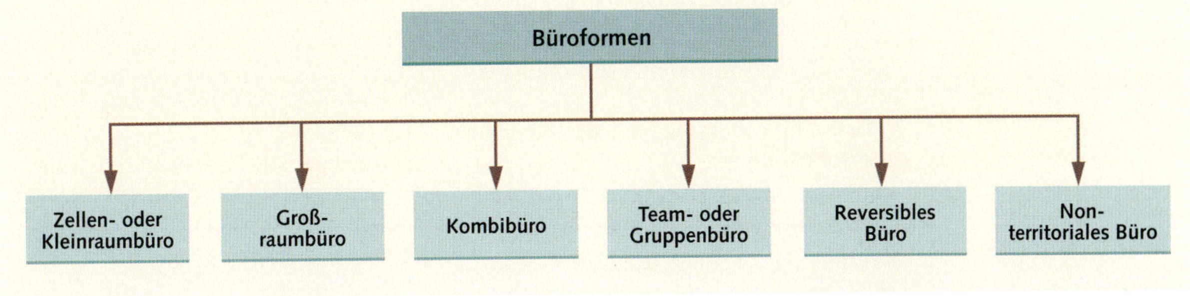

1.1.1 Zellen- oder Kleinraumbüro

Ein Zellen- oder Kleinraumbüro kann je nach Größe und Einrichtung von **bis zu vier Personen** genutzt werden und ist seit Jahren die verbreitetste Büroform in Deutschland. Die einzelnen Zellen- oder Kleinraumbüros sind an **einem Flur** angeordnet. Dieses Büro ist in der Regel mit allen notwendigen Arbeitsmaterialen und technischen Geräten (Computer, Telefon, Drucker usw.) ausgestattet, um ein unabhängiges Arbeiten zu ermöglichen. Die in solch einer Büroform tätigen Personen sind vom übrigen Unternehmensbetrieb räumlich abgetrennt. Die **Kommunikation** mit anderen Kollegen erfolgt über das Telefon, E-Mail usw. Je nach Rangordnung bzw. Tätigkeitsfeld eines Mitarbeiters wird dieser in einem Ein- oder Mehrpersonenraum untergebracht.

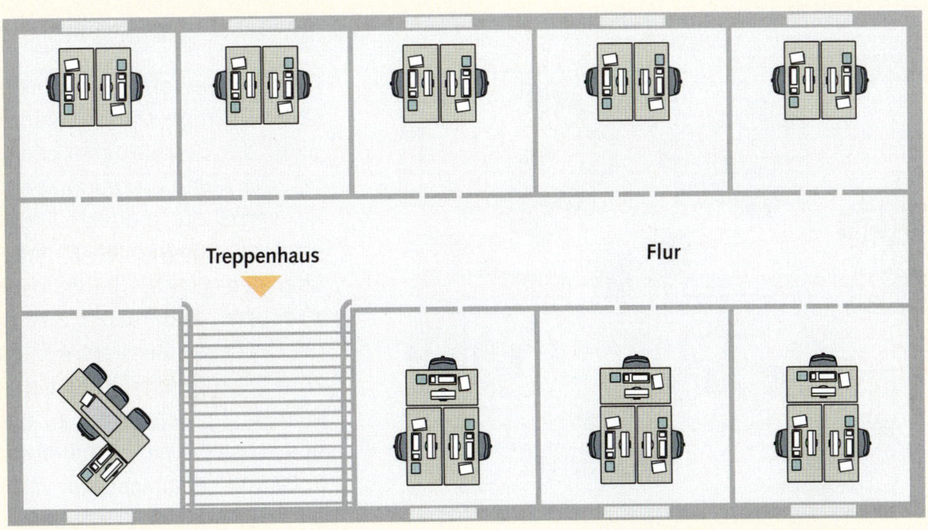

Zweibündige Anlage eines Zellen- oder Kleinraumbüros

Zellen- oder Kleinraumbüro	
Vorteile	**Nachteile**
• Eine gute Kommunikation zwischen den Personen ist möglich. • Ein konzentriertes Arbeiten ist ohne größere Störungen möglich. • Vertrauliche und diskrete Gespräche sind möglich. • Die Produktivität steigt mit abnehmender Personenzahl. • Außeneinwirkungen (Sonneneinstrahlung, Temperatur usw.) sind besser regelbar. • Vertretungen können schneller koordiniert und durchgeführt werden. • Individuelle Gestaltungsmöglichkeiten der einzelnen Zellen- oder Kleinraumbüros sind möglich.	• Die Kommunikation mit Personen, die nicht im Zellen- oder Kleinraumbüro arbeiten, ist erschwert. • Es entsteht ein erhöhter Kostenfaktor für das Unternehmen. • Die Platznutzung für Zellen- oder Kleinraumbüros ist hoch. • Bei zunehmender Personendichte leidet die Konzentrationsfähigkeit des Einzelnen. • Teamarbeit ist nur mit den Personen im Raum gut durchführbar, darüber hinaus ist diese erschwert. • Der Informationsfluss zwischen Mitarbeitern anderer Abteilungen ist gering.

1.1.2 Großraumbüro

Das Großraumbüro hat eine **Grundfläche** von mehreren hundert Quadratmetern und beinhaltet **mindestens 25 Arbeitsplätze.** Die Teilung des Raums erfolgt nicht mit Wänden bis zur Raumdecke, sondern es werden lediglich Stellwände, Schränke, Regale und Pflanzen verwendet, bei denen man meist die Möglichkeit hat, im Stehen über sie hinwegblicken zu können. Mittels dieser Trennmöglichkeiten ist eine schnelle Umgestaltung des Großraumbüros möglich und zusätzlich können je nach Bedarf auch Räume im Raum eingerichtet werden, die komplett abgeschirmt und störungsfrei sind. Zum einzelnen Arbeitsplatz gelangt man ohne vorgegebenes Wegsystem.

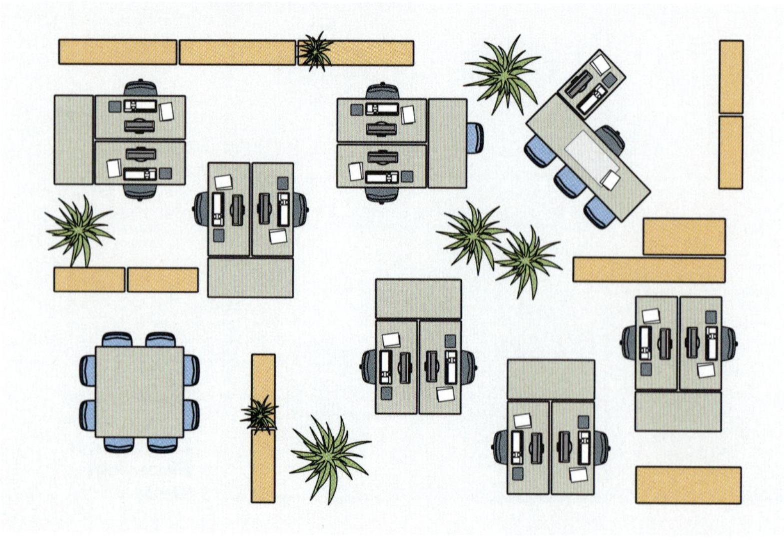

Durch dieses **offene Raumkonzept** ist eine stetige Kommunikation zwischen den Beschäftigten gewährleistet. Die Kommunikation kann nicht nur **verbal** durch direkte Gespräche erfolgen, sondern auch **nonverbal** über den direkten Blickkontakt der einzelnen Mitarbeiter. Aufgrund der Größe des Büroraums muss eine künstliche Klimatisierung eingesetzt werden. Im Gegensatz zu England und den USA sind Großraumbüros in Deutschland nicht sehr verbreitet.

Großraumbüro	
Vorteile	**Nachteile**
• schnelle und flexible Gestaltungsmöglichkeiten • schnellerer und intensiverer Kommunikationsaustausch • schnellere Koordination und Durchführung von Vertretungen • effektive und effiziente Raumausnutzung • geringe Flächenkosten	• Störungen durch erhöhten Lärmpegel (Telefon, Durchgangsverkehr, Gespräche von Kollegen usw.) • keine Privatsphäre für die Mitarbeiter • wenige Möglichkeiten zu diskreten Gesprächen • erhöhtes Konfliktpotenzial zwischen den Mitarbeitern • Beschränkung der Kommunikation nicht nur auf das Wesentliche (Überkommunikation) • höherer Krankenstand bei den Mitarbeitern • hohe Kosten durch ständige Klimatisierung

1.1.3 Kombibüro

Wie die Bezeichnung schon zum Ausdruck bringt, ist ein Kombibüro die **Kombination von Zellen-** oder **Kleinraumbüros** und **Großraumbüros.** Dieser Zusammenschluss der beiden Formen kombiniert die Vorteile beider Bürotypen und vermeidet gleichzeitig deren Nachteile. Das Kombibüro ist meistens nur mit Einzelarbeitsplätzen ausgestattet, die an den Außenwänden des Gebäudes platziert sind. Dadurch kann natürliches Licht zum angenehmen Arbeiten genutzt werden. Die einzelnen Büros sind durch transparente Wände getrennt und können bei Bedarf zum ungestörten Arbeiten geschlossen werden.

Inmitten der Einzelbüros findet man zentral den Gemeinschaftsbereich. Dieser Bereich dient zum einen als Kommunikationszentrale für alle Beschäftigten und zum anderen finden Arbeitsmittel (z. B. Telefaxgerät, Kopierer, Literatur) und Einrichtungen (z. B. Besprechungszone, Besucherempfang, Pausenecke), die gemeinsam genutzt werden können, ihren Platz.

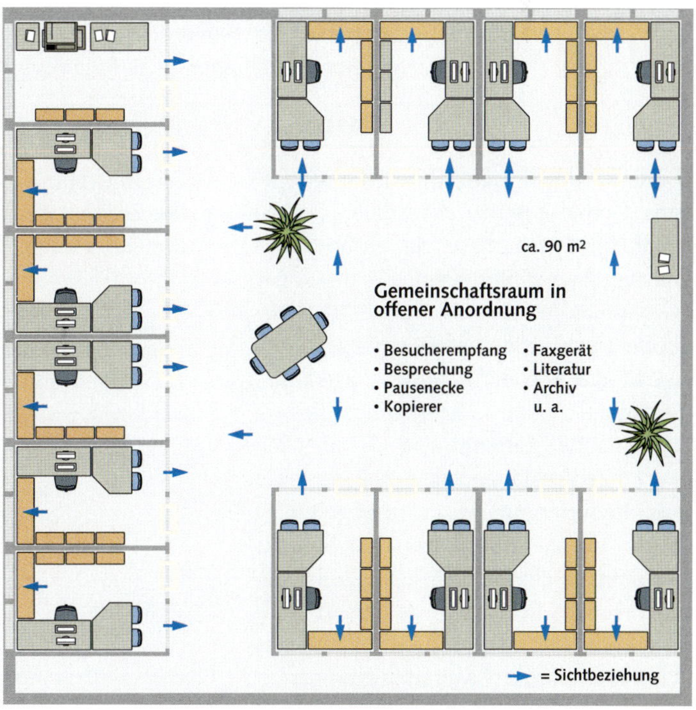

©fotomek-fotolia.com

Kombibüro	
Vorteile	**Nachteile**
• Ein ungestörtes und konzentriertes Arbeiten im Einzelbüro ist möglich. • Die Teamarbeit lässt sich im Gemeinschaftsbereich leicht verwirklichen. • Die Kommunikation lässt sich auf das Wesentliche beschränken und es entsteht keine Überkommunikation. • Die Privatsphäre für Mitarbeiter ist gegeben. • Vertrauliche und diskrete Gespräche sind möglich. • Die Außeneinwirkungen (Sonneneinstrahlung, Temperatur usw.) sind von jedem Mitarbeiter individuell regelbar. • Eine individuelle Gestaltungsmöglichkeit der Einzelbüros ist möglich.	• Es entsteht ein erhöhter Kostenfaktor für das Unternehmen. • Der Platzbedarf für Einzelbüros ist hoch. • Die Flexibilität ist geringer als bei einem Großraumbüro.

1.1.4 Team- oder Gruppenbüro

©lightpixel-fotolia.com

Das Team- oder Gruppenbüro ist die **Weiterentwicklung des Großraumbüros**. Mit dieser Form sollen die Nachteile des Großraumbüros minimiert und die Vorteile genutzt werden. Beim Team- oder Gruppenbüro werden **maximal 25 Arbeitsplätze** im Stil eines Großraumbüros eingerichtet. Dies bedeutet, dass wieder eine offene Unterteilung der einzelnen Arbeitsplätze mit Stellwänden, Schränken, Regalen und Pflanzen, wie im Großraumbüro, vorgenommen werden kann. Bei der Einrichtung des Team- oder Gruppenbüros werden Fensterfronten integriert, um das natürliche Licht und die Klimatisierung auszunutzen. Diese Form eignet sich besonders für einzelne Abteilungen (z. B. Rechnungswesen, Personalabteilung, Einkauf, Marketing).

Beispiel

Bedingt durch den hohen Lärmpegel im Großraumbüro der Blue Design GmbH wandelt diese die große Bürofläche in mehrere kleine Team- oder Gruppenbüros um. Es werden deckenhohe Trennwände aus Glas eingezogen, damit die Rechnungswesen-, Einkaufs-, Verkaufs- und Marketingabteilung voneinander getrennt sind. Schon nach kurzer Zeit bestätigen die Abteilungsleiter die Reduzierung des Lärmpegels. Sie stellen darüber hinaus fest, dass sich das Raumklima durch die Ausnutzung der natürlichen Belüftung verbessert hat. Die Kommunikation und Flexibilität eines Großraumbüros ist weiterhin gegeben.

Merke

Die Nachteile des Team- oder Gruppenbüros entsprechen dem des Zellen- oder Kleinraumbüros. Die Vorteile entsprechen dem des Großraumbüros.

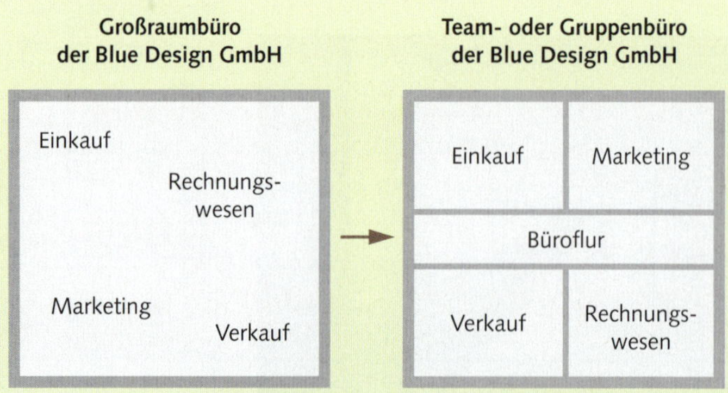

1.1.5 Reversibles Büro

©tournee-fotolia.com

In der heutigen schnelllebigen Zeit ist die Flexibilität von Unternehmen ein wichtiger Faktor. Anforderungen – technischer oder organisatorischer Natur – an ein Unternehmen können sich schnell verändern. Dies bedingt eventuell auch einer Veränderung der vorhandenen Büroform und des Büroablaufes.

Die Bedeutung des Wortes „reversibel" lautet: „rückgängig machen, umkehrbar oder wiederherstellbar". Genau dies spiegelt sich auch in einem reversiblen Büro wider. Als **Grundlage** für diese Büroform muss ein Gebäude bzw. ein großer Raum vorgefunden werden, der schnell und flexibel in ein Zellen- oder Kleinraumbüro, ein Kombibüro oder ein Team- oder Gruppenbüro mit lärmdämmenden Trennwänden umgestaltet werden kann. Es muss jedoch bei der Anschaffung von Büroeinrichtungsgegenständen auf die Mobilität geachtet werden, was mit höheren Kosten für das Unternehmen verbunden ist.

Durch die **hohe Flexibilität** kann man diese Büroform als die zukunftsträchtigste bezeichnen.

1.1.6 Non-territoriales Büro

©by-studio-fotolia.com

Diese Büroart stellt **keinen eigenen Büroaufbau** dar und wird synonym auch als Desksharing, Shared Desk oder Flexible Office bezeichnet. Jede vorgestellte Büroart kann als non-territoriales Büro genutzt werden. Das Grundkonzept ist, dass die Mitarbeiter **keinen fest zugeordneten Arbeitsplatz** haben. Je nach Aufgabenbereich und Belegung der Arbeitsplätze kann sich der Mitarbeiter den passenden und benötigten Arbeitsplatz oder Besprechungsraum auswählen. Diese Mehrfachbelegung der Arbeitsplätze kann in Unternehmen mit flexiblen Arbeitszeiten, Teilzeitarbeit, Außendienstmitarbeitern, Vertriebsmitarbeitern usw. gut genutzt werden. Die geschäftlichen und persönlichen Unterlagen des Mitarbeiters werden in abschließbaren Rollcontainern, Schränken usw. untergebracht, die bei Bedarf zum jeweiligen Arbeitsplatz mitgenommen werden können.

Beispiel

Die Blue Design GmbH hat neue Aufträge erhalten. Der Geschäftsführer Matthias Blau wird zwölf neue Mitarbeiter einstellen müssen, um die Aufträge termingerecht bearbeiten zu können. Da die vorhandene Bürofläche und die Arbeitsplätze komplett ausgenutzt werden, analysiert Matthias Blau die vorherrschende Belegung der Arbeitsplätze. Dadurch ermittelt er, dass von den 20 Vertriebsmitarbeitern nur drei bis sechs gleichzeitig im Unternehmen sein müssen. Des Weiteren sind von den acht Teilzeitmitarbeitern nur maximal fünf gleichzeitig im Unternehmen tätig.

Aufgrund dieser Informationen beschließt er, das non-territoriale Büro einzuführen, um somit den neuen Mitarbeitern einen Arbeitsplatz bieten zu können, ohne weitere Büroflächen anmieten zu müssen.

©fotomek-fotolia.com

1.2 Wichtige Vorschriften für die Arbeitsumgebung

Die Arbeitsumgebung in einem Betrieb zu gestalten, ist eine wichtige Aufgabe für einen Unternehmer. Die Vorschriften für die Gestaltung einer Arbeitsumgebung findet man in Gesetzen, Verordnungen, Vorschriften, staatlichen Regeln und Richtlinien.

Wichtige Vorschriften für die Gestaltung einer Arbeitsumgebung

Gesetze	Verordnung und Vorschriften	Richtlinien und staatliche Regeln
• Arbeitsschutzgesetz (ArbSchG) • Arbeitssicherheitsgesetz (ASiG) • Produktsicherheitsgesetz (ProdSG) • Gesetz über die elektromagnetische Verträglichkeit von Betriebsmitteln (EMVG)	• Arbeitsstättenverordnung (ArbStättV) • Betriebssicherheitsverordnung (BetrSichV) • Bildschirmarbeitsverordnung (BildscharbV) • Unfallverhütungsvorschriften (UVV)	• Arbeitsschutzrahmenrichtlinie • Arbeitsstättenrichtlinie • Bildschirmrichtlinie • Richtlinie über die elektromagnetische Verträglichkeit • Technische Regeln für Arbeitsstätten

Nachfolgend wird im Einzelnen auf das Arbeitsschutzgesetz, auf die Arbeitsstättenverordnung, auf die technischen Regeln für Arbeitsstätten, auf die Bildschirmarbeitsverordnung und auf die Unfallverhütungsvorschriften näher eingegangen.

Arbeitsschutzgesetz

Das Arbeitsschutzgesetz (ArbSchG) ist die **Rechtsgrundlage** für den Arbeits- und Gesundheitsschutz in allen Unternehmen. Dieses Gesetz trat am 21. August 1996 in Kraft und setzte die EU-Richtlinien zum Arbeitsschutz um. Auf dieses Gesetz wird in den einzelnen Verordnungen und Normen immer wieder zurückgegriffen.

©DOC RABE Media-fotolia.com

Das ArbSchG regelt die Rechte und Pflichten der Arbeitgeber und der Beschäftigten. Durch dieses Gesetz soll die Sicherheit und der Gesundheitsschutz der Beschäftigten gewährleistet und verbessert werden.

Die allgemeinen Grundsätze des Arbeitsschutzes finden sich in der folgenden Norm wieder:

§§§

§ 2 ArbSchG

Der Arbeitgeber hat bei Maßnahmen des Arbeitsschutzes von folgenden allgemeinen Grundsätzen auszugehen:

1. Die Arbeit ist so zu gestalten, dass eine Gefährdung für Leben und Gesundheit möglichst vermieden und die verbleibende Gefährdung möglichst gering gehalten wird;
2. Gefahren sind an ihrer Quelle zu bekämpfen;
3. bei den Maßnahmen sind der Stand von Technik, Arbeitsmedizin und Hygiene sowie sonstige gesicherte arbeitswissenschaftliche Erkenntnisse zu berücksichtigen;

4. Maßnahmen sind mit dem Ziel zu planen, Technik, Arbeitsorganisation, sonstige Arbeitsbedingungen, soziale Beziehungen und Einfluss der Umwelt auf den Arbeitsplatz sachgerecht zu verknüpfen;
5. individuelle Schutzmaßnahmen sind nachrangig zu anderen Maßnahmen;
6. spezielle Gefahren für besonders schutzbedürftige Beschäftigtengruppen sind zu berücksichtigen;
7. den Beschäftigten sind geeignete Anweisungen zu erteilen;
8. mittelbar oder unmittelbar geschlechtsspezifisch wirkende Regelungen sind nur zulässig, wenn dies aus biologischen Gründen zwingend geboten ist.

Arbeitsstättenverordnung und technische Regeln für Arbeitsstätten

Die Arbeitsstättenverordnung (ArbStättV) gibt **Zielvorgaben an die Betreibung von Arbeitsstätten** und wird konkretisiert durch die Technischen Regeln für Arbeitsstätten (ASR). In den ASR finden sich ausformulierte Maßnahmen hierzu. Weiterhin dienen diese als Hilfe zur Gestaltung des Arbeitsraums.

Inhalte der ASR sind z. B.:

- ASR A1.2 Raumabmessungen und Bewegungsflächen,
- ASR A1.6 Fenster, Oberlichter, lichtdurchlässige Wände,
- ASR A1.8 Verkehrswege,
- ASR V3a.2 Barrierefreie Gestaltung von Arbeitsstätten,
- ASR A3.4 Beleuchtung,
- ASR A3.5 Raumtemperatur,
- ASR A3.6 Lüftung,
- ASR A4.2 Pausen- und Bereitschaftsräume.

Beispiel zum Inhalt der ASR A1.2 Raumabmessungen und Bewegungsflächen

Als **Richtwert des Flächenbedarfs** bei der Gestaltung von Büroräumen gibt die ASR A 1.2 Raumabmessungen und Bewegungsflächen für die verschiedenen Büroformen je Arbeitsplatz an.

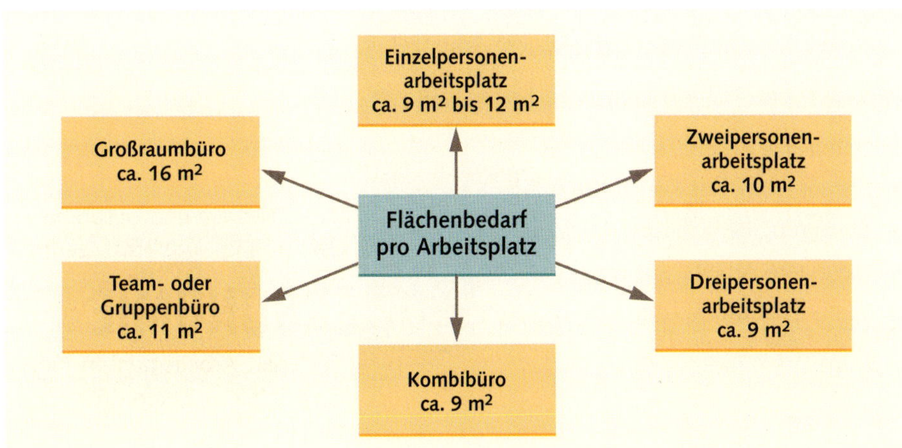

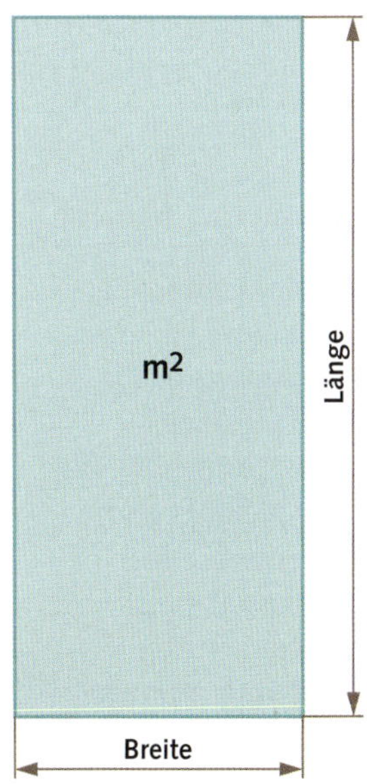

§ 5 ArbSchG

Bildschirmarbeitsverordnung

Die Bildschirmarbeitsverordnung (BildscharbV) ist die geltende Norm für die **Sicherheit und den Gesundheitsschutz bei der Arbeit an Bildschirmgeräten.** Durch die Verordnung vom 4. Dezember 1996 muss jeder Arbeitgeber die Arbeitsbedingungen in Verbindung mit § 5 ArbSchG sowie die Sicherheits- und Gesundheitsbedingungen regelmäßig ermitteln und beurteilen. Die Organisation der Arbeitsplätze muss gewährleisten, dass die tägliche Arbeit an Bildschirmgeräten regelmäßig durch andere Tätigkeiten oder Pausen unterbrochen werden kann, um die Belastungen der Beschäftigten zu senken.

Detaillierte Anforderungen an Bildschirmgeräte und Tastaturen, sonstige Arbeitsmittel, Arbeitsumgebung und das Zusammenwirken von Mensch und Arbeitsmittel werden im Anhang der BildscharbV erläutert.

Unfallverhütungsvorschriften

Die Unfallverhütungsvorschriften (UVV) der Berufsgenossenschaften **ergänzen und konkretisieren vorhandene Gesetze und Verordnungen.** Der Geltungsbereich erstreckt sich auf alle Unternehmen und gesetzlich unfallversicherte Personen. Die Regelungen dienen dem Gesundheitsschutz der Beschäftigten und zeigen auf, welche Einwirkungen und gesundheitlichen Gefahren am Arbeitsplatz vorherrschen und wie man in der täglichen Büropraxis präventiv dagegen vorgehen kann.

1.3 Ergonomische und ökologische Arbeitsumgebung

1.3.1 Ergonomische Arbeitsumgebung

Der Begriff „Ergonomie" setzt sich zum einen aus den griechischen Wörtern „ergon", was so viel bedeutet wie „Arbeit", und „nomos", was so viel bedeutet wie „Gesetz" bzw. „Regel", zusammen.

Der Nutzen einer ergonomischen Arbeitsumgebung kommt nicht nur den Beschäftigten zugute, sondern auch indirekt dem Arbeitgeber.

Merke

Unter **Ergonomie** versteht man, dass optimale Arbeitsbedingungen (z. B. Arbeitsabläufe, Umgebung) und die psychischen Fähigkeiten der Mitarbeiter in Einklang gebracht werden.

Vorteile für Beschäftigte und Arbeitgeber sind z. B.:

- optimierte Arbeitsabläufe,
- Verringerung des Krankenstandes,
- Steigerung der Leistungsfähigkeit,
- niedrigere Arbeitsbelastung,
- besseres Betriebsklima,
- größere Zufriedenheit bei der Arbeit.

Ergonomie am Arbeitsplatz

Aufgrund der Tatsache, dass die meiste Arbeitszeit in der täglichen Büropraxis sitzend am Computer verbracht wird und dies zu vielen gesundheitlichen Beschwerden führt, hat das richtige Sitzen, verbunden mit dem Stellplatz des Monitors, der Tastatur und der Maus, am Arbeitsplatz eine große Bedeutung.

① Der **Monitorabstand** sollte ungefähr 50 cm bis 60 cm vom Kopf betragen.

② Die **oberste Zeilenreihe** des Monitors sollte sich leicht unterhalb der Augenhöhe befinden.

③ Die **Stuhlhöhe** sollte so gewählt werden, dass sich die Beine und Arme in einem rechten Winkel befinden.

④ Die **Tischhöhe** sollte 72 cm betragen oder so angepasst werden, dass sich Maus und Tastatur auf einer Höhe mit Ellenbogen und Handflächen befinden.

⑤ Die **Füße** sollten eine feste Auflage zum Fußboden haben; auch ein Fußhocker ist eine gute Möglichkeit.

Eigenschaften moderner Bürostühle

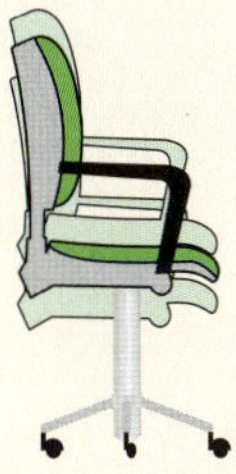

Verstellen der Sitzhöhe

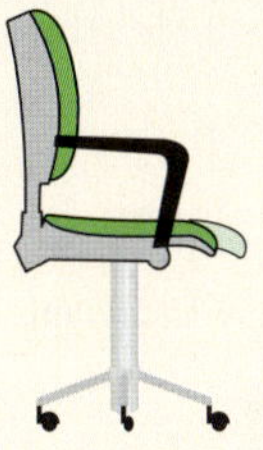

Verstellen der Sitztiefe durch Verschieben der Sitzfläche. Die Sitzgeometrie bleibt erhalten, der Schwerpunkt des Sitzenden ist immer im Drehpunkt des Stuhls.

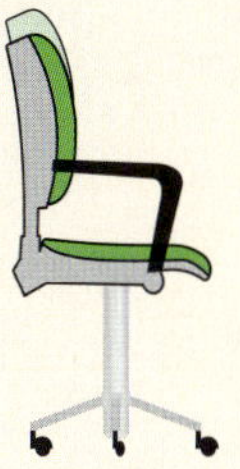

Verstellen der Rückenlehnenhöhe. Der Lendenwirbelbereich wird richtig unterstützt.

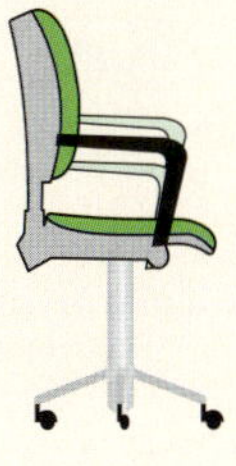

Einstellen der Armlehnenhöhe. Der Schulter- und Nackenbereich ist dadurch fast optimal entlastet.

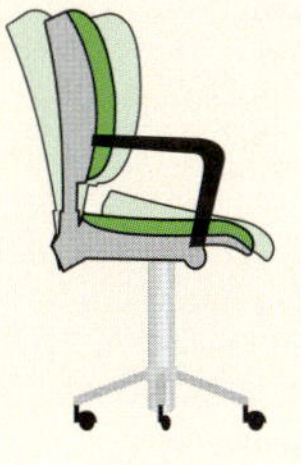

Fließender Bewegungsablauf zwischen vorgeneigter, mittlerer und hinterer Sitzposition. Offener Sitzwinkel von mehr als 90 °. Individuelle Gewichtseinstellung.

Zum ergonomischen Sitzen gehört ein moderner **Bürostuhl** mit variablen Einstellmöglichkeiten für die individuelle Anpassung an den jeweiligen Benutzer.

Der moderne Bürostuhl sollte folgende Eigenschaften besitzen:

- ➔ verstellbare Sitzhöhe und Sitztiefe,
- ➔ neigbare Rückenlehne,
- ➔ verstellbare Rückenlehne und Armlehnen,
- ➔ individuelle Gewichtseinstellung.

Wichtig ist, dass der Bürostuhl richtig für den Arbeitsplatz und vor allem für den Schreibtisch eingestellt werden kann.

©camera-me.com-fotolia.com

Die **Arbeitsmittel** sollten auf dem Schreibtisch so verteilt werden, dass der Arbeitnehmer jedes benötigte Arbeitswerkzeug (Tastatur, Maus, Akten, Stifte, Papier usw.) mit dem individuellen **Radius** seiner Arme erreichen kann.

Die **Tastatur** ist das bedeutendste Eingabegerät für den Computer. Diese sollte unter ergonomischen Gesichtspunkten ausgewählt werden. Wichtige Anforderungen an diese sind:

- matte, nicht spiegelnde Oberfläche,
- variable Neigungseinstellung,
- getrennte Einheit vom Computer,
- ausreichend Platz zur Auflage der Hände,
- sich vom Untergrund abhebende Beschriftung.

Das richtige Sitzen am Arbeitsplatz darf nicht unterschätzt werden. Die nachfolgende Übersicht verdeutlicht falsches und richtiges Sitzen.

Falsches und richtiges Sitzen am Arbeitsplatz

• Sitzhöhe zu hoch • Sitzhöhe nicht ausgenutzt • keine Abstützung der Lendenwirbelsäule durch die Rückenlehne	• Sitzfläche nicht ausgenutzt • Sitzhöhe zu hoch • Rückenlehne zu hoch • keine Abstützung der Lendenwirbelsäule durch die Rückenlehne	• keine Abstützung der Lendenwirbelsäule durch die Rückenlehne. Rundrücken belastet Bandscheiben einseitig. Folge: schwere Beeinträchtigung, z. B. Bandscheibenvorfall • Sitzhöhe zu hoch • Sitzfläche nicht ausgenutzt	• Rückenlehne zu hoch und nicht dynamisch eingestellt • Sitzhöhe zu niedrig • Sitzfläche nicht ausgenutzt
Sitzhöhe einstellen	**Sitzfläche ausnutzen**	**Rückenlehne einstellen**	**Dynamisch sitzen**

Sitzhöhe einstellen	Sitzfläche ausnutzen	Rückenlehne einstellen	Dynamisch sitzen
• Sitzhöhe richtig einstellen Unterarme parallel mit Tisch fläche und Oberschenkel im Winkel von 90° • Sitzfläche voll ausnutzen • Rückenlehne exakt einstellen	• Sitzfläche voll ausnutzen. Die anatomisch geformte Sitzfläche muss ganz ausgenutzt werden, damit die Rückenlehne stützen kann • Sitzhöhe richtig einstellen • Rückenlehne exakt einstellen	• Lehnenhöhe exakt einstellen. Höhe der Rückenlehne so einstellen, dass auch bei wechselnder Ober körperhaltung der Lendenwirbelbereich gestützt ist • Sitzhöhe richtig einstellen • Sitzfläche voll ausnutzen	• Dynamisch sitzen. Dynamische Rückenlehne frei benutzbar; passt sich den unterschiedlichen Sitzhaltungen an, stützt die Lendenwirbelsäule • Sitzhöhe richtig einstellen • Sitzfläche voll ausnutzen

1.3.2 Ökologische Arbeitsumgebung

Neben der Ergonomie am Arbeitsplatz sollte auch der **ökologische Aspekt** im Büro berücksichtigt werden. Keineswegs stehen wirtschaftliche Gesichtspunkte gegen den ressourcenschonenden Einsatz von Einrichtungsgegenständen oder Betriebsmitteln. Nachhaltiger Gebrauch von Ressourcen beginnt schon beim Erwerb.

Nachhaltiger und ökologischer Wegweiser für den Einkauf:

- Auswahl von langlebigen Produkten,
- schadstoffarme Herstellung,
- keine bis geringe Emissionen beim Gebrauch,
- lange Lebensdauer,
- geringer Energieverbrauch,
- Reparierbarkeit,
- Wiederverwendbarkeit und Fähigkeit zum Recycling.

©Stauke-fotolia.com

Verschiedene **Label** dienen der Orientierung zur ökologischen Nutzung und Herstellung.

Beschreibung	Label
Der **Blaue Engel** ist wohl das bekannteste Umweltzeichen und dient als Wegweiser für den Einkauf. Produkte werden mit diesem Label ausgezeichnet, wenn z. B. keine bedenklichen Schadstoffe verwendet werden. Zusätzlich lässt sich schnell an der Unterschrift erkennen, welche Schwerpunkte dieses Produkt berücksichtigt: schützt die Umwelt und die Gesundheit, schützt das Klima, schützt die Ressourcen und schützt das Wasser.	DER BLAUE ENGEL – JURY UMWELTZEICHEN: schützt UMWELT und GESUNDHEIT; schützt das KLIMA; schützt die RESSOURCEN; schützt das WASSER © RAL GmbH
Des **TCO-Prüfsiegel** bringt zum Ausdruck, dass ökologische, soziale und wirtschaftliche Belange bei IT-Produkten und deren Produktion berücksichtigt werden. Die zertifizierten Produkte erfüllen z. B. Kriterien in Bezug auf Arbeitssicherheit, Ergonomie, Emission, Produktlebensdauer, Recycling.	TCO CERTIFIED © TCO Development
Das Siegel **Geprüfte Sicherheit** (GS-Zeichen) wird von einer staatlichen Prüfstelle (z. B. TÜV, VDE) vergeben. Es kennzeichnet Produkte, die die gesetzlichen Anforderungen nach dem Produktsicherheitsgesetz erfüllen. Durch dieses Zeichen ist der Käufer sicher, dass er schadstoffarme, bruchsichere und elektrisch einwandfreie Produkte erwirbt.	GS geprüfte Sicherheit
Das **QUALITY OFFICE**-Label ist ein Qualitätszeichen, das alle Kriterien einer zeitgemäßen Büroeinrichtung berücksichtigt. Durch dieses Label werden Funktion, Ergonomie und Ökologie bescheinigt. Alle Produkte, die dieses Zeichen tragen, haben grundsätzlich auch das GS-Zeichen.	QUALITY OFFICE © Qualitätsforum Büroeinrichtungen

1.4 Einflussfaktoren einer effizienten Arbeitsumgebung

Bei der Gestaltung des Arbeitsplatzes spielen **Beleuchtung, Akustik, Farben** und **Temperatur** eine wichtige Rolle. Sie beeinflussen in hohem Maß die Konzentrationsfähigkeit und damit die Leistungsfähigkeit und bestimmen nicht zuletzt das Maß an Arbeitszufriedenheit.

1.4.1 Farben in der Arbeitsumgebung

Farben nehmen Einfluss auf die Menschen in ihrer Umgebung. Gerade im Büro sollten die Farben passend ausgewählt werden. Somit kann eine passende Farbe im Büro einen eventuell bestehenden Raumnachteil (z. B. lange und schmale Räume, niedrige Decken) ausgleichen, um die Atmosphäre zu verbessern.

Beispiel

Matthias Blau, Geschäftsführer der Blue Design GmbH, muss für seinen neuen Mitarbeiter Ben Schneider ein Büro einrichten. Da zurzeit nur noch ein kleines Büro mit niedrigen Decken leer steht, möchte er es durch die richtige Farbwahl größer wirken lassen. Beim Malermeister Klecks erkundigt er sich, welche Farben am besten für das Vorhaben geeignet sind. Herr Klecks erläutert Matthias Blau, dass niedrige Räume durch weiße bzw. helle Decken größer wirken. Mit einer dunklen Farbe an der Decke würde der Raum gedrückt wirken. Matthias Blau gibt dem Malermeister Klecks den Auftrag, das Büro zu gestalten und erkundigt sich, welche Wirkungen und Beziehungen andere Farben im Büro haben.

Farben im Büro

Farbe	Wirkung	Beziehung zum Büro
Blau	entspannend, beruhigend, kühlend, harmonisch	hilft bei der Bewältigung von Tagesstress, wirkt regenerativ, schafft Distanz
Gelb	sonnig, warm, hell, inspirierend, offen	regt die Kommunikation an, unterstützt kreative Prozesse
Grün	aktivierend, beruhigend, entspannend, sauber	unterstützt Ausdauer, Hilfsbereitschaft und Zufriedenheit
Rot	aktiv, kraftvoll, vital, leidenschaftlich, erregend	stimulierende und aktivierende Wirkung, unterstützt Aggressionen
Orange	warm, anregend, motivierend, aufbauend, gesund,	regt die Kommunikation und Geselligkeit an, energieschöpfend
Violett	kreativ, phantasievoll, modisch, unkonventionell, spirituell	regt die Kreativität an, wirkt regenerativ, unterstützt das Verantwortungsbewusstsein
Weiß	rein, sauber, unschuldig, hell, neutral, unendlich	lässt Raum für kreative Prozesse und neue Ideen, lässt das Büro größer wirken
Schwarz	sachlich, modern, seriös, nobel, elegant, formell	lässt das Büro enger wirken, kann bedrückend wirken

Merke

Farben unterstützen unterschiedliche Arbeits- und Geschäftsprozesse. Je nach Wirkung auf die Beschäftigten oder auf den Raum muss die passende Farbwahl getroffen werden.

1.4.2 Akustik im Büro

Geräusche umgeben uns ständig. Manche nehmen wir bewusst, andere unbewusst wahr. Im Büro ist eine Geräuschkulisse allgegenwärtig und kann schlecht oder gar nicht abgestellt werden.

Geräusche im Büro entstehen z. B. durch:

- Telefone, Faxgeräte,
- Computer, Drucker, Tastaturen,
- Gespräche von Kollegen,
- Lüftung, Klimaanlage,
- Radio,
- Straßenverkehr.

In der Arbeitsstättenverordnung wird im Anhang 3.7 ausgeführt, dass der **Schalldruck** im Büro so niedrig wie möglich zu halten ist. Dieser ist soweit zu reduzieren, dass keine gesundheitlichen Folgen für die Beschäftigten entstehen.

Wenn man bedenkt, dass normales Sprechen einen Geräuschpegel von 50 Dezibel verursacht und dies schon zu Konzentrationsstörungen sowie zur Beeinflussung der Leistungsfähigkeit der Beschäftigten führen kann, ist eine völlig störungsfreie Tätigkeit im Büro nur schwer möglich.

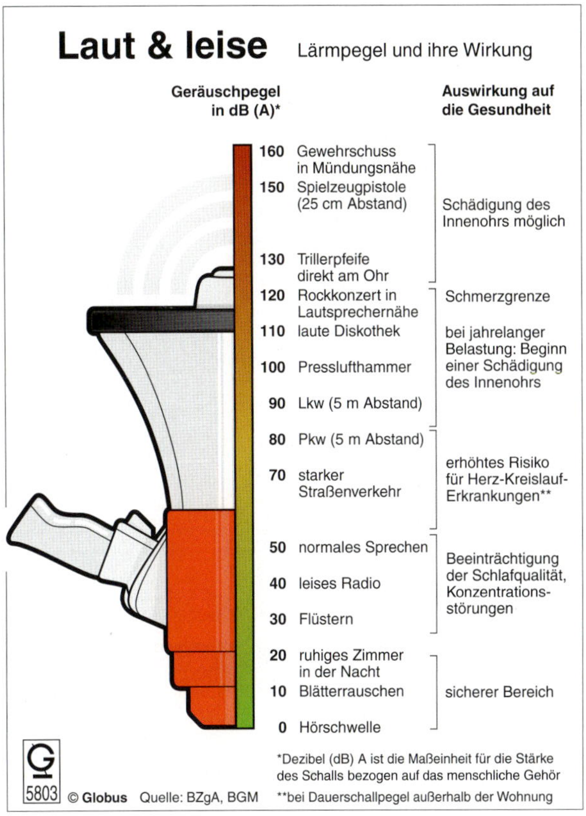

Ziel ist es, den Lärm soweit wie möglich zu reduzieren und zu verhindern. Dabei muss zum einen auf die Raumbeschaffenheit und zum anderen auf technische Möglichkeiten geachtet werden.

©Amir Kaljikovic-fotolia.com

Tipp

Möglichkeiten zur Lärmminderung im Büro:

- Einbau von Schallabschirmung zu anderen Arbeitsplätzen
- Anbringung schalldämmender Decken- und Wandverkleidungen
- Verlegung von schalldämmenden Fußbodenmaterialien
- Einbau schallisolierter Fenster
- Auswahl ruhiger technischer Geräte
- Auslagerung geräuschintensiver technischer Geräte in einen seperaten Raum

1.4.3 Licht im Büro

©Rudie-fotolia.com

Büroarbeitsplätze müssen für eine effektive Arbeit gut ausgeleuchtet sein. Tageslicht ist in den Arbeitsräumen einer künstlichen Lichtquelle vorzuziehen. Die technischen Regel für Arbeitsstätten (ASR) A3.4 spezifiziert, dass Arbeitsräume mindestens zu 2 % bei Fenstern und zu 4 % bei Dachoberlichtern mit Tageslicht versorgt werden müssen. Die richtige **Farbwahl** der Räume unterstützt die Ausnutzung des Tageslichts zusätzlich. Jedoch sollten störende **Blendungen** oder **Reflexionen** von Sonneneinstrahlungen vermieden werden. Dies kann z. B. durch Jalousien und Rollos erfolgen. Durch eine parallele Anordnung der Computerbildschirme zu den Fenstern wird die Blendung weitestgehend vermieden.

Wenn das natürliche Licht nicht ausreicht, muss auf künstliche Lichtquellen zurückgegriffen werden. Um einen Maßstab zu haben, wird das Lichtvorkommen im jeweiligen Raum in „Lux" gemessen. Diese Maßeinheit gibt die Beleuchtungsstärke an.

Die Arbeitsstätte sollte mindestens folgende Werte aufweisen:

Ort	→	Mindestwert in Lux
Archive	→	200
Pausenräume/Kantinen	→	200
Kopier- und Ablageräume	→	300
Empfangstheke	→	300
Büroräume/Arbeitsbereiche	→	500
Zeichenbereiche	→	750

Wenn ein Rückgriff auf künstliche Lichtquellen (Direktbeleuchtung und Indirektbeleuchtung) notwendig ist, muss auf **blendfreie** und **flimmerfreie Leuchten** zurückgegriffen werden. Zusätzlich können durch **Zweikomponentenbeleuchtungen** tageslichtähnliche Verhältnisse geschaffen werden. Mit der ersten Komponente dieser Beleuchtungsform wird an der Decke durch indirektes Licht eine Grundhelligkeit erreicht, und mit der zweiten Komponente in Form von Stehlampen oder Tischleuchten wird die geforderte und gewünschte Helligkeit erreicht. Zusätzlich kann der Unternehmer dadurch Energiekosten einsparen, da die zweite Komponente nur bei Bedarf eingeschaltet werden muss.

1.4.4 Temperatur und Luft in der Arbeitsumgebung

©Aleksandr Bryliaev-fotolia.com

Die klimatischen Bedingungen in einem Raum, insbesondere im Büroraum, haben großen Einfluss auf das Wohlbefinden und die Gesundheit eines Menschen. Eine angenehme Raumtemperatur liegt zwischen 21 °C bis 22 °C (Grad Celsius).

Die Mindestwerte der Raumtemperatur für Arbeitsräume richten sich nach den Technischen Regeln für Arbeitsstätten (ASR) A3.5 und besagen:

Körperhaltung	Arbeitsbelastung		
	leichte Arbeiten (Hand- und Armarbeit) im ruhigen Stehen und Sitzen mit gelegentlichem Gehen	**mittelschwere Arbeit** (Hand-, Arm- und Beinarbeit) im Sitzen, Gehen und Stehen	**schwere Arbeit** (Hand-, Arm- und Beinarbeit) im Stehen oder Gehen
Sitzen	20 °C	19 °C	–
Stehen und Gehen	19 °C	17 °C	12 °C

Die Temperatur im Büro darf **26 °C nicht übersteigen.** Wenn Außentemperaturen über 26 °C zu verzeichnen sind, muss der Arbeitgeber dafür Sorge tragen, dass die Arbeitsumgebung durch geeignete **Sonnenschutzmaßnahmen** wieder eine angenehme Lufttemperatur erreicht. Geeignete **Sonnenschutzmaßnahmen** können in diesem Zusammenhang sein:

- Rollos und/oder Jalousien einbauen,
- Gleitzeit einführen,
- Getränke bereitstellen,
- unbenutzte elektrische Geräte ausschalten,
- in den Morgenstunden lüften,
- Bekleidungsregeln lockern,
- Klimageräte einschalten,
- Lüftungseinrichtungen nutzen.

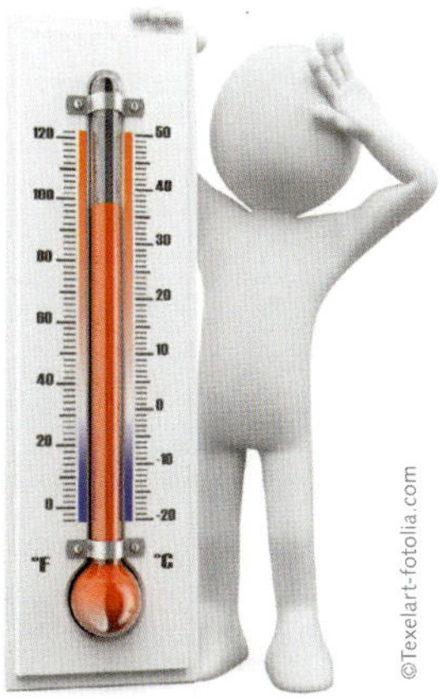
©Texelart-fotolia.com

Neben der Temperatur spielt die **relative Luftfeuchtigkeit** im Büro eine bedeutende Rolle für das Wohlbefinden am Arbeitsplatz. Luftfeuchtigkeit kann mithilfe eines Hydrometers gemessen werden und sollte in Büroräumen ungefähr zwischen 40 % und 60 % liegen. Eine einfache, jedoch auch effektive Möglichkeit, die Luftfeuchtigkeit zu beeinflussen, ist das richtige Lüften. Richtiges Lüften kann durch **Stoßlüftung** erfolgen. Stoßlüftung wird durchgeführt, indem man kurzfristig für drei bis zehn Minuten Fenster und Türen komplett öffnet und dabei einen Durchzug erzeugt. Die Technischen Regeln für Arbeitsstätten (ASR) A3.6 empfehlen, dass alle 60 Minuten in Büroräumen und alle 20 Minuten in Besprechungsräumen eine Stoßlüftung erfolgen sollte. Des Weiteren soll je nach Jahreszeit und Bedarf mit der Mindestdauer wie folgt variiert werden:

- im Sommer mindestens zehn Minuten,
- im Frühling bzw. Herbst mindestens fünf Minuten,
- im Winter mindestens drei Minuten.

Merke

Stoßlüften ist eine wirksame Methode zur Regulierung der relativen Luftfeuchtigkeit. Kippen der Fenster reicht nicht aus.

1.5 Zusammenfassung und Aufgaben

Zusammenfassung

Die verschiedenen Büroformen

Die **optimale Raumgestaltung** lässt sich durch die Beachtung von wirtschaftlichen Gesichtspunkten, der Abmessung des Raums und der Lebensqualität der Beschäftigten ermitteln.

Die gängigsten **Büroformen** sind Zellen- oder Kleinraumbüro, Großraumbüro, Kombibüro, Team- oder Gruppenbüro, Reversibles Büro und Non-territoriales Büro.

Zellen- oder **Kleinraumbüros** sind mit allen notwendigen Arbeitsmaterialien ausgestattet und werden von bis zu vier Personen genutzt.

Je nach Rangordnung bzw. Tätigkeitsfeld wird ein Mitarbeiter in einem Ein- oder **Mehrpersonenraumbüro** untergebracht.

Großraumbüros haben mindestens 25 Arbeitsplätze und eine Grundfläche von mehreren hundert Quadratmetern.

Die **Raumteilung im Großraumbüro** erfolgt durch Stellwände, Schränke, Regale und Pflanzen. Somit ist eine unproblematische Umgestaltung des Büros jederzeit gegeben.

Das **Kombibüro** ist eine Kombination aus dem Zellen- oder Kleinraumbüro und dem Großraumbüro. Es nutzt die Vorteile und vermeidet die Nachteile beider Büroformen.

Die Weiterentwicklung des Großraumbüros ist das **Team- oder Gruppenbüro,** das mit maximal 25 Arbeitsplätzen ausgestattet ist.

Die **Ausstattung** des **Team-** oder **Gruppenbüros** entspricht dem des Großraumbüros.

Das **Reversible Büro** kann schnell durch flexible deckenhohe Trennwände in alle Büroformen umgestaltet werden.

Das **non-territoriale Büro** ist strenggenommen keine eigenständige Büroform. Hierbei werden keine festen Arbeitsplätze für die einzelnen Mitarbeiter eingerichtet, sondern von diesen je nach Bedarf und Verfügbarkeit genutzt.

Wichtige Vorschriften zur Arbeitsumgebung

Für die **Gestaltung einer Arbeitsumgebung** gibt es Gesetze, Verordnungen, Vorschriften, staatliche Regeln und Richtlinien, die eingehalten werden müssen.

Das **Arbeitsschutzgesetz** regelt die Rechte und Pflichten des Arbeitgebers und der Beschäftigten und ist die rechtliche Grundlage für den Arbeits- und Gesundheitsschutz.

In den **Regeln für Arbeitsstätten** sind Maßnahmen zur Gestaltung des Arbeitsraums formuliert.

Die **Raumabmessung** muss je nach Büroform 9 m² – 16 m² nach den Regeln für Arbeitsstätten betragen.

Die **Bildschirmarbeitsverordnung** legt fest, dass die Arbeitsplätze so zu gestalten sind, dass die Arbeit am Bildschirm regelmäßig durch andere Tätigkeiten unterbrochen werden kann.

Die **Unfallverhütungsvorschriften** ergänzen und konkretisieren vorhandene Gesetze und Verordnungen.

Ergonomische und ökologische Arbeitsumgebung

Das **ergonomische Sitzen** unterstützt die Leistungsfähigkeit des Beschäftigten und wirkt präventiv gegen gesundheitliche Beschwerden.

Der **nachhaltige** und der **ökologische Umgang** mit den endlichen **Ressourcen** schützt die Ökologie.

Farben können Büroformen durch die richtige Wahl positiv beeinflussen.

Durch den Erwerb ruhiger technischer Geräte, schalldämmender Materialien usw. wird die **Lautstärke** im Raum minimiert.

In Abhängigkeit vom Büroraum und der Arbeitsaufgabe müssen Mindestwerte für die **Beleuchtung** eingehalten werden.

Die **Raumtemperatur** im Büro sollte zwischen 21 °C bis 22 °C liegen und hat großen Einfluss auf das Wohlbefinden und die Gesundheit eines Menschen.

Kurzfristiges Stoßlüften (drei bis zehn Minuten) ist eine wirksame Methode zur Regulierung der relativen Luftfeuchtigkeit.

Aufgaben

1. Prüfen und erläutern Sie folgende Aussagen auf ihre Richtigkeit.
   (1) Bei der Gestaltung der Arbeitsumgebung muss der Arbeitgeber nur seine wirtschaftlichen Interessen beachten.
   (2) Das Großraumbüro beinhaltet alle Vorteile des Zellen- oder Kleinraumbüros.
   (3) Im Zellen- oder Kleinraumbüro erhält ein Mitarbeiter je nach Rangordnung einen Ein- oder Mehrpersonenraum.
   (4) Das Großraumbüro wird in der Regel ab 20 Arbeitsplätzen verwendet.
   (5) Die Nachteile des Großraumbüros kann keine andere Büroform vermeiden.
   (6) Das non-territoriale Büro ist keine eigenständige Büroform.
   (7) Das reversible Büro ist die zukunftsträchtigste Büroform.
2. Erstellen Sie eine Übersicht über die wichtigsten Gesetze, Verordnungen und Vorschriften für die Gestaltung einer Arbeitsumgebung.
3. Erläutern Sie die Bedeutung des Arbeitsschutzgesetzes.
4. Erläutern Sie die Bedeutung der Technischen Regeln für Arbeitsstätten.
5. Erstellen Sie einen kurzen Vortrag zur Raumabmessung und zur Bewegungsfläche für Büroräume. Nutzen Sie hier auch die ASR A1.2.
6. Erläutern Sie die Ergonomie am PC-Arbeitsplatz.
7. Erläutern Sie die Bedeutung des Labels „Blauer Engel".
8. Nennen Sie fünf Geräuschquellen im Büro.

2 Gesundheitsgefahren erkennen und Strategien zur Bewältigung entwickeln

©fotomek-fotolia.com

Unter Wohlbefinden am Arbeitsplatz soll keineswegs nur die **körperliche Gesundheit** eines Menschen verstanden werden. Vielmehr umschließt dieser Begriff auch die **psychische Verfassung** eines Menschen. Nicht nur die Sicherheit am Arbeitsplatz muss gewährleistet sein, um eine gesundheitliche Gefährdung der Mitarbeiter zu vermeiden, sondern auch **psychosoziale Einflüsse** (Stress, Gewalt, sexuelle Belästigungen usw.) müssen vermieden werden. Für einen Beschäftigten ist es wichtig, dass der Beruf im Einklang mit seinem Privatleben steht und eine Balance vorhanden ist.

2.1 Auslöser und Folgen von Gesundheitsgefahren im Büro

Auslöser für Gesundheitsgefahren im Büro sind **technische Gegebenheiten** (z. B. Missachtung der Unfallverhütungsvorschriften), **organisatorische Strukturen** (Arbeitsplatzgestaltung, Umgebungseinflüsse usw.), aber auch **menschliche Einflüsse.** Sie können zu Arbeitsunfällen (mangelnde Arbeitssicherheit) und **psychischen und physischen Krankheiten** führen. Dabei nehmen die physischen und psychischen Belastungen immer mehr an Bedeutung zu.

Folgen für die Arbeitnehmer und Arbeitgeber sind u. a.:

- geringere Leistungsfähigkeit,
- erhöhter Krankenstand,
- schlechtes Arbeitsklima,
- Kundenverluste,
- schlechter Arbeitsmitteleinsatz,
- Terminverschiebungen,
- erhöhtes Arbeitspensum,
- Überstunden,
- erhöhte Fehlerrate,
- steigendes Verletzungsrisiko,
- Produktionsausfall,
- Kostensteigerung.

©fotomek-fotolia.com

Merke

Nur eine gemeinsame Gestaltung der Arbeitsumgebung durch Arbeitgeber und Arbeitnehmer, die aktiv und präventiv vorgehen, bekämpft und schaltet Gesundheitsgefahren aus.

2.2 Arbeitssicherheit im Büro fördern

Im Büro besteht in der Regel ein innerer Zusammenhang zwischen der Sicherheit am Arbeitsplatz und dem eigentlichen **Unfall.** Oft sind Unfälle im Büro auf den menschlichen Faktor zurückzuführen. Wenn alle Beteiligten gewisse Regeln und Maßnahmen beachten, können viele Arbeitsunfälle vermieden werden. Dazu bedarf es Disziplin im eigenen Handeln und auch eines wachsamen Auges, um Gefahren zu erkennen.

Unfallverhütungsvorschriften (UVV) der Berufsgenossenschaft

Sicherheit am Arbeitsplatz

Gefahren im Büro		Regeln und Maßnahmen
Hindernisse in Durchgangswegen, versperrte Bewegungsflächen, lose verlegte Kabel	→	Gegenstände (Ordner, Unterlagen, Taschen, Verteilersteckdosen usw.) nicht auf den Boden bzw. Bewegungsflächen lagern, ordnungsgemäße Deponierung von Gegenständen in die bestehenden Ordnungssysteme (Regale, Schreibtisch, Schubladen usw.), um Stolperfallen zu vermeiden.
unebene, abgenutzte und glatte Böden	→	Böden mit Belägen ausstatten, die Unebenheiten ausgleichen oder die rutschunempfindlich sind.
nasse und verschmutze Flächen	→	Fußmatten präventiv im Eingangsbereich einsetzen, Warnschilder bei nassen Bereichen aufstellen, umgehend für eine Reinigung sorgen.
offene Schubladen an Regalsystemen, Türen von Schränken, Schubladen von Schreibtischen usw.	→	nach dem Gebrauch von Regalen, Schränken, Schreibtischen usw. diese wieder verschließen, um Verletzungen zu vermeiden
falsche Arbeitshilfen zum Erreichen von Ordnern oder Unterlagen	→	geeignete Arbeitshilfen zum Erreichen von Ordnern und Akten (Leiter, Aufstiegshilfe usw.) verwenden
scharfe Kanten im Büro	→	wachsam und behutsam durch das Büro gehen, scharfe Kanten, wenn möglich, schon beim Kauf vermeiden oder mit Hilfsmitteln entschärfen oder abrunden
Hektik und Rennen im Büro	→	nicht im Büro herumrennen, um Zeit einzusparen, langsam in öffentlichen Bereichen gehen und Zusammenstöße mit Kollegen vermeiden
Stromschläge durch unerlaubte oder defekte technische Geräte	→	technische Geräte regelmäßig prüfen lassen, defekte Geräte vom Stromkreislauf trennen und private Geräte vor dem Gebrauch im Büro anmelden und testen lassen.

©iko-fotolia.com

©WoGi-fotolia.com

©Maxim_Kazmin-fotolia.com

©vege-fotolia.com

2.3 Psychische und physische Gesundheitsgefahren erkennen

2.3.1 Stress im Büro

Der Begriff **„Stress“** bedeutet im Englischen **Druck** oder **Anspannung,** der/die durch äußere Einflüsse hervorgerufen wird. Äußere Einflüsse im Büro können insbesondere sein:

- erhöhtes Arbeitspensum,
- Überstunden, Zeitdruck,
- Angst über den Verlust des Arbeitsplatzes,
- Konflikte mit Kollegen oder Vorgesetzten,
- nicht ordnungsgemäß funktionierende Technik, die das Arbeiten blockiert,
- gesundheitliche Beeinträchtigungen zum Ausführen der Arbeit,
- negative Vorkommnisse im Büro, die die Mitarbeiter enttäuschen oder verärgern,
- längere Unterbrechungen.

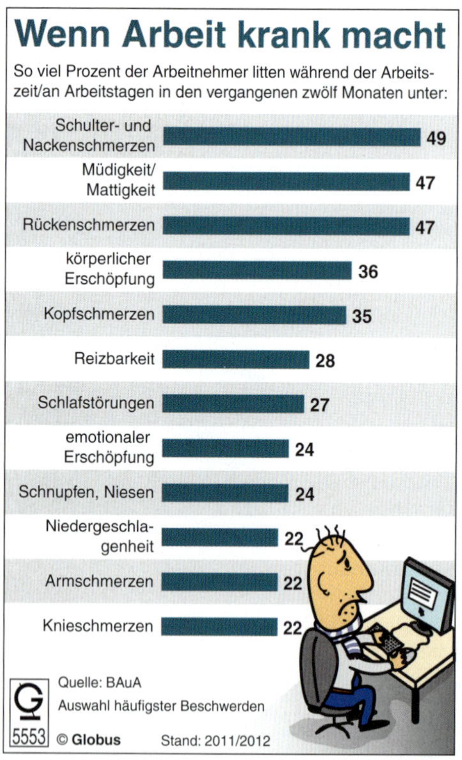

Die **Folge** sind psychische und physische Reaktionen, die zur Bewältigung der Arbeiten förderlich sein können, aber meistens eine negative körperliche und geistige Belastung mit sich bringen. Diese negativen Reaktionen können sein:

- Verzicht auf wichtige Pausen,
- Konzentrationsschwäche,
- Erschöpfungsgefühl, Motivationsmangel,
- gereizte Stimmung und gereiztes Verhalten,
- fehlerhafte Arbeit, ineffiziente Planung von Arbeiten,
- erhöhter Blutdruck,
- Depressionen, Kopfschmerzen,
- Schlafprobleme, Ängste, Atemprobleme.

Grundsätzlich ist jeder ab und an einem gewissen Stress am Arbeitsplatz ausgesetzt. Wichtig ist dabei, die äußeren Einflüsse richtig zu verarbeiten, sprich, den erhöhten Arbeitsaufwand oder solche Einflüsse zu bewältigen. Wenn eine Bewältigung nicht möglich ist, beginnt die Überforderung und es kann keine Erholung mehr für die Betroffenen eintreten. Hilfreich kann hier die Verwendung einer Zeitmanagement-Methode sein, um die zur Verfügung stehende Zeit effektiv zu nutzen und den Arbeitsalltag effektiv zu gestalten.

Tipp

Zum Bewältigen von erhöhtem Arbeitsaufwand und zur Einteilung von Arbeiten empfiehlt es sich, eine Methode des Zeitmanagements zu nutzen.

2.3.2 Burnout-Syndrom

Das Burnout-Syndrom ist ein **Befindlichkeitssyndrom** und keine anerkannte Krankheit. Der Begriff „Burnout" umschreibt den Zustand eines Menschen, der sich in seinem Beruf ausgebrannt, ausgelaugt, müde und lustlos fühlt. Die Arbeit wird zur Belastung und in seiner Tätigkeit fühlt er sich überfordert und überlastet. Die Effektivität und Effizienz seiner Tätigkeiten und Aufgaben nehmen ab. In der Regel werden in diesem Prozess soziale Kontakte abgebrochen, Hobbys und Freizeitaktivitäten werden nicht mehr nachgegangen und aufgegeben. Der Betroffene zieht sich nach und nach von der Außenwelt zurück und gelangt zum Nullpunkt ohne jegliche Lebensmotivation. Bei den schlimmsten Fällen ist ein erhöhtes Suizidrisiko zu verzeichnen.

Die **Ursachen** für ein Burnout-Syndrom sind vielfältig und können parallel auftreten. Einige exemplarische Ursachen sind:

- geringes positives Feedback,
- hohe Erwartungen an sich selbst,
- schlechte Arbeitsorganisation,
- Probleme und Konflikte,
- schlechte Rahmenbedingungen,
- Berufs- und Privatleben nicht abgegrenzt,
- geringer Verdienst,
- Frust, Angst,
- Stress, Arbeitsbelastung,
- Zeitdruck bei der Arbeit,
- schlechtes Arbeitsklima,
- keine Unterstützung,
- schlechte Teamarbeit,
- Versagensgefühle,
- Überlastung,
- Erschöpfung.

Grundsätzlicher Verlauf des Burnout-Syndroms

Phasen	Erläuterung
1. Phase ←	Die Betroffenen gehen übermotiviert an die Arbeit, setzen sich zu große Ziele, nehmen sich zu viel vor und können die an sich selbst gestellten Maßstäbe schwer realisieren.
2. Phase ←	Verzicht auf Freizeit und Privatleben; in der verbliebenden Freizeit kann der Betroffene nicht von der Arbeit loslassen. In dieser Phase kann es auch zum Konsum von entspannenden Suchtmitteln z. B. Alkohol oder Medikamenten kommen.
3. Phase ←	Die anhaltende Arbeitsbelastung und der Arbeitseinsatz führen zu Müdigkeit und Erschöpfung des Betroffenen. Das Arbeitsengagement wird zurückgenommen und die Anerkennung im Unternehmen sinkt.
4. Phase ←	Bei anhaltendem Verlauf sinkt die geistige Leistungsfähigkeit, Freizeitaktivitäten werden nicht mehr nachgegangen, private Kontakte werden abgebrochen, körperliche Beschwerden setzen ein und die Einnahme von Suchtmitteln steigt an.
5. Phase ←	Steigende Gleichgültigkeit und Desinteresse, kompletter Motivationsverlust und Verzweiflung.

■ Vorbeugende Maßnahmen gegen Burnout

Es ist schwierig, sich gegen Burnout zu schützen. Jedoch ist es wichtig, Maßnahmen zu kennen und einzusetzen sowie sich die Problematik des Burnout-Syndroms bewusst zu machen.

©Trueffelpix-fotolia.com

Maßnahmen gegen Burnout können sein:

- Verteilung der Arbeit,
- Organisation des Tagesablaufs,
- eigene Grenzen kennen,
- Weiterbildung,
- Privatleben und Berufsleben,
- Erfahrungsaustausch,
- Schaffen angenehmer Bedingungen,
- Analyse der eigenen Arbeit,
- regelmäßige Pausen,
- aktive Nutznung der Freizeitgestaltung.

2.3.3 Mobbing am Arbeitsplatz

©Rudie-fotolia.com

Mobbing ist eine Form der **Konflikteskalation** und daher eine **Gewaltform,** die ihren Ursprung in einer ausführenden Person hat. Gewalt gegenüber Menschen im beruflichen Umfeld ist meist psychischer Natur. Der Begriff **Mobbing** wurde aus dem englischen „to mob" abgeleitet. Dies bedeutet so viel wie „anpöbeln, bedrängen und angreifen". Die allgemein anerkannte Definition von Mobbing besagt, dass eine Person über einen längeren Zeitraum hinweg von einer oder mehreren Personen belästigt, drangsaliert oder ausgegrenzt wird.

Mobbing geschieht häufig in sogenannten **Zwangsgemeinschaften.** Diese findet man meistens in der Berufswelt. Diese Gebilde können nicht ohne Weiteres oder ohne weitere Einschnitte für ein Individuum verlassen werden. Mobbing kann durch mehrere Formen zum Ausdruck kommen. Die Mobbingmöglichkeiten im beruflichen Umfeld lassen sich in drei Bereiche unterteilen.

©Trueffelpix-fotolia.com

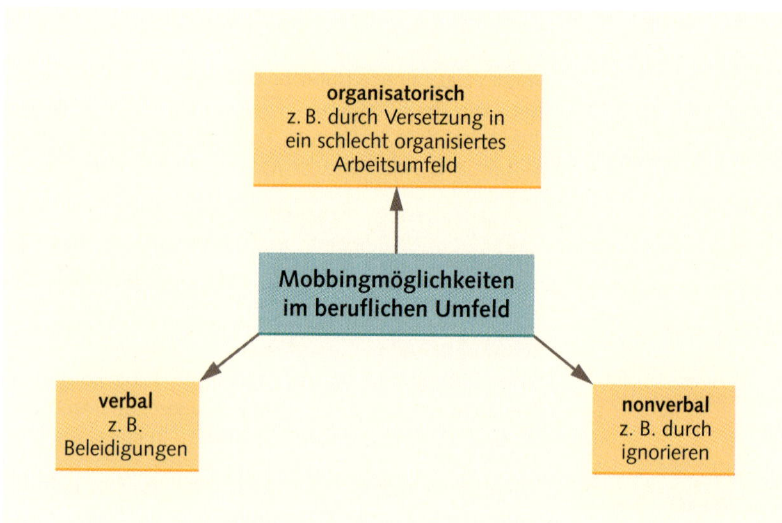

Eine gesetzliche Verankerung wie in Frankreich, Spanien oder Schweden existiert in Deutschland nicht. Dennoch ist Mobbing arbeitsrechtlich **verboten** und der jeweilige Arbeitgeber muss seiner **Fürsorgepflicht** gegenüber seinen Arbeitnehmern nachkommen. Dabei sind die Persönlichkeitsrechte in Art. 1 und Art. 2 Grundgesetz und die Gleichbehandlungspflicht in Art. 3 Grundgesetz zu beachten und zu schützen. Daneben können auch einzelne Handlungen nach dem Strafgesetzbuch (StGB) strafrechtlich verfolgt werden. Sollte ein Mobbingvorfall stattfinden, sollte man sich unbedingt professionellen Rat (z. B. Betriebsrat, Rechtsanwalt, Beratungsstellen) einholen.

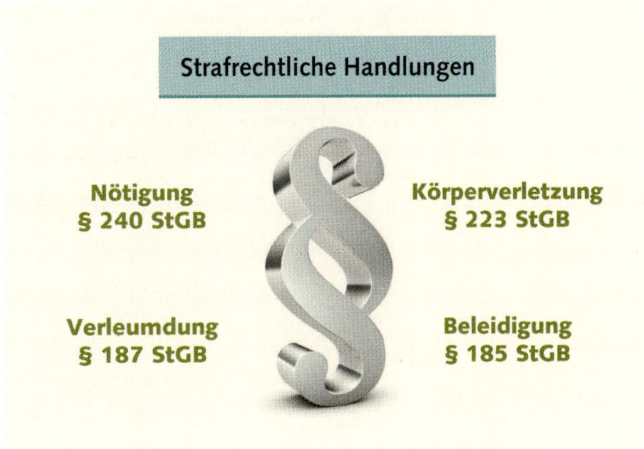

2.4 Maßnahmen zur Erhaltung und Förderung der Gesundheit

Maßnahmen zur Erhaltung und Förderung der Gesundheit psychischer und physischer Natur sind nicht nur Sache des jeweiligen Beschäftigten, vielmehr kann der Arbeitgeber auch Maßnahmen und Rahmenbedingen schaffen und bieten.

Grundsätzlich sollte der Beschäftigte auf ein ausgewogenes und ausgeglichenes Privat- und Berufsleben **(Work-Life-Balance)** achten. Dies bedeutet, dass ein Gleichgewicht zwischen den verschiedenen Lebensbereichen gefunden werden sollte. Der Arbeitgeber kann hier unterstützend und fördernd einwirken. Zusätzlich zieht dieser indirekt Vorteile aus einem ausgeglichenen und leistungsfähigen Mitarbeiter.

Maßnahmen des Arbeitgebers für die Erhaltung und Förderung der Gesundheit:

- Fort- und Weiterbildungen anbieten,
- Arbeitsbelastung verteilen,
- Büroausstattung,
- Arbeitssicherheit beachten,
- klare Hierarchien und Kompetenzen,
- flexible Arbeitszeiten,
- Serviceleistungen für Familien,
- ergonomische Arbeitsplätze bereitstellen,
- regelmäßige Entwicklungsgespräche,
- Austausch defekter Büroausstattung,
- effiziente Arbeitsbedingungen schaffen,
- Freiräume schaffen,
- Sensibilisierung von Führungskräften,
- offenes Ohr für alle Beschäftigten.

Maßnahmen des Beschäftigten für die Erhaltung und Förderung der Gesundheit:

- bewusst Pausen zum Abschalten einhalten,
- Treppen laufen statt Aufzug fahren,
- während der Arbeit auch mal aufstehen,
- Sitzposition ab und an wechseln,
- ausreichend trinken (mind. 1,5 Liter),
- Arbeitspläne und Tagespläne erstellen,
- Strategien gegen Stress entwickeln,
- Bewegungspausen durchführen,
- Mahlzeiten einnehmen,
- effektives Zeitmanagement nutzen,
- zu Hause frühstücken,
- realistische Ziele setzen,
- Sport treiben,
- Entspannungsphasen nutzen.

Merke

Die Gesundheit am Arbeitsplatz sollte aktiv durch Arbeitgeber und Arbeitnehmer gestaltet werden. Beide Seiten tragen zu Erhaltung und Förderung der Gesundheit bei.

2.5 Zusammenfassung und Aufgaben

Zusammenfassung

Auslöser und Folgen von Gesundheitsgefahren im Büro
Wohlbefinden am Arbeitsplatz subsumiert die **körperliche** und **psychische Gesundheit** eines Mitarbeiters. **Gesundheitsgefahren** im **Büro** können durch technische Gegebenheiten, organisatorische Strukturen und menschliche Einflüsse entstehen. **Folgen von Gesundheitsgefahren** für die Beschäftigten und Arbeitgeber sind: - geringere Leistungsfähigkeit, - erhöhter Krankenstand, - schlechtes Arbeitsklima, - Kundenverluste, - schlechter Arbeitsmitteleinsatz, - Terminverschiebungen, - erhöhtes Arbeitspensum, - Überstunden, - erhöhte Fehlerrate, - steigendes Verletzungsrisiko, - Produktionsausfall, - Kostensteigerung.
Gefahren im Büro
Regeln und Maßnahmen fördern die **Arbeitssicherheit** im Büro und beugen Unfällen vor. **Gefahren im Büro** sind: - Hindernisse in Durchgangswegen, versperrte Bewegungsflächen, lose verlegte Kabel, - unebene, abgenutzte und glatte Böden, - nasse und verschmutze Flächen, - offene Schubladen an Regalsystemen, Türen von Schränken, Schubladen von Schreibtischen usw., - falsche Arbeitshilfen zum Erreichen von Ordnern oder Unterlagen, - scharfe Kanten im Büro, - Hektik und Rennen im Büro, - Stromschläge durch unerlaubte oder defekte technische Geräte.
Psychische und physische Gesundheitsgefahren
Psychische Gesundheitsgefahren im Büro können **Stress, Burnout-Syndrom** und **Mobbing** sein. **Stress** wird durch ein erhöhtes Arbeitspensum, Überstunden, Angst über den Verlust des Arbeitsplatzes, Konflikte mit Kollegen oder Vorgesetzten, Technik, die nicht funktioniert, gesundheitliche Beeinträchtigungen und negative Vorkommnisse im Büro gefördert.

Zur Bewältigung von erhöhtem Arbeitsaufwand und zur Einteilung von Arbeiten empfiehlt es sich eine **Methode des Zeitmanagements** zu nutzen.

Begriff **Burnout** umschreibt den Zustand eines Menschen, der sich in seinem Beruf ausgebrannt, ausgelaugt, müde und lustlos fühlt. Die Arbeit wird zur Belastung und in seiner Tätigkeit fühlt er sich überfordert und überlastet. Die Effektivität und Effizienz seiner Tätigkeiten und Aufgaben nehmen ab.

Ursachen, die zum **Burnout** führen können sind:

- geringes positives Feedback,
- hohe Erwartungen an sich selbst,
- schlechte Arbeitsorganisation,
- Probleme und Konflikte,
- schlechte Rahmenbedingungen,
- Berufs- und Privatleben nicht abgegrenzt,
- geringer Verdienst,
- Frust, Angst,
- Stress, Arbeitsbelastung,
- Zeitdruck bei der Arbeit,
- schlechtes Arbeitsklima,
- keine Unterstützung,
- schlechte Teamarbeit,
- Versagensgefühle,
- Überlastung,
- Erschöpfung.

Der grundsätzliche **Verlauf des Burnout-Syndroms** lässt sich in fünf Phasen einteilen.

Maßnahmen gegen Burnout können sein: Verteilung der Arbeit, Erfahrungsaustausch, Organisation des Tagesablaufs, angenehme Bedingungen schaffen, eigene Grenzen kennen, Analyse der eigenen Arbeit, Weiterbildung, regelmäßige Pausen, Privatleben und Berufsleben trennen und Freizeitgestaltung aktiv nutzen.

Mobbing ist eine Form der Konflikteskalation und umschreibt, dass eine Person über einen längeren Zeitraum hinweg von einer oder mehreren Personen belästigt, drangsaliert oder ausgegrenzt wird.

Mobbing im beruflichen Umfeld kann **verbal, nonverbal** und **organisatorisch** geschehen.

Eine **gesetzliche Verankerung** von **Mobbing** existiert in Deutschland nicht. Dennoch können einzelne Handlungen nach dem Strafgesetzbuch (StGB) strafrechtlich verfolgt werden.

Maßnahmen zur Erhaltung und Förderung der Gesundheit

Maßnahmen des **Arbeitsgebers** für die **Erhaltung** und **Förderung** der **Gesundheit:**

- Fort- und Weiterbildungen anbieten,
- Arbeitsbelastung verteilen,
- Büroausstattung warten lassen,
- Arbeitssicherheit beachten,
- klare Hierarchien und Kompetenzen schaffen,
- flexible Arbeitszeiten einführen,
- Serviceleistungen für Familien anbieten,
- ergonomische Arbeitsplätze bereitstellen,
- regelmäßige Entwicklungsgespräche führen,
- Austausch defekter Büroausstattung vornehmen,
- effiziente Arbeitsbedingungen schaffen,
- Freiräume schaffen,
- Führungskräfte sensibilisieren,
- offenes Ohr für alle Beschäftigten.

Maßnahmen des **Beschäftigten** für die **Erhaltung** und **Förderung** der **Gesundheit:**

- bewusste Pausen zum Abschalten,
- Treppen laufen statt Aufzug fahren,
- während der Arbeit auch mal aufstehen,
- Sitzposition ab und an wechseln,
- ausreichend trinken,
- Arbeitspläne und Tagespläne erstellen,
- Strategien gegen Stress entwickeln,
- Bewegungspausen durchführen,
- Mahlzeiten einnehmen,
- effektives Zeitmanagement,
- zu Hause frühstücken,
- realistische Ziele setzen,
- Sport treiben,
- Entspannungsphasen nutzen.

Work-Life-Balance umschreibt das Gleichgewicht zwischen dem Privat- und Berufsleben.

Die **Gesundheit am Arbeitsplatz** sollte aktiv durch **Arbeitgeber** und **Arbeitnehmer** gestaltet werden. Beide Seiten tragen zu Erhaltung und Förderung der Gesundheit bei.

Aufgaben

1. Prüfen und erläutern Sie folgende Aussagen auf ihre Richtigkeit.
   (1) Wohlbefinden am Arbeitsplatz umschreibt die körperliche Gesundheit eines Menschen.
   (2) Die drei häufigsten Beschwerden von Arbeitnehmern sind Schulter- und Nackenschmerzen, Müdigkeit und Rückenschmerzen.
   (3) Ordner oder Taschen können in den Bewegungsflächen abgestellt werden und beeinträchtigen nicht die Arbeitssicherheit.
   (4) Nach dem Gebrauch von Regalen, Schränken, Schreibtischen usw. sollen diese wieder verschlossen werden, um Verletzungen zu vermeiden.
   (5) Stühle können ohne Bedenken zum Erreichen von Ordnern in den oberen Regalfächern verwendet werden.
   (6) Technische Geräte müssen nur bei der Inbetriebnahme geprüft werden.
   (7) Das Burnout-Syndrom ist keine anerkannte Krankheit.
   (8) Mobbing am Arbeitsplatz kann nur durch verbale Äußerungen oder organisatorisch erfolgen.
   (9) Die Gesundheit am Arbeitsplatz kann nur durch den jeweiligen Beschäftigten selbst gefördert werden.
2. Nennen Sie fünf Folgen von Gesundheitsgefahren für Arbeitnehmer oder Arbeitgeber.
3. Erläutern Sie vier potenzielle Gefahren der Arbeitssicherheit im Büro und beschreiben Sie Maßnahmen gegen diese Unfallrisiken.
4. Erläutern Sie den grundsätzlichen Verlauf des Burnout-Syndroms.
5. Erläutern Sie vorbeugende Maßnahmen gegen Burnout.
6. Erläutern Sie, warum Mobbing meistens in der Berufswelt zu finden ist.
7. Erläutern Sie, wie in Deutschland gegen Mobbing gesetzlich vorgegangen werden kann.
8. Erläutern Sie, was man unter Work-Life-Balance versteht.

3 Arbeitsprozesse effizient und aktiv gestalten

Jeder kennt den Umstand, dass man Aufgaben erledigen wollte und nur noch wenig Arbeitszeit zur Verfügung steht. Umso wichtiger ist es, die vorhandene Zeit effektiv zu nutzen und zu gestalten. Manche Aufgaben und Tätigkeiten haben einen höheren Stellenwert als andere und müssen daher zeitnah oder sogar am gleichen Arbeitstag erledigt werden. Ältere Kollegen gestalten ihre Arbeitszeit meist durch ihre eigenen Erfahrungen unbewusst und setzen Prioritäten, um die anfallenden Aufgaben abzuarbeiten. Diese unbewusste Handlung wird als **Zeitmanagement** verstanden.

3.1 Zeitmanagement bei bürowirtschaftlichen Abläufen

Die richtige Zeiteinteilung ist von jedem Menschen selbst abhängig. Jeder hat andere Arbeitsgewohnheiten bzw. Routinen entwickelt. Des Weiteren geht jeder mit Stresssituationen, größerem Arbeitsaufwand oder Umwelteinflüssen unterschiedlich um.

Allgemein beinhaltet jedes funktionierende Zeitmanagement einzelne Schritte, die aneinander anknüpfen und nacheinander ablaufen. Nachfolgend wird der grundsätzliche **Ablauf** dargestellt.

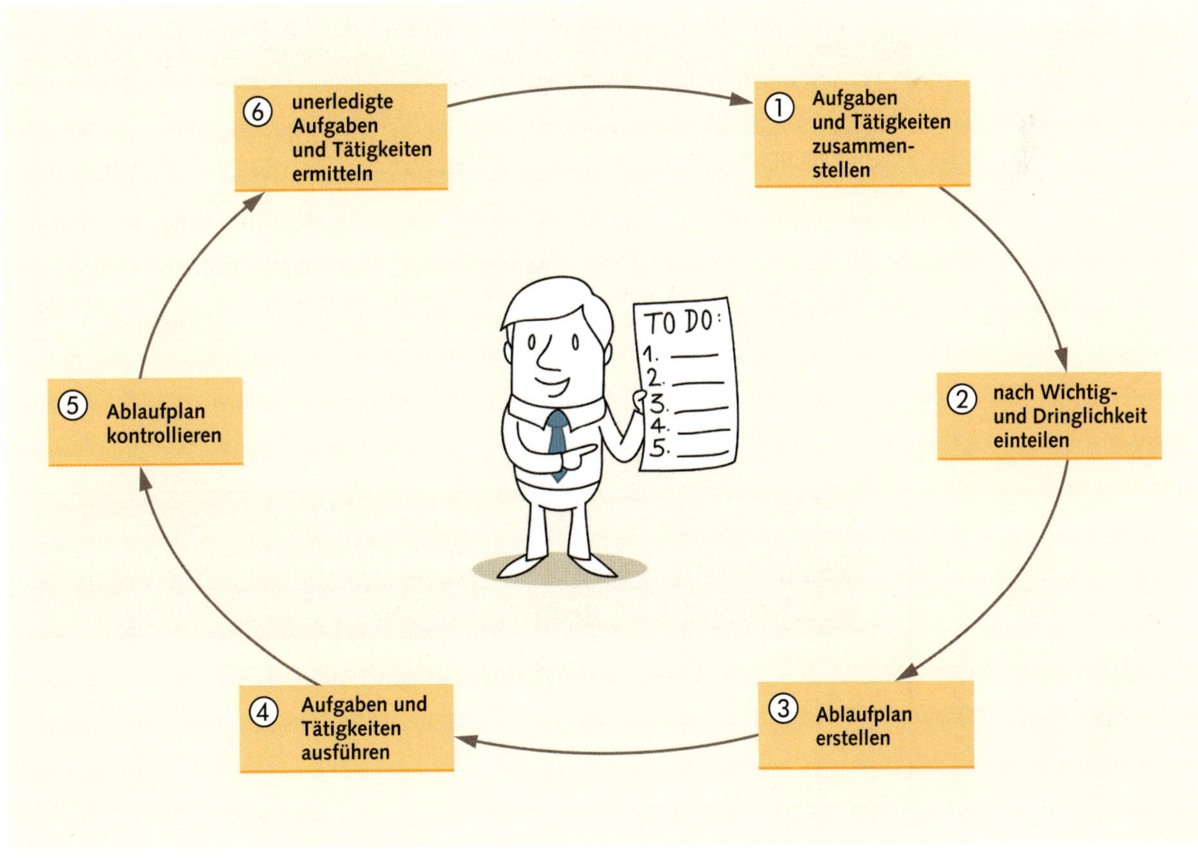

Arbeitsschritte des Zeitmanagements

In den einzelnen Arbeitsschritten erfolgt jeweils die Tätigkeit des Mitarbeiters.

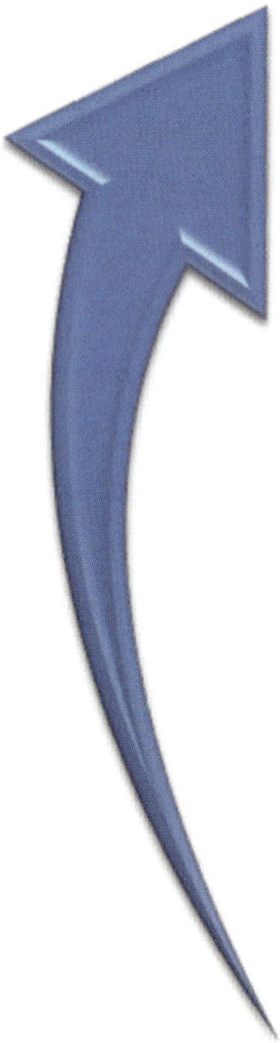

	Arbeitsschritte des Zeitmanagements		
	Arbeitsschritt		**Tätigkeit**
①	Aufgaben und Tätigkeiten zusammenstellen	→	In diesem Arbeitsschritt werden die zu erledigten Tätigkeiten und Aufgaben zusammengestellt. Diese Informationen werden in Terminplänen, Terminmappen, Arbeitsmappen, eigenen Notizen usw. ermittelt.
②	nach Wichtigkeit und Dringlichkeit einteilen	→	Wenn alle Aufgaben und Tätigkeiten zusammengestellt sind, werden diese nach Wichtigkeit und Dringlichkeit eingeteilt. Ausschlaggebend für die Einteilung sind Termine, Fristen, Anweisungen, Zeitpläne usw.
③	Ablaufplan erstellen	→	Nachdem eine Rangordnung vorgenommen wurde, kann ein Ablaufplan erstellt werden. Solch ein Plan sollte möglichst mit einer entsprechenden Software, z. B. Word oder Excel, angefertigt werden, um noch nachträgliche Änderungen oder Ergänzungen vornehmen zu können. Zusätzlich sollte ein Zeitpuffer berücksichtigt werden.
④	Aufgaben und Tätigkeiten ausführen	→	Dieser Punkt erfordert das Fachwissen und die Kompetenz des jeweiligen Mitarbeiters, damit die Aufgaben und Tätigkeiten korrekt ausgeführt werden.
⑤	Ablaufplan kontrollieren	→	Nachdem die Arbeiten, soweit wie möglich, ausgeführt wurden, können die einzelnen Aufgaben oder Tätigkeiten abgehakt werden.
⑥	unerledigte Aufgaben und Tätigkeiten ermitteln	→	Es kommt immer vor, dass Tätigkeiten nicht erledigt wurden oder nicht erledigt werden konnten. Faktoren können sein: Arbeitszeit ist verstrichen, Urlaub, Rückfragen usw. Unerledigtes muss zusammengestellt werden, um es abzuarbeiten.

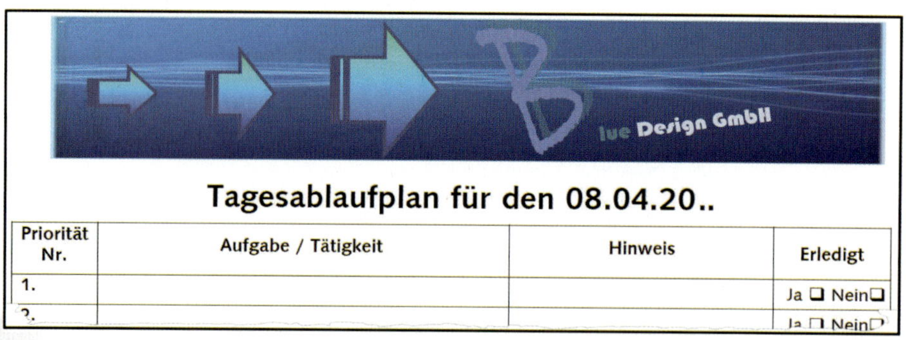

Tagesablaufplan für den 08.04.20..

Priorität Nr.	Aufgabe / Tätigkeit	Hinweis	Erledigt
1.			Ja ❑ Nein❑
2.			Ja ❑ Nein❑

Beispiel für eine Checkliste „Tagesablaufplan" nach Prioritäten

3.2 Methoden des Zeitmanagements

Methoden des Zeitmanagements sind hilfreich bei der Zeitplanung und Zeiteinteilung sowie zum leichteren Setzen von Prioritäten. Ziele aller Zeitmanagement-Methoden sind, eine bessere, effizientere und stressfreiere Zeiteinteilung zu erreichen.

3.2.1 Pareto-Prinzip

Das Pareto-Prinzip wurde nach dem italienischen Ökonomen und Soziologen *Vilfredo Pareto* benannt. Dieser stellte fest, dass 80 % der italienischen Bevölkerung 20 % des gesamten Vermögens von Italien besitzen.

Im Umkehrschluss heißt dies, dass 20 % der italienischen Bevölkerung 80 % des gesamten Vermögens von Italien besitzen. Nach dieser Erkenntnis wurde die **80-zu-20-Regel** definiert.

Abgeleitet auf das Zeitmanagement und auf die Klassifizierung der Tätigkeiten und Aufgaben bedeutet dies, dass **20 % der eingesetzten Arbeitszeit bereits 80 % des Arbeitserfolgs erbringen.** Beim Pareto-Prinzip müssen die Arbeiten und Tätigkeiten ausfindig gemacht werden, die die 80 % des Arbeitserfolgs ausmachen. Nach der Einordnung sollten genau diese bedeutsamen Arbeiten und Tätigkeiten vorrangig ausgeführt werden. Dies soll aber keineswegs bedeuten, dass die anderen Arbeiten und Tätigkeiten auf der Strecke bleiben. Vielmehr müssen diese mit einer geringeren Priorität erledigt oder delegiert werden.

Merke

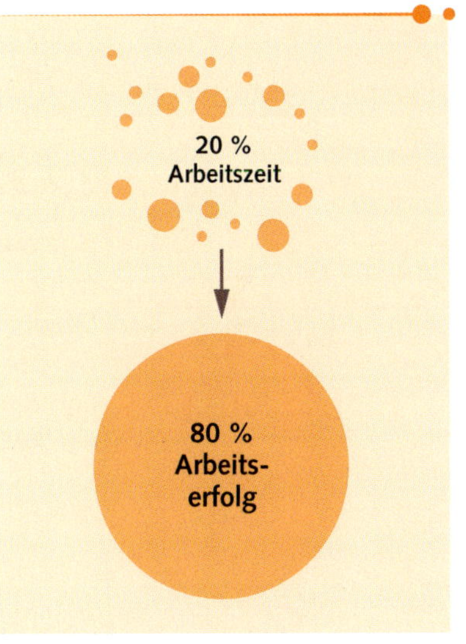

LERNFELD 2

3.2.2 ABC-Analyse

Die ABC-Analyse teilt die anstehenden Aufgaben und Tätigkeiten nach ihrer **Wichtigkeit** ein. Sie unterscheidet zwischen **A-**, **B-** und **C-Aufgaben.**

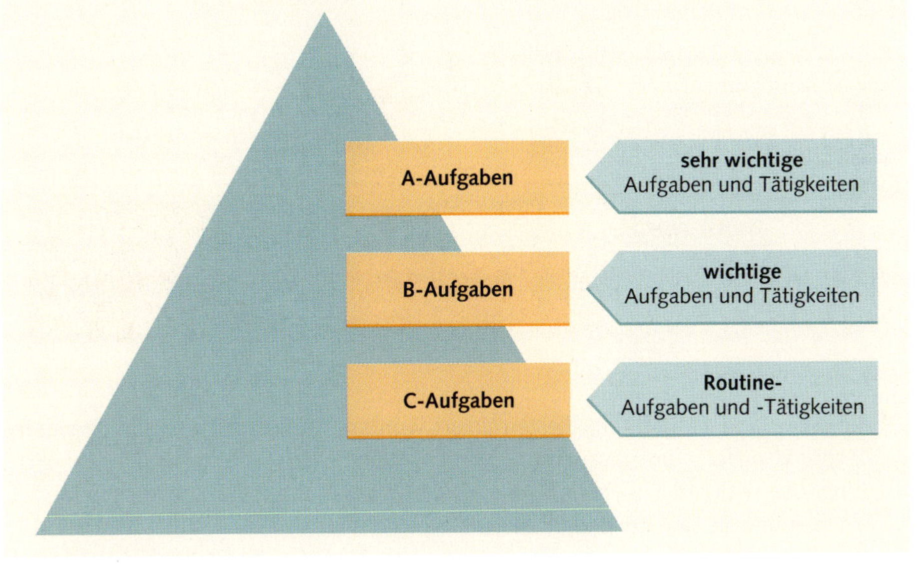

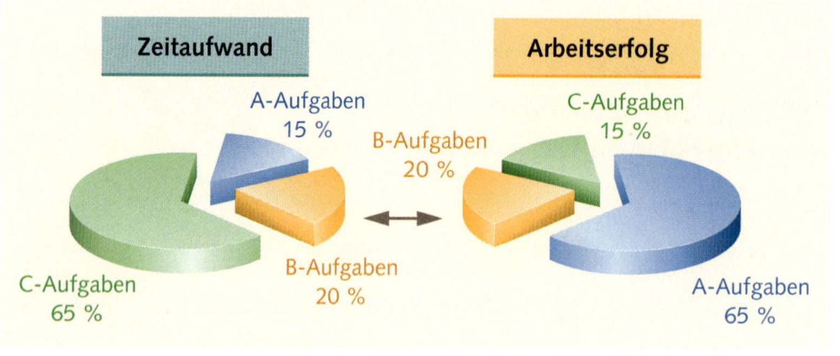

Gegenüberstellung Zeitaufwand und Arbeitserfolg bei der ABC-Analyse

Wie schon beim Pareto-Prinzip ist der Zeitbedarf bei A-Aufgaben gering und diese Aufgaben und Tätigkeiten tragen am meisten zum Arbeitserfolg bei. Bei B-Aufgaben sind der Zeitaufwand und der Ertrag ausgewogen. Bei C-Aufgaben wird viel Zeit benötigt und diese Aufgaben und Tätigkeiten tragen zum Arbeitserfolg nur einen geringeren Beitrag bei.

3.2.3 Eisenhower Prinzip

Wie die ABC-Analyse ordnet das Eisenhower-Prinzip die offenen Arbeiten in Kategorien ein. Das Prinzip wurde nach dem 34. US-Präsidenten und General Dwight David Eisenhower benannt, der dieses Prinzip praktizierte und selbst gelehrt hatte. Zunächst werden die Aufgaben und Tätigkeiten in **wichtige und dringende Aufgaben** unterteilt und dann wiederum in insgesamt vier Kategorien eingeordnet. Nach dieser Einteilung der Aufgaben und Tätigkeiten können die Aufgaben abgearbeitet werden.

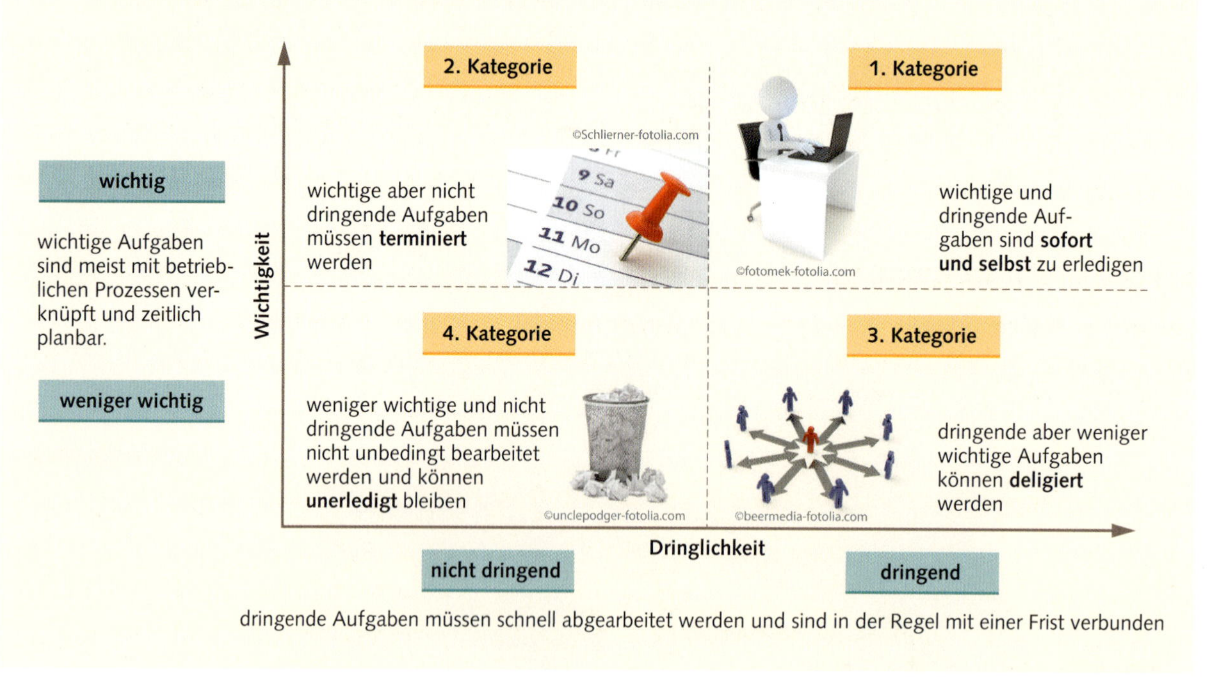

Merke

Aufgaben und Tätigkeiten, die terminiert wurden, müssen zum entsprechenden Zeitpunkt erledigt und ausgeführt werden, damit diese nicht zu wichtigen und dringenden Aufgaben werden. Bei delegierten Tätigkeiten sollte eine Rückmeldung erfolgen und sie sind bei Bedarf zu kontrollieren.

3.2.4 SMART-Methode

©fotomek-fotolia.com

Die SMART-Methode hat ihren Ursprung im Projektmanagement. Dennoch kann diese auch für reguläre Aufgaben und Tätigkeiten im Büro verwendet werden. Sie teilt die Arbeiten nicht nur in einen Zeitplan ein, sondern verlangt vielmehr eine klare Spezifizierung der zu erreichenden Ziele, um diese messbar und überprüfbar zu machen. Dabei muss auch ein klarer Termin gesetzt werden, aber keinesfalls sollen Ziele unrealistisch sein oder zu Demotivation führen.

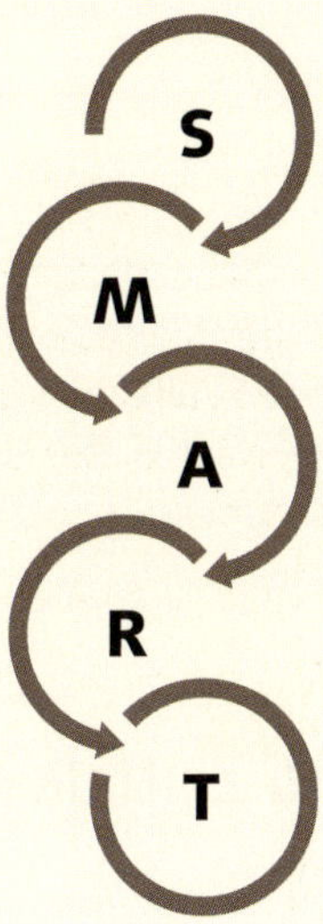

S	Spezifisch	Jede Aufgabe und Tätigkeit soll so präzise und eindeutig wie möglich formuliert werden.
M	Messbar	Ziele müssen messbar sein, um sie prüfbar zu machen und um die Motivation zu fördern.
A	Attraktiv	Vom Bearbeiter sollen die Ziele akzeptiert werden und es soll attraktiv sein, diese auszuführen.
R	Realistisch	Ziele sollen erreichbar und möglich sein. Auf keinen Fall sollten diese zu einer Überforderung führen.
T	Terminierbar	Jede ausformulierte Aufgabe oder Tätigkeit muss mit einem klaren Termin verbunden werden.

3.2.5 ALPEN-Methode

Die ALPEN-Methode ist eine einfache und schnell durchführbare Methode zur Zeiteinplanung, die aber dennoch effektiv ist. In der Regel dient sie der Tagesplanerstellung und nimmt wenig Arbeitszeit in Anspruch.

- **A** – **Aufgaben** in Checklisten, To-do-Listen oder Tagesablaufplänen notieren
- **L** – **Länge** und Zeitaufwand für die Tätigkeit und die Aufgabe realistisch einschätzen
- **P** – **Pufferzeiten** für die jeweilige Arbeit einplanen, um unvorhergesehene Probleme zu berücksichtigen
- **E** – **Entscheidungen** treffen, um die jeweiligen Tätigkeiten und Aufgaben in Prioritäten einzuteilen oder zu delegieren
- **N** – **Nachkontrolle** der Arbeiten, um nicht bearbeitete Aufgaben neu zu verteilen

In der ersten Phase der ALPEN-Methode müssen Pläne mit einzelnen Aufgaben und Tätigkeiten zusammengestellt werden. In der zweiten Phase müssen die Arbeiten mit einer realistischen Zeiteinschätzung für die Bearbeitung versehen werden. In der dritten Phase wird je nach Aufgabe jeweils ein Zeitpuffer zugeordnet, um Störungen oder unvorhergesehene Probleme zu berücksichtigen. In der vierten Phase werden Prioritäten vergeben, Tätigkeiten delegiert oder Aufgaben komplett ausgesondert.

Die letzte Phase erfolgt nach der Abarbeitung der Aufgaben und Erledigung der Tätigkeiten. Es werden die einzelnen Ausführungen kontrolliert und unbearbeitete Aufgaben ermittelt. Diese können für neue Tagespläne vorgemerkt oder durch veränderte Gegebenheiten angepasst oder komplett ausgesondert werden.

Tipp

Welche Methode für das persönliche Zeitmanagement die beste Wahl ist, kann man nur selbst herausfinden. Es empfiehlt sich alle Methoden in der täglichen Arbeit einzusetzen und sich dann für eine der Methoden zu entscheiden.

3.3 Mögliche Störungen, Zeitdiebe und Zeitfallen bei Arbeitsprozessen erkennen

Jeder noch so gute Zeitplan oder jede Einteilung der Arbeit hilft nur bedingt beim Erfüllen der gesetzten Ziele. In der täglichen Büropraxis gibt es zum einen Einflüsse von außen, die man schwer beeinflussen kann und zum anderen Zeitdiebe oder Zeitfallen, die man selbst mehr oder weniger verursacht oder bewirkt hat.

Einige **Störungen, Zeitdiebe** und **Zeitfallen** sind:

- Ziele zu ungenau oder falsch gesetzt,
- Prioritäten nicht richtig festgelegt,
- Unterbrechungen durch Telefonate,
- Ablenkung, Lärm, private Gespräche usw.,
- keine Organisation der Aufgaben,
- Unterlagen nicht richtig abgelegt,
- Konzentrationsschwäche durch Übermüdung,
- Ungeduld, Hast, Unvermögen usw.,
- zu großes Arbeitspensum,
- unwichtige Informationen stören die Arbeit,
- Unterbrechung durch unangemeldete Personen,
- fehlende Selbstdisziplin,
- Aufgaben wurden nicht zu Ende gebracht.

3.4 Techniken des Selbstmanagements kennenlernen

Das Einteilen von Arbeiten bzw. die Organisation von Aufgaben und Tätigkeiten ist ein wichtiger Prozess. Dennoch bedarf es einer Analyse des Selbstmanagements, um seine eigene Kompetenz und Entwicklung weiter voranzutreiben und die Effizienz zu steigern.

Unabdingbar ist es, den eigens erstellten Arbeitsplan bzw. Tagesplan zu kontrollieren. Dabei reicht es nicht aus, nur die nicht erledigten Aufgaben und Tätigkeiten zu ermitteln. Vielmehr ist es bedeutsam herauszufinden, warum diese nicht bearbeitet werden konnten. Dies kann u. a. an den bereits genannten Zeitdieben oder Zeitfallen liegen. Wichtig ist es, diese Zeitdiebe oder Zeitfallen ausfindig zu machen und in zukünftigen Planungen zu berücksichtigen.

3.4.1 Selbstkontrolle durch Selbstbeobachtung im Büro

Selbstbeobachtung ist eine Technik zur **Selbstkontrolle.** Mit dieser Technik sollen Arbeitsabläufe und die eigenen offenen oder verdeckten Verhaltensweisen erkannt werden. Grundsätzlich soll die Selbstkontrolle den Ist- mit dem Sollzustand vergleichen und die Effektivität der Arbeit nachhaltig verbessern.

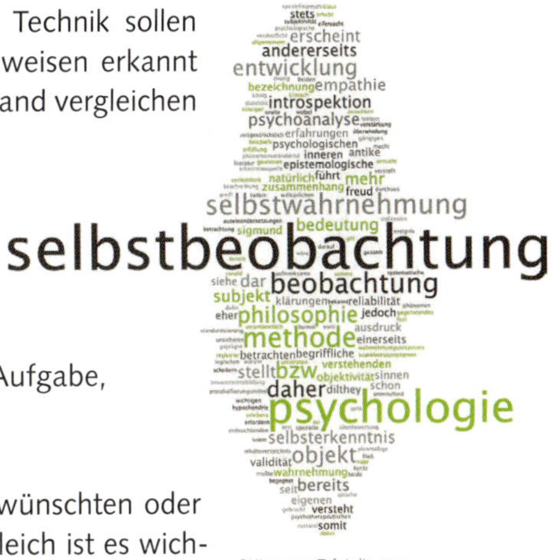

Die **Dokumentation** des Ist-Zustandes sollte umfassen:

- Art der Tätigkeit,
- tatsächlicher Zeitaufwand,
- Grund für die Nichtbearbeitung,
- Uhrzeit der Bearbeitung,
- Außeneinwirkungen,
- Methode der Ausführung,
- Nutzen der Tätigkeit und Aufgabe,
- Zustand des Bearbeiters.

Nach der Dokumentation des Ist-Zustandes muss dieser mit dem gewünschten oder vorher festgelegten Soll-Zustand verglichen werden. Bei diesem Vergleich ist es wichtig, die Abweichungen festzustellen und dann die Gründe des Abweichens zu analysieren. Je genauer die Aufzeichnungen und Dokumentationen sind, umso größer kann die Selbsterkenntnis für den Betroffenen sein.

Durch die Selbstbeobachtung können folgende **Erkenntnisse** gewonnen werden:

- organisatorische Mängel werden aufgedeckt,
- Bearbeitungszeiten sind zu lang,
- fehlerhafte Arbeitsabläufe werden erkannt,
- Störfaktoren können ermittelt werden.

Durch die Analyse können nicht nur Mängel ermittelt werden, sondern es kann zu Lösungsansätzen oder neuen Ideen für die zukünftige Bearbeitung kommen.

3.4.2 Zeitprotokoll als Analyseinstrument nutzen

Ein **Zeitprotokoll** dient dazu, die verwendete **Arbeitszeit** für einzelne Arbeiten **transparent** zu machen. Zunächst muss eine **Bestandsaufnahme** oder auch **Ist-Analyse** durchgeführt werden. Solch eine Bestandsaufnahme kann einen Tag oder mehrere Tage umfassen. Es empfiehlt sich, diese an mehreren Tagen durchzuführen, um Vergleichswerte zu erhalten. Diese Bestandsaufnahme muss die Uhrzeit, die Aufgabe oder Tätigkeit, den Zeitaufwand und eventuelle Vorkommnisse enthalten.

Bestandsaufnahme / Ist-Analyse

Uhrzeit	Aufgabe / Tätigkeit	Zeitaufwand	Vorkommnisse

Beispiel für einen Bestandsaufnahme/Ist-Analyse

Nach der Ist-Analyse können nun Aufgaben und Tätigkeiten ermittelt werden, die einen hohen oder niedrigen Zeitaufwand haben. Dabei ist es wichtig, sich auch die notierten Vorkommnisse anzusehen. Vielmals lassen sich dadurch Zeitdiebe und Zeitfallen erkennen. Zusätzlich können alle Arbeiten mit einer **Gewichtung** versehen werden, ob diese bedeutsam und wichtig sind oder weniger wichtig. Dabei kann man auf das Eisenhower-Prinzip zurückgreifen und diese mit den einzelnen vier Kategorien beschriften. Somit lassen sich schnell die Aufgaben und Tätigkeiten ermitteln, die eine größere oder geringere Bedeutung haben. Im nächsten Schritt der Analyse müssen **Strategien** oder **Lösungen** gefunden werden, die zu einer Zeiteinsparung führen. Ob diese Erfolg haben, zeigt sich wiederum in der täglichen Büropaxis. Als Kontrolle kann wiederum eine Bestandsaufnahme durchgeführt werden, um Veränderungen zu ermitteln.

• 3.5 Zusammenfassung und Aufgaben

Zusammenfassung

Zeitmanagement bei bürowirtschaftlichen Abläufen

Die **Arbeitszeit** im Büro ist ein vergängliches Gut und muss effektiv genutzt und gestaltet werden.

Ein funktionierendes **Zeitmanagement** beinhaltet folgende Schritte, die aneinander anknüpfen:

- Aufgaben und Tätigkeiten zusammenstellen,
- nach Wichtig- und Dringlichkeit einteilen,
- Ablaufplan erstellen,
- Aufgaben und Tätigkeiten ausführen,
- Ablaufplan kontrollieren,
- unerledigte Aufgaben und Tätigkeiten ermitteln.

Methoden des Zeitmanagements

Das **Pareto-Prinzip** besagt, dass 20 % der eingesetzten Arbeitszeit bereits 80 % des Arbeitserfolgs erbringen.

Beim Pareto-Prinzip müssen die Arbeiten und Tätigkeiten ausfindig gemacht werden, die die 80 % des Arbeitserfolgs ausmachen, damit diese vorrangig erledigt und ausgeführt werden.

Die Arbeiten, die nur 20 % des Arbeitserfolgs ausmachen, müssen mit einer geringeren Priorität erledigt oder delegiert werden.

Die **ABC-Analyse** teilt die Aufgaben und Tätigkeiten, die nach Ihrer Wichtigkeit erledigt und ausgeführt werden müssen ein. Sie unterscheidet zwischen:

- ➔ A-Aufgaben – sehr wichtige Aufgaben und Tätigkeiten
- ➔ B-Aufgaben – wichtige Aufgaben und Tätigkeiten
- ➔ C-Aufgaben – Routine-Aufgaben und -Tätigkeiten

Zeitbedarf der einzelnen Aufgaben bei der ABC-Analyse sind:

➔ A-Aufgaben - 15 % ➔ B-Aufgaben - 20 % ➔ C-Aufgaben - 65 %

Arbeitserfolg der einzelnen Aufgaben bei der ABC-Analyse sind:

➔ A-Aufgaben - 65 % ➔ B-Aufgaben - 20 % ➔ C-Aufgaben - 15 %

Beim **Eisenhower-Prinzip** gibt es wichtige und dringende Aufgaben. Wichtige Aufgaben sind meist mit betrieblichen Prozessen verknüpft und sind zeitlich planbar; dringende Aufgaben müssen schnell abgearbeitet werden und sind in der Regel mit einer Frist verbunden.

Das **Eisenhower-Prinzip** ordnet die offenen Arbeiten in vier Kategorien ein:

- ➔ 1. Kat. – wichtige und dringende Aufgaben sind sofort und selbst zu erledigen
- ➔ 2. Kat. – wichtige aber nicht dringende Aufgaben müssen terminiert werden
- ➔ 3. Kat. – dringende aber weniger wichtige Aufgaben können delegiert werden
- ➔ 4. Kat. – weniger wichtige und nicht dringende Aufgaben müssen nicht unbedingt bearbeitet werden und können unerledigt bleiben

Die **SMART-Methode** teilt die Arbeiten nicht nur in einen Zeitplan ein, sondern verlangt vielmehr eine klare Spezifizierung der zu erreichenden Ziele, um diese messbar und überprüfbar zu machen. Dabei muss auch ein klarer Termin gesetzt werden, aber keinesfalls sollen Ziele unrealistisch sein oder zu Demotivation führen.

SMART bedeutet:

- **S**pezifisch – Jede Aufgabe und Tätigkeit soll so präzise und eindeutig wie möglich formuliert werden.
- **M**essbar – Ziele müssen messbar sein, um sie prüfbar zu machen und um die Motivation zu fördern.
- **A**ttraktiv – Vom Bearbeiter sollen die Ziele akzeptiert werden und es soll attraktiv sein, diese auszuführen.
- **R**ealistisch – Ziele sollen erreichbar und möglich sein. Auf keinen Fall sollten diese zu einer Überforderung führen.
- **T**erminierbar – Jede ausformulierte Aufgabe oder Tätigkeit muss mit einem klaren Termin verbunden werden.

In der ersten Phasen der **ALPEN-Methode** müssen Pläne mit einzelnen Aufgaben und Tätigkeiten zusammengestellt werden. In der zweiten Phase müssen die Arbeiten mit einer realistischen Zeiteinschätzung für die Bearbeitung versehen werden. In der dritten Phase wird je nach Aufgabe jeweils ein Zeitpuffer zugeordnet, um Störungen oder unvorhergesehene Probleme zu berücksichtigen. In der vierten Phase werden Prioritäten vergeben, Tätigkeiten delegiert oder Aufgaben komplett ausgesondert. In der fünften Phase werden die einzelnen Ausführungen kontrolliert und unbearbeitete Aufgaben ermittelt.

Störungen, Zeitdiebe und Zeitfallen bei Arbeitsprozessen

In der täglichen Büropraxis gibt es zum einen Ereignisse von außen, die man schwer beeinflussen kann, und zum anderen Zeitdiebe oder Zeitfallen, die man selbst mehr oder weniger verursacht hat.

Techniken des Selbstmanagements

Ein **Zeitprotokoll** ist eine Bestandsaufnahme und dient als Analyseinstrument, um die verwendete Arbeitszeit für einzelne Arbeiten transparent zu machen. Dadurch lassen sich Zeitdiebe und Zeitfallen erkennen.

Aufgaben

1. Prüfen und erläutern Sie folgende Aussagen auf ihre Richtigkeit.

(1) Die Arbeitszeit effektiv zu nutzen, erlernt man in der Ausbildung.

(2) Die zu erledigenden Aufgaben und Tätigkeiten müssen zur Einteilung der Arbeitszeit anhand von Terminplänen, Terminmappen, Arbeitsmappen und eigenen Notizen zusammengestellt werden.

(3) Bei der Ausführung von Arbeiten kommt es nur auf die Schnelligkeit des Bearbeiters an.

(4) Das Pareto-Prinzip besagt, dass 80 % Arbeitszeit erforderlich ist, um 20 % Arbeitserfolg zu erreichen.

(5) Die ALPEN-Methode ist eine einfache und schnell durchführbare Methode zur Zeiteinplanung, die dennoch effektiv ist.

(6) Bei der Erstellung von Ablaufplänen sollen Prioritäten bei den einzelnen Aufgaben und Tätigkeiten vergeben werden.

2. Nennen und erläutern Sie die einzelnen Schritte, die jedes funktionierende Zeitmanagement hat.

3. Erstellen Sie in Word oder Excel einen Tagesablaufplan für Ihr Unternehmen.

4. Erläutern Sie, welche Aufgaben und Tätigkeiten beim Pareto-Prinzip als erstes erledigt und durchgeführt werden sollen.

5. Erläutern Sie die Einteilung der Aufgaben bei der ABC-Analyse.

6. Welcher Zusammenhang besteht beim Pareto-Prinzip und der ABC-Analyse?

7. Erläutern Sie die Einteilung der Aufgaben beim Eisenhower-Prinzip.

8. Erläutern Sie die einzelnen Stufen der SMART-Methode.

9. Erläutern Sie den Ablauf der ALPEN-Methode.

10. Nennen Sie sechs Zeitdiebe und Zeitfallen.

4 Termine im Büro organisieren

Bei der täglichen Büroarbeit ist eine gute und präzise Organisation gefragt. Nicht nur beim Ablauf von Tätigkeiten und Aufgaben, sondern auch bei der sinnvollen Planung von Terminen.

4.1 Terminarten

Allgemein bedeutet ein Termin einen Zeitpunkt, der mit einem Datum oder sogar mit einer Uhrzeit verbunden und festgelegt ist. Zu diesem Zeitpunkt soll ein Ereignis oder ein gewünschtes Ergebnis eintreten. Termine im Büro bedeuten nicht nur Besprechungen oder Gesprächstermine.

Weitere **Termine** im Büro können z. B. sein:

- ➔ Wiedervorlagetermin,
- ➔ Bestelltermin,
- ➔ Skontotermin,
- ➔ Kündigungstermin,
- ➔ Urlaubstermin,
- ➔ Ausschreibungstermin,
- ➔ Weiterbildungstermin,
- ➔ Projekttermin,
- ➔ Reparaturtermin,
- ➔ Lieferungstermin,
- ➔ Zahlungstermin,
- ➔ Antworttermin,
- ➔ Messetermin,
- ➔ Einstellungstermin,
- ➔ Gesprächstermin,
- ➔ Abgabetermin,
- ➔ Garantietermin,
- ➔ Produktionstermin.

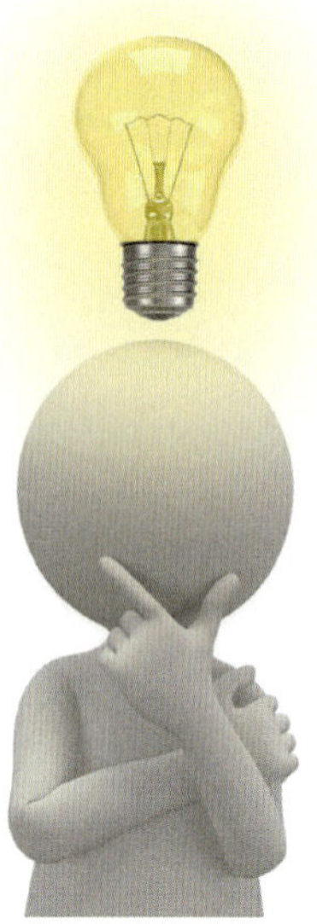

Tipp

Bevor man einen Termin festlegt, sollte man sich darüber im Klaren sein, um welchen Termin es sich handelt. Dabei können folgende Leitfragen behilflich sein:

- Warum soll der Termin stattfinden?
- Welcher Personenkreis nimmt an dem Termin teil?
- Zu welchem Datum und zu welcher Uhrzeit soll der Termin stattfinden?
- An welchem Ort soll der Termin stattfinden?
- Welcher Zeitrahmen wird für den Termin benötigt?
- Welches Ergebnis wird angestrebt?
- Werden Medien, Unterlagen usw. für den Termin benötigt?

Termine lassen sich einteilen in **feste Termine,** die sich regelmäßig wiederholen und in **bewegliche Termine,** die mit den festen Terminen abgestimmt werden müssen.

Terminarten

feste Termine
- Jubiläum
- Steuerzahlungen
- Geburtstage
- Betriebsfeier
- Weihnachten
- Hauptversammlung
- Zahlungstermin
- Kündigungstermin

bewegliche Termine
- Besprechungen
- Teammeeting
- Geschäftsreisen
- Zahlung eines bestimmten Rechnungsbetrages
- Wiedervorlage

4.2 Koordinieren und überwachen von Terminen

Auch beim Überwachen und Koordinieren von Terminen werden feste und bewegliche Termine unterschiedlich berücksichtigt. Da sich feste Termine in der Regel wiederholen, können diese längerfristig in den **Terminplänen** berücksichtigt werden. Bewegliche Termine hingegen werden kurzfristig geplant und vereinbart und müssen mit den bereits vorhandenen festen Terminen in Einklang gebracht werden. Diese sollten unmittelbar nach der Vereinbarung eingetragen bzw. fixiert werden, damit es bei weiteren Terminanfragen zu keiner Überschneidung kommt.

4.2.1 Koordinieren von Terminen

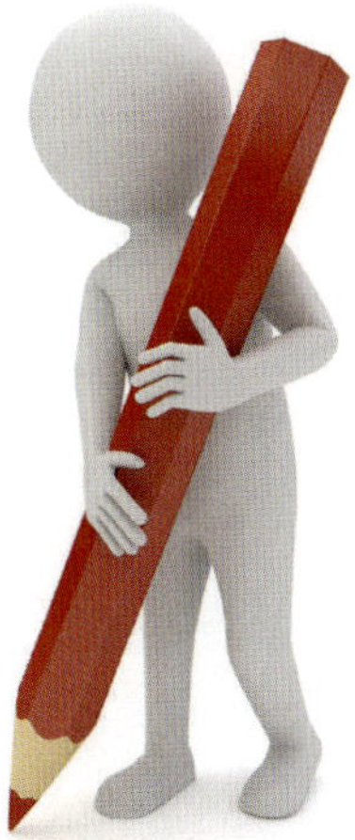

©fotomek-fotolia.com

Ein Abstimmprozess von Terminen ist schwierig, z. B. wenn der Vorgesetzte einen **Terminkalender** hat und Termine von ihm selbst sowie von einer weiteren Person geplant und festgelegt werden. Häufig kommt es mit klassisch geführten Terminkalendern zu **Überschneidungen** oder der **Abstimmprozess** nimmt erhöhten Zeitaufwand in Anspruch.

Probleme in der Organisation entstehen bei:

- falsch eingetragenen oder vergessenen Terminen.
- Doppelbelegung von Terminen,
- falsch eingetragener Termindauer,
- Terminen, die nicht wahrgenommen werden können.

Durch den Einsatz von **digitalen Terminkalendern,** die sich ständig aktualisieren und somit auf dem neusten Stand sind, können solche Probleme vermieden werden. Durch diese Terminkoordination wird die Professionalität in einem Unternehmen gefördert und demzufolge werden Probleme in der Organisation weitestgehend vermieden. Freiräume werden erkannt und können mit kurzfristigen oder unangemeldeten Terminen in die Tagesplanung integriert werden. Für die Nutzer der digitalen Terminkalender entsteht eine höhere Flexibilität bei der Terminverwaltung.

©Detlef -fotolia.com

Neben dem digitalen Terminkalender gibt es noch weitere Hilfsmittel für die Terminfixierung. Diese können sein:

Hilfsmittel der Terminfixierung	
Art	**Erläuterung**
klassische Papierkalender	in Papierform geführter Kalender, z. B. Tisch-, Wand-, Buchkalender
Terminmappen	Mappe mit gekennzeichneten Trennblättern von 1 bis 31 für den laufenden Monat
Planungstafeln	Großes Kalenderformat für Wände, um Visualisierungen deutlich zu machen
Terminkarteien	Karteikasten im DIN-A4 Format, der durch Trennblätter in Monate und Tage eingeteilt ist
Terminliste	Papierliste zum Eintragen von Terminen

Tipp

Vor der letztendlichen Festlegung eines Termins müssen folgende Fragen geklärt sein:

- Ist jeder Terminteilnehmer für die Zeit verfügbar?
- Welcher Zeitraum muss für den Termin geblockt werden?
- Wird für den Termin eventuell ein Zeitpuffer benötigt?
- Ist ein Zeitfenster zum nächsten Termin offenzuhalten?
- Welche Anreisezeit wird bei dem Termin benötigt?
- Wird eine Übernachtung benötigt? Wenn ja, sind noch Unterkünfte verfügbar?
- Stehen private Termine entgegen?

4.2.2 Überwachung von Terminen

Nicht nur die Koordination von Terminen hat eine große Bedeutung im Büro. Vielmehr ist die stetige Überwachung von Terminen unabdingbar für eine gute und effiziente Terminplanung.

Der Überwachungsgrund bei einem Termin kann unterschiedlich sein und muss differenziert je nach Termin/Ereignis bearbeitet werden.

©fotomek-fotolia.com

Termin/Ereignis	Überwachungsgrund
Besprechung, Meeting	Unterlagen, Raum, teilnehmende Personen usw. verfügbar und vorhanden
Geschäftsreise	Reise- und Transferunterlagen, Hotel usw. verfügbar und vorhanden
Wiedervorlage	Antwortschreiben oder Rückmeldung eingegangen, Überwachung eines Sachverhaltes usw.
Zahlungszeitpunkt	Geldbetrag pünktlich überwiesen
Projektende	Projektergebnis erreicht

Zusätzlich kann bei der Überwachung eine Auswertung des Termins/Ereignisses vorgenommen werden, um die zukünftige Terminierung und Planung zu verbessern.

©fotomek-fotolia.com

Termin/Ereignis	Überwachungsgrund
Besprechung, Meeting	Wurden die Ziele und Ergebnisse erreicht? Waren alle Teilnehmer anwesend? War die geplante Zeit ausreichend?
Geschäftsreise	Waren alle Unterlagen vollständig? Waren die Hoteleigenschaften zufriedenstellend? War der Reisezeitraum ausreichend geplant?
Wiedervorlage	Konnte der Wiedervorlagegrund abgearbeitet werden? Warum ist ein neuer Termin notwendig?
Zahlungszeitpunkt	Sind weitere Geschäftsbeziehungen mit dem Kunden gewünscht? Muss der Kunde in die Rechtsabteilung abgegeben werden?
Projektende	Warum ist eine Abweichung vorhanden? War die Terminfixierung sinnvoll oder ist diese zu berichtigen?

4.3 Erstellen von Terminplänen

Termine müssen frühzeitig vorbereitet und eventuell dazugehörige Unterlagen bereitgestellt werden. Dies kann durch die Erstellung eines täglichen **Terminablaufplans** erfolgen. Durch solch eine **To-Do-Liste** kann man die täglichen Aufgaben übersichtlich darstellen und anschließend abarbeiten, überwachen und bei Bedarf auch verschieben.

Sinnvollerweise sollte diese Vorbereitung mindestens einen oder zwei Tage vor den eigentlichen Terminen erfolgen. Jedoch nicht zu früh, damit eventuelle Verschiebungen oder Änderungen nicht unberücksichtigt bleiben. Bei der Planung können zusätzlich Prioritäten bei den zu erledigenden Aufgaben gesetzt werden.

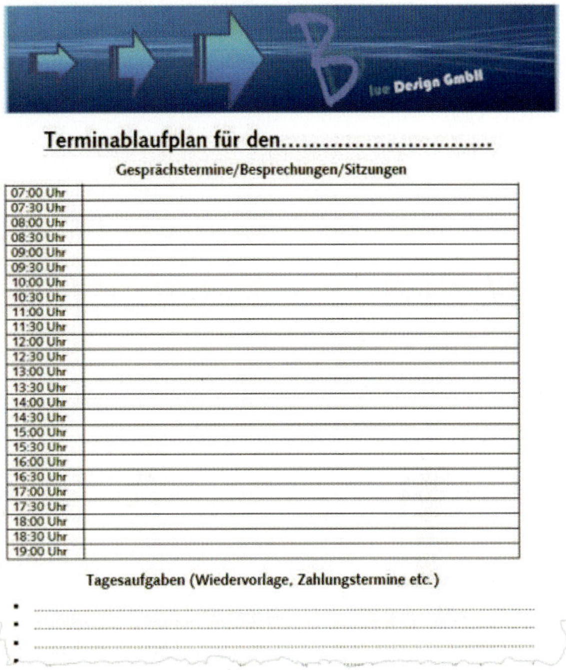

Blue Design GmbH

Terminablaufplan für den..............................

Gesprächstermine/Besprechungen/Sitzungen

07:00 Uhr	
07:30 Uhr	
08:00 Uhr	
08:30 Uhr	
09:00 Uhr	
09:30 Uhr	
10:00 Uhr	
10:30 Uhr	
11:00 Uhr	
11:30 Uhr	
12:00 Uhr	
12:30 Uhr	
13:00 Uhr	
13:30 Uhr	
14:00 Uhr	
14:30 Uhr	
15:00 Uhr	
15:30 Uhr	
16:00 Uhr	
16:30 Uhr	
17:00 Uhr	
17:30 Uhr	
18:00 Uhr	
18:30 Uhr	
19:00 Uhr	

Tagesaufgaben (Wiedervorlage, Zahlungstermine etc.)

- ....
- ....
- ....

Merke

Durch eine frühzeitige Planung können Probleme erkannt und schon im Vorfeld aus dem Weg geräumt werden.

4.4 Elektronischer Terminkalender

Mit einer entsprechenden Software für die Terminplanung lassen sich viele Kriterien einer effektiven Terminplanung umsetzen. Solch eine Standardsoftware unterstützt die Terminplanung und die Erstellung von Terminplänen.

Verschiedene Programme wie z. B. Lotus Notes oder Outlook bieten Gesamtlösungen an und integrieren in ihrer Software einen Kalender, ein Terminverwaltungswerkzeug und eine E-Mail-Funktion. Daneben bieten diese Gesamtlösungen die Möglichkeit, gemeinsame Kalender für mehrere Beschäftigte (Teams, Gruppen usw.) einzurichten oder auch nur bestimmten Personen Zugriffsrechte zu gewähren.

Beispiel

Geschäftsführer Matthias Blau hat seinen persönlichen digitalen Terminkalender für seine Sekretärin Roswita Bentz freigegeben. Somit kann Frau Bentz jederzeit von ihrem Computer auf seinen Kalender zugreifen und Termine verwalten. Dadurch muss sie nicht ständig Herrn Blau bei seiner Arbeit unterbrechen.

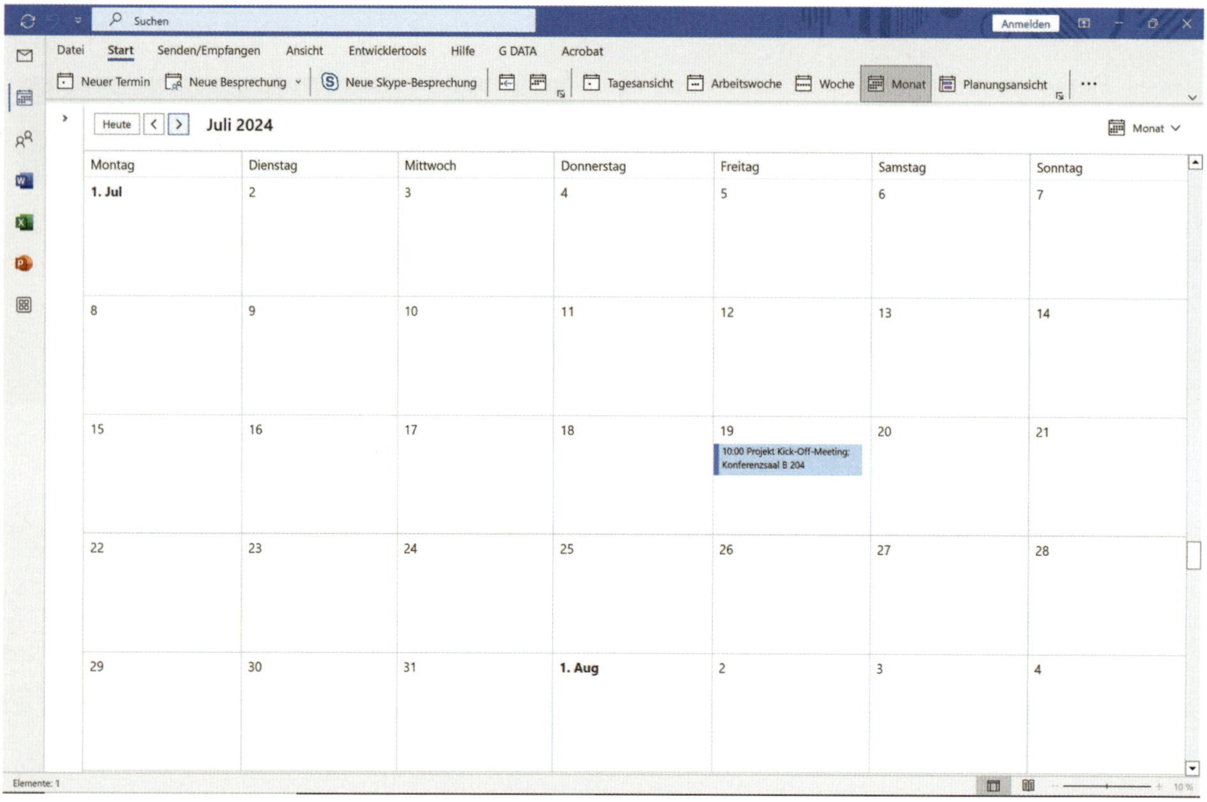

Beispiel einer Standardsoftware mit E-Mail, Termin und Kalenderfunktion

Neben der Vernetzung von digitalen Terminkalendern und der E-Mail-Funktion bieten diese Softwareprodukte in der Regel folgende weitere **Funktionen:**

- Kontakte erstellen und verwalten,
- Termine und Terminserien am Computer eintragen und verwalten,
- Tagesaufgaben eintragen und verwalten,
- Tages-, Arbeitswochen-, Wochen-, Monats- und Planungsansicht,
- Einladungen zu Terminen, Ereignissen, Meetings usw. per E-Mail versenden,
- Erinnerungsfunktion durch akustische Signale,
- Ausdruck der Termine im Tages-, Wochen- oder Monatsformat,
- Ausdruck von Tagesablaufplänen mit Tagesaufgaben,
- Verwaltung und Zugriff mit ständigem mobilem Abgleich per Smartphone.

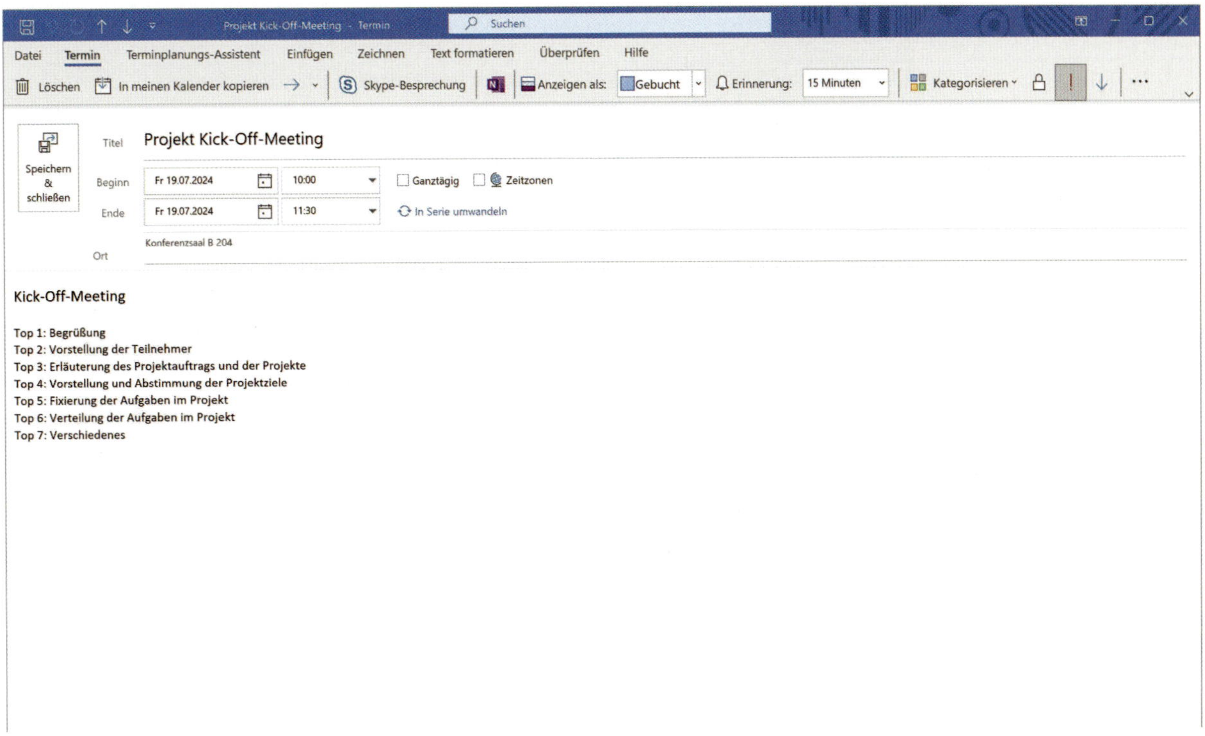

Beispiel für einen Termineintrag

Der Einsatz einer solchen Software ist aber nur dann produktiv, wenn es in jeder Situation genutzt wird. Allerdings ist der größte Kritikpunkt von solchen elektronischen Gesamtlösungen die Datensicherheit.

4.5 Zusammenfassung und Aufgaben

Zusammenfassung

Terminarten und Terminfestlegung

Ein **Termin** ist ein Zeitpunkt, der in einem Datum oder sogar mit einer Uhrzeit festgelegt ist.

Leitfragen zur **Terminfestlegung:**

- Warum soll der Termin stattfinden?
- Welcher Personenkreis nimmt an dem Termin teil?
- Zu welchem Datum und welcher Uhrzeit soll der Termin stattfinden?
- An welchem Ort soll der Termin stattfinden?

Zusammenfassung

Terminarten und Terminfestlegung

- Welcher Zeitrahmen wird für den Termin benötigt?
- Welches Ergebnis wird angestrebt?
- Werden Medien, Unterlagen usw. für den Termin benötigt?

Koordinieren und überwachen von Terminen

Termine lassen sich unterscheiden in **feste** und **bewegliche Termine.**

Feste Termine wiederholen sich in der Regel und können längerfristig geplant werden; bewegliche Termine werden hingegen kurzfristig geplant.

Organisationsprobleme können durch falsch eingetragene oder vergessene Termine, Doppelvergabe eines Terminzeitraums, falsche Termindauer oder durch nicht eingehaltene Termine entstehen.

Hilfsmittel zur **Terminfixierung:**

- klassische Papierkalender, (Tisch-, Wand-, Buchkalender usw.),
- Terminmappen,
- Planungstafeln,
- Terminkarteien,
- Terminliste,
- digitaler Terminkalender.

Digitale Terminkalender aktualisieren sich ständig und sind somit auf dem neuesten Stand.

Die Überwachung von Terminen ist notwendig, um organisatorische Vorüberlegungen durchzuführen oder Unterlagen und Materialien bereitzustellen.

Eine Auswertung kann bei der Überwachung ausgeführt werden, um die künftigen Terminierungen und Planungen zu verbessern.

Terminpläne

Terminablaufpläne beinhalten für einen bestimmten Beschäftigten die Tagestermine und Tagesaufgaben.

Eine **Standardsoftware** für **Termine** unterstützt die Terminplanung und die Erstellung von Terminplänen.

Digitale Lösungen bieten folgende Funktionen:

- E-Mail-Funktion,
- Kontakte erstellen und verwalten,
- Termine und Terminserien am Computer eintragen und verwalten,
- Tagesaufgaben eintragen und verwalten,
- Tages-, Arbeitswochen-, Wochen-, Monats- und Planungsansicht,
- Einladungen zu Terminen, Ereignissen, Meetings usw. per E-Mail versenden,
- Erinnerungsfunktion durch akustische Signale,
- Ausdruck der Termine im Tages-, Wochen- oder Monatsformat,
- Ausdruck von Tagesablaufplänen mit Tagesaufgaben,
- Vernetzung von digitalen Terminkalendern,
- Verwaltung und Zugriff mit ständigem mobilem Abgleich per Smartphone.

Aufgaben

1. Prüfen und erläutern Sie folgende Aussagen auf ihre Richtigkeit.
   (1) Termine im Büro sind nur Besprechungen oder Gesprächstermine.
   (2) Um einen Termin zu vereinbaren genügt es, wenn man mit den Terminteilnehmern einen gemeinsamen Zeitpunkt vereinbart, an dem alle verfügbar sind.
   (3) Bewegliche Termine müssen mit den festen Terminen abgestimmt werden.
   (4) Bei der Erstellung eines Terminablaufplans müssen nur die Termine eingetragen werden, die zu einer bestimmten Uhrzeit stattfinden.
2. Bereiten Sie einen Vortrag vor, bei dem Sie die Bedeutung der Terminüberwachung und der Terminauswertung vorstellen.
3. Erstellen Sie einen Terminablaufplan mit einem Textverarbeitungsprogramm.
4. Erläutern Sie fünf Vorteile einer Standardsoftware für die Terminplanung.
5. Erläutern Sie, wann eine elektronische Lösung sinnvoll ist und nennen Sie dabei den größten Kritikpunkt.

5 Sitzungen und Besprechungen durchführen und nachbereiten

Allgemein versteht man unter einer **Veranstaltung** ein geplantes Ereignis, an dem eine vorher bestimmbare Gruppe von Personen mit einer vorgegebene Zeit und einem vorgegebenen Ziel teilnimmt. Zwei Unterformen von Veranstaltungsarten sind **Sitzungen** und **Besprechungen.** Diese Arten von Veranstaltungen nehmen in der täglichen Büropraxis einen beträchtlichen Arbeitszeitanteil in Anspruch. Nicht nur eine gute Vorbereitung gehört zu den wichtigsten Aufgaben der Organisation, sondern es müssen auch bei der Durchführung und Nachbereitung verschiedene Punkte für ein gutes Gelingen beachtet werden. LF12

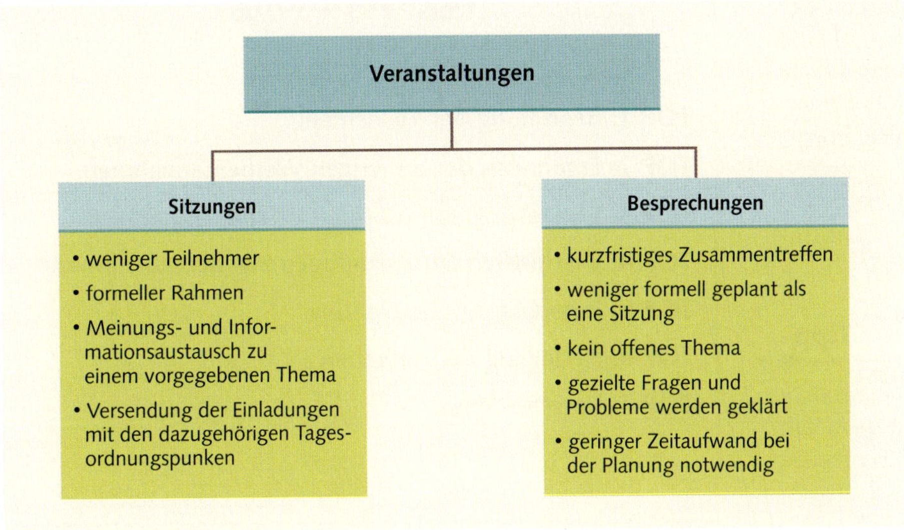

5.1 Vorbereitung von Sitzungen und Besprechungen

Die Vorbereitung einer Sitzung ist im Grunde die gleiche wie die Vorbereitung einer Besprechung, lediglich die zeitliche Vorlaufzeit zum eigentlichen Termin ist bei einer Besprechung kürzer und muss berücksichtigt werden. Es empfiehlt sich, die Vorbereitung in zwei Schritten durchzuführen. Der erste Schritt ist die **Einladung** mit den dazugehörenden Abstimmungsprozessen und der zweite Schritt ist die **Vorbereitung** vor dem eigentlichen Termin.

■ 1. Schritt

Bevor zu einer Sitzung oder Besprechung eingeladen werden kann, müssen viele Rahmenbedingungen im Vorfeld beachtet werden. Es empfiehlt sich, eine **Checkliste** zu erstellen und je nach Bedarf zu erweitern oder zu verbessern.

Vor dem Versand der Einladungen müssen folgende **Rahmenbedingungen** zwingend beachtet werden:

- ➔ Ist der Termin (Tag, Uhrzeit usw.) für jede teilnehmende Person möglich?
- ➔ Sind die Themen festgelegt und können als Tagesordnung fixiert werden?
- ➔ Welcher Raum (Bestuhlung, Tische, Lichteinflüsse usw.) ist geeignet?
- ➔ Kann eine Belegung bzw. Reservierung der Räumlichkeiten erfolgen?
- ➔ Welche Medien (Laptop, Beamer, Flipchart, Stifte usw.) müssen beschafft oder reserviert werden?

Beispiel

Der Geschäftsführer Matthias Blau beauftragt den Auszubildenden Ulf Henning eine Tagesordnung für die Sitzung, die in fünf Wochen stattfinden soll, zu erstellen. Herr Blau erläutert Ulf, dass jeder Abteilungsleiter eingeladen wird. Das Thema der Sitzung ist die Festlegung der weiteren Werbemaßnahmen. Zusätzlich möchte er in der Sitzung die bisherigen Ergebnisse erläutern, neue Ideen vorstellen und die besten davon besprechen. Anschließend soll ein Zeitplan festlegt werden.

Blue Design GmbH

Tagesordnung

TOP 1: Begrüßung der Teilnehmer

TOP 2: Ergebnisse der bisherigen Werbemaßnahmen

TOP 3: Vorstellung von weiteren Werbemaßnahmen

TOP 4: Beschließen der zukünftigen Werbemaßnahmen

TOP 5: Fixierung der Zeitplanung

TOP 6: Verteilung der Aufgaben

TOP 7: Verschiedenes

Tipp

Die einzelnen Tagesordnungspunkte sollten, wenn möglich, als angestrebte Zustände bzw. gewünschte Ergebnisse formuliert werden.

Nachdem die grundlegenden Rahmenbedingungen beachtet, der Termin festgelegt und Einladungen mit der dazugehörigen Tagesordnung versendet wurden, ist die Vorbereitung keineswegs abgeschlossen. Vielmehr müssen jetzt weitere Vorbereitungen vor dem eigentlichen Termin getroffen werden.

■ 2. Schritt

Im zweiten Schritt, der Vorbereitung für die Besprechung und Sitzung, sollten folgende Arbeiten berücksichtigt werden:

- ➔ Rückmeldungen (Zusagen und Absagen) dokumentieren,
- ➔ Unterlagen für die Sitzung zusammenstellen und bei Bedarf den Teilnehmern zusenden (Reihenfolge gemäß der Tagesordnungspunkte beachten),
- ➔ Bestuhlung und Arbeitstische in den gebuchten Räumlichkeiten überprüfen und gegebenenfalls neu anordnen,
- ➔ Medien auf Funktionalität und Kompatibilität überprüfen und bereitstellen,
- ➔ gegebenenfalls Getränke oder Imbiss für die Veranstaltung und für die Pause bestellen,
- ➔ Anwesenheitsliste und eventuell Namensschilder erstellen,
- ➔ Schild „Bitte nicht stören" zum Aushang am Raum vorbereiten.

Tipp

Die Einladungen mit Tagesordnungspunkten und eventuelle Unterlagen für die Veranstaltung können auch digital per E-Mail versendet werden.

Blue Design GmbH

Checkliste zur Sitzungs- und Besprechungsvorbereitung

Nr.	Aufgabe / Tätigkeit	Anmerkung	Erledigt (Datum / Handzeichen)
1.	Zeitrahmen der Sitzung und Besprechung		
2.	Termin für alle Teilnehmer festlegen (Urlaubszeiten, Ferienzeiten, Anreisezeit, Messetermine und andere Termine der teilnehmenden Personengruppe berücksichtigen)		
3.	Themen bzw. Thema der Sitzung und Besprechung sind festgelegt		
4.	Fixieren der Tagesordnungspunkte		
5.	Geeigneten Raum auswählen (Der Sitzungs- und Besprechungsraum sollte Thema und Zielgruppe, Personenanzahl, Nutzung der benötigten Medien etc. berücksichtigen)		
6.	Reservieren der Räumlichkeiten		
7.	Erforderliche Medien für den Termin reservieren bzw. beschaffen (Laptop, Beamer, Flipchart, Stifte, Presenter, Overheadprojektor, Internetzugang, Papier etc.)		
8.	Erstellen der Einladung und der dazugehörigen Tagesordnungspunkte		
9.	Einladung mit Tagesordnungspunkten versenden (Post, Hauspost, digital per E-Mail etc.)		
10.	Rückmeldungen dokumentieren		

Beispiel für eine Checkliste zur Sitzungs- und Besprechungsvorbereitung

Merke

Vorbereitungen für eine Sitzung oder Besprechung sollten immer frühzeitig getroffen und abgeschlossen werden. Somit bleibt noch genügend Zeit, um eventuelle Probleme lösen zu können.

5.2 Durchführung von Sitzungen und Besprechungen

©fotomek-fotolia.com

Bevor die Teilnehmer am Tag der Sitzung oder Besprechung in Empfang genommen werden, sollten die Vorbereitungen noch einmal kontrolliert werden. Somit lassen sich überflüssige Fehler frühzeitig vermeiden.

Man sollte sich insbesondere vergewissern, ob:

- der Raum vorbereitet ist,
- die Medien zur Verfügung stehen und funktionieren,
- Unterlagen für die Veranstaltung in ausreichender Menge vorhanden sind,
- Getränke und Imbiss bereitstehen,
- die Anwesenheitsliste und eventuelle Namensschilder vorhanden sind,
- eine Beschilderung zum Veranstaltungsort notwendig ist.

Trotz einer akribisch genauen Vorbereitung kann es bei jeder Sitzung oder Besprechung zu unvorhergesehenen Vorkommnissen kommen. Natürlich ist es schwer sich auf solche Situationen vorzubereiten, aber man kann sich bereits im Vorfeld Gedanken darüber machen und eventuell Vorkehrungen treffen. Unkonventionelle und kreative Lösungen sind in solchen Situationen angeraten und erwünscht. Entscheidend ist, dass die gewünschten Ziele bzw. Ergebnisse erreicht werden können. Flexibilitäts- und Improvisationstalent sind genau in diesen Situationen gefragt und es sollten verschiedene Lösungsmöglichkeiten in Betracht gezogen werden.

©Jürgen Priewe-fotolia.com

Zusätzlich sollte man sich während der Sitzung oder Besprechung **Notizen** anfertigen, um bei der Nachbereitung ein **Protokoll** verfassen zu können. Je nach Protokollart müssen die Aufzeichnungen in unterschiedlichem Umfang erstellt werden. Es empfiehlt sich jedoch die Aufzeichnungen ausführlich anzufertigen, um später detaillierte Informationen über die Veranstaltung liefern zu können.

5.3 Nachbereitung von Sitzungen und Besprechungen

©jd-photodesign-fotolia.com

Die Nachbereitung einer Sitzung oder Besprechung ist ein wichtiger Faktor für weitere Veranstaltungen. Abweichungen vom Sollzustand werden deutlich und somit kann für weitere Veranstaltungen genau auf diese ungewünschten Abweichungen geachtet werden. Darüber hinaus empfiehlt es sich auch ein **Feedback** (Fragebogen, Interviews usw.) von den Teilnehmern einzufordern, um Kritikpunkte der Veranstaltung zur Verbesserung nachfolgender Veranstaltungen zu nutzen.

Des Weiteren ist ein **Protokoll** zum einen für die Dokumentation der Ergebnisse der Sitzung und Besprechung wichtig, zum anderen dient es darüber hinaus als Grundlage für Folgeveranstaltungen. Allgemein hält ein Protokoll für eine Sitzung oder Besprechung fest, was beim jeweiligen Tagesordnungspunkt besprochen oder beschlossen wurde.

Jedes Protokoll enthält:

- Datum und Ort der Veranstaltung,
- Teilnehmer und abwesende Personen,
- eventuell ein Verzeichnis von Anlagen,
- Unterschrift des Vorsitzenden und des Protokollführers.
- Beginn und Ende der Veranstaltung,
- Tagesordnungspunkte,
- Beschlüsse der Veranstaltung,

Grundsätzlich lassen sich zwei Protokolltypen für Sitzungen und Besprechungen unterscheiden.

Häufig verwendete Protokolltypen für Sitzungen und Besprechungen

Ergebnisprotokoll	Verlaufsprotokoll
• Gestaltung meistens im Präsens • Zusammenfassung der Redebeiträge und Beschlüsse • keine Dokumentation, welche Person was geäußert hat	• Gestaltung meistens im Präsens • Redebeiträge der einzelnen Teilnehmer in indirekter Rede • genaues Dokumentieren, welche Person was geäußert hat

Protokolle garantieren, dass sich Personen, die nicht teilgenommen haben, einen Überblick verschaffen können. Das **Verlaufsprotokoll** ist eine Erweiterung des **Ergebnisprotokolls.** Bei dieser Form werden einzelnen Äußerungen genau zugeordnet. Somit lässt sich zusätzlich erkennen, welche Person welche Äußerungen, Argumente usw. vorgetragen hat.

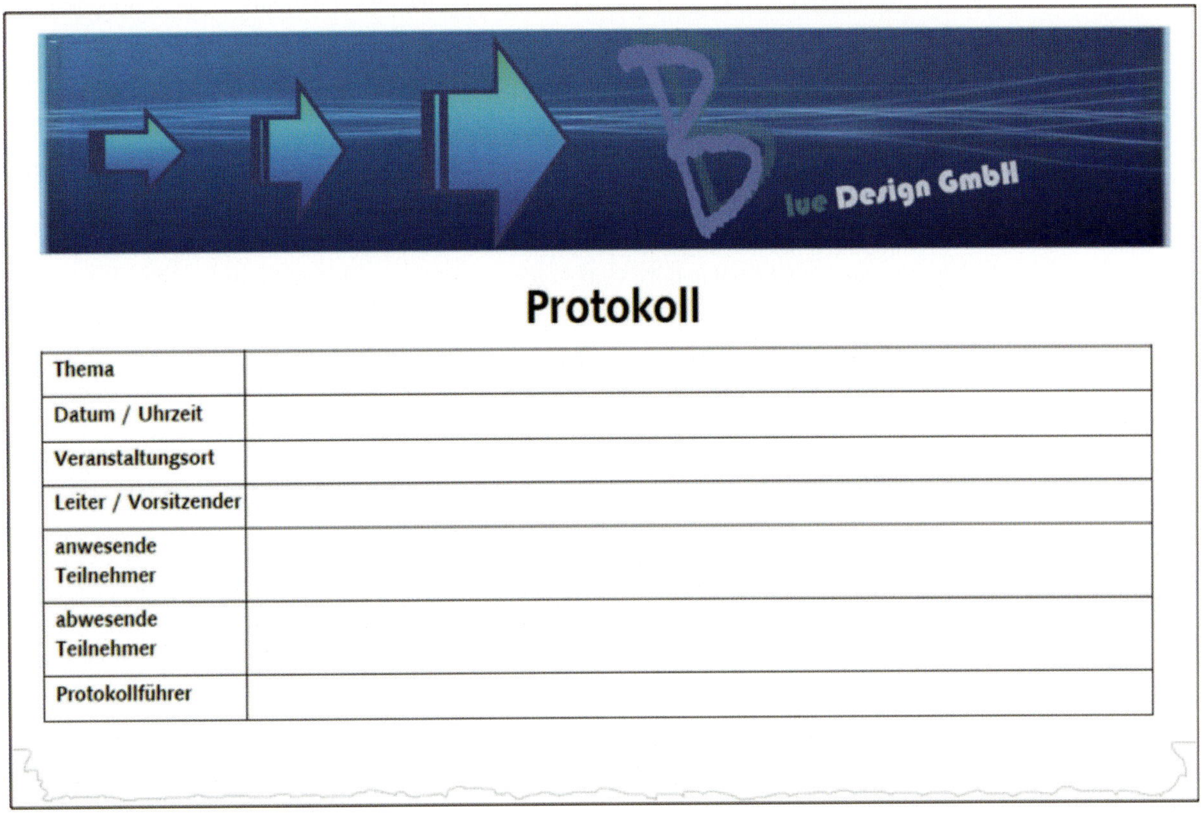

Protokoll

Thema	
Datum / Uhrzeit	
Veranstaltungsort	
Leiter / Vorsitzender	
anwesende Teilnehmer	
abwesende Teilnehmer	
Protokollführer	

Beispiel für einen Protokollkopf mit den wichtigsten Inhalten

5.4 Kommunikation im Rahmen von Sitzungen und Besprechungen in einer fremden Sprache

©Rudie-fotolia.com

Während der gesamten Vorbereitung, Durchführung und Nachbereitung kann es immer wieder zu Situationen kommen, bei denen fremdsprachige Teilnehmer Fragen oder Rückfragen haben. Zum einen kann es sich nur um einfache Fragen handeln, die schnell beantwortet werden können. Zum anderen müssen auch Sitzungs- und Besprechungsprotokolle übersetzt werden. Um einen professionellen Eindruck zu hinterlassen, müssen diese fehlerfrei und zügig erstellt werden.

Nachfolgend werden wichtige Fragen und einfache Auskünfte in deutscher und englischer Sprache gegenübergestellt, die als Hilfe für die tägliche Büroarbeit und zur Vorbereitung eingesetzt werden können.

Fragen und einfache Auskünfte für Sitzungen und Besprechungen	
Deutsch	**Englisch**
Sitzung	meeting; session
Besprechung	meeting; discussion
Ich möchte Sie zur Sitzung am 04.08. um 09:00 Uhr einladen.	I would like to invite you to our meeting on 4 August at 9.00 a.m.
Vielen Dank für Ihre Rückmeldung zur Besprechung.	Many thanks/Thank you for coming back to me about the meeting.
Könnten Sie mir Ihre E-Mail Adresse mitteilen, damit ich Ihnen die Unterlagen zusenden kann.	Could you please give me/let me have/know your email address.
Die Unterlagen und Tagesordnungspunkte werden in den nächsten Tagen versandt.	We'll/We will let you have/will send you all the papers and the agenda within the next few days.
Die Besprechung beginnt um 09:00 Uhr und findet im Konferenzraum statt.	The meeting will start at 9 o'clock (sharp) (and will take place) in our conference room.
Für eine Übernachtung kann ich Ihnen das Business-Hotel in Mannheim empfehlen.	For overnight accommodation I would/can recommend the Business Hotel In Mannheim./The Business Hotelin Mannheim can really be recommended for your overnight stay.
Gerne übernehme ich die Buchung des Hotels für Sie.	We/I would be pleased to do the reservation for you./Of course, we/I could book a room for you, if you like.

Deutsch	Englisch
Welche Medien benötigen Sie für Ihren Vortrag?	What kind of media do you require/ need for your presentation?/ Please let us know which media you ...
Guten Morgen Herr Brown, haben Sie das Bürogebäude gut gefunden?	Good, morning Mr. Brown. I hope you had no difficulties finding us.
Darf ich Sie zum Konferenzraum begleiten?	May I take you to the conference room?/ I'll take you to the conference room, if you like.
Der Besprechungssaal B 204 ist im zweiten Stockwerk. Folgen Sie einfach der Beschilderung.	The conference room B 204 is on the second floor/on level 3 [US]. Just follow the signs.
Fahren Sie mit dem Aufzug ins zweite Stockwerk. Auf der linken Seite finden Sie den Sitzungsaal.	Just take the lift/elevator [US] to the second floor/to level 3 [US]. You'll find the conference room on the left (handside).
Darf ich Ihnen noch ein Getränk anbieten?	May I offer you something to drink./ Would you like something to drink.
Die Besprechung beginnt um 09:00 Uhr.	The meeting will begin at 9 o'clock/ at 9.00.
Gerne kopiere ich Ihnen noch die benötigten Unterlagen.	If necessary/If you like, I can make copies of your handouts/documents.
Im Vortragsraum stehen Beamer, Laptop, Flipchart, Stifte und Papier zur Verfügung.	In the conference room you'll find a beamer, a laptop, a flipchart as well as pens and paper.
Unterschreiben Sie bitte die Anwesenheitsliste.	Please sign the attendance list./ Would you sign the attendance list please.
Zwischen den Tagesordnungspunkten vier und fünf ist eine kleine Pause geplant.	We'll have a short break after point 4 of the agenda./After point 4 of the agenda there willl be a short break.
Bedienen Sie sich gerne an den Getränken.	Please help yourself, if you would like anything to drink./ The drinks are there. Just help yourself.
Kann ich Ihnen ein Taxi zum Hotel bestellen?	Can I get you a taxi to the hotel?
Das Protokoll wird Ihnen nach der Anfertigung zugesendet.	We'll send you the minutes (of the meeting) as soon as possible.

Tipp

Neben dem Wörterbuch können auch digitale Plattformen zur Übersetzung verwendet werden.

LERNFELD 2

5.5 Zusammenfassung und Aufgaben

Zusammenfassung

Vorbereitung von Sitzungen und Besprechungen

Unter einer **Veranstaltung** versteht man allgemein ein Ereignis mit einer vorgegebenen Zeit und einem vorgegebenen Ziel, an dem eine vorher bestimmbare Gruppe von Personen teilnimmt.

Zwei Unterformen von einer Veranstaltung sind **Sitzungen** und **Besprechungen.**

Vorbereitungs-, Durchführungs- und **Nachbereitungsphase** sind wichtige Elemente für ein gutes Gelingen einer Sitzung und Besprechung.

Bei **Sitzungen** werden mit den Teilnehmern in einem formellen Rahmen Meinungen und Informationen zu vorgegebenen Themen ausgetauscht.

Besprechungen werden in der Regel kurzfristiger geplant, sind weniger formell und weisen eine geringere Teilnehmerzahl auf als Sitzungen.

Tagesordnungspunkte können bei beiden Veranstaltungsarten erstellt werden. Jedoch sind diese fester Bestandteil bei Sitzungen.

Eine **Checkliste** erleichtert den Planungsprozess einer Veranstaltung und es kann jederzeit eine Überprüfung der einzelnen Punkte erfolgen.

Im ersten Schritt der Vorbereitungsphase werden vor allem Rahmenbedingungen für die jeweilige Veranstaltung betrachtet.

Rahmenbedingungen in der Vorbereitung sind:

- Ist der Termin (Tag, Uhrzeit usw.) für jede teilnehmende Person möglich?
- Themen sind festgelegt und können als Tagesordnung fixiert werden,
- Auswahl eines geeigneten Raums (Bestuhlung, Tische, Lichteinflüsse usw.),
- belegen bzw. Reservierung der Räumlichkeiten,
- Beschaffung oder reservieren der erforderlichen Medien (Laptop, Beamer, Flipchart, Stifte usw.),
- Rückmeldungen (Zusagen und Absagen) dokumentieren,
- Unterlagen für die Sitzung zusammenstellen und bei Bedarf den Teilnehmern zusenden (Reihenfolge gemäß der Tagesordnungspunkte beachten),
- Bestuhlung und Arbeitstische in dem gebuchten Räumlichkeiten überprüfen und gegebenfalls neu anordnen,
- Medien auf Funktionalität und Kompatibilität überprüfen und bereitstellen,
- gegebenenfalls Getränke oder Imbiss für die Veranstaltung und für die Pause beschaffen,
- Anwesenheitsliste und eventuell Namensschilder erstellen,
- Schild „Bitte nicht stören" zum Aushang am Raum vorbereiten,

Tagesordnungspunkte sollten die Teilnehmer einer Sitzung oder Besprechung über den Verlauf der Veranstaltung informieren.

Vorbereitungen einer Sitzung und Besprechung, insbesondere das Versenden der Einladungen, müssen frühzeitig geschehen, um Fragen zu vermeiden.

Durchführung von Sitzungen und Besprechungen

Bevor die **Sitzung** oder **Besprechung** beginnt, sollte man sich über folgende Faktoren vergewissern:

- Ist der Raum vorbereitet?
- Stehen die Medien zur Verfügung und funktionieren sie?

- Sind die Unterlagen für die Veranstaltung in ausreichender Menge vorhanden?
- Stehen Getränke und Imbiss bereit?
- Sind die Anwesenheitsliste und eventuelle Namensschilder vorhanden?
- Ist eine Beschilderung zum Veranstaltungsort notwendig?

Flexibilität und Kreativität sind bei unvorhergesehen Vorkommnissen gefragt, um die **Sitzungs-** oder **Besprechungsziele** sowie einen reibungslosen Ablauf zu erreichen.

Nachbereitung von Sitzungen und Besprechungen

In der **Nachbereitungsphase** einer Sitzung oder Besprechung können wichtige Erkenntnisse für weitere Veranstaltungen gewonnen werden.

Die häufig verwendeten **Protokolltypen** im Büro werden im Präsens gestaltet und sind **Ergebnis-** und **Verlaufsprotokolle.**

Ergebnisprotokolle fassen die Redebeiträge der teilnehmenden Personen und Beschlüsse zusammen. Jedoch wird nicht dokumentiert, welche Person genau, welche Äußerung vorgetragen hat.

Verlaufsprotokolle sind eine Erweiterung der Ergebnisprotokolle und geben in indirekter Rede die Redebeiträge der einzelnen Teilnehmer wieder. Somit lässt sich zusätzlich erkennen, welche Person welche Äußerung, Argumente, Einwände usw. vorgetragen hat.

Aufgaben

1. Prüfen und erläutern Sie folgende Aussagen auf ihre Richtigkeit.
   (1) Bei Sitzungen und Besprechungen gibt es keine Unterschiede.
   (2) Sitzungen und Besprechungen können gleich vorbereitet werden.
   (3) Unterlagen für die Veranstaltung können per E-Mail versendet werden.
   (4) Nachdem ein passender Raum gebucht bzw. reserviert wurde, müssen keine Vorbereitungen mehr bezüglich des Raums durchgeführt werden.
   (5) Medien müssen gebucht und auf Funktionalität und Kompatibilität vor dem Termin überprüft werden.
   (6) Checklisten zu einer Sitzung oder Besprechung unterstützen die Vorbereitungen.
   (7) Kommunikation in einer fremden Sprache ist für eine Sitzung nicht relevant.
2. Nennen und erläutern Sie zwei Arten von Veranstaltungen, die einen beträchtlichen Arbeitszeitanteil im Büro in Anspruch nehmen.
3. Erstellen Sie eine Checkliste für die Vorbereitung einer Sitzung oder Besprechung.
4. Welche Punkte sollten vor der Durchführung nochmals kontrolliert werden?
5. Wie sollten man auf unvorhergesehene Ereignisse in einer Sitzung oder Besprechung reagieren?
6. Erläutern Sie, welche Inhalte in einem Protokollkopf vorkommen müssen und erstellen Sie für Ihren Betrieb einen solchen.
7. Nennen Sie fünf typische Fragen für eine Sitzung oder Besprechung in englischer Sprache.

6 Informationswege im Unternehmen kennen und nutzen

Tipp

Die Vorteile eines guten Informationsmanagements sind:

- Übersichtlichkeit,
- Aktualität,
- Zeitersparnis.

Informationen haben in Unternehmen eine große Bedeutung. Sie sind Grundlage des wirtschaftlichen und erfolgreichen Handels.

Jeder Mitarbeiter muss die richtige Information zum richtigen Zeitpunkt, in der richtigen Form und am richtigen Ort zur Verfügung gestellt bekommen.

- ➔ Wie kommen Informationen in das Unternehmen?
- ➔ Wie werden Informationen im Unternehmen bearbeitet, weitergeleitet und archiviert?
- ➔ Wie verlassen Informationen das Unternehmen?

©fotomek-fotolia.com

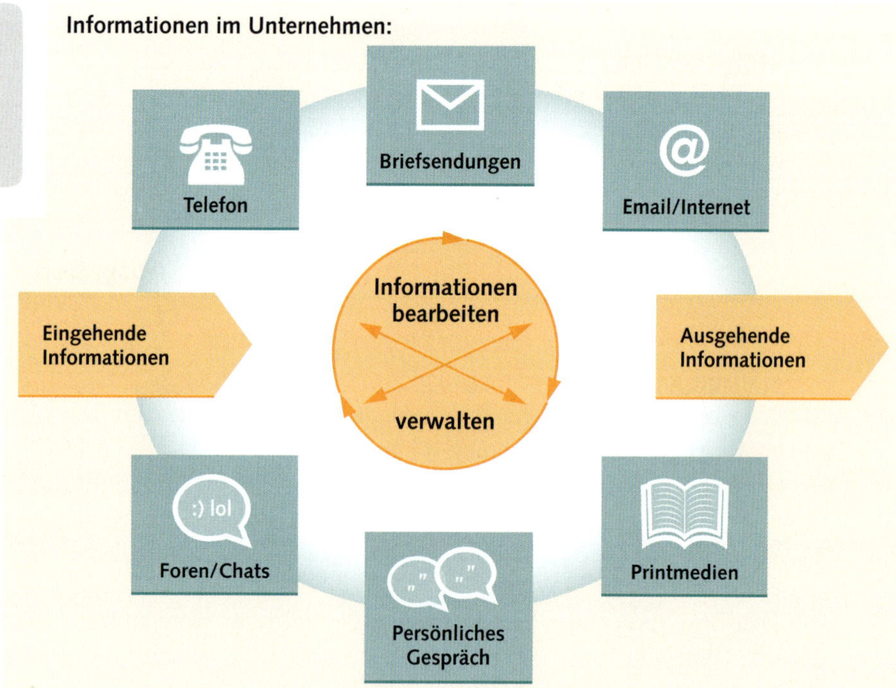

6.1 Arbeitsabläufe bei eingehenden Informationen

Merke

Ist der Empfänger der Informationen nicht bekannt oder nicht erreichbar, so müssen die eingehenden Informationen in Vertretung entgegen genommen und der Empfänger ermittelt werden.

Informationen gelangen auf den verschiedensten Wegen in Unternehmen. Neben dem **mündlichen** Eingang, üblicherweise telefonisch oder persönlich, ist der **schriftliche** Eingang von Informationen in Unternehmen üblich. Dies kann auf digitalem Weg, also beispielsweise per E-Mail, erfolgen oder auf dem Postweg.

Wichtig bei innerbetrieblichen Informationsabläufen ist, dass keine Informationen auf dem Weg durch das Unternehmen verloren gehen.

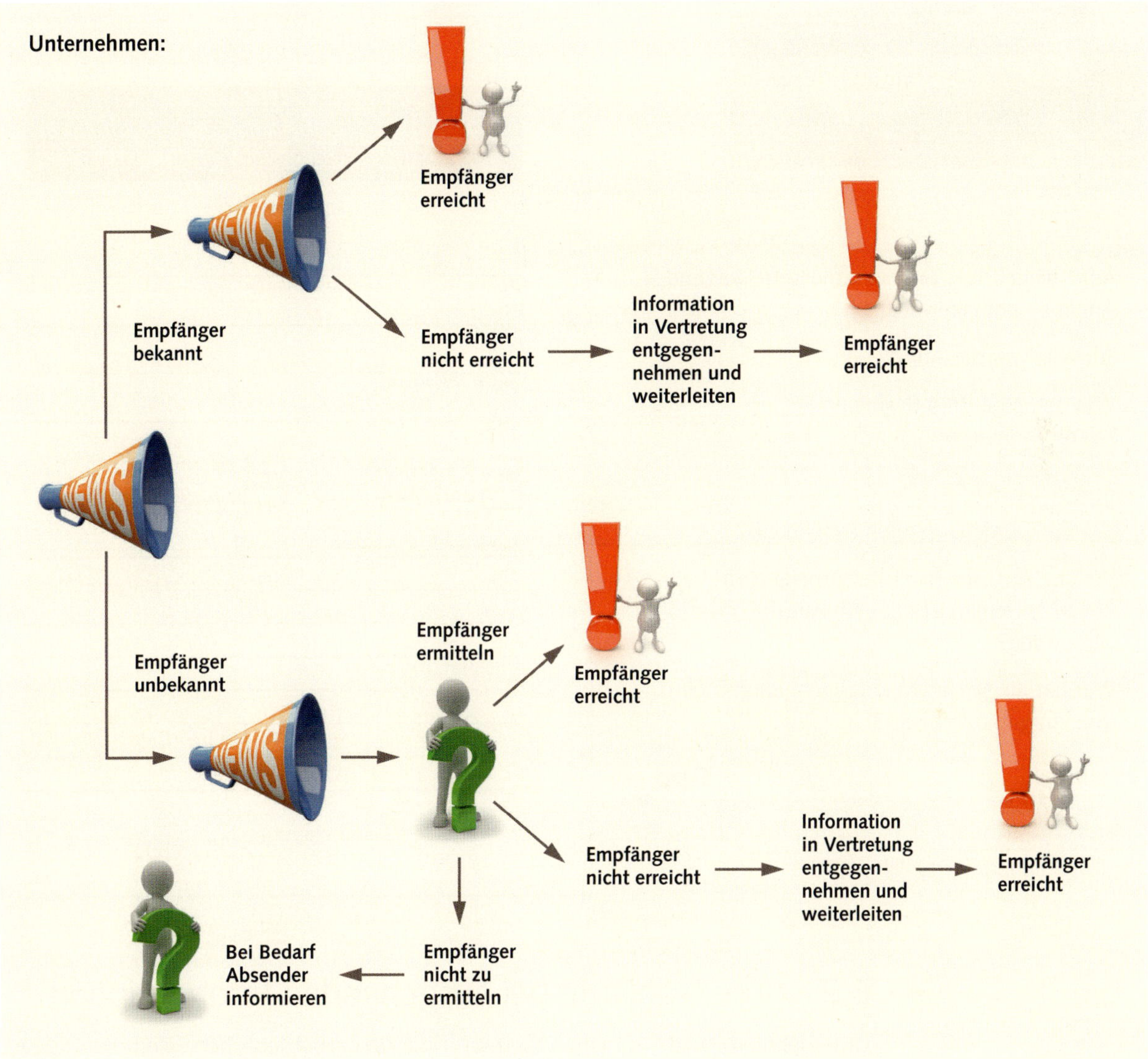

Telefon- und Gesprächsnotizen können in Papierform oder in digitaler Form an den Empfänger übermittelt werden. Schriftstücke müssen direkt weitergegeben werden oder in eine andere Form gebracht werden, beispielsweise gefaxt oder gescannt werden. Grundsätzlich muss der Ablauf der Informationsweitergabe mit allen Beteiligten abgestimmt beziehungsweise bekannt sein, damit keine Informationen verloren gehen.

Merke

Die Informationsweitergabe im Unternehmen muss durch Regeln (feste Arbeitsabläufe) abgesichert sein, unabhängig davon, auf welchem Weg Informationen in das Unternehmen kommen!

©MEV Verlag GmbH

Wenn Informationen für Dritte am Telefon übermittelt werden, ist es besonders wichtig alle Angaben für den Empfänger entgegenzunehmen und anschließend vollständig weiterzugeben.

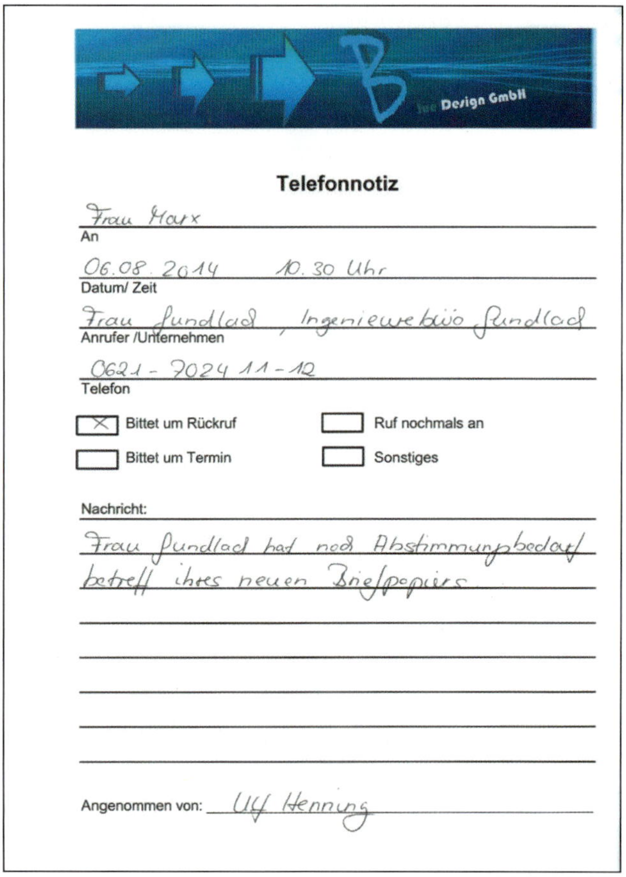

Telefonnotiz

An: Frau Marx

Datum/ Zeit: 06.08.2014 10.30 Uhr

Anrufer /Unternehmen: Frau Fundlach, Ingenieurbüro Fundlach

Telefon: 0621 - 7024 11 - 12

- [x] Bittet um Rückruf
- [ ] Ruf nochmals an
- [ ] Bittet um Termin
- [ ] Sonstiges

Nachricht: Frau Fundlach hat noch Abstimmungsbedarf betreff ihres neuen Briefpapiers

Angenommen von: Ulf Henning

Merke

Auf einer **Telefonnotiz** müssen folgende Angaben enthalten sein:

Für **wen** war der Anruf?

Wer hat angerufen (Name und Telefonnummer)?

Wann war der Anruf?

Warum wurde angerufen (Nachricht)?

Welche Aufgabe (nächster Arbeitsschritt: Rückruf, Termin) ist mit dem Anruf verbunden?

Wer hat die Nachricht entgegengenommen (Rückfragemöglichkeit)?

Tipp

Vordrucke helfen, alle relevanten Informationen vollständig weiterzugeben.

6.2 Arbeitsabläufe bei ausgehenden Informationen

Unternehmen sind in eine Vielzahl von außerbetrieblichen Kommunikationsbeziehungen eingebunden. **Informationen** werden an Kunden, Lieferanten, Behörden und andere weitergegeben. Zumeist entscheidet der Sachbearbeiter wie er Informationen weiterleitet. Dabei muss beachtet werden:

- Welche Informationen werden weitergegeben?
- Ist der Absender bevollmächtigt zur Informationsweitergabe?
- Wer bekommt die Informationen?
- In welcher Form können die Informationen versendet werden?
- Erfüllt die ausgewählte Form der Informationsübermittlung alle technischen und inhaltlichen Anforderungen?
- Besitzt der Absender die Medienkompetenz, um die gewählte Übertragungstechnik anzuwenden?

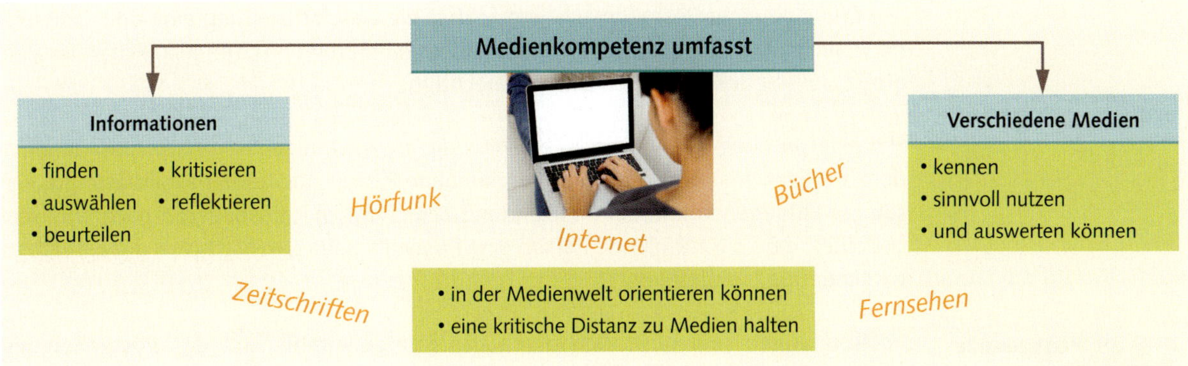

Technische Anforderungen	→	Kann die Information in der gewählten Form übertragen werden?
Inhaltliche Anforderungen	→	Passt die ausgewählte Versandart zum Inhalt?

Beispiel

- Dokumente, die als Original übermittelt werden müssen, können nicht als E-Mail versendet werden.
- Fordert ein Unternehmen eine Bewerbung in digitaler Form an, sollte man keinen Postbrief versenden.

Informationen, die als **E-Mail** das Unternehmen verlassen, werden zumeist vom Sachbearbeiter selbst versandt. Werden Informationen durch Dritte weitergeleitet, kann das üblicherweise auf Programmebene kenntlich gemacht werden. Üblich ist dies bei der Terminorganisation für Dritte. Der Ausgangsordner eines E-Mail-Programms entspricht einem elektronischen Postausgangsbuch.

E-Mail: Elektronisches Postausgangsbuch

Sendet man Informationen per **Fax,** so erstellt das Faxgerät ein Versandprotokoll.

Fax: Versandprotokoll

Tipp

Achten Sie darauf, dass die Übertragungsform zum Inhalt passt. Übermitteln Sie beispielsweise keine geheimen Informationen in öffentlichen Foren.

Eine Sonderstellung bei den Arbeitsabläufen eingehender und ausgehender Informationen im Unternehmen hat die **Postbearbeitung**.

6.3 Die Post im Unternehmen bearbeiten

6.3.1 Posteingangsbearbeitung

Die Briefpost wird dem Unternehmen durch einen **Briefträger** des jeweiligen Zustelldienstes überbracht oder aus einem **Postfach** abgeholt, das vom Unternehmen bei der Postfiliale angemietet ist.

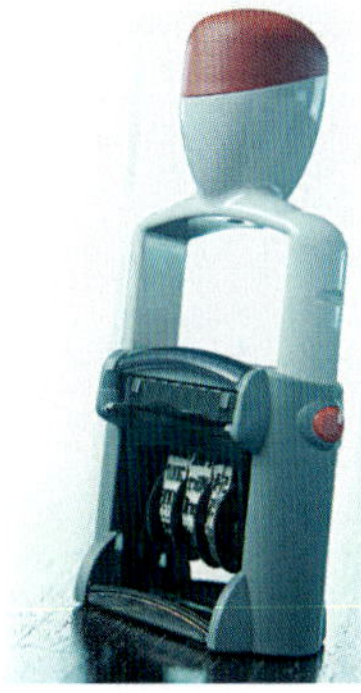

Grundsätzlich muss man unterscheiden, ob die Postsendung einen **persönlichen Empfänger** hat oder ob der richtige Ansprechpartner erst ermittelt werden muss. Unter Berücksichtigung des **Briefgeheimnisses** kann innerhalb eines Unternehmens derjenige Mitarbeiter Post in Empfang nehmen und bearbeiten, der eine **Postvollmacht** besitzt.

Mit Erteilung einer Postvollmacht ermächtigt die Geschäftsleitung eine oder mehrere Personen zum Empfang von Sendungen. Wird mehreren Personen eine Postvollmacht erteilt, so ist jede Einzelne empfangsberechtigt.

Hat eine Sendung den Vermerk „eigenhändig auszuhändigen", so heißt dies, dass nur die ausdrücklich in der Adresse angeschriebene Person oder eine bevollmächtigte Person zur Entgegennahme der Postsendung berechtigt ist. „Postlagernd nachzuweisen" bedeutet, dass die abholende Person eine Postvollmacht zum Nachweis der Empfangsberechtigung benötigt.

§ 39 Postgesetz

Postsendungen sind gesetzlich durch das **Briefgeheimnis** und das **Postgeheimnis** geschützt.

Merke

Das **Postgeheimnis** schützt alle verschlossenen Sendungen, solange sich diese beim Postdienstleister befinden.

Das **Briefgeheimnis** schützt alle verschlossenen Sendungen außerhalb des Postbetreibers.

Ersatzempfänger
für gewöhnliche Sendungen sind:

- Angehörige des Empfängers, Angehörige seines Ehegatten oder Postbevollmächtigte,
- in der Wohnung oder im Betrieb des Empfängers angestellte Personen,
- der Inhaber oder Vermieter der in der Anschrift angegebenen Wohnung.

Eine **besondere Postvollmacht**
ist erforderlich für:

- den Empfang von Sendungen, die dem Empfänger eigenhändig zuzustellen sind, d. h. für Briefe mit dem Vermerk „eigenhändig",
- den Empfang postlagernder nachzuweisender Briefsendungen, Paketsendungen und Postanweisungen,
- die Erteilung von Unter-Postvollmachten.

Bei größeren Unternehmen übernimmt die **Poststelle** die zentrale Aufgabe der Bearbeitung eingehender und ausgehender Post. Innerhalb der Poststelle wird vorsortiert und an die Geschäftsleitung, einzelne Abteilungen, Abteilungssekretariate und Mitarbeiter weitergeleitet.

Der **Arbeitsablauf der Posteingangsbearbeitung** unterteilt sich in **fünf Schritte:**

1. Vorsortieren der Eingangspost,
2. Öffnen der Eingangspost,
3. Entnahme mit Leerkontrolle,
4. Stempeln der Eingangspost,
5. Verteilen der Eingangspost.

Schritt 1: Vorsortieren

Die Eingangspost eines Unternehmens muss vor dem Öffnen von der zuständigen Stelle geprüft werden.

Sämtliche Sendungen werden vor dem Öffnen geprüft auf:

Irrläufer erhalten, d. h. Sendungen mit fremdem Empfänger	→	zurück an Absender
Sendungen ohne Interesse	→	wegwerfen
Sendungen mit dem Vermerk „persönlich", „vertraulich", „eigenhändig"	→	ungeöffnet verteilen
Persönliche Schreiben oder Privatsendungen	→	ungeöffnet verteilen

Schritt 2: Öffnen

Zum Öffnen der Post wird üblicherweise ein **Brieföffner** benutzt. Bei größerem Postaufkommen werden auch **elektrische Brieföffner** eingesetzt. Das Öffnen der Post wird vielfach erschwert durch verschiedene Sendungsformate mit unterschiedlichsten Verklebungen.

Merke

Wird **zuerst** die **Firmenbezeichnung** genannt und dann der Personenname, so darf der Brief durch die Poststelle geöffnet werden.

Wird **zuerst** der **Personenname** genannt und dann die Firmenbezeichnung, so darf der Brief in der Poststelle nicht geöffnet werden, sondern wird ungeöffnet an den persönlich genannten Empfänger weitergegeben.

Brief darf geöffnet werden:

Schäfer Computer GmbH
Frau Marianne Mühlauer
Postfach 1344
69165 Heidelberg

Brief darf nicht geöffnet werden:

Frau Marianne Mühlauer
Schäfer Computer GmbH
Postfach 1344
69165 Heidelberg

Schritt 3: Entnahme mit Leerkontrolle

Bei der Entnahme der Post aus den Versandtaschen und Briefumschlägen ist darauf zu achten, dass der gesamte Inhalt mit allen Anlagen entnommen wird. Man prüft zuerst, ob der Umschlag tatsächlich leer ist. Anschließend vergleicht man die Anlagevermerke der Anschreiben mit den vorhandenen Anlagen.

Merke

Bei Sendungen, bei denen auf dem Umschlag wichtige Informationen vermerkt sind, wie z. B. gerichtliche Zustellvermerke, ist der Briefumschlag an den Brief zu heften.

Schritt 4: Stempeln

Die entnommenen Schreiben werden jeweils mit einem Eingangsstempel versehen. Der Stempel wird auf das freie Feld des Geschäftsbriefes neben der Anschrift gesetzt.

Auf dem Eingangsstempel können ergänzend zum aktuellen Tagesdatum Informationen enthalten sein, die den weiteren Bearbeitungsfortgang der Korrespondenz bestimmen. Eine der Unternehmensorganisation angepasste Gestaltung des Eingangsstempels kann die einzelnen Bearbeitungsschritte erleichtern.

immer

Informationen auf dem Eingangsstempel:
aktuelles Tagesdatum

- zur Feststellung und Dokumentation des Eingangsdatums, insbesondere bei Terminsachen
- zur Kontrolle des Bearbeitungsablaufs

bei Bedarf

Bearbeitungsanweisung

Eingang am:	
20..-08-29	
Rücksprache	
Bearbeitung	
Weiterleitung	X
Ablage	

bei Bedarf

weitere Empfänger/Abteilungen

Eingang am:	20..-08-29		
um:	08:45 Uhr		
weiter an:			
CD	X	**Event**	
Printm.		**Buchh.**	
dig. M.			

Merke

Ergänzende Informationen auf dem Eingangsstempel erleichtern die nächsten Arbeitsschritte.

Schritt 5: Verteilen

Von der korrekten, sofortigen und zuverlässigen Weiterleitung der Post hängt die weitere Bearbeitung einzelner Bearbeitungsvorgänge ab.

Um die Unternehmenspost an die richtigen Stellen weiterzuleiten, muss ein umfangreiches Wissen über den gesamten Aufbau des Unternehmens sowie über die Zuständigkeiten von Abteilungen und einzelnen Stellen vorhanden sein. Nur wenn diese Voraussetzungen erfüllt sind, kann die Postverteilung erfolgreich durchgeführt werden.

Problematisch wird die Weiterleitung der jeweiligen Sendung, wenn der Empfänger nicht namentlich in der Anschrift genannt ist. Bei der Postverteilung kann dann überprüft werden, ob ein **Namenskürzel** eines Sachbearbeiters im Anschreiben, in der Regel in der **Bezugszeichenzeile,** aufgeführt ist. Wenn dies nicht der Fall ist, muss über den **Sachverhalt** der Sendung, also z. B. das Thema des Betreffs, entschieden werden, an wen die Sendung zur weiteren Bearbeitung geleitet wird.

Die hausinterne Postverteilung kann erfolgen durch:

Zustellung

- durch einen hausinternen Boten oder Postdienst
- durch Rohrpost

Mitarbeiter kann am Arbeitsplatz bleiben

Abholung

- aus dem betrieblichen Postfach

Post wird vom Mitarbeiter abgeholt

Vereinfacht wird die Postverteilung, wenn die beleghafte Post gescannt und im **digitalen Postfach** für den Mitarbeiter abgelegt wird.

6.3.2 Postausgangsbearbeitung

Tipp

Postausgangsbücher, die mithilfe von Textverarbeitungs- oder Tabellenkalkulationsprogrammen erstellt werden, haben vor Gericht keine Beweiskraft, da sie nachträglich veränderbar sind.

Häufig wird die Korrespondenz von den Sachbearbeitern soweit fertig gemacht, dass die Sendungen bereits kuvertiert sind und anschließend nur noch frankiert und zum Briefkasten gebracht werden müssen. Diese Aufgaben werden dann zumeist zentral im Sekretariat oder in der Poststelle erledigt.

Zum Nachweis der versandten Ausgangspost kann ein **Postausgangsbuch** geführt werden. Darin enthalten sind die Empfänger- und Versanddaten. Mithilfe einer entsprechenden Software können solche Postausgangsdaten auch direkt beim Erstellen der Korrespondenz erfasst werden.

©Klaus Eppele-fotolia.com

Die Bearbeitung der **Ausgangspost** besteht aus folgenden Teilschritten:

1. Unterschriftsvorbereitung,
2. Anlagenüberprüfung,
3. Falzen,
4. Kuvertieren und Verschließen,
5. Adressieren,
6. Wiegen und Frankieren.

Schritt 1: Unterschriftsvorbereitung

Der Sachbearbeiter in einem Unternehmen, der seine Korrespondenz eigenverantwortlich schreibt, kann diese versandfertig machen und in die Ausgangspost geben. Wird die Korrespondenz für leitende Angestellte oder die Geschäftsleitung in einem Sekretariat geschrieben, so muss die Post diesen vor dem Versand zur **Unterschrift** vorgelegt werden. Dieser Vorgang wird üblicherweise einmal täglich durchgeführt. Die Zeiten für die Vorlage sollten abgestimmt sein. Die Schriftstücke werden in eine **Unterschriftenmappe** gelegt. Jedes Schriftstück kommt in ein eigenes Fach der Mappe.

©Leitz

Schritt 2: Anlagen prüfen

Bevor ein Schriftstück versandfertig gemacht werden kann, muss überprüft werden, ob alle zur Korrespondenz gehörenden Anlagen entsprechend dem Anlagevermerk beiliegen, zum Beispiel Pläne, Zeichnungen, Schecks, Allgemeine Geschäftsbedingungen.

Schritt 3: Falzen

Falzarten

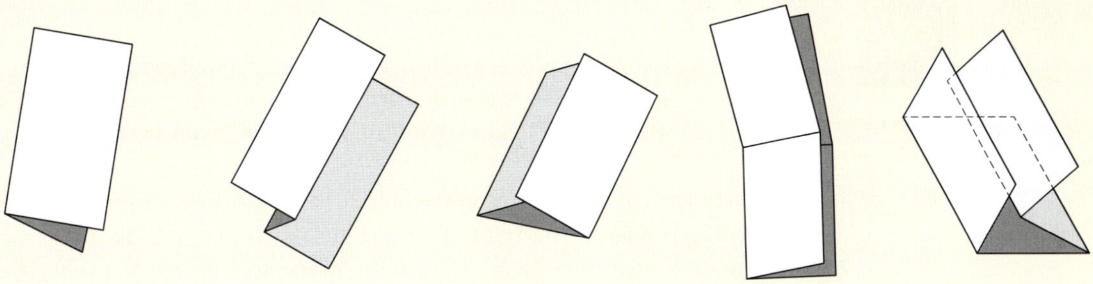

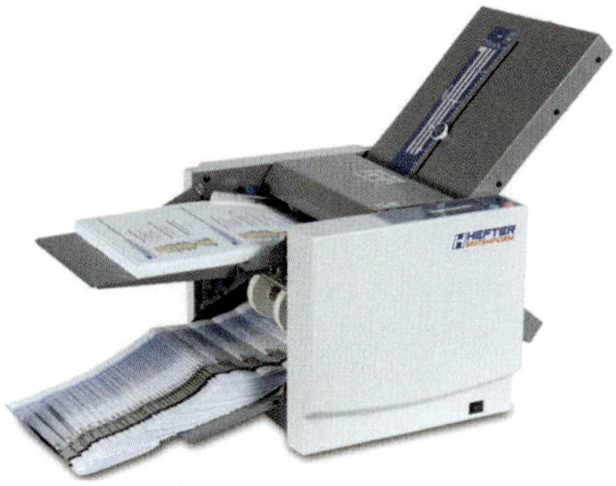

Merke

Unter Falzen versteht man das **Falten von Schriftstücken** auf eine bestimmte Größe, sodass sie in genormte Umschläge passen. Wird die Post von Hand gefalzt, so dienen dem Bearbeiter Faltmarken auf dem Briefpapier als Orientierung.

Falzmaschinen, die bei größeren Mengen von Routinepost zum Einsatz kommen, haben verstellbare Anschläge, sodass die Schriftstücke unter Berücksichtigung der Postnormen gefalzt werden können.

Schritt 4: Kuvertieren und Verschließen

Kuvertieren nennt man den Vorgang, bei dem ein Schriftstück in einen Briefumschlag eingeschoben wird. Zum Kuvertieren werden verschiedene DIN-Umschläge angeboten.

Schritt 5: Adressieren

Die einfachste Form, ein Schriftstück zu **adressieren,** ist die Verwendung eines **Fensterumschlages.** Die Beschriftung des Briefumschlages entfällt, da die auf dem Schriftstück angegebene Adresse durch ein kleines Fenster im Umschlag sichtbar wird. Wichtig ist hierbei, auf eine exakte Falzung zu achten, damit die Adresse vollständig im Fenster erscheint.

Schritt 6: Wiegen und Frankieren

Für das richtige Frankieren eines Schriftstückes ist es notwendig, seine Längen-, Breiten- und Höhenmaße sowie sein Gewicht zu kennen, da sich danach das Beförderungsentgelt berechnet.

In vielen Unternehmen wird die Briefmarke nicht "von Hand" aufgeklebt, sondern es wird eine **Frankiermaschine** eingesetzt. Mit einer Frankiermaschine werden Postentgelte, Tagesstempel, Firmenadresse und eventuell ein Werbeaufdruck gleichzeitig auf den Briefumschlag gedruckt.

Der Einsatz einer Frankiermaschine muss grundsätzlich durch die Deutsche Post AG genehmigt sein. Nur Maschinen bestimmter Anbieter dürfen in Unternehmen zur Freistempelung benutzt werden.

Mit Systemen wie dem **E-Porto** der Deutschen Post AG ist das Frankieren von Briefsendungen online direkt während des Schreibens eines Briefes möglich.

Die Möglichkeit, einen Brief mit einem **Handyporto** – einem zwölfstelligen Zahlencode, den man per SMS anfordern kann – zu frankieren, ist vor allen Dingen als mobile Lösung unterwegs von Vorteil.

Für Unternehmen, die keine Frankiermaschine zur Freistempelung ihrer Korrespondenz im Einsatz haben oder online frankieren, bieten Dienstleister wie die Deutsche Post AG den Frankier-Service für Briefe, Postkarten, Infopostsendungen sowie Bücher- und Warensendungen an.

6.4 Auswahl zweckmäßiger Versandarten

Briefdienstleistungen

Auch nach der schrittweisen Aufhebung des Briefmonopols ist der größte Anbieter im Bereich Dienstleistungen beim Briefversand die Deutsche Post AG. Einige Anbieter konnten sich aber in den letzten Jahren auf dem Markt etablieren.

Je nach Anbieter werden vielfältige Versandarten und Versandformen angeboten. Eine Kenntnis der wichtigsten Arten und Formen ist für eine reibungslose Postausgangsbearbeitung unerlässlich.

Tipp

Verschaffen Sie sich einen Überblick über das Angebot an Briefdienstleistungen in Ihrem Arbeitsalltag. Klären Sie:

- Welche Anbieter von Briefdienstleistungen gibt es?
- Welche Leistungen und Zusatzleistungen werden jeweils angeboten?
- Zu welchem Preis werden die einzelnen Leistungen angeboten?

http://www.deutsche-post.de/de/produkte.html

Einen vollständigen Überblick über die angebotenen Leistungen geben beispielsweise entsprechende Broschüren oder können im Internet abgerufen werden.

Besondere Briefdienstleistungen

Die Versanddienstleistungen im Briefbereich können in zwei Kategorien unterteilt werden. Neben dem nationalen Briefdienst, also dem Briefdienst im Inland, unterliegt der internationale Briefdienst anderen Konditionen, je nach Größe, Sendungsart, Zustellzeitpunkt und Zielort der Postsendung.

Briefformate

Je nachdem, was versendet werden soll, kann zwischen unterschiedlichen Briefversendungsarten ausgewählt werden. Dabei kann gezielt für die Größe und das Gewicht des Inhaltes das passende Format ausgewählt werden.

Art der Versendung	Länge	Breite	Höhe	Gewicht
Standardbrief	14,0 - 23,5 cm	9,0 - 12,5 cm	bis 0,5 cm	bis 20 g
Kompaktbrief	10,0 - 23,5 cm	7,0 - 12,5 cm	bis 1,0 cm	bis 50 g
Großbrief	10,0 - 35,3 cm	7,0 - 25,0 cm	bis 2,0 cm	bis 500 g
Maxibrief	10,0 - 35,3 cm	7,0 - 25,0 cm	bis 5,0 cm	bis 1000 g

Sollte der zu versendende Inhalt nicht in die angegebenen Formate fallen, muss auf ein Päckchen ausgewichen werden. Dieses bietet größere Ausmaße und kann bis zu 2000 g Gewicht aufweisen.

Deutsche Post

Briefdienst-Inland

Sendung	Erläuterungen
Werbesendungen/ Postwurfsendung →	allgemeine Postwurfsendungen, die keinen persönlichen Empfänger haben. Es zählen auch adressierte Schreiben dazu, die in größeren Mengen versendet werden. Diese können auch Produktmuster oder Werbeartikel enthalten.
Warensendungen →	Sendung mit Proben, Mustern oder kleineren Gegenständen zu einem vergünstigten Porto.
Infobriefe →	inhaltsgleiche Werbesendungen (mindestens 50 Stück) mit identischen Abmessungen, eventuell mit Warenproben an namentlich genannte Empfänger zu ermäßigtem Entgelt.
Infopost-Sendung →	inhaltsgleiche Werbesendungen mit mindestens 4.000 Briefen bei bundesweitem Versand und 250 Briefe bei regionalem Versand. Zusätzlich müssen die Sendungen nach bestimmten Kriterien vorsortiert werden.
Büchersendungen →	ausschließlich Bücher, Broschüren, Notenblätter oder Landkarten in offenem Umschlag; Rechnungen, Überweisungsträger, Leihkarten, Buchlaufkarten und Umhüllungen für Rücksendungen dürfen beigefügt werden.
Blindensendungen →	kostenfreier Versand und Empfang von Informationen in Braille-Schrift (Blindenschrift) sowie Hörbücher für Sehbehinderte bei der Deutschen Post und anderen Anbietern.

Versendungsformen – zusätzliche Leistungen zu den Sendungen

Zusatzleistungen

Gegen ein zusätzliches Entgelt bieten die Postdienste verschiedene ergänzende Leistungen an. Je nach Bedarf muss man sich einen Überblick über die Angebote der jeweiligen Beförderungsunternehmen verschaffen.

Liefergarantie

Zusatzleistungen beziehen sich beispielsweise auf die Sicherheit der Beförderung oder die Art der Übergabe an den Empfänger, die Lieferzeit oder die Anschriftenüberprüfung.

Versicherung

Bei wertvollen Sendungen bieten Beförderer üblicherweise eine Versicherung der Sendung an. Hier können der Verlust oder eine Beschädigung abgesichert werden.

Einschreiben

Wenn der Absender eine Bestätigung darüber benötigt, dass seine Sendung beim Empfänger angekommen ist, kann er auf verschiedene Zusatzleistungen zurückgreifen. Man spricht bei dieser Versendungsform von **Einschreiben**.

Art des Einschreibens	Erläuterungen
Übergabe-Einschreiben →	Der Empfang wird durch Unterschrift des Empfängers bestätigt.
Einwurf-Einschreiben →	Die Auslieferung wird durch den Postmitarbeiter bescheinigt. Die Sendung trägt den Vermerk „Übergabe-Einschreiben“ oder „Einwurf-Einschreiben“.
Einschreiben mit Rückschein →	Der Empfänger unterschreibt den Rückschein bei Erhalt der Sendung. Anschließend wird der Rückschein dem Absender wieder zugestellt. Auf diesem Wege hat der Absender den schriftlichen Beweis, dass die Sendung angekommen ist.

Nachnahme

Viele Dienstleister bieten auch einen **Nachnahmeservice** an. Darunter versteht man eine Versand- und Zahlungsart, bei der der Empfänger die Ware beim Postzusteller bei Empfang bezahlt.

Anschriftenprüfung

Ist sich der Absender in Bezug auf die Anschrift des Empfängers nicht sicher, so kann er bei bestimmten Anbietern die Zusatzleistung der **Anschriftenprüfung** wählen. Gegen Entgelt wird die Richtigkeit von Anschriften überprüft und dem Auftraggeber rückbestätigt. In diesem Zusammenhang besteht darüber hinaus auch die Möglichkeit einer **Vorausverfügung.** Beispielsweise kann verfügt werden, dass eine Sendung nicht nachgesandt wird, wenn der Empfänger verzogen ist.

KOHLENSTOFF-NEUTRALER VERSAND

ups.com/carbonneutral

klimafreundlich

Viele Dienstleister bieten auch **klimafreundliche** Zusatzprodukte und Auslieferungen an.

GOGREEN

Der CO_2-neutrale Versand mit der Deutschen Post

Briefdienst-International

Für das Versenden von Post ins Ausland gibt es bei der Deutschen Post AG zwei Varianten. Zum einen **Brief International,** bei dem man Briefe im flexiblen Format weltweit bis 2 000 g versenden kann, und zum anderen **Briefe International zum Kilopreis,** bei denen ein gesonderter Vertrag geschlossen werden muss, für Sendungen bis zu 2 000 g mit einer Mindestmenge von 500 internationalen Briefen pro Monat, um vergünstigte Preise zu erlangen. Zusätzlich können beide Versendungsarten mit dem Vermerk **„PRIORITY/PRIORITAIRE/LUFTPOST"** auf einem Aufkleber versehen werden, um eine verlässliche und schnelle Beförderung ins Zielland zu erreichen. Der Inhalt für die Versendung sind z. B.:

- Verträge
- Dokumente
- Waren
- Rechnungen

Kurier-, Express- und Paketdienstleistungen

Verschiedene Beförderungsunternehmen bieten ihren Kunden die individuelle Abwicklung der Beförderungsaufträge an. Sie bezeichnen sich als **Kurier-, Express- und Paketdienste,** auch **KEP-Dienste** genannt. Die dafür berechneten Entgelte richten sich nach

- der Art der Sendung (Paket, Päckchen),
- dem Gewicht der Sendung,
- dem Zeitraum der Beförderung zum Empfänger,
- dem Bestimmungsort (innerörtlich, regional, bundesweit, weltweit).

Die KEP-Dienste arbeiten mit eigenen Fahrzeugen oder in Kooperation mit Vertragsunternehmen des Land- und des Luftverkehrs nach folgendem System:

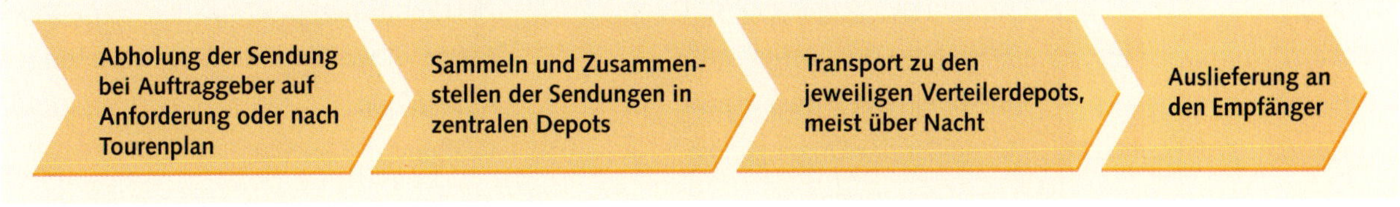

© Hermes Europe GmbH

Bei innerörtlich oder regional abzuwickelnden Aufträgen ist in aller Regel keine Zwischensammlung in Depots vorgesehen. Hier liefert der Abholkurier die Sendung unverzüglich an den Empfänger aus.

Die Unternehmen der KEP-Dienste können aufgrund ihrer überregionalen Verflechtungen zum Teil erhebliche zeitliche Vorteile bei der Abwicklung der übernommenen KEP-Aufträge erzielen und deshalb günstige Bedingungen für die Beförderung anbieten.

Bei den meisten Anbietern kann man heute jederzeit den aktuellen Standort seiner Sendung während des Beförderungsvorgangs über das Internet feststellen. Man spricht von einer sogenannten **Sendungsnachverfolgung** (engl.: track and trace).

6.5 Zusammenfassung und Aufgaben

Zusammenfassung

Informationsbearbeitung in Unternehmen

Informationen gelangen sowohl **mündlich** als auch **schriftlich** in das Unternehmen bzw. verlassen so das Unternehmen

- die **Informationsweitergabe** im Unternehmen muss durch **feste Arbeitsabläufe (Regeln)** abgesichert sein,
- **Vordrucke** helfen, relevante Informationen vollständig weiterzugeben,
- die eingesetzten **Informations- und Kommunikationsmittel** müssen technisch einwandfrei funktionieren.

Postbearbeitung

Ein Bereich der Informationsbearbeitung im Unternehmen ist die **Postbearbeitung.**

Teilschritte bei der **Eingangspostbearbeitung:**

- Vorsortieren der Eingangspost,
- Öffnen der Eingangspost,
- Entnahme mit Leerkontrolle,
- Stempeln der Eingangspost,
- Verteilen der Eingangspost.

Teilschritte bei der **Ausgangspostbearbeitung:**

- Unterschriftsvorbereitung,
- Anlagenprüfung,
- Falzen, Kuvertieren und Verschließen,
- Adressieren,
- Wiegen und Frankieren.

Auswahl der zweckmäßigen Versandart

Checkliste zur **Auswahl zweckmäßiger Versandarten:**

1. Welche Beförderungsunternehmen stehen im räumlichen Umfeld zur Auswahl?
2. Welche Sendungsarten werden von ihnen befördert?
3. Welche Beförderungsstrecken werden befahren – wird der gewünschte Zielort angefahren?
4. Wie hoch sind die Beförderungspreise?
5. Wie lang sind die Laufzeiten? Gibt es garantierte Laufzeiten?
6. Um wie viel Uhr ist die späteste Abholung?
7. Um wie viel Uhr ist die früheste Auslieferung?
8. Wie ist die Haftung der Beförderungsunternehmen geregelt?
9. Ist der Versand klimafreundlich?

Aufgaben

1. Prüfen und erläutern Sie folgende Aussagen auf ihre Richtigkeit.

(1) Informationen gelangen nur schriftlich in ein Unternehmen.

(2) Briefe werden in der Regel durch einen Zustelldienst überbracht oder müssen aus einem Postfach abgeholt werden.

(3) Bei der Zustellung von Sendungen ist eine besondere Postvollmacht für einen Dritten erforderlich, wenn auf der Sendung der Vermerk „eigenhändig" aufgedruckt ist.

(4) Unter Falzen versteht man das Falten von Schriftstücken auf eine bestimmte Größe.

(5) Zum Versenden von Briefen kann nur auf die Deutsche Post AG zurückgegriffen werden.

(6) Zum Versenden kann nur auf einen Standardbrief, Kompaktbrief, Großbrief und Maxibrief zurückgegriffen werden.

(7) Bei einer Büchersendung dürfen keine Rechnungen oder Überweisungsträger enthalten sein.

(8) Wenn eine Bestätigung für den Versand benötigt wird, kann auf ein Einschreiben zurückgegriffen werden.

2. Erläutern Sie den Begriff Medienkompetenz?

3. Posteingangsstempel erleichtern den Arbeitsalltag. Begründen Sie diese Aussage.

4. Warum wird die Eingangspost bereits vor dem Öffnen geprüft?

5. Warum sollte man nach dem Öffnen und Entnehmen der Eingangspost nochmals eine Leerkontrolle durchführen?

6. Welche Falzarten sind im Geschäftsalltag üblich?

7. a) Beschreiben Sie den Vorgang der Posteingangsbearbeitung in Ihrem Betrieb.

b) Welche Hilfs- und Organisationsmittel werden dort eingesetzt?

8. Welchen gesetzlichen Schutz haben Sendungen der Post?

9. In welchen Fällen muss eine besondere Postvollmacht erteilt werden?

10. Erklären Sie den Ausdruck „Eigenhändig auszuhändigen".

11. Wählen Sie die richtige Versandart:

a) Eine Einladung zur Feier eines Firmenjubiläums wird an 100 Geschäftsfreunde versendet.

b) Ein Kündigungsschreiben ist so zu versenden, dass gegebenenfalls die rechtzeitige Auslieferung nachgewiesen werden kann.

c) 8000 Stück Werbeprospekte sind an alle Haushalte im Ort zu versenden.

d) Bauzeichnungen und Berechnungen sollen möglichst schnell an das Zweigbüro in Wien versendet werden.

12. Recherchieren Sie im Internet bei der Deutschen Post AG (http://www.postag.de) die aktuellen Konditionen.

13. Nennen Sie Kriterien, nach denen sich die Entgelte bei Kurierdiensten richten.

7 Schriftstücke und Dokumente verwalten

Täglich fallen in einem Unternehmen unzählige Schriftstücke an, auf die Mitarbeiter jederzeit zurückgreifen können müssen. Beispiele sind Briefe, Verträge, Protokolle, Rechnungen und vieles mehr.

©Picture-Factory-fotolia.com

Dazu muss jeder einzelne Mitarbeiter wissen, an **welchem Ort,** in **welcher Ablage,** unter **welcher Systematik** er das benötigte Schriftstück finden kann.

Eine gute Ablage muss so aufgebaut sein, dass sich jeder Mitarbeiter nach kürzester Einarbeitungszeit darin zurechtfindet, unabhängig davon, ob es sich um eine papierhafte oder digitale Ablage handelt.

Merke

Die systematische Ablage von **Schriftstücken** wird **Registratur** genannt. Die Aufbewahrung von Geschäftskorrespondenz, Aufzeichnungen und Akten ist das Gedächtnis des Unternehmens.

Bei der systematischen Ablage von digitalen Daten spricht man von **Dokumentenmanagement.**

Bevor die Ablage in einem Unternehmen grundsätzlich organisiert wird, müssen folgende Fragen beantwortet werden:

Frage	Beispiele
Mit welcher Systematik bewahre ich Unterlagen auf?	Farben, Datum, Symbole, Sachgebiete
Warum bewahre ich Unterlagen auf?	gesetzliche Richtlinien, betriebliche Notwendigkeiten
Wie bewahre ich Unterlagen auf?	Karton, Ordner, Regal, Register, USB-Stick, CD, DVD
Wo bewahre ich Unterlagen auf?	Arbeitsplatz, Archiv, Keller, Tresor
Wer hat Zugang zu den Unterlagen?	alle oder ausgewählte Mitarbeiter

7.1 Ordnungssysteme

Um Informationen sachgerecht abzulegen, bieten sich verschiedene Systematiken an. Je nach abzulegenden Inhalten muss man sich für ein System entscheiden oder mehrere Systeme miteinander kombinieren und in unterschiedlichen Rangfolgen ordnen.

Häufig verwendete **Ordnungssysteme** sind:

- Ordnung nach Sachgebieten,
- alphabetische Ordnung (Namen/Orte),
- chronologische Ordnung (Zeit),
- numerische Ordnung (Zahlen),
- Ordnung nach Symbolen/Farben,
- Ordnung nach Formaten,
- Ordnung nach Mnemotechnik (Zahlen inklusive Abkürzungen).

©fotokalle-fotolia.com

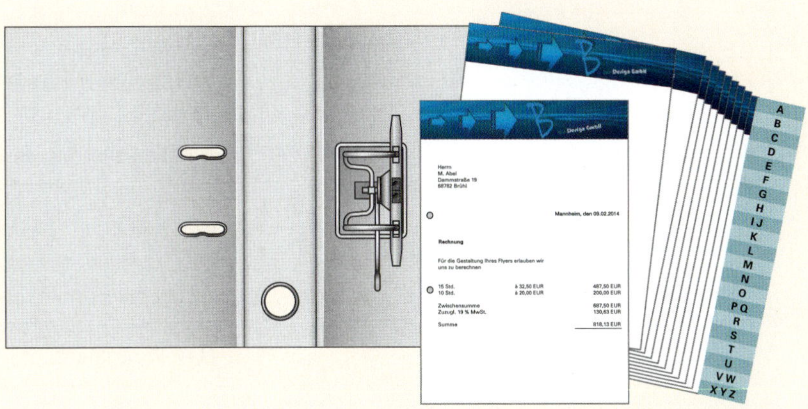

Tipp

Ablagesysteme unter Zuhilfenahme der **Mnemotechnik** können das schnelle Auffinden von Unterlagen unterstützen. Dabei werden Merkhilfen wie z. B. Zeichen, Farben oder Symbole mit der Ablagesystematik kombiniert.

Zusammenstellung der gebräuchlichsten Ordnungssysteme

Ordnung nach …		Beispiele
Sachgebieten →	Zusammenfassung nach Stichworten oder Themenkreisen	Inhalte in Fachbüchern zeigen die Ordnung nach Sachgebieten. Projektordner
Buchstaben (Alphabet) →	Namen oder Orte als Gliederungsbezug. Zuerst wird nach dem Anfangsbuchstaben, dann nach dem nächstfolgenden Buchstaben geordnet. Es werden auch ortsalphabetische Ordnungssysteme eingesetzt.	Kunden- und Lieferantendateien werden ohne Rücksicht auf den Geschäftssitz alphabetisch geordnet. (vgl. auch DIN Norm 5007) ortsalphabetisches Telefonbuch.
Zeit (Chronologisch) →	Sortierung entsprechend des zeitlichen Anfalles, nach Tagen, Wochen, Monaten oder Jahren	Ein Kassenbuch wird entsprechend nach dem Datum der Zahlungsein- und -ausgänge geführt (Tag), ebenso die Zwischenablage der zu bezahlenden Eingangsrechnungen (Tag, Wochen), Gehaltsabrechnung (Monate).
Zahlen (Numerisch) →	Nutzung von arabischen und römischen Zahlen zur Ordnung	Vergabe von Kundennummern, Lieferantennummern, Rechnungsnummern, Nummern für Mitarbeiter
Buchstaben und Zahlen (Alphanumerisch) →	Kombination aus Zahlen und Buchstaben zur Systematisierung genutzt	Autokennzeichen deutscher Fahrzeuge
Farben →	Farben als Orientierungshilfe	Rot: Ordner Buchhaltung Blau: Ordner Personalunterlagen
Symbolen →	Bilder zur Identifikation von Arbeitsabläufen	grafische Programmsymbolleiste eines EDV-Programms.
Formaten →	Sortierung nach Höhe und Breite	Ablage von Plänen

7.2 Gesetzliche und betriebliche Aufbewahrungsgründe

In einem Unternehmen müssen Schriftstücke und digitale Dokumente aus **gesetzlichen Gründen** und aus **betrieblichen Notwendigkeiten** aufbewahrt und abgelegt werden.

Betriebliche Aufbewahrungsgründe

Schriftstücke und digitale Daten sind das Ergebnis von Arbeitsabläufen. Sie sind wichtige Informationsträger und damit Grundlage für weitere Tätigkeiten. Trotzdem sollte nicht kritiklos jedes Schriftstück oder jede Datei aufbewahrt werden, die in einem Unternehmen vorliegen. Die Entscheidung über die Aufbewahrung eines Dokuments hängt von seinem Informationswert ab.

Der **Informationswert eines Dokumentes** kann wie folgt unterschieden werden:

Beispiel

- **Dokumente mit Tageswert:** Werbe-E-Mails, unverlangte Angebote, Einladungen, Kurzmitteilungen.
- **Dokumente mit Prüfwert:** eigene und fremde Angebote ohne Auftragsfolge, Mahnungen, Bewerbungen, Preislisten.
- **Dokumente mit Dauerwert:** Unterlagen über die Gründung des Unternehmens, die Inhaber- und Rechtsverhältnisse, langfristige Verträge, Besitzverhältnisse und Patente.

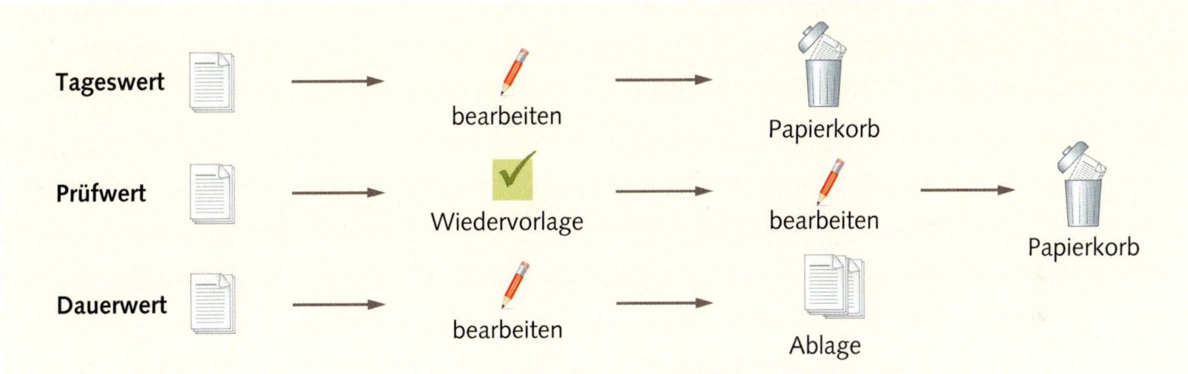

Betriebliche Gründe der Aufbewahrung von Dokumenten aufgrund ihrer Bedeutung als

Informationsgrundlage für
- Entscheidungen
- Arbeitsabläufe

Beweismittel, gegenüber
- Geschäftspartnern
- Behörden und Gerichten

Dokumentation der
- Firmenentwicklung und -geschichte

Gesetzliche Aufbewahrungsgründe

Dem Kaufmann wird die **Art der Unterlagen,** die er aufbewahren muss, sowie die **Dauer der Aufbewahrung** vorgeschrieben.

Merke

Das Handelsgesetzbuch (HGB) und die Abgabenordnung (AO) der Finanzbehörden verpflichten den Kaufmann zur Aufbewahrung von Unterlagen. Diese haben damit Gesetzeswert.

HGB §§ 257 - 261
AO § 146, 147

Beispiel

Rechnungen über Immobilien müssen entsprechend der Abschreibungszeit aufbewahrt werden.

Je nach Wichtigkeit und Bedeutung der Unterlagen für die Besteuerung müssen sie bis zu zehn Jahre aufbewahrt werden. Die Aufbewahrungsfrist läuft jedoch nicht ab, solange die Unterlagen für Steuern von Bedeutung sind, für welche die Festsetzungsfrist noch nicht abgelaufen ist.

AO § 147, Abschnitt 3

Merke

Nach HGB und AO beginnt die Aufbewahrungsfrist mit dem Ende des Kalenderjahres!

Unterlagenart	Mindestdauer der Aufbewahrung
• Inventare • Eröffnungsbilanzen, Schlussbilanzen, GuV-Rechnung • Handelsbücher • Jahresabschlüsse • Konzernabschlüsse • Konzernlageberichte sowie die zum Verständnis notwendigen Unterlagen • Buchungsbelege, Ausgangsrechnungen, Eingangsrechnungen, Kontoauszüge ...	zehn Jahre, beginnend mit dem Ende des Kalenderjahres, in dem die letzte Eintragung gemacht wurde
• empfangene Handelsbriefe • Wiedergabe abgesandter Handelsbriefe • Mails und digitale Dokumente • Faxe, Mietverträge, Arbeitsverträge, Angebote mit Auftragsfolge	sechs Jahre

Jahresabschlüsse und Eröffnungsbilanzen müssen als Original aufbewahrt werden.

Digitale Archivierung

Die gesetzlichen Auflagen zur **papierlosen** Archivierung sind ebenfalls im Handelsgesetzbuch und in der Abgabenordnung festgelegt.

HGB § 239 (4), § 257

Grundsätzlich gilt für die papierlose Ablage, dass mit Ausnahme der Eröffnungsbilanzen, Jahresabschlüsse und der Konzernabschlüsse alle Unterlagen auch zur Wiedergabe der Dokumente auf einem Bildträger oder auf anderen Datenträgern aufbewahrt werden können, wenn dies den **Grundsätzen ordnungsgemäßer Buchführung** entspricht.

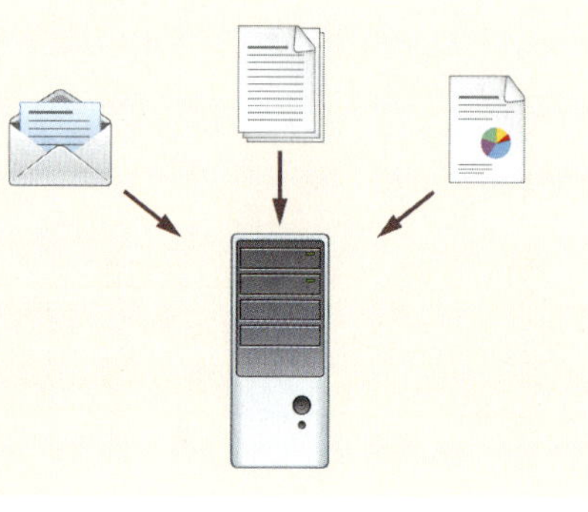

Merke

Es muss sichergestellt sein, dass die Wiedergabe oder die Daten

1. mit den empfangenen Handelsbriefen und den Buchungsbelegen bildlich und mit den anderen Unterlagen inhaltlich übereinstimmen, wenn sie lesbar gemacht werden, und
2. während der Dauer der Aufbewahrungsfrist verfügbar sind und jederzeit innerhalb einer angemessenen Frist lesbar gemacht werden können.

Wer aufzubewahrende Unterlagen nur in Form einer Wiedergabe auf einem Bildträger oder auf anderen Datenträgern vorlegen kann, ist verpflichtet, auf seine Kosten diejenigen Hilfsmittel zur Verfügung zu stellen, die erforderlich sind, um die Unterlagen lesbar zu machen. Soweit erforderlich, hat er die Unterlagen auf seine Kosten auszudrucken oder ohne Hilfsmittel lesbare Reproduktionen (Wiedergabe) beizubringen.

§§§

§ 239 HGB

(4) [...] Bei der Führung der Handelsbücher und der sonst erforderlichen Aufzeichnungen auf Datenträgern muss insbesondere sichergestellt sein, dass die Daten während der Dauer der Aufbewahrungsfrist verfügbar sind und innerhalb angemessener Frist lesbar gemacht werden können. [...]

Digitale Daten müssen entsprechend den **Grundsätzen ordnungsmäßiger Speicherbuchführung (GoS)** weiterentwickelt und in den **Grundsätzen ordnungsgemäßer DV-gestützter Buchführungssysteme (GoBS)** und den **Grundsätzen zum Datenzugriff und zur Prüfbarkeit digitaler Unterlagen (GDPdU)** aufbewahrt werden.

Beispiel

Die Werbeagentur Blue GmbH hat ihre gesamten Buchhaltungsunterlagen digital archiviert. Wenn eine Steuerprüfung stattfindet, ist das Unternehmen verpflichtet, dem Steuerprüfer die erforderliche Soft- und Hardware zur Verfügung zu stellen, damit er die archivierten Unterlagen prüfen kann.

Insbesondere müssen folgende Anforderungen erfüllt sein:

Merke

Digitale Unterlagen müssen

- vollständig,
- verfahrenssicher,
- geschützt vor Informationsverlust oder -veränderung,
- unter Einhaltung von Aufbewahrungsfristen,
- nachvollziehbar und dokumentiert sowie
- prüfbar

archiviert werden.

Das Handelsgesetzbuch unterscheidet hierbei zwischen

➔ **empfangenen Geschäftsbriefen/Buchungsbelegen,**

Diese müssen bildlich wiedergegeben werden, d. h. sie müssen bildlich und inhaltlich mit den empfangenen Schriftstücken übereinstimmen.

➔ **abgesandten Geschäftsbriefen.**

Diese müssen nur inhaltlich wiedergegeben werden.

Gesetzliche Grundlagen der Aufbewahrung

§§§ HGB | §§§ AO | §§§ sonstige Gesetze, z. B. BGB, ZPO

Gesetze ergänzende Grundlagen

- Grundlagen ordnungsmäßiger Buchführung (GoB)
- Grundlagen ordnungsmäßiger Speicherbuchführung (GoS)
- Grundlagen ordnungsmäßiger DV-gestützter Buchführungssysteme (GoBS)
- Grundlagen zum Datenzugriff und zur Prüfbarkeit digitaler Unterlagen (GDPdU)

7.3 Beleghafte Ablage (Registratur)

Schriftgutkatalog, Ablageplan, Aktenplan

Merke

Im **Schriftgutkatalog** werden alle Arten von Schriftstücken aufgeführt, die in einem Unternehmen anfallen können.

Der organisatorische Aufbau des Ablagesystems eines Unternehmens wird dokumentiert durch einen Schriftgutkatalog, einen Ablageplan und einen Aktenplan. Zuständig für die Erstellung dieser drei Hilfsinstrumente ist die Organisationsabteilung des Unternehmens.

Zu jedem Schriftstück wird angegeben,

- warum es aufbewahrt wird (gesetzlicher oder betrieblicher Grund),
- wie lange es aufbewahrt wird und
- wo es aufbewahrt wird.

- Musteraktenplan
  - 0 Leitung
    - 0-0 Gründung
      - 0-00 Gesellschaftsverträge
      - 0-01 Handelsregister
      - 0-02 Schriftwechsel mit Gesellschaftern
    - 0-1 Führung
      - 0-10 Geschäftsleitung
      - 0-11 Protokolle GL
      - 0-12 Schriftwechsel GL
      - 0-13 Vollmachten
      - 0-14 Personalten GL
    - 0-2 Team
      - 0-20 Protokolle Team
      - 0-21 Arbeitsaufträge Team
    - 0-3 Partner
      - 0-30 Partnerschaften, Kooperationen
    - 0-4 Mitgliedschaften
      - 0-40 Verbände
    - 0-5 Geschäftsberichte
      - 0-50 Geschäftsberichte mit Bilanzen
    - 0-6 Archiv
      - 0-60 Chronik
      - 0-61 Archiv
  - 1 Firmenorganisation
    - 1-0 Büro
      - 1-00 Mietvertrag
      - 1-01 Nebenkosten
      - 1-02 Instandhaltung
      - 1-03 Schlüsselplan
      - 1-04 Schriftwechsel mit Hausverwaltung
      - 1-05 Ausstattung
      - 1-06 Räume, neue
    - 1-1 Organisation
      - 1-10 Aufbau- und Ablauforganisation
      - 1-11 Archivierung
      - 1-12 Systempflege
      - 1-13 Vordrucke
      - 1-14 CD-Verzeichnis
      - 1-15 Handbücher
    - 1-2 Versicherung
      - 1-20 Betriebsversicherung
      - 1-21 Feuerversicherung
      - 1-22 Einbruchsversicherung
      - 1-23 Haftpflichtversicherung
      - 1-24 Kfz-Versicherung
      - 1-25 Versicherungen, andere
    - 1-3 Recht
      - 1-30 Rechtsangelegenheiten, allgemeine
      - 1-31 HGB, BGB
      - 1-32 Gebrauchsmuster
      - 1-33 Lizenzen
      - 1-34 Erfindung
    - 1-4 Zeitschriften
      - 1-40 Abonnements
      - 1-41 Zeitschriften
      - 1-42 Presse

Merke

Der **Ablageplan** wird auf der Basis des Schriftgutkatalogs erstellt. Er beinhaltet Angaben über Registraturformen, angewandte Ordnungssysteme, verantwortliche Mitarbeiter, Vordrucksammlungen, geführte Teilablagen (Abteilungsablagen) und allgemeine Registraturregeln.

Der **Aktenplan** ergänzt den Schriftgutkatalog und den Ablageplan. Er zeigt auf, nach welchen sachlichen Aspekten die Schriftstücke des Unternehmens abgelegt werden.

■ Standort der Ablage

©Carmen Steiner-fotolia.com

Die in einem Unternehmen abzulegenden Akten und Unterlagen können nicht willkürlich in den Räumen des Unternehmens verteilt sein. Jeder Mitarbeiter sollte auf die Ablage einfachen und schnellen Zugriff haben. Allgemein gilt:

- **Arbeitsplatzablage:** Nur ein Mitarbeiter muss zugreifen können.
- **Abteilungsablage:** Die Mitarbeiter einer Abteilung müssen zugreifen können.
- **Zentralablage:** Viele Mitarbeiter des Unternehmens müssen zugreifen können.

Während sich an den genannten Ablagestandorten die Unterlagen befinden, auf die regelmäßig zugegriffen werden muss, können in der Altablage oder dem Archiv die Unterlagen aufbewahrt werden, die nur in Ausnahmefällen gebraucht werden.

Ablagestandorte im Büro	
Arbeitsplatzablage	Am Arbeitsplatz werden die Unterlagen dauerhaft abgelegt, die lediglich der jeweilige Sachbearbeiter benötigt. Außerdem befinden sich am Arbeitsplatz kurzfristig die Schriftstücke der Zwischenablage, die nach der Bearbeitung durch den Sachbearbeiter entweder zur Abteilungs-, Zentral-, Altablage oder zum Archiv weitergereicht werden.
Abteilungsablage	Benötigen mehrere Sachbearbeiter dieselben Unterlagen, müssen diese zentral in der Abteilung stehen. Für jeden Mitarbeiter sollte der Weg zu den Unterlagen so kurz wie möglich sein. Keiner sollte den anderen stören müssen, wenn er ein Formular oder einen Ordner holen will.
Zentralablage	In der Zentralablage stehen die Unterlagen, auf die viele Mitarbeiter zugreifen müssen. Zentralablagen werden in großen Unternehmen von Sachbearbeitern mithilfe elektronischer Datenverarbeitungsanlagen verwaltet.
Altablage	Aufgrund beschränkter Raumkapazitäten an Arbeitsplätzen und in Abteilungen sollten in der Altablage die Unterlagen stehen, auf die der einzelne Sachbearbeiter nur in großen Zeitabständen oder in Sonderfällen zugreifen muss. Üblicherweise ist dies bei Unterlagen der Fall, die älter als zwei Jahre sind. Sie verbleiben dort für den verbleibenden Zeitraum ihrer gesetzlichen Aufbewahrungsfristen.
Archiv	Im Archiv werden die Unterlagen und Schriftstücke aufbewahrt, die für das Unternehmen von besonderer, langfristiger Bedeutung sind. Dazu gehören insbesondere Unterlagen, die die langfristigen Entwicklungen des Unternehmens dokumentieren.

©Texelart-fotolia.com

Zentralablage, Altablage und Archiv können in Unternehmen eine räumliche und organisatorische Einheit bilden. Die Verwaltung der Unterlagen kann wie in einer öffentlichen Bibliothek organisiert werden. Die **Verwaltung** von Archiven in Unternehmen wurde in den letzten Jahren durch die Einführung von **Strichcode-Systemen** zur Erfassung der Akten und die Benutzung von **elektronischen Lesegeräten** bei der Aus- und Rückgabe von Akten vereinfacht.

Tipp

Unterlagen, für die es weder gesetzliche noch betriebliche Aufbewahrungsgründe gibt, dürfen auch weggeworfen werden. Werden Unterlagen unnötig gesammelt, entstehen Aufwand und Kosten!

Ablagearten

Bei der beleghaften Ablage kann man folgende Ablagesysteme unterscheiden:

Ablagesysteme	
Einzelakte	Alle abgelegten Schriftstücke gehören zu einem Thema oder einer Person, beispielsweise Handelskorrespondenz mit einem Kunden, Personal- oder Gerichtsakten.
Sammelakte	Die Unterlagen verschiedener Vorgänge sind in einem Schriftgutbehälter zusammengefasst. Zur Bearbeitung eines Vorgangs wird lediglich ein Teil der Schriftstücke aus der Akte entnommen, beispielsweise die Lohnabrechnung eines Mitarbeiters, Angebote, Rechnungen.

Loseblatt-Ablage	Verschiedene Schriftstücke sind in einen Behälter (Mappe, Ablagekorb) ungeheftet eingelegt, wie bei einer Unterschriftenmappe. Die Akten dürfen nicht zu umfangreich sein.	**Vorteil:** spart Zeit beim Ablegen
geheftete Ablage	Es werden lose Blätter in Ordnern oder Heftern abgeheftet. Es kann eine klar definierte Reihenfolge eingehalten werden.	**Vorteil:** spart Zeit beim erneuten Zugriff, schnelles chronologisches Wiederfinden

Formen der beleghaften Registratur

Bei der beleghaften Ablage kann man folgende Ablagesysteme unterscheiden:

➔ **Liegende Registratur**

Schriftgutbehälter werden liegend in Regalen und Schränken übereinander gestapelt.

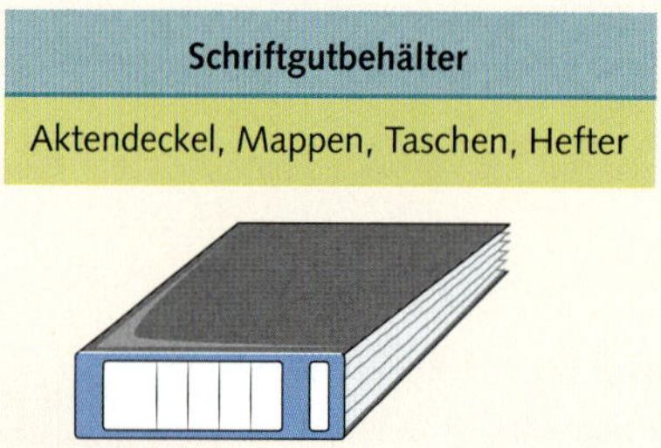

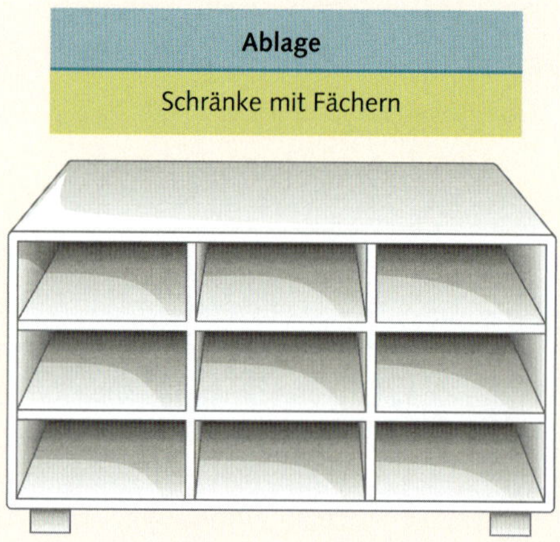

Liegende Registratur	
Vorteile	**Nachteile**
• preisgünstig	• hoher Raumbedarf • großer Suchaufwand

➔ Stehende Registratur

Schriftgutbehälter werden stehend in Regalen und Schränken aufbewahrt.

Schriftgutbehälter	Ablage
Stehordner	Ordnerregale und -schränke

Stehende Registratur	
Vorteile	**Nachteile**
• übersichtlich • geringe Materialkosten • einfache Beschriftung	• hoher Aufwand bei nachträglichen Ergänzungen

➔ Hängende Registratur (als Pendel- oder vertikale Hängeregistratur)

Bei der **Pendelregistratur** werden die Schriftgutbehälter nach unten offen in Profilschienen nebeneinander eingehängt. Bei einer vertikalen **Hängeregistratur** sind die Schriftgutbehälter nach oben hin geöffnet.

Schriftgutbehälter	Ablage
Hängemappen, -taschen, -ordner	Hängeregale und -schränke

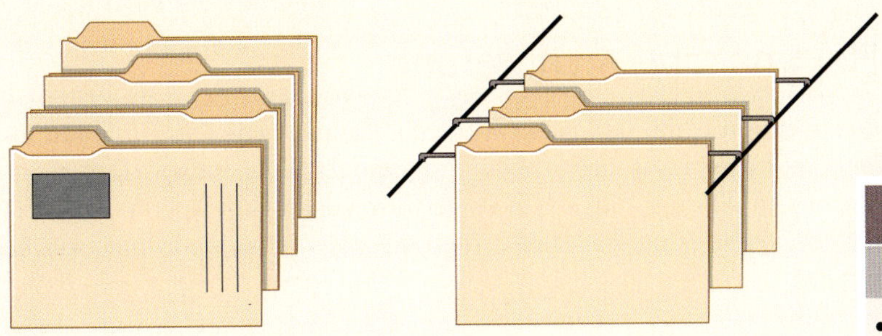

Hängende Registratur	
Vorteile	**Nachteile**
• platzsparend	• einzelne Blätter können schnell falsch eingeordnet werden

Sicherheitssysteme

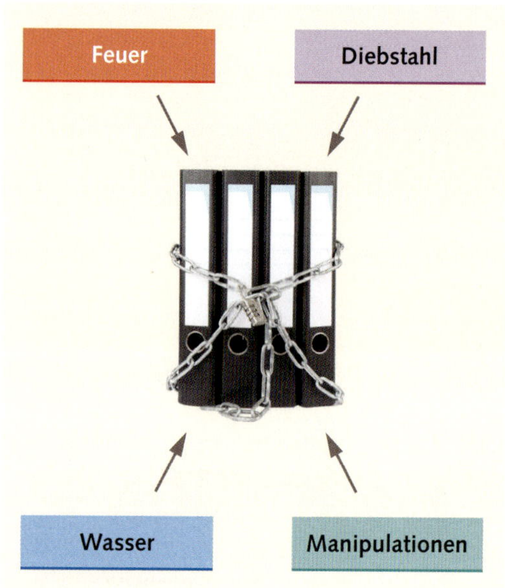

Bei der Wahl der richtigen Ablage ist die Sicherheit des Ablagegutes zu beachten. Die Gefahren, vor denen geschützt werden muss, sind vielfältig,

Zur Erhöhung der Sicherheit gibt es verschiedene Möglichkeiten.

Schriftstücke, die im Original von Bedeutung sind, z. B. Bilanzen oder Unterlagen zur Firmengründung, können durch bauliche, bzw. einrichtungstechnische Maßnahmen gesichert werden. Möglichkeiten sind der Einsatz feuerfester, abschließbarer Stahl- oder Tresortüren an den Archivräumen sowie die Verwendung von **Stahlschränken** oder **Tresoren.**

Für Schriftstücke oder digitale Daten, die auch als Kopie aufbewahrt werden können, besteht die Möglichkeit der doppelten Ablage. Dabei können Unterlagen einfach kopiert und ausgelagert werden, oder man bedient sich technischer Möglichkeiten zur papierlosen Ablage.

Aktenvernichtung

Wenn gesetzliche Aufbewahrungsfristen abgelaufen sind oder die betrieblichen Aufbewahrungsgründe weggefallen sind, dann können die entsprechenden Schriftstücke vernichtet werden. Wichtig ist, dass dabei die Bestimmungen des Datenschutzes (Kapitel 7.6) beachtet werden und kein unberechtigter Dritter Einsicht in die Unterlagen erhält.

DIN 66399

Eine professionelle Schriftgutvernichtung führt man mit einem **Aktenvernichter** durch. Diese Geräte sind üblicherweise elektrisch betrieben und können je nach Art der Zerkleinerung verschiedenen Sicherheitsstufen entsprechen.

7.4 Elektronische Archivierung

Unter einem **elektronischen Dokument** wird im Folgenden jede Form von Information verstanden, die in einem Datenverarbeitungssystem als **Datei** vorliegt. Das kann auch ein Dokument sein, das ursprünglich in Papierform vorlag und dann in digitale Daten verwandelt (digitalisiert) wurde. Dies erfolgt beispielsweise, wenn man ein Schriftstück einscannt.

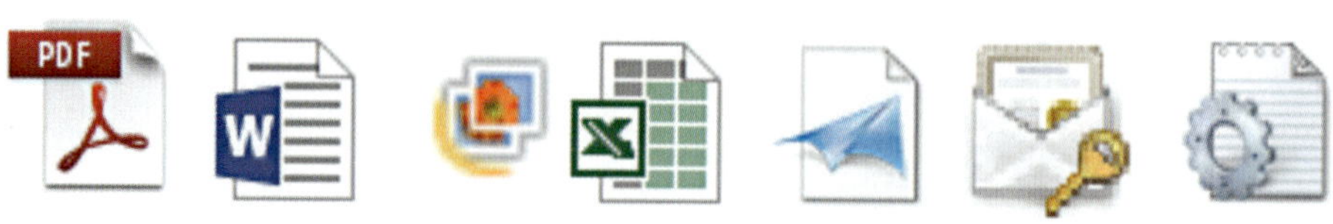

Elektronische Dokumente					Unterscheidungskriterien
Sie entstehen durch **Umwandlung**, beispielsweise durch Scannen eines Schriftstücks.		Sie werden **direkt vom oder im System** erstellt, beispielsweise mithilfe eines Text- oder Tabellenkalkulationsprogramms.			**Entstehung**
Nichtcodierte Informationen (NCI) müssen zur Weiterverarbeitung umgewandelt werden.		Sogenannte **codierte Informationen (CI)** können direkt im System weiter verarbeitet werden.			**Weiterverarbeitung**
Kaufmännische Dokumente	Technische/ Projekt-Dokumente	Amtliche (handels-/ steuerrechtl.) Dokumente	Informationen/ Literatur	Sonstige Dokumente	**Verwendung**
Dateien aus Textverarbeitung, Tabellenkalkulation, Grafikanwendung	Bilder, Videos	Formulare	Anwendungsdateien		**Format**

Merke

Eine Datei hat eine Anzahl von Eigenschaften, die auch im Hinblick auf die Ablage und das Wiederauffinden von Bedeutung sind. Dazu gehören unter anderem der Dateiname, die Dateiquelle (z. B. der Autor), das Datum und die Uhrzeit der Erstellung der Datei sowie ein Änderungsprotokoll, die Dateigröße und der Dateityp sowie der Ort der Ablage.

Bei der elektronischen Archivierung von beleghaften Originaldokumenten müssen diese erst umgewandelt werden, damit sie digital weiter verarbeitet werden können.

Dazu stehen folgende Hilfsmittel zur Verfügung:

Vorgang	Hilfsmittel
1. Einlesen der Papierdokumente	Lesegeräte (Scanner)
2. Aufnahme und Verarbeitung der Daten des Papierdokuments	Arbeitsplatzrechner (PC), Großrechner (Server, HOST)
3. Speichern der Daten	Speichermedien CD-ROM = READ-ONLY MEMORY (Nur Lese-Speicher) WORM = WRITE ONCE READ MANY (Schreib einmal – lese oft) MO = Magnetooptische Platte
4. Betrachten der gespeicherten Dokumente	Arbeitsplatzbildschirm Drucker

Tipp

E-Mails, die als Handelsbrief einzustufen sind, müssen in elektronischer sowie rechtssicherer Form aufbewahrt werden. Es reicht nicht aus, E-Mails einfach nur auszudrucken und abzuheften oder die relevanten E-Mails in maschinell nicht auswertbaren Formaten (z. B. PDF-Datei) zu archivieren.

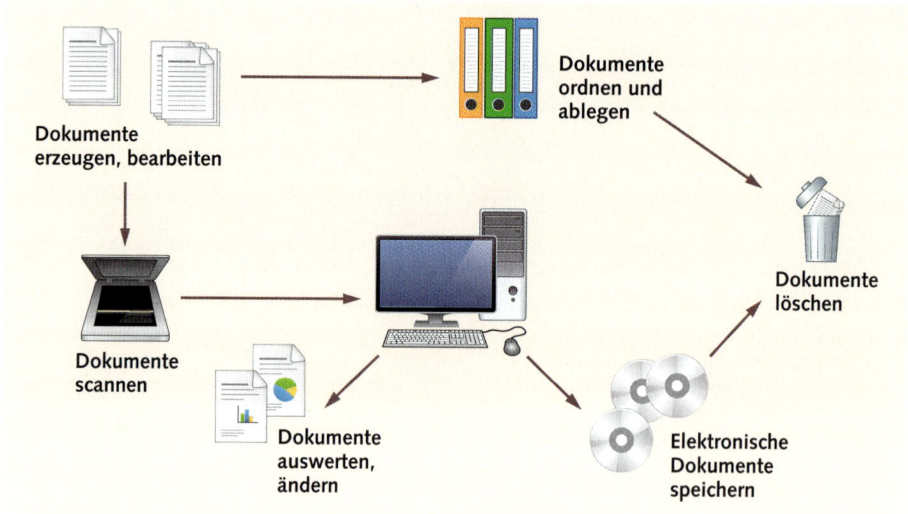

Im betrieblichen Ablauf wird dazu häufig ein **Scanner** verwendet. Ein Scanner ist ein Lesegerät zur Digitalisierung, d. h. zur Umwandlung der Daten eines Papierdokuments in digitale Daten. Dieses Lesegerät ist mit einem **Arbeitsplatzrechner** (PC) oder einem **Großrechner** (Server, Host) verbunden. Dieser Rechner ist wiederum in der Lage, die Daten aufzunehmen, zu erkennen und zu speichern.

Vor- und Nachteile der elektronischen Aufbewahrung von Dokumenten	
Vorteile	**Nachteile**
• Raumersparnis • Beschleunigung der Zugriffszeiten • erleichtertes Auffinden einzelner Dokumente oder Daten	• Haltbarkeit und Lebensdauer der Datenträger • Kontinuität und Kompatibilität der Archivierung

In Bezug auf Haltbarkeit und Lebensdauer fehlen bei Neuentwicklungen von Speichermedien häufig Erfahrungswerte und es hat sich wiederholt gezeigt, dass Haltbarkeitsprognosen der Hersteller zu optimistisch waren. Die stetige Weiterentwicklung von Soft- und Hardware, die für den Anwender einerseits oftmals zahlreiche Vorteile und verbesserte Anwendungsmöglichkeiten bieten, birgt andererseits die Gefahr, dass ältere und neuere Systeme im Laufe der Weiterentwicklung nicht mehr miteinander funktionieren. Als Beispiel können die anfänglich in der Datenverarbeitung verwendeten 5 1/4" und 3 1/2" Disketten genannt werden. Im Laufe der Entwicklung hat man auf diese Laufwerke bei Computern verzichtet und sie durch leistungsstärkere Speichertechniken ersetzt.

Merke

Die **elektronische Archivierung** wird als **revisionssicher** bezeichnet, wenn sie allen Anforderungen des Handelsgesetzbuches, der Abgabenordnung, den Grundsätzen ordnungsgemäßer Speicherbuchführung sowie den Grundsätzen zum Datenzugriff und zur Prüfbarkeit digitaler Unterlagen entsprechen.

■ Dokumentenmanagementsysteme (DMS)

Mit der steigenden Anzahl elektronischer Dokumente wachsen die Anforderungen an die **Organisation** einer elektronischen Archivierung. Wenn die Ablagesysteme von Unternehmen nicht reibungslos funktionieren, werden wichtige Arbeitsabläufe blockiert und es kann zu starken wirtschaftlichen Beeinträchtigungen kommen.

Dokumentenmanagementsysteme funktionieren im Allgemeinen datenbankgestützt. Das bedeutet, dass große Datenmengen mit schnellen Zugriffszeiten organisiert werden können. Es besteht sogar die Möglichkeit, bestimmte Daten an konkrete Arbeitsabläufe im Unternehmen zu koppeln.

Merke

Dokumentenmanagementsysteme sind technische Systeme, die gespeicherte Informationen verwalten, langfristig sicher und unveränderbar aufbewahren und jederzeit wieder reproduzieren können.

Vorteile von Datenmanagementsystemen (DMS):

- Zeitvorteil durch schnelle Archivierung und schnelles Auffinden von Dokumenten,
- Schutzmöglichkeiten vor äußeren Einflüssen,
- optimale Organisation der Zugriffsrechte,
- geringer Platzbedarf.

7.5 Speichermedien

Um elektronische Dokumente zu speichern, benötigt man Speichermedien. Die Entwicklungen im Bereich der digitalen Ablage sind fortlaufend.

Merke

Unter **Speichermedien** versteht man Stoffe oder Objekte, die zum Speichern von Daten und Informationen verwendet werden.

Neben der verwendeten Technik eines Speichermediums und der entsprechenden physikalischen Eigenschaften kann man noch weitere Unterscheidungen treffen.

Auswahl der entsprechenden Speichermedien:

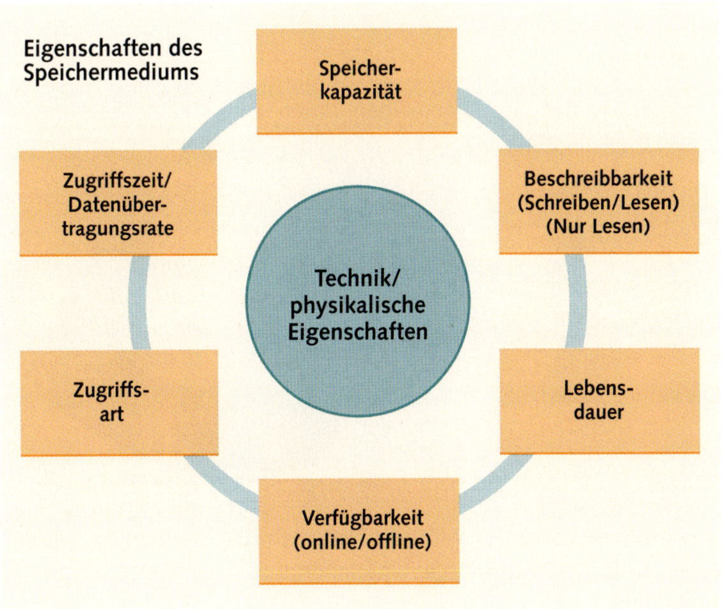

Merke

Je nach Art der elektronischen Datenspeicher unterscheidet man

- **flüchtige** Speicherung: Die Daten gehen verloren, wenn die Stromzufuhr unterbrochen wird.
- **permanente** Speicherung: Die Daten werden unveränderlich gespeichert.
- **semi-permanente** Speicherung: Die Daten können nach der Speicherung verändert werden.

Magnetspeicher

Zu den Magnetspeichern gehören Festplatten, Disketten und Magnetbänder.

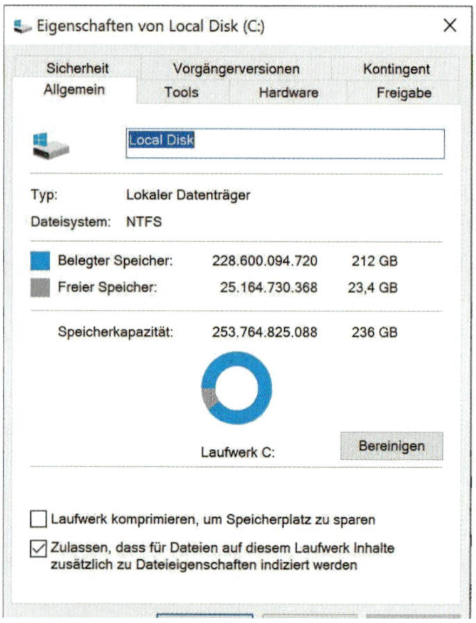

Als **interne Festplatte** wird der Kernspeicher eines Computers bezeichnet. Die Sicherung der Daten auf einer Festplatte ist dauerhaft angelegt, kann aber von Anwender überschrieben werden.

Externe Festplatten lassen sich über Schnittstellen an Computern anschließen. Ihre Vorteile liegen darin, dass sie die Speicherkapazität von PCs erweitern können, so handlich sind, dass sie bequem transportiert werden können und einen Datentransfer zwischen verschiedenen Arbeitsplätzen ermöglichen, insbesondere bei großen Datenmengen.

Eine wichtige Eigenschaft von Festplatten ist die Speicherkapazität, die durch die Anzahl der verfügbaren Bits und Bytes beschrieben wird.

Die Zugriffsgeschwindigkeit einer Festplatte wird üblicherweise als Durchschnittswert angegeben. Die tatsächliche Zugriffszeit hängt einerseits von der Umdrehungsgeschwindigkeit der mechanischen Platten ab und andererseits davon, wie weit die zu lesenden Daten tatsächlich auseinanderliegen.

©Anna Khomulo-fotolia.com

Tipp

Die Arbeitsgeschwindigkeit eines Computers kann durch die Defragmentierung der Festplatte mithilfe spezieller Programme erhöht werden. Dabei werden Datenblöcke auf Speichermedien so neugeordnet, dass logisch zusammenhängende Daten aufeinanderfolgend auf dem Datenträger abgelegt werden. Auf diese Weise kann die Zugriffsgeschwindigkeit und dementsprechend auch die gesamte Arbeitsgeschwindigkeit erhöht werden.

Optische Speicher

Optischer Datenspeicher werden im Allgemeinen durch einen Laser beschrieben beziehungsweise zum Lesen abgetastet. Zu den optischen Datenspeichern gehören:

- Compact Disc (CD),
- Digital Versatile Disk (DVD),
- Compact Disc Read Only Memory (CD-ROM),
- Digital Versatile Disc Read Only Memory (DVD-ROM),
- High Density Digital Versatile Disk (HD-DVD),
- Blu-ray-Disc (BD).

©Jason Comerford Photography-fotolia.com

Die Lebensdauer der optischen Speicher wird sehr unterschiedlich geschätzt. Die Angaben liegen zwischen zehn und 100 Jahren. Sie eignen sich besonders zur Speicherung großer Datenmengen.

■ Digitale Speicher

Digitale Speicher, Speicherkarten bzw. USB-Datenspeicher-Sticks, sind zumeist kleine, tragbare, nichtflüchtige, passive Datenträger, die verhältnismäßig große Datenmengen speichern können. Aufgrund ihrer Speicherkapazität und der guten Zugriffsgeschwindigkeit werden sie insbesondere für die Anwendung in kleineren Geräten wie Kameras und anderen mobilen Geräten wie Tablet-PCs oder Smartphones verwendet. Speichermedien sagt man eine durchschnittliche Lebensdauer von etwa **zehn Jahren** voraus. Das Risiko des tatsächlichen Verlustes oder der Zerstörung dieser Speicher ist aufgrund ihrer häufig mobilen Nutzung verhältnismäßig hoch.

©Bjoern Wylezich-fotolia.com

7.6 Datenschutz und Datensicherheit

Die **Datensicherung** beschäftigt sich mit dem Schutz der Daten vor Verlust, Zerstörung oder Manipulation. Bestandteil der Datensicherung ist auch der **Datenschutz**, dessen Aufgabe es ist, Daten vor dem unberechtigten Zugriff Dritter zu schützen.

©Gerhard Mester

Merke

Die **Datensicherung** hat die Aufgabe, Gefährdungen für die in einem Betrieb vorhandenen Daten abzuwehren.

Aufgaben der Datensicherung sind im Einzelnen:

- Schutz der Daten vor Verlust oder Zerstörung (Verfügbarkeit der Daten),
- Schutz vor unberechtigtem Zugriff auf die Daten (Vertraulichkeit der Daten),
- Schutz der logischen Richtigkeit und Genauigkeit der Daten,
- Schutz vor Störungen aus externen Quellen.

Datensicherungsmaßnahmen müssen in einem **ganzheitlichen Konzept** entwickelt und aufeinander abgestimmt werden. Im Einzelnen können Vorkehrungen im Bereich der Hardware und der Software durch bauliche Maßnahmen und in der Zusammenarbeit mit Mitarbeitern getroffen werden.

Datensicherungsmaßnahmen im Hardwarebereich

Maßnahme	Erläuterung
Daten-spiegelung	**1. Ausstattung der Rechner mit Spiegelungstechnik** Ein Rechner wird mit zwei Festplatten ausgestattet, auf denen die Daten identisch gespeichert werden, d.h. fällt eine Festplatte aus, ist der Datenbestand vollständig auf der zweiten Platte erhalten. Der Anwender erhält lediglich eine Systemmeldung über den Ausfall. Probleme bei der Datenverarbeitung entstehen nicht. **2. Ausstattung der DV-Anlage mit Parallelrechnern** Zwei Rechner bearbeiten gleichzeitig mit den gleichen Programmen die Daten in identischer Weise. Bei Ausfall eines Rechners kann der zweite Rechner ohne Störung weiterarbeiten.
Einsatz von Notstromaggregaten, die bei Stromausfall oder -schwankungen einspringen	Rechner können bei Stromausfall auf Batteriebetrieb umgestellt werden. Während des Batteriebetriebs bleibt mindestens genügend Zeit, um geöffnete Dateien ordnungsgemäß zu schließen und abzuspeichern.
Schreibschutz	Bei der Nutzung von Schreibschutzmechanismen wird verhindert, dass ungeplante Aufzeichnungen auf einen Datenträger (z. B. Diskette) gelangen.

Datensicherungsmaßnahmen im Softwarebereich

Maßnahme	Erläuterung
Passwortschutz	Das persönliche Kennwort des Anwenders muss beim Aufruf bestimmter Programme oder Arbeitsabläufe angegeben werden. Folgende Passwörter werden unterschieden: • einfache Passwörter, z. B. Namen, Adressen, Geburtsdaten • Nonsens-Passwörter, die aus unsinnigen, nur schwer merkbaren Begriffen bestehen, z. B: SYZIG • rekonstruierte Passwörter, die während des Eintippens mithilfe von Wissen über das Privatleben gebildet werden. Nachteilig bei jeder Art von Passwort ist, dass es beabsichtigt oder unbeabsichtigt weitergegeben werden kann.
Automatische Datensicherung	Eine Software ermöglicht, dass einmal täglich, wöchentlich oder monatlich automatisch Datensicherungen auf Datenträgern, z. B. Datenbändern, durchgeführt wird. Regelmäßige Datensicherungen können natürlich auch manuell durchgeführt werden. Das erfordert jedoch eine größere Arbeitsdisziplin und mehr Zeit vom Anwender.

Datensicherungsmaßnahmen im bautechnischen Bereich

Maßnahme	Erläuterung
Feuersichere Standorte für Rechner und Datenträger oder feuerhemmende Sperren	**Beispiel:** Die Bänder der täglichen Nachtsicherung können in einem feuersicheren Safe aufbewahrt werden.
Klimatisierung der Rechnerstandorte	Bei der Klimatisierung ist besonders darauf zu achten, dass Raumtemperatur und Luftfeuchtigkeit überwacht und geregelt werden.
Zugangskontrollen zum Rechenzentrum	Geschlossener Betrieb = Closed-Shop-Betrieb **Beispiel:** Das Öffnen von Türen ist nur mit Magnetkarten möglich.

Organisatorische Datensicherungsmaßnahmen

Maßnahme	Erläuterung
Regelmäßige Wartung	Die meisten DV-Lieferanten bieten Wartungsverträge an. Möglich sind jedoch auch Wartungen, die nur auf Abruf im Bedarfsfall erfolgen. Vorteilhaft ist die **Fernwartung,** bei der die Überwachung und Fehlerdiagnose bei Hard- und Software mithilfe der Datenfernverarbeitung über geografische Entfernungen hinweg durchgeführt werden kann.
Ein-/Auslagern	Programme und Daten werden außerhalb des Maschinenraums (Auslagern) aufbewahrt, sodass im Katastrophenfall auf die ausgelagerten Programme und Daten zurückgegriffen werden kann (Einlagern).
Generationsprinzip	Von der Anwendung des Generationenprinzips spricht man, wenn Daten regelmäßig fortgeschrieben werden. Es besagt, dass ein Datenbestand erst dann gelöscht werden darf, wenn er „Großvaterbestand" ist, sodass immer zwei Generationen des Datenbestandes zur Verfügung stehen **(Großvater-Vater-Sohn-Prinzip).**

Datensicherung durch geeignete Verhaltensmaßnahmen

Die besten Sicherungsmaßnahmen sind nutzlos, wenn der Anwender unsachgemäß handelt oder die Sicherheitsbestimmungen nicht berücksichtigt. Zum Schutz der Daten muss an das Verantwortungsbewusstsein des Einzelnen appelliert werden. Je einsichtiger den einzelnen Mitarbeitern die Notwendigkeit solcher Sicherungsmaßnahmen ist, desto sorgfältiger werden sie auf ihre Einhaltung achten.

Tipp

Sicherungskopien auf Datenträgern nie frei zugänglich liegen lassen.

Laufende Rechner mit freien Zugangsrechten und angegebenem Passwort nicht unbeaufsichtigt lassen.

BDSG

LERNFELD 2

Bundesdatenschutzgesetz (BDSG-neu), in Kraft seit 25.05.2018

Datenschutzgrundverordnung (EU DSGVO), anzuwenden seit 25.05.2018

Gesetzliche Grundlagen des Datenschutzes

Aufgabe des Datenschutzes ist der Schutz natürlicher Personen bei der Verarbeitung personenbezogener Daten. Die EU Datenschutzgrundverordnung (EU DSGVO) und das **Bundesdatenschutzgesetz** schützen personenbezogene Daten, die von Unternehmen oder sonstigen Verantwortlichen gespeichert, verändert, gelöscht oder auf andere Art und Weise verarbeitet übermittelt werden.

Unter personenbezogenen Daten versteht man alle Informationen, die sich auf einen identifizierten oder identifizierbaren Menschen beziehen, zum Beispiel den Namen, die Rentenversicherungsnummer oder auch ein Foto.

Die Person, über die Daten gespeichert werden, hat ein Recht auf

- Auskunft über gespeicherte Daten, die sie betreffen,
- Berichtigung ihrer Daten, wenn sie unrichtig sind,
- Löschung der zu ihrer Person gespeicherten Daten, wenn ihre Speicherung unzulässig war, oder die ursprünglich erfüllten Voraussetzungen für die Speicherung laut Gesetz weggefallen sind.

Der Gesetzgeber nennt Anforderungen an die Sicherheit bei einer automatisierten Datenverarbeitung. Danach sind technische und organisatorische Maßnahmen zu treffen, um den Missbrauch von Daten zu verhindern.

Zu diesen Maßnahmen gehört die Sicherstellung der Vertraulichkeit, Integrität, Verfügbarkeit und Belastbarkeit der Systeme und Dienste im Zusammenhang mit der Verarbeitung durch eine Reihe von Kontrollaufgaben:

Kontrollaufgaben		Erläuterungen
Zutrittskontrolle:	→	Kein unbefugter Zutritt zu Datenverarbeitungsanlagen
Zugangskontrolle:	→	Keine unbefugte Systembenutzung
Zugriffskontrolle:	→	Kein unbefugtes Lesen, Kopieren, Verändern oder Entfernen innerhalb des Systems
Trennungskontrolle:	→	Getrennte Verarbeitung von Daten, die zu unterschiedlichen Zwecken erhoben wurden
Weitergabekontrolle:	→	Kein unbefugtes Lesen, Kopieren, Verändern oder Entfernen bei elektronischer Übertragung oder Transport
Eingabekontrolle:	→	Nachvollziehbarkeit der Eingabe
Verfügbarkeitskontrolle:	→	Schutz personenbezogener Daten gegen Zerstörung oder Verlust
Auftragskontrolle:	→	Verarbeitung personenbezogener Daten nur auf Weisung des Auftraggebers

Bundesdatenschutzgesetz (BDSG)

Datenschutzbeauftragter

Unternehmen, die ständig mindestens zehn Personen beschäftigen und mit der Verarbeitung personenbezogener Daten beauftragt sind, haben die Verpflichtung, einen Datenschutzbeauftragten zu bestellen.

Sollte hingegen ein Unternehmen geschäftsmäßig zum Zweck der Übermittlung, Verarbeitung oder für Zwecke der Markt- oder Meinungsforschung mit personenbezogener Daten arbeiten, ist unabhängig von der Anzahl der beschäftigten Personen ein Datenschutzbeauftragter zu benennen.

Bei öffentlichen Stellen hingegen, die personenbezogene Daten automatisiert verarbeiten, ist die Beschäftigtenanzahl unerheblich und es muss in jedem Falle ein Datenschutzbeauftragter bestellt werden.

Der Beauftragte für den Datenschutz ist unmittelbar der Unternehmensleitung unterstellt. Er ist jedoch bei der Anwendung seiner Fachkunde auf dem Gebiet des Datenschutzes weisungsfrei.

In Bezug auf Behörden und öffentliche Stellen des Bundes gilt, dass jedermann sich an den Bundesbeauftragten für den Datenschutz wenden kann, wenn er der Meinung ist, bei der Verarbeitung seiner personenbezogenen Daten in seinen Rechten verletzt worden zu sein.

7.7 Zusammenfassung und Aufgaben

Zusammenfassung

Ordnungssysteme
Die systematische Ablage von Schriftstücken wird **Registratur** genannt. Bei der systematischen Ablage von digitalen Daten spricht man von **Dokumentenmanagement.** Schriftstücke und elektronische Dokumente können in Abhängigkeit von Inhalt, Aufbewahrungsgrund und Zugriffshäufigkeit nach verschiedenen **Ordnungssystemen** aufbewahrt werden.
Aufbewahrung von Dokumenten
Dokumente werden betrieblich bedingt als **Informationsgrundlage**, **Beweismittel** oder zur **Dokumentation** aufbewahrt. Das **Handelsgesetzbuch** (HGB) und die **Abgabenordnung** (AO) der Finanzbehörden verpflichten den Kaufmann zur Aufbewahrung von Unterlagen. Dies umfasst auch die **digitale Archivierung.**
Beleghafte Ablage (Registratur)
Im **Schriftgutkatalog** werden alle Arten von Schriftstücken aufgeführt, die im Unternehmen anfallen. Der **Ablageplan** beinhaltet Angaben über Registraturformen, Ordnungssysteme, Vordrucksammlungen usw. Der **Aktenplan** zeigt die sachlichen Aspekte, nach denen die Schriftstücke abgelegt werden. Nach dem **Standort** der **Ablage** wird unterschieden zwischen Arbeitsplatz-, Abteilungs-, Zentral-, Altablage und Archiv. Hinsichtlich der **Formen der Registratur** lassen sich liegende, stehende und hängende Registratur unterscheiden. Professionelle Schriftgutvernichtung erfolgt mit einem **Aktenvernichter.**

Elektronische Archivierung

Elektronische Archivierung wird als **revisionssicher** bezeichnet, wenn sie allen Anforderungen des Handelsgesetzbuchs, der Abgabenordnung usw. entspricht.

Dokumentenmanagementsysteme sind technische Systeme, die gespeicherte Informationen verwalten, sicher und unveränderbar aufbewahren und jederzeit reproduzieren können.

Bei der elektronischen Datenspeicherung unterscheidet man **flüchtige, permanente** und **semi-permanente Speicherung.**

Datenschutz und Datensicherheit

Datensicherheit hat die **Aufgabe,** Gefährdungen für die in einem Unternehmen vorhandenen Daten abzuwehren.

Datensicherungsmaßnahmen finden **Anwendung** im Hardware-, Software- sowie im bautechnischen Bereich.

Aufgaben

1. Prüfen und erläutern Sie folgende Aussagen auf ihre Richtigkeit.

(1) Eine Ablage muss so aufgebaut sein, dass sich nur die Mitarbeiter in dieser Abteilung zurechtfinden.

(2) Informationen können sachgerecht abgelegt werden, indem man ein System der Ablage oder verschiedene Systematiken miteinander kombiniert.

(3) Jahresabschlüsse und Eröffnungsbilanzen müssen zehn Jahre, beginnend mit dem Ende des Kalenderjahres, in dem die letzte Eintragung gemacht wurde, aufbewahrt werden.

(4) Digitale Archivierungen sind nicht gesetzlich geregelt.

(5) Auf die Arbeitsplatzablage muss in der Regel nur der Mitarbeiter des Arbeitsplatzes zugreifen können.

(6) Bei der beleghaften liegenden Registratur gibt es nur einen Vorteil.

(7) Interne und externe Festplatten gehören zur Gattung der Magnetspeichermedien.

(8) Datensicherheit beschäftigt sich mit dem Schutz von Daten vor Verlust, Zerstörung oder Manipulation.

2. Beschreiben Sie die gängigen Ordnungssysteme der Ablage.

3. In welchen Gesetzen ist festgehalten, dass ein Kaufmann Unterlagen aufbewahren muss?

4. Welche Unterlagen müssen zwingend als Original aufbewahrt werden?

5. Welche Grundsätze müssen bei einer papierlosen Archivierung beachtet werden?

6. Nennen Sie verschiedene Formen der beleghaften Ablage. Beschreiben Sie Vor- und Nachteile.

7. Beschreiben Sie die beleghafte Ablage in Ihrem Unternehmen.

8 Kommunikationsfähigkeit im Arbeitsalltag weiterentwickeln

Für die Leistungsfähigkeit eines Unternehmens ist es von großer Bedeutung, dass die Kommunikation zwischen den Mitarbeitern gut funktioniert. Ist die Kommunikationsfähigkeit der Mitarbeiter im Unternehmen gestört, so wird immer auch der Prozess der Leistungserstellung gestört sein.

Jede Nachricht hat mindestens einen **Sender** und einen **Empfänger:**

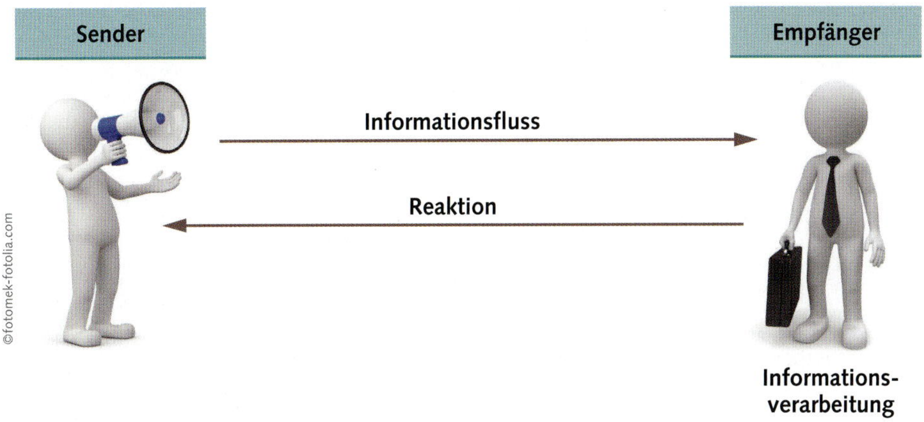

Kommunikation kann von einer Person zu einer anderen Person erfolgen (One-to-One) oder von einer Person an viele gerichtet sein (One-to-Many).

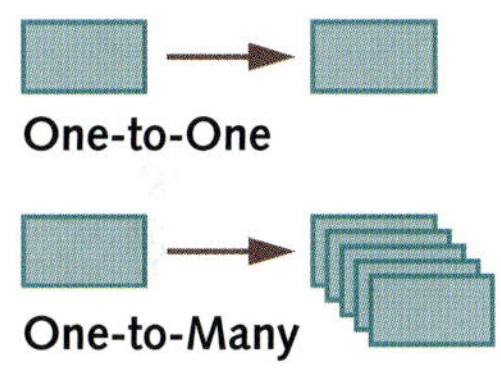

Kommunikation findet zwischen Mitarbeitern gleicher Hierarchieebenen statt	→	**horizontale Kommunikation**
Kommunikation findet zwischen Mitarbeitern verschiedener Hierarchieebenen statt	→	**vertikale Kommunikation**

Merke

Kommunikation ist die zielgerichtete Übermittlung einer Information zwischen einem Sender und einem Empfänger. Kommunikation soll zu einer Verhaltensänderung des Empfängers führen.

Eine Nachricht ist immer nur so gut, wie sie beim Empfänger ankommt. Idealerweise versteht der Empfänger das, was der Sender meint. Es kann aber durch missverstandene oder unklare Äußerungen, durch Befangenheit oder Informationsüberfrachtung der Kommunikationsaufwand erhöht werden und unter Umständen sogar zu **Fehlinformationen** führen.

Es können somit an jeder Stelle des Kommunikationsprozesses zahlreiche **Störungen** auftreten:

Ordnung nach ...		Beispiele
Der Sender verschlüsselt die Information falsch.	→	Ein Tourist versucht in einem fremdsprachigen Land Passanten in seiner eigenen Sprache nach dem Weg zu fragen. Die Personen, die er anspricht, sprechen seine Sprache nicht. Er kann die gewünschte Auskunft nicht erhalten.
Die Übertragung der Information ist gestört.	→	Bei der Übermittlung eines Faxes werden die grün geschriebenen Zeilen unleserlich übertragen. Durch einen Streik der Postmitarbeiter erhält die Firma Stahlbau GmbH ihre gesamte Post mit zwei Tagen Verzögerung.
Der Empfänger entschlüsselt die Information falsch.	→	Der Schüler Jan Mölder hat in der Klassenarbeit den englischen Text völlig falsch übersetzt.
Der falsche Empfänger erhält die Information.	→	Der Briefträger steckt versehentlich den an Herrn Klemm adressierten Brief in den Briefkasten des Nachbarn.
Der Empfänger gibt eine ungenaue Bestätigung des Informationserhalts oder eine falsche Stellungnahme, um den Sender zu täuschen.	→	In einer mündlichen Prüfung bittet der Prüfling den Prüfer, die Frage nochmals zu wiederholen, mit dem Hinweis, er habe sie akustisch nicht verstanden. So gewinnt er Zeit und kann länger über seine Antwort nachdenken.
Der Sender versteht die rückkoppelnde Information des Empfängers falsch	→	An einer Kreuzung stehen zwei Fahrzeuge. Der Fahrer des ersten Fahrzeuges gewährt durch Handzeichen dem anderen die Vorfahrt. Der zweite Fahrer betätigt die Lichthupe. Beide Fahrzeuge setzen sich in Bewegung und stoßen zusammen. Während der zweite Autofahrer sich durch das Lichtzeichen bedanken wollte, glaubte der erste Fahrer, man wolle ihm die Vorfahrt signalisieren.

Ein Kommunikationsvorgang lässt sich wie folgt beschreiben:

WER übermittelt? = **Sender**

WAS wird übermittelt? = **Information**

WIE wird übermittelt? = **Kanal**

WEM wird übermittelt? = **Empfänger**

WELCHE Wirkung wird erreicht? = **Rückkopplung**

Die einfachste störungsfreie Übermittlung von Information erfolgt von einem Menschen zum anderen, wenn beide zur selben Zeit am selben Ort sind. Die moderne Industriegesellschaft tauscht Informationen mithilfe moderner Kommunikationsmittel aus. Innerbetriebliche wie außerbetriebliche Kommunikation werden heute maßgeblich durch Telekommunikationsmittel unterstützt und gesteuert.

©Annett Leisau

Die Kommunikation stellt somit sowohl an den Sender als auch an den Empfänger besondere Anforderungen. Das **aktive Zuhören** spielt dabei eine besondere Rolle.

Regeln für aktives Zuhören:

- ehrliches, offenes Interesse,
- Aufmerksamkeit zeigen,
- Zuhören ohne zu werten,
- Zuhören ohne Lösungsvorschläge,
- positive Körpersprache,
- nie ohne Notwendigkeit unterbrechen,
- Störfaktoren ausblenden,
- eigene Gedanken abschalten.

8.1 Verbale Kommunikation und nonverbale Kommunikation

©Robert Kneschke-fotolia.com

Kommunikation kann in unterschiedlichen Formen, Informationen oder Botschaften übermitteln. Man unterscheidet hierbei zwischen verbaler und nonverbaler Informationsübermittlung.

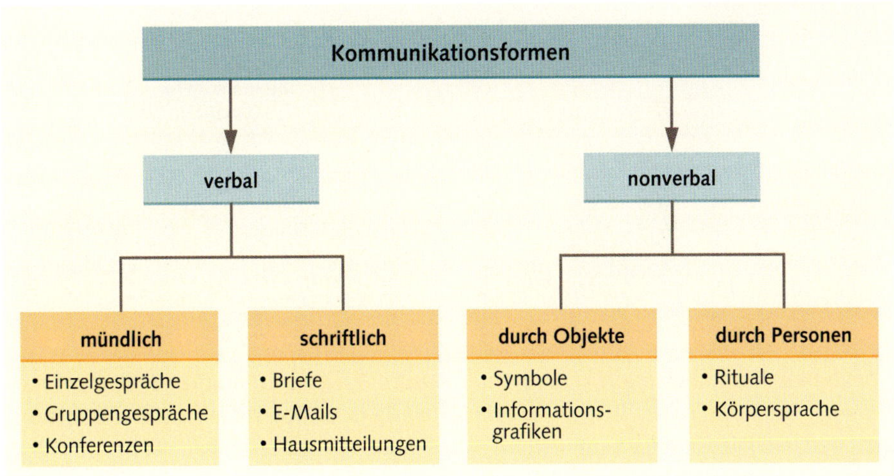

©Robert Kneschke-fotolia.com

Verbale Kommunikation

Unter verbaler Kommunikation versteht man jede Form des Informationsaustauschs mithilfe von Laut-, Gebärden- oder Schriftsprache.

- ➔ Die **schriftliche Informationsübermittlung** erfolgt in Unternehmen teilweise mithilfe von Vordrucken. Dies dient der Vereinfachung von Arbeitsabläufen.
- ➔ Die **mündliche Informationsübermittlung** erfolgt persönlich oder telefonisch, in Einzel- oder Gruppengesprächen.

Merke

Mündliche, verbale Kommunikation wird immer auch von nonverbaler Kommunikation begleitet.

Nonverbale Kommunikation

Unter nonverbaler Kommunikation versteht man jede Form der Kommunikation, die nicht mithilfe der Sprache erfolgt.

©Manuel Tennert-fotolia.com

Dazu gehören gesprächsbegleitende Aspekte wie **Körperkontakt, Nähe** oder **Distanz, Körperhaltung, äußere Erscheinung, Mimik** und **Gestik** sowie der **Blickkontakt** oder **Lautstärke** und **Tonfall** beim Sprechen. Das nichtsprachliche Verhalten des Menschen hat im Arbeitsalltag eine wichtige Bedeutung. Es kann bewusst oder unbewusst erfolgen und über viele Informationskanäle übermittelt werden.

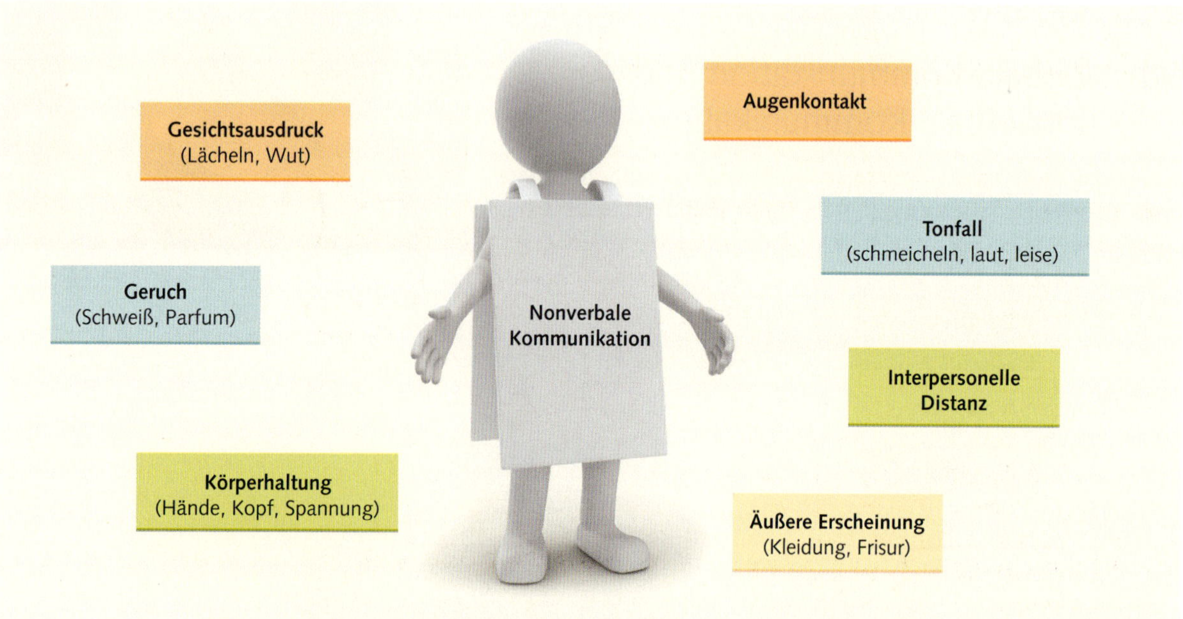

©fotomek-fotolia.com

Nonverbale Kommunikation kann in ihrer Ausdrucksweise eindeutig für den Empfänger sein. Sie kann jedoch auch nur unterschwellig oder überhaupt nicht wahrgenommen werden. Die Fähigkeit, nonverbale Kommunikation zu verstehen, ist bei den Menschen unterschiedlich ausgeprägt.

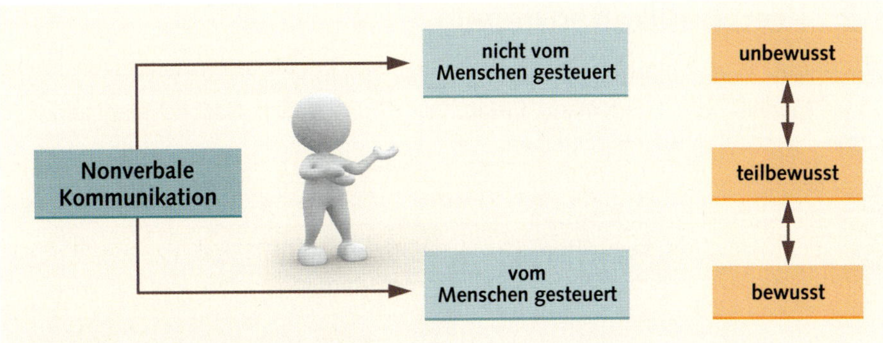

Oft senden wir Körpersignale aus, ohne uns darüber im Klaren zu sein.

Körpersignale	
unbewusste nonverbale Kommunikation	**Unbewusste Körpersignale** sind z. B. ein Lächeln, Gesten mit dem Händen beim Erzählen, zugehen auf unseren Gesprächspartner usw.
teilbewusste nonverbale Kommunikation	**Teilbewusste Körpersignale** treten bei Gefahren- oder Stresssituationen auf. Es verändert sich z. B. der Gesichtsausdruck, der Puls wird höher, man beginnt zu schwitzen. Diese Vorgänge laufen teilweise unbewusst ab, teilweise sind wir uns dessen bewusst, können sie aber mitunter nicht oder nur schwer beeinflussen.
bewusste nonverbale Kommunikation	**Bewusste Körpersignale** zeichnet sich dadurch aus, dass sie vom Menschen beeinflussbar und erlernbar sind.

Beispiel

Während der nach oben gestreckte Daumen in Deutschland eine positive Zustimmung im Sinne von „gut" oder „prima" bedeutet, heißt diese Zeichen in Australien und Nigeria nichts Gutes. Es ist eine Beschimpfung, mit der man jemanden loswerden möchte.

Merke

Bewusste nonverbale Kommunikation unterliegt kulturellen Unterschieden.

Die **räumliche Beziehung** (Distanz) zwischen Kommunikationspartnern hat eine besondere Bedeutung innerhalb der nonverbalen Kommunikation. Die notwendige **räumliche Distanz** zu einem Gesprächspartner hängt unter anderem von persönlichen Faktoren sowie der Gesprächssituation ab, sie ist jedoch auch kulturabhängig.

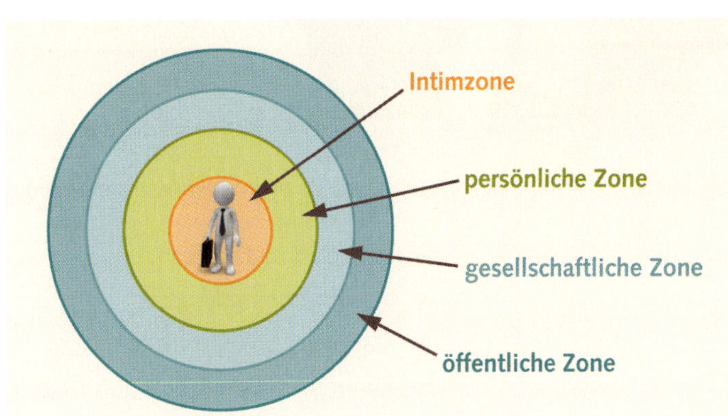

8.2 Kommunikationsregeln

Menschliche Kommunikation besteht aus vielen gleichzeitigen Botschaften. Das „Vier-Ohren-Modell" von Friedemann Schulz von Thun – auch Nachrichtenquadrat genannt – versucht dies zu beschreiben.

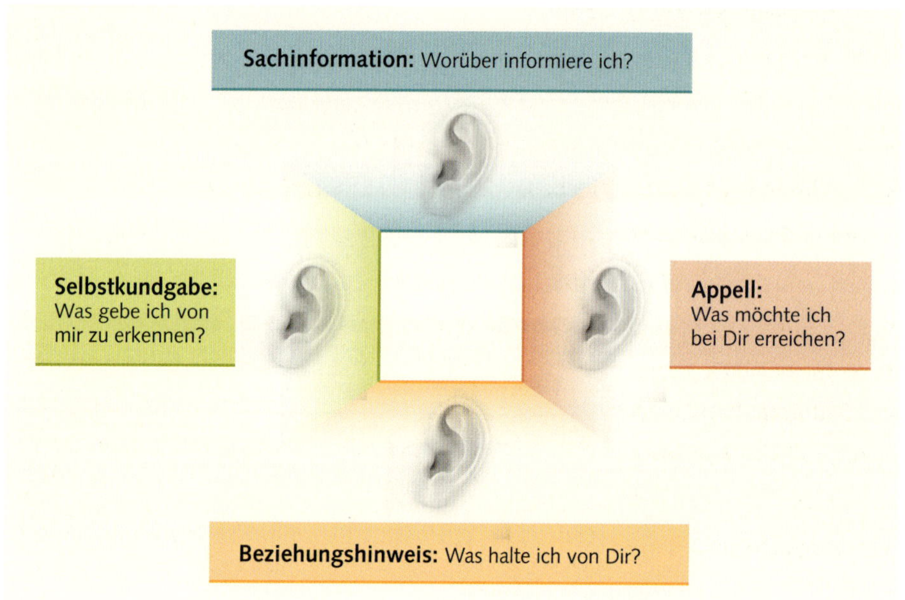

Damit der Empfänger alle Botschaften „hört" benötigt er vier Ohren!

©Robert Kneschke-fotolia.com

Das **Vier-Ohren-Modell** zeigt, wie schnell und ungewollt an welchen Stellen Missverständnisse entstehen können. Häufig eskalieren diese und können nur im Nachhinein geklärt werden. Daher ist es wichtig, so genau und deutlich wie möglich zu kommunizieren und sich klar zu werden, auf welchem der „Vier-Ohren" man am meisten hört und am empfindlichsten ist.

Merke

Gute Kommunikation kann man **gestalten!**
Gute Kommunikation muss man **reflektieren!**
Zwischenmenschliche Kommunikation ist die Grundlage von **Sozialkompetenzen.**

Bestandteile von **Sozialkompetenzen** sind:

- Artikulationsfähigkeit,
- Interpretationsfähigkeit,
- Fähigkeit, alle Botschaften einer Kommunikation zu verstehen (Vier-Ohren-Prinzip),
- Kommunikationsstörungen zu erkennen und zu reflektieren,
- Kommunikationsstörungen zu verhindern.

Grundregeln guter nonverbaler Kommunikation

- Halten Sie unbedingt die richtige räumliche Distanz zu Ihrem Gesprächspartner.
- Halten Sie einen offenen Blickkontakt zu Ihrem Gesprächspartner.
- Kontrollieren Sie Ihre Mimik.
- Kontrollieren Sie Ihre Gesten.
- Achten Sie auf ein passendes äußeres Erscheinungsbild.

Merke

Eine konstruktive Kommunikation beeinflusst das menschliche Miteinander immer positiv.

Grundregeln guter verbaler Kommunikation

- in vollständigen Sätzen sprechen,
- laut und deutlich reden,
- kurz und präzise argumentieren,
- Meinungen/Behauptungen begründen,
- offen sprechen,
- Ich-Botschaften übermitteln,
- beim Thema bleiben,
- Aggressionen vermeiden,
- Verlegenheitswörter wie „Äh" vermeiden.

Grundregeln für das aktive Zuhören

- konzentriert sein,
- aufmerksames Zuhören durch Körpersprache,
- nachfragen bei Unklarheiten,
- Meinungen und Einstellungen anderer akzeptieren,
- keine Nebentätigkeiten oder Nebengespräche ausführen.

Merke

„Man kann nicht nicht kommunizieren" (Watzlawick 1996, 53)

8.3 Selbstbild und Selbstwirksamkeit einschätzen

Selbstbild

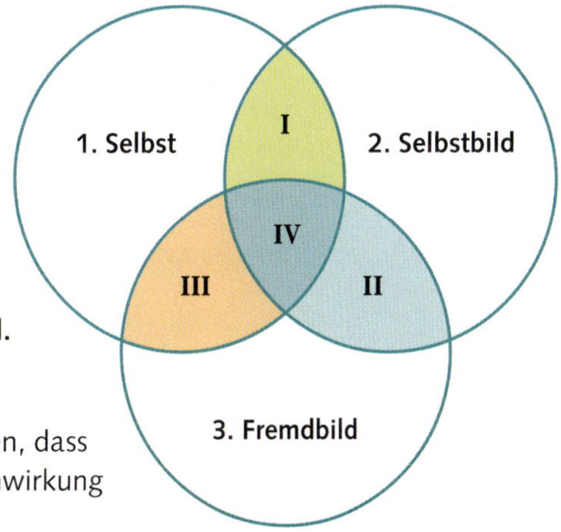

Jeder Mensch hat eine persönliche Einschätzung von sich selbst. Diese entsteht aufgrund von persönlichen Erfahrungen, eigenen Vorstellungen, der eigenen Einschätzung von persönlichen Stärken, Schwächen und Verhalten. Man spricht vom **Selbstbild.** Dieses Selbstbild wiederum beeinflusst das eigene Verhalten.

Dieses Selbstbild kann mehr oder weniger mit dem Bild übereinstimmen, dass andere von einem haben. Man spricht vom **Fremdbild.** Diese Außenwirkung hängt davon ab, wie gut man mit anderen Menschen klarkommt.

Merke

Selbstbild und Fremdbild stimmen selten miteinander überein, denn sie sind das Resultat persönlicher Einschätzungen und Wahrnehmungen.

Neun Fragen zum Selbstbild:

1. Welche Eigenschaften habe ich?
2. Welche Werte sind mir wichtig?
3. Was kann ich gut?
4. Was möchte ich lernen?
5. Welche Ziele habe ich?
6. Welche Wünsche habe ich?
7. Wie sehe ich meine Körper?
8. Wo stehe ich in der Familie?
9. Welche gesellschaftliche Position habe ich?

Dadurch können **Missverständnisse** und zwischenmenschliche Konflikte entstehen.

Das **Fremdbild** wird beeinflusst durch persönliche Erfahrungen, Erwartungen oder Stimmungen des Gegenübers. Besonders schwierig ist es, wenn das Fremdbild durch Vorurteile geprägt ist.

Das Selbstbild wiederum kann von Selbstüberschätzung geprägt sein. Man schenkt gemachten Fehlern und Erfahrungen zu wenig Beachtung, bewertet die eigene Kompetenz falsch. Dies ist häufig ein Schutzmechanismus.

Das Selbstbild kann aber auch negativ sein. Man macht sich klein und glaubt nicht an seine Fähigkeiten.

Für ein **realitätsnahes Selbstbild** hilft es, sich ein paar Gedanken über sich selbst zu machen und aktiv zu lernen sich einzuschätzen. Hilfreich ist es auch, mit anderen darüber zu sprechen und sich eine Rückmeldung (Feedback) zu holen.

Merke

Unter **Selbstwirksamkeit** versteht man den eigenen Glauben einer Person an ihre eigenen Fähigkeiten, die eigenen künftigen Handlungen positiv zu beeinflussen und zu meistern.

Selbstwirksamkeit

Wichtig für jeden Einzelnen ist es, dass man sein eigenes Leben positiv beeinflussen kann.

Selbstkompetenz

Daraus erwächst die **Selbstkompetenz,** also die Fähigkeit und Bereitschaft, selbstständig und verantwortlich zu handeln, eigenes und das Handeln anderer zu reflektieren und die eigene Handlungsfähigkeit weiterzuentwickeln.

8.4 Teamarbeit im Büro nutzen

Die Aufgaben in Unternehmen sind teilweise so komplex und umfangreich, dass sie von einer Person alleine nicht bewältigt werden können. Umfassende vielschichtige Projekte können dementsprechend häufig nur durch die Zusammenarbeit mehrerer Personen zufriedenstellend erledigt werden.

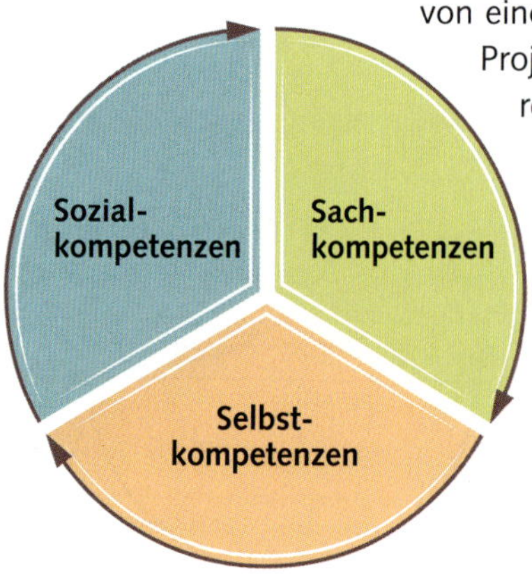

Sachkompetenzen, Selbstkompetenzen und **Sozialkompetenzen** sind die Grundlagen der Teamarbeit.

Merke

Arbeiten mehrere Personen gemeinsam an einer Aufgabe mit einen definierten Ziel, spricht man von **Teamarbeit.**

Um in einer Gruppe gut und zielgerichtet zusammenzuarbeiten, muss sich jedes Teammitglied an gewisse Regeln halten.

©alphaspirit-fotolia.com

Grundregeln guter Teamarbeit

1. Es gibt für das ganze Team eine gemeinsame Zielausrichtung.
2. Die zu verfolgenden Ziele sind klar und realistisch formuliert.
3. Für die Zusammenarbeit untereinander gibt es klare Regeln.
4. Jeder hat seine Verantwortungsbereiche, einschließlich des Teamleiters.
5. Die Kommunikation untereinander ist offen und sachlich.
6. Jedes Teammitglied kann seine Stärken einbringen.
7. Die Teammitglieder unterstützen sich gegenseitig und können sich im Bedarfsfall auch gegenseitig vertreten.
8. Konflikte können offen angesprochen und gelöst werden.

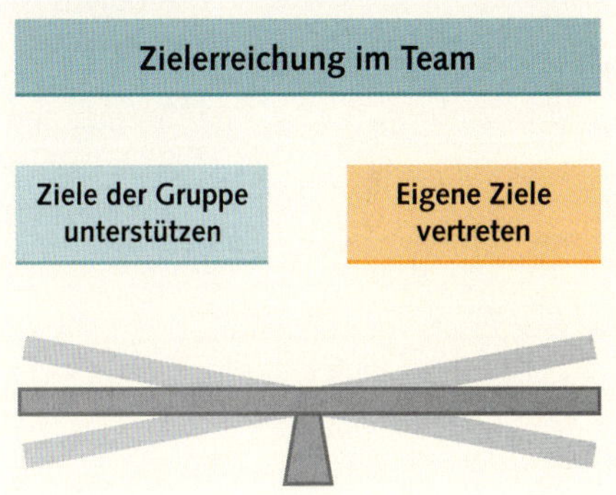

Um erfolgreich im Team zu arbeiten ist es wichtig, dass alle Teammitglieder offen miteinander umgehen, die Stärken jedes einzelnen anerkennen sowie miteinander und nicht gegeneinander arbeiten. Wenn in der Zusammenarbeit die Ziele gemeinsam erreicht werden, wächst die Arbeitsleistung aller, die Motivation und Zufriedenheit des Einzelnen steigt und das Unternehmen kann erfolgreich am Markt agieren.

8.5 Zusammenfassung und Aufgaben

Zusammenfassung

Verbale und nonverbale Kommunikation
Kommunikation findet zwischen einem **Sender** und einem **Empfänger** statt. Sie ist die **zielgerichtete Übermittlung** einer **Information**.
Aktives Zuhören spielt dabei eine besondere Rolle.
Man unterscheidet im Arbeitsalltag zwischen **verbaler** und **nonverbaler** Kommunikation. Mündliche, verbale Kommunikation wird dabei immer von nonverbaler Kommunikation begleitet.
Die nonverbale Kommunikation kann **unbewusst, teilbewusst** oder **bewusst** erfolgen.
Die **räumliche Distanz** hat bei der nonverbalen Kommunikation eine besondere Bedeutung.
Kommunikationsregeln
Das **„Vier-Ohren-Modell"** von **Friedemann von Schulz von Thun** beschreibt, wie schnell und ungewollt an welchen Stellen **Missverständnisse** in der Kommunikation entstehen können. Nonverbale und verbale Kommunikation funktionieren nur, wenn jeder Einzelne **Regeln** einhält.
Das **aktive Zuhören** spielt dabei eine große Rolle.

Selbstbild und Selbstwirksamkeit
Jeder Mensch hat eine persönliche Einschätzung von sich selbst = **Selbstbild.** Demgegenüber steht das **Fremdbild.** Fremdbild und Selbstbild stimmen meist nicht überein. Unter **Selbstwirksamkeit** versteht man den eigenen Glauben einer Person an die eigenen Fähigkeiten, die eigenen Handlungen künftig zu meistern.
Teamarbeit im Büro nutzen
Arbeiten mehrere Personen an einer Aufgabe gemeinsam, spricht man von **Teamarbeit**. Grundlagen einer gut funktionierenden Teamarbeit sind **Sach-, Selbst-** und **Sozialkompetenzen.** Um in einer Gruppe gut und zielgerichtet arbeiten zu können, sind **Regeln** einzuhalten.

Aufgaben

1. Prüfen und erläutern Sie folgende Aussagen auf ihre Richtigkeit.
   (1) Die Kommunikations beeinflusst die Leistungsfähigkeit eines Unternehmens nicht.
   (2) Jede Nachricht hat einen Sender und einen Empfänger.
   (3) Es können in einem Kommunikationsprozess nur wenige Störungen auftreten.
   (4) Bei einer Kommunikation werden nur verbal Informationen ausgetauscht.
   (5) Der Körper sendet unbewusste, teilbewusste und bewusste nonverbale Signale aus.
   (6) Um erfolgreich im Team zu arbeiten, bedarf es eines offenen Umgangs, miteinander nicht gegeneinander arbeiten und die Stärken und Schwächen jedes einzelnen anzuerkennen.
2. Nennen Sie die Grundregeln verbaler Kommunikation.
3. Was versteht man unter aktivem Zuhören?
4. Beschreiben Sie die Bestandteile eines Kommunikationsprozesses und nennen Sie Störungen im Kommunikationsprozess. Begründen Sie mithilfe von Beispielen.
5. Erläutern Sie Aspekte der Informationübermittlung bei unbewusster, teilbewusster und bewusster nonverbaler Kommunikation.

6. Betrachten Sie die Bilder und beschreiben Sie die Szenen. Nennen Sie mögliche Inhalte der Kommunikation. Welche gesprächsbegleitenden Aspekte sind zu beobachten?

a)

©vector_master-fotolia.com

b)

©vector_master-fotolia.com

c)

©GordonsLife-iStockphoto.com

7. Recherchieren Sie Beispiele kultureller Unterschiede bei nonverbaler Kommunikation.
8. Beschreiben Sie Ihr Auftreten in der Schule und im Ausbildungsbetrieb. Überlegen Sie sich Unterschiede in beiden Bereichen und versuchen Sie diese (ausschließlich sich selbst gegenüber!!!) zu begründen.
9. Sie fahren in einem öffentlichen Verkehrsmittel. Stellen Sie sich vor, dass der Bus sehr voll ist. Ein Mitreisender starrt sie an. Beschreiben Sie Ihre Gefühle.
10. Beschreiben Sie die Merkmale eines guten Teams.
11. Warum ist es manchmal sinnvoll, Aufgaben nicht im Team zu erledigen?
12. Betrachten Sie die Karikatur und interpretieren Sie sie.

Aufträge bearbeiten

©Picture-Factory-fotolia.com

Das werden Sie hier lernen …

1 - Den Geschäftsprozess der Auftragsbearbeitung analysieren

©Stefan Rajewski-fotolia.com

2 - Betriebliche Rahmenbedingungen für die Erstellung von Angeboten sondieren

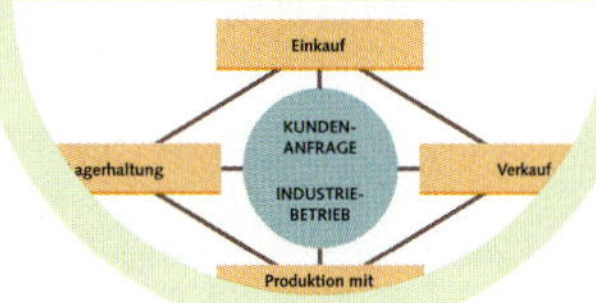

3 - Rechenarten zur Preisermittlung und Kalkulation beherrschen

©Gina Sanders-fotolia.com

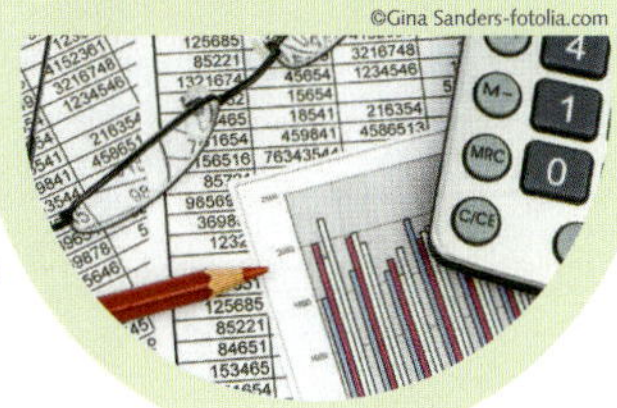

4 - Den Schriftverkehr normgerecht gestalten

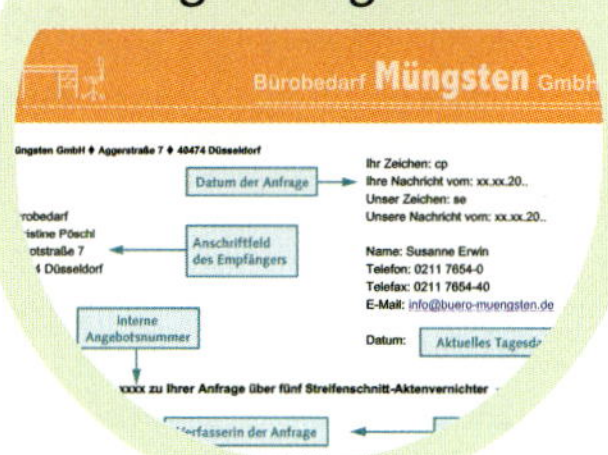

5 - Schriftstücke unter Beachtung der Nachhaltigkeit vervielfältigen

©Ralf Hahn-fotolia.com

6 - Betriebliche Kommunikationsmöglichkeiten nutzen

©Minerva Studio-fotolia.com

7 - Bedeutung von Qualität, Effizienz und Kundenzufriedenheit erkennen und realisieren

©ferkelraggae-fotolia.com

8 - Mit ausländischen Geschäftspartnern kommunizieren

©imageteam-fotolia.com

LERNFELD 3

Aufträge bearbeiten

1 Den Geschäftsprozess der Auftragsbearbeitung analysieren

1.1 Auftragsbearbeitung als Geschäftsprozess

©Gulien Diavel-fotolia.com

Prozesse gibt es in vielen Bereichen. Ein Prozess im Privatleben ist das morgendliche Aufstehen, das Frühstücken und das Fahren zur Arbeitsstelle, denn alle Vorgänge vom Aufstehen bis zum Eintreffen auf der Arbeit laufen in der Regel nahezu gleich ab.

Auch Unternehmen nutzen Prozesse für verschiedene, interne Abläufe, um z. B. einen Kundenauftrag zu erfüllen. Wichtig ist, alle Kundenaufträge durchorganisiert und zur Zufriedenheit der Kunden zu bearbeiten. Sie dienen einem Ziel: Der Kundenzufriedenheit und damit dem Erfolg des Unternehmens.

Generell gilt:
Nur wenn im Unternehmen effizient, d. h. wirtschaftlich und kundenorientiert, gearbeitet wird, ist die Zukunft des Unternehmens gesichert.

Prozesse im Unternehmen nennt man Geschäftsprozesse.
Auch die Auftragsbearbeitung ist ein Prozess für das Unternehmen.

Beispiel

Beispiele für Geschäftsprozesse im Handelsbetrieb sind:

- **Auftragsabwicklungsprozess**
  = Auftragsbearbeitung – hier werden alle Schritte geplant, um einen Kundenauftrag perfekt zu erfüllen. Ziel ist es, einen optimalen Ablauf für den Kundenauftrag, d. h. von der Bestellung bis zum Erhalt der Ware, zu erarbeiten.
- **Personalbeschaffungsprozess**
  hier werden die Schritte geplant, wie entsprechend qualifizierte Mitarbeiter gefunden werden.

Merke

Ein Geschäftsprozess:

- ist das Ergebnis von Überlegungen, in welcher Reihenfolge man umfangreiche und sich wiederholende Tätigkeiten optimal erledigt.
- hat eine festgelegte Reihenfolge, ist wiederholbar, optimierbar und kontrollierbar.
- hat einen beschriebenen Anfang, einen organisierten Ablauf und ein festgelegtes Ende.

1.2 Rahmenbedingungen für einen reibungslosen Ablauf der Auftragsbearbeitung im Unternehmen

Ein Unternehmen ist permanent mit internen und externen Veränderungen konfrontiert. So stellen eingehende Kundenanfragen, Sonderwünsche oder umfangreiche Kundenbestellungen das Unternehmen täglich vor neue Herausforderungen, die schnell und zufriedenstellend zu bearbeiten sind.

Hierzu ist es wichtig, nach einem festgelegten Plan vorzugehen. Aber jeder Kundenauftrag hat Eigenheiten, wie z. B. die Lieferung innerhalb von drei Werktagen, oder stellt das Unternehmen durch einen notwendigen Spezialversand, z. B. wenn die Ware sehr empfindlich ist und besondere Verpackung benötigt, vor weitere Herausforderungen.

Diese Überlegungen bedeuten, dass der Weg, einen Kundenauftrag zu bearbeiten, nicht allgemein gültig ist. Einerseits ist der Prozess standardisiert, andererseits muss er eine gewisse Flexibilität aufweisen, um Besonderheiten zu berücksichtigen. Er sollte dem jeweiligen Auftrag angepasst werden. Für den einzelnen Mitarbeiter lohnt es sich folglich, kritisch zu hinterfragen, welche internen Abläufe notwendig sind, um einen Kundenauftrag erfolgreich zu bearbeiten.

Merke

Der Prozess der **Auftragsbearbeitung** wird ständig verbessert und laufend kontrolliert.

LERNFELD 3

Rahmenbedingungen für Auftragsbearbeitung im Handelsbetrieb und Industriebetrieb

In einem Unternehmen müssen stets bestimmte Rahmenbedingungen erfüllt werden. In den folgenden beiden Gliederungspunkten werden mögliche Rahmenbedingungen aus Sicht eines Handels- und eines Industriebetriebs erläutert. Ein Prozess unterliegt Gesetzmäßigkeiten und Rahmenbedingungen.

In einem Prozess, wie z. B. im Prozess der Auftragsbearbeitung, wird zunächst analysiert, welche Tätigkeiten in welcher Reihenfolge zu behandeln sind. Dann fasst man alle zusammengehörenden Teilschritte **(= Teilprozesse)** zusammen. Man erfasst z. B., welche einzelnen Tätigkeiten für das Schreiben eines Kundenangebots notwendig sind.

Anschließend hält man alle Erkenntnisse für alle Beteiligten (Abteilungen und Mitarbeiter) schriftlich fest. Mithilfe einer **schriftlichen Darstellung** können Prozesse jederzeit nachvollzogen und ständig verbessert werden. Alle Mitarbeiter, die an der Auftragsbearbeitung beteiligt sind, können den Prozess erkennen und für seine erfolgreiche Umsetzung sorgen.

Merke

Im **Handelsunternehmen** wird nicht produziert, sondern die Waren werden eingekauft und ohne weitere Verarbeitung verkauft. Kleine Handelsbetriebe mit nur wenigen Mitarbeitern bearbeiten Kundenaufträge in Teamarbeit oder durch einzelne Mitarbeiter.

Industriebetriebe stellen eigene Produkte als Massenware (z. B. Druckerpapier) und/oder als individuell gefertigte Produkte (z. B. Spezialmaschinen) her. Sie bearbeiten Kundenaufträge in unterschiedlichen Abteilungen.

Folgende Tabelle zeigt in einer Gegenüberstellung, wie Kundenaufträge im Handelsunternehmen und im Industriebetrieb bearbeitet werden können.

Abteilung	Aktion	Handelsbetrieb	Industriebetrieb
Verkaufsabteilung	Kundenanfrage geht ein	✓	✓
	Bonitätsprüfung: Ist der mögliche Kunde zahlungsfähig?	✓	✓
	Prüfen auf Lieferfähigkeit: Ist die Ware vorrätig?	✓	Zwischenprüfung Fertigung/ Produktion
Fertigung/ Produktion	Produktionstechnische Prüfung auf Machbarkeit bei einem Einzelprodukt (Einzelfertigung)	✗	✓
	Prüfung auf rechtzeitige Verfügbarkeit bei Massenfertigung (sind entsprechende Mengen herstellbar)	✗	✓
	Prüfung auf Lieferfähigkeit	✗	✓
Verkaufsabteilung	Falls Verkaufsabteilung und Fertigung O. K. geben – Angebot wird an Kunden gesendet.	✓	✓
	Falls der Kunde einen Auftrag erteilt – Vergleich des eingegangenen Kundenauftrags mit dem zuvor gesendeten Angebot Bei völliger Übereinstimmung: Kaufvertrag entsteht	✓	✓
	Erfassen des Kundenauftrags in der Datei Kundenaufträge	✓	✓
	Erstellung eines Lieferscheines in zweifacher Ausführung (ein Exemplar für das Lager und ein Exemplar für das Rechnungswesen)	✓	✓
		Weiterleitung des Auftrags an das Lager	Weiterleitung des Auftrags an die Produktion/ Fertigung

Abteilung	Aktion	Handelsbetrieb	Industriebetrieb
Fertigung/ Produktion	Organisation des Auftrags mit Planung, Steuerung und Kontrolle	✗	✓
Lager/ Disposition	Kommissionieren, d. h. Zusammenstellen aller Bestandteile des Auftrags	✓	✓
	Lagerbuchhaltung erfasst den Auftrag.	✓	✓
	Weiterleitung des Auftrags an den Versand	✓	✓
Versand an den Kunden	Durch das Unternehmen selbst oder durch einen externen Dienstleister	✓	✓
	Weiterleitung des Auftrags an das Rechnungswesen/ Fakturierung	✓	✓
Rechnungs-wesen/ Fakturierung	Erfassen des Auftrags als Ausgangsrechnung (AR) auf dem Kundenkonto	✓	✓
	Erstellen (= Fakturieren) der Ausgangsrechnung und Versand der Rechnung an den Kunden	✓	✓
	Sachliche und rechnerische Prüfung der Ausgangsrechnung	✓	✓
	Nach Prüfung und Bestätigung des Zahlungseingangs ist der Auftrag abgeschlossen.	✓	✓

Industriebetriebe bieten teilweise dem Kunden auch Waren an, die nicht selbst produziert, sondern von Lieferanten zugekauft werden. Sind diese Waren im Lager vorrätig, geht der Kundenauftrag den gleichen Weg wie für den Handelsbetrieb beschrieben.

Merke

Wie Kundenaufträge im Unternehmen genau bearbeitet werden, kann nicht allgemein beschrieben werden, denn Typ, Größe, Branche und Sortiment eines Unternehmens sind zu individuell, um allgemein gültige Aussagen zu treffen. Demnach sind auch die Prozesse unterschiedlich.

1.3 Auswirkungen der Auftragsbearbeitung auf alle im Unternehmen beteiligten Bereiche

Wenn der Kunde plant, einen Auftrag zu erteilen (z. B. ein Produkt zu kaufen), sieht er sich am Markt einer Reihe von Lösungsanbietern gegenüber. Selbst wenn er nach Beurteilung von Preis und Qualität eines Produkts oder einer Dienstleistung einige aussortieren kann, da sie nicht seinen Vorstellungen entsprechen, bleiben doch einige Unternehmen übrig, die gute Produkte oder Dienstleistungen anbieten. Denn üblicherweise haben Unternehmen keine Monopolstellung, d. h. sie sind nicht alleiniger Anbieter.

Unternehmen müssen mit ihren Angeboten den Kunden überzeugen, d. h. dessen Wünsche und Vorstellungen kennen und anschließend erfüllen. Nur wer seinen Kunden kennt, kann auf dem Markt bestehen.

Wichtig für viele Kunden sind:

- Preis
- Schnelligkeit
- Verlässlichkeit, auch bei Sonderwünschen und Reklamationen
- Aktualität, besondere Kriterien (z. B. Lieferung innerhalb von fünf Werktagen)
- Qualität
- technische Anforderungen (z. B. Motorleistung)

Merke

Kennt das liefernde Unternehmen die Wünsche und Vorstellungen seiner Kunden, ist dies oft entscheidend dafür, dass der Kunde einen Auftrag erteilt.

1.3.1 Bedeutung der Auftragsbearbeitung für die Mitarbeiter

Unternehmensintern bedeutet Auftragsbearbeitung zunächst, alle Kundendaten fortlaufend zu pflegen. Besondere Anforderungen und spezielle Wünsche von Kunden müssen sorgfältig erfasst werden.

Kundenanforderungen sind u. a.:

- Spezialverpackungen
- Warentransporte an unterschiedliche Filialbetriebe
- bestimmte Qualitätsanforderungen an die Ware
- Sonderwünsche bezüglich Anlieferungszeitpunkt

Die dazu notwendigen Informationen können alle Mitarbeiter, die in direktem Kundenkontakt stehen, sammeln und erfassen. Dies sind vor allem Mitarbeiter aus dem Bereich Vertrieb, die die Aufträge entgegennehmen und regelmäßig persönlichen Kundenkontakt halten.

Erfasst werden die Daten in der **Kundenstammdatei** oder in speziellen Kundendateien der Auftragsbearbeitungssoftware.

Merke

Kundenstammdaten enthalten die wichtigsten Informationen über einen bereits bestehenden Kunden.

Dies sind z. B. Adresse, Kontoverbindung, Kontaktdaten für E-Mail, Telefon, Telefax, Ansprechpartner oder vorab vereinbarte Zahlungs- und Lieferkonditionen.

Kundenstammdaten bleiben i. d. R. über einen längeren Zeitraum unverändert.

Zudem gibt es allgemeine Kundeninformationen über die Kundenstruktur. Dies sind Aufzeichnungen über die Branche, Größe des Kunden (Anzahl der Mitarbeiter, Umsatzzahlen usw.).

Tipp

Machen Sie sich als Mitarbeiter bewusst, welchen hohen Stellenwert eine optimal organisierte Auftragsbearbeitung hat.

Handeln Sie im Sinne des Kunden und Ihres Unternehmens.

Dies bedeutet: Stellen Sie den Kunden zufrieden und handeln Sie wirtschaftlich.

Noch immer gilt der Grundsatz: Der Kunde ist König!

1.3.2 Bedeutung der Auftragsbearbeitung für die Unternehmensleitung

Ein Geschäftsprozess wie der der Auftragsbearbeitung ist zum Scheitern verurteilt, wenn niemand für diesen Prozess die Verantwortung übernimmt. Dies fängt bei der Unternehmensleitung an und setzt sich bei den Abteilungsleitern bis hin zum einzelnen Mitarbeiter fort. Nur wenn eine laufende Verbesserung der Auftragsabwicklung als entscheidender Erfolgsfaktor angesehen wird, sind alle Unternehmensbereiche bereit, Aufträge so optimal wie möglich zu behandeln und regelmäßig zu verbessern.

Beispiel

Die Unternehmensleitung kann dies z. B. in regelmäßigen Rundschreiben an alle Mitarbeiter weitergeben. Zudem können regelmäßige Seminare und Schulungen die Mitarbeiter im Bereich Auftragsbearbeitung unterstützen.

Ob der Prozess der Auftragsabwicklung erfolgreich war, hängt zum großen Teil von der Kundenzufriedenheit ab. So ist es wichtig, die Kundenzufriedenheit in regelmäßigen Abständen zu erfassen und erhaltene Daten regelmäßig auszuwerten.

Ein Beispiel zur Messung der Kundenzufriedenheit ist eine unstrukturierte, d. h. spontane, mündliche Kundenbefragung am Telefon.

Ergebnisse einer Telefonbefragung:

- Notizen über Zufriedenheit
- Verbesserungsvorschläge
- Gründe für Reklamationen

Eine weitere Informationsquelle zur Kundenzufriedenheit sind spontane, positive oder negative Kundenäußerungen bei der Auftragsbearbeitung. Die Auswertung dieser Informationen kann die zukünftige Auftragsbearbeitung verbessern und Kundenzufriedenheit schaffen und stärken. Zudem können strukturierte Befragungen mithilfe von Fragebögen am Telefon oder per E-Mail erfolgen.

Merke

Die Unternehmensleitung muss die Mitarbeiter dazu anhalten, ihren Beitrag zur Auftragsbearbeitung zu leisten.

Informationen über Kunden werden gesammelt und schriftlich festgehalten, um zukünftige Aufträge besser zu bearbeiten.

Die gesammelten Informationen werden meist in der Auftragsbearbeitungssoftware, z. B. in der Stammdatei des Kunden, erfasst. Sie stehen dann für neue Aufträge zur Verfügung. Unternehmensintern dienen die Informationen der laufenden Qualitätsverbesserung, z. B. für Lieferschnelligkeit oder Service.

1.4 Zusammenfassung und Aufgaben

Zusammenfassung

Auftragsbearbeitung als Geschäftsprozess

Prozesse im Unternehmen nennt man **Geschäftsprozesse.**

Ein **Geschäftsprozess** ist das **Ergebnis von Überlegungen,** die anfallenden Arbeitsschritte Schritt für Schritt zu optimieren.

Ein **Geschäftsprozess** hat eine **festgelegte Reihenfolge,** ist **wiederholbar** und **kontrollierbar.**

Ein **Geschäftsprozess** hat einen **beschriebenen Anfang,** einen **organisierten Ablauf** und ein **festgelegtes Ende.**

Ein Geschäftsprozess hat ein **Ziel**.

Rahmenbedingungen für einen reibungslosen Ablauf der Auftragsbearbeitung

Der **Prozess der Auftragsbearbeitung** wird **ständig verbessert** und **laufend kontrolliert.**

Mithilfe einer **schriftlichen Darstellung** können Prozesse nachvollzogen und kontinuierlich verbessert werden.

Im **Handelsunternehmen** wird nicht produziert, sondern die Waren werden eingekauft und ohne weitere Verarbeitung verkauft.

Industriebetriebe stellen eigene Produkte als Massenware und/oder als individuell gefertigte Produkte her.

Auswirkungen der Auftragsbearbeitung auf alle im Unternehmen beteiligten Bereiche

Relevant für eine **Angebotsentscheidung** sind für den Kunden neben dem **Preis** oftmals **Schnelligkeit** und **Verlässlichkeit, Qualität** und **technische Anforderungen** der Auftragsabwicklung.

Auftragsbearbeitung bedeutet unternehmensintern, alle **Kundendaten laufend zu pflegen.**

Erfasst werden die Daten in der **Kundenstammdatei.** Kundenstammdaten enthalten die wichtigsten Informationen über einen bereits bestehenden Kunden.

Nicht nur die Unternehmensleitung, sondern alle Mitarbeiter leisten ihren Beitrag zu einer erfolgreichen Auftragsbearbeitung.

Aufgaben

1. Prüfen Sie die nachfolgenden Aussagen auf ihre Richtigkeit. Die Antwort ist jeweils zu begründen.
   (1) Der Prozess der Auftragsbearbeitung muss ständig verbessert und laufend kontrolliert werden.
   (2) Prozesse gehen nach einem variablen Plan vor.
   (3) Im Auftragsabwicklungsprozess werden alle Schritte geplant, um einen Kundenauftrag perfekt zu erfüllen.
   (4) Ein Prozess hat keine festgelegte Reihenfolge.
   (5) Ein Prozess ist wiederholbar.
   (6) Auftragsbearbeitung betrifft nur die Abteilung Verkauf.
   (7) Prozesse im Unternehmen nennt man Betriebsprozesse.
   (8) Unternehmen nutzen Prozesse für die Bearbeitung externer und interner Aufgaben.
   (9) Alle Mitarbeiter, die am Prozess der Auftragsbearbeitung beteiligt sind, sind für dessen erfolgreiche Umsetzung verantwortlich.
   (10) Ein Handelsunternehmen kann bei einer bestimmten Betriebsgröße selbst als Produzent auftreten.
2. Beschreiben Sie den Begriff Geschäftsprozess.
3. Geben Sie Unterschiede zwischen einem Industriebetrieb und einem Handelsunternehmen an.
4. Erstellen Sie eine Übersicht, wie Kundenaufträge in einem Handelsbetrieb behandelt werden.
5. Erläutern Sie, warum es wichtig ist, Kundendaten fortlaufend zu pflegen.
6. Zeigen Sie, wie die Unternehmensleitung ihre Mitarbeiter bei der laufenden Verbesserung der Auftragsabwicklung unterstützen kann.

2 Betriebliche Rahmenbedingungen für die Erstellung von Angeboten sondieren

2.1 Anfrage

Bevor es zu Geschäftsbeziehungen kommt, senden Kunden bzw. interessierte Unternehmen Anfragen. Diese werden u. U. mit identischem Inhalt gleichzeitig an mehrere Lieferanten oder Dienstleister gesendet. Anfragen dienen zur Anbahnung neuer Geschäftsbeziehungen, stellen oft eine erste Kontaktaufnahme dar und dienen der Einholung von Angeboten.

Die Bürobedarf Müngsten GmbH hat folgende Anfrage eines langjährigen Kunden erhalten.

Sehr geehrte Damen und Herren,

wir planen in der xx. Dezemberwoche dieses Jahres eine Aktionswoche.
Hierzu benötigen wir fünf günstige Streifenschnitt-Aktenvernichter Ihrer Hausmarke.
Bitte senden Sie uns ein ansprechendes Angebot zu.
...

Mit freundlichen Grüßen

Christine Pöschl

2.1.1 Bestimmte und unbestimmte Anfrage

Grundsätzlich gibt es zwei Arten, eine Anfrage zu formulieren.

Bestimmte Anfrage

- Da der Kunde, wie im Beispiel gezeigt, in seinem Schreiben bereits konkrete Fragen zum Artikel, zur Lieferzeit, zur Menge usw. formuliert hat, nennt man diese Art von Anfragen „bestimmte Anfragen".
- Bestimmte Anfragen enthalten genaue Vorstellungen und Wünsche und sind für die spätere Erstellung von Angeboten sehr hilfreich.
- Auch potenzielle Neukunden richten häufig bestimmte Anfragen an ein Unternehmen.

■ Unbestimmte Anfrage

➔ Zeigen bestehende Kunden oder potenzielle Neukunden hingegen zunächst Interesse an Informationsmaterial, Preislisten oder stellen allgemein formulierte Fragen bzw. bitten um einen Vertreterbesuch, spricht man von **unbestimmten** bzw. **allgemeinen Anfragen.**

Merke

Bestimmte Anfragen erkennt man an konkreten Vorstellungen und Wünschen.

Unbestimmte Anfragen enthalten allgemein formulierte Fragen.

Unbestimmte (allgemeine) Anfragen werden ebenso sorgfältig wie bestimmte Anfragen behandelt, denn auch sie haben das Ziel, ein Angebot zu senden und eine Geschäftsbeziehung anzubahnen.

2.1.2 Inhalte einer Anfrage

Damit Anfragen schnell und zielgerichtet bearbeitet werden können, sollten sie, wenn möglich, folgende **Basisinformationen** enthalten:

- ➔ Artikelname
- ➔ Artikelbeschreibung
- ➔ Art und Beschaffenheit der Ware
- ➔ Fristsetzung für die Angebotsabgabe
- ➔ Güte der Ware (z. B. Angabe von Güteklassen und Normen)
- ➔ Garantien
- ➔ Lieferdatum
- ➔ Mengen
- ➔ Preisvorstellung (z. B. „günstig“)
- ➔ technische Erfordernisse der Ware
- ➔ Versandwünsche
- ➔ Zahlungsbedingungen
- ➔ Lieferbedingungen allgemein
- ➔ Leistungsort/Lieferort
- ➔ Preise
- ➔ Preisnachlässe
- ➔ Verpackungswünsche
- ➔ Versicherungen

Die Auflistung der Basisinformationen ist nicht vollständig, denn sie ist stets so individuell wie die Anfrage selbst.

Merke

Viele Fragen und Angaben in einer Anfrage erleichtern es dem angesprochenen Unternehmen, ein gutes Angebot zu senden.

Eine Möglichkeit für Rückfragen hilft schnell, auf Anforderungen und Wünsche zu reagieren.

Ebenso sind Fragen nach Mustern, Proben oder Angaben zu Eigenschaften der Ware hilfreich.

2.1.3 Rechtlicher Aspekt

©froxx-fotol a.com

Die Anfrage ist **formfrei gestaltbar. Sie erfolgt auf mündlichem, fernmündlichem, schriftlichem** oder **elektronischem** Weg mit der Bitte um Beantwortung der angefragten Waren oder Dienstleistungen. Formfrei bedeutet, dass der Verfasser der Anfrage den Inhalt und die Form der Darstellung beliebig gestalten kann.

Anfragen sind für Absender und Empfänger stets **unverbindlich.**

Der Absender einer Anfrage ist zu keiner Bestellung verpflichtet. Anfragen haben das Ziel, ein geeignetes und kostengünstiges Angebot zu erhalten.

Merke

Inhalt, Art und Versendung einer Anfrage sind frei wählbar. Anfragen sind unverbindlich für Sender und Empfänger.

2.2 Prüfung anfragender Unternehmen

©Gajus-fotolia.com

Kunden sind die bedeutendsten Geschäftspartner eines Unternehmens, dennoch ist es wichtig, sich vorab über deren Kreditwürdigkeit (= Bonität = Zahlungsfähigkeit) Gedanken zu machen und diese kritisch zu prüfen. Zahlungsschwache oder gar zahlungsunfähige Kunden können das eigene Unternehmen in ernsthafte Zahlungsschwierigkeiten bringen.

Beispiel

Ein Kunde fragt eine große Kopieranlage im Wert von 30.000,00 EUR an. Ist dieser Kunde nicht in der Lage diese Rechnung zu begleichen, kann dies das Unternehmen in ernste Zahlungsschwierigkeiten bringen, wenn es in Folge die Rechnung des Lieferanten der Kopieranlage nicht bezahlen kann.

Prüfung des möglichen Kunden auf Kreditwürdigkeit (= Bonität) erfolgt durch die Untersuchung von

bisherigem Zahlungsverhalten	Rechtsstand und Vermögensverhältnissen	Auftragsvolumen des Kunden	Image des Kunden
• Pünktlichkeit der Zahlung • Überschreitung/Unterschreitung des Zahlungsziels • unberechtigte Abzüge vom Rechnungspreis • notwendige Mahnschreiben	• Rechtsform • Art und Umfang des haftenden Vermögens • Umsatz- und Unternehmensentwicklung	Große und umsatzstarke Kundenaufträge können bei Zahlungsausfall einen großen finanziellen Schaden, bis hin zur eigenen Existenzgefährdung verursachen.	• Zuverlässigkeit • Auftreten • Persönlichkeit

Merke

Je größer das Auftragsvolumen, desto intensiver die Prüfung.

Bei einer Prüfung auf Kreditwürdigkeit (= Bonität) ist es meist unerheblich, ob der Kunde bereits bekannt ist, oder ob eine neue Geschäftsbeziehung eingegangen wurde, denn die Prüfung wird stets so sorgfältig wie möglich durchgeführt.

Von Vorteil ist, dass bei bereits bekannten Kunden auf eigene Erfahrungen zurückgegriffen werden kann. Kundendateien/Debitorenlisten (mit bisherigen Umsätzen, offenen Posten oder Zahlungsmoral) sowie Auskünfte von Verkauf/Buchhaltung/Mahnwesen stehen zur Prüfung schnell zur Verfügung. Zur Prüfung der Aktualität sind auch hier Auskünfte von sogenannten Auskunftsstellen hilfreich.

Merke

Die SCHUFA bietet u. a. eine sogenannte Schufa-Unternehmensauskunft für Selbstständige und Unternehmen an. Von 6 Millionen Unternehmen (Firmen aus dem Handelsregister, Kleingewerbetreibende und Freiberuflern) kann eine Kurz-Beurteilung der Unternehmens-Zahlungsfähigkeit angefordert werden.

Hierin sind Informationen zu den Kerndaten des Unternehmens und dessen Bonität enthalten.

Die Creditreform bietet ebenfalls Bonitätsprüfungen an.

Die **Prüfung der Bonität** kann anhand folgender **Checkliste** erfolgen:

Checkliste

- Unternehmen, die als Referenz eines Kunden angegeben wurden
- Geschäftsfreunde
- **Bank** des anfragenden Kunden
- **Öffentliche Register** wie Handelsregister, Grundbuch, Schuldnerliste
- **Halbamtliche Stellen** wie Industrie- und Handelskammern bzw. Handwerkskammern
- **Gewerbsmäßige Auskunfteien und Kreditschutzorganisationen**; sie geben gegen entsprechende Bezahlung Auskunft.
- **SCHUFA (Schutzgemeinschaft für allgemeine Kreditsicherung)**

2.3 Realisierbarkeit des Auftrags

Soll über eine Auftragsbearbeitung entschieden werden, ist die Art des Unternehmens, also Industriebetrieb oder Handelsbetrieb, zu berücksichtigen. Die im Punkt 2.2 gezeigte Prüfung der anfragenden Unternehmen wird von Industriebetrieben und Handelsbetrieben gleichermaßen durchgeführt. Gleich ist auch das Ziel, möglichst alle Wünsche des anfragenden Unternehmens zu erfüllen, ohne die eigenen Unternehmensziele sowie die Gewinnerzielung zu vernachlässigen.

Wie Industriebetriebe und Handelsbetriebe Anfragen und daraus resultierende Angebote bearbeiten können, zeigen die folgenden Gliederungspunkte.

2.3.1 Realisierbarkeit eines Auftrags aus Sicht eines Handelsbetriebs

Handelsbetriebe bearbeiten Kundenanfragen in erster Linie nach **Lieferfähigkeit, Lieferzeit** und **Lieferbereitschaft.** Eine Realisierbarkeit von Lieferfähigkeit und Lieferzeit bedeutet, dass die angefragten Mengen an Waren bzw. Dienstleistungen in der gewünschten Zeit geliefert werden können. Kann die Lieferbereitschaft realisiert werden, besteht die grundsätzliche Bereitschaft, Waren und Dienstleistungen an einen Kunden zu liefern.

Für die **Prüfung der Lieferfähigkeit** kann folgende **Checkliste** schnelle Antworten liefern. Die Beispiele beziehen sich auf die Bürobedarf Müngsten GmbH.

Checkliste

1) **Sind die angefragten Waren im Sortiment?**
   Hat die Müngsten GmbH die angefragten Aktenvernichter im Sortiment?
2) **Können angefragte Waren, die nicht im Sortiment sind, rechtzeitig und in ausreichender Menge beschafft werden?**
   Die in 1) angefragten Aktenvernichter sind nicht im Sortiment. Kann die Ware rechtzeitig und in ausreichender Menge beschafft werden?
3) **Sind die angefragten Waren zum Lieferzeitpunkt in ausreichender Menge vorhanden?**
   Kann die Müngsten GmbH die Aktenvernichter rechtzeitig beschaffen?
4) **Sind die angefragten Dienstleistungen möglich?**
   Ist der von der Müngsten GmbH angebotene Lieferdienst für die Aktenvernichter möglich?
5) **Können angefragte Dienstleistungen, die nicht selbst bereitgestellt werden, anderweitig rechtzeitig organisiert werden?**
   Der Kunde, der die Aktenvernichter wünscht, benötigt zudem die Dienste eines Elektrikers. Kann die Müngsten GmbH dies organisieren?
6) **Können die in 4) und 5) beschafften Güter/Dienstleistungen zu einem adäquaten Preis beschafft/angeboten werden?**

Für die **Prüfung der Lieferzeit** ist folgende **Checkliste** denkbar.

Checkliste

1) **Wie schnell können die angefragten Waren aus dem eigenen Sortiment bereitgestellt werden?**
2) **Ist die gewünschte Lieferzeit möglich?**
3) **Wie schnell können die angefragten Dienstleistungen bereitgestellt werden?**
4) **Ist die gewünschte Lieferzeit möglich?**
5) **Können die angefragten Dienstleistungen, die nicht selbst bereitgestellt werden, in der gewünschten Zeit angeboten werden?**

Unternehmensintern stellen Kundenanfragen somit **Beziehungen zwischen** den Bereichen **Einkauf**, **Verkauf** und **Lagerhaltung** her.

Merke

Handelsbetriebe prüfen Kundenanfragen in erster Linie nach Lieferbereitschaft und Lieferzeit. Die Unternehmensbereiche Verkauf, Einkauf und Lagerhaltung arbeiten hier eng zusammen.

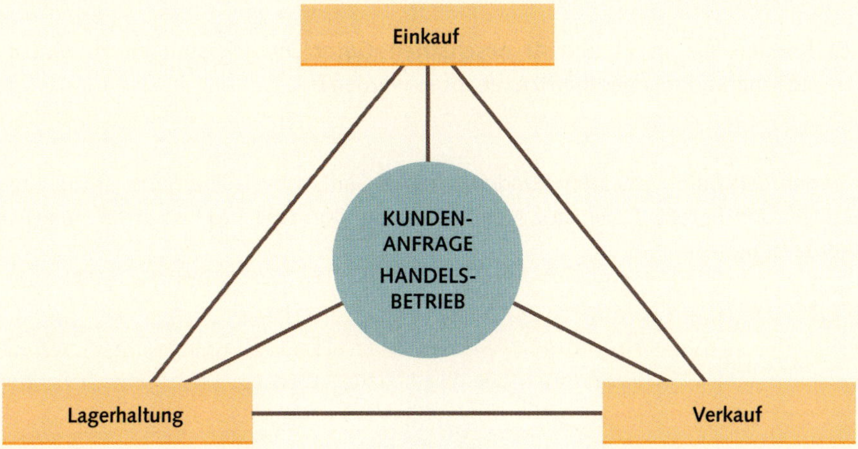

Sind die Prüfungen zu Lieferfähigkeit und Lieferzeit erfolgreich umgesetzt, kann an den Kunden ein entsprechendes Angebot gesendet werden.

2.3.2 Realisierbarkeit eines Auftrags aus Sicht eines Industriebetriebs

Industriebetriebe bearbeiten **Kundenanfragen** nach Einbindung in das **Erzeugnisprogramm**, in die **Produktionsplanung** und in vorhandene **Produktionskapazitäten.**

Das Erzeugnisprogramm besteht aus dem Beschaffungsprogramm, das fremd bezogen wird, und aus dem Fertigungsprogramm, das selbst hergestellt wird.

Auch hier kann für die Prüfung folgende **Checkliste** schnelle Antworten liefern. Die Beispiele beziehen sich auf einen Hersteller für Aktenvernichter

Checkliste

1) **Sind die angefragten Waren im Erzeugnisprogramm?**
   Kann der Hersteller die gewünschten Geräte produzieren bzw. die Geräte beschaffen?

2) **Können die Waren rechtzeitig und in ausreichender Menge produziert werden?**
   Wenn die Aktenvernichter beschafft werden müssen, ist dies rechtzeitig und in ausreichender Menge möglich?

3) **Sind die angefragten Dienstleistungen möglich?**
   Kann der Hersteller die angefragte Dienstleistung, wie z. B. Lieferung und Montage der Geräte, leisten?

4) **Können angefragte Dienstleistungen, die nicht selbst bereitgestellt werden, anderweitig rechtzeitig organisiert werden?**
   Der Hersteller bietet eine gewünschte Dienstleistung, wie z. B. Fertigung eines Einbauschranks für die Aktenvernichter, nicht an. Kann der Hersteller diese Dienstleistung anderweitig organisieren?

5) **Können die in 2) und 4) beschafften Güter/Dienstleistungen zu einem adäquaten Preis beschafft/angeboten werden?**

Merke

Industriebetriebe prüfen Kundenanfragen in erster Linie nach Einbindung in das Erzeugnisprogramm, in die Produktionsplanung und in vorhandene Produktionskapazitäten.

Unternehmensintern stellen Kundenanfragen an Industriebetriebe Beziehungen zwischen den Bereichen Einkauf, Verkauf, Produktion (mit Produktionsplanung) und Lagerhaltung her.

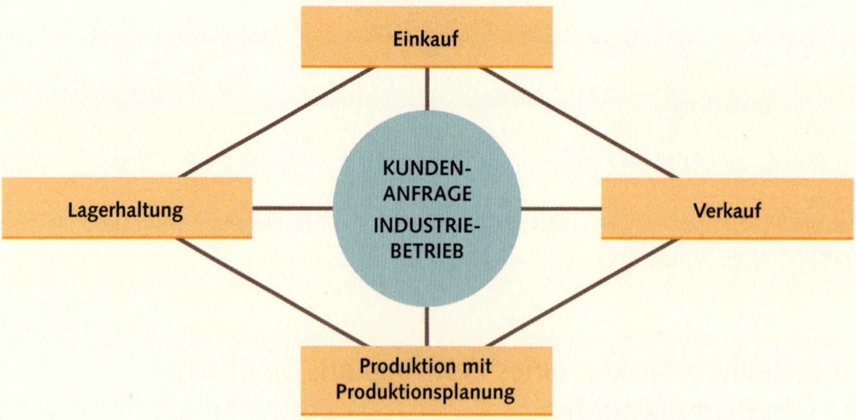

Es können aber auch unternehmenspolitische Gründe für die Durchführung eines Auftrags sprechen. Soll z. B. ein neuer oder imageträchtiger Geschäftspartner als Kunde gewonnen werden, können Aufträge auch in Anbetracht von Schwierigkeiten oder eines nicht rentablen Geschäfts durchgeführt werden.

2.3.3 Prüfung des Preis-Kosten-Verhältnisses

Neben den gezeigten Überlegungen ist es unumgänglich, die aktuelle Kostensituation im Unternehmen zu berücksichtigen und eine entsprechende **Preiskalkulation** (vgl. Kapitel 3.3) vorzunehmen. Kundenaufträge sind in erster Linie dazu da, Kosten im Unternehmen, die u. a. durch Mitarbeiter, Miete oder Steuern entstehen, zu decken.

Merke

Die durch den Warenverkauf erzielten Einnahmen müssen für einen Handelsbetrieb mindestens die Beschaffungskosten bei Fremdbezug der Ware decken und bei einem Industriebetrieb mindestens die Produktionskosten bei Eigenfertigung der Ware.

Für Handelsbetriebe und Industriebetriebe gilt zudem, dass die Einnahmen die Verwaltungskosten decken und einen Gewinn erwirtschaften müssen.

Bei der Preisbildung muss das Unternehmen neben der eigenen Kosten- und Gewinnsituation auch die Preisgefüge der Konkurrenz im Blick haben, denn die Konkurrenz wird womöglich ebenso gute Produkte zu einem adäquaten Preis anbieten. Der Kunde wird stets vergleichen und meistens ist der Preis der Auslöser, der den Zuschlag für einen Auftrag gibt.

2.4 Angebot

Die Müngsten GmbH hat nachfolgende Anfrage (Auszug) eines Stammkunden geprüft und sendet ein entsprechendes Angebot.

> Sehr geehrte Damen und Herren,
>
> wir planen in der xx. Dezemberwoche dieses Jahres eine Aktionswoche.
> Hierzu benötigen wir fünf günstige Streifenschnitt-Aktenvernichter Ihrer Hausmarke.
> Bitte senden Sie uns ein ansprechendes Angebot zu.
> ...
>
> Mit freundlichen Grüßen
>
> Christine Pöschl

Im Angebot informiert der Lieferant **rechtlich verbindlich** über alle von ihm angebotenen Leistungen. Angebote dienen zur **Vorbereitung eines Kaufvertrags**.

Die **Inhalte des Angebots** können oft nahezu identisch mit den Basisinformationen aus dem Anfrageschreiben sein und werden nur um Detailpunkte durch den Lieferanten ergänzt.

Merke

Achten Sie beim Schreiben von Angeboten auf ein **persönlich formuliertes Anschreiben,** eine **optisch ansprechende Briefgestaltung** sowie auf **sinnvolles Begleitmaterial** wie Prospekte mit Detailbeschreibungen der Ware und legen Sie eventuell eine Visitenkarte des Ansprechpartners bei.

Tipp

Überzeugen Sie bereits im Angebot und zeigen Sie, was im Rahmen der betrieblichen Möglichkeiten zu leisten ist!

Jedes Angebot ist die **Willenserklärung** eines Lieferanten, alle im Angebot enthaltenen Aussagen zu erfüllen. Eine **Willenserklärung** kann **mündlich, schriftlich** oder **durch Handeln,** z. B. Kopfnicken für „Ja", gegeben werden. Die Willenserklärung des Lieferanten ist **verbindlich**. Es gibt aber auch unverbindliche Angebote mit Freizeichnungsklausel, wie z. B.: „Das Angebot ist freibleibend."

Der Empfänger des Angebots (= Kunde) kann diesem Angebot zustimmen. Man nennt dies **zweiseitiges** bzw. **mehrseitiges Rechtsgeschäft,** denn es sind mindestens zwei Willenserklärungen abgegeben worden. Ein Kaufvertrag ist zustande gekommen, wenn beide Willenserklärungen übereinstimmen. Falls der Empfänger jedoch Änderungen vornimmt, ist dies wieder ein neues Angebot an den Absender.

Merke

Haben sich Absender und Empfänger über den Inhalt des Angebots geeinigt und der Kunde (Empfänger) nimmt das Angebotsschreiben an, ist ein Kaufvertrag (= zweiseitiges Rechtsgeschäft) entstanden.

LERNFELD 3

Checkliste

©PixelEmbargo-fotolia.com

In einem Angebot sind grundlegend folgende Bestandteile möglich:

- Name, Anschrift, Telefon- und Telefaxnummern, E-Mail-Adresse, Internetadresse des Anbieters
- Name und Kontaktdaten eines persönlichen Ansprechpartners beim Lieferanten
- Anschrift des Kunden
- Angaben zur Ware (Art, Beschaffenheit und Qualität)
- Menge (Mindestabnahmemenge, Höchstmenge)
- Preise und Preisnachlässe
- Lieferdatum und Lieferzeitpunkt
- Art der Verpackung und Kosten für die Verpackung, Versandart und Versandkosten
- Versicherungen (z. B. für den Transport der Ware)
- Zahlungsbedingungen
- Angaben zur Angebotsbindung (Freizeichnungsklauseln)
- Angaben zum Erlöschen des Angebots z. B. („Unser Angebot gilt bis zum 10.03.20.."), zum Erfüllungsort, Gerichtsstand und Gefahrenübergang

LF 4

Bürobedarf Müngsten GmbH

Datum der Anfrage →

Ihr Zeichen: cp
Ihre Nachricht vom: 20xx-xx-xx
Unser Zeichen: se
Unsere Nachricht vom: 20xx-xx-xx

Alle Angaben werden dem Anfrageschreiben entnommen.

Müngsten GmbH ♦ Aggerstraße 7 ♦ 40474 Düsseldorf
Bürobedarf
Christine Pöschl
Hauptstraße 7
40474 Düsseldorf

← Anschriftfeld des Empfängers

Name: Susanne Erwin
Telefon: 0211 7654-0
E-Mail: info@buero-muengsten.de
Internet: www.buero-muengsten.de

Datum: 20xx-xx-xx ← aktuelles Tagesdatum

interne Angebotsnummer

Angebot über fünf Streifenschnitt-Aktenvernichter – Nummer xxxx zu Ihrer Anfrage ← Betreff

Sehr geehrte Frau Pöschl, ← Anrede

Verfasserin der Anfrage

wir danken Ihnen für Ihr Interesse an unserem Streifenschnitt-Aktenvernichter. ← Einleitung

Sie teilen uns mit, dass Sie in der x. Märzwoche 20xx eine Aktionswoche planen. Gerne bieten wir die von Ihnen gewünschten Streifenschnitt-Aktenvernichter unserer Hausmarke zu besonders günstigen Konditionen an. **Die Geräte sind ab sofort lieferbar.**

Die Aktenvernichter leisten eine Streifengröße von 6 mm und verfügen über einen Auffangbehälter von 32 l. Sie erhalten unseren aktuellen Hausprospekt mit technischen Daten des Aktenvernichters und einer Abbildung des Geräts. ← Inhalt des Angebots

Menge	Typ	Version	Listenpreis (netto)	Gesamtpreis (netto)
5	Aktenvernichter	Streifenschnitt	200,00 EUR	1.000,00 EUR

Für unser Angebot gelten die in der Anlage beigefügten Allgemeinen Geschäftsbedingungen (AGB). Für Verpackung und Versand berechnen wir pauschal 30,00 EUR netto.

Dieses Angebot ist gültig bis xx. Monat 20xx. ← Gültigkeit des Angebots

Wir hoffen auf eine erfolgreiche Zusammenarbeit und freuen uns auf Ihre Bestellung.

Für Rückfragen steht Ihnen unsere Mitarbeiterin Annemarie Prebeck unter der Telefonnummer 0211 7654-30 gerne zur Verfügung. ← Ausblick

Freundliche Grüße ← Grußformel

Bürobedarf Müngsten GmbH

Anlagen ← Anlagenvermerk
1 Hausprospekt
AGB

Susanne Erwin ← handschriftliche Unterschrift der Verfasserin dieser Anfrage

i. A. Susanne Erwin

HRB 2244 Amtsgericht Düsseldorf
USt-IdNr. DE 147 000 234

Geschäftsführer
Dr. Robert Müngsten

Tel.: 0211 7654-0 Zentrale
Internet-Adresse:
www.buero-muengsten.de

Volksbank Düsseldorf-Neuss e. G.
IBAN DE47 3016 0213 2407 7254 28
BIC GENODED1DNE

2.5 Zusammenfassung und Aufgaben

Zusammenfassung

Anfragen

Anfragen dienen zur **Anbahnung neuer Geschäftsbeziehungen,** stellen oft eine **erste Kontaktaufnahme** dar und dienen der **Einholung** von **Angeboten.**

Bestimmte Anfragen erkennt man an konkreten Wünschen und Vorstellungen.

Unbestimmte Anfragen enthalten allgemein formulierte Fragen.

Unabhängig davon, ob es sich um bestimmte oder unbestimmte Anfragen handelt, sind **Anfragen** immer **unverbindlich, formfrei, allgemein gehalten** und **bestimmt formuliert.** Sie verfolgen einen **bestimmten Zweck.**

Prüfung anfragender Unternehmen

Die **Realisierung** des Kundenauftrags bedarf einer genauen **Prüfung.**

Die **Prüfung der Kreditwürdigkeit (= Bonität)** umfasst die Prüfung des Zahlungsverhaltens, der Zahlungsmoral, des Rechtsstands, der Vermögensverhältnisse, des Auftragsvolumens und des Image des Kunden.

Handelsbetriebe bearbeiten Kundenanfragen in erster Linie nach **Lieferfähigkeit, Lieferbereitschaft** und **Lieferzeit.**

Industriebetriebe bearbeiten Kundenanfragen nach der **Einbindung in das Erzeugnisprogramm,** in die **Produktionsplanung** und in die **vorhandenen Produktionskapazitäten.**

Zur Bearbeitung des Kundenauftrags gehört auch eine entsprechende **Preiskalkulation.**

Angebot

Angebote sind **rechtlich verbindlich.** Sie sind **formfrei** und können **mündlich, fernmündlich, schriftlich** oder **elektronisch** erfolgen.

Angebote sind **Willenserklärungen** eines Lieferanten, sein Angebot zu erfüllen.

Angebote sind eine **einseitig empfangsbedürftige Willenserklärung** und werden mit **Zugang** beim **Kunden wirksam.**

Angebote enthalten zahlreiche **Basisinformationen,** wie z. B. Produktnamen, Preise und Mengen.

Aufgaben

1. Prüfen Sie die nachfolgenden Aussagen auf ihre Richtigkeit. Die Antwort ist jeweils zu begründen.
   (1) Anfragen sind immer schriftlich zu formulieren.
   (2) Anfragen sind stets an einen einzelnen Lieferanten oder Dienstleister gerichtet.
   (3) Unbestimmte Anfragen erkennt man an allgemein formulierten Fragen, z. B. nach Prospekten.
   (4) Angebote sind rechtlich unverbindlich.
   (5) Angebote sollen den Kunden von der Leistungsfähigkeit des Lieferanten überzeugen.
   (6) Eine Bonitätsprüfung umfasst Zahlungsverhalten, Rechtsstand, Vermögensverhältnisse und Image des Kunden.
   (7) Industriebetriebe prüfen Kundenanfragen in erster Linie nach Lieferbereitschaft und Lieferzeit.
   (8) Eine Willenserklärung kann mündlich, schriftlich oder durch Handeln, z. B. Kopfnicken für „Ja", gegeben werden.
2. Erläutern Sie den Unterschied zwischen bestimmten und unbestimmten Anfragen.
3. Welche Punkte umfasst eine Bonitätsprüfung?
4. Geben Sie zwei Stellen an, die Auskünfte über die Bonität eines Kunden geben können.
5. Erklären Sie, wie Handelsbetriebe eine Kundenanfrage prüfen.
6. Beschreiben Sie, wie Industriebetriebe Kundenanfragen prüfen.
7. Geben Sie mindestens fünf Inhaltspunkte eines Angebots an.

3 Rechenarten zur Preisermittlung und Kalkulation beherrschen

3.1 Dreisatzrechnung

Neben der Prozentrechnung gehört die Dreisatzrechnung zu den regelmäßigen kaufmännischen Rechentätigkeiten. Der Dreisatz findet dabei mit geradem sowie mit ungeradem Verhältnis Anwendung.

3.1.1 Dreisatzrechnung mit geradem bzw. direktem Verhältnis

Beispiel

Jan Bürgel, Auszubildender bei der Bürobedarf Müngsten GmbH, wird zu seiner Vorgesetzten Ingrid Berg gerufen: „Ich habe eben zwei Anfragen unserer Kunden Kleinert und Tietze erhalten. Sie wünschen die Lieferung von unterschiedlichen Mengen Kopierpapier, Aktenordnern und Collegeblöcken. Bitte berechnen Sie unsere Verkaufspreise, damit wir ein entsprechendes Angebot unterbreiten können".

Die Notizen von Frau Berg zeigen auf, dass der Kunde Kleinert 6 Kartons Kopierpapier, 8 Aktenordner und 12 Collegeblöcke anfragt. Der Kunde Tietze fragt 50 Kartons Kopierpapier, 70 Aktenordner und 25 Collegeblöcke an. Die Verkaufspreise betragen 680,00 EUR für 40 Kartons Kopierpapier, 110,00 EUR für 50 Aktenordner und 15,00 EUR für 20 Collegeblöcke.

Jan beginnt mit der Berechnung.

Tipp

Beachte bei geradem Verhältnis:

Je weniger desto weniger, je mehr desto mehr!

Bei der **Dreisatzrechnung** mit **geradem** bzw. **direktem Verhältnis,** auch **proportionaler Dreisatz** genannt, ändert sich die eine Größe in die gleiche Richtung wie die andere Größe, d. h. die Bezugsgrößen verhalten sich proportional zueinander. Das bedeutet für die obigen Beispiele: Wenn die Stückzahlen **steigen, steigen** auch die zu berechnenden Verkaufspreise. **Sinken** die Stückzahlen, **sinken** auch die zu berechnenden Verkaufspreise.

Kopierpapier

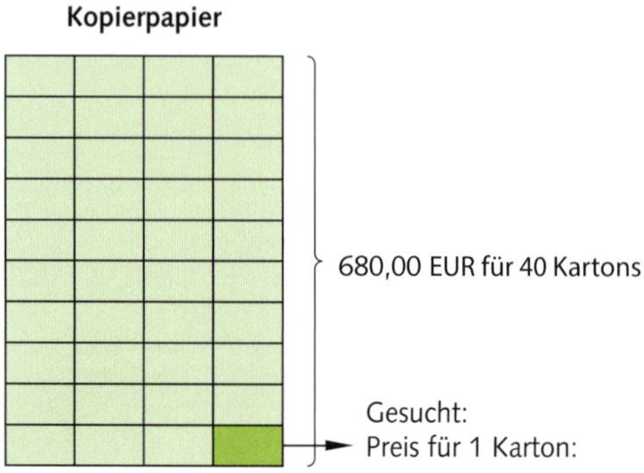

$$\frac{680{,}00\ \text{EUR}}{40\ \text{Kartons}} = 17{,}00\ \text{EUR/Karton}$$

1. **Ausgangssituation**

   Um nun den Verkaufspreis des Kopierpapiers für den Kunden Kleinert zu berechnen, ist zunächst folgende Aussage wichtig: **40 Kartons Kopierpapier kosten 680,00 EUR.**

2. **Reduzierung auf eine Einheit**

   Es wird berechnet, welchen Verkaufspreis **ein** Karton hat. Da der Preis von 680,00 EUR sich auf die Menge von 40 Kartons bezieht, muss der Preis von 680,00 EUR durch die Menge von 40 dividiert werden. Die Division bewirkt, dass der Preis, genau wie die Menge, kleiner wird.

   $$\frac{680{,}00\ \text{EUR}}{40\ \text{Kartons}} = 17{,}00\ \text{EUR/Karton}$$

   Das bedeutet: 1 Karton Kopierpapier kostet 17,00 EUR.

3. Berechnung der gesuchten Größe (Vielfachheit berechnen)

Nun wird der Preis für einen Karton **mit der gewünschten Menge** (6 Kartons) **multipliziert.**

17,00 EUR · 6 Kartons = 102,00 EUR

Die Rechenschritte lassen sich zusammenfassen:

Gegeben: 40 Kartons kosten 680,00 EUR **(1. Bedingungssatz)**

Gesucht: 6 Kartons kosten x EUR **(2. Fragesatz)**

$$x = \frac{680{,}00 \text{ EUR}}{40 \text{ Kartons}} \cdot 6 \text{ Kartons} = 102{,}00 \text{ EUR}$$ **(3. Bruchsatz)**

Kopierpapier

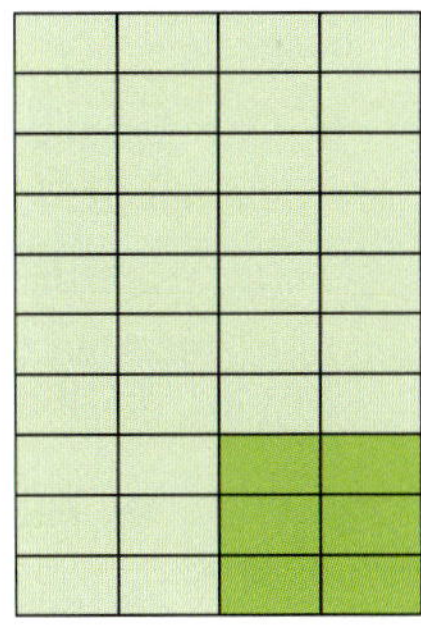

Gesucht:
Preis für 6 Kartons:
17,00 EUR/Karton · 6 Kartons = 102,00 EUR

Tipp

Bei der Dreisatzrechnung mit geradem bzw. direktem Verhältnis wird erst dividiert, dann multipliziert.

3.1.2 Anwendung der Dreisatzrechnung mit geradem bzw. direktem Verhältnis in einem Tabellenkalkulationsprogramm

Umfangreiches Zahlenmaterial wird zweckmäßigerweise in einer anschaulichen, aussagekräftigen Tabelle aufbereitet. Dafür sind einige Gestaltungskriterien wichtig.

Beispiel

Jan berechnet auch die weiteren Verkaufspreise und schreibt sie auf einen Notizzettel. „Mit diesem „Zahlenfriedhof" kann ich nichts anfangen", meint Frau Berg. „Stellen Sie Ihre Ergebnisse doch anschaulich in einer Tabelle dar. Dafür gibt es schließlich Tabellenkalkulationsprogramme."

	A	B	C	D	E
1	**Umrechnung der Verkaufspreise von bezogenen Mengen auf gewünschte Mengen (laut Kundenbestellung)**				
2	**(Dreisatz im direkten Verhältnis)**				
3					
4		**Produkt:**	**Kopierpapier**	**Aktenordner**	**Collegeblöcke**
5					
6	**bezogene Mengen:**				
7					
8		Stück	40	50	20
9		Preis für die vorgenannte Menge	680,00 EUR	110,00 EUR	15,00 EUR
10					
11					
12	**gewünschte Mengen:**				
13					
14	**Kunde:**	Anzahl Stück/ Kartons	6	8	12
15	**Kleinert**	Preis	102,00 EUR	17,60 EUR	9,00 EUR
16					
17					
18	**Kunde:**	Anzahl Stück/ Kartons	50	70	25
19	**Tietze**	Preis	850,00 EUR	154,00 EUR	18,75 EUR
20					

Überschrift: zentriert in Fettschrift, evtl. vergrößert

aussagefähige Spalten- und Zeilenüberschriften, evtl. in Fettschrift, evtl. farbig unterlegt

Zeilenumbruch

gleichmäßiger Abstand zwischen oben und unten

möglichst gleiche Spaltenbreite

aussagefähige Überschrift

Tabellenüberschriften: 1. Überschrift von links: linksbündig; alle weiteren waagerecht zentriert

Währungsangaben in EUR

Zahlenwerte zentriert

LERNFELD 3

■ Layout einer Tabelle

Merke

Eine gute Tabelle bietet dem Anwender eine schnelle Einordnung der präsentierten Zahlenwerte.

Die Handlungsschritte im Tabellenkalkulationsprogramm sind jeweils in *Kursivschrift* dargestellt.

➔ Eine Tabelle hat eine aussagefähige Überschrift. Diese ist durch die Gestaltungselemente Fettschrift, zentriert und evtl. größere Schriftgröße hervorgehoben.

(Überschrift in Feld A1 eintragen – Enter – wieder Feld A1 anklicken – Felder A1 bis E1 markieren – Im Menü „Start" das Icon ⇤a⇥ *Verbinden und zentrieren; Weitere Icons: Fett:* F *, Schriftgröße ändern:* Syntax ▾ 11 ▾)

Tipp

Wird ein Eurobetrag mit dem Eurozeichen (€) formatiert, gibt es zwei Möglichkeiten:

1. Im Format Währung. Ein Betrag von 0 Euro wird als 0 € ausgegeben.

2. Im Format Buchhaltung. Ein Betrag von 0 Euro wird als Strich (–) ausgegeben.

Die Formatierung eines Eurobetrages in EUR erfolgt benutzerdefiniert.

➔ Auch alle Spalten und Zeilen haben aussagefähige Überschriften.

➔ Alle Spalten haben weitestgehend die gleiche Spaltenbreite.

➔ Um übergroße Spaltenbreiten zu vermeiden, werden Texte innerhalb von Feldern einem Zeilenumbruch unterworfen.

(Text vollständig in die Zelle eintragen – Enter – Gewünschte Spaltenbreite einstellen: die Maus auf die Trennlinie zwischen den Spaltenbezeichnungen platzieren – mit gedrückter linker Maustaste die Spalte verbreitern oder schmälern),

Zeilenumbruch: Menüleiste „Start" – im Menüfeld „Ausrichtung" – Pfeil zum Öffnen des Fensters „Zellen formatieren" anklicken, Haken bei „Zeilenumbruch" setzen

Fester Zeilenumbruch: Cursor an die gewünschte Umbruchposition setzen – Taste „Alt" drücken und gedrückt halten – Enter

➔ Währungsangaben werden formatiert, z. B. Euro mit dem €-Zeichen (Formate: Währung oder Buchhaltung) oder in der Form EUR. Die Formatierung EUR ist ein benutzerdefiniertes Format.

➔ Währungsangaben können auch ohne Euro Zeichen als Zahl formatiert werden (i. d. R. mit zwei Nachkommastellen und 1000er Punkt). Wichtig ist dann, dass in der Spalten- oder Zeilenüberschrift darauf hingewiesen wird, dass es sich bei den Angaben um Eurobeträge handelt (z. B. „Preis in Euro").

➔ Zahlenwerte einheitlich formatiert darstellen.

Tipp

Die Markierung von Tabellenbereichen wird auch genutzt für die Operationen:

Ausschneiden

Im Gegensatz zum Kopieren wird der markierte Inhalt nicht kopiert, sondern an eine andere Stelle in der Tabelle verschoben *(Bereich markieren – Menü Start – Ausschneiden* anklicken). An der gewünschten Stelle über „Einfügen" platzieren.

Löschen

Den zu löschenden Bereich markieren, Taste „Entf" auf der Tastatur drücken.

■ Nutzung der Funktionen Markieren, Kopieren, Einfügen

Bereits bei der Eingabe des Tabellengerüsts (Überschriften, Zeilen- und Spaltenbeschriftungen usw.) kann durch Nutzung der Kopierfunktion eine doppelte Eingabe von Inhalten vermieden werden. Die Tabelle zeigt, dass die Zeilen 14 und 15 (Kunde Kleinert) und 18 und 19 (Kunde Tietze) identisch sind. Folglich lassen sich die Eingaben aus den Zeilen 14 und 15 auf die Zeilen 18 und 19 kopieren. Anschließend werden die Zeilen 18 und 19 auf die Werte für den Kunden Tietze angepasst. Vorgehensweise:

➔ Zunächst werden die Tabelleninhalte der Zeilen 1 bis 15 eingegeben.

➔ Der Bereich der Zellen A14 bis E15 wird markiert *(Cursor auf das Feld A15 platzieren – linke Maustaste drücken – mit gedrückter Maustaste die Maus zu dem Feld E15 bewegen)*

- Den markierten Abschnitt kopieren (Menü *Start – Kopieren* anklicken: ) Alternativ auf der Tastatur: Taste „Strg" drücken und gedrückt halten, dann zusätzlich die Taste mit dem Buchstaben „C" drücken.
- Mauszeiger auf das Feld A18 platzieren.
- Den kopierten Abschnitt einfügen (Menü *Start – Einfügen* anklicken: ) Alternativ auf der Tastatur: Taste „Strg" drücken und gedrückt halten, dann zusätzlich die Taste mit dem Buchstaben „V" drücken.

Eingabe einfacher Formeln

Im Feld C15 wird der Preis für die 6 Kartons des Kunden Kleinert berechnet. Wie aufgezeigt, lautet die Rechenformel: 680 / 40 · 6. Entsprechend lautet auch die Formel in dem Feld C15. Allerdings erfolgt keine Eingabe von Zahlenwerten, sondern der Felder, wo sich die Zahlenwerte befinden. Das bedeutet:

- Zunächst beginnt jede Formel mit dem Gleichheitszeichen (=).
- Der Wert 680 steht im Feld C9. Folglich ist nun C9 einzugeben. (Statt der Eingabe über die Tastatur kann das Feld C9 auch mit der Maus angeklickt werden.)
- Nun erfolgt die Eingabe des Divisionszeichens (/).
- Der Wert 40 steht in dem Feld C8. Folglich wird C8 eingegeben.
- Das Multiplikationszeichen (*) wird eingegeben.
- Schließlich wird das Feld C14 eingegeben, da dort der Wert 6 steht.
- Die Eingabe wird durch Anklicken des  Zeichens in der Eingabezeile oder durch Drücken der Enter-Taste abgeschlossen.
- Die fertige Formel lautet nun: =C9/C8 * C14

Übertragung der Formeln mithilfe der Ausfüllfunktion

Die Rechenformel steht bereits im Feld C15. Die Ausfüllfunktion vermeidet, dass die Formel auch in die Felder D15 und E15 eingegeben werden muss:

- Das Feld C15 mit der Maus anklicken.
- Das Feld ist nun mit einem Rahmen markiert. Wird die Maus an der rechten unteren Ecke des Rahmens platziert, erscheint ein fettes schwarzes Kreuz.
- Linke Maustaste drücken und mit gedrückter Maustaste die Maus bis zum Feld E15 ziehen.
- Maustaste loslassen. (Analog kann mit den Formeln in den Feldern C19 bis E19 verfahren werden.)

Merke

Nutzen Sie bei der Eingabe von Rechenformeln in das Tabellenkalkulationsprogramm so oft wie möglich die Ausfüll- bzw. Kopierfunktion.

Seitenansicht

Soll die fertige Tabelle gedruckt werden, ermöglicht die Seitenansicht die Anzeige des Drucklayouts. Somit werden fehlerhafte Drucke vermieden.

Menü „Seitenlayout" auswählen.

In der Menükategorie „Seite einrichten" befindet sich am rechten unteren Rand ein kleiner nach rechts unten zeigender Pfeil. Bei Anklicken öffnet sich das Fenster „Seite einrichten". Im unteren Teil des Fensters das Icon „Seitenansicht" anklicken.

	A	B	C	D	E
1	Umrechnung der Verkaufspreise von bezogenen Mengen auf gewünschte Mengen (laut Kundenbestellung)				
2	(Dreisatz im direkten Verhältnis)				
3					
4		Produkt:	Kopierpapier	Aktenordner	Collegeblöcke
5					
6	bezogene Mengen:				
7					
8		Stück	40	50	20
9		Preis für die vorgenannte Menge	680	110	15
10					
11					
12	gewünschte Mengen:				
13					
14	Kunde:	Anzahl Stück/ Kartons	6	8	12
15	Kleinert	Preis	=C9/C8*C14	=D9/D8*D14	=E9/E8*E14
16					
17					
18	Kunde:	Anzahl Stück/ Kartons	50	70	25
19	Tietze	Preis	=C9/C8*C18	=D9/D8*D18	=E9/E8*E18
20					

■ Formelansicht

Zur Kontrolle der Rechenergebnisse ist es möglich, in einer Tabelle statt der Rechenergebnisse die eingegebenen Formeln anzuzeigen:

➔ Menü „Formeln" auswählen

➔ Icon „Formeln anzeigen" anklicken
Falls die Formeln in einem Feld nicht vollständig angezeigt werden, muss die Breite der Spalte des Feldes vergrößert werden.

➔ Die Formelansicht wird mit den gleichen Schritten rückgängig gemacht.

■ Tabellenblatt (um)benennen

Betrachten Sie den unteren Rand der Tabellenanzeige, zeigt sich dort ggf. eine Auflistung mit den Namen „Tabelle 1", „Tabelle 2", „Tabelle 3" usw. (vgl. Abbildung), da eine Datei eines Tabellenkalkulationsprogramms mehrere Tabellenblätter enthalten kann. Dabei sind der Name der „Tabelle 1" hell und die übrigen Namen dunkel unterlegt. Um mehrere Tabellen in einer Datei zu verwalten, ist es sinnvoll, die einzelnen Tabellenblätter mit einem Namen zu versehen. Hierfür wird die derzeit angezeigte Tabelle (Tabellenname ist hell unterlegt) mit der linken Maustaste doppelt angeklickt. Nun kann mit der Tastatur ein neuer Tabellenname eingegeben werden.

LERNFELD 3

3.1.3 Dreisatzrechnung mit ungeradem bzw. indirektem Verhältnis

Beispiel

Dreisatz ↑↓ ungerade indirekt

Frau Berg ruft Jan Bürgel erneut zu sich. Wir haben vor einigen Wochen einem Kunden den Drucker Modell 160 SWD verkauft. Dieses Gerät druckt 16 Seiten pro Minute. Der Kunde hat häufig einen größeren Druckauftrag, den der Drucker in 27 Minuten bearbeitet. Dies dauert unserem Kunden zu lang. Zeigen Sie auf, wie sich die Druckdauer bei einem leistungsfähigerem Drucker, Modell 180 SWD, von 18 Seiten pro Minute ändern würde.

Tipp

Beachte bei ungeradem Verhältnis:

Je mehr desto weniger, je weniger desto mehr!

Bei der Dreisatzrechnung mit **ungeradem** bzw. **indirektem Verhältnis,** auch **antiproportionaler Dreisatz** genannt, ändert sich die eine Größe in entgegengesetzter Richtung der anderen Größe, d. h., die Bezugsgrößen verhalten sich indirekt proportional zueinander. Dies bedeutet für das obige Beispiel: Wenn die Druckkapazität pro Minute **steigt, verringert** sich die Dauer in Minuten für den Druckauftrag. **Verringert** sich die Druckkapazität pro Minute, **erhöht** sich die Bearbeitungsdauer für den Druckauftrag. Folglich wird der Drucker mit der höheren Leistungsfähigkeit (180 SWD mit 18 Seiten pro Minute) den Druckauftrag in der geringeren Minutenzahl ausführen.

1. **Ausgangssituation**
   Ein Druckauftrag benötigt 27 Minuten bei einer Druckleistung von 16 Seiten pro Minute.

2. **Gesamtzahl berechnen**
   Zunächst wird die Anzahl der insgesamt zu druckenden Seiten berechnet.

   16 Seiten pro Minute · 27 Minuten = 432 Seiten

3. **Berechnung der gesuchten Größe (Division der Gesamtzahl)**
   Bei einer Druckleistung von 18 Seiten pro Minute wird entsprechend weniger Zeit benötigt. Es wird durch die Kapazität des leistungsfähigeren Druckers dividiert.

$$\frac{\text{432 zu druckende Seiten}}{\text{18 Seiten/Minute}} = \text{24 Minuten}$$

Die Rechenschritte lassen sich zusammenfassen:

Gegeben: Bei einer Druckkapazität von 16 Seiten pro Minute werden 27 Minuten benötigt. **(1. Bedingungssatz)**

Gesucht: Bei einer Druckkapazität von 18 Seiten pro Minute werden x Minuten benötigt. **(2. Fragesatz)**

$$x = \frac{\text{16 Seiten pro Minute} \cdot \text{27 Minute}}{\text{18 Seiten pro Minute}} = \text{24 Minuten}$$ **(3. Bruchsatz)**

Tipp

Bei der Dreisatzrechnung mit ungeradem bzw. indirektem Verhältnis wird erst multipliziert, dann dividiert.

LERNFELD 3

3.1.4 Anwendung der Dreisatzrechnung mit ungeradem bzw. indirektem Verhältnis in einem Tabellenkalkulationsprogramm

Beispiel

Jan hat noch weiter recherchiert und erstellt nun eine Übersicht über vier verschiedene Druckermodelle in einem Tabellenkalkulationsprogramm (Normal- und Formelansicht).

	A	B	C	D	E
1	**Vergleich der Dauer für einen genannten Druckauftrag für vier Druckermodelle**				
2					
3					
4	**Produktbezeichung**	**160SWD**	**180SWD**	**240SWD**	**360SWD**
5					
6	Leistungsfähigkeit/Seitenzahl pro Minute	16	18	24	36
7	Dauer für den genannten Druckauftrag in Minuten	27	24	18	12

	A	B	C	D	E
1	**Vergleich der Dauer für einen genannten Druckauftrag für vier Druckermodelle**				
2					
3					
4	**Produktbezeichung**	**160SWD**	**180SWD**	**240SWD**	**360SWD**
5					
6	Leistungsfähigkeit / Seitenzahl pro Minute	16	18	24	36
7	Dauer für den genannten Druckauftrag in Minuten	27	=B6*B7/C6	=C6*C7/D6	=D6*D7/E6
8					

Tipp

Falls Sie bei der Erstellung von Formeln in einem Tabellenkalkulationsprogramm Schwierigkeiten haben, führen Sie zunächst die Rechenschritte manuell auf einem Blatt Papier aus.

Übertragen Sie dann hilfsweise die einzelnen Zwischenrechenschritte in die Tabelle. Anschließend fassen Sie die einzelnen Formeln zu einer „Gesamtformel" zusammen.

Tipp

Grundsätzlich sollten Sie alle Formeln, die Sie in ein Tabellenkalkulationsprogramm eingeben, durch manuelle Berechnung prüfen. Das Programm rechnet auch mit fehlerhaften Formeln. Die fehlerhafte Berechnung ist über das Ergebnis nicht sofort ersichtlich.

3.2 Prozentrechnungen mit Nutzung eines Tabellenkalkulationsprogramms

Die Prozentrechnungen gehören zu den häufig verwendeten kaufmännischen Rechenarten. Eine Anwendung der Prozentrechnung ist die Umsatzsteuer. Die Umsatzsteuer, die umgangssprachlich auch Mehrwertsteuer genannt wird, wird auf fast alle verkauften Waren erhoben. Sie wird vom Kaufmann auf den Warenpreis für den Kunden aufgeschlagen (= addiert). Der Kunde zahlt den Kaufpreis der Ware zuzüglich der Umsatzsteuer. Die Umsatzsteuer wird dann vom Kaufmann an das Finanzamt überwiesen.

Beispiel

Für die Erläuterung der Umsatzsteuer dient folgendes Beispiel:

Die Müngsten GmbH bietet einen Laserdrucker für 200,00 EUR netto an. Für diesen Preis muss noch die Umsatzsteuer berechnet werden, da der Kunde diese zusätzlich zum Preis des Produkts zahlt. Der allgemeine Umsatzsteuersatz[1] beträgt in Deutschland 19 % vom Preis des Produkts.

19 % Umsatzsteuer von 200,00 EUR sind $\frac{200}{100} \cdot 19 = 38{,}00$ EUR.

Der Kunde hat folglich an den Kaufmann 238,00 EUR (200,00 EUR + 38,00 EUR) zu zahlen. Die darin enthaltene Umsatzsteuer stellt eine Verbindlichkeit gegenüber dem Finanzamt dar.

Um in den folgenden Kapiteln die einzelnen Prozentrechnungen zu erläutern, ist es notwendig, die festgelegten Größen der Prozentrechnung und des Umsatzsteuerrechts darzulegen:

Werte	Prozentrechnung	Umsatzsteuerrecht
200,00 EUR	Grundwert	Nettobetrag
19 %	Prozentsatz	Umsatzsteuersatz
38,00 EUR	Prozentwert	Umsatzsteuerbetrag
238,00 EUR	vermehrter Grundwert	Bruttobetrag

[1] Neben dem allgemeinen Umsatzsteuersatz von 19 % gibt es auch einen ermäßigten Umsatzsteuersatz von 7 %. Dieser ermäßigte Umsatzsteuersatz wird im Wesentlichen auf Lebensmittel, Bücher und Zeitschriften erhoben.

3.2.1 Berechnung des Prozentwertes

Rechenweg für die Berechnung des Prozentwertes

Der Prozentwert kann auf der Grundlage des Grundwertes und des Prozentsatzes berechnet werden.

Merke

Die Berechnung des Prozentwertes entspricht dem Rechenweg der Dreisatzrechnung im geraden bzw. direkten Verhältnis.

1. Ausgangssituation

Im genannten Beispiel sind bekannt:

der Grundwert 200; der Prozentsatz 19 %

Gesucht wird: Prozentwert

Tipp

Die Prozenttaste des Taschenrechners übernimmt von der vorstehenden Berechnung die Division durch 100. Folglich ist nur einzugeben:

200 · 19; durch das anschließende Drücken der Prozentaste wird das Ergebnis durch 100 dividiert, mit 19 multipliziert und die Zahl 38 ausgegeben.

2. Reduzierung auf eine Einheit

Vorüberlegung:

Der Begriff Prozent (%) ist definiert als Anteile von 100. Wenn nun der Prozentsatz 19 beträgt, dann bedeutet dies, dass 19 Hundertstel (19/100) von dem Grundwert (200) zu berechnen sind.

Es wird daher zunächst ein Hundertstel des Grundwertes berechnet.
Hierfür wird der Grundwert (200) durch 100 dividiert:

$$\frac{200}{100} = 2$$

Das Ergebnis (2) ist folglich 1 % des Grundwertes.

3. Berechnung der gesuchten Größe (Vielfachheit berechnen)

Nun wird das Ergebnis der vorherigen Rechnung (2) mit dem Prozentsatz (19) multipliziert.

$$2 \cdot 19 = 38$$

Beide Schritte lassen sich auch zusammenfassen:

$$\frac{200}{100} \cdot 19 = 38$$

Hieraus lässt sich die allgemeine Formel zur Berechnung des **Prozentwertes** ableiten:

$$\frac{\text{Grundwert} \cdot \text{Prozentsatz}}{100} = \text{Prozentwert}$$

Berechnung des Prozentwertes mit einem Tabellenkalkulationsprogramm

Beispiel

Zum Sortiment der Bürobedarf Müngsten GmbH gehört u. a. Fotokopierpapier. Es werden vier verschiedene Papiere angeboten. Der Preis für „Recycling Standard“ beträgt 15,00 EUR je Karton, für „Recycling Hell“ 16,50 EUR je Karton, für „Weiß normal“ 17,00 EUR je Karton und für „Weiß Spezial“ 19,00 EUR je Karton. Da die Kunden der Bürobedarf Müngsten GmbH primär Kaufleute sind, sind die genannten Preise Nettopreise, also ohne Umsatzsteuer.

Da gegenüber Privatkunden jedoch der Bruttopreis zu nennen ist, hat Jan Bürgel die Aufgabe erhalten, eine Liste zu erstellen, die neben dem Nettopreis die Umsatzsteuer und den Bruttopreis für alle Kopierpapiersorten ausweist. Er erstellt hierfür folgende Tabelle (Normal- und Formelansicht):

	A	B	C	D
1	**Verkaufspreise für Kopierpapier**			
2				
3	**Umsatz-steuersatz:**	**19%**		
4				
5				
6	**Produkt**	**Nettopreis**	**Umsatzsteuer**	**Bruttopreis**
7				
8	Recycling Standard	15,00 EUR	2,85 EUR	17,85 EUR
9	Recycling Hell	16,50 EUR	3,14 EUR	19,64 EUR
10	Weiß Normal	17,00 EUR	3,23 EUR	20,23 EUR
11	Weiß Spezial	19,00 EUR	3,61 EUR	22,61 EUR

	A	B	C	D
1	**Verkaufspreise für Kopierpapier**			
2				
3	**Umsatzsteuersatz:**	**0,19**		
4				
5				
6	**Produkt**	**Nettopreis**	**Umsatzsteuer**	**Bruttopreis**
7				
8	Recycling Standard	15	=B8*$B$3	=B8+C8
9	Recycling Hell	16,5	=B9*$B$3	=B9+C9
10	Weiß Normal	17	=B10*$B$3	=B10+C10
11	Weiß Spezial	19	=B11*$B$3	=B11+C11

Merke

Ist ein Feld innerhalb einer Formel in Prozent formatiert (%), so wird das Rechenergebnis der Formel immer durch 100 dividiert.

Um die Umsatzsteuer und den Bruttopreis zu berechnen, wird die Formel zur Berechnung des Prozentwertes genutzt. Übertragen auf die Begriffe des Umsatzsteuerrechts lautet die Formel:

$$\frac{\text{Netto(preis)} \cdot \text{Umsatzsteuersatz}}{100} = \text{Umsatzsteuer}$$

In der Tabelle befinden sich die Formeln zur Berechnung der Umsatzsteuer in den Feldern C8 bis C11. Es gibt zwei Besonderheiten:

Prozentformatierung

Die Formeln in den Feldern C8 bis C11 enthalten keine Division durch 100. Sie kann entfallen, da der Umsatzsteuersatz in Feld B3 in Prozent (%) formatiert ist.

Absolute Adressierung

In den Formeln taucht mehrfach ein $-Zeichen auf.

Standardmäßig setzt ein Tabellenkalkulationsprogramm alle Formeln in Beziehung zu ihren Nachbarfeldern. So lautet die Rechenformel für das Feld C8 = B8*B3. Das Tabellenkalkulationsprogramm berechnet die Formel in Feld C8 in folgender Weise:

= (Wert 1 Feld nach links) * (Wert 1 Feld nach links und 5 Felder nach oben)

Dies wird deutlich, wenn die Formel mithilfe der Kopierfunktion aus dem Feld C8 in das Feld C9 übertragen wird. Es erscheint der Wert 0, da die Formel nun lautet B9 * B4. Grund ist, dass hier das leere Feld B4, ausgehend vom Feld C9 (1 Feld nach links und 5 Felder nach oben), liegt. Da das Programm standardmäßig alle in den Formeln genannten Felder in Beziehung bzw. Relation zu dem Ort der Formel setzt, wird dies auch relative Adressierung genannt.

Damit das Tabellenkalkulationsprogramm von diesem relativen Verfahren abweicht, muss das entsprechende Feld B3 in der Formel entsprechend gekennzeichnet werden. Dies geschieht durch eine Ergänzung mit den beiden Dollar-Zeichen ($). Damit wird beim Kopieren der Formel aus dem Feld C8 in die Felder C9 bis C11 der Feldbezug B3 nicht geändert. Dies wird als absolute Adressierung bezeichnet.

Merke

Die Unterscheidung zwischen relativer und absoluter Adressierung gibt es auch bei Wegbeschreibungen. Angenommen Sie sind in einer Stadt unterwegs und werden plötzlich nach dem Weg zum Rathaus gefragt. Die Beschreibung (erste Straße links, zweite rechts usw.) ist eine relative, denn sie ist nur von Ihrem derzeitigen Standort aus richtig. Dagegen ist der Hinweis „Hauptstr. 79" eine absolute Adressierung, denn diese Beschreibung ist, unabhängig von ihrem jeweiligen Standort, innerhalb der gesamten Stadt korrekt.

3.2.2 Berechnung des Prozentsatzes

Rechenweg für die Berechnung des Prozentsatzes

Für die Berechnung des Prozentsatzes gilt das bekannte Beispiel.

Tipp

Die schnellste Möglichkeit um ein Feld absolut zu setzen ist es, den Cursor innerhalb der Rechenformel auf das gewünschte Feld zu platzieren. Anschließend die Taste F4 drücken. Die Taste F4 befindet sich in der oberen Zeile der Tastatur.

1. Ausgangssituation

Es ist bekannt:
Grundwert: 200; Prozentwert: 38
Gesucht wird: Prozentsatz

2. Reduzierung auf eine Einheit

Auch hier ist wieder Grundlage die Überlegung, dass Prozent ein Hundertstel (1/100) des Grundwertes ist. Folglich wird wieder der Grundwert (200) durch 100 dividiert:

$$\frac{200}{100} = 2$$

Das Ergebnis (2) ist natürlich wieder 1 % des Grundwertes.

3. Berechnung der gesuchten Größe (Vielfachheit berechnen)

Der folgende Schritt basiert auf der Überlegung, dass der Prozentwert (38) das x-fache der Menge von 1 % ist. Folglich wird der Prozentwert (38) durch das Ergebnis für 1 % (2) dividiert:

$$\frac{38}{2} = 19$$

Beide Rechenschritte lassen sich zusammenfassen.

Die Formel lautet dann: $\frac{38}{\frac{200}{100}}$

Diese Formel lässt sich auch vereinfachen:

Bekanntlich wird eine Formel mit einem Doppelbruch (jeweils ein Bruch im Zähler und Nenner) dadurch aufgelöst, dass der Bruch im Zähler mit dem Kehrwert (Zähler und Nenner werden vertauscht) des Bruchs im Nenner multipliziert wird. Die Formel lautet dann:

$$38 \cdot \frac{100}{200} \quad \text{bzw.} \quad \frac{38 \cdot 100}{200} = 19$$

Allgemein lautet die Formel zur Berechnung des **Prozentsatzes:**

$$\frac{\text{Prozentwert} \cdot 100}{\text{Grundwert}} = \text{Prozentsatz}$$

Berechnung des Prozentsatzes mit einem Tabellenkalkulationsprogramm

Beispiel

Für einen Kunden werden bei der Bürobedarf Müngsten GmbH vier Artikel zusammengestellt. Durch eine unvollständige Beschriftung der Lagerregale sind nur Nettopreise und die Umsatzsteuer bekannt, der zugrunde liegende Umsatzsteuersatz fehlt an der Regalbeschriftung. Auch hier erfolgt die Darstellung in einer Tabelle (Normal- und Formelansicht).

Merke

Wenn das Rechenergebnis in Prozent formatiert ist, erfolgt eine Multiplikation mit 100.

	A	B	C	D
1	Zusammenstellung für Kunde XY			
2				
3				
4	Produkt	Nettopreis	Umsatzsteuer	Prozentsatz
5				
6	Locher	8,00 EUR	1,52 EUR	19%
7	Zeitschrift: "Ergonomie aktuell"	7,00 EUR	0,49 EUR	7%
8	Buch: "DIN 5008"	20,00 EUR	1,40 EUR	7%
9	Schreibtischlampe	65,00 EUR	12,35 EUR	19%

	A	B	C	D
1	Zusammenstellung für Kunde XY			
2				
3				
4	Produkt	Nettopreis	Umsatzsteuer	Prozentsatz
5				
6	Locher	8	1,52	=C6/B6
7	Zeitschrift: "Ergonomie aktuell"	7	0,49	=C7/B7
8	Buch: "DIN 5008"	20	1,4	=C8/B8
9	Schreibtischlampe	65	12,35	=C9/B9

3.2.3 Berechnung des Grundwertes

Rechenweg für die Berechnung des Grundwertes

Auch für die Berechnung des Grundwertes dient das bekannte Beispiel.

1. Ausgangssituation

In der Ausgangslage sind also bekannt:

Prozentsatz: 19 %; Prozentwert: 38

Gesucht wird: Grundwert

2. Reduzierung auf eine Einheit

Es ist bekannt, dass 19 Hundertstel (19/100) bzw. (19 %) einem Prozentwert von 38 entsprechen.

Wird der Prozentwert (38) durch den Prozentsatz (19) dividiert, erhält man wieder den Wert für ein Hundertstel (1/100) bzw. 1 % des Grundwertes:

$$\frac{38}{19} = 2$$

3. Berechnung der gesuchten Größe (Vielfachheit berechnen)

Da das Ergebnis (2) nun ein Hundertstel (bzw. 1 %) des Grundwertes entspricht, ist im folgenden Schritt die Multiplikation mit 100 erforderlich, um den Grundwert zu erhalten:

$$2 \cdot 100 = 200$$

Die **zusammengefasste Formel** lautet folglich:

$$\frac{38}{19} \cdot 100 = 200$$

Allgemein lautet die Formel zur Berechnung des **Grundwertes**:

$$\frac{\text{Prozentwert}}{\text{Prozentsatz}} \cdot 100 = \text{Grundwert}$$

Berechnung des Grundwertes mit einem Tabellenkalkulationsprogramm

Beispiel

Herr Kemnade, Leiter des Fuhrparks der Bürobedarf Müngsten GmbH, hat auf Anweisung der Geschäftsleitung in den vergangenen Tagen bei einem Autozubehörhandel mehrere Kleinteile für den Fuhrpark des Unternehmens gekauft. Im Einzelnen: einen Satz Scheibenwischerblätter für 31,90 EUR, ein Enteisungsspray für 4,50 EUR, 1 l Motorenöl für 12,97 EUR und einen Verbandskasten für 17,85 EUR. Für den Kauf der Kleinteile erhielt Herr Kemnade jeweils eine Kleinbetragsrechnung. Da diese Rechnungen nur den Bruttobetrag und den Umsatzsteuersatz (hier 19 %) ausweist, muss die Umsatzsteuer noch ermittelt werden. Zur besseren Übersichtlichkeit sollen die Beträge tabellarisch aufgelistet und auch der Nettobetrag berechnet werden.

Tipp

Rechnungen bis **250,00 EUR brutto** dürfen als Kleinbetragsrechnung (Rechnungen über Kleinbeträge) ausgestellt werden. Diese Rechnungen enthalten im Wesentlichen nur die vollständigen Angaben des Lieferanten, die Menge und die Artikelbezeichnung, die Bruttobeträge, den **Umsatzsteuersatz** und das Ausstellungsdatum. Sie müssen **keine** Angaben zum Rechnungsempfänger enthalten. **Ferner darf die separate Angabe der Nettobeträge und des Umsatzsteuerbetrages fehlen.**

	A	B	C	D
1	**Aufstellung der Kleinbetragsrechnungen**			
2				
3	**Umsatzsteuersatz:**	**19**		
4				
5				
6	**Produkt**	**Bruttopreis**	**Umsatzsteuer**	**Nettopreis**
7				
8	1 Satz Scheibenwischerblätter	31,90 EUR	5,09 EUR	26,81 EUR
9	1 Enteisungsspray	4,50 EUR	0,72 EUR	3,78 EUR
10	1 l Motorenöl	12,97 EUR	2,07 EUR	10,90 EUR
11	1 Verbandskasten	17,85 EUR	2,85 EUR	15,00 EUR

Tipp

Alle folgenden Erläuterungen zu den Rechenwegen beziehen sich auf den Satz Scheibenwischerblätter in Zeile 8 der Tabellen.

Bei der obigen Berechnung entspricht der Nettopreis dem Grundwert. Wäre ferner die Umsatzsteuer von 5,09 EUR bei den Scheibenwischern bekannt, ließe sich mit dem Rechenweg

$$\frac{5{,}09}{19} \cdot 100$$

der Nettobetrag bzw. Grundwert von 26,81 EUR für den Satz Scheibenwischerblätter berechnen.

	A	B	C	D
1	Aufstellung der Kleinbetragsrechnungen			
2				
3	Umsatzsteuersatz:	19		
4				
5				
6	Produkt	Bruttopreis	Umsatzsteuer	Nettopreis
7				
8	1 Satz Scheibenwischerblätter	31,9	=B8/(100+$B$3)*$B$3	=B8/(100+$B$3)*100
9	1 Enteisungsspray	4,5	=B9/(100+$B$3)*$B$3	=B9/(100+$B$3)*100
10	1 l Motorenöl	12,97	=B10/(100+$B$3)*$B$3	=B10/(100+$B$3)*100
11	1 Verbandskasten	17,85	=B11/(100+$B$3)*$B$3	=B11/(100+$B$3)*100
12				

Abweichend von der Berechnung im vorhergehenden Abschnitt ist jedoch nicht der Prozentwert (= Umsatzsteuer) gegeben, sondern der Bruttobetrag.

Der Bruttobetrag ist wie bereits erläutert die Summe aus Nettopreis und Umsatzsteuer bzw. Grundwert (entsprechend 100 %) und dem Prozentwert (entsprechend 19 %).

Als Konsequenz muss der Bruttobetrag durch 119 statt durch 19 dividiert werden. Da ferner der Umsatzsteuersatz von 19 im Feld B3 eingetragen ist und auf diesen Bezug genommen werden soll, steht im Nenner der genutzten Formel 100+B3 (statt 119).

(Das nicht ausgewiesene Zwischenergebnis dieses Rechenschritts lautet 0,26806 und ist damit 1% des Grundwertes bzw. Nettopreises.)

Zum Erhalt des Nettopreises (Spalte D) muss anschließend mit 100 multipliziert werden. Zum Erhalt der Umsatzsteuer (Spalte C) mit 19.

	A	B	C	D
1	Aufstellung der Kleinbetragsrechnungen			
2				
3	Umsatzsteuersatz:	0,19		
4				
5				
6	Produkt	Bruttopreis	Umsatzsteuer	Nettopreis
7				
8	1 Satz Scheibenwischerblätter	31,9	=B8/(1+$B$3)*$B$3	=B8/(1+$B$3)
9	1 Enteisungsspray	4,5	=B9/(1+$B$3)*$B$3	=B9/(1+$B$3)
10	1 l Motorenöl	12,97	=B10/(1+$B$3)*$B$3	=B10/(1+$B$3)
11	1 Verbandskasten	17,85	=B11/(1+$B$3)*$B$3	=B11/(1+$B$3)
12				

Wird der Umsatzsteuersatz in Feld B3 in Prozent formatiert, hat dies zur Folge, dass durch die zwangsweise Division durch 100 bei der Prozentformatierung sich auch bei dieser Tabelle die Formeln ändern (hier nur Formelansicht, da die Rechenergebnisse unverändert bleiben):

Bei einem Vergleich der Formelansichten ohne und mit Prozentformatierung fällt auf, dass **der Wert im Feld B3** in der Formelansicht **ohne Prozentformatierung 19** lautet, in der **Formelansicht mit Prozentformatierung 0,19.**

Daher wird die Division nun so geändert, dass der Bruttobetrag statt wie vorher durch 119, nun durch 1,19 (1+B3) dividiert wird. Da 1,19 ein Hundertstel (1/100) des bisherigen Divisors 119 ist, lautet das Rechenergebnis 26,806 (statt wie bisher 0,26806). Es ist folglich nicht mehr 1 % des Grundwertes bzw. Nettopreises, sondern 100 % des Grundwertes bzw. Nettopreises.

Damit entfällt auch in Spalte D die bisher anschließende Multiplikation mit dem Wert 100.

Um den Wert der Umsatzsteuer in Spalte C zu erhalten, wird der berechnete Grundwert (Nettopreis) mit dem Wert 0,19 aus Feld B3 multipliziert.

3.3 Preisberechnung und Preiskalkulation von Angeboten

Beispiel

Jan Bürgel erhält eine telefonische Anfrage. Der Versicherungsagent Klaus Lohse interessiert sich für einen Multifunktionsdrucker mit den zusätzlichen Funktionen Kopieren, Scannen und Faxen. Aufgrund eines Fachberichts bittet er um ein Angebot für das Modell DKS 300. Da er das Gerät in der Sortimentsliste nicht finden kann, fragt er seine Vorgesetzte Ingrid Berg. „Kein Wunder", entgegnet sie ihm. „Das Gerät ist erst seit zwei Wochen auf dem Markt. Der Verkaufspreis muss noch kalkuliert werden."

3.3.1 Positionen der Handelskalkulation

Eine wichtige Grundlage für die Preisgestaltung und die Berechnung der Preisuntergrenze eines Artikels ist die Handelskalkulation. Sie ist nach folgendem Schema aufgebaut:

Listeneinkaufspreis	Preis, den der Lieferant für den zu beschaffenden Artikel berechnet.
– Liefererrabatt	Prozentsatz, den uns der Lieferant gewährt. Der Rabatt wird vom Listeneinkaufspreis abgezogen.
= Zieleinkaufspreis	Preis nach Abzug des Liefererrabatts
– Liefererskonto	Prozentsatz, den der Lieferant bei schneller Bezahlung gewährt. Das Skonto wird vom Zieleinkaufspreis abgezogen.
= Bareinkaufspreis	Preis unter Berücksichtigung von Liefererrabatt und Liefererskonto
+ Bezugskosten	Kosten für Fracht und Verpackung, die der Lieferant berechnet. Sie werden zum Bareinkaufspreis addiert.
= Bezugspreis/Einstandspreis	Zu diesem Preis erhalten wir den Drucker.
+ Handlungskosten	Kosten für Miete, Personal, Versicherungsprämien usw.; Angabe i. d. R. als Prozentsatz; Handlungskosten werden zum Bezugspreis addiert.
= Selbstkosten	Preis für den Drucker unter Berücksichtigung aller Kosten im Unternehmen
+ Gewinn	Die Marktgegebenheiten bestimmen, wie hoch der Unternehmer seinen Gewinnzuschlagssatz ansetzen kann.
= Barverkaufspreis	Dieser Preis deckt die Selbstkosten und den vom Unternehmen angesetzten Gewinn.

+ Kundenskonto	Prozentsatz, den der Kunde bei schneller Bezahlung der Rechnung erhält; Kundenskonto wird zum Barverkaufspreis addiert.
+ Vertreterprovision	Prozentsatz für die Provision, die einem eventuellen Vermittler gezahlt wird; auch sie ist zum Barverkaufspreis zu addieren.
= Zielverkaufspreis	Verkaufspreis, sofern dem Kunden ein Rabatt gewährt wird
+ Kundenrabatt	Individueller Preisnachlass, der dem Kunden gewährt wird. Er wird vorab zum Zielverkaufspreis addiert.
= Listenverkaufspreis	Dieser Preis wird dem Kunden als Nettoverkaufspreis genannt.

Die Handelskalkulation berücksichtigt:

- alle Kosten und Nachlässe, die bis zum Erhalt des Artikels vom Lieferanten entstehen (Positionen vom Listeneinkaufspreis bis zum Bezugspreis/Einstandspreis),
- die Handlungskosten (z. B. Gehälter, Steuern, Mietaufwendungen, Büromaterial), die im eigenen Unternehmen entstehen und den Gewinn (Positionen vom Bezugspreis/Einstandspreis bis zum Barverkaufspreis),
- die dem Kunden gewährten Nachlässe für Rabatt, Skonto und die eventuelle Vertreterprovision (Positionen vom Barverkaufspreis bis zum Listenverkaufspreis).

3.3.2 Berechnungen der Handelskalkulation

Beispiel

„Nun", meint Frau Berg zu Jan Bürgel. „Ich gebe Ihnen einmal die Prozentsätze. Den Listeneinkaufspreis und die Bezugskosten können Sie von unserem Lieferanten telefonisch erfragen. Beachten Sie aber, dass die Prozentsätze teilweise vom Hundert, teilweise im Hundert berechnet werden."

Jan telefoniert mit dem Lieferanten. Er nennt ihm 220,00 EUR als Listeneinkaufspreis. Der vom Lieferanten gewährte Rabatt beträgt 10 %, das Skonto 2 %. Die Bezugskosten betragen 15,00 EUR.

LF 10

Der Handlungskostenzuschlagssatz beträgt laut Frau Berg 30 %, der Gewinnzuschlagssatz 25 %. Dem Kunden werden ein Skontoabzug von 3 % und ein Rabatt von 5 % gewährt. Der für den Kunden zuständige Außendienstmitarbeiter erhält eine Vertreterprovision von 4 %.

Aufgrund der Angaben ergibt sich folgende Berechnung:

Handelskalkulation				
	Prozentsätze		Berechnungen	Beträge
Listeneinkaufspreis Start!	**100 %**			220,00 EUR
– Liefererrabatt	10 %		$\frac{220}{100} \cdot 10$	22,00 EUR
= Zieleinkaufspreis	90 %	**100 %**		198,00 EUR
– Liefererskonto		2 %	$\frac{198}{100} \cdot 2$	3,96 EUR
= Bareinkaufspreis		98 %		194,04 EUR
+ Bezugskosten				15,00 EUR
= Bezugspreis/Einstandspreis	**100 %**			209,04 EUR
+ Handlungskosten	30 %		$\frac{209{,}04}{100} \cdot 30$	62,71 EUR
= Selbstkosten	130 %	**100 %**		271,75 EUR
+ Gewinn		25 %	$\frac{271{,}75}{100} \cdot 25$	67,94 EUR
= Barverkaufspreis	93 %	125 %		339,69 EUR
+ Kundenskonto	3 %		$\frac{339{,}69}{93} \cdot 3$	10,96 EUR
+ Vertreterprovision	4 %		$\frac{339{,}69}{93} \cdot 4$	14,61 EUR
= Zielverkaufspreis	**100 %**	95 %		365,26 EUR
+ Kundenrabatt		5 %	$\frac{365{,}26}{95} \cdot 5$	19,22 EUR
= Listenverkaufspreis		**100 %**		**384,48 EUR**

3.3.3 Berechnung des Kundenskontos, der Vertreterprovision und des Kundenrabatts

Bei der Kalkulation von Kundenskonto, Vertreterprovision und Kundenrabatt ist Vorsicht geboten. Denn ab dem Barverkaufspreis muss berücksichtigt werden, dass der Kunde später bei der Berechnung dieser Positionen von einer anderen Berechnungsgrundlage ausgeht als der Lieferant bei seiner Kalkulation. Kunde und Lieferant rechnen hier letztlich „entgegengesetzt“; der Lieferant muss vom Barverkaufspreis aus weiter vorwärts kalkulieren, der Kunde rechnet aber – ausgehend vom Listenverkaufspreis – rückwärts.

Kalkulationsschritt	Betrag	%-Sätze	%-Sätze	Rechenweg: Kunde (↑)	Rechenweg: Lieferant (↓)
Barverkaufspreis	339,69 EUR	93 %			
+ Kundenskonto	10,96 EUR	3 %		$\frac{365{,}26}{100} \cdot 3$	$\frac{339{,}69}{93} \cdot 3$
+ Vertreterprovision	14,61 EUR	4 %		$\frac{365{,}26}{100} \cdot 4$	$\frac{339{,}69}{93} \cdot 4$
= Zielverkaufspreis	365,26 EUR	100 %	95 %		
+ Kundenrabatt	19,22 EUR		5 %	$\frac{384{,}48}{100} \cdot 5$	$\frac{365{,}26}{95} \cdot 5$
= Listenverkaufspreis	384,48 EUR		100 %		

Berechnungen des Lieferanten

Die **Kalkulation des Lieferanten** nimmt bei der Berechnung von Rabatt und Skonto die Rechenschritte des Kunden bzw. bei der Vertreterprovision den Rechenschritt des Vertreters vorweg.

Der Kunde berechnet sein Skonto (3 %) und der Vertreter seine Provision (4 %) auf der Basis des Zielverkaufspreises (100 %), und beide ziehen ihre Prozente ab. Der Barverkaufspreis, auf dessen Basis der Lieferant das Skonto und die Provision beim Vorwärtskalkulieren berechnen muss, beträgt dann 93 % (vom Zielverkaufspreis). Dies muss der Lieferant bei seiner Kalkulation unbedingt berücksichtigen; d. h.: Ausgehend vom Barverkaufspreis (339,69 EUR) berechnet er das Skonto, das er seinem Kunden gewähren wird (339,69 EUR/93 · 3 = 10,96 EUR), und die Vertreterprovision (339,69 EUR/93 · 4 = 14,61 EUR). Durch Addition (339,69 EUR + 10,96 EUR + 14,61 EUR) erhält er dann den Zielverkaufspreis (365,26 EUR).

Das gleiche Prinzip gilt auch, wenn der Lieferant den Listenverkaufspreis vorab bestimmen muss: Der Lieferant weiß, dass der Kunde „vom Ende her“ rechnet und seinen Rabatt (5 %) auf der Basis des ihm genannten Listenverkaufspreises (100 %) ermittelt, sodass der Zielverkaufspreis nach Abzug des Rabatts entsprechend 95 % (vom Listenverkaufspreis) beträgt. Ausgehend vom Zielverkaufspreis berechnet der Lieferant den Rabatt (365,26 EUR/95 · 5 = 19,22 EUR), den er seinem Kunden gewährt. Durch

Addition des Rabatts zum Zielverkaufspreis (365,26 EUR + 19,22 EUR) ergibt sich der Listenverkaufspreis (384,48 EUR).

■ Berechnungen des Kunden

Der Kunde rechnet gemäß dem Pfeil in der Grafik „von unten nach oben". Ihm wird im Angebot der Listenverkaufspreis (384,48 EUR) genannt. Auf dieser Basis berechnet er den Rabatt (384,48 EUR/100 · 5 = 19,22 EUR) und erhält durch Subtraktion des Rabatts vom Listenverkaufspreis (384,48 EUR – 19,22 EUR) den Zielverkaufspreis (365,26 EUR).

Der Zielverkaufspreis dient ihm nun als Grundlage zur Berechnung des Skontos (365,26 EUR/100 · 3 = 10,96 EUR). Der Kunde muss den Zielverkaufspreis abzüglich Skonto (365,26 EUR – 10,96 EUR = 354,30 EUR) an seinen Lieferanten zahlen. Von diesem Betrag überweist der Lieferant dem Vertreter seine Vertreterprovision (365,26 EUR/100 · 4 = 14,61 EUR), sodass für den Lieferanten letztlich der Barverkaufspreis (354,26 EUR – 14,61 EUR = 339,69 EUR) übrig bleibt.

Zur nochmaligen Verdeutlichung dient folgender Ausschnitt aus der Handelskalkulation:

Zielverkaufspreis	365,26 EUR	95 %
+ Kundenrabatt	19,22 EUR	5 %
= Listenverkaufspreis	384,48 EUR	100 %

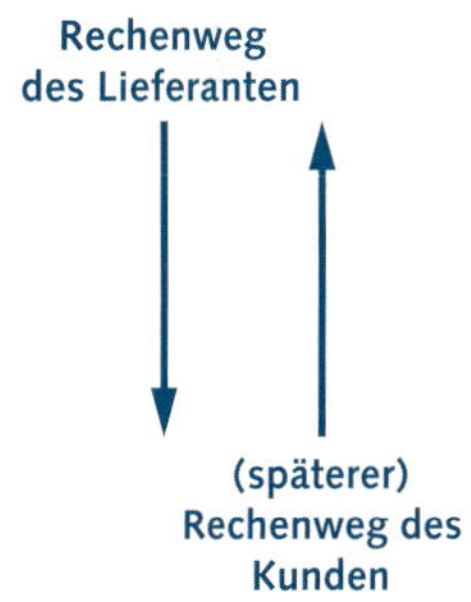

Der Lieferant kalkuliert den Kundenrabatt von 5 % auf der Basis des Zielverkaufspreises. Da der Zielverkaufspreis in der Handelskalkulation dann 95 % beträgt, erfolgt die **Berechnung** des Kundenrabatts **in der Handelskalkulation des Lieferanten** folgendermaßen:

$$\frac{365{,}26\text{ EUR}}{95} \cdot 5$$

Der Kunde berechnet seinen Rabatt auf der Basis des ihm genannten Listenverkaufspreises. Deshalb erfolgt die **Berechnung** des Kundenrabatts **durch den Kunden** folgendermaßen:

$$\frac{384{,}48\text{ EUR}}{100} \cdot 5$$

Aus beiden Berechnungen resultiert der Kundenrabatt von 19,22 EUR.

3.3.4 Nutzung eines Tabellenkalkulationsprogramms zur Durchführung der Handelskalkulation

Aufgrund zahlreicher Berechnungen, die sich bei der Kalkulation weiterer Produkte wiederholen, ist es sinnvoll, für die Durchführung der Handelskalkulation ein Tabellenkalkulationsprogramm zu nutzen.

Das obige Beispiel wird in eine Tabellenkalkulation übertragen (Normal- und Formelansicht):

Beispiel

Mit einer ähnlichen Problematik war der deutsche Ingenieur Konrad Zuse (1910 – 1995) in den 1930er Jahren konfrontiert. Die Durchführung statischer Berechnungen bedeutete für ihn ebenfalls umfangreiche und stetig wiederkehrende Rechenarbeit, lediglich mit jeweils anderen Zahlen. Um sich diese Arbeit zu erleichtern, entwickelte er den ersten Computer.

	A	B	C
1	**Handelskalkulation**		
2			
3			**Produkt**
4			
5	**Verkaufsbezeichnung:**		**DKS 300**
6	**Produktfunktionen:**		**Drucken, Kopieren, Scannen, Fax**
7			
8	Listeneinkaufspreis		220,00 EUR
9	- Liefererrabatt	10%	22,00 EUR
10	= Zieleinkaufspreis		198,00 EUR
11	- Liefererskonto	2%	3,96 EUR
12	= Bareinkaufspreis		194,04 EUR
13	+ Bezugskosten	15,00 EUR	15,00 EUR
14	= Bezugspreis/Einstandspreis		209,04 EUR
15	+ Handlungskosten	30%	62,71 EUR
16	= Selbstkosten		271,75 EUR
17	+ Gewinn	25%	67,94 EUR
18	= Barverkaufspreis		339,69 EUR
19	+ Kundenskonto	3%	10,96 EUR
20	+ Vertreterprovision	4%	14,61 EUR
21	= Zielverkaufspreis		365,26 EUR
22	+ Kundenrabatt	5%	19,22 EUR
23	= Listenverkaufspreis		384,48 EUR

	A	B	C
1	**Handelskalkulation**		
2			
3			**Produkt**
4			
5	**Verkaufsbezeichnung:**		**DKS 300**
6	**Produktfunktionen:**		**Drucken, Kopieren, Scannen, Fax**
7			
8	Listeneinkaufspreis		220
9	- Liefererrabatt	0,1	=C8*$B$9
10	= Zieleinkaufspreis		=C8-C9
11	- Liefererskonto	0,02	=C10*$B$11
12	= Bareinkaufspreis		=C10-C11
13	+ Bezugskosten	15	=$B$13
14	= Bezugspreis/Einstandspreis		=C12+C13
15	+ Handlungskosten	0,3	=C14*B15
16	= Selbstkosten		=C14+C15
17	+ Gewinn	0,25	=C16*B17
18	= Barverkaufspreis		=C16+C17
19	+ Kundenskonto	0,03	=C18/(1-B19-B20)*B19
20	+ Vertreterprovision	0,04	=C18/(1-B19-B20)*B20
21	= Zielverkaufspreis		=C18+C19+C20
22	+ Kundenrabatt	0,05	=C21/(1-B22)*B22
23	= Listenverkaufspreis		=C21+C22

Alle Prozentsätze werden separat in der Spalte B aufgeführt. Bei einer später erforderlichen Neuberechnung aufgrund geänderter bzw. aktualisierter Prozentsätze ist die Eingabe der neuen Sätze in Spalte B ausreichend. Da die Texteingaben in den Feldern A9 bis A23 mit einem Rechenzeichen beginnen, sind sie als Text zu formatieren (Markieren – rechte Maustaste – Zellen formatieren). Andernfalls erscheint eine Fehlermeldung, da das Tabellenkalkulationsprogramm im Anschluss an ein Rechenzeichen eine Formel erwartet. Die prozentualen Berechnungen der Spalte C nehmen Bezug auf die Prozentsätze in Spalte B. Bei den Berechnungen von Kundenrabatt, Kundenskonto und Vertreterprovision wird auch der Divisor (Zahlenwert unterhalb des Bruchstrichs) mit Bezug auf Spalte B berechnet, da dieser Wert abhängig vom Prozentsatz in Spalte B ist. Beispielsweise **würde ohne Berücksichtigung der Prozentformatierung in Spalte B** der Divisor in Feld C22 durch 100 – 5 = 95 berechnet. Würde der Kundenrabatt auf 2 % geändert, müsste die Division durch 100 – 2 = 98 erfolgen.

Da in der **Spalte B die Werte in Prozent formatiert sind,** sind auch die Formeln entsprechend anzupassen. Als Konsequenz entfällt bei allen anderen prozentualen Berechnungen die Division durch 100.

Bei den Berechnungen von Kundenrabatt, Kundenskonto und Vertreterprovision wird die Division ebenfalls angepasst. Wurde der Kundenrabatt (Feld C22) in Höhe von 19,22 EUR **ohne** prozentuale Formatierung durch die Formel 365,26/95 · 5 berechnet, lautet die Berechnung **mit Prozentformatierung** 365,26/0,95 · 0,05.

Tipp

Führen Sie die Änderung in der absoluten Adressierung sorgfältig durch. Bei fehlerhaften oder unvollständigen Eingaben zeigt Ihnen das Programm **trotzdem** ein Ergebnis. Dies ist jedoch falsch und nur bei manueller Kontrolle erkennbar!

Erweiterung der Handelskalkulation mit absoluter Zelladressierung

Beispiel

„So“, meint Frau Berg zu Jan, „da Sie die Handelskalkulation in eine Tabellenkalkulation übertragen haben, können Sie gleich zwei weitere Geräte kalkulieren. Unser Lieferant bietet uns einen Laserdrucker mit Farbdruckmöglichkeit und einen mobilen Drucker an, die ich gerne in unser Sortiment aufnehmen möchte. Der Farblaserdrucker FL 430 hat einen Listeneinkaufspreis von 140,00 EUR, der mobile Drucker MODU 185 von 135,00 EUR. Die Lieferkonditionen sind unverändert.“

Soll die Kalkulation weiterer Geräte erfolgen, zeigt sich deutlich der Nutzen eines Tabellenkalkulationsprogramms. Wie in der folgenden Abbildung ersichtlich, wird die Tabelle um die beiden Geräte erweitert. Es erfolgt jedoch nur die Eingabe der beiden Listeneinkaufspreise in Zeile 8. Alle übrigen Zahlenwerte werden durch das Programm berechnet, nachdem die Formeln aus Spalte C in die Spalten D und E kopiert wurden. Um die Formeln entsprechend zu kopieren, ist es notwendig, alle Bestandteile der Formeln, die sich auf die Spalte B beziehen, absolut mit dem $-Zeichen zu setzen.

	A	B	C	D	E
1	**Handelskalkulation**				
2					
3			**Produkte**		
4					
5	**Verkaufsbezeichnung:**		**DKS 300**	**FL 430**	**MODU 185**
6	**Produktfunktionen:**		**Drucken, Kopieren, Scannen, Fax**	**Drucken, Farbe**	**Drucken, mobiler Drucker**
7					
8	Listeneinkaufspreis		220,00 EUR	140,00 EUR	135,00 EUR
9	- Liefererrabatt	10%	22,00 EUR	14,00 EUR	13,50 EUR
10	= Zieleinkaufspreis		198,00 EUR	126,00 EUR	121,50 EUR
11	- Liefererskonto	2%	3,96 EUR	2,52 EUR	2,43 EUR
12	= Bareinkaufspreis		194,04 EUR	123,48 EUR	119,07 EUR
13	+ Bezugskosten	15,00 EUR	15,00 EUR	15,00 EUR	15,00 EUR
14	= Bezugspreis/Einstandspreis		209,04 EUR	138,48 EUR	134,07 EUR
15	+ Handlungskosten	30%	62,71 EUR	41,54 EUR	40,22 EUR
16	= Selbstkosten		271,75 EUR	180,02 EUR	174,29 EUR
17	+ Gewinn	25%	67,94 EUR	45,01 EUR	43,57 EUR
18	= Barverkaufspreis		339,69 EUR	225,03 EUR	217,86 EUR
19	+ Kundenskonto	3%	10,96 EUR	7,26 EUR	7,03 EUR
20	+ Vertreterprovision	4%	14,61 EUR	9,68 EUR	9,37 EUR
21	= Zielverkaufspreis		365,26 EUR	241,97 EUR	234,26 EUR
22	+ Kundenrabatt	5%	19,22 EUR	12,74 EUR	12,33 EUR
23	= Listenverkaufspreis		384,48 EUR	254,70 EUR	246,59 EUR

	A	B	C	D	E
1	**Handelskalkulation**				
2					
3			**Produkte**		
4					
5	**Verkaufsbezeichnung:**		**DKS 300**	**FL 430**	**MODU 185**
6	**Produktfunktionen:**		**Drucken, Kopieren, Scannen, Fax**	**Drucken, Farbe**	**Drucken, mobiler Drucker**
7					
8	Listeneinkaufspreis		220	140	135
9	- Liefererrabatt	0,1	=C8*$B$9	=D8*$B$9	=E8*$B$9
10	= Zieleinkaufspreis		=C8-C9	=D8-D9	=E8-E9
11	- Liefererskonto	0,02	=C10*$B$11	=D10*$B$11	=E10*$B$11
12	= Bareinkaufspreis		=C10-C11	=D10-D11	=E10-E11
13	+ Bezugskosten	15	=$B$13	=$B$13	=$B$13
14	= Bezugspreis/Einstandspreis		=C12+C13	=D12+D13	=E12+E13
15	+ Handlungskosten	0,3	=C14*$B$15	=D14*$B$15	=E14*$B$15
16	= Selbstkosten		=C14+C15	=D14+D15	=E14+E15
17	+ Gewinn	0,25	=C16*$B$17	=D16*$B$17	=E16*$B$17
18	= Barverkaufspreis		=C16+C17	=D16+D17	=E16+E17
19	+ Kundenskonto	0,03	=C18/(1-$B$19-$B$20)*$B$19	=D18/(1-$B$19-$B$20)*$B$19	=E18/(1-$B$19-$B$20)*$B$19
20	+ Vertreterprovision	0,04	=C18/(1-$B$19-$B$20)*$B$20	=D18/(1-$B$19-$B$20)*$B$20	=E18/(1-$B$19-$B$20)*$B$20
21	= Zielverkaufspreis		=C18+C19+C20	=D18+D19+D20	=E18+E19+E20
22	+ Kundenrabatt	0,05	=C21/(1-$B$22)*$B$22	=D21/(1-$B$22)*$B$22	=E21/(1-$B$22)*$B$22
23	= Listenverkaufspreis		=C21+C22	=D21+D22	=E21+E22

3.3.5 Zusammenfassung und Aufgaben

Zusammenfassung

Dreisatzrechnung

Eine Aufgabe, die mit Dreisatzrechnung lösbar ist, beginnt meistens mit der **Aussage** über den Zusammenhang zweier Größen A und B mit Zahlenwerten, z. B.:

40 Kartons Kopierpapier (A) kosten 680,00 EUR (B).
Bei 16 Seiten pro Minute (A) wird ein Druckauftrag in 27 Minuten (B) ausgeführt.

Es wird gefragt, wie sich der **Zahlenwert** der Größe B ändert, wenn sich eine Änderung der Größe A auf einen neuen Zahlenwert ergibt, z. B.:

Wie viel EUR kosten 6 Kartons Kopierpapier?
Wie viele Minuten benötigt ein Drucker mit einer Druckleistung von 18 Seiten pro Minute für den Auftrag?

Dreisatzrechnung mit geradem bzw. direktem Verhältnis

Dreisatz ↑↑ gerade direkt

Bewirkt die Änderung der ersten Größe A in eine Richtung eine Änderung der anderen Größe B in die gleiche Richtung (wird A größer, wird auch B größer und umgekehrt), dann handelt es sich um ein **gerades bzw. direktes Verhältnis.**

Beispiel: Je größer die Menge Kopierpapier (Kartons) ist, desto größer ist der Preis.

1. **Ausgangssituation:**
   40 Kartons Kopierpapier kosten 680,00 EUR. Gesucht wird der Preis für 6 Kartons.
2. **Reduzierung auf eine Einheit (1 Karton):** $\frac{680{,}00 \text{ EUR}}{40 \text{ Kartons}} = 17{,}00 \text{ EUR/Karton}$
3. **Berechnung der gesuchten Größe (Vielfachheit berechnen):**
   $17{,}00 \text{ EUR} \cdot 6 \text{ Kartons} = 102{,}00 \text{ EUR}$

Dreisatzrechnung mit ungeradem bzw. indirektem Verhältnis

Dreisatz ↑↓ ungerade indirekt

Bewirkt die Änderung der ersten Größe A in eine Richtung eine Änderung der Größe B in die entgegengesetzte Richtung (wird A größer, wird B kleiner und umgekehrt), dann handelt es sich um ein **ungerades bzw. indirektes Verhältnis.**

Beispiel: Je größer die Seitendruckleistung pro Minute ist, desto geringer ist die Minutenzahl für den Druckauftrag.

1. **Ausgangssituation:**
   Ein Druckauftrag benötigt 27 Minuten bei einer Druckleistung von 16 Seiten pro Minute. Gesucht wird die Dauer bei einer Druckleistung von 18 Seiten pro Minute.
2. **Gesamtzahl berechnen:** $\frac{16 \text{ Seiten}}{\text{Minute}} \cdot 27 \text{ Minuten} = 432 \text{ Seiten}$
3. **Berechnung der gesuchten Größe (Division der Gesamtzahl):**
   $\frac{432 \text{ Seiten}}{18 \text{ Seiten/Minute}} = 24 \text{ Minuten}$

Prozentrechnung

Die **Prozentrechnung** basiert auf den drei Größen: Grundwert, Prozentsatz und Prozentwert

Der **Prozentwert** wird berechnet durch die Formel: $\frac{\text{Grundwert} \cdot \text{Prozentsatz}}{100}$

Der **Prozentsatz** wird berechnet durch die Formel: $\frac{\text{Prozentwert}}{\text{Grundwert}} \cdot 100$

Der **Grundwert** wird berechnet durch die Formel: $\frac{\text{Prozentwert}}{\text{Prozentsatz}} \cdot 100$

Handelskalkulation

Der Verkaufspreis eines Produkts lässt sich durch die **Handelskalkulation** berechnen.

In der Handelskalkulation werden folgende Positionen berücksichtigt:

- vom eigenen **Lieferanten:** Listeneinkaufspreis, Liefererrabatt, Liefererskonto und Bezugskosten
- vom **eigenen Unternehmen:** Handlungskosten, Gewinn und evtl. Vertreterprovision
- dem **Kunden gegenüber:** Kundenrabatt und Kundenskonto

Aufgrund der umfangreichen Berechnungen ist die Nutzung eines Tabellenkalkulationsprogramms ein wichtiges Hilfsmittel.

Aufgaben

1. Für einen Raum mit einer Fläche von 12 m^2 (Quadratmetern) kostet der Bodenbelag 190,80 EUR. Wie viel kostet der Bodenbelag für einen Raum mit 17 m^2?

2. Eine Autovermietung berechnet für die Miete über 7 Tage 266,00 EUR. Welche Mietkosten werden bei einer Anmietung über 11 Tage berechnet?

3. Für den Anstrich eines Büroraums benötigen 4 Maler 6 Stunden. Welche Zeit benötigt der Anstrich, wenn 5 Maler eingesetzt werden?

4. Bei einem Getränkehersteller füllen 3 Abfüllmaschinen eine bestimmte Menge Flaschen in 15 Minuten ab. Um welchen Zeitraum verlängert sich der Abfüllvorgang, wenn eine Abfüllmaschine ausfällt?

5. Ein Produkt kostet 450,00 EUR netto (Grundwert). Der Umsatzsteuersatz beträgt 19 % (Prozentsatz).
   Berechnen Sie den Umsatzsteuerbetrag (Prozentwert).

6. Ein Händler gewährt auf einen Rechnungsbetrag in Höhe von 172,00 EUR einen Rabatt von 5 %. Wie hoch ist der Rabatt?

7. Der Umsatzsteuerbetrag (Prozentwert) für ein Produkt beträgt 98,00 EUR. Der Nettobetrag (Grundwert) ist 1.400,00 EUR.
   Welcher Umsatzsteuersatz (Prozentsatz) wurde erhoben?

8. Ein Unternehmen gewährt für ein Produkt mit einem Verkaufspreis von 12.000,00 EUR einen Rabatt von 360,00 EUR.
   Wie viel Prozent beträgt der Rabatt?

9. Eine Rechnung weist bei einem Umsatzsteuersatz von 19 % einen Umsatzsteuerbetrag von 34,20 EUR aus. Wie lautet der Nettobetrag?

10. Aus Kulanz erstattet ein Lieferant 117,00 EUR. Dies entspricht 15 % des Warenwertes.
    Welchen Wert hat die Ware?

11. Übertragen Sie die auf Seite 235 aufgezeigte Tabelle in ein Tabellenkalkulationsprogramm. Tragen Sie jeweils nur den Listeneinkaufspreis ein. Lassen Sie alle übrigen Werte in den Spalten C bis E durch Formeln berechnen. Überprüfen Sie Ihre Berechnungen.

12. Berechnen Sie für die Produkte A, B und C jeweils den Listenverkaufspreis. Überprüfen Sie bei der Nutzung eines Tabellenkalkulationsprogramms stichprobenartig manuell Ihre Berechnung.

    Listeneinkaufspreise:

    Produkt A: 90,00 EUR, Produkt B: 260,00 EUR, Produkt C: 460,00 EUR.

    Der Liefererrabatt beträgt 10 %,
    das Liefererskonto 2 %,
    die Bezugskosten betragen 15,00 EUR,
    der Handlungskostenzuschlagssatz 30 %,
    der Gewinnzuschlagssatz 25 %,
    das Kundenskonto 3 %,
    die Vertreterprovision 4 %,
    der Kundenrabatt 5 %.

4 Den Schriftverkehr normgerecht gestalten

4.1 Normgerechte Gestaltung und Formulierung von Texten des internen und externen Schriftverkehrs

Auf den folgenden Seiten können Sie sich mit **Grundoperationen, der Zeichenformatierung, Absatzformatierung, der Gestaltung von Tabellen** und **der Dokumentenformatierung** des Textverarbeitungsprogramms vertraut machen. Zudem lernen Sie die wichtigsten Regeln für **innerbetriebliche Schreiben** und **Geschäftsbriefe nach DIN 5008** kennen.

©WoGi-fotolia.com

4.1.1 Grundoperationen

Markieren

Textverarbeitungsprogramme kennzeichnen markierte Bereiche in Texten farbig. Um schnell bestimmte Bereiche im Text zu markieren, gehen Sie wie folgt vor: Ein Doppelklick in das Wort markiert das entsprechende Wort und ein 3-facher Klick in den Text markiert den Absatz. Alternativ können Sie auch einen Abschnitt auswählen, indem Sie die linke Maustaste gedrückt halten und den gewünschten Abschnitt im Text auswählen. Ein Klick mit gedrückter **SHIFT-Taste** (Großschreibtaste) markiert ab dem Cursor bis zum Mauspfeil und ein Klick mit gedrückter **STRG-Taste** markiert den kompletten Satz.

Kopieren

©Icon made by Freepik from www.flaticon.com

Um Teile von **Texten** oder auch **Grafiken, Bilder** usw. zu kopieren, wird der zu kopierende Teil zunächst auf die oben beschriebene Weise markiert. Mit dem entsprechenden Kopierbefehl in der Symbolleiste oder per Tastaturkürzel (z. B. STRG + C) wird der zu kopierende Teil in der **Zwischenablage** des Textverarbeitungsprogramms abgelegt. Mithilfe des Cursors wird die neue Stelle ausgewählt, an die der kopierte Bereich gehört. Wird der Kopierbefehl erteilt, werden der Text oder die Grafik an der Stelle des Cursors eingefügt. Der ursprünglich markierte Text bleibt erhalten. Ein im Einfügebereich markierter Text wird beim Einfügen einer Kopie aus der Zwischenablage überschrieben.

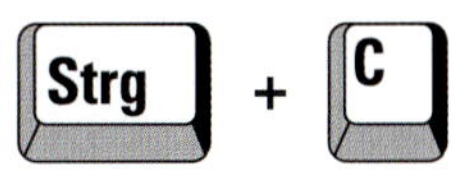

Ausschneiden

©Icon made by Sarfraz Shoukat from www.flaticon.com

Diese Funktion funktioniert **wie die Kopierfunktion.** Aber statt einer Kopie wird das Markierte (Text, Grafik, Bild usw.) aus dem Dokument entfernt, kann aber durch die Einfügefunktion an eine gewünschte Stelle im Dokument verschoben werden.

Einfügen

©Icon made by Vaadin from www.flaticon.com

Der Einfügemodus ist bei den meisten Textverarbeitungsprogrammen aktiv, d. h. es können so viele Zeichen wie gewünscht eingefügt werden und der Text verschiebt sich weiter nach rechts.

LERNFELD 3

Löschen

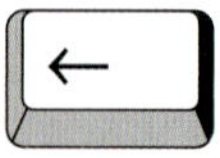 oder 

Zum Löschen von **Zeichen links** neben dem Cursor wird die **Rückschritt-Taste** gedrückt. Zum Löschen von **Zeichen rechts** neben dem Cursor dient die **Entfernen-Taste.** Um ganze Abschnitte zu entfernen, kann der entsprechende Bereich markiert und mit der Entfernen-Taste gelöscht werden.

Suchen und Ersetzen

Der **Suchbefehl** lässt den Bearbeiter nach **Zeichen** und **Wörtern** sowie nach **Formatierungen,** wie z. B. Zeichen- und Absatzformatierung, suchen. Das Textverarbeitungsprogramm setzt den Cursor dann durchgehend an jedes gesuchte Zeichen bis zum Ende des Textes. Zudem kann z. B. ein gesuchtes Zeichen oder eine Absatzformatierung durch ein anderes Zeichen oder eine andere Absatzformatierung ersetzt werden. Hier bietet das Textverarbeitungsprogramm die Funktion „Suchen und Ersetzen" an, die das Gesuchte entweder im ganzen Text oder nur in Textteilen austauscht.

Änderungen verfolgen

Textverarbeitungsprogramme sind in der Lage, nachverfolgte **Änderungen** wie etwa Überarbeitungen **anzuzeigen.** Es werden z. B. Sprechblasen verwendet, um Kommentare, Löschungen, Formatierungsänderungen und verschobene Inhalte anzuzeigen. In Word: Register: Überprüfen, Menü: Änderungen nachverfolgen

Seitenansicht 

Die Funktion Seitenansicht lässt den Schreiber vor **Ausdruck** des Dokuments den Aufbau der Seite sichten und sich einen **Überblick** verschaffen.

Tabulator

Durch Tabulatoren ist es möglich, Texte in einem Dokument an die richtige Stelle zu setzen. Die Tabulator-Funktion in Textverarbeitungsprogrammen unterstützt auch die **Erstellung** von **einfachen Tabellen.** Tabulatoren sind Markierungen im Zeilenlineal. Sie zeigen, wo sich der Cursor nach Drücken der Tabulator-Taste befindet. Drückt man die Tabulator-Taste wird der nächste Tabulatorpunkt erreicht.

Tipp

Lassen Sie sich zur exakten Position der Tabulatoren das Lineal einblenden.

Formatierungszeichen einblenden ¶

Textverarbeitungsprogramme ermöglichen mit der Funktion Steuerzeichen das Ein- und Ausblenden von Formatierungszeichen. So werden dem Nutzer die Formatierungszeichen angezeigt, die oft verwendet werden bzw. die für ihn hilfreich sind.

4.1.2 Zeichenformatierung

Normgerechte Hervorhebungen

Hervorhebungen in Texten können mit Schriftart, z. B. Arial, Wechsel der Schriftgröße von 9 auf 11, **Fettschrift,** *Kursivschrift*, GROSSBUCHSTABEN, Farben, Einrücken, <u>Unterstreichen</u>, Zentrieren, Anführungszeichen, usw. erfolgen. Hervorhebungen können beliebig kombiniert werden.

4.1.3 Absatzformatierung

■ Absatzformatierung

Nach DIN 5008 sind Absätze vom laufenden Text durch eine **Leerzeile** zu trennen. Eine Leerzeile entsteht durch zweimaliges Drücken der Enter-Taste. Abstände zwischen zwei Absätzen können auch über den **Absatzabstand** eingerichtet werden.

■ Formatvorlagen verwenden/anpassen

Formatvorlagen unterstützen den Verfasser darin, **einheitliche Texte** zu gestalten sowie notwendige Umformatierungen schnell umzusetzen. Eine Formatvorlage kann z. B. die Elemente „Zeichen“, „Absätze“, „Rahmen“, „Nummerierungen“ oder „Tabelle“ regeln. Ein Textverarbeitungsprogramm bietet vorgegebene Formatvorlagen an, die individuell angepasst werden können.

■ Nummerierungen und Aufzählungen

Textverarbeitungsprogramme bieten verschiedene Nummerierungen und Aufzählungsmöglichkeiten an. **Aufzählungsmöglichkeiten** sind: **Ordnungszahlen** (z. B. 1, 2, 3), **Kleinbuchstaben mit Nachklammer** (z. B. a), b)) oder **Symbole wie Haken** oder **Punkt.** Innerhalb von Texten werden der Beginn und das Ende einer Aufzählung durch Leerzeilen gekennzeichnet.

■ Anpassen der automatischen Aufzählung

Textverarbeitungsprogramme bieten den Service einer **automatischen Aufzählung** an. Wenn der Benutzer z. B. ein Sternchen oder die Ziffer Eins eingibt, erkennt das Programm dessen Absicht und beginnt automatisch die Nummerierung fortzuführen. Diese Funktion kann auch deaktiviert werden.

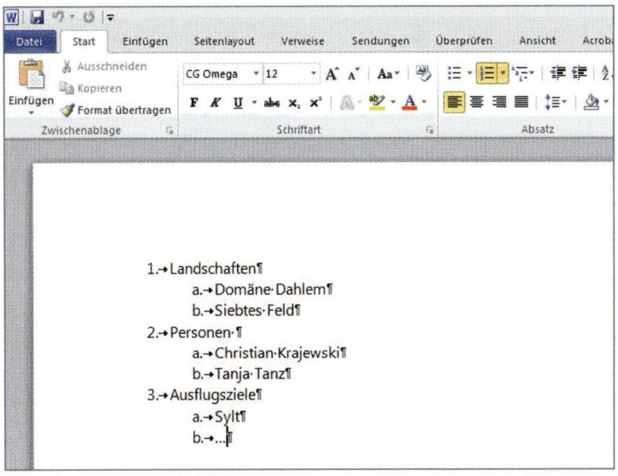

■ Absatzausrichtung

Mit dieser Funktion können **Absätze** in Texten als **Blocksatz, zentriert, links-** oder **rechtsbündig** gestaltet werden.

■ Silbentrennung

Diese Funktion im Textverarbeitungsprogramm unterstützt den Schreiber bei der **Worttrennung am Zeilenende.** Wörter werden am Zeilenende nach Sprechsilben getrennt. Einzelne Vokale am Wortanfang und Wortende werden nicht getrennt. Stehen mehrere Konsonanten zwischen den Vokalen, kommt nur der letzte Konsonant auf die neue Zeile.

4.1.4 Gestaltung von Tabellen

Die Norm **DIN 5008** gibt zur **Tabellengestaltung** u. a. Folgendes vor: Die Tabelle sollte zwischen den Seitenrändern zentriert positioniert werden. Der Abstand zum vorherigen und nachfolgenden Text sollte mindestens eine Leerzeile betragen. Wenn möglich sollten sich Tabellen nicht über mehrere Seiten ausdehnen; bei notwendiger Tabellentrennung ist der Tabellenkopf auf der neuen Seite zu wiederholen. Tabellenüberschriften sind sinnvoll, Spaltenbezeichnungen stehen im Tabellenkopf und werden zentriert mit Ausnahme der Vorspalte (linksbündig), waagerechte und senkrechte Trennungslinien gliedern den Tabellenkopf.

4.1.5 Dokumentformatierung

Verwendung von Dokumentvorlagen

Eine Angebotserstellung gehört zum täglichen Arbeitsalltag eines Büromitarbeiters. Mit einer **Dokumentvorlage** muss das Schreiben aber nicht jedes Mal neu erstellt werden. Die Elemente **Seitenlayout, Schriftarten, Seitenränder** oder **Formatvorlagen** stehen bereits fest und werden einfach um die Inhalte für das Angebot ergänzt.

Ausrichtung

Mit der Funktion „Ausrichtung" wird ein Text auf einer Seite so abgebildet, dass er **optimal zum oberen und unteren Rand** hin **ausgerichtet** ist.

Ränder

Bei Seitenrändern handelt es sich um die Leerräume an den Rändern einer Seite. Im Allgemeinen werden Text und Grafiken im bedruckbaren Bereich zwischen den Seitenrändern eingefügt. Sie können bestimmte Elemente jedoch auch in den Randbereichen platzieren, z. B. Kopf- und Fußzeilen oder Seitenzahlen.

Kopf- und Fußzeile

Schreiber von **mehrseitigen** und **langen Dokumenten** optimieren diese mit dem Einfügen von Kopf- und Fußzeilen. Die Kopfzeile steht am oberen und die Fußzeile am unteren Randbereich eines Dokuments. In der Kopfzeile kann der Text stehen, der sich auf jeder Seite wiederholt, z. B. der Name des Verfassers eines Schreibens. In der Fußzeile steht oft die Seitennummerierung, die sich ebenso auf jeder Seite wiederholt. Kopf- und Fußzeile müssen für jedes Dokument nur einmalig eingerichtet werden.

Seitennummerierung

Textverarbeitungsprogramme unterstützen die **Übersicht** ihrer mehrseitigen Dokumente mit der Funktion Seitenzahl. **Seitenzahlen** können fortlaufend z. B. am Seitenanfang, Seitenende oder Seitenrand stehen.

4.1.6 Innerbetriebliche Schreiben

LF 4

Innerbetriebliche Schreiben unterstützen die **interne Kommunikation** zwischen Mitarbeitern, Abteilungen und der Unternehmensleitung. Jedes Unternehmen hat bevorzugte Kommunikationsmittel wie das **persönliche Gespräch**, das **Telefongespräch** oder die **Kommunikation per E-Mail oder Fax. Schriftliche, interne Kommunikation** findet mithilfe von **innerbetrieblichen Schreiben** statt. Beispiele für innerbetriebliche Schreiben sind: z. B. **interne Mitteilungen, Rundschreiben oder Protokolle.**

4.1.7 Geschäftsbriefe nach DIN 5008

© fotomek-fotolia.com

Die DIN 5008 regelt den Aufbau und die Gestaltung von Vorlagen für Geschäftsbriefe. Auch das dargestellte Angebotsschreiben der Müngsten GmbH folgt den DIN-Vorgaben, die zeigen, wie der Inhalt eines Schreibens dargestellt werden soll. Sie finden in den folgenden Zeilen eine Kurzbeschreibung der wichtigsten Inhaltspunkte (siehe die blau eingefärbten Stichworte auf dem Angebotsschreiben auf der folgenden Seite).

- **Briefkopf:** Wie die Müngsten GmbH verwenden die meisten Unternehmen Briefvordrucke. Der Briefkopf enthält die vollständige Absenderangabe.
- **Wiederholung und Absender (Rücksendeangaben):** Absenderangaben werden wiederholt und vereinfachen so den Postversand, da diese Zeile im Fenster des Couverts, zusammen mit den Empfängerangaben, erscheint.
- **Anschriftfeld mit Empfänger:** Das Anschriftfeld ist nach DIN 5008 genau gegliedert. Es besteht aus 11 Zeilen. Die ersten 5 Zeilen haben die Schriftgröße 8 und sind für Vermerke und Zustellangaben bestimmt. Die folgenden 6 Zeilen enthalten die Empfängerangaben. Sie haben die Schriftgröße 11.
- **Informationsblock:** Er vereinfacht wie die Bezugszeichenzeile den kauf-männischen Schriftverkehr, denn er erfasst die vorangegangene Kommunikation in kürzester Form.
- **Betreff:** Er beschreibt so kurz wie möglich den Inhalt des Brieftextes. Das Wort „Betreff" wird nicht geschrieben.
- **Geschäftsangaben:** In der Fußzeile stehen Angaben zu Kontoverbindungen, steuerrechtlichen Vorgaben wie die Steuernummer (Steuer-Nr.), die Umsatzsteueridentifikationsnummer (USt-IdNr.), Kontoverbindungen (IBAN und BIC), Nummern der Hauptanschlüsse aller Kommunikationsmittel. Kapitalgesellschaften wie die Müngsten GmbH müssen zudem Rechtsform, Sitz der Gesellschaft, Registergericht des Sitzes der Gesellschaft und die Nummer, unter der die Gesellschaft in das Handelsregister eingetragen ist, angeben. Ebenso sind bei einer GmbH die Namen aller Geschäftsführer (Familienname und ein ausgeschriebener Vorname) anzugeben.

Tipp

Informieren Sie sich im Laufe Ihres Berufslebens regelmäßig über die aktuelle DIN-Norm. Ein Brief, der nicht der aktuellen Norm entspricht, macht einen unprofessionellen Eindruck.

LF 4

Briefkopf

Bürobedarf **Müngsten** GmbH

Rücksendeangaben

Müngsten GmbH ♦ Aggerstraße 7 ♦ 40474 Düsseldorf

Anschriftfeld des Empfängers

Ihr Zeichen: cp
Ihre Nachricht vom: 20xx-xx-xx
Unser Zeichen: se
Unsere Nachricht vom: 20xx-xx-xx

Name: Susanne Erwin
Telefon: 0211 7654-0
E-Mail: info@buero-muengsten.de
Internet: www.buero-muengsten.de

Informationsblock

Datum: 20xx-xx-xx

aktuelles Tagesdatum

Angebot über fünf Streifenschnitt-Aktenvernichter – Nummer xxxx zu Ihrer Anfrage

Sehr geehrte Frau Pöschl,

wir danken Ihnen für Ihr Interesse an unserem Streifenschnitt-Aktenvernichter.

Betreff

Sie teilen uns mit, dass Sie in der x. Märzwoche 20xx eine Aktionswoche planen. Gerne bieten wir die von Ihnen gewünschten Streifenschnitt-Aktenvernichter unserer Hausmarke zu besonders günstigen Konditionen an. **Die Geräte sind ab sofort lieferbar**.

Die Aktenvernichter leisten eine Streifengröße von 6 mm und verfügen über einen Auffangbehälter von 32 l. Sie erhalten unseren aktuellen Hausprospekt mit technischen Daten des Aktenvernichters und einer Abbildung des Geräts.

Menge	**Typ**	**Version**	**Listenpreis (netto)**	**Gesamtpreis (netto)**
5	Aktenvernichter	Streifenschnitt	200,00 EUR	1.000,00 EUR

Für unser Angebot gelten die in der Anlage beigefügten Allgemeinen Geschäftsbedingungen (AGB). Für Verpackung und Versand berechnen wir pauschal 30,00 EUR netto.

Dieses Angebot ist gültig bis xx. Monat 20xx.

Wir hoffen auf eine erfolgreiche Zusammenarbeit und freuen uns auf Ihre Bestellung.

Für Rückfragen steht Ihnen unsere Mitarbeiterin Annemarie Prebeck unter der Telefonnummer 0211 7654-30 gerne zur Verfügung.

Freundliche Grüße

Bürobedarf Müngsten GmbH

Anlagen
1 Hausprospekt
AGB

Susanne Erwin

handschriftliche Unterschrift der Verfasserin dieser Anfrage

i. A. Susanne Erwin

Geschäftsangaben

HRB 2244 Amtsgericht Düsseldorf
USt-IdNr. DE 147 000 234

Geschäftsführer
Dr. Robert Müngsten

Tel.: 0211 7654-0 Zentrale
Internet-Adresse:
www.buero-muengsten.de

Volksbank Düsseldorf-Neuss e. G.
IBAN DE47 3016 0213 2407 7254 28
BIC GENODED1DNE

4.1.8 Vordrucke/Vorlagen für handschriftliche Formulare und Online-Formulare

Handschriftliche und Online-Formulare: Formulare werden immer dann eingesetzt, wenn das Unternehmen wiederkehrende Informationen erheben muss (z. B. Kundendaten, Personaldaten, Lieferantendaten). Das hat den Vorteil, dass die benötigten Informationen vollständig und in der gewünschten Form erfragt werden. Die Textverarbeitung kann zum einen dazu genutzt werden, Formulare zu entwickeln, die handschriftlich ausgefüllt werden können. Dies geschieht meist in der Form einer Tabelle.

Zum anderen können auch die sogenannten Online-Formulare mithilfe der Textverarbeitung erstellt werden. Online-Formulare bieten die Möglichkeit, Informationen direkt am PC einzugeben.

Gestaltung eines Formulars: Zur Gestaltung eines Online-Formulars bietet z. B. Microsoft Word grundsätzlich drei Möglichkeiten:

- Textformularfelder (Hier kann ein beliebiger Text, der aus Zeichen und Zahlen bestehen kann, eingegeben werden, z. B. Name: .),
- Kontrollkästchen-Formularfelder (Sie enthalten Angaben, die durch Ankreuzen ausgewählt werden, z. B. ☐ ledig, ☐ verheiratet.) und
- Dropdown-Formularfelder (Sie ermöglichen eine Auswahl aus bestehenden, fest vorgegebenen Alternativen, z. B. Wochentag.).

Das Einfügen von Grafiken und Symbolen (z. B. ✂, ✏, ✉) ist dort sinnvoll, wo das Textverständnis unterstützt und die Eingabe erleichtert werden.

DIN-gerechte Gestaltung von Formularen: Formulare unterliegen nicht der DIN 5008, sollten sich in ihrer Gestaltung aber an den dort gesetzten Standards orientieren (siehe insbesondere Tabellengestaltung, Absatzgestaltung und Formatierung von Schriftzeichen).

Tipp

Auch für die Erstellung von Berichten und Dokumentationen gibt es Hinweise zur Gestaltung (Aufbau, Gliederung, Randeinstellungen etc.). Informieren Sie sich bei Bedarf entsprechend.

Tipp

Um in Word ein Online-Formular zu entwerfen, muss das Register Entwicklertools aktiviert sein.

(Register: Datei; Menüpunkt Optionen; Menüpunkt Menüband anpassen; dort die Entwicklertools durch das Kontrollkästchen aktivieren)

LERNFELD 3

4.1.9 Programmierte Textverarbeitung

Zur effizienten Gestaltung von gleichen oder ähnlichen sowie komplizierten Sachverhalten ist der Einsatz von **Textbausteinen/Schnellbausteinen** geeignet. Sie können Texte, Grafiken, Tabellen oder Ähnliches aufnehmen (Alt-Taste und F3-Taste). Jeder Textbaustein erhält einen Namen, ein sogenanntes Kürzel, der notwendig ist, um den Inhalt des Textbausteins aufzunehmen. Durch die Eingabe dieses Kürzels und die anschließende Betätigung der F3-Taste fügt das Textverarbeitungsprogramm die gewünschte Textpassage in ein Dokument ein. Textbausteine zu einem Thema sind zumeist in einem Texthandbuch/einer Textbausteindatei (z. B. für Angebote oder Auftragsbestätigungen) zusammengefasst. Diese können nach Bedarf ergänzt und verändert werden.

Alt + F3

Um Briefe aus Textbausteinen herzustellen, werden in der Regel **Schreibaufträge** formuliert. Diese enthalten neben den individuellen Angaben wie z. B. Name, Adresse oder Datum nur noch die entsprechenden Kürzel, die dem Texthandbuch entnommen werden. Ein Schreibbüro übernimmt anhand der Kürzel die entsprechenden Textpassagen und stellt sie zum Beispiel zu einem Geschäftsbrief zusammen.

Tipp

Kontrollieren Sie regelmäßig, ob die Inhalte Ihrer Textbausteine noch aktuell sind.

4.2 Erstellen von erforderlichen Dokumenten der Auftragsbearbeitung

Tipp

Bei Unklarheiten schlagen Sie bitte die aktuellen Regeln in der DIN 5008 nach.

Alle für die Auftragsannahme erforderlichen Dokumente werden nach DIN 5008 (Schreib- und Gestaltungsregeln für die Textverarbeitung) erstellt.

Beachten Sie bei allen erforderlichen Dokumenten zudem das **unternehmenseigene Corporate Design,** d. h. verwenden Sie Briefpapier, Vordrucke, Vorlagen usw. für den Schriftverkehr mit Kunden. Mithilfe des Corporate Designs wird das Unternehmen bei allen Auftritten wiedererkannt. Das Corporate Design zieht sich wie ein roter Faden durch das Unternehmen und wird sichtbar in Broschüren, auf der Homepage, bei Präsentationen, auf Inseraten und Plakaten, auf Beschriftungen am und im Unternehmensgebäude oder bei der Berufsbekleidung der Mitarbeiter (z. B. Arbeitskittel).

4.2.1 Abgleich Kundenauftrag und Angebot

■ Kundenauftrag und Angebot stimmen überein

©DOC RABE Media-fotolia.com

Ist der Kunde mit einem Angebot zufrieden, wird er einen Auftrag erteilen. Ein **Auftrag** ist die **verbindliche Zusage,** ein Produkt zu den im Angebot enthaltenden Konditionen abzunehmen und zu bezahlen. Es kommt ein **Kaufvertrag** zustande, wenn keine Veränderungen am Angebot vorgenommen werden.

Merke

Ein Auftrag ist eine verbindliche Zusage des Kunden.

Stimmen Angebot und Auftrag überein, kommt ein Kaufvertrag zustande.

©Picture-Factory-fotolia.com

©Minerva Studio-fotolia.com

Durch den **Kaufvertrag** entstehen für Verkäufer und Käufer **Pflichten.**

Pflichten Verkäufer	Pflichten Käufer
Ware fehlerfrei übergeben	Ware annehmen
Eigentum an der Ware übertragen	Ware bezahlen

Merke

Oft sendet der Verkäufer zur Bestätigung des Kundenauftrags eine **Auftragsbestätigung.** Diese ist aus rechtlicher Sicht ohne Bedeutung, d. h. eigentlich nicht nötig.

■ Kundenauftrag und Angebot stimmen NICHT überein

Ist der **Verkäufer** aber **mit den Veränderungen** des Kunden **einverstanden**, wird er diese Veränderungen mit einer Auftragsbestätigung genehmigen. Ist die Auftragsbestätigung beim Kunden eingegangen und akzeptiert, ist ein **Kaufvertrag** entstanden.

Merke

Verändert der Kunde die im Angebot enthaltenen Informationen und nimmt eine Bestellung vor, kommt **kein Kaufvertrag** zustande.

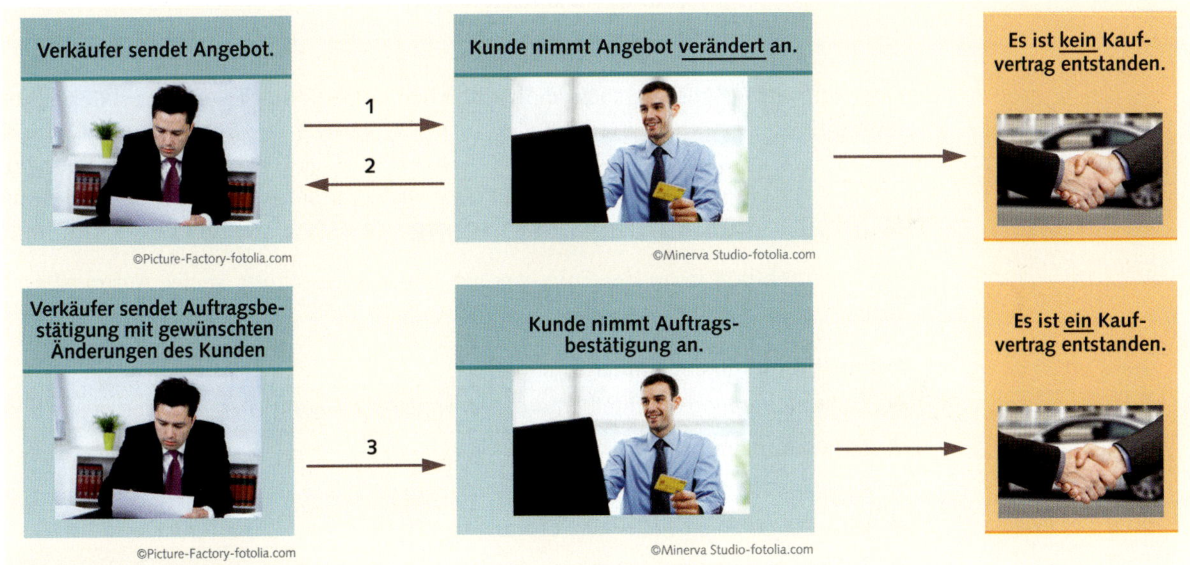

4.2.2 Auftragsbestätigung

■ Rechtlicher Aspekt einer Auftragsbestätigung

Eine Auftragsbestätigung durch den Lieferanten ist notwendig, wenn der Käufer das zuvor erhaltene Angebot in seinem Antwortschreiben (= Auftrag) abgeändert hat.

Zudem **bestätigt** der **Verkäufer** mit einer **Auftragsbestätigung** die **Annahme einer Kundenbestellung,** denn eine Bestellung erfolgt meist ohne vorherige Kundenanfrage oder ohne ein vorheriges, detailliertes Lieferantenangebot.

©momius-fotolia.com

Tipp

Allgemeine Geschäftsbedingungen (kurz AGB) sind durch den Lieferanten vorgegebene Vertragsbedingungen, zu denen sich Kunde und Lieferant bei Vertragsabschluss verpflichten. AGB regeln z. B. Lieferpflicht, Nachlässe oder Zahlungsbedingungen.

Merke

Auftragsbestätigungen werden häufig beim E-Commerce in automatisierter Form (z. B. in Form einer E-Mail) als Bestätigung für eine eingegangene Bestellung versendet.

Eine Auftragsbestätigung ist für den Lieferanten ein **verbindliches Schreiben,** in dem er sich bereit erklärt, den Auftrag bzw. die Bestellung zu den angegebenen Bedingungen durchzuführen und den Gegenstand oder die Dienstleistung zum vereinbarten Zeitpunkt zu liefern. Sie muss der **Kundenbestellung entsprechen.**

Eine Auftragsbestätigung wird versendet, wenn

- eine Bestellung ohne vorheriges Angebot eingeht,
- eine telefonische Bestellung vorliegt – um Missverständnisse zu vermeiden,
- sich zum Angebot noch einmal eine Änderung ergibt,
- der Kunde über die Allgemeinen Geschäftsbedingungen des Verkäufers informiert wird,
- sich die Eigenschaften einer bestellten Ware verändert haben und der Kunde hierüber informiert wird,
- bei erstmaliger Bestellung ein besonderer Dank an den Kunden gesendet wird, sofern laut Vertrag keine sofortige Warenlieferung/Auftragsdurchführung erfolgt.

Eine Auftragsbestätigung sollte die **rechtlichen Anforderungen** an einen **Geschäftsbrief** erfüllen.

LERNFELD 3

Inhalt einer Auftragsbestätigung

Ein Unternehmen ist in der Formulierung und Ausgestaltung seiner Auftragsbestätigung frei.

Dennoch sind folgende Inhalte sinnvoll:

- Kennzeichnung des Schreibens als „Auftragsbestätigung" in der Betreffzeile
- Kundennummer
- Bestellnummer und -datum des Kunden
- klare Angaben zu einzelnen Positionen
- Artikelnummer und Warenbezeichnung
- Menge
- Preis pro Einheit
- Mengeneinheit (kg, Stück, Blatt ...)
- Gesamtsumme des Auftrags
- Angaben zur Umsatzsteuer
- Datum der Bestellung/der Auftragserteilung
- Liefertermin(e) bzw. -datum
- Hinweis zum Zahlungsziel (z. B. 30 Tage netto)
- Versandart (z. B. Lkw oder Schiene)
- abschließende Höflichkeitsformeln

Form und Gestaltung einer normgerechten Auftragsbestätigung

Mit einer Auftragsbestätigung **bestätigt** der Lieferant die **Bestellwünsche** des Kunden. Es gibt **keine Vorschriften zur normgerechten Gestaltung** dieses Schreibens. Die Informationen rund um die bevorstehende Warenlieferung stehen im Vordergrund.

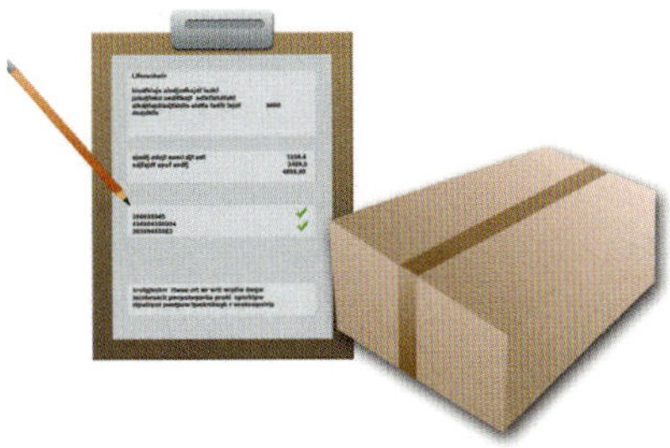

©lagirl-fotolia.com

Tipp

Um Zeit und Kosten zu sparen, sollte jede Auftragsbestätigung nicht neu verfasst werden. Ein standardisiertes Formular ist hilfreich und schnell an den Kunden, d. h. Auftraggeber, Artikelnummer, Warenbezeichnung usw. angepasst.

Hinweise für das Verfassen einer Auftragsbestätigung:

- Angabe der wichtigsten Daten
- Prägnante und knappe Formulierungen
- ausdrückliche Bestätigung des Auftragseingangs
- Informationen zur Warenlieferung
- Angabe eines Ansprechpartners für Rückfragen des Kunden

4.2.3 Versand der Ware – Durchführung der Leistung

Kunden erwarten eine möglichst schnelle Warenlieferung. Für das Unternehmen stellt es oft eine Herausforderung dar, die Ware ordnungsgemäß verpackt und rechtzeitig zu versenden, sodass sie pünktlich und intakt beim Kunden ist.

Entscheidungen zum Versand der Ware werden meist von der **Versandabteilung** getroffen. Diese entscheidet über Verpackung, Transportwege und Eigen- oder Fremdtransport.

©castelberry-fotolia.com

Verpackung

Für die Verpackung der Ware ist das **Warenlager** oder die **Versandabteilung** zuständig. Es gibt drei Arten, eine Ware zu verpacken:

Verpackungen

Transportverpackung	Verkaufsverpackung	Umverpackung
Die Transportverpackung schützt die Ware auf dem Weg vom Hersteller zum Händler mit Kartons, Kisten, Paletten, Containern usw.	Die Verkaufsverpackung schützt die Ware, z. B. durch Hüllen für Pralinen oder Flaschen für Getränke. Sie hat häufig auch eine werbliche Funktion.	Die Umverpackung dient als zusätzliche Schutzhülle für die Verkaufsverpackung, z. B. die Schachtel für die Verkaufsverpackungen der Pralinen und der Träger für die Getränkeflaschen.

Merke

Die Verpackung ist so zu wählen, dass sie transportsicher, raumsparend und kostensparend ist. Zudem ist es ökologisch sinnvoll, eine wieder verwendbare oder recycelbare Verpackung zu wählen.

Transportwege

Die Wahl des Transportweges entscheidet darüber, über welchen Verkehrsweg die Ware zum Kunden gelangt (z. B. Straßenverkehr, Schienenverkehr, Luftverkehr, Binnenschifffahrt, Seeschifffahrt).

Für welchen Weg sich ein Unternehmen entscheidet, hängt z. B. von den Transportkosten, der Schnelligkeit, der Sicherheit und Zuverlässigkeit, dem Wert des Gutes oder auch von dessen Umweltverträglichkeit ab.

Eigen- oder Fremdtransport

© Deutsche Post DHL Group

© DPD Dynamic Parcel Distribution GmbH & Co. KG

© FedEx

© United Parcel Service Deutschland Inc. & Co. OHG

Die **Auslieferung der Kundenaufträge** kann grundsätzlich über folgende Möglichkeiten erfolgen:

➔ **Eigentransport,** d. h. durch **Einsatz eigener Fahrzeuge** des Lieferanten (Zustellung) oder des Kunden (Abholung)

➔ **Fremdtransport:**
- Einschaltung von **Transportunternehmen** bzw. Kurier-Express-Paket-Dienstleister (KEP-Dienste), Eisenbahnverkehrsunternehmen, Güterkraftverkehr, Schiffsverkehr, Luftverkehr)
- Einschaltung von **Speditionsunternehmen** bzw. Logistikdienstleistern als Vermittler der Transportleistung

Die **KEP-Dienste** nehmen in letzter Zeit immer mehr zu. KEP-Dienstleister bieten neben der Warenbeförderung auch die Verpackung von Waren und Inkassodienste an.

Zu den bekanntesten Dienstleistern für KEP-Dienste gehören Deutsche Post DHL, DPD, FedEx, Hermes und UPS.

KEP-Dienste	
Kurierdienst	Die Kurierdienste zeichnen sich durch einen persönlichen Transport der Sendung aus. Außerdem werden die Sendungen direkt vom Absender zum Empfänger gebracht.
Expressdienst	Expressdienst ist der Oberbegriff für alle Firmen, die Warenlieferungen nicht direkt, exklusiv und persönlich zum Kunden begleiten. Expressdienste sind Sammeltransporte über Umschlagszentren. Der Expressdienst garantiert dem Verkäufer eine feste „Haus-zu-Haus"-Lieferzeit, d. h. die Ware wird zu einem festen Auslieferungstermin zum Kunden gebracht.
Paketdienst	Paketdienste funktionieren ähnlich wie Expressdienste, sie können aber die Waren z. B. nur beschränkt nach Größe und Gewicht annehmen und transportieren.

Bei **Just-in-time-Lieferungen** durch KEP-Dienste kann die Ware ohne Zwischenaufenthalt im Lager des Verkäufers sofort zum Kunden gebracht werden. Dies hat folgende **Vorteile**:

- Lagerkosteneinsparung für den Verkäufer
- Schneller Lieferservice und Pünktlichkeit, denn viele KEP-Dienste arbeiten an 365 Tagen im Jahr und 24 Stunden pro Tag
- Hohe Sicherheit für Verkäufer und Käufer der Ware, denn per Internet ist eine Sendungsverfolgung möglich

Merke

Just in time bedeutet, die Ware kommt in der richtigen Menge am richtigen Ort und zum richtigen Zeitpunkt an.

4.2.4 Lieferschein

Rechtlicher Aspekt eines Lieferscheins

Streng genommen ist der Lieferschein wie die Rechnung ein **Geschäftsbrief,** mit dem ein externer Schriftverkehr erfolgt. Ein Lieferschein wird auch **Warenbegleitpapier** genannt, da er als Urkunde die Ware bis zum Kunden begleitet. Er gibt dem Kunden detaillierte Auskünfte über die empfangenen Waren. Alle Angaben auf dem Lieferschein müssen mit den tatsächlich gelieferten Waren übereinstimmen. Dies gilt ebenso für die Inhalte der Rechnung. Der vom Kunden unterschriebene Lieferschein ist für den Lieferanten der Nachweis, dass der Kunde die Ware ordnungsgemäß erhalten hat.

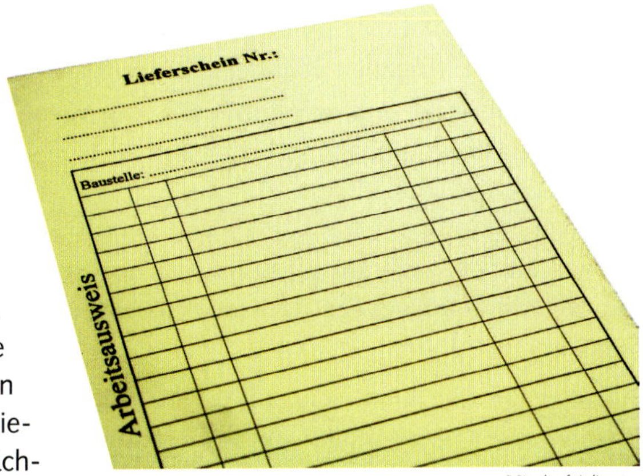

©Stauke-fotolia.com

Tipp

Für Geschäftsvordrucke, zu denen auch der Lieferschein gehört, gibt es eine eigene Norm – die DIN 4991.

Merke

Es gibt keine gesetzliche Verpflichtung für den Lieferanten, der Ware einen Lieferschein beizulegen.

Tipp

Viele Lieferscheine werden online, z. B. per E-Mail, übermittelt. Der Lieferschein sollte dann etwa zeitgleich mit der Ware oder vor der Ware eintreffen.

Ein **Lieferschein** ist meist ein **unternehmensindividueller Vordruck** und sollte die **rechtlichen Anforderungen** an einen **Geschäftsbrief** erfüllen.

Inhalt eines Lieferscheins

Merke

Besteht eine Kundenbestellung aus mehreren Paketen, kann neben dem Lieferschein eine sogenannte **Packliste** erstellt werden.

Die Packliste enthält Angaben über die Art der Ware, Stückzahl, Menge, Gewicht, Anzahl der Packstücke usw.

Ein Unternehmen ist frei in der Formulierung und Ausgestaltung seiner Lieferscheine.

Im kaufmännischen Verkehr sind folgende Angaben üblich:

- Absenderadresse
- Lieferadresse
- Lieferscheinnummer
- Kundennummer
- Bestellnummer und -datum
- Nummer der Auftragsbestätigung und Datum
- Lieferdatum
- Artikelnummer des Kunden und des Lieferanten
- Artikelbezeichnung
- bestellte Menge (= Sollmenge)
- gelieferte Menge (= Istmenge)
- Differenz von Sollmenge und Istmenge
- Preis pro Einheit
- Versandart (Angaben über den Transport)
- Möglichkeit für Unterschrift mit Ortsangabe und Datum, um den Wareneingang zu bestätigen

Merke

Verzichtet der Lieferant auf eine **Packliste,** werden die Daten der Packliste auf dem **Lieferschein** angegeben. Der Lieferschein wird dann in **dreifacher Ausfertigung** erstellt.

Der durch den Kunden **unterschriebene Lieferschein** dient dem Lieferanten als Nachweis, dass der Kunde die Ware ordnungsgemäß erhalten hat.

Das **erste Exemplar** wird vom Transporteur unterschrieben. Er bescheinigt, dass er die Waren vollständig und unbeschadet übernommen hat.

Das **zweite Exemplar** ist für den Spediteur. Hier unterschreibt der Kunde, dass er die Ware erhalten hat.

Das **dritte Exemplar** erhält der Kunde.

Form und Gestaltung eines normgerechten Lieferscheins

Wie ein Lieferschein normgerecht gestaltet werden muss, ist gesetzlich nicht geregelt. Er erleichtert die Warenabgabe für Lieferanten und Warenannahme für Kunden.

Hinweise für das Verfassen eines Lieferscheines:

- Angabe der wichtigsten Daten
- Prägnante und knappe Formulierungen
- Ausdrückliche Bestätigung der ordnungsgemäßen Warenlieferung

4.2.5 Rechnung

Rechtlicher Aspekt einer Rechnung

Der Lieferant muss seine Rechnung spätestens **sechs Monate nach Warenlieferung** oder **Erbringen seiner Leistung** schreiben und versenden. Diese Regelung gilt immer, unabhängig davon, ob der Kunde ein Unternehmen oder eine Privatperson ist. Rechnungen sind wichtige **Belege** und müssen laut Gesetz **zehn Jahre lang aufbewahrt** werden. Zudem muss eine Rechnung bestimmten Anforderungen genügen, damit sie rechtsgültig ist und vom Finanzamt akzeptiert wird. Bei einer Rechnung ist nicht die Form von Bedeutung – so muss das Wort „Rechnung" nicht zwingend darauf zu finden sein, entscheidend ist der Inhalt.

§§§

§ 14 UStG

Rechnung ist jedes Dokument, mit dem über eine Lieferung oder sonstige Leistung abgerechnet wird, gleichgültig, wie dieses Dokument im Geschäftsverkehr bezeichnet wird.

Merke

Rechnungen, die in das europäische Ausland gehen, müssen eine USt-IdNr. enthalten. Üblicherweise enthalten auch innerdeutsche Rechnungen die USt-IdNr. Ansonsten müsste die Steuernummer des Unternehmens angeben sein.

Eine Rechnung muss dem **Kunden** im **Original** übergeben werden. Sie kann auf **elektronischem Wege** (z. B. als pdf Dokument) versendet werden. Ist eine Rechnung oder ein Kassenbeleg auf Thermopapier erstellt (z. B. eine Tankrechnung), so muss die Rechnung zusätzlich auf normalem Papier kopiert oder gescannt werden, damit sie für das Finanzamt und spätere Prüfungen zehn Jahre lang lesbar ist.

Tipp

In der Praxis wird die Rechnung in Originalform auf dem klassischen Postweg verschickt.

Inhalt einer Rechnung

Der Gesetzgeber schreibt im **§ 14 Abs. 4 UStG (Umsatzsteuergesetz)** vor, welche Inhalte eine Rechnung enthalten muss. Diese Vorschriften gelten für die Versendung der Rechnung per Post, E-Mail oder Telefax.

Tipp

Jede Rechnungsnummer darf nur einmalig und lückenlos (d. h. 1, 2, 3...) vergeben werden.

Rechnungsinhalte nach § 14 UStG:

- Rechnungsabsender mit vollständigem Namen und Adresse
- Rechnungsempfänger mit vollständigem Namen und Adresse
- Steuernummer (vom Finanzamt erteilte Steuernummer) oder Umsatzsteuer-Identifikationsnummer (USt-IdNr.) (vom Bundeszentralamt für Steuern erteilte Nummer)
- Rechnungsdatum
- Rechnungsnummer (eine fortlaufende Nummer, wenn gewünscht mit Buchstaben zur Identifizierung der Rechnung)
- Angaben für jede aufgeführte Position (Ware/Dienstleistung)
  - Menge
  - Bezeichnung
  - Zeitpunkt der Lieferung
  - Einzelpreis (netto)
  - Gesamtpreis (netto)

LERNFELD 3

- Summe der Nettobeträge
- Umsatzsteuer
- Endbetrag der Rechnung
- anzuwendender Umsatzsteuersatz
- Hinweis auf Umsatzsteuerbefreiung für einzelne Rechnungspositionen
- Zahlungsfrist und Zahlungsbedingungen
- Bankverbindung des Zahlungsempfängers

Merke

Der **Lieferant** muss seine **Rechnung spätestens sechs Monate** nach Warenlieferung übergeben.

Eine **Rechnung** muss **zehn Jahre lang aufbewahrt** werden.

Eine **Rechnung** muss im **Original** dem Kunden übergeben werden.

Im § 14 Abs. 4 Umsatzsteuergesetz (UStG) werden die Inhalte einer Rechnung vorgegeben.

Mögliche weitere Inhalte einer Rechnung sind:

- Auf die z. B. vorherige Bestellung hinweisen.
- Verpackung und Porto vor Ermittlung der Rechnungssumme angeben, denn beide unterliegen häufig dem gleichen Umsatzsteuersatz wie die gesamte Rechnung.
- Ein eventueller Rabatt wird vor Berechnung der Umsatzsteuer gedruckt und abgezogen.

Form und Gestaltung einer normgerechten elektronischen Rechnung am Beispiel einer E-Mail

Als **elektronische Rechnung** bezeichnet man alle Belege, die per E-Mail, per Web-Download oder per Computer-Fax versendet werden. Die Pflichtangaben bei einer schriftlichen Rechnung auf dem Postweg und einer elektronischen Rechnung per E-Mail sind immer identisch. Für die Versendung per E-Mail gelten laut § 14 Umsatzsteuergesetz die Grundsätze: „Echtheit der Herkunft" (Absender der Rechnung existiert), „Unversehrtheit des Inhalts" (Inhalt der Rechnung ist unveränderbar) und „Lesbarkeit der Rechnung".

Eine Rechnung per E-Mail zu versenden bietet für Unternehmen viele **Vorteile.** So kann die elektronische Bearbeitung von Ein- und Ausgangsrechnungen für Unternehmen vor allem zu deutlichen Einsparungen (z. B. bei Mitarbeitern oder Verwaltungskosten) führen.

Mögliche Übermittlungsarten für eine elektronische Rechnung:

- als **PDF** im Anhang einer E-Mail
- als **Download** auf der Website
- per **Übertragung** durch ein **Computer-Fax**
- durch Datenaustausch per **EDI** (elektronischer Datenaustausch mit strukturierten Nachrichten)

Möchte ein Unternehmen **Rechnungen** per E-Mail versenden, muss der **Kunde** dem **zustimmen**. Einfacher ist es, wenn der Kunde auf diese Rechnungsmöglichkeit, z. B. im Angebot oder in den Allgemeinen Geschäftsbedingungen (meist auf der Rückseite eines Angebots aufgedruckt), hingewiesen wird. Begleicht der Kunde die elektronische Rechnung ohne seine vorherige Zustimmung, hat er diese Form anerkannt.

Inhalt der elektronischen Rechnung

Grundsätzlich gelten für die **elektronische Rechnung** (z. B. per E-Mail) die **gleichen Inhaltsvorgaben** wie für die schriftliche Rechnung (z. B. per Post).

Digitale Signatur – Echtheitsgarantie für die elektronische Rechnung

Ist der Empfänger einer elektronischen Rechnung ein Unternehmen, so ist es wichtig, die Echtheit der Rechnung nachweisen zu können. Eine Möglichkeit ist die digitale Signatur, auch **elektronische Signatur** genannt. Mit ihr wird jede Änderung an der Rechnung erkennbar. Denn im elektronischen Bereich besteht leicht die Möglichkeit, dass Daten abgefangen oder verändert werden. Die elektronische Signatur erfüllt technisch gesehen den gleichen Zweck wie die eigenhändige Unterschrift auf Papierdokumenten.

©bofotolux.com

Um eine elektronische Signatur zu erstellen, benötigt der Lieferant, d. h. der Verfasser der elektronischen Rechnung, eine Signatur-Software.

Beim Absender wird ein geheimer Schlüssel für die Rechnung per E-Mail erzeugt. Der Schlüssel dient als Unterschrift für die elektronische Rechnung. Das Zertifikat enthält dann den jeweiligen öffentlichen Schlüssel, mit dem der Empfänger der Rechnung die Echtheit der Signatur prüfen kann.

§§§

§ 14 Abs. 1 UStG

Eine elektronische Rechnung ist eine Rechnung, die in einem elektronischen Format ausgestellt und empfangen wird.

Aufbewahrungsfrist für die elektronische Rechnung

Auch elektronische Rechnungen müssen **zehn Jahre** unveränderbar **aufbewahrt** werden. Der Gesetzgeber schreibt vor, dass elektronisch versendete Rechnungen auch **elektronisch** gespeichert werden müssen, auch E-Mails mit Rechnungsanhang. Ein alleiniger Papierausdruck genügt nicht, d. h. die Daten sind so abzuspeichern, dass sie nicht mehr geändert und auch später noch lesbar gemacht werden können.

Seit dem Steuervereinfachungsgesetz vom 01.07.2011 ist die elektronische Signatur nicht mehr notwendig – das bedeutet:

- Die Übermittlung elektronischer Rechnungen kann auf verschiedenen **Wegen** erfolgen. Sie können als E-Mail mit und ohne PDF- oder Textanhang, über Computer-Fax, über Fax-Server oder per Web-Download übermittelt werden.

Merke

Rechnungen von Standard- oder Computer-Fax an Standard-Faxgeräte gelten nicht als elektronische, sondern als Papierrechnungen.

- Der **Weg** von der Warenlieferung bis hin zur Bezahlung der Ware muss **nachvollziehbar** und **kontrollierbar sein.** Der Gesetzgeber verlangt ein innerbetriebliches Prüfsystem bzw. einen sogenannten „innerbetrieblichen Prüfpfad“, d. h. es muss eine systematische Kontrolle stattfinden.
- Für das **Versenden elektronischer Rechnungen** kann eine **digitale Signatur** weiterhin angewendet werden.

Verpflichtung zur Rechnungserstellung als elektronische Rechnung ab dem 1. Januar 2025

Ab dem 1. Januar 2025 sind Unternehmen verpflichtet eine elektronische Rechnung auszustellen, falls sie Leistungen an andere Unternehmen (B2B) verkaufen. Die Grundlage sind entsprechende Änderungen im Umsatzsteuergesetz (UStG).

Die elektronische Rechnung ist laut Gesetzestext eine Rechnung, die in einem strukturierten, elektronischen Format ausgestellt, übermittelt und vom Rechnungsempfänger empfangen wird. Sie muss eine elektronische Weiterverarbeitung ermöglichen. Die Übermittlung einer Rechnung im Dateiformat pdf als Anhang einer E-Mail erfüllt **nicht** diese Vorgaben.

4.2.6 Zahlungseingang überwachen

In Deutschland warten immer mehr Unternehmen aufgrund einer schlechten Zahlungsmoral vergeblich darauf, dass Kunden ausstehende Rechnungen bezahlen. Zudem gehen die Zahlungen trotz Zahlungsziel oft viel zu spät ein. Unternehmen mit vielen säumigen Kunden oder vielen Zahlungsausfällen können schnell selbst in eine schwierige finanzielle Situation geraten. So ist es unumgänglich, rechtzeitig für ein gutes Forderungsmanagement zu sorgen.

Ein **Forderungsmanagement** unternimmt alle notwendigen Maßnahmen, um **offene Rechnungen einzutreiben.** Oberstes Ziel ist es, Forderungsausfälle zu minimieren und die Zahlungsbereitschaft des eigenen Unternehmens zu sichern. Zum Forderungsmanagement gehört z. B. das **Mahnwesen.** Begleicht der Kunde seine Rechnung nicht fristgerecht, erfolgt eine freundlich gehaltene schriftliche **Zahlungserinnerung** inklusive einer neuen Zahlungsfrist. Ebenso sind ein telefonischer Kontakt oder ein E-Mail-Kontakt möglich. Es sollte in jedem Fall eine Gesprächsnotiz bzw. eine Kopie der E-Mail abgelegt werden. Bleiben diese Maßnahmen ohne Erfolg, können eine erste Mahnung und die Androhung rechtlicher Konsequenzen bis hin zum Vollstreckungsbescheid (gerichtliches Mahnverfahren) folgen.

Möglichkeiten des Schutzes vor Zahlungsausfällen:

- ausreichende **Bonitätsprüfung** vor Abschluss des Kaufvertrags
- Abschluss einer **Versicherung** (Inlandsgeschäfte = Warenkreditversicherung, Auslandsgeschäfte = Exportkreditversicherung)
- Inanspruchnahme eines **Factoringunternehmens** oder eines **Inkassounternehmens**
- Konsultieren eines **Rechtsanwalts**

©indie13-fotolia.com

Die Versicherung ersetzt den Ausfall jedoch nicht in vollem Umfang, das Unternehmen hat in der Regel eine Selbstbeteiligung von etwa 25 % bis 30 %, denn die Versicherung übernimmt das Risiko nur zu 70 % bis 75 %. Zudem gilt es zu beachten, dass die Versicherungsprämien meistens unternehmensindividuell berechnet werden und abhängig von der Versicherungsgesellschaft und der zu versichernden Branche sind.

Da diese Leistungen sehr kostenintensiv sind, muss geklärt werden, ob der Nutzen einer Versicherung deren Kosten rechtfertigt.

Merke

Ein gutes Forderungsmanagement ist für ein Unternehmen unverzichtbar oder sogar überlebensnotwendig.

LERNFELD 3

Checkliste

Checkliste für die Überwachung des Zahlungseingangs:

- Achten Sie auf eine schnelle Versendung der Kundenrechnung (Die Ware und die Rechnung verlassen bspw. gleichzeitig das Unternehmen).
- Setzen Sie ein Zahlungsziel (z. B. zahlbar innerhalb von sieben Tagen).
- Überwachen Sie konsequent den Zahlungseingang (wichtig ist es, jederzeit einen schnellen Überblick zu haben, welcher Kunde welche Rechnung noch nicht beglichen hat).
- Setzen Sie kurze Mahnfristen (z. B. die Zahlungserinnerung und die erste Mahnung folgen in kurzem Zeitabstand).
- Sprechen Sie persönlich mit dem säumigen Zahler.
- Formulieren Sie Mahnschreiben freundlich und bestimmt.
- Sind Mahnschreiben zwecklos, kündigen Sie rechtliche Schritte (z. B. Inkasso oder Mahnbescheid) an.

©PixelEmbargo-fotolia.com

4.3 Formulare im internen Schriftverkehr am Beispiel eines Lieferscheins

Nutzung und Vorteile von Formularen

Formulare sind standardisierte Vorlagen, die viele Arbeitsabläufe beschleunigen und vereinfachen. Mit einem Formular werden Daten so erfasst, dass sie leichter zu sichten, zu prüfen und schnell weiterzuverarbeiten sind. Fehlerquellen werden minimiert, denn durch die vorgefertigten Felder ist für die ausfüllende Person schnell klar, welche Daten in welche Felder gehören. Außerdem wird nicht vergessen alle wichtigen Informationen zu erfassen.

Formulare gibt es z. B. auch in **elektronischer Form** als **Eingabemasken** im Internet (Online-Formulare). Hier kann der Anwender ein Formular vollständig bearbeiten und am Ende absenden. Die Formulardaten werden an einen Server übertragen und können dort verarbeitet werden.

Im digitalen Bereich können **Formulare** sehr unterschiedliche **Aufgaben** übernehmen:

Aufgaben	Beispiele
Sie können bestimmte, gleichartig strukturierte Auskünfte von Anwendern erkennen.	Der Kunde kann online einen Fragebogen zur Kundenzufriedenheit ausfüllen und absenden.
Sie ermöglichen Anwendern das Suchen in Datenbeständen.	Der Kunde kann auf der Homepage des Lieferanten nach verfügbaren Artikeln suchen.
Sie bieten dem Anwender die Möglichkeit zu individueller Interaktion.	Der Kunde kann aus der Produktpalette des Lieferanten etwas auswählen und sofort bestellen.

Aufbau von Formularen am Beispiel eines Lieferscheins

Lieferscheine können als Vordruck von Druckereien gekauft oder selbst hergestellt werden. Von Druckereien erstellte Lieferscheine haben möglicherweise ein professionelleres Layout und eine höhere Qualität des Schriftstücks. Diesen stehen die meist höheren Kosten gegenüber. Die Überlegung, Formulare wie den Lieferschein selbst herzustellen, muss vom Unternehmen beantwortet werden. Es dürfen nicht nur die günstigeren Herstellungskosten durch die unternehmenseigenen Mitarbeiter in den Vordergrund gestellt werden. Wichtig sind das Layout sowie eine professionelle Darstellung.

Wichtig ist, dass die Müngsten GmbH den Lieferschein regelmäßig auf dessen Praxistauglichkeit prüft und gegebenenfalls Anpassungen vornimmt, wenn z. B. Veränderungen im Produktsortiment entstehen.

Die Müngsten GmbH hat sich für folgenden Lieferschein entschieden:

Bürobedarf **Müngsten** GmbH

Ihr Zeichen:
Ihre Nachricht vom:
Unser Zeichen:
Unsere Nachricht vom:

Absenderadresse

Müngsten GmbH ♦ Aggerstraße 7 ♦ 40474 Düsseldorf

Lieferadresse

Name:
Telefon: 0211 7654-0
E-Mail: info@buero-muengsten.de
Internet: www.buero-muengsten.de

Datum:

Lieferscheinnummer

Lieferschein Nr.

Kundennummer

Nummer der Auftragsbestätigung und Datum

Bestellnummer und -datum

Sehr geehrte Damen und Herren,

entsprechend Ihrer Bestellung liefern wir Ihnen vertragsgemäß folgende Ware:

Kundennummer		Bestelldatum	
Bestellnummer		Datum der Auftragsbestätigung	
Auftragsbestätigung			
Lieferdatum			

Artikel-nummer	Artikelbezeichnung	Bestellte Menge	Gelieferte Menge	Differenz-menge	Preis/Einheit
Artikelnummer des Kunden und des Lieferanten	Artikel-bezeichnung	bestellte Menge (= Sollmenge)	gelieferte Menge (= Istmenge)	Differenz von Sollmenge und Istmenge	Preis pro Einheit

Wir bestätigen die ordnungsgemäße Lieferung per Spediteur:

Versandart (Angaben über den Transporteur)

Nummer der Auftragsbestätigung und Datum

Unterschrift

Lieferdatum

Name des/der Empfangenden

Ort und Datum des Empfangs

Möglichkeit für Unterschrift mit Ortsangabe und Datum, um den Wareneingang zu bestätigen

HRB 2244 Amtsgericht Düsseldorf
USt-IdNr. DE 147 000 234

Geschäftsführer
Dr. Robert Müngsten

Tel.: 0211 7654-0 Zentrale
Internet-Adresse:
www.buero-muengsten.de

Volksbank Düsseldorf-Neuss e. G.
IBAN DE47 3016 0213 2407 7254 28
BIC GENODED1DNE

4.4 Zusammenfassung und Aufgaben

Zusammenfassung

Auftragsbestätigung

Ein **Auftrag** ist eine **verbindliche Zusage** des Kunden.

Stimmen **Angebot** und **Auftrag überein**, kommt ein **Kaufvertrag** zustande.

Die **Hauptpflichten** des **Verkäufers** sind die **Ware fehlerfrei** zu übergeben und dem Kunden das **Eigentum** an der Ware zu **verschaffen.**

Die **Hauptpflichten** des **Kunden** sind die **Ware anzunehmen** und zu **bezahlen.**

Verändert der **Kunde** die im **Angebot** enthaltenen Informationen und nimmt eine Bestellung vor, kommt **kein Kaufvertrag** zustande.

Ist der **Verkäufer** aber mit den **Veränderungen** des Kunden **einverstanden,** wird er diese Veränderungen mit einer **Auftragsbestätigung genehmigen.**

Ist die **Auftragsbestätigung** beim Kunden **eingegangen** und **akzeptiert**, ist ein **Kaufvertrag** entstanden.

Eine **Auftragsbestätigung wird** z. B. **versendet,** wenn eine Bestellung ohne vorheriges Angebot eingeht, eine telefonische Bestellung vorliegt oder der Kunde über die Allgemeinen Geschäftsbedingungen des Verkäufers informiert wird.

Eine **Auftragsbestätigung** sollte die **rechtlichen Anforderungen** an einen **Geschäftsbrief** erfüllen.

Versand der Ware – Durchführung der Leistung

Es gibt drei **Arten** der Verpackung: die **Transportverpackung,** die **Verkaufsverpackung** und die **Umverpackung.**

Die **Verpackung** ist so zu wählen, dass sie **transportsicher, raumsparend** und **kostensparend** ist.

Als **Transportwege** stehen der **Straßen-,** der **Schienen-,** der **Luftverkehr** und die **Binnen-** oder **Seeschiffahrt** zur Verfügung.

Die **Entscheidung** für einen bestimmten **Transportweg** hängt u. a. von den Transportkosten, der Schnelligkeit, der Sicherheit, der Zuverlässigkeit oder dem Wert des Gutes ab.

Der **Eigentransport** der Ware erfolgt über eigene Fahrzeuge des Unternehmens.

Den **Fremdtransport** übernehmen z. B. KEP-Dienste, d. h. Kurier-, Express- und Paketdienste.

Neben den KEP-Diensten kann die Ware auch über eine **Spedition** versendet werden.

Lieferschein
Ein **Lieferschein** wird auch **Warenbegleitpapier** genannt, da er als **Urkunde** die Ware bis zum Kunden begleitet. Der vom Empfänger unterschriebene Lieferschein dient als Nachweis, dass der Empfänger die Ware ordnungsgemäß erhalten hat. Ein **Lieferschein** ist meist ein **unternehmensindividueller Vordruck.** Er sollte die **rechtlichen Anforderungen** an einen **Geschäftsbrief** erfüllen. Besteht eine Kundenbestellung aus mehreren Paketen, kann neben dem Lieferschein eine sogenannte **Packliste** erstellt werden. Die Packliste enthält Angaben über die Art der Ware, Stückzahl, Menge und Gewicht, Anzahl der Packstücke usw.
Rechnung
Der Lieferant muss seine **Rechnung** spätestens **sechs Monate** nach **Warenlieferung** oder **Erbringen** seiner Leistung schreiben und versenden. **Rechnungen** sind wichtige Belege und müssen laut Gesetz **zehn Jahre aufbewahrt** werden. Eine **Rechnung** muss bestimmten Anforderungen genügen, damit sie **rechtsgültig** ist und vom **Finanzamt** akzeptiert wird. Eine **Rechnung** muss im **Original** dem Kunden übergeben werden. Der Gesetzgeber schreibt im **§ 14 Umsatzsteuergesetz** (UStG) vor, welche **Inhalte** eine **Rechnung** enthalten muss. Als **elektronische Rechnung** bezeichnet man alle Belege, die per E-Mail, per Web-Download oder per Computer-Telefax versendet werden. Für die **Versendung** einer **Rechnung per E-Mail** gelten laut § 14 UStG die Grundsätze: „Echtheit der Herkunft", „Unversehrtheit des Inhalts" und „Lesbarkeit der Rechnung". Grundsätzlich gelten für **elektronische Rechnungen** die **gleichen Inhaltsvorgaben** wie für die schriftlichen Rechnungen (z. B. per Post).
Formulare
Formulare beschleunigen und **vereinfachen Arbeitsabläufe.** Formulare gibt es auch in **elektronischer Form** als **Eingabemasken.**

©fotomek-fotolia.com

Aufgaben

1. Prüfen Sie die nachfolgenden Aussagen auf ihre Richtigkeit. Die Antwort ist jeweils zu begründen.

   (1) Stimmen Angebot und Auftrag überein, kommt ein Kaufvertrag zustande.

   (2) Die Hauptpflicht des Verkäufers ist die Ware zu übergeben.

   (3) Die Hauptpflichten des Kunden sind die Ware anzunehmen und zu bezahlen.

   (4) Ein Auftrag ist die verbindliche Zusage, ein Produkt zu den im Angebot enthaltenden Konditionen abzunehmen und zu bezahlen.

   (5) Der Verkäufer muss mit einem weiteren Schreiben die Kundenbestellung bestätigen.

   (6) Mit einer Auftragsbestätigung bestätigt der Verkäufer eine telefonische Bestellung, um Missverständnisse zu vermeiden.

   (7) Eine Auftragsbestätigung sollte die rechtlichen Anforderungen an einen Geschäftsbrief erfüllen.

   (8) Ein Lieferschein dient nur der Übersicht, was tatsächlich geliefert wurde.

   (9) Viele Lieferscheine werden online, z. B. per E-Mail, übermittelt. Der Lieferschein sollte etwa einen Tag später beim Kunden eintreffen.

2. Nennen Sie Gründe für den Lieferanten, eine Auftragsbestätigung zu versenden.

3. Welche Inhalte für eine Auftragsbestätigung sind sinnvoll?

4. Zeigen Sie, welche Rechnungsinhalte nach § 14 UStG anzugeben sind.

5. Erklären Sie den Begriff „elektronische Rechnung".

6. Wie können elektronische Rechnungen übermittelt werden?

7. Geben Sie an, was sich durch das Steuervereinfachungsgesetz vom 01.07.2011 für die elektronische Rechnung verändert hat.

8. Zeigen Sie, welche Aufgaben Formulare im digitalen Bereich übernehmen können.

5 Schriftstücke unter Beachtung der Nachhaltigkeit vervielfältigen

Dokumente zu **drucken**, zu **scannen** und zu **kopieren** gehört zu häufigen Arbeitstätigkeiten im Büro.

Beim **Drucken** wird dabei ein bislang elektronisch gespeichertes Dokument auf Papier dargestellt.

Wird ein Dokument **gescannt,** geschieht der umgekehrte Prozess. Ein Papierdokument wird zu einem elektronisch gespeicherten Dokument auf-bereitet.

Bei der **Kopie** wird von einem Papierdokument ein Duplikat erzeugt.

Für diese Abläufe werden separate Geräte (Drucker, Scanner, Kopierer) oder Multifunktionsgeräte eingesetzt, die alle Funktionen in einem Gerät vereinigen.

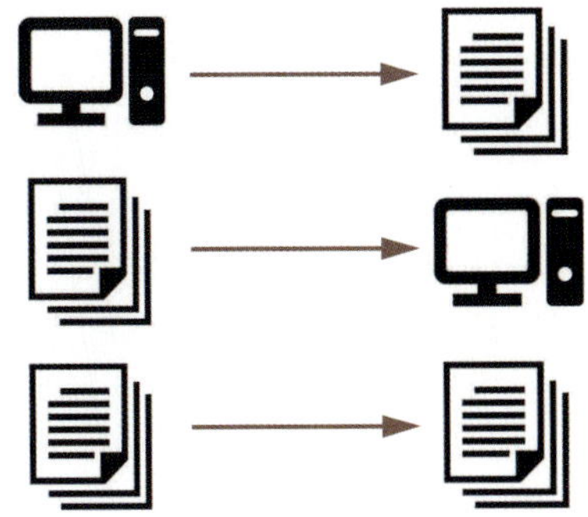

5.1 Drucken

5.1.1 Druckerarten

Bei Druckern lassen sich technisch betrachtet verschiedene Gerätetypen unterscheiden:

■ Laserdrucker

Das **gute Schriftbild** und die **hohe Druckgeschwindigkeit** (Anzahl der gedruckten Seiten pro Minute) machen sie zur am häufigsten eingesetzten Druckerart im Büro. Ab einer Mindestzahl von gedruckten Seiten pro Monat (wie in den meisten Büros), ergeben sich mit einem Laserdrucker die geringsten Druckkosten je gedruckter Seite.

■ Tintenstrahldrucker

Diese Druckerart ist die **preiswerte Alternative** zum Laserdrucker. Aufgrund der **höheren Druckkosten** (Kosten pro gedruckte Seite) und der geringeren Druckgeschwindigkeit wird dieser Drucker immer öfter durch den Laserdrucker ersetzt.

■ Nadeldrucker

Das sehr **einfache Schriftbild,** das **laute Betriebsgeräusch** und die niedrige Druckgeschwindigkeit haben nahezu zum Verschwinden des Nadeldruckers im Büro geführt. Er wird für Spezialanwendungen jedoch weiterhin eingesetzt.

■ Thermodrucker

Die **kompakte Bauweise** befähigt dieses Gerät zum mobilen Drucker. Der Nachteil der höheren Druckkosten und die **mangelnde Eignung** zur Erstellung von **archivierbaren Ausdrucken** werden hierbei akzeptiert. Da Thermodrucker den Ausdruck sehr schnell erstellen, werden sie häufig zum Bondruck an Einzelhandelskassen eingesetzt.

■ 3D-Drucker

Ein 3D-Drucker erstellt einen dreidimensionalen Druck. Das Druckergebnis ist dann physisch, also greifbar. Dies kann z. B. das Bauteil einer Maschine sein. Mit Ausnahme in einzelnen Branchen (z. B. Architekturbüros und zunehmend auch in der Industrie) haben 3D-Drucker bislang noch keine flächendeckende Bedeutung. Deshalb werden sie im Folgenden nicht weiter betrachtet.

Tipp

Der Tonerstaub eines Laserdruckers oder Kopierers ist gesundheitlich nicht unbedenklich!

- Vermeiden Sie daher das Verschütten des Toners während des Wechsels der Tonerkassette.
- Warten Sie regelmäßig Ihren Drucker, damit das Lüftungsgebläse den Tonerstaub nicht in den Büroräumen verteilt.

Laserdrucker

©ekostsov-fotolia.com

Tintenstrahldrucker

© Apart Foto-fotolia.com

Schriftbild eines Nadeldruckers

©monropic-fotolia.com

5.1.2 Merkmale der im Bürobereich eingesetzten Drucker

	Laserdrucker	Tintenstrahl-drucker	Nadeldrucker	Thermodrucker	3D-Drucker
Anwendung	wird im Büro überwiegend als Tischdrucker oder als Standgerät, z. B. Multifunktionsdrucker, eingesetzt	wird im Büro, im Vergleich zum Laserdrucker, seltener eingesetzt	im Büro nur noch vereinzelt eingesetzt, z. B. für den Ausdruck von Quittungen oder Barverkaufsrechnungen	• Einsatz als Etikettendrucker • bei Banken zum Ausdruck von Kontoauszügen • zum Druck von Quittungen, z. B. Rechnungen in Tankstellen oder Supermärkten	Eine Einordnung gemäß der der Tabellenkategorien ist schwierig. Im Büro hat der 3D-Drucker keine Bedeutung. In einigen Branchen erfolgt der Einsatz allerdings in der Konstruktion oder Fertigung.
Erstellung des Druckbildes	platziert den Toner, eine pulverartige Farbe, auf das Papier; anschließend wird der Toner durch Hitze auf dem Papier fixiert	spritzt schwarze oder farbige Tinte auf das zu bedruckende Papier auf	• einzelne Nadeln, die ein Farbband (ein mit schwarzer Farbe getränktes Textilband) auf das Papier drücken • wird auch als Impact-(Einschlag-) Drucker bezeichnet	• Ausdruck erfolgt auf hitzeempfindlichem Spezialpapier • Papier wird gezielt an Stellen, an denen schwarze Schrift erscheinen soll, erhitzt	
Druckgeschwindigkeit/ Zeitaufwand zur Erstellung einer gedruckten Seite	• sehr hohe Druckgeschwindigkeit Faustregel: Je größer das Gerät, desto höher die Druckgeschwindigkeit! • Ausdruck von farbigen Drucken ist eventuell langsamer als bei schwarz-weiß Ausdrucken	• grundsätzlich geringere Druckgeschwindigkeit im Vergleich zum Laserdrucker • je höher die gewünschte Druckqualität, desto langsamer der Druck	sehr langsamer Ausdruck im Vergleich zum Laser- und Tintenstrahldrucker	variierend von akzeptabel bis sehr schnell	

	Laserdrucker	Tintenstrahldrucker	Nadeldrucker	Thermodrucker
Druckqualität	sehr hohe Druckqualität	• bei der Wahl der höchsten Druckqualität vergleichbar mit der des Laserdruckers • gedrucktes Dokument ist empfindlich gegen Feuchtigkeit und damit nicht dokumentenecht	schlechtes, einfaches Schriftbild	• akzeptables Schriftbild • Schriftbild verblasst mit der Zeit (hohe Temperaturen beschleunigen diesen Vorgang zusätzlich) • zur Archivierung ist die Erstellung einer Kopie oder eines Scans erforderlich
Betriebsgeräusche/ Emissionen	• mittlere Geräuschbelästigung durch den Lüfter und die Transportmechanik für das Papier • gesundheitsschädlicher Tonerstaub bei mangelnder Wartung	• geringe Geräuschbelästigung mit Ausnahme der Transportmechanik für das Papier	sehr lautes Betriebsgeräusch im Hochtonbereich (hohe Töne werden generell als sehr störend empfunden)	geringe bis mittlere Geräuschbelästigung
Vorteile	• geringe Druckkosten je Blatt • schneller Ausdruck • hohe Druckqualität • leiser Druckvorgang	geringere Anschaffungskosten und kein gesundheitsschädlicher Tonerstaub im Vergleich zu Laserdruckern	• robuster Drucker, insbesondere bei ungünstigen Aufstellbedingungen (z. B. Erschütterungen und Schmutz) • Erstellen einer Kopie als Durchschlag möglich	• wenige mechanische Teile • sehr kompakte Bauweise möglich
Nachteile	• geringfügig höhere Anschaffungskosten im Vergleich zu anderen Druckern • Farbdrucker im Vergleich zum Tintenstrahldrucker teurer	• häufig höhere Druckkosten je Blatt (im Vergleich zu Laserdruckern) • Verbrauchsmaterial teurer (im Vergleich zum Laserdrucker) • gedruckte Dokumente nicht wischfest • Die Tintenpatrone trocknet bei längerem Nichtgebrauch des Druckers aus	• einfaches Schriftbild • teilweise langsamer Druckvorgang • lautes Betriebsgeräusch	• Spezialpapier zum Ausdruck relativ teuer • Ausdruck ist zur Archivierung ungeeignet (bleicht aus)

5.2 Scannen

Scannen bedeutet, dass ein bislang auf **Papier vorliegendes Dokument in ein elektronisches Dokument umgewandelt** wird. Anschließend kann eine Weiterverarbeitung auf Rechnern erfolgen. Scanner gibt es als eigenständige Geräte oder als Komponente von Multifunktionsgeräten, z. B. größere Kopierer.

5.2.1 Scannerarten

Im Büro- und Verwaltungsbereich werden im Wesentlichen folgende Scannerarten eingesetzt:

■ Flachbettscanner

Bei einem **Flachbettscanner** wird das zu scannende Dokument auf ein **Vorlagenglas** gelegt. Standardmäßig haben Flachbettscanner ein Vorlagenglas zum Scannen von Dokumenten im Format DIN A4. Es gibt aber auch Flachbettscanner für andere Papierformate.

■ Einzugsscanner

Einzugsscanner ermöglichen das **automatische Scannen eines nicht gehefteten Stapels** von DIN-A4-Dokumenten. Einzugsscanner gibt es als Einzelgeräte. Häufig können aber auch Flachbettscanner um einen Vorlageneinzug erweitert werden, wodurch sie wie ein Einzugsscanner einsetzbar sind. Die Handhabung ist meistens identisch mit dem Vorlageneinzug bei Kopier- und Faxgeräten.

5.2.2 Scannen von Textdokumenten

Merke

Je qualitativ hochwertiger Ihre Textvorlage ist, desto besser ist das neue Textdokument.

Häufig werden Textdokumente gescannt. Da ein Scanner das Dokument jedoch lediglich fotografiert, liegt zunächst das Dokument nur als bildliche Wiedergabe vor. Dies bedeutet, dass das Dokument nicht textlich verändert oder bearbeitet werden kann. Ist dies nicht beabsichtigt, wird das Dokument als pdf-Datei (Datei-Endung: .pdf) gespeichert. **Soll der Text des Dokuments in einem Textverarbeitungssystem weiterverarbeitet werden, muss eine Texterkennungssoftware (OCR-Software; OCR = Optical Character Recognition) die bildliche Vorlage umwandeln.** Dieser Vorgang funktioniert i. d. R. sehr präzise, ist aber davon abhängig, wie gut die Bildvorlage des Textdokuments ist.

5.2.3 Scannen von Bilddokumenten

Tipp

Bei vielen Bild- und Textdokumenten gilt das Urheberrecht. Dies muss, insbesondere vor einer Weitergabe oder Weiterverwendung, beachtet werden.

Bilddokumente bzw. Fotos können ebenfalls gescannt werden. Auch hier ist eine **gute Bildvorlage von Vorteil,** auch wenn eine leistungsfähige Bildbearbeitungssoftware hilft, viele Einschränkungen bei der Bildqualität zu korrigieren. Üblicherweise werden Bilddokumente bzw. Fotos im jpeg-Dateiformat gespeichert. Die entsprechenden Bilddateien haben die Endung *.jpg* oder *.jpeg*.

5.3 Dateiformate und Schutzmechanismen für Dateien

5.3.1 Dateiformate

Jede Software/jedes Programm speichert die erstellten Dateien in einem eigenen Dateiformat. Generell kann die jeweilige **Software nur eine Datei mit dem passenden Dateiformat** öffnen. Selbst innerhalb einer Softwarekategorie werden die Dateien in unterschiedlichen Dateiformaten gespeichert.

So lautet beispielsweise für Textdokumente im Textverarbeitungsprogramm Microsoft Word das Format docx, bei Libre Office Writer das Format odt. Erkennbar ist das Dateiformat an der Datei-Endung, d. h. nach dem eigentlichen Dateinamen folgt ein Punkt und das Dateiformat. So ist die Datei *Beispiel.docx* eine Word-Textdatei mit dem Dateinamen *Beispiel*.

Dateiformate für Textdokumente und Tabellen (docx, xlsx)

Wie bereits erwähnt, speichert das Textverarbeitungsprogramm Microsoft Word Textdokumente im Dateiformat docx (bis 2007: doc) und das Tabellenkalkulationsprogramm Microsoft Excel Tabellendateien im Format xlsx (bis 2007: xls). Alle konkurrierenden Programme wie beispielsweise Apache OpenOffice oder Libre Office nutzen eigene Dateiformate.

Dateiformate für Formatvorlagen (dotx, xlsm)

Ein Textverarbeitungs- und ein Tabellenkalkulationsprogramm ermöglichen es, die erstellten Dokumente individuell zu formatieren (z. B. Schriftart und Schriftgröße). Um die **Wiederholung der jeweiligen Formateinstellungen** bei jedem neuen Dokument zu **vermeiden,** lassen sich Formatvorlagen festlegen und speichern. Sie werden zu Beginn eines neu zu erstellenden Dokuments aufgerufen und dienen als Grundlage. Die Dateiformate für Formatvorlagen lauten bei Microsoft Word dotx und bei Microsoft Excel xlsm.

5.3.2 Dateiformat pdf

pdf steht für portable document format und ist ein Dateiformat, das es auf allen Rechnersystemen erlaubt, Dokumente anzuzeigen. Dabei bleibt das Layout erhalten. Erzeugt wird das pdf-Dokument durch spezielle Software. Viele Programme richten einen **zusätzlichen, virtuellen Drucker** ein. Zur Erzeugung eines pdf-Dokuments aus einem Textverarbeitungsprogramm wird ein Dokumentendruck gestartet, wobei statt eines realen der virtuelle Drucker ausgewählt wird. Das pdf-Dokument wird dann am Bildschirm angezeigt und kann unter einem Dateinamen gespeichert werden. Üblicherweise kann dieses Format nicht weiterverarbeitet werden. Es gibt jedoch Software, um diese Beschränkung aufzuheben. Außerdem kann mit entsprechender Software ein pdf-Dokument als Online-Formular (z. B. für die Einstellung auf einer Website) erzeugt werden.

5.3.3 Schutzmechanismen für Dateien

Im Büro werden regelmäßig Dateien erstellt oder verändert. Wenn die Inhalte der Dateien gesichert werden sollen, können Schutzmaßnahmen getroffen werden. Der Schutz vor Verlust ist ein Aspekt der Datensicherung. Konsequenz: Dateien sollten regelmäßig kopiert und an einem sicheren Ort verwahrt werden.

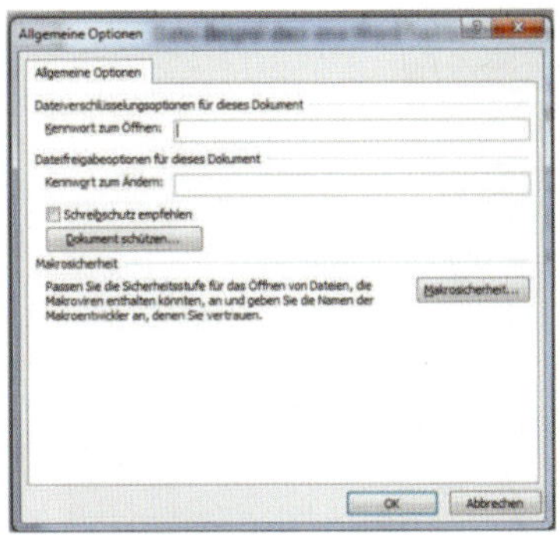

Auswahl „Allgemeine Optionen" in Word.

Leseschutz

Dateien enthalten evtl. vertrauliche Inhalte. In diesem Fall ist zu **gewährleisten, dass nur autorisierte Personen die Dateien lesen** können. Dies wird durch die Vergabe eines Kennworts ermöglicht. Um eine Word- oder Excel-Datei mit einem Kennwort zu versehen, ist die Menüfolge *Datei – Speichern unter* anzuklicken. In dem sich nun öffnenden Fenster gibt es die Schaltfläche *Tools – Allgemeine Optionen*. Durch die Vergabe eines Kennworts unter *Kennwort zum Öffnen* wird sichergestellt, dass die Datei nur noch durch Eingabe des Kennworts lesbar (zu öffnen) ist.

■ Schreibschutz

Möglicherweise reicht es aus, dass nicht autorisierte Personen eine Datei **zwar lesen** können, eine **Änderung der Inhalte** jedoch **ausgeschlossen** ist. Dies wird durch die Vergabe eines Kennworts unter *Kennwort zum Ändern* gewährleistet.

■ Dokument schützen

Im Büroalltag kann es schnell passieren, dass eine wichtige Datei geändert wird. Dies ist spätestens dann ärgerlich, wenn beim nächsten Öffnen der Datei festgestellt wird, dass die ursprünglichen Inhalte überschrieben wurden. Es gibt daher verschiedene Möglichkeiten das Dokument zu schützen. Der Aufruf erfolgt durch das Register Datei und dem anschließenden Menü Informationen.

5.4 Kopierer

In Büros kommen Kopierer in verschiedenen Größen und Leistungsfähigkeiten zum Einsatz. Die Spanne reicht **vom kleinen (ausschließlichen) Tischkopierer bis zum Standgerät mit hoher Kopierleistung** (= Anzahl der Kopien pro Minute), mehreren Papierfächern, Schnelleinzug der Originale, die multifunktional zusätzlich als Drucker oder Scanner einsetzbar sind (vgl. auch Kapitel 5.5). Durch den Druck von digitalen Dokumenten und der Möglichkeit, Dokumente durch Scannen zu digitalisieren, ist die Bedeutung des Kopierens rückläufig.

5.4.1 Leistungsmerkmale von Kopiergeräten

Kopiergeräte können mit verschiedenen Leistungsmerkmalen ausgestattet sein:

■ Kopienanzahl

Die Art des Kopierers sollte unter anderem danach gewählt werden, welche Anzahl von Kopien benötigt werden. Kleine Tischkopierer erstellen nur wenige Kopien pro Minute, große Kopierer teilweise über 100 Kopien pro Minute.

■ Vorlageneinzug

Ein Vorlageneinzug **erspart das einzelne Auflegen jeder Seite eines Originaldokuments auf das Vorlagenglas.** Stattdessen werden alle Seiten des Originals automatisiert abgelichtet. Teilweise ist auch eine Erfassung von zweiseitig bedruckten Originalen möglich.

Papiergröße

Da das Format DIN A4 die Standardgröße im Büro ist, verarbeiten alle Kopierer dieses Format. Es gibt jedoch Geräte, die auch Kopien im Format DIN A3 ausgeben. Besitzt das Gerät ein entsprechend großes Vorlagenglas können auch Originale im Format DIN A3 oder größer gescannt oder kopiert werden.

Größe und Anzahl der Papierkassetten

Kleine Geräte besitzen nur eine Papierkassette, die wenige Blätter aufnehmen kann. **Größere Geräte** sind mit **mehreren Papierkassetten** ausgestattet, die teilweise 1000 Blatt Papier und mehr aufnehmen. Folglich muss seltener Papier nachgelegt werden. Oft ist es auch möglich, Papier während des Kopierbetriebs in eine Kassette nachzulegen, die aktuell vom Gerät nicht genutzt wird.

Verkleinern und Vergrößern

Die meisten Kopierer bieten die Möglichkeit, beim Kopiervorgang das Original zu verkleinern oder zu vergrößern (Zoomfunktion). Damit ergibt sich die Möglichkeit, ein Original auf ein anderes Format anzupassen.

Tipp

Es ist wichtig, sich rechtzeitig mit dem Auswahlmenü eines Druckers oder Kopierers näher zu beschäftigen. Häufig bieten die Geräte weitere Druckoptionen, die für die jeweiligen betrieblichen Erfordernisse optimal geeignet sind.

Ausgabefunktionen

Analog zu den Ausgabemöglichkeiten bei Druckern bieten viele Kopierer zahlreiche Ausgabemöglichkeiten:

- doppelseitiger Ausdruck (auf Vorder- und Rückseite des Papiers)
- Druck von zwei, vier oder mehr kleineren Originalseiten auf einem Ausdruckblatt
- Lochung der Kopien bei der Ausgabe
- Heftung der Kopien bei der Ausgabe
- sortierter Ausdruck
- versetzter Ausdruck
- Druck einer Datei direkt von einem eingesteckten USB-Stick

Beispiel

Ein Original mit drei Seiten (Seiten 1, 2 und 3) ist fünffach zu kopieren. Bei einem **unsortierten** Ausdruck erfolgt die Ausgabe: 111112222233333. Bei einem **sortierten** Ausdruck: 123123123123123.

Bedienerfreundlichkeit/Menüführung

Einfache Geräte besitzen nur einzelne Drucktasten zur Bedienung. Bei größeren Geräten erfolgen die Benutzereingaben über ein Display, ergänzt durch die Benutzerführung über ein Menü.

5.4.2 Kopierer als Kostenfaktor

Die Kosten für Kopiergeräte basieren auf folgenden Positionen:

■ Anschaffungskosten

Die Spannweite der Anschaffungskosten ist groß. Je mehr der zuvor genannten Leistungsmerkmale ein Gerät erfüllt, desto höher sind die Anschaffungskosten. Viele Hersteller/Händler bieten deshalb als Alternative zum Kauf auch Miet- bzw. Leasingverträge an.

■ Verbrauchsmaterialien

Neben den **Papierkosten** zählen hierzu insbesondere die **Tonerkosten.** Da die eingesetzten Tonerkassetten gerätespezifisch sind, ist bei den Beschaffungskosten häufig nur eine geringe Spannweite gegeben. Eventuell bietet der Gerätehersteller Tonerkassetten mit einer größeren Tonermenge bzw. einer höheren Anzahl zu druckender Seiten. Damit verringern sich die Druckkosten je Seite. Eine weitere Alternative sind eventuell wiederbefüllte Tonerkassetten.

■ Wartung und Service

Da der in Laserdruckern und Kopierern verwendete **Toner gesundheitlich bedenklich** ist und während des Druck- bzw. Kopiervorgangs giftiges **Ozon** entsteht, sollten die Geräte regelmäßig gewartet werden. Außerdem sollten die Geräte so aufgestellt werden, dass das Lüftungsgebläse seine Abluft nicht zum Arbeitsplatz ausgibt. Im nebenstehenden Bild ist die falsche Positionierung des Laserdruckers deutlich erkennbar.

Falsche Positionierung eines Tischdruckers am Arbeitsplatz:
Deutlich erkennbar ist das Lüftungsgebläse des Druckers auf der Gehäuseseite.

5.5 Multifunktionsgeräte

Alle vorgenannten Optionen (Drucken, Kopieren, Scannen und evtl. auch Faxen) vereinen Multifunktionsgeräte. Auch diese Geräte sind auf dem Markt als Tischgeräte oder als große Standgeräte (Foto) verfügbar. Sie sind häufig in das Unternehmensnetzwerk (vgl. Kap. 6.5) eingebunden, damit viele Mitarbeiter sie nutzen können. Neben dem im Vergleich zu einer Summe von Einzelgeräten geringeren Preis ist die Platzersparnis von großem Vorteil. Nachteil ist, dass die Multifunktionsgeräte häufig nur für einen Arbeitsschritt nutzbar sind. Somit ist eine Arbeitsteilung (Kollege A druckt, Kollege B kopiert, Kollege C scannt) nicht möglich. Der Ausfall einer Funktion führt evtl. zur Nichtverfügbarkeit aller Funktionen des Geräts. Die nebenstehende Abbildung zeigt ein Multifunktionsgerät. Im unteren Bereich sind mehrere Papierkassetten erkennbar. Auf der Geräteoberseite befindet sich ein Vorlageneinzug. Auf der Vorderseite ist im oberen Bereich das Bedienfeld mit dem Eingabedisplay zu sehen. Unterhalb des Bedienfelds ist das offene Fach für die Druckausgaben erkennbar.

5.6 Nachhaltigkeit beim Drucken und Kopieren

In Unternehmen gewinnt der Blick auf Nachhaltigkeit immer stärker an Bedeutung. Dies bedeutet u. a. auch die Schonung von Ressourcen.

5.6.1 Sinnvolles Drucken und Kopieren

Grundsätzlich ist es sinnvoll zu **prüfen, ob der Druck eines Dokuments notwendig** ist oder ob nicht die Anzeige am Bildschirm für einen Bearbeitungsschritt ausreicht. Analog sollte geprüft werden, für welche Arbeitsschritte eine Kopie erforderlich ist.

Tipp

Nutzen Sie die Möglichkeit, Vorgänge papierlos unmittelbar am Bildschirm zu bearbeiten.

5.6.2 Recyclingpapiere

Recyclingpapiere haben im Vergleich zu weißem Büropapier den Vorteil, dass für die Herstellung ein **geringerer Einsatz von Rohstoffen, Wasser und Energie** notwendig ist, da sie teilweise oder vollständig aus Altpapier hergestellt werden.

Recyclingpapier ist in verschiedenen Weißegraden erhältlich. Je geringer der Weißegrad ist, desto höher ist die Ressourceneinsparung. Soll auf den Einsatz von weißem Büropapier nicht grundsätzlich verzichtet werden, ist auch eine selektive Auswahl (z. B. wichtige Vertragsdokumente auf weißem Papier, interne Mitteilungen auf Recyclingpapier) möglich. Viele Behörden (z. B. Finanzämter) versenden bereits seit vielen Jahren ihre Briefpost auf Recyclingpapier.

5.6.3 Druckformate

Eine weitere Möglichkeit der Ressourceneinsparung ist die **Nutzung von papiersparenden Druckoptionen.** Standardmäßig werden Dokumente einseitig gedruckt bzw. kopiert. Soll von diesem Standard abgewichen werden, sind entsprechende Druckoptionen im Drucker- bzw. Kopierermenü auszuwählen. Je nach Drucker oder Kopierer stehen folgende Optionen zu Verfügung:

Übersicht Druckoptionen	
Option	**Erläuterung**
Duplexdruck	beidseitiges bzw. doppelseitiges Bedrucken des Papiers
mehrseitiger Druck	Mehrere Seiten eines Dokuments werden auf eine Seite gedruckt, z. B. 2 auf 1 (zwei Seiten auf eine Blattseite).
aktuelle Seite	Druck der Seite, auf der derzeit der Cursor platziert ist
Farbdruck	Seiten werden bei Farbdruckern standardmäßig farbig gedruckt; Ausdruck kann alternativ auch schwarz-weiß erfolgen.
Seiten von ... bis ...	Es werden nur die ausgewählten Seiten gedruckt.
Markierung	Es werden nur die markierten Textstellen gedruckt.
weitere Druckoptionen	z. B. Druck von geraden oder ungeraden Seiten
Schnell-/Ökonomiedruck	Option bei Laser- und Tintenstrahldruckern: Ausdruck erfolgt schnell und toner- bzw. tintensparend. Nachteil: ein evtl. schlechteres und blasseres Druckbild

Abbruch eines Druckbefehls

©Alex White -fotolia.com

Ein falsch abgesandter Druckauftrag lässt sich stoppen. Hierfür müssen im Betriebssystem Windows der Menüpunkt Geräte und Drucker geöffnet und der ausgewählte Drucker angeklickt werden. Dann erscheint eine Auflistung der erteilten Druckaufträge. Nach Anklicken des Auftrags mit der rechten Maustaste kann ein Befehl zum Druckabbruch ausgewählt werden. Um den Widerruf eines Druckauftrages sicherzustellen, muss am Drucker zusätzlich der Druckbefehl durch **Betätigen der Abbruchtaste** (häufig mit der Aufschrift „Cancel" oder einem aufgedruckten X gekennzeichnet) aufgehoben werden. Auch an Kopier-/Multifunktionsgeräten gibt es die Möglichkeit einen Druck abzubrechen. Eventuell muss dieser Befehl erst in einem Untermenü aufgerufen werden.

5.6.4 Wechseln und Recyceln von Tonerkassetten

Toner bzw. Tonerkassetten sind Verbrauchsmaterial. Nach dem Wechseln bleibt die entleerte Tonerkassette zurück. Sie besteht aus einem massiven Kunststoffgehäuse mit einer aufwendigen Mechanik und teilweise elektronischen Bauteilen. Daher ist die **sachgerechte Entsorgung** vorgeschrieben. Diese kann über spezielle Unternehmen erfolgen, die diese Kassetten wieder befüllen. Auch die Gerätehersteller bieten die Rücknahme und Verwertung der Kassetten an.

©Klaus Eppele-fotolia.com

5.7 Zusammenfassung und Aufgaben

Zusammenfassung

Drucker

Grundsätzlich gibt es vier **Arten** von Druckern: **Laserdrucker**, **Tintenstrahldrucker**, **Nadeldrucker** und **Thermodrucker.**

In Unternehmen werden hauptsächlich **Laserdrucker** eingesetzt. Sie zeichnen sich durch geringe Druckkosten je Blatt, eine hohe Druckqualität und eine hohe Druckgeschwindigkeit aus.

Scanner

Gebräuchlich sind **Flachbett-** oder **Einzugsscanner.**

Da Scanner die Dokumente nur bildlich erfassen, können **Textdokumente** nach dem Scanvorgang mithilfe einer **OCR-Software** auch bearbeitet werden.

Fotokopierer

Fotokopierer ermöglichen neben dem Vergrößern und Verkleinern des Originals u. a. den **ein-** oder **doppelseitigen Ausdruck** sowie den Ausdruck eines **mehrseitigen Dokuments** auf einer Seite.

Diese **Ausdruckfunktionen** bieten auch die meisten **Drucker.**

Multifunktionsgeräte

Multifunktionsgeräte vereinen Drucker, Fotokopierer, Scanner und evtl. eine Faxfunktion in einem Gerät.

Nachhaltigkeit

Neben der sinnvollen Auswahl von Druckoptionen trägt die Vermeidung von unnötigen Ausdrucken und die Nutzung von Recyclingpapier zur **Ressourcenschonung (Nachhaltigkeit)** bei.

Aufgaben

1. Prüfen Sie die folgenden Aussagen auf ihre Richtigkeit. Die Antwort ist jeweils zu begründen:

   (1) Bei hoher Druckauflage entstehen beim Druck über einen Laserdrucker geringere Kosten als bei der Nutzung eines Tintenstrahldruckers.

   (2) Nadeldrucker werden aufgrund ihres lauten Betriebsgeräuschs und der schlechten Druckqualität kaum noch eingesetzt.

   (3) Sollen Ausdrucke mit einem Thermodrucker dauerhaft genutzt werden, sind von den Ausdrucken Fotokopien zu erstellen.

   (4) Laserdrucker und Fotokopierer sind wartungsfrei.

   (5) Je „grauer" das Recyclingpapier, desto geringer ist der Ressourcenverbrauch bei seiner Herstellung.

   (6) Tonerkassetten können über den Hausmüll entsorgt werden.

2. Beschreiben Sie die Ausstattung Ihres Ausbildungsbetriebs mit Druckern, Kopierern, Scannern und Multifunktionsgeräten.

3. In einem Handelsbetrieb mit 20 Mitarbeitern und einem angeschlossenem Ladenlokal sind regelmäßig farbige Plakate im Format DIN A3 zu erstellen. Die Unternehmensleitung hat beschlossen, hierfür einen Farblaserdrucker anzuschaffen. Der Plakatdruck soll von mehreren Mitarbeitern übernommen werden. Erläutern Sie die optimale Einbindung in das vorhandene Datenverarbeitungs-System.

4. Ein Kollege überreicht Ihnen eine Tageszeitung mit dem Hinweis, dass auf Seite vier ein wichtiger Artikel veröffentlicht ist. Der Kollege möchte mehrere Absätze des Artikels in einen Bericht einfügen, den er in den nächsten Tagen erstellen will. Schildern Sie die notwendigen Arbeitsschritte, damit dem Kollegen der Artikel in einem Textverarbeitungssystem zu Verfügung gestellt werden kann.

5. Sie erhalten eine zwölfseitige Dokumentation in Papierform. Die Dokumentation ist auf DIN A4 Papier einseitig bedruckt. Sie soll in einer Konferenz mit zehn Teilnehmern jedem Teilnehmer zu Verfügung stehen. Sie werden beauftragt eine ressourcenschonende Lösung zu entwickeln.

6. In einem Betrieb soll ein neuer leistungsfähiger Kopierer oder ein Multifunktionsgerät beschafft werden. Zeigen Sie die Vor- und Nachteile auf, um die Entscheidung vorzubereiten.

6 Betriebliche Kommunikationsmöglichkeiten nutzen

Die Kommunikation mit Lieferanten, Kunden und Kollegen ist eine wichtige Voraussetzung zur Abwicklung betrieblicher Geschäftsprozesse. Hierfür stehen in einem modernen Büro zahlreiche Kommunikationsmittel zur Verfügung.

6.1 Telefon

Das Telefon gehört zu den wichtigsten Kommunikationsmitteln im Unternehmen. Der Vorteil ist die direkte unmittelbare Kommunikation mit dem Gesprächspartner. Details können sofort besprochen, Fragen und Unstimmigkeiten direkt geklärt werden.

©Picture-Factory-fotolia.com

6.1.1 Telefonanschlüsse in Unternehmen

Einzelne Telefonnummern

Bei kleinen Unternehmen existiert häufig, wie bei einem privaten Festnetzanschluss, nur eine Telefonnummer für alle ankommenden Gespräche. Es können jedoch mehrere Telefone installiert sein, die an einer Telefonanlage angeschlossen sind. Ein Anrufer erreicht häufig zunächst den Mitarbeiter an der Zentrale des Unternehmens, der alle Gespräche entgegennimmt und ggf. weitervermittelt.

Beispiel

(mit Vorwahl)
02177 23456789
(Schreibweise gemäß DIN 5008)

Sammelnummer und Durchwahlmöglichkeit

Ein Telefonanschluss mit Sammelnummer ist dadurch erkennbar, dass die Telefonnummer jeweils um die Apparatnummer der einzelnen Mitarbeiter, der sogenannten Durchwahl, ergänzt wird. Deutlich wird dies durch den Bindestrich (–) nach der Sammelnummer. Die Vorteile sind:

- Zeitersparnis, da der Anrufer den gewünschten Gesprächspartner direkt anrufen kann. Die Vermittlung über die Telefonzentrale entfällt.
- Die Mitarbeiter können untereinander telefonieren.

Beispiel

(mit Vorwahl)
0211 7654-0
Zentrale
0211 7654-11
Durchwahl
Dr. Müngsten
(Schreibweise gemäß DIN 5008)
internationale Schreibweise mit Landesvorwahl:
+49 211 7654-0

6.1.2 Leistungsmerkmale von Telefonanlagen

In Unternehmen werden i. d. R. Telefonanlagen eingesetzt. Die folgenden Leistungsmerkmale sind teilweise Bestandteile der installierten Telefonanlage, teilweise auch der an der Nebenstelle aufgestellten Telefonapparate:

Leistungsmerkmale von Telefonanlagen	
Weitervermittlung	Ein entgegengenommener Anruf kann an eine andere Nebenstelle weitervermittelt werden.
Heranholen (Pick-up Funktion)	Klingelt an einer anderen Nebenstelle das Telefon, lässt sich der Anruf an den eigenen Telefonapparat heranholen.

Tipp

Informieren Sie immer den Gesprächspartner, falls Sie ihn weitervermitteln möchten.

LERNFELD 3

Tipp

Grundsätzlich sollten Sie immer der Person den Vorrang geben, mit der Sie bereits das Gespräch führen. Sofern Sie sich jedoch **kurz** bei dem Zweitanrufer melden, sollte dies nur nach Einverständnis des ursprünglichen Gesprächspartners erfolgen.

Tipp

Sie sind verpflichtet, Ihren Gesprächspartner um Einverständnis zu bitten, wenn Sie die Freisprecheinrichtung nutzen wollen. Gründe: Datenschutz und Verschlechterung der Tonqualität.

Tipp

Vergessen Sie bei dem Hinterlassen einer Nachricht auf einem Anrufbeantworter oder einer Voice-Box nicht Ihren Namen, den des Unternehmens und Ihre Telefonnummer zu nennen.

Leistungsmerkmale von Telefonanlagen	
Anrufsignalisierung	Ruft während eines Telefongesprächs eine weitere Person diese Nebenstelle an, wird dies im Display des Telefons angezeigt.
Makeln	Dies ist die Möglichkeit, zwischen zwei Telefongesprächen zu wechseln.
Anrufweiterschaltung bzw. Anrufumleitung	Durch vorheriges Eingeben einer anderen Nebenstelle oder eines Telefonanschlusses werden alle für den ursprünglichen Apparat ankommenden Anrufe auf die eingegebene Nebenstelle bzw. Telefonanschluss umgeleitet. Eventuell erfolgt die Weiterleitung erst nachdem das Telefonat am ursprünglichen Apparat einige Male (z. B. 5 x) signalisiert wurde (klingeln). Erst wenn dort das Gespräch nicht angenommen wurde, erfolgt die Anrufweiterschaltung auf ein anderes Telefon.
Konferenzschaltung	Es ist möglich, mit mehreren Gesprächspartner gleichzeitig zu telefonieren.
Rückruf bei Besetzt(-zeichen)	Wird ein Gesprächspartner angerufen und ist sein Anschluss besetzt, erfolgt automatisch ein Rückruf, sobald der Anrufer sein Gespräch beendet hat.
Nummernspeicher, Kurzwahl, Zielwahltasten	Regelmäßig gewählte Telefonnummern können im Nummernspeicher eingespeichert werden. Um einen Teilnehmer anzurufen, ist dann nur die sogenannte Kurzwahl einzugeben. Ist beispielweise der Kunde Jacobs unter der Kurzwahl 23 hinterlegt, sind nur die Taste Kurzwahl und die Ziffernfolge 23 einzugeben. Anschließend wird automatisch die Telefonverbindung aufgebaut. Einige Telefonapparate besitzen Zielwahltasten. Sie sind für häufig gewählte Telefonnummern gedacht. Nach vorheriger Einspeicherung reicht dann für die Anwahl des Gesprächspartners ein Tastendruck.
Wahlwiederholung	Durch Drücken der entsprechenden Taste wird die vorher gewählte Rufnummer erneut gewählt.
Freisprechen	Ermöglicht das Telefonieren mit dem Gesprächspartner ohne Nutzung des Telefonhörers.
Stummschaltung	Das Mikrofon des Telefons wird ausgeschaltet, um z. B. eine Rückfrage ohne Mithören des Gesprächspartners zu ermöglichen.
Anrufbeantworter (Voice-Box)	Der Anrufer hat die Möglichkeit, dem Angerufenen eine Nachricht zu hinterlassen, sofern dieser nicht erreichbar ist.
Wartemusik	Diese hört der externe Gesprächspartner bei einer Weitervermittlung, während die Gesprächsverbindung weiterhin besteht.
Berechtigungen (Rufnummernsperre)	Nicht jede Nebenstelle hat die Berechtigung, alle Arten von Telefongesprächen zu führen. So sind bestimmte Telefonnummern, z. B. von Mehrwertdiensten (Vorwahl 0900 usw.) gesperrt. Ebenso sind Sperren möglich, die Orts-, Fern- und Auslandsgespräche betreffen.
Parallelruf	Ein Anruf für einen Mitarbeiter wird gleichzeitig an mehreren Telefonen, evtl. auch am Mobiltelefon oder am privaten Telefon, signalisiert. Der Anruf kann an jedem signalisierendem Telefon entgegengenommen werden.

■ Telefonanlagen mit Integration im Unternehmensnetzwerk

In mittelständischen und großen Unternehmen werden Telefonanlagen eingesetzt, die in das Unternehmensnetzwerk integriert sind. Die zugrundeliegende Technik wird als VoIP (Voice over IP) bezeichnet. **Diese Anlagen bieten zur regulären Telefonanlage weitaus mehr Möglichkeiten,** da das Verzeichnis der möglichen Gesprächspartner in einer Datenbank im Unternehmensnetzwerk geführt wird. Als Folge werden die Telefonaktivitäten auf dem Bildschirm angezeigt und unterstützt.

Beispiele:

- Bei einem Anruf wird die Telefonnummer des Anrufers auf dem Bildschirm angezeigt. **Per Mausklick auf die Telefonnummer öffnen sich Fenster mit weiteren Daten des Anrufers,** wie vollständiger Name, Name des Unternehmens, Position, E-Mail-Adresse. Bei laufenden Prozessen (z. B. Vertragsverhandlungen) lassen sich auch alle Dokumente einblenden, die bislang zu diesem Prozess gespeichert wurden.
- **Es lassen sich noch weitere Daten hinterlegen,** wie z. B. Informationen, dass der Ansprechpartner bedingt durch Teilzeit nur vormittags oder durch Lehrgänge derzeit mehrere Tage nicht erreichbar ist.

LERNFELD 3

6.1.3 Telefongespräche führen

Ein geschäftliches Telefongespräch kann der erste Kontakt eines Kunden mit dem Unternehmen sein. Bei einigen Gesprächspartnern findet die gesamte direkte Kommunikation per Telefon statt. Das Telefon wird somit zur Visitenkarte des Unternehmens. Daher ist es wichtig, bei Telefonaten einige Grundregeln zu beachten:

Tipps für professionelles Telefonieren:

Tipp	Erläuterung
Lächeln Sie!	Psychologen haben herausgefunden, dass ein Lächeln auch bei einem Telefongespräch hörbar ist. Sie schaffen dadurch eine positive Gesprächsatmosphäre.
Gesprächsziel klären	Bevor Sie einen Gesprächspartner anrufen: Vergewissern Sie sich vorab, welches Ziel Sie mit dem Telefongespräch erreichen wollen und bereiten Sie sich vor. Nehmen Sie sich ausreichend Zeit.
Begrüßung	Begrüßen Sie jeden Anrufer freundlich. Nennen Sie den Namen Ihres Unternehmens, Ihren Vor- und Zunamen und die Begrüßung („Guten Tag“ bzw. „Guten Morgen“).
Namen des Gesprächspartners nennen	Notieren Sie sich den Namen des Gesprächspartners und sprechen Sie ihn im Laufe des Gesprächs mit seinem Namen an. Aber auch nicht zu häufig!
Zuhören	Hören Sie dem Anrufer zu. Vermeiden Sie es, ihn zu unterbrechen. Bleiben Sie ruhig, geduldig und höflich.

Tipp

Klären Sie für sich den Zweck Ihres Anrufes vor dem Telefongespräch.

Tipp

Achten Sie darauf, dass Ihre telefonische Begrüßung nicht wie automatisiert aufgesagt wirkt.

Tipp	Erläuterung
Sprechen Sie deutlich	Passen Sie Ihre Aussprache und das Sprechtempo insbesondere dann an, falls der Gesprächspartner die verwendete (Fremd-)sprache nicht perfekt beherrscht.
Telefonnotizen anfertigen	Schreiben Sie über das Telefonat eine Notiz. Spezielle Formulare zur Telefonnotiz gewährleisten, dass wichtige Aspekte nicht vergessen werden (Name, Unternehmen, Thema, Datum, Uhrzeit, Aufgaben).
Richtiger Zeitpunkt	Klären Sie zu Beginn, ob das Telefonat zum richtigen Zeitpunkt stattfindet. Rufen Sie nur an, wenn Sie auch genügend Zeit haben.
Anrufer bei der Weitervermittlung nicht vergessen	Lassen Sie Ihren Anrufer nicht in der Warteschleife „verhungern“. Vergewissern Sie sich, ob er warten möchte.
Headset	Wenn Sie die Möglichkeit haben, nutzen Sie insbesondere bei längeren Gesprächen ein Headset (Kopfhörer mit 1 oder 2 Hörmuscheln und Mikrofon). Damit reduzieren sich die Lärmstörungen während des Telefonats. Außerdem sind die Hände frei für Notizen oder die Bedienung Ihres Computers.
Ausländische Telefonnummern	Ausländische Telefonnummern sind in der Reihenfolge Landesvorwahl, Vorwahl der Region oder Stadt und Rufnummer gegliedert. Jedes Land hat eine internationale Vorwahl, für Deutschland lautet sie 49. **Telefonat aus Deutschland ins Ausland:** Um einen ausländischen Gesprächspartner anzurufen, muss aus Deutschland zunächst die Ziffernfolge 00 gewählt werden. Dann erfolgt die Landesvorwahl für das Zielland (z. B. 32 für Belgien oder 41 für die Schweiz), danach die Telefonnummer des Gesprächspartners. **Telefonat aus dem Ausland nach Deutschland:** Analog dazu muss ein ausländischer Gesprächspartner verfahren, der einen deutschen Telefonanschluss anruft. Bei international tätigen Unternehmen wird die Telefonnummer folglich auch im internationalen Format angegeben. Zum Beispiel: +49 211 7654-0 Das + Zeichen weist darauf hin, dass in dem entsprechenden Land zunächst die Ziffernfolge für ein internationales Gespräch zu wählen ist. **Sie ist in jedem Land verschieden. Anschließend wird die Ortsvorwahl ohne die Ziffer 0 genannt, da sie bei der Anwahl aus dem Ausland wegfällt.** Die restlichen Ziffern betreffen die Rufnummer des deutschen Teilnehmers.

6.2 E-Mail

6.2.1 Funktion und Bedeutung

Die E-Mail hat eine im Geschäftsleben nicht mehr wegzudenkende Bedeutung. Dabei kommt die E-Mail einerseits zur Kommunikation zwischen Geschäftspartnern (Unternehmen) zum Einsatz, anderseits wird sie auch für die innerbetriebliche Kommunikation verwandt. Ein wesentlicher Grund hierfür ist die einfache Handhabung.

6.2.2 Normen und Signatur in geschäftlichen E-Mails

■ Externe Signatur

Für die geschäftliche Kommunikation per E-Mail gibt es Vorschriften, die in der DIN 5008 festgelegt sind. Diese Vorschriften sind analog zu den Normvorschriften für Briefe, jedoch auf die Kommunikationsform E-Mail angepasst. Entsprechend den Informationen über das absendende Unternehmen im Geschäftsbrief, muss eine Geschäfts-E-Mail bestimmte Angaben enthalten. Diese Informationen erscheinen unterhalb der eigentlichen E-Mail und werden als **Signatur** bezeichnet. Die Mail endet mit der Grußformel („Mit freundlichen Grüßen" bzw. „Freundliche Grüße") und dem Namen des Absenders, zweckmäßigerweise ergänzt um die Funktion des Absenders im Unternehmen. Nach einer Leerzeile folgen dann die **vorgeschriebenen** Angaben:

- ➔ vollständiger Name des Unternehmens einschließlich Rechtsform (wie im Handelsregister eingetragen) und korrekter ladungsfähiger Anschrift
- ➔ Handelsregistereintrag mit Abteilung, Eintragungsnummer und Nennung des Amtsgerichts
- ➔ Nennung aller Geschäftsführer einer GmbH, Nennung aller Vorstände einer AG oder Genossenschaft mit Vor- und Familiennamen
- ➔ falls das Unternehmen einen Aufsichtsrat hat, Nennung des Aufsichtsratsvorsitzenden mit Vor- und Familiennamen

Üblicherweise werden noch folgende Angaben aufgenommen:

- ➔ Kommunikationsangaben: Telefon (Sammelnummer und/oder Durchwahl), ggf. Faxnummer
- ➔ Umsatzsteueridentifikationsnummer (USt-IdNr.) ist bei einer Rechnung Pflichtangabe
- ➔ E-Mail-Adresse des Absenders und Internetadresse des Unternehmens

■ Interne Signatur

Bei E-Mails innerhalb eines Unternehmens kann auf die vollständige Signatur verzichtet werden. Insbesondere bei größeren Unternehmen sollte die Signatur aber die Angaben enthalten, die den Empfänger über die Abteilung bzw. den Unternehmensstandort informieren.

6.2.3 E-Mail-Programme

Grundsätzlich gibt es zwei Möglichkeiten, um E-Mails zu erstellen. Alle E-Mail-Anbieter ermöglichen den Zugang über ein **Webmail-Portal.** Dieser Zugang hat jedoch in Unternehmen faktisch keine Bedeutung. Stattdessen werden E-Mail-Programme eingesetzt.

E-Mail-Programme haben den Vorteil, dass sie vielfältige Optionen zur Verwaltung von E-Mails bieten. Auch lassen sich mehrere E-Mail-Konten mit einem Programm verwalten. Beispiele für E-Mail-Programme sind Microsoft Outlook und Mozilla Thunderbird.

E-Mail-Programme bieten u. a. folgende Funktionen:

Funktion	Erläuterung
E-Mails speichern und Ordner anlegen	Empfangene E-Mails können nicht nur gespeichert werden. Sie können auch in Ordnern abgelegt werden. Es gibt private (nur der Nutzer hat Zugriff) und öffentliche Ordner (mehrere Personen haben Zugriff).
Entwürfe speichern	Auch Entwürfe für E-Mails sind speicherbar.
Suchfunktionen	Um gezielt eine gespeicherte E-Mail zu finden, stehen Suchfunktionen zur Verfügung.
Adressverwaltung	Es kann ein Adressverzeichnis (mit Kategorien) angelegt werden, das nicht nur E-Mail-Adressen, sondern auch weitere Kommunikationsangaben (Telefon, Fax, Anschrift) enthält. Außerdem können Kommentare (z. B. Person ist wegen Teilzeit nur vormittags erreichbar) eingepflegt werden.
Verzögerter Versand	Erstellte E-Mails werden zu einem festgelegten späteren Termin versendet.
Empfangs- und Lesebestätigung	Beim Empfänger kann eine Empfangs- und/oder Lesebestätigung angefordert werden.
Signatur	Eine Signatur mit den Unternehmensangaben wird automatisiert allen gesendeten E-Mails beigefügt.

Besprechungen organisieren	Zur Organisation von Besprechungen wird nach Terminsetzung und Buchung des Besprechungsorts durch den Einladenden allen Teilnehmern der Termin durch eine E-Mail mitgeteilt und in deren Terminverwaltung eingetragen. Gleichzeitig erfolgt die Aufforderung an die Teilnehmer, den Termin zu bestätigen (oder eine anderweitige Rückmeldung zu geben).
Terminverwaltung	Es können Termine und Erinnerungen in einem Kalender hinterlegt werden. Darin können auch Kollegen und weitere Personen eingebunden werden. Bei Fälligkeit werden die Termine optisch und/oder akustisch angezeigt.
Aufgabenliste	Es lassen sich Aufgabenlisten (auch To-do-Listen genannt) erstellen, deren terminliche Einhaltung das Programm anzeigt.
Spam-Filter bzw. Junk-Filter	Eingehende E-Mails werden danach geprüft, ob es sich um Spam-Mails handelt und anschließend in ein entsprechendes Postfach einsortiert (vgl. Kapitel 6.2.10).

6.2.4 Verschlüsselung und Authentifizierung

©Amir Kaljikovic Photography-fotolia.com

Das Senden einer E-Mail ist vergleichbar mit dem Senden einer Postkarte. Der gewünschte Text erreicht zwar den Empfänger, jede technisch versierte Person kann diesen Text aber mitlesen. Hinzu kommt, dass es möglich ist, eine Mail mit einem vorgetäuschten Absender zu schicken.

■ Verschlüsselung

©GiZGRAPHICS-fotolia.com

Grundsätzlich ist jede Mail auf dem Weg vom Sender zum Empfänger **durch Dritte lesbar.** Dies ist insbesondere für Unternehmen problematisch, da die Inhalte nicht nur persönliche Daten wie bei einer privaten E-Mail, sondern Geschäftsdaten wie Kundenlisten, Vertragsbedingungen, geplante Marketingmaßnahmen oder Forschungs- und Entwicklungsergebnisse enthalten können.

Um dieses Mitlesen durch Dritte zu verhindern, können Daten verschlüsselt übertragen werden. Ein anderer gebräuchlicher Begriff hierfür ist **Kryptografie.** Bei der Verschlüsselung wird bei dem E-Mail-Versender die E-Mail mittels eines geheimen Schlüssels so verändert, dass ihr Inhalt für Dritte nicht mehr entzifferbar ist. In dieser Form wird die E-Mail dem Empfänger übermittelt. Der Empfänger, dem ebenfalls der geheime Schlüssel vorliegt, entschlüsselt die Mail und macht sie für sich lesbar.

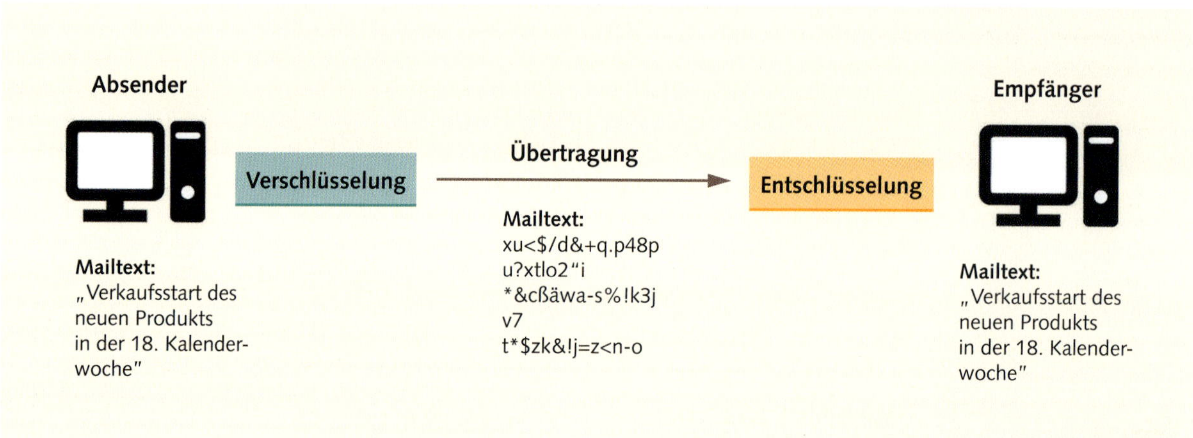

■ Authentifizierung (Sicherheit)

Eine weitere Problematik beim E-Mail-Versand ist die **Authentifizierung** des Absenders. Dies ist wichtig, da es relativ einfach möglich ist, in einer E-Mail einen Absender vorzutäuschen. Diese Möglichkeit wird von Kriminellen genutzt, um Nutzer mit im Text eingefügten Links auf gefälschte Webseiten zu leiten, um dort weiter kriminell aktiv zu werden (z. B. durch das Ausspähen von Passwörtern). Daher sollte sichergestellt sein, dass die empfangene E-Mail

- ➔ von dem angegebenen Absender auch tatsächlich versandt wurde und
- ➔ der Inhalt der E-Mail auf dem Transportweg nicht verändert wurde (Integrität).

Diese Authentifizierung wird durch die **fortgeschrittene elektronische** bzw. die **qualifizierte elektronische Signatur** der E-Mail gewährleistet.

Tipp

Die fortgeschrittene elektronische bzw. die qualifizierte elektronische Signatur ist nicht zu verwechseln mit den Angaben zum absendenden Unternehmen in einer E-Mail. Diese wird nur als Signatur bezeichnet.

Die **Signierung** ist eine verschlüsselte Zusatzinformation, die mit der E-Mail versandt wird. Sie wird durch eine Signaturerstellungseinheit (Software) erzeugt. Diese Signaturerstellungseinheit wird von einer Zertifizierungsstelle herausgegeben und geprüft. Unter der Voraussetzung, dass der Empfänger ebenfalls den entsprechenden Schlüssel besitzt, kann der Empfänger die verschlüsselte Zusatzinformation identifizieren. Ist die empfangene Signatur in Ordnung, ist gewährleistet, dass die empfangene E-Mail mit dem übertragenen E-Mail-Inhalt unverändert vom angegebenen Absender stammt.

Eine E-Mail mit einer elektronischen Signatur ist gleichzusetzen mit einem empfangenen Brief in Papierform und mit Unterschrift.

Gesetzliche Grundlage für das Signieren von E-Mails ist im Wesentlichen das Vertrauensdienstegesetz (VDG).

In den meisten Unternehmen mit einem unternehmensinternen Netzwerk werden alle ausgehenden E-Mails, die das Unternehmensnetzwerk verlassen, automatisch signiert und verschlüsselt.

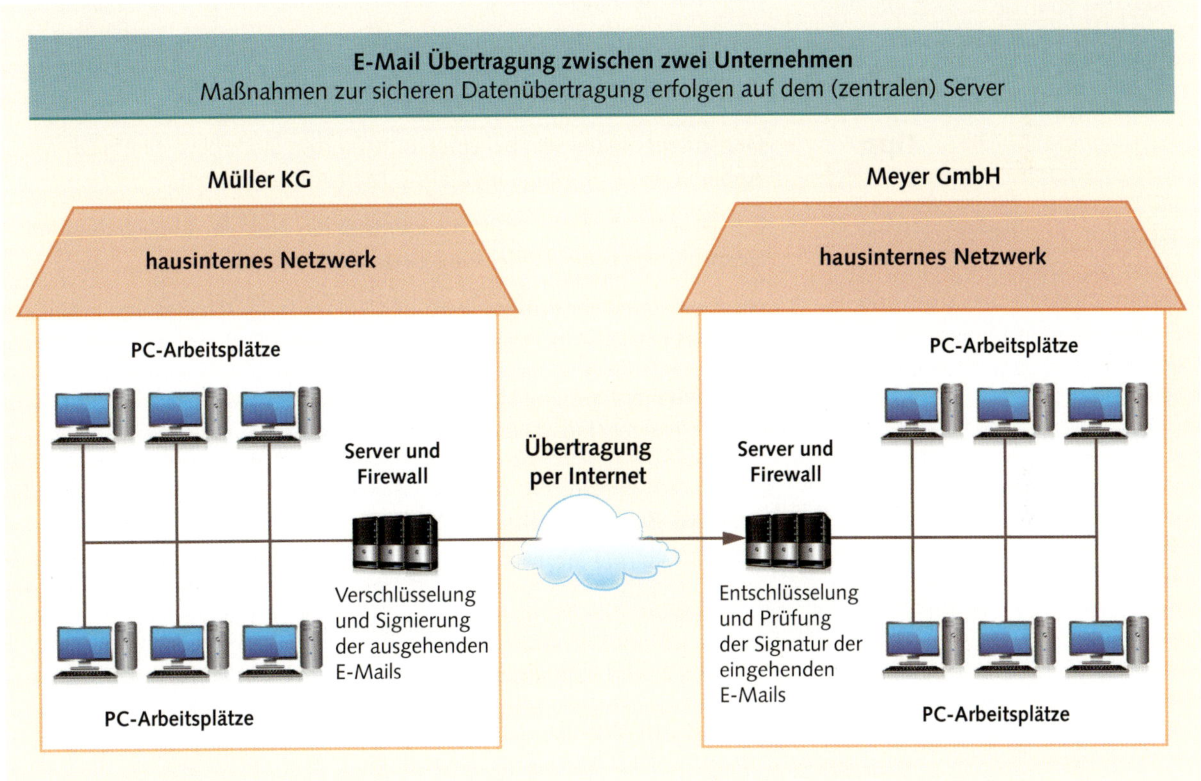

In kleinen Unternehmen ist der Arbeitsplatzrechner evtl. unmittelbar mit dem Internet verbunden. In diesem Fall müssen entsprechende Maßnahmen direkt am Rechner ergriffen werden. Für gängige E-Mail-Programme gibt es entsprechende Zusatzprogramme.

Merke

Ist bei einer E-Mail Vertraulichkeit und Sicherheit wichtig, müssen entsprechende Schutzmaßnahmen ergriffen werden.

6.2.5 DE-Mail

Tipp

Zu allen Fragen der Datensicherheit (und des Datenschutzes) bietet die Website des Bundeamtes für Sicherheit in der Informationstechnik (BSI) nützliche Informationen:

www.bsi.bund.de

Um **Dokumente rechtsverbindlich, fälschungssicher und vertraulich** zu versenden, wurde der Dienst DE-Mail entwickelt. Merkmale sind:

- Die Übertragung erfolgt verschlüsselt.
- Der Absender und der Empfänger sind eindeutig identifiziert.
- Die versandten Nachrichten sind vor Manipulation geschützt.
- Schadprogramme werden automatisch erkannt.
- Der Absender erhält eine rechtsgültige Versandbestätigung, Zugangsbestätigung und Bestätigung, dass die Mail abgerufen wurde.
- Ein Versand mit der Option „persönlich" ist möglich.

Tipp

Auch wenn die E-Mail ein schnelles Kommunikationsmedium ist, sollten Sie dringende Informationen nur dann per E-Mail senden, wenn sichergestellt ist, dass der Empfänger die Nachrichten zeitnah abruft.

Zur Teilnahme an diesen Dienst ist **Voraussetzung:**

1. Der Nutzer meldet sich bei einer autorisierten Stelle bzw. einem DE-Mail-Anbieter an (z. B. einige reguläre E-Mail-Anbieter).
2. Der DE-Mail-Anbieter prüft die Identität des Nutzers (ähnlich der Identitätsprüfung bei der Einrichtung eines Bankkontos).
3. Nach erfolgreicher Prüfung wird der Nutzer freigeschaltet und erhält ein persönliches DE-Mail-Konto, erkennbar an der Endung: *de-mail.de*

Versand und Empfang sind aber nur möglich, wenn Absender **und** Empfänger registrierte Nutzer sind, da es sich um ein geschlossenes System handelt.

6.2.6 Netiquette zur E-Mail-Erstellung

Unabhängig von Normen und Pflichtangaben gibt es in E-Mails einige Dinge zu beachten, die als „gutes Benehmen" bei der E-Mail-Erstellung gelten. Werden diese Regeln nicht beachtet, führt das zwar zu keinen rechtlichen Konsequenzen, fördert aber nicht die Geschäftsbeziehung zum Empfänger.

Formulierungshinweise

Grundsätzlich sollten bei der Formulierung von E-Mails einige Dinge beachtet werden:

Abkürzungen	Mit wenigen Ausnahmen sollen keine Abkürzungen verwendet werden. Die Abkürzungen SgDuH statt „Sehr geehrte Damen und Herren" sowie MfG statt „Mit freundlichen Grüßen" wirken unhöflich.
Emoticons	Emoticons, wie zum Beispiel :-), sind in geschäftlichen E-Mails nicht zu verwenden.
Kontrolle der Rechtschreibung	Auch wenn Rechtschreibfehler in E-Mails im Vergleich zur Briefpost angeblich weniger negativ empfunden werden, sind E-Mails vor dem Versand auf Rechtschreib-, Grammatik- und Ausdrucksfehler zu kontrollieren.
Kurze und prägnante Formulierungen	Sätze in E-Mails sind kurz und prägnant zu formulieren. Statt verschachtelter Sätze sollten besser mehrere Einzelsätze formuliert werden.

Verwaltung von E-Mails

Postfachkontrolle	Kontrollieren Sie regelmäßig Ihr Postfach.
Beantwortung	Da E-Mails schnell übertragen sind, erwartet der Absender meistens eine zügige Beantwortung. Ist es Ihnen nicht möglich, dem Absender kurzfristig eine zufriedenstellende Antwort zu geben, senden Sie ihm einen Zwischenbescheid.
Kategorisierung	Um die tägliche „E-Mail-Flut" zu verwalten, kategorisieren Sie die eingehenden Mails, z. B. in sehr wichtig, wichtig, unwichtig.
Kopien (cc. und bcc.)	Senden Sie Kopien nur an Personen, für die die Kenntnisnahme wirklich wichtig ist.
Weiterleitung von E-Mails	Auch die Weiterleitungsfunktion ist sinnvoll einzusetzen: Leiten Sie E-Mails nur Personen weiter, für die die Kenntnisnahme der E-Mails eine Bedeutung hat.
Formulierung des Betreffs bei Antworten	Prüfen Sie grundsätzlich, ob bei der Beantwortung von Mails der ursprüngliche Betreff (Beispiel: „AW: AW: AW: AW: Fehlerhafte Lieferung von Brieflochern") noch aussagekräftig ist.
Empfangs- und Lesebestätigung	Nutzen Sie beide Funktionen sparsam und sinnvoll.
Kennzeichnung einer E-Mail mit hohem Wichtigkeitsgrad	Auch diese Funktion sollte selten und überlegt eingesetzt werden. Werden alle versandten E-Mails als besonders wichtig gekennzeichnet, wird der Empfänger wirklich wichtige E-Mails nicht mehr als solche wahrnehmen.
Junk-Postfach	Kontrollieren Sie regelmäßig Ihr Spam- bzw. Junk-Postfach, ob es nicht doch eine wichtige E-Mail enthält. Eventuell klassifiziert das E-Mail-Programm für Sie relevante E-Mails als Spam und leitet diese automatisch dem Junk-Postfach zu.
Postfach aufräumen	Räumen Sie regelmäßig Ihr Postfach auf und löschen Sie unwichtige E-Mails.
Abwesenheit	Falls Sie einen oder mehrere Tage nicht anwesend sind, schalten Sie eine sogenannte Abwesenheitsnotiz ein. Informieren Sie den Geschäftspartner darin über das Datum Ihrer Rückkehr und ob die E-Mail in der Zwischenzeit weitergeleitet oder automatisch gelöscht wird.

6.2.7 Anhänge

Tipp

Antworten Sie niemals auf Spam-E-Mails. Auch wenn der Absender verspricht, Ihnen zukünftig keine Mails mehr zu senden. Für den Absender bedeutet die Rückmeldung eine aktuelle E-Mail-Adresse mit einem Nutzer, an den sich die Zusendung von weiteren Spam-Mails lohnt.

An eine E-Mail können auch Dateien gehängt und übermittelt werden. Hierbei sollten einige Regeln beachtet werden:

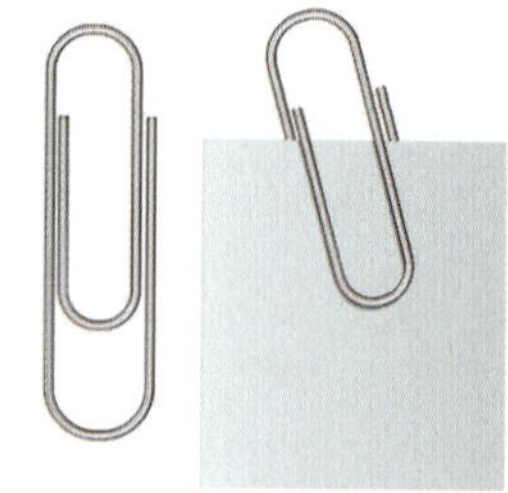

- Wichtig ist, dass die angehängten Dateien in einem **Dateiformat** gespeichert sind, das auch der Empfänger nutzen kann. Verfügt der Empfänger nicht über eine entsprechende Software, kann er die erhaltenen Dateien nicht öffnen.
- Senden Sie **Dateianhänge** bei einer Antwort **nur zurück,** falls Sie die angehängten Dateien **bearbeitet** haben.
- Weiterhin können umfangreiche Dateien das Datenvolumen einer E-Mail vergrößern. **E-Mails mit großem Datenvolumen** werden evtl. **langsamer übertragen.** Für den Empfänger bedingen sie längere Ladezeiten.
- Es besteht die Möglichkeit, das **Datenvolumen** der angehängten Dateien **mit entsprechenden Komprimierungsprogrammen** zu **vermindern** (Dateien werden gepackt). Der Empfänger muss dann zunächst die Dateien dekomprimieren (entpacken). Da es verschiedene Packformate gibt, erkundigen Sie sich vorab beim Empfänger, ob er die entsprechende Software zum Entpacken besitzt.
- Öffnen Sie bei empfangenen E-Mails niemals routinemäßig den Anhang, auch wenn Ihnen der Absender bekannt ist. Dies gilt erst recht für E-Mails mit vermeintlicher Dringlichkeit. Anhänge mit einem vorgetäuschten bekannten Absender sind ein häufiges Einfallstor zur **Infizierung von Rechnersystemen mit Schadsoftware** (z. B. mit Erpressungssoftware bzw. Ransomware).

6.2.8 Spam

Merke

Wichtig ist immer ein gesundes Misstrauen E-Mails gegenüber, die ohne vorherigen Geschäftsprozess oder Kommunikation im Posteingang erscheinen.

Der Erfolg der E-Mail hat leider auch als lästiges Nebenprodukt die Spam-Mail hervorgebracht. Spam-Mails (Junk-Mails) sind unnütze Mails, die entweder nur Werbung oder sogar Schadsoftware beinhalten. Dabei kann im Extremfall die **Schadsoftware bereits durch Öffnen der E-Mail** ihre negative Wirkung entfalten.

Um sich vor Spam-Mails zu schützen, gibt es glücklicherweise Spam-Filter (auch E-Mail-Filter genannt). Einige E-Mail-Programme wie Microsoft Outlook und Mozilla Thunderbird sind grundsätzlich mit einem Spam-Filter ausgestattet.

Tipp

Da Spam-Filter nicht immer absolut präzise arbeiten, ist es wichtig, das Spam-Postfach zu kontrollieren:

- Verschieben Sie dabei die falsch einsortierten E-Mails nicht nur in Ihr Eingangspostfach, sondern kennzeichnen Sie diese auch als einwandfreie E-Mails.
- Umgekehrt kennzeichnen Sie Spam-Mails in Ihrem Eingangspostfach auch als Spam-Mails.

Durch diese Aktionen entwickelt sich der Spam-Filter weiter und sortiert im Laufe der Zeit die eingehenden E-Mails noch genauer.

6.3 Fax

6.3.1 Funktionsweise

©Dmitry Vereshchagin-fotolia.com

Die Funktionsweise des Fax verdeutlicht der selten gebrauchte deutsche Begriff Fernkopierer. Ein Dokument (Text, Bild usw.) wird beim Absender abgelichtet (gescannt). Diese Information wird an das Faxgerät des Empfängers übertragen. Das Gerät des Empfängers erstellt (druckt) eine Kopie des Ursprungsdokuments. Der Vorteil ist die einfache und schnelle Handhabung.

6.3.2 Nutzung in Unternehmen

In seiner ursprünglichen Form wurde das Fax unter Nutzung von jeweils einem separaten Faxgerät beim Sender und beim Empfänger übertragen. Diese Geräte konnten folglich nur Faxe senden und empfangen. Die heutigen Faxgeräte sind üblicherweise Multifunktionsgeräte. Das bedeutet, dass sie neben der Faxfunktion auch noch eine Scanner-, Drucker- und Kopierfunktion beinhalten.

Das Faxgerät wird jedoch zunehmend durch die E-Mail ersetzt. Es ist möglich, dem Empfänger per E-Mail ein Fax zu senden.

Umgekehrt kann ein Fax per E-Mail empfangen werden. Sofern es sich um Textdokumente handelt, können diese nach dem Empfang unmittelbar einer Texterkennung (OCR) unterzogen werden.

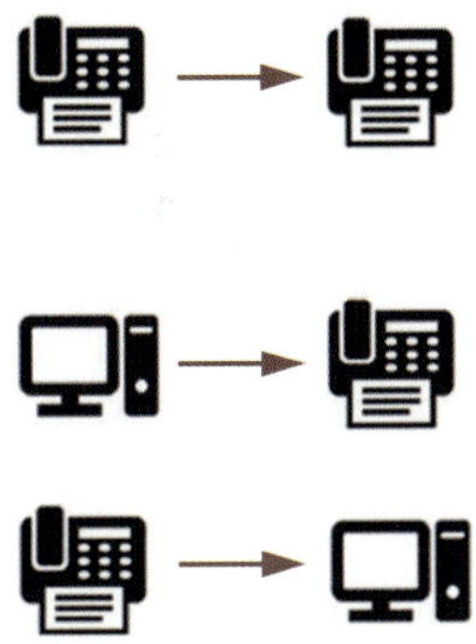
©WonderfulPixel-fotolia.com

Insbesondere der **Faxempfang per E-Mail** ist heutzutage in vielen Unternehmen Standard, da er gegenüber dem Empfang über ein Faxgerät **Vorteile** bietet:

- Der **Empfang** ist unmittelbar **am Arbeitsplatz** möglich.
- Da jedem Mitarbeiter durch eine individuelle Faxnummer das empfangene Fax bereits zugeordnet ist, **entfällt die manuelle Zuordnung** der empfangenen Faxe.
- Da das Fax bereits elektronisch vorliegt, ist eine **Archivierung unmittelbar möglich.**
- Auch ist die **Weiterleitung per E-Mail einfacher** als der physische Transport der ausgedruckten Faxe.
- **Spam-Faxe** können bereits am Bildschirm erkannt und **ohne Ausdruck gelöscht** werden.

Tipp

Kontrollieren Sie vor dem Versand von E-Mails und Faxen sorgfältig die Richtigkeit der E-Mail-Adresse bzw. der Faxnummer!

Letztlich kann die Schnelligkeit von E-Mail und Fax auch von Nachteil sein. Eine versandte E-Mail oder ein Fax sind **sofort mit allen rechtlichen und wirtschaftlichen Konsequenzen beim Empfänger.**

©Ljupco Smokovski -fotolia.com

6.4 Internet

©jamdesign-fotolia.com

6.4.1 WWW

Neben der E-Mail ist das WWW (World Wide Web) die bekannteste und beliebteste Anwendung im Internet. Wesentlich für die Nutzung des WWW sind:

- **Domain-Adressierung:** Alle im Internet hinterlegten Informationen sind durch eine eindeutige Adresse (Domain, z. B. www.europa-lehrmittel.de) aufrufbar. Diese Domain adressiert z. B. die Webpräsenz eines Unternehmens oder einer sonstigen Institution (Behörden, Privatpersonen).
- **Browser:** Der Browser dient im Wesentlichen zur Darstellung der Webinhalte und zur Navigation. Bekannte Browser sind u. a. Firefox, Safari, Internet Explorer und Opera.
- **Links** ermöglichen den unmittelbaren Aufruf einer neuen Webseite per Mausklick.

6.4.2 Suchmaschinen

Merke

Da keine Suchmaschine einen vollständigen Überblick über das Internet hat, zeigen Suchmaschinen als Ergebnis nur Inhalte an, die ihnen auch bekannt sind.

Da das Internet ein unstrukturierter weltweiter Zusammenschluss von Rechnern ist, gibt es auch **keine zentrale Institution**, die **alle Webinhalte verwaltet und kategorisiert.** Suchmaschinen gleichen dieses Problem aus, indem sie Großrechner einsetzen, die automatisiert das Internet durchsuchen und alle gefundenen Ergebnisse bzw. Webseiten sammeln. Diese Informationen dienen dann als Grundlage für die angezeigten Treffer, die der Nutzer auf seine Suchanfrage erhält.

Arten von Suchmaschinen

Suchmaschinen lassen sich in zwei Kategorien unterteilen:

- **Allgemeine Suchmaschinen** sind nicht auf bestimmte Webinhalte spezialisiert, sondern versuchen, das Internet möglichst umfassend zu durchsuchen und darzustellen. Bekannte allgemeine Suchmaschinen sind z. B. Google, Yahoo, Bing oder Ecosia.
- **Metasuchmaschinen** sind Suchmaschinen, die automatisiert mehrere Suchmaschinen mit einer Nutzereingabe abfragen, z. B. Metager (https://metager.de).

Nutzung von Suchmaschinen

Einige Hinweise, um durch Nutzung einer Suchmaschine brauchbare Ergebnisse zu erzielen:

- Jedes Suchergebnis ist nur so gut wie die **eingegebenen Suchbegriffe.** Folglich ist es sinnvoll, mehrere Suchanfragen mit ähnlichen Begriffen zu starten (z. B. Bürostuhl, Büroeinrichtung usw.).
- Häufig erhält man zu einer Suchanfrage eine Vielzahl von Suchergebnissen, die wegen der großen Menge nicht zu verarbeiten sind. Durch die Eingabe mehrerer, genauer Begriffe (z. B. Bürostuhl Ergonomie) entsteht eine Eingrenzung. Die Suchmaschine erweitert die Begriffe mit einer **UND-Verknüpfung.** Es werden folglich nur Ergebnisse angezeigt, die beide Suchbegriffe beinhalten.
- Jede Suchmaschine zeigt nur die Seiten als Treffer an, die ihr bekannt sind. Ein Suchbegriff sollte deshalb in **verschiedenen Suchmaschinen** oder in eine **Metasuchmaschine** eingegeben werden. Dies ist insbesondere dann sinnvoll, falls die Standardsuchmaschine nicht das gewünschte Ergebnis liefert.
- Eventuell liefert auch die 2. und 3. Ergebnisseite der Suchmaschine brauchbare Ergebnisse.

6.5 Intranet

6.5.1 Einzel- und Netzwerkarbeitsplatz

©Fenton-fotolia.com

Nur im privaten Bereich oder bei Kleinstunternehmen gibt es Einzelarbeitsplätze.

Als Folge
- sind alle Anwendungen/Programme lokal auf diesem einzelnen Rechner installiert,
- sind installierte Programme nur von diesem Arbeitsplatz/Rechner nutzbar,
- sind auf dem Rechner gespeicherte Dateien und Daten nur lokal verfügbar,
- können angeschlossene Peripheriegeräte wie z. B. Drucker oder Scanner nur von diesem Arbeitsplatz genutzt werden,
- müssen alle Schutzmaßnahmen (Virenscanner, Firewall) auf diesem Rechner installiert und gewartet werden, falls der Arbeitsplatz mit einem Internetzugang versehen ist.

Diese Nachteile entfallen bei einem Netzwerkarbeitsplatz. Er ist daher heute der Standard in Unternehmen.

6.5.2 Funktionsweise des Intranets

Grundlage für den Netzwerkarbeitsplatz ist das Intranet, ein unternehmensinternes nicht öffentliches Netzwerk. Dieses Netzwerk besteht aus vernetzten Arbeitsplatzrechnern und Peripheriegeräten, wie z. B. Drucker, Scanner usw. (Hardware). Üblicherweise hat dieses Netz einen **zentralen Rechner (Server)** als Mittelpunkt. Auf diesem Rechner werden alle im Unternehmen genutzten Daten und Dateien gespeichert. Von hier aus gibt es einen zentralen Zugang zu Netzen außerhalb des Unternehmens. Diese Kommunikation nach außen ist aus Unternehmensinteressen (Schutz von Geschäftsgeheimnissen, Verhinderung von Schadsoftware) jedoch Beschränkungen unterworfen (Firewall). Authentifizierte Zugriffe sind jedoch möglich. Verwaltet und organisiert wird das Intranet durch einen oder mehrere Netzwerkadministratoren.

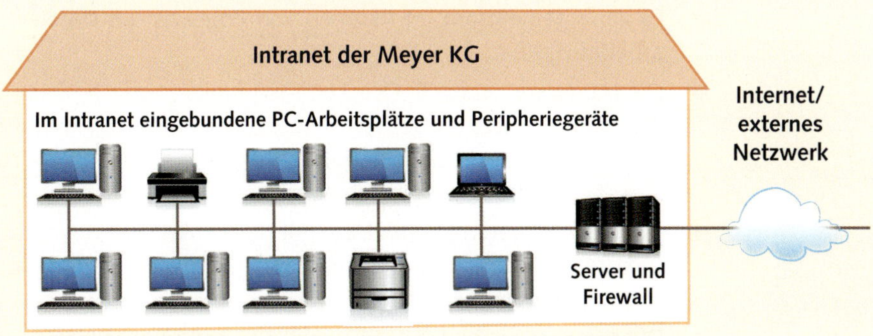

©Fenton-fotolia.com

Für jeden Mitarbeiter/Nutzer wird entsprechend seiner Aufgaben ein eigenes individuelles Nutzerkonto eingerichtet. **Das Konto beinhaltet individuelle Nutzungsrechte** (Programme, Dateien, Daten usw.). Sie sind abhängig vom Aufgabengebiet und der Position des Nutzers im Unternehmen.

Beispiel

Im Intranet sind u. a. auch alle Personaldaten der Mitarbeiter gespeichert. Zu diesen Dateien/Ordnern haben nur Mitarbeiter der Personalabteilung Zugriffsrechte.

Lese- und Schreibzugriff:
Dateien können in dem Speichermedium/Ordner

- abgelegt,
- verändert,
- gelesen/eingesehen werden.

Lesezugriff:
Dateien können in dem Speichermedium/Ordner

- nur gelesen/eingesehen werden.

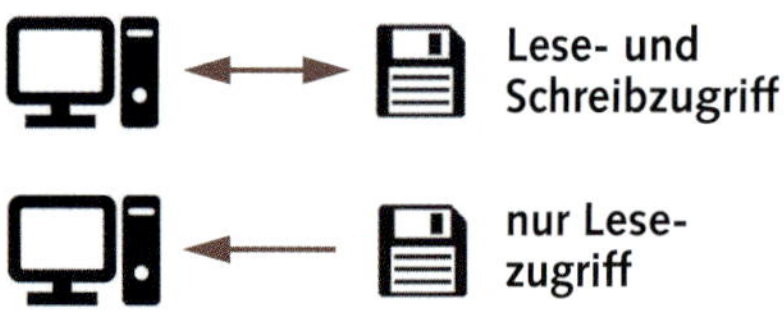

©WonderfulPixel-fotolia.com

Zu diesem Konto meldet sich der Nutzer an seinem Arbeitsplatz mit seinem Benutzernamen und seinem Passwort an. Nach der Anmeldung hat er **Zugriff auf die Anwendungen, Dateien und Peripheriegeräte, für die er durch die Administration freigeschaltet ist.**

Dies bedeutet u. a.:

- ➔ Er hat Lese- und Schreibzugriff auf den persönlichen Ordner (Dateien, Daten), auf den nur er als Nutzer Zugriffsrechte hat.
- ➔ Auf Ordner und Dateien, die von mehreren Personen oder Abteilungen gemeinschaftlich genutzt werden, hat der Nutzer eventuell nur einen Lesezugriff.
- ➔ Er kann Programme (Software) nutzen, für die er von der Administration freigeschaltet ist.
- ➔ Er hat Zugriff auf eine individuelle E-Mail-Adresse. (Die E-Mail-Adresse hat üblicherweise das Muster *familienname-des-nutzers @unternehmensname.de*).

Die Einrichtung, Vergabe, aber auch Löschung der Nutzungsrechte erfolgt durch die Netzwerkadministration nach Vorgaben der Unternehmens- und/oder Abteilungsleitung.

6.5.3 Nutzung des Intranet

Die Nutzung des Intranets hat für die Mitarbeiter und das Unternehmen viele **Vorteile**:

- ➔ Jeder Nutzer kann sich **an jedem beliebigen Arbeitsplatz** mit seinem Nutzerkonto **anmelden.**
- ➔ Die Teilnehmer **können untereinander kommunizieren.**
- ➔ Der **Austausch von elektronischen Dokumenten** ist möglich. Die sonst benötigten Transportwege und der dafür notwendige Zeitaufwand entfallen.
- ➔ Es kann **gemeinsam** im Rahmen von Projekten **an Dateien gearbeitet** werden.
- ➔ Die **Hardware,** wie z. B. Drucker, Multifunktionsgeräte, **kann gemeinsam genutzt** werden. Dies bedingt eine höhere Auslastung. Die Nutzung von selten genutzten Geräten (z. B. Plotter zum Druck von Konstruktionszeichnungen) wird vereinfacht.
- ➔ Die **Datensicherung erfolgt zentral** durch die Netzwerkadministration. Damit ist gewährleistet, dass eine Datensicherung auch regelmäßig durchgeführt wird.
- ➔ Die **Installation und Pflege von Programmen** (Software) wird **zentral** durch die Administration vorgenommen. Dies bedeutet für das Unternehmen eine Zeitersparnis, da die Pflege an jedem einzelnen Arbeitsplatz entfällt.
- ➔ Für die Klärung von Anwenderproblemen kann sich der **Administrator direkt auf dem PC des Anwenders einloggen** (Fernwartung).

Tipp

Durch die Personalisierung des Nutzerkontos ist der jeweilige Nutzer auch für alle Dinge verantwortlich, die mit diesem Nutzerkonto verbunden sind. Daher beachten Sie Folgendes:

- Geben Sie niemanden das Passwort zur Einwahl in Ihr Konto.
- Wechseln Sie regelmäßig das Passwort. Das Passwort sollte den Bedingungen für sichere Passwörter entsprechen. (Mindestens 8 Zeichen; enthält Groß-, Kleinbuchstaben, Ziffern, Sonderzeichen; keine existierenden Wörter etc.)
- Melden Sie sich jedes Mal ab, auch dann, wenn Sie Ihren Arbeitsplatz nur für kurze Zeit verlassen.

6.6 Software

Ein Rechnersystem besteht aus Hardware (Rechner, Bildschirm, Tastatur usw.) und Software (Programme). Die Software lässt sich unterteilen in das Betriebssystem und die Anwendungssoftware.

6.6.1 Betriebssystem

Auf der Grundlage eines Betriebssystems führt der Rechner die ihm übertragenen Aufgaben aus. Zu einem Betriebssystem gehören nicht nur die interne Verwaltung des Rechners (**Steuerprogramme**), sondern auch Nutzerfunktionen, wie z. B. das Speichern, Aufrufen, Kopieren und Löschen von Dateien, Starten eines Druckauftrags usw. (**Dienstprogramme**). Dies sind Funktionen, die der Nutzer unabhängig von der genutzten Anwendung benötigt. Bekannte Betriebssysteme für Desktop-Anwendungen (Computer) sind z. B. Microsoft Windows, Apples macOS und Linux. Für mobile Anwendungen (Smartphones, Tablets usw.) gibt es z. B. Android und iOS.

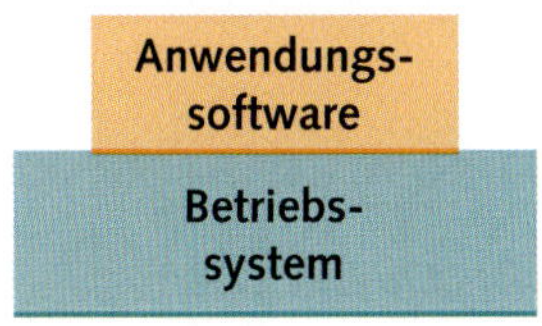

6.6.2 Anwendungssoftware

Mit der Anwendungssoftware **löst** ein Anwender die von ihm gewünschten **Aufgaben**. Grundsätzlich baut jede Anwendungssoftware auf dem Betriebssystem auf und nutzt seine Funktionen, ist also mit einem bestimmten Betriebssystem verbunden. Die Anwendungssoftware für ein Smartphone wird i. d. R. als App bezeichnet. Es gibt jedoch auch Anwendungssoftware, die für mehrere Betriebssysteme verfügbar ist. Anwendungssoftware lässt sich unterteilen in Standard- und Branchensoftware.

Standardsoftware	Branchensoftware
Standardsoftware wird unabhängig von der Branche genutzt. Ihr **Anwendungsgebiet entspricht den Bedürfnissen einer großen Anzahl von Nutzern.** Standardsoftware wird daher nicht individuell an den Nutzer angepasst. Bekannte Beispiele sind Textverarbeitungs- und Tabellenkalkulationsprogramme sowie Programme zur Erstellung und Durchführung von Präsentationen.	Durch die Vielzahl unterschiedlicher und spezialisierter Unternehmen gibt es **Anwendungen, die spezifisch in einem Unternehmen bzw. einer Unternehmensbranche verwendet werden.** Ein Hotel benötigt z. B. Software zur Reservierung und Abrechnung von Hotelzimmern; ein Architekt Software zur Konstruktion von Gebäuden und ein Einzelhandelsgeschäft Software zur Bestellung und Registrierung der Produkte. **Hierfür bietet der Markt spezielle Software an.** Diese Software ist somit spezifisch für die Branche und wird als Branchensoftware bezeichnet.

6.6.3 ERP-Programme

Je größer das Unternehmen, desto mehr nimmt es auch an Komplexität zu. Innerhalb eines Unternehmens stehen die unterschiedlichen Prozesse untereinander in Verbindung. Für die **Unternehmensleitung** ist es wichtig, einen **Überblick über alle Unternehmensprozesse** und damit über das gesamte Unternehmen zu haben. Dieses Ziel kann über die Verwendung einer ERP-Software (ERP: Enterprise Resource Planning) erreicht werden, die alle Prozesse und Bereiche des Unternehmens erfasst. Als Folge stellt sie der Unternehmensleitung umfangreiche Werkzeuge zur Planung und Entscheidungsvorbereitung zur Verfügung. Eine bekannte ERP-Software ist SAP.

6.7 Telefon-, Video- und Desktopkonferenzen

©apops-fotolia.com

Die zunehmende Komplexität von Aufgaben und immer mehr Projektarbeit führen dazu, dass die Mitarbeiter im Unternehmen zunehmend in Teams zusammenarbeiten. Eine wichtige Voraussetzung für Projekt-/Teamarbeit ist, dass **alle Mitarbeiter über den jeweils aktuellen Projektstand informiert** sind. Hierfür finden **regelmäßig Besprechungen bzw. Konferenzen** statt. Dafür sollten sich alle Teilnehmer zu einem bestimmten Zeitpunkt an einen bestimmten Ort treffen. Bei größeren Unternehmen mit Teams, die über mehrere Standorte verteilt sind, führt das zu zeit- und kostenintensiven **Anreisen von Mitarbeitern.** Das gleiche Problem entsteht bei Konferenzen unter Einbindung von Kunden oder Lieferanten, die ebenfalls nicht am gleichen Standort ansässig sind. **Telefon-, Video- bzw. Desktopkonferenzen sind eine zeit- und kostensparende Alternative.** Sie ermöglichen die Durchführung von Konferenzen, auch wenn die Teilnehmer sich an verschiedenen Standorten befinden.

Telefonkonferenz	Desktopkonferenz	Videokonferenz
Bei einer Telefonkonferenz werden **alle Teilnehmer telefonisch miteinander verbunden.** Eine Möglichkeit ist der Aufbau durch den Kommunikationsdienst Skype. Hierfür wird im Vorfeld ein Konferenztermin vereinbart. Alle Teilnehmer wählen sich am Konferenztermin durch eine Telefonnummer und ein Kennwort ein. Evtl. werden bei der Konferenz auch Dateien über andere Kommunikationskanäle ausgetauscht. Der Übergang zur Desktopkonferenz kann somit fließend sein.	Bei einer Desktopkonferenz werden mithilfe entsprechender Software und Netzverbindungen **alle Teilnehmer an ihren PC-Arbeitsplätzen miteinander verbunden.** Voraussetzung dafür ist, dass der Arbeitsplatz mit einem Mikrofon und einem Lautsprecher ausgestattet ist. Häufig wird auch eine Webcam eingesetzt. Die Teilnehmer können nicht nur akustisch und bildlich miteinander kommunizieren. Da alle Teilnehmer Zugriff auf ihre Dateien und Dokumente haben, können diese auch gemeinsam in der Konferenz bearbeitet werden.	Bei einer Videokonferenz treffen **sich jeweils mehrere Mitarbeiter in einem Konferenzraum,** der mit entsprechender Technik (Kameras, Mikrofonen und großflächigen Bildschirmen) ausgestattet ist. Durch eine entsprechende Netzverbindung sind diese Mitarbeiter in einem Konferenzraum an einem andern Ort verbunden, in dem sich ebenfalls mehrere Teilnehmer aufhalten.

6.8 Software zur Zusammenarbeit in Arbeitsgruppen

In Unternehmen und Behörden wird zunehmend Software eingesetzt, die die Zusammenarbeit von Arbeitsgruppen unterstützt (Team collaboration Application). Mit dieser Software können Arbeitsgruppen gebildet werden, die untereinander kommunizieren. Dabei kann der einzelne Mitarbeiter auch Mitglied mehrerer Arbeitsgruppen sein. Neben der Kommunikation in der Arbeitsgruppe per Sprache und eventuell Bildern (Videokonferenz) können gemeinsam Dokumente erstellt, bearbeitet und hinterlegt werden. Die Hinterlegung der Dokumente erfolgt dabei nicht auf einem physischen Datenträger (USB-Stick, Festplatte), sondern in einem Cloudspeicher (Server). Durch entsprechende Zugänge haben die Mitarbeiter auch Zugriff auf ihre Arbeitsgruppen, falls sie sich räumlich außerhalb des eigenen Unternehmens befinden (Home-Office). Eine bekannte Software dieser Kategorie ist Microsoft Teams.

6.9 Wahl des richtigen Kommunikationsmittels

Aus den vorherigen Kapiteln wurde deutlich, dass es verschiedene Möglichkeiten der Kommunikation mit Geschäftspartnern gibt. Die Wahl der richtigen Kommunikationsform ist situationsabhängig. Folgende Kriterien können bei der Auswahl helfen:

©Coloures-Pic-fotolia.com

Die Vor- und Nachteile der unterschiedlichen Kommunikationsmittel

Kommunikationsmittel	Vorteile	Nachteile
Telefon	• unmittelbare Kontaktaufnahme • sofortige Rückfragen möglich • Pflege des persönlichen Kontakts	• kein Austausch von Dokumenten möglich • Präsenz beider Gesprächs-partner erforderlich • Missverständnisse durch das Kommunikationsverhalten der Gesprächspartner möglich • sofern die Gesprächspartner sich in verschiedenen Zeitzonen befinden: Abstimmung der Gesprächszeit erforderlich
E-Mail	• zeitversetzte Kommunikation möglich • Dokumente können mitversandt werden	• keine unmittelbare Kommunikation • schriftliche Formulierung der Inhalte erforderlich
Fax	• einfache Handhabung beim Austausch von Papierdokumenten • handschriftliche Ergänzungen möglich	• Dokument liegt (zunächst) beim Empfänger nicht elektronisch vor • zunehmend geringere Empfängerzahl (da die E-Mail das Fax ersetzt)
Videokonferenz	• Reisekosten und Ausfallzeiten der Mitarbeiter (für die Anreise) entfallen • gemeinsame Bearbeitung von Dokumenten möglich • zügigeres Arbeiten (im Vergleich zur Präsenz-Konferenz)	• Anschaffungskosten der notwendigen Hard- und Software • Pausen als Forum für den Austausch informeller Informationen entfallen

Präferenzen der Gesprächspartner

➔ Welche Kommunikationsform bevorzugt Ihr Kunde/Ansprechpartner? Kunde A klärt am liebsten alle Dinge sofort per Telefon. Kunde B stören Telefonate, weshalb er die Kommunikation per E-Mail bevorzugt.

➔ Welche Kommunikationsformen gibt es bei Ihrem Ansprechpartner? Ein Kleinstunternehmen kommuniziert nur per Telefon und Fax. Ein anderes Unternehmen kommuniziert ausschließlich per E-Mail und möchte keine Faxe erhalten.

➔ Kommunikation per Telefon: Wann ist die beste Erreichbarkeit? Wann empfindet der Gesprächspartner Telefonate nicht als störend?

6.10 Zusammenfassung und Aufgaben

Zusammenfassung

Telefon
Telefonanlagen besitzen zahlreiche Merkmale, um eine effektive Kommunikation zu ermöglichen. Bei **dienstlichen Telefongesprächen** ist es wichtig, dem Anrufer zu vermitteln, dass das Telefonat als bedeutsam erachtet wird.
E-Mail
E-Mails sind schnell und zielgerichtet zu bearbeiten. **E-Mail-Programme** bieten zahlreiche Funktionen zur Unterstützung. Wichtige E-Mails sind mit möglichen **Sicherheitsmaßnahmen** zu versehen. Filtern Sie möglichst **Spam-Mails**, bevor sie Sie erreichen. Öffnen Sie E-Mails nicht unbedacht. Antworten Sie niemals auf Spam-Mails.
E-Mail und Fax
Faxe und E-Mails sind schnelle **Medien.** Kontrollieren Sie vor dem **Versand** noch sorgfältiger die korrekte **Empfängeradresse.**
Internet
Gute Suchergebnisse einer **Internetanfrage** basieren auf der genauen Eingabe von Begriffen in Suchmaschinen.
Intranet
Im **Intranet** hat jeder Nutzer ein **Nutzerkonto** mit **individuellen Nutzungsrechten.** Jeder Nutzer ist für sein Konto verantwortlich.
Software
Jeder Rechner benötigt ein **Betriebssystem.** Die **Anwendungssoftware** lässt sich in **Standard-** und **Branchensoftware** unterscheiden.
Telefon-, Video- und Desktopkonferenz
Telefon-, **Video-** und **Desktopkonferenzen** ersparen **Reisekosten** und erhöhen die **Präsenz** am Arbeitsplatz.
Software zur Zusammenarbeit in Arbeitsgruppen
Um in Arbeitsgruppen zu kommunizieren und Dokumente zu teilen gibt es spezielle Software (Team collaboration Application).
Auswahl des Kommunikationsmittels
Wählen Sie das **Kommunikationsmittel** aus, das den Kommunikationserfordernissen und den Präferenzen Ihres Geschäftspartners entspricht.

Aufgaben

1. Prüfen Sie die folgenden Aussagen auf ihre Richtigkeit. Die Antwort ist jeweils zu begründen:
   (1) Grundsätzlich kann bei jedem Telefongespräch die Freisprecheinrichtung genutzt werden.
   (2) Wenn ein Gesprächspartner den Anrufer nicht versteht, muss dieser langsamer, deutlicher und evtl. lauter sprechen.
   (3) Während eines Telefongesprächs sollte man sich ausschließlich seinem Gesprächspartner widmen.
   (4) E-Mails sollten nur Personen in Kopie erhalten, für die der Erhalt von Nutzen ist.
   (5) Die Verwendung der Kopierfunktion in E-Mails ist für den Empfänger lästig.
   (6) Ein Fax kann auf Papier gesendet und beim Empfänger als elektronisches Dokument empfangen werden.
   (7) Metasuchmaschinen richten eine Anfrage an mehrere Suchmaschinen gleichzeitig.
   (8) Durch das Intranet hat jeder Mitarbeiter Zugriff auf alle Daten des Unternehmens.
   (9) Wenn möglich sollte die Kommunikationsform (E-Mail, Telefon oder Fax) dem Gesprächspartner angepasst werden.
2. Nach mehreren vergeblichen Telefonanrufen erreichen Sie einen Kunden telefonisch um 14:55 Uhr. Er erklärt Ihnen, dass er um 15:00 Uhr einen Termin hat. Wie verhalten Sie sich?
3. Ihnen liegt die Telefonnummer eines in Deutschland ansässigen Lieferanten in folgender Form vor: +49 2178 26543. Welche Ziffern wählen Sie, um den Lieferanten telefonisch zu erreichen?
4. Beschreiben Sie das Telefonsystem (Apparate, Telefonnummern usw.) Ihres Ausbildungsbetriebs.
5. Nennen Sie möglichst drei Funktionen/Vorteile eines E-Mail-Programms.
6. Welche Gefahr besteht bei der Übertragung einer nicht verschlüsselten E-Mail?
7. Erläutern Sie den Begriff Authentifizierung in Zusammenhang mit dem E-MailVersand.
8. Warum sollte das Spam-Postfach eines E-Mail-Accounts regelmäßig kontrolliert werden?
9. Suchmaschinenbedienung ist einfach: bekannte Suchmaschine aufrufen – Suchbegriff eingeben – Treffer ansehen. Nehmen Sie zu dieser Vorgehensweise Stellung.
10. Erläutern Sie, warum heute grundsätzlich alle PC-Arbeitsplätze im Betrieb vernetzt sind.
11. Zu welcher Kategorie gehört die auf Ihrem Arbeitsplatzrechner installierte Software?
12. Warum sollten Sie auch bei einem kurzen Verlassen Ihres Arbeitsplatzes Ihren persönlichen Account sperren?
13. Warum sollten Sie niemals routinemäßig einen E-Mail-Anhang öffnen?

7 Die Bedeutung von Qualität, Effizienz, Kundenzufriedenheit erkennen und realisieren

7.1 Qualität

Qualität ist dann gegeben, wenn der **Kunde zufrieden** gestellt wurde. Qualität umfasst dabei nicht nur die Produkte eines Unternehmens, sondern zeigt sich auch in guter Beratung und gutem Service. Stellen die Produkte, die Beratung und der Service die Kunden zufrieden, stehen dahinter effiziente Abläufe (Prozesse). Für deren Einhaltung gibt es Grundsätze, die in den Normen EN ISO 9000 ff. dokumentiert sind und Bestandteil des Qualitätsmanagement sind.

©Picture-Factory-fotolia.com

Qualität als ganzheitlicher Prozess

Qualität als ganzheitlicher Prozess bedeutet, dass alle **Mitarbeiter** eines Unternehmens Bestandteil des Qualitätsziels sind und jeder seinen **Beitrag hierfür leistet.** Folglich haben z. B. beim Prozess der Auftragsbearbeitung alle beteiligten Mitarbeiter ihren Anteil zur Erreichung der Qualität zu leisten.

Neben der Arbeitsweise der einzelnen Mitarbeiter ist die **Zusammenarbeit zwischen den Mitarbeitern und Abteilungen** eine **Grundlage für Qualität.** Die Kollegen des nächsten Arbeitsschritts können verlangen, dass ihnen gute Arbeit übergeben wird. Anderseits sollte der Kollege des vorhergehenden Arbeitsschritts gute Arbeit geleistet haben. Diese Übergabe (= Schnittstelle in einem Prozess) betrifft dabei nicht nur das Arbeitsergebnis, sondern auch mögliche Begleitinformationen (z. B. Welche Ansprechpartner gibt es auf Kunden- und Lieferantenseite und wann sind diese erreichbar?).

Merke

Jeder Mitarbeiter ist für Qualität verantwortlich.

7.2 Kundenzufriedenheit

Die **Qualität von Unternehmensleistungen ist die Basis für die Kundenzufriedenheit.** Ein zufriedener Kunde wird wieder bei einem Unternehmen einkaufen und es möglicherweise weiterempfehlen. Die Qualität bildet über die Zufriedenheit der Kunden die Grundlage für den Unternehmenserfolg und trägt damit auch zur Sicherung der Arbeitsplätze in einem Unternehmen bei.

Kundenzufriedenheit ist messbar, z. B. durch eine Befragung der Kunden (mündlich oder per Fragebogen) zu den Unternehmensleistungen. Hierüber wird die **Kundenzufriedenheitsquote** ermittelt. Eine möglichst geringe **Zahl von Kundenreklamationen** ist ebenfalls ein Indikator für Kundenzufriedenheit und lässt sich über eine Kennzahl ausdrücken. Auch die Zahl der Kunden, die nach der Erstbestellung **wieder bei dem Unternehmen kaufen,** ist ein Merkmal. Schließlich sind auch **spontane Kundenäußerungen** zur Zufriedenheit (z. B. während eines Telefongesprächs) sehr wichtig und sollten von den Mitarbeitern des Unternehmens wahrgenommen und ggf. weitergegeben werden. Die **Kundenwünsche sind regelmäßig zu ermitteln** und die Möglichkeiten auf ihre Umsetzung zu prüfen.

©ferkelraggae-fotolia.com

Beispiele für Kennzahlen zur Kundenzufriedenheit:

Kundenzufriedenheitsquote	Reklamationsquote	Wiederkaufquote/Wiederkaufrate
$\frac{\text{Zahl der zufriedenen Kunden} \cdot 100}{\text{Zahl der Kunden}}$	$\frac{\text{Summe der reklamierten Aufträge} \cdot 100}{\text{Anzahl der Aufträge}}$	$\frac{\text{Anzahl der Wiederholungskäufer} \cdot 100}{\text{Anzahl der Käufer}}$

KANO-Modell zur Kundenzufriedenheit

Kundenzufriedenheit lässt sich auch mit dem Modell des japanischen Professors Kano darstellen:

Basismerkmale: Qualitätsmerkmale dieser Kategorie werden vom Kunden als selbstverständlich erachtet. Er spricht sie folglich bei einer Geschäftsanbahnung nicht an, geht aber davon aus, dass sie erfüllt werden. Eine Erfüllung steigert folglich nicht die Kundenzufriedenheit, eine Nichterfüllung wirkt sich dagegen negativ auf die Kundenzufriedenheit aus.

Leistungsmerkmale: Dem Kunden sind diese Merkmale präsent. Er spricht sie in der Phase der Geschäftsanbahnung an, da sie für ihn wichtig sind. Die Erfüllung dieser Merkmale ist für ihn der Maßstab für Kundenzufriedenheit.

Begeisterungsmerkmale: Dem Kunden sind diese Merkmale noch nicht bewusst. Lernt er sie jedoch als Kunde kennen, ist er von ihnen und dem Unternehmen, das sie erbracht hat, begeistert. Häufig handelt es sich dabei um minimale Zusatzleistungen zu dem Produkt oder der Dienstleistung.

Beispiel

Für den Autohandel:

Basismerkmal:
Neufahrzeug wird für den Kunden zugelassen.

Leistungsmerkmal:
Kostenloser Mietwagen als Ersatzfahrzeug bei einem Werkstattaufenthalt

Begeisterungsmerkmal:
Fahrzeug wird für einen Werkstattaufenthalt kostenlos beim Kunden abgeholt. Nach dem Werkstattaufenthalt erhält er es gewaschen zurück.

Kontrolle von Kundenzufriedenheit und Qualität

Die Kundenzufriedenheit sowie das Qualitätsempfinden unterliegen einem ständigen Wandel. Ein Merkmal, das heute noch ein Begeisterungsmerkmal ist, gehört morgen zu den Leistungsmerkmalen und kann auf lange Sicht ein Basismerkmal werden. Aus diesen Gründen sollte regelmäßig kontrolliert werden, ob die Kunden zufrieden sind und welche Merkmale von Unternehmensleistungen zu ihrer Zufriedenheit beitragen.

7.3 Kritik und Selbstkritik

Ein bedeutender Faktor für die Beurteilung von Kundenzufriedenheit und Qualität ist die Kundenkritik. Viele Personen reagieren nicht positiv, wenn sie von einer anderen Person kritisiert werden. **Positiv formulierte Kritik** (z. B. „Wie könnten Dinge verbessert werden?" statt „Dieser Sachverhalt war negativ.") ist jedoch eine wichtige Basis, um **Verbesserungen zu realisieren.** Ergebnisse von Prozessen und Abläufen, die früher noch in Ordnung waren, werden zum Teil heute als nicht mehr optimal empfunden. Durch das Zulassen von **Selbstkritik** und eigene regelmäßige Reflexion von Arbeitsweise und Arbeitsergebnissen lassen sich Verbesserungsmöglichkeiten erkennen. Sie liegen allerdings in der Eigenverantwortung der Mitarbeiter.

Beispiel

Eine Tasse Kaffee für den Kunden bei einem Beratungsgespräch war vor Jahrzehnten ein Begeisterungsmerkmal, ist heute aber ein Basismerkmal.

7.4 Effizienz

Eine weitere Grundlage von Qualität ist das effiziente Erledigen von Aufgaben. Das heißt, dass die zu erledigenden **Tätigkeiten zügig,** unter Beachtung aller notwendigen und Entfall aller nicht notwendigen Arbeiten, **erledigt werden.** Hierfür müssen ausreichendes fachliches und organisatorisches **Wissen** sowie Kenntnisse über die Details des Kundenauftrags und die notwendigen Arbeitsschritte vorliegen. Ebenfalls von Bedeutung sind die organisatorischen Voraussetzungen sowie die sofortige Verfügbarkeit der erforderlichen Arbeitsmittel und von Daten zum Kundenauftrag. Da die Kundenanforderungen einem ständigen Wandel unterliegen, sollten auch die Arbeitsschritte für einen Kundenauftrag regelmäßig kritisch hinterfragt und ggf. an die geänderten Erfordernisse angepasst werden.

7.5 Zusammenfassung und Aufgaben

Zusammenfassung

Qualität

Qualität ist ein **ganzheitlicher Prozess,** an dem alle Unternehmensteile und Mitarbeiter beteiligt sind.

Kundenzufriedenheit

Wertmesser für Qualität ist die **Kundenzufriedenheit.** Die Grundsätze für Qualität sind in den Normen EN ISO 9000 ff. dokumentiert und Bestandteil des Qualitätsmanagement.

Die Maßstäbe für zufriedene Kunden sind einem stetigen **Wandel** unterworfen.

Effizienz

Effizientes Arbeiten ist ebenfalls Grundlage für **Kundenzufriedenheit.**

Aufgaben

1. Prüfen Sie die folgenden Aussagen auf ihre Richtigkeit. Die Antwort ist jeweils zu begründen:
   (1) Ausschließliche Basis für Qualität ist eine gute Endkontrolle, da Fehler im Geschäftsbetrieb unvermeidlich sind.
   (2) Wichtig ist, dass der Vorgesetzte zufrieden ist. Die Kundenzufriedenheit ist daher nachrangig.
   (3) Kundengespräche beinhalten häufig auch spontane Äußerungen zur Zufriedenheit.
   (4) Kundenzufriedenheit und Qualität bedeuten ständige Selbstkritik und Reflexion, ob die derzeitigen Prozesse den Ansprüchen genügen.
   (5) Zur Kundenzufriedenheit gehört eine effektive Ausführung der Arbeiten.
2. Ermitteln Sie, welche Merkmale der Kundenzufriedenheit in Ihrem Ausbildungsbetrieb erfasst werden.
3. Überprüfen Sie, inwiefern die Leistungsmerkmale Ihres Ausbildungsbetriebs gegenüber Kunden dem KANO-Modell entsprechen.

8 Mit ausländischen Geschäftspartnern kommunizieren

Viele Unternehmen haben heutzutage Kunden- und Lieferantenkontakte ins Ausland. Dabei gilt es zu beachten, dass es **im Kontakt mit ausländischen Geschäftspartnern Verhaltensregeln** gibt, die sich **von den deutschen unterscheiden.**

Vor der ersten Kontaktaufnahme mit einem ausländischen Unternehmen ist es wichtig sich über kulturelle Unterschiede für die Geschäftsbeziehung zu informieren. Die deutsche, zuweilen sehr direkte Art, Geschäfte abzuwickeln ist in vielen Ländern ungewöhnlich und wird als unhöflich empfunden. Der Gesprächsbeginn während eines Telefonats entscheidet über die erfolgreiche Fortsetzung der Kommunikation. Die nicht zielorientierte, eher „lockere" Unterhaltung („Small-Talk") zu Beginn eines Gesprächs ist daher wichtig. Seien Sie angemessen zurückhaltend und akzeptieren Sie, dass sachliche Inhalte durch Ihren Gesprächspartner ggf. weniger ergebnisorientiert, sondern mit einigen Umwegen besprochen werden.

Merke

In vielen Ländern wird die deutsche Art, Gesprächspositionen ergebnisorientiert zu bearbeiten, als unhöflich empfunden.

8.1 Kommunikation in einer fremden Sprache

Bei einem bisher unbekannten Geschäftspartner sollten Sie versuchen, in dessen Sprache zu kommunizieren, aber nur, wenn Sie diese gut beherrschen. Andernfalls sprechen oder schreiben Sie in Englisch. Bei fremdsprachlichen Briefen, E-Mails oder Faxen ist die sprachliche Korrektheit von großer Bedeutung. Sprachfehler wirken nicht nur unprofessionell, sondern können auch bei wichtigen Vertragsunterlagen und Absprachen fatale Auswirkungen haben, da Inhalte falsch dargestellt oder interpretiert werden können.

Merke

Falls Sie sich in einer Fremdsprache nicht sicher fühlen, nutzen Sie unbedingt professionelle Hilfe wie die eines Dolmetschers oder sprachkundigen Kollegen.

8.1.1 Schriftlich kommunizieren

■ Geschäftsbrief/Business letter

Ein englischer Geschäftsbrief hat, ebenso wie ein deutschsprachiger, einen festgelegten Aufbau:

Inhalt auf Englisch	Inhalt auf Deutsch	Formulierung	Hinweise
write the letterhead	Briefkopf erstellen		
state the reference and the date	Diktatzeichen und Datum aufführen		im amerikanischen Englisch ist die Datumsreihenfolge: Monat/Tag/Jahr
write the addressee's name and postal address	Adressat und Postanschrift einfügen		
state the subject	Betreff angeben		

Inhalt auf Englisch	Inhalt auf Deutsch	Formulierung	Hinweise
use a polite salutation	Anrede, falls der Empfängername unbekannt ist Anrede der Person, falls der Empfängername bekannt ist	Dear Sir or Madam Dear Mr Smith/ Dear Ms Miller	= folgende Grußformel: „Yours faithfully" = folgende Grußformel: „Yours sincerely"
to continue with the body of the letter	mit dem Inhalt des Briefes fortfahren	e. g. We are interested in office products. Therefore please let us have/send you some literature about your current range./Please inform us about your current range of products.	
to finish with the complementary close	mit der Grußformel schließen	Yours faithfully Yours sincerely	bedingt eine Anrede, bei der der Empfängername nicht bekannt ist: „Dear Sir/Dear Madam" bedingt die persönliche Anrede mit dem Empfängernamen Dear Mr Smith/ Dear Ms Miller
end the letter with your signature, stating your full name and position, possibly also your department	mit der Unterschrift, ergänzt durch den Namen des Unterschreibenden und seiner Position, den Brief abschließen		

■ Anfrage/Enquiry

Eine Anfrage (enquiry) – allgemein (general) oder speziell (specific) – enthält u. a. folgende Bestandteile:

Inhalt auf Englisch	Inhalt auf Deutsch
scope of supply (quantity, quality, specification of goods) Please send us a quotation for 1.000.000 sheets of copy paper.	Lieferumfang (Menge, Qualität, Spezifikationen)
bid due date Please submit your offer by 25th November.	Angebot erbeten bis zum 25. November.

Angebot/Offer

Bestandteile eines Angebots (offer) sind u. a.:

Inhalt auf Englisch	Inhalt auf Deutsch
reference to enquiry (i. e. reference number and date) We are pleased to note from your letter.	Bezug zur Anfrage (z. B. Referenznummer und Datum)
description of the goods offered including quantity and quality	Beschreibung der angebotenen Ware einschließlich Angaben zu Menge und Qualität
price and currency	Preis und Währung
VAT (value added tax)	entspricht der deutschen Umsatzsteuer
terms of payment	Zahlungsbedingungen
terms of delivery (i. e. Incoterms)	Lieferbedingungen (z. B. Incoterms)

Bestellung/Order

Bestandteile einer Bestellung (order) sind u. a.:

Inhalt auf Englisch	Inhalt auf Deutsch
reference to the offer dated ... (i. e. reference number and date) Thank you for your offer dated ...	Bezug zum Angebot vom ... (z. B. Referenznummer und Datum)
description of the goods to be ordered including quantity and quality	Beschreibung der Ware einschließlich Angaben zur Menge und Qualität

Auch hier sind Angaben zum Preis (information about the price(s) with currency), den Zahlungsbedingungen (terms of payment) und den Lieferbedingungen (terms of delivery) enthalten.

E-Mail

Grundsätzlich orientiert sich der Aufbau einer E-Mail an dem Aufbau eines Geschäftsbriefs, angepasst an die Form des E-Mail-Versands:

Inhalt auf Englisch	Inhalt auf Deutsch
E-mail address of the recipient	E-Mail-Adresse des Empfängers
subject	Betreff
attachment	Anhang
salutation	Grußformel

Inhalt auf Englisch	Inhalt auf Deutsch
body of the e-mail	Inhalt
complementary close	üblich in E-Mails ist die Grußformel: Best regards
addressee	Name des Absenders
position	Position im Unternehmen
signature	Signatur mit Unternehmensangaben

8.1.2 Telefonieren/Telephone calls

Tipp

Um auf einen englischsprachigen Anruf vorbereitet zu sein, ist das vorherige Üben der entsprechenden Begrüßungssätze sinnvoll.

Auch beim englischsprachigen Telefongespräch ist die Gesprächseinleitung bedeutsam. Hierbei helfen einige Redewendungen:

Sie rufen an	Sie werden angerufen
This is Jan Bürgel from Bürobedarf Müngsten, good morning.	Jan Bürgel here. Hello, Jan Bürgel speaking.
I´m Jan Bürgel from Bürobedarf Müngsten, good afternoon.	

Inhalte eines Geschäftstelefonats müssen richtig verstanden werden. Deshalb ist es erforderlich bei Verständnisschwierigkeiten nachzufragen:

Inhalt auf Englisch	Inhalt auf Deutsch
Would you repeat this, please?	Können Sie das bitte wiederholen?
Would you spell that for me, please?	Können Sie das bitte buchstabieren?

Wichtige Inhalte sollten durch Wiederholung bestätigt werden:

Inhalt auf Englisch	Inhalt auf Deutsch
Okay, delivery will be on 28th of May.	In Ordnung, die Lieferung erfolgt am 28. Mai.
Let me repeat: 250 items at 18 pounds 40 pence each.	Lassen Sie es mich wiederholen: 250 Stück zu 18,40 Pfund je Stück.

8.2 Verhaltensregeln mit ausländischen Partnern

Zur geschäftlichen Kommunikation mit Personen aus europäischen Nachbarländern sind einige Verhaltensregeln nützlich. Grundsätzlich haben Pünktlichkeit und die Einhaltung von Terminen auch im Ausland einen hohen Stellenwert. Mit einem unbekannten Geschäftspartner sollten Sie zunächst in englischer Sprache kommunizieren.

Berücksichtigen Sie in der Kommunikation mit Geschäftspartnern, dass jeder einerseits von seiner Kultur und vom Land beeinflusst ist und deshalb bestimmten Umgangs- und Verhaltensregeln folgt. Anderseits hat jeder Mensch auch eigene Werte und eine individuelle Persönlichkeit, die wir immer mitdenken sollten, wenn wir mit ihm sprechen.

Land	Verhaltensregel
Niederlande 	Auch wenn viele Niederländer sehr gut deutsch sprechen, empfinden sie die erste Ansprache in deutscher Sprache oft als unhöflich. Beginnen Sie die Kommunikation in englischer Sprache. Ihr Gesprächspartner kann dann entscheiden, ob die Kommunikation in englischer oder deutscher Sprache fortgeführt wird. Grundsätzlich pflegen Niederländer geschäftlich einen eher sachlichen Umgang. Die „lockere" Unterhaltung hat nur eine untergeordnete Bedeutung. Der geschäftliche Kontakt ist von Ehrlichkeit und freundlichem Umgang geprägt.
Belgien 	Beachten Sie, dass es drei Landesteile gibt. Der südliche Teil spricht französisch, der nördliche flämisch und ein kleiner östlicher Teil deutsch. Für den flämischen Teil gilt die gleiche Sprachregel, wie für die Niederlande. Für den wallonischen Teil sollte in französischer Sprache kommuniziert werden. Der Unterschied zeigt sich auch tendenziell in den geschäftlichen Gepflogenheiten. Der flämische Teil neigt eher zu den niederländischen, der wallonische eher zu den französischen Gebräuchen der Kommunikation. Grundsätzlich gelten die Belgier als weniger sachorientiert als die Deutschen. Die „lockere" Unterhaltung ist wichtig zur Vertrauensbildung.
Luxemburg 	Unbekannten gegenüber gelten Luxemburger zunächst als reserviert, was jedoch nicht unhöflich gemeint ist. Vertrauen sollte dann zunächst aufgebaut werden. Ähnlich wie in Deutschland gibt es zu Gesprächsbeginn nur eine „lockere" Unterhaltung. Geschäftliche Dinge werden unmittelbar und direkt angesprochen. Kritik wird aber indirekt geäußert.
Frankreich 	Sofern Sie die Sprache ausreichend beherrschen: Kommunizieren Sie in französischer Sprache. Die Esskultur hat in Frankreich eine hohe Wertschätzung. Akzeptieren Sie, wenn Ihr Ansprechpartner in der längeren Mittagspause nicht erreichbar ist. Die Kommunikation hat im Geschäftsleben eine hohe Bedeutung. Daher ist oft auch die „lockere" Unterhaltung wichtig, wobei Privates meistens ausgespart wird. Die Art der direkten deutschen Kommunikation ist unüblich. Insbesondere Kritik wird indirekt geäußert.
Schweiz 	In der Schweiz wird auf eine sehr gute Planung Wert gelegt. Termine werden minutengenau eingehalten. Daher ist vor Gesprächen und Verhandlungen eine gute Vorbereitung wichtig. Versuchen Sie nicht einen der schweizerischen Dialekte zu sprechen.

Österreich 	Für die Geschäftsanbahnung spielen persönliche Sympathien oft eine bedeutende Rolle. Folglich ist die „lockere" Unterhaltung zu Gesprächsbeginn wichtig. Auch für die dauerhafte Geschäftspflege sind persönliche Kontakte bedeutsam. Kritik wird meistens nur indirekt geäußert. Hierarchien sind in Österreich sehr ausgeprägt. Daher sind Personen mit ihren korrekten Titeln, z. B. Doktor (Dr.) oder Professor (Prof.), zu begrüßen.
Tschechien 	In Tschechien steht die Person eher im Mittelpunkt. Die „lockere" Unterhaltung dient letztlich dem Aufbau einer persönlichen Beziehung und damit als Basis für geschäftliche Kontakte. Auch informelle Themen werden gern auf dieser Ebene kommuniziert. Die Anrede von Personen erfolgt grundsätzlich mit ihren Titeln (Doktor, Professor). Kritik wird nur indirekt geäußert.
Polen 	Persönliche Beziehungen sind in Polen meist die Basis zum Aufbau guter geschäftlicher Kontakte. Daher ist zum Kennenlernen und Vertrauensaufbau die „lockere" Unterhaltung sehr wichtig. Dabei können auch private Themen angesprochen werden. Die Kommunikation ist eher indirekt. Viele Informationen ergeben sich aus Andeutungen oder vorsichtigen Formulierungen. Die Ansprache von Personen erfolgt mit Nennung der Titel (z. B. Doktor, Professor).
Dänemark 	Dänen sind meist sachorientiert. Die „lockere" Unterhaltung hat im Zweifel geringe Bedeutung und geschäftliche Dinge werden unmittelbar und direkt angesprochen. Folglich ist auch die Kommunikation insgesamt direkt. Es dominieren klare Botschaften. Eventuell werden während der Geschäftsanbahnung auch Hintergrundinformationen thematisiert, die die beabsichtigten geschäftlichen Projekte umfassend ausleuchten.
Großbritannien 	In Großbritannien haben Beziehungen oft eine große Bedeutung und dienen als Basis für erfolgreiche Geschäfte. Folglich ist die „lockere" Unterhaltung wichtig, um eine gute geschäftliche Atmosphäre herzustellen. Die deutsche Eigenart, direkt und unmittelbar geschäftliche Dinge anzusprechen, wird im Zweifel als unhöflich empfunden. Der Kommunikationsstil ist sehr indirekt. Bitten und Wünsche werden im Konjunktiv („could you" usw.) geäußert. Auch Kritik wird entsprechend artikuliert. Die Kommunikation erfolgt meist per Telefon. E-Mail und Brief haben dafür im Vergleich zu Deutschland eine geringere Bedeutung. Zur britischen Höflichkeit gehört es, den Gesprächspartner unbedingt ausreden zu lassen. Folglich werden Einwände nicht geäußert, während der Gesprächspartner spricht. Grundsätzlich wird auf eine sehr höfliche Kommunikation Wert gelegt. Das bedeutet, dass man sich im Vergleich zu Deutschland häufiger bedankt („Thanks") oder entschuldigt („Sorry"). Auch das Wort „please" wird wesentlich häufiger als das deutsche „bitte" eingesetzt. Beachten Sie unbedingt die Maßangaben in Verträgen und Unterlagen bzw. ergänzen Sie die Zahlenangaben um die entsprechenden Einheiten. Somit werden Missverständnisse, z. B. Längenangaben in Inches statt Zentimeter, vermieden.
USA 	Die Kommunikation ist grundsätzlich sehr zielorientiert, auch wenn Gespräche häufig mit einer lockeren Unterhaltung beginnen. Diese lockere Form kann zum Teil trügen. Hierarchien haben eine hohe Bedeutung. Die fehlende Unterscheidung in der Anrede zwischen „Du" und „Sie" erschwert zusätzlich eine richtige Einschätzung der Gesprächssituation. Eine gute Gesprächsvorbereitung wird sehr geschätzt. Ebenso sind Zuverlässigkeit und Pünktlichkeit sehr wichtig. Es wird erwartet, dass Telefonanrufe und E-Mails sehr zeitnah beantwortet werden.

8.3 Zusammenfassung und Aufgaben

Zusammenfassung

Kommunikation in fremder Sprache bzw. in Englisch

Analog zur deutschen **schriftlichen Kommunikation** enthalten auch englischsprachige Dokumente Inhalte in einer festgelegten Reihenfolge.

Eine **Anfrage** (inquiry), ein **Angebot** (offer) und eine **Bestellung** (order) haben bestimmte Bestandteile.

Um auf **englischsprachige Telefonate** vorbereitet zu sein, ist die Beherrschung von gängigen **Formulierungen** sinnvoll.

Verhaltensregeln mit ausländischen Partnern

Die **geschäftlichen Verhaltensregeln** der europäischen Nachbarn unterscheiden sich teilweise von den unsrigen.

Die deutsche Art, bei Gesprächen die **Sachthemen** sofort und zu Beginn zu thematisieren, gilt bei vielen **ausländischen Geschäftspartnern** als unhöflich.

Aufgaben

1. Prüfen Sie die folgenden Aussagen auf ihre Richtigkeit. Die Antwort ist jeweils zu begründen:

(1) Im Geschäftsleben ist es wichtig, Gespräche effektiv und zeitsparend zu führen. Daher sollte bei Besprechungen auf die „lockere" Unterhaltung verzichtet werden.

(2) Grundsätzlich sollten bei Gesprächen mit ausländischen Geschäftspartnern keine persönlichen Erlebnisse bezüglich des Herkunftslandes des Gesprächspartners thematisiert werden.

(3) Bei internationalen Vertragsverhandlungen ist es wichtig, die Kommunikation in der jeweiligen Fremdsprache gut zu beherrschen.

(4) Mit Geschäftspartnern aus der deutschsprachigen Schweiz sollte man nur in Hochdeutsch kommunizieren, auch wenn man Redewendungen der einzelnen Schweizer Dialekte beherrschen sollte.

(5) Es ist ratsam, Gespräche mit niederländischen Geschäftspartnern in englischer Sprache zu beginnen, sofern man nicht die niederländische Sprache beherrscht.

(6) Im Ausland wird kein hoher Wert auf Pünktlichkeit und Termineinhaltung gelegt.

(7) In Großbritannien wird auf eine höfliche Ausdrucksweise Wert gelegt.

2. Formulieren Sie einen englischsprachigen Geschäftsbrief. Absender sind Sie als Mitarbeiter der Büro Müngsten GmbH. Empfänger ist Miller & Son Ltd, P. O. Box 12441, London SE1 7RT, Great Britain. Sie bedanken sich für die erhaltene Bestellung über 100 Locher (hole punch) und sagen den Versand in den nächsten Tagen zu.

3. Ihr Telefon klingelt. Laut Display ist es ein Anrufer aus Großbritannien. Ergänzen Sie die Auslassungen entsprechend:

- Sie melden sich entsprechend
  ➔ *„…"*
- *„Hello, this is Steve Johnson calling from Brighton. Could I please speak to Mr. Müngsten?"*
- Herr Dr. Müngsten ist nicht im Büro. Sie fragen nach, ob der Anrufer eine Mitteilung hinterlassen möchte.
  ➔ *„…"*
- *„Thank you. That would be very kind. Would you please tell Mr. Müngsten that I called and kindly ask him to call me back as soon as possible."*
- Sie haben den Namen des Anrufers nicht verstanden und bitten ihn, den Namen zu buchstabieren.
  ➔ *„…"*
- *„Yes, of course. My name ist Johnson, J O H N S O N. Steve Johnson."*
- Sie wiederholen die Buchstabierung, um den Namen korrekt zu notieren.
  ➔ *„…"*
- *„Yes, that´s right. And my number is 00 44 for England – 1273 thats the area code for Brighton, and than 245 682."*
- Sie entschuldigen sich, dass Sie nicht sicher sind, ob Sie die Telefonnummer richtig notiert haben. Sie wiederholen daher die Telefonnummer.
  ➔ *„…"*
- *„That´s quite correct. And tell Mr. Müngsten please to call me back when he comes in again."*
- Sie sagen dies dem Anrufer zu.
  ➔ *„…"*
- *„I thank you for your kind support. Goodbye."*
- *„Goodbye."*

Sachgüter und Dienstleistungen beschaffen und Verträge schließen

1 – Grundlagen des Vertragsrechts beachten

2 – Beschaffungsprozesse planen

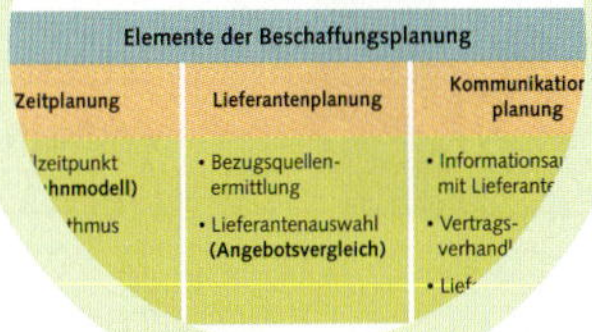

Das werden Sie hier lernen …

3 – Beschaffungsprozesse durchführen

5 – Rechnungen prüfen und Zahlungen abwickeln

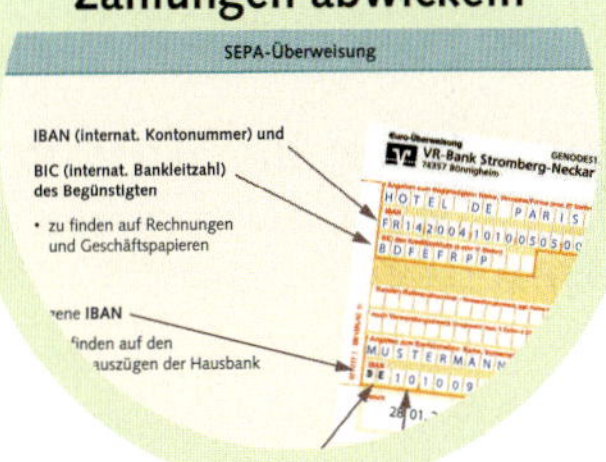

4 – Beschaffungsprozesse kontrollieren

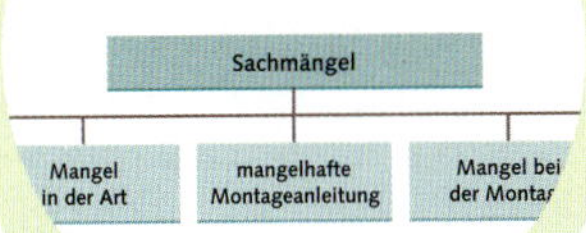

LERNFELD 4

Sachgüter und Dienstleistungen beschaffen und Verträge schließen

1 Grundlagen des Vertragsrechts beachten

1.1 Rechtsordnung

Alle Beziehungen, über die das Zusammenleben der Menschen organisiert ist, sind geprägt durch Wertvorstellungen (z. B. Freiheit, Sicherheit, Gerechtigkeit). Wenn diese Wertvorstellungen in die Form des Rechts gegossen sind (z. B. Recht auf freie Entfaltung der Persönlichkeit, auf Leben und körperliche Unversehrtheit), dann werden sie als Ordnung des Zusammenlebens verlässlicher. Es kommt nun nicht mehr alleine darauf an, dass die Mitmenschen die Werte teilen und anerkennen, sondern es entsteht ein **Anspruch auf Beachtung** der entsprechenden **Verhaltensanforderungen,** der grundsätzlich mit Zwangsmitteln durchgesetzt werden kann.

Merke

Die **Rechtsordnung** ist die Gesamtheit aller allgemein verbindlichen Regeln für die Gestaltung menschlichen Zusammenlebens, den Schutz des Einzelnen und den Ausgleich unterschiedlicher Interessen mit friedlichen Mitteln.

Auf diese Weise können Interessenkonflikte, die im Zusammenleben der Menschen auftreten, nach bestimmten Regeln zuverlässig und möglichst gerecht gelöst werden. Die Freiheit des Einzelnen muss geschützt werden, aber gleichzeitig dort ihre Grenzen erfahren, wo sie missbraucht wird.

Die Rechtsordnung umfasst zwei große Teilbereiche – das **öffentliche Recht** und das **Privatrecht.**

Öffentliches Recht

Das **öffentliche Recht** regelt das Verhältnis zwischen Privatpersonen (Bürgern) und Staat sowie zwischen verschiedenen staatlichen Institutionen untereinander. Bei der Ausübung hoheitlicher Aufgaben kann der Staat den Bürgern **Verbote** aussprechen, z. B. in Bezug auf Straftaten. Der Staat kann den Bürgern aber auch **Pflichten** auferlegen, z. B. die Steuerpflicht, Schulpflicht, Meldepflicht.

Öffentliches Recht ist **zwingendes**, unabänderbares Recht nach dem Prinzip der **Über- und Unterordnung**. Das bedeutet: Jeder Bürger hat sich den staatlichen Vorschriften in gleicher Weise unterzuordnen und bei Verstößen muss der Staat eingreifen!

Privatrecht

Das **Privatrecht** regelt die Rechtsbeziehungen von **Vertragspartnern** untereinander nach dem Prinzip der **Gleichordnung**. Das heißt, jeder der möglichen Vertragspartner kann **frei entscheiden**, ob er einen Vertrag (z. B. Kaufvertrag, Mietvertrag, Ehevertrag) schließen möchte oder nicht. Falls ein Vertrag geschlossen wird, haben sich aber selbstverständlich alle Vertragsparteien an ihre Pflichten zu halten.

Tritt eine **staatliche Institution** als Vertragspartner auf (z. B. beim Kauf von PCs/Tablets für eine Schule), so handelt sie gewissermaßen **als Privatperson** (also ohne hoheitliche Gewalt auszuüben) und hat dieselbe Rechtstellung wie jeder andere Vertragspartner auch.

Das Privatrecht ist grundsätzlich **nachgiebiges**, änderbares **Recht**. Dies bedeutet, dass Vertragspartner gesetzliche Regelungen einvernehmlich abändern dürfen, sich dabei allerdings im Rahmen des gesetzten Rechtsrahmens bewegen müssen. Der Staat greift hierbei nur auf Antrag ein.

Die Handlungen im Privatrecht nennt man **Rechtsgeschäfte**. Die wichtigste allgemeine Rechtsgrundlage ist das **Bürgerliche Gesetzbuch (BGB)** mit Nebengesetzen (z. B. Wohnungseigentumsgesetz, Produkthaftungsgesetz). Daneben gibt es eine Reihe von „Sonderregelungen", die ergänzend gelten können (insbesondere z. B. Handels- und Gesellschaftsrecht). Privatrechtliche Bestimmungen finden sich z. B.

- für **Kaufleute** allgemein im **HGB** (Handelsgesetzbuch),
- für Kapitalgesellschaften im **AktG** und **GmbHG.**

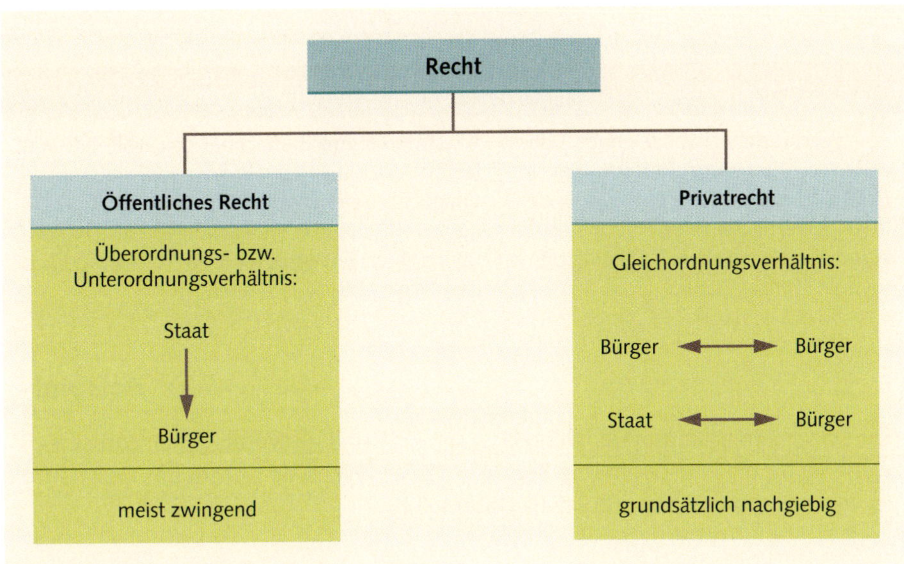

1.2 Rechtssubjekte – Rechts- und Geschäftsfähigkeit

Rechtssubjekte

Die Ausübung und Wahrnehmung von Rechten ist nur durch Rechtssubjekte möglich. Dazu gehören natürliche und juristische Personen.

Merke

Alle Träger von Rechten und Pflichten werden als **Rechtssubjekte** bezeichnet. Man unterscheidet **natürliche** und **juristische Personen.**

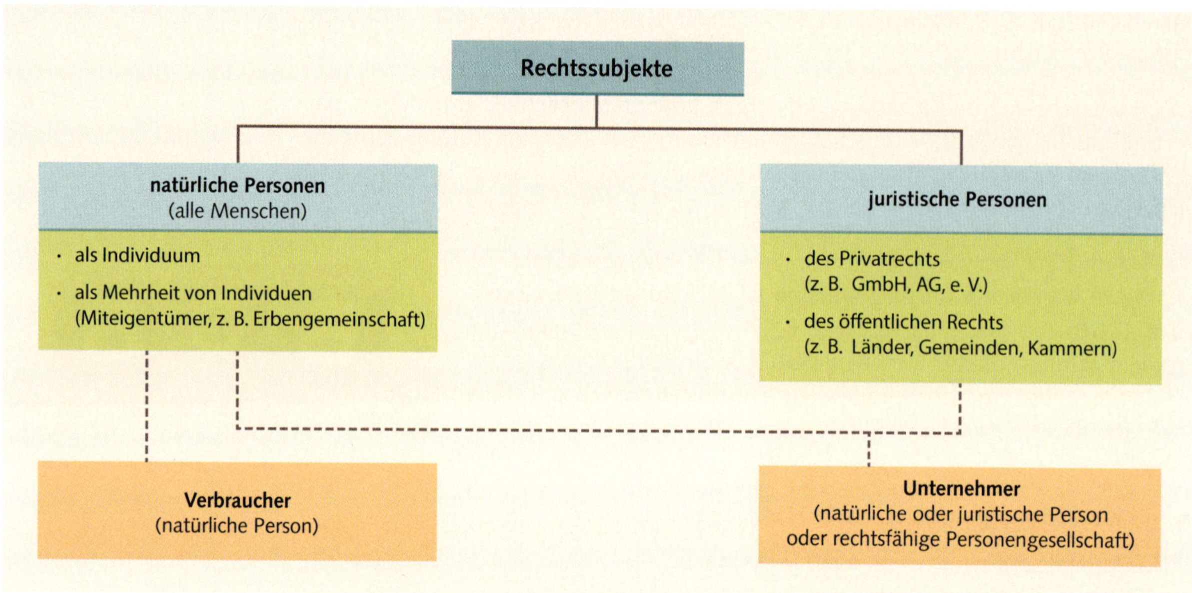

§ 13 BGB

§ 14 BGB

Verbraucher	Unternehmer
Als **Verbraucher** bezeichnet das BGB jede natürliche Person, die ein Rechtsgeschäft abschließt, das weder ihrer gewerblichen noch ihrer selbstständigen beruflichen Tätigkeit zugerechnet werden kann.	Als **Unternehmer** bezeichnet das BGB eine natürliche oder juristische Person oder eine rechtsfähige Personengesellschaft (z. B. OHG, KG), die bei Abschluss eines Rechtsgeschäfts in Ausübung ihrer gewerblichen oder selbstständigen beruflichen Tätigkeit handelt.

Beispiel

Ein Einzelhändler und ein niedergelassener Arzt sind als **Verbraucher** anzusehen, wenn sie für die Privatwohnung Regale bestellen. Wenn sie dies für das Geschäftslokal/die Praxis tun, handeln sie als **Unternehmer.**

Merke

Rechtsfähigkeit ist die Fähigkeit von natürlichen und juristischen Personen, Träger von Rechten und Pflichten zu sein.

■ Rechtsfähigkeit

Grundsätzlich ist nur der **Mensch als natürliche Person** Träger von Rechten und Pflichten und damit rechtsfähig. Die Rechtsordnung erkennt die Rechtsfähigkeit unter bestimmten Voraussetzungen aber auch **juristischen Personen** zu.

Dazu gehören u. a.

- im Sinne des **Privatrechts** Kapitalgesellschaften und Genossenschaften, eingetragene Vereine, private Stiftungen (z. B. Stiftung Volkswagenwerk);
- im Sinne des **öffentlichen Rechts** Körperschaften wie Bund, Länder und Gemeinden oder z. B. Kammern, Anstalten (z. B. öffentlich-rechtliche Rundfunkanstalten) und öffentlich-rechtliche Stiftungen (z. B. Deutsche Studienstiftung).

Beginn und Ende der Rechtsfähigkeit	
natürliche Personen	Bei natürlichen Personen beginnt die Rechtsfähigkeit grundsätzlich mit der Vollendung der **Geburt** und endet mit dem **Tod**.
juristische Personen des Privatrechts	Bei juristischen Personen des Privatrechts beginnt die Rechtsfähigkeit insbesondere mit der Gründung bzw. der **Eintragung in das entsprechende öffentliche Register** (z. B. Handelsregister, Vereinsregister) und endet mit der **Löschung in diesen Registern**.
juristische Personen des öffentlichen Rechts	Juristische Personen des öffentlichen Rechts erlangen die Rechtsfähigkeit durch **staatliche Verleihung**. Die Rechtsfähigkeit endet mit der **Auflösung**.

Geschäftsfähigkeit

Dass eine Person rechtsfähig ist, heißt nicht zwangsläufig, dass sie auch immer in der Lage ist, ihren Willen selbstverantwortlich zum Ausdruck zu bringen. Dazu gehört bei natürlichen Personen in der Regel ein bestimmtes Lebensalter und ein gewisses Maß an geistiger Reife. Juristische Personen können nur durch Menschen handeln, die als „Organe" oder „gesetzliche Vertreter" zu bezeichnen sind. Von der Rechtsfähigkeit ist deshalb die Geschäftsfähigkeit zu unterscheiden.

Merke

Geschäftsfähigkeit ist die Fähigkeit, Rechtsgeschäfte selbstständig wirksam abschließen zu können.

Die **Geschäftsfähigkeit** ist insbesondere vom Lebensalter abhängig.

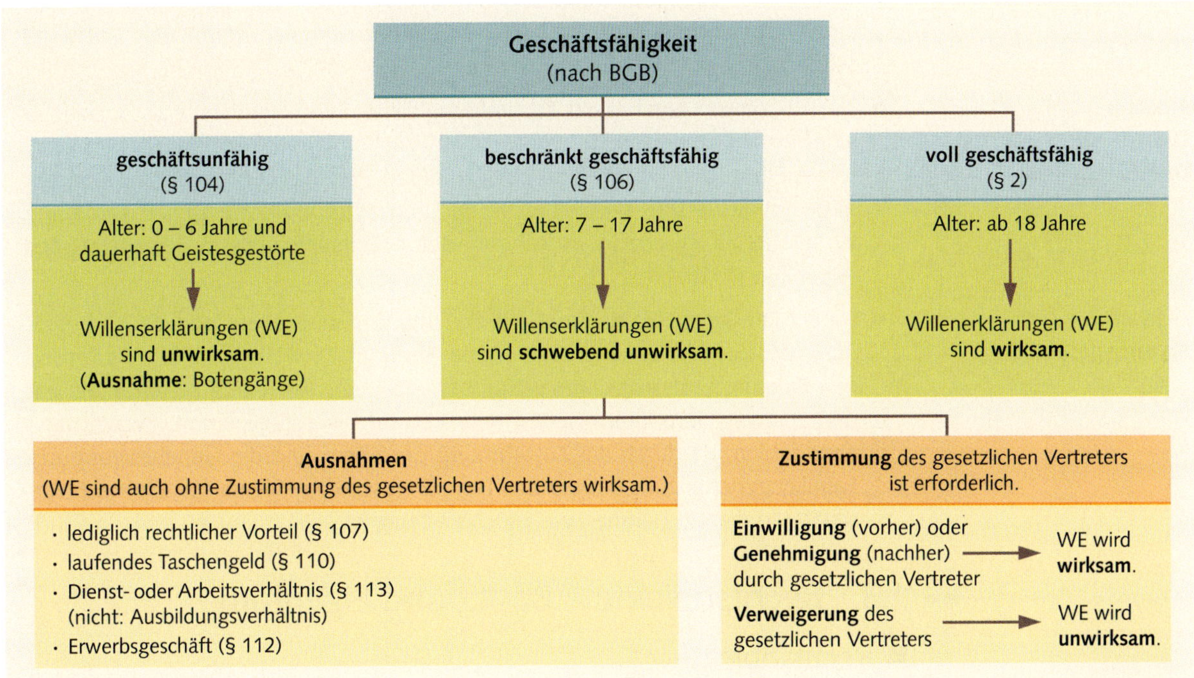

Merke

In § 113 BGB „Dienst- oder Arbeitsverhältnis" werden alle Tätigkeiten erfasst, deren Schwerpunkt in der Erbringung von Diensten oder Arbeitsleistungen liegt. Nach herrschender Meinung sind **Berufsausbildungsverträge** (Ausbildungsverhältnisse) durch § 113 BGB **nicht erfasst.** Der Schwerpunkt liegt hier auf dem Ausbildungszweck. Minderjährige Auszubildende dürfen z. B. den Ausbildungsvertrag ohne Zustimmung des gesetzlichen Vertreters weder abschließen noch kündigen.

Nach § 165 BGB „Beschränkt geschäftsfähiger Vertreter" können minderjährige Auszubildende allerdings als Vertreter des Ausbildungspartners rechtswirksam handeln, z. B. Waren verkaufen.

Beispiel

unwirksam (nichtig)

- Ein 6-jähriges Kind darf rechtlich gesehen zwar die Willenserklärung der Mutter (als Bote) übermitteln, z. B. Brötchen zu kaufen, aber nicht aus eigenem Antrieb vom Wechselgeld noch Süßigkeiten erstehen.

schwebend unwirksam

- Ein 16-jähriger Jugendlicher braucht zum Kauf eines neuen Smartphones grundsätzlich die Zustimmung der Eltern. Hat er das Smartphone ohne Einwilligung der Erziehungsberechtigten (z. B. von gespartem Geld) gekauft, so ist der Kauf zunächst schwebend unwirksam. Nur wenn die Eltern die Genehmigung geben, wird der Vertrag wirksam. Verweigern die Eltern die Genehmigung, so ist der Kauf unwirksam, der Händler muss das Gerät zurücknehmen und den Kaufpreis erstatten.

wirksam (laufendes Taschengeld)

- Kann der Jugendliche das Smartphone (gebraucht) von seinem laufenden Taschengeld bezahlen, ist seine Willenserklärung wirksam.

wirksam (lediglich rechtlicher Vorteil)

- Schenkt Tante Frieda der 16-jährigen Nicola 500,00 EUR, so können die Eltern die Annahme des Geschenks nicht untersagen, weil mit dieser Schenkung ausschließlich ein rechtlicher Vorteil verbunden ist. Allerdings können sie z. B. verlangen, dass das Geld gespart wird. Wird das Geld aber mit der Auflage verbunden, Tante Frieda jeden Sonntag eine Stunde vorzulesen, so besteht rechtlich eine Verpflichtung, und die Eltern müssten zustimmen, damit das Rechtsgeschäft gültig ist.

wirksam (Dienst- oder Arbeitsverhältnis)

- Der 17-jährige Leon hat mit Zustimmung seiner Eltern eine Stelle als Aushilfe in einer Pizzeria angenommen. Nach zwei Wochen kündigt er ohne Zustimmung seiner Eltern und wechselt zu einer anderen Pizzeria. Die Kündigung und der neue Arbeitsvertrag sind wirksam, da Leon aufgrund der ersten Zustimmung für alle Rechtsgeschäfte im Rahmen des Arbeitsverhältnisses der gestatteten Art voll geschäftsfähig ist.

wirksam (Erwerbsgeschäft)

- Die 17-jährige Svenja eröffnet mit Zustimmung ihrer Eltern und der Genehmigung des Familiengerichts eine Mode-Boutique (Erwerbsgeschäft). Aufgrund von Zahlungsschwierigkeiten weigert sie sich, eine Rechnung zu bezahlen, mit dem Hinweis, ihre Eltern hätten dem Einkauf nicht zugestimmt. Svenja muss aber zahlen, da durch die Zustimmung der Eltern und die Genehmigung des Familiengerichts zum Betrieb des Erwerbsgeschäftes Svenja für alle Rechtsgeschäfte in diesem Rahmen voll geschäftsfähig ist.

1.3 Rechtsobjekte – Besitz und Eigentum

Rechtsobjekte

Rechtsobjekte sind alle Güter, auf die von natürlichen und juristischen Personen rechtlich Einfluss genommen werden kann. Dies können **Sachen, Tiere** oder **Rechte** sein. Personen können selbst niemals Rechtsobjekte sein.

- **Sachen** im Sinne des Gesetzes sind nur körperliche Gegenstände.
- **Tiere** sind gemäß § 90a BGB keine Sachen, sondern besitzen – als schmerzempfindende Lebewesen – eine eigene Rechtsnatur. Die Vorschriften über Sachen finden eine entsprechende Anwendung, soweit keine besonderen Vorschriften (z. B. Tierschutzgesetz) bestehen.
- **Rechte** sind Berechtigungen, von einem anderen etwas verlangen zu können.

Die **Rechtsobjekte** lassen sich u. a. folgendermaßen einteilen:

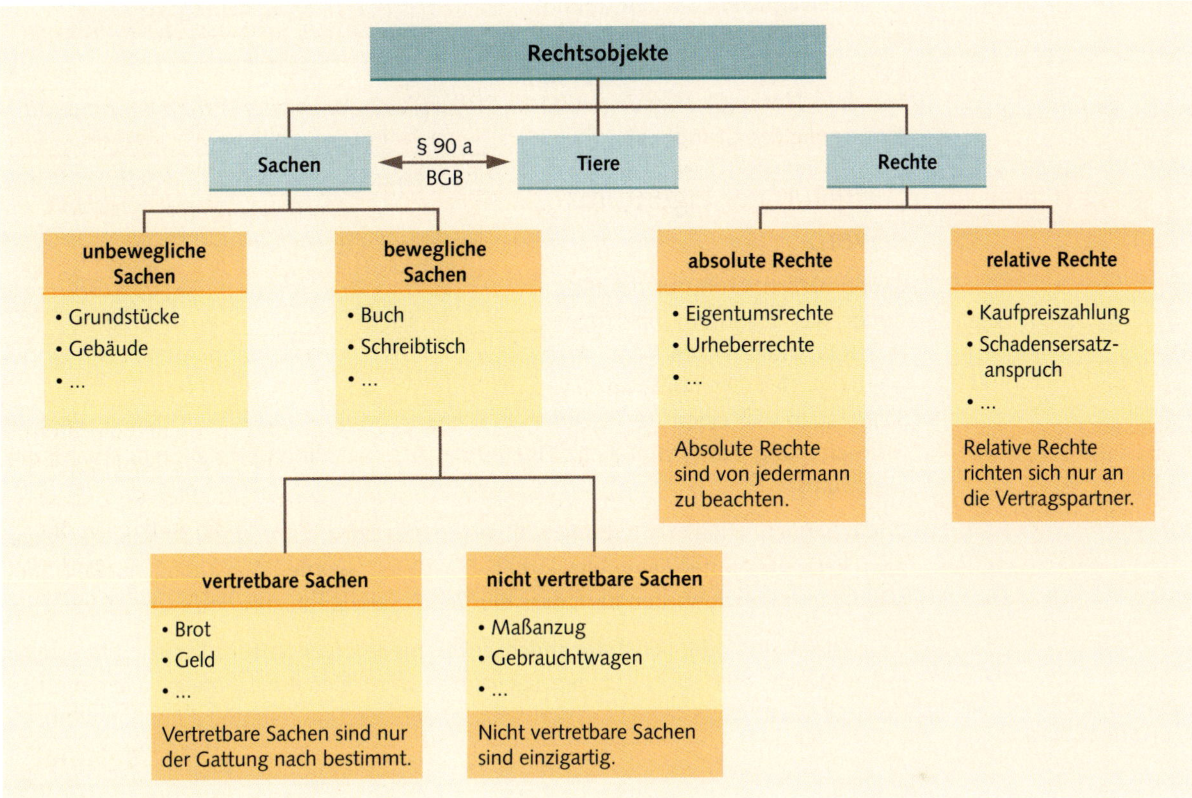

Besitz und Eigentum

Rechtssubjekte können Besitzer und/oder Eigentümer von Sachen sein.

Merke

Besitz ist definiert als **tatsächliche** Verfügungsgewalt über eine Sache (z. B. „Ich habe ... und darf benutzen.“).

Eigentum wird definiert als **rechtliche** Verfügungsgewalt über eine Sache (z. B. „Mir gehört ... und ich darf darüber verfügen, es verkaufen oder verschenken.“).

§ 854 BGB

§ 903 BGB

Beispiel

Wenn Sie mit Ihrem eigenen Pkw zur Schule fahren, sind Sie Besitzer und Eigentümer des Pkws; verleihen Sie Ihr Auto an einen Freund, bleiben Sie Eigentümer und Ihr Freund wird Besitzer des Fahrzeugs. Das gilt auch umgekehrt: Leihen Sie sich ein Fahrzeug von Ihrem Freund, sind Sie bis zur Rückgabe der Besitzer, Ihr Freund bleibt aber der Eigentümer des Fahrzeugs.

Eigentumsübertragung

Die **Übertragung des Eigentums** an **beweglichen Sachen** erfolgt grundsätzlich durch **Einigung** zwischen den Beteiligten und **Übergabe** der Sache.

§ 929 BGB

§ 311b BGB

Die **Übertragung** des Eigentums an **unbeweglichen Sachen** (Immobilien) erfolgt unter verschärften Formvorschriften durch **Einigung vor dem Notar** (Auflassung) und **Eintragung ins Grundbuch.**

Eigentumsübertragung	
an beweglichen Sachen	**an unbeweglichen Sachen**
Einigung + Übergabe der Sache	Einigung vor dem Notar (= Auflassung) + Eintragung ins Grundbuch

§ 932 ff. BGB

Gutgläubiger Eigentumserwerb

Grundsätzlich kann nur der Eigentümer das Eigentum übertragen. In bestimmten Fällen kann man allerdings das Eigentum an einer Sache auch von einem Nicht-Eigentümer erwerben, z. B. wenn man diesen unter Berücksichtigung der Umstände als Eigentümer ansehen kann **(gutgläubiger Erwerb des Eigentums).**

Wirtschaftlich bedeutsam ist dies z. B., wenn eine Person im Geschäft Ware kauft, die dem Verkäufer unter Eigentumsvorbehalt geliefert wurde. Der Käufer handelt „gutgläubig", weil er vermuten darf, dass der Verkäufer Eigentümer der Ware ist.

Bei **gestohlenen oder sonst abhanden gekommenen** (verlorenen) **Sachen** gibt es aber grundsätzlich keinen gutgläubigen Eigentumserwerb. Eine Ausnahme gilt allerdings u. a. für **Geld,** da es sonst seine Funktion (inbesondere als Tauschmittel) einbüßen würde.

§ 935 BGB

Beispiel

Kauft ein Juwelier gestohlenen Schmuck an, muss er ihn dem ursprünglichen Eigentümer (nicht dem Verkäufer!) zurückgeben. Es liegt kein gutgläubiger Eigentumserwerb vor.

Bezahlt man im Geschäft mit auf der Straße gefundenem Geld, geht das Eigentum am Geldschein vom Finder (Nicht-Eigentümer) an das Geschäft über. Es handelt sich hier um einen gutgläubigen Eigentumserwerb.

1.4 Rechtsgeschäfte

1.4.1 Begriff und Arten der Rechtsgeschäfte

■ Begriff

Tagtäglich werden von Personen Rechtsgeschäfte getätigt, ohne dass sie sich dessen immer bewusst werden.

Beispiel

Der Kauf im Supermarkt, das Mieten einer Wohnung, die Aufnahme von Krediten, der Abschluss eines Arbeitsvertrages, das Ausleihen eines Buches oder das Einsteigen in einen Bus stellen Rechtsgeschäfte dar, durch welche die Beziehungen zwischen den Rechtssubjekten und zu den Rechtsobjekten geregelt werden.

Voraussetzung für das Zustandekommen solcher Rechtsgeschäfte sind eine oder mehrere **Willenserklärungen.** Hierzu gehört, dass die beteiligten Personen ihren unbedingten Willen erklären, eine Rechtsfolge herbeizuführen. An diese Erklärung sind sie grundsätzlich gebunden!

Beispiel

Ein Arbeitsvertrag begründet z. B. als Rechtsfolge die Pflichten, pünktlich zur Arbeit zu erscheinen sowie das vereinbarte Entgelt zu zahlen.

Arten von Rechtsgeschäften

Nach der Anzahl der notwendigen Willenserklärungen unterscheidet man einseitige und mehrseitige Rechtsgeschäfte.

Einseitige Rechtsgeschäfte enthalten nur **eine Willenserklärung**, die schon bei Abgabe wirksam sein kann (= nicht empfangsbedürftig, z. B. Testament) oder erst nach Empfang durch die betreffende Person wirksam wird (= empfangsbedürftig, z. B. Kündigung).

Mehrseitige Rechtsgeschäfte (Verträge) kommen durch mindestens **zwei übereinstimmende Willenserklärungen** zustande und begründen in der Regel beiderseitige Verpflichtungen (Ausnahmen: z. B. Schenkung, Bürgschaft, da hier jeweils nur 1 Person Pflichten zu erfüllen hat).

Beispiel

Beim **Kaufvertrag** hat der **Verkäufer** grundsätzlich die Verpflichtung, dem Käufer die Sache zu übergeben und ihm das Eigentum an der Sache zu verschaffen. Der **Käufer** verpflichtet sich, den Kaufpreis zu zahlen und die Sache abzunehmen. Entsprechend liegt ein mehrseitiges Rechtsgeschäft vor, das mehrseitig (zweiseitig) verpflichtend ist.

Arten von Rechtsgeschäften

- **einseitige** Rechtsgeschäfte – Die Willenserklärung einer Person genügt.
  - **empfangsbedürftige** Willenserklärung z. B.
    - Kündigung
    - Mahnung
  - **nicht empfangsbedürftige** Willenserklärung z. B.
    - Testament
- **mehrseitige** Rechtsgeschäfte – Die Willenserklärungen mindestens zweier Personen sind erforderlich.
  - **einseitig verpflichtende** Willenserklärung z. B.
    - Schenkung
    - Bürgschaft
  - **mehrseitig verpflichtende** Willenserklärung z. B.
    - Kaufvertrag
    - Ausbildungsvertrag

1.4.2 Grundsätze der Vertragsfreiheit und Form der Rechtsgeschäfte

Grundsätze der Vertragsfreiheit

Die Rechtsordnung geht grundsätzlich davon aus, dass in Vertragsverhandlungen zwei Partner in fairer Weise einen Interessenausgleich suchen. Sie hat deshalb die Vertragsfreiheit geschaffen, die folgende Grundsätze vorsieht:

Grundsätze der Vertragsfreiheit

- Gestaltungsfreiheit
- Abschlussfreiheit
- Formfreiheit

©auremar-fotolia.com

Das Ziel der **Vertragsfreiheit** – die Selbstverwirklichung der Person – kann jedoch nur dort erreicht werden, wo annähernd wirtschaftliches Gleichgewicht herrscht. Ist eine Person auf die Leistung einer anderen angewiesen und hat sie kaum Ausweichmöglichkeiten, so besteht die Gefahr der Benachteiligung des wirtschaftlich und sozial Schwächeren insbesondere über die **Gestaltungsfreiheit,** d. h. die Möglichkeit der Festlegung von Vertragsbedingungen. Ist ein Verhandlungsgleichgewicht auch nicht annähernd gegeben, so ist der Gesetzgeber herausgefordert, den Schwächeren zu schützen (vgl. z. B. Nichtigkeit und Anfechtbarkeit von Willenserklärungen, Regelungen zum Verbrauchsgüterkauf und weitere Verbraucherschutzbestimmungen, Arbeitsschutzbestimmungen, Wettbewerbsrecht).

Gestaltungsfreiheit

Abschlussfreiheit

Insbesondere das Prinzip der **Abschlussfreiheit,** der Freiheit, sich den Vertragspartner frei wählen zu können, soll gewährleisten, dass keiner benachteiligt werden kann. Der Einzelne muss grundsätzlich das Recht und die Möglichkeit haben, den Vertragspartner zu suchen, dessen Angebot seinen Vorstellungen entspricht.

Formfreiheit

Der Grundsatz der **Formfreiheit** bedeutet, dass es hinsichtlich der Form des Vertragsabschlusses nur ausnahmsweise zwingende Vorschriften gibt, z. B. um vor übereilter Bindung zu schützen.

■ Form der Rechtsgeschäfte

Die Abgabe der Willenserklärungen ist grundsätzlich an **keine äußere Form** gebunden. Eine bestimmte Form (z. B. Schriftform) kann aber von den Vertragspartnern vereinbart werden.

Äußerungsformen von Willenserklärungen

ausdrückliche Äußerung	schlüssiges Handeln	bloßes Schweigen
• mündlich (auch telefonisch) • schriftlich (auch elektronisch)	• z. B. Einsteigen in den Bus • z. B. Automatenkauf	• z. B. übliche Geschäfte unter Kaufleuten • Billigung bei Kauf auf Probe

LERNFELD 4

In besonderen Fällen schreibt das Gesetz eine **bestimmte äußere Form** bei der Abgabe von Willenserklärungen vor. Dies geschieht insbesondere auch zum Schutz der Vertragspartner **bei wichtigen Rechtsgeschäften.** Die Formerfordernisse haben den Zweck, vor übereiltem Geschäftsabschluss zu bewahren und dienen der Beweissicherung. In besonders strenger Form gilt dies z. B. bei Grundstücksübertragungen oder Eheverträgen.

©johannesspreter-fotolia.com

Grundsätzlich sind folgende gesetzliche Formvorschriften zu beachten:

Gesetzliche Formvorschriften nach BGB

Schriftform (§ 126)	öffentliche Beglaubigung (§ 129)	notarielle Beurkundung (§ 128)
Schriftliche Erklärung (Urkunde) mit eigenhändiger Unterschrift bzw. elektronischer Signatur	Notar beglaubigt die Unterschrift unter einer schriftlichen Erklärung	Abgabe einer Erklärung vor dem Notar, Abfassung einer Urkunde und Erläuterung durch den Notar, Unterschrift in Anwesenheit des Notars
z. B. • Kündigung eines Mietverhältnisses (§ 568 BGB) oder Arbeitsverhältnisses (§ 623 BGB) • Bürgschaft (§ 766 BGB) • Verbraucherdarlehensvertrag (§ 492 BGB)	z. B. • Antrag auf Eintragung in das Handelsregister (§ 12 HGB), • Ausschlagung einer Erbschaft (§ 1945 BGB)	z. B. • Grundstücksverkauf oder -übertragung (§ 311b BGB), • Schenkungsversprechen (§ 518 BGB), • Ehevertrag (§ 1410 BGB), • Erbvertrag (§ 2276 BGB)

1.4.3 Nichtigkeit und Anfechtbarkeit von Rechtsgeschäften

Obwohl beim Abschluss von Verträgen die Vertragsfreiheit gilt, kann nicht jedes beliebige Rechtsgeschäft voll gültig abgeschlossen werden. Aus welchen Gründen Rechtsgeschäfte **nichtig** oder **anfechtbar** sind, ist gesetzlich geregelt.

©THesIMPLIFY-fotolia.com

■ Nichtige Rechtsgeschäfte

Merke

Nichtigkeit bedeutet, dass ein Rechtsgeschäft **von Anfang an unwirksam** ist, d. h., es wird so getan, als sei das Rechtsgeschäft nie zustande gekommen (keine Rechtswirkungen).

Gründe für Nichtigkeit		Beispiel	§§ BGB
Geschäftsunfähigkeit	Die Willenserklärung wird von einem Geschäftsunfähigen abgegeben.	Ein fünfjähriges Kind kauft eine Tüte Süßigkeiten. Ein Botenauftrag liegt nicht vor.	105 I
Scheingeschäft	Eine Willenserklärung wird zum Schein abgegeben.	Ein Grundstückseigentümer, der sein Grundstück verkauft, trägt in der notariellen Urkunde einen niedrigeren Preis ein, damit Grunderwerbsteuer gespart wird.	117
Scherzgeschäft	Eine Willenserklärung wird zum Scherz abgegeben.	Jemand bietet sein neues Auto für „'n Appel und 'n Ei" an.	118
vorübergehende Unzurechnungsfähigkeit	Eine Willenserklärung wird im Zustand vorübergehender geistiger Unzurechnungsfähigkeit abgegeben.	Ein Betrunkener tauscht im Vollrausch sein neues Smartphone gegen eine Flasche Schnaps.	105 II
Formverstoß	Das Rechtsgeschäft verstößt gegen Formvorschriften.	Der Kauf eines Grundstücks wird auf einem Bierdeckel vertraglich vereinbart. Es findet nachträglich keine Auflassung und Eintragung im Grundbuch statt.	125
Gesetzesverstoß	Das Rechtsgeschäft verstößt gegen gesetzliche Vorschriften.	Ein Dealer betreibt Drogenhandel.	134
Sittenwidrigkeit	Das Rechtsgeschäft verstößt gegen die guten Sitten.	Ein Kreditvermittler verlangt Wucherzinsen.	138

Anfechtbare Rechtsgeschäfte

Merke

Anfechtbarkeit bedeutet, dass ein Rechtsgeschäft durch Anfechtung **rückwirkend** für **unwirksam** erklärt werden **kann.** Ohne Anfechtung bleibt das Rechtsgeschäft wirksam.

Rechtsgeschäfte, die aufgrund eines **Irrtums** anfechtbar sind, müssen **unverzüglich nach Entdeckung** angefochten werden.

Rechtsgeschäfte, die aufgrund einer **Täuschung** oder **widerrechtlichen Drohung** zustande kommen, sind **innerhalb eines Jahres nach Entdeckung** bzw. Wegfalls der Zwangslage anzufechten.

In beiden Fällen gilt, dass eine Anfechtung ausgeschlossen ist, wenn **10 Jahre** seit Abgabe der Willenserklärung verstrichen sind.

Nicht anfechtbar sind Rechtsgeschäfte, denen ein **Irrtum im Motiv**, d. h. ein Irrtum bei der Meinungsbildung bzw. Entscheidung zu Grunde liegt.

Beispiel

Ein Aktionär kauft in der Hoffnung auf steigende Kurse Aktien, der Kurs fällt jedoch **(= Motivirrtum; Anfechtbarkeit ausgeschlossen!).**

Gründe für Anfechtbarkeit			Beispiel	§§ BGB
Irrtum	**Inhaltsirrtum**	Der Erklärende weiß, was er sagt, aber er weiß nicht, was das Gesagte bedeutet.	Der Besteller glaubt, ein Dutzend seien 10 Stück.	119 I
Irrtum	**Erklärungsirrtum**	Der Erklärende wollte das, was er sagt oder tut, gar nicht sagen oder tun (versprechen, verzeigen, verschreiben).	In einem Angebot wird der Preis einer Ware irrtümlich mit 74,00 EUR statt mit 740,00 EUR angegeben.	119 I
Irrtum	**Eigenschaftsirrtum**	Der Erklärende weiß, was er sagt, aber er hat eine falsche Vorstellung von der betreffenden Sache oder Person.	Ein Antiquitätenhändler verkauft das Original eines Gemäldes in dem Glauben, es sei eine Kopie.	119 II
Irrtum	**Übermittlungsirrtum**	Eine Willenserklärung ist durch eine andere Person/Sache falsch übermittelt worden.	Ein Bote übermittelt ein Angebot (z. B. Preisangabe) falsch.	120
arglistige Täuschung		Die Willenserklärung wurde durch arglistige Täuschung erschlichen.	Ein Autoverkäufer verkauft einen Gebrauchtwagen als unfallfrei, obwohl er genau weiß, dass das Fahrzeug einen Unfallschaden hatte.	123
widerrechtliche Drohung		Die Willenserklärung wurde widerrechtlich durch Drohung erzwungen.	Der Verkauf eines Grundstücks kommt durch eine Erpressung zustande.	123

LERNFELD 4

1.5 Wichtige Vertragsarten im Überblick

Das nachfolgende Schaubild zeigt einen Überblick über wichtige Vertragsarten im Wirtschaftsleben.

Vertragsarten	Vertragspartner und Inhalt	§§ BGB
Kaufvertrag	Käufer und Verkäufer einigen sich auf den **Kauf** von Sachen oder Rechten **gegen Entgelt.**	433 – 449
Verbrauchsgüterkauf	**Verbraucher** kauft vom **Unternehmer** eine **bewegliche Sache.**	474 – 479
Werkvertrag	Unternehmer und Besteller einigen sich auf die **erfolgsgerichtete** Herstellung eines Werkes **gegen Entgelt.**	631 – 650
Leihvertrag	Verleiher und Leiher einigen sich auf die Überlassung von Sachen zum Gebrauch **ohne Entgelt**. Für den Leiher besteht eine Verpflichtung zur **Rückgabe derselben Sache**.	598 – 606
Mietvertrag	Vermieter und Mieter einigen sich auf die **Überlassung von Sachen** zum Gebrauch **gegen Entgelt.**	535 – 580

Vertragsarten	Vertragspartner und Inhalt	§§ BGB
Pachtvertrag	Verpächter und Pächter einigen sich auf die **Überlassung von Sachen** zum Gebrauch **gegen Entgelt** und dem **Recht zum Ziehen von Früchten.**	581 – 584
Schenkungsvertrag	Schenker und Beschenkter einigen sich auf die **unentgeltliche Zuwendung** von Sachen oder Rechten.	516 – 534
Darlehensvertrag (Kreditvertrag)	Darlehensgeber und Darlehensnehmer einigen sich auf die zeitlich befristete oder unbefristete, **entgeltliche oder unentgeltliche** Überlassung von Geld oder anderen vertretbaren Sachen. Der Darlehensnehmer verpflichtet sich zur **Rückgabe gleichartiger, aber anderer Sachen.**	488 – 498 607 – 609
Dienstvertrag (Arbeitsvertrag)	Arbeitgeber und Arbeitnehmer einigen sich auf die **Leistung von Diensten gegen Entgelt.** Es besteht **keine Erfolgsgarantie.**	611 – 630

1.6 Kaufvertrag als Rechtsgeschäft

1.6.1 Zustandekommen von Kaufverträgen

§ 311 BGB

Das Zustandekommen von Kaufverträgen setzt (wie jeder Vertrag) **zwei übereinstimmende Willenserklärungen** voraus:
Antrag (= 1. Willenserklärung) und
Annahme (= 2. Willenserklärung).

Die Willenserklärungen sind grundsätzlich bindend, es sei denn,

§ 130 BGB

- die **Bindung** wurde **ausgeschlossen** oder **befristet,**
- der Antrag wurde **nicht rechtzeitig angenommen**,
- der Vertrag konnte noch **rechtzeitig widerrufen** werden.

Willenserklärung	Erläuterungen
a) Besonderheiten beim Antrag	
Bindung ausschließen	**Freizeichnungsklauseln** schließen eine Bindung i. d. R. punktuell aus, z. B. Preis freibleibend, solange der Vorrat reicht. Wird eine Bindung vollständig ausgeschlossen (z. B. ohne Obligo, unverbindlich), so liegt kein Antrag im rechtlichen Sinne mehr vor.
Bindung befristen	**Zeitliche Befristungen** begrenzen die Dauer einer rechtlichen Bindung, z. B. gültig bis zum 18.05.20..
b) Besonderheiten bei der Annahme	
Annahmefristen	Unter **Anwesenden** muss die Annahme erfolgen, solange die Unterredung (auch telefonisch) dauert. Unter **Abwesenden** muss die Annahme in der Frist erfolgen, wie unter regelmäßigen Umständen eine Antwort erwartet werden kann. Für eine rechtzeitige Annahme sind zu berücksichtigen: Transportwege (Antrag, Annahme), Überlegungsfrist, Zeit für die Erstellung der Mitteilung. Wird ein **Antrag verspätet oder abgeändert angenommen**, so gilt dies als **neuer Antrag.**
c) Widerruf einer Willenserklärung	
Widerruf	Der Widerruf einer Willenserklärung ist nur wirksam, wenn er **spätestens gleichzeitig mit der Willenserklärung** eintrifft (§ 130 BGB). Beispiel: Eine durch Brief zugesandte Willenserklärung kann gegebenenfalls durch Telefon, Telefax oder E-Mail rechtzeitig widerrufen werden.

Dem Antrag geht in manchen Fällen eine **Anfrage** voran, in der Personen oder Unternehmen sich über die Leistungen möglicher Vertragspartner informieren. Im Gegensatz zum Antrag hat die Anfrage grundsätzlich **keine rechtsbindende Wirkung** bezogen auf einen Vertragsabschluss. Sie stellt lediglich eine Bitte um Information dar.

Beim Abschluss eines Kaufvertrages können Antrag und Annahme sowohl vom Käufer als auch vom Verkäufer ausgehen.

©Thomas Lachemund-fotolia.com

■ Antrag durch den Verkäufer (Angebot)

Geht der Antrag vom Verkäufer aus, so spricht man von einem Angebot.

Merke

Das **Angebot** ist eine an eine **bestimmte** Person oder Personengruppe gerichtete Willenserklärung, eine Leistung zu erbringen (z. B. Waren unter bestimmten Bedingungen zu liefern).

Anzeigen in Zeitungen, Prospekte und **Schaufensterauslagen** sind rechtlich gesehen **keine Angebote,** da sie an keine bestimmte Person/Personengruppe gerichtet sind. Sie stellen lediglich Kaufaufforderungen dar und sind **grundsätzlich unverbindlich.**

Je nachdem, ob dem Angebot eine Anfrage vorausging, ist zu unterscheiden:

Angebot

verlangtes Angebot	unverlangtes Angebot
Eine Anfrage ging voraus.	Der Lieferant bietet seine Produkte ohne vorausgegangene Anfrage an.

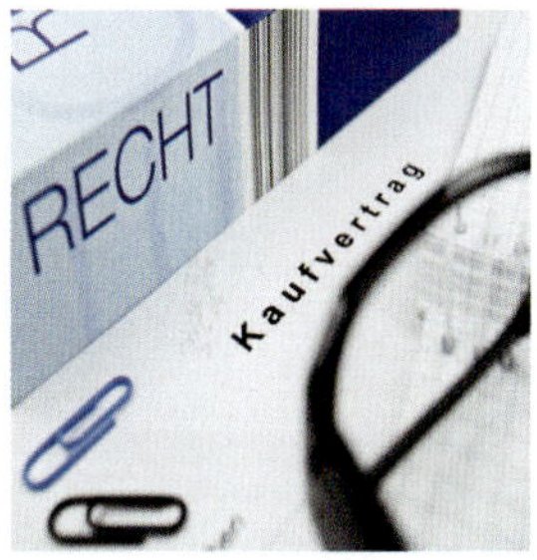

©Pixelot -fotolia.com

Erfolgt auf das Angebot des Verkäufers (Antrag) eine entsprechende Bestellung seitens des Käufers (Annahme), so kommt der Kaufvertrag zustande, da zwei übereinstimmende Willenserklärungen vorliegen.

Zustandekommen von Kaufverträgen

Verkäufer

©Picture-Factory-fotolia.com

1. Willenserklärung (Antrag) = **Angebot** →

← 2. Willenserklärung (Annahme) = **Bestellung**

Käufer

©Minerva Studio-fotolia.com

Kaufvertrag

©Minerva Studio-fotolia.com

Eine **zusätzliche Auftragsbestätigung** seitens des Verkäufers ist zwar oft üblich, aber hier rechtlich ohne Bedeutung.

§ 151 BGB

Der Antrag kann auch durch **Zusendung unbestellter Ware** erfolgen. In diesem Fall liegt ein verbindliches Angebot des Verkäufers vor. Die Annahme eines solchen Antrags erfolgt durch:

- **ausdrückliche Erklärung** der Annahme (schriftlich oder mündlich),
- **schlüssiges Handeln** (Bezahlung der Ware, Gebrauch der Ware).

Reagiert der Empfänger nicht, so gilt das **Stillschweigen**

- von einer **Privatperson** gegenüber Kaufleuten grundsätzlich als **Ablehnung,**
- unter **Kaufleuten** als **Annahme,** sofern bereits **eine Geschäftsbeziehung** besteht.

Besteht **unter Kaufleuten** eine Geschäftsbeziehung, so hat der Empfänger eine **Ablehnung** unverzüglich mitzuteilen und die Ware zur Verfügung zu stellen.

Beispiel

Ein Unternehmen, das Druckerzeugnisse vertreibt, sendet Monika Müller unverlangt ein Dutzend Weihnachtskarten zu. Monika Müller kann diesen Antrag annehmen, indem sie die Karten bezahlt. Eine Verpflichtung dazu besteht nicht.

Unverlangt zugesandte Ware darf der Empfänger (sofern er Verbraucher ist) ohne Bezahlung und ohne Pflicht zur Aufbewahrung nutzen. Dadurch trägt der Verkäufer (vom Gesetzgeber gewollt) das Risko des Totalverlustes, wenn er unaufgefordert Ware an Privatpersonen schickt.

©DOC RABE Media.com

■ Antrag durch den Käufer (Bestellung)

Geht der Antrag vom Käufer aus, kommt der Vertrag durch verbindliche Bestellung und Bestellungsannahme (durch mündliche Zusage, in Form einer schriftlichen Auftragsbestätigung oder durch Lieferung der bestellten Ware) zustande.

©goodluz-fotolia.com
©Picture-Factory-fotolia.com
©Africa Studio-fotolia.com

1.6.2 Kaufvertrag als Verpflichtungs- und Erfüllungsgeschäft

Durch den Kaufvertrag werden zunächst die **Pflichten** für Verkäufer und Käufer festgelegt (Verpflichtungsgeschäft).

Im Rahmen betrieblicher Planungs- und Entscheidungsprozesse sind die Marktbeziehungen zu Lieferanten und zu Kunden auf eine verlässliche Basis zu stellen, um die Existenz der Unternehmung zu sichern. Die Bindung an die durch Kaufverträge festgeschriebenen Pflichten schafft zunächst einmal die notwendige Planungssicherheit, um unternehmerisch tätig sein zu können.

Verpflichtungsgeschäft beim Kaufvertrag

Pflichten des Verkäufers	Pflichten des Käufers
• Sache übergeben/liefern	• Sache annehmen
• Eigentum übertragen	• Kaufpreis zahlen

Werden die vertragstypischen Pflichten beim Kaufvertrag von den Vertragspartnern erfüllt, so erlischt das **Verpflichtungsgeschäft** durch das **Erfüllungsgeschäft** (Verfügungsgeschäft). **§ 433 BGB** **§ 362 BGB**

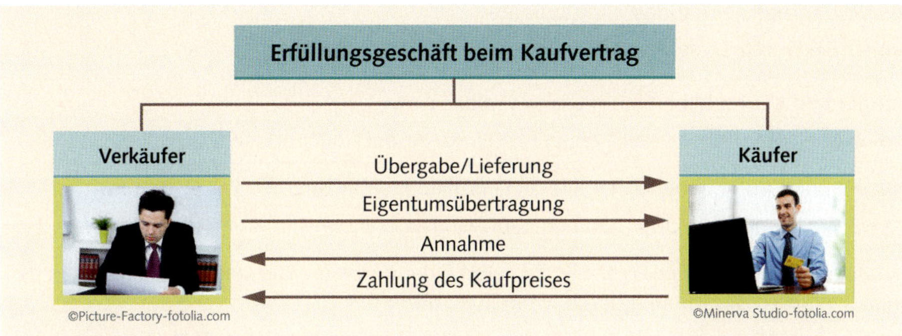

Häufig fallen Verpflichtungs- und Erfüllungsgeschäft zusammen (z. B. bei Einkäufen des täglichen Lebens), ohne dass wir uns bewusst sind, mehrere Rechtsgeschäfte zu tätigen.

Beispiel

Wer in einer Bäckerei Brot kauft, geht folgende Rechtsgeschäfte ein:

1. **Verpflichtungsgeschäft:** Verpflichtung zur Übergabe des Brotes und Übertragung des Eigentums (seitens des Verkäufers) sowie Verpflichtung zur Annahme des Brotes und Zahlung des Kaufpreises (seitens des Käufers).
2. **Erfüllungsgeschäft:** die tatsächliche Übergabe des Brotes und Übertragung des Eigentums (Verkäufer) sowie die Annahme des Brotes und Zahlung des Kaufpreises (Käufer).

Dennoch ist es wichtig, zwischen Verpflichtungs- und Erfüllungsgeschäft zu unterscheiden. Kommt z. B. eine Person ihren Verpflichtungen aus einem Vertrag nicht nach, so muss sie mit Rechtsfolgen rechnen, insbesondere damit, dass der Vertragspartner Ansprüche geltend macht.

1.7 Kaufvertragsarten

Kaufverträge spielen im Geschäftsleben eine herausragende Rolle. Insbesondere wegen ihrer unterschiedlichen Rechtswirkungen werden sie besonders genau unterschieden und definiert.

Kaufvertragsarten nach Rechtsstellung und Sitz der Vertragspartner

Kaufvertragsarten	Erläuterung/Beispiel
bürgerlicher Kauf	Beide Vertragspartner handeln als Nichtkaufleute. **Beispiel:** Frau Müller verkauft ihren gebrauchten Pkw an ihre Nachbarin.
einseitiger Handelskauf	Einer der Vertragspartner handelt als Kaufmann (für ihn gehört es zum Handelsgeschäft), der andere nicht. **Beispiel:** Ein Antiquitätenhändler kauft „von privat" eine alte Uhr.
insbesondere **Verbrauchsgüterkauf**	Verbraucher kauft vom Unternehmer eine bewegliche Sache. **Beispiel:** Ein Lehrer kauft Bücher in einer Buchhandlung.
zweiseitiger Handelskauf	Beide Vertragspartner handeln als Kaufleute. **Beispiel:** Ein Einzelhändler kauft beim Großhändler Ware für seinen Betrieb.
Platzkauf	Verkäufer und Käufer haben ihren Sitz am selben Ort. **Beispiel:** Ein Unternehmen kauft einen Firmenwagen bei einem ortsansässigen Autohändler.
Distanzkauf	Verkäufer und Käufer haben ihren Sitz an verschiedenen Orten. **Beispiel:** Ein Hamburger Unternehmen kauft ein Maschinenteil in Bremen.
Versendungskauf	Verkäufer und Käufer haben ihren Sitz an verschiedenen Orten. Der Verkäufer verschickt die Ware auf Wunsch des Kunden durch einen Frachtführer. **Beispiel:** Hans Meier (Münster) kauft bei einem Moselwinzer Wein. Der Wein wird auf Wunsch von Meier per Spedition geliefert.

Kaufvertragsarten nach Art, Güte und Beschaffenheit der Ware

Kaufvertragsarten	Erläuterung/Beispiel
Gattungskauf	Die Ware ist nicht individuell bestimmt (eine vertretbare Sache). Der Käufer kann nur Waren mittlerer Art und Güte erwarten. **Beispiel:** Das Gartenbauamt lässt sich 500 Rotbuchensetzlinge und 20 Schubkarren liefern.
Stückkauf	Die Ware ist individuell bestimmt (keine vertretbare Sache). **Beispiel:** Es wird ein Kaufvertrag über einen bestimmten Gebrauchtwagen abgeschlossen.

Kaufvertragsarten	Erläuterung/Beispiel
Kauf auf Probe	Der Käufer bestellt eine Ware, um sie auf ihre Eignung zu überprüfen. Ist er mit der Ware nicht zufrieden, so kann er sie zurückgeben und ist nicht zur Zahlung des Kaufpreises verpflichtet. Entscheidend ist seine Billigung; ggf. ist eine Frist zu beachten. **Beispiel:** Ein Teppich wird bestellt und geliefert; gefällt er im neuen Umfeld nicht, kann er zurückgegeben werden.
Kauf zur Probe	Der – ganz „normale" – Kauf wird zunächst zu Testzwecken über eine kleine Menge abgeschlossen. Ein Recht zur Rückgabe besteht nicht. Bei Gefallen wird ein größerer Auftrag in Aussicht gestellt (unverbindlich). **Beispiel:** Für einen Raum wird ein Teppichboden gekauft; bei Bewährung wird ein Anschlussauftrag für weitere Räume in Aussicht gestellt.
Kauf nach Probe	Der Käufer bestellt eine Ware, die dem zugesandten Muster bzw. einer früher gelieferten Ware entspricht. **Beispiel:** Für ein Büro wird Teppichboden nach einem zuvor gelieferten Muster bestellt.
Spezifikationskauf	Der Käufer bestimmt zunächst die Warenart und die Menge. Innerhalb einer bestimmten Frist hat er das Recht, die Ware nach Form, Farbe und Ausstattung genauer zu bestimmen. **Beispiel:** Ein Unternehmen bestellt einen neuen Firmenwagen. Die Farbe und Extras werden später festgelegt.
Kauf in Bausch und Bogen (Ramschkauf)	Die gesamte Warenmenge wird zu einem Pauschalpreis erworben. Der Käufer hat weder ein Auswahlrecht noch die Möglichkeit, Qualitätsmängel zu reklamieren. **Beispiel:** Ein Aufkäufer erwirbt bei einer Geschäftsaufgabe die gesamte Lagermenge an Aktenordnern.

■ Kaufvertragsarten nach Lieferbedingungen

Kaufvertragsarten	Erläuterung/Beispiel
Terminkauf	Der Liefertermin wird mehr oder weniger genau festgelegt. **Beispiel:** Lieferung in der 36. Woche; Lieferung innerhalb von 60 Tagen; Lieferung bis Anfang (01.), Mitte (15.) oder Ende (letzter Tag) des Monats (§ 192 BGB)
Fixkauf/ Zweckkauf	Der Liefertermin wird kalendermäßig genau festgelegt. Es darf weder früher noch später geliefert werden. Ergibt sich der genaue Termin aus dem Verwendungszweck (z. B. Hochzeitsbuffet), spricht man von einem Zweckkauf. **Beispiel:** Lieferung am 12.12.20.. **Beispiel:** Lieferung des Brautstraußes zum Tag der Hochzeit 11:00 Uhr
Kauf auf Abruf	Der Käufer kann die Lieferung in Teilmengen innerhalb eines vereinbarten Zeitraums abrufen. In der Regel wird auch der Rhythmus (Mengen und Zeitpunkte) vereinbart, in dem abgerufen wird. **Beispiel:** Eine Druckerei kauft 5 Mio. Blatt Papier und ruft kleinere Mengen monatlich beim Lieferanten ab.

Kaufvertragsarten	Erläuterung/Beispiel
Sofortkauf (Handkauf = Sofortkauf im Ladengeschäft des Verkäufers)	Die Ware ist sofort zu liefern und sofort zu bezahlen (Zug-um-Zug-Geschäft). **Beispiel:** Kauf von Lebensmitteln im Supermarkt
Streckengeschäft	Der Verkäufer lässt die Ware direkt von seinem Lieferanten (z. B. Hersteller) an seine Kunden liefern. Das Lager des Verkäufers wird nicht berührt. **Beispiel:** Ein Kunde kauft im Baumarkt ein Gartenhaus. Die Lieferung erfolgt direkt vom holländischen Hersteller zum Kunden.

Kaufvertragsarten nach Zahlungsbedingungen

Kaufvertragsarten	Erläuterung/Beispiel
Kauf gegen Vorkasse	Der gesamte Kaufpreis (oder ein Teil) ist vor Lieferung zu entrichten. **Beispiel:** Die maßgeschneiderte Einbauküche wird erst nach Erhalt einer Anzahlung von 50 % des Kaufpreises geliefert.
Barkauf	Die Ware ist sofort bar zu bezahlen. **Beispiel:** Barzahlung bei Kauf von Lebensmitteln im Supermarkt
Zielkauf	Die Zahlung muss bis zum Ablauf einer festgelegten Zahlungsfrist (Zahlungsziel) erfolgen. **Beispiel:** Zahlungsziel 30 Tage
Kommissionskauf	Die Waren werden im eigenen Namen, aber auf fremde Rechnung verkauft. **Beispiel:** In vielen Supermärkten werden Zeitschriften auf Kommission verkauft. Der Supermarkt verkauft die Zeitschriften "in seinem Namen", aber auf Rechnung der Zeitschriftenverlage. Der Lieferer (Zeitschriftenverlag) trägt das Absatzrisiko; was nicht verkauft wird, nimmt er zurück.
Teilzahlungskauf (Ratenkauf/ Abzahlungskauf)	Bei Warenlieferung leistet der Käufer in der Regel eine Teilzahlung bei Übergabe der Ware und verpflichtet sich, den Restbetrag in mindestens zwei gleichbleibenden Raten zu zahlen. **Beispiel:** Ein Kunde kauft ein neues Fernsehgerät für 1850,00 EUR. Er zahlt 350,00 EUR sofort an. Die Restsumme begleicht er in 24 Monatsraten zu 62,50 EUR.
Ratenlieferungskauf	Es findet ein Kauf zusammengehöriger Sachen mit vereinbarten Teillieferungen statt, die jeweils zu bezahlen sind, oder eine regelmäßige Lieferung gleichartiger Sachen oder Verpflichtung zum wiederkehrenden Bezug von Sachen. **Beispiel:** Ein Kunde kauft als Set 24 Sammlertassen mit monatlicher Lieferung von 2 Tassen. Ebenso: Zeitschriftenabonnement, Buchclub-Abonnement.

1.8 Besondere Regelungen für den Abschluss des Kaufvertrages

1.8.1 Allgemeine Geschäftsbedingungen

Das grundsätzliche Prinzip der Vertragsfreiheit wird in der Wirklichkeit oft eingeschränkt. In ihren **Allgemeinen Geschäftsbedingungen (AGB)** legen Unternehmen vorab wesentliche Bestandteile eines Vertrages einseitig fest, um nicht bei jedem Vertragsabschluss alle Einzelheiten erneut verhandeln zu müssen. Der Vertragspartner soll sich dann generell mit den AGB einverstanden erklären.

§ 305 I BGB

Merke

Allgemeine Geschäftsbedingungen sind alle für eine Vielzahl von Verträgen vorformulierten Vertragsbedingungen, die eine Vertragspartei der anderen Vertragspartei stellt.

Insbesondere können die Allgemeinen Geschäftsbedingungen sich beziehen auf:

- Regelungen zur Lieferpflicht und zur Lieferzeit,
- Bestimmungen zu Preisen und Nachlässen,
- Regelungen zu Zahlungsbedingungen und Zahlungsverzug,
- Handhabung des Warenversands (Mittel, Risiken, Kosten),
- Regelungen zur Wahrnehmung von Rechten des Käufers und Verkäufers bei Vertragsstörungen,
- Eigentumsvorbehalt des Verkäufers,
- Erfüllungsort und Gerichtsstand.

Allgemeine Geschäftsbedingungen liegen nicht vor, soweit die Vertragsbedingungen im Einzelnen ausgehandelt werden (individuelle Absprachen).

Merke

Werden individuelle Absprachen getroffen, so haben diese Vorrang vor den AGB.

Zwar erleichtern die AGB den Vertragsabschluss, doch setzen wirtschaftlich starke Unternehmen mit diesem Instrument ihre Interessen gegenüber Verbrauchern, aber auch gegenüber wirtschaftlich schwächeren Unternehmen durch.

In den Regelungen des BGB zu den AGB kommt ein **Schutzgedanke** gegenüber Privatpersonen besonders deutlich zum Ausdruck. Allgemeine Geschäftsbedingungen werden grundsätzlich nur wirksam, wenn

- der Verkäufer auf seine AGB **hinweist** (ausdrücklich oder durch einen deutlich sichtbaren Aushang),
- der Käufer die Gelegenheit hat, den Inhalt der Allgemeinen Geschäftsbedingungen zur **Kenntnis** zu nehmen,
- der Käufer sein **Einverständnis** gegeben hat (ausdrücklich oder durch schlüssiges Handeln).

Wichtige Vorschriften zur Einbeziehung Allgemeiner Geschäftsbedingungen in den Vertrag	
Individuelle Vertragsabreden (auch mündlich – allerdings mit Beweisproblemen) haben Vorrang vor den Allgemeinen Geschäftsbedingungen.	§ 305b BGB
Auslegungsunterschiede gehen zu Lasten des Verwenders der Allgemeinen Geschäftsbedingungen. **Überraschende und mehrdeutige Klauseln** sind unwirksam. **Beispiel:** Mit der Buchung eines EDV-Kurses wird laut AGB ein PC erworben. Der PC muss nicht gekauft werden.	§ 305c BGB
Rechtsfolgen bei Unwirksamkeit: Ist eine Klausel unwirksam, so bleibt der Vertrag im Übrigen wirksam. Der Inhalt des Vertrages richtet sich dann in diesem Punkt nach den gesetzlichen Vorschriften.	§ 306 BGB
Inhaltskontrolle: Bestimmungen in den Allgemeinen Geschäftsbedingungen sind **unwirksam**, wenn sie den Vertragspartner des Verwenders entgegen den Geboten von Treu und Glauben **unangemessen benachteiligen.**	§ 307 BGB
Grundsätzlich unwirksam sind u. a. folgende Klauseln: • **Rücktrittsvorbehalt:** jederzeit vom Vertrag zurücktreten zu dürfen; • **Änderungsvorbehalt:** die versprochene Leistung willkürlich ändern zu dürfen; • **kurzfristige Preiserhöhung:** Preiserhöhungen innerhalb von 4 Monaten vorzunehmen; • **Verkürzung der Gewährleistungspflichten:** Reklamationen von Verbrauchern beispielsweise nur innerhalb von 14 Tagen anzuerkennen; • **Beschränkung der gesetzlichen Gewährleistungsrechte:** z. B. Festlegung auf Nachbesserung bei Ausschluss des Rechtes zur Minderung oder Ausschluss des Rechtes zum Rücktritt bei fehlgeschlagener Nachbesserung.	§ 308 BGB (mit Wertungsmöglichkeit) § 309 BGB (ohne Wertungsmöglichkeit) (Wertungsmöglichkeit bedeutet, dass ein Bewertungsspielraum vorhanden ist.)

1.8.2 Fernabsatzverträge und elektronischer Geschäftsverkehr

Die Merkmale von Fernabsatzverträgen und elektronischem Geschäftsverkehr sind weitgehend identisch. Eine Differenzierung ist dennoch erforderlich, da die Vertragspartner unterschiedliche oder zusätzliche Pflichten zu erfüllen haben bzw. Rechte in Anspruch nehmen können.

So kommt es insbesondere darauf an, ob die Vertragspartner als **Unternehmer** oder **Verbraucher** handeln. Z. B. kann nur bei einem Vertrag zwischen einem Unternehmer und einem Verbraucher widerrufen werden. Handelt der Anbieter privat, also nicht in Ausübung einer gewerblichen oder selbstständigen Tätigkeit, ist ein **Widerrufsrecht** nicht gegeben.

Voraussetzungen	
Fernabsatzverträge	**elektronischer Geschäftsverkehr**
Lieferung von Waren oder die Erbringung von Dienstleistungen	Lieferung von Waren oder die Erbringung von Dienstleistungen
Vertragspartner: (ausschließlich) Unternehmer – Verbraucher	**Vertragspartner:** Unternehmer – Verbraucher Unternehmer – Unternehmer
Vertragsabschluss unter **Einsatz von Fernkommunikationsmitteln** (z. B. Briefe, Kataloge, Telefonanrufe, E-Mails sowie Kontakte über Internet) Telemedien sind keine Voraussetzung. Der Offline-Handel, z. B. klassischer Versandhandel, ist genauso betroffen wie der Online-Handel. Vertrag muss ausschließlich **im Rahmen eines für Fernabsatz organisierten Vertriebs- und Dienstleistungssystems** stattfinden (z. B. aufgrund eines Kataloges bei einem Versandhaus). Die Vertriebsform darf nicht nur gelegentlich genutzt werden.	Vertragsabschluss **ausschließlich unter Einsatz von Telemedien/elektronischen Medien** (z. B. Webshops, Online-Auktionshäuser, Angebote von Mediatheken der Rundfunkveranstalter) Es kommt darauf an, dass der Kunde die Information zum Zweck einer Bestellung **individuell elektronisch** abrufen kann. (Nicht anwendbar ist die Vorschrift auf Standardbriefe und telefonische Vertragsanbahnung, ebenso wenig auf Telefax und E-Mail-Verwendungen, die sich an eine unbestimmte Zahl von möglichen Kunden wenden.)

Pflichten des Unternehmers bei Fernabsatzverträgen

Für Fernabsatzverträge gelten speziell geregelte **Informationspflichten** des Unternehmers. Diese betreffen u. a.

- die Identität des Unternehmens,
- wesentliche Merkmale der Ware oder Dienstleistung,
- Preis – einschließlich aller Preisbestandteile und gegebenenfalls entstehender Kosten,
- Einzelheiten zu Lieferung und Zahlung,
- Widerrufsrecht.

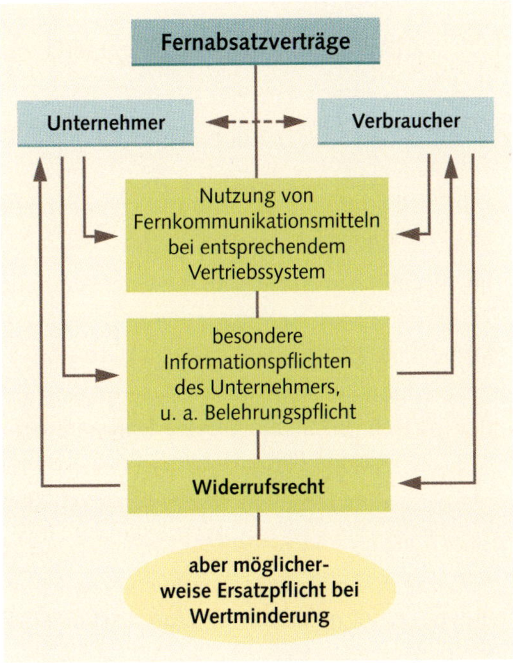

§ 312c BGB
§ 312d BGB
§ 356 BGB

©WoGi-fotolia.com

Ein Widerruf des Käufers erfolgt durch Erklärung gegenüber dem Unternehmer. Aus der Erklärung muss der Entschluss des Verbrauchers zum Widerruf eindeutig hervorgehen.

§ 355 BGB

Eine Begründung ist nicht erforderlich. Die **Widerrufsfrist beträgt 14 Tage.** Diese beginnt grundsätzlich mit dem Zeitpunkt der – erforderlichen – Belehrung des Käufers über das Widerrufsrecht, bei der Lieferung von Waren nicht vor dem Tag des Wareneingangs beim Empfänger.

■ Pflichten im elektronischen Geschäftsverkehr

§ 312g BGB

Ein stetig wachsender Anteil des Handels findet durch den elektronischen Geschäftsverkehr statt – insbesondere als E-Commerce über das Internet. Der Gesetzgeber gibt dem Unternehmer dazu eine Reihe von Pflichten auf, z. B.:

- technische Mittel zur Erkennung und Korrektur von Eingabefehlern zur Verfügung stellen;
- Informationen zur Erkennung und Berichtigung von Eingabefehlern vor Abgabe der Vertragserklärung bereitstellen;
- die Speicherung des Vertragstextes nach dem Vertragsschluss ermöglichen;
- den Zugang einer Bestellung unverzüglich auf elektronischem Wege bestätigen;
- auf die Möglichkeit hinweisen, die Vertragsbestimmungen einschließlich der Allgemeinen Geschäftsbedingungen bei Vertragsschluss abzurufen und in wiedergabefähiger Form zu speichern.

Sofern der Kunde ein **Verbraucher** ist, besteht in der Regel ein **Widerrufs- oder Rückgaberecht** (entsprechend Fernabsatzverträgen).

1.9 Zusammenfassung und Aufgaben

Zusammenfassung

Rechtsordnung

Die Rechtsordnung umfasst zwei große Teilbereiche – das **öffentliche Recht** und das **Privatrecht.**

Im **öffentlichen Recht** sind die Rechtsbeziehungen insbesondere zwischen übergeordneten und untergeordneten Trägern von Rechten und Pflichten meist zwingend geregelt.

Im **privaten Recht** können die Einzelnen als Gleichgeordnete ihre persönlichen und wirtschaftlichen Interessen wahrnehmen und autonom – ohne direkte Staatseingriffe – regeln (Grundsatz der Privatautonomie).

Rechtsfähigkeit und Geschäftsfähigkeit

Alle Träger von Rechten und Pflichten werden als **Rechtssubjekte** bezeichnet. Man unterscheidet **natürliche** und **juristische Personen**.

Rechtsfähigkeit: Fähigkeit, Träger von Rechten und Pflichten zu sein

Geschäftsfähigkeit: Fähigkeit, Rechtsgeschäfte selbstständig und wirksam abschließen zu können

Stufen der Geschäftsfähigkeit

geschäftsunfähig: Alter 0 – 6 Jahre; Willenserklärungen sind unwirksam (nichtig).

beschränkt geschäftsfähig: Alter 7 – 17 Jahre; Willenserklärungen sind schwebend unwirksam.

voll geschäftsfähig: Alter ab 18 Jahre; Willenserklärungen sind wirksam.

Besitz und Eigentum

Rechtsobjekte sind alle Güter von natürlichen und juristischen Personen, auf die rechtlich Einfluss genommen werden kann (Sachen, Tiere, Rechte).

Besitz: tatsächliche Verfügungsgewalt über eine Sache

Eigentum: rechtliche Verfügungsgewalt über eine Sache

Rechtsgeschäfte

Willenserklärungen sind Voraussetzung für das Zustandekommen von Rechtsgeschäften.

Nach der Anzahl der Willenserklärungen unterscheidet man **einseitige** (empfangsbedürftige/nicht empfangsbedürftige) und **mehrseitige** (einseitig/mehrseitig verpflichtende) **Rechtsgeschäfte.**

Willenserklärungen können durch **ausdrückliche Äußerungen** und in bestimmten Fällen durch **schlüssiges Handeln** und **bloßes Schweigen** vorgenommen werden.

Die **Vertragsfreiheit** sieht folgende Grundsätze vor:
Abschlussfreiheit, Gestaltungsfreiheit und **Formfreiheit.**

Nichtigkeit und Anfechtbarkeit von Rechtsgeschäften

Nichtigkeit bedeutet, dass ein Rechtsgeschäft aufgrund einer gesetzlichen Vorschrift **von Anfang an unwirksam** ist: z. B. Scheingeschäft, Formverstoß, Gesetzesverstoß, Sittenwidrigkeit.

Anfechtbarkeit bedeutet, dass ein Rechtsgeschäft **rückwirkend** durch einen Einwand für **unwirksam** erklärt werden kann: Inhalts-, Erklärungs-, Eigenschafts- und Übermittlungsirrtum, arglistige Täuschung, widerrechtliche Drohung.

Zustandekommen von Kaufverträgen

Ein **Kaufvertrag** kommt durch zwei übereinstimmende Willenserklärungen zustande: Die 1. Willenserklärung heißt **Antrag,** die 2. Willenserklärung heißt **Annahme.**

Die **Willenserklärungen** sind grundsätzlich **bindend.** Die Bindung kann aber **ausgeschlossen** oder **befristet** sein.

Ein **rechtzeitiger Widerruf** muss spätestens gleichzeitig mit dem Eintreffen des Antrags beim Vertragspartner eingehen.

Ein **Antrag unter Anwesenden** ist so lange bindend, wie die Unterredung (auch telefonisch) dauert. Ein **Antrag unter Abwesenden** ist so lange bindend, wie unter regelmäßigen Umständen eine Antwort erwartet werden kann.

Das **Angebot** ist eine an eine bestimmte Person oder Personengruppe gerichtete Willenserklärung, Waren unter bestimmten Bedingungen zu liefern oder eine Leistung zu erbringen.

Ein **Kaufvertrag** kommt **ausgehend vom Verkäufer** durch ein Angebot und eine Bestellung zustande, **ausgehend vom Käufer** durch eine Bestellung und eine Bestellungsannahme.

Kaufvertragsarten und besondere Regelungen für den Abschluss des Kaufvertrages

Kaufvertragsarten werden unterschieden nach der Rechtsstellung und dem Sitz der Vertragspartner, nach Art, Güte und Beschaffenheit sowie nach Lieferungs- und Zahlungsbedingungen.

In den **Allgemeinen Geschäftsbedingungen (AGB)** legen Unternehmen wesentliche Bestandteile eines Vertrages einseitig fest, um nicht bei jedem Vertragsabschluss alle Einzelheiten erneut verhandeln zu müssen.

Bei **Fernabsatzverträgen** findet der Vertragsabschluss unter Einsatz von Fernkommunikationsmitteln statt (z. B. Briefe, Telefonanrufe, E-Mails). Telemedien sind keine Voraussetzung. Vertragspartner: ausschließlich Unternehmer – Verbraucher.

Elektronischer Geschäftsverkehr ist ausschließlich bei Einsatz von Telemedien gegeben. Vertragspartner: Unternehmer – Verbraucher; Unternehmer – Unternehmer.

Für **Fernabsatzverträge** und den **elektronischen Geschäftsverkehr** gelten speziell geregelte Informationspflichten des Unternehmers.

Aufgaben

1. Prüfen Sie die nachfolgenden Aussagen auf ihre Richtigkeit. Die Antwort ist jeweils zu begründen.

(1) Öffentliches Recht und Privatrecht sind in der Regel zwingend.

(2) Sowohl Rechtssubjekte als auch Rechtsobjekte sind rechtsfähig.

(3) Die Fähigkeit, Rechtsgeschäfte selbstständig und wirksam abschließen zu können, ist u. a. vom Lebensalter abhängig.

(4) Der Besitzer einer Sache ist auch immer deren Eigentümer.

(5) Für das Zustandekommen von Verträgen sind mindestens zwei übereinstimmende Willenserklärungen erforderlich.

(6) Unter Abschlussfreiheit versteht man die Möglichkeit, die Form des Vertragsabschlusses frei zu wählen.

(7) Die Bindung an eine Willenserklärung kann beschränkt werden.

(8) In besonderen Fällen schreibt der Gesetzgeber Formvorschriften für das Zustandekommen von Rechtsgeschäften vor.

(9) Wird eine Willenserklärung nur zum Scherz abgegeben, so ist das Rechtsgeschäft nichtig.

(10) Der Antrag zum Abschluss des Kaufvertrages ist in jedem Fall als Angebot zu bezeichnen.

(11) Angebote sind immer verbindlich.

(12) Beim Kaufvertrag unterscheidet man das Verpflichtungs- und das Erfüllungsgeschäft.

(13) Den Kauf eines Maßanzuges nennt man Gattungskauf.

(14) Wichtige Vorschriften des BGB schützen den Käufer vor einem Missbrauch der AGB durch den Verkäufer.

2. Ordnen Sie die folgenden Vorgänge dem öffentlichen Recht bzw. dem Privatrecht zu:

- Verschicken eines Gewerbesteuerbescheides,
- Abschluss eines Mietvertrages zwischen der Stadt und einem Gewerbebetrieb,
- Haftanordnung gegen einen Kaufmann,
- Kauf von Aktien durch eine Privatperson,
- Bauvorschriften in einem Wohngebiet,
- Abschluss eines Arbeitsvertrages.

3. Begründen Sie, warum es sinnvoll ist, privatrechtliche Beziehungen weitgehend ohne staatliche Eingriffe zu regeln.

4. Erläutern Sie darauf bezogen, warum die mit einer solchen Privatautonomie verbundene Freiheit für den weniger informierten oder wirtschaftlich schwächeren Vertragspartner zu Nachteilen führen kann.

5. Beurteilen Sie folgende Fälle zur Geschäftsfähigkeit unter rechtlichen Aspekten:

a) Der 17-jährige Marcel arbeitet als Hilfsarbeiter mit Einwilligung seiner Eltern „auf dem Bau". Da es ihm dort nicht gefällt, kündigt er und beginnt eine Hilfstätigkeit in einem Fitness-Studio.

b) Die 17-jährige Leonie eröffnet mit Einwilligung ihrer Eltern und mit vormundschaftlicher Genehmigung einen Computershop. Als sie einen Freund als Verkäufer einstellt, sind ihre Eltern dagegen.

c) Die 16-jährige Julia kauft sich ohne Wissen ihrer Eltern ein Smartphone. Sie zahlt von ihrem Taschengeld 50,00 EUR an. Den Rest von 220,00 EUR will sie in vier Raten zahlen.

d) Der 10-jährige Sven erhält als Geschenk von seinen Großeltern einen Hund und 1000,00 EUR in bar. Die Eltern sind dagegen.

e) Die 5-jährige Katrin kauft sich von ihrem Taschengeld Eis und isst es auf. Die Eltern verlangen vom Verkäufer den vollen Kaufpreis zurück.

6. Überprüfen Sie, ob die Formvorschriften jeweils beachtet wurden:

a) Der Vermieter kündigt fernmündlich dem Mieter die Wohnung.

b) Ein Widerruf beim Verbrauchsgüterkauf erfolgt per Fax.

c) Verkäufer und Käufer schließen einen schriftlichen Vertrag über den Kauf eines Grundstücks.

7. Bestimmen Sie, welche Vertragsarten angesprochen werden:

a) Pia und Anke planen einen gemeinsamen Winterurlaub. Anke ruft im Hotel Sonnenalp an und bucht für eine Woche ein Doppelzimmer.

b) Pia hat sich etwas Besonderes zum Apres-Ski an der Eisbar ausgedacht. In der „Wollkiste" lässt sie sich einen handgestrickten Pullover anfertigen.

c) Damit Anke auch für alle Fälle einen „Notgroschen" hat, steckt ihr der Vater noch etwas Geld zu, das Anke aber vereinbarungsgemäß zurückzahlen muss.

d) Anke besorgt sich im Sporthaus für den Urlaub ein Snowboard für 20,00 EUR „Leihgebühr" pro Tag.

e) Vor Ort erwirbt Anke einen Skipass für eine Woche.

8. Bei einem Vertragsabschluss weist der Hersteller von Fahrradträgern den Einzelhändler auf die Gültigkeit seiner Allgemeinen Geschäftsbedingungen hin.

a) Erläutern Sie, was man allgemein unter den AGB versteht.

b) Nennen Sie Regelungen, auf die sich die AGB insbesondere beziehen.

c) Erklären Sie wesentliche Bestimmungen des BGB zur Einbeziehung Allgemeiner Geschäftsbedingungen in den Vertrag.

d) Nennen Sie Beispiele für unwirksame Klauseln.

9. Unterscheiden Sie „Fernabsatzverträge" und „elektronischen Geschäftsverkehr" anhand folgender Merkmale

a) Vertragsabschluss

b) Vertragspartner

c) Pflichten

2 Beschaffungsprozesse planen

2.1 Aufgaben, Ziele und Gegenstand der Beschaffungsplanung

Jede Unternehmung zeichnet sich dadurch aus, dass sie Sachgüter oder Dienstleistungen erstellt, die sie am Markt absetzen will. Dazu müssen sich die Sach- und Dienstleistungsbetriebe ihrerseits mit allem versorgen, was für ihren Leistungserstellungsprozess erforderlich ist.

Merke

Zentrale Aufgabe des **Beschaffungswesens** ist die Versorgung der Unternehmung mit Beschaffungsobjekten.

©Trueffelpix-fotolia.com

Ökonomisches Ziel der Unternehmung muss es demnach sein, diese Versorgung sicherzustellen – und das auf möglichst **wirtschaftliche** Weise. Allerdings sind dabei auch **ökologische** und **soziale, rechtliche** und **politische** Rahmenbedingungen zu berücksichtigen.

Darüber hinaus ist aber auch zu gewährleisten, dass die Beschaffungsobjekte tatsächlich so bereitgestellt werden, wie dies für den Leistungserstellungsprozess erforderlich ist.

Beschaffungsobjekte müssen

- in der erforderlichen **Art**, **Qualität** und **Menge**,
- zum richtigen **Zeitpunkt,**
- am richtigen **Ort,**
- zum angestrebten **Preis,**

zur Verfügung stehen.

©fotomek-fotolia.com

Zugleich sind Möglichkeiten der Kostensenkung zu berücksichtigen, die auch in die Verhandlungen über Preise und Konditionen einfließen. Mögliche Lieferanten sind zu ermitteln und unter Abwägen vielfältiger Gesichtspunkte zu prüfen, aber auch zu beeinflussen. Unter dem Gesichtspunkt der Wirtschaftlichkeit ist festzulegen, wie intensiv die Beschaffungsaktivitäten durchgeführt werden sollen (z. B. Suche nach Lieferanten, Angebotseinholung und -vergleich, Vertragsverhandlungen). Zumindest auf kürzere Sicht ist dabei von geltenden Vorentscheidungen auszugehen: Entscheidungen über **Eigenfertigung oder Fremdbezug** und über **Beschaffungsprinzipien** (z. B. Vorratshaltung).

Eigenfertigung oder Fremdbezug

Entscheidet sich eine Unternehmung, bestimmte Teilleistungen nicht selbst herzustellen, sondern als Vorprodukt zu beziehen, so ändert sich auch die Beschaffungsaufgabe (für Betriebsmittel und Materialien, aber z. B. auch für Dienst- und Arbeitsleistungen).

Beispiel

Gibt z. B. eine Fahrradfabrik die eigene Rahmenproduktion auf, so entfällt eine Produktionsstätte mit ihren Betriebsmitteln und Arbeitsplätzen; statt Rohre sind jetzt vorgefertigte Rahmen zu beschaffen. Vielleicht entschließt man sich sogar, einen bestimmten Radtyp als Handelsware fertig zu beziehen, um das Verkaufsprogramm abzurunden. Nicht nur die Anbieter können dann andere sein, sondern auch die Beschaffungsmärkte.

Gegenstand der Beschaffungsplanung

Vorentscheidungen	
Eigenfertigung oder Fremdbezug	**Beschaffungsprinzipien** • Vorratshaltung • Just-in-Time Beschaffung • Einzelbeschaffung im Bedarfsfall

↓

Elemente der Beschaffungsplanung				
Bedarfsplanung	**Zeitplanung**	**Lieferantenplanung**	**Kommunikationsplanung**	**Lieferflussplanung**
• Beschaffungsobjekte (Art, Qualität) • Beschaffungsmenge **(optimale Bestellmenge)**	• Bestellzeitpunkt **(Sägezahnmodell)** • Bestellrhythmus	• Bezugsquellenermittlung • Lieferantenauswahl **(Angebotsvergleich)**	• Informationsaustausch mit Lieferanten • Vertragsverhandlungen • Lieferantenpflege	• z. B. Transportmittelwahl

↓

Abstimmungsentscheidungen
Intensität der Beschaffungsaktivitäten **(ABC-Analyse)**

Beschaffungsprinzipien

Eine zweite Vorentscheidung betrifft die Beschaffungsprinzipien. Für die Bereitstellung der Einsatzgüter gibt es drei grundsätzliche Möglichkeiten:

➔ **Vorratshaltung**

Es wird ein Vorrat an Gütern auf Lager gehalten. Dies kommt insbesondere bei regelmäßig benötigten Gütern infrage.

©Marco2811-fotolia.com

➔ **Just-in-Time Beschaffung (verbrauchssynchrone Beschaffung)**

Die Güter werden erst genau zu dem Zeitpunkt geliefert, zu dem sie eingesetzt werden. Eine eigene Lagerhaltung entfällt damit für diese Güter. Das Just-in-Time Verfahren stellt höchste Ansprüche an die eigene Planung, insbesondere der Produktion und des betriebsinternen Materialflusses, sowie an die Zuverlässigkeit der Lieferanten und die Fehlerfreiheit der gelieferten Güter. Die Lagerkosten können stark reduziert werden, allerdings steigt das Versorgungsrisiko.

➔ **Einzelbeschaffung im Bedarfsfall**
Z. B. werden Teile für eine Spezialanfertigung erst nach Auftragserteilung beschafft. Ein Problem liegt in der aufwändigeren Zeitplanung. Der Transportkostenanteil kann erheblich steigen. Andererseits entstehen fast keine Lagerkosten.

Das Prinzip der Vorratshaltung steht in den folgenden Ausführungen im Vordergrund.

2.2 Beschaffungsobjekte

Beschaffung im weiteren Sinne umfasst die Versorgung der Unternehmung mit allen benötigten Beschaffungsobjekten: Informationen, Güter (Sachgüter, Dienstleistungen), Arbeitsleistungen, Rechte und Finanzmittel. Im engeren Sinne betrifft die Beschaffungsaufgabe die Bereitstellung von Materialien, Handelswaren und Dienstleistungen.

Materialien

Hierzu gehören **Werkstoffe,** die in Form von Roh-, Hilfs- und Betriebsstoffen für die betriebliche Leistungserstellung erforderlich sind, sowie vorgefertigte **fremdbezogene Teile.**

Werkstoffe		
Rohstoffe	**Hilfsstoffe**	**Betriebsstoffe**
Hauptbestandteile des fertigen Produkts (auf einer relativ geringen Verarbeitungsstufe), z. B. Holz bei Möbeln	**Nebenbestandteile** des fertigen Produkts (auf relativ geringer Verarbeitungsstufe), z. B. Klebstoffe oder Lack bei Möbeln	Keine Bestandteile des fertigen Produktes (dienen der Herstellung), z. B. Brennstoff für eine Trocknungsanlage

Teile haben dagegen einen vergleichsweise hohen Grad an vorausgegangener Be- oder Verarbeitung und werden nahezu unverändert in ein neues Produkt einbezogen, z. B. Beschläge für einen Schrank.

Handelswaren

Wie Teile weisen auch die Handelswaren i. d. R. einen hohen Grad an vorausgegangener Verarbeitung auf. Allerdings gehen sie nicht in ein neues Produkt ein, sondern **werden vorwiegend unverändert weiterverkauft.** Dies ist typisch für Handelsbetriebe. Aber auch im Industriebetrieb werden Handelswaren eingesetzt, um das eigene Verkaufsprogramm (Sortiment) abzurunden.

Dienstleistungen

Während Materialien und Handelswaren zu den Sachgütern gehören, sind Dienstleistungen als **immaterielle Güter** charakterisiert. Eine Dienstleistung ist im Wesentlichen eine Arbeitsleistung, z. B. als Transportleistung, Reinigungsdienst, Wachdienst oder EDV-Systembetreuung. Sie kann grundsätzlich von eigenständigen Dienstleistern am Markt angeboten oder von Beschäftigten des eigenen Betriebs erbracht werden.

2.3 Bedarfsplanung nach Art/Qualität, Menge und Zeit

2.3.1 Bedarfsermittlung nach Art und Qualität

Die Bedarfsermittlung soll in einer vorausschauenden Rechnung den möglichst exakten Bedarf an Waren und Materialien hinsichtlich der Art und Qualität für einen bestimmten Planungszeitraum ermitteln. Im **Handelsbetrieb** orientiert sich die Auswahl der Ware direkt an der Nachfrage der Kunden, von der die Gestaltung des Sortiments unmittelbar abhängig ist. Im **Herstellungsbetrieb** ist die Art der Güter durch die Sicherung der Produktionsbereitschaft für das jeweilige Produktionsprogramm bestimmt, das letztlich ebenfalls die Kundennachfrage berücksichtigen muss.

Bei der Überlegung, welche Warenart beschafft werden soll, kann der Handelsbetrieb z. B. **Artikeldateien, Liefererdateien** oder **Absatzstatistiken** auswerten. Die hieraus gewonnenen Daten geben Auskunft über die Nachfrage im Zeitablauf, so z. B. auch über Nachfrageschwankungen zu bestimmten Zeiten.

Die Bedarfsermittlung darf sich jedoch nicht nur auf die Verbrauchswerte der Vergangenheit beziehen, sondern muss die Ergebnisse der **Marktforschung** mit einbeziehen. Informationen über zukünftige Nachfragewünsche können u. a. durch Markt- und Messeberichte, Berichte über volkswirtschaftliche Entwicklungen, Informationen der Kammern und Verbände, Berichte von Handelsreisenden und Handelsvertretern gewonnen werden.

Darüber hinaus sind von Produktionsbetrieben insbesondere auch technologische Entwicklungen zu beobachten und gegebenenfalls aufzugreifen (z. B. im Hinblick auf neue Materialien mit Konsequenzen für den Fertigungsprozess oder neue Fertigungsverfahren mit Konsequenzen für die zu beschaffenden Materialien).

2.3.2 Mengenplanung

Grobziel der Mengenplanung bei Vorratshaltung ist es, die benötigten Waren und Materialien zu jedem Zeitpunkt in ausreichender Anzahl zur Verfügung stellen zu können.

Merke

> Die **Liefer- bzw. Produktionsfähigkeit** der Unternehmung muss jederzeit gewährleistet sein.

Allerdings kann der **zukünftige Bedarf** für einen bestimmten Zeitraum letztlich nur **geschätzt** werden, da vielfältige Faktoren die Absatz- bzw. Produktionsmenge in der Zukunft verändern können. Eine Entscheidung unter Unsicherheit ist zu treffen.

Anhaltspunkt für zukünftig benötigte Mengen kann die Absatzentwicklung vergangener Perioden sein (Absatzstatistik).

Jedoch können weitere Faktoren den Absatz in der Zukunft ändern, z. B.:

- Einflüsse der **Jahreszeiten** und **Witterungsverhältnisse** (Saisonwaren, Sportartikel),
- Änderung der allgemeinen **Wirtschaftslage** (Konjunktur),
- Wandlungen im **Geschmack** (Modewaren),
- **Geschäftseröffnungen** (Konkurrenz),
- **politische Ereignisse** (Krisen, Hamsterkäufe),
- Änderung des **Kundenkreises** und des **Einkommens** der Kunden (Lohnerhöhung, Kurzarbeit, Weihnachtsgratifikationen).

Ist die insgesamt benötigte Menge z. B. pro Jahr abgeschätzt, so muss festgelegt werden, wie oft und damit auch wie viel jeweils bestellt werden soll. Dabei ist zu berücksichtigen, dass Kosten nicht nur in Zusammenhang mit der Liefermenge, sondern auch für jede Bestellabwicklung anfallen.

Einflussfaktor Lagerkosten

©momius-fotolia.com

Zunächst könnte es sinnvoll erscheinen, die Lagerbestände grundsätzlich möglichst hoch zu halten, um die Liefer- bzw. Produktionsfähigkeit in jedem Fall zu sichern.

Jedoch ist zu bedenken, dass **hohe Lagervorräte**

- viel **Kapital binden** (Kapitalbindungskosten),
- die **Zahlungsfähigkeit belasten** (Liquiditätsverringerung),
- das **Lagerrisiko erhöhen** (Verderb, Bruch …) und
- erhebliche weitere **Lagerkosten verursachen.**

In der Tendenz bedeutet dies: Das Lager ist mengenmäßig möglichst klein zu halten. Das spart Lagerkosten und erhöht die Wirtschaftlichkeit.

Einflussfaktor Bestellkosten

Jede Bestellung verursacht Kosten, z. B. Personalkosten für die Bestellabwicklung sowie Bezugskosten. Dadurch steigen die Bestellkosten mit der **Anzahl der Bestellungen**.

In der Tendenz bedeutet dies, möglichst wenige Bestellvorgänge auszulösen, um die insgesamt anfallenden Bestellkosten niedrig zu halten.

Tipp

Die **Bestellkosten** beinhalten nicht den Einkaufspreis für die Ware!

Merke

Lagerkosten und **Bestellkosten** entwickeln sich gegenläufig.

Bei **vielen, mengenmäßig kleinen Bestellungen** sinken die Lagerkosten, aber die gesamten Bestellkosten steigen.

Wenige, mengenmäßig große Bestellungen minimieren die Bestellkosten, aber die Lagerkosten steigen.

©fotomek-fotolia.com

Optimale Bestellmenge

In einer an Wirtschaftlichkeit orientierten Beschaffungsplanung muss also diejenige Bestellmenge ermittelt werden, bei der die Gesamtkosten für den Planungszeitraum am niedrigsten sind.

Merke

Die **optimale Bestellmenge** ist die Menge, bei der die Summe aus Bestellkosten und Lagerkosten ein Minimum erreicht. Aus der optimalen Bestellmenge ergibt sich entsprechend die optimale Anzahl der Bestellungen pro Jahr.

Die optimale Bestellmenge festlegen

Bestellmenge	Zahl der Bestellungen	Kosten je Bestellung	gesamte Bestellkosten	durchschn. Lagerbestand Menge	durchschn. Lagerbestand Wert	durchschn. Lagerkosten	Gesamtkosten
500 Stück	12	50,00 €	600,00 €	250 Stück	2.250,00 €	225,00 €	825,00 €
600 Stück	10	50,00 €	500,00 €	300 Stück	2.700,00 €	270,00 €	770,00 €
750 Stück	8	50,00 €	400,00 €	375 Stück	3.375,00 €	337,50 €	737,50 €
1.000 Stück	6	50,00 €	300,00 €	500 Stück	4.500,00 €	450,00 €	750,00 €
1.500 Stück	4	50,00 €	200,00 €	750 Stück	6.750,00 €	675,00 €	875,00 €
3.000 Stück	2	50,00 €	100,00 €	1.500 Stück	13.500,00 €	1.350,00 €	1.450,00 €
6.000 Stück	1	50,00 €	50,00 €	3.000 Stück	27.000,00 €	2.700,00 €	2.750,00 €

Bankzinssatz	10 %
EK-Preis/Stück	9,00 €

Bei der grafischen Darstellung der optimalen Bestellmenge wird auf der x-Achse meistens die Bestellmenge angesetzt. Die Lagerkosten steigen dann linear mit der Bestellmenge: Hier steigen sie um 45,00 EUR/100 Stück. Die Bestellkosten fallen in Abhängigkeit von der Bestellmenge degressiv: Bei einer Bestellmenge von 500 Stück liegen sie hier bei 1,20 EUR/Stück, bei einer Bestellmenge von 6.000 Stück nur noch bei 0,008 EUR/Stück. Die Gesamtkostenkurve ergibt sich aus der Addition dieser beiden Graphen.

Wird auf der x-Achse die Zahl der Bestellungen angesetzt, verläuft der Lagerkostengraph degressiv fallend und der Bestellkostengraph steigt linear.

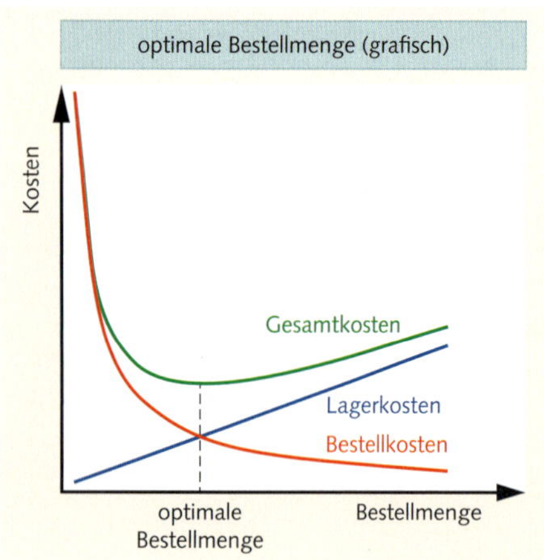

In der **Praxis** trifft die Planung einer optimalen Bestellmenge allerdings auf größere Schwierigkeiten. Es sind weit mehr Faktoren zu berücksichtigen, als im Modell unterstellt werden, z. B.:

- Die Bestellmengen müssen der Lagerkapazität entsprechen.
- Ein gleichmäßiger Lagerabgang ist selten gewährleistet.
- Kostenansätze ändern sich im Zeitablauf, z. B. führen veränderte Einstandspreise zu veränderten Lagerkosten.
- Besonderheiten auf dem Beschaffungsmarkt müssen berücksichtigt werden, z. B. Lieferverzögerungen, Mengenrabatte, Verpackungseinheiten.
- Technologischer Fortschritt ist einzuplanen.
- Die Lagerfähigkeit der Ware ist zu beachten.

2.3.3 Zeitplanung

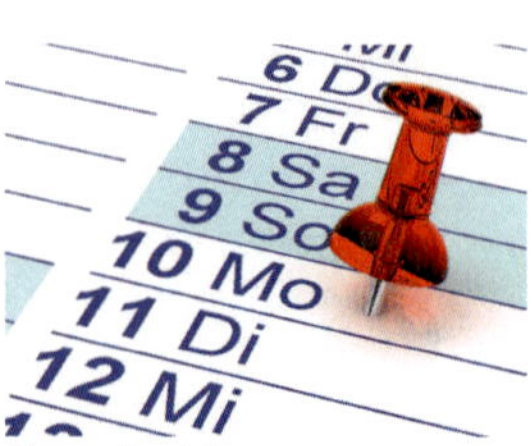

Bei der Vorratshaltung soll eine sorgfältige Zeitplanung dafür sorgen, dass zu jedem Zeitpunkt Waren und Materialien in ausreichender Anzahl zur Verfügung stehen.

In der Regel vergehen einige Tage zwischen dem Bestelltermin und der Lieferung. Zwischenfälle können diesen Zeitraum verlängern und unvorhergesehene Lagerabgänge den Bestand zusätzlich außerplanmäßig verkleinern.

In jedem Fall muss die Bestellung so rechtzeitig erfolgen, dass Liefer- bzw. Produktionsbereitschaft gewährleistet wird, sonst drohen Umsatzverluste und längerfristig orientieren sich Kunden hin zur Konkurrenz.

Für unvorhergesehene Ereignisse (z. B. Lieferschwierigkeiten des Lieferanten aufgrund eines defekten Lkw) sind entsprechende Reserven **(Mindestbestand/eiserner Bestand)** einzuplanen, die im Normalfall nicht angegriffen werden. Es ist jedoch darauf zu achten, dass die Lagermengen nicht unverhältnismäßig ausgeweitet werden.

Merke

Mindestbestand = durchschnittlicher Tagesverbrauch · Sicherheitsfaktor in Tagen

Der **Sicherheitsfaktor** kann nicht berechnet werden, sondern ist von der persönlichen Risikobereitschaft des Unternehmers abhängig. Der risikobereite Unternehmer, der ggf. Produktionsausfall in Kauf nimmt, wird den Sicherheitsfaktor kleiner ansetzen als der risikoscheue Unternehmer, der die Produktionsbereitschaft in jedem Fall sichern will.

Damit im Normalfall der Mindestbestand nicht angegriffen wird, muss rechtzeitig eine neue Bestellung aufgegeben werden. Dabei ist zu berücksichtigen, dass bis zur Lieferung die täglichen Verbrauchs- bzw. Verkaufsmengen zur Verfügung stehen sollen.

Bestellrhythmusverfahren	Bestellpunktverfahren
Beim Bestellrhythmusverfahren werden die **Bestellungen nach vorher festgelegten Zeitintervallen** vorgenommen (z. B. Bestellung jeden Montag). Ist das Zeitintervall abgelaufen, wird der Lagerbestand geprüft und i. d. R. stets so viel bestellt, dass mit Eintreffen der Lieferung der Lagerhöchstbestand wieder erreicht ist. Kurz: Der Beschaffungs**zeitpunkt** ist **fix**, die Beschaffungs**menge** ist **variabel**. Damit eignet sich das Verfahren insbesondere bei gleichmäßigem Materialverbrauch; ansonsten besteht die Gefahr von Lieferengpässen (Fehlmengen) im Zeitraum zwischen den fixen Bestellterminen.	Beim Bestellpunktverfahren werden die **Lagerabgänge laufend kontrolliert**. Zeigen die Lagermengen den festgelegten **Meldebestand**, wird ein neuer Bestellprozess initiiert, sodass mit Erreichen des Mindestbestandes die neue Lieferung eintrifft. Kurz: Der Beschaffungs**zeitpunkt** ist **variabel**, die Beschaffungs**menge** ist **fix** (im Modell stets die optimale Bestellmenge). Das Verfahren erlaubt damit aufgrund der variablen Bestellzeitpunkte eine flexible Anpassung an wechselhafte Lagerabgänge.

Der Meldebestand lässt sich folgendermaßen errechnen:

Merke

Meldebestand = Mindestbestand + (Ø Tagesverbrauch · Lieferzeit in Tagen)

Beispiel

Ein Unternehmen rechnet mit einem Sicherheitsfaktor von 3 Tagen.
Je Tag werden durchschnittlich 6 Stück verkauft. Die Lieferzeit beträgt 4 Tage.

Mindestbestand = 6 Stück/Tag [Ø Tagesverbrauch] · 3 Tage [Sicherheitsfaktor] = 18 Stück
Meldebestand = 18 Stück [Mindestbestand] + (6 Stück/Tag [Ø Verbrauch] · 4 Tage [Lieferzeit]) = 42 Stück

Die jeweils zu ordernde **Bestellmenge** muss die Lagerabgänge, aber auch den Bestand berücksichtigen, der maximal eingelagert werden soll. Dieser **Lagerhöchstbestand** ist insbesondere abhängig von

- der Lagerkapazität,
- der Lagerfähigkeit der Güter,
- von weiteren Bedingungen des Absatz- und Beschaffungsmarktes
- sowie von der optimalen Bestellmenge.

Wird der Höchstbestand unter Berücksichtigung der optimalen Bestellmenge und des Mindestbestandes z. B. auf 90 Stück festgelegt, so kann folgende Grafik, die aufgrund ihres Aussehens auch als **Sägezahnmodell** bezeichnet wird, den Zusammenhang verdeutlichen.

Merke

Das **Sägezahnmodell** zeigt den Zusammenhang zwischen Mindest-, Melde- und Höchstbestand.

Sägezahnmodell

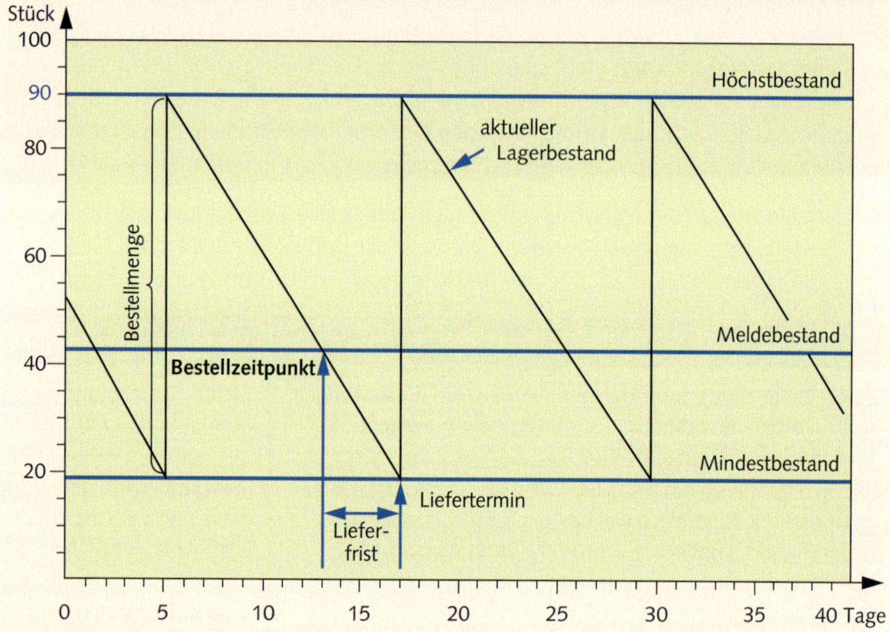

2.4 Ermittlung und Auswahl von Lieferanten

Bezugsquellen

Voraussetzung für eine Lieferantenauswahl ist zunächst eine **Bezugsquellenermittlung.** Das Unternehmen verfügt durch seine Lieferantendatei in der Regel über eine Anzahl von Lieferanten, mit denen es teilweise schon länger zusammenarbeitet. So ergeben sich aus der Lieferantendatei Hinweise auf die Bezugsquellen von regelmäßig benötigten Artikeln. Oft lassen sich dort auch Hinweise auf andere lieferfähige Produkte finden.

Beispiel

Datensatz aus einer Lieferantendatei

Alpina Velo GmbH, Industriepark 16, 48143 Münster, Tel.: 0251 589487-0, www.Alpvel.com					
Gegenstand	Artikelnummer	Angebot am	Einzelpreis je Mengeneinheit	Lieferungs- und Zahlungsbedingungen	Erfahrungen
Alpina Giro D	2134...	07.06. M	ab 34,95 EUR	für alle frei Haus; 10 Tage 2 % Skonto oder 30 Tage netto	pünktlicher, überaus korrekter Lieferant, beste Garantie-abwicklung
Alpina Giro H	2245...	07.06. K	ab 35,95 EUR		
Alpina Giro K	2367...	04.07. V	ab 26,95 EUR		
K = Katalog; M = Mustermappe; V = Vertreter					

In einer nach Lieferanten geordneten Datei werden u. a. alle lieferbaren Artikel (-gruppen) eines Lieferanten erfasst. Ein Unternehmen kann dann bei einer Sortimentsausweitung, -veränderung oder -ergänzung auf diese unternehmensinternen Informationen zurückgreifen.

Trotzdem kann es notwendig sein, neue **Bezugsquellen** zu ermitteln, z. B. wenn alte Lieferanten ausfallen, Preise sich ändern, neue Waren bzw. Materialien gebraucht werden. In diesen Fällen müssen **externe Informationsquellen** genutzt werden. Hierzu zählen u. a.:

- persönliche Kontakte,
- Besuche auf Messen und Ausstellungen,
- Gespräche mit Vertretern,
- Fachzeitschriften und Wirtschaftszeitungen,
- Beschaffungskataloge (z. B. ABC der deutschen Wirtschaft oder Wer liefert was?),
- Branchenverzeichnisse (z. B. Gelbe Seiten),
- Internetplattformen.

©Gelbe Seiten Verlag

Neben dem elektronischen Internethandel zwischen Unternehmen und Verbraucher, der als **B2C** (Business-to-Consumer) bezeichnet wird, werden **B2B** (Business-to-Business) Internetplattformen zunehmend wichtiger für Unternehmen. Der weltweite Handel im Internet auch zwischen Unternehmen steigt von Jahr zu Jahr. Insbesondere das Aufkommen von virtuellen Marktplätzen gibt dem B2B-Handel einen deutlichen Schub.

©bbbar-fotolia.com

LERNFELD 4

■ Kriterien für die Lieferantenauswahl

Tipp

Im Einkauf liegt der halbe Gewinn.

Die Preisplanung hat einen Beitrag zur Wirtschaftlichkeit der Beschaffung zu leisten. Kostensenkungen durch günstigere Einkaufsbedingungen führen bei unverändertem Verkaufspreis zu einer höheren Gewinnspanne.

Eine wichtige Grundlage der Lieferantenauswahl ist der **Angebotsvergleich,** der **quantitative** (rechnerische) und **qualitative** (nicht-rechnerische) Gesichtspunkte enthält.

Neben dem reinen Preisvergleich, bei dem Lieferantenpreise über die Berechnung des Bezugs- oder Einstandspreises vergleichbar gemacht werden, sind oft zusätzliche Kriterien weit wichtiger als ein besonders günstiger Preis. Zu berücksichtigen sind z. B. folgende Fragen:

- Welche Vereinbarungen werden über **Lieferzeit/-termin** getroffen?
- Sind die **Allgemeinen Geschäftsbedingungen** des Lieferers **akzeptabel?**
- Garantiert der Lieferant eine gleichbleibende **Qualität?**
- Wie **problemlos** wird die Bestellung **abgewickelt?**
- Welche **Garantie- bzw. Serviceleistungen** bietet der Lieferant?
- Wie erfolgt der **Transport?**
- Welche **Verpackungsmaterialien** werden benutzt?

Die Gestaltung dieser Einkaufskonditionen und Liefererleistungen ist bei den Vertragsverhandlungen und Beschaffungsentscheidungen ebenso zu berücksichtigen wie günstige Einkaufspreise. Auf der Grundlage der verfügbaren Informationen werden potenzielle Lieferanten bewertet und ausgewählt. Geschäftsbeziehungen mit neuen Lieferanten bergen zunächst ein gewisses Maß an Unsicherheit. Eine verantwortungsvolle Lieferantenauswahl wird sich deshalb auch auf zuverlässige Geschäftsbeziehungen mit bekannten Lieferern stützen.

©Picture-Factory-fotolia.com

Eine besondere Überlegung gilt zudem der **Festlegung der Zahl der Lieferanten.** Werden mehrere Bezugsquellen für einen Artikel favorisiert, ergibt sich eine größere **Unabhängigkeit** von den einzelnen Lieferanten. Bevorzugt man nur wenige große Lieferanten, können oft **Preisvorteile** (Mengenrabatte, Boni) geltend gemacht werden.

Über Preise und sonstige Konditionen (z. B. Lieferungs- und Zahlungsbedingungen, Zusatzleistungen, Garantien) muss in der Regel verhandelt werden. Dabei kommt es insbesondere auch auf eine gelungene Gestaltung der Beziehungen zu Lieferanten (Kommunikationsplanung) an.

2.5 Planung der Beschaffungskommunikation und des Lieferflusses

Kommunikationsplanung

Die Kommunikation mit Lieferanten umfasst die für die Beschaffung notwendigen Informationen (z. B. was, wie viel, wann bezogen werden kann). Darüber hinaus werden aber auch werbende und meinungsbildende Informationen (z. B. Größe der Unternehmung, Bonität, ökologische und soziale Verantwortung) transportiert.

©Picture-Factory-fotolia.com

Den Kern der Beschaffungskommunikation bilden die **Vertragsverhandlungen.** Deren Planung umfasst z. B. die Auswahl der Verhandlungsführer, die Wahl von Ort und Zeit (Zeitpunkt, Dauer) sowie die Gestaltung des Verhandlungsablaufs (Verhandlungsstrategie).

Im Anschluss an die Beschaffungsentscheidung ist eine „Lieferantenpflege" erforderlich (z. B. Einhaltung von Absprachen, bei wichtigen Lieferanten ggf. kulante Reaktionen auf Störungen bei der Vertragserfüllung).

■ Lieferflussplanung

Auch die Steuerung des Lieferflusses ist an den Zielen der Wirtschaftlichkeit und der Sicherheit orientiert. Eine Rolle spielen dabei z. B. die Häufigkeit von (Teil-)Lieferungen, die Wahl der Transportmittel (Lkw, Bahn, Flugzeug) und Transportwege, die Belieferungsgeschwindigkeit und die Festlegung von Anlieferungsorten. Zu berücksichtigen sind auch die räumliche Verteilung der Lieferanten (z. B. Inland, Ausland) und gegebenenfalls der Rücktransport von Leergut. Häufig werden für die Lieferflussplanung Rahmenverträge vereinbart, in denen zwischen den Vertragspartnern festgelegt wird, welche Produkte in welchen Mengen zu welchen Zeitpunkten geliefert werden. Neben den **wirtschaftlichen Zielen** gewinnen bei der Organisation der Lieferflussplanung zunehmend auch **ökologische Aspekte** an Bedeutung.

2.6 Intensität der Beschaffungsentscheidung (ABC-Analyse)

Der Aufwand, der für die Bestimmung optimaler Bestellmengen oder die Durchführung von Angebotsvergleichen mit anschließenden Vertragsverhandlungen zu betreiben ist, rechnet sich unter dem Gesichtspunkt der Wirtschaftlichkeit nicht immer. Für die erforderliche **Kosten-Nutzen-Abwägung** kann als Hilfsmittel die **ABC-Analyse** eingesetzt werden. Dabei geht man von der Überlegung aus, dass die eingelagerten Materialien und Handelswaren einen unterschiedlichen Anteil am Lagerbestandswert haben. Häufig entfällt ein hoher Gesamtwert auf eine kleine Anzahl der zu beschaffenden Güter. Andere Güter, die in großen Mengen gelagert werden, können wertmäßig relativ unbedeutend sein.

Die ABC-Analyse staffelt die Güter vorrangig nach ihrem **Wert** und teilt sie so nach ihrer Bedeutung ein in:

Anteile	A-Güter	B-Güter	C-Güter
Wertanteil	Der Anteil der A-Güter am Wert des Gesamtlagerbestandes ist vergleichsweise hoch (z. B. 70 %).	Bei ihnen fallen Wert- und Mengenanteil meist nicht extrem auseinander.	Der Anteil der C-Güter am Wert des Gesamtlagerbestandes ist gering und liegt oft nur bei etwa 10 %.
Mengenanteil	Alle A-Güter zusammen machen i. d. R. nur einen geringen Anteil an der Gesamtmenge (z. B. 15 %) aus.		Alle C-Güter zusammen machen häufig einen großen Anteil an der Gesamtmenge (z. B. 60 %) aus.

Beispiel

Ein Unternehmen hat im letzten Jahr 8 verschiedene Rohstoffe in unterschiedlichen Mengen beschafft (vgl. Tabelle).

Materialnummer	Menge	Bezugspreis/ Stück	Materialnummer	Menge	Bezugspreis/ Stück
10101	3000 Stück	5,29 EUR	10105	3250 Stück	27,87 EUR
10102	4000 Stück	102,10 EUR	10106	7000 Stück	61,00 EUR
10103	2250 Stück	38,59 EUR	10107	5750 Stück	17,83 EUR
10104	8250 Stück	3,53 EUR	10108	9250 Stück	2,99 EUR

Um darüber entscheiden zu können, welche Rohstoffe einer großen Aufmerksamkeit bei der Beschaffung und Lagerhaltung bedürfen, wird eine **ABC-Analyse** durchgeführt.

ABC-Analyse								Mengenanteil (%)	
Rang	Mat.-Nr.	Jahresbedarf (Stück)	Bezugspreis/ Stück (EUR)	Einkaufswert/Jahr (EUR)	Wertanteil (%) einzeln	Wertanteil (%) kumuliert	Gruppe A, B, C	einzeln	kumuliert
1	10106	7000	61,00	427000,00	35,94	35,94	A	16,37	16,37
2	10102	4000	102,10	408400,00	34,38	70,32	A	9,36	25,73
3	10105	3250	27,87	90577,50	7,62	77,94	B	7,60	33,33
4	10107	5750	17,83	102522,50	8,63	86,57	B	13,45	46,78
5	10103	2250	38,59	86827,50	7,31	93,88	B	5,26	52,04
6	10104	8250	3,53	29122,50	2,45	96,33	C	19,30	71,34
7	10108	9250	2,99	27657,50	2,33	98,66	C	21,64	92,98
8	10101	3000	5,29	15870,00	1,34	100,00	C	7,02	100,00
Summe	---	42750	---	1187977,50	100,00	---	---	100,00	---

Materialgruppe	Wertanteil	Mengenanteil
A	70,32 %	25,73 %
B	23,56 %	26,31 %
C	6,12 %	47,96 %

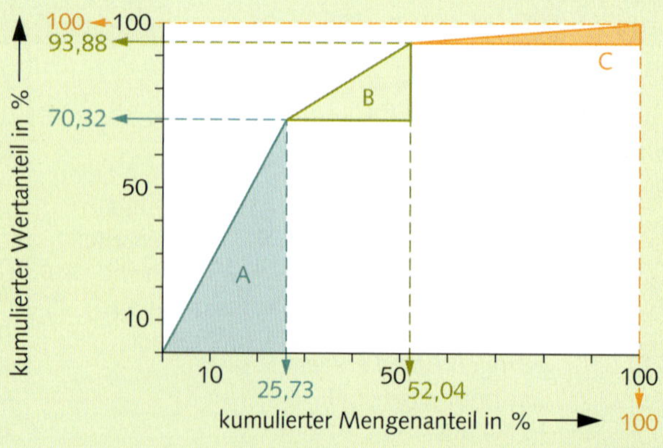

Merke

Die **genaue Grenze zwischen A-, B- und C-Gütern** hat jedes Unternehmen nach seinen jeweiligen Besonderheiten **individuell festzulegen**.

©fotomek-fotolia.com

Denkbar ist sogar, dass in manchen Fällen der Wertanteil eines Beschaffungsobjektes auch nicht zentrales Kriterium für die Einordnung als A-, B- oder C-Gut ist (z. B. bei Beschaffungsengpässen).

Die Erkenntnisse einer ABC-Analyse helfen, **das Wesentliche vom Unwesentlichen zu unterscheiden** und **Schwerpunkte zielgerichtet zu setzen**, um die Beschaffung wirtschaftlicher zu gestalten.

Wirtschaftliche Entscheidungen bei A-, B, und C-Gütern	
A-Güter	Die **A-Güter** sollen bei der Beschaffung und Lagerhaltung besondere Beachtung erfahren. Der **Beschaffungsaufwand wird verstärkt** auf wenige, hochwertige Waren gelegt, für die intensiv mit den Lieferanten verhandelt und Lieferantenpflege betrieben wird. Da wertvolle Waren grundsätzlich **hohe Lagerkosten** verursachen (z. B. hohe Kapitalbindungskosten), ist die optimale Bestellmenge zu berücksichtigen und Lagerkontrolle und Warenpflege werden aufwändiger betrieben. Bei A-Gütern lohnen sich deshalb auch Bemühungen um verbrauchssynchrone Anlieferungen (Just-in-Time) besonders.
C-Güter	Für **C-Güter** (günstige Massenware) hingegen sind die **Verfahren** zu **vereinfachen.** Die Bestellmenge kann grob geschätzt, die Lagerhaltung einfach gehalten werden. Der Sicherheitsbestand darf großzügig bemessen sein.
B-Güter	Der Aufwand für die **B-Güter** wird – je nach ihrer individuellen Bedeutung – zwischen diesen beiden Gruppen liegen.

2.7 Zusammenfassung und Aufgaben

Zusammenfassung

Aufgaben, Ziele und Gegenstand der Beschaffungsplanung
Beschaffungsobjekte müssen - in der erforderlichen **Art, Qualität** und **Menge,** - zum richtigen **Zeitpunkt,** - am richtigen **Ort,** - zum angestrebten **Preis** zur Verfügung stehen. **Vorentscheidungen** über **Fremdbezug oder Eigenfertigung** und über **Beschaffungsprinzipien** (z. B. Vorratshaltung) sind erforderlich. **Elemente der Beschaffungsplanung:** Bedarfsplanung, Zeitplanung, Lieferantenplanung, Kommunikationsplanung, Lieferflussplanung

Beschaffungsobjekte
Materialien (Roh-, Hilfs- und Betriebsstoffe sowie Teile) **Handelswaren** und **Dienstleistungen** (z. B. Transportleistungen, Reinigungsdienst, Wachdienst, EDV-Systembetreuung)

Bedarfsplanung

Bedarfsermittlung nach Art und Qualität: Im **Handelsbetrieb** orientiert sich die Auswahl der zu beschaffenden Ware direkt an der Nachfrage der Kunden; im **Herstellungsbetrieb** ist die Art der Güter, die beschafft werden sollen, durch das jeweilige Produktionsprogramm und die Sicherung der Produktionsbereitschaft bestimmt.

Faktoren der Mengenplanung:

- hauptsächlich Absatz- bzw. Produktionsmenge, außerdem z. B.
- Lagerkosten und Bestellkosten,
- Jahreszeiten, Wirtschaftslage, Wandlungen im Geschmack, Konkurrenz, politische Ereignisse, Änderung des Kundenkreises und des Einkommens der Kunden

Die **optimale Bestellmenge** ist dort gegeben, wo die Summe aus Bestell- und Lagerkosten ein Minimum erreicht.

Zeitplanung

Mindestbestand = Ø Tagesverbrauch · Sicherheitsfaktor in Tagen

Meldebestand = Mindestbestand + (Ø Tagesverbrauch · Lieferzeit in Tagen)

Bestellrhythmusverfahren: Bestelltermine werden nach vorher festgelegten Zeitintervallen vorgenommen. Das Verfahren eignet sich insbesondere bei gleichmäßigem Materialverbrauch.

Bestellpunktverfahren: Lagerabgänge werden laufend kontrolliert; bei Erreichen des Meldebestandes sollte neu bestellt werden.

Ermittlung und Auswahl von Lieferanten

Bezugsquellen: interne Unternehmensdaten (z. B. Liefererdatei), externe Informationsquellen (z. B. Messen, Ausstellungen, Fachzeitschriften, Beschaffungskataloge und Branchenverzeichnisse), Internet (B2C- und B2B-Plattformen)

Kriterien für die Lieferantenauswahl:

- **quantitatives** Kriterium: Bezugspreis/Einstandspreis
- **qualitative** Kriterien: Qualität der Ware, Lieferzeit/-termin, AGB, Bestellabwicklung, Garantie- bzw. Serviceleistungen, Transport, Verpackung …

Die **ABC-Analyse** untersucht die Güter nach Menge und Wert und teilt sie nach ihrer Bedeutung ein, um Aktivitäten auf das Wesentliche zu lenken.

Alle **A-Güter** zusammen stellen mengenmäßig einen geringen, aber wertmäßig einen hohen Anteil des Lagerbestandes dar. Alle **C-Güter** zusammen machen häufig einen großen Mengenanteil, aber einen geringen Wertanteil aus. Bei **B-Gütern** fallen Mengen- und Wertanteil nicht extrem auseinander.

Aufgaben

1. Prüfen Sie die nachfolgenden Aussagen auf ihre Richtigkeit. Die Antwort ist jeweils zu begründen.

   (1) Zu den Vorentscheidungen der Beschaffungsplanung zählen allein die Entscheidungen über Vorratshaltung oder Just-in-Time Beschaffung.

   (2) Als Beschaffungsobjekte sind nur Sachgüter aufzufassen.

   (3) Die Bedarfsplanung stützt sich ausschließlich auf die Verbrauchswerte der Vergangenheit.

   (4) Die optimale Bestellmenge wird von den Bestell- und Lagerkosten beeinflusst.

   (5) Die Höhe des Eisernen Bestandes (Mindestbestand) ist auch von den Ergebnissen einer ABC-Analyse abhängig.

   (6) Bei Erreichen des Mindestbestandes muss eine Bestellung aufgegeben werden.

   (7) Internetplattformen sind ein geeignetes Medium für die Bezugsquellenermittlung.

   (8) Kriterium für die Lieferantenauswahl ist immer nur der reine Preisvergleich.

2. Beschreiben Sie für Ihren Ausbildungsbetrieb die notwendigen Beschaffungsobjekte.

3. Erstellen Sie einen systematischen Überblick über die Entscheidungsinstrumente der Beschaffungsplanung.

4. Bestimmen Sie tabellarisch die optimale Bestellmenge für folgende Situation: Jahresbedarf 1500 Stück; mögliche Anzahl der Bestellungen 1, 2, 4, 6, 10, 15; Bestellkosten je Bestellung 10,00 EUR; Einkaufspreis je Stück 2,00 EUR; Zinssatz 9 % p. a.

5. Erklären Sie, wie der Meldebestand ermittelt wird.

6. Bestimmen Sie den Mindestbestand, den Meldebestand, den Bestellzeitpunkt und den Bestellrhythmus sowie die Bestellmenge unter folgenden Bedingungen:
   - aktueller Bestand: 78 Stück,
   - Höchstbestand: 120 Stück,
   - durchschnittlicher Verkauf pro Tag: 6 Stück,
   - Lieferzeit ab Bestellung: 5 Tage,
   - Mindestbestand: durchschnittlicher Absatz von 5 Tagen.

7. Erläutern Sie, welche Kriterien bei einer Lieferantenauswahl berücksichtigt werden sollten.

3 Beschaffungsprozesse durchführen

3.1 Beschaffungsanlässe

Der Beschaffungsprozess kann grundsätzlich durch zwei verschiedene Situationen ausgelöst werden:

Beschaffungsanlässe
- **Beschaffung von Waren des vorhandenen Leistungsprogramms**
- **Beschaffung von Waren für ein neues Leistungsprogramm**

■ Beschaffung von Waren des vorhandenen Leistungsprogramms

Wenn ein Artikel aus dem Leistungsprogramm seinen Meldebestand erreicht, muss der Bestellvorgang ausgelöst werden. In diesem Fall kann fast immer auf bereits im Unternehmen vorhandene Daten zurückgegriffen werden. Die Arbeitsabläufe sind grundsätzlich branchen- bzw. betriebsabhängig, weisen in der Regel aber folgende typische Arbeitsschritte auf:

Bestellschein			Der Radmarkt	Reif KG
Artikel-Nr.	Artikel	Bestand	Höchstbestand	Bedarf

- ➔ **Warenbestandskontrolle** anhand der Artikeldatei,
- ➔ **Warenbedarfsmeldung** bei Erreichen des Meldebestands an Disposition/Einkauf,
- ➔ **Mengenplanung** unter Berücksichtigung von optimaler Bestellmenge, Höchst- und Mindestbestand,
- ➔ **Ermitteln von Lieferanten** anhand der Liefererdatei.

■ Beschaffung von Waren für ein neues Leistungsprogramm

Ein Artikel, der normalerweise nicht im Leistungsprogramm enthalten ist, soll aufgrund einer Sortimentserweiterung neu aufgenommen bzw. für einen Kunden einmalig eingekauft werden. In dieser Situation müssen Informationen und Daten neu beschafft werden.

Die erforderlichen Arbeiten im Funktionsbereich Beschaffung werden dann nicht intern durch das Erreichen eines Grenzwertes im Lager, sondern durch den Funktionsbereich Absatz ausgelöst.

- ➔ **Sortimentsentscheidung** zur Aufnahme neuer Waren,
- ➔ **Annahme eines Kundenauftrags** nach Überprüfen der Lieferwilligkeit und Lieferfähigkeit,
- ➔ **Mengenplanung** unter Berücksichtigung von optimaler Bestellmenge, Höchst- und Mindestbestand,
- ➔ **Bezugsquellenermittlung** (interne und externe Informationsquellen).

Sind die Entscheidungen zur Beschaffung von Waren gefallen, kann nach Anfragen und Angebotseinholung der Bestellvorgang ausgelöst werden.

3.2 Anfrage

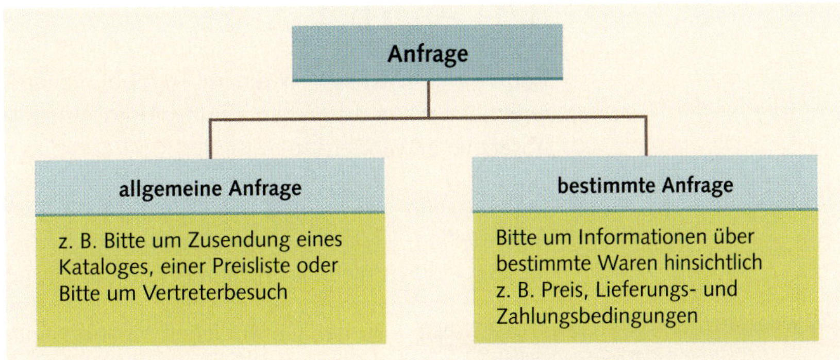

Der Beschaffungsprozess beginnt i. d. R. mit der Anfrage. Dies gilt insbesondere bei erstmaliger Beschaffung von Waren. Aber auch bei der Beschaffung von Waren des Leistungsprogramms müssen oft Lieferbedingungen bzw. Lieferzeiten und Sonderkonditionen wie unterschiedliche Rabatte angefragt werden. Die Anfrage hat grundsätzlich **keine rechtsbindende Wirkung** bezogen auf einen möglichen Vertragsabschluss. Sie will lediglich Informationen einholen.

Anfragen können **schriftlich** per Fax, Brief oder Mail bzw. **telefonisch** erfolgen. Erfolgt die Anfrage schriftlich per Brief, sind die DIN-Vorschriften für das Erstellen des Schriftstückes zu beachten.

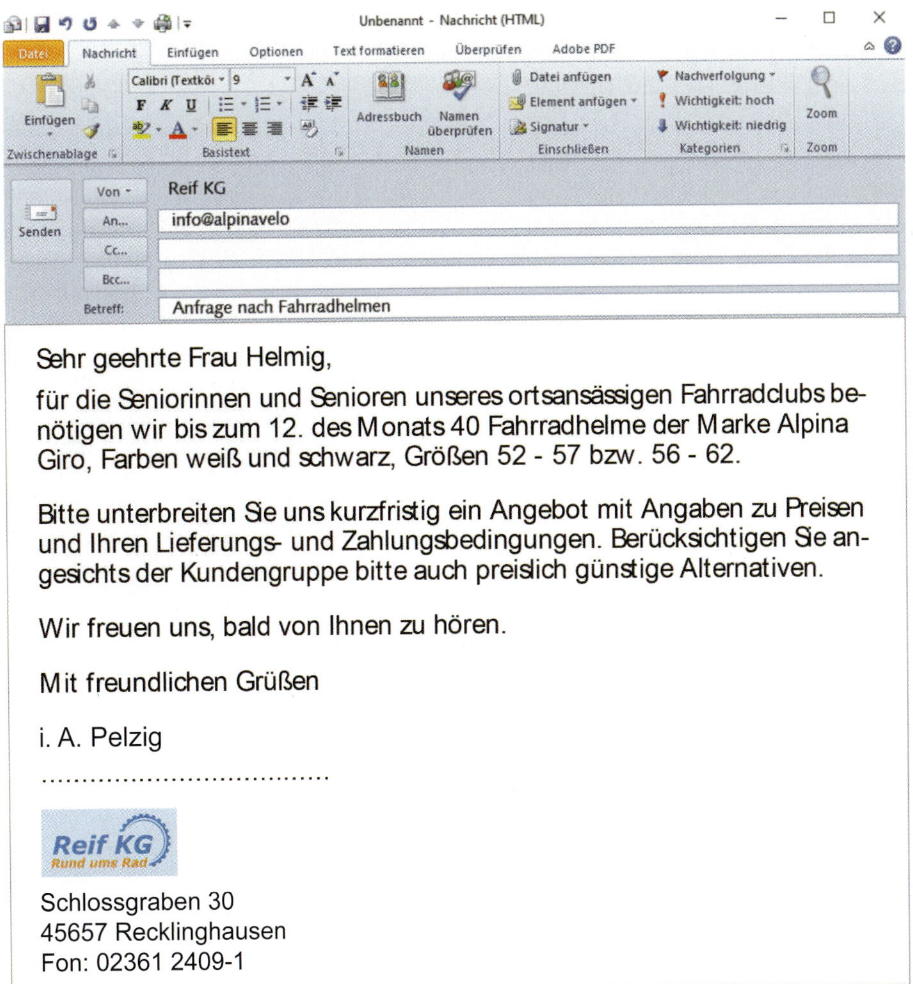
Unbenannt - Nachricht (HTML)

Von: Reif KG
An...: info@alpinavelo
Cc...:
Bcc...:
Betreff: Anfrage nach Fahrradhelmen

Sehr geehrte Frau Helmig,

für die Seniorinnen und Senioren unseres ortsansässigen Fahrradclubs benötigen wir bis zum 12. des Monats 40 Fahrradhelme der Marke Alpina Giro, Farben weiß und schwarz, Größen 52 - 57 bzw. 56 - 62.

Bitte unterbreiten Sie uns kurzfristig ein Angebot mit Angaben zu Preisen und Ihren Lieferungs- und Zahlungsbedingungen. Berücksichtigen Sie angesichts der Kundengruppe bitte auch preislich günstige Alternativen.

Wir freuen uns, bald von Ihnen zu hören.

Mit freundlichen Grüßen

i. A. Pelzig

....

Reif KG
Rund ums Rad

Schlossgraben 30
45657 Recklinghausen
Fon: 02361 2409-1

3.3 Angebot

Käufer und Verkäufer sollten im Angebot die wesentlichen Vertragsbedingungen festlegen, um einen möglichst reibungslosen Ablauf von Warenbeschaffung bzw. Warenabsatz zu gewährleisten.

Sachverhalte, die im Angebot nicht im Einzelnen aufgeführt sind, werden durch die Allgemeinen Geschäftsbedingungen der Vertragspartner oder – soweit nicht vorhanden – durch die gesetzlichen Bestimmungen geregelt.

Zu den wesentlichen Inhalten eines Angebots gehören Informationen über:

- Art, Güte und Beschaffenheit der Ware,
- Preis und Menge der Ware,
- Lieferungsbedingungen,
- Zahlungsbedingungen und Eigentumsvorbehalt,
- Erfüllungsort und Gerichtsstand.

3.3.1 Inhalte des Angebots

Art, Güte und Beschaffenheit der Ware

§ 243 BGB

Die angebotene Warenart wird durch den handelsüblichen Namen bestimmt. Enthält das Angebot des Lieferers keine Angabe über die Güte der Ware, so ist **nach gesetzlicher Regelung Ware mittlerer Güte** zu liefern. Güte und Beschaffenheit der Ware können aber vertraglich festgelegt werden z. B. durch:

- Muster und Proben,
- Waren- und Gütezeichen,
- Abbildungen, Beschreibungen,
- Güteklassen,
- Herkunft, Jahrgang,
- Angabe von Zusammensetzung der Waren.

Preis und Menge

Der im Angebot genannte Preis bezieht sich auf eine bestimmte Mengeneinheit. Beinhaltet das Angebot **keine Mengenangabe**, so gilt der angegebene Preis der Ware für die **jeweils handelsübliche Menge.**

Die Menge kann z. B. bestimmt sein durch:

- gesetzliche Maßeinheiten (z. B. m, kg, l),
- handelsübliche Verpackungseinheiten (z. B. Paletten, Kisten, Ballen).

LERNFELD 4

Zusätzlich kann der Lieferer sein Angebot entsprechend seiner Absatzziele steuern über
- Höchstmengen (bei sehr günstigen Angeboten),
- Mindestmengen bzw. Mindermengenzuschläge (bei Kleinbestellungen),
- Preisnachlässe (Rabatte, Boni, Skonti).

Preisnachlässe

Rabatte	Boni	Skonti
... sind Preisnachlässe aus besonderen Motiven: z. B. Mengenrabatt, Treuerabatt, Personalrabatt.	... sind nachträglich gewährte Preisnachlässe, die in der Regel am Jahresende bei Erreichen eines bestimmten Umsatzes gewährt werden.	... sind Preisnachlässe, die bei Zahlung innerhalb einer bestimmten Frist vom Rechnungsbetrag abgezogen werden.

Insbesondere beim Verbrauchsgüterkauf gewinnen Preisnachlässe über verschiedene Pay-back-Verfahren zunehmend an Bedeutung.

Lieferungsbedingungen

Hinsichtlich der Lieferungsbedingungen können unterschieden werden:

Lieferungsbedingungen

Lieferzeit	Verpackungskosten	Beförderungskosten

Lieferzeit

§ 271 BGB

Ist eine Zeit für die Leistung weder bestimmt noch den Umständen zu entnehmen, so kann der Gläubiger die Leistung **sofort verlangen,** der Schuldner sie **sofort bewirken.** Diese gesetzliche Regelung kann durch vertragliche Vereinbarungen ersetzt werden.

Beispiel

Für ein neues Bürogebäude werden Einrichtungsgegenstände bestellt. Eine Lieferzeit wird nicht vereinbart. Damit kann der Käufer die Lieferung **sofort verlangen.** Hat der Verkäufer die Büromöbel nicht lagermäßig vorrätig, sollte er also einen späteren Liefertermin vereinbaren.

Beispiel

Ebenso kann der Verkäufer die **Lieferung sofort bewirken.** Wünscht der Käufer einen späteren Liefertermin, z. B. weil erst noch Teppichboden verlegt werden muss, ist die vertragliche Einigung auf einen späteren Liefertermin notwendig, z. B. Lieferung Ende März, Lieferung am 22.07.20..

Verpackungskosten

§ 448 BGB

Die Kosten der **Schutz-** und **Versandverpackung** trägt der **Käufer,** Kosten für die **Verkaufsverpackung** gehen zu Lasten des **Verkäufers.** Der angegebene Preis der Ware bezieht sich grundsätzlich auf das Nettogewicht der Ware.

Diese Regelungen gelten, soweit keine anderen Vereinbarungen zwischen Verkäufer und Käufer getroffen werden.

©simo988-fotolia.com

Zusätzlich regelt die **bundeseinheitliche Verpackungsverordnung:**

- Die Herstellung und der Transport der Verpackungen können berechnet werden.
- Die Kosten der Entsorgung werden erfasst und in die Preise eingerechnet.

Nach dieser Verordnung sind für Transportverpackungen, Umverpackungen und Verkaufsverpackungen

- **Rücknahmeverpflichtungen** für Industrie und Handel festgeschrieben sowie
- **Verwertungsverpflichtungen** festgelegt worden.

Wie die Unternehmen dieser Verpflichtung nachkommen und wer die Kosten tatsächlich zu tragen hat, bleibt weitgehend dem Gestaltungsrahmen innerhalb der Vertragsfreiheit überlassen.

Ziel ist es, die verpackungsbedingten Müllmengen durch verstärkte Nutzung von Mehrwegsystemen oder durch Recycling zu vermindern.

Beförderungskosten

Die Verteilung der Beförderungskosten auf Käufer und Verkäufer richtet sich grundsätzlich nach dem **Erfüllungsort** – Warenschulden sind Holschulden.

Beförderungskosten bei Platz- und Distanzkauf	
Platzkauf	Befinden sich Verkäufer und Käufer am **gleichen Ort,** so gilt als gesetzliche Regelung, dass der Käufer die gesamten Beförderungskosten ab der Warenübergabe zu tragen hat.
Distanzkauf	Sorgt der Verkäufer für die Versendung an einen **anderen Ort,** so hat er die Anfuhrkosten bis zur Versandstation zu tragen. Dem Käufer können alle weiteren Kosten in Rechnung gestellt werden.

©Simon-fotolia.com

Darüber hinaus sind auch folgende vertragliche Vereinbarungen gebräuchlich:

Beförderungsbedingungen	Verkäufer	Rollgeld I	Verladekosten	Fracht	Entladekosten	Rollgeld II	Käufer
ab Fabrik, ab Lager, ab Werk (gesetzliche Regelung bei Platzkauf)	**Bereitstellung durch Verkäufer**	**Der Käufer übernimmt alle Beförderungskosten.**					
ab hier, ab Bahnhof hier, unfrei (gesetzl. Regelung bei Distanzkauf)	**Der Verkäufer übernimmt die Anfuhrkosten bis zur Versandstation.**		**Der Käufer übernimmt Verlade-, Fracht-, Entlade- und Zustellkosten.**				
frei Waggon	**Der Verkäufer übernimmt Anfuhrkosten und Verladekosten.**			**Der Käufer übernimmt Fracht-, Entlade- und Zustellkosten.**			
frei Bahnhof dort, frachtfrei, frei dort	**Der Verkäufer übernimmt Anfuhr-, Verlade- und Frachtkosten.**				**Der Käufer übernimmt Entlade- und Zustellkosten.**		
frei Haus, frei Lager, frei Werk	**Der Verkäufer übernimmt alle Beförderungskosten bis in den gesicherten Verfügungsbereich des Käufers.**						**Einlagerung durch Käufer**
frei Keller, frei Lagerplatz, frei Regal	**Der Verkäufer übernimmt alle Beförderungskosten bis in den vom Käufer bestimmten Einlagerungsort.**						

Zahlungsbedingungen und Eigentumsvorbehalt

Zahlungsbedingungen regeln den **Zahlungszeitpunkt** und enthalten mögliche **Preisnachlässe** für vorzeitige Zahlung oder auch Zuschläge z. B. für Mindermengen.

©Edler von Rabenstein-fotolia.com

Wird keine Vereinbarung getroffen, so kann der Gläubiger nach der gesetzlichen Regelung die Zahlung **sofort verlangen.** Vereinbarungen über den Zahlungszeitpunkt sind abhängig vom Umfang des Geschäftes und von der Zahlungsfähigkeit (Bonität) des Kunden. Folgende Zahlungsbedingungen können vereinbart werden:

Zahlungsbedingungen

Zahlung vor Lieferung	Zahlung bei Lieferung	Zahlung nach Lieferung
• Vorauszahlung • Anzahlung	• Barzahlung • Teilzahlung (bei Teillieferung)	• Zahlungsziel • Ratenzahlung

LERNFELD 4

Zur Sicherung des Zahlungseingangs bei Zielverkäufen (z. B. Zahlung innerhalb von 14 Tagen abzüglich 2 % Skonto oder 30 Tage netto) werden in den Allgemeinen Geschäftsbedingungen häufig Formulierungen folgender Art aufgenommen:

„Alle Lieferungen erfolgen unter **Eigentumsvorbehalt**", d. h., die Ware bleibt bis zur vollständigen Bezahlung Eigentum des Verkäufers.

Dieser **einfache Eigentumsvorbehalt erlischt**, wenn **die Ware an einen gutgläubigen Dritten verkauft**, wenn sie **verarbeitet** oder **verbraucht** oder mit einer unbeweglichen Sache **fest verbunden** wird. Aus diesem Grund werden häufig folgende Arten des Eigentumsvorbehalts in den Vertrag aufgenommen:

Arten des Eigentumsvorbehalts	
erweiterter Eigentumsvorbehalt	**verlängerter Eigentumsvorbehalt**
Der Eigentumsvorbehalt erstreckt sich bis zur **Begleichung aller Forderungen** des Verkäufers auf **alle von ihm gelieferten Waren** – auch auf bereits bezahlte.	Eine **Verarbeitung** der gelieferten Ware führt zur **Übereignung** der neu entstandenen Sache. Ein Weiterverkauf der gelieferten Ware bewirkt die **Abtretung** der Dritten gegenüber entstandenen Forderung.

Erfüllungsort und Gerichtsstand

§ 269 BGB

Für den Erfüllungsort gilt entweder die gesetzliche Regelung oder eine vertragliche Regelung; er kann sich auch aus der „Natur" des Schuldverhältnisses (z. B. Verbrauchsort bei der Lieferung von Zement) ergeben. Grundsätzlich kann nur **unter Kaufleuten** ein **anderer (einheitlicher) Gerichtsstand** vertraglich vereinbart werden.

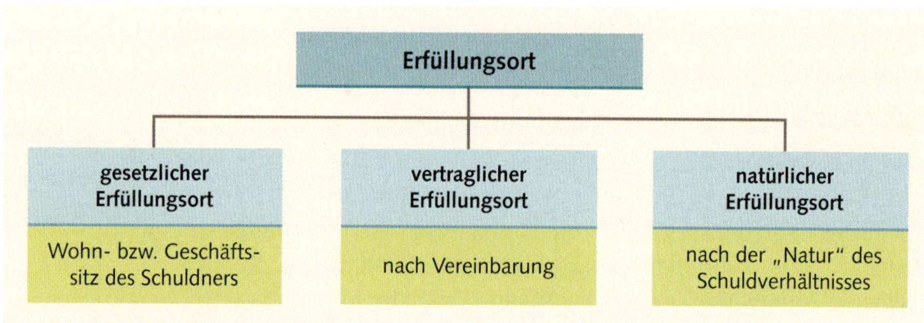

LERNFELD 4

Gesetzliche Regelungen für die Waren- und Geldschuld, den Gefahrenübergang und den Gerichtsstand

Der Erfüllungsort ist der Ort, an dem der jeweilige Schuldner seine Leistung ordnungsgemäß zu erfüllen hat.

Merke

Warenschulden sind **Holschulden.** Geldschulden sind **Schickschulden.**

- **Waren- und Geldschuld:** Der Erfüllungsort für die **Warenschuld** ist grundsätzlich der **Wohn- oder Geschäftssitz des Verkäufers.** Der Erfüllungsort für die **Geldschuld** ist der **Wohn- oder Geschäftssitz des Käufers.**
- **Gefahrenübergang:** Am Erfüllungsort geht die **„Gefahr"** – die Haftung für die Ware bei zufälliger Verschlechterung oder Untergang – **vom Verkäufer auf den Käufer** über.

➔ **Gerichtsstand:** Bei Streitigkeiten zwischen Verkäufer und Käufer, die sich aus dem Vertrag ergeben, ist nach gesetzlicher Regelung das **Gericht** zuständig, in **dessen Bezirk der Erfüllungsort** liegt. Ein vom Erfüllungsort abweichender Gerichtsstand kann nur unter Kaufleuten vertraglich vereinbart werden.

Bedeutung des Erfüllungsortes	Der Erfüllungsort liegt beim Verkäufer.	Der Erfüllungsort liegt beim Käufer.
... für die Erfüllung der Waren- und Geldschuld  ©Robert Kneschke-fotolia.com	**Warenschuld bei Platzkauf:** Der Verkäufer stellt zum vertraglich vereinbarten Zeitpunkt die **Waren** an **seinem Wohn- bzw. Geschäftssitz** bereit. Der Käufer hat die Ware abzuholen, Kosten und Risiken des Transports gehen zu seinen Lasten. **Warenschuld bei Distanzkauf:** Der Verkäufer hat zudem die **Transportkosten bis zur ersten Versandstation** zu tragen.	**Geldschuld:** Der Käufer muss die **Zahlung** zum vereinbarten Zeitpunkt an **seinem Wohn- bzw. Geschäftssitz** veranlassen (z. B. Überweisung). Die Überweisungsdauer muss er nicht berücksichtigen. Der Käufer trägt auch die Kosten der Zahlung und die Verlustgefahr (ggf. Übergang der Verlustgefahr auf die beauftragte Bank).
... für den Gefahrenübergang	**bei Versendungskauf**	
	**mit Transportunternehmen:** Gefahrenübergang mit Übergabe der Ware an den **Frachtführer**	**mit eigenem LKW:** Gefahrenübergang mit Übergabe der Ware an den **Käufer** **als Verbrauchsgüterkauf:** Gefahrenübergang mit Übergabe der Ware an den **Käufer** (z. B. beim Versandhandel)
	bei Platzkauf	
© apops-fotolia.com	Gefahrenübergang mit Übergabe der Ware an den **Käufer** (im Geschäft des Verkäufers)	Gefahrenübergang mit Übergabe der Ware an den **Käufer** (beim Käufer)
Gerichtsstand 	bei Streitigkeiten um die **Warenschuld:** zuständiges Gericht am Sitz des Verkäufers	bei Streitigkeiten um die **Geldschuld:** zuständiges Gericht am Sitz des Käufers
©Andrey Burmakin-fotolia.com	**Nichtkaufleute (Verbraucher)** können grundsätzlich aus Kaufverträgen nur bei dem für **ihren Wohnsitz zuständigen Gericht** verklagt werden.	

3.3.2 Angebotsvergleich

Der Angebotsvergleich dient der Vorbereitung einer Kaufentscheidung durch Bewertung von quantitativen Faktoren, die sich in Geldeinheiten berechnen lassen, und qualitativen Faktoren, die über ein Punktebewertungsverfahren miteinander verglichen werden.

■ Quantitativer Angebotsvergleich

Beim quantitativen (rechnerischen) Angebotsvergleich werden Einkaufspreise mittels einer Bezugskalkulation verglichen. Ausgehend vom Listeneinkaufspreis wird unter Berücksichtigung von Preisnachlässen und Bezugskosten der Bezugs- oder Einstandspreis ermittelt.

	A	B	C	D	E	F	G
1	Angebotsvergleich (quantitativ)						
2							
3		Römer e. K.		Keller GmbH		Alpina Velo GmbH	
4							
5	Einzelpreis		29,95 €		39,95 €		34,95 €
6	Menge		40 Stück		40 Stück		40 Stück
7	Bezugskalkulation						
8	Listeneinkaufspreis		1.198,00 €		1.598,00 €		1.398,00 €
9	– Liefererrabatt	10%	119,80 €	15%	239,70 €	20%	279,60 €
10	= Zieleinkaufspreis		1.078,20 €		1.358,30 €		1.118,40 €
11	– Liefererskonto	2%	21,56 €	3%	40,75 €	3%	33,55 €
12	= Bareinkaufspreis		1.056,64 €		1.317,55 €		1.084,85 €
13	+ Bezugskosten		45,00 €	1%	13,58 €		- €
14	= Einstands- oder Bezugspreis		1.101,64 €		1.331,13 €		1.084,85 €
15							
16							

	A	B	C	D	E	F	G
1	Angebotsvergleich (quantitativ)						
2							
3		Römer e. K.		Keller GmbH		Alpina Velo GmbH	
4							
5	Einzelpreis		29,95		39,95		34,95
6	Menge		40		40		40
7	Bezugskalkulation						
8	Listeneinkaufspreis		=C5*C6		=E5*E6		=G5*G6
9	– Liefererrabatt	0,1	=C8*B9	0,15	=E8*D9	0,2	=G8*F9
10	= Zieleinkaufspreis		=C8-C9		=E8-E9		=G8-G9
11	– Liefererskonto	0,02	=C10*B11	0,03	=E10*D11	0,03	=G10*F11
12	= Bareinkaufspreis		=C10-C11		=E10-E11		=G10-G11
13	+ Bezugskosten		45	0,01	=E10*D13		0
14	= Einstands- oder Bezugspreis		=C12+C13		=E12+E13		=G12+G13
15							
16							

■ Qualitativer Angebotsvergleich (Nutzwertanalyse)

Neben dem reinen Preisvergleich spielen beim Angebotsvergleich meist noch weitere, nicht quantifizierbare Kriterien eine Rolle. Eine Nutzwertanalyse kann helfen, die unterschiedlichen Kriterien vergleichbar zu machen und die subjektive Gewichtung und Bewertung der qualitativen Aspekte nachvollziehbar zu dokumentieren.

Nutzwertanalyse (Verfahrensweise)

- ➔ Es werden zunächst die **Kriterien festgelegt,** die verglichen werden sollen.
- ➔ Anschließend werden die Kriterien gemäß ihrer Bedeutung **gewichtet.**
- ➔ Nun werden die einzelnen Kriterien bei jedem Lieferanten mit **Punkten** z. B. auf einer Skala von eins bis sechs **bewertet** (höchste Punktzahl = beste Bewertung).

- Das **Produkt aus Punktzahl und Gewichtung** ergibt den Nutzwert des einzelnen Kriteriums bei jedem Lieferanten.
- Der Lieferant mit der **höchsten Punktsumme (dem höchsten Gesamtwert)** erfüllt die insgesamt geforderten Kriterien am besten. Da sein Angebot den höchsten Nutzwert verspricht, ist es bei der Entscheidung nach qualitativen Gesichtspunkten zu bevorzugen.

Beispiel

Angebotsvergleich (qualitativ) mittels Nutzwertanalyse

Kriterien	Gewichtungspunkte	Römer e.K.	Bewertungspunkte	Nutzwert	Alpino Velo GmbH	Bewertungspunkte	Nutzwert	Keller GmbH	Bewertungspunkte	Nutzwert
Qualität	25	gut	5	125	ausgezeichnet	6	150	keine Aussage	3	75
Lieferzeit Liefertermin	30	4 Tage unpünktlich	2	60	2 Tage pünktlich	5	150	2 Tage keine Erfahrung	4	120
Bestellungsabwicklung	15	zufriedenstellend	3	45	gut	5	75	keine Erfahrung	3	45
Garantie Service	20	problemlos befriedigend	3	60	problemlos gut	4	80	keine Erfahrung	3	60
Transportverpackung	10	eigener Lkw Palette, Folie	3	30	eigener Lkw Euro-Palette	4	40	in Folie Rücknahme	5	50
Gesamtwerte	**100**			**320**			**495**			**350**

Gewichtungspunkte

Wie wichtig ist das Kriterium?
sehr wichtig ... kaum wichtig
100 1

Bewertungspunkte (Faktor)

Wie gut erfüllt das Angebot das Kriterium?
voll ... teilweise ... kaum
6 .... 3 1

Nutzwert

Welche Gesamtpunktzahl erzielt das Angebot?

3.4 Bestellung

Hat man sich für ein Angebot entschieden, wird die benötigte Ware bestellt und ein entsprechender Vermerk in die Einkaufsdatei eingetragen.

©Trobz-fotolia.com

Für das Bestellwesen werden i. d. R. computergestützte **Warenwirtschaftssysteme** genutzt. Sie erfassen in einem geschlossenen Kreislauf alle Stufen des Warenflusses von der Disposition bis zum Verkauf und dienen so der mengen- und wertmäßigen Kontrolle und Steuerung des Warenflusses. Anhand der gespeicherten Daten aus Verkauf und Lagerbestand ermittelt das Warenwirtschaftssystem einen **Bestellvorschlag.**

Der Radmarkt

Reif KG
Rund ums Rad

Reif KG, Schlossgraben 30, 45657 Recklinghausen
Alpina Velo GmbH
Frau Helmig
Industriepark 16
48143 Münster

Ihr Zeichen: he
Ihre Nachricht vom: 02.05.20..
Unser Zeichen: pe
Unsere Nachricht vom: 01.05.20..

Name: Sandra Pelzig
Telefon: 02361 2409-33
Telefax: 02361 2409-58
E-Mail: info@radmarkt-reif.de

Datum: 04.05.20..

Bestellung von Fahrradhelmen „Vero Alpina Giro"

Sehr geehrte Frau Helmig,

vielen Dank für die schnelle Zusendung des erbetenen Angebotes.

Nach Rücksprache mit den Mitgliedern des Fahrradclubs möchten wir folgende Helme bestellen:

28 Fahrradhelme „Velo Alpina Giro" in der Farbe matt schwarz, Größe 56 – 62,
12 Fahrradhelme „Velo Alpina Giro" in der Farbe weiß, Größe 52 – 57

zum Preis von 27,12 EUR/Stück zuzüglich Umsatzsteuer.

Die Lieferungs- und Zahlungsbedingungen haben wir Ihren AGB entnommen. Entsprechend erwarten wir Ihre Lieferung innerhalb der nächsten 7 Tage frei Haus.

Besten Dank für die gute Zusammenarbeit!

Radmarkt Reif KG

Sandra Pelzig

i. A. Sandra Pelzig

Handelsregister: HRA 1222
USt.-IdNr.: DE146279918
Erfüllungsort und Gerichtsstand: Recklinghausen

Homepage:
www.reif.com

Bankverbindung
Sparkasse Vest Kto. 170642
IBAN DE45 4265 0100 0000 1706 42
BIC WELADED1REK

Die Bestellung ist, wie auch das Angebot, an keine Formvorschrift gebunden. Sie kann mündlich (auch telefonisch) oder schriftlich per Brief oder Fax und auch in elektronischer Form abgegeben werden. Zu den wesentlichen **Angaben in der Bestellung** gehören Informationen über

- Art, Güte und Beschaffenheit der Ware,
- Preis und Menge der Ware,
- Lieferungsbedingungen und
- Zahlungsbedingungen.

Mit der **verbindlichen Bestellung** kommt zwischen Käufer und Verkäufer ein rechtlich bindender Vertrag zustande, sofern **zwei übereinstimmende Willenserklärungen** vorliegen, also Angebot und Bestellung inhaltlich übereinstimmen.

Außerdem wird ein rechtswirksamer Vertrag durch das Angebot und die Bestellung nur dann begründet, wenn die Bestellung **rechtzeitig** erfolgt:

Ein **mündlich** oder **fernmündlich** übermitteltes Angebot (unter Anwesenden) ist sofort anzunehmen.

Ein **schriftlich** oder **elektronisch** zugesandtes Angebot (unter Abwesenden) darf auf vergleichbarem Weg unter Einbeziehung einer angemessenen Überlegenszeit bestätigt werden.

Ein **verspätet angenommenes Angebot** gilt ebenso wie eine **inhaltliche Abänderung** als **neuer Antrag,** sodass der Kaufvertrag nur durch eine entsprechende zweite übereinstimmende Willenserklärung zustande kommen kann. Es sind zwei Fälle zu unterscheiden:

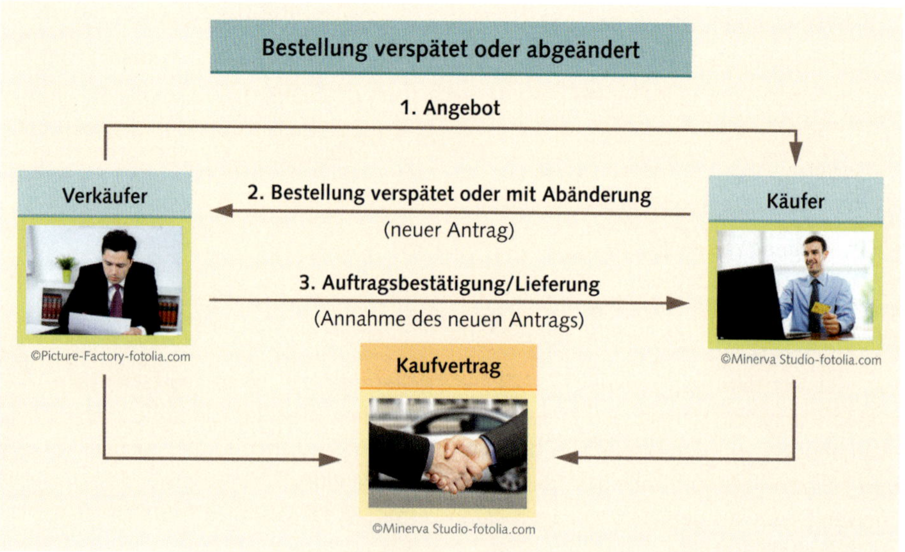

©Picture-Factory-fotolia.com

©Minerva Studio-fotolia.com

©Minerva Studio-fotolia.com

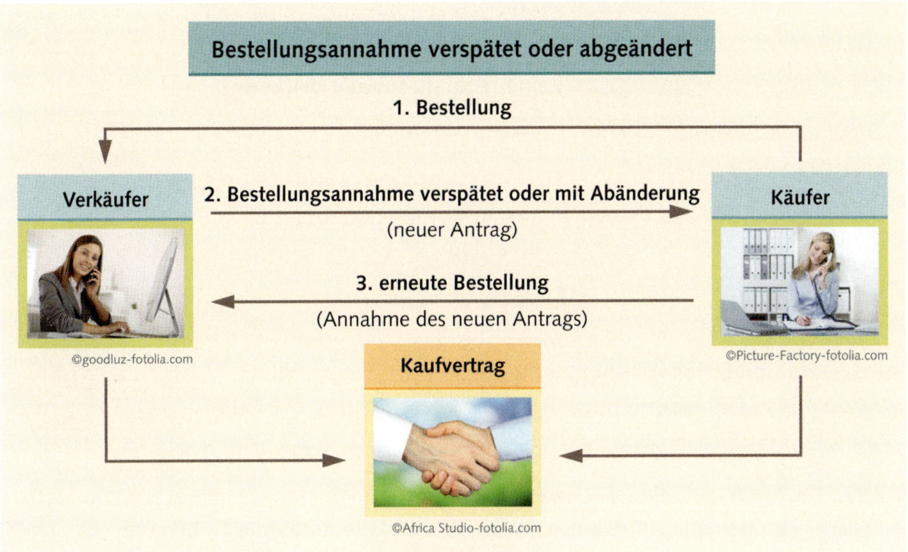

3.5 Zusammenfassung und Aufgaben

Zusammenfassung

<table>
<tr><th colspan="2">Arbeitsablauf bei der Beschaffung</th></tr>
<tr><th>Beschaffung von Waren des bisherigen Leistungsprogramms</th><th>Beschaffung von Waren eines neuen Leistungsprogramms</th></tr>
<tr><td>- Warenbestandskontrolle anhand der Artikeldatei
- Warenbedarfsmeldung bei Erreichen des Meldebestands an Disposition/ Einkauf
- Mengenplanung (optimale Bestellmenge, Höchst- und Mindestbestand festlegen)
- Ermitteln von Lieferanten anhand der Einkaufsdatei oder
- Anfragen erstellen, Angebote einholen</td><td>- Entscheidung zur Aufnahme neuer Waren bzw. Materialien in das Sortiment oder
- Annahme eines Kundenauftrags nach Überprüfen der Lieferwilligkeit und Lieferfähigkeit
- Mengenplanung
- Bezugsquellenermittlung (interne und externe Informationsquellen)
- Anfragen erstellen, Angebote einholen</td></tr>
<tr><td colspan="2">- Angebotsvergleich (quantitativ und qualitativ)
- Lieferer auswählen und Bestellvorschlag erstellen unter Berücksichtigung von z. B. Mindestbestellmengen, Rabatten, Lieferungsbedingungen, Sonderkonditionen (automatische Belegerstellung im Warenwirtschaftssystem)
- Versenden der Bestellung (Vermerk in der Einkaufsdatei)</td></tr>
</table>

Anfragen

Die Anfrage hat grundsätzlich **keine rechtsbindende Wirkung**.

allgemeine Anfrage: Bitte um Zusendung z. B. eines Kataloges, einer Preisliste oder Bitte um Vertreterbesuch

bestimmte Anfrage: Einholen von Informationen über bestimmte Waren hinsichtlich z. B. Preis, Lieferungs- und Zahlungsbedingungen

Inhalte des Angebots

Art, **Güte** und **Beschaffenheit** der Ware: Kennzeichnung durch Muster und Proben, Waren- und Gütezeichen, Abbildungen, Beschreibungen, Güteklassen, Herkunft, Jahrgang, Zusammensetzung der Waren

Preis bezogen auf eine Mengeneinheit: z. B. gesetzliche Maßeinheit, handelsübliche Verpackungseinheiten oder (ohne Mengenangabe) auf die handelsübliche Menge

Preisnachlässe:

- **Rabatte:** Preisnachlässe aus besonderen Motiven, z. B. Mengenrabatt, Treuerabatt, Personalrabatt
- **Boni:** nachträglich gewährte Preisnachlässe bei Erreichen eines bestimmten Umsatzes
- **Skonti:** Preisnachlässe bei Zahlung innerhalb einer bestimmten Frist

Lieferungsbedingungen:

- **Lieferzeit:** Gläubiger kann Leistung sofort verlangen, Schuldner sie sofort bewirken (gesetzliche Regelung).
- **Verpackungskosten:** Kosten der Schutz- und Versandverpackung gehen zu Lasten des Käufers, Kosten für die Verkaufsverpackung zu Lasten des Verkäufers.
- **Beförderungskosten:** Verkäufer trägt die Anfuhrkosten bis zur Versandstation, Rest übernimmt Käufer (gesetzliche Regelung); unterschiedliche vertragliche Vereinbarungen: z. B. ab Werk, frachtfrei, frei Haus

Zahlungsbedingungen: Zahlung soll erfolgen

- **vor** der Lieferung (Vorauszahlung, Anzahlung),
- **bei** Lieferung (Barzahlung, Teilzahlung),
- **nach** der Lieferung (mit Zahlungsziel, Ratenzahlung).

Eigentumsvorbehalt (EV):

- **einfacher** EV: erlischt bei Weiterverarbeitung oder Verkauf der Sache an einen gutgläubigen Dritten.
- **erweiterter** EV: erstreckt sich auf alle vom Verkäufer gelieferten Waren.
- **verlängerter** EV: bei Weiterverarbeitung Übereignung der neu entstandenen Sache bzw. bei Weiterverkauf Abtretung der Forderung gegenüber Dritten.

Erfüllungsort und Gerichtsstand

- Gesetzlicher Erfüllungsort für die **Warenschuld** ist der Wohn- oder Geschäftssitz des Verkäufers: Warenschulden sind Holschulden.
- Gesetzlicher Erfüllungsort für die **Geldschuld** ist der Wohn- oder Geschäftssitz des Käufers: Geldschulden sind Schickschulden.
- Am Erfüllungsort geht die **„Gefahr"** (d. h. die Haftung für die Ware bei zufälliger Verschlechterung oder Untergang) vom Verkäufer auf den Käufer über.
- Bei Streitigkeiten zwischen Verkäufer und Käufer, die sich aus dem Vertrag ergeben, ist nach gesetzlicher Regelung das **Gericht** zuständig, in dessen Bezirk der Erfüllungsort liegt.

Angebotsvergleich

quantitativer Angebotsvergleich: Ermittlung des Einstandspreises (Bezugspreises) unter Berücksichtigung von Rabatten, Skonti und Bezugskosten

qualitativer Angebotsvergleich: Vergleich von qualitativen Faktoren (z. B. Service, Qualität der Ware, Kulanz, Lieferzeit, Liefertreue, Umweltverträglichkeit) durch Nutzwertanalyse

Aufgaben

1. Prüfen Sie die folgenden Aussagen auf ihre Richtigkeit. Die Antwort ist jeweils zu begründen.

(1) Die Absatzplanung bestimmt wesentlich die Beschaffungsplanung.

(2) Enthält das Angebot des Lieferers keine Angabe über die Güte der Ware, so ist nach gesetzlicher Regelung Ware mittlerer Güte zu liefern.

(3) Skonti sind Preisnachlässe, die bei Kauf größerer Mengen gewährt werden.

(4) Fehlt eine vertragliche Regelung über die Lieferzeit und den Zahlungszeitpunkt, so kann der jeweilige Gläubiger die Leistung sofort verlangen.

(5) Durch den Eigentumsvorbehalt kann sich ein Verkäufer vor Zahlungsausfällen schützen, aber es ist kein absoluter Schutz.

(6) Der Erfüllungsort ist bedeutsam für die Übernahme der Beförderungskosten, falls darüber keine vertragliche Vereinbarung erfolgt ist.

(7) Kommt es zu Streitigkeiten aus einem Kaufvertrag, so kann der Verkäufer den Käufer stets bei dem zuständigen Gericht seines Wohnortes (Firmensitzes) verklagen.

(8) Um qualitative Kriterien von Angeboten vergleichbar zu machen, kann man als Verfahren die Nutzwertanalyse anwenden.

(9) Ein mündlich oder fernmündlich übermitteltes Angebot ist eine Woche gültig.

(10) Bestellungen sind immer in Schriftform vorzunehmen.

2. Unterscheiden Sie Rabatt, Bonus und Skonto.

3. Nennen Sie die gesetzlichen Regelungen für die Erfüllung des Kaufvertrages, wenn keine vertraglichen Vereinbarungen getroffen wurden hinsichtlich Art, Güte und Beschaffenheit der Ware sowie des Zeitpunktes von Lieferung und Zahlung.

4. Ordnen Sie zu, ob Käufer oder Verkäufer nach der gesetzlichen Regelung die jeweiligen Verpackungskosten zu tragen haben:

   a) Kosten der Versandverpackung,

   b) Kosten der Verkaufsverpackung.

5. Erklären Sie die Beförderungsbedingungen „unfrei", „frachtfrei" und die gesetzliche Regelung für den Platzkauf bzw. den Distanzkauf.

6. Bei der Versendung von Waren vom Hersteller in Duisburg zum Großhändler in Hamburg fallen folgende Kosten an:

Rollgeld I: Hersteller – Bahnhof Duisburg 20,00 EUR	Verladekosten: 20,00 EUR
Fracht: 100,00 EUR	Entladekosten: 30,00 EUR
Rollgeld II: Bahnhof Hamburg – Großhändler 15,00 EUR	

   Welchen Kostenanteil hat der Großhändler (Käufer) bei Vereinbarung der folgenden Beförderungsbedingungen zu übernehmen:

   unfrei, frachtfrei, frei Bahnhof dort, ab hier, ab Werk, bei gesetzlicher Regelung, frei Waggon

7. Erläutern Sie, welche Kriterien bei einem Angebotsvergleich berücksichtigt werden sollten.

8. Führen Sie einen rechnerischen Angebotsvergleich unter folgenden Bedingungen durch:

   Angebot A: Listeneinkaufspreis 620,00 EUR/Stück, Liefererrabatt 10 %, Skonto 3 %, Lieferung frei Haus;

   Angebot B: Listeneinkaufspreis 530,00 EUR/Stück, Skonto 2 %, Bezugskosten 32,80 EUR;

   Angebot C: Bezugspreis 500,00 EUR/Stück.

9. Neben dem reinen Preisvergleich spielen beim Angebotsvergleich meist noch weitere nicht quantifizierbare Kriterien eine Rolle. Nennen Sie qualitative Kriterien und bringen diese in eine Reihenfolge gemäß ihrer Bedeutung.

10. Erläutern Sie, welche Rechtswirkung eine inhaltlich abgeänderte Bestellung auf ein Angebot hat.

4 Beschaffungsprozesse kontrollieren

©Maksym Yemelyanov-fotolia.com

Zur Kontrolle im Beschaffungsprozess von der Disposition und Bestellung über den Wareneingang bis zur Lagerung können entsprechende Module von Warenwirtschaftssystemen genutzt werden wie z. B. Artikel-, Lager- und Liefererdatei. Zudem werden Bestellvorschläge, Faxvordrucke für Bestellungen und Lieferermahnungen computergestützt generiert.

4.1 Bestellüberwachung und Wareneingangskontrolle

©DOC RABE Media.com

Im Rahmen der **Bestellüberwachung** wird zunächst geprüft, ob die Bestellung ordnungsgemäß ausgeführt worden ist. Erfolgt auf eine Bestellung eine Auftragsbestätigung, ist diese hinsichtlich der vereinbarten Konditionen zu prüfen. Die Bestellung wird in der Einkaufsdatei für offene Bestellungen vermerkt. Die Eintragung unterstützt die folgenden Kontrollen:

- **Terminkontrolle:** Wurde die Sache zum vereinbarten Zeitpunkt geliefert?
- **Lieferstatus:** Sind bereits Teillieferungen erfolgt?
- **Kontrolle der Lieferung:** Wurde die Sache in der richtigen Menge und Qualität geliefert?
- **Mahnung:** Ist eine Mahnung erforderlich bzw. wann wurde zuletzt gemahnt?
- **Unter- bzw. Überdeckung:** Führen ungeplante Verkäufe/Entnahmen zu veränderten Bedarfen?

Bei der **Wareneingangskontrolle** prüft die Warenannahme die eingehende Warensendung. Zunächst wird (noch in Anwesenheit des Lieferers) die **Anzahl** der gelieferten Stücke mit den Begleitpapieren verglichen und die **Anschrift** und **äußerliche Unversehrtheit** der Packstücke kontrolliert. Unstimmigkeiten sind zu vermerken und vom Anlieferer zu bestätigen.

Die Waren sind sodann **unverzüglich,** d. h. ohne schuldhafte Verzögerung zu prüfen, damit die Rechte aus einer mangelhaften Lieferung (Schlechtleistung) nicht verloren gehen. Die Prüfung erstreckt sich auf **Art, Menge, Beschaffenheit** und **Güte.** Grundlage für die Prüfung können Angaben des Angebotes, der Bestellung, des Lieferscheins sowie Proben oder Muster sein. Das Ergebnis der Warenprüfung wird der Einkaufsabteilung (Disposition) mitgeteilt, damit hier ggf. unverzüglich eine Mängelrüge erstellt werden kann. Einwandfrei gelieferte Ware wird in der Artikeldatei erfasst und sachgemäß eingelagert.

©fotomek-fotolia.com

4.2 Bestandskontrollen und Lagerhaltung

Die mengen- und wertmäßige Bestandsentwicklung wird laufend durch die Erfassung von Zu- und Abgängen in der Lagerbuchhaltung kontrolliert.

LERNFELD 4

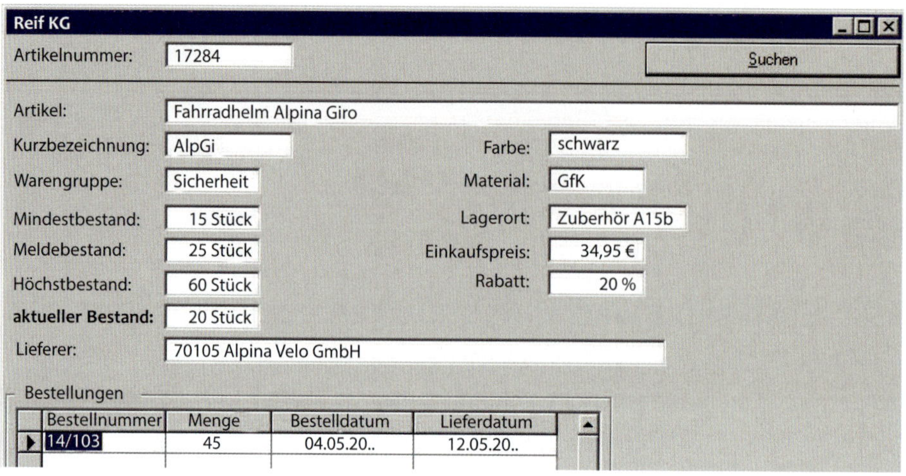

Reif KG

Artikelnummer: 17284 | Suchen

Artikel:	Fahrradhelm Alpina Giro		
Kurzbezeichnung:	AlpGi	Farbe:	schwarz
Warengruppe:	Sicherheit	Material:	GfK
Mindestbestand:	15 Stück	Lagerort:	Zuberhör A15b
Meldebestand:	25 Stück	Einkaufspreis:	34,95 €
Höchstbestand:	60 Stück	Rabatt:	20 %
aktueller Bestand:	20 Stück		
Lieferer:	70105 Alpina Velo GmbH		

Bestellungen

Bestellnummer	Menge	Bestelldatum	Lieferdatum
14/103	45	04.05.20..	12.05.20..

Die so ermittelten Sollbestände weichen aber durch Lagerverluste oder fehlerhafte Aufzeichnungen häufig von den Istbeständen ab. Deshalb muss mindestens einmal im Jahr zu einem beliebigen Zeitpunkt eine körperliche Inventur durch Zählen, Messen, Wiegen, Schätzen und Bewerten durchgeführt werden.

4.2.1 Aufgaben der Lagerhaltung, Lagerarten, Lagerorganisation

■ Aufgaben der Lagerhaltung

Die betriebliche Lagerhaltung hat die Aufgabe, die **Produktions- und Lieferbereitschaft** einer Unternehmung zu **sichern** – und dies **auf wirtschaftliche Art und Weise.**

- ➔ Da Herstellung und Verwendung der Güter sowohl hinsichtlich des Zeitpunktes als auch des Ortes i. d. R. auseinanderfallen, sorgt eine Lagerhaltung nach dem Prinzip der Vorratshaltung für den zeitlichen und räumlichen Ausgleich **(Zeitüberbrückung, Raumüberbrückung)**.
- ➔ **Unregelmäßigkeiten** auf dem Beschaffungsmarkt (z. B. durch Witterungseinflüsse, Streik, Lieferschwierigkeiten) können **ausgeglichen** werden.
- ➔ Die Lagerhaltung ermöglicht es, **Einkaufsvorteile** (z. B. in Form von Mengenrabatten oder Sonderangeboten) wahrzunehmen.
- ➔ Häufig findet während der Lagerung ein **Umformungs- bzw. Reifungsprozess** statt (z. B. bei Sekt, Käse, Holz).

Lagerarten

Industrie und Handel stellen für die Aufgaben der Lagerhaltung unterschiedliche Lagerarten zur Verfügung:

Lagerarten	
Lagerarten im **Industriebetrieb**	**Materiallager:** Werkstoffe, Teile
	Handlager: Werkstoffe am Arbeitsplatz
	Zwischenlager: unfertige Erzeugnisse
	Versandlager: Fertigprodukte, Handelswaren
Lagerarten im **Handelsbetrieb**	**Verkaufslager:** Waren im Verkaufsraum
	Reservelager: Vorratslager
	Ausstellungslager: Präsentation von Ausstellungsstücken

Weitere Lagerarten lassen sich unterscheiden z. B. nach Bauart **(offenes** oder **geschlossenes** Lager**)** oder Eigentumsverhältnissen **(Eigen-** oder **Fremdlager).**

Lagerorganisation

Zentrales oder dezentrales Lager

Je nach Anzahl der Lagerstandorte kann die Lagerhaltung zentral oder dezentral organisiert sein.

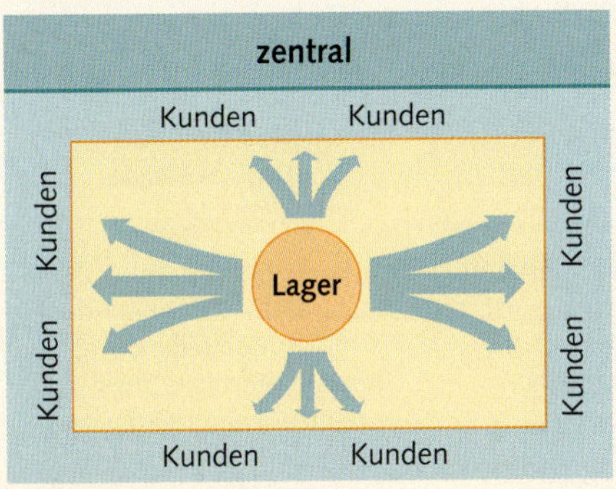

Vorteile
- insgesamt geringerer Mindestbestand
- weniger Raum-, Verwaltungs- und Personalkosten
- bessere Kontrolle

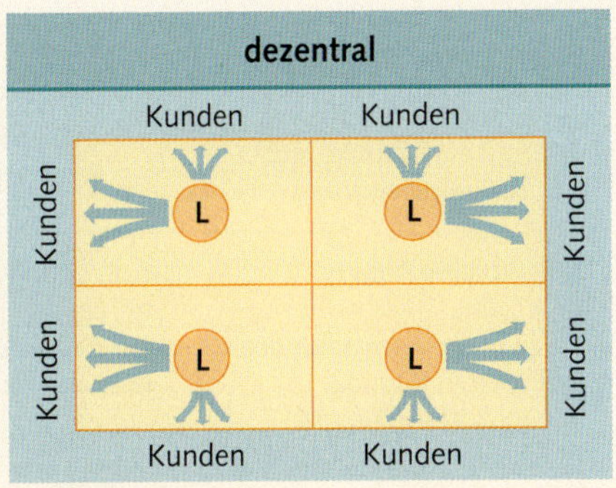

Vorteile
- kürzere Transportwege zum Kunden (Zeit- und Kostenersparnis)
- schnellerer Zugriff möglich

Feste (systematische) Lagerplatzzuordnung

Von systematischer Lagerhaltung spricht man, wenn jedem Artikel sein **fester Lagerplatz** zugeordnet wird, der immer für diesen **reserviert** ist. Der Vorteil liegt in der einfachen Bestimmbarkeit des Lagerortes und (bei entsprechender Anordnung der Lagerplätze) im schnellen Zugriff auf Artikel, die häufig ein- und ausgelagert werden.

LERNFELD 4

Freie (chaotische oder dynamische) Lagerplatzzuordnung

Wird jedem Artikel nach bestimmten Regeln **irgendein freier Lagerplatz** zugeordnet, spricht man von chaotischer bzw. dynamischer Lagerhaltung. Der freie Lagerplatz wird (jedesmal neu) durch ein EDV-System bestimmt, das auch den späteren Zugriff gewährleistet. Vorteile dieser Lagerplatzzuordnung liegen in der besseren Ausnutzung der Lagerkapazität, sodass für die gleiche Lagermenge weniger Lagerraum benötigt wird und Lagerkosten reduziert werden können.

4.2.2 Wirtschaftlichkeit der Lagerhaltung

Kosten der Lagerhaltung

Zwischen Wareneingang und Warenverkauf fallen im Lager Kosten für die Bereitstellung und Bereithaltung der Waren an. Die Senkung dieser Kosten stellt ein wichtiges Potenzial für die **Wirtschaftlichkeit der Lagerhaltung** dar.

Einige Kosten fallen als fixe Kosten an. **Fixe Kosten** sind Kosten, die unabhängig von der Menge und dem Wert der eingelagerten Waren entstehen (z. B. Miete eines Lagerraums). Andere Kosten sind durch die Lagermenge bzw. den Wert der eingelagerten Waren beeinflussbar. Diese Kosten werden **variable Kosten** genannt (z. B. Zinsen für das im Lager gebundene Kapital).

Lagerkosten

Kosten für die Lagereinrichtung und Lagerausstattung	Kosten für die Lagerverwaltung	Kosten für die Lagerbestände
z. B. Abschreibungen für eigene Lagerbauten oder ggf. Miete, Verzinsung des investierten Kapitals, Energiekosten, Reparaturen und Instandhaltung	z. B. Löhne und Gehälter für Lagerpersonal, Kosten der Organisationsmittel (Büromaterial, EDV)	z. B. Verzinsung des in den Lagerbeständen gebundenen Kapitals (Kapitalbindungskosten), Versicherungsprämien, Lagerrisiko (Schwund, Verderb, Diebstahl, Modeänderungen, Warenpflege)

Lagerkennzahlen

Bei Entscheidungen über die Höhe der Lagerbestände befindet sich jedes Unternehmen in einem **Zielkonflikt:** Die Lagerbestände sollten nicht zu hoch und nicht zu niedrig sein.

Hohe Lagerbestände binden Liquidität und verursachen hohe Kosten, z. B. führen sie zu höheren Lagerzinsen sowie vermehrt zu Schwund, Verderb und Diebstahlrisiko.

Sehr **niedrige Lagerbestände** gefährden die Produktions- und Lieferbereitschaft, erhöhen die Bestellkosten und erfordern u. U. eilige, kostspielige Bestellungen.

Mithilfe der **Lagerkennzahlen** können die Bestände **mengen-** und **wertmäßig** überwacht werden, um die Lagerhaltung zu optimieren.

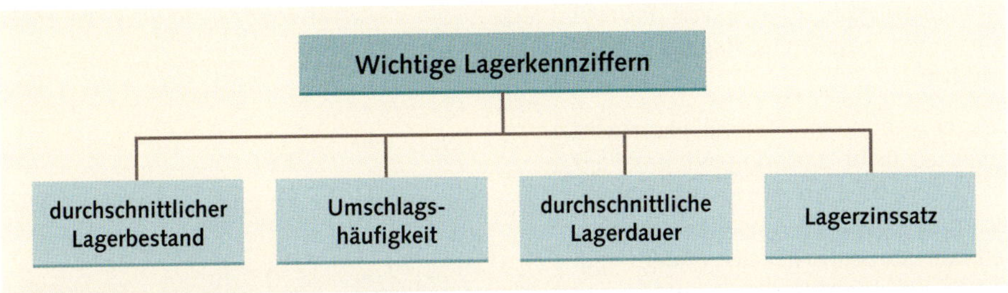

Merke

Ein **optimaler Lagerbestand** liegt vor, wenn bei minimalen Kosten die angestrebte Liefer- und Produktionsbereitschaft gegeben ist.

Lagerkennziffern	Bedeutung	Berechnung
durchschnittlicher Lagerbestand	Der durchschnittliche Lagerbestand gibt an, **wie viel Kapital im Durchschnitt in einem Jahr durch die gelagerten Sachgüter gebunden ist.** Grundlagen für die Ermittlung des durchschnittlichen Lagerbestandes sind die Angaben der Inventur. Es ist sinnvoll und üblich, die Mengen mit den Einstandspreisen zu bewerten, um den durchschnittlichen Lagerbestand in Euro zu erfassen.	Der durchschnittliche Lagerbestand in **Stück** bzw. **EUR** wird folgendermaßen ermittelt: $\frac{\text{Anfangsbestand} + \text{Endbestand}}{2}$ Aussagefähiger wird die Kennziffer, wenn man in die Berechnung mehrere Endbestände einbezieht (z. B. Quartalsendbestände oder Monatsendbestände). $\frac{\text{Anfangsbestand} + \text{12 Monatsendbestände}}{13}$
Umschlags-häufigkeit	Die Umschlagshäufigkeit gibt an, **wie oft der durchschnittliche Lagerbestand in einem Jahr umgesetzt wurde.** Grundlage für die Berechnung der Umschlagshäufigkeit ist neben dem durchschnittlichen Lagerbestand der Material- bzw. Wareneinsatz.	$\frac{\text{Wareneinsatz (EUR)}}{\text{Ø Lagerbestand (EUR)}}$ oder $\frac{360}{\text{Ø Lagerdauer}}$ Berechnung des Wareneinsatzes (jeweils in **EUR**): Warenanfangsbestand + Warenzugänge – Warenendbestand = Wareneinsatz
durchschnittliche Lagerdauer	Die durchschnittliche Lagerdauer ermittelt, **wie viele Tage zwischen Eingang und Ausgang der Waren/Materialien durchschnittlich liegen,** d. h., wie lange ein Lagerumschlag dauert. Zur Berechnung wird die Umschlagshäufigkeit benötigt.	$\frac{360}{\text{Umschlagshäufigkeit}}$

Lagerkennziffern	Bedeutung	Berechnung
Lagerzinssatz	Der Lagerzinssatz gibt an, **wie viel Prozent Zinsen für einen Lagerumschlag** angesetzt werden müssen. Das im Lager gebundene Kapital verursacht Kosten, weil es nicht zinsbringend angelegt werden kann bzw. über Kredite finanziert wird. Zur Berechnung des Lagerzinssatzes benötigt man einen Jahreszinssatz, der sich in der Regel aus einer marktüblichen Verzinsung ergibt.	$\text{Jahreszinssatz} \cdot \frac{\text{Ø Lagerdauer}}{360}$ oder $\frac{\text{Jahreszinssatz}}{\text{Umschlagshäufigkeit}}$

©Gina Sanders-fotolia.com

Beispiel

Beträgt die durchschnittliche Lagerdauer 72 Tage und unterstellt man einen Jahreszinssatz von 8 %, so können die Lagerzinsen bei einem durchschnittlichen Lagerbestand von 18 000,00 EUR folgendermaßen ermittelt werden:

$$\text{Lagerzinssatz} = 8\ \% \cdot \frac{72\ \text{Tage}}{360\ \text{Tage}} = 1{,}6\ \%$$

Die **pro Lagerumschlag** entstehenden **Lagerzinsen** betragen dann 288,00 EUR (1,6 % von 18 000,00 EUR).

Beurteilung der Kennzahlen

©fotomek-fotolia.com

Die Wirtschaftlichkeit der Lagerhaltung wird in hohem Maße vom Lagerumschlag bestimmt. **Je höher die Umschlagshäufigkeit** ist, desto geringer

- ist der Kapitalbedarf,
- ist das Lagerrisiko (Schwund, Verderb),
- ist die Lagerdauer,
- sind die Kosten für die Lagerhaltung (Zinsen, Verwaltungskosten).

Auch die Liquidität und Rentabilität können durch eine Erhöhung der Umschlagshäufigkeit verbessert werden. Diese Aussage gilt jedoch nur in bestimmten Grenzen, die sich aus dem Ziel der Lieferbereitschaft und der Entwicklung der Beschaffungskosten ergeben. Eine – im Vergleich zu Durchschnittswerten der Branche bzw. ähnlich strukturierten Vergleichsbetrieben – extrem höhere Umschlagshäufigkeit lässt die Vermutung zu, dass die Lieferbereitschaft stark eingeschränkt ist bzw. hohe Beschaffungskosten in Kauf genommen werden. Marktstellung und Ertragslage der Unternehmung insgesamt, damit auch Rentabilität und Liquidität, können durch eine isolierte Betrachtung der Lagerhaltung gefährdet werden.

©Marco2811-fotolia.com

Möglichkeiten der Kostensenkung werden besonders in Industrieunternehmen durch das **Just-in-Time-Konzept** genutzt. Dabei handelt es sich um eine fertigungssynchrone Beschaffung. Es wird kaum noch Lagerhaltung betrieben; die Materialien bzw. Waren werden möglichst genau zu dem Zeitpunkt angeliefert, zu dem sie benötigt werden. Die Kosten der Lagerhaltung können durch dieses Konzept drastisch gesenkt werden.

4.3 Kaufvertragsstörungen bei der Beschaffung

Die Überwachung der Vertragserfüllung im Beschaffungsbereich ist eine wichtige Kontrollaufgabe. Anhand von terminlichen und sachlichen Eingangskontrollen kann festgestellt werden, ob der Vertragspartner seine Pflichten ordnungsgemäß erfüllt. Entspricht die Vertragserfüllung nicht den Vereinbarungen, so treten Störungen in der Erfüllung des Kaufvertrages auf. Diese können sowohl vom **Verkäufer (mangelhafte Lieferung, Lieferungsverzug)** als auch vom **Käufer (Zahlungsverzug, Annahmeverzug)** ausgehen.

©Robert Kneschke-fotolia.com

4.3.1 Mangelhafte Lieferung (Schlechtleistung)

Merke

> Der Verkäufer hat dem Käufer die Sache frei von Sach- und Rechtsmängeln zu übergeben.

Die mangelhafte Lieferung ist eine der häufigsten Vertragsstörungen. Aufgrund des Kaufvertrages hat der Verkäufer für eine mangelfreie Lieferung zu sorgen.

Die Sache ist frei von **Sachmängeln,** wenn sie bei Gefahrenübergang den subjektiven Anforderungen, den objektiven Anforderungen und den Montageanforderungen entspricht (§ 434 I BGB).

Die Sache ist frei von **Rechtsmängeln,** wenn Dritte in Bezug auf die Sache keine oder nur die im Kaufvertrag übernommenen Rechte gegen den Käufer geltend machen können.

Beispiel

> Beispiel für einen **Sachmangel:** Ein neues Möbelstück weist sichtbare Kratzer auf.
>
> Beispiel für einen **Rechtsmangel:** Der Verkäufer ist nicht Eigentümer der Sache.

§ 433 ff. BGB
§ 475 ff. BGB
§ 327 ff. BGB

Liegen Mängel vor, so kann der Käufer gegenüber dem Verkäufer bestimmte Rechte geltend machen. Die Rechte und Pflichten für Kaufverträge sind den allgemeinen Regelungen der §§ 433 ff. BGB zu entnehmen.

Über besondere Regelungen (z. B. Aktualisierungspflicht, Fristen zu Beweislastumkehr und Verjährung) für **Waren mit digitalen Elementen** (Smartphones, Tablets, Smartwatches, digitale Haushaltsgeräte etc.) informieren u. a. die §§ 475b ff. BGB, für **digitale Produkte** (Computerprogramme, Apps, Video-/Audiodateien, elektronische Bücher etc.) geben die §§ 327 ff. BGB hierzu Auskunft. Die folgenden Ausführungen nehmen vorrangig die allgemeinen Regelungen in den Fokus.

Arten der Mängel

Sachmängel lassen sich nach der Art des Mangels sowie nach seiner Erkennbarkeit systematisieren.

Sachmängel im Hinblick auf die Erkennbarkeit

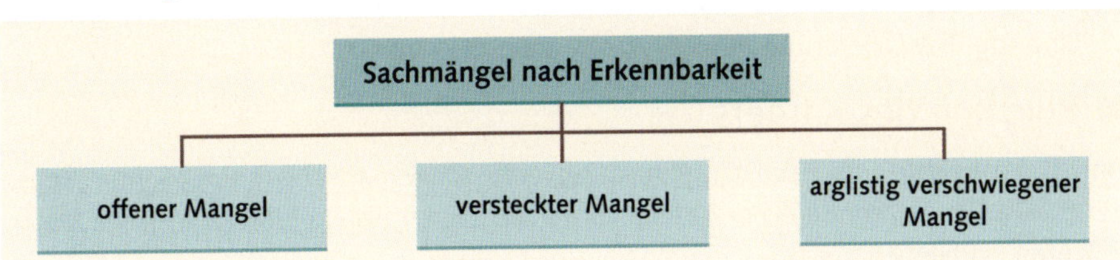

©fotomek-fotolia.com

- **Offene Mängel** sind bei sachkundiger Überprüfung sofort zu erkennen, z. B. unsauberes Dekor im Porzellan. Sind Mängel auch für einen Laien unmittelbar zu erkennen, so spricht man von **offensichtlichen Mängeln.**
- **Versteckte Mängel** sind nicht sofort, sondern erst zu einem späteren Zeitpunkt ersichtlich, z. B. Materialfehler.
- **Arglistig verschwiegene Mängel** sind versteckte Mängel, die vom Lieferer absichtlich verschwiegen werden, um daraus Vorteile zu ziehen, z. B. Unfallschaden wird vom Verkäufer eines Gebrauchtwagens verheimlicht.

Arten der Sachmängel

Sachmängel nach § 434 BGB

Subjektive Anforderungen sind nicht erfüllt.	**Objektive Anforderungen** sind nicht erfüllt.	**Montageanforderungen** sind nicht erfüllt.	Es wird eine **andere Sache** geliefert.
- vereinbarte Beschaffenheit fehlt - ungeeignet für nach dem Vertrag vorausgesetzte Verwendung - vereinbartes Zubehör fehlt	- ungeeignet für die gewöhnliche Verwendung - übliche und erwartbare Beschaffenheit ist nicht gegeben - entspricht nicht der Probe bzw. dem Muster - erwartbares Zubehör bzw. erwartbare Anleitung fehlt	- unsachgemäße Montage durch den Verkäufer - unsachgemäße Montage aufgrund mangelhafter Montageanleitung	

§ 434 BGB

Sachmängel liegen vor,

- wenn die Sache den **subjektiven Anforderungen**, die sich aus den Vereinbarungen im Kaufvertrag ergeben, nicht entspricht. Als Mangel in der **vereinbarten** Beschaffenheit gelten z. B. **Fehler in der Art, der Menge, der Qualität, der Funktionalität** oder **der Kompatibilität** der Ware.
- wenn die Sache den **objektiven Anforderungen**, also den gewöhnlichen und allgemein (auch z. B. aufgrund von Werbeversprechen) erwartbaren Anforderungen, nicht entspricht. Zu den objektiven Anforderungen zählt auch, dass die **erwartbare** Menge, Qualität, Haltbarkeit, Funktionalität, Kompatibilität und Sicherheit eingehalten wird. Vereinbaren bei einem zweiseitigen Handelskauf (B2B) die Parteien im Rahmen des Kaufvertrags aber, dass die Sache nicht den objektiven Anforderungen entspricht, gilt vorrangig die Vereinbarung und die Sache ist nicht mangelhaft. Beim Verbrauchsgüterkauf (B2C) ist das anders: Nur wenn der Verbraucher über eine **Abweichung** bestimmter Merkmale von den objektiven Anforderungen (z. B. Kauf von B-Ware oder Ausstellungsstücken) **eigens in Kenntnis gesetzt** und dies **ausdrücklich und gesondert vertraglich vereinbart** wird, liegt kein Sachmangel vor (§ 476 BGB).
- wenn die **Montageanforderungen** nicht erfüllt sind, weil der Verkäufer selbst die Montage unsachgemäß durchführt oder dem Käufer aufgrund einer mangelhaften Montageanleitung die sachgemäße Montage nicht gelingt. Wird die Montage trotz mangelhafter Anleitung fehlerfrei durchgeführt, liegt kein Sachmangel vor.
- wenn eine **andere Sache** geliefert wird als im Kaufvertrag vereinbart wurde, also eine sog. Falschlieferung vorliegt.

Pflichten des Käufers

Damit die Rechte aus der Mängelhaftung geltend gemacht werden können, muss der Käufer – insbesondere bei Beschaffungsvorgängen als Handelskauf – bestimmte Pflichten erfüllen.

Pflichten des Käufers

- Prüfpflicht
- Rügepflicht
- Aufbewahrungspflicht

Pflichten	Zweiseitiger Handelskauf (§ 377 HGB)	Einseitiger Handelskauf als Verbrauchsgüterkauf (§ 474 BGB)
Prüfpflicht	Zu prüfen ist **unverzüglich nach der Ablieferung;** unverzüglich heißt „ohne schuldhaftes Verzögern“.	Zu prüfen ist **innerhalb der gesetzlich festgelegten Gewährleistungsfrist von 2 Jahren.** Die Gewährleistungsfrist bei **gebrauchten Gegenständen** kann bis auf 1 Jahr reduziert werden.
Rügepflicht	Zu rügen sind • **offene Mängel unverzüglich nach Lieferung**, sonst ist Genehmigung erteilt. • **versteckte Mängel unverzüglich nach Entdeckung**, spätestens 2 Jahre nach Lieferung, sonst ist Verjährung eingetreten.	Zu rügen ist **innerhalb von 2 Jahren nach Lieferung,** sonst ist Verjährung eingetreten. Aber: Hat sich ein Mangel innerhalb der Verjährungsfrist gezeigt, tritt die Verjährung erst ein, wenn seit dem Zeitpunkt, in dem sich der Mangel erstmals gezeigt hat, bereits 4 Monate vergangen sind (§ 475e BGB).
	Arglistig verschwiegene Mängel sind **innerhalb von 3 Jahren nach Entdeckung** des Mangels zu rügen, sonst ist Verjährung eingetreten (§ 438 III BGB). Die Verjährungsfrist beginnt mit dem Ende des Jahres, in dem der Mangel entdeckt wurde.	
Aufbewahrungspflicht	Beim **Platzkauf** darf der Käufer die beanstandete Ware auf Kosten des Verkäufers sofort **zurückschicken.** Beim **Distanzkauf** ist der Käufer grundsätzlich verpflichtet, die beanstandete Ware **ordnungsgemäß aufzubewahren,** um unnötige Transportkosten zu vermeiden. Sie muss dem Verkäufer zur Verfügung gestellt werden, d. h., der Verkäufer kann entscheiden, was damit geschehen soll (z. B. Abholung und Weiterleitung an einen anderen Käufer in der Nähe). Jenseits dieser gesetzlichen Regelung können vertraglich andere Vereinbarungen getroffen werden.	

Merke

Grundsätzlich trägt der **Käufer** die **Beweislast**, d. h., er muss beweisen, dass der Mangel bereits bei Gefahrenübergang vorlag.

Allerdings werden zum Schutz der Verbraucher durch die sogenannte „Beweislastumkehr“ Ausnahmen von diesem Grundsatz festgelegt:
Zeigt sich bei einem **Verbrauchsgüterkauf** von analogen Gegenständen innerhalb eines Jahres seit Gefahrenübergang ein Sachmangel, so wird vermutet, dass die Sache bereits bei Gefahrenübergang mangelhaft war **(Umkehrung der Beweislast)**, und der Verkäufer muss beweisen, dass die Ware zu diesem Zeitpunkt nicht mit Mängeln behaftet war. Bei dauerhaft bereitgestellten Sachen mit integrierten digitalen Elementen gilt die Beweislastumkehr sogar so lange, wie der Vertrag läuft, mindestens aber zwei Jahre ab Ablieferung der Ware. Tritt ein Sachmangel bei dauerhaft bereitgestellten digitalen Produkten auf, wird vermutet, dass das digitale Produkt während der gesamten bisherigen Dauer mangelhaft war.

Tipp

Verbrauchsgüterkauf: Unternehmer verkauft **bewegliche Sache** an **Verbraucher (Privatperson)**

Gesetzliche Rechte des Käufers

§ 442 BGB

Der Käufer kann bei mangelhafter Lieferung die gesetzlichen Rechte in Anspruch nehmen.

Der Radmarkt

Reif KG
Rund ums Rad

Ihr Zeichen: he
Ihre Nachricht vom: 02.05.20..
Unser Zeichen: pe
Unsere Nachricht vom: 01.05.20..

Name: Sandra Pelzig
Telefon: 02361 2409-33
Telefax: 02361 2409-58
E-Mail: info@radmarkt-reif.de

Datum: 10.05.20..

Reif KG, Schlossgraben 30, 45657 Recklinghausen

Alpina Velo GmbH
Frau Helmig
Industriepark 16
48143 Münster

Reklamation

Sehr geehrte Frau Helmig,

heute haben wir Ihre Lieferung von 40 Fahrradhelmen der Marke Velo Alpina Giro in den Farben weiß und matt schwarz erhalten. Danke für die zügige Lieferung.

Allerdings beinhaltet die Warenlieferung 12 weiße Helme in der falschen Größe: Statt der bestellten Größe 52 – 57 wurde die Größe 56 – 62 geliefert.

Wir bitten um schnellstmögliche Nachlieferung der Helme in der korrekten Größe.

Bitte teilen Sie uns auch mit, wie wir mit den Helmen der falschen Größe verfahren sollen.

Mit freundlichen Grüßen

Radmarkt Reif KG

Sandra Pelzig

i. A. Sandra Pelzig

Im Falle einer berechtigten Mängelrüge steht bei der Inanspruchnahme von Rechten an erster Stelle die **„Nacherfüllung"**, gegebenenfalls in Verbindung mit „einfachem" Schadensersatz. **§ 280 BGB**

Beispiel

Ein Verbraucher kauft eine Wohnzimmerwand. Es wird Lieferung frei Haus und Montage der Wand durch den Lieferanten vereinbart. Eine Woche nach Lieferung und Montage stürzt ein Teil der Wand zusammen und zerstört u. a. die HiFi-Anlage. Es stellt sich heraus, dass der Monteur entgegen den Angaben des Herstellers eine nicht ausreichend dimensionierte Befestigung gewählt hatte. „Es wird schon halten", war seine Aussage. Neben der Nacherfüllung (korrekter Aufbau der Wohnzimmerwand) ist auch der entstandene Schaden (zerstörte HiFi-Anlage) zu ersetzen. **§ 475 BGB**

Die weiteren Rechte sind **nachrangige Rechte.** Das bedeutet, dass vor Inanspruchnahme der weiteren Rechte dem Verkäufer unbedingt das **Recht zur Nacherfüllung** eingeräumt werden muss. Dabei steht dem Käufer grundsätzlich ein Wahlrecht zwischen Nachbesserung und Neulieferung zu, allerdings nur, wenn seine Wahl für den Verkäufer nicht unzumutbar bzw. unmöglich ist.

Rechte des Käufers bei mangelhafter Lieferung

vorrangige Rechte des Käufers
(grundsätzlich ohne Fristsetzung)

Nacherfüllung
Käufer hat – unter Berücksichtigung von Unzumutbarkeit bzw. Unmöglichkeit – freie Wahl zwischen kostenloser

Nachbesserung — Neulieferung

und ggf. **Schadensersatz* neben der Leistung**

Übergang zu nachrangigen Rechten nur

- nach erfolglosem Ablauf einer angemessenen Nacherfüllungsfrist (Ausnahme: Verbrauchsgüterkauf) oder
- bei erfolgloser Nacherfüllung (fehlgeschlagen, verweigert oder unzumutbar) oder
- bei Fix- und Zweckkauf

nachrangige Rechte des Käufers

nur bei erheblichen Mängeln					auch bei unerheblichen Mängeln
Rücktritt vom Kaufvertrag	und ggf.	**Schadensersatz* statt** der Leistung	oder	**Ersatz vergeblicher** Aufwendungen	**Minderung** des Kaufpreises und ggf. **Schadensersatz* neben** der Leistung

* Voraussetzungen für das Recht auf Schadensersatz sind grundsätzlich ein nachweisbarer Schaden und Verschulden des Verkäufers.

Vorrangige Rechte

Der Käufer kann als Nacherfüllung nach seiner Wahl

- die kostenlose Beseitigung des Mangels (Nachbesserung) oder
- die kostenlose Lieferung einer mangelfreien Sache verlangen (Neulieferung, § 439 BGB) und
- gegebenenfalls Schadensersatz neben der Leistung

verlangen.

§ 439, III BGB
§ 275 BGB

Auf ein **Verschulden** des Verkäufers kommt es bei der Nacherfüllung **nicht** an. Dieser kann jedoch die vom Käufer gewählte Art der Nacherfüllung **verweigern**, wenn sie **unverhältnismäßig hohe Kosten** verursachen würde (Unzumutbarkeit) bzw. **Unmöglichkeit** vorliegt.

Verweigert der Verkäufer beide Arten der Nacherfüllung oder ist die **Nacherfüllung fehlgeschlagen** oder unzumutbar, so kann der Käufer auf die **nachrangigen Rechte** zurückgreifen.

Merke

Eine **Nachbesserung** gilt in der Regel **nach einem zweiten erfolglosen Versuch** als **fehlgeschlagen**.

§ 280 BGB

Der Anspruch auf **Schadensersatz** ist jedoch an die **Voraussetzung einer Pflichtverletzung** des Verkäufers gebunden, d. h., der Verkäufer leistet schuldhaft nicht so wie vereinbart (Schadensersatz wegen Pflichtverletzung). Der Käufer hat dann Anspruch auf Erfüllung des Vertrages **und** auf Ersatz der Kosten, die durch die mangelhafte Lieferung verursacht wurden.

Nachrangige Rechte

Hat die Inanspruchnahme vorrangiger Rechte nicht zu einer Behebung des Mangels geführt, kann der Käufer

- § 323 BGB — vom Kaufvertrag **zurücktreten** und
- § 281 BGB — ggf. **Schadensersatz statt der Leistung** oder
- **Ersatz vergeblicher Aufwendungen** verlangen oder
- § 441 BGB — den **Kaufpreis mindern** und **Schadensersatz neben der Leistung** verlangen.

Dabei sind folgende **Bedingungen** zu beachten:

- § 440 BGB — Bei einem zweiseitigen Handelskauf ist dem Verkäufer aktiv eine Nacherfüllungsfrist gesetzt worden, die abgelaufen ist. Eine solche **Fristsetzung entfällt** nur bei fehlgeschlagener, verweigerter oder unzumutbarer Nacherfüllung sowie bei Zweck- oder Fixkauf. In diesen Fällen darf der Käufer sofort auf die nachrangigen Rechte zugreifen. Bei einem Verbrauchsgüterkauf beginnt eine (nicht näher definierte) Nachfrist automatisch zu laufen, sobald der Verbraucher den Mangel mitteilt.
- § 323 BGB — Voraussetzung ist, dass ein **erheblicher Mangel** vorliegt. **(Ausnahme:** Minderung ist auch bei geringfügigem Mangel möglich.)
- Schadensersatz kann grundsätzlich nur bei **nachweisbarem** (konkretem oder abstraktem) **Schaden** und **Verschulden** des Verkäufers verlangt werden.

Verschulden	Unerheblicher Mangel	Erheblicher Mangel
kein Verschulden des Verkäufers	Minderung	Rücktritt
Verschulden des Verkäufers	Minderung und ggf. Schadensersatz neben der Leistung	Rücktritt und ggf. Schadensersatz statt der Leistung oder Ersatz vergeblicher Aufwendungen

■ Produkthaftung

Im Zeitalter moderner Vertriebssysteme wird eine Ware nur in seltenen Fällen direkt beim Hersteller gekauft. Vertragliche Ansprüche entstehen daher im Regelfall nur durch den Kaufvertrag zwischen Verkäufer und Käufer. Das Produkthaftungsgesetz erweitert diese Haftung. Es besagt, dass auch der Hersteller direkt für Schäden haftet, die durch Fehler des Produktes an Personen oder Sachen verursacht werden. Ein Verschulden muss den Hersteller dabei nicht treffen. Es reicht für die Produkthaftung aus, wenn das Produkt nicht dem Standard entspricht, der allgemein berechtigterweise erwartet werden kann.

Produkthaftungsgesetz

- Groß- und Einzelhändler
- Importeur
- Zulieferer
- Hersteller

©bluedesign-fotolia.com

Beispiel

Die Bremsanlage eines Fahrzeuges muss der Größe des Wagens angepasst sein. Babyspielzeug darf nicht abfärben, scharfe Kanten haben oder so klein sein, dass es verschluckt werden könnte.

Der Geschädigte kann sich mit seinen Ansprüchen nicht nur an den eigentlichen Hersteller wenden, sondern es haften auch der Zulieferer, der Importeur, der Großhändler und der Einzelhändler.

Wird ein Produkt nicht von einem Hersteller alleine gefertigt (z. B. in der Autoindustrie), haftet derjenige, in dessen Aufgabenbereich das Fehlverhalten fällt. Kann der Ersatzpflichtige nicht ermittelt werden, so können alle Beteiligten gemeinsam zur Haftung herangezogen werden.

Merke

Gewährleistung: gesetzliche Mängelhaftung
Garantie: freiwillige Selbstverpflichtung
Kulanz: freiwillige Leistung

LERNFELD 4

■ Garantie

Mit einer Garantieerklärung **verpflichten** sich der Hersteller oder der Lieferant **freiwillig** zu einer Leistung, die über die gesetzliche Pflicht zur Gewährleistung hinausgeht. Garantieerklärungen müssen für den Verbraucher einfach und verständlich abgefasst sein. Sie müssen einen Hinweis darauf enthalten, dass die gesetzlichen Rechte des Käufers durch die Garantie nicht eingeschränkt werden, sowie insbesondere Angaben zum Umfang der Garantie, zur Garantiedauer, dem räumlichen Geltungsbereich und Namen und Anschrift des Garantiegebers. Ein Verbraucher kann außerdem Mitteilung in Textform verlangen. Die Nichterfüllung einer dieser Anforderungen entbindet den Garantiegeber aber nicht von der Wirksamkeit seiner Garantieverpflichtung.

TRONIK*PROFI* Werksgarantie

GARANTIEURKUNDE FÜR LAPTOPS

weltweite Werksgarantie

TRONIK*PROFI* räumt Ihnen als Eigentümer des Gerätes eine Garantie für die Dauer von

drei Jahren

ab Datum der Inbetriebnahme ein.

In diesem Zeitraum werden an dem Gerät festgestellte Mängel oder Fabrikationsfehler vom **TRONIK***PROFI* Werkskundendienst kostenlos behoben.

Die gesetzlichen Rechte des Verbrauchers werden durch diese Garantie nicht eingeschränkt.

Tronik PROFI, 70173 Stuttgart, Am Wall 12

4.3.2 Lieferungsverzug (Nicht-Rechtzeitig-Lieferung)

©JENS-fotolia.com

Der Kaufvertrag verpflichtet den Verkäufer auch, die bestellten Waren zur rechten Zeit am rechten Ort zu übergeben. Liefert er nicht rechtzeitig, so gerät er unter bestimmten Voraussetzungen in Lieferungsverzug.

Merke

Lieferungsverzug liegt vor, wenn der Verkäufer trotz Fälligkeit schuldhaft nicht oder nicht rechtzeitig leistet.

Voraussetzungen des Lieferungsverzugs

Um festzustellen, ob ein Lieferer in Verzug gerät, müssen zunächst die Voraussetzungen für das Vorliegen dieser Leistungsstörung geprüft werden.

Voraussetzungen	Erläuterungen
Fälligkeit der Lieferung (§§ 271, 286 BGB) Die Lieferung muss **fällig** sein, d. h. vom Käufer verlangt werden können, und der Schuldner hat trotz Fälligkeit **nicht** oder **nicht rechtzeitig** geleistet. Zu unterscheiden ist, ob Fälligkeit erst **mit** oder bereits **ohne Mahnung** gegeben ist.  © fotodo-fotolia.com	Ohne vertragliche Vereinbarung eines Liefertermins bzw. einer Lieferfrist ist die Lieferung **sofort fällig** (§ 271 BGB). **Mahnung erforderlich** Grundsätzlich muss der Käufer die Lieferung nach Eintritt der Fälligkeit anmahnen. Der **Verzug beginnt** dann mit dem Tag der **Zustellung der Mahnung**. **Eine Mahnung ist nicht erforderlich,** • wenn die Lieferung **kalendermäßig bestimmt ist** (z. B. Terminkauf: Lieferung am 22.07.) oder kalendermäßig **bestimmbar** ist (z. B. Lieferung 3 Wochen nach Ostern). Weder bestimmt noch bestimmbar ist z. B. eine Lieferung mit der Vereinbarung: Lieferung ab Mitte August, Lieferung sofort. • bei **Zweckkauf bzw. Fixkauf,** d. h., die Lieferung ist nach einem bestimmten Ereignis bzw. fixen Termin für den Käufer bedeutungslos (z. B. normalerweise Feuerwerkskörper nach Silvester). • bei **Selbstinverzugsetzung** des Verkäufers, d. h., der Verkäufer verweigert ernsthaft und endgültig die Leistung. • aus **besonderen Gründen** unter Abwägung der beiderseitigen Interessen. Der **Verzug beginnt** in diesen Fällen mit der **Fälligkeit der Lieferung**.
Verschulden des Schuldners (§§ 276, 278 BGB) Der Schuldner hat das Unterbleiben der Leistung zu vertreten, wenn insbesondere ein **Verschulden** des Lieferers oder seines Erfüllungsgehilfen vorliegt.	Verschulden ist grundsätzlich gegeben bei **Fahrlässigkeit** oder **Vorsatz.** **Fahrlässigkeit** liegt vor, wenn der Lieferer die den Umständen nach **angemessene Sorgfalt außer Acht** lässt, z. B. wenn er eine wichtige geschäftliche Terminplanung fehlerhaft vornimmt. **Vorsatz** liegt vor, wenn **mit Absicht eine rechtswidrige Handlung vorgenommen** und Schaden bewusst in Kauf genommen wird, z. B. wenn ein Einzelstück nach Vertragsabschluss einem anderen verkauft wird, da so ein höherer Preis erzielt werden kann.
Möglichkeit der Leistung Es muss grundsätzlich möglich sein, die geschuldete Leistung zu erbringen bzw. nachzuholen.	Bei **Unmöglichkeit der Leistung** entsteht **kein Lieferungsverzug** (§ 275 BGB). Unmöglichkeit ist gegeben, wenn die Leistung nicht nachholbar ist. **Subjektive Unmöglichkeit** liegt vor, wenn nur der Schuldner die Leistung nicht nachholen kann; **objektive Unmöglichkeit** bedeutet, dass niemand die geschuldete Leistung erbringen kann. Ist die subjektive Unmöglichkeit schuldhaft verursacht, kann der Gläubiger nach anderen Paragraphen des BGB Schadensersatz statt der Leistung verlangen.

Rechte des Käufers bei Lieferungsverzug

Wenn die Voraussetzungen erfüllt sind, kann der Käufer wahlweise folgende Rechte geltend machen:

Rechte des Käufers bei Lieferungsverzug	
ohne Nachfrist	**mit Nachfrist** (entfällt bei: Fixkauf, Zweckkauf, Selbstinverzugsetzung)
• Bestehen auf **Erfüllung des Vertrages** und ggf. • **Schadensersatz** wegen verspäteter Lieferung (Verzögerungsschaden verlangen)	• **Rücktritt** vom Vertrag und ggf. • **Schadensersatz** statt der Lieferung bzw. • **Ersatz vergeblicher Aufwendungen**

Durch die gesetzliche Auflage, dass der Käufer vor seinem Rücktritt vom Vertrag eine Nachfrist setzen muss, wird dem Lieferer eine letzte Chance eingeräumt, den Vertrag trotz Verspätung zu erfüllen.

Eine **Nachfrist** gilt als **angemessen**, wenn der Lieferer noch die Möglichkeit der Warenlieferung hat, ohne die Ware erst produzieren oder beschaffen zu müssen.

Rechte des Käufers	Erläuterungen
Erfüllung des Vertrages	Der Käufer **besteht auf** – verspätete – **Lieferung** (Erfüllung des Vertrages). Dieses Recht wird er in Anspruch nehmen, wenn er die Ware nicht dringend benötigt und sie anderweitig nicht günstiger oder vielleicht überhaupt nicht beschaffen kann.
... und ggf. Schadensersatz (§§ 280, 286 BGB)	Der Käufer **besteht auf** – verspätete – **Lieferung** (Erfüllung des Vertrages). Der Lieferer hat ihm jedoch darüber hinaus auch den durch die Verzögerung entstandenen **Schaden zu ersetzen.** **Beispiel:** Ein Schaden entsteht durch Produktionsausfall, weil die Materialien nicht rechtzeitig geliefert werden.
Rücktritt vom Vertrag (§ 323 BGB)	Der Käufer kann vom Vertrag zurücktreten. Voraussetzung ist grundsätzlich, dass er dem Lieferer nach Eintritt des Lieferungsverzuges eine **angemessene Nachfrist** gesetzt hat. Der Käufer muss dabei erklären, dass er die Annahme der Leistung nach Ablauf der Frist ablehnt. Bei Fixkauf, Zweckkauf oder Selbstinverzugsetzung ist eine Nachfristsetzung nicht erforderlich. **Beispiel:** Sind entsprechende Leistungen inzwischen von anderen Anbietern günstiger zu beziehen, so wird der Käufer nicht mehr auf Erfüllung des Vertrages bestehen, sondern zurücktreten und einen neuen Kaufvertrag mit dem günstigeren Lieferer abschließen.
... und ggf. Schadensersatz statt der Leistung (§ 281 BGB) bzw. **Ersatz vergeblicher Aufwendungen**	Bei Rücktritt vom Vertrag kann der Käufer **Schadensersatz statt der Leistung** bzw. **Ersatz vergeblicher Aufwendungen** verlangen. **Beispiel:** Ist die Nachfrist abgelaufen, kann der Käufer bei einem anderen Lieferer einen **Deckungskauf** vornehmen und einen eventuellen Mehrpreis dem in Verzug geratenen Lieferer in Rechnung stellen **(Schadensersatz statt der Leistung)** bzw. z. B. die Kosten für unbrauchbar gewordene Werbeprospekte geltend machen **(Ersatz vergeblicher Aufwendungen).**

■ Schadensberechnung

Durch Schadensersatz soll der Geschädigte wieder so gestellt werden, wie er zuvor gestellt war. Die Entschädigung erfolgt meistens in Geld. Der Käufer muss den Schaden jedoch durch eine Schadensberechnung nachweisen. Man unterscheidet folgende Möglichkeiten:

©bluedesign-fotolia.com

Schadensberechnung
- **konkret** (nachgewiesene Umstände)
- **abstrakt** (geschätzte Hochrechnung)
- **Konventionalstrafe**

§ 252 BGB

Schadens-berechnung	Erläuterungen
konkrete Schadens-berechnung	Eine konkrete Schadensberechnung erfolgt, wenn „nachgewiesene Umstände" vorliegen. Hat der Käufer z. B. einen Deckungskauf vorgenommen, für den er einen höheren Preis bezahlen musste, so kann der **Schaden** anhand der Rechnung **tatsächlich nachgewiesen werden**. Der Mehrpreis lässt sich dann als konkreter Schaden geltend machen.
abstrakte Schadens-berechnung	Ein abstrakter Schaden kann geltend gemacht werden, wenn mit hoher Wahrscheinlichkeit ein „gewöhnlicher Lauf der Dinge" angenommen werden darf. Für die Berechnung eines abstrakten Schadens muss entsprechend nicht nachgewiesen werden, dass der Umstand eingetreten ist; es genügt festzustellen, dass er normalerweise („für gewöhnlich") so eintritt. Damit ist es schwierig, die Schadenshöhe exakt festzustellen, z. B. wenn aufgrund eines Lieferverzuges mangelnde Verkaufsbereitschaft entsteht und ein mit hoher Wahrscheinlichkeit erwartbarer Gewinn entgangen ist. Noch schwieriger dürfte eine Schadensberechnung bei Rufschädigung infolge der Lieferverzögerung sein. Solche abstrakten Schäden führen nicht selten zu **gerichtlichen Auseinandersetzungen**.
Konventional-strafe	Um Streitigkeiten bei der Schadensermittlung zu vermeiden, kann im Kaufvertrag die Zahlung einer **Vertragsstrafe** (Konventionalstrafe) vereinbart werden. Tritt der Lieferungsverzug ein, so ist die vorher vertraglich festgelegte Geldsumme fällig – eine entsprechende Schadenshöhe muss dazu grundsätzlich nicht belegt werden.

■ Haftung des Schuldners während des Lieferungsverzugs

§ 287 BGB

Der **Schuldner (Lieferer)** hat während des Verzugs jede Fahrlässigkeit zu vertreten. Er ist auch für die während des Verzugs durch Zufall eintretenden Schäden **verantwortlich,** es sei denn, dass der Schaden auch bei rechtzeitiger Leistung eingetreten sein würde.

4.3.3 Annahmeverzug

Der Kaufvertrag verpflichtet die Vertragspartner die jeweils ordnungsgemäß angebotene Leistung des anderen anzunehmen. Damit der Schuldner (Verkäufer) seine

Leistung erfüllen kann, ist er auf die Mitwirkung des Gläubigers (Käufers) angewiesen. Nimmt der Käufer die ordnungsgemäß bereitgestellte Leistung nicht an, so liegt Annahmeverzug vor. Da also der Käufer als Gläubiger die Mitwirkung bei der Vertragserfüllung unterlässt, spricht man von Gläubigerverzug.

Der Verkäufer bietet seine Leistung ordnungsgemäß an, wenn er

- zur rechten Zeit,
- am rechten Ort,
- die richtige Ware,
- mangelfrei

bereitstellt.

Voraussetzungen

Daraus ergeben sich die Voraussetzungen, die geprüft werden müssen, um festzustellen, ob **Annahmeverzug** (als Gläubigerverzug) vorliegt.

Voraussetzungen	Erläuterungen
Fälligkeit der Lieferung (§§ 271, 2 BGB) Fälligkeit bezeichnet den **Zeitpunkt,** zu dem der **Gläubiger** (hier: Käufer) **die Leistung verlangen** kann, der Schuldner (hier: Verkäufer) die **Leistung bewirken** kann (z. B. ein vereinbarter Liefertermin).	Allerdings kann es zu der Situation kommen, dass der Schuldner bereits zu einer Zeit leisten darf, zu der der Gläubiger die Leistung noch nicht verlangen darf. Dann ergibt sich aus der Vertragsverbindung ein Abstimmungserfordernis, das den beiderseitigen Interessen genügen kann. **Beispiel:** Es wurde Lieferung in der 15. Kalenderwoche vereinbart. Die Leistung kann zu Wochenbeginn erfolgen, aber erst am Ende der Woche verlangt werden.
Tatsächliches Anbieten (§ 296 BGB) Tatsächliches Anbieten bedeutet, dass der Gläubiger gleichsam nur noch **„zugreifen"** und annehmen muss. Nur im Ausnahmefall – z. B. wenn der Gläubiger bereits erklärt hat, dass er nicht annehmen wird, – genügt ein **wörtliches Anbieten** der Leistung.	Ein Anbieten ist jedoch entbehrlich, wenn die Leistung an eine vom Gläubiger vorzunehmende Handlung gebunden ist, die nach dem Kalender bestimmt ist und vom Gläubiger nicht rechtzeitig vorgenommen wird. **Beispiel:** Im Kaufvertrag wurde vereinbart, dass der Käufer dem Antiquitätenhändler bis zum 20.10.20.. einen Transportbehälter für die kostbare Bodenvase zur Verfügung stellt. Der Käufer stellt diesen nicht fristgerecht zur Verfügung. Ein tatsächliches Anbieten ist deshalb entbehrlich.
Nichtannahme der Leistung (§ 299 BGB) Nichtannahme der Leistung führt unter diesen Voraussetzungen grundsätzlich – und zwar auch **ohne Verschulden – zum Annahmeverzug.**	Lediglich für den Fall, dass eine Leistungszeit unbestimmt bzw. der Schuldner zu vorzeitiger Leistung berechtigt ist, tritt bei vorübergehender Annahmeverhinderung ein Verzug nur dann ein, wenn die Leistung eine angemessene Zeit vorher angekündigt wurde. **Beispiel:** Ein Möbelhaus liefert ohne vorherige Ankündigung die Möbel, die vereinbarungsgemäß „in den nächsten Tagen" geliefert werden sollten. Der Käufer tätigt zurzeit seine Einkäufe. **Annahmeverzug liegt nicht vor,** da eine tagelange ständige Anwesenheit unzumutbar ist. **Beispiel:** Angenommen, die Möbellieferung war frühzeitig für den Nachmittag ab 14:00 Uhr angekündigt. Wegen Straßensperrungen aufgrund von Hochwasser erreicht der Käufer seine Wohnung erst um 15:00 Uhr. Der Möbelwagen ist bereits wieder abgefahren. **Annahmeverzug liegt vor,** obwohl den Käufer kein Verschulden trifft.

Rechtsfolgen von Annahmeverzug

§ 300 BGB

Tritt Annahmeverzug ein, so ist der **Schuldner** (hier: Verkäufer) zwar grundsätzlich nicht von seiner Leistungspflicht befreit, er **haftet** aber nur noch **für grobe Fahrlässigkeit** (also für ein Verhalten, das die Sorgfaltsgebote in schwerwiegender Weise verletzt: z. B. Alkohol im Straßenverkehr) und **Vorsatz.** Es bestehen damit Haftungserleichterungen. Die **Gefahr für den zufälligen Untergang** der Ware trägt nun der Gläubiger (hier: Käufer).

Beispiel

Auf dem Rücktransport wird der Auslieferungsfahrer des Möbelhauses in einen Verkehrsunfall verwickelt, bei dem die Serienmöbel zu Bruch gehen.

(1) Der Kunde war in Annahmeverzug und dem Fahrer kann allenfalls leichte Fahrlässigkeit vorgeworfen werden: Der Kunde haftet und muss die Möbelrechnung bezahlen; der Verkäufer ist von seiner Leistungspflicht befreit.

(2) Der Kunde war in Annahmeverzug und dem Fahrer kann grobe Fahrlässigkeit nachgewiesen werden: Der Verkäufer ist von seiner Leistungspflicht nicht befreit, er haftet.

(3) Der Kunde war nicht in Annahmeverzug: Der Verkäufer ist von der Leistungspflicht nicht befreit, er haftet bzw. trägt auch die Gefahr des zufälligen Untergangs.

Rechte des Verkäufers bei Annahmeverzug

§§ 293 ff. BGB

Bevor sich der Verkäufer für die Wahrnehmung eines Rechts entscheidet, wird er unter wirtschaftlichen Gesichtspunkten prüfen, ob eine Verständigung mit dem Käufer sinnvoll und möglich ist (z. B. kulante Rücknahme im Interesse langjähriger bzw. zukunftsträchtiger Geschäftsbeziehungen oder bei anderweitiger, günstigerer Veräußerungschance). Ein **Rücktrittsrecht** des Verkäufers **ergibt sich** aus dem Gläubigerverzug **nicht.**

§ 373 HGB

Wird eine einvernehmliche Regelung nicht gefunden, so hat der Verkäufer beim (ein- und zweiseitigen) Handelskauf grundsätzlich wahlweise die folgenden Rechte aus Gläubigerverzug:

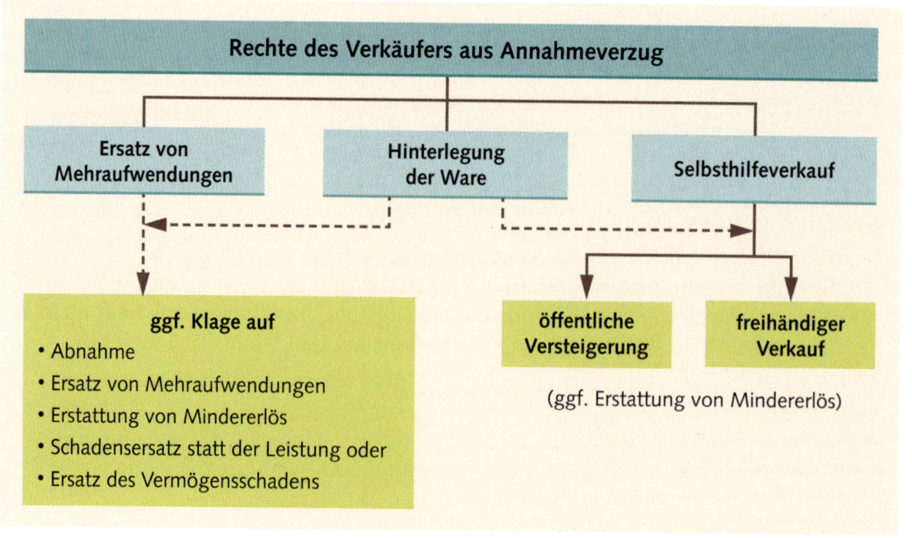

LERNFELD 4

Rechte	Erläuterungen
Ersatz von Mehraufwendungen (§ 304 BGB)	Der Verkäufer kann Ersatz von Mehraufwendungen verlangen, die er z. B. für das **erfolglose Anbieten** (Transportkosten) sowie für die **Aufbewahrung und Erhaltung der Ware** (Lagerkosten) machen musste – also nur von tatsächlichen und erforderlichen Mehraufwendungen (z. B. kann Miete, die für den Raum hätte erzielt werden können, in dem der Verkäufer die Ware aufbewahrt, nicht gefordert werden). Will der Verkäufer auf Einhaltung des Vertrages (Abnahme der Leistung) bestehen, so muss er dies gegebenenfalls auf dem Klageweg per Klage auf Abnahme durchsetzen.
Hinterlegung der Ware (§ 373 I HGB)	Hinterlegt der Verkäufer die Ware in einem öffentlichen Lagerhaus oder in sonst sicherer Weise (z. B. bei einem Geschäftsfreund), so kann er sich dadurch von seiner **Leistungspflicht befreien.** Kosten und Gefahr hat der Käufer zu tragen.
Selbsthilfeverkauf (§ 373 II HGB)  ©arahan-fotolia.com	Durch einen Selbsthilfeverkauf kann der Verkäufer in vielen Fällen schneller zu seinem Geld (oder zumindest einem erheblichen Teil) kommen. Dabei ist zu beachten: • Der Verkauf ist in Form einer **öffentlichen Versteigerung** durchzuführen. • Dem Käufer ist eine **Frist** zu **setzen** und die **Versteigerung anzudrohen.** Handelt es sich um **verderbliche Sachen** und ist Gefahr im Verzug, so können Androhung und Fristsetzung unterbleiben. Man bezeichnet dies als **Notverkauf.** • Der Verkäufer muss über **Ort und Zeit der Versteigerung** benachrichtigt werden. Käufer und Verkäufer können bei der Versteigerung mitbieten. • Dem Käufer ist das **Ergebnis der Versteigerung** mitzuteilen. Ein eventueller Mindererlös gegenüber dem vereinbarten Kaufpreis geht zu Lasten des Käufers; entsprechend erhält er einen etwaigen Mehrerlös.

4.4 Zusammenfassung und Aufgaben

Zusammenfassung

Bestellüberwachung und Wareneingangskontrolle

Terminkontrolle mittels EDV-Warenwirtschaftssystem

1. Prüfung (sofort): Prüfen der eingegangenen Sendung
(Anschrift, Vergleich Lieferschein – Bestellung, Beschädigung an der Verpackung)

2. Prüfung (unverzüglich): Prüfen der Ware auf Mängel

Kontrollmeldung an Disposition, ggf. Mängelrüge

Lagerhaltung

Aufgaben der Lagerhaltung: Produktions- und Lieferbereitschaft sichern, Zeitüberbrückung, Raumüberbrückung, Unregelmäßigkeiten auf dem Beschaffungsmarkt ausgleichen, Einkaufsvorteile nutzen, Umformungs- bzw. Reifungsprozess ermöglichen

Lagerarten:
- Industrie: Materiallager, Handlager, Zwischenlager
- Handel: Versandlager, Verkaufslager, Reservelager, Ausstellungslager
- offenes oder geschlossenes Lager
- Eigen- oder Fremdlager

Lagerorganisation:
- systematische (feste) oder chaotische (flexible) Lagerplatzzuordnung
- zentrales oder dezentrales Lager

Kosten der Lagerhaltung:
Lagereinrichtung und Lagerausstattung, Lagerverwaltung, Lagerbestände/Kapitalbindung

Lagerkennziffern:
- durchschnittlicher Lagerbestand = z. B. $\frac{\text{AB + EB}}{2}$
- Umschlagshäufigkeit = $\frac{\text{Wareneinsatz}}{\text{Ø Lagerbestand}}$
- durchschnittliche Lagerdauer = $\frac{360}{\text{Umschlagshäufigkeit}}$
- Lagerzinssatz = $\frac{\text{Jahreszinssatz}}{\text{Umschlagshäufigkeit}}$

Mangelhafte Lieferung

Arten der Mängel:
- Sachmängel (nicht erfüllte subjektive Anforderungen, objektive Anforderungen, Montageanforderungen; Falschlieferung)
- Rechtsmängel
- Mängel nach der Erkennbarkeit (offene, versteckte, arglistig verschwiegene Mängel)

Pflichten des Käufers: Prüfpflicht, Rügepflicht, Aufbewahrungspflicht

Rechte des Käufers:
- vorrangige Rechte (Nachbesserung oder Neulieferung, ggf. Schadensersatz)
- nachrangige Rechte (Rücktritt vom Vertrag und ggf. Schadensersatz statt der Leistung oder Ersatz vergeblicher Aufwendungen; Minderung des Kaufpreises und ggf. Schadensersatz neben der Leistung)

Produkthaftung: Für Produktschäden haften Hersteller, Zulieferer, Importeur, Groß- und Einzelhändler.

Gewährleistung: gesetzliche Mängelhaftung, **Garantie:** freiwillige Selbstverpflichtung, **Kulanz:** freiwillige Leistung

Lieferungsverzug

Voraussetzungen:
- Fälligkeit, Mahnung (Mahnung kann in bestimmten Fällen entfallen.)
- Verschulden des Verkäufers

Rechte des Käufers:
- Erfüllung des Vertrages und ggf. Schadensersatz (ohne Nachfrist)
- Rücktritt vom Vertrag und/oder Schadensersatz (mit Nachfrist)

Schadensberechnung:
konkret (z. B. Deckungskauf), **abstrakt** (z. B. entgangener Gewinn, Rufschädigung), **Konventionalstrafe** (nach Vereinbarung)

Annahmeverzug

Voraussetzungen:
Fälligkeit der Leistung, Nichtannahme der Leistung, tatsächliches Anbieten

Rechtsfolgen: Haftung des Verkäufers nur bei grober Fahrlässigkeit oder Vorsatz

Rechte des Verkäufers:
Ersatz von Mehraufwendungen, ggf. Klage auf Abnahme oder Selbsthilfeverkauf, Hinterlegung der Ware

Aufgaben

1. Prüfen Sie die folgenden Aussagen auf ihre Richtigkeit. Die Antwort ist jeweils zu begründen.
   (1) Eingehende Waren sind sofort auf Mängel zu überprüfen.
   (2) Die Lagerhaltung sorgt für einen zeitlichen Ausgleich von Herstell- und Verwendungszeitpunkt der Güter.
   (3) Der durchschnittliche Lagerbestand kann aus den vier Quartalsendbeständen errechnet werden.
   (4) Eine erhöhte Umschlagshäufigkeit führt bei gleichem Kapitaleinsatz zu einem höheren Gesamtgewinn.
   (5) Niedrige Lagerkosten erhöhen die Konkurrenzfähigkeit.
   (6) Der Käufer darf bei Lieferung einer mangelhaften Ware nur dann Schadensersatz fordern, wenn eine Pflichtverletzung des Verkäufers vorliegt.
   (7) Das Überschreiten eines vereinbarten Liefertermins führt zum Eintritt des Lieferungsverzugs.
   (8) Bei einem Fixkauf kann der Käufer im Falle eines Lieferungsverzugs ohne Nachfristsetzung vom Vertrag zurücktreten.
   (9) Bei Annahmeverzug als Gläubigerverzug haftet der Käufer auch für Schäden durch Zufall.
2. Schildern Sie die Arbeiten beim Wareneingang in Ihrem Ausbildungsbetrieb. Zeigen Sie anhand von Beispielen, welche Mängel bei der gelieferten Ware auftreten können.
3. Beschreiben Sie den grundsätzlichen Zielkonflikt der Lagerhaltung, indem Sie die Risiken sehr hoher und sehr niedriger Lagerbestände in einer Tabelle gegenüberstellen.
4. Die Lagerleitung wird beauftragt, Daten für eine Wirtschaftlichkeitskontrolle aufzubereiten. Der Materialzugang (Kunststoffplatten) betrug in der Abrechnungsperiode 1 464 000,00 EUR, der Anfangsbestand 156 000,00 EUR und der Endbestand 140 000,00 EUR.
   a) Ermitteln Sie den Material- bzw. Wareneinsatz und die Umschlagshäufigkeit.
   b) Unterbreiten Sie Vorschläge zur Verbesserung der Umschlagshäufigkeit.
   c) Ermitteln Sie die durchschnittliche Lagerdauer.
   d) Erläutern Sie, wie sich eine Verringerung der durchschnittlichen Lagerdauer auf den Kapitaleinsatz und den Gewinn auswirkt.
   e) Ermitteln Sie den Lagerzinssatz und die Lagerzinsen für 1 200 Kunststoffplatten, die für 10,00 EUR pro Stück eingekauft werden und eine Lagerdauer von 50 Tagen besitzen (Jahreszinssatz 10 %).
5. Erklären Sie, warum die Pflichten des Käufers bei einer mangelhaften Lieferung für Handelskauf (B2B) und Verbrauchsgüterkauf (B2C) unterschiedlich geregelt sind.
6. Stellen Sie fest, unter welchen Bedingungen der Käufer bei mangelhafter Lieferung die nachrangigen Rechte in Anspruch nehmen kann.
7. Erläutern Sie die Rechte des Käufers beim Lieferungsverzug, und finden Sie dazu jeweils ein Beispiel aus Ihrem beruflichen Alltag.
8. Überlegen Sie, ob es gerechtfertigt ist, dass der Mehrerlös beim Selbsthilfeverkauf dem Käufer zusteht.

5 Rechnungen prüfen und Zahlungen abwickeln

Der Beschaffungsvorgang wird mit Begleichen der erhaltenen Rechnung abgeschlossen. Vor Veranlassung der entsprechenden Zahlung wird die Eingangsrechnung zunächst überprüft.

5.1 Rechnungsprüfung

Jede Eingangsrechnung ist in **sachlicher** und **rechnerischer** Hinsicht zu prüfen.

Bei der sachlichen Prüfung vergleicht man die Positionen der Rechnung mit der Bestellung und mit dem Wareneingang anhand des Lieferscheins. Zu beachten sind dabei insbesondere die **Art der Ware,** die **Menge** und der **Einzelpreis.**

Bei der rechnerischen Prüfung kontrolliert man die Richtigkeit des **Gesamtpreises,** des **Rabatts** und der **Umsatzsteuer.**

Velo GmbH
Industriepark 16 · 48143 Münster

Ihr Zeichen: **p14**
Ihre Nachricht vom: **04.05.20..**
Unser Zeichen: HEL
Unsere Nachricht vom: **07.05..**

Velo GmbH • Industriepark 16 • 48143 Münster
Reif KG
Schlossgraben 30
45657 Recklinghausen

Name: **Helmig**
Telefon: **0251/4784-14**
Telefax: **0251/4784-12**
E-Mail: **info@Velo.de**

Datum: **10.05.20..**

Bei Zahlung bitte stets angeben

Kundennummer	Rechnungsnummer	Datum
4573801	28289	10.05.20..

Rechnung

Art.-Nr.	Artikel	Menge	E.-Preis	G.-Preis
59 458 43	Fahrradhelme „Velo Alpina Giro“, weiß, Größe 52 - 57	12	39,95	479,40
59 359 40	Fahrradhelme „Velo Alpina Giro“, matt schwarz, Größe 56 - 62	28	39,95	479,40
		Warenwert (netto)		958,80
		Umsatzsteuer 19 %		182,17
		Rechnungsbetrag		1.140,97

Die Ware bleibt bis zur vollständigen Bezahlung unser Eigentum.
Zahlbar innerhalb von 10 Tagen 3 % Skonto oder 40 Tagen netto.
Erfüllungsort und Gerichtsstand ist für beide Teile Münster.

Bei der Rechnungsprüfung wird festgestellt, dass der Gesamtpreis für die Art.-Nr. 59 359 40 falsch berechnet wurde.

Velo GmbH
Industriepark 16 · 48143 Münster

Velo GmbH • Industriepark 16 • 48143 Münster
Reif KG
Schlossgraben 30
45657 Recklinghausen

Lieferschein
Lieferschein-Nr.: 18222
Bestelldatum: 04.05.20..
Kunden-Nr.: 1612
Datum: 10.05.20..

Art.-Nr.	Artikel	Menge
59 458 43	Fahrradhelme „Velo Alpina Giro“, weiß, Größe 52 – 57	12
59 359 40	Fahrradhelme „Velo Alpina Giro“, matt schwarz, Größe 56 – 62	28

Ist die Rechnung einwandfrei, erfolgt die **Rechnungsfreigabe** und die Rechnung wird zur **Zahlung** angewiesen. Sollten jedoch bei der Rechnungsprüfung Fehler festgestellt werden, so sind diese zunächst mit dem Lieferer zu klären.

5.2 Zahlungsabwicklung

5.2.1 Zahlungsmittel, Zahlungsarten und Träger des Zahlungsverkehrs

Zahlungsmittel

Zahlungen können mit Bargeld, Buchgeld und Geldersatzmitteln durchgeführt werden.

Zahlungsmittel	Beispiel	Erläuterungen
Bargeld	Banknoten und Münzen	• Banknoten: gesetzliche Annahmepflicht in unbeschränkter Höhe • Münzen: gesetzliche Annahmepflicht nur in beschränkter Anzahl (höchstens 50 Münzen bei einer einzelnen Zahlung)
Buchgeld	Giroeinlagen (Sichtguthaben) bei Kreditinstituten	• Grundlage für den halbbaren und bargeldlosen Zahlungsverkehr (z. B. Barscheck, Überweisung) • sowie für elektronische Verfahren der Zahlungsabwicklung (z. B. Electronic Cash, Online-Banking)
Geldersatzmittel	z. B. Schecks, Kreditkarten, Girokarten	• Annahme ist zustimmungsbedürftig. • Erfüllung der Zahlungsverpflichtung erst mit Gutschrift beim Gläubiger

Zahlungsarten

Der Zahlungsverkehr hat sich in den letzten Jahren dynamisch entwickelt und neue Möglichkeiten für die Abwicklung von Zahlungen hervorgebracht. Insbesondere die Fortschritte in der Informations- und Nachrichtentechnik haben den elektronischen Zahlungsverkehr zu einem bedeutenden Faktor neben den traditionellen Zahlungsarten der Barzahlung, halbbaren und bargeldlosen Zahlung gemacht.

Das Girokonto ist die Voraussetzung, um am halbbaren oder bargeldlosen sowie am elektronischen Zahlungsverkehr teilnehmen zu können. Girokonten können bei allen Kreditinstituten eröffnet werden.

Zahlungsarten

Barzahlung	halbbare Zahlung	bargeldlose Zahlung	elektronischer Zahlungsverkehr
Zahler **und** Empfänger benutzen kein Konto zur Zahlungsabwicklung.	Zahler **oder** Empfänger benutzen ein Konto zur Zahlungsabwicklung.	Zahler **und** Empfänger benutzen ein Konto zur Zahlungsabwicklung.	Zahler **und** Empfänger wickeln Zahlungen durch Datenaustausch ab.

5.2.2 Formen der Barzahlung

Zahlung mit Bargeld

Die **Barzahlung** erfolgt entweder persönlich oder durch die Einschaltung eines Boten bzw. der Post. In jedem Fall zahlt der Zahler mit Banknoten oder Münzen und der Empfänger erhält Bargeld.

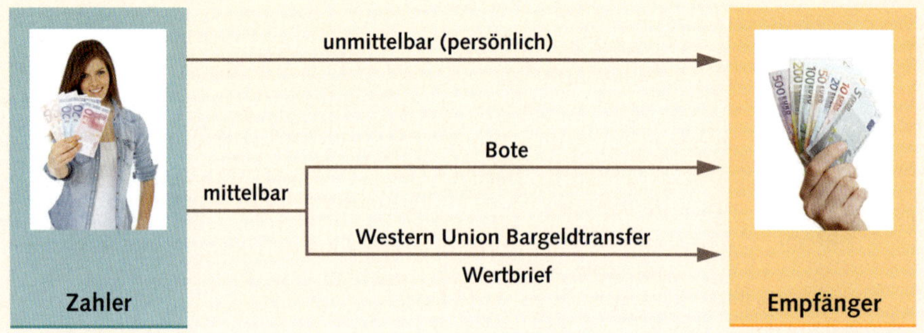

©Kaarsten-fotolia.com ©Robert Kneschke-fotolia.com

Die Barzahlung ist vor allem im Einzelhandel (z. B. Lebensmittel, Schreibwaren, Zeitschriften), im Dienstleistungsbereich (z. B. Schlüsseldienst, Reinigungen, Friseur, Freizeiteinrichtungen), im Verkehrsgewerbe (z. B. Bus, Bahn, Taxi) und beim Automatengeschäft (außer Tabakwaren) noch üblich.

Bargeldkreislauf in Deutschland

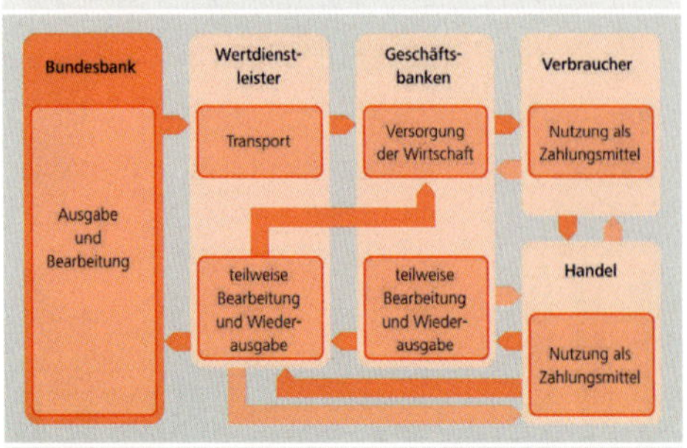

Deutsche Bundesbank

Die Vorteile der Barzahlung liegen in der einfachen Erledigung, wenn Schuldner und Gläubiger in persönlichem Kontakt stehen. Deshalb ist sie in einigen Branchen die verbreitetste Zahlungsart. Dennoch ist bei der Barzahlung ein deutlicher Rückgang zugunsten der bargeldlosen Zahlung sowie des elektronischen Zahlungsverkehrs zu verzeichnen.

Als Nachweis der Zahlung wird vom Zahlungsempfänger im Allgemeinen ein Kassenbeleg, eine Quittung oder ein Vermerk auf der Rechnung ausgestellt. Der Zahlungspflichtige kann einen Beleg als Beweismittel verlangen (§ 368 BGB).

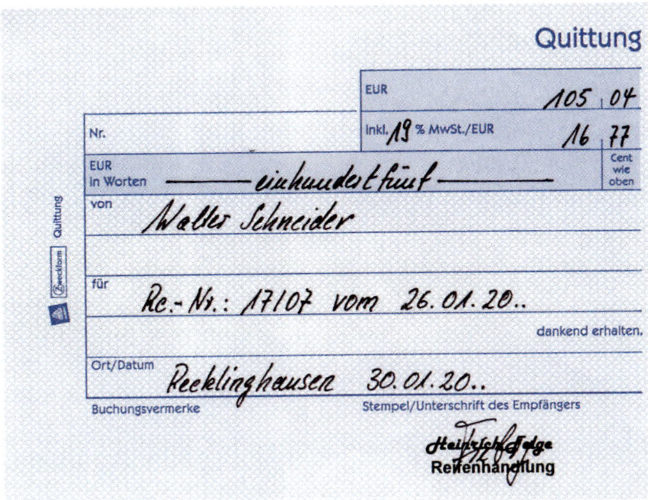

Quittung

EUR 105,04

Nr.

inkl. 19 % MwSt./EUR 16,77

EUR in Worten ——— einhundertfünf ——— Cent wie oben

von Walter Schneider

für Re.-Nr.: 17107 vom 26.01.20..

dankend erhalten.

Ort/Datum Recklinghausen 30.01.20..

Buchungsvermerke

Stempel/Unterschrift des Empfängers

Heinrich Tege Reifenhandlung

©Bjoern Wylezich-fotolia.com

■ Versenden von Bargeld

Wenn eine persönliche Übergabe des Geldbetrages nicht möglich ist, können als mittelbare Barzahlung auch der **Western Union Service** oder der **Wertbrief** genutzt werden.

Für Kunden, die zur Zahlungsabwicklung kein Bankkonto nutzen möchten oder keines besitzen, bietet sich der Bargeldtransfer über den Finanzdienstleister Western Union Financial Services GmbH an. Der Service ist an Western Union Vertriebsstandorten wie z. B. in allen Postbank Finanzcentern und vielen Partnerfilialen der Deutschen Post möglich. Bargeldtransfers können innerhalb Deutschlands, aber auch international durchgeführt werden.

So funktioniert die Versendung:

- Der Zahler füllt das Western Union Sendeformular aus, stellt den Betrag zuzüglich einer Gebühr am Postbankschalter oder einer Postfiliale zur Verfügung und erhält als Beleg eine Durchschrift sowie eine Referenznummer, die er dem Empfänger mitteilt.

LERNFELD 4

Tipp

Nutzen Sie den Service nicht bei Internet-Auktionen. Bargeldtransfers eignen sich ausschließlich für den Versand an Menschen, die Sie persönlich kennen. Es gibt weder einen Käuferschutz noch eine Qualitätsgarantie für die Waren.

- Am Ort des Empfängers wird der Betrag durch einen Agenten von Western Union (z. B. einer Postbankfiliale) bar ausgezahlt.
- Hierzu muss sich der Empfänger in geeigneter Weise ausweisen (z. B. durch Personalausweis) und die Referenznummer benennen. Die Auszahlung erfolgt in der jeweiligen Landeswährung bzw. in US-Dollar oder anderen verfügbaren Währungen.

Im **Wertbrief (Einschreiben WERT)** können Bargeld und andere Wertgegenstände versandt werden. Bei dieser Art der Zahlung haftet die Post im Falle des Verlustes für den tatsächlich entstandenen Schaden, höchstens aber bis zu 100,00 EUR Bargeld bzw. 500,00 EUR Sachwert.

5.2.3 Halbbare Zahlung durch Zahlschein und Postnachnahme

Zahlschein

Verfügt der Zahlungsempfänger über ein Girokonto bei einem Geldinstitut, kann der Zahler mittels Zahlschein bei einem beliebigen Geldinstitut einen Betrag bar einzahlen, und der Empfänger erhält eine Gutschrift auf seinem Konto.

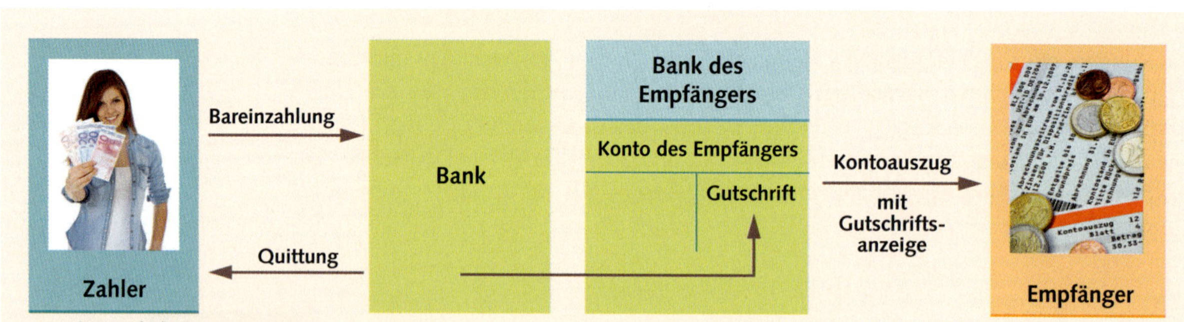

©Kaarsten-fotolia.com ©Alterfalter-fotolia.com

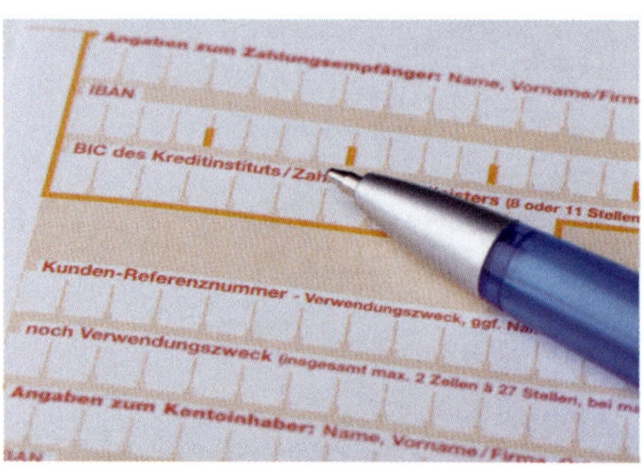

©Stefan Balk-fotolia.com

Das Formular (i. d. R. ein Kombinationsformular „Zahlschein/Überweisung") ist meist zweiteilig und wird im Durchschreibeverfahren benutzt. Es besteht aus

- dem eigentlichen Zahlschein/Kassenbeleg als Buchungsbeleg für das Geldinstitut und
- der Quittung als Durchschlag für den Zahler.

Die Gutschriftsanzeige für den Zahlungsempfänger erfolgt auf dem Kontoauszug.

Der Zahlschein wird von Zahlern benutzt, die über **kein eigenes Girokonto verfügen.** Oft wird das Kombiformular aber auch von Unternehmen zusammen mit der Rechnung an den Kunden verschickt. Dabei sind Anschrift und Kontoverbindung des Zahlungsempfängers sowie der Zahlungsbetrag bereits vorgedruckt. Dies hat für den Zahlungsempfänger den Vorteil, dass der Betrag auch auf das von ihm gewünschte Konto eingezahlt wird. Kreditinstitute nehmen unterschiedlich hohe Gebühren für die

Zahlung mittels Zahlschein, die in jedem Fall wesentlich höher als die Gebühren von Überweisungen beim bargeldlosen Zahlungsverkehr liegen.

Postnachnahme

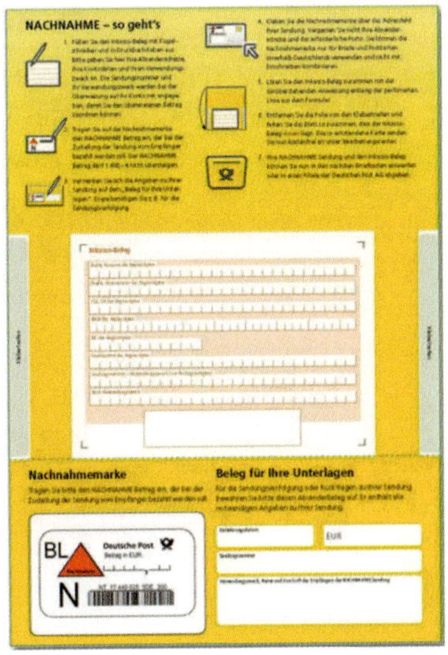

©Deutsche Post

Die Post bietet eine besondere Form der halbbaren Zahlung an. Unternehmen verschicken jeden Tag tausende von Paketen und Päckchen und können sich nicht immer auf den Zahlungswillen ihrer Kunden verlassen. Daher werden diese Pakete bei Bedarf als **Postnachnahme** verschickt. Nachnahmesendungen liefert der Paketzusteller nur gegen Zahlung des Rechnungsbetrages aus. Mittels Zahlschein wird der vom Paketzusteller entgegengenommene Betrag dann dem Konto des Zahlungsempfängers gutgeschrieben.

Als Nachnahmesendungen können Briefe bis zu einem Wert von 1 600,00 EUR und Pakete bis zu einem Wert von 3 500,00 EUR verschickt werden. Die vergleichsweise hohen Gebühren für die Postnachnahme unterliegen (anders als die Gebühren für Postwertzeichen) der Umsatzsteuerpflicht.

5.2.4 Bargeldlose Zahlung durch Überweisung

Das Projekt **SEPA (Single Euro Payments Area – Einheitlicher Euro-Zahlungsverkehrsraum)** hat zur Vereinheitlichung des bargeldlosen Zahlungsverkehrs in Europa geführt. Seit August 2014 gelten einheitliche Regelungen für Euro-Zahlungen in den 28 EU-Staaten und in Island, Liechtenstein, Norwegen sowie Monaco, San Marino und der Schweiz. Damit wird der bargeldlose Zahlungsverkehr innerhalb der Teilnehmerländer erleichtert und kostengünstiger. Es bestehen keine Unterschiede mehr zwischen nationalen und grenzüberschreitenden Zahlungen. Mit SEPA sind einheitliche Verfahren und Standards in Europa eingeführt, mit denen **Überweisungen, Lastschriften** und **Kartenzahlungen** genau so effizient, kostengünstig und sicher abgewickelt werden können wie nationale Zahlungen.

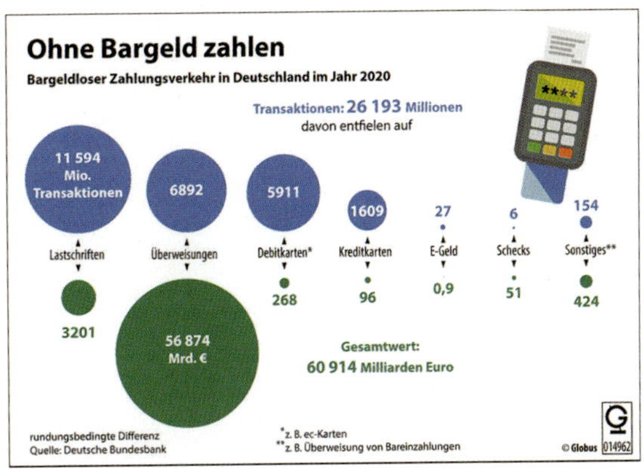

Durch die maximal **34-stellige IBAN** (International Bank Account Number) kann jedes Konto in Europa eindeutig identifiziert werden. Die **deutsche IBAN** besteht aus **22 Stellen.** Im SEPA-Zahlungsraum genügt die alleinige Angabe der IBAN.

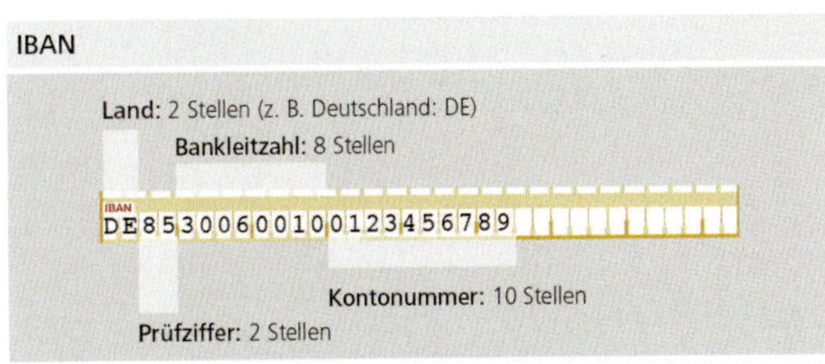

Außerhalb des SEPA-Zahlungsraums muss zusätzlich die **BIC** (Bank Identifyer Code) angegeben werden. Die BIC (auch als Swift-Code bezeichnet) ist eine **international gültige Bankleitzahl** mit **acht** oder **elf** Stellen. Die ersten vier Stellen bezeichnen die Bank. Darauf folgen die Länderkennung und eine zweistellige Orts-/Regionalangabe. Die letzten drei Stellen können frei bleiben oder für Filialbezeichnungen genutzt werden.

Deutsche Bundesbank, Januar 2013

LERNFELD 4

Ablauf der Zahlung durch Überweisung

Bargeldlose Zahlungen mithilfe von Überweisungen erfolgen durch Umbuchung eines Geldbetrages von einem Konto auf ein anderes durch Vermittlung eines Kreditinstitutes.

Der Zahler erteilt seinem kontoführenden Geldinstitut **den Auftrag**, zu Lasten seines Kontos einen bestimmten Geldbetrag dem Konto des Zahlungsempfängers gutzuschreiben.

Falls der Zahler die SEPA-Überweisung beleggebunden durchführt, verwendet er dazu ein meist zweiteiliges Formular (Überweisungsauftrag) im Durchschreibeverfahren. Das Formular besteht aus

- dem eigentlichen Überweisungsauftrag (Buchungsbeleg für das Geldinstitut) und
- der Quittung (Durchschlag für den Zahler).

Die Banken stellen ihren Kunden einheitliche, elektronisch lesbare Vordrucke zur Verfügung.

SEPA-Überweisung

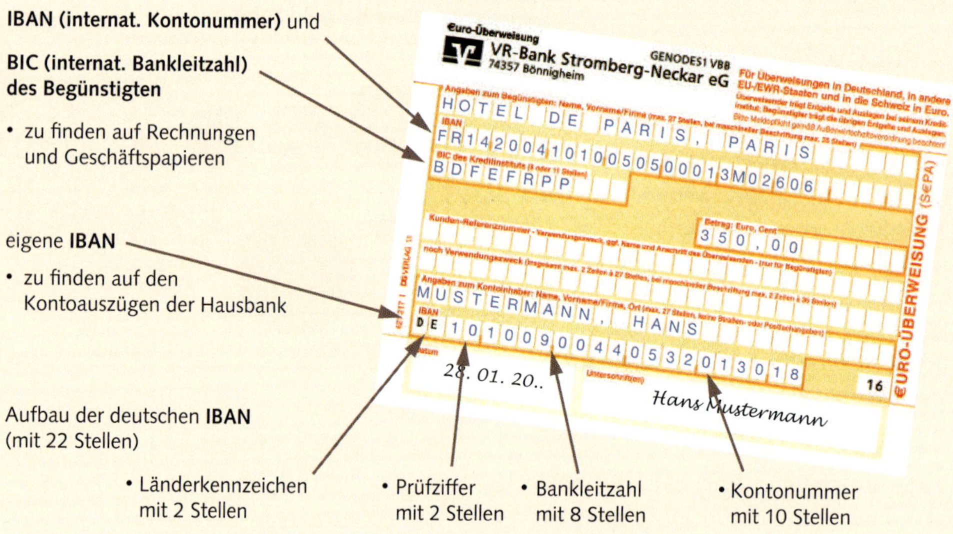

Quelle: Bundesverband der Deutschen Volksbanken und Raiffeisenbanken (BVR)

Üblicher ist es aber heute, Überweisungen beleglos mithilfe von **Terminals** oder **Online-Banking** aufzugeben.

Dem Zahlungsempfänger wird die Gutschrift auf seinem Kontoauszug angezeigt.

Die Ausführung der Überweisung ist am einfachsten, wenn Zahler und Zahlungsempfänger ihr Konto bei demselben Institut haben. Es handelt sich dann um ein **einstufiges Verfahren,** bei dem die Beträge einfach umgebucht werden. Das Konto des Auftraggebers wird entsprechend belastet, dem Empfänger wird der Betrag gutgeschrieben.

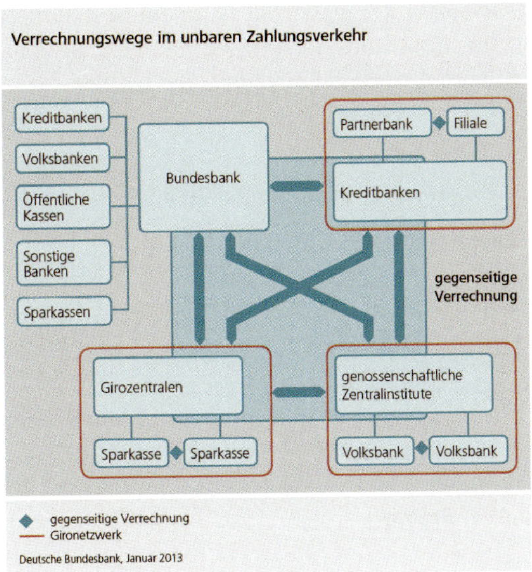

Bei dem **zweistufigen Verfahren** haben die betroffenen unterschiedlichen Kreditinstitute über ihr eigenes Gironetzwerk Kontoverbindung untereinander. Die Beträge werden dann gegenseitig verrechnet.

Bestehen diese Verbindungen nicht, so müssen die Beträge in einem **mehrstufigen Verfahren** über die hauseigenen Zentralen zwischen den verschiedenen Gironetzen verrechnet werden.

Durch die gut ausgebaute Kommunikation der Kreditinstitute untereinander können die Zahlungsvorgänge zügig und einfach ablaufen.

5.2.5 Sonderformen des Überweisungsverkehrs

Die Kreditinstitute bieten im Überweisungsverkehr Sonderformen an.

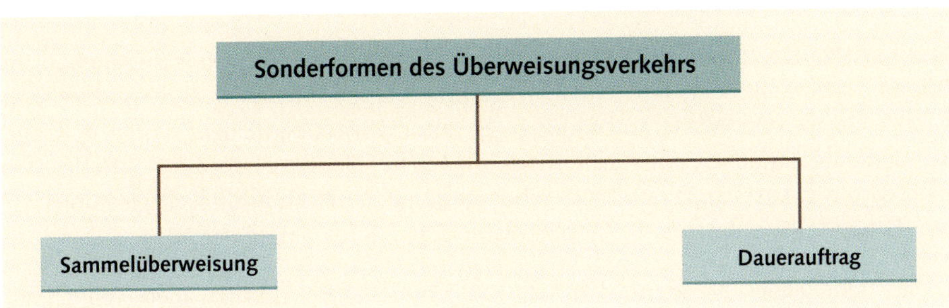

■ Sammelüberweisung

Die Sammelüberweisung ermöglicht die Zusammenfassung mehrerer Einzelüberweisungen eines Kontoinhabers an unterschiedliche Zahlungsempfänger. Mit einer **SEPA-Sammelüberweisung** kann mit einer einzigen Datei, die Überweisungen an unterschiedliche Banken im SEPA-Raum enthält, ein Konto pauschal belastet werden. So spart dieses Verfahren Arbeit und Zeit sowie Geld, da die Buchungsgebühr nur für einen Posten erhoben wird.

SEPA unterstützt die bisher bekannte **beleghafte Form** der Sammelüberweisung nicht mehr.

Merke

Für SEPA-Sammelüberweisungen muss eine **elektronische Einreichung** erfolgen.

■ Dauerauftrag

Der **SEPA-Dauerauftrag** ist geeignet für Zahlungen, die **regelmäßig wiederkehren** und **in ihrer Höhe gleich sind** (z. B. Miete, Zins- und Tilgungszahlungen, Ratenzahlungen).

Der Zahlungspflichtige beauftragt sein Geldinstitut, regelmäßig zu einem bestimmten Termin einen feststehenden Betrag auf das Konto des Zahlungsempfängers zu überweisen. Der Dauerauftrag kann jederzeit vom Auftraggeber widerrufen werden.

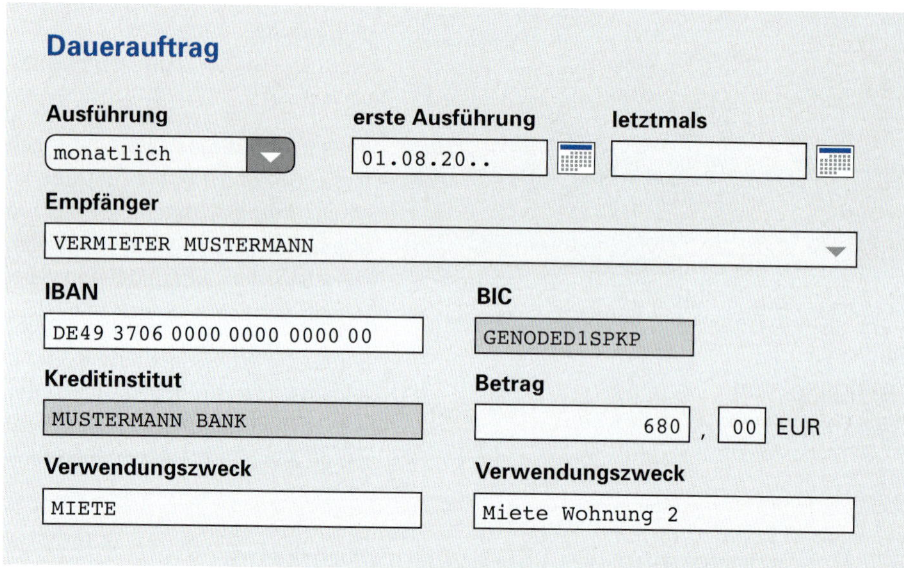
Dauerauftrag

Ausführung: monatlich
erste Ausführung: 01.08.20..
letztmals:
Empfänger: VERMIETER MUSTERMANN
IBAN: DE49 3706 0000 0000 0000 00
BIC: GENODED1SPKP
Kreditinstitut: MUSTERMANN BANK
Betrag: 680 , 00 EUR
Verwendungszweck: MIETE
Verwendungszweck: Miete Wohnung 2

5.2.6 Lastschriftverfahren

Das Lastschriftverfahren bietet sich an, wenn Zahlungen mit **unterschiedlichen Beträgen** regelmäßig oder unregelmäßig geleistet werden müssen (z. B. Grundbesitzabgaben, Strom- und Wasserabrechnung). Es automatisiert den Einzugsvorgang, bietet Kunden eine einfache Zahlungsmethode und dem Händler eine gute Kontrolle. Deshalb wird das Lastschriftverfahren zunehmend auch bei grundsätzlich gleichbleibenden Beträgen eingesetzt (z. B. Mobilfunkgebühren, Streaming-Dienste).

Dank einheitlicher Standards können mit SEPA-Lastschriften in allen Teilnehmerländern Forderungen in Euro auch grenzüberschreitend eingezogen werden.

Es können grundsätzlich zwei Formen des SEPA-Lastschriftverfahrens unterschieden werden:

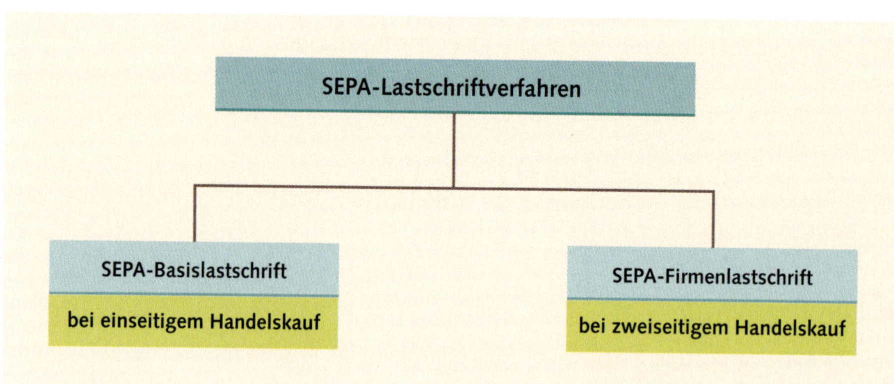

Voraussetzung für den Einzug von Lastschriften ist das **Lastschriftmandat**. Darunter versteht man

- die **Zustimmung des Zahlers** gegenüber dem Zahlungsempfänger zum Einzug fälliger Forderungen einschließlich
- der **Weisung an die Bank/Zahlstelle** zur Belastung seines Kontos.

SEPA-Basislastschriften werden zwischen Verbrauchern (Privatkunden) und Unternehmen vereinbart.

Basislastschriften beinhalten ein **Rückgaberecht: Mit** einem **gültigen Mandat** können sie vom Verbraucher bis zu **8 Wochen** nach Belastung **ohne Angabe von Gründen** zurückgegeben werden, **ohne gültiges Mandat** sogar bis zu **13 Monaten**. Der belastete Betrag wird dann dem Konto des Zahlers gebührenfrei wieder gutgeschrieben.

Bei allen SEPA-Lastschriften wird zur Kennzeichnung des Kontos und des Zahlungsempfängers neben der IBAN eine sogenannte **Gläubigeridentifikationsnummer** benötigt, die von der Deutschen Bundesbank an Lastschrifteinreicher vergeben wird.

MUSTER GMBH, ROSENWEG 2, 00000 IRGENDWO

Gläubiger-Identifikationsnummer DE99ZZZ05678901234
Mandatsreferenz 987543CB2

SEPA-Lastschriftmandat

Ich ermächtige die Muster GmbH, Zahlungen von meinem Konto mittels Lastschrift einzuziehen. Zugleich weise ich mein Kreditinstitut an, die von der Muster GmbH auf mein Konto gezogenen Lastschriften einzulösen.

Hinweis: Ich kann innerhalb von acht Wochen, beginnend mit dem Belastungsdatum, die Erstattung des belasteten Betrages verlangen. Es gelten dabei die mit meinem Kreditinstitut vereinbarten Bedingungen.

Vorname und Name (Kontoinhaber)

Straße und Hausnummer

Postleitzahl und Ort

Kreditinstitut (Name und BIC)

DE _ _ | _ _ _ _ | _ _ _ _ | _ _ _ _ | _ _ _ _ | _ _

IBAN

Datum, Ort und Unterschrift

Die **SEPA-Firmenlastschrift** (SEPA Business to Business Direct Debit) ist ausschließlich für den Verkehr von Geschäftskunden untereinander vorgesehen. **Lastschriftrückgaben** sind hier **nicht möglich.**

Unterschied Basis- und Firmenlastschrift: Mandatsbestätigung durch den Zahlungspflichtigen

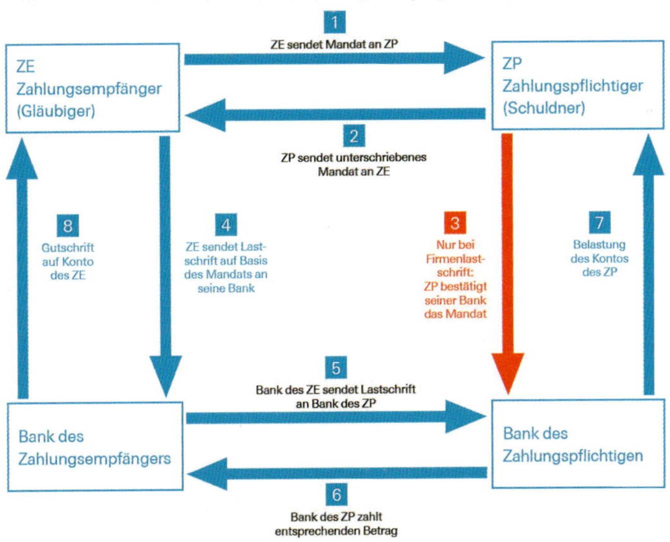

Quelle: Deutsche Bundesbank

Merke

SEPA-Lastschriftverfahren

- Nutzung in allen Teilnehmerländern für Forderungen in EUR
- IBAN zur Kennzeichnung der Konto- und Bankverbindung
- Nachvollziehbarkeit der Kontobelastung durch Lastschriftmandat und Gläubiger-Identifikationsnummer des Einreichers
- bei SEPA-Basislastschriften: Rückgaberecht von 8 Wochen (bei gültigem Mandat) bzw. 13 Monaten (bei ungültigem Mandat)
  bei SEPA-Firmenlastschriften: kein Rückgaberecht

LERNFELD 4

5.2.7 Halbbare und bargeldlose Zahlung mit Scheck

Schecks sind **nicht** von der **SEPA-Verordnung** erfasst und unterliegen damit weiterhin den nationalen Regelungen.

Merke

Der **Scheck** ist eine **Urkunde,** mit welcher der **Kontoinhaber sein Geldinstitut** (die bezogene Bank) anweist, bei Sicht (Vorlage des Schecks) aus **seinem Guthaben** einen **bestimmten Geldbetrag** an den **Scheckinhaber** zu zahlen.

Ein Scheck darf nur ausgestellt werden, wenn der Aussteller auf seinem Konto über ein Guthaben in Höhe des Scheckbetrages verfügt oder wenn ihm sein Geldinstitut einen entsprechenden Kredit (Dispositionskredit/Kontokorrentkredit) eingeräumt hat.

Nur Kontoinhaber können mittels Scheck bezahlen. Der Zahlungsempfänger kann einen Barscheck beim bezogenen Kreditinstitut vorlegen und das Geld bar abholen oder Schecks bei seiner Bank einreichen und seinem Konto gutschreiben lassen. Er kann einen Scheck auch als Zahlungsmittel an Dritte weitergeben.

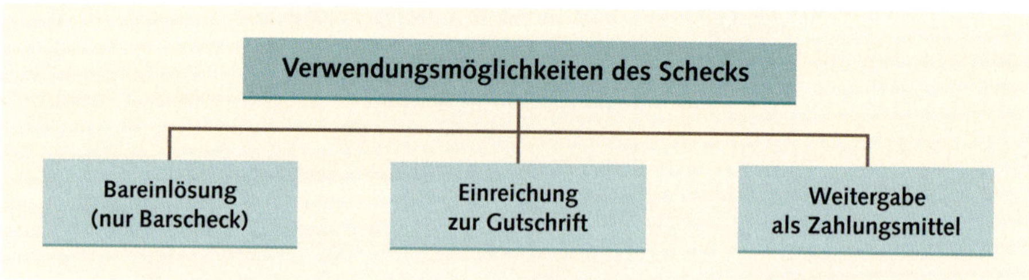

LERNFELD 4

Art. 1 ScheckG

Um Zahlungsvorgänge durchführen zu können, bekommt der Scheckaussteller von seinem Kreditinstitut genormte Scheckformulare, welche die **gesetzlichen** und **kaufmännischen Bestandteile** enthalten. Die **gesetzlichen Bestandteile** sind nach dem Scheckgesetz zwingend vorgeschrieben. Fehlt ein gesetzlicher Bestandteil, ist der Scheck ungültig. Die **kaufmännischen Bestandteile** erleichtern nur die kaufmännische Abwicklung des Scheckverkehrs.

gesetzliche Bestandteile	kaufmännische Bestandteile
(1) Bezeichnung des Wortes „Scheck" im Text der Urkunde (2) Angabe des Zahlungsortes (3) Name des Bezogenen (Geldinstitut des Zahlers) (4) Anweisung, eine bestimmte Geldsumme zu zahlen (in Worten) (5) Ort und Tag der Ausstellung des Schecks (6) Unterschrift des Ausstellers	(1) Schecknummer (2) Kontonummer des Ausstellers (3) Bankleitzahl (4) Wiederholung des Betrages in Ziffern (5) Name des Schecknehmers (5) Überbringerklausel (6) Codierzeile (Angabe in maschinenlesbarer Schrift)

Die **Überbringerklausel** ermächtigt das bezogene Kreditinstitut, den Betrag ohne Prüfung dem Vorleger auszuzahlen bzw. seinem Konto gutzuschreiben. Eine Streichung dieser Klausel gilt als **nicht erfolgt** und ist damit unwirksam.

■ Scheckarten

Nach der **Einlösungsmöglichkeit** unterscheidet man den **Barscheck** und den **Verrechnungsscheck,** nach der **Übertragbarkeit** den **Order-** und den **Inhaberscheck.**

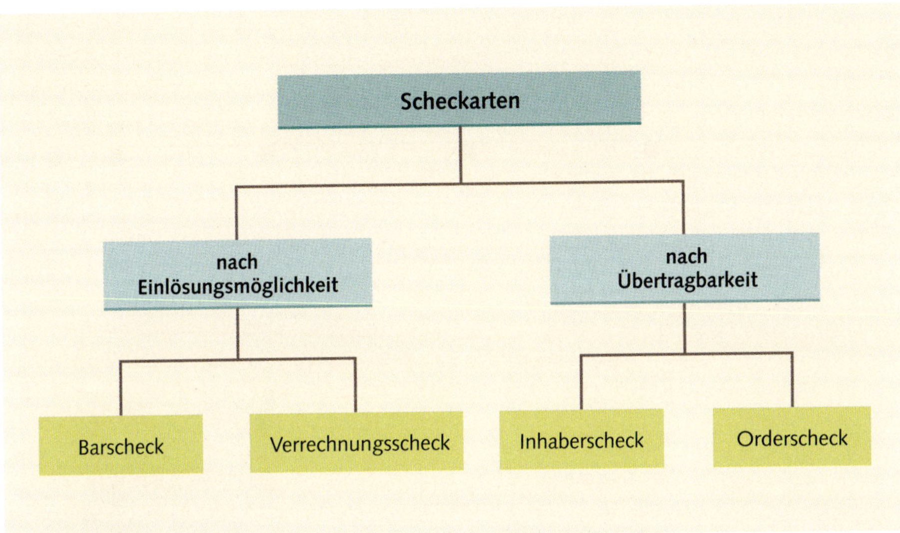

Scheckarten	Erläuterungen
Barscheck	Der Barscheck gehört zum **halbbaren Zahlungsverkehr.** Der Scheckbetrag wird dem Vorleger bar von dem bezogenen Kreditinstitut ausgezahlt. Es ist besondere Vorsicht geboten, da die Bank nicht prüfen muss, ob der Scheckvorleger auch der Scheckberechtigte ist.
Verrechnungsscheck	Ein Verrechnungsscheck wird dem Einreicher auf seinem Konto gutgeschrieben, er kann nicht bar eingelöst werden. Der Verrechnungsscheck gehört somit zum **bargeldlosen Zahlungsverkehr.** Er enthält auf der Vorderseite in der linken oberen Ecke den Vermerk **„Nur zur Verrechnung".** Der Verrechnungsscheck ist besonders sicher, da der Zahlungsweg des Scheckeinzugs nachverfolgt werden kann.
Inhaberscheck	Durch die **Überbringerklausel** auf den Scheckformularen wird der Scheck zu einem **Inhaberpapier.** Das bezogene Kreditinstitut zahlt den Scheckbetrag an **jeden Vorleger** (Inhaber) aus. Die Weitergabe (Eigentumsübertragung) erfolgt dabei durch Einigung und Übergabe.
Orderscheck	Der Orderscheck ist ein geborenes **Orderpapier** und das Eigentum kann nur durch ein **Indossament** auf einen Dritten übertragen werden. Bei Einlösung müssen die Scheckberechtigung des Vorlegers und die Ordnungsmäßigkeit des Indossaments geprüft werden. Orderschecks finden insbesondere Verwendung bei sehr hohen Beträgen und im Auslandszahlungsverkehr. Sie sind durch den Aufdruck „Orderscheck" als solche gekennzeichnet.

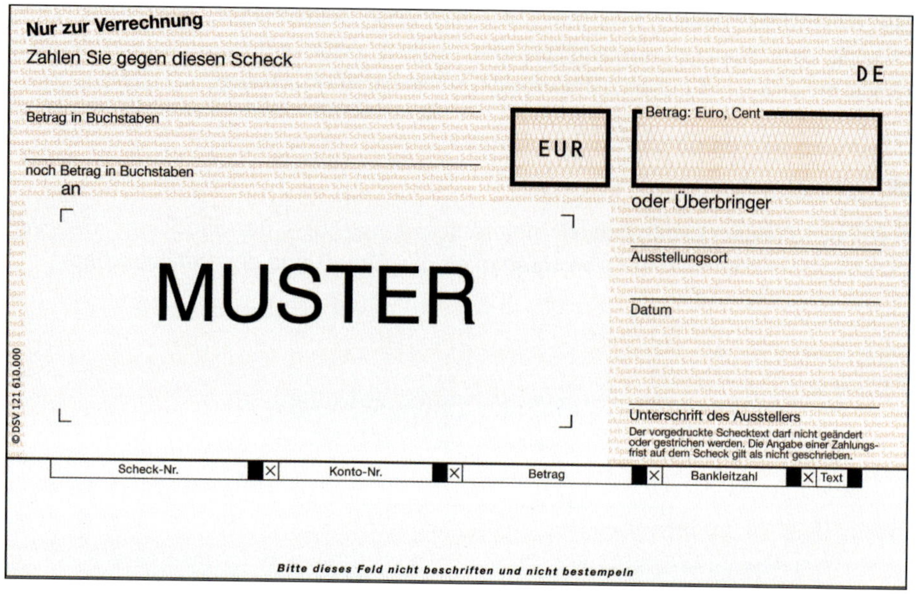

Nur zur Verrechnung
Zahlen Sie gegen diesen Scheck
DE
Betrag in Buchstaben
EUR
Betrag: Euro, Cent
noch Betrag in Buchstaben
an
oder Überbringer
MUSTER
Ausstellungsort
Datum
© DSV 121 610.000
Unterschrift des Ausstellers
Der vorgedruckte Schecktext darf nicht geändert oder gestrichen werden. Die Angabe einer Zahlungsfrist auf dem Scheck gilt als nicht geschrieben.
Scheck-Nr. | Konto-Nr. | Betrag | Bankleitzahl | Text
Bitte dieses Feld nicht beschriften und nicht bestempeln

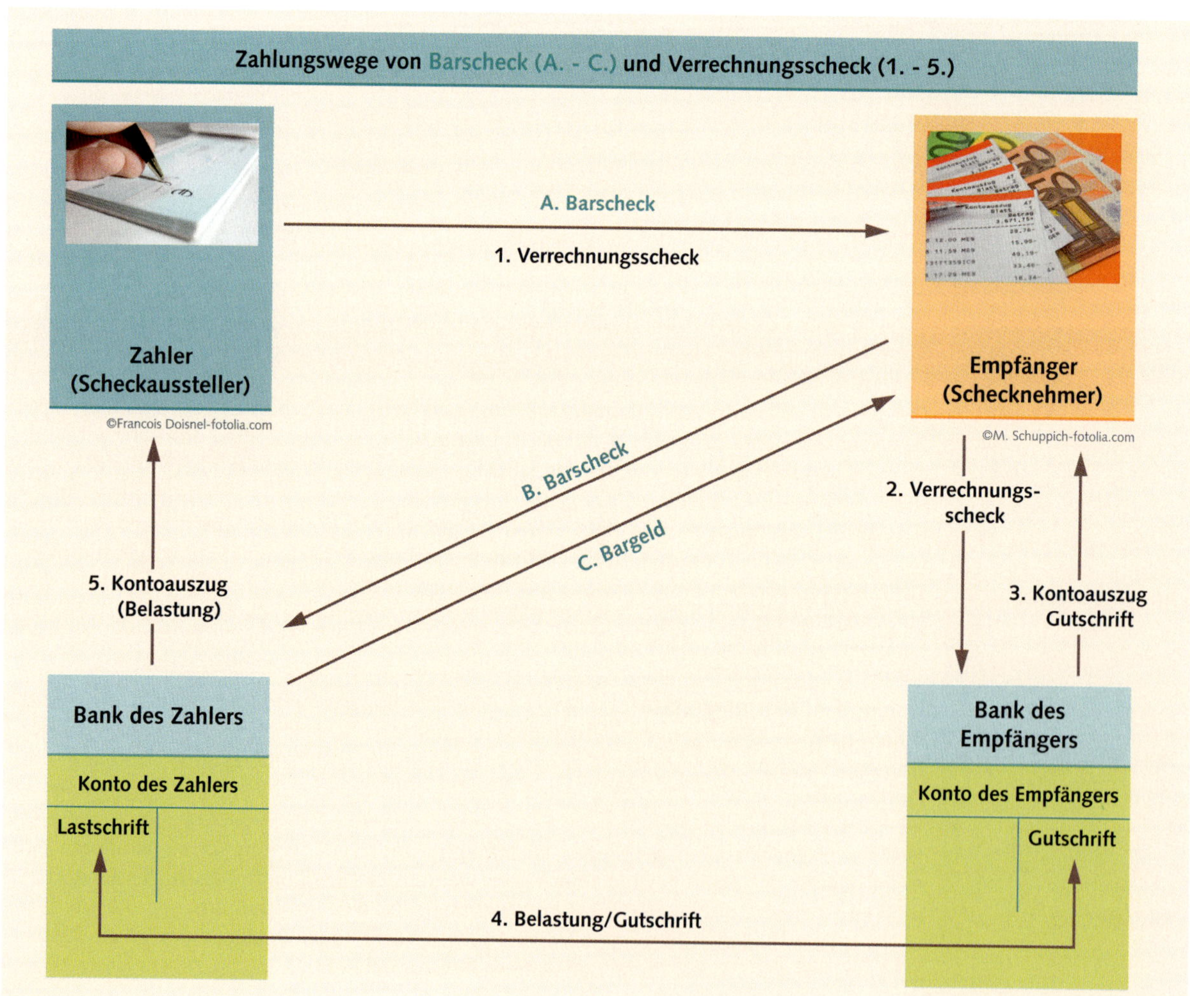

■ Einlösung des Schecks

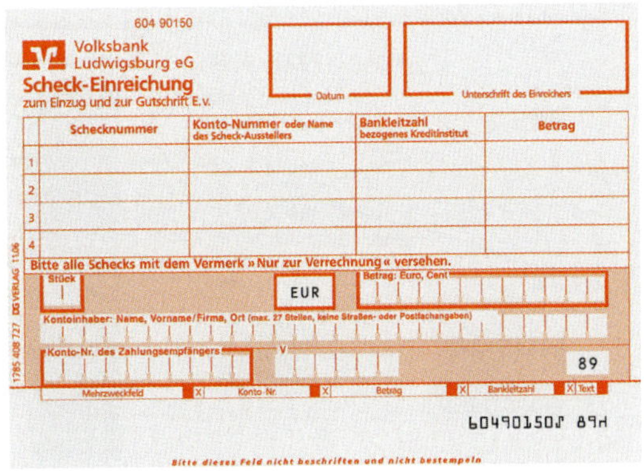
604 90150

Volksbank Ludwigsburg eG

Scheck-Einreichung
zum Einzug und zur Gutschrift E.v.

Datum | Unterschrift des Einreichers

	Schecknummer	Konto-Nummer oder Name des Scheck-Ausstellers	Bankleitzahl bezogenes Kreditinstitut	Betrag
1				
2				
3				
4				

Bitte alle Schecks mit dem Vermerk »Nur zur Verrechnung« versehen.

Stück | EUR | Betrag: Euro, Cent

Kontoinhaber: Name, Vorname/Firma, Ort (max. 27 Stellen, keine Straßen- oder Postfachangaben)

Konto-Nr. des Zahlungsempfängers | V | 89

Mehrzweckfeld | X | Konto-Nr. | X | Betrag | X | Bankleitzahl | X | Text

1785 408 727 DG VERLAG 11.06

604901500 89H

Bitte dieses Feld nicht beschriften und nicht bestempeln

Mit einem besonderen Scheck-Einlieferungsformular werden Verrechnungsschecks bei dem eigenen Kreditinstitut zum Einzug und zur Gutschrift eingereicht. Auf dem Verrechnungsweg zieht die Bank den Betrag bei dem Kreditinstitut des Scheckausstellers (Zahlungspflichtigen) ein. Die Gutschrift erfolgt mit dem Vermerk E. v. (Eingang vorbehalten), d. h., es erfolgt eine Rückbelastung, wenn der Zahlungseingang ausbleibt.

Für die Vorlage von Schecks sind Vorlegungsfristen zu beachten:

- **8 Tage** für im **Inland** ausgestellte Schecks,
- **20 Tage,** wenn Ausstellungsort und Zahlungsort sich in **demselben Erdteil** befinden,
- **70 Tage,** wenn Ausstellungsort und Zahlungsort sich in **verschiedenen Erdteilen** befinden.

Die Vorlegungsfrist beginnt mit dem Zeitpunkt der Ausstellung. Ist sie abgelaufen, sind die Kreditinstitute zur Einlösung von Schecks berechtigt, aber nicht verpflichtet. Nach Ablauf der Vorlegungsfrist kann der Zahlungspflichtige mit einem Scheckwiderruf die Einlösung des Schecks verhindern. Wird ein Scheck **vordatiert,** so kann er schon vor dem Ausstellungsdatum vorgelegt werden und muss dann vom bezogenen Kreditinstitut eingelöst werden, da der Scheck bei Sicht einzulösen ist.

Merke

Geht ein Scheck verloren, sollte man den **Scheckverlust** umgehend dem Kreditinstitut mitteilen und den Scheck sperren lassen. Für die Folgen einer missbräuchlichen Verwendung von Schecks übernimmt die Bank keine Haftung.

5.2.8 Elektronischer Zahlungsverkehr

Mit der **SEPA-Verordnung** ist auch der elektronische Zahlungsverkehr europaweit einheitlich geordnet.

Der **elektronische Zahlungsverkehr** läuft grundsätzlich **bargeldlos** ab. Dieses geschieht in verschiedenen Formen **mit Karte** und **ohne Karte.**

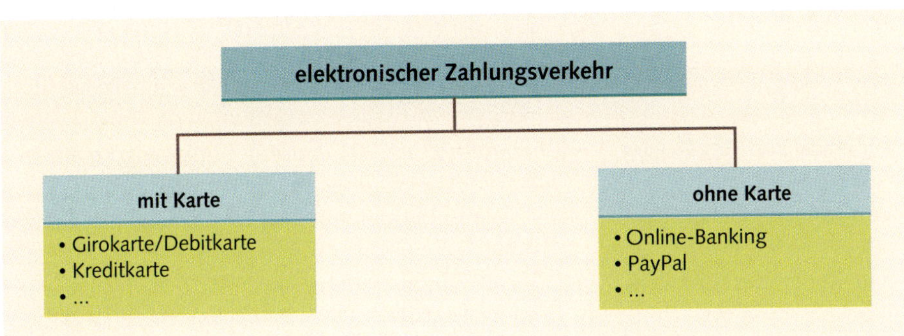

LERNFELD 4

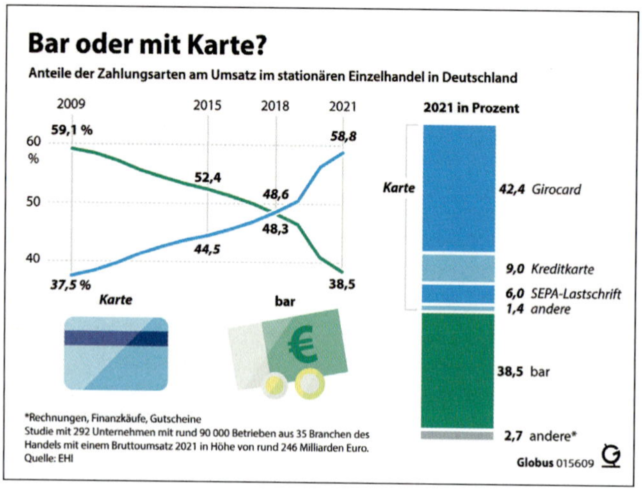

Elektronischer Zahlungsverkehr mit Karte

Der Siegeszug der Plastikkarten ist nicht mehr aufzuhalten. Noch vor nicht allzu langer Zeit spielte das Bargeld eine herausragende Rolle. Doch die modernen Kommunikationstechniken und Plastikkarten machen Banknoten und Münzen häufig überflüssig. Karten sind mittlerweile die weltweit am meisten verbreitete Zahlungsform. Sie können flexibel genutzt werden, z. B.

- für **Electronic Cash,**
- zur **Bargeldauszahlung** und
- für das **elektronische Lastschriftverfahren (ELV).**

Girokarten können zusätzlich mit einer **Geldkarten-Funktion** ausgestattet sein. Des Weiteren lassen sich autorisierte **Kreditkarten** wie z. B. die Mastercard oder VISA nutzen, bei denen die weitere Bearbeitung der Zahlung aber nach anderen Modalitäten erfolgt als bei der Girokarte.

Electronic Cash – Zahlung mit Girokarte/Debitkarte

Die Markenrechte am EC-Verfahren bzw. am EC-Logo hat MasterCard erworben. Banken haben deshalb alle EC-Karten durch Girokarten (girocard) ersetzt.

Das kartengesteuerte Zahlungssystem Electronic Cash gewinnt im täglichen Zahlungsverkehr immer mehr an Bedeutung. In Geschäften, Warenhäusern oder bei Tankstellen können Girokarten-/Debitkarten-Besitzer diesen Service nutzen. Wie üblich wird an der Kasse der Rechnungsbetrag ermittelt. Als Zahlungsmittel dienen verschiedene Karten der deutschen Kreditinstitute (z. B. girocard, BankCard, Sparkassen-Card). In vielen Ländern gibt es ähnliche Systeme. Banken greifen auf unterschiedliche Systeme zurück, um sich international zu vernetzen und auch einen Auslandseinsatz der Girokarte/Debitkarte zu ermöglichen. Dadurch kann ein deutscher Urlauber z. B. auch in spanischen Geschäften mit „elektronischem Geld" bezahlen.

Electronic Cash beschert den Verbrauchern erhebliche Vorteile. Es ist bequem und sicher, wenn man beim Umgang mit Girokarten die Regeln beachtet, und man ist für Liquidität nicht auf Bargeld angewiesen. Vorteil des Händlers ist, dass er unmittelbar Sicherheit über den Zahlungseingang hat, weil die Zahlung auf beiden Seiten sofort (online) verbucht wird. Allerdings trägt er die vergleichsweise hohen Kosten dieser Zahlungsart.

Regeln/Ablauf von Electronic Cash	Autorisierung
• Einschieben der Karte in das Terminal und **Eingabe der PIN** in eine Eingabetastatur • Verfügung nur innerhalb des von der Bank eingeräumten finanziellen Rahmens • sofortige Gutschrift auf dem Konto des Händlers, sofortige Belastung auf dem Konto des Zahlers	• Überprüfung der PIN und des Guthabens/Kredits in Sekundenschnelle • bei positiver Prüfung Autorisierung der Zahlung, sonst Ablehnung • keine Autorisierung bei mehrmals hintereinander falsch eingegebener PIN oder bei Kartensperrung

Bargeldauszahlung mit Girokarte/Debitkarte

Die Einsatzmöglichkeiten der Girokarte ergeben sich aus der Codierung des Magnetstreifens auf der Kartenrückseite bzw. dem aufgebrachten Microchip und der persönlichen Identifikationsnummer (PIN). Karteninhaber können damit alle Geldautomaten im Inland benutzen, auch die Automaten fremder Geldinstitute (teilweise gegen Gebühr). Grundsätzlich sind zudem in vielen anderen Ländern die Geldautomaten zum Abholen von Bargeld nutzbar. Der Vorteil der Geldautomaten liegt in ihrer ständigen Verfügbarkeit.

Die Bargeldauszahlung wird durch eine akustische oder optische Bedienerführung unterstützt:

- ➔ Einschieben der Karte in den Geldautomaten,
- ➔ Eingabe der PIN in die Eingabetastatur,
- ➔ Auszahlungsbetrag auf dem Tastenfeld oder Bildschirm wählen,
- ➔ Karte entnehmen,
- ➔ Geld entnehmen.

©MEV Verlag GmbH

Bei **Verlust** einer **Girokarte/Debitkarte** hilft in den meisten Fällen die Servodata GmbH in Frankfurt, der fast alle Geldinstitute angeschlossen sind. Sie ist rund um die Uhr unter der **Telefonnummer 116116** erreichbar. Diese „Feuerwehr", die von allen deutschen Geldinstituten eingerichtet wurde, lässt die betreffende Bankkarte sofort sperren. Der Karteninhaber muss dazu seine persönlichen Daten, Namen und (wenn möglich) Bankleitzahl seines Geldinstitutes sowie seine Kontonummer angeben. Für den Fall der Fälle sollte man diese Informationen also möglichst auf einem Zettel oder im Handy griffbereit haben.

Tipp

- Karte niemals unbeaufsichtigt liegen lassen!
- Karte niemals Dritten überlassen!
- Karte vor Beschädigungen schützen!
- PIN einprägen und vernichten!
- Karte und PIN niemals zusammen aufbewahren!
- PIN nur verdeckt eingeben!

Elektronisches Lastschriftverfahren (ELV) mit der Girokarte/Debitkarte

Weite Teile des Handels akzeptieren die Girokarte als Zahlungsmittel auch **ohne PIN.** Karte und **Unterschrift** genügen für die Abwicklung dieser bargeldlosen Zahlung.

Ablauf des Verfahrens an der Kasse:

- ➔ Einschieben der Karte in das Terminal,
- ➔ Eingabe des Rechnungsbetrages und Druck einer Einzugsermächtigung für den Händler und eines Quittungsbelegs für den Kunden,
- ➔ Unterschrift des Kunden auf der Einzugsermächtigung.

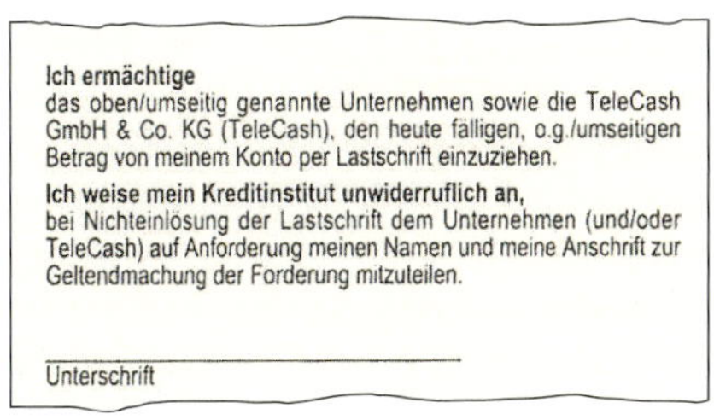

Ich ermächtige
das oben/umseitig genannte Unternehmen sowie die TeleCash GmbH & Co. KG (TeleCash), den heute fälligen, o.g./umseitigen Betrag von meinem Konto per Lastschrift einzuziehen.

Ich weise mein Kreditinstitut unwiderruflich an,
bei Nichteinlösung der Lastschrift dem Unternehmen (und/oder TeleCash) auf Anforderung meinen Namen und meine Anschrift zur Geltendmachung der Forderung mitzuteilen.

Unterschrift

Ablauf des weiteren Verfahrens:

- ➔ Abruf der Daten aller im Terminal gespeicherten Karten-Lastschriftaufträge von einem Zentralrechner zu einem festen Zeitpunkt (z. B. täglich oder wöchentlich),
- ➔ Weiterleitung der Daten an die Bank des Händlers zum Einzug.

Ist die Girokarte/Debitkarte für **kontaklos-Zahlungen** freigeschaltet, muss sie nur an das Karten-terminal gehalten werden. Bei Beträgen bis 50,00 EUR ist dann i. d. R. auch keine Unterschrift mehr vonnöten. Beides verkürzt die Bearbeitungszeit beim Bezahlvorgang nochmal.

Der Vorteil des ELV liegt darüber hinaus in den niedrigen Kosten der Abwicklung für den Händler; sein Nachteil ist das Ausfallrisiko bei mangelnder Bonität bzw. betrügerischer Absicht des Kunden.

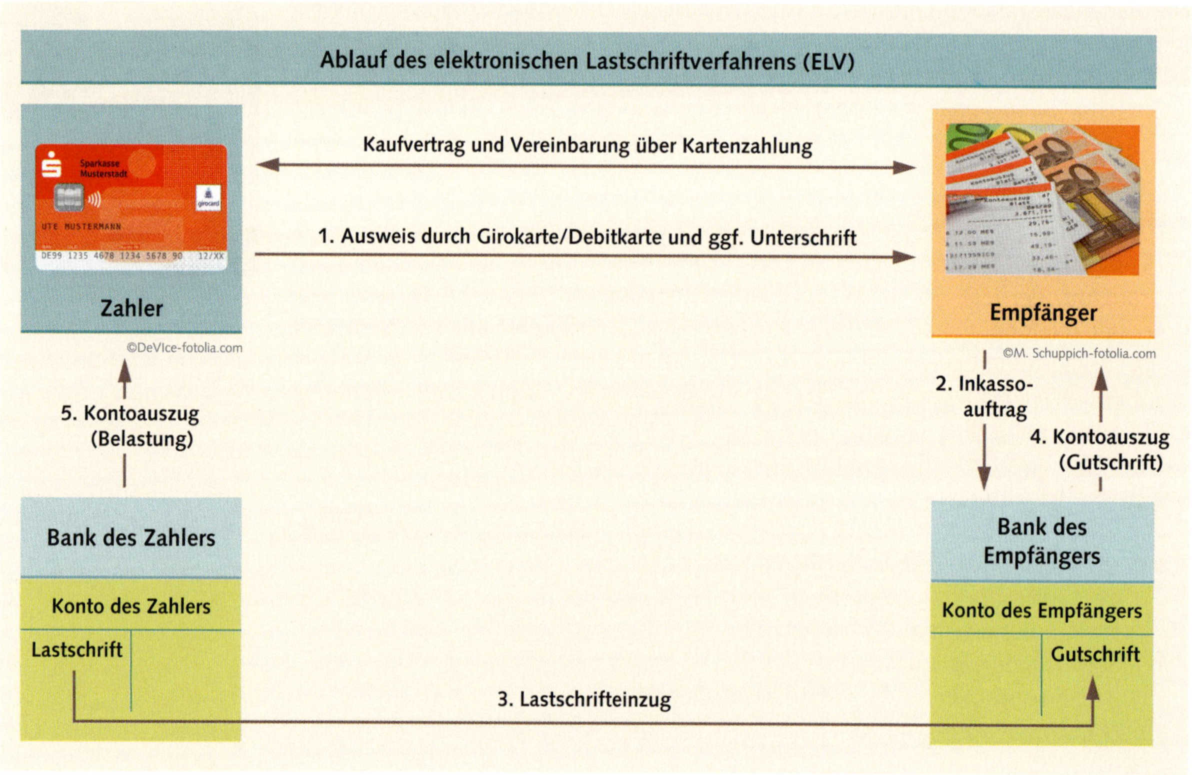

Girogo/Geldkarte

Girokarten, die das Symbol GeldKarte oder girogo tragen, können auch als **Prepaid-Karten** genutzt werden. Auf dem Microchip der Karten kann gegen Kontobelastung ein bestimmtes Guthaben (maximal 200,00 EUR) gespeichert werden, das sich durch jeden Einsatz – z. B. bargeldloser Kauf, Nutzung von Parkautomaten, Kauf von Fahrkarten – verringert. Ist das Guthaben aufgebraucht, kann ein neuer Betrag gegen Vorkasse aufgeladen werden, sodass der Zahlungseingang sicher ist, obwohl er nicht mehr per Datenleitung von der kontoführenden Bank geprüft wird.

Die Zahlung per **girogo** ist immer eine **kontaktlose Prepaid-Zahlung**, mit der Kleinbeträge bis 50,00 EUR beglichen werden können.

LERNFELD 4

Kreditkarte

©volff – stock.adobe.com

Kreditkarten sind ein beliebtes Zahlungsmittel, das in den letzten Jahren in der ganzen Welt stark an Bedeutung gewonnen hat. Die Zahl der gegen unterschiedliche Gebühren ausgegebenen Karten steigt ebenso wie die der ausgebenden Unternehmen und die der Akzeptanzstellen. Neben den Banken sind z. B. Autohersteller oder -clubs, Warenhäuser und Reiseveranstalter, Fluggesellschaften und Tankstellen-Betreiber als Kreditkartenanbieter auf dem Markt.

Im sogenannten **Co-Branding** arbeiten Unternehmen und Kreditkartenanbieter zusammen, wobei das „Plastik-Viereck" dann zusätzlich das Markenzeichen (englisch: brand) des Partners, zum Beispiel eines Autoherstellers, enthält. Auf diese Weise soll vor allem die Kundenbindung verstärkt werden.

Führende Kreditkartenanbieter sind z. B. **MasterCard, VISA** und **American Express.**

Wer die Kreditkarte nutzen will, kann sie gegen eine Jahresgebühr u. a. bei seinem Geldinstitut oder direkt bei der Kreditkartenorganisation beantragen. Die Kreditkarte gilt häufig für 3 Jahre und zu ihrem Service gehören zurzeit:

- die Möglichkeit, beim **Einkaufen** z. B. im Einzelhandel oder an Tankstellen sowie in Hotels in Deutschland und auf Reisen weltweit bargeldlos zu bezahlen;
- die Nutzungsmöglichkeit an **Geldautomaten** zur Bargeldauszahlung im In- und Ausland – nur in Zusammenhang mit einer PIN;
- verschiedene **Versicherungsleistungen** unter der Voraussetzung, dass die Kreditkarte zur Zahlung der jeweiligen Leistung, z. B. Inanspruchnahme eines Verkehrsmittels, benutzt wurde;
- die Möglichkeit zur Zahlung im **Internet** bei Online-Händlern unter Angabe der Kreditkartennummer, des Verfalldatums und der Kartenprüfnummer.

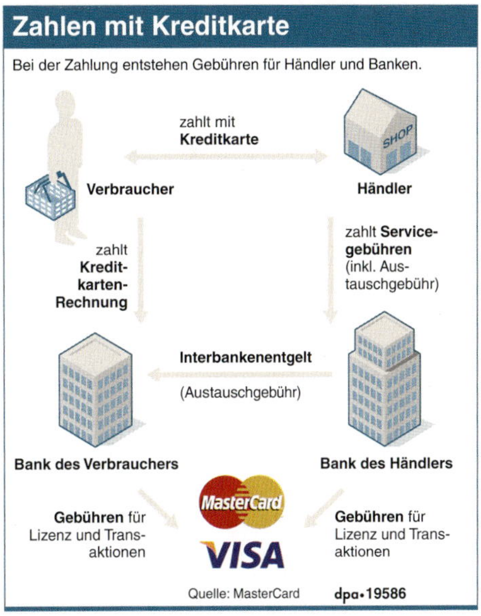

Bei der Zahlung mit Kreditkarte werden von dem jeweiligen Vertragsunternehmen (Verkäufer) die Daten der Karte elektronisch von einem Online-Terminal erfasst, das einen Zahlungsbeleg sowie eine Kopie für den Kreditkarteninhaber erstellt. In seltenen Fällen kommt auch heute noch ein Prägegerät zum Einsatz, das die Daten auf ein Belegdoppel überträgt. Der Kunde muss nur den Zahlungsbeleg unterschreiben, erhält das Belegdoppel, und die Zahlung ist erfolgt. Das Vertragsunternehmen rechnet mit der Kreditkartenorganisation ab: Es erhält eine Gutschrift über den Kaufbetrag abzüglich eines bestimmten Prozentsatzes an Gebühren. Für den Kreditkartenkunden wird keine Gebühr fällig. Sein Girokonto wird erst einige Zeit nach dem Kauf belastet. Die späte Belastung gewährt somit auch einen **Zinsnutzen.** Bei **Verlust, Diebstahl** oder **Missbrauch** der Karte schützt eine rechtzeitige Meldung vor Schaden.

Elektronischer Zahlungsverkehr ohne Karte

Online-Banking

Alle Geldinstitute nutzen die Möglichkeiten des **Internets,** um ihren Kunden eine elektronische Kontoführung zu ermöglichen. Online-Banking erspart dem Kunden nicht nur Zeit, sondern bietet oft auch günstigere Konditionen. Mit der elektronischen Kontoführung wird eine Überweisung zu einer Angelegenheit von wenigen Minuten am **heimischen PC,** am **Smartphone** oder an anderen **elektronischen Endgeräten.** Außerdem bekommt der Bankkunde bei den Postengebühren häufig Rabatte.

Das Angebot, das Geldinstitute ihren Kunden im Online-Banking zur Verfügung stellen, ist ausgesprochen vielfältig. Dazu gehören z. B.:

Online-Banking: Leistungsangebot

- Abfrage des Kontostandes,
- Anzeige der gebuchten Umsätze,
- Überweisungsaufträge,
- Sammelüberweisungen,
- Auslandsüberweisungen,
- Lastschrifteinzug,
- Daueraufträgseinrichtungen,
- Dauerauftragsänderungen,
- Schecksperre,
- Abfrage Überziehungskredit,
- Bestellung von Formularen,
- Spargeschäft, Depotgeschäft.

Funktionsweise von Online-Banking

Die elektronische Kontoführung setzt einen Internetanschluss voraus. Dazu stehen unterschiedliche Verfahren zur Verfügung. Besonders verbreitet ist das Verfahren mit **PIN** und **TAN.** Der Nutzer erhält neben einer Benutzerkennung (meist ist die entsprechende Kontonummer in der Kennung enthalten) zur Legitimation eine **persönliche Identifikationsnummer (PIN).**

Mit der Benutzerkennung und der PIN erhält der Teilnehmer Zugriff auf seine Bankdaten und kann das Online-Banking-Angebot seiner Bank nutzen.

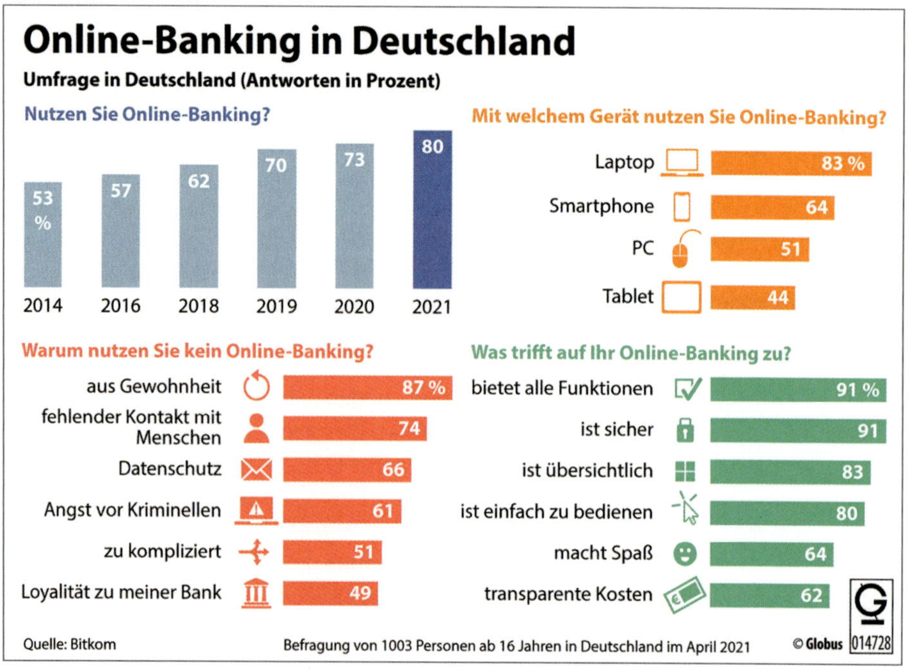

Will der Nutzer eine Geldtransaktion (z. B. eine Überweisung) ausführen, muss er zur Sicherheit eine vom Geldinstitut mitgeteilte **Transaktionsnummer (TAN)** eingeben. Sie ersetzt die Unterschrift auf dem Papierbeleg. Die TAN gilt jeweils nur für einen einzigen Vorgang und ist nach der Transaktion verbraucht.

Geldinstitute versorgen ihre Online-Banking Teilnehmer auf unterschiedliche Weise mit TANs. Dabei steht die Sicherheit der Übermittlung an erster Stelle. Gültige TANs in „fremden Händen" können zu schwerwiegendem finanziellen Verlust führen, da ein Dritter Verfügungsmacht über das Konto erhält, falls ihm auch die PIN bekannt ist.

Daher nutzen viele Kreditinstitute inzwischen Verfahren, bei denen die TAN für den Zahlungsvorgang nur wenige Sekunden vor dem Überweisungsvorgang erzeugt wird und mit der Überweisung verbraucht ist. Wichtig ist, dass die Übermittlung der TAN über einen zweiten „Kanal" erfolgt (z. B. Smartphone oder Tangenerator); die aufgebaute Internetverbindung zur Bank ist dabei „tabu".

PayPal

Internet-Zahlweisen wie z. B. das Online-Bezahlsystem PayPal haben in den letzten Jahren rasant an Bedeutung gewonnen.

PayPal-Mitglieder müssen zunächst ein PayPal-Benutzerkonto beantragen und ihr Bankkonto oder ihre Kreditkartendaten mit dem PayPal-Konto verknüpfen. Diese Daten werden von PayPal verifiziert. Dazu wird eine Testüberweisung auf das angegebene Konto vorgenommen und ein 4-stelliger Zahlencode übermittelt. Der Kunde findet den Code auf seinem Kontoauszug und gibt die vier Ziffern auf der PayPal-Website an. Erst dann ist sein Konto verifiziert und kann genutzt werden.

Für die Abwicklung des Zahlungsvorgangs benötigt PayPal schon vorher Guthaben vom Kunden auf dem Benutzerkonto oder es bucht den Zahlungsbetrag vom Bankkonto oder der Kreditkarte des Kunden ab.

Das PayPal-System funktioniert bei Online-Käufen folgendermaßen:

- Der Verkäufer bietet im Internet eine Ware an.
  Verkäufer und Käufer schließen einen Kaufvertrag ab.
- PayPal zieht vom Käufer das Geld per Lastschrift ein.
- PayPal informiert den Verkäufer, dass das Geld da ist.
- Der Verkäufer verschickt die Ware an den Käufer.
- PayPal leitet das Geld an den Verkäufer weiter.

PayPal wirbt für sicheres Bezahlen im Internet. Dazu dienen der **PayPal-Käuferschutz** und der **PayPal-Verkäuferschutz,** die unter bestimmten Bedingungen in folgenden Fällen greifen können:

LERNFELD 4

PayPal-Käuferschutz	PayPal-Verkäuferschutz
• Der Verkäufer hat den Artikel nicht versendet. • Der Artikel weicht erheblich von der Artikelbeschreibung ab.	• Käufer gibt Lastschriften zurück, hat keine Kontodeckung. • Käufer veranlasst Rückbuchung bei Kreditkartenzahlungen. • Käufer beschwert sich unberechtigt.

Der **Käufer** kann sich mit einer Beanstandung direkt an PayPal wenden und eine Klärung beantragen. In einem ersten Schritt kann er über das PayPal-Portal selbst Kontakt zum Verkäufer aufnehmen, um Missverständnisse zu klären. Sollte es zu keiner einvernehmlichen Lösung kommen, kann der Käufer die Klärung PayPal übertragen.

In Fällen, in denen der **Verkäufer** eine nicht vertragsgemäße Erfüllung des Käufers beanstandet (z. B. grundlose Bemängelung der Lieferung), stellt der Verkäufer PayPal alle Informationen dazu zur Verfügung (z. B. Versandnachweis), um zu ermöglichen, dass PayPal eine Klärung herbeiführt.

5.3 Zusammenfassung und Aufgaben

Zusammenfassung

Rechnungsprüfung
sachliche Prüfung: Art der Ware, Menge, Einzelpreis **rechnerische Prüfung:** Gesamtpreis, Rabatt, Umsatzsteuer
Zahlungsmittel und Zahlungsarten
Zahlungsmittel - gesetzliche Zahlungsmittel: Banknoten und Münzen - Buchgeld - Geldersatzmittel: Schecks, Girokarten und Kreditkarten **Zahlungsarten** - Barzahlung - halbbare Zahlung - bargeldlose Zahlung - elektronischer Zahlungsverkehr
Formen der Barzahlung
Zahlung **unmittelbar persönlich** besonders im Einzelhandel und Dienstleistungsbereich; Kassenbeleg oder Quittung als Beleg Zahlung **mittelbar durch Boten** oder **Versenden mit Western Union** oder Expressbrief (Haftung der Post bis höchstens 500,00 EUR)

Halbbare Zahlung durch Zahlschein und Postnachname
Zahlung mit Zahlschein: Bareinzahlung bei Kreditinstitut; Gutschrift auf dem Konto des Empfängers **Postnachnahme:** Auslieferung von z. B. Paketen durch Postzusteller nur gegen Zahlung der Rechnung; Betrag wird dem Konto des Empfängers gutgeschrieben.
Bargeldlose Zahlung durch Überweisung
SEPA-Verordnung regelt den Überweisungsverkehr einheitlich nach internationalen Standards für die Teilnehmerländer. **IBAN** (ehemalige Kontonummer) und **BIC** (ehemalige Bankleitzahl) dienen der Identifizierung eines Kontos im internationalen Zahlungsverkehr. **Ablauf einer Überweisung:** Auftrag des Zahlers an sein kontoführendes Geldinstitut, einen bestimmten Geldbetrag von seinem Konto auf das Konto des Empfängers zu übertragen. Dazu stellt das Geldinstitut einheitliche, elektronisch lesbare Vordrucke zur Verfügung. Überweisungen können auch online angewiesen werden. Der **Dauerauftrag** ist geeignet für Zahlungen, die regelmäßig und in gleicher Höhe wiederkehren. Die **Sammelüberweisung** ist geeignet für mehrere Einzelüberweisungen eines Kontoinhabers an unterschiedliche Zahlungsempfänger.
Lastschriftverfahren
Das **Lastschriftverfahren** ist geeignet für Zahlungen, die auch mit unterschiedlichen Beträgen oder unregelmäßigen Zahlungszeitpunkten anfallen. **Unterscheidung** nach **Basislastschrift** (Rückgabe ohne Angabe von Gründen bis zu 8 Wochen bzw. 13 Monaten möglich) und **Firmenlastschrift** **Voraussetzungen** für den Einzug von Lastschriften: **Gläubigeridentifikationsnummer** (vergeben durch die Deutsche Bundesbank); gültiges **Lastschriftmandat** (belegt die Zustimmung des Zahlers zum Einzug fälliger Forderungen und die Weisung an die Bank zur Belastung des Kontos.)
Halbbare und bargeldlose Zahlung mit Scheck
Verwendungsmöglichkeiten des Schecks: - Barabhebung (nur Barscheck) - Einreichung zur Gutschrift - Weitergabe als Zahlungsmittel **Scheckarten:** - nach Einlösungsmöglichkeit: **Barscheck – Verrechnungsscheck** - nach Übertragbarkeit: **Inhaberscheck – Orderscheck**

Einlösung von Bar- bzw. Verrechnungsscheck:
- Der **Barscheck** gehört zum halbbaren Zahlungsverkehr. Der Scheckbetrag wird dem Vorleger bar von dem bezogenen Kreditinstitut ausgezahlt.
- Der **Verrechnungsscheck** wird dem Einreicher auf seinem Konto gutgeschrieben. Der Verrechnungsscheck gehört zum bargeldlosen Zahlungsverkehr.

Elektronischer Zahlungsverkehr

mit Karte: Girokarte, Geldkarte, Kreditkarte

ohne Karte: Online-Banking, Paypal, ...

Elektronischer Zahlungsverkehr mit Karte

Electronic Cash:
Die Girokarte wird zur Zahlung bei einer Akzeptanzstelle (z. B. Händler, Tankstelle) genutzt. Der Zahler übermittelt die Daten seiner **Karte** und gibt seine **PIN** ein. Das System autorisiert die Zahlung. Der Betrag wird unmittelbar dem Konto des Händlers gutgeschrieben und dem Konto des Kunden belastet.

Bargeldauszahlung mit Karte:
Bargeldauszahlung an Geldautomaten (z. T. auch bei Einzelhandelsketten) mittels Karte und PIN

Elektronisches Lastschriftverfahren (ELV):
Zahlung z. B. im Einzelhandel **mit Karte ohne PIN**: Der Quittungsbeleg wird vom Kunden unterschrieben und gilt als Ermächtigung für den Händler zum Lastschrifteinzug.

Zahlung mit Geldkarte:
Auf der Karte wird ein bestimmtes Guthaben z. B. vom kontoführenden Geldinstitut gespeichert, das sich durch jeden Einsatz verringert.

Zahlung mit Kreditkarte:
Kreditkarten können bei Kreditkartenanbietern (z. B. MasterCard, VISA) erworben werden und bei zahlreichen Akzeptanzstellen im Handel, auf Reisen, bei Tankstellen usw. zur Zahlung genutzt werden. Der Zahlungsvorgang geschieht durch elektronische Erfassung im Terminal. Der Kunde unterschreibt den Zahlungsbeleg, die Kreditkartenorganisation rechnet mit dem Händler und dem Kunden ab. Kreditkartenzahlungen sind inzwischen auch im Online-Handel weit verbreitet.

Elektronischer Zahlungsverkehr ohne Karte

Online-Banking:
- Voraussetzung: Internetanschluss
- Zugriff auf Konto z. B. mit Benutzererkennung durch PIN
- Veranlassung einer Geldtransaktion z. B. mit TAN

PayPal:
- Online-Bezahlsystem mit Käufer- und Verkäuferschutz für Zahlungen z. B. im Online-Handel

Aufgaben

1. Prüfen Sie die folgenden Aussagen auf ihre Richtigkeit. Die Antwort ist jeweils zu begründen.
   (1) Zur Rechnungsfreigabe genügt die sachliche Prüfung der Eingangsrechnung.
   (2) Als gesetzliches Zahlungsmittel gelten nur Banknoten, die in jeder Höhe angenommen werden müssen.
   (3) Die Barzahlung hat im Wirtschaftsleben immer noch die größte Bedeutung.
   (4) Eine Zahlung mit Scheck kann sowohl eine halbbare als auch eine bargeldlose Zahlung darstellen.
   (5) Der Zahlschein ist eine halbbare Zahlungsart, die nur die Postbank anbietet.
   (6) Mit dem Barscheck kann bezahlt werden, wenn der Zahlungsempfänger kein Konto hat.
   (7) Für die Teilnahme am bargeldlosen Zahlungsverkehr müssen jeweils Zahler und Zahlungsempfänger ein Konto haben.
   (8) Die SEPA-Verordnung gilt ausschließlich für bargeldlose Zahlungen im Inland.
   (9) Einzelüberweisungen können nur per Online-Banking getätigt werden.
   (10) SEPA-Sammelüberweisungen können in beleghafter oder elektronischer Form erfolgen.
   (11) Der Dauerauftrag eignet sich für Zahlungen in unterschiedlicher Höhe bzw. bei nicht regelmäßig wiederkehrenden Zahlungszeitpunkten.
   (12) Der elektronische Lastschriftverkehr ist unsicher, weil die Abbuchung vom Gläubiger initiiert wird.
   (13) Ein Verrechnungsscheck wird dem Konto des Vorlegers gutgeschrieben.
   (14) Unter Electronic Cash versteht man sowohl Zahlungen mit einer Girokarte und PIN-Nummer als auch Zahlungen mit einer Kreditkarte.
   (15) Online-Banking ermöglicht es, Bankgeschäfte auch außerhalb der Geschäftszeiten vom Wohn- bzw. Geschäftssitz zu tätigen.
2. Geben Sie typische Zahlungsvorgänge Ihres Ausbildungsbetriebs an, und wählen Sie die dafür geeigneten Zahlungsarten aus.
3. Erklären Sie, welche Bedeutung die SEPA-Verordnung für den bargeldlosen Zahlungsverkehr hat.
4. Beschreiben Sie die Formen des SEPA-Lastschriftverfahrens.
5. Unterscheiden Sie: Zahlschein und Überweisung; Barscheck und Verrechnungsscheck.
6. Zeigen Sie Vorteile, aber auch Nachteile von Electronic Cash an Beispielen auf.
7. Schildern Sie den Ablauf einer Zahlung mit Kreditkarte.

Kunden akquirieren und binden

1 - Marketing zur Akquirierung und Bindung von Kunden planen

2 - Informationen mithilfe der Marktforschung gewinnen

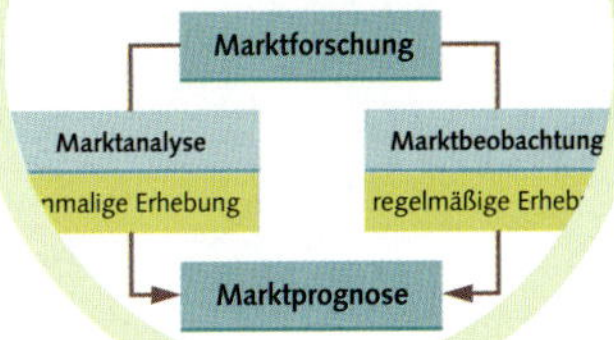

©Picture-Factory-fotolia.com

Das werden Sie hier lernen ...

3 - Marketinginstrumente einsetzen

©Visual Concepts-fotolia.com

4 - Einen Marketing-Mix entwickeln und kontrollieren

LERNFELD 5

Kunden akquirieren und binden

1 Marketing zur Akquirierung und Bindung von Kunden planen

©nickylarson974-fotolia.com

Der Begriff **Marketing** wird häufig mit unterschiedlichen Bedeutungen verwendet: „Telefonmarketing" z. B. kann situativ bedeuten, dass man mit mehr oder weniger aufdringlicher Werbung über neue oder verbesserte Produkte (z. B. Anbieter von Telefon- oder Internetdienstleistungen) konfrontiert wird, Auskunft geben soll über die Zufriedenheit mit seiner Kfz-Werkstatt oder über Lesegewohnheiten. „Marketinganstrengung" kann meinen, dass ein Ladenhüter nun mal wirklich an den Mann oder die Frau gebracht werden muss.

Für Unternehmen auf den heutigen wettbewerbsintensiven Märkten bedeutet Marketing, dass die **gesamte Denk- und Handlungsweise** (Unternehmensführung unter Marketingaspekten) konsequent auf die gegenwärtigen und zukünftigen Bedürfnisse und Anforderungen der Märkte ausgerichtet wird. Marketing wird damit zu einer Grundstrategie der Unternehmensführung: Es werden

©fotodo-fotolia.com

- alle Funktionsbereiche wie z. B. Beschaffung, Produktion, Finanzierung und Personal sowie
- die gesamte wirtschaftliche, rechtliche, kulturelle, technische und ökologische Umwelt

in die Gestaltung von marktbezogenen Aktivitäten einbezogen, um Kunden akquirieren bzw. binden zu können. Dazu sind Informationen notwendig, die insbesondere durch Marktforschung bereitgestellt werden.

Merke

Ein heute weitgehend akzeptiertes Marketingverständnis lässt sich unternehmensbezogen so formulieren:

Marketing bedeutet die bewusst **marktorientierte Führung** eines Unternehmens, in die alle Funktionsbereiche eingebunden sind und die sich auf die gesamte Umwelt bezieht.

Die Verankerung von Marketing als Denkhaltung (z. B. bei Mitarbeitern, Eigentümern und Managern), sich an den Bedürfnissen und Erwartungen des Marktes zu orientieren, sowie die Schaffung der unternehmensbezogenen Voraussetzungen für marktorientierte Entscheidungen bezeichnet man als **internes Marketing.**

Das auf die gesamte Unternehmensumwelt (z. B. Konkurrenten, Lieferanten, Staat, Öffentlichkeit und insbesondere Kunden) gerichtete Marketing zur Umsetzung der Unternehmensziele wird als **externes Marketing** bezeichnet.

Es kommt beim Marketing also darauf an, alle internen und externen Maßnahmen aufeinander abzustimmen, um die eigene Marktposition im Wettbewerb zu erhalten und zu verbessern.

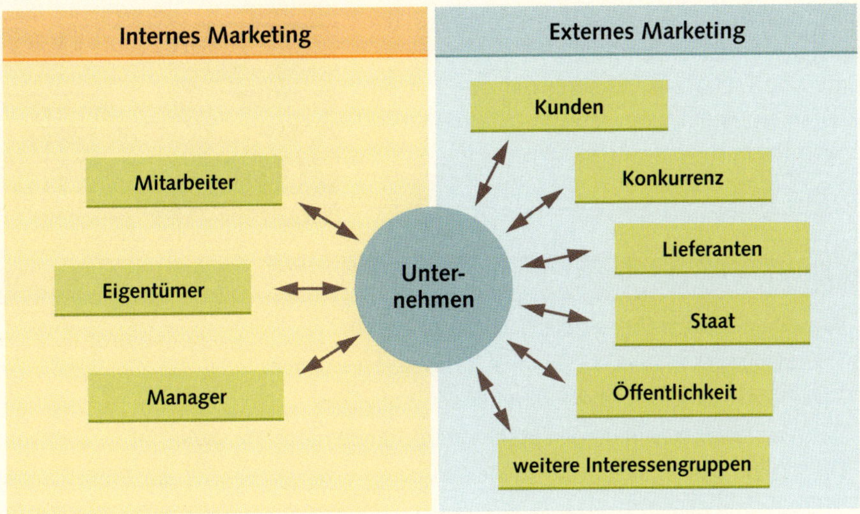

1.1 Marketing im Wandel der Zeit

Das Verständnis von Marketing ist dem Wandel unterworfen: Es ist ein Spiegel sich verändernder Marktverhältnisse und gesellschaftlicher Entwicklungen. Im Mittelpunkt des Interesses stand zunächst allein der Verbraucher. Dann rückte der Handel in den Vordergrund (Rolle des „Türöffners" beim Zugang zum Verbraucher). Dabei prägte sich eine zunehmende Konkurrenzorientierung aus („Ringen um Wettbewerbspositionen"). Im Laufe der Zeit gewannen Bezüge zur natürlichen und sozialen Umwelt immer mehr an Bedeutung (Aufnahme von Ansprüchen an ökologische und soziale Verträglichkeit).

1.1.1 Wandel von Verkäufermärkten zu Käufermärkten

Von herausragender Bedeutung ist dabei der Wandel von **Verkäufermärkten** zu **Käufermärkten.** In der Zeit nach dem Zweiten Weltkrieg war das Angebot an Waren und Dienstleistungen i. d. R. knapp. Der „Engpass" lag eher bei der Steigerung von Angebotsmöglichkeiten als auf der Nachfrageseite. Insofern bestimmten maßgeblich die Verkäufer das Marktgeschehen (Verkäufermarkt). In einer solchen Situation stellen Bemühungen um den Absatz grundsätzlich kein herausragendes Problem dar. Es geht vorrangig darum, knappe Güter auf den Markt zu bringen. Dabei kommt es i. d. R. zu steigenden Preisen.

©Denis Junker-fotolia.com

Merkmale des Verkäufermarktes

- Die Nachfrage ist größer als das Angebot (N > A).
- Die Anbieter (Verkäufer) bestimmen das Marktgeschehen.
- Es herrscht geringer Wettbewerb unter den Anbietern.
- Die Produktions- bzw. Einkaufsmöglichkeiten bestimmen den Absatzplan.
- Absatzmarktforschung ist nicht oder nur in geringem Umfang nötig.

LERNFELD 5

Im Verlauf der weiteren Wirtschaftsentwicklung wuchs das Angebot tendenziell stärker als die Nachfrage, sodass der Absatz zum „Engpass" wurde und (Absatz-)Marketing mit der Zeit immer stärkere Bedeutung gewann (Käufermarkt). Der Wettbewerb verschärfte sich.

©Erwin Wodicka-fotolia.com

Merkmale des Käufermarktes

- Das Angebot ist größer als die Nachfrage (A > N).
- Die Nachfrager (Käufer) bestimmen das Marktgeschehen.
- Es herrscht starker Wettbewerb unter den Anbietern.
- Der Absatzplan bestimmt den Beschaffungs- und Produktionsplan.
- Das Nachfrageverhalten wird immer kritischer z. B. im Hinblick auf Preis, Nutzen, Umweltverträglichkeit.
- Marktforschung wird zunehmend zur zentralen Aufgabe und zur Grundlage von Marketingkonzeptionen, durch die das Unternehmen insgesamt gesteuert wird.

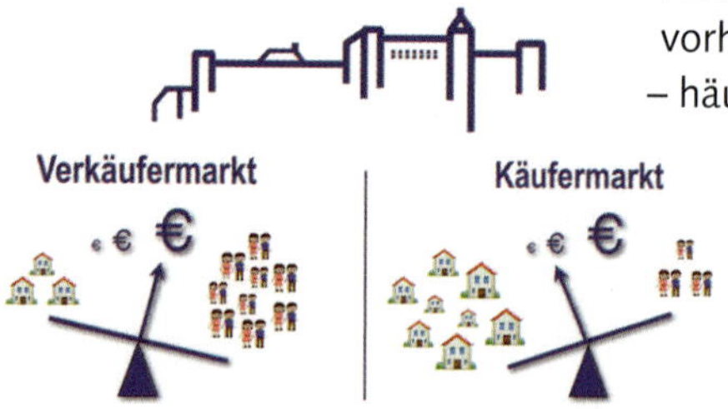

©www.lumpiimmosalzburg.com

Auch wenn in einer marktwirtschaftlichen Wirtschaftsordnung Käufermärkte vorherrschen, so sind durch gezielte Einschränkungen oder Fehlplanungen – häufig vorübergehend – auf Teilmärkten Verkäufermärkte möglich.

Beispiel

In Großstädten wie Hamburg und München ist die Immobiliennachfrage größer als das Angebot mit der Folge von Preissteigerungen.

1.1.2 Marketingkonzepte im Wandel der Zeit

©Marco2811-fotolia.com

Das Marketing entwickelt sich über veränderte Problemstellungen. Die Marktanbieter müssen ihre Marketingaktivitäten den jeweiligen Marktverhältnissen (Verkäufer-/Käufermärkte) anpassen. Stand anfangs eher ein logistischer Aspekt (Verteilung) im Vordergrund, so gewannen Marketing-Instrumente zur Förderung des Absatzes (Marketing-Mix) mit der Zeit an Gewicht. Dabei entwickelte sich das Marketingverständnis zunehmend zu einer marktorientierten Konzeption der Unternehmensführung unter Berücksichtigung aller internen und externen Beziehungen.

Beim klassischen Marketing findet die Kommunikation z. B. über TV, Radio oder Printprodukte vom Unternehmen zum Kunden statt („one-to-one" Kommunikation). Es wird auch als **Outbound Marketing** bezeichnet.

Das Internet als Informations- und Kommunikationsmedium hat eine neue Form des Marketings hervorgebracht. Das sogenannte **Inbound Marketing** ist interaktiv („two-way" Kommunikation) und zielt darauf ab, sich von Kunden über z. B. Suchmaschinen oder Social Media (Facebook, Twitter, Google) finden zu lassen und die Kunden an die Marke zu binden.

Merke

Social Media

Begriff:

Soziale Medien dienen der – häufig profilbasierten – Vernetzung von Benutzern und deren Kommunikation und Kooperation über das Internet.

profilbasiert = auf das individuelle Nutzerprofil zugeschnitten

Ziele und Merkmale:

Mithilfe von sozialen Medien kann man sich austauschen. Man kann sich als Unternehmen mit Kunden vernetzen, zum Zweck des Marketings, der Marktforschung, des Kundensupports und -feedbacks.

(Quelle: Gabler Wirtschaftslexikon)

©Web Buttons Inc-fotolia.com

Marketingkonzepte im Wandel der Zeiten		
Phasen	**Trends**	**Merkmale**
1950er-Jahre	Produktions- und Distributionsorientierung	• Streben nach Massenfertigung • Verteilung von knappen Gütern
1960er-Jahre	Verkaufsorientierung	• Orientierung an Verbraucherbedürfnissen • gezielter Einsatz von Marketinginstrumenten (Marketing-Mix)
1970er-Jahre	Marktorientierung	• wachsende Marktbedeutung des Handels • Ausbau des handelsgerichteten Marketings (vertikales Marketing: über den Handel zum Verbraucher)
1980er-Jahre	Wettbewerbsorientierung	• gesättigte Märkte; zunehmender Konkurrenzkampf; Verdrängungswettbewerb • Marktpositionierung des Unternehmens bzw. seiner Produkte durch Marketing, Schaffung von Wettbewerbsvorteilen (strategisches Marketing)
1990er-Jahre	Integriertes marktorientiertes Marketingkonzept	• funktionsübergreifende Sichtweise des Marketings innerhalb des Unternehmens • ganzheitliches Marketingkonzept: Betrachtung unter Einbeziehung von Konkurrenten, Öffentlichkeit, Staat (gesellschaftlicher Wertewandel, Freizeit- und Ökologieorientierung)
seit 2000er-Jahre	vernetztes Beziehungsmarketing	• Veränderung der Kommunikationsbeziehungen zwischen Käufer und Verkäufer (Internet als Hauptmedium von Kommunikation und Transaktion: Einfachheit und Effizienz von Suchmaschinen/Portalen sowie von Vertragsabschlüssen und Zahlungsmöglichkeiten) • Steigerung der Wettbewerbsintensität durch Globalisierung bei Erhöhung der Markttransparenz • verändertes Konsumentenverhalten (anspruchsvoller, selbstbewusster, aber uneinheitlich und weniger kalkulierbar); Netzwerk-Marketing zum Aufbau von strategischen Netzwerken (Zusammenschluss von lokalen, regionalen bis hin zu globalen Allianzen zur Sicherung der Wettbewerbspositionen)

1.2 Marketingkonzeption

Die weitere Entwicklung von Marketingkonzepten macht deutlich, dass die Anforderungen an Marketingentscheidungen immer stärker gewachsen sind. Ohne einen **schlüssigen, ganzheitlichen Handlungsplan** ist es nicht möglich, Marketing erfolgreich zu konzipieren, zu gestalten und zu kontrollieren. Unternehmen entwickeln dafür **Konzeptionen** (Pläne), mit deren Hilfe sich ihre Vorstellungen umsetzen lassen.

Dabei spielen Informationen eine immer größere Rolle. Der Marketinginformationsbedarf einer Unternehmung ist deshalb grundsätzlich auf alle Ebenen der Marketingkonzeption (Ziele, Strategien, Instrumenteneinsatz) gerichtet.

1.2.1 Bausteine einer Marketingkonzeption

Eine **Marketingkonzeption** enthält Bausteine auf unterschiedlichen Konzeptionsebenen:

- Es sind **(Marketing-)Ziele** zu formulieren, die vom Unternehmen angestrebt werden (z. B. hinsichtlich Marktanteil, Erschließung von Märkten).
- Geeignete **Strategien** zur Realisierung dieser Ziele sind zu wählen (z. B. Qualitätsführerschaft, Preiskampf).
- **Marketinginstrumente** zur Umsetzung der Strategie sind festzulegen (z. B. Werbekampagne, Sondermodelle).

Man kann dies mit einer Reiseplanung vergleichen, bei der man sich über den Wunschort klar wird (Ziel), dann eine Route auswählt (Strategie) und schließlich ein passendes Beförderungsmittel festlegt (Instrument).

Der Planungs- und Entwicklungsprozess, der zu einer Marketingkonzeption führt, ist „dynamisch" und durch vielfältige Rückkoppelungen und Durchläufe gekennzeichnet. Auch wenn Marketingkonzeptionen eher langfristig angelegt sind, so ist es für gute Erfolgschancen doch erforderlich, auf aktuelle Veränderungen der Unternehmens- bzw. Marktsituation flexibel zu reagieren.

Marketingziele

Die Marketingziele sind in das Zielsystem der Unternehmung unter Berücksichtigung wirtschaftlicher, sozialer und ökologischer Dimensionen einzubinden und auf Kompatibilität zu überprüfen.

Beispiel

Hat sich eine Handelskette dem Umweltschutz verpflichtet, sollten keine Einwegverpackungen beworben und ggf. auch nicht angeboten werden.

Neben den **ökonomischen** (quantitativen) Zielen sind auch die **außerökonomischen** (qualitativen) Ziele für das Marketing bedeutsam.

Marketingziele sind so präzise zu formulieren, dass ihre Zielerreichung später hinreichend kontrolliert werden kann: konkret, erreichbar und messbar. Dazu kann z. B. die Zielgruppe angegeben werden oder ein Zeitpunkt.

Beispiel

Die Markgraf Brunnen GmbH, regionaler Getränkehersteller von Mineralwasser, Limonaden und Säften, stellt **allen Stammkunden im Laufe von 6 Wochen** ihr neues Produkt vor: **Markgraf BioFair.**

Marketingziele

ökonomische	außerökonomische
• Gewinn • Umsatz • Marktanteile • Wachstum	• Image • Kundenzufriedenheit • Markentreue • Vertrauen • Bekanntheitsgrad • Corporate Identity

Bei quantitativen Zielen ist der Zielerreichungsgrad genau zu bezeichnen (z. B. Zuwachs in Prozent).

Beispiel

Die Markgraf Brunnen GmbH setzt sich zum Ziel, für die Marke Markgraf BioFair einen **Umsatz** von 250000,00 EUR im ersten Jahr zu erreichen.

Insofern ist ausgehend von den allgemeinen Unternehmenszielen (z. B. Wachstum) das Marketingziel zu formulieren (z. B. Sortimentserweiterung durch eine neue Produktlinie) und über Teilziele zu präzisieren (z. B. Information der Stammkunden).

©ArTo-fotolia.com

Marketingstrategien

Marketingstrategien umfassen langfristige Verhaltenspläne, auf welche Weise die Marketingziele am Markt durch Auswahl, Gewichtung und Ausgestaltung der absatzpolitischen Instrumente realisiert werden sollen.

Grundlegende Marketingstrategien sind u. a.:

Wachstumsstrategien

Formen von Marketingstrategien, die auf ein Wachsen des Umsatzes/Absatzes oder des Marktanteils gerichtet sind

Marktsegmentierungsstrategien

Ansprache von Käufergruppen durch Aufteilung des Gesamtmarktes nach bestimmten Merkmalen

©Coloures-pic-fotolia.com

Wettbewerbsstrategien

Formen von Marketingstrategien, die auf die Erlangung von Wettbewerbsvorteilen gerichtet sind

Preispolitische Strategien

Einsatz unterschiedlicher Preisniveaus zur Positionierung eines Produktes am Markt

Wachstumsstrategien

Hat ein Unternehmen ein Wachstumsziel festgelegt, so stehen als Wachstumsstrategien vier Produkt-Markt-Kombinationen zur Verfügung:

- **Marktdurchdringung:** stärkere Durchdringung des Marktes mit vorhandenen Produkten auf vorhandenen Märkten,
- **Marktentwicklung:** neue Märkte für vorhandene Produkte,
- **Produktentwicklung:** neue Produkte für bestehende Märkte durch z. B. Quasi-Innovationen (verbesserte Produkte) oder echte Innovationen,
- **Diversifikation:** neue Produkte für neue Märkte.

Wachstumsstrategien		
Produkte / Märkte	vorhandene Produkte	neue Produkte
vorhandene Märkte	**Marktdurchdringung** z. B. Verdrängung der Wettbewerber, Gewinnung von Neukunden, Erhöhung der Produktverwendung	**Produktentwicklung** z. B. Quasi-Innovationen (verbesserte Produkte) und echte Innovationen
neue Märkte	**Marktentwicklung** z. B. Erschließung von Zusatzmärkten, Internationalisierung	**Diversifikation** z. B. Aufbau neuer Handelsbeziehungen für innovative Produkte

Analyseraster für Wachstumsstrategien nach Ansoff

Marktsegmentierungsstrategien

Vor allem aus Kostengründen ist es notwendig, das Marketing möglichst genau auf die gewünschte Zielgruppe auszurichten. Dabei wird der Gesamtmarkt in Segmente aufgeteilt, u. a. nach folgenden Kriterien:

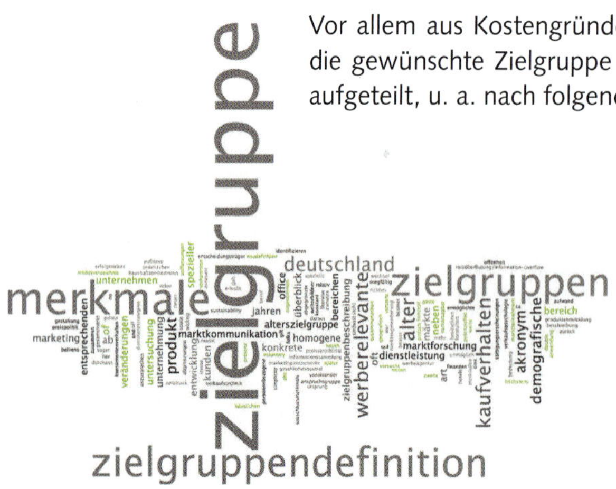

- **geografisch:** z. B. Land oder Region;
- **demografisch:** z. B. Alter, Geschlecht, Familienstand, Einkommen, Bildung;
- **psychografisch:** z. B. sozialer Status, Persönlichkeitstyp;
- **verhaltensabhängig:** z. B. Intensität der Produktnutzung, Nutzungsgewohnheiten.

Bildung von Zielgruppen durch Marktsegmentierung

wohlhabende Zielgruppe

©BMW AG

©Peter Atkins-fotolia.com

junge, sportliche Zielgruppe

©BMW AG

©Syda Productions-fotolia.com

■ Wettbewerbsstrategien

Mit der gewählten Wettbewerbsstrategie positioniert sich ein Unternehmen im Wettbewerb gegenüber der Konkurrenz entweder durch günstige Preise, besondere Produkte oder die Konzentration auf Marktnischen:

→ **Kostenführerschaft:** niedrigere Kosten als die Konkurrenz, günstigere Preise;

→ **Produktdifferenzierung:** Abheben der eigenen Produkte von Konkurrenzprodukten, z. B. durch Qualität, Service oder Innovationen;

→ **Nischenstrategie:** Fokussierung auf einen Teilmarkt (Marktnische), z. B. auf den Sportwagenmarkt statt Automarkt.

■ Preispolitische Strategien

Im Rahmen der Preispolitik (vgl. Kapitel 3.2) ist zu entscheiden, mit welchem Preis ein Produkt auf dem Markt angeboten wird und ob bzw. wie sich der Preis im Zeitablauf verändern soll. Dazu können als Grundstrategien

→ eine **Hochpreispolitik**,

→ eine **Niedrigpreispolitik** oder

→ eine **Mittelfeldpreispolitik**

verfolgt werden.

Marketinginstrumente

Nach Festlegung der Marketingziele und -strategien sind unter Berücksichtigung der Marktanalyse geeignete Instrumente für eine absatzorientierte Marketingkampagne auszuwählen. Die Instrumente sind in einem Marketing-Mix optimal aufeinander abzustimmen. Als klassische Elemente des Marketing-Mix haben sich (nach McCarthy) folgende Instrumente etabliert:

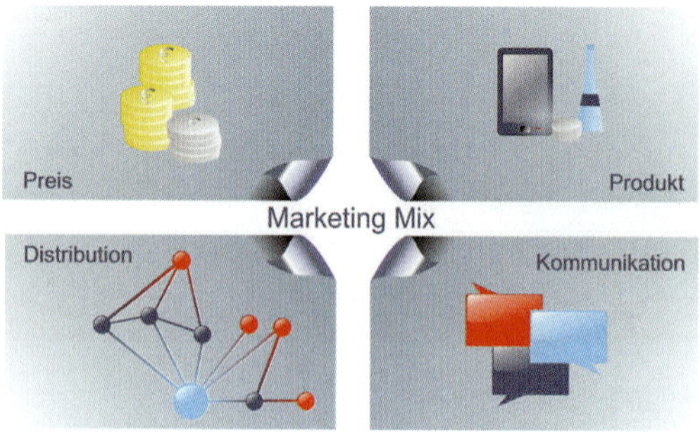

©L.Giunta-fotolia.com

- → Produkt-, Sortiments- und Servicepolitik,
- → Preis- und Konditionenpolitik,
- → Distributionspolitik,
- → Kommunikationspolitik.

(Zu Details vgl. Kapitel 3 „Marketinginstrumente einsetzen"und Kapitel 4 „Einen Marketing-Mix entwickeln und kontrollieren".)

1.3 Marketinginformationsbedarf und Situationsanalyse

Die Realisierung einer Marketingkonzeption kann nur unter Beachtung der innerbetrieblichen und außerbetrieblichen Bedingungen gewährleistet werden. Deshalb erfordert ihre Festlegung eine fundierte **Situationsanalyse** der internen Unternehmenssituation sowie möglichst der gesamten Unternehmensumwelt einschließlich der Kundenbedürfnisse.

Marketinginformationen betreffen in erster Linie die Außenbeziehungen der Unternehmen zu **Abnehmern** und **Zulieferern** sowie zur **Konkurrenz** und auch die **Umweltbezüge** der Unternehmen (z. B. zu Staat, Interessengruppen, Öffentlichkeit). Entsprechend werden Analysen mit unterschiedlichen Schwerpunkten durchgeführt:

©fotomek-fotolia.com

Marktanalyse

Bei einer **quantitativen Marktanalyse** werden die Marktgrößen mengen- und wertmäßig erfasst, um eine fundiertere Einschätzung der eigenen Marktstellung vornehmen zu können. Als Marktgrößen unterscheidet man das **Marktpotenzial,** das **Marktvolumen** und den **Marktanteil.**

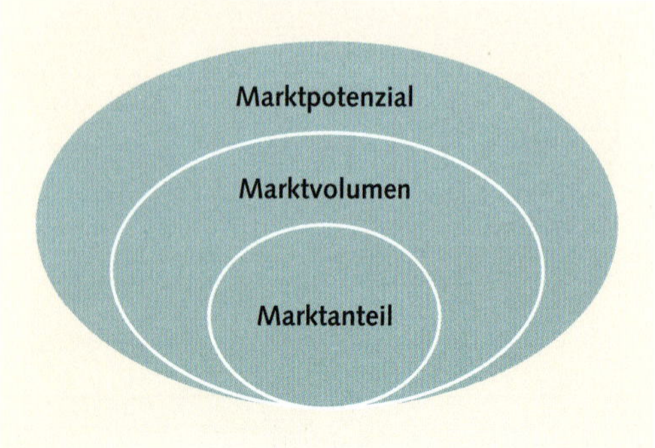

- → Unter **Marktpotenzial** versteht man die maximale Aufnahmefähigkeit eines Marktes für eine Sach- oder Dienstleistung.
- → Als **Marktvolumen** wird die tatsächliche Absatzmenge aller Anbieter bezeichnet.
- → Der **Marktanteil** ist der realisierte prozentuale Anteil eines Unternehmens am Marktvolumen.

LERNFELD 5

Kundenanalyse

Für den Betrieb ist es wirtschaftlich nur sinnvoll, solche Güter und Dienstleistungen anzubieten, die auch am Markt verkauft werden können. Das gesamte Leistungsprogramm wird deshalb auf die Bedürfnisse des Marktes abgestimmt. Dazu müssen die Wünsche und Bedürfnisse der Kunden laufend erkundet werden. Anhand konkreter Fragestellungen können Hinweise über die Kundenstruktur sowie das Kunden- und Kaufverhalten analysiert werden, z. B.:

- → Wer sind die derzeitigen bzw. zukünftigen Kunden?
- → Wie sieht die genaue Kundenstruktur aus (z. B. Alter, Geschlecht)?
- → Welche Kunden sind besonders „wertvoll" (wichtige und weniger wichtige Kunden)?
- → Welche Erwartungen haben die Kunden (z. B. an Qualität, an das Sortiment)?
- → Wie zufrieden sind die Kunden?

Konkurrenzanalyse

Ihr Ziel ist es, die Konkurrenten hinsichtlich ihrer Produkte, Stärken und Schwächen besser einschätzen zu können und diese Informationen für die eigene Marketingstrategie zu nutzen. Bedeutsame Informationen über die Stellung der Konkurrenten im Wettbewerb sind z. B.:

- → Wie viele und welche relevanten Mitanbieter gibt es insgesamt?
- → Welches sind die wichtigsten Wettbewerber?
- → Mit welchen Strategien positionieren sich die Wettbewerber am Markt?
- → Welche Marketinginstrumente setzen sie ein?
- → Was sind die Stärken und Schwächen der Konkurrenten?

Unternehmensanalyse

Fundierten Marketingentscheidungen wird eine Analyse der gegenwärtigen und zukünftigen Unternehmenssituation vorausgehen. Dabei können unterschiedlichste Aspekte in den Fokus genommen werden, z. B. Mitarbeiter, Marktanteile, Finanzlage, Produktivität, Kostensituation, Forschung und Entwicklung, Standortqualität. Wichtige Fragen hierbei sind z. B.:

- → Wie ist unsere Marktstellung im Rahmen des Wettbewerbs zu bewerten?
- → Wie sind unsere Mitarbeiterpotenziale einzuschätzen?
- → Wie stellen sich unsere Finanzlage und die Kostensituation dar?
- → Wie gut ist unsere Standortqualität?
- → Wie zweckmäßig ist unsere Absatzorganisation?

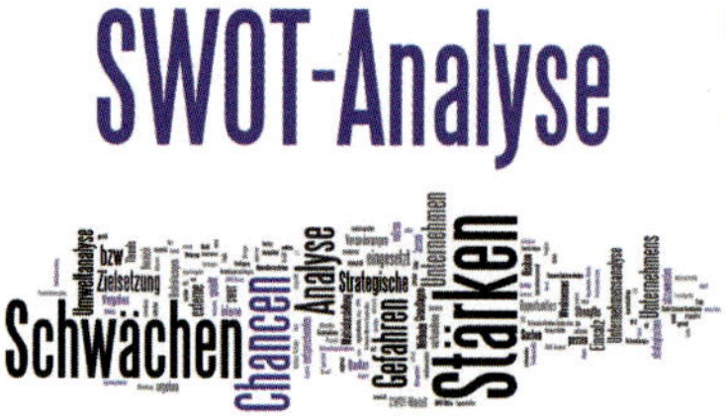

SWOT-Analyse

Die **SWOT-Analyse** ist ein wichtiges Instrument zur Entwicklung von Marketingstrategien, bei dem unternehmensinterne Stärken (Strengths) und Schwächen (Weaknesses) reflektiert und in Beziehung gesetzt werden zu den Chancen (Opportunities) und Risiken (Threats) der externen Unternehmensumwelt. Sie setzt sich aus den folgenden Elementen zusammen:

SWOT-Analyse		
interne Einflussfaktoren	**Strengths S Stärken**	**Weaknesses W Schwächen**
externe Einflussfaktoren	**Opportunities O Chancen**	**Threats T Risiken**

Aus der Stärken/Schwächen- und Chancen/Risiken-Analyse können

- die Ausgangssituation für die Formulierung von Marketingzielen geklärt,
- die Herausforderungen an die Marketingstrategie eingeschätzt und
- die Instrumente für das weitere Vorgehen beleuchtet werden.

Matrix einer SWOT-Analyse (Beispiel)	**Stärken (Strengths)** • Qualität • Preis-Leistungs-Verhältnis • Design	**Schwächen (Weaknesses)** • Vertrieb • Funktionalität • Umweltorientierung • unrentable Produktionsstätte
Chancen (Opportunities) • Wirtschaftssituation • demografische Veränderungen • neue Trends	**Stärken einsetzen, um Chancen optimal zu nutzen** Beispiel: Entwicklung eines kleinen SUVs auf der Basis eines erfolgreichen Pkws	**An Schwächen arbeiten, um Chancen zu nutzen** Beispiel: Entwicklung von sparsamen Motoren
Risiken (Threats) • neue Konkurrenz • gesetzliche Auflagen • Veränderung des Kundenverhaltens	**Stärken einsetzen, um Risiken zu minimieren** Beispiel: Eingehen eines Joint-Ventures mit einem japanischen Hersteller	**An Schwächen arbeiten, um Risiken zu beherrschen** Beispiel: Schließung einer unrentablen Produktionsstätte

1.4 Zusammenfassung und Aufgaben

Zusammenfassung

Marketingbegriff

Marketing bedeutet die bewusst marktorientierte Führung eines Unternehmens, in die alle Funktionsbereiche eingebunden sind und die sich auf die gesamte Umwelt bezieht.

Internes Marketing bezieht sich auf die Verankerung von Marketing als Denkhaltung (z. B. bei Mitarbeitern, Eigentümern und Managern) sowie auf die Schaffung der unternehmensbezogenen Voraussetzungen für marktorientierte Entscheidungen.

Externes Marketing ist auf die gesamte Unternehmensumwelt (z. B. Konkurrenz, Lieferanten, Staat, Öffentlichkeit und insbesondere Kunden) gerichtet.

Marketing im Wandel der Zeit

Merkmale des Verkäufermarktes:

- Die Nachfrage ist größer als das Angebot (N > A).
- Die Anbieter (Verkäufer) bestimmen das Marktgeschehen.
- Es herrscht geringer Wettbewerb unter den Anbietern.
- Die Produktions- bzw. Einkaufsmöglichkeiten bestimmen den Absatzplan.
- Absatzmarktforschung ist nicht oder nur in geringem Umfang nötig.

Merkmale des Käufermarktes:

- Das Angebot ist größer als die Nachfrage (A > N).
- Die Nachfrager (Käufer) bestimmen das Marktgeschehen.
- Es herrscht starker Wettbewerb unter den Anbietern.
- Der Absatzplan bestimmt den Beschaffungs- und Produktionsplan.
- Das Nachfrageverhalten wird immer kritischer z. B. im Hinblick auf Preis, Nutzen, Umweltverträglichkeit.
- Marktforschung wird zunehmend zur zentralen Aufgabe und zur Grundlage von Marketingkonzeptionen, durch die das Unternehmen insgesamt gesteuert wird.

Marketingkonzepte im Wandel der Zeiten:

- 1950er-Jahre → Produktions- und Distributionsorientierung
- 1960er-Jahre → Verkaufsorientierung
- 1970er-Jahre → Marktorientierung
- 1980er-Jahre → Wettbewerbsorientierung
- 1990er-Jahre → integriertes marktorientiertes Marketingkonzept
- 2000er-Jahre → vernetztes Beziehungsmarketing

Marketingkonzeption
Marketingkonzeption **Handlungsplan** zur Planung, Umsetzung und Kontrolle von Marketingentscheidungen **Bausteine einer Marketingkonzeption** **Marketingziele:** - ökonomische (z. B. Gewinn, Umsatz) - außerökonomische (z. B. Image, Kundenzufriedenheit) **Marketingstrategien:** - Wachstumsstrategien - Marktsegmentierungsstrategien - Wettbewerbsstrategien - preispolitische Strategien **Marketinginstrumente:** - Produkt-, Sortiments- und Servicepolitik - Preis- und Konditionenpolitik - Distributionspolitik - Kommunikationspolitik
Marketinginformationsbedarf und Situationsanalyse
Marketinginformationsbedarf über: - externe Unternehmensumwelt - interne Unternehmenssituation **Situationsanalyse:** - Marktanalyse - Kundenanalyse - Konkurrenzanalyse - Unternehmensanalyse **SWOT-Analyse: Instrument zur Entwicklung von Marketingstrategien (Stärken/Schwächen und Chancen/Risiken)** - interne Einflussfaktoren: S = Strenghts (Stärken) + W = Weaknesses (Schwächen) - externe Einflussfaktoren: O = Opportunities (Chancen) + T = Threats (Risiken)

Aufgaben

1. Prüfen Sie folgende Aussagen auf ihre Richtigkeit. Die Antwort ist jeweils zu begründen.
   (1) Marketingentscheidungen beziehen sich ausschließlich auf den Funktionsbereich „Absatz" eines Unternehmens.
   (2) Die Verankerung von Marketing als Denkhaltung bei Mitarbeitern bezeichnet man als internes Marketing.

(3) Heutige Marketing-Konzepte gehen in der Regel von einer Marktsituation aus, die man als „Käufermarkt" bezeichnen kann.
(4) Preissenkungen sind typische Merkmale von Verkäufermärkten.
(5) Social Media Marketing wird auch als Outbound Marketing bezeichnet.
(6) Vernetztes Beziehungsmarketing war ein Trend der 80er Jahre.
(7) Image und Kundenzufriedenheit sind quantitative Marketingziele.
(8) Marktdurchdringung ist eine Form der Marktsegmentierungsstrategie.
(9) Die Kundenanalyse ist eine wesentliche Voraussetzung zur Realisierung einer Marketingkonzeption.
(10) Die SWOT-Analyse ist ein wichtiges Instrument zur ausschließlich internen Analyse des eigenen Unternehmens.

2. a) Weisen Sie anhand der jeweiligen Kriterien nach, dass für Pkws gegenwärtig eher ein Käufermarkt besteht, für günstigen Wohnraum in München-City aber zurzeit ein Verkäufermarkt herrscht.
b) Begründen Sie, warum Unternehmen auf Käufermärkten besondere Marketing-Anstrengungen unternehmen müssen.

3. Nennen Sie jeweils Zielgruppen des internen und externen Marketings.

4. Erklären Sie an einem Beispiel, was man unter einer Marktsegmentierungsstrategie versteht.

5. a) Beschreiben Sie präzise zwei Marketingziele Ihres Ausbildungsbetriebes: ein ökonomisches und ein außerökonomisches Marketingziel.
b) Erläutern Sie, mit welcher Marketingstrategie die genannten Ziele umgesetzt werden sollen.
c) Ordnen Sie der bevorzugten Marketingstrategie passende Marketinginstrumente zu.

6. Bezeichnen Sie zu den folgenden strategischen Maßnahmen die jeweilige Marketingstrategie:
- Erlangung von Wettbewerbsvorteilen durch Kostenführerschaft,
- Positionierung am Markt durch Skimming-Strategie,
- Aufteilung nach geografischen Merkmalen,
- Marktwachstum durch Diversifikation,
- gezielte Ansprache von Käufergruppen nach demografischen Merkmalen.

7. Ein Automobilhersteller wirbt mit dem Slogan:
„Der neue .... . Dinge hinterfragen. Dinge ändern. Neue Intelligenz."
Erörtern Sie, welche Marketingstrategie der Automobilhersteller verfolgt.

8. Überlegen Sie, welche Marketinginformationen für Ihren Ausbildungsbetrieb wichtig sind. Formulieren Sie jeweils 3 Fragestellungen für die Kundenanalyse, die Konkurrenzanalyse und die eigene Unternehmensanalyse.

9. Ermitteln Sie im Rahmen einer SWOT-Analyse für das Leistungsprogramm Ihres Ausbildungsbetriebes interne Stärken/Schwächen und externe Chancen/Risiken und leiten Sie daraus konkrete Maßnahmen ab.

2 Informationen mithilfe der Marktforschung gewinnen und auswerten

2.1 Gegenstand der Marktforschung und Marktforschungsprozess

Nach der **Art der Informationsgewinnung** wird zwischen Markterkundung und Marktforschung unterschieden. Ist die Informationsgewinnung eher zufällig und unsystematisch, bezeichnet man dieses Vorgehen als **Markterkundung.** Um **Marktforschung** handelt es sich dann, wenn bei der Informationsgewinnung planvoll, systematisch und gemäß anerkannter Standards vorgegangen wird.

Merke

Marktforschung ist die **systematische Sammlung, Analyse und Interpretation von Daten** über Märkte **mit wissenschaftlichen Methoden** zum Zweck der Informationsgewinnung für Marketingentscheidungen.

2.1.1 Gegenstand der Marktforschung

Marktforschung soll Informationen bereitstellen,

- → die Aussagen über Hintergründe, Motive und Einstellungen im Zusammenhang mit dem jetzigen und voraussichtlich zukünftigen Nachfrageverhalten
- → sowie die Marktentwicklung (z. B. Umsetzung technologischer Entwicklungen)

als Einschätzung zulassen. Im Vordergrund stehen dabei die **Kundenanalyse**, die **Konkurrenzanalyse** und die **Analyse der eigenen Marktstellung.**

Die folgenden Beispiele, die gegebenenfalls als konkrete Fragestellungen für die jeweilige Marktforschungsaufgabe zu formulieren sind, können Gegenstand der Marktforschung sein und Aufschluss über den Einsatz und die Wirkung der marketingpolitischen Instrumente geben. Sie sind den Marketinginstrumenten zugeordnet.

Gegenstand der Marktforschung

Produkt-, Sortiments- und Servicepolitik

- Erwartungen und Wünsche der Verbraucher bezogen auf Produkte und Service
- Geschmackswert und Gebrauchswert der Produkte
- Verwendungsmöglichkeiten, Haltbarkeit und Lagerfähigkeit, Handhabung und Bedienungskomfort
- Umweltverträglichkeit
- substitutive oder komplementäre Beziehungen zu anderen Produkten

Kommunikationspolitik

- Leistungsvermögen der Absatzwerbung
- Auswahl von Werbemitteln und Beurteilung der Wirksamkeit von Werbemaßnahmen
- Möglichkeiten der gemeinsamen Werbung, nach Branchen, Zeit, Sortiments-, Orts- oder Gebietskriterien
- Qualität der Beratung beim persönlichen Verkauf
- Erfolg von Maßnahmen zur Verkaufsförderung
- Auswirkungen von Öffentlichkeitsarbeit und Sponsoring

LERNFELD 5

Gegenstand der Marktforschung	
Preis- und Konditionenpolitik • Preisniveau und Preisstaffelung • Preis ähnlicher oder gleicher Produkte • Lieferungs- und Zahlungsbedingungen • Verhalten der Verbraucher bei Preis- oder Konditionenänderung	**Distributionspolitik** • Überprüfung der Leistungsfähigkeit der Vertriebspolitik • Zentralisierung oder Dezentralisierung des Vertriebs • Entwicklung alternativer oder zusätzlicher Absatzformen • Entscheidung über direkte oder indirekte Absatzwege

2.1.2 Marktforschungsprozess

Der Marktforschungsprozess vollzieht sich nach der Analyse der Ausgangsbedingungen in der Regel in unterschiedlichen Schritten. Je nach Marktforschungsaufgabe können diese vielfältig aufeinander abgestimmt sein. Häufig werden Marktforschungsinstitute beauftragt, den gesamten Prozess der Marktforschung unterstützend zu begleiten oder selbstständig durchzuführen.

Als Orientierungsrahmen können folgende zentrale Schritte, die aufeinander aufbauen, beschrieben werden.

Schritte im Marktforschungsprozess	Beispiele
Problemformulierung	**Fragestellung, die durch die Marktforschung beantwortet werden soll:** • Erwartungen und Wünsche der Verbraucher an ein Produkt • Verhalten der Verbraucher bei Preisänderungen
Wahl des Untersuchungsdesigns	**Festlegungen zum Konzept der Untersuchung:** • Dauer der Untersuchung • Zielgruppe • Erhebungsmethoden
Datenerhebung	**Durchführung der Erhebung mit:** • Marktanalyse oder Marktbeobachtung • Sekundär- oder Primärforschung • betriebsinternen oder betriebsexternen Quellen • Befragung, Beobachtung, Experiment oder Panel
Datenauswertung	**Aufbereitung der Daten und aussagekräftige Darstellung:** • Übertragung in EDV-gestützte Programme • Darstellung in Diagrammen, Schaubildern
Ergebnisinterpretation	**Analyse der Ergebnisse im Hinblick auf die Fragestellung:** • Herausfiltern von Kernaussagen • Ableitung von Konsequenzen für anstehende Entscheidungen
Kommunikation der Ergebnisse	**Darstellung der Ergebnisse für Entscheider:** • Präsentation • Forschungsbericht

2.2 Methoden der Marktforschung

Grundsätzlich müssen vor der Erhebung von Marktforschungsdaten der Umfang und die erforderliche Zuverlässigkeit, das heißt die Quantität und Qualität des Informationsbedarfs bestimmt werden. Bei allen Marktforschungsaufgaben stellt sich die Frage, auf welche Art und Weise diese Informationen beschafft werden sollen. Dabei sind auch die Kosten der Informationsbeschaffung zu berücksichtigen.

Durch punktuelle **Marktanalyse** und durch die periodische **Marktbeobachtung** wird versucht, Schlüsse auf Absatzchancen zu ziehen. Das Ergebnis dieses Verfahrens ist die **Marktprognose** (Aussagen über zukünftige Marktentwicklungen). Das Marktrisiko soll dadurch gemindert werden.

Tipp

Marktanalyse
= zeitpunktorientiert

Marktbeobachtung
= zeitraumorientiert

Marktprognose
= zukunftsorientiert

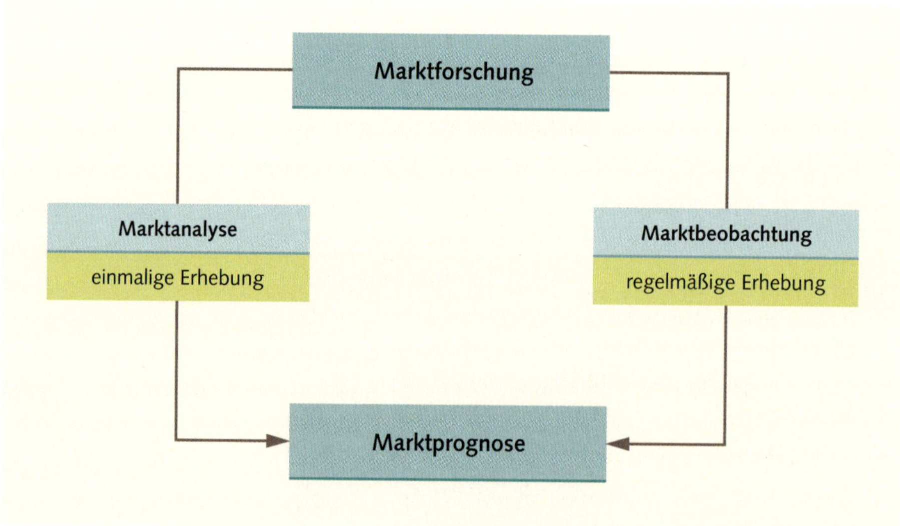

Tipp

Desk Research/ „Schreibtischforschung": Marktforschung ohne Erhebung neuer Daten

Field Research/ „Feldforschung": Sammlung neuer Daten durch primärstatistische Erhebungen

Weiterhin kann man die Methoden der Marktforschung nach der Art der Datenerhebung und Informationsgewinnung in **Sekundärforschung (Desk Research)** und **Primärforschung (Field Research)** unterscheiden. Ihnen sind jeweils bestimmte Quellen oder Verfahren zugeordnet.

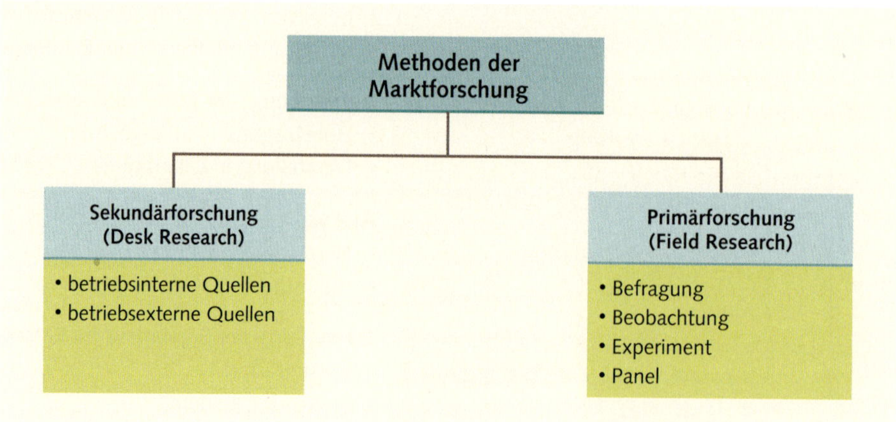

2.2.1 Sekundärforschung

Merke

Die **Sekundärforschung** stützt sich auf **bereits vorhandenes Datenmaterial**, das in der Vergangenheit als Entscheidungsgrundlage für andere Problemlösungen erstellt oder zusammengetragen wurde.

Tipp

erst Sekundärforschung
↓
dann Primärforschung

Schon allein aus **Kostengründen** ist es zweckmäßig, die Möglichkeiten der Sekundärforschung zu nutzen. Häufig wird durch die Auswertung des vorhandenen Materials der Informationsbedarf hinreichend gedeckt. Außerdem kann diese Auswertung für eine eventuell folgende Primärforschung als Ausgangsmaterial oder als Vorbereitung genutzt werden.

Nachteil der Sekundärforschung ist, dass die Daten oftmals veraltet und gegebenenfalls nicht passgenau sind. Außerdem hat auch die Konkurrenz Zugriff zumindest auf die betriebsexternen Quellen.

Das Material wird zunächst aus **betriebsinternen** und, falls erforderlich, aus **betriebsexternen** Quellen erhoben.

Betriebsinterne Quellen der Sekundärforschung sind Informationen aus statistischen Datensammlungen oder aus der Kostenrechnung sowie bereits erstellte Dokumentationen aus sonstigen Informationsquellen, die im Unternehmen regelmäßig oder für einen aktuellen Anlass erhoben worden sind.

Betriebsinterne Quellen der Sekundärforschung		
Statistik	**Kostenrechnung**	**sonstige Informationsquellen**
• Anfragenstatistik • Angebotsstatistik • Auftragseingangsstatistik • Umsatzstatistik • Messestatistik • Reklamationsstatistik	Kosten nach: • Produkten • Produktgruppen • Kunden • Kundengruppen • Verkaufsgebieten	• Kundendatei • Lagerstatistik • Lieferantendatei • allgemeines Berichtswesen • Messeberichte • Kassenberichte

Betriebsexterne Quellen der Sekundärforschung sind zumeist Veröffentlichungen, die von Institutionen und Medienunternehmen entweder für die Allgemeinheit oder für bestimmte Interessengruppen zur Unterstützung ihrer Mitglieder veröffentlicht wurden. Sie sind daher für die Unternehmen als Informationsquelle verhältnismäßig leicht zugänglich. Als bedeutsamstes Medium erweist sich hier inzwischen das Internet (insbesondere Portale, Webseiten).

©Julien Eichinger-fotolia.com

LERNFELD 5

Betriebsexterne Quellen der Sekundärforschung	
Datenquellen	**Anbieter**
• Statistisches Jahrbuch • Fachbücher und Fachzeitschriften • Preislisten • Kataloge • Prospekte • Nachschlagewerke aller Art • Testberichte • Internet	• Wirtschaftsinstitute • Behörden/Staat • Verbände • Interessengemeinschaften • Gewerkschaften • Arbeitgeberverbände • Kammern • Auskunfteien

Beispiel

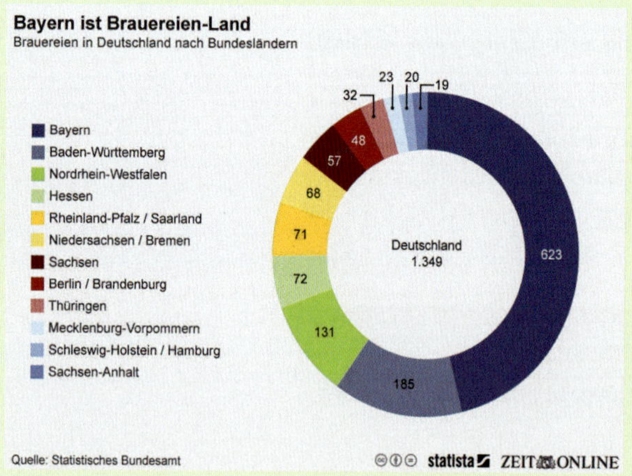

Tipp

Betriebsexterne Quellen für Studien und Statistiken:

Statistisches Bundesamt
https://www.destatis.de/

Statistische Ämter des Bundes und der Länder
https://www.statistikportal.de/de

Statista – das Statistik-Portal
https://de.statista.com/

Internationales Statistisches Institut
https://isi-web.org

GfK – Gesellschaft für Konsumforschung
https://www.gfk.com/de-at/

Werben & Verkaufen
https://www.wuv.de/thema/studien

2.2.2 Primärforschung

Wenn Quellen der Sekundärforschung nicht vorhanden sind oder nicht ausreichen, ist eine Primärerhebung notwendig, um die Marktforschungsfragen zu klären.

Merke

Unter **Primärforschung** versteht man die **Sammlung, Analyse und Interpretation von neuen, noch nicht vorhandenen Daten.**

Sie ist zwar insgesamt aufwändiger und kostenintensiver, hat jedoch den **Vorteil** der Aktualität und Exklusivität für konkrete Fragestellungen. Man unterscheidet je nach Betrachtungsgegenstand unterschiedliche Arten der Datenerhebung, die mit den Methoden der Primärforschung kombiniert werden:

Arten der Datenerhebung		
Kriterium	**Erhebung**	**Beispiel**
Bezugszeitraum der Datenerhebung	• einmalig/punktuell • regelmäßig/periodisch	• Befragung • Panel
Umfang der Datenerhebung	• Vollerhebung • Teilerhebung	• Erhebung aller infrage kommenden Daten • Erhebung nur zu einem bestimmten Prozentsatz
Forschungsmethode	• qualitative Erhebung • quantitative Erhebung	• Käuferverhalten • Marktanteile

In der Primärforschung werden die folgenden 4 Methoden angewandt:

Methoden der Primärforschung

Befragung	Beobachtung	Experiment	Panel
Untersuchung von mündlichen oder schriftlichen punktuellen Äußerungen verschiedener Personen zum Erhebungsgegenstand	Untersuchung zum Verhalten des Menschen in einer natürlichen oder künstlichen Umgebung	Untersuchung der Reaktion auf Veränderung von Variablen unter künstlich hergestellten, kontrollierten und wiederholbaren Bedingungen	Untersuchung von Äußerungen gleichbleibender Gruppen zu gleichen Fragen über einen längeren Zeitraum

■ Befragung

Für eine Befragung kommen für die Marktforschung neben anderen möglichen Informationsträgern vor allem Zulieferer, Zwischenhändler, Experten und Konsumenten in Betracht. Durch gezielte, systematische Fragestellungen sollen die Befragten i. d. R. einmalig Auskunft geben z. B. über:

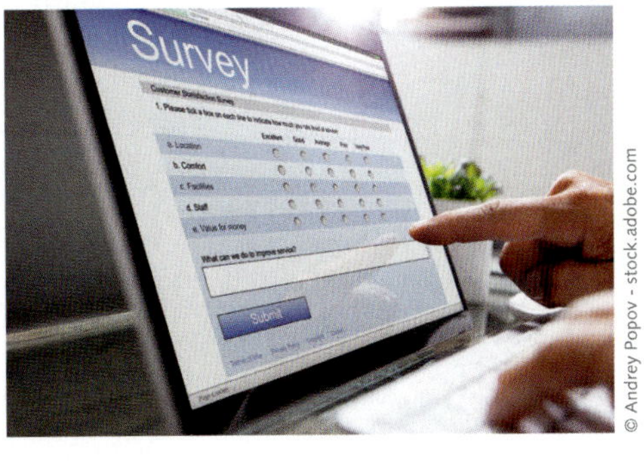

© Andrey Popov - stock.adobe.com

- → das bisherige Verhalten,
- → das geplante zukünftige Verhalten,
- → Gewohnheiten,
- → Wünsche, Motive und Einstellungen.

Befragungen können schriftlich oder mündlich vorgenommen werden. Insbesondere Online-Befragungen gelten als vergleichsweise schnell und kostengünstig. Häufig werden Befragungen auch mit einem Anreiz versehen (z. B. Gewinnspiel), um einen repräsentativen (aussagefähigen) Rücklauf zu sichern.

©Gabriele Rohde-fotolia.com

Allerdings sind die Vorschriften im Rahmen des Verbraucherschutzes zu berücksichtigen, z. B.:

→ Die Anonymität des Befragten ist strikt zu wahren.

→ Bei Einholen der Einwilligung ist auf den Zweck und die Freiwilligkeit der Befragung in angemessener Weise hinzuweisen.

→ Bei Ablehnung ist eine nochmalige Kontaktaufnahme nicht zulässig.

→ Anrufe zu Werbe- oder Verkaufszwecken sind unzulässig, wenn keine Vertragsbeziehung besteht.

Formen der Befragung	Merkmale	Vorteile	Nachteile
mündlich  ©Klekta Darya-fotolia.com	persönliche Befragung durch Interview („unter vier Augen")	• hoher Rücklauf • weniger Missverständnisse durch zusätzliche Erläuterungen • Feststellung von Reaktionen	• zeitaufwändig • kostenintensiv • Beeinflussung durch Interviewer möglich
telefonisch  ©Giovanni Cancemi-fotolia.com	persönliche Befragung durch telefonischen Anruf (häufig durch Call-Center)	• hoher Rücklauf • schnell • mehr Ehrlichkeit durch Anonymität	• geringe Bereitschaft • nur wenige und kurze Fragen möglich • Verhalten nicht beobachtbar
schriftlich  ©VRD-fotolia.com	Einsatz von Fragebögen (häufig „Serienfragebögen" mit Zustellung durch Post)	• relativ kostengünstig • einfache Organisation • besseres Durchdenken der Fragen • gute Dokumentation • Anonymität	• geringe Rücklaufquote • hoher Aufwand für Teilnehmer • keine Erläuterungen möglich
online  ©vege-fotolia.com	Befragung (ggf. anonym) über das Internet	• kostengünstig • einfache Auswertung durch Software • schnelle Erhebung • größere Stichproben möglich	• Internet/E-Mail erforderlich • ggf. Mehrfachteilnahme möglich

LERNFELD 5

■ Beobachtung

Eine Beobachtung von Verhalten ist in manchen Fällen leichter, einfacher, schneller und kostengünstiger durchzuführen als eine Befragung. Dazu werden **Beobachtungspersonen** oder **technische Geräte** (z. B. elektronische Kassensysteme oder Videoaufnahmen) eingesetzt. Möglich ist dabei auch die **Selbstbeobachtung,** indem Personen gewonnen werden, die über einen gewissen Zeitabschnitt zum Beispiel bestimmte Verhaltensweisen oder Gewohnheiten aufzeichnen. Zu unterscheiden ist auch zwischen **verdeckter Beobachtung,** ohne dass die Beobachteten informiert sind, und **offener Beobachtung,** bei der die Beobachteten darüber Bescheid wissen, ohne dass es aber zu einem Kontakt mit dem Beobachter kommt. Sind die Versuchspersonen informiert, ist allerdings spontanes, unbewusstes Verhalten beeinträchtigt.

Merke

Persönlichkeitsrechte gemäß Datenschutzverordnung sind auch bei der Beobachtung zu wahren!

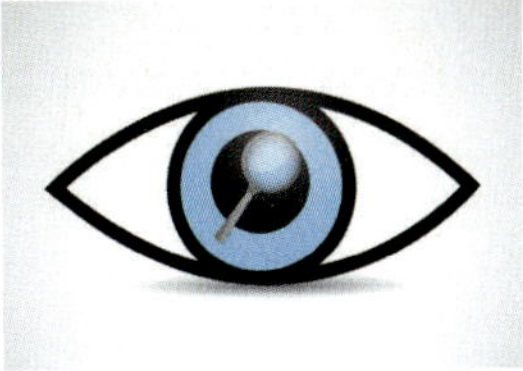
©alexmillos-fotolia.com

Bei einer **Feldbeobachtung** findet die Beobachtung in einer „natürlichen“ Umgebung der Versuchspersonen statt (z. B. im Supermarkt oder Fitness-Center), während bei der **Laborbeobachtung** die Erforschung unter „kontrollierten“ Bedingungen (z. B. Geschmackstest) stattfindet.

Beobachtung	
Vorteile	**Nachteile**
• keine Beeinflussung der beobachteten Personen • unverfälschtes Verhalten (bei verdeckter Beobachtung) • unabhängig von Auskunftsbereitschaft (bei verdeckter Beobachtung) • objektiver als Befragung	• zeitlich aufwändig • viele Tatbestände nicht beobachtbar (z. B. Kaufmotive) • Beschränkung auf das Wahrnehmbare • Fehlbarkeit des Beobachters (z. B. stärkerer Einfluss des ersten Eindrucks)

Neben Verhaltensweisen und Gewohnheiten können auch Reaktionen auf Veränderungen des Einsatzes marktpolitischer Instrumente beobachtet werden. So kann zum Beispiel festgehalten werden, wie und mit welchem Prozentsatz Verbraucher auf ein Werbemittel reagieren. Wünsche, Motive und Einstellungen sind mit diesem Verfahren allerdings nicht erfassbar.

Beispiel

Verhalten eines Kunden im Supermarkt:

- Wie sieht der Laufweg des Kunden aus?
- Wo bleibt der Kunde wie lange stehen?
- Welche Produkte werden entnommen, wieder zurückgestellt bzw. in den Einkaufskorb gelegt.

© Auttapon Moonsawad - stock.adobe.com

LERNFELD 5

■ Experiment

Beim Experiment handelt es sich in der Marktforschung meistens um einen Test mit einer gezielten Anordnung von Untersuchungen, die wiederum als Feld- bzw. Laborversuche durchgeführt werden.

Beispiel

Der Preis (unabhängige Variable) einer Ware wird gesenkt oder erhöht, die Auswirkung auf das Kaufverhalten (abhängige Variable) festgestellt.

Experimente sind gekennzeichnet durch die Einflussnahme auf i. d. R. eine unabhängige Variable, um die Wirkung auf eine abhängige Variable festzustellen. Damit können Ursache-Wirkungs-Zusammenhänge aufgedeckt werden.

Merke

Anforderungen an Messungen:

- Reliabilität (Verlässlichkeit)
- Validität (Gültigkeit)

Das Ergebnis muss

→ **verlässlich**, d. h. unabhängig von einem einmaligen Vorgang sein **(Reliabilität)**,

→ es muss **gültig** sein, d. h. den Sachverhalt tatsächlich wiedergeben, der ermittelt werden sollte **(Validität)**.

Experiment	
Vorteile	**Nachteile**
• Feststellung von Ursache-Wirkungs-Zusammenhängen • standardisierte Bedingungen	• relativ hohe Kosten und hoher Zeitaufwand • fragwürdige Verallgemeinerung der unter Testbedingungen erzielten Ergebnisse

Supermarkt-Experiment:
Forscher empfehlen Steuer auf ungesunde Lebensmittel

Was bringt Verbraucher dazu, gesündere Lebensmittel zu kaufen?

Im Experiment haben Forscher eine klare Antwort gefunden:

Nur eine Verteuerung ungesunder Produkte hat Erfolg, Preissenkungen bei gesunden Lebensmitteln führten dagegen wider Erwarten zu noch mehr Fett und Zucker im Einkaufswagen.

©Robert Kneschke-fotolia.com

Sind ungesunde Produkte teurer, werden sie weniger gekauft.

Nach: SpiegelOnline

Am häufigsten werden **Markt-, Preis-, Geschmacks- oder Qualitätstests** durchgeführt. Durch einen Preistest will man z. B. herausfinden, wie und in welchem Maße der Verbraucher auf eine Preisänderung reagiert.

Der Test kann sich auf einen **begrenzten Personenkreis**, eine **bestimmte Zeitspanne** oder auch auf ein **Verkaufsgebiet** richten. Die Ergebnisse des Tests, die nur einen Ausschnitt beleuchten, werden auf die Gesamtheit hochgerechnet. Man erhofft sich dadurch gesicherte Annahmen über die Auswirkungen bestimmter Maßnahmen.

■ Panel

Ein Panel ist eine über **einen längeren Zeitraum gleichbleibende repräsentative Teilauswahl** von Erhebungseinheiten (z. B. Personen, Betriebe), die in **regelmäßigen Abständen** zum **gleichen Untersuchungsgegenstand** befragt bzw. beobachtet wird, um von der Auswahl auf die Gesamtheit zu schließen. Um Repräsentativität zu gewährleisten, ist die Zusammensetzung der Teilnehmergruppe so zu wählen, dass die Ergebnisse für die Grundgesamtheit verallgemeinerbar sind. Ein Panel stellt keine eigene Erhebungsmethode dar, sondern kann als besondere Form der Verknüpfung von Experiment und Befragung bzw. Beobachtung aufgefasst werden.

Dank der modernen Technologien kann die Datenerfassung elektronisch erfolgen.

Beispiel

Die Einschaltquote wird über ein Panel von Fernsehzuschauern ermittelt.

Die gebräuchlichsten Panels beziehen sich auf Einzelpersonen, Haushalte, Versicherungen, Banken, Händler und Industriebetriebe. Die Mitglieder eines **Haushaltspanels** zum Beispiel zeichnen wie in einem sehr ausführlichen Haushaltsbuch alle Einnahmen und Ausgaben auf. Dadurch wird ein genauer Überblick über die Verbrauchsausgaben nach dem Zeitpunkt, der Verwendung und der Höhe gewonnen. Die Auswertung erlaubt dann Aussagen über Verbrauchergewohnheiten und deren Veränderungen.

Panel	
Vorteile	**Nachteile**
• relativ schnelle Informationsgewinnung • Veränderungen von Marktverhalten im Zeitablauf sichtbar • standardisierte Bedingungen	• hoher Aufwand für Teilnehmerbetreuung • Grad der Marktabdeckung (ggf. nicht repräsentativ aufgrund geringer Teilnahmebereitschaft) • „Panelsterblichkeit" – Verlassen des Panels (z. B. durch Krankheit, Umzug); Ersatz durch „Reserve" mit gleichen Merkmalen nötig

2.2.3 Erstellung eines Fragebogens

Fragebögen müssen so eindeutig und verständlich formuliert sein, dass ihre Fragen von jedem so verstanden werden, wie sie von der Untersuchung gemeint sind (Validität). Bei unverständlichen Fragen besteht die Gefahr, dass sie falsch interpretiert werden, es zu einer Antwortverweigerung kommt oder eine Tendenz zur Mitte bevorzugt wird. Eine übersichtliche Gliederung des Fragebogens, Einfachheit, Kürze und Klarheit der Fragen sind Grundanforderungen der stilistischen und sprachlichen Gestaltung. Entsprechend sind z. B. unbekannte Begriffe zu vermeiden und die vorgegebenen Auswahlantworten müssen logisch und sinnvoll sein.

■ Checkliste für die Erstellung eines Fragebogens

Eine effiziente Erstellung eines Fragebogens erfordert einen strukturierten Ablauf. Die Festlegung der Ziele (z. B. in einem Brainstorming) hat entscheidenden Einfluss auf die Gestaltung und den Ablauf einer Fragebogenaktion bis hin zur Auswertung. Grundlegende Erarbeitungsschritte können sein:

©Rudie-fotolia.com

- → Ziele der Befragung festlegen (z. B. Kundenzufriedenheit feststellen),
- → Teilnehmer auswählen (z. B. Stammkunden),
- → Erhebungsumfang bestimmen (z. B. zufällige Auswahl von 20 % aller Stammkunden),
- → Fragebogendesign planen (z. B. Kombination von offenen und geschlossenen Fragen, Skalierung, Antwortmöglichkeiten, Layout),
- → Fragen entwerfen.

■ Aufbau eines Fragebogens

Die Konstruktion eines Fragebogens erfordert eine besondere Sorgfalt, da im Regelfall die Befragten keine Rückfragen stellen können. Den Befragten sind in klarer Form folgende Botschaften zu vermitteln:

- → freundliche Aufforderung (Anrede) der Teilnehmer zur Teilnahme mit Angabe der benötigten Zeit,
- → Ziele des Fragebogens,
- → Erläuterungen zur Bearbeitung (ggf. Rücksendetermin),
- → Hinweis auf Einhaltung der geltenden Datenschutzgrundverordnung (DSGVO),
- → Verwendungszweck der Auswertung,
- → Dank für die Teilnahme.

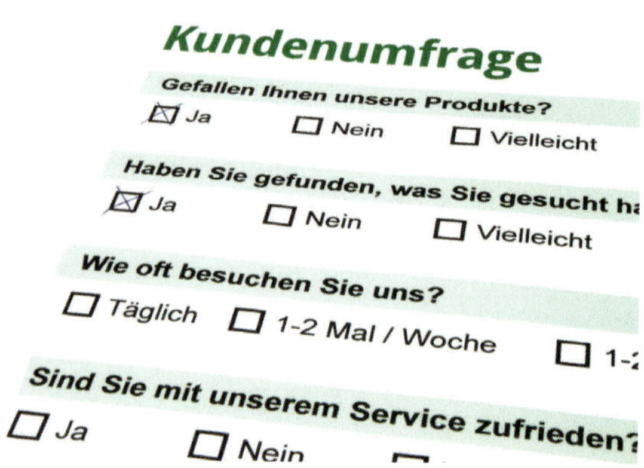

©VRD-fotolia.com

Fragetypen und Darstellungsmöglichkeiten

Bei der Entwicklung eines Fragebogens kann man auf eine Vielzahl von Fragetypen und Darstellungsmöglichkeiten zurückgreifen. Deshalb ist vor der Erstellung zunächst zu klären, welche Informationen erhoben und wie die Antworten verwendet werden sollen. Außerdem muss der Zeitaufwand für die Auswertung berücksichtigt werden. Auch ist der Einsatz unterschiedlicher Fragetypen zur Auflockerung eines Fragebogens zu erwägen. Als Fragetypen kommen insbesondere offene, halboffene und geschlossene Fragen in Betracht.

„Wenn du eine weise Antwort verlangst, musst du vernünftig fragen."
Johann Wolfgang von Goethe

„Dem guten Frager ist schon halb geantwortet."
Friedrich Nietzsche

„Der Fragebogen muss klug sein, nicht der Interviewer."
Elisabeth Noelle-Neumann

Offene und halboffene Fragen

Offene Fragen überlassen es dem Teilnehmer, ohne vorgegebene Antwortalternativen seine Einstellung, Wahrnehmung oder Beurteilung frei zu formulieren. Sie stellen höhere gedankliche (kognitive) Anforderungen an die Befragten, erfordern einen höheren Zeitaufwand und sollten deshalb eher in geringem Maße eingesetzt werden. Häufig stellen sie den Abschluss einer Befragung dar, um den Teilnehmer noch einmal selbst zu Wort kommen zu lassen.

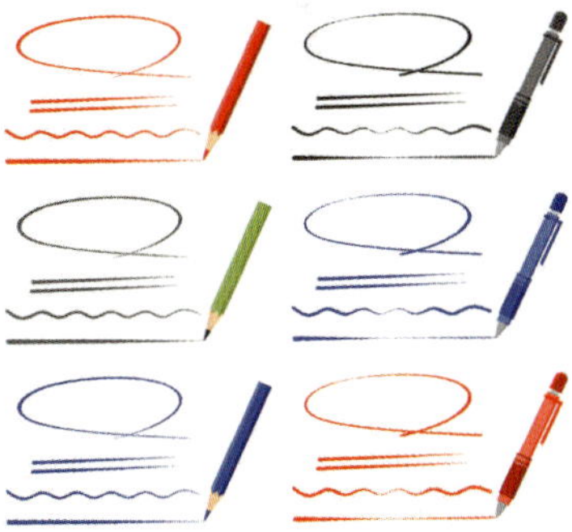

Antworten auf offene Fragen sind i. d. R. nicht quantifizierbar und häufig nur schwer vergleichbar. Ihre Auswertung erfordert einen hohen Aufwand durch Sammlung, Interpretation und Bündelung der Aussagen (Clusterung). Deshalb werden Fragen häufig auch so gestellt, dass nur wenige Antworten möglich sind. Man spricht dann von **halboffenen** Fragen. Als weitere Variante kann ein unvollständiger Satz vorgegeben werden, den die Befragten eigenständig sinnvoll ergänzen.

Beispiel

Die Markgraf Brunnen GmbH hat ihre Stammkunden zur Präsentation einer neuen Produktlinie eingeladen. Alle Teilnehmer erhalten einen Fragebogen zur Beurteilung der Veranstaltung. Mögliche Fragen könnten sein:

offene Fragen:

Was hat Ihnen an der Veranstaltung gefallen?
Was hat Ihnen an der Veranstaltung nicht gefallen?
Was haben Sie bei der Veranstaltung vermisst?
Was fanden Sie bei der Veranstaltung überflüssig?
Welche weiteren Anmerkungen/Anregungen möchten Sie zu der Veranstaltung machen?

halboffene Fragen:

Wie sind Sie auf die Veranstaltung aufmerksam geworden?
Welchen Wochentag bevorzugen Sie für die Durchführung der Veranstaltung?
Welches sind Ihre zwei Lieblingsgeschmacksrichtungen?

unvollständiger Satz:

Ich habe an der Veranstaltung teilgenommen, weil ...
Mir gefällt/gefällt nicht an dem neuen Produkt, dass ...

©Oliver Boehmer - bluedesign®-fotolia.com

■ Geschlossene Fragen

Geschlossene Fragen geben alle Antwortmöglichkeiten vor. Deshalb ist bei der Erstellung sorgfältig darauf zu achten, dass die wesentlichen Antwortkategorien erfasst sind, damit der Befragte auch seine zutreffende Antwort geben kann. Bei geschlossenen Fragen mit **„Einfachnennung"** ist immer nur eine Antwortvergabe möglich, d. h., dass sich die Antworten logisch ausschließen (ja/nein; sehr zufrieden/zufrieden/unzufrieden). Bei Fragen mit **„Mehrfachnennung"** können mehrere oder alle zutreffend sein.

Ein Vorteil geschlossener Fragen liegt in der einfacheren Beantwortung, wodurch die Motivation und Bereitwilligkeit zur Teilnahme gefördert wird. Zudem lassen sich die Antworten besser vergleichen, die Auswertung kann schneller und weniger aufwändig als bei offenen Fragen erfolgen.

Beispiel

Frage mit Einfachnennung:

War Ihnen unsere neue Produktlinie schon vorher bekannt?

☐ ja ☐ nein

Frage mit Mehrfachnennung:

Welche Werbemittel empfehlen Sie für das neue Getränk?

☐ Anzeige	☐ Zeitungsbeilage	☐ Plakat
☐ Werbebrief	☐ Rundfunkspot	☐ Social Media

■ Darstellungsmöglichkeiten

Zur Darstellung von geschlossenen Fragen bieten sich unterschiedliche Möglichkeiten an: z. B. Tabelle/Matrix, Skala, Polaritätsprofil, Rangliste. Dabei gibt man eine bestimmte Anzahl von Abstufungen vor. Die Anzahl der Abstufungen sollte so bemessen sein, dass differenzierte Einschätzungen möglich sind. Erfahrungsgemäß ist es nicht sinnvoll, mehr als sieben Kategorien vorzugeben.

Entscheidet man sich für eine gerade Anzahl an Abstufungen, muss sich der Befragte für eine positive oder negative Tendenz entscheiden, sodass es zu einer falschen Angabe führt, wenn er eher eine neutrale Einstellung hat. Bei einer ungeraden Anzahl von Abstufungen gibt es den Nachteil der „Uneindeutigkeit" des mittleren Wertes. Einerseits kann es sein, dass der Befragte tatsächlich keine Tendenz hat, andererseits ist nicht auszuschließen, dass die Frage nicht verstanden wurde, der Befragte keine Meinung dazu hat oder sich damit nicht auseinandersetzen möchte.

©masterzphotofo-fotolia.com

Tabelle:

Wie zufrieden sind Sie mit der Veranstaltung?						
	sehr zufrieden	zufrieden	eher zufrieden	kaum zufrieden	unzufrieden	keine Antwort
Wie bewerten Sie den Informationsgehalt der Veranstaltung?	☐	☐	☐	☐	☐	☐
Wie beurteilen Sie die Präsentationen?	☐	☐	☐	☐	☐	☐

Skala:

Wie bewerten Sie den zeitlichen Rahmen für die Veranstaltung? Bewerten Sie auf der Skala nach Schulnoten, ob Sie den Zeitrahmen für angemessen halten.						
	1	2	3	4	5	
angemessen	☐	☐	☐	☐	☐	nicht angemessen

Polaritätsprofil:

Wie bewerten Sie die Eigenschaften des neuen Produktes für junge Käufer?						
	sehr	eher	weder, noch	eher	sehr	
minderwertig	☐	☐	☐	☐	☐	hochwertig
langweiliges Design	☐	☐	☐	☐	☐	ansprechendes Design
fade Geschmacksnote	☐	☐	☐	☐	☐	spritzige Geschmacksnote
künstlich	☐	☐	☐	☐	☐	natürlich

Rangliste:

Bitte bewerten Sie die Werbemittel für die Einführung der neuen Produktlinie nach ihrer Wichtigkeit? Ordnen Sie die Ziffern 1 (wichtig) bis 5 (weniger wichtig) zu.				
Anzeige ___	Plakat ___	Rundfunkspot ___	Zeitungsbeilage ___	Werbebrief ___

Online-Fragebögen

Handschriftlich auszufüllende Fragebögen sind inzwischen von Online-Fragebögen fast völlig verdrängt. Das hat gute Gründe: Online-Fragebögen lassen sich nicht nur einfach per E-Mail verschicken oder auf der eigenen Webseite verlinken, sondern auch direkt am PC ausfüllen, übermitteln und automatisiert auswerten. Auch Textverarbeitungsprogramme bieten die Möglichkeit, solche Formulare zu erstellen.

Online-Formulare enthalten Inhaltssteuerelemente. Zur Verfügung stehen u. a. Elemente für Nur-Text, für Kontrollkästchen zum Ankreuzen, für Kombinationsfelder (ausrollende Liste, aus der ein Eintrag ausgewählt werden kann) und für eine Datumsauswahl (Wahl eines Datums anhand eines aufklappbaren Kalenders).

Steuerelemente einfügen

Mit folgenden Schritten können Sie Online-Formulare erstellen:

Schritt 1: Setzen Sie den Cursor an eine gewünschte Stelle im Dokument.

Schritt 2: Gehen Sie auf Entwicklertools – Steuerelemente und wählen das entsprechende Steuerelement aus, z. B.:

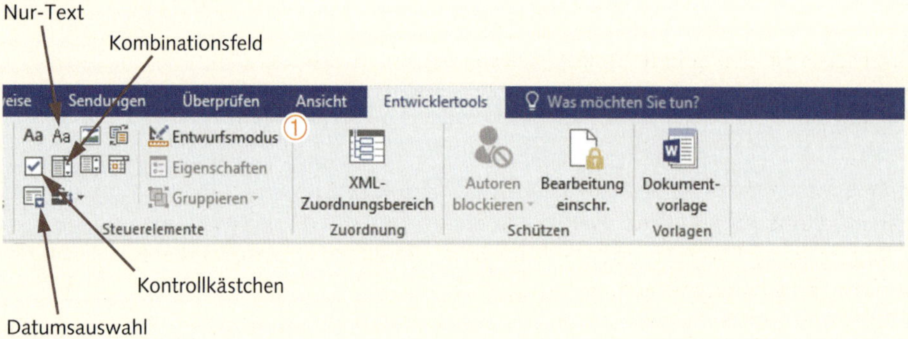

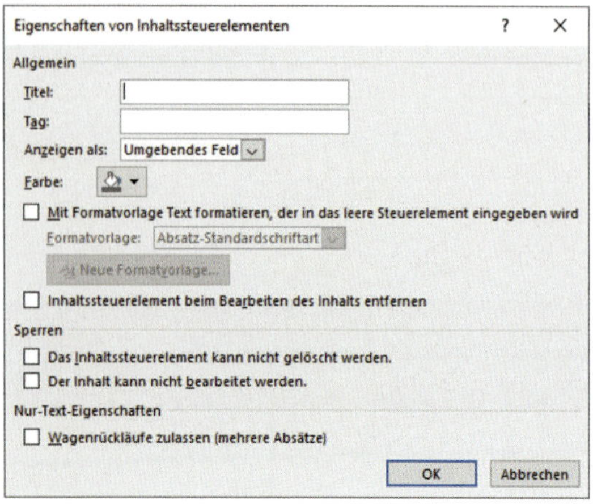

Schritt 3: Sie können das Element formatieren und anpassen, wenn Sie den **Entwurfsmodus** ① aktivieren.

Schritt 4: Aktivieren Sie unter Entwicklertools – Steuerelemente das Symbol Eigenschaften. Es öffnet sich ein Dialogfeld. Hier können Sie die Eigenschaften Ihres Steuerelements be-stimmen.

Beispiel für das **Dialogfeld Nur-Text:**

Unter Titel können Sie für dieses Feld einen Titel eingeben (müssen Sie aber nicht). Der Text erscheint im Beschriftungsfeld des Steuerelements.

Beispiel für das **Dialogfeld Kombinationsfeld:**

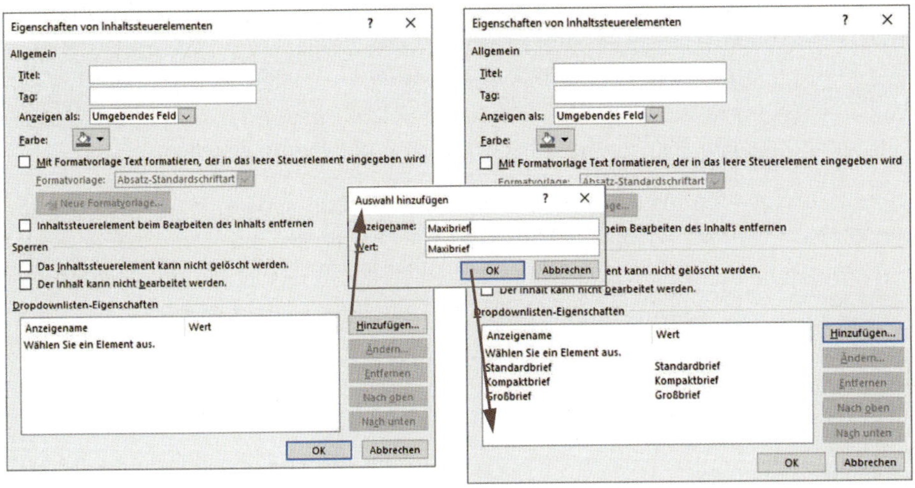

Um die Liste des Kombinationsfeldes zu füllen, klicken Sie auf den Button **Hinzufügen.** Es öffnet sich das Dialogfeld **Auswahl hinzufügen.** In **Anzeigename** geben Sie einen Listeneintrag ein, den Sie bestätigen. Wiederholen Sie den Schritt für alle Einträge.

Schritt 5: Deaktivieren Sie den Entwurfsmodus wieder. (Wichtig!) Nur so können Sie Ihr Formular vor Veränderungen schützen, wenn es von den Anwendern genutzt wird.

Um eine Manipulation durch Anwender gezielt auszuschließen, können Sie die Bearbeitungsmöglichkeiten weiter einschränken. Gehen Sie dafür über die Registerkarte Entwicklertools – Schützen – Bearbeitung einschränken. Es öffnet sich ein entsprechendes Dialogfenster.

2.2.4 Datenauswertung und Darstellung der Marktforschungsdaten

Zur Kommunikation von Marktforschungsdaten werden diese in Marktforschungsberichten und Präsentationen anschaulich aufbereitet. Dazu eignen sich z. B. Diagramme, die Daten übersichtlich, einfach und wirkungsvoll visualisieren. Neben dem Einsatz von spezieller Software bietet Excel verschiedene Standard-Diagrammtypen (z. B. Balken-, Linien-, Kreisdiagramme) zur Auswahl an.

Beispiel 1

Evaluation der Veranstaltung durch Teilnehmer						
	sehr zufrieden	zufrieden	eher zufrieden	kaum zufrieden	unzufrie-den	keine Antwort
Wie bewerten Sie den Informationsgehalt der Veranstaltung?	8	6	4	3	1	1
Wie beurteilen Sie die Präsentationen?	5	5	10	1	1	1

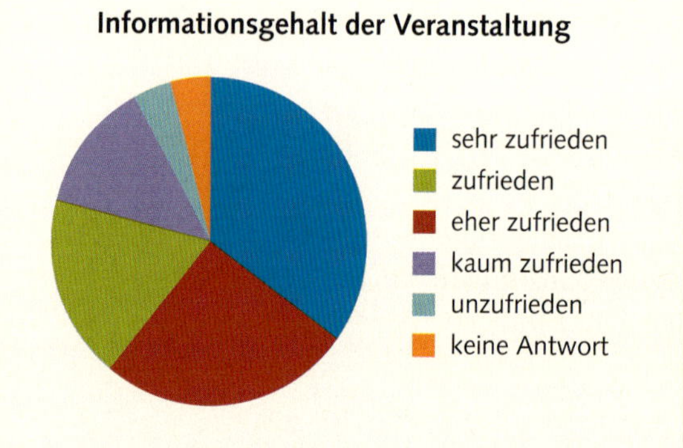

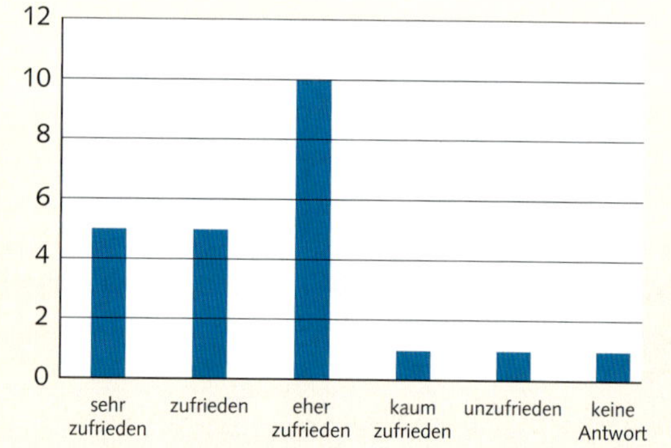

Beispiel 2

Bewertung des zeitlichen Rahmens der Veranstaltung auf einer Skala nach Schulnoten durch Teilnehmer						
angemessen	1	2	3	4	5	nicht angemessen
	8	6	2	4	3	

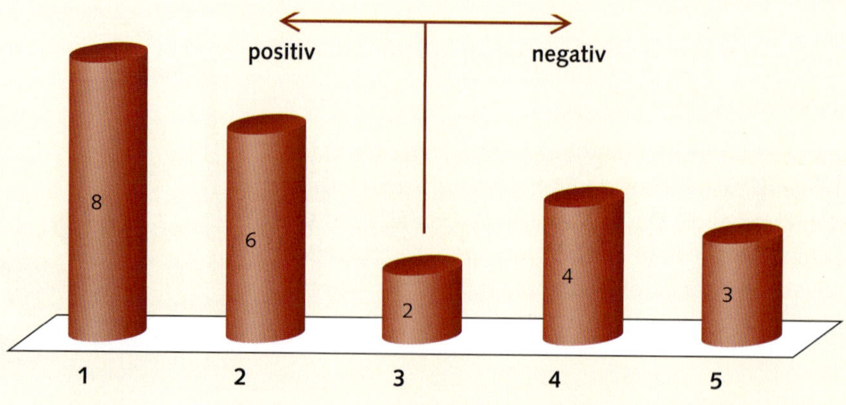

Beispiel 3

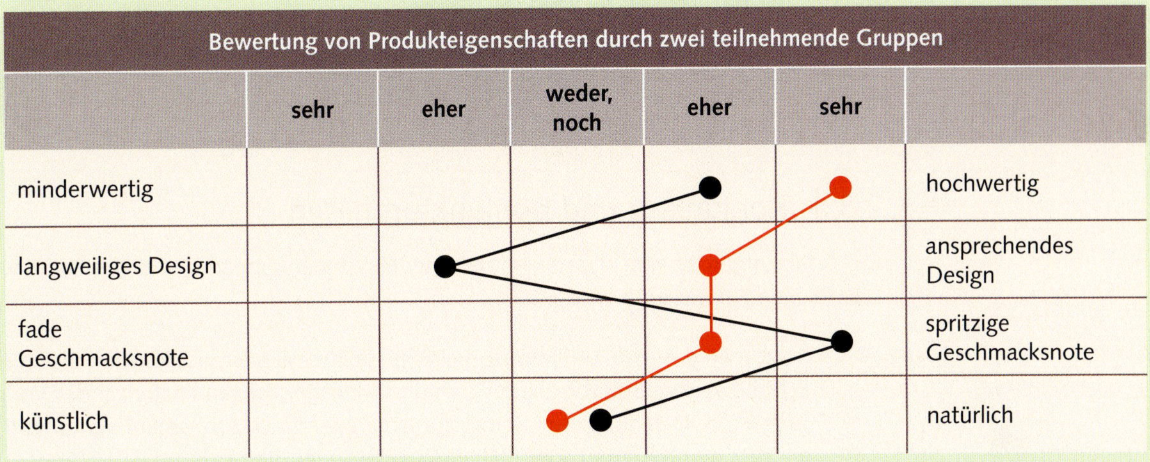

Beispiel 4

Bewertung von Werbemitteln nach ihrer Wichtigkeit 1 (wichtig) bis 5 (weniger wichtig)					
Rang	**Anzeige**	**Plakat**	**Rundfunk**	**Zeitungsbeilage**	**Werbebrief**
1	4	2	3	6	8
2	7	3	2	4	8
3	7	8	3	2	4
4	3	6	7	6	2
5	2	4	8	5	1

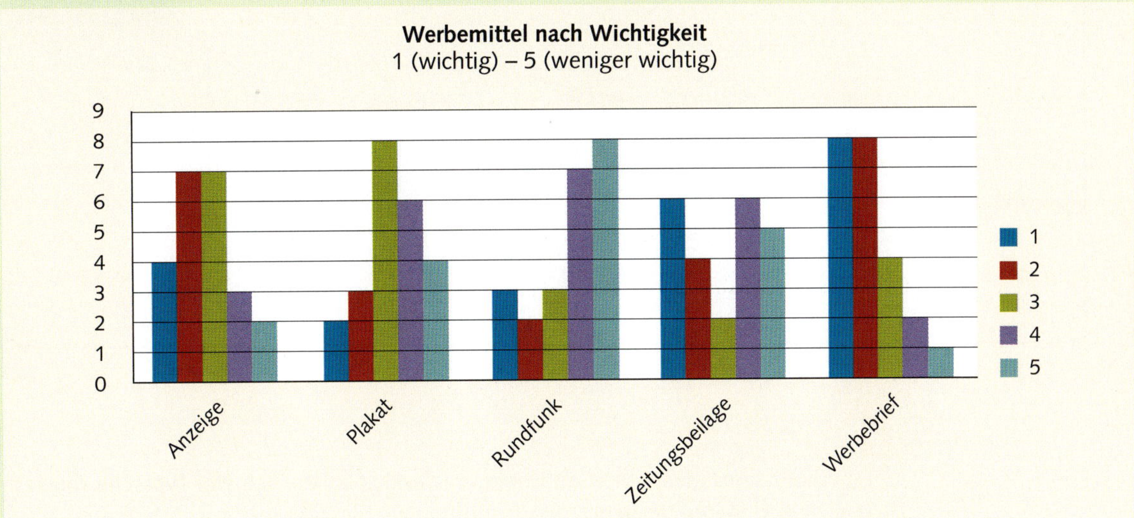

2.3 Konjunkturzyklus

Alle Analysen zur Marktsituation, sei es zum Kundenverhalten oder zur Wettbewerbssituation, sind auch in Abhängigkeit von Konjunkturphasen zu interpretieren.

2.3.1 Konjunktur und Konjunkturphasen

Die Erfahrungen zeigen, dass es immer wieder Schwankungen der allgemeinen wirtschaftlichen Entwicklung gibt.

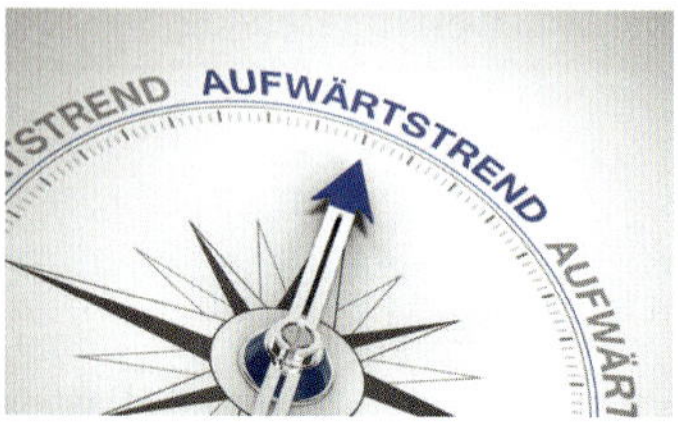

©Coloures-Pic - stock.adobe.com

Setzt man das reale (inflationsbereinigte) Bruttoinlandsprodukt (BIP), also die in EUR bewertete Summe aller Waren und Dienstleistungen abzüglich der Vorleistungen, in Beziehung zum Zeitablauf, so ergeben sich Schwankungen unabhängig davon, ob man absolute Geldeinheiten oder die prozentuale Veränderung zum Vorjahr betrachtet. Alle Schwankungen folgen aber einem **Trend**, dem langfristigen **Wachstumspfad** der Volkswirtschaft.

Merke

Unter **Konjunktur** versteht man die Schwankungen der gesamtwirtschaftlichen Aktivitäten in einem Zeitraum von mehreren Jahren.

Idealtypischer Konjunkturzyklus

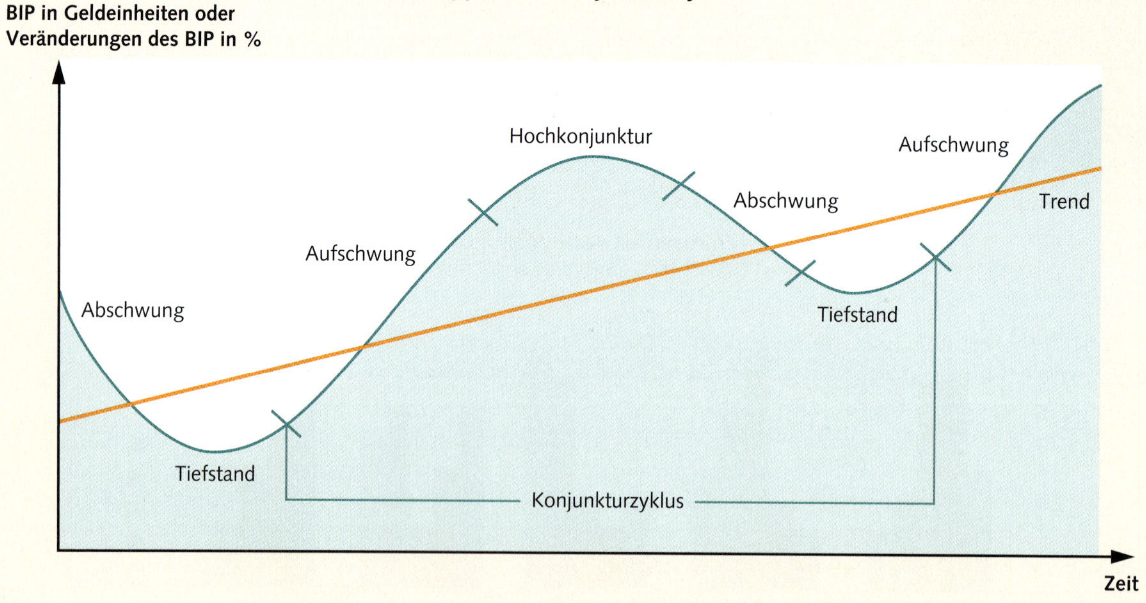

Innerhalb eines idealtypischen Konjunkturzyklus lassen sich **vier typische Phasen** unterscheiden, deren tatsächliche Ausprägung allerdings immer Besonderheiten aufweist (z. B. unterschiedliche Dauer und Stärke einer Phase).

Vier Phasen im idealtypischen Konjunkturzyklus	
Phasen	**Merkmale**
Phase des **Aufschwungs** (Expansion) Das reale Bruttoinlandsprodukt wächst zunächst überproportional, später weniger stark.	• **Kapazitätsauslastung** der Unternehmen nimmt zu. • **Gewinnaussichten** verbessern sich. • **Arbeitslosigkeit** nimmt tendenziell ab. • **Nachfrage nach Investitionsgütern** steigt zuerst. • **Nachfrage nach Konsumgütern** steigt später. • **Preise** und **Löhne** sind stabil, die **Zinsen** noch niedrig.
Phase der **Hochkonjunktur** (bei starker Ausprägung „Boom") Das reale Bruttoinlandsprodukt wächst zunächst noch, erreicht den oberen Wendepunkt und beginnt zu fallen.	• **Kapazitätsauslastung** der Unternehmen ist hoch. • **Gewinne** der Unternehmen sind hoch. • **Arbeitslosigkeit** ist gering. • **Investitionsbereitschaft** der Unternehmen nimmt ab. • **Nachfrage nach Konsumgütern** ist hoch. • **Preise, Löhne** und **Zinsen** steigen.
Phase des **Abschwungs** (in schwerwiegenden Fällen Rezession) Das reale Bruttoinlandsprodukt fällt zunächst überproportional, später weniger stark.	• **Kapazitätsauslastung** der Unternehmen sinkt. • **Gewinne** der Unternehmen gehen zurück. • **Arbeitslosigkeit** steigt. • **Nachfrage nach Investitionsgütern** sinkt. • **Nachfrage nach Konsumgütern** sinkt später. • Steigerung von **Preisen** und **Löhnen** nimmt ab, die **Zinsen** fallen.
Phase des **Tiefstands** (in schwerwiegenden Fällen Depression) Das reale Bruttoinlandsprodukt erreicht seinen unteren Wendepunkt und beginnt im Idealfall, wieder zu steigen.	• **Überkapazitäten** werden abgebaut (Insolvenzen). • **Gewinne** bleiben teilweise aus. • **Arbeitslosigkeit** steigt deutlich. • **Nachfrage nach Investitionsgütern** geht weiter zurück. • **Nachfrage nach Konsumgütern** sinkt. • **Löhne** und **Preise** sind relativ stabil, die **Zinsen** sinken weiter.

Tipp

Die einzelnen **Merkmale der unterschiedlichen Konjunkturphasen** lassen sich logisch ableiten und dann leichter merken, wenn man immer mit der Kapazitätsauslastung der Unternehmen beginnt.

Beispiel

In der Phase des Aufschwungs nimmt die Kapazitätsauslastung der Unternehmen zu. In Erwartung zusätzlicher Gewinne bauen Unternehmen ihre Kapazitäten aus, die Nachfrage nach Investitionsgütern steigt. In der Folge steigt die Nachfrage nach geeignetem Personal, die Konsumgüternachfrage wird allmählich angekurbelt. Noch moderate Preise und Löhne werden ebenso wie die Zinsen erst später tendenziell steigen.

2.3.2 Kundenorientierung und Wettbewerberverhalten im idealtypischen Konjunkturzyklus

■ Phase des Aufschwungs (Expansion)

Optimistische Zukunftserwartungen bei Wettbewerbern und Kunden kurbeln die Nachfrage nach Investitionsgütern und später nach Konsumgütern an. Die Rahmenbedingungen – Preisniveau und Zinsniveau – sind optimal für die Umsetzung größerer Anschaffungen. Neukundengewinnung muss oberstes Ziel im Verkauf sein.

■ Phase der Hochkonjunktur (evtl. „Boom")

Die Investitionsbereitschaft der Unternehmen lässt nach. Bei ausgelasteten Kapazitäten können Unternehmen die lukrativen Aufträge favorisieren. In der Folge steigen die Preise. Wer bei noch deutlich sinkenden Arbeitslosenzahlen und kräftiger Konsumgüternachfrage Neukunden binden kann, ist für die kommende Abschwungphase gut aufgestellt.

■ Phase des Abschwungs (evtl. Rezession)

Negative (wirtschaftliche) Zukunftserwartungen lassen die Investitionsgüternachfrage und später auch die Konsumgüternachfrage sinken. Es entstehen Überkapazitäten, die Arbeitslosigkeit steigt. Der Wettbewerb wird intensiver. Die Unternehmen, die in den vergangenen Phasen ihren Kundenstamm erweitern und binden konnten, sind nun die „Gewinner".

■ Phase des Tiefstandes (evtl. Depression)

„Survival oft the fittest", heißt die Devise. Bei schwacher Nachfrage nach Investitions- und Konsumgütern müssen Überkapazitäten abgebaut werden. Gewinne bleiben aus. Es drohen Insolvenzen. Wer es sich leisten kann, bindet Kunden je nach Branche mit deutlichen Zugeständnissen in der Preis- und Konditionenpolitik oder überzeugt z. B. mit technischen Neuerungen in der Produktpolitik.

2.4 Zusammenfassung und Aufgaben

Zusammenfassung

Gegenstand der Marktforschung

Marktforschung ist die **systematische Sammlung, Analyse und Interpretation von Daten** über Märkte **mit wissenschaftlichen Methoden** zum Zweck der Informationsgewinnung für Marketingentscheidungen.

Marktforschungsprozess:

- Problemformulierung → Fragestellung, die durch die Marktforschung beantwortet werden soll
- Wahl des Untersuchungsdesigns → Festlegungen zum Konzept der Untersuchung
- Datenerhebung → Durchführung der Erhebung
- Datenauswertung → Aufbereitung der Daten und aussagekräftige Darstellung
- Ergebnisinterpretation → Analyse der Ergebnisse im Hinblick auf die Fragestellung
- Kommunikation der Ergebnisse → Darstellung der Ergebnisse für Entscheider

Methoden der Marktforschung

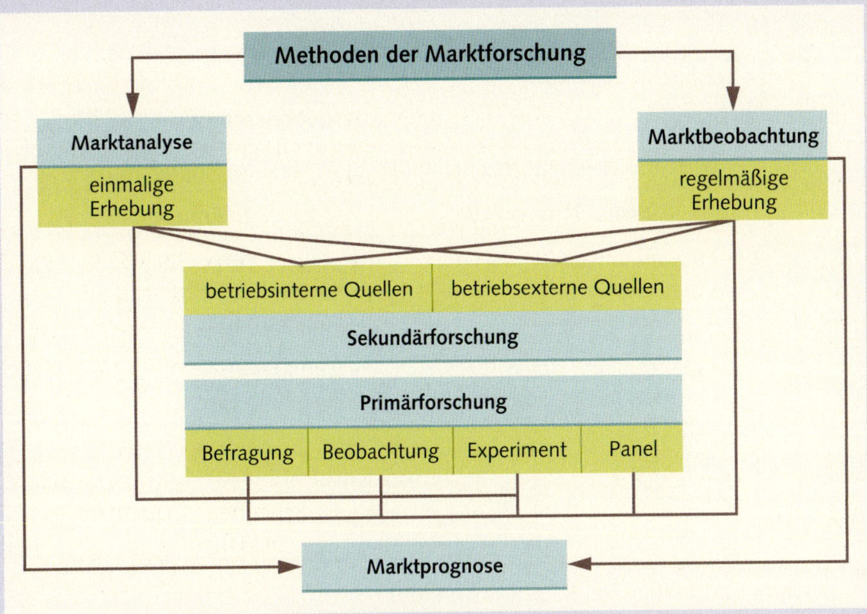

Sekundärforschung: Analyse von **bereits vorhandenem Datenmaterial** aus
- **internen Quellen** (z. B. Angebotsstatistik, Kostenberechnungen, Messeberichte)
- und/oder **externen Quellen** (z. B. statistisches Jahrbuch, Testberichte).

Primärforschung: Erhebung neuer Daten

Arten der Datenerhebung		
Bezugszeitraum	**Umfang**	**Forschungsmethode**
• einmalig/punktuell • regelmäßig/periodisch	• Vollerhebung • Teilerhebung	• qualitativ • quantitativ

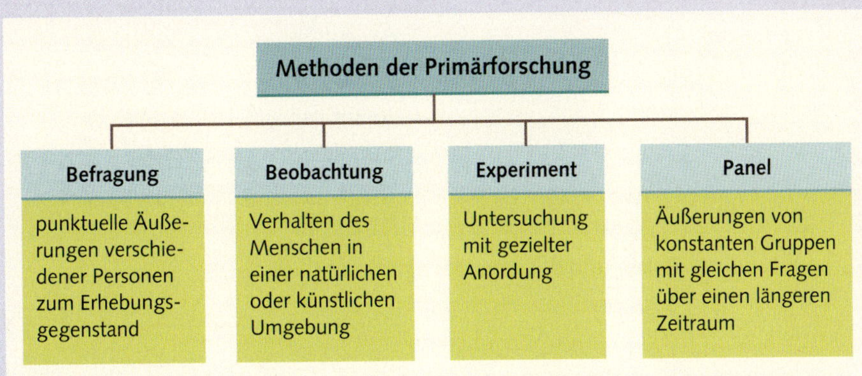

LERNFELD 5

Formen der Befragung:

- mündlich
- schriftlich
- telefonisch
- online

Formen der Beobachtung:

- Feldbeobachtung
- Laborbeobachtung

Vor- und Nachteile von Sekundär- und Primärforschung		
	Sekundärforschung	**Primärforschung**
Vorteil	• kostengünstig • zeitsparend	• aktuelle Daten • passend zu individueller Fragestellung
Nachteil	• ggf. veraltete Daten • nicht ganz passgenaue Daten	• aufwändig • kostenintensiv

Erstellung eines Fragebogens

Checkliste:

- Ziele der Befragung festlegen (z. B. Kundenzufriedenheit feststellen)
- Teilnehmer auswählen (z. B. Stammkunden)
- Erhebungsumfang bestimmen (z. B. zufällige Auswahl von 20 % aller Stammkunden)
- Fragebogendesign planen (z. B. Kombination von offenen und geschlossenen Fragen, Skalierung, Antwortmöglichkeiten, Layout)
- Fragen entwerfen

Aufbau:

- freundliche Aufforderung (Anrede) potenzieller Teilnehmer zur Teilnahme mit Angabe der benötigten Zeit
- Ziele des Fragebogens
- Erläuterungen zur Bearbeitung (ggf. Rücksendetermin)
- Hinweis auf Geheimhaltung der Daten
- Verwendung der Auswertung
- Dank für die Teilnahme

Fragetypen:

- offene Fragen
- halboffene Fragen
- geschlossene Fragen

Darstellungsmöglichkeiten:

- Tabelle
- Skala
- Polaritätsprofil
- Rangliste

Datenauswertung und Darstellung der Marktforschungsdaten

Aufbereitung der Daten und aussagekräftige Darstellung, z. B.:

- Übertragung in EDV-gestützte Programme
- Darstellung in Diagrammen, Schaubildern
- Aufbereitung in Marktforschungsberichten und Präsentationen

Beispiele für Diagramme:

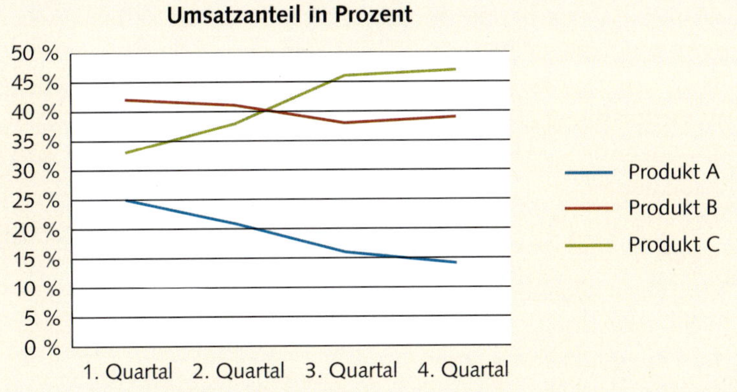

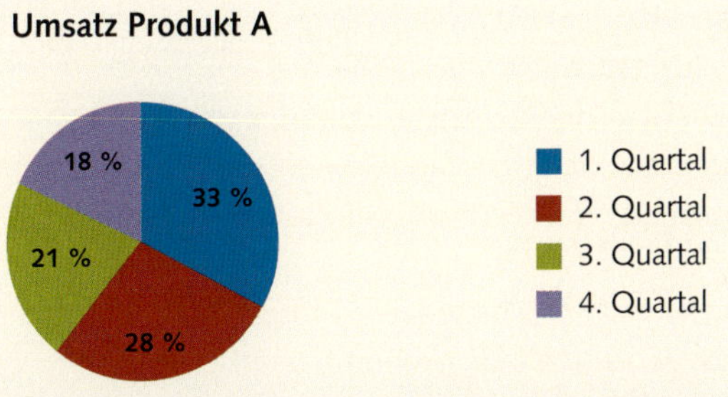

Konjunktur – Phasen des Konjunkturzyklus

Konjunktur beschreibt die Schwankungen der allgemeinen wirtschaftlichen Entwicklung. Daraus lässt sich ein Trend erkennen – der langfristige Wachstumspfad der Volkswirtschaft.

Konjunkturphasen:

Phase des **Aufschwungs** (Expansion)

Das reale Bruttoinlandsprodukt wächst zunächst überproportional, später weniger stark.

Phase der **Hochkonjunktur** (evtl. „Boom")

Das reale Bruttoinlandsprodukt wächst zunächst noch, erreicht den oberen Wendepunkt und beginnt zu fallen.

Phase des **Abschwungs** (evtl. Rezession)

Das reale Bruttoinlandsprodukt fällt zunächst überproportional, später weniger stark.

Phase des **Tiefstands** (evtl. Depression)

Das reale Bruttoinlandsprodukt erreicht seinen unteren Wendepunkt und beginnt im Idealfall, wieder zu steigen.

Aufgaben

1. Prüfen Sie folgende Aussagen auf ihre Richtigkeit. Die Antwort ist jeweils zu begründen.
   (1) Marktforschung bezieht sich ausschließlich auf die systematische Sammlung von Kundendaten.
   (2) Nach der Datenerhebung und Datenauswertung endet regelmäßig der Marktforschungsprozess.
   (3) Die Begriffe „Marktforschung" und „Markterkundung" sind gleichbedeutend.
   (4) Marktforschung als Sekundärforschung bezieht sich auf betriebsinterne Quellen.
   (5) Nur wenn Quellen der Sekundärforschung nicht vorhanden sind oder nicht ausreichen, ist eine Primärforschung notwendig, um die Marktforschungsaufgabe zu lösen.
   (6) Telefonische Befragungen, die Werbezwecken dienen, sind grundsätzlich unzulässig, wenn keine Vertragsbeziehung besteht.
   (7) Eine Beobachtung zu Marktforschungszwecken im Supermarkt bezeichnet man als Feldforschung.
   (8) Im Experiment können Ursache-Wirkungszusammenhänge durch Einflussnahme auf die abhängige Variable aufgedeckt werden.
   (9) Das Erforschen von Fernsehgewohnheiten kann als Panel bezeichnet werden.
   (10) Befragungen mit geschlossenen Fragen sollten immer eine ungerade Anzahl von Antwortmöglichkeiten haben.
   (11) Die Konjunktur folgt immer genau dem langfristigen Wachstumspfad.
   (12) In der Phase des Aufschwungs steigt die Nachfrage nach Investitionsgütern.
2. Unterscheiden Sie „Marktanalyse" und „Marktbeobachtung".
3. Erläutern Sie, warum man die Sekundärforschung auch als „Desk-Research" bezeichnet.
4. a) Unterscheiden Sie die Arten der Datenerhebung nach dem Umfang.
   b) Beschreiben Sie jeweils ein Anwendungsbeispiel.
5. Ordnen Sie folgende Sachverhalte den Methoden der Primärforschung zu:
   - Eine Fernsehforschung umfasst im Jahr 5500 repräsentativ ausgewählte deutsche Haushalte mit rund 12000 Personen.
   - Eine Supermarkt-Kette testet die Auswirkungen einer Preissenkung bei Milchprodukten auf die Nachfrage.
   - Ein Einzelhändler erfasst das Kaufverhalten an der Kasse bei „Quengelware".
   - Ein Call-Center ermittelt die Kundenzufriedenheit für ein Zeitschriftenabonnement.
6. Ein Getränkehersteller hat sich im Zusammenhang mit einer Sortimentserweiterung für die Sekundärforschung und nicht für die Primärforschung entschieden.
   a) Erklären Sie mögliche Gründe, die zur Entscheidung für die Sekundärforschung geführt haben.

b) Erläutern Sie im Rahmen der Sekundärforschung zwei Möglichkeiten, mit denen festgestellt werden kann, ob das neue Produkt Marktchancen hat.

7. a) Formulieren Sie zwei geschlossene und eine offene Frage zur Beurteilung des Schwierigkeitsgrades und des Zeitumfangs einer Klassenarbeit.
b) Führen Sie die Befragung für eine Klassenarbeit durch und stellen Sie das Ergebnis aussagekräftig in einem Diagramm dar.

8. Im Rahmen eines Wahlkurses sind Schülerinnen und Schüler als „Mitarbeiter" im Weltladen ihrer Schule tätig. Sie haben die Aufgabe, den jährlich stattfindenden Marktforschungsprozess vorzubereiten. Dabei geht es insbesondere um das Erscheinungsbild und um das Produktangebot des Weltladens. Konkretisieren Sie dazu die folgenden Schritte des Marktforschungsprozesses:
- Problemformulierung,
- Wahl des Untersuchungsdesigns,
- Datenerhebung,
- Ergebnisinterpretation,
- Kommunikation der Ergebnisse.

9. Ein Geschmackstest für Soft-Drinks wird mit Personen unterschiedlichen Geschlechts und unterschiedlicher Altersgruppen durchgeführt.
Stellen Sie die folgende Verteilung der Testpersonen anschaulich in unterschiedlichen Diagrammen dar:

Alter (Jahre)	16 – 25	26 – 35	36 – 45	46 – 55	56 – 65	66 – 75
männlich	80	140	90	105	70	40
weiblich	120	110	80	90	60	40
gesamt	200	250	170	195	130	80

10. Definieren Sie den Begriff Konjunktur.

11. Für welche Konjunkturphase sind die folgenden Merkmalsausprägungen typisch?
a) hoher Beschäftigungsstand, stark steigende Löhne, hohe Konsumgüternachfrage
b) steigende Auftragszahlen, zunehmende Kapazitätsauslastung, steigende Unternehmensgewinne bei recht stabilen Preisen
c) optimistische Stimmung verbreitet sich, Güternachfrage steigt, BIP nimmt deutlich zu
d) pessimistische Stimmung verbreitet sich, Investitionsneigung nimmt ab
e) sehr hohe Arbeitslosigkeit, Verluste bei Unternehmen verbreitet, Zahl der Insolvenzen hoch
f) Preis- und Zinsniveau sind hoch, Wachstumsraten des realen Bruttoinlandsproduktes nehmen ab
g) Verschlechterung der Auftragslage und sinkende Kapazitätsauslastung, Arbeitslosigkeit nimmt zu
h) Preise stabil bis rückläufig, Zinsen niedrig, Güternachfrage verharrt auf geringem Niveau

3 Marketinginstrumente[1] einsetzen

©waldemarus - stock.adobe.com

Für ein erfolgreiches Marketing ist ein Zusammenspiel sehr vieler verschiedener Maßnahmen nötig. Um ihre Marketingziele zu erreichen, setzen Unternehmen unterschiedliche Marketinginstrumente ein.

Dabei umfasst jedes der vier Marketinginstrumente wiederum Teilbereiche, die sinnvoll aufeinander abgestimmt werden müssen:

©RTimages-fotolia.com

Marketinginstrumente			
Produktpolitik	**Preispolitik**	**Kommunikations-politik**	**Distributions-politik**
• Produktpolitik • Sortiments-politik • Servicepolitik	• Preispolitik • Konditionen-politik	• Werbung • Verkaufs-förderung • Öffentlichkeits-arbeit	• Vertriebs-systeme • Absatzwege • Absatzformen

3.1 Produkt-, Sortiments- und Servicepolitik

©momius-fotolia.com

Neue Produkte und Produktvielfalt sind kennzeichnende Merkmale moderner Märkte. Was als neues Produkt bezeichnet werden kann, bestimmt der Markt, das heißt: Neu ist, was Verbraucher als neu akzeptieren. Auf gesättigten Märkten wird es immer schwieriger, im Wettbewerb um die Gunst des Kunden zu bestehen. Aufbauend auf den Erkenntnissen der Marktforschung werden Produkte und Leistungsangebote mit dem Ziel entwickelt, die Kundenbedürfnisse möglichst genau und umfassend zu befriedigen, um daraus Gewinn zu ziehen.

Merke

Die **Produkt-, Sortiments- und Servicepolitik** umfasst alle Maßnahmen eines Unternehmens, das gesamte Angebot marktgerecht zu gestalten.

Maßnahmen und Entscheidungen im Rahmen der Produkt-, Sortiments- und Servicepolitik wirken sich auf die anderen Bereiche des Unternehmens aus: Sie haben z. B. wesentlichen Einfluss auf den Umsatz, die Kosten und die Wettbewerbsfähigkeit. Das Risiko hoher Verluste kann durch eine gute Produkt-, Sortiments- und Servicepolitik gemindert werden. In der Regel ist das Image des Unternehmens vom Markterfolg seiner Produkte abhängig.

An die Stelle der Produktpolitik und der Gestaltung des Absatzprogramms bei Industrieunternehmen tritt bei Handelsunternehmen die Sortimentspolitik, für die gleiche Überlegungen angestellt werden müssen. Für Hersteller wie für Händler gewinnen Serviceleistungen (Kundendienst) eine immer größere Bedeutung.

[1] Für einen vollständigen Überblick werden im folgenden Kapitel auch die Marketinginstrumente „Produktpolitik" und „Distributionspolitik" dargestellt. Sie sind aber derzeit nicht Gegenstand des Rahmenlehrplans.

3.1.1 Produktpolitik

Die Produkte und ihre Zusammenstellung in einem Produkt- oder Absatzprogramm müssen den sich ständig wandelnden Umweltbedingungen – insbesondere Marktbedingungen – angepasst werden, wenn die Unternehmensziele erreicht werden sollen. Für die Produktpolitik stellt sich als zentrale Frage, **ob, wann** und **in welcher Weise** Produkte bzw. das Absatzprogramm verändert werden sollen.

Merke

Unter **Produktpolitik** versteht man die marktgerechte **Entwicklung** und **Veränderung von Produkten.**

■ Produktgestaltung

Die Ergebnisse der Marktforschung können Hinweise auf die optimale Gestaltung eines Produktes geben. Einerseits sind die Bedürfnisse der Zielgruppe, die durch den Konsum oder Gebrauch an sich resultieren, zu befriedigen, andererseits auch die Bedürfnisse, die sich aus der Bedeutung, der Symbolträchtigkeit, der Marke eines Produktes ergeben. Im Kern muss bei der Gestaltung eines Produktes der **Grundnutzen** erkennbar sein, der im Normalfall vom Käufer erwartet wird.

©motorradcbr-fotolia.com

Da sich heutzutage viele Produkte hinsichtlich der Funktions- und Gebrauchseigenschaften (Grundnutzen) kaum unterscheiden, ist für den Markterfolg eines Produktes insbesondere der **Zusatznutzen,** (z. B. besondere Eigenschaften, Qualität, Image) von Bedeutung. Entscheidend ist dabei die subjektive Wahrnehmung des Konsumenten.

Beispiel

Der **Grundnutzen** von Bio-Produkten liegt im Konsum von z. B. Gemüse und Früchten. Qualität, Unterstützung naturnaher Landwirtschaft und insbesondere der Aspekt einer gesunden Ernährung könnten als **Zusatznutzen** wahrgenommen werden.

©www.PhotoSG-fotolia.com

Neben den zwingend erforderlichen Produkteigenschaften in der gewünschten **Qualität** zeigt sich der Wert eines Produktes in der Wahrnehmung der Kunden insbesondere auch in der Gestaltung der Produktumgebung. Kein noch so qualitativ hochwertiges Produkt wird ohne ein gelungenes **Design** (z. B. Form und Farbe), eine starke **Marke** (z. B. Name, Symbol, Logo) und eine werbewirksame **Verpackung** erfolgreich sein.

Qualität

Die **Qualität** eines Produktes wird durch Merkmale festgelegt, die Anforderungen, Bedürfnisse und Erwartungen des Konsumenten widerspiegeln. Dazu zählen z. B.:

- → Verarbeitung,
- → Ausstattung,
- → Zusammensetzung,
- → Jahrgang,
- → Umweltfreundlichkeit,
- → Lieferfähigkeit,
- → Beratung,
- → Verwendbarkeit,
- → Lebensdauer,
- → Herkunft,
- → Güteklasse,
- → Sicherheit,
- → Zuverlässigkeit,
- → Servicequalität.

©abcmedia-fotolia.com

Design

Das **Design** eines Produktes hat die Aufgabe, durch gefälliges Äußeres die Kaufbereitschaft des Verbrauchers zu beeinflussen. Design macht das Produkt erst marktfähig und grenzt es von der Konkurrenz ab. Bei der Gestaltung eines Produktdesigns sind vielfältige produktions- und kundenbezogene Anforderungen zu beachten, wie z. B.

- → Produktionsmöglichkeiten,
- → Funktionalität,
- → Ästhetik,
- → Kostenaspekte,
- → Benutzerfreundlichkeit,
- → Ergonomie.

Marke

§ 3 MarkenG

Beispiele für Eigenmarken:
- TIP (Real)
- GUT & GÜNSTIG (EDEKA)
- ja! (REWE)
- Balea (dm)

Die **Marke** (engl. brand) ist der Name eines Produktes in Verbindung mit allen Kennzeichen (z. B. Logo, Symbol, Abbildungen, Zeichen), die geeignet sind, die eigenen Produkte von denjenigen anderer Unternehmen zu unterscheiden. Die Marke kann auch das gesamte Unternehmen sein (z. B. Unternehmen: VW; Produkt: Golf). Mit der Marke profiliert sich der Anbieter am Markt; sie löst beim Konsumenten bestenfalls positive Reaktionen wie Vertrauen, Verbundenheit und positives Lebensgefühl aus. Sie trägt dazu bei, dass der Kunde der Marke treu bleibt, und verschafft dem Anbieter einen preispolitischen Spielraum. Mit gut positionierten **Eigenmarken** (Handelsmarken) zu häufig deutlich niedrigeren Preisen als große **Herstellermarken** heben sich Handelsunternehmen von der Konkurrenz ab.

Beispiel

Bekannte Marken mit Kennzeichen: Mercedes-Stern, Gelb-Rot der DHL, Flaschenform und Schriftzug von Coca-Cola, Streifen von Adidas, T der Telekom, Logo DB der Deutschen Bahn, Logo E von EDEKA, angebissener Apfel von Apple.

Die Entwicklung einer Marke wird als **Branding** bezeichnet. Mit der Wertschätzung eines Brands sind z. B. folgende Leistungsmerkmale verbunden:

- → Aufmachung,
- → Bekanntheitsgrad,
- → Kultstatus,
- → Internationalität,
- → Qualität,
- → Prestige,
- → Werthaltung,
- → Trend.

Best Global Brands 2023: Rang 1: Apple – Rang 10: BMW

Quelle: https://interbrand.com/best-brands/ (02/2024)

Verpackung

Der **Verpackung** kommt eine besondere Bedeutung zu. Sie kann unterteilt werden in die eigentliche **Verpackung als Behältnis,** in **werbende Umverpackung** und in schützende **Transportverpackung.** Oft lassen sich alle drei Funktionen auf ein Behältnis reduzieren. Dies entspricht der ökologischen Forderung nach Müllvermeidung. Die Verpackung muss sowohl den Anforderungen des Handels als auch der Verbraucher sowie den rechtlichen Bestimmungen genügen. Außerdem dient die Verpackung als Fläche für gesetzlich vorgeschriebene und ggf. darüber hinausgehende Produktkennzeichnung und Produktinformation; nicht zuletzt beeinflusst sie die Imagebildung.

Ziel der Verpackungspolitik ist es, die Aufmerksamkeit der Konsumenten auf das Produkt zu lenken, Bedürfnisse zu wecken und zum Kauf anzuregen. Die Verpackung muss die Marke repräsentieren.

Gestaltungsgesichtspunkte sind z. B.:

- → bedarfsgerechte Einheiten,
- → Funktionalität,
- → Sicherheit,
- → Haltbarkeit,
- → Originalität,
- → Lagerfähigkeit,
- → Transportfähigkeit,
- → Ökologie,
- → Präsentationswirkung,
- → Emotionalität.

■ Produktlebenszyklus

Neue Produkte werden entwickelt und in das Absatzprogramm aufgenommen; vorhandene Produkte werden gezielt verändert (erneuert), gegebenenfalls aber auch aus dem Absatzprogramm genommen. Produkte haben offenbar eine begrenzte „Lebensdauer" am Markt. Diese kann relativ lang sein und eher langsamen Änderungen unterliegen (z. B. eine Reihe von Investitionsgütern oder Medikamenten) oder aber grundsätzlich kurz und auf schnelle Veränderung angelegt sein (z. B. Modeartikel).

Beispiel

Produktlebenszyklus

Golf I	1974 – 1983
Golf II	1983 – 1991
Golf III	1991 – 1997
Golf IV	1997 – 2003
Golf V	2003 – 2008
Golf VI	2008 – 2012
Golf VII	2012 – 2019
Golf VIII	seit 2020

Das **Modell des Produktlebenszyklus** stellt die Entwicklung des mit einem Produkt zu erzielenden **Umsatzes** bzw. **Umsatzzuwachses** und **Gewinns** dar. Dabei werden typische Phasen unterschieden, denen man Maßnahmen der Produktpolitik zuordnen kann.

Der Verlauf dieses Produktlebenszyklus hat **Modellcharakter.** In der Wirtschaftswirklichkeit hat jedes Produkt seinen individuellen „Lebenslauf". Die Phasen können unterschiedlich lang sein; einige Produkte durchlaufen nicht alle Phasen, weil sie frühzeitig vom Markt genommen werden müssen.

Produktlebenszyklus in grafischer Modelldarstellung

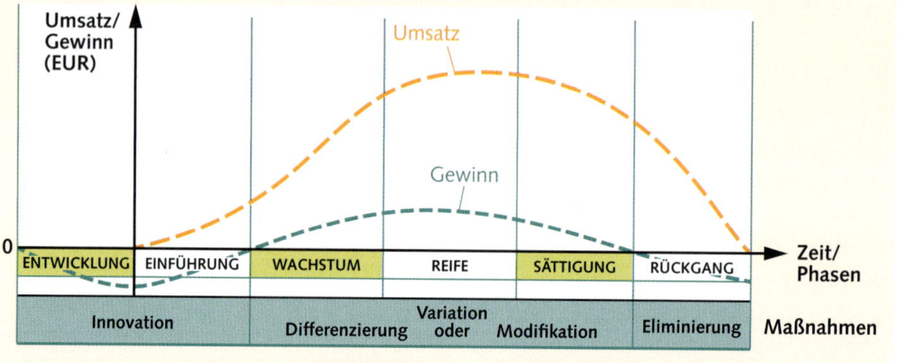

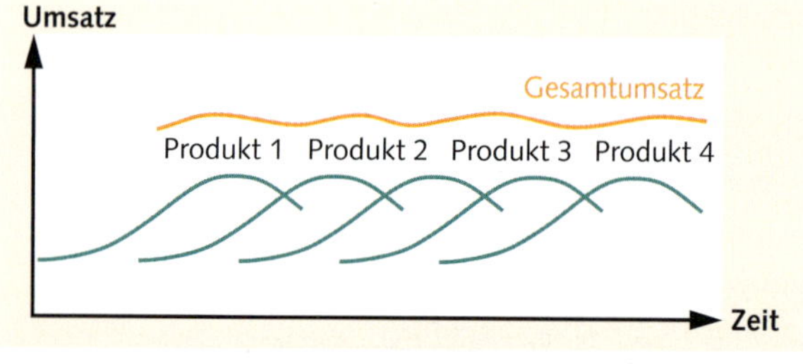

Produkte werden so frühzeitig und grundlegend differenziert, dass die Produktlebenszyklen ineinander übergehen oder sich überlappen, damit Umsatz bzw. Gewinn auf hohem Niveau annähernd gleich bleiben können (z. B. Golf I – Golf VIII). Außerdem beziehen sich die Maßnahmen der Produktpolitik nicht nur auf einzelne Produkte, sondern beeinflussen das gesamte Angebot des Unternehmens. (z. B. Polo, Golf, Passat, Tiguan).

Produktlebenszyklus in verbal-schematischer Darstellung

Phasen	Maßnahmen
Einführungsphase Die Bearbeitung von Kaufwiderständen steht im Vordergrund. Die Umsätze sind noch gering, aber steigend. Gewinne werden noch nicht erzielt.	**Produktinnovation** Neue Produkte werden am Markt eingeführt. Gegebenenfalls sind „Kinderkrankheiten" abzustellen.
Wachstumsphase Die Nachfrage verstärkt sich, die Umsätze steigen stark, Gewinne erreichen das Maximum. **Reifephase** Bei gesicherter Marktstellung steigt der Umsatz langsamer und strebt dem Maximum zu; der Gewinn nimmt ab. **Sättigungsphase** Der Umsatz sinkt, der Gewinn geht weiter zurück bis zum Eintritt in die Verlustzone.	**Produktvariation** Veränderungen des Produkts werden vorgenommen, um das Produkt unterscheidbar zu machen gegenüber der Konkurrenz und im eigenen Angebot. • Produktmodifikationen und • Produktdifferenzierungen werden vorgenommen. (Überlegungen zur Produktdiversifikation sind angebracht.)
Rückgangsphase Die Umsätze sinken weiter; bleibt das Produkt auf dem Markt, entstehen Verluste.	**Produkteliminierung** Das Produkt wird aus dem Produktionsprogramm genommen.

Portfolio-Matrix

Eng an das Produktlebenszyklus-Modell angelehnt ist die **Portfolio-Matrix** der Boston-Consulting-Group. Diese Portfolio-Matrix stellt eine ausgewählte, unter Marketinggesichtspunkten interessante Produktpalette in Abhängigkeit vom Marktwachstum und ihrem relativen Marktanteil grafisch dar. Dabei wird unterstellt, dass beide Größen Auskunft über die Marktchancen der Produkte geben können: Zeigt der Gesamtmarkt, in dem dieses Produkt angesiedelt ist, ein hohes Marktwachstum, so steigt die Chance, dass das konkrete Produkt eines Unternehmens an diesem Marktwachstum teilhaben kann. Der **relative Marktanteil** (Verhältnis des eigenen Marktanteils zu dem des größten Konkurrenten) soll Auskunft darüber geben, inwieweit durch einen Vorsprung an Erfahrung und eine bereits überdurchschnittliche Marktpräsenz ein Kostenvorteil (und damit ein vermehrter Gewinn- und Geldzufluss) zu erwarten ist. Marktführer ist, wer einen relativen Marktanteil > 1 besitzt. Die **Kreisgröße** symbolisiert den Umsatz, der mit dem einzelnen Produkt erreicht wird.

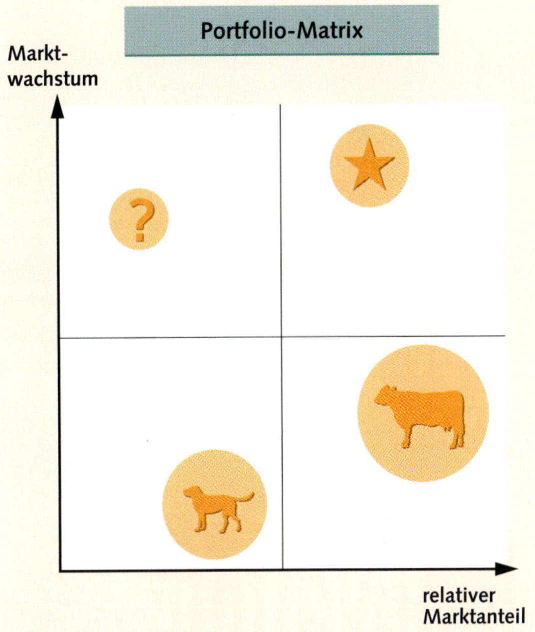

Die Felder dieser Matrix lassen sich folgendermaßen charakterisieren:

Fragezeichen (Question Marks)	Sterne (Stars)
Fragezeichen sind potenzielle **Nachwuchsprodukte,** die auf einem schnell wachsenden Markt (hohes Marktwachstum) derzeit einen (noch) geringen relativen Marktanteil ausmachen. Zur Erreichung eines hohen Marktanteils sind **erhebliche Investitionen** in das Marketing erforderlich; ein Unternehmen kann also nur wenige Fragezeichen **fördern**; die anderen sind zügig zu **eliminieren**.	Sterne werden auch als **Zukunftsprodukte** bezeichnet, da sie auf einem schnell wachsenden Markt bereits einen hohen relativen Marktanteil besitzen. Sie werfen **Gewinne** ab und sollten zur Sicherung des Unternehmenswachstums ausgebaut bzw. mindestens gehalten werden. Dazu ist es i. d. R. erforderlich, in sie zu **investieren**.
Arme Hunde (Poor Dogs)	**Milchkühe (Cash Cows)**
Arme Hunde als alte Produkte auf Märkten ohne Wachstumschancen und ohne nennenswerten Marktanteil sind **Schwachstellen** eines Unternehmens. Investitionen lohnen nicht mehr, die Produkte sollten grundsätzlich vom Markt genommen (eliminiert) werden. Bei dieser Entscheidung ist aber zu beachten, welchen Umsatz das Produkt noch erzielt und wie hoch der Deckungsbeitrag (vgl. Lernfeld 10) ist.	Milchkühe finden sich in Märkten mit geringem Wachstum, in denen das Unternehmen einen hohen relativen Marktanteil besitzt. Entsprechend sind diese **Basisprodukte** im Markt bekannt, **Investitionen** in das Marketing können geringgehalten werden und wären aufgrund der geringen Wachstumschancen auch **nicht lohnenswert.** Die **finanziellen Überschüsse,** die diese Milchkühe abwerfen, können zur weiteren allgemeinen Entwicklung des Unternehmens genutzt werden.

Merke

relativer Marktanteil

$$= \frac{\text{eigener Marktanteil}}{\text{Marktanteil größter Konkurrent}}$$

Tipp

Marktwachstum (= unternehmensexterner Erfolgsfaktor)
→ Das Marktvolumen vergrößert sich. Der **Gesamtmarkt/Gesamtumsatz wächst.**

relativer Marktanteil (= unternehmensinterner Erfolgsfaktor)
→ Das **einzelne Unternehmen** ist mit diesem Produkt **stärker/schwächer** am Markt vertreten als seine Konkurrenten.

■ Maßnahmen der Produktpolitik

Produktinnovation

Merke

Unter **Produktinnovation** versteht man die Entwicklung von Produkten und ihre Neueinführung auf dem Markt.

Untersuchungen zeigen, dass Umsatz- und Gewinnzuwächse häufig nur noch mit neuen oder neu gestalteten Produkten zu erzielen sind, die den Kundenbedürfnissen entsprechen. Deshalb ist die Entwicklung neuer Produkte für das Unternehmenswachstum und die Sicherung der Position im Wettbewerb von großer Bedeutung.

Anstöße zu produktpolitischen Maßnahmen können sich z. B. ergeben aus:

- → Änderungen in der Zusammensetzung und der Zahl der Nachfrager oder Änderungen der Verbrauchergewohnheiten, des Geschmacks und des Bedarfs,
- → Maßnahmen der Konkurrenz,
- → vorhandenen oder drohenden Schwankungen der Wirtschaftsentwicklung,
- → fortschreitender technischer und gesellschaftlicher Entwicklung sowie Änderungen rechtlicher Regelungen.

Die Produktentwicklung unterscheidet zwischen der **technischen Entwicklung** und der **Entwicklung der Produktgestaltung** (z. B. Form, Farbe, Verpackung). Die technische Entwicklung ist nicht nur auf die einwandfreie Funktionsfähigkeit des Produktes gerichtet, sondern auch auf eine Verbesserung von Verwendbarkeit und Lebensdauer als Qualitätsmerkmale. Die Produktgestaltung bezieht sich auf die Festlegung von z. B. Form, Farbe, Namen, Verpackung.

Beispiel

Erwartbare Produktinnovationen bei Smartphones:

- Rundum-Display oder faltbares Display
- Augmented Reality Anwendungen

Bei der **Produktentwicklung** ist zu klären:

- → Welche materiellen, technischen, gestalterischen und ökologischen Eigenschaften soll ein Produkt haben?
- → Soll das neue Produkt sich mehr oder weniger an schon vorhandene eigene oder fremde Produkte anlehnen oder sich deutlich davon unterscheiden?
- → Wird das Produkt einer überschaubar kleinen Gruppe von Spezialkunden angeboten oder muss es die Wünsche einer möglichst breiten Käuferschicht erfüllen?
- → Soll das Produkt nur einmal oder in einer Vielzahl von Ausführungen (Typen, Qualitäten, Größen, Mustern, Farben und Formen) produziert und verkauft werden?

Produktvariation als Modifikation oder Differenzierung

Merke

Produktvariation umfasst **alle Veränderungen der Produkte,** die zur Anpassung an den Markt vorgenommen werden.

Beispiel

Ein Automobilhersteller bietet ein Auto der Kompaktklasse mit einem Sonderausstattungspaket an, z. B. mit Leichtmetallrädern und Fahrkomfortpaket.

Einfach mehr bekommen – MOVE Sondermodelle

Die Produktvariation kann das Ausgangsprodukt ersetzen oder die Produktlinie bereichern.

- Durch **Produktmodifikation** entsteht eine Variante, die das ursprüngliche Produkt ersetzt (z. B. „Nachfolgetyp“ bei Automobilen).
- Bei Varianten des Ausgangsprodukts, die nebeneinander bestehen, handelt es sich um **Produktdifferenzierung** (z. B. ein Kfz-Typ kommt nach einiger Zeit auch mit Elektromotor, als Cabrio, in Sonderausstattungsversionen auf den Markt).

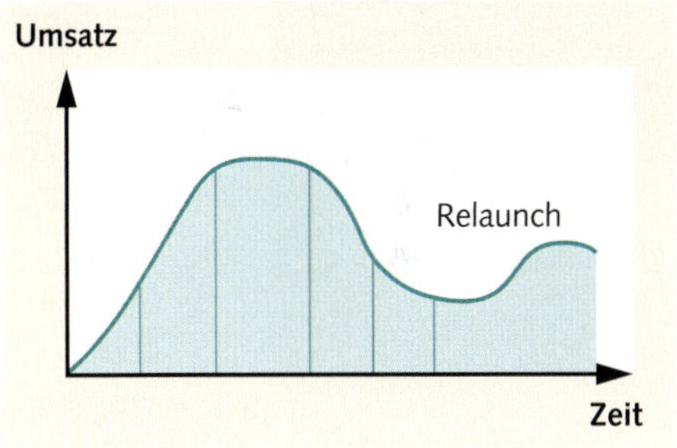

Alle Maßnahmen dienen insbesondere dazu, die Produkte unterscheidbar zu machen – gegenüber Konkurrenzprodukten oder eigenen früheren Produkten beziehungsweise im Hinblick auf unterschiedliche Zielgruppen/Verwendungssituationen. Produktvariationen dienen dem Zweck, das Produkt den gewandelten Kundenanforderungen anzupassen. Modeprodukte unterliegen dementsprechend einer besonders schnellen Variation. Umfangreiche Produktvariationen, die i. d. R. zu einer Verlängerung des Produktlebenszyklus führen, bezeichnet man auch als **Relaunch.**

Produkteliminierung

Wenn – gegebenenfalls trotz aufwändiger Marketingaktivitäten, z. B. durch Produktveränderungen und Werbeanstrengungen – Produkte nur noch in geringem Umfang (z. B. sinkender Umsatz, sinkender Marktanteil) verkauft werden können, sind sie veraltet. Aufgabe ist es dann, möglichst früh den Zeitpunkt zu erkennen, zu dem das Produkt vom Markt genommen werden muss, um drohende Verluste zu vermeiden.

Hier schließt sich der Kreis, denn spätestens zu diesem – besser zu einem früheren – Zeitpunkt müssen über Produktinnovation marktfähige Produkte zur Verfügung stehen.

Merke

Unter **Produkteliminierung** versteht man die **Herausnahme von Produkten** aus dem Angebotsprogramm.

©stockphoto-graf-fotolia.com

Beispiel

Analoge Fotoapparate mit fotografischen Filmen finden im Prinzip keine Käufer mehr und sind fast vollständig durch Digitalkameras ersetzt.

Produktdiversifikation

Merke

Als **Produktdiversifikation** wird die gezielte **Ausweitung der Produktpalette um andersartige Produkte** auf verwandten oder neuen Märkten bezeichnet.

Die Produktdiversifikation bemüht sich nicht um Sortenvielfalt (Produktdifferenzierung), sondern um die Ausweitung des Leistungsprogramms durch **Artenvielfalt.** Es werden andersartige Produkte in das Produktangebot aufgenommen, die mit dem bisherigen Programm mehr oder weniger in Zusammenhang stehen. Dabei können die gleichen Absatzwege auf schon beschickten Märkten genutzt werden oder das Unternehmen beschreitet neue Absatzwege auf neuen Märkten. Durch die Ausweitung der angebotenen Produktpalette soll das Marktrisiko gesenkt werden.

©illu24-fotolia.com

Die Diversifikation kann auf drei Ebenen vorgenommen werden:

- Aktivität auf gleicher Ebene = **horizontale Diversifikation:** Erweiterung des Leistungsprogramms durch Produkte, die in einem unmittelbaren Zusammenhang mit dem bisherigen Produktionsprogramm stehen (z. B. Konfitüre/Honig, Fahrräder/Spinning-Räder),
- Aktivität auf vor- oder nachgelagerten Ebenen = **vertikale Diversifikation:** Integration vor- und/oder nachgelagerter Produkte in das Produktionsprogramm (z. B. Bekleidungsstoffe/Konfektion oder Forstwirtschaft/Möbelfabrik/Möbelhaus),
- Aktivität auf zuvor nicht bearbeiteten Ebenen = **laterale Diversifikation:** Neue Produkte, die nicht unmittelbar in einem Zusammenhang mit dem bisherigen Leistungsprogramm stehen, werden in das Produktionsprogramm aufgenommen. Die Vermarktung dieser Produkte geschieht auf bisher nicht beschickten, neuen Märkten (z. B. Konfektion/Parfum, Zigaretten/Schuhe).

DR. AUGUST OETKER KG

Quelle: oetker-gruppe.de

Ökologische Aspekte produktpolitischer Entscheidungen

Als ökologieorientierte produktpolitische Maßnahmen können z. B. Anstrengungen gelten, die darauf gerichtet sind,

- Rohstoffe im weitesten Sinn („Reichtum der Natur") sparsamer zu verwenden bzw. seltenere Rohstoffe durch reichlicher vorhandene zu ersetzen;
- Abfälle zu reduzieren (z. B. auch durch Erhöhung der Nutzungsdauer) bzw. im Hinblick auf bessere Verträglichkeit (z. B. natürliche Abbaubarkeit) und Wiederverwertbarkeit (z B. Austausch von Modulen, Recyclingfähigkeit) zu verändern;
- die gesamte Produktion und den Güterfluss auch unter diesen Gesichtspunkten zu organisieren und zu kontrollieren („Ökobilanzen").

©fotoscool-fotolia.com

3.1.2 Sortimentspolitik

Die Überlegungen insbesondere zur Diversifikation gelten auch für die **Sortimentspolitik,** die sich vornehmlich auf den Handel bezieht. Das **Sortiment** umfasst die Summe aller Artikel, die von Handelsunternehmen angeboten werden.

©Nitr-fotolia.com

Merke

Ziel der **Sortimentspolitik** ist es, durch die bedarfsgerechte Zusammenstellung des Sortiments die geplanten Umsätze und Gewinne zu erreichen.

Hinsichtlich der qualitativen und quantitativen Zusammensetzung des Sortiments werden zwei Sortimentsdimensionen unterschieden: Die **Sortimentsbreite** gibt an, wie viele unterschiedliche Artikelgruppen geführt werden, die **Sortimentstiefe** zeigt, wie viele unterschiedliche Artikel innerhalb einer Artikelgruppe angeboten werden.

Sortimentsdimensionen		
	Sortimentsbreite (Anzahl der Artikelgruppen)	**Sortimentstiefe** (Anzahl unterschiedlicher Artikel innerhalb einer Artikelgruppe)
Fachgeschäft: schmales und tiefes Sortiment	**schmal** (wenige)	**tief** (viele)
Warenhaus: breites und flaches Sortiment	**breit** (viele)	**flach** (wenige)

Beispiel

Ein Blumenladen hat meist ein recht schmales Sortiment, er führt fast ausschließlich eine Artikelgruppe, nämlich Blumen. Dafür besitzt er ein sehr tiefes Sortiment: Im Angebot sind unterschiedlichste Arten von Blumen (viele verschiedene Schnittblumen und Topfpflanzen).

©Robert Kneschke - stock.adobe.com

Zusammensetzung und Umfang des Sortiments werden durch verschiedene Einflussgrößen bestimmt. Beispiele dafür sind: die Größe der Verkaufs- und Lagerfläche, das zur Verfügung stehende Kapital, der Bedarf des angesprochenen Kundenkreises, das Sortiment der Konkurrenz insgesamt beziehungsweise das Sortiment räumlich benachbarter Handelsunternehmen.

Sortimente werden nicht beliebig zusammengestellt, sondern sind zwecks besserer Orientierung an einem Gesichtspunkt oder an einer Kombination von mehreren Gesichtspunkten ausgerichtet, z. B.

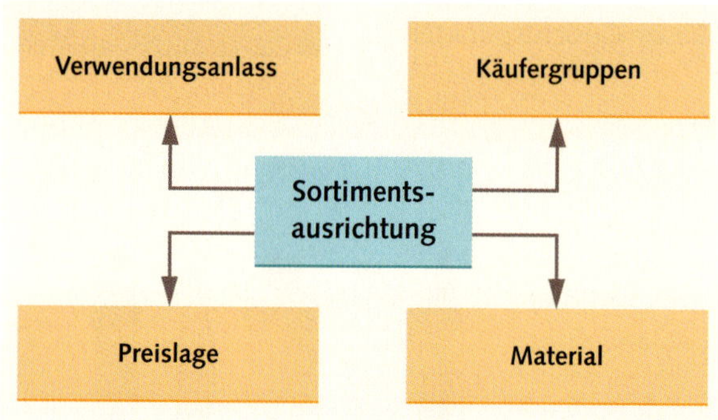

- am **Verwendungsanlass:** Freizeit, Einrichtung, Bürobedarf, Sport;
- an **Käufergruppen:** Bioladen, Brautmoden, Elektronik, Fanartikel;
- an der **Preislage:** Discounter, Delikatessengeschäft, Niedrigpreis-Textilanbieter, Edelboutique;
- am **Material der Waren:** Holzwaren, Lederwaren, Lebensmittel, Textilien.

3.1.3 Servicepolitik

Zu den eigentlichen Produktleistungen werden von Händlern und Herstellern häufig zusätzliche Leistungen angeboten; dies sind die sogenannten Kundendienstleistungen (Services). Es genügt in vielen Fällen nicht mehr, zum Beispiel technische Geräte zu verkaufen, sie müssen auch eingerichtet, gewartet und gegebenenfalls repariert werden. Einige Produkte erfüllen ohne die entsprechende Zusatzleistung (z. B. Speicherkarte für die Kamera) erst gar nicht ihren Zweck. In vielen Handwerksbetrieben steht die Servicefunktion sogar im Vordergrund: Als Fachbetrieb für „Anschlüsse" liefert z. B. ein Gas- und Elektroinstallationsbetrieb auch die entsprechenden Geräte und berät in Fragen von Energieeinsparmöglichkeiten. Insbesondere der Einzelhandel räumt teilweise Serviceaspekten herausragende Bedeutung ein:

Serviceaspekt	Beispiele
Verringerung des Beschaffungsaufwandes für den Kunden	Bestell- und Lieferservice
Information	Planungshilfen, Beratung, „Gewusst-wie"-Anleitungen
Vermeidung von Nutzungsschwierigkeiten	Installations- und Anpassungsleistungen von Hard- und Softwareanbietern, Kundentelefon/Hotline
Erhaltung der Produktlebensdauer	Wartung, Reparatur
Minderung des Kaufrisikos	Qualitäts-Garantie, Umtauschrecht, „Geld-zurück-Garantie"
Finanzierungsservice	Zahlungsziel, Kundenkredit

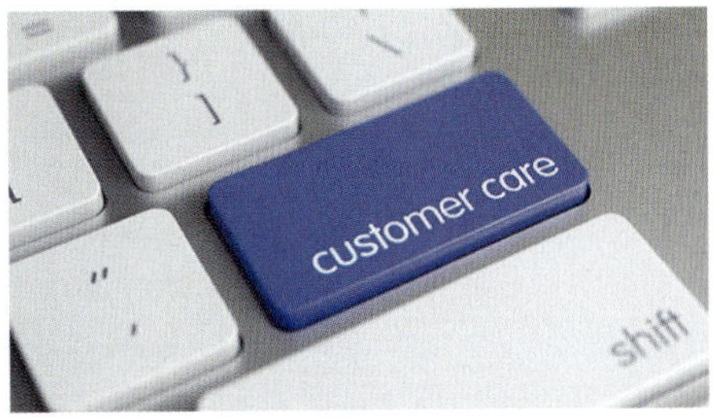

©tashatuvango - stock.adobe.com

Kundendienstleistungen können vor, während und nach dem Kauf notwendig sein und angeboten werden. Einige Dienstleistungen sind kostenlos, andere hingegen werden berechnet. Sie können gesetzlich vorgeschriebene Leistungen, sog. **„Muss-Leistungen"** (z. B. Rücknahme von Batterien) beinhalten, erfolgen insbesondere aber freiwillig, wobei man zwischen üblicherweise erwarteten **„Soll-Leistungen"** (z. B. TÜV-Service der Autohändler) und so noch nicht erwarteten **„Kann-Leistungen"** (z. B. Fachvorträge im Heimwerkermarkt) unterscheiden kann.

Nach dem Zeitpunkt der Kundendienstleistung unterscheidet man Leistungen

→ vor dem Kauf **(Pre-Sales-Service),**

→ nach dem Kauf **(After-Sales-Service).**

vor dem Kauf: z. B. • Beratung • Angebotserstellung

nach dem Kauf: z. B. • Wartung • Reparatur

Zu den Kundendienstleistungen zählen auch Einkaufserleichterungen, individuelles Entgegenkommen und nicht zuletzt Freundlichkeit und Hilfsbereitschaft. Alle Kundendienstleistungen haben einen mehr oder weniger großen Beratungsanteil. Einer guten **Beratung** kommt deshalb besondere Bedeutung zu. Die Kaufbereitschaft, die Kundentreue und Kundenzufriedenheit sind wesentlich davon abhängig. Eine gelungene Beratung erfordert nicht nur technische Kenntnisse und Fähigkeiten, sondern auch soziale und kommunikative Fähigkeiten.

Bei **Dienstleistern** (z. B. für medizinische Versorgung oder soziale Betreuung, bei Finanzdienstleistern oder Verkehrsdienstleistern) ist im Rahmen der Produkt- und Sortimentspolitik zu bestimmen, welche konkreten Leistungen in welcher Ausgestaltung und Kombination angeboten werden sollen. Auch hier lassen sich Kernleistungen (z. B. Zugfahrt von A nach B) um weitere Services über eine längere Leistungskette ergänzen (z. B. als Reisekette: Abhol- und Bring-Service für Personen und Gepäck, Bereitstellung von Hilfen für Gepäcktransport, Versorgungsmöglichkeiten bei Reiseantritt, während der Fahrt und bei Rückkehr, Informations- und Entspannungsangebote).

3.1.4 Zusammenfassung und Aufgaben

Zusammenfassung

Produktpolitik

Unter **Produktpolitik** versteht man die marktgerechte **Entwicklung** und **Veränderung** von Produkten.

Produktgestaltung

Bei der Produktgestaltung ist neben dem Grundnutzen (Funktions- und Gebrauchseigenschaften) insbesondere der Zusatznutzen für den Markterfolg bedeutsam. Dazu zählen insbesondere:

- Qualität
- Design
- Image/Marke
- Verpackung mit Produktkennzeichnung und Produktinformation.

Produktlebenszyklus

Das Modell des Produktlebenszyklus stellt Entwicklungen des mit einem Produkt zu erzielenden Umsatzes bzw. Umsatzzuwachses und Gewinns in der Zeit dar. Dabei werden typische „Phasen" unterschieden, denen man Maßnahmen der Produktpolitik zuordnen kann.

- Einführungsphase → Produktinnovation
- Wachstumsphase, Reifephase, Sättigungsphase → Produktvariation (Modifikation/Differenzierung)
- Rückgangsphase → Produkteliminierung

Portfolio-Matrix

Die Portfolio-Matrix stellt zur Analyse von Marktchancen Produkte in Abhängigkeit vom Marktwachstum und ihrem relativen Marktanteil dar.

- Fragezeichen (Question Marks) =
  Nachwuchsprodukte mit geringem Marktanteil auf Märkten mit hohem Marktwachstum
- Sterne (Stars) =
  Zukunftsprodukte mit hohem Marktanteil und deutlichem Marktwachstum
- Milchkühe (Cash Cows) =
  bekannte Basisprodukte mit hohem Marktanteil auf Märkten mit geringem Marktwachstum
- Arme Hunde (Poor Dogs) =
  alte Produkte ohne nennenswerten Marktanteil auf Märkten (fast) ohne Marktwachstum

Maßnahmen der Produktpolitik

- Produktinnovation
- Produktvariation (Modifikation oder Differenzierung)
- Produkteliminierung
- Produktdiversifikation

Sortiments- und Servicepolitik

Ziel der **Sortimentspolitik** ist es, durch die geeignete Zusammenstellung des Sortiments die geplanten Umsätze und Gewinne zu erreichen.

- Sortimentsbreite (breit/schmal) =
  Anzahl unterschiedlicher Artikelgruppen
- Sortimentstiefe (tief/flach) =
  Anzahl unterschiedlicher Artikel innerhalb einer Artikelgruppe

Im Rahmen der **Servicepolitik** werden von Händlern und Herstellern neben den eigentlichen Produktleistungen häufig zahlreiche zusätzliche Kundendienstleistungen (Serviceleistungen) angeboten (z. B. Beratung, Finanzierung).

Aufgaben

1. Prüfen Sie folgende Aussagen auf ihre Richtigkeit. Die Antwort ist jeweils zu begründen.

(1) Qualität, Image und Design gehören zum Grundnutzen eines jeden Produktes.

(2) Das Modell des „Produktlebenszyklus" beschreibt die Phasen der Entwicklung, die von jedem Produkt in der Realität genau so durchlaufen werden.

(3) Cash Cows stellen in der Portfolio-Matrix Produkte mit hohem Wachstum und hohem relativen Marktanteil dar.

(4) Die Begriffe „Produktdifferenzierung" und „Produktdiversifikation" bezeichnen unterschiedliche Maßnahmen der Produktpolitik.

(5) Ein Fachgeschäft ist durch ein breites und tiefes Sortiment gekennzeichnet.

(6) Die Rücknahme von Batterien ist im Handel eine freiwillige Kundendienstleistung.

2. Skizzieren Sie das Modell „Produktlebenszyklus", und erläutern Sie folgende Begriffe und Vorgänge (möglichst anhand selbst gewählter Beispiele):

a) Produktinnovation,

b) Produktvariation,

c) Produkteliminierung.

3. Suchen Sie Beispiele für Produkte mit atypischem Lebenszyklus (z. B. „Flops" oder „Dauerbrenner"). Skizzieren Sie deren Produktlebenszyklen.

4. Verpackung hat viele Gesichter!

a) Unterscheiden Sie Verpackungen nach deren Funktionen: Behältnis, Umverpackung, Transportverpackung. Nennen Sie auch Beispiele.

b) Erklären Sie besondere Anforderungen dieser Verpackungen im Hinblick auf:

- besondere Produkteigenschaften (z. B. Schutzfunktion),
- Präsentation und werbende Wirkung,
- Vermeidung von Verschwendung und Umweltbelastungen.

5. Erläutern Sie, warum ein falsch zusammengestelltes Sortiment den Unternehmenserfolg beeinträchtigt. Berücksichtigen Sie dabei folgende Aussage: Ein „Untersortiment" verärgert die Kunden, ein „Übersortiment" verursacht unnötige Kosten.

3.2 Preis- und Konditionenpolitik

Die Preispolitik ebenso wie die Konditionenpolitik sind weitere marketingpolitische Instrumente. Sie müssen ihren Beitrag zur Erreichung der Unternehmensziele in einem wirkungsvollen Zusammenspiel mit allen anderen Marketingmaßnahmen einbringen.

3.2.1 Marktpreisbildung im Modell

Der Preis ist ein wesentlicher Bestimmungsfaktor für das Käuferverhalten. Jede preispolitische Maßnahme und insbesondere jede Preisänderung wirkt sich direkt oder indirekt auf den Umsatz und den Gewinn aus. Inwieweit ein Unternehmen aktiv Preispolitik betreiben kann, hängt im Wesentlichen von der Marktsituation ab. Dabei orientiert sich die Preisbildung an **Modellen der Preistheorie,** die Hinweise und Erklärungen zur Festlegung von Preisen je nach **Markttypus** und **Marktform** liefern.

Wir alle kennen konkrete Märkte (z. B. Wochenmarkt oder Flohmarkt) oder haben zumindest schon davon gehört (z. B. Fischmarkt, Großmarkt, Waren- und Wertpapierbörsen). Volkswirtschaftlich versteht man unter **Markt** allgemein jedes **Aufeinandertreffen** von **Nachfrage** und **Angebot,** bezogen auf ein Gut/eine Gütergruppe. Aus diesem Aufeinandertreffen entsteht grundsätzlich der Preis des Gutes.

Es gibt verschiedene Gesichtspunkte zur **Unterscheidung von Märkten.** Üblich sind im Zusammenhang mit der Preisbildung die folgenden Einteilungen:

Gesichtspunkt	Modelle
Markttypen	• vollkommener Markt • unvollkommener Markt
Marktformen (Konkurrenzsituation)	• Monopol … • Oligopol … • Polypol …

Markttypen und Marktformen haben entscheidenden Einfluss auf die Möglichkeiten der Preisgestaltung und werden bei den folgenden Modellen zur Preisbildung näher erläutert.

Modell der Marktpreisbildung durch Angebot und Nachfrage

Merke

Modelle werden gebildet für **bestimmte Zwecke.** Sie **vereinfachen die komplexe Realität** dadurch, dass sie aus der Vielzahl von Einflussgrößen einige herausgreifen und von anderen bewusst absehen **(Abstraktion).**

Eine **Modellkonstruktion**, von der Aussagen über betriebliche Preisbildungsprozesse erwartet werden, erfordert eine Beschränkung auf Gesichtspunkte, die im Vordergrund der Betrachtung stehen. Wenn alle Einflussgrößen, die sich gleichzeitig und in unterschiedlicher Richtung ändern können, berücksichtigt werden, lässt sich keine Erkenntnis mehr aus den vielfältigen Zusammenhängen ableiten. Für ein einfaches Modell zur Marktpreisbildung werden deshalb **Modellannahmen** getroffen, die in der Realität kaum anzutreffen sind.

Für diese Modellkonstruktion setzt man zunächst alle Einflussfaktoren konstant (unverändert) bis auf einen: den **Preis des Gutes.**

Bei normalem Verhalten der Marktteilnehmer werden hinsichtlich der **Preis-Mengen-Kombinationen** folgende plausible Annahmen getroffen:

Nachfrager:

- Bei **sinkendem Preis** wird die Nachfragemenge vermutlich steigen und bei steigendem Preis die Nachfragemenge zurückgehen. Denn zum einen werden die bisherigen Nachfrager bei niedrigerem Preis in der Regel geneigt sein, mehr von dem Gut zu kaufen; zum anderen wird das Gut für neue Nachfrager interessant.
- Bei **steigendem Preis** werden Nachfrager den Konsum des Gutes in der Regel einschränken, zum anderen werden sie eher geneigt sein, auf andere Güter auszuweichen.

Nachfragemenge in Abhängigkeit vom Preis des Gutes

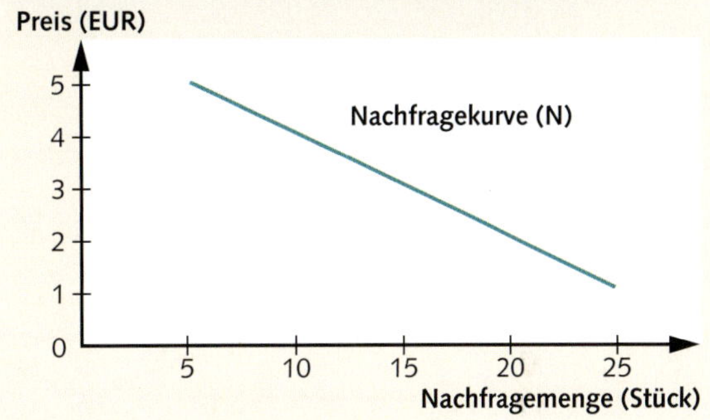

Merke

Je **niedriger** der **Preis,** desto **größer** die **Nachfragemenge.**

Je **höher** der **Preis,** desto **geringer** die **Nachfragemenge.**

Anbieter:

- Bei **steigendem Preis** wird das Angebot eines bestimmten Gutes aufgrund der dann höheren Gewinnchancen insgesamt attraktiver: Es motiviert das einzelne Unternehmen zu einer Erhöhung der Produktion des betreffenden Gutes und zieht darüber hinaus weitere Anbieter an, dieses Gut anzubieten.
- Bei **sinkendem Preis** wird das Angebot aufgrund der dann geringeren Gewinnchancen insgesamt unattraktiver und die Anbieter werden die Angebotsmenge senken bzw. ganz auf das Angebot dieses Gutes verzichten. Ihre Kosten übersteigen jetzt zum Teil die Erlöse, und sie scheiden deshalb von diesem Markt aus. Deshalb gilt hier:

Angebotsmenge in Abhängigkeit vom Preis des Gutes

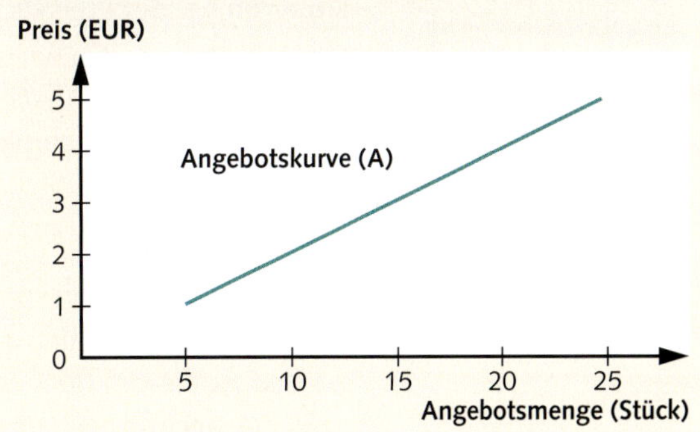

Merke

Je **höher** der **Preis,** desto **größer** die **Angebotsmenge.**

Je **niedriger** der **Preis,** desto **geringer** die **Angebotsmenge.**

Treffen nun eine Vielzahl von Nachfragern und Anbietern mit ihren (unterschiedlichen) Preisvorstellungen zusammen, ergibt sich im Marktmodell in einem sehr vereinfachten Beispiel folgende Marktlage:

LERNFELD 5

Preis (EUR)	1,00	2,00	3,00	4,00	5,00
Nachfragemenge (Stück)	20	15	10	5	0
Angebotsmenge (Stück)	0	5	10	15	20

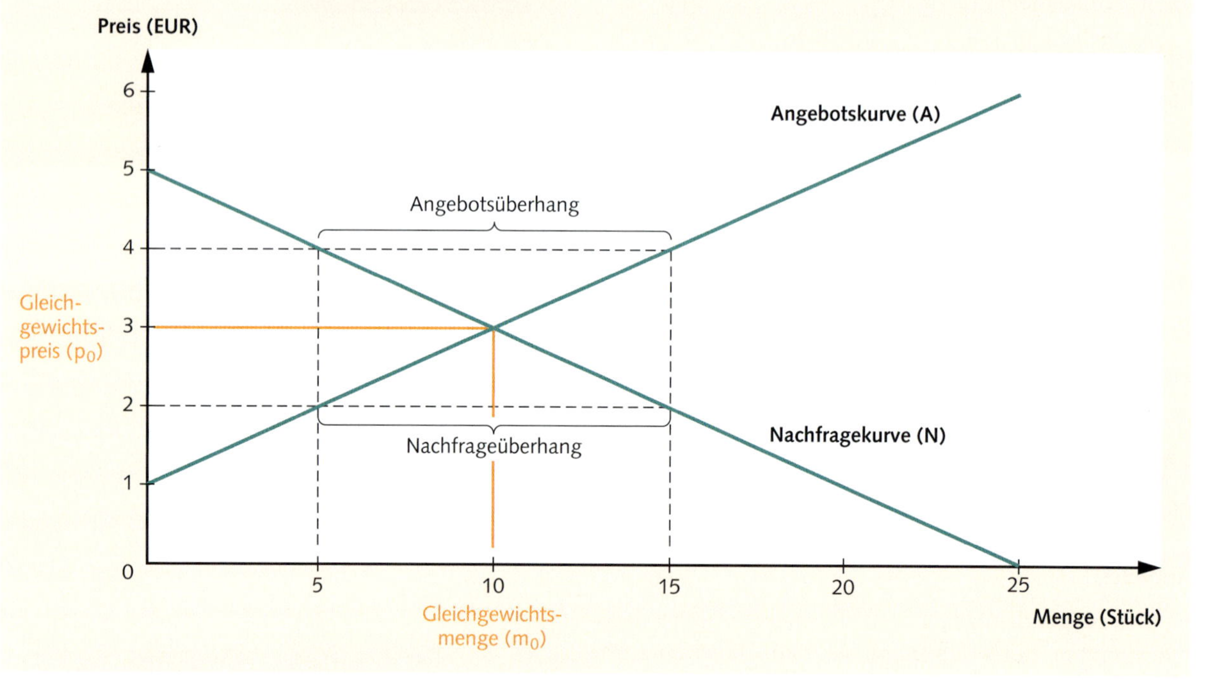

Angebotsüberhang

Situation bei der Preisvorstellung von 4,00 EUR

Die Anbieter würden bei diesem Preis 15 Stück verkaufen wollen, aber zu diesem Preis werden nur 5 Stück nachgefragt (Absatz: 5 Stück). Es besteht eine Nachfragelücke bzw. ein **Angebotsüberhang.** Müssen oder wollen die Anbieter ihre Ware loswerden (z. B. geringe Lagerfähigkeit), so werden sie sich gegenseitig unterbieten, der Preis fällt (Ungleichgewicht in Form eines **„Käufermarktes“:** vorteilhaft für den Käufer).

Nachfrageüberhang

Situation bei der Preisvorstellung von 2,00 EUR

Die Nachfrager würden zu diesem Preis 15 Stück kaufen wollen, aber nur 5 Stück werden zu diesem Preis angeboten (Absatz: 5 Stück). Es besteht eine Angebotslücke bzw. ein **Nachfrageüberhang.** In der Regel werden die Nachfrager in dieser Situation sich gegenseitig überbieten, der Preis steigt (Ungleichgewicht in Form eines **„Verkäufermarktes“:** vorteilhaft für den Verkäufer).

Gleichgewichtspreis

Situation bei einem Preis von 3,00 EUR

Durch Unterbietungskonkurrenz der Anbieter oder Überbietungskonkurrenz der Nachfrager bildet sich der **Gleichgewichtspreis** von 3,00 EUR. Zu diesem Preis stimmen die Nachfragemenge (10 Stück) und die Angebotsmenge (10 Stück) überein und die zugehörige Gleichgewichtsmenge (Marktversorgung) ist größer als in allen anderen Situationen. Der Markt wird geräumt.

Dies heißt aber nicht, dass zum Gleichgewichtspreis alle Nachfrager und Anbieter zum Zug gekommen sind. Ein Nachfrager, der den Preis von 3,00 EUR nicht zahlen kann oder will, geht leer aus. Ein Anbieter, der zu 3,00 EUR nicht verkauft, bleibt auf der Ware sitzen.

Andererseits hat ein Nachfrager, der mit einer Preisbewilligungsbereitschaft von 4,00 EUR auf den Markt gekommen ist, allen Grund zur Freude: Er erhält das Gut zum Gleichgewichtspreis billiger als erwartet und erzielt somit eine **„Konsumentenrente"**.

Umgekehrt kann sich ein Anbieter freuen, dessen Kalkulation einen Mindestpreis von 2,00 EUR ergibt. Er erzielt zum Gleichgewichtspreis einen Zusatzgewinn, eine sogenannte **„Produzentenrente"**.

Konsumentenrente – Produzentenrente

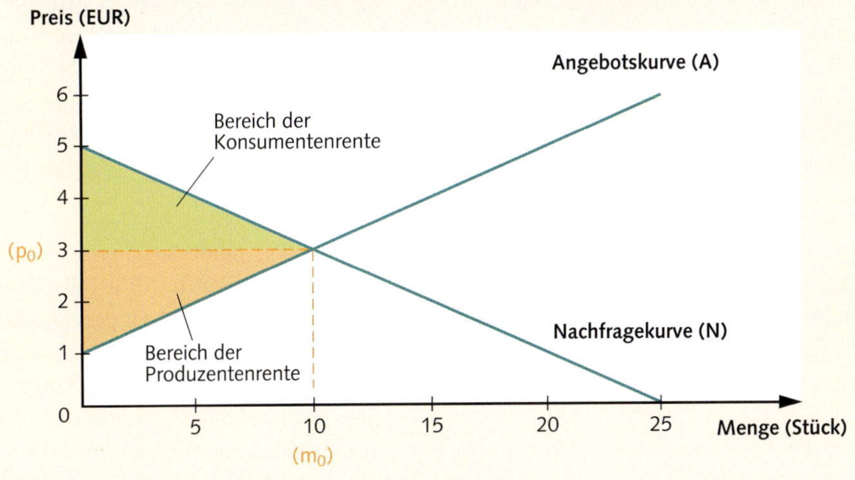

Zusammenfassend kann deshalb festgestellt werden:

Preissituation	Marktsituation und -verhalten
Preis oberhalb des Gleichgewichtspreises	• Angebotsüberhang (A > N) • Tendenz zur Preissenkung • Käufermarkt
Gleichgewichtspreis	• Angebot (A) = Nachfrage (N) • Gleichgewichtssituation • keine Preisveränderungen
Preis unterhalb des Gleichgewichtspreises	• Nachfrageüberhang (N > A) • Tendenz zur Preiserhöhung • Verkäufermarkt

Preisbildung bei vollständiger Konkurrenz

Bei (wissenschaftlichen) Erklärungen zur Preisbildung wird zunächst von einem Markt ausgegangen, auf dem **alle Marktteilnehmer nach rein wirtschaftlichen Überlegungen handeln** und dazu auch in der Lage sind. Diesen Markttypen bezeichnet man als **vollkommenen Markt.**

Modell des vollkommenen Marktes bzw. der vollständigen Konkurrenz

Das **Modell des vollkommenen Marktes** widerspricht fast vollständig der Realität von Kaufentscheidungen, womit sich die Frage stellt, was es bezwecken soll. Zur Erklärung wird zunächst anhand einer Beispielsituation das Kaufverhalten auf einem realen Markt betrachtet, der als **unvollkommener Markt** bezeichnet wird:

Beispiel

Der Gebrauchtwagenkauf

Ein älterer Herr, der in Dortmund wohnt, möchte sich einen Gebrauchtwagen kaufen. Samstags sucht er im Gebrauchtwagenmarkt der „Ruhr-Nachrichten" ein günstiges Angebot. Unter den Anzeigen, die sich auf das Stadtgebiet Dortmund beziehen, findet er auf Anhieb zwei Angebote, die ihm interessant erscheinen. Beide Fahrzeuge sind 2020 gebaut und zugelassen worden, 60000 km gelaufen und unterscheiden sich auch sonst durch Farbe und Ausstattung nicht. Sie kosten jeweils 12500,00 EUR bei gleichen Zahlungsbedingungen.

Wenig später sieht der Mann am Bahnhofskiosk in der „Süddeutschen Zeitung" durch Zufall, dass ein ähnlicher Gebrauchtwagen in München für 12400,00 EUR angeboten wird. Dennoch nimmt er zunächst telefonisch Kontakt zu den beiden Dortmunder Anbietern auf und entscheidet sich nachmittags spontan für das erste Angebot, das ihm von einer überaus netten Dame unterbreitet wird. Am nächsten Tag wird dieses Entscheidungsverhalten von seiner Familie kopfschüttelnd kritisiert und gefragt, warum er sich nicht über ein Gebrauchtwagenportal im Internet informiert habe.

Die dargestellte Beispielsituation schildert eine durchaus realistische und damit auch sehr differenzierte und komplexe Entscheidungssituation. So verbergen sich in diesem Beispiel eine Reihe von realistischen Verhaltensweisen und Marktbedingungen:

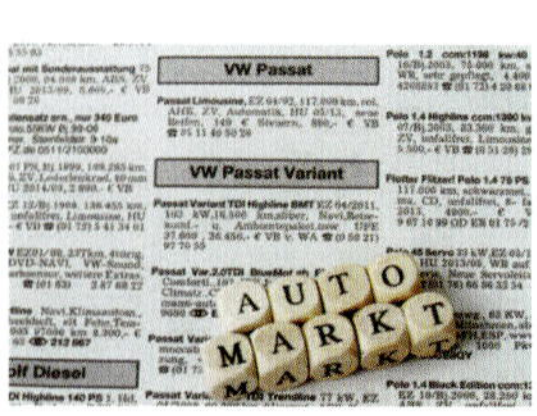

- ➔ Informationen nur zwei Zeitungen entnommen und kein Internetportal genutzt;
- ➔ Beeinflussung durch die „nette" Anbieterin;
- ➔ keine Entscheidung für das München-Angebot (zu hohe Reise- und Transportkosten);
- ➔ offensichtlich kein physischer Vergleich der beiden Fahrzeuge aus Dortmund.

Werden nun die „Fehler"/Einflussgrößen der Beispielsituation in allgemeine Konstruktionsmerkmale umgewandelt, ergeben sich für den sogenannten **vollkommenen Markt** die folgenden Bedingungen:

Bedingungen des vollkommenen Marktes	
Merkmale	**Erläuterungen**
Markttransparenz (vollständige Marktübersicht)	Der Nachfrager/Anbieter besitzt Kenntnis über alle Informationen.
keine persönlichen Präferenzen (Bevorzugungen)	Eine Nachfrage-/Angebotsentscheidung wird nicht aufgrund persönlicher Beziehungen beeinflusst.
keine räumlichen Differenzierungen	Alle Angebote und Nachfragen befinden sich an einem Punkt (theoretisch: München liegt in Dortmund und umgekehrt), sodass keine Entfernungen zu berücksichtigen sind (Punktmarkt).
keine zeitlichen Differenzierungen	Aufgrund des Punktmarktes sind keine zeitlichen Verzögerungen zu berücksichtigen, und Anbieter reagieren ohne Zeitbedarf sofort auf das Nachfrageverhalten und umgekehrt.
Homogenität der Güter	Alle Güter sind gleichartig.

Stehen sich auf dem vollkommenen Markt eine große Anzahl von Anbietern und Nachfragern gegenüber, handelt es sich auch um eine **vollständige Konkurrenz.**

Sind alle diese Bedingungen erfüllt, spricht man von einem **vollkommenen Markt** bzw. **vollständiger Konkurrenz,** wird gegen eine oder mehrere Bedingungen verstoßen, sprechen wir von einem **unvollkommenen Markt.**

Tipp

Der Aktienmarkt erfüllt annähernd die Bedingungen des vollkommenen Marktes.

Merke

Bei **vollständiger Konkurrenz** ist der **Marktanteil** des einzelnen Anbieters bzw. Nachfragers so **unbedeutend,** dass keiner die Marktpreisbildung beeinflussen kann.

©psdesign1-fotolia.com

Im Modell des vollkommenen Marktes kann es für ein Gut nur **einen** Preis geben. Würde ein Anbieter seinen Preis erhöhen, verlöre er seine gesamte Nachfrage, denn es wird davon ausgegangen, dass der Nachfrager, der keine Präferenzen und die vollständige Marktübersicht hat, sich für das preisgünstigste Angebot entscheidet. Umgekehrt könnte der Anbieter bei einer Preissenkung die Gesamtnachfrage, die sich dann auf ihn konzentriert, nicht bedienen. Alle Marktteilnehmer können nur zum Marktpreis, auf den sie keinen Einfluss haben, kaufen bzw. verkaufen.

Merke

Auf dem vollkommenen Markt gibt es für ein Gut nur **einen** Preis. Der Anbieter hat **keinen preispolitischen Spielraum.** Er kann lediglich seine **Angebotsmenge** variieren (Mengenanpasser).

Dieser Sachverhalt zeigt sich nochmals in der folgenden Darstellung durch Zusammenführen der Angebots- und Nachfragekurve.

Annahme: Die Verschiebung der Nachfragekurve nach rechts sei durch eine Einkommenserhöhung verursacht.

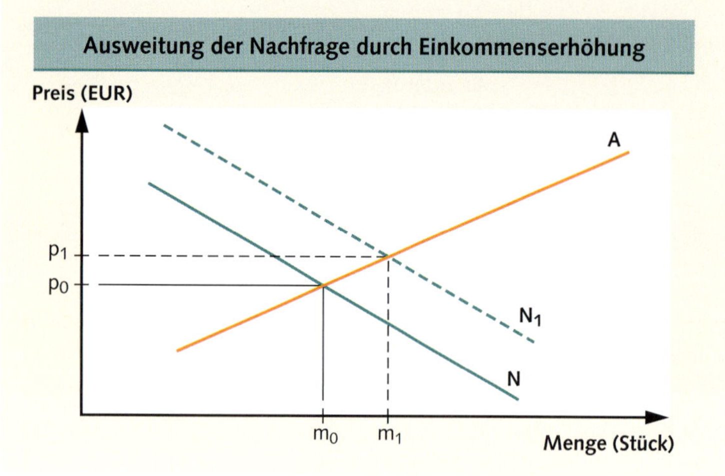

In der modellhaften Darstellung des Gesamtmarktes wurden die folgenden Annahmen unterstellt:

→ Alle Güter des betrachteten Produktes unterscheiden sich nicht in Qualität und Beschaffenheit (homogene Güter).

→ Falls sich eine der Größen verändert (Erhöhung des Einkommens und dadurch ausgelöst die Ausweitung der Nachfrage), verfügen alle Marktteilnehmer (Nachfrager und Anbieter) unverzüglich und zeitgleich über alle neuen Informationen.

→ Die **Erhöhung des Gleichgewichtspreises** von p_0 nach p_1 ergibt sich sprunghaft und ohne Zeitbedarf, sodass kein längerfristiger Anpassungsprozess stattfindet. (Einen Anstieg der Nachfrage können die Anbieter ohne Zeitbedarf durch zusätzliche Produkte bedienen.)

Aus diesen beispielhaften Formulierungen wird ersichtlich, dass die Modellvorstellung auf der Annahme basiert, dass ein vollkommener Markt vorliegt.

Merke

Existieren auf einem Markt für ein Gut **Preisunterschiede,** so sind diese auf **Marktunvollkommenheiten** zurückzuführen.

Bedeutung des Modells für die betriebliche Preispolitik

Obwohl das Modell des vollkommenen Marktes realitätsferne Annahmen unterstellt, liefert es wertvolle Erkenntnisse für die betriebliche Preisbildung. Seine Bedeutung liegt in der Umkehrung der Annahmen, die so einen Spielraum für preispolitische Maßnahmen eröffnen.

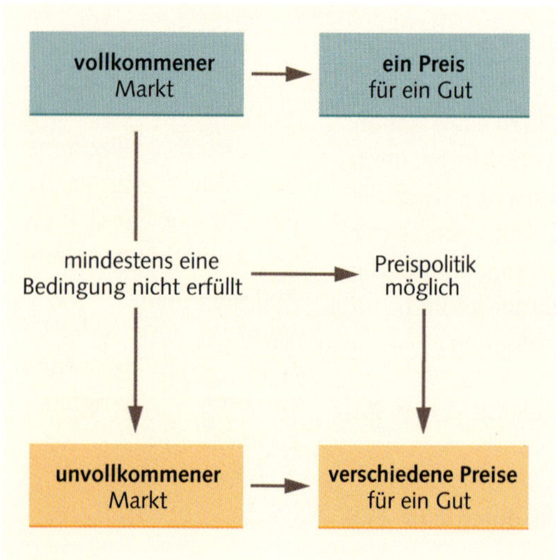

Beispiel

Ein Anbieter möchte aktiv **Preispolitik** betreiben. Auf einem vollkommenen Markt ist dies nicht möglich, also muss er **Marktunvollkommenheiten** schaffen. In Umkehrung der Bedingungen des vollkommenen Marktes könnte er folgende Maßnahmen treffen, um sich von der Konkurrenz abzusetzen:

- bessere Information durch geeignete Werbung und besondere Hinweise auf die Qualität eines Gutes,
- besonders freundliches Bedienungspersonal,
- Angebot mit unterschiedlichen Preisen je nach Region,
- schnellere Belieferung als Konkurrenten,
- veränderte Gestaltung der Waren durch Verpackungen.

■ Preisbildung bei unvollständiger Konkurrenz

Die Möglichkeiten der Preisbildung sind nicht nur von der Beschaffenheit des Markttyps (vollkommen bzw. unvollkommen) abhängig, sondern insbesondere auch von der Anzahl der Marktteilnehmer sowohl auf der Anbieter- als auch auf der Nachfrageseite.

Zur Erklärung soll wiederum eine Beispielsituation betrachtet werden:

Beispiel

Mountainbike oder PC?

Ein Mitarbeiter im Ausbildungsbetrieb hat als Prämie eine Geldsumme erhalten: insgesamt 500,00 EUR. Er überlegt nun, welchen Konsumwunsch er sich damit am besten erfüllen könnte: ein tolles Mountainbike, gegenwärtiger Preis ca. 950,00 EUR, oder einen leistungsfähigen PC, zurzeit ca. 650,00 EUR. Sein Problem: Er hat davon gehört, dass sich in den nächsten Monaten die Preise für beide Produkte erheblich verändern könnten. Da er aber noch einige Monate sparen muss, um den Gesamtbetrag zusammenzuhaben, versucht er, eine Prognose zu erstellen, wie sich die Märkte und damit die Preise entwickeln werden.

Ihm liegen die folgenden Informationen vor:

PC-Markt: Zu den zahlreichen Anbietern drängen weitere Anbieter aus Südostasien.

Mountainbike-Markt: In der jüngeren Vergangenheit sind die Preise aufgrund starker Konkurrenzkämpfe leicht gesunken. Allerdings sind durch diese Konkurrenzkämpfe lediglich zwei Anbieter übrig geblieben – Bike-Man und Bike-Mind. Zudem hat Bike-Mind den bevorstehenden Aufkauf von Bike-Man angekündigt.

In den Beispielüberlegungen geht es in erster Linie um die Anzahl der Anbieter und deren Veränderung:

- → Auf dem PC-Markt wird sich voraussichtlich die Anzahl der Anbieter erhöhen. Dadurch kann unterstellt werden, dass sich die Wettbewerbssituation verschärft und eine Tendenz für Preissenkungen ausgelöst werden könnte.
- → Auf dem Mountainbike-Markt stellt sich die umgekehrte Situation dar: Möglicherweise wird von zwei Anbietern aufgrund der Übernahme nur noch ein Anbieter auf dem Markt übrig bleiben. Die Wettbewerbssituation würde beträchtlich eingeschränkt, da dieser einzige Anbieter weitgehend die Preise bestimmen könnte, was vermutlich zu einer Preiserhöhungstendenz führen würde.

In beiden Beispielen wird die Anzahl der Anbieter zur Hauptgrundlage der Argumentation, sodass man davon ausgehen kann, dass Marktpreise auch ganz erheblich durch die Anzahl der Marktteilnehmer bestimmt werden. (Denn umgekehrt könnte ähnlich auch für die Nachfrageseite argumentiert werden.) Dabei kann unterstellt werden, dass die Einflussnahme auf den Marktpreis mit der wachsenden Marktmacht (Beispiel: Mountainbike-Markt) zunimmt.

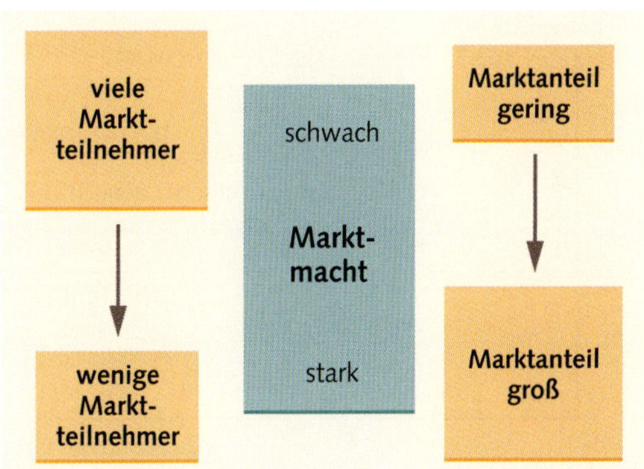

Marktformen

Wenn die verschiedenen Märkte nach diesem Prinzip der Anzahl der Marktteilnehmer unterschieden werden, erfolgt die Einteilung üblicherweise nach den folgenden Größenklassen: **einer, wenige, viele.** Durch die Kombination (Anbieter/Nachfrager) dieser Größenklassen ergibt sich das folgende Schema:

Tipp

einer
(griech.: monos)
→ **Monopol**

wenige
(griech.: oligos)
→ **Oligopol**

viele
(griech.: polys)
→ **Polypol**

Marktformen			
Anbieter / Nachfrager	**viele**	**wenige**	**einer**
viele	Polypol	Angebotsoligopol	Angebotsmonopol
wenige	Nachfrage-oligopol	Oligopol	Angebotsmonopol mit oligopolistischer Nachfrage
einer	Nachfrage-monopol	Nachfragemonopol mit oligopolistischem Angebot	Monopol

Die Begriffsbildung in diesem Marktformenschema geht dabei von derjenigen Marktseite aus, die jeweils die größere Marktmacht besitzt, also über die geringere Anzahl der Marktteilnehmer verfügt, z. B.:

→ viele Anbieter/wenige Nachfrager: Hier geht die Begriffsbildung demnach von der Nachfrageseite aus, da es dort weniger Marktteilnehmer als auf der Angebotsseite gibt = Nachfrageoligopol.

→ ein Anbieter/viele Nachfrager: Hier geht die Begriffsbildung demnach von der Angebotsseite aus, da es dort weniger Marktteilnehmer als auf der Nachfrageseite gibt = Angebotsmonopol.

Preisbildung in unterschiedlichen Marktformen bei unvollkommener Konkurrenz

Preis-Absatz-Kurve bei unvollkommenem Polypol

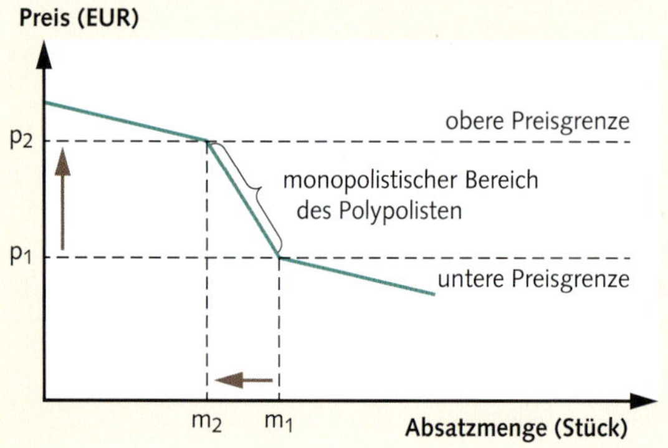

Im **Polypol** (z. B. Einzelhandel, Börse) stehen sich viele Nachfrager und viele Anbieter mit jeweils kleinen Marktanteilen gegenüber. Unter den Voraussetzungen des vollkommenen Marktes können die Anbieter den Marktpreis nicht beeinflussen. In der Realität liegen aber fast immer unvollkommene Märkte vor. Gelingt es dem Anbieter, sich durch Präferenzen (z. B. Produktdifferenzierungen) von der Konkurrenz abzusetzen, so verschafft er sich in einem unvollkommenen Polypol zumindest einen kleinen preispolitischen Spielraum (monopolistischer Bereich des Polypolisten).

Der Zusammenhang von Verkaufspreis und Absatzmenge lässt sich im Polypol durch die **doppelt geknickte Preis-Absatz-Kurve** veranschaulichen.

- Innerhalb eines bestimmten Bereichs (einer sog. Preisklasse), kann der Polypolist seinen Preis anheben, ohne befürchten zu müssen, dass die Nachfrage in größerem Umfang sinkt. Man bezeichnet diesen Teilbereich der Preis-Absatz-Kurve auch als **„monopolistischen Bereich des Polypolisten".**
- Erhöht der Polypolist den Preis über den monopolistischen Bereich hinaus, muss er mit einem starken Absatzrückgang rechnen. Bei einer Senkung des Preises unter diesen Bereich kann er die auf ihn entfallende zusätzliche Nachfrage nicht mehr bedienen.

In einem **Oligopol** herrscht Wettbewerb zwischen wenigen Anbietern, die um viele (z. B. Benzinmarkt) oder wenige (z. B. Markt für Verkehrsflugzeuge) Nachfrager konkurrieren. Betreibt ein Oligopolist Preispolitik, muss er damit rechnen, dass seine Mitbewerber darauf reagieren.

- Senkt er seinen Preis (von p auf p_1), ziehen die übrigen Anbieter nach. Er wird seinen Absatz kaum steigern (nur von m auf m_1), jedoch muss er trotz größerer Absatzmenge wegen des gesunkenen Preises mit Umsatzeinbußen rechnen.
- Erhöht er seinen Preis (von p auf p_2), so verliert er viele Kunden (von m auf m_2), wenn die anderen mit der Preiserhöhung nicht nachziehen.

Preis-Absatz-Kurve beim Oligopol

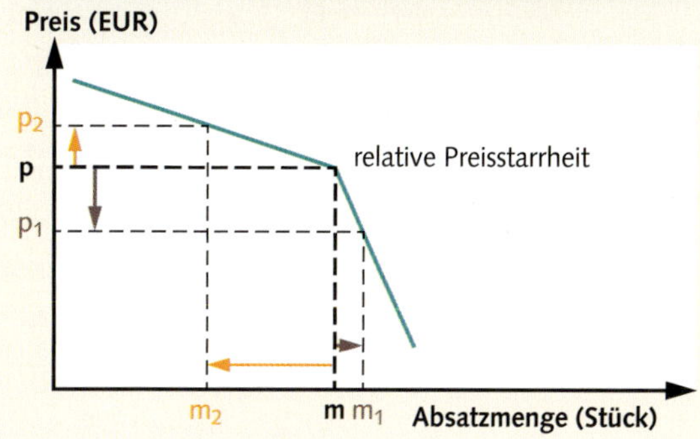

Typisch für Oligopole ist eine **relative Preisstarrheit.** Die Preise bleiben über einen längeren Zeitraum konstant, bzw. durch Parallelverhalten kommt es zu gleichförmigen Preisveränderungen.

Der **Monopolist** ist alleiniger Anbieter und kann seinen Preis aufgrund des fehlenden Wettbewerbs beliebig nach seinem eigenen Ermessen festsetzen. Er muss allerdings damit rechnen, dass Kunden ihre Nachfrage einschränken, wenn der Preis zu stark angehoben wird. Es ist naheliegend, dass der Monopolist seinen Preis so wählt, dass er einen **maximalen Gewinn** erzielt, d. h. die Differenz zwischen Gesamterlös und Gesamtkosten am größten ist.

Reine Monopole sind heutzutage in der Marktwirtschaft kaum anzutreffen. Auch ehemalige staatliche Monopol-Unternehmen wie Post und Bahn müssen sich mittlerweile dem Wettbewerb stellen. Aufgrund der starken Marktstellung mit dem Betriebssystem Windows wird Microsoft häufig als Quasi-Monopol angeführt.

3.2.2 Betriebliche Preispolitik

Die Preispolitik befasst sich mit Entscheidungen und Maßnahmen, die die Preisvorstellungen des Verkäufers am Markt durchsetzen sollen. Dabei sind alle Handelsstufen bis zum Endverbraucher einbezogen.

Daraus ergeben sich für Unternehmen folgende Aufgabenstellungen:

- Einordnung des bestehenden und zukünftigen Leistungsprogramms in eine untere, mittlere oder obere Preisklasse,
- Änderung der Preise für vorhandene Produkte oder Produktgruppen,
- unterschiedliche Preissetzung (Preisdifferenzierung) für ein Produkt auf verschiedenen Märkten (Marktsegmentierung),

Tipp

Informationen zu **preispolitischen Strategien** siehe Teilkapitel 1.2.1

- → vertikale Preisbindung durch Einflussnahme oder Bestimmung der Preise auf den einzelnen Stufen des Handels (Großhandel, Einzelhandel),
- → Absicherung der eigenen Preispolitik durch Orientierung an der Konkurrenz.

Diese Aufgabenstellungen richten sich auf Einzelleistungen bzw. Einzelprodukte, auf Teilbereiche des Leistungsprogramms oder auch auf das Gesamtangebot.

■ Preisbildung

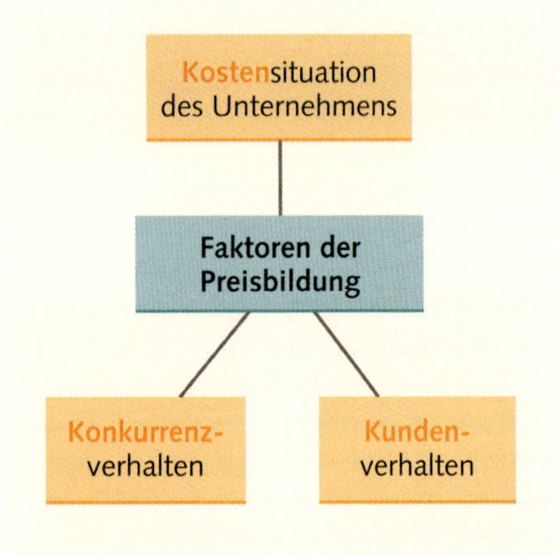

Die Preisfestlegung ist von verschiedenen Einflussfaktoren abhängig. Neben den Zielsetzungen der Unternehmenspolitik und der Marketingpolitik sowie den bestehenden staatlichen Preisvorschriften sind aus einer Vielzahl von weiteren Einflüssen unternehmensintern insbesondere die Kosten von Bedeutung, als unternehmensexterne Faktoren sind das Konkurrenz- und das Kundenverhalten wesentlich.

Entsprechend dieser Einflussfaktoren lassen sich folgende Arten der Preisbildung unterscheiden:

- → **kostenorientierte** Preisbildung
  - auf Vollkostenbasis mittels **Kalkulationsschema,**
  - auf Teilkostenbasis mittels **Deckungsbeitragsrechnung,**
- → **konkurrenzorientierte** Preisbildung,
- → **kundenorientierte** (nachfrageorientierte) Preisbildung.

Kostenorientierte Preisbildung

Langfristig soll jede Preissetzung grundsätzlich so erfolgen, dass die entstehenden Kosten gedeckt werden. Der Preis wird anhand der unternehmensspezifischen Kostensituation ermittelt. Grundlage der Preisforderungen auf Kostenbasis sind die **Selbstkosten;** rechnet man den kalkulierten **Gewinn** hinzu, so erhält man den Verkaufspreis.

Zur Preisermittlung dient das Kalkulationsschema, bei dem **alle Kosten** berücksichtigt werden. Es handelt sich also um eine Preisermittlung auf Basis einer **Vollkostenrechnung.**

Die folgende Abbildung zeigt vereinfacht (zusammenfassend und ohne Preisabzüge) das Schema zur Kalkulation der Verkaufspreise für Produktionsbetriebe bzw. Handelsbetriebe:

Tipp

Die **detaillierten Kalkulationsschemata** finden Sie in LF 3 und LF 10.

Kalkulationsschema – Verkaufskalkulation					
Produktionsbetrieb			**Handelsbetrieb**		
	Materialkosten	80,00 EUR		Bareinkaufspreis	420,00 EUR
+	Fertigungskosten	150,00 EUR	+	Bezugskosten	20,00 EUR
=	Herstellkosten	230,00 EUR	=	Bezugspreis	440,00 EUR
+	Vw-/Vt-Gemeinkosten	120,00 EUR	+	Handlungskosten	280,00 EUR
=	Selbstkosten	350,00 EUR	=	Selbstkosten	720,00 EUR
+	Gewinnzuschlag 20 %	70,00 EUR	+	Gewinnzuschlag 25 %	180,00 EUR
=	Barverkaufspreis	420,00 EUR	=	Barverkaufspreis	900,00 EUR

Dieses Verfahren ist wegen seiner Einfachheit beliebt, reicht aber für eine optimale Preispolitik nicht aus.

Bei der Kalkulation auf Basis der **Vollkostenrechnung** werden **alle Kosten** (Gesamtkosten) auf die Produkte verteilt. Die Vollkostenrechnung unterscheidet nicht zwischen variablen Kosten, die sich in Abhängigkeit von der Produktionsmenge verändern (z. B. Fertigungsmaterial oder Fertigungslöhne), und fixen Kosten, die unabhängig von der produzierten Menge anfallen (z. B. Gehälter der Verwaltung, Miete, Abschreibungen, Zinsen). Bei Anwendung der Vollkostenrechnung werden entsprechend die Gesamtkosten einer Periode durch die Produktionsmenge dieser Periode geteilt, um die Selbstkosten pro Stück zu ermitteln. Die Auswirkungen einer nachträglichen Änderung der Ausbringungsmenge bleiben dabei außer Acht: Die Vollkostenrechnung unterstellt also, dass die **Selbstkosten pro Stück** bei jeder **Ausbringungsmenge gleich bleiben**.

Merke

Fixe Kosten fallen **unabhängig von der Ausbringungsmenge** an. Werden die fixen Gesamtkosten (Fixkostenblock) auf die produzierte Stückzahl verteilt, nehmen die fixen Kosten pro Stück mit sinkender Ausbringungsmenge zu, bei steigender Ausbringungsmenge nehmen sie ab.

Variable Kosten fallen **abhängig von der Ausbringungsmenge** an. Damit steigen bzw. fallen die variablen Gesamtkosten bei Veränderung der Ausbringungsmenge. Die variablen Kosten pro Stück sind grundsätzlich konstant.

Die **Teilkostenrechnung** dagegen **unterscheidet fixe und variable Kosten** und berücksichtigt, dass sich die Selbstkosten pro Stück immer aus den variablen Stückkosten und den fixen Stückkosten zusammensetzen. Die variablen Stückkosten bleiben grundsätzlich gleich, aber die fixen Stückkosten verändern sich in Abhängigkeit von der Ausbringungsmenge: Sinkt die produzierte Menge, so steigt der Anteil der Fixkosten pro Mengeneinheit; steigt die produzierte Menge, so sinkt der Fixkostenanteil, der auf eine Mengeneinheit entfällt. Kurz: Die Teilkostenrechnung erkennt, dass die **Selbstkosten pro Stück bei steigender Ausbringungsmenge sinken** und umgekehrt **bei sinkender Ausbringungsmenge steigen.**

Beispiel

- Bei einem **Absatzrückgang** müsste der **Preis** für ein Gut aufgrund der gestiegenen Kosten pro Mengeneinheit **erhöht** werden. Das hätte aber zur Folge, dass sich der **Absatzrückgang** noch weiter verstärken würde.
- Bei einer **Absatzsteigerung** verringern sich die Kosten pro Mengeneinheit. Der **Preis könnte gesenkt** werden. Die aufgrund der gestiegenen Nachfrage entstandenen Preiserhöhungsspielräume (Gewinnchancen) blieben dann ungenutzt.

Der auf Basis der Stückkosten ermittelte Preis ist also nicht unbedingt marktgerecht. Die **Teilkostenrechnung (Deckungsbeitragsrechnung)** löst dieses Problem und berücksichtigt den erzielbaren Marktpreis, indem sie im Gegensatz zur Vollkostenrechnung dem Produkt nicht die kompletten Kosten, sondern zunächst nur seine variablen Kosten zurechnet.

Merke

Der **Deckungsbeitrag** zeigt, welcher Beitrag zur Deckung der fixen Kosten übrig bleibt.

Kurzfristig könnte ein Unternehmen sein Produkt zu einem **Preis** anbieten, der ausschließlich die **variablen Kosten** deckt. Die fixen Kosten würden bei der Preisfindung nicht berücksichtigt, da diese auch ohne Verkäufe bestehen bleiben und insofern kurzfristig nicht verändert werden können. Bei einem Verkauf zu den variablen Kosten entsteht allerdings ein Verlust in Höhe der fixen Kosten. Jeder Preis unterhalb der variablen Kosten vergrößert diesen Verlust noch, jeder Preis oberhalb der variablen Kosten leistet einen Beitrag zur Deckung der fixen Kosten.

Merke

Kurzfristige Preisuntergrenze:
Verkaufspreis = variable Stückkosten
Der Deckungsbeitrag ist gleich Null. Es entsteht ein Verlust in Höhe der fixen Kosten.

Verkaufspreis

– variable Kosten

= Deckungsbeitrag

Langfristig kann ein Unternehmen sich jedoch nur am Markt behaupten, wenn mindestens alle Kosten (variable und fixe Kosten) gedeckt sind (= langfristige Preisuntergrenze).

Merke

Langfristige Preisuntergrenze:
Verkaufspreis = variable Stückkosten + fixe Stückkosten
Der Deckungsbeitrag deckt genau die fixen Kosten. Der Gewinn beträgt Null.

Selbstverständlich haben Unternehmen großes Interesse daran, für ihre Produkte nicht nur die langfristige Preisuntergrenze zu verlangen, sondern über höhere Preise zusätzlich Gewinne zu erwirtschaften.

Beispiel

In einem Handelsbetrieb liegen für unterschiedliche Produkte folgende Daten vor:

Produkt A:
Absatzmenge 100 Stück
Verkaufspreis/Stück 50,00 EUR
Bezugspreis/Stück 30,00 EUR

Produkt B:
Absatzmenge 140 Stück
Verkaufspreis/Stück 40,00 EUR
Bezugspreis/Stück 40,00 EUR

Produkt C:
Absatzmenge 120 Stück
Verkaufspreis/Stück 45,00 EUR
Bezugspreis/Stück 50,00 EUR

Die fixen Kosten betragen für alle drei Produkte insgesamt 1000,00 EUR.

Deckungsbeitragsrechnung für ein Stück (Stückrechnung)

Angaben in EUR	Produkt A	Produkt B	Produkt C
Umsatzerlös/Stück	50,00	40,00	45,00
– variable Kosten/Stück	30,00	40,00	50,00
= **Deckungsbeitrag/Stück**	20,00	0,00	– 5,00

Das Ergebnis der Deckungsbeitragsrechnung als Stückrechnung zeigt, welche Produkte einen positiven Beitrag zur Deckung der fixen Kosten leisten. Während Produkt A zur Deckung der fixen Kosten beiträgt, liegt Produkt B mit einem Deckungsbeitrag von Null an der kurzfristigen Preisuntergrenze und Produkt C erwirtschaftet einen negativen Deckungsbeitrag, da der Verkaufspreis nicht einmal die variablen Stückkosten deckt.

Deckungsbeitragsrechnung für den Gesamtumsatz (Periodenrechnung)				
Angaben in EUR	**Produkt A**	**Produkt B**	**Produkt C**	**Gesamtbeträge**
Umsatzerlöse	5000,00	5600,00	5400,00	16000,00
– variable Kosten	3000,00	5600,00	6000,00	14600,00
= **Deckungsbeitrag**	2000,00	0,00	– 600,00	1400,00
– fixe Kosten				1000,00
= **Betriebsergebnis (Gewinn)**				400,00

Obwohl mit allen Produkten insgesamt ein Gewinn erzielt wird, zeigt das Ergebnis der Deckungsbeitragsrechnung, dass

- alleine **Produkt A** zum positiven Betriebsergebnis beiträgt, weil es mehr als seine variablen Kosten erwirtschaftet und damit einen Beitrag zur Deckung der Fixkosten leistet,
- **Produkt B** genau seine variablen Kosten deckt, aber keinen Beitrag zur Deckung der Fixkosten leistet und somit das Betriebsergebnis weder erhöht noch verringert,
- der Verkaufspreis für das **Produkt C** zu niedrig liegt, weil die Umsatzerlöse noch nicht einmal dessen variablen Kosten decken und entsprechend jedes zu diesem Preis verkaufte Produkt den Gewinn vermindert.

Die Deckungsbeitragsrechnung liefert damit **Entscheidungshilfen** für preispolitische Maßnahmen in Abstimmung mit den weiteren Marketinginstrumenten:

- Zur Absatzsteigerung könnte der Preis von **Produkt A** gesenkt werden, sodass zwar der Deckungsbeitrag/Stück sinkt, aber der insgesamt mit diesem Produkt erzielte Deckungsbeitrag möglichst zunimmt.
- Unter Abwägung des Absatzrisikos wird der Preis von **Produkt B** vorsichtig erhöht, damit es zumindest einen geringen Beitrag zur Deckung der Fixkosten leistet.
- Der Verkaufspreis für das **Produkt C** wird auf mindestens 50,00 EUR/Stück angehoben, damit es das Betriebsergebnis nicht belastet. Kann dieser Preis nicht erzielt werden, führt eine Sortimentsbereinigung zu Eliminierung von Produkt C.

Konkurrenzorientierte Preisbildung

Dass bei der Preisbildung die Mitbewerber (Konkurrenten) nicht außer Acht gelassen werden dürfen, versteht sich von selbst: Einen höheren Preis als die Mitbewerber kann nur durchsetzen, wer einen entsprechenden Zusatznutzen bietet und diesen kommunizieren kann. Wer deutlich niedrigere Preis als die Konkurrenten fordert, verzichtet (unnötig) auf Gewinn.

Auf Märkten mit sehr ähnlichen oder gleichartigen (homogenen) Gütern ist der Entscheidungsspielraum für die Preisfestlegung deshalb häufig sehr gering oder gar nicht vorhanden. Hier sind sogenannte **Branchenpreise vorherrschend,** an denen die Preisforderungen auszurichten sind. Dabei herrscht die Erkenntnis vor, dass Preiskämpfe zu ruinösem Wettbewerb führen können. Deshalb wird häufig **keine aktive Preispolitik** betrieben.

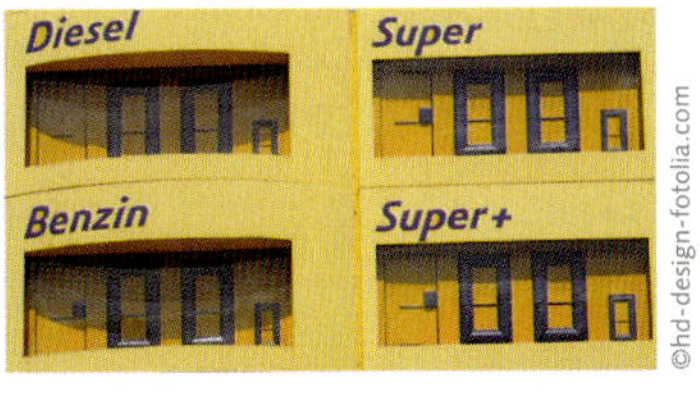

LERNFELD 5

Wenn Unternehmen ihre Preisforderungen an einen marktbeherrschenden Anbieter anpassen, spricht man von einer Anpassung an die **dominierende Preisführerschaft.** Die freiwillige Anpassung an die Preisforderungen von wenigen, etwa gleich starken Mitbewerbern, wie wir sie zum Beispiel vom Mineralölmarkt her kennen, entspricht der **Preisführerschaft im Gleichklang.** Ziel dabei ist es, Preiskämpfe zu vermeiden, die bei derartigen Marktverhältnissen nicht zu gewinnen sind. Die Preisführerschaft wechselt unter den Marktanbietern.

Gleichwohl kann es unter Konkurrenzorientierung zu **Preiskämpfen** von lokaler, regionaler oder überregionaler Bedeutung kommen: etwa wenn einige (freie) Tankstellen „ausscheren", ein (ausländischer) Handelskonzern seine Position am (deutschen oder europäischen) Markt verstärken will oder auf stagnierenden Märkten ein Hersteller im Kampf um die Erhaltung von Marktanteilen zum Mittel aggressiver Rabattgewährung greift.

Kundenorientierte (nachfrageorientierte) Preisbildung

Die Preisbildung muss in erster Linie am Markt ausgerichtet werden. Neben den Mitbewerbern sind die **Nachfrager,** die durch ihre Reaktion und ihr Verhalten das Marktgeschehen weitgehend beeinflussen, der wichtigste Orientierungspunkt, an dem sich alle preispolitischen Maßnahmen messen lassen müssen.

psychologische Preisgestaltung

Entscheidend für das Kaufverhalten ist das vom Käufer wahrgenommene **Preis-Leistungs-Verhältnis**. Deshalb versuchen Anbieter, durch **psychologische Preisgestaltung** den Absatz positiv zu beeinflussen. Dazu zählt die Orientierung an Preisschwellen (Preisoptik): Übersteigt der Preis eine emotionale Preisbarriere, sinkt die Kaufbereitschaft. Preise, deren Zahlenfolge unterhalb von „glatten" Preisen (z. B. 1,99 EUR statt 2,00 EUR) liegen oder abfallende Zahlen darstellen (z. B. 1243,00 EUR statt 1234,00 EUR), werden als deutlich günstiger empfunden.

Über alle theoretischen Überlegungen hinaus, die Reaktionen der Käufer auf preispolitische Maßnahmen zu ergründen, gibt in vielen Fällen der **Preistest** die besten Anhaltspunkte für die Preisgestaltung im Rahmen der Marketingpolitik. Beim Preis-Reaktionstest werden Käufern alternative Preishöhen vorgegeben und sie werden danach befragt, ob sie die einzelnen Preise als angemessen, zu hoch oder zu niedrig einschätzen.

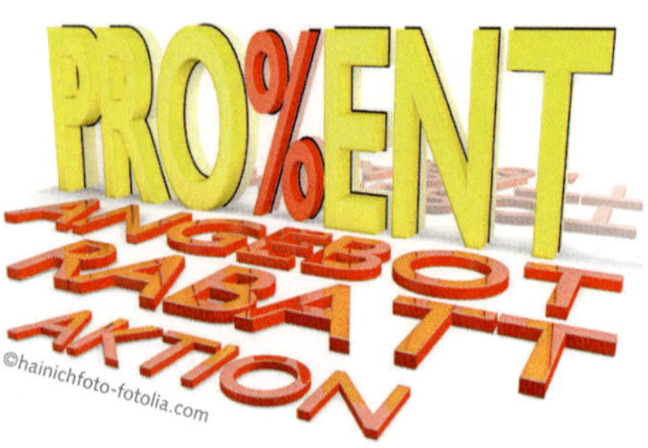

Weder bei der konkurrenzorientierten noch bei der kundenorientierten Preisbildung kann auf kostenrechnerische Daten verzichtet werden. In einer sogenannten **„Misch-** oder **Ausgleichskalkulation"** versuchen Unternehmen deshalb häufig, Kostengesichtspunkte unterschiedlich stark zu berücksichtigen. Durch niedrige Verkaufspreise bei bestimmten Produkten will man z. B. Lagerbestände senken oder das Lager räumen, Aktivitäten der Konkurrenz begegnen oder zuvorkommen. Ein Ausgleich soll durch erhöhte Gewinnspannen bei anderen Artikeln erzielt werden. Z. B. lassen sich die oftmals höheren Kosten ökologieorientierter Produkte nicht immer ohne weiteres am Markt durchsetzen. In diesem Fall kann eine ökologisch ausgerichtete Mischkalkulation den Absatz der gewünschten Artikel unterstützen.

Preisstrategien

Neben der Orientierung an der Konkurrenz oder an der Preisbewilligungsbereitschaft der Kunden können Unternehmen auch aktiv Preispolitik betreiben. Sie nutzen **Preisstrategien.**

Eine Strategie ist ein genauer Plan des eigenen Vorgehens, der dazu dient, ein Ziel zu erreichen. Dabei wird versucht, möglichst viele Faktoren, welche das eigene Handeln beeinflussen können, zu berücksichtigen. Strategien werden für längerfristige Ziele entwickelt. Daher gilt eine Entscheidung für eine preispolitische Strategie über die Festlegung eines aktuellen Verkaufspreises hinaus.

©XXXXX-fotolia.com

Grundsätzlich lassen sich

- → **Hochpreisstrategien** von
- → **Mittelfeldpreisstrategien** und
- → **Niedrigpreisstrategien**

unterscheiden.

Bei den **Hochpreisstrategien** (Prämienpreisstrategie/Skimming-Strategie) verlangen Anbieter langfristig oder zumindest bei Verkaufsstart einen hohen Preis für ihre Produkte.

Die **Prämienpreisstrategie,** bei der ein Anbieter langfristig (dauerhaft) einen hohen Preis für seine Produkte verlangt, kann z. B. aufgrund von gleichbleibend hoher Produktqualität oder besonderem Image durchgesetzt werden.

Beispiel

Die Firma Miele kann seit Jahrzehnten wegen guter Produktqualität und dem entsprechenden Image eine Prämienpreisstrategie durchsetzen. Für den Namen und die Qualität der Produkte sind die Kunden bereit, eine „Prämie" zu zahlen.

Im Gegensatz zur Prämienpreisstrategie sind bei der **Skimming-Strategie** (Abschöpfungsstrategie) die hohen Preise nicht auf Dauer angelegt. Lediglich in der Einführungsphase wird ein hoher Preis aufgerufen. Analog zum Nachfragerückgang wird der Preis dann kontinuierlich gesenkt. Erfolgreich ist diese Strategie bei neuen, innovativen Produkten. Die Forschungs- und Entwicklungskosten werden so schnell amortisiert.

Beispiel

Das Unternehmen Apple nutzt bei fast jedem neuen Modell seines iPhones die Skimming-Strategie. Zahlt man zunächst einen sehr hohen Preis für das neueste Modell, so sinkt der Preis deutlich, sobald neuere Modelle (der Konkurrenten) auf den Markt kommen.

Eine **Mittelfeldpreisstrategie** wird ein Unternehmen wählen, wenn eigene Preisänderungen große Nachfrageverschiebungen auf dem Markt nach sich ziehen. Dies gilt insbesondere für transparente Märkte (Oligopole) und Märkte mit einem Preisführer. Das Unternehmen wird sich in seiner Preisgestaltung an einem Mittelpreis oder am Marktführer orientieren.

©patpitchaya-fotolia.com

LERNFELD 5

Beispiel

Auf dem Benzinmarkt weichen die Preise der fünf größten Anbieter nur im Bereich von wenigen Cent voneinander ab. Die Preisführerschaft wechselt in dieser Branche von Zeit zu Zeit. Ein kleinerer regionaler Anbieter wird keine eigene aktive Preispolitik betreiben.

© blr_spy - stock.adobe.com

Bei den **Niedrigpreisstrategien** (Promotionspreisstrategie/Penetrationspreisstrategie) verlangen Anbieter langfristig oder zumindest bei Verkaufsstart einen niedrigen Preis für ihre Produkte.

Typisch für die **Promotionspreisstrategie** sind Niedrigpreise, die langfristig durchgehalten werden. Diese liegen entweder unter dem Preis vergleichbarer Produkte oder erscheinen in der Käufer-Wahrnehmung als besonders niedrig. Immer geht damit einher, dass das Image eines qualitativ hochwertigen Niedrigpreisgeschäftes erzeugt wird. Bei der Promotionspreisstrategie ist der Preis das wichtigste Werbeargument; Zielgruppe sind die preisbewussten Käufer.

Beispiel

Die Discounter Aldi oder Lidl ebenso wie z. B. Penny (REWE) oder NETTO (Edeka) bieten Markenware dauerhaft billiger an als die Konkurrenz (Supermärkte).

Die **Penetrationspreisstrategie** (Marktdurchdringungsstrategie) zielt darauf ab, mit relativ niedrigen Preisen für neue Produkte schnell Massenmärkte zu erschließen und große Absatzmengen bei niedrigen Stückkosten zu erzielen. Ist das Produkt bekannt (und beliebt), werden die Einführungspreise dann mit der Zeit schrittweise erhöht.

Beispiel

Die großen Telekommunikationsunternehmen bieten ein Abonnement im ersten Jahr zu einem besonders niedrigen Preis an und erhöhen die Preise nach dem ersten Jahr.

Preisstrategien

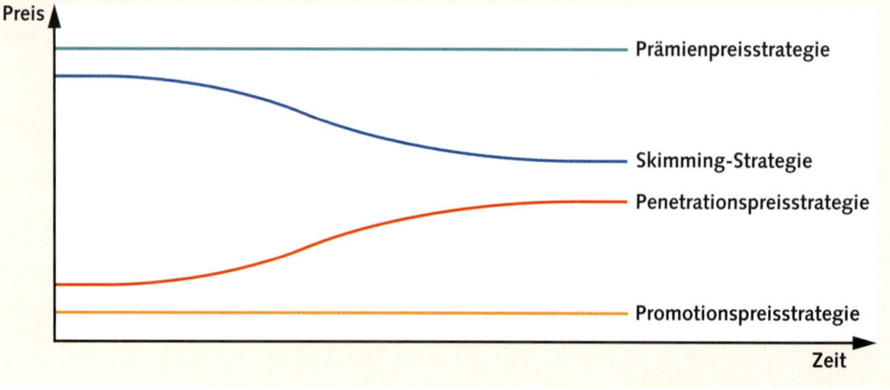

LERNFELD 5

Preisdifferenzierung

Die Preisdifferenzierung nutzt (neben der eigentlichen Preisgestaltung) zusätzliche Möglichkeiten, um das vorhandene Marktpotenzial auszuschöpfen. Dabei geht man von der Tatsache aus, dass die Nachfrager unterschiedliche Nachfrageverhalten und Konsumgewohnheiten haben, die durch ihre individuellen und gesellschaftlich bedingten Lebenssituationen geprägt sind.

Die Konsumgewohnheiten, der Bedarf und die Nachfrage unterscheiden sich z. B. nach

- Gebieten,
- Verwendungszweck,
- regionalen Gebräuchen und Gegebenheiten,
- Käuferschichten,
- Tages- und Jahreszeiten,
- Berufsgruppen,
- Lebensalter.

©Olivier Le Moal-fotolia.com

Aufgrund dieser Gegebenheiten werden Teilmärkte gebildet (Marktsegmentierung).

Merke

Preisdifferenzierung bedeutet, dass Anbieter für **„gleiche“ Produkte** oder Dienstleistungen von unterschiedlichen Kunden bzw. zu unterschiedlichen Zeiten oder an verschiedenen Orten **unterschiedliche Preise** fordern.

Dies ist an folgende **Voraussetzungen** gebunden:

- Möglichkeit der **Teilung von Märkten** in abgrenzbare Segmente: Die Nachfrager müssen sich in Gruppen einteilen lassen, also nach sachlichen, räumlichen, zeitlichen oder personellen Merkmalen unterscheiden lassen, z. B. in Haushalte und Wiederverkäufer, nach Preisbewusstsein und Geltungsstreben.
- **Abgrenzung der Marktsegmente** untereinander: Ein Handel derjenigen Abnehmer, die niedrigere Preise zu zahlen haben, mit den Abnehmern, die höhere Preise entrichten, muss unterbunden sein (mangelnde Markttransparenz oder Verbote).
- **Anpassung** an die spezifische **Konkurrenzsituation** des Marktsegments: Abweichende Preisforderungen müssen sich aufgrund der Machtverhältnisse gegenüber den Mitbewerbern und Kunden realisieren lassen (Marktmacht).

Formen der Preisdifferenzierung	Beispiele
räumliche Preisdifferenzierung	unterschiedliches Preisniveau für gleiche Güter auf unterschiedlichen Gebietsmärkten wie Stadt/Land, Inland/Ausland (z. B. Energie, Medikamente)
zeitliche Preisdifferenzierung	günstige Preise in absatzschwachen Zeiten (z. B. Wochenendtarife bei der Bahn, Frühbucherrabatte bei Reisen) Preiserhöhungen in nachfragestarken Zeiten (z. B. Benzinpreise zu Beginn der Urlaubszeit)
personelle Preisdifferenzierung	Preisnachlässe aufgrund des Alters oder des Familienstandes (z. B. Preisnachlass für Rentner, Familientarife)
sachliche Preisdifferenzierung (nach Produktvarianten)	unterschiedliche Preise für Produkte mit identischem Grundnutzen für unterschiedliche Ansprüche der Käufergruppen: Produkte in Standard-, Billig- und Luxusausführungen (z. B. Bücher, Fernseher, Bioprodukte, fairer Handel)
mengenmäßige Preisdifferenzierung (nach Nachfragemengen)	preisgünstigeres Angebot für Nachfrager von Großverpackungseinheiten (z. B. Kantinen, Behörden, Einkaufsgenossenschaften)
Preisdifferenzierung nach Verwendungszweck	unterschiedliche Preise je nach Verwendungszweck (z. B. Mineralöl als Dieselkraftstoff für Motoren oder als Heizöl; Sonnenblumenkerne als Lebensmittel oder als Vogelfutter)

Beispiel

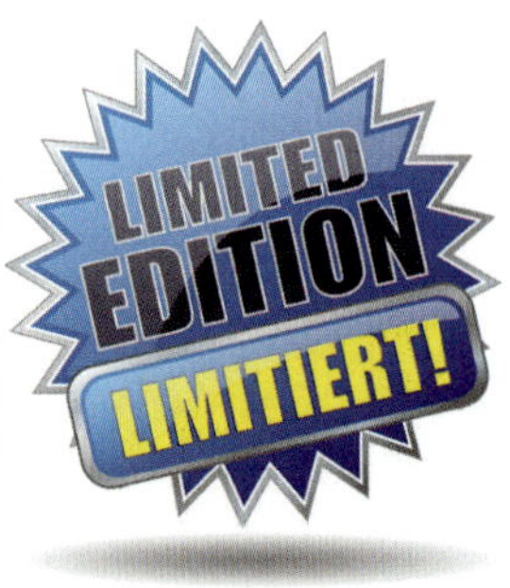

Preisdifferenzierung bei Pkws

- **räumlich:** geringerer Preis in anderen europäischen Ländern (z. B.wegen höherer Umsatzsteuer)
- **zeitlich:** Preisnachlässe am Ende des Lebenszyklus
- **personell:** Preisnachlass für Schwerbehinderte
- **sachlich:** Preisbündelung für Sondermodelle mit unterschiedlichen Ausstattungsvarianten (Gesamtpreis ist günstiger als Grundpreis plus einzelne Ausstattung.)
- **nach Nachfragemengen:** Sonderrabatte für Autovermieter

Portfolio-Darstellung zur Dynamik und zur Individualisierung im Pricing

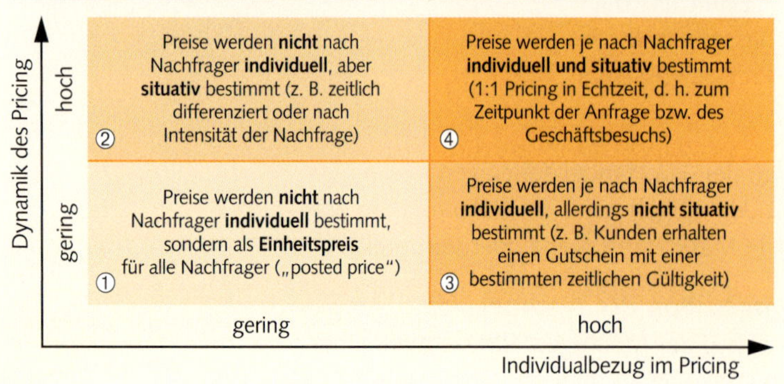

Aufgrund der verbesserten technischen Möglichkeiten gewinnen insbesondere im Online-Handel das sog. **dynamische** sowie das **individualisierte Pricing** an Bedeutung. Bei diesen Strategien zur Preisdifferenzierung wird der Preis für ein Gut in Abhängigkeit von unterschiedlichen situativen Faktoren (z. B. Tageszeit, Wetter, aktueller Wettbewerbspreis) und individuellen Faktoren (z. B. Einkaufskanal stationär oder online, Cookie-Einstellungen, (kein) Kundenkonto) variabel angepasst.

3.2.3 Konditionenpolitik

Die **Konditionenpolitik** ergänzt die Preispolitik durch die Gestaltung kundenfreundlicher Vertragsbedingungen. Sie befasst sich mit Vereinbarungen, zu welchen Bedingungen ein Unternehmen seine Leistungen anbietet. Durch Zuschläge bzw. Abschläge beeinflusst sie indirekt den festgelegten Preis und verfolgt damit das Ziel, die Zufriedenheit der Kunden zu stärken und ihre Kaufbereitschaft zu fördern.

Preis- und Konditionenpolitik zusammen werden auch als Kontrahierungspolitik bezeichnet.

Merke

Unter **Konditionenpolitik** werden alle Vereinbarungen zusammengefasst, die außer dem Preis Gegenstand von Vertragsverhandlungen sein können.

Man kann diese Konditionen z. B. einteilen als:

- Rabatte,
- Zahlungsbedingungen,
- Lieferungsbedingungen,
- Garantien und Kulanz.

Rabatte

Durch die Rabattpolitik kann der festgesetzte Preis herabgesetzt werden. Damit steht ein Instrument zur Verfügung, das insbesondere zwischen Hersteller und Handel wirkungsvoll zur Preisdifferenzierung eingesetzt werden kann, zunehmend aber auch bezogen auf den Endverbraucher Bedeutung gewinnt.

Merke

Rabatte sind sofort gewährte Preisnachlässe, die der Verkäufer dem Käufer aus „besonderem Anlass“ anbietet.

Zwischen Hersteller und Händlern ist seit langem der Fantasie zur Festlegung von Rabattarten und -höhen kaum eine Grenze gesetzt. Meist werden solche **Rabatte** von „verhandlungsstarken“ Großabnehmern gefordert, z. B. als

- Mengenrabatt in Abhängigkeit vom Auftragswert oder der Auftragsmenge,
- Treuerabatt für langjährige Kunden,
- Saisonrabatt zu unterschiedlichen Jahreszeiten,
- Sonderrabatt bei besonderen Anlässen (z. B. Geschäftsjubiläum),
- Wiederverkäuferrabatt für den weiteren Verkauf (z. B. für den Einzelhandel),
- Einführungsrabatt bei Produkteinführung bzw. Neuaufnahme in das Sortiment.

©JiSign-fotolia.com

Ähnlich wie Rabatte funktionieren **Boni**, die als nachträgliche Preisnachlässe allerdings erst rückwirkend für das Erreichen eines bestimmten Umsatzes gewährt werden.

©Daniel Ernst-fotolia.com

Zahlungsbedingungen

Mit der Festlegung der Zahlungsbedingungen wird über den Zeitpunkt der Zahlung verhandelt. Längere **Zahlungsfristen**, die Gewährung von **Skonto** oder attraktive **Finanzierungsangebote** können ausschlaggebend sein, warum sich ein Kunde für ein Produkt entscheidet.

Merke

Zahlungsbedingungen regeln **Art und Weise** sowie den **Zeitpunkt** der Zahlung unter Berücksichtigung von Preisnachlässen für vorzeitige Zahlung (Skonto).

Bei Zahlungsvereinbarungen mit **Zahlungsziel** wird in der Regel Skonto eingeräumt, um eine Zahlung innerhalb der Skontofrist attraktiv zu machen (z. B. Zahlung innerhalb von 10 Tagen unter Abzug von 2 % Skonto oder 30 Tage netto). Durch das Zahlungsziel gewährt der Verkäufer einen meist kurzfristigen Kredit (Liefererkredit), der es dem Käufer erlaubt, die erhaltene Ware erst später zu bezahlen.

©VRD-fotolia.com

Solche **Absatzkredite** können nicht nur vom Verkäufer selbst eingeräumt werden (z. B. Gewährung einer Zahlungsfrist), sondern sie werden auch häufig vermittelt (z. B. längerfristige Finanzierung über eine „Hausbank" beim Autokauf). Das Einräumen oder Vermitteln von Absatzkrediten (auch Teilzahlungen, Ratenzahlungen) ist geeignet, zusätzliche Kaufanreize zu geben. Es soll potenzielle Kunden zum – früheren – Kauf veranlassen.

Lieferungsbedingungen

Bei der Vereinbarung von **Lieferungsbedingungen** ist zu verhandeln, welchen Anteil der Liefer- und Verpackungskosten vom Käufer bzw. Verkäufer zu tragen sind. Das Ergebnis dieser Verhandlungen wirkt sich unmittelbar auf die Höhe des vom Käufer letztlich zu entrichtenden Bezugspreises aus.

Weitere spezifische Vereinbarungen zu Lieferbedingungen (z. B. kurze Lieferzeiten, Regelungen zur Eigentumsübertragung und Übergabe der Produkte, Regelungen bei Beschädigungen) tragen zur Gestaltung kundenfreundlicher Konditionen bei.

Merke

Lieferungsbedingungen regeln, welchen Anteil der Liefer- und Verpackungskosten die Vertragspartner jeweils zu tragen haben.

Garantie, Gewährleistung und Kulanz

©mindscanner-fotolia.com

Mit **Garantieversprechen,** die über die **gesetzlichen Gewährleistungsfristen** hinausgehen, verbessern sich die Konditionen für den Käufer. Bei der Vergabe von z. B. „lebenslanger Garantie" sollen Käufer dazu veranlasst werden, auch vergleichsweise höhere Preise wegen des Zusatznutzens „Garantie" zu akzeptieren. Auch **Kulanzzusagen** (z. B. Abholung im Garantiefall, großzügige Rücktrittsrechte) können den Ausschlag über eine Kaufentscheidung geben.

Merke

Eine **Garantie** ist eine **freiwillige Selbstverpflichtung,**
die über die **Gewährleistung** als **gesetzliche Verpflichtung** hinausgeht.
Kulanz ist ein fallweises, vollkommen **freiwilliges Entgegenkommen**.

3.2.4 Zusammenfassung und Aufgaben

Zusammenfassung

Marktpreisbildung im Modell

Unter **Preispolitik** versteht man Maßnahmen der Preisbildung zur Absatzförderung. Sie orientieren sich an Modellen der Preistheorie in Abhängigkeit von **Markttypen** (vollkommener/unvollkommener Markt) und **Marktformen** (Monopol, Oligopol, Polypol).

Marktpreisbildung auf dem Gesamtmarkt

Eine Modellkonstruktion über betriebliche Preisbildungsprozesse geht von folgenden Modellannahmen aus:

- Alle Einflussgrößen werden konstant gesetzt bis auf den **Preis**.
- Einfluss des Preises auf die **Nachfragemenge:** Bei sinkendem Preis steigt die Nachfragemenge; bei steigendem Preis geht die Nachfragemenge zurück.
- Einfluss des Preises auf die **Angebotsmenge:** Bei sinkendem Preis geht die Angebotsmenge zurück; bei steigendem Preis steigt die Angebotsmenge.
- Beim **Gleichgewichtspreis** stimmen Nachfragemenge und Angebotsmenge überein.

Preisbildung bei vollständiger Konkurrenz/Modell des vollkommenen Marktes

Auf dem vollkommenen Markt gibt es für ein Gut nur einen Preis. Der Anbieter hat **keinen preispolitischen Spielraum.** Er kann lediglich seine Angebotsmenge variieren **(Mengenanpasser).** Dazu müssen folgende Bedingungen erfüllt sein:

- Markttransparenz (vollständige Marktübersicht)
- keine persönlichen Präferenzen (Bevorzugungen)
- keine räumlichen Differenzierungen
- keine zeitlichen Differenzierungen
- Homogenität der Güter

Existieren auf einem Markt für ein Gut **Preisunterschiede,** so sind diese auf **Marktunvollkommenheiten** zurückzuführen. Hier kann das Marketing ansetzen.

Preisbildung bei unvollständiger Konkurrenz

Preisbildung ist abhängig von der Anzahl der Marktteilnehmer sowohl auf der Anbieter- als auch auf der Nachfrageseite (Marktform).

- **Polypol** = viele Anbieter, viele Nachfrager:
  aktive Preispolitik durch Schaffung von Präferenzen möglich (monopolistischer Bereich)
- **Oligopol** = wenige Anbieter, wenige Nachfrager:
  gleichförmige Preisbildung durch Parallelverhalten
- **Monopol** = ein Anbieter, ein Nachfrager:
  maximaler Gewinn als Maßstab für die Preisgestaltung

Betriebliche Preispolitik

Die **betriebliche Preisbildung** ist von verschiedenen Einflussfaktoren abhängig:

- **kostenorientierte** Preisbildung

  Ermittlung des mindestens **kostendeckenden Verkaufspreises** nach Vollkostenrechnung (Berücksichtigung aller Kosten im Kalkulationsschema)

  Ermittlung von **Preisuntergrenzen** nach Teilkostenrechnung/Deckungsbeitragsrechnung (Deckungsbeitrag = Umsatzerlöse – variable Kosten)
- **konkurrenzorientierte** Preisbildung zur Vermeidung von Preiskämpfen mit ruinösem Wettbewerb
- **kundenorientierte** Preisbildung unter Berücksichtigung psychologischer Effekte zur Beeinflussung des Käuferverhaltens

Preisstrategien

Neben der Orientierung an der Konkurrenz oder an der Preisbewilligungsbereitschaft der Kunden können Unternehmen auch aktiv Preispolitik betreiben, indem sie Preisstrategien nutzen.

Grundsätzlich lassen sich

- **Hochpreisstrategien** (Prämienpreisstrategie, Skimming-Strategie) von
- **Mittelfeldpreisstrategien** und
- **Niedrigpreisstrategien** (Promotionspreisstrategie, Penetrationspreisstrategie)

unterscheiden.

Preisdifferenzierung als zusätzliche Möglichkeit der Preisgestaltung bedeutet, dass Anbieter für „gleiche" Produkte oder Dienstleistungen von unterschiedlichen Kunden bzw. zu unterschiedlichen Zeiten oder an verschiedenen Orten unterschiedliche Preise fordern.

Formen der Preisdifferenzierung:

- räumlich
- zeitlich
- personell
- sachlich
- mengenmäßig
- nach Verwendungszweck

Konditionenpolitik

Die **Konditionenpolitik** ergänzt die Preispolitik durch die Gestaltung kundenfreundlicher Konditionen, z. B.

- **Rabatte** (z. B. Mengenrabatt, Treuerabatt, Saisonrabatt, Jubiläumsrabatt, Wiederverkäuferrabatt, Einführungsrabatt) und ggf. Boni
- **Zahlungsbedingungen** (z. B. Gewähren von Absatzkrediten: als Zahlungsziel – ggf. mit Möglichkeit zum Abzug von Skonto, als Teilzahlung oder als Ratenzahlung)
- **Lieferungsbedingungen** (z. B. Lieferkosten, Verpackungskosten, Lieferzeit)
- **Garantien** (freiwillige Selbstverpflichtungen) und **Kulanz** (fallweises, freiwilliges Entgegenkommen); Gewährleistung als gesetzliche Verpflichtung muss nicht gesondert vereinbart werden.

Aufgaben

1. Prüfen Sie folgende Aussagen auf ihre Richtigkeit. Die Antwort ist jeweils zu begründen.
   (1) Die Höhe der Nachfrage nach einem Produkt hängt ausschließlich vom Preis ab.
   (2) Je niedriger der Preis eines Gutes, desto größer ist das Angebot.
   (3) Im Marktgleichgewicht (Gleichgewichtspreis) erhalten alle Nachfrager das gewünschte Produkt.
   (4) Eine vollständige Marktübersicht ist das alleinige Kriterium für das Vorhandensein eines vollkommenen Marktes.
   (5) Auf dem vollkommenen Markt gibt es keinen preispolitischen Spielraum.
   (6) Existieren auf einem Markt wenige Anbieter und wenige Nachfrager, spricht man von einem Polypol.
   (7) Auf einem oligopolistischen Markt kommt es bei der Preisfestlegung häufig zu einem Parallelverhalten der Anbieter.
   (8) Bei konkurrenz- und kundenorientierter Preisbildung kann man auf Kostenüberlegungen verzichten.
   (9) Der „Preis-Reaktionstest" ist ein wichtiges Verfahren der Informationsbeschaffung für die Preispolitik.
   (10) Kulanz ist eine freiwillige Selbstverpflichtung, die über gesetzliche Garantien hinausgeht.
2. Erläutern Sie, welche Modellannahmen bei der Marktpreisbildung unterstellt werden.
3. Skizzieren Sie im Marktmodell die Angebots- und die Nachfragemenge in Abhängigkeit vom Preis und ordnen Sie folgende Begriffe zu: Gleichgewichtspreis, Gleichgewichtsmenge, Angebotsüberhang, Nachfrageüberhang, Konsumentenrente, Produzentenrente.
4. Stützen Sie die Behauptung, dass der Börsenhandel wesentliche Merkmale des vollkommenen Marktes aufweist.
5. Bestimmen Sie jeweils die Anzahl der Marktteilnehmer (einer, wenige, viele) bei folgenden Marktformen: Angebotsmonopol, Nachfrageoligopol, Polypol.
6. Erläutern Sie, was man bei der Preisbildung im Polypol unter dem monopolistischen Absatzbereich versteht.
7. Ermitteln Sie bei einer kostenorientierten Preisbildung den Barverkaufspreis: Bezugspreis 1200,00 EUR, Gewinnzuschlagssatz 40 %, Handlungskosten 60 %.
8. Unterscheiden Sie fixe und variable Kosten.
9. Erklären Sie an einem selbstgewählten Zahlenbeispiel mit Hilfe der Deckungsbeitragsrechnung, wo die langfristige und die kurzfristige Preisuntergrenze liegen.

10. Die Vollkostenrechnung liefert für die drei Produktgruppen eines Unternehmens folgende Daten:

(Angaben in EUR)	A	B	C	gesamt
Umsatzerlöse	500 000,00	260 000,00	620 000,00	1 380 000,00
– gesamte Kosten	380 000,00	300 000,00	530 000,00	1 210 000,00
= Betriebsergebnis	**120 000,00**	**– 40 000,00**	**90 000,00**	**170 000,00**

a) Welche Sortimentsentscheidung müsste aufgrund des Ergebnisses getroffen werden?

Die Teilkostenrechnung/Deckungsbeitragsberechnung liefert folgende Daten:

(Angaben in EUR)	A	B	C	gesamt
Umsatzerlöse	500 000,00	260 000,00	620 000,00	1 380 000,00
– variable Kosten	280 000,00	230 000,00	500 000,00	1 010 000,00
= Deckungsbeitrag	220 000,00	30 000,00	120 000,00	370 000,00
– fixe Kosten				200 000,00
= Betriebsergebnis				**170 000,00**

b) Überprüfen Sie Ihre Entscheidung aus Aufgabe a) anhand der Ergebnisse der Deckungsbeitragsrechnung.

11. Unterscheiden Sie die beiden Preisstrategien Prämienpreisstrategie und Skimming-Strategie.

12. a) Erklären Sie den Begriff Preisdifferenzierung.

b) Um welche Art von Preisdifferenzierung handelt es sich in folgenden Fällen:

- Auf einer Insel können die Einheimischen im Lebensmittelgeschäft preisgünstiger einkaufen als die Urlauber.
- Zu Beginn der Reisesaison steigen die Preise an den Tankstellen.
- Ein Reisender kommt am Sonntag zurück und kauft in einem Geschäft auf dem Bahnhofsgelände die notwendigen Lebensmittel ein. Dabei stellt er fest, dass die Preise deutlich höher liegen als in einem in der Nähe liegenden Feinkosthaus – obwohl beide Geschäfte vom selben Inhaber betrieben werden.
- Rentner und Schüler erhalten eine Preisermäßigung beim Eintritt in das Gartenschau-Gelände.
- An Autobahntankstellen werden höhere Kraftstoffpreise verlangt als an anderen Tankstellen.
- „Im Dutzend billiger."
- Ein Pkw wird als Sondermodell „Cup" mit einem bestimmten Ausstattungspaket und in drei Farben zu einem niedrigeren Preis verkauft als bei entsprechender Order aus dem regulären Angebot.

13. Definieren Sie die Begriffe Bonus, Rabatt und Skonto.

14. Unterscheiden Sie Gewährleistung und Garantie.

3.3 Kommunikationspolitik

Die Kommunikationspolitik ist ein weiteres Element der Marketinginstrumente. Sie beschäftigt sich mit der Frage, wie der Markt über die Leistungen des Unternehmens verkaufsfördernd und imagebildend informiert werden kann. Ziel ist die Beeinflussung und Steuerung von Konsumgewohnheiten, Einstellungen, Erwartungen, Meinungen und Verhaltensweisen bei Marktteilnehmern (z. B. Kunden, Lieferanten) und sonstigen Anspruchsgruppen (z. B. Öffentlichkeit, Staat).

©mopsgrafik-fotolia.com

Merke

Unter **Kommunikationspolitik** wird allgemein eine Informationsübermittlung verstanden, die das Ziel hat, Erwartungen, Einstellungen und Verhalten zu beeinflussen.

Um die Ziele der Kommunikationspolitik zu erreichen, können im Wesentlichen vier Instrumente eingesetzt werden.

Instrumente der Kommunikationspolitik			
Absatzwerbung	**Verkaufsförderung (Sales Promotion)**	**Öffentlichkeitsarbeit (Public Relations/PR)**	**moderne Instrumente**
Informationen über Produkte zur Beeinflussung des Kaufverhaltens	Förderung der am Verkaufsprozess Beteiligten (Händler, Verkäufer, Verbraucher)	Maßnahmen zur Stärkung des Ansehens und Vertrauens	Direkt Marketing, Social Media Werbung, Event Marketing

3.3.1 Absatzwerbung

Werbung ist ein wichtiger Schwerpunkt der Kommunikationspolitik. Mit einer gezielten Werbebotschaft sollen Kaufanreize potenzielle Kunden zum Kauf veranlassen.

©xuxmedia-fotolia.com

Merke

Die **Absatzwerbung** umfasst alle Maßnahmen, mit denen ein Unternehmen Interesse weckt, informiert, motiviert und Verhalten beeinflusst mit der Absicht, direkt oder indirekt den Absatz von Sachgütern oder Dienstleistungen zu begünstigen.

■ Ziele und Grundsätze der Absatzwerbung

Ziele der Absatzwerbung

Die Werbeziele beziehen sich auf

- das Erlangen, Erhalten und Erhöhen des Bekanntheitsgrades von Produkten oder von Unternehmen, **Bekanntheit**
- die Information über Einsatzmöglichkeiten, Funktionen, Nutzen und Kosten des Produktes, **Wissen**
- die Stärkung des Vertrauens in ein Produkt, das Sortiment oder das Unternehmen, **Image**
- die Förderung und Unterstützung der Absatzchancen zur Erhöhung des Umsatzes, z. B. in bestimmten Regionen oder zu bestimmten Zeiten. **Käuferverhalten**

Die konkrete Formulierung von Werbezielen kann immer nur bezogen auf bestimmte Zielgruppen erfolgen. Man kann bereits vorhandene Käuferschichten (z. B. Ersteinrichter von Wohnungen mit ökologischem Bewusstsein und Sicherheitsansprüchen) oder neue Käuferschichten (z. B. Einführung eines Büromöbelprogramms für Geschäftsleute bei einem Möbeldiscounter) anzielen.

Grundsätze der Absatzwerbung

Die **Werbebotschaft** muss die jeweilige **Zielgruppe** ansprechen (bei Anschaffung einer Basisausstattung für die Küche z. B.: günstig, modern, erweiterbar für die Zielgruppe „junge Familien"; Kauf auf Rechnung und Vermittlung von Service für das Aufstellen der Möbel für die Zielgruppe „Geschäftsleute"). Die Werbebotschaft kann sich grundsätzlich eher an den **Verstand** oder an **Gefühle** wenden. Sie muss wahrgenommen und verarbeitet werden, eine positive Stimmung erzeugen und den Konsumenten zum Handeln veranlassen.

Die Werbewirkung wird häufig mit der AIDA-Formel beschrieben:

A	Attention	Aufmerksamkeit erregen
I	Interest	Interesse wecken
D	Desire	Kaufwunsch auslösen
A	Action	Kauf bewirken

Weiterhin sind Werbewirksamkeit, Werbeklarheit, Werbewahrheit und Wirtschaftlichkeit **Anforderungen**, die **an eine gute Werbung** gestellt werden.

→ **Werbewirksamkeit:** Damit die Werbung ihre Wirkung nicht verfehlt, muss sie sich von der Konkurrenz durch Originalität abheben. Die Nachfrager sollen durch geeignete Werbeinhalte und Werbemittel zu einem den Marketingzielen entsprechenden Verhalten veranlasst werden.

→ **Werbeklarheit:** Die Werbebotschaft soll leicht verständlich, schnell erfassbar, übersichtlich, unmissverständlich und eindeutig sein. Sie darf nicht erklärungsbedürftig sein und muss sich nachhaltig einprägen. Gelegentlich wird vom Grundsatz der Klarheit zugunsten der Originalität abgewichen.

→ **Werbewahrheit:** Die Werbeaussagen sollen der Wahrheit entsprechen, sie sollen sachlich richtig informieren. Irreführende Angaben sind nach dem Gesetz gegen den unlauteren Wettbewerb (UWG) verboten.

→ **Wirtschaftlichkeit:** Werbewirksamkeit, Werbeerfolg und Werbekosten müssen in einem vertretbaren Verhältnis stehen, damit die Wirtschaftlichkeit der Werbung gewährleistet ist. Der Erfolg einer Werbekampagne lässt sich in der Praxis allerdings schwer messen, da das Kaufverhalten vielen weiteren Einflussgrößen unterliegt (z. B. aktuelles Budget, Stimmung, Wetter).

„50 Prozent bei der Werbung sind immer rausgeworfen. Man weiß bloß nicht, welche Hälfte das ist."
Henry Ford

Bekannte und beliebte Werbesprüche

1. Nichts ist unmöglich.
2. Damit Sie auch noch morgen kraftvoll zubeißen können.
3. Waschmaschinen leben länger mit ...
4. Die wahrscheinlich längste Praline der Welt.
5. Für das Beste im Mann.
6. ..., dass es dich gibt.
7. Alles ... oder was?
8. Have a break, have a ...
9. Morgens halb zehn in Deutschland.
10. Vorsprung durch Technik.
11. Geiz ist geil.
12. Ich bin doch nicht blöd.
13. ... macht Kinder froh und Erwachsene ebenso.
14. Sind sie zu stark, bist du zu schwach.
15. Wohnst du noch oder lebst du schon?
16. Just do it.
17. Think different.
18. Alle reden vom Wetter. Wir nicht.
19. Quadratisch. Praktisch. Gut.
20. Wir geben Ihrer Zukunft ein Zuhause.
21. ... verleiht Flügel.
22. Gute Preise. Gute Besserung.
23. Taste the feeling.
24. Geschmack ist King!
25. Große Marken, kleine Preise.

ratiopharm
Gute Preise. Gute Besserung.

1. Toyota
2. Blend a med
3. Calgon
4. Duplo
5. Gillette
6. Merci
7. Müller-Milch
8. KITKAT
9. Knoppers
10. Audi
11. Saturn
12. MediaMarkt
13. Haribo
14. Fisherman's Friend
15. Ikea
16. Nike
17. Apple
18. Deutsche Bahn
19. Ritter Sport Schokolade
20. LBS Bausparkasse
21. Red Bull
22. Ratiopharm
23. Coca Cola
24. Burger King
25. dm

Formen der Absatzwerbung

Die Vielfalt möglicher Formen der Absatzwerbung lässt sich unter den folgenden Gesichtspunkten systematisieren.

Unterscheidungsgesichtspunkte	Formen	Erläuterungen
Ziele der Werbung	**Einführungswerbung**	Kunden sollen für ein neues Produkt geworben werden.
	Expansionswerbung	Umsätze oder Marktanteile sollen gesteigert werden.
	Erinnerungswerbung	Bekanntheitsgrad, Image und Kundenstamm sollen erhalten werden.

Unterscheidungs-gesichtspunkte	Formen	Erläuterungen
Gegenstand der Werbung	**Produktwerbung**	Einzelprodukte sind Gegenstand der
	Sortimentswerbung	Das Gesamtsortiment oder Teilsortimente stehen im Mittelpunkt der Werbung.
	Firmenwerbung	Der Bekanntheitsgrad und die Leistungsfähigkeit der Unternehmung als Ganzes sollen besonders gesteigert werden.
Zahl der Werbenden	**Einzelwerbung**	Ein Anbieter wirbt für seine Produkte.
	Kollektivwerbung	Mehrere Anbieter werben gemeinsam für ihr Leistungsangebot.
Zahl der Umworbenen	**Direktwerbung**	Die Werbung ist auf bestimmte, adressierte Personen gerichtet.
	Massenwerbung	Abgrenzbare, aber anonyme Kundengruppen werden zielgerichtet umworben, z. B. über Zeitungen, Zeitungsbeilagen, Wurfsendungen, Fernsehspots.
Werbebotschaft	**informative Werbung**	Informationen über z. B. Eigenschaften, Preis, Nutzen werden gegeben (rationale Werbung).
	suggestive Werbung	Es stehen Leitbilder im Vordergrund, die glauben machen sollen, dass der Besitz oder Gebrauch eines Produktes tiefer liegende Wünsche und Sehnsüchte wie Freiheit, Zuneigung und Anerkennung erfüllt (emotionale Werbung).
Art des Unternehmens	**Herstellerwerbung**	Die Werbung geht vom Hersteller aus, Händler und/oder Verbraucher sind Ziel der Werbeaktionen.
	Handelswerbung	Die Werbung geht vom Händler aus. Zielgruppen sind Verbraucher.

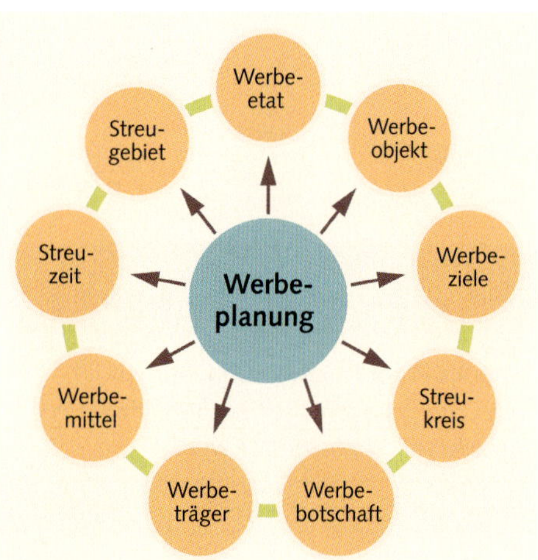

■ Werbeplan

Erfolgreich Werbung zu betreiben ist zeit- und kostenaufwändig. Es ist daher nicht sinnvoll, Werbung ohne sorgfältige Zielbestimmung, genaue Planung und Koordination mit den übrigen Marketinginstrumenten durchzuführen.

In der Werbeplanung werden alle Planungsprozesse für eine Werbemaßnahme koordiniert. Die Planung erfolgt unter Berücksichtigung eines definierten Werbeetats, der – nach Bereitstellung eines Budgets für die Gesamtmaßnahme – eine Verteilung der Geldmittel für die einzelnen Werbeaktivitäten vorsieht. Die Planung von konkreten Maßnahmen wird dabei durch zentrale Fragestellungen angeleitet. Diese Fragestellungen können nicht in einer strengen Reihenfolge abgearbeitet werden, sie sind „vernetzt" und fordern eine entsprechende Bearbeitung (z. B. Berücksichtigung von „Rückwirkungen").

Elemente des Werbeplans		
Fragestellungen	**Elemente**	**Erläuterungen (Beispiele)**
Wozu wird geworben?	**Werbeziel**	Da Werbung i. d. R. Kosten verursacht, sollte festgelegt sein, was man zu erreichen erhofft, also z. B. Produkt etablieren, Bekanntheitsgrad des Produktes steigern oder Produkt in Erinnerung bringen.
Wofür wird geworben?	**Werbeobjekt**	Nicht alle Produkte eines Unternehmens können gleichzeitig beworben werden. Deshalb ist zu klären: Für welches Produkt soll geworben werden? Oder soll für Produktgruppen bzw. für das Unternehmen als Ganzes geworben werden?
Wer soll umworben werden?	**Streukreis** (Werbesubjekt)	Damit die Werbung die „Richtigen" erreicht und Streuverluste so möglichst vermieden werden, ist die **Zielgruppe**, die umworben werden soll, festzulegen und möglichst genau zu definieren, z. B. Senioren, junge Väter, Besserverdienende, Freizeitsportler.
Was soll vermittelt werden?	**Werbebotschaft**	Hier ist zu entscheiden, was der Zielgruppe durch die Werbung mitgeteilt werden soll. Das Produkt sollte vom potenziellen Nachfrager eindeutig identifiziert werden können, z. B. durch einen einprägsamen Namen, durch ein Markenzeichen, ein Logo bzw. Symbol oder einen Slogan. Gleichzeitig muss der Zielgruppe durch die Werbebotschaft ein besonderer Nutzen (Grund- und Zusatznutzen) des Produktes mitgeteilt werden. Ebenso ist zu bestimmen, wie die Botschaft präsentiert werden soll, z. B. durch Auswahl geeigneter Sprache, Farben oder Sounds.
Welche Werbeformen sollen in welchen **Medien** genutzt werden?	**Werbemittel** und **Werbeträger**	Mit **Werbemitteln** werden die Werbebotschaften an die Abnehmer herangetragen. Mögliche Werbemittel sind z. B. Anzeigen/Inserate/Beilagen, Fernseh-, Kino- und Rundfunkspots, Plakate, Prospekte, Kataloge, Werbebriefe, Bandenwerbung bei Sportveranstaltungen etc. Die **Medien**, die die Werbemittel an die Zielgruppen herantragen, heißen **Werbeträger**. Durch sie sollen die in den Werbemitteln enthaltenen Werbebotschaften gestreut werden. Als Werbeträger stehen entsprechend zur Auswahl z. B. Internetseiten, Printmedien, Plakatwände/Litfaßsäulen, Schaufenster, Fernsehen, Radio.
Wann, wie oft und **wie lange** soll geworben werden?	**Streuzeit**	Zur Definition der Streuzeit werden u. a. Beginn und Dauer sowie Häufigkeit der Werbung kalendermäßig festgelegt, z. B. jedes Wochenende während der Saison, Gelegenheitswerbung/Dauerwerbung.
Wo soll geworben werden?	**Streugebiet**	Der geographische Raum, in dem die Werbung geschaltet wird, ist einzugrenzen (z. B. bundesweit oder begrenzte Region). Häufig bestimmt das Streugebiet die Auswahl der Werbemittel.
Welche **Geldmittel** stehen zur Verfügung?	**Werbeetat**	Bei der Aufstellung des Werbeplans muss berücksichtigt werden, welcher Finanzrahmen (Budget) zur Verfügung steht, sonst läuft jeder noch so gute Plan ins Leere!

Werbemittel und Werbeträger

©Coca-Cola Deutschland

Die Entscheidung für eine bestimmte Werbeform ist auch für die Auswahl der Werbemittel und Werbeträger bedeutsam. So werden die Autohändler einer Stadt/Straße in der Regel nicht in überregionalen Zeitungen und Zeitschriften, Rundfunk und Fernsehprogrammen werben – wohl aber möglicherweise in Regionalbeiträgen oder im Regionalfunk/-fernsehen.

Werbemittel und **Werbeträger** sind eng miteinander verbunden, denn die Auswahl des Werbeträgers wird wesentlich durch das Werbemittel bestimmt. Auf Werbemitteln (z. B. Anzeigen, Plakate) ist die Werbebotschaft platziert, die durch Werbeträger (z. B. Zeitungen, Litfaßsäulen) zu den Konsumenten getragen wird. Werbemittel und Werbeträger sind nicht immer trennscharf voneinander zu unterscheiden, z. B. kann ein Prospekt sowohl Werbemittel als auch Werbeträger sein.

Beispiel

Werbemittel mit möglichen Werbeträgern:

Werbemittel	Werbeträger
Plakat	Litfaßsäulen, Plakatwände
Hörfunkspot, Fernsehspot	Radio, Fernsehen
Anzeige	Internetseiten, Zeitungen, Zeitschriften
Werbebriefe, Mailings	Briefsendungen, Internet

Werbemittel	Werbeträger
Firmenaufdruck	Einkaufstasche, Lieferfahrzeug
Werbefilme	Kino
Warenauslage	Schaufenster
Webseiten, Pop-Ups	Internet
Social Media	Internet

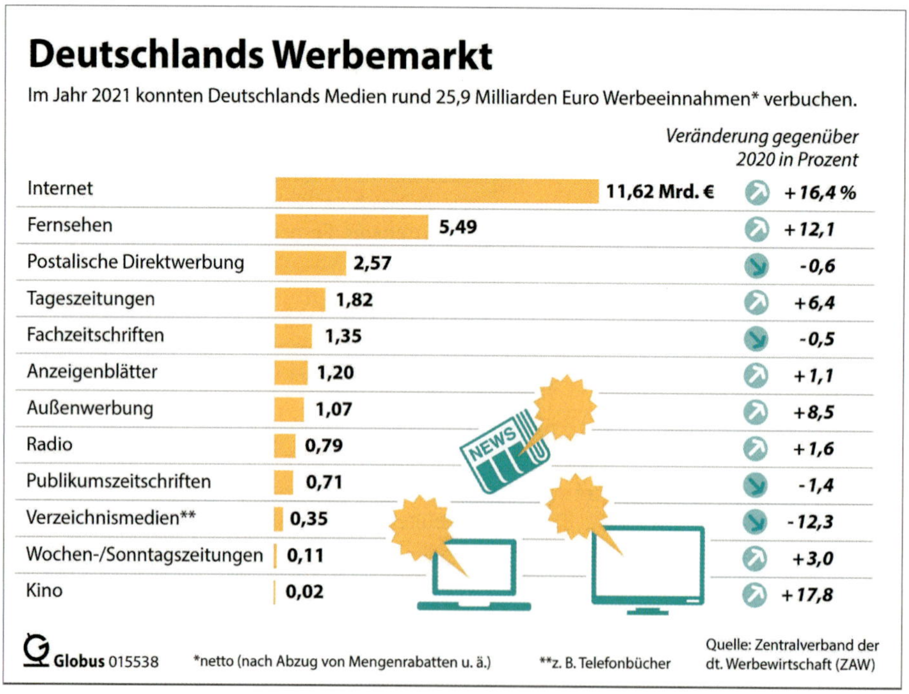

■ Gestaltung eines Werbebriefs als Serienbrief[1]

Ein professionell gestalteter Werbebrief erzielt Aufmerksamkeit bei den Umworbenen und löst positive Reaktionen aus. Sein grundlegendes Ziel ist es, Umsätze zu steigern oder bei angespannter Marktlage zumindest zu stabilisieren. Dazu kann ein Umwerben des Kundenstamms oder von Neukunden beitragen.

Aufgrund seines guten Preis-Leistungs-Verhältnisses stellt der **Werbebrief** ein **kostengünstiges, effektives Werbemittel** dar. Als Serienbrief kann er computerbasiert an viele Empfänger versendet werden.

Beispiel

Die Markgraf Brunnen GmbH bewirbt bei ihren Stammkunden als Produktneuheit eine ökologisch produzierte und fair gehandelte Orangenlimonade.

Da an alle Stammkunden der gleiche Text verschickt werden soll, entscheidet sich die Markgraf Brunnen GmbH für einen Serienbrief. Nur die Anschrift, die Anrede und eine geschlechtsspezifische Bezeichnung im Text sind variabel. Der endgültige Serienbrief an die drei beispielhaften Kunden sieht folgendermaßen aus:

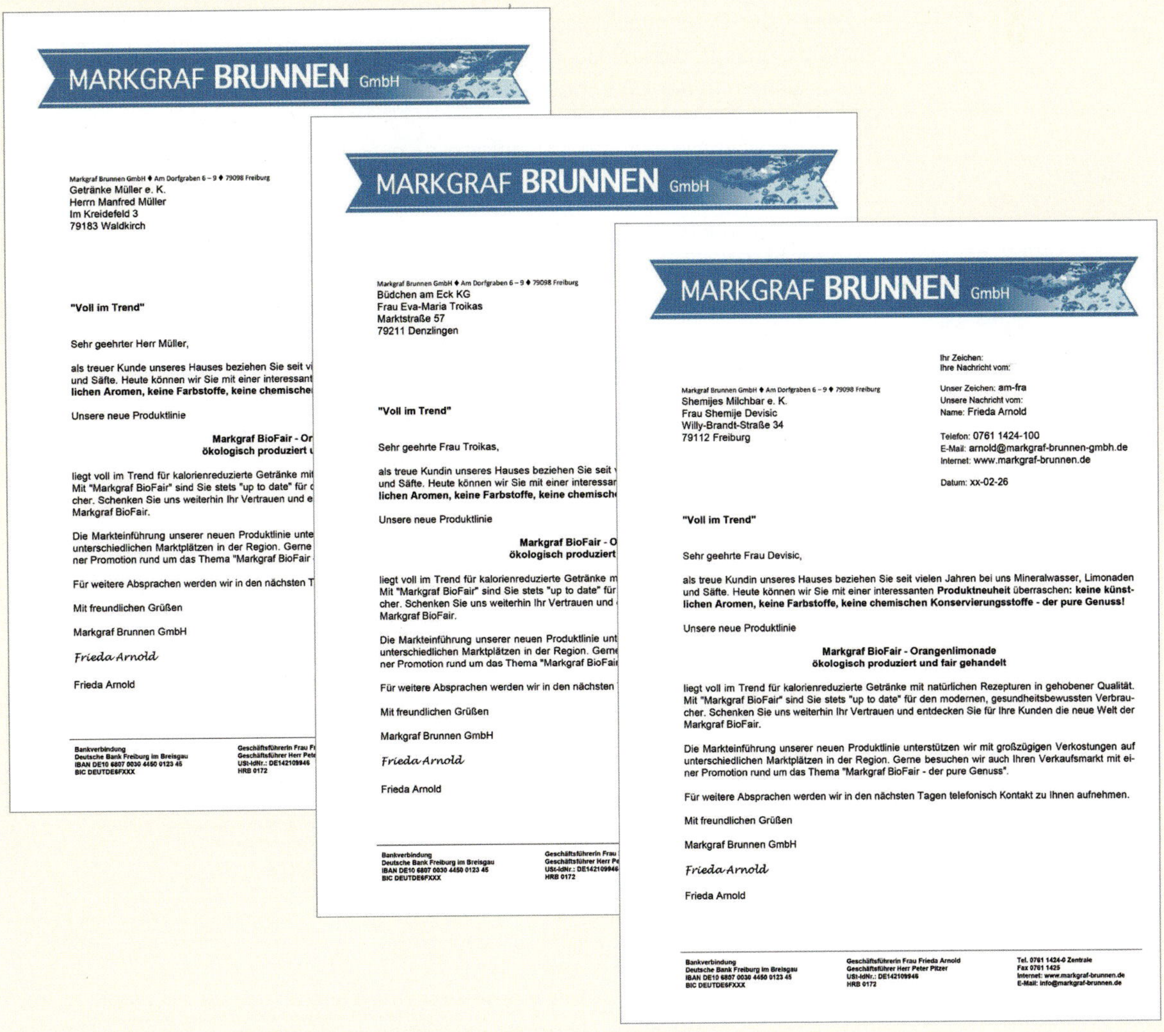

Markgraf Brunnen GmbH ♦ Am Dorfgraben 6 – 9 ♦ 79098 Freiburg
Getränke Müller e. K.
Herrn Manfred Müller
Im Kreidefeld 3
79183 Waldkirch

"Voll im Trend"

Sehr geehrter Herr Müller,

Markgraf Brunnen GmbH ♦ Am Dorfgraben 6 – 9 ♦ 79098 Freiburg
Büdchen am Eck KG
Frau Eva-Maria Troikas
Marktstraße 57
79211 Denzlingen

"Voll im Trend"

Sehr geehrte Frau Troikas,

MARKGRAF BRUNNEN GmbH

Markgraf Brunnen GmbH ♦ Am Dorfgraben 6 – 9 ♦ 79098 Freiburg
Shemijes Milchbar e. K.
Frau Shemije Devisic
Willy-Brandt-Straße 34
79112 Freiburg

Ihr Zeichen:
Ihre Nachricht vom:

Unser Zeichen: am-fra
Unsere Nachricht vom:
Name: Frieda Arnold

Telefon: 0761 1424-100
E-Mail: arnold@markgraf-brunnen-gmbh.de
Internet: www.markgraf-brunnen.de

Datum: xx-02-26

"Voll im Trend"

Sehr geehrte Frau Devisic,

als treue Kundin unseres Hauses beziehen Sie seit vielen Jahren bei uns Mineralwasser, Limonaden und Säfte. Heute können wir Sie mit einer interessanten **Produktneuheit** überraschen: **keine künstlichen Aromen, keine Farbstoffe, keine chemischen Konservierungsstoffe - der pure Genuss!**

Unsere neue Produktlinie

Markgraf BioFair - Orangenlimonade
ökologisch produziert und fair gehandelt

liegt voll im Trend für kalorienreduzierte Getränke mit natürlichen Rezepturen in gehobener Qualität. Mit "Markgraf BioFair" sind Sie stets "up to date" für den modernen, gesundheitsbewussten Verbraucher. Schenken Sie uns weiterhin Ihr Vertrauen und entdecken Sie für Ihre Kunden die neue Welt der Markgraf BioFair.

Die Markteinführung unserer neuen Produktlinie unterstützen wir mit großzügigen Verkostungen auf unterschiedlichen Marktplätzen in der Region. Gerne besuchen wir auch Ihren Verkaufsmarkt mit einer Promotion rund um das Thema "Markgraf BioFair - der pure Genuss".

Für weitere Absprachen werden wir in den nächsten Tagen telefonisch Kontakt zu Ihnen aufnehmen.

Mit freundlichen Grüßen

Markgraf Brunnen GmbH

Frieda Arnold

Frieda Arnold

Bankverbindung
Deutsche Bank Freiburg im Breisgau
IBAN DE10 6807 0030 4450 0123 45
BIC DEUTDE6FXXX

Geschäftsführerin Frau Frieda Arnold
Geschäftsführer Herr Peter Pitzer
USt-IdNr.: DE142109946
HRB 0172

Tel. 0761 1424-0 Zentrale
Fax 0761 1425
Internet: www.markgraf-brunnen.de
E-Mail: info@markgraf-brunnen.de

[1] Eine ausführlichere Anleitung zur Erstellung von Serienbriefen enthält der ebenfalls in der Reihe „Büro 2.1“ erschienene Band „Informationsverarbeitung Word – PowerPoint“.

Vorgehensweise

Ein Serienbrief besteht aus zwei Dateien, die zusammengeführt werden. Die **Datenquelle** enthält alle **variablen Angaben** (z. B. Anrede, Vorname, Nachname), das **Hauptdokument** den eigentlichen Brieftext.

Es ist sinnvoll, die Datenquelle vorab zu erstellen und zu speichern. Wenn Sie dann den Seriendruck (Kartenreiter: Sendungen) starten, können Sie (unter Empfänger auswählen – Vorhandene Liste verwenden ...) auf die vorhandene Datenquelle zugreifen.

Beispiel

Beispiel für eine **Datenquelle** in Word oder Excel:

Firma	Vorname	Name	Geschlecht	Straße	PLZ	Ort	
Getränke Müller e. K.	Manfred	Müller	m	Im Kredefeld 3	79183	Waldkirch	← 1. Datensatz
Büdchen am Eck KG	Eva-Maria	Troikas	w	Marktstraße 57	79211	Denzlingen	← 2. Datensatz
Shemijes Milchbar e. K.	Shemije	Devisic	w	Willy-Brandt-Straße 34	79112	Freiburg	← 3. Datensatz

(Kopfzeile ← Seriendruckfelder)

In Zeile 1 der Datenquelle werden Spaltenbezeichnungen (z. B. Firma, Vorname und Name) festgelegt, die im Hauptdokument als Seriendruckfelder eingefügt werden. Ab Zeile 2 werden in der Datenquelle die sogenannten Datensätze erfasst. Für jeden **Datensatz** wird eine Zeile verwendet.

Der eigentliche Brieftext wird als Hauptdokument in Word erstellt. Dazu öffnen Sie den Geschäftsbriefvordruck und erstellen den gewünschten Text. Die variablen Angaben werden als stellvertretende Seriendruckfelder (Kartenreiter: Sendungen, Schreib- und Einfügefelder, Seriendruckfelder einfügen) in das Hauptdokument eingefügt. Word ersetzt die Seriendruckfelder beim Druck der Briefe automatisch durch Informationen aus der sogenannten Datenquelle (= Datenbank in Word, Excel oder Access) oder einer Outlook-Kontaktliste (gehen Sie über „Empfänger auswählen – Aus Outlook-Kontakten auswählen“).

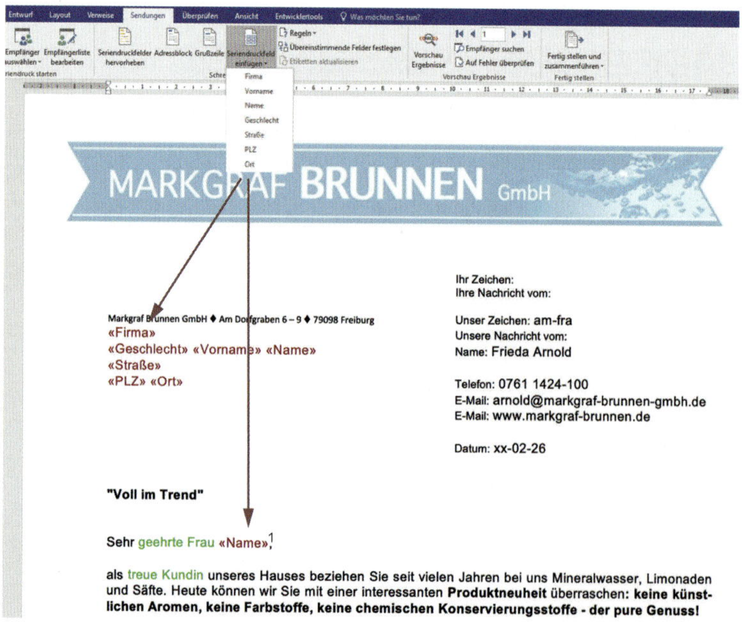

[1] Bei der abgebildeten Ansicht handelt es sich um die Darstellung bei aktivierten Feldfunktionen. Aus Gründen der Übersichtlichkeit wird auf die genaue Darstellung der Bedingungsfelder verzichtet. Eine genaue und vollständige Darstellung befindet sich in Kapitel 5 des Lehrwerks „Büro 2.1 Informationsverarbeitung Word – PowerPoint“.

©Syda Productions-fotolia.com

Für eine rationelle Bearbeitung der Anrede im Hauptdokument wird mit der Bedingung „Wenn ... Dann ... Sonst" gearbeitet.

In unserem Beispiel ist die Anrede in der Anschrift (wahlweise Herrn/Frau) und die Anrede im Brieftext (wahlweise geehrter Herr/geehrte Frau) so bearbeitet.

Wählen Sie den Menüpunkt Sendungen – Schreib- und Einfügefelder – Regeln – Wenn-dann-sonst. Wählen Sie unter Feldname „Geschlecht" ①, als Vergleich geben Sie „gleich" ② ein. Ihr Vergleichskriterium ist „m" ③. Sollte sich „m" für männlich im entsprechenden Datenfeld befinden (→ Dann), wird automatisch der Text „Herrn" ④ eingefügt. In allen anderen Fällen (→ Sonst) wird „Frau" ⑤ eingefügt.

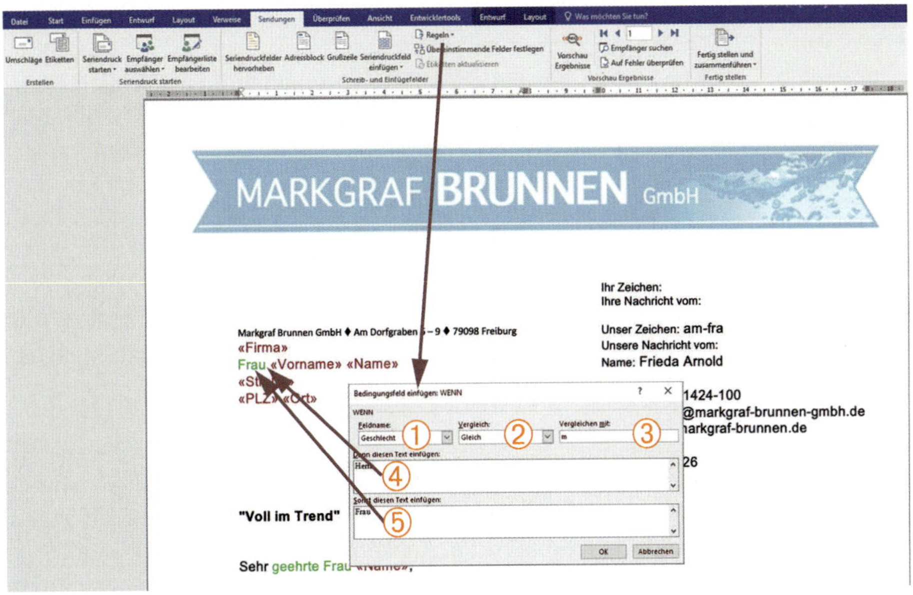

Zusammenfassung

Zusammenfassung zur Serienbriefbearbeitung

- Geschäftsbriefvordruck öffnen und Serienbrieffunktion aufrufen (Sendungen – Seriendruck starten – Briefe).
- Geschäftsbrief mit Datenquelle verbinden (Sendungen – Seriendruck starten – Empfänger auswählen – Vorhandene Liste verwenden ... – im entsprechenden Verzeichnis die Datenquelle auswählen).
- Seriendruckfelder für die Anschrift einfügen. Für die Anrede eine Bedingung formulieren.
- Info-Block im Geschäftsbriefvordruck normgerecht ausfüllen.
- Betreff formulieren und normgerecht gestalten.
- Anrede (mit Bedingung) im Text erstellen.
- Nach der Anrede den Brieftext erfassen bzw. formulieren. Auf normgerechte Absatzgestaltung und Randausgleich achten.
- Evtl. weitere Seriendruckfelder einfügen.
- Fertigen Brief als Hauptdokument (Word-Datei) speichern.
- Seriendruck an alle Empfänger über „Fertig stellen und zusammenführen" anfertigen.
- Druck eines einzelnen Datensatzes: Datensatz auswählen und einen normalen Dokumentendruck einleiten.

„Wenn Sie einen Dollar in Ihr Unternehmen stecken wollen, so müssen Sie einen weiteren bereithalten, um das bekannt zu machen."
Henry Ford

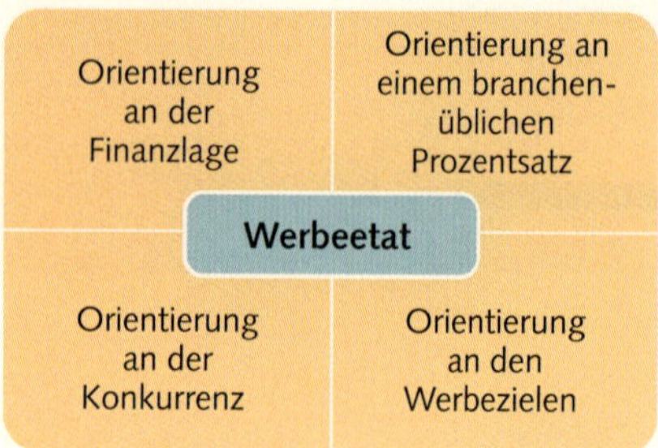

■ Werbeetat

Für Planung und Durchführung von einzelnen Werbemaßnahmen ist häufig der Werbeetat die ausschlaggebende Richtgröße. Der Werbeaufwand muss in einem wirtschaftlich sinnvollen Verhältnis zu den Werbezielen stehen. Die Praxis hat aber in der Regel keine oder nur ungenügende Anhaltspunkte für die ursächlichen Wirkungsverhältnisse von Werbeaufwand und Werbeerfolg.

Aufgrund der Werbeforschung vermutet man, dass bis zu 80 % des Werbeerfolgs durch 20 % des eingesetzten Werbeaufwands erzielt werden.

Die besonders erfolgreichen Teile zu ermitteln, um mit geringeren Werbekosten den annähernd gleichen Erfolg zu erzielen, fällt aber schwer. Deshalb werden andere Orientierungsgrößen gesucht, an denen die Höhe des Werbeetats auszurichten ist (vgl. Grafik links).

■ Werbeerfolgskontrolle

Nach Durchführung einer Werbeaktion soll die Werbeerfolgskontrolle darüber Aufschluss geben, ob die Werbemaßnahme den gewünschten Erfolg erzielt hat. Maßstab sind die bereits in der Werbeplanung festgelegten Sollwerte (Werbeziele).

Eine Werbeerfolgskontrolle ist in der Praxis schwierig, weil kaum nachvollziehbar ist, welche Maßnahmen sich wie, in welchem Zeitraum und in welcher Höhe in der jeweiligen Situation ausgewirkt haben. Andere Ereignisse, die z. B. von Gesetzesänderungen oder Wirtschaftsentwicklungen (Konjunktur, Konkurrenz), von Wertewandel oder abrupten Verhaltensänderungen der Konsumenten oder von der Werbung der Konkurrenz ausgehen, sind kaum zu quantifizieren. Sie wirken jedoch auf den Werbeerfolg.

Werbeerfolg (Werberendite)

$$= \frac{\text{Umsatzsteigerung}}{\text{Werbekosten}} \cdot 100$$

In der Werbeerfolgskontrolle lassen sich nur solche Tatbestände messen, die zuvor als quantifizierbare Ziele präzise formuliert wurden. Solche Ziele sind z. B.

- → Umsatzsteigerung von 5 Prozent in den nächsten sechs Monaten,
- → Steigerung der Kundenkontakte auf der Frühjahrsmesse um 100 Kunden,
- → Erhöhung des Artikelumsatzes auf 8 Prozent vom Gesamtumsatz,
- → Erlangen der Marktführerschaft für den neu einzuführenden Artikel innerhalb von 2 Jahren,
- → Erhalten des Marktanteils angesichts einer Werbeoffensive der Konkurrenz.

Vergleichszahlen erhält man dazu aus eigenen oder externen Statistiken, Aufzeichnungen oder aus der Branchenberichterstattung.

Einige Werbeziele richten sich auf Einstellungsänderung der Verbraucher; diese Ziele sind nicht in Zahlen zu messen. Die dadurch auch nicht unmittelbar in Zahlen messbaren Auswirkungen können durch Meinungsumfragen und Imageanalysen im Rahmen der Marktforschung untersucht werden.

3.3.2 Verkaufsförderung (Sales Promotion)

Die Verkaufsförderung nimmt im Rahmen der Kommunikationspolitik neben der Werbung einen immer wichtigeren Platz ein. Der Kosten-Nutzen-Vergleich scheint hier besser messbar und effektiver zu sein als bei anderen Maßnahmen zur Steigerung des Absatzes.

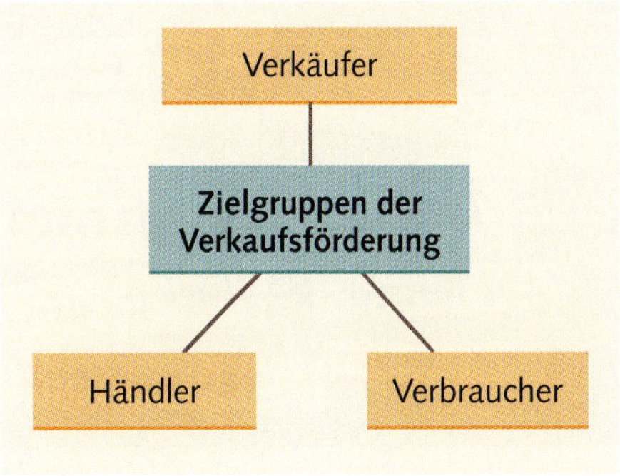

Merke

Unter **Verkaufsförderung** (Sales Promotion) versteht man alle Maßnahmen zur Förderung und Unterstützung der am Verkaufsprozess Beteiligten. Es geht darum, die Bedingungen des Verkaufs oder der Vertragsverhandlungen positiv zu beeinflussen.

Die Verkaufsförderung erstreckt sich vornehmlich auf drei Gruppen:

Verkäuferpromotion

Der Verkäufer muss sich als hilfreicher Vermittler bei der Erfüllung der Kundenwünsche verstehen. Deshalb werden Maßnahmen getroffen, um die Leistungsfähigkeit der Mitarbeiter, die im direkten Kontakt mit dem Kunden stehen, zu verstärken.

Beispiel

Schulungen für Verkäufer vermitteln absatzfördernde Kenntnisse und Fertigkeiten; Muster, Proben und Prospekte werden bereitgestellt und Prämien- bzw. Provisionssysteme aufgebaut.

Händlerpromotion

Die Hersteller sind bemüht, ihre Produkte in die Regale der Händler zu bringen. Dass Händler bzw. Handelsketten die Produkte kaufen gelingt eher, wenn zu den Produkten umfangreiche Unterstützungsleistungen für die Händler angeboten werden.

Beispiel

Es werden Informations- und Schulungsveranstaltungen für den Händler durchgeführt, Werbematerialen oder auffällige Displays zur Verfügung gestellt und gesonderte Preis- und Lieferkonditionen bzw. Alleinvertriebsrechte angeboten.

LERNFELD 5

Verbraucherpromotion

Die Absatzwerbung versucht im Allgemeinen, den Kunden an die Ware heranzuführen. Verbraucherpromotion verfolgt in erster Linie den umgekehrten Weg, sie bringt die Ware direkt mit den Kunden in Kontakt.

Beispiel

Waren des Lebensmittelbereichs werden an Probierständen angeboten. Produktproben werden verteilt. Oder: Es wird versucht, Kaufanreize durch Gewinnspiele, Verlosungen und Werbegeschenke zu schaffen.

3.3.3 Öffentlichkeitsarbeit (Public Relations)

©iQoncept – s ©Deichmann tock.adobe.com

Die **Öffentlichkeitsarbeit** ist als absatzpolitisches Instrument in die Kommunikationspolitik eingebunden und soll die Absatzwerbung zur Gewinnung von Vertrauen und Wohlwollen verstärken. Sie wird auch als **Imagewerbung** bezeichnet.

Merke

Unter **Öffentlichkeitsarbeit** (Public Relations) sind alle Maßnahmen zu verstehen, die das Ansehen des Unternehmens und das Vertrauen in dieses als Ganzes und in das jeweilige Betätigungsfeld in der Öffentlichkeit stärken und pflegen.

ÜBER DEN IDEE-FÖRDERPREIS

EINE AUSZEICHNUNG FÜR DIE INNOVATIVSTEN UNTERNEHMENSGRÜNDUNGEN VON FRAUEN

Seit 1997 vergibt der Hamburger Kaffeeröster Albert Darboven den IDEE-Förderpreis. Der Preis ist die einzige nationale Auszeichnung für innovative Ideen für Unternehmensgründungen von Frauen. Das Fazit des Stifters nach über 20 Jahren: „Ich bin immer wieder begeistert über das hohe unternehmerische Potenzial von Frauen, das nach wie vor viel zu wenig gefördert wird." Mit der Vergabe des renommierten Preises will Albert Darboven ein Signal setzen und Frauen Mut machen, den Weg in die unternehmerische Selbstständigkeit zu gehen. Gesucht werden tragfähige und erfolgversprechende Business-Konzepte aus allen Wirtschaftsbereichen. Für den Stifter Albert Darboven steht dabei im Vordergrund, Unternehmerinnen zu fördern, die mit innovativen und nachhaltigen Geschäftsideen die internationale Wettbewerbsfähigkeit der deutschen Wirtschaft sichern.

© J.J. Darboven GmbH & Co. KG, Hamburg; www.idee-kaffee.com/de-de/foerderpreis

Mit der Öffentlichkeitsarbeit bemüht sich das Unternehmen z. B. um den Einsatz für den Umweltschutz über sein eigenes Leistungsangebot hinaus.

Etabliert hat sich auch ein gesellschaftliches Engagement, das sich z. B. in Unterstützung von Vereinen, Schulen oder durch karitative Spenden zeigen kann.

Die **Firmenwerbung** ist von der **Öffentlichkeitsarbeit** nicht immer leicht zu unterscheiden. Doch gilt allgemein, dass bei der Öffentlichkeitsarbeit die Firma zwar häufig genannt wird, ihr Absatzziel aber bewusst in den Hintergrund tritt.

Um das Ansehen über die Produktleistungen des Unternehmens hinaus zu fördern oder zu stärken, werden nicht nur die Verbraucher angesprochen, sondern auch einzelne Personen oder Personengruppen, Vereinigungen und Institutionen, die in irgendeiner Weise in Verbindung zum Unternehmen stehen. Dazu zählen z. B. Konkurrenzunternehmen, Zulieferer, Kapitalgeber, Behörden, Kammern, Verbände, Vereine, Parteien.

Eine weitere Gruppe sind die eigenen Mitarbeiter, die über die Öffentlichkeitsarbeit Anerkennung, Motivation und Sozialprestige erlangen können, aber als Mitglieder des Unternehmens auch selbst großen Einfluss auf dessen öffentliches Ansehen haben.

„Tue Gutes und rede darüber!"

Zu den Maßnahmen der Öffentlichkeitsarbeit zählen damit unter anderem:

- **Förderung des Gemeinwohls** durch Spenden oder Stiftungen: Mögliche Empfänger sind z. B. Vereine, Hilfefonds aller Art, Bildungswesen, Forschung, Umweltschutz, Tierschutz, Sport, Kultur, Politik;
- **Pressearbeit** in Printmedien und Online-Medien, z. B. sozialen Netzwerken: Berichte und Reportagen über Unternehmensentwicklung, Sozial- und Umweltengagement sowie Förderprogramme und Fördereinrichtungen;
- **Öffnung des Unternehmens:** Informationen durch Betriebsbesichtigungen, Ausstellungen, Jubiläumsfeiern, Vorträge, Vorführungen, Bildungs- und Fortbildungsveranstaltungen aus dem Tätigkeitsbereich des Unternehmens oder darüber hinaus, Beteiligung an Veranstaltungen der Berufsschule, bei Stadtteilfesten.

Beispiel

Einblicke und Erlebnisse, die Sie nicht vergessen werden

Tauchen Sie mit uns ein in die faszinierende Welt der Fahrzeugproduktion und erleben Sie im Stammwerk Wolfsburg die perfekte Symbiose aus Tradition und Moderne. Auf unseren maßgeschneiderten WerkTouren durch verschiedene Bereiche der Fertigung zeigen wir Ihnen exklusiv und hautnah, wie ein Volkswagen entsteht. Zudem bieten wir Ihnen die besten Voraussetzungen für eine erfolgreiche Veranstaltung. Nutzen Sie unsere Räumlichkeiten für ein besonderes Event – egal ob Pressekonferenz, Kongress oder Workshop.

https://www.volkswagen.de/de/marke-und-erlebnis/werkbesichtigung/werk-wolfsburg.html

Im Überschneidungsbereich von Firmenwerbung und Öffentlichkeitsarbeit ist das Sponsoring angesiedelt.

Sponsoring

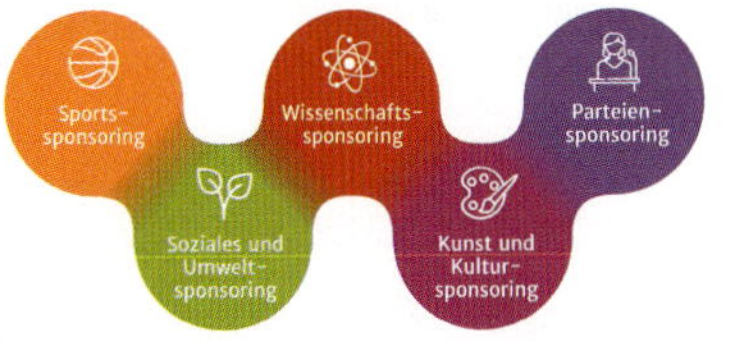

Sponsoring meint ein **Vertragsverhältnis** zwischen einer Unternehmung auf der einen Seite und einer Einrichtung, einem Verein oder auch einer Person auf der anderen Seite, von denen das Unternehmen eine Werbewirksamkeit (Image-werbung) erwartet.

Sport und **Kultur** sind bisher die am stärksten etablierten Betätigungsfelder, in denen die Unternehmen mit ihren Geldern Werbekraft kaufen. So setzen Autohersteller z. B. auf Fußball, Tennis oder Segeln. Neben dem Sportsponsoring ist auch das Kultursponsoring besonders beliebt (z. B. Fernsehsender sponsert die „Internationalen Filmfestspiele" in Berlin). Zunehmend spielt auch die Ethik in Form von **Öko- und Soziosponsoring** eine Rolle, wodurch die Unternehmen umweltbewusstes und soziales Engagement beweisen (wollen). Im Zusammenhang von Öko-Sponsoring, das eine offene Identifikation von Sponsor und Gesponsertem voraussetzt, haben sich inzwischen zahlreiche tragfähige Kooperationen zwischen Unternehmen und Umweltschutzorganisationen ausgebildet (z. B. mit der Umweltschutzorganisation WWF). Allerdings gerät ökologisch orientiertes Sponsoring gelegentlich – und leider häufig nicht zu unrecht – unter den Verdacht, sog. „Greenwashing" zu betreiben, also einen äußeren Schein z. B. von Nachhaltigkeit zu erwecken, der den ökologischen Tatsachen letztlich nicht entspricht.

Insbesondere **im regionalen Bereich** ist bei der Öffentlichkeitsarbeit und beim Sponsoring auch die **persönliche Repräsentanz** von erheblicher Bedeutung (z. B. Mitgliedschaft von Firmenrepräsentanten in Vereinen, persönliches Überreichen von Spendenschecks).

www.autobild.de

LERNFELD 5

3.3.4 Moderne Marketinginstrumente der Kommunikationspolitik

©Peggy Blume-fotolia.com

Die Vielfalt von Marketingmaßnahmen erfordert eine optimale Nutzung der Marketinginstrumente, damit die Streuverluste gering bleiben und das Marketingbudget gezielt eingesetzt wird. Die Auseinandersetzung mit modernen Marketinginstrumenten, die vergleichsweise wenig Kosten verursachen, wird deshalb immer wichtiger.

■ Direkt Marketing (Direct Marketing)

Unter **Direkt Marketing** versteht man eine Form der Kommunikationspolitik, die durch die gezielte **individuelle Ansprache von Kunden** gekennzeichnet ist. Unternehmen nutzen die persönliche Kundenansprache in Verbindung mit einer Aufforderung bzw. Bitte zur Antwort, um durch einen kontinuierlichen Dialog bessere Kenntnisse über ihre Kunden zu gewinnen und die Kundenbindung von Bestandskunden zu festigen.

Beispiel

Ein Getränkehersteller informiert in einem Werbebrief alle Stammkunden über eine Produktneuheit und lädt zu einer Präsentation mit Verkostung ein.

Durch den persönlichen Kontakt können auch Informationen zu speziellen Bedürfnissen von potenziellen Kunden erworben und erfolgreich zur Neukundengewinnung eingesetzt werden.

Beispiel

Ein Hersteller für Medizintechnik hat ein neues, verschleißfreies Hüftgelenk (Endoprothese) entwickelt. Alle Chefärzte von Spezialkliniken erhalten ein Probeexemplar mit Informationen und der Bitte zur Vereinbarung eines Termins mit einem Außendienstmitarbeiter.

Die **Vorteile** des Direkt Marketings liegen in der Vermeidung von Streuverlusten und der Möglichkeit einer eindeutigen Erfolgskontrolle der Maßnahmen. Entscheidend ist, dass die Zielgruppe genau identifiziert ist und die Werbemaßnahme adäquat ausgewählt wird.

Für das Direkt Marketing bieten sich vielfältige Maßnahmen an, die insbesondere entsprechend den Merkmalen der Zielgruppe (z. B. Verbraucher, Händler) ausgewählt werden. Dazu zählen u. a.:

- → Telefonwerbung,
- → E-Mail Werbung,
- → App Werbung,
- → persönlich adressierte Werbebriefe,
- → Zusendung von Warenproben,
- → Terminvereinbarungen eines Vertreters.

■ Social Media Werbung

©Web Buttons Inc-fotolia.com

Social Media Werbung steht für eine Form des Online Marketings, die zur Vermarktung von Produkten und zur Öffentlichkeitsarbeit soziale Netzwerke (z. B. Facebook, Twitter, Xing, Instagram, Blogs) und Plattformen (z. B. YouTube) im Internet nutzt: Sie stellt eine effektive und kostengünstige Maßnahme der Kommunikationspolitik dar.

©Trueffelpix-fotolia.com

Mithilfe sozialer Netzwerke können sich Unternehmen und Kunden vernetzen und miteinander kommunizieren, wobei der Kunde – wie bei klassischen Maßnahmen des Direktmarketings – als individuelle Persönlichkeit wahrgenommen wird. Beiträge von Unternehmen werden kommentiert, mit anderen Nutzern ausgetauscht und ggf. mit einem Feedback beantwortet. Beteiligte sind damit gleichzeitig Sender und Empfänger. Leiten Nutzer eine „besondere" Botschaft weiter, verbreitet sich diese in kurzer Zeit wie ein „Virus" im Internet: Man bezeichnet diesen Vorgang deshalb auch mit dem Begriff **„Virales Marketing".**

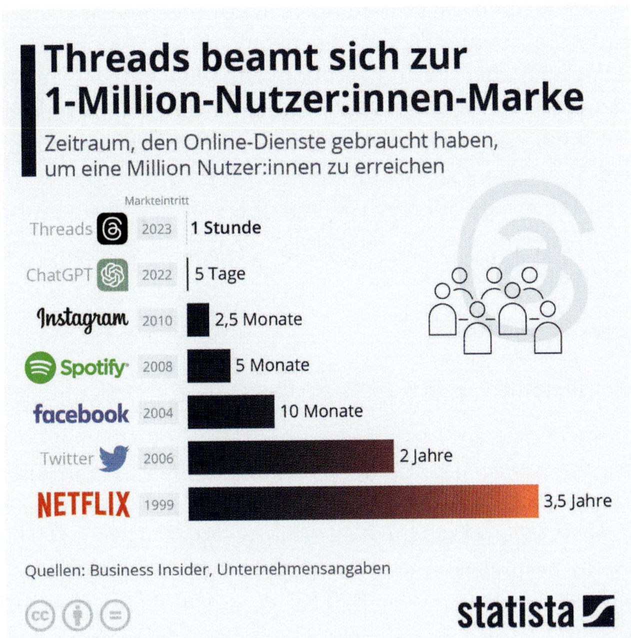

Von ihrem Social Media Marketing erhoffen sich Unternehmen in der Regel ein hohes User-Engagement, Viralität, Retweets, Likes, Shares und Follower.

Die Bewertung der Nutzer wirkt sich stark auf das Image einer Unternehmung aus. Meinungen, auch negative, können sich unkontrolliert ausbreiten. Es ist deshalb wichtig, dass Beiträge von Unternehmen aktuell und zielgruppenbezogen eingestellt werden, Kritik mit den Kunden konstruktiv kommuniziert und zu Verbesserungen genutzt wird.

©Colours Pic - stock.adobe.com

LERNFELD 5

Internet-Nutzer verwenden häufig Suchmaschinen (z. B. Google), um auf Webseiten aufmerksam zu werden. Unternehmen nutzen diese Vorgehensweise für ihre Marketing-Aktivitäten, indem sie mittels einer **Suchmaschinenoptimierung (SEO = Search Engine Optimization)** die eigene Webseite auf einem vorderen Platz positionieren. Durch die bessere Platzierung erreichen sie eine Steigerung der Seitenbesucher, stärken ihr Image und verschaffen sich auf diese Weise Wettbewerbsvorteile.

■ Event Marketing

Unter Event Marketing (auch Live Marketing) versteht man die systematische Planung und Durchführung von **Veranstaltungen mit einem hohen Erinnerungswert** zur Imagebildung und zur Verkaufsförderung von Produkten und Dienstleistungen. Dazu eigenen sich z. B. Messen, Verkaufsveranstaltungen und Pressekonferenzen. Typisch für ein Event Marketing sind aber neben den **informierenden Anteilen** insbesondere auch die **unterhaltenden und erlebnisorientierten Ereignisse.** Dabei handelt es sich häufig um Rahmenprogramme mit Inszenierungen aus Sport, Kultur und Showbusiness, die zu Jubiläen, Neueröffnungen, Produktvorstellungen, Tagen der offenen Tür, Mitarbeiterfesten, Jahresauftakt-Meetings, Stadtfesten u. v. a. m. veranstaltet werden. Event Marketing ist immer zielgruppenbezogen, z. B.

- ➔ unternehmens**interne** Events (z. B. Schulungen, Seminare) für Mitarbeiter,
- ➔ unternehmens**externe** Events (z. B. Roadshows, Sportveranstaltungen) für Kunden.

Event Marketing ist in das Gesamtkonzept der Marketing-Kommunikation eingebunden und zielt insbesondere auf die Emotionalisierung der Kunden für die Unternehmung bzw. für die Marke. Es fällt durch seine Ungewöhnlichkeit und Einzigartigkeit auf und ermöglicht so besondere Aufmerksamkeits- und Erinnerungswerte. Die aktive Einbeziehung in das Geschehen vermittelt ein gutes Gefühl, Begeisterung und Zufriedenheit und verstärkt so die **emotionale Bindung der Kunden** an das Unternehmen.

Beispiel

Red Bull ist eine der bekanntesten Marken mit einem unvergleichlichen Event Marketing. Der Brausehersteller veranstaltet immer wieder überraschende Events mit einer eigenen Sportwelt, mit denen der Energy-Drink in Szene gesetzt und die Marke erlebbar gemacht wird. Bekannt sind z. B. die Red Bull Flugtage: „Red Bull verleiht Flügel." Seit Jahren sponsert der Red Bull Rennstall die Formel 1. Der größte Coup des Unternehmens war aber der weltweit verfolgte Stratosphärensprung des Österreichers Felix Baumgartner aus 39 km Höhe.

3.3.5 Grenzen der Werbefreiheit

Allgegenwärtigkeit, Fülle und Vielfältigkeit von Werbung führen dazu, dass Unternehmen sich immer ausgefallenere und auffälligere Werbekampagnen einfallen lassen (müssen), damit Konsumenten sie überhaupt wahrnehmen. Werbemaßnahmen mit falschen, provozierenden, aggressiven, sexistischen oder extrem schockierenden Inhalten scheinen grenzenlos zu sein und stoßen nicht selten an rechtliche und ethische Grenzen bzw. überschreiten sie.

©www.foodwatch.e.V.

Die gemeinnützige Verbraucherschutzorganisation Foodwatch lässt jedes Jahr die größte Werbelüge bestimmen und verleiht den Negativpreis **„Goldener Windbeutel"**.

Die Einhaltung rechtlicher Regeln und moralischer Standards werden durch das **Wettbewerbsrecht** begrenzt und vom **Deutschen Werberat** als freiwillige Kontrollinstanz der Unternehmen überwacht.

- → Regelungen des Wettbewerbsrechts (z. B. UWG) haben den Zweck, ungerechtfertigte Ungleichgewichte im wirtschaftlichen Wettbewerb zu verhindern und den Verbraucher gegen Irreführungen und Täuschungen zu schützen.
- → Der Deutsche Werberat befasst sich mit Beschwerden über Werbemaßnahmen, die zwar rechtlich nicht zu beanstanden sind, aber aus ethischer Sicht als verletzend empfunden werden (können).

■ Gesetz gegen den unlauteren Wettbewerb (UWG)

Das Gesetz gegen den unlauteren Wettbewerb dient dem **Schutz der Mitbewerber, der Verbraucher sowie der sonstigen Marktteilnehmer** vor unlauteren geschäftlichen Handlungen. Es schützt zugleich das Interesse der Allgemeinheit an einem unverfälschten Wettbewerb.

Merke

Unlautere geschäftliche Handlungen sind unzulässig. [...] Unlauter handelt, wer einer gesetzlichen Vorschrift zuwiderhandelt, die auch dazu bestimmt ist, im Interesse der Marktteilnehmer das Marktverhalten zu regeln, und der Verstoß geeignet ist, die Interessen von Verbrauchern, sonstigen Marktteilnehmern oder Mitbewerbern spürbar zu beeinträchtigen.

§ 3, 3a UWG

Unlautere Handlungen

§ 4 und 4a UWG beschreiben in allgemeiner Form Handlungen, die als unlauter gelten. Dazu zählen u. a.:

§ 4, 4a UWG

- → Beeinträchtigung der Entscheidungsfreiheit durch unsachliche Beeinflussung,
- → Ausnutzung eines beeinträchtigten Urteilsvermögens, z. B. bei geistiger oder körperlicher Beeinträchtigung, geschäftlicher Unerfahrenheit oder Zwangslagen,
- → gezielte Behinderung von Mitbewerbern,
- → Herabsetzung von Konkurrenten durch unwahre Behauptungen (Verunglimpfung),
- → Nachahmung eines Mitbewerbers.

©Matthias Buehner-fotolia.com

LERNFELD 5

Beispiel

Verunglimpfung:
Ein Unternehmen verbreitet öffentlich, in den Obstbränden des Mitbewerbers sei der gesetzlich zugelassene Gehalt an Methyalkohol überschritten. Neutrale Laboruntersuchungen ergeben jedoch, dass die Chargen aller untersuchten Obstbrände deutlich unter den gesetzlichen Grenzwerten liegende Methylalkoholgehalte aufweisen.

Beeinträchtigung der Entscheidungsfreiheit durch unsachliche Beeinflussung:
Ein Unternehmen wirbt mit hohen Preisnachlässen wegen Geschäftsaufgabe, obwohl eine Geschäftsaufgabe nicht beabsichtigt ist.

§ 5 UWG

§ 5 Irreführungsverbot

§§§

„Unlauter handelt, wer eine irreführende geschäftliche Handlung vornimmt [...]. Eine geschäftliche Handlung ist irreführend, wenn sie unwahre Angaben [...] oder sonstige zur Täuschung geeignete Angaben [...] enthält."

Tipp

Die Rechtsprechung zur **Warenbevorratung** ist uneinheitlich. Als Richtwert gilt, dass die Bevorratung zur Befriedigung der voraussichtlichen Nachfrage für 2 Tage ausreichen muss. Andernfalls muss der Verkäufer die Angemessenheit nachweisen.

Irreführende Angaben können z. B. die Art, Ausführung, Zusammensetzung, Herkunft von Waren oder besondere Preisvorteile betreffen.

Beispiel

Ein Fahrradhändler wirbt mit einer Preissenkung. Der ursprüngliche Preis wurde allerdings nur für eine unangemessen kurze Zeit gefordert.

Zu irreführender Werbung zählt auch **Lockvogelwerbung.** Von Lockvogelwerbung spricht man, wenn günstige Waren, die im Rahmen eines Sonderverkaufs angeboten werden, nicht in angemessener Menge zur Befriedigung der zu erwartenden Nachfrage vorgehalten werden.

Beispiel

Ein Lebensmittel-Discounter bietet E-Bikes zu einem Sonderpreis von 699,00 EUR an. Es stehen aber nur 2 Räder zum Verkauf zur Verfügung.

§ 6 UWG

§ 6 Vergleichende Werbung

§§§

„Vergleichende Werbung ist jede Werbung, die [...] einen Mitbewerber oder die von einem Mitbewerber angebotenen Waren oder Dienstleistungen erkennbar macht."

Nicht jede vergleichende Werbung ist unlauter. Unter bestimmten Voraussetzungen ist vergleichende Werbung erlaubt, z. B. wenn der Vergleich sich auf Waren oder Dienstleistungen für den gleichen Bedarf oder dieselbe Zweckbestimmung bezieht, nachprüfbare und typische Eigenschaften miteinander verglichen werden, der Preisvergleich keine Verwechslungsgefahr birgt und der Mitbewerber nicht herabgesetzt wird.

Beispiel

Verbotene (unlautere) vergleichende Werbung
Ein Möbelhändler wirbt in der Tageszeitung: „Kaufen Sie bei uns. Unser Mitbewerber kann nur heiße Luft. Keine Beratung, keinen Service."

§ 7 Unzumutbare Belästigung

§ 7 UWG

§§§

„Eine geschäftliche Handlung, durch die ein Marktteilnehmer in unzumutbarer Weise belästigt wird, ist unzulässig. Dies gilt insbesondere für Werbung, obwohl erkennbar ist, dass der angesprochene Marktteilnehmer diese Werbung nicht wünscht."

Beispiel

Es ist verboten, Werbung in den Briefkasten zu legen, wenn ein deutlicher Hinweis „Keine Werbung!" dies verbietet.

Werbeanrufe gegenüber einem Verbraucher ohne dessen vorherige ausdrückliche Einwilligung sind nicht erlaubt.

Rechtsfolgen von Verstößen gegen das UWG

§ 8 UWG

§ 9 UWG

Wer vorsätzlich oder fahrlässig gegen das UWG verstößt, ist den Mitbewerbern zum **Ersatz des daraus entstehenden Schadens** verpflichtet. Weiterhin kann er zur **Beseitigung bzw. Unterlassung** gezwungen werden.

■ Werberat

Der **Deutsche Werberat** ist eine 1972 **freiwillig gegründete Institution** der werbenden Wirtschaft, des Handels, der Medien, der Agenturen, der Forschung sowie der Werbeberufe. Er hat die Aufgabe, ordnend einzugreifen, wenn Werbemaßnahmen, die nicht gegen die gesetzlichen Wettbewerbsbestimmungen verstoßen, von Verbrauchern z. B. als anstößig, herabwürdigend, diskriminierend oder religiös verletzend empfunden werden und daher unerwünscht sind. Darüber hinaus entwickelt er **grundsätzliche Verhaltensregeln** zum verantwortungsvollen Umgang mit Werbung für spezielle Bereiche (z. B. Kinder, Lebensmittel, Alkohol, Glücksspiele).

Privatpersonen, gesellschaftliche Gruppierungen oder auch politische Instanzen können sich mit Beschwerden an den Werberat wenden; er kann aber auch von sich aus tätig werden, wenn er Missstände feststellt, und schaltet bei vermuteten **Rechtsverstößen** rechtsverfolgende Instanzen ein (z. B. die Zentrale zur Bekämpfung unlauteren Wettbewerbs oder eine Staatsanwaltschaft).

Bei einer **Beanstandung** wendet sich der Werberat aber zunächst an das werbende Unternehmen mit der Aufforderung, die Kampagne entweder aus der Öffentlichkeit zu nehmen oder sie entsprechend abzuändern. Zeigt diese Aufforderung keine Wirkung, erteilt der Werberat eine **öffentliche Rüge** über die Berichterstattung der Massenmedien. Diese – aufgrund der Prangerwirkung – empfindliche Sanktion wird jedoch sehr selten eingesetzt, da die Unternehmen in der Regel schon der ersten Aufforderung Folge leisten.

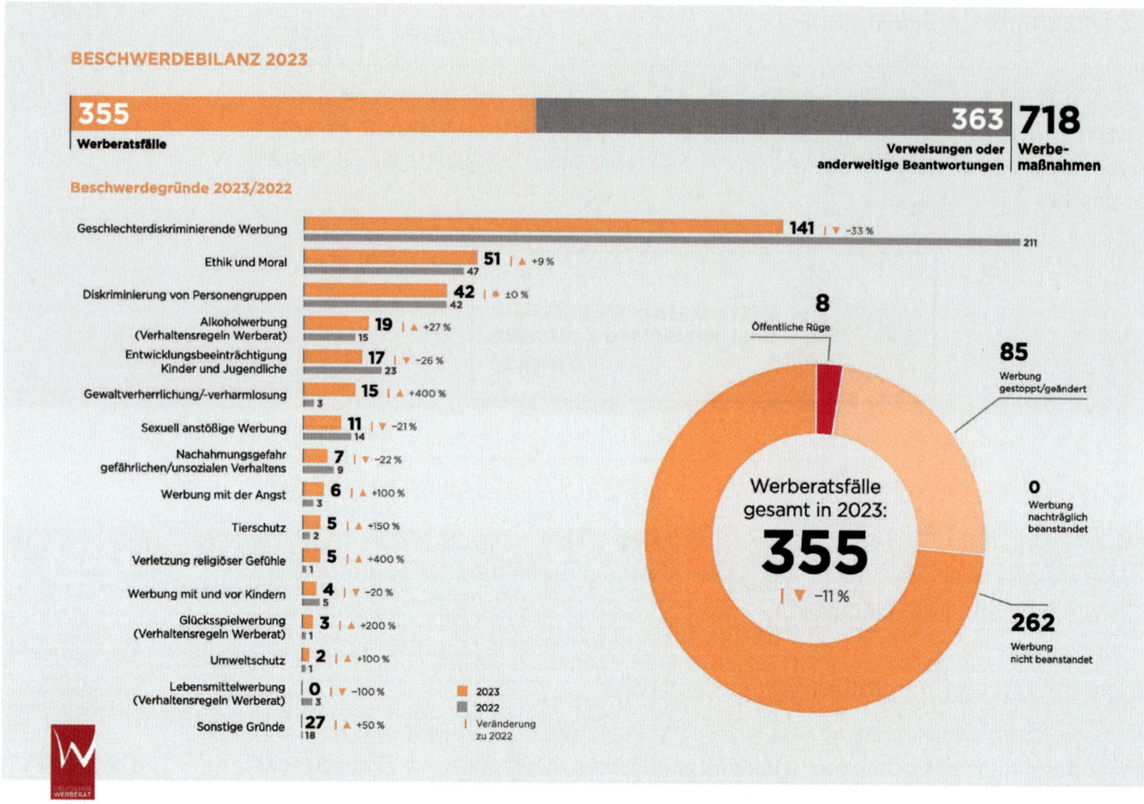

©Deutscher Werberat, Berlin

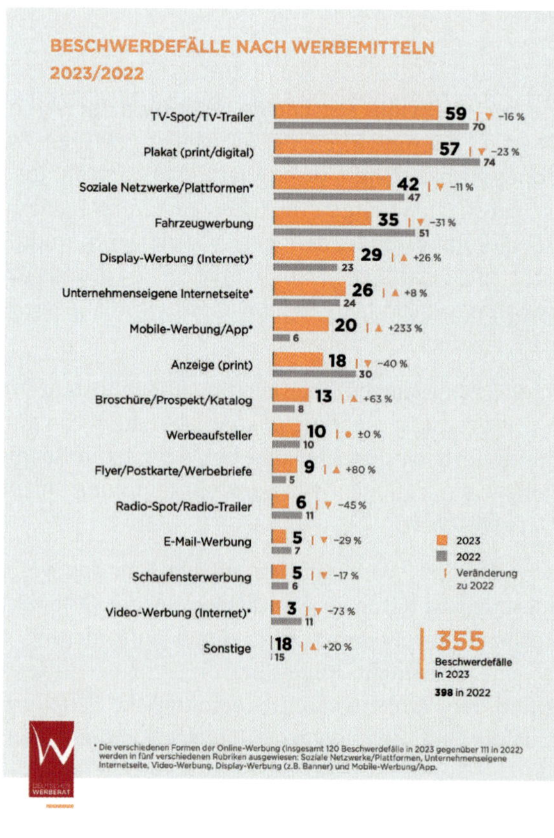

©Deutscher Werberat, Berlin

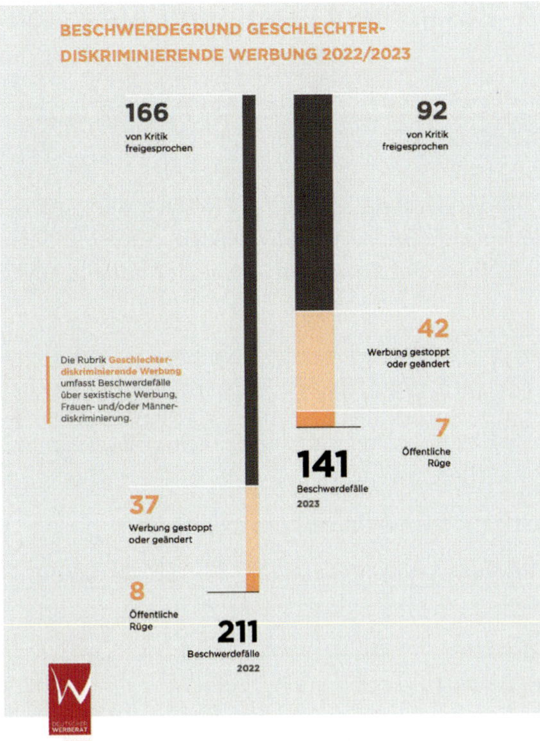

©Deutscher Werberat, Berlin

Beispiel

Ausgewählte Beschwerdefälle aus 40 Jahren Werberat

1990er: „...absolute Sicherheit..." versprach ein deutscher Automobilproduzent unter Hinweis auf sein computergestütztes Antriebssystem. Das sei wettbewerbswidrig, meinte ein Beschwerdeführer – eine „absolute Sicherheit" gebe es nicht. Der Werberat gab den Fall an die klagebefugte Zentrale zur Bekämpfung unlauteren Wettbewerbs weiter. Die erwirkte eine Unterlassungserklärung der Autofirma.

2000er: Gezielt doppeldeutig war der werbende Text in einem Möbelhausprospekt „Wir nehmen Ihre 'Alte' in Zahlung und schicken sie in die Wüste." – eine Eintauschaktion gebrauchter Möbel gegen neue. Groß abgebildet war neben dem Text eine ältere Frau neben einer Sitzgarnitur. Diskriminierung älterer Menschen, befand der Werberat. Der Prospekt wurde zurückgezogen.

2010er: Mit einem gefüllten Bierglas und dem Slogan „Löscht personenbezogene Daten, zum Beispiel den Geburtstag deiner Freundin" warb eine Brauerei auf ihrem Social-Media-Kanal. Die Beschwerdeführer waren der Auffassung, die Werbung verharmlose missbräuchlichen Alkoholkonsum. Der Verweis auf die „datenlöschenden" Eigenschaften des Biers würde einen Rausch mit eventuellem Gedächtnisverlust suggerieren und auf diese Weise ebenso Alkoholmissbrauch verharmlosen wie die Bestrebungen um einen Genuss in Maßen konterkarieren. Die Brauerei nahm die virale Werbung daraufhin aus dem Umlauf.

2020er: Eine Hörbuch-App wurde mit der Abbildung eines Fahrrad fahrenden Mannes beworben, der Kopfhörer aufgesetzt hatte und spannende Bücher anhörte. Die Beschwerde lautete, hier sei Nachahmungsgefahr gegeben, insbesondere für Kinder und Jugendliche, deren Aufmerksamkeit und Konzentrationsfähigkeit durch das Anhören von Büchern beeinträchtig werde. Der Deutsche Werberat forderte den Werbungtreibenden umgehend zur Stellungnahme auf. Dieser teilte mit, das Motiv zukünftig nicht mehr verwenden zu wollen.

Quellen: https://werberat.de/bilanzen/rueckblick/

3.3.6 Zusammenfassung und Aufgaben

Zusammenfassung

Absatzwerbung

Die **Absatzwerbung** umfasst alle Maßnahmen, mit denen die Unternehmung Interesse weckt, informiert, motiviert und Verhalten beeinflusst mit der Absicht, direkt oder indirekt den Absatz von Sachgütern oder Dienstleistungen zu begünstigen.

Ziele:

- Erlangen, Erhalten und Erhöhen des Bekanntheitsgrades (Bekanntheit)
- Information über Einsatzmöglichkeiten, Funktionen, Nutzen und Kosten des Produktes (Wissen)
- Stärkung des Vertrauens (Image)
- Förderung und Unterstützung der Absatzchancen (Käuferverhalten)

Grundsätze:

AIDA-Formel:

- A = Attention (Aufmerksamkeit erregen)
- I = Interest (Interesse wecken)
- D = Desire (Kaufwunsch auslösen)
- A = Action (Kauf bewirken)

Weitere Anforderungen:

- Werbewirksamkeit,
- Werbeklarheit,
- Werbewahrheit und
- Wirtschaftlichkeit.

Formen:

- Einführungswerbung, Expansionswerbung, Erinnerungswerbung
- Produktwerbung, Sortimentswerbung, Firmenwerbung
- Einzelwerbung, Kollektivwerbung
- Direktwerbung, Massenwerbung
- informative, suggestive Werbung
- Herstellerwerbung, Handelswerbung

Werbeplanung, Werbeetat und Werbeerfolgskontrolle

Elemente des Werbeplans:

- Werbeobjekt
- Werbebotschaft
- Streukreis
- Streugebiet
- Werbeziel
- Werbemittel/Werbeträger
- Streuzeit
- Werbeetat

Orientierungsgrößen für den Werbeetat:

- Finanzlage
- Branche
- Konkurrenz
- Werbeziele

Werbeerfolg: i. d. R. nur bei quantifizierbaren Zielen messbar (z. B. Werbekosten im Verhältnis zu Umsatzsteigerungen)

Verkaufsförderung (Sales Promotion)

Unter **Verkaufsförderung** (Sales Promotion) versteht man alle Maßnahmen zur Förderung und Unterstützung der am Verkaufsprozess Beteiligten:

- **Verkäuferpromotion:** Maßnahmen zur Steigerung der Leistungsfähigkeit der Verkäufer mit direktem Kundenkontakt (z. B. Schulungen)
- **Händlerpromotion:** besondere Unterstützungsangebote für die Händler (z. B. Informationsveranstaltungen, Werbematerial)
- **Verbraucherpromotion:** Maßnahmen, mit denen die Ware in Kontakt mit den Käufern gebracht wird (z. B. Probierstände)

Öffentlichkeitsarbeit (Public Relations)

Unter **Öffentlichkeitsarbeit** (Public Relations) sind alle Maßnahmen zu verstehen, die das Ansehen des Unternehmens und das Vertrauen in dieses als Ganzes und in das jeweilige Betätigungsfeld in der Öffentlichkeit stärken und pflegen:

- Förderung des Gemeinwohls durch Spenden oder Stiftungen,
- Pressearbeit (z. B. Sozial- und Umweltengagement),
- Öffnung des Unternehmens (z. B. Betriebsbesichtigungen).

Sponsoring meint ein Vertragsverhältnis zwischen einem Unternehmen auf der einen und einer Einrichtung, einem Verein oder auch einer Person auf der anderen Seite, von denen das Unternehmen eine Werbewirksamkeit (Imagewerbung) erwartet, z. B.:

- Öko- und Soziosponsoring
- Sportsponsoring
- Kultursponsoring

Moderne Marketinginstrumente der Kommunikationspolitik

Unter **Direkt Marketing** versteht man eine Form der Kommunikationspolitik, die durch die gezielte individuelle Ansprache von Kunden gekennzeichnet ist.

Maßnahmen z. B.:

- Telefonwerbung
- E-Mail Werbung
- Zusendung von Warenproben
- persönlich adressierte Werbebriefe
- App Werbung
- Terminvereinbarungen eines Vertreters

Social Media Werbung steht für eine Form des Online-Marketings, die zur Vermarktung von Produkten und zur Öffentlichkeitsarbeit soziale Netzwerke und Plattformen im Internet einsetzt, z. B.:

- Facebook
- Xing
- YouTube
- Twitter
- Instagram
- Google (mit Suchmaschinenoptimierung)

Unter **Event Marketing** versteht man Veranstaltungen mit einem hohen Erinnerungswert zur Imagebildung und zur Verkaufsförderung, z. B.:

- unternehmensinterne Events für Mitarbeiter (z. B. Schulungen, Seminare an besonderen Orten)
- unternehmensexterne Events für Kunden (z. B. Roadshows, Sportveranstaltungen)

Grenzen der Werbefreiheit

Gesetz gegen den unlauteren Wettbewerb (UWG)

Das Gesetz dient dem Schutz der Mitbewerber, der Verbraucher sowie der sonstigen Marktteilnehmer.

- Unzulässigkeit von unlauteren Handlungen (z. B. Herabsetzung von Konkurrenten durch unwahre Behauptungen)
- Irreführungsverbot (z. B. unwahre Angaben über Herkunft der Ware)
- vergleichende Werbung (z. B. bei Herabsetzung des Mitbewerbers verboten, bei Preisvergleichen ohne Verwechslungsgefahr erlaubt)
- Verbot unzumutbarer Belästigung (z. B. Werbeanrufe ohne Einwilligung)

Werberat

Der **Deutsche Werberat** hat die Aufgabe, ordnend einzugreifen, wenn Werbemaßnahmen, die nicht gegen die gesetzlichen Wettbewerbsbestimmungen verstoßen, von Verbrauchern z. B. als anstößig, herabwürdigend, diskriminierend oder religiös verletzend empfunden werden und daher unerwünscht sind.

Aufgaben

1. Prüfen Sie folgende Aussagen auf ihre Richtigkeit. Die Antwort ist jeweils zu begründen.

   (1) Werbeziele sind vornehmlich auf den Bekanntheitsgrad von Produkten ausgerichtet.

   (2) Bei der Firmenwerbung stehen Einzelprodukte als Gegenstand der Werbung im Vordergrund.

   (3) Die Begriffe „Werbemittel" und „Werbeträger" haben die gleiche Bedeutung.

   (4) Der Werbeetat orientiert sich ausschließlich an der Finanzlage.

   (5) Im Zusammenhang mit einem Werbeplan versteht man unter Streukreis die Zielpersonen bzw. Zielgruppen der Werbemaßnahme.

   (6) Der Werbeerfolg einer Werbemaßnahme ist i. d. R. eindeutig messbar.

   (7) Öffentlichkeitsarbeit ist auch unter dem Begriff „Sales Promotion" bekannt.

   (8) Firmenwerbung, Verkaufsförderung und Öffentlichkeitsarbeit eines Unternehmens lassen sich nicht immer klar voneinander abgrenzen.

   (9) E-Mail Werbung ist eine Form des Direkt Marketings.

   (10) Unternehmen nutzen für Werbemaßnahmen verstärkt soziale Netzwerke.

   (11) Das UWG schützt nur Verbraucher, nicht Unternehmer.

   (12) Der Werbeslogan eines Herstellers von PCs empfiehlt: „Drei Dinge soll man nicht verleihen. Freundin, Auto und den X." Dieser Slogan ist unter wettbewerbsrechtlichen Gesichtspunkten unbedenklich.

2. Erklären Sie die AIDA-Formel und nennen Sie zwei weitere Grundsätze der Absatzwerbung.

3. Bestimmen Sie jeweils, um welche Form der Werbung es sich handelt:
   - Kunden sollen für ein neues Produkt geworben werden.
   - Die Werbung ist auf bestimmte, adressierte Personen gerichtet.
   - Die Werbung geht vom Händler aus.
   - Bekanntheitsgrad, Image und Kundenstamm sollen erhalten werden.

4. Beschreiben Sie für eine Werbemaßnahme Ihres Ausbildungsbetriebes die Werbemittel und Werbeträger.

5. Unterscheiden Sie die folgenden Begriffe eines Werbeplans: Streukreis, Streuzeit und Streugebiet.

6. Erläutern Sie, wie man Werbeerfolg messen kann.

7. Schildern Sie Maßnahmen von Sales Promotion in Ihrem Ausbildungsbetrieb.

8. Finden Sie heraus, von welchen Unternehmen Ihr Lieblingsverein (z. B. Bundesliga Fußball) gesponsert wird.

9. Nennen Sie konkrete Beispiele für Maßnahmen des Direkt Marketings.

10. Erklären Sie im Zusammenhang mit Social Media Werbung die Begriffe „Virales Marketing" und „Suchmaschinenoptimierung".

11. Prüfen Sie, ob in den folgenden Fällen ein Verstoß gegen Wettbewerbsbestimmungen vorliegt:

- Werbeaussage eines Anbieters: „Kaufen Sie das Original, nicht die Kopie."
- Durch Anzeigenkampagne herausgestellte Sonderangebote, die nur für einen Montag von 8:00 Uhr bis 8:30 Uhr gelten
- Gewinnspiel mit einem Kassenbon als Teilnahmelos
- Unaufgeforderte werbende Telefonanrufe
- Werbung eines Elektrogeräte-Händlers mit dem Slogan: „**WIR** liefern nicht nur frei Haus, **WIR** stellen Ihre Geräte auch auf und schließen sie an – natürlich kostenfrei für Sie."

12. Erläutern Sie, welche Maßnahmen der Werberat bei diskriminierender Werbung ergreifen kann.

13. Beanstandungen über Werbemaßnahmen werden häufig dem Deutschen Werberat vorgelegt. Nehmen Sie eine begründete Einschätzung vor, wie der Deutsche Werberat die folgenden Beschwerdefälle beurteilt hat.

a) „Wir können alles, außer Hochdeutsch." Diese Werbung für den Wirtschaftsstandort Baden-Württemberg stuften Kritiker aus der Bevölkerung als Verunglimpfung der deutschen Sprache ein.

b) Schaufensterwerbung eines Tattoo-Studios: Das Unternehmen wirbt in seinem Schaufenster mit der Darstellung eines mehrfach tätowierten Babys. Die Abbildung ist erkennbar fiktional.

c) TV-Spot eines Kreditinstituts: Ein seriös gekleideter Mann springt von der Brücke; es sieht nach Selbstmord offensichtlich wegen finanzieller Nöte aus – bis am Schluss deutlich wird, dass es ein Bungee-Springer ist.

d) In einem Kinospot eines Elektronikfachmarkts flüstert ein alter Mann auf dem Sterbebett dem herbeigeeilten Priester ins Ohr: „Bei XY gibt es Sonderangebote."

e) Ein Elektronikfachmarkt versprach: „Wenn Sie Ihre Multimedia-Anlage bei uns kaufen, sparen Sie genug Geld, um sich vor Freude sinnlos zu betrinken."

3.4 Distributionspolitik

Die Distributionspolitik befasst sich mit Entscheidungen über Vertriebswege von Produkten oder Dienstleistungen. Deshalb wird sie häufig auch als **Vertriebspolitik** bezeichnet. Die Distributionspolitik hat somit die Aufgabe, alle Maßnahmen vorzubereiten und vorzunehmen, um die räumliche und zeitliche Distanz zwischen Anbieter und Verwender zu überbrücken.

Merke

Distributionspolitik umfasst alle Entscheidungen, die den Weg eines Produktes bis zum Ort des Gebrauchs oder Verbrauchs betreffen.

Im Zusammenhang mit den anderen Marketinginstrumenten leistet die Distributionspolitik einen Beitrag zur Vermarktung und Präsentation, indem sie durch eine hohe Verfügbarkeit dafür sorgt, dass der Käufer das **gewünschte Produkt zur richtigen Zeit am richtigen Ort** erwerben kann.

Hauptaufgaben sind Entscheidungen über **Absatzwege** und **Absatzformen.** Die Entscheidungen sind nicht getrennt voneinander zu treffen, sie sind voneinander abhängig und beeinflussen sich gegenseitig.

Mit der **Organisation des Vertriebssystems** wird darüber entschieden, ob die Produkte von einem Ort oder von verschiedenen Orten aus zum Verkauf angeboten werden, ob also zentraler oder dezentraler Absatz stattfindet.

■ Zentraler Absatz

Zentral erfolgt der Absatz grundsätzlich, wenn der **Verkauf von einem Standort aus** – durch die Geschäftsleitung selbst oder durch eine (zentrale) Verkaufsabteilung – vorgenommen wird, z. B. Lieferung ab Fabrik. Diese Organisationsform wird häufig bezogen auf Großkunden oder bei einzelnen Aufträgen mit großem Volumen angewandt. Beispiele hierfür sind Investitionsgüter oder Staatsaufträge über Rüstungsgüter.

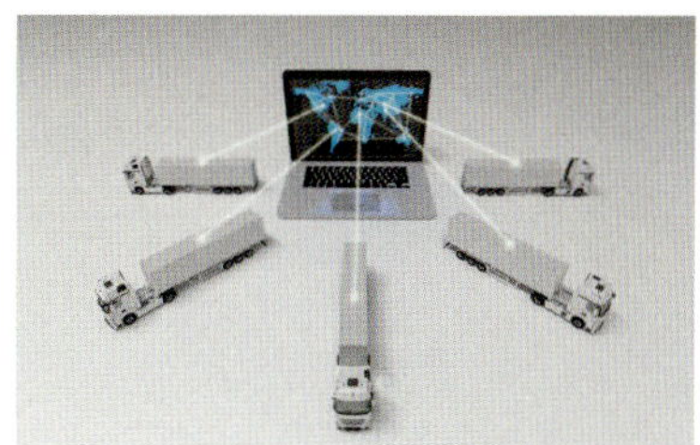

■ Dezentraler Absatz

Dezentral erfolgt der Absatz grundsätzlich, wenn der **Verkauf von mehreren Standorten aus** vorgenommen wird, um die Vielzahl der Verbraucher oder Anwender zu erreichen (mehr Marktnähe).

3.4.1 Absatzformen und Absatzorgane

Die richtige Wahl der Absatzform ist wesentliche Voraussetzung für den Absatzerfolg. Absatzformen lassen sich grundsätzlich untergliedern in unternehmenseigene und unternehmensfremde. Den Absatzformen können **Absatzorgane** zugeordnet werden, die den Vertrieb der Produkte auf dem Weg zum Käufer vollziehen. Dabei sind die rechtliche Stellung und die wirtschaftliche Abhängigkeit der Absatzorgane letztlich ausschlaggebend für die Einflussmöglichkeiten des Herstellers.

- → **Unternehmenseigene Absatzorgane** gehören dem Unternehmen an und sind **weisungsgebunden.**
- → **Unternehmensfremde Absatzorgane** treten entweder als rechtlich selbstständige Absatzmittler oder als rechtlich selbstständige Handelsbetriebe auf und sind insofern **nicht weisungsgebunden.** Sie sind grundsätzlich **wirtschaftlich unabhängig.**

Allerdings ist diese Unterscheidung nicht immer trennscharf: Als Sonderformen gelten solche Absatzorgane, die sich nicht eindeutig zuordnen lassen. Sie werden auch als **„quasi-unternehmenseigene“ Absatzform** bezeichnet, weil sie zwar rechtlich selbstständig sind, ein solches Erscheinungsbild aber **nicht** abgeben und wirtschaftlich an den Hersteller gebunden sind.

Absatzformen

unternehmenseigen

- Geschäftsführung/ Key-Account-Manager
- Handelsreisende
- Verkaufsniederlassungen
- eigener Versandhandel

unternehmensfremd

- selbstständige Absatzmittler:
  - Handelsvertreter
  - Kommissionäre
  - Makler
- Handelsbetriebe:
  - Großhandel
  - Einzelhandel

Sonderformen („quasi-unternehmenseigen")

- Vertragshändler, Franchising
- E-Commerce, Telefonverkauf
- Marktveranstaltungen: Messen, Börsen, Auktionen

Unternehmenseigene Absatzformen

Geschäftsführung/Key-Account-Manager

Mitglieder der **Geschäftsführung** oder eine zentrale Verkaufsabteilung übernehmen häufig dann den Verkauf, wenn es sich um Aufträge mit großem Volumen handelt, was zum Beispiel in der Investitionsgüterindustrie der Fall ist.

Als **Key-Accounts** werden die wichtigsten Kundengruppen bezeichnet. Sogenannte Key-Account-Manger mit hoher Kompetenz in Kommunikation und Verhandlungsgeschick betreuen insbesondere Großkunden mit hoher Bedeutung für das Unternehmen.

Handelsreisende

Handelsreisende sind **Angestellte des Unternehmens**, die entweder als Handlungsgehilfen ohne Abschlussvollmacht Verträge vermitteln oder – mit **Abschlussvollmacht** ausgestattet – Geschäfte für das Unternehmen abschließen. Werden die Aufträge zunächst nur vermittelt, kommt das Geschäft erst durch Auftragsbestätigung zustande.

Handelsreisende erhalten ein **Gehalt (Fixum)**, das im Einzelfall durch umsatzbezogene **Prämien** oder **Provisionen** ergänzt wird.

Verkaufsniederlassungen

Verkaufsniederlassungen oder Verkaufsbüros werden von Großunternehmen eingerichtet, um **ohne Zwischenhandel ein großes Verkaufsgebiet abdecken** zu können. Verkaufsniederlassungen werden gelegentlich auch vom Versandhandel eingerichtet, z. B. die Outlet Stores von Zalando. Als neuer Trend ist die zunehmende Verbreitung von **Factory Outlets** zu verzeichnen.

©Kadmy-fotolia.com

Eigener Versandhandel

In manchen Fällen vertreibt der Hersteller seine Produkte direkt über einen eigenen **Versandhandel.** Aufgrund von Katalogen, Prospekten, Anzeigen (gedruckt oder im Internet) oder durch Vermittlung eines Vertreters werden die Waren bestellt und durch Transportdienste zugestellt.

Unternehmensfremde Absatzformen

Selbstständige Absatzmittler

Handelsvertreter sind **selbstständige Kaufleute,** die in **fremdem Namen** und für **fremde Rechnung** ständig damit betraut sind, für andere Unternehmen Verträge abzuschließen oder zu vermitteln. Der Handelsvertreter erhält für seine Dienste, die er unter Sorgfaltspflicht, Benachrichtigungspflicht sowie Schweigepflicht ausübt, eine **Provision** auf den Absatz- oder Umsatzerfolg. Handelsvertreter können für mehrere Unternehmen tätig sein (Mehrfirmenvertreter). Wird er dagegen nur für ein Unternehmen tätig (Einfirmenvertreter), so ist er mehr den unternehmenseigenen Absatzformen zuzuordnen.

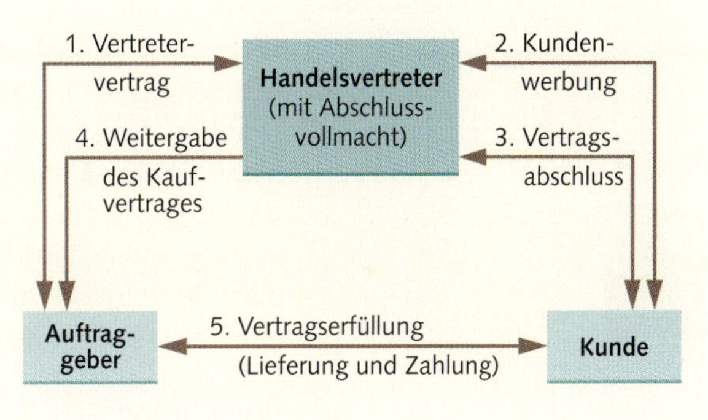

Handelsvertreter, die nicht mit einer **Abschlussvollmacht** ausgestattet sind, können Verträge nur vermitteln. Damit ein gültiger Vertrag zustande kommt, ist dann eine Willenserklärung des Auftraggebers (z. B. Auftragsbestätigung) erforderlich.

Kommissionäre verkaufen oder kaufen als selbstständige Kaufleute Waren im **eigenen Namen** und **für fremde Rechnung** (§ 383 HGB ff.). In manchen Fällen betreibt der Kommissionär auch ein Auslieferungslager (Kommissionslager). Er ist an die Weisungen des Lieferanten gebunden. Der Verkaufskommissionär kann nicht verkaufte Waren an den Auftraggeber (Kommittent) zurückgeben. Er erhält eine **umsatzabhängige Provision** vom Auftraggeber.

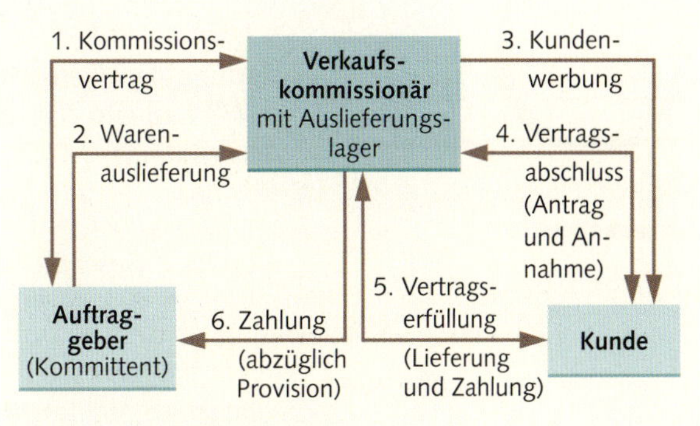

Ein **Handelsmakler** ist nicht ständig für ein Unternehmen tätig. Er wird **von Fall zu Fall** sowohl vom Verkäufer als auch Käufer beauftragt, **in fremdem Namen** und für **fremde Rechnung** tätig zu werden. Er wird sowohl vom Verkäufer als auch Käufer beauftragt, Geschäfte zu vermitteln. Hierfür erhält er einen **Maklerlohn (Courtage).**

Handelsbetriebe

Zu den Handelsbetrieben zählen als selbstständige Unternehmen der **Großhandel** und der **Einzelhandel** in seinen unterschiedlichen Organisationsformen – einschließlich der selbstständigen Versandhandelsunternehmen. Sie handeln **im eigenen Namen** und **für eigene Rechnung.**

©Nick Freund-fotolia.com

©jaaaksworks - stock.adobe.com

DEUTSCHE FRANCHISEWIRTSCHAFT 2022
BRANCHENAUFTEILUNG

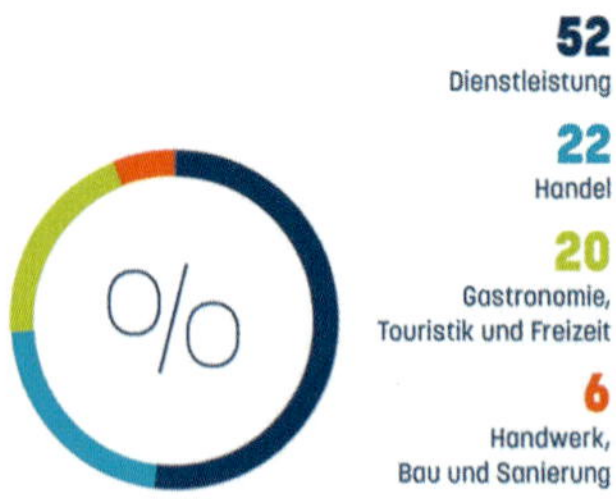

©Deutscher Franchiseverband

DEUTSCHE FRANCHISEWIRTSCHAFT 2022
AUF EINEN BLICK

SYSTEME	+ 1,1 % zu 2021	**930**
BESCHÄFTIGTE	+ 3,4 % zu 2021	**814.304**
PARTNER	+ 1,5 % zu 2021	**144.014**
BETRIEBE	+ 2,8 % zu 2021	**186.028**
UMSATZ (MRD. €)	+ 4,6 % zu 2021	**142,2**

©Deutscher Franchiseverband

Sonderformen („quasi-unternehmenseigene“ Absatzformen)

Neben den eindeutig unternehmenseigenen und eindeutig unternehmensfremden Absatzformen bestehen eine Reihe von Sonderformen, die sich nicht einer dieser beiden Kategorien zuordnen lassen.

Vertragshändler

Vertragshändler sind **selbstständige Kaufleute,** die in **wirtschaftlicher Abhängigkeit** zu einem anderen Unternehmen Waren **im eigenen Namen** und auf **eigene Rechnung** verkaufen. Einem Vertragshändler wird neben der Absatzfunktion oft noch der Kundendienst, die Lagerhaltung, der Reparaturdienst, die Systemberatung und -betreuung übertragen. Vertragshändler gelten als „quasi-unternehmenseigene“ Absatzform. Sie verpflichten sich häufig durch Vertrag, die Marketingkonzeption des Herstellers umzusetzen. Es entsteht nicht selten nach außen hin der **Eindruck eines Filialsystems.** Im Autohandel kann man dies noch deutlich feststellen. Bei Brauereien/Gaststätten ist die Bindung nach außen meist weniger erkennbar (deshalb aber nicht unbedingt weniger wirksam bezogen auf die wirtschaftliche Abhängigkeit). Ein weiteres Beispiel für verbreiteten Vertragshändlerstatus ist der Mineralölhandel/Benzinabsatz.

Franchising

Das Franchising ist eine aus den USA stammende Absatzform, bei der der Vertrieb über einen **rechtlich selbstständigen Unternehmer** erfolgt. Das Betriebsfranchising ist eines von vielen Franchising-Systemen. Der Hersteller überträgt den Absatz seiner Produkte oder Dienstleistungen an den Franchisenehmer, der durch starke vertragliche Bindung ein fertiges und oft schon erfolgreiches Absatzsystem mit Warenzeichen, Symbolen, Namen, Marken etc. bis hin zur Gestaltung der Verkaufsräume übernimmt. Dafür hat er eine monatliche Franchise-Gebühr zu entrichten. Für den Betrachter entsteht der **Eindruck eines perfekten Filialsystems.**

Franchisegeber sind in der Regel bereits gut bekannte Handelsmarken mit einem erprobten Geschäftskonzept.

Beispiel

Bekannte Weltmarken sowie wichtige deutsche Unternehmen sind mit dem Franchise-Konzept am Markt etabliert: z. B. McDonald's, Burger King, Pizza Hut, Subway, Extrablatt, Vodafone, Jack Wolfskin, Hertz, Schülerhilfe, Fressnapf, Apollo Optik, Sunpoint, Bäckereien von Kamps, Backwerk u. v. a. m.

LERNFELD 5

E-Commerce

Unter **E-Commerce** (elektronischer Handel) versteht man das „Online-Shopping" bzw. den „Verkauf von Waren und Dienstleistungen über das Internet". Internet-Nutzer können per E-Commerce im World Wide Web überall auf der Welt einkaufen. Zwischen Anbieter und Interessenten besteht die Möglichkeit zu einem Informationsaustausch über die Ware und weitere Kaufvertragsbedingungen, um eine Kaufentscheidung vorzubereiten. Kunden suchen sich aus dem Angebot im Internet ein Produkt aus, nehmen online eine Bestellung als Antrag zum Abschluss eines Kaufvertrages vor und zahlen die Rechnung i. d. R. auf elektronischem Weg.

Der elektronische Handel ist eine zunehmend wichtiger werdende Absatzform. Man unterscheidet insbesondere folgende Businessmodelle:

- **B2B / Business-to-Business:** Kommunikation und Geschäftsbeziehungen zwischen mindestens zwei Unternehmen,
- **B2C / Business-to-Consumer:** Kommunikation und Geschäftsbeziehungen zwischen Verbrauchern und Unternehmen,
- **C2C / Consumer-to-Consumer:** Kommunikation und Geschäftsbeziehungen zwischen mindestens zwei Verbrauchern.

Der Schwerpunkt des E-Commerce liegt im B2C- und im B2B-Handel.

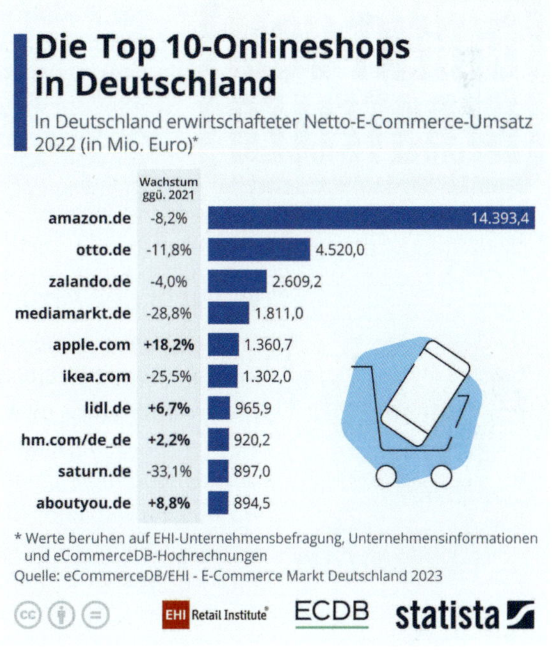

Telefonverkauf

Der **Telefonverkauf** (ggf. über Call Center) ist eine Form des Direkt Marketings. Durch das Direkt Marketing können alle Zwischeninstanzen vom Hersteller bis zum Verbraucher ausgeschaltet werden. Der Kontakt zwischen Anbieter und Abnehmer lässt sich intensiver, oft auch kostengünstiger und effektiver gestalten. Diese Form findet sich neben der ursprünglichen Anwendung bei Investitionsgütern und Bauprojekten inzwischen auch im Konsumgüterbereich (z. B. bei Haushaltsgeräten, Zeitschriften, Versicherungen und Tiefkühlkost aller Art) und im Dienstleistungsbereich (z. B. Bankgeschäfte).

Marktveranstaltungen

Marktveranstaltungen sind auch dadurch gekennzeichnet, dass sie keine ständigen Einrichtungen darstellen, sondern von Zeit zu Zeit in festen oder zeitlich unterschiedlichen Abständen stattfinden. Solche Marktveranstaltungen sind **Messen, Börsen, Auktionen** und **Verkaufsausstellungen** unterschiedlichster Art. Sie können sich direkt an den Endverbraucher wenden oder indirekt z. B. an Händler/Wiederverkäufer.

3.4.2 Absatzwege

Merke

Die **Absatzwege** zeigen die möglichen Wegführungen bis zum Endverbraucher oder Verwender auf. Ausgangspunkt ist dabei üblicherweise der Hersteller.

Der Hersteller oder auch ein Wiederverkäufer muss aus der Menge möglicher Absatzwege denjenigen Absatzweg festlegen, der die spezifischen Gegebenheiten des Marktes, der Produkte und der Verbrauchererwartungen am besten berücksichtigt.

Es lassen sich dann grundsätzlich zwei Formen unterscheiden: **direkter** und **indirekter** Absatz.

Direkter Absatz	Indirekter Absatz
Von direktem Absatz (Direktverkauf, Direktvertrieb) spricht man, wenn das Produkt oder die Dienstleistung **unmittelbar an den Konsumenten oder Verwender verkauft wird** bzw. wenn der **Hersteller ein hohes Maß an wirtschaftlicher Einflussnahme** auf den Absatzmittler geltend machen kann.	Um indirekten Absatz handelt es sich immer dann, wenn der Hersteller bei **mehreren Instanzen auf dem Weg zum Kunden keinen unmittelbaren Einfluss** auf das letzte Glied des Absatzweges ausüben kann bzw. darf.

Wahl der Absatzwege

Die Entscheidung über einen Absatzweg ist von einer Vielzahl von Faktoren abhängig. Produkte des täglichen Bedarfs (z. B. Lebensmittel) werden in der Regel auf dem indirekten Absatzweg über Groß- und Einzelhändler vertrieben. Aber: Möchte sich ein Hersteller z. B. mit einer Premiummarke eines Produktes, das normalerweise vom Handel angeboten wird, vom allgemeinen Standard abheben, so könnte er einen direkten Absatzweg wählen (z. B. Vorwerk Staubsauger, Apple Stores, Nespresso Stores, eigener Hofladen). Auch für erklärungsbedürftige Produkte in einem hohen Preissegment ist eher der direkte Absatzweg geeignet (z. B. Industrieroboter).

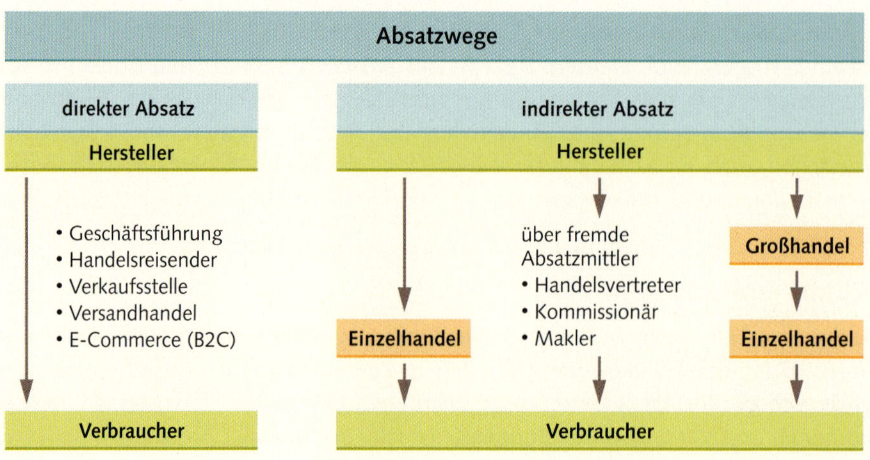

Weiterhin sind die Bedingungen beim Hersteller zu berücksichtigen – wie z. B. die grundlegende Marketingkonzeption, die Erfahrung mit der Vertriebsorganisation oder das Budget. Auch die Einkaufsgewohnheiten der Konsumenten sind relevant (z. B. stetig wachsende Bedeutung von Online-Käufen).

Eine Entscheidung für einen Absatzweg ist nicht zuletzt von den jeweiligen Vor- und Nachteilen abhängig.

Absatzwege	Vorteile	Nachteile
direkter Absatz	• unmittelbarer Kundenkontakt und Kundennähe • Kontrolle über Preisgestaltung • zuverlässige Kundenberatung	• keine vollständige Abdeckung des Marktes • hohe Kosten der Vertriebsorganisation
indirekter Absatz	• Nutzung der Absatzfunktionen des Handels (z. B. Raum- und Zeitüberbrückung, Sortimentsbildung) • Inanspruchnahme von Know-how der weiteren Instanzen • keine großflächige eigene Vertriebsorganisation (niedrige Vertriebskosten)	• niedrigere Verkaufspreise, Provisionszahlungen • geringerer Einfluss auf Marktauftritt bzw. Marketingmaßnahmen • kein direkter Kundenkontakt

Je nach Kunden- und Produktgruppen entscheiden sich Unternehmen auch für eine Kombination der Absatzwege. Während Verbraucher Produkte über den Handel indirekt beziehen, werden Firmenkunden direkt vom Hersteller beliefert.

3.4.3 Zusammenfassung und Aufgaben

Zusammenfassung

Distributionspolitik

Die Distributionspolitik umfasst alle Entscheidungen, die den Weg eines Produktes bis zum Ort des Gebrauchs oder Verbrauchs betreffen.

Vertriebssysteme:

- **zentraler Absatz:** Anbieten der Leistung von einem Standort (Zentrale) aus
- **dezentraler Absatz:** Anbieten der Leistung über eine räumlich verteilte Mehrzahl von Verkaufsstellen

Absatzformen:

- **unternehmenseigene Absatzformen:** Geschäftsführung, Handelsreisende, eigene Verkaufsniederlassungen, eigener Versandhandel
- **unternehmensfremde Absatzformen:** Handelsvertreter, Kommissionäre, Makler, Großhandel, Einzelhandel
- **Sonderformen** („quasi-unternehmenseigen"): Vertragshändler, Franchising, E-Commerce („Online-Shopping"), Telefonverkauf, Marktveranstaltungen

Absatzwege:

- **direkter Absatz:** unmittelbarer Verkauf an den Verbraucher

  (Vorteil z. B. unmittelbarer Kundenkontakt)
- **indirekter Absatz:** Verkauf an den Verbraucher über mehrere Instanzen ohne unmittelbaren Einfluss des Herstellers

  (Vorteil z. B. Inanspruchnahme von Know-how der weiteren Instanzen)

Aufgaben

1. Prüfen Sie folgende Aussagen auf ihre Richtigkeit. Die Antwort ist jeweils zu begründen.

(1) Beim indirekten Absatz hat der Hersteller ein hohes Maß an wirtschaftlicher Einflussnahme auf alle Instanzen bis zum Verbraucher.

(2) In der Vertriebspolitik fallen „zentraler Absatz", „direkter Absatz" und „betriebseigener Absatz" nicht immer zusammen.

(3) Vertragshändler und Franchisenehmer gelten als „unternehmenseigene" Absatzform.

(4) Wenn ein Unternehmen Handelsreisende einsetzt, bedeutet das, dass es sich immer um einen direkten Absatz handelt. Setzt sie Handelsvertreter ein, so handelt es sich grundsätzlich um einen indirekten Absatz.

2. Erläutern Sie die Absatzwege und Absatzformen Ihres Ausbildungsbetriebes.

3. Erörtern Sie Gesichtspunkte für eine Entscheidung zwischen Handelsreisendem und Handelsvertreter.

4. Stellen Sie fest, welchen Umfang der elektronische Geschäftsverkehr (E-Commerce) in Deutschland aktuell erreicht hat.

4 Einen Marketing-Mix entwickeln und kontrollieren

Bei der Vielfalt der Marketinginstrumente ist unter Berücksichtigung der Markt- und Wettbewerbssituation eine möglichst **effektive** und **kostengünstige Kombination** zur Erreichung der Absatzziele zu entwickeln.

Merke

Unter **Marketing-Mix** versteht man die **Kombination der Marketinginstrumente,** die ein Unternehmen zur Erreichung seiner Marketingziele einsetzt.

4.1 Elemente des Marketing-Mix

Auf der Ebene der Marketinginstrumente lassen sich verschiedene Entscheidungs- bzw. Gestaltungsbereiche unterscheiden, die insgesamt aufeinander abzustimmen sind (Marketing-Mix). Dabei umfasst jeder Bereich wiederum Teilbereiche, die ebenfalls sinnvoll aufeinander bezogen werden müssen:

- **Produktpolitik:** Produkt-, Sortiments- und Servicepolitik,
- **Preispolitik:** Preis- und Konditionenpolitik,
- **Kommunikationspolitik:** Werbung, Verkaufsförderung, Öffentlichkeitsarbeit,
- **Distributionspolitik:** Vertriebssysteme, Absatzwege, Absatzformen.

Tipp

Das 4P-Modell des Marketing-Mix
- Product
- Price
- Promotion
- Place

LERNFELD 5

Allerdings lassen sich nicht alle Problem- bzw. Gestaltungsanforderungen hinreichend eindeutig einem Segment des Marketing-Mix zuordnen.

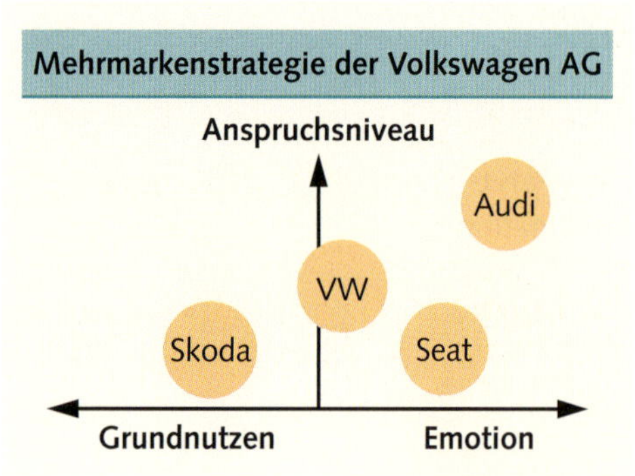

So wird die **Markenpolitik** zwar häufig dem Produktmix zugerechnet, aber die damit verbundene Vorstellung, dass sich die Marke allein aus einem Merkmalbündel der Produkte ergibt, ist verengt. Stellt man den Gesichtspunkt einer besonderen Vermarktungsproblematik heraus, so treten neben produktpolitische Aspekte (z. B. Qualität, Aufmachung) auch Distributionsaspekte (z. B. Exklusivität des Händlernetzes bei einer „Spitzenmarke") und insbesondere Kommunikationsaspekte (z. B. Markenauftritt, Bekanntheit und Image). Die Positionierung einer Marke gibt dabei grundsätzlich einen Preiskorridor vor und schränkt z. B. Spielräume für Rabatte und Finanzierungskonditionen ein. Markenpolitik kann deshalb als **„mixübergreifend"** gelten.

©Carglass

©Apple

Im Überschneidungsbereich von Kommunikations- und Produktpolitik ist z. B. die Innen- und Außengestaltung von Läden bzw. Geschäftsstellen als „Produkt" im weiteren Sinne angesiedelt: einheitliches Erscheinungsbild, angenehme Atmosphäre, Kundenführung und -information, Servicestandards (z. B. Einkaufswagen) und Serviceangebote (z. B. „Bringdienst"), Kundenklingel zur Anforderung weiterer Kassenöffnung.

4.2 Kombination der Marketinginstrumente

Bei der Abstimmung der Marketinginstrumente ist es wichtig, die optimale Kombination zu finden: Passt ein Instrument nicht zu den anderen oder wird es vom Markt nicht angenommen, ist der gesamte Erfolg einer Marketingkampagne gefährdet.

Beispiel

Der Hersteller einer Kosmetiklinie wählt Produktverpackungen aus kompostierbaren Bio-Kunststoffen mit einer gräulichen Oberfläche, die von der Zielgruppe „junge Frauen unter 30" nicht angenommen werden. Ein Fehler in der Produktgestaltung kann genügen, um die gesamte Marketingkampagne scheitern zu lassen.

©Rudi

Besondere Bedeutung für einen maßgeschneiderten Marketing-Mix kommt dabei der **Zielgruppenanalyse** mit der Identifizierung von Zielgruppensegmenten zu. Anhaltspunkte können objektive Merkmale oder ähnliche Bedürfnisse einer Gruppe sein: z. B. Männer, Frauen, Kinder; Alte, Junge; Wohlhabende, Durchschnittsverdiener; Bestandskunden, Neukunden. Auch Größe und Wachstumschancen sind Kriterien zur Beurteilung von Kundensegmenten.

Weiterhin ist zu beachten, dass die Marketinginstrumente auf verschiedene **Produktgruppen** unterschiedlich wirken. So hat z. B. die Preisgestaltung im Lebensmittelhandel sowie bei weiteren Produkten des täglichen Bedarfs eine hervorgehobene Bedeutung. Handelt es sich dabei um „Frischware", steht eher die Distribution im Vordergrund. Bei Autos wiederum kommt es insbesondere auf die Produktpolitik an.

Beispiel

Ein Hersteller von Mineralwasser stellt für seine Premium Marke einen Marketing-Mix vor:

Marketingaktivitäten	Elemente des Marketing-Mix
Produktpolitik	**Innovation:** Premiummarke **Produktgestaltung:** modern gestylte Glasflaschen in den Größen 0,33 und 1,0 Liter **Produktvariation:** stilles Wasser, Medium, Classic; Einführung weiterer Geschmacksrichtungen **Sortiment:** zwei weitere Produktlinien **Garantie:** Qualitäts-Zertifikate **Kundendienstleistung:** Bestell- und Lieferservice
Preispolitik	**Preisstrategie:** Einordnung in eine obere Preisklasse aufgrund von Qualität **Preisdifferenzierung:** Einheitspreise im gesamten Absatzgebiet **Konditionen:** Einführungs- und Mengenrabatte, grundsätzlich Zahlungsziele
Kommunikationspolitik	**Werbung:** Werbebriefe für Hotels und Restaurants, Anzeigen in Fachpublikationen des Gaststättengewerbes **Verkaufsförderung:** Produktpräsentationen **Öffentlichkeitsarbeit:** Veranstaltung von Kunstauktionen, Sponsoring von Golfturnieren
Distributionspolitik	**Vertriebssystem:** zentraler Absatz vom Hersteller **Absatzwege:** direkte Belieferung von Hotels und Restaurants, indirekter Absatz über Getränkehandel **Absatzform:** eigene Belieferung der Abnehmer nach Bestellung (schriftlich, telefonisch, E-Mail, Internet)

4.3 Marketing-Controlling

Die Wirksamkeit und Wirtschaftlichkeit einer durchgeführten Marketingkampagne ist zu kontrollieren und gegebenenfalls zu verändern und zu optimieren. Es ist wichtig zu wissen, ob die Höhe und Verteilung des Budgets effektiv und effizient waren und die richtigen Marketingmaßnahmen gewählt wurden. Eine besondere Schwierigkeit besteht darin, dass sich der Erfolg der meisten Maßnahmen erst zu einem deutlich späteren Zeitpunkt herausstellt.

Tipp

Effektivität: Wirksamkeit der Marketingmaßnahmen – oder: „Die richtigen Dinge tun."

Effizienz: Wirtschaftlichkeit der Marketingmaßnahmen – oder: „Die Dinge richtig tun."

Das Marketing-Controlling stellt notwendige Informationen zur Verfügung. Diese beziehen sich z. B. auf

- Umsatzsteigerungen für einzelne Produkte,
- Umsatzanteil am Gesamtmarkt,
- Zufriedenheit der Kunden,
- Bekanntheit der Marke,
- Einhaltung des Werbebudgets,
- Produktqualität,
- Web-Controlling (User-Frequenz),
- Anzahl der Kunden,
- Anteil der Neukunden,
- Analyse der Kundenstruktur,
- Image beim Kunden,
- Reaktionen auf Werbemaßnahmen,
- Analyse von Verkaufsgebieten,
- Servicequalität,
- Verkaufsanteil E-Commerce.

Die Informationen geben Hinweise für alle strategischen und operativen Entscheidungen. **Strategisches Marketing** betrifft die **langfristige Ausrichtung** der Marketingaufgabe. Es gibt die Richtung mit der Entwicklung einer Marketingkonzeption vor, während das **operative Marketing** sich mit der **konkreten Umsetzung** dieser Vorgaben beschäftigt.

- Im **strategischen Marketing-Controlling** werden dann z. B. die Marketingziele und Marketingstrategien, die Marktposition, das Marktportfolio und der Lebenszyklus zur Sicherung zukünftiger Erfolgspotenziale analysiert.
- Im **operativen Marketing-Controlling** wird dagegen der zielgerichtete Einsatz aller Marketing-Instrumente (Marketing-Mix), die sich auf den konkreten Verkauf bzw. auf den Vertragsabschluss richten, betrachtet.

Zur **Informationsgewinnung** dienen unterschiedliche Instrumente wie z. B.

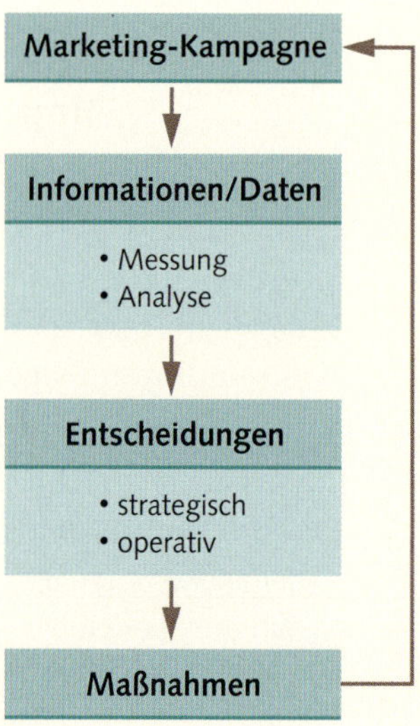

LERNFELD 5

- die SWOT-Analyse: Stärken-Schwächen-Analyse,
- Scoring Modelle: Nutzwertanalysen (Gewichtung und Vergleich unterschiedlicher Bewertungskriterien),
- Portfolioanalyse: Zusammenhang von Marktwachstum und relativem Marktanteil,
- Lebenszyklusanalyse: Phasen der Umsatzentwicklung von Produkten,
- Frühwarnsysteme: Prognosen über zukünftige Entwicklungen, Warnindikatoren.

Für messbare Ziele (z. B. Umsatz, Deckungsbeitrag, Kosten) kann die Zielerreichung mit unterschiedlichen **Kennzahlen** ermittelt werden. Dazu eignen sich

- Soll-Ist-Vergleiche: Vergleich mit Planwerten,
- Zeitvergleiche: Vergleich mit Werten aus vorherigen Perioden,
- Branchenvergleiche: Vergleich mit Marktdaten relevanter Unternehmen der Branche,
- Benchmarking: Vergleich mit Best-Practice Beispielen.

4.4 Zusammenfassung und Aufgaben

Zusammenfassung

Marketing-Mix

Abstimmung der Marketinginstrumente im Marketing-Mix:
- **Produktpolitik:** Produkt-, Sortiments- und Servicepolitik
- **Preispolitik:** Preis- und Konditionenpolitik
- **Kommunikationspolitik:** Werbung, Verkaufsförderung, Öffentlichkeitsarbeit
- **Distributionspolitik:** Vertriebssystem, Absatzwege, Absatzformen

Marketing-Controlling

Aufgaben des Marketing-Controllings:

Kontrolle der Wirksamkeit (Effektivität) und Wirtschaftlichkeit (Effizienz) von Marketingmaßnahmen:
- Bereitstellung von Information durch Messung und Analyse von Daten
- operative und strategische Entscheidungen zur Optimierung von Marketingmaßnahmen

Instrumente, z. B.:
- SWOT-Analyse
- Nutzwertanalyse
- Portfolioanalyse
- Lebenszyklusanalyse

Aufgaben

1. Prüfen Sie folgende Aussagen auf ihre Richtigkeit. Die Antwort ist jeweils zu begründen.

(1) Im Marketing-Mix werden alle Marketing-Instrumente aufeinander bezogen.

(2) Unter Kommunikationspolitik versteht man die Verkaufsförderung und die Öffentlichkeitsarbeit.

(3) Beim Verkauf von Brot hat die Distributionspolitik eine herausragende Bedeutung.

(4) Das strategische Marketing-Controlling bezieht sich insbesondere auf Entscheidungen zur Preispolitik.

2. a) Beschreiben Sie Elemente eines Marketing-Mix für ein ausgewähltes Produkt bzw. eine Dienstleistung Ihres Ausbildungsbetriebes.

b) Erörtern Sie, welche Informationen Sie für eine Bewertung von Marketingmaßnahmen für das ausgewählte Produkt benötigen.

c) Schlagen Sie entsprechende Instrumente zur Informationsgewinnung vor und erläutern Sie diese.

3. Im Rahmen des Marketingziels „Neukundengewinnung und -bindung“ versendet ein Garten- und Baucenter Werbemails an alle Landschaftsgärtner in einem Umkreis von 50 km. Überlegen Sie, mit welchen Kennzahlen der Werbeerfolg gemessen werden kann.

4. Kreuzworträtsel Marketing

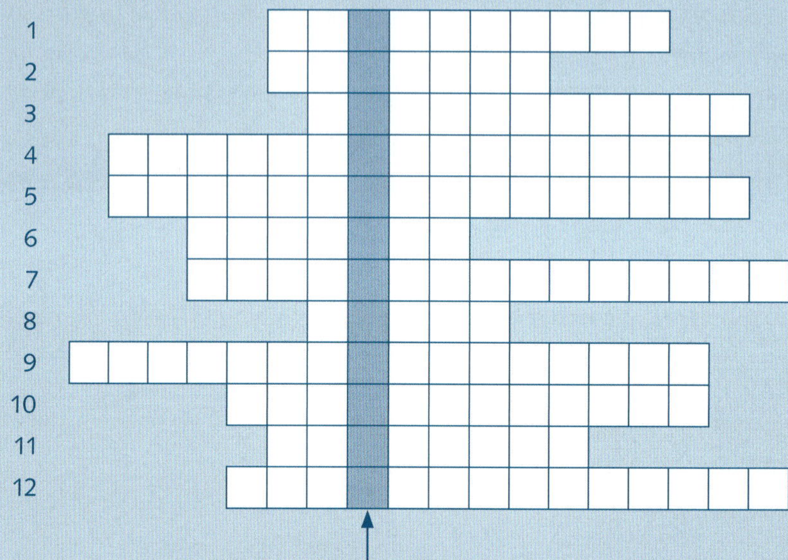

Lösungswort
(Hinweis: Das Sonderzeichen „-“ gilt als Buchstabe.)

1 Methode der Primärforschung
2 Instrument der Kommunkationspolitik
3 Werbebriefe mit identischem Text an unterschiedliche Empfänger
4 Wachstumsstrategie: neue Produkte für neue Märkte finden
5 Absatzmittler, selbstständiger Kaufmann
6 Marktform mit vielen Anbietern
7 Preis einer Strategie mit dauerhaft niedrigen Preisen
8 Bezeichnung eines Sortiments mit wenigen Artikelgruppen
9 Matrix der Boston-Consulting-Group
10 Instrument zur Informationsgewinnung für die Entwicklung von Marketing-Strategien
11 Marktform mit wenigen Anbietern
12 Systematische Sammlung, Analyse und Interpretation von Daten

Werteströme erfassen und beurteilen

©Picture-Factory-fotolia.com

Das werden Sie hier lernen …

1 - Grundlagen des betrieblichen Rechnungswesens kennenlernen

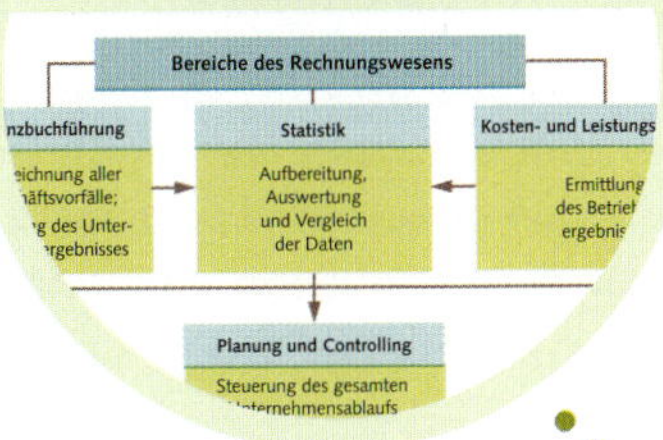

2 - Das System der doppelten Buchführung verstehen

©vege-fotolia.com

3 - Grundbuch und Hauptbuch führen

4 - Auf Erfolgskonten buchen und die GuV-Rechnung erstellen

©Xtravagant-fotolia.com

5 - Kontenrahmen und Kontenplan als Organisationsmittel einsetzen

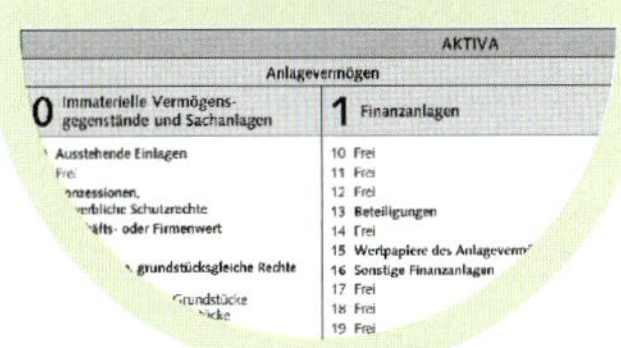

6 - Umsatzsteuer und Vorsteuer buchen

System der Umsatzsteuer

Young Cosmetics KG	
Umsatzsteuer	570,00
– Vorsteuer	190,00
= Zahllast	380,00

Zahllast (19 % vom Mehrwert)

7 - Warengeschäfte buchen

©fotomek-fotolia.com

8 - Anlagevermögen buchhalterisch erfassen

©fotodo-fotolia.com

9 - Den Jahresabschluss erstellen und den wirtschaftlichen Erfolg bewerten

©fotodo-fotolia.com

Werteströme erfassen und beurteilen

1 Grundlagen des betrieblichen Rechnungswesens kennenlernen

Aufgaben des Rechnungswesens:
- Dokumentation
- Information
- Kontrolle und Planung

Eine zentrale Aufgabe der Unternehmensführung ist die optimale Verwirklichung der Unternehmensziele. Das **betriebliche Rechnungswesen** leistet dazu einen Beitrag, indem es **alle Vorgänge** in den Funktionsbereichen eines Unternehmens **wertmäßig erfasst** (dokumentiert), aufbereitet und auswertet. Die dabei gewonnenen Ergebnisse dienen der Information über den Ist-Zustand, der Überprüfung von getroffenen Maßnahmen und zur Vorbereitung zukünftiger Entscheidungen.

1.1 Güterströme, Geldströme und Informationsströme im Unternehmen

©bluedesign-stock.adobe.com

Im Rechnungswesen werden alle Geschäftsprozesse in Euro erfasst, die durch **Güter-** und **Geldströme** im Unternehmen entstehen. Dabei stehen Güter- und Geldströme in wechselseitiger Abhängigkeit zueinander. Die mit den Geschäftsprozessen verbundenen Aufgaben (z. B. die Beschaffung von Materialien/Waren, Betriebsmitteln oder Arbeitskräften bzw. der Verkauf von Fertigerzeugnissen, Waren oder Dienstleistungen) können nur dann optimal gelöst werden, wenn ausreichende **Informationen** über den Absatz- und Beschaffungsmarkt vorhanden sind und eine sinnvolle Kommunikation untereinander stattfindet.

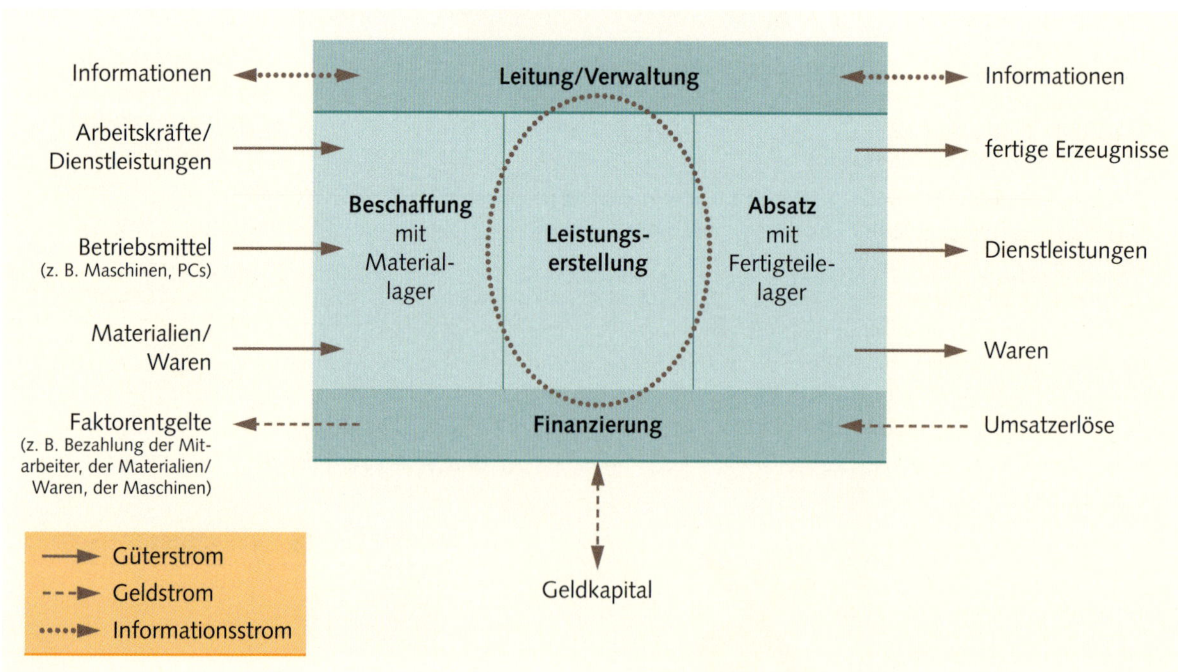

©fotomek-stock.adobe.com

Der Beschaffungsmarkt stellt den Unternehmen die für die Leistungserstellung notwendigen Arbeitskräfte/Dienstleistungen, Betriebsmittel und Materialien/Waren **(Güterstrom)** zur Verfügung und erhält für das Bereitstellen dieser Produktionsfaktoren im Gegenzug Faktorentgelte **(Geldstrom)**. Die mit den Produktionsfaktoren erstellten Leistungen **(fertige Erzeugnisse, Dienstleistungen, Waren = Güterstrom)** werden auf dem Absatzmarkt zum erzielbaren Preis **(Umsatzerlöse = Geldstrom)** verkauft.

Da Einnahmen und Ausgaben nicht zeitgleich erfolgen, ist es **Aufgabe der Finanzierung**, ständig für ausreichendes Geldkapital zu sorgen bzw. für frei werdende Gelder Anlagemöglichkeiten zu suchen.

Merke

Bei der betrieblichen Leistungserstellung steht jedem Güterstrom ein Geldstrom gegenüber.

1.2 Aufgabenbereiche des betrieblichen Rechnungswesens

Die unterschiedlichen Teilbereiche des Rechnungswesens verfolgen unterschiedliche Zielsetzungen. Zu unterscheiden sind insbesondere die **Finanzbuchführung** (auch Geschäftsbuchhaltung oder nur Buchhaltung genannt) als **externes Rechnungswesen** und die **Kosten- und Leistungsrechnung** als **internes Rechnungswesen**.

- Die **Finanzbuchführung** ist durch zahlreiche gesetzliche Vorschriften geregelt und muss die lückenlose Aufzeichnung aller Geschäftsfälle einer Rechnungsperiode anhand von Belegen zur Ermittlung des Unternehmensergebnisses sicherstellen. Sie verschafft nicht nur dem Unternehmen selbst einen Überblick über die wirtschaftliche Situation, sondern gibt auch anderen Interessenten (z. B. Finanzamt, Eigentümern, Banken, weiteren Kapitalgebern und Mitarbeitern) einen Einblick in die Vermögens- und Ertragslage des Unternehmens.
- Die **Kosten- und Leistungsrechnung** ist eine rein innerbetriebliche Angelegenheit und nicht an gesetzliche Vorgaben gebunden. Sie bereinigt das Unternehmensergebnis um betriebsfremde, periodenfremde und außerordentliche Geschäftsfälle und ermittelt so das Betriebsergebnis (Ergebnis der gewöhnlichen betrieblichen Tätigkeit einer Geschäftsperiode, vgl. LF 10). Sie dient primär der Festlegung von marktgerechten Verkaufspreisen. Mithilfe der Kosten- und Leistungsrechnung lassen sich auch die Wirtschaftlichkeit und Rentabilität des betrieblichen Leistungsprozesses überwachen.

©fotodo-stock.adobe.com

Merke

Finanzbuchführung = externes Rechnungswesen

Kosten- und Leistungsrechnung = internes Rechnungswesen

©Marco2811-stock.adobe.com

Ergänzt werden diese beiden Teilbereiche des Rechnungswesens durch die **Statistik**, die sich insbesondere mit der Aufbereitung, Auswertung und dem Vergleich von betrieblichen Daten mittels Kennziffern, Übersichten, Diagrammen und Schaubildern befasst. Diese liefern dem Unternehmen wertvolle Erkenntnisse für betriebliche Entscheidungen.

Die im Rechnungswesen ermittelten Werte sind ebenfalls Grundlage für den weiteren Teilbereich **Planung und Controlling**, der einen Beitrag zur Aufstellung betrieblicher Pläne (z. B. Beschaffungsplan, Absatzplan) und zur Steuerung des gesamten Unternehmensablaufs leistet.

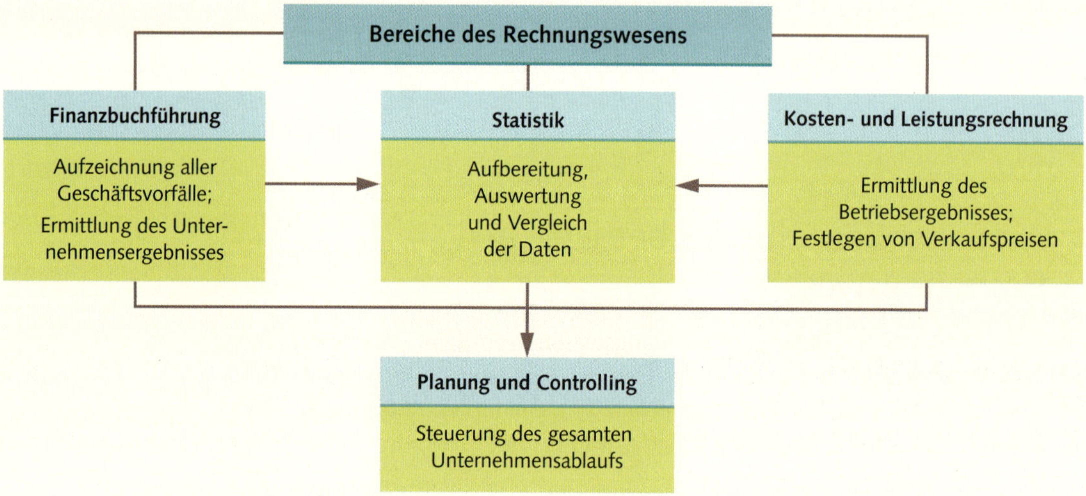

1.3 Kaufmännische Buchführungspflicht

©rcx-stock.adobe.com

Neben den **Eigentümern** und den **Mitarbeitern** (interne Adressaten) sind auch Personen und Institutionen außerhalb des Unternehmens (externe Adressaten) an einer ordnungsgemäßen Aufzeichnung aller Geschäftsvorfälle des Unternehmens interessiert. Dazu zählen insbesondere **Kreditgeber**, die Rückzahlungen (Tilgungen) und Zinszahlungen erwarten, sowie der **Staat** bzw. das **Finanzamt** mit dem Anspruch auf einwandfreie Unterlagen zur Berechnung der Steuern. Deshalb regeln **Gesetze** und **Verordnungen** die Buchführung.

Beispiel

Handelsrechtliche Vorschriften:
- Handelsgesetzbuch (HGB)

Steuerrechtliche Vorschriften:
- Abgabenordnung (AO)
- Umsatzsteuergesetz (UStG)
- Einkommensteuergesetz (EStG)
- Körperschaftsteuergesetz (KStG)
- Gewerbesteuergesetz (GewStG)

Rechtsformspezifische Vorschriften:
- Aktiengesetz (AktG)
- GmbH-Gesetz (GmbHG)
- Genossenschaftsgesetz (GenG)

LERNFELD 6

■ Gesetzliche Vorschriften

© Michael Möller-stock.adobe.com

Grundlegende gesetzliche Bestimmungen zur Buchführung für Kaufleute enthalten das **Handelsgesetzbuch** (HGB), das **Steuerrecht** und **rechtsformspezifische Vorschriften** (z. B. GmbHG – Gesetz betreffend die Gesellschaften mit beschränkter Haftung).

§§§

§ 238 I HGB
(1) Jeder **Kaufmann** ist verpflichtet, Bücher zu führen und in diesen seine Handelsgeschäfte und die Lage seines Vermögens nach den Grundsätzen ordnungsmäßiger Buchführung ersichtlich zu machen.

Aufgrund der Buchführungspflicht nach Steuerrecht verpflichtet die Abgabenordnung als allgemeines Steuergesetz zudem auch alle **gewerblichen Unternehmer**, die keine Kaufleute sind, sowie **Land- und Forstwirte** zur Buchführung. Einzelkaufleute und gewerbliche Unternehmer einschließlich Land- und Forstwirte sind jedoch bei **Umsätzen von nicht mehr als 600 000,00 EUR** und einem **Gewinn von nicht mehr als 60 000,00 EUR** an zwei aufeinanderfolgenden Abschlussstichtagen von der **Buchführungspflicht befreit**.

■ Grundsätze ordnungsmäßiger Buchführung (GoB)

Die Grundsätze ordnungsmäßiger Buchführung (GoB) stellen ein System von Regeln dar, die bei der Ausübung von Buchführungsarbeiten zu beachten sind. Die Buchführung entspricht diesen **Regeln**, wenn sie so beschaffen ist, dass sich

→ ein **sachverständiger Dritter** (z. B. Steuerberater, Betriebsprüfer des Finanzamtes)
→ innerhalb **angemessener Zeit** (abhängig vom Umfang der Buchführung)
→ einen **Überblick** über die **Geschäftsfälle** und über die **wirtschaftliche Lage** des Unternehmens verschaffen kann.

Diese allgemeinen Vorgaben werden durch folgende Grundsätze nach Handelsgesetzbuch und Abgabenordnung präzisiert (Beispiele):

Grundsätze ordnungsmäßiger Buchführung (GoB)	
Grundsatz	**Erläuterung**
Klarheit, Übersichtlichkeit und **Nachprüfbarkeit** (formeller Grundsatz)	• Die Aufzeichnungen und Bücher sind in einer lebenden Sprache zu führen. Für Abkürzungen, Ziffern, Buchstaben und Symbole ist die Bedeutung genau festzulegen. • Steuererklärungen und Jahresabschlüsse sind in deutscher Sprache einzureichen. • Eine Eintragung oder Aufzeichnung darf nicht so verändert werden, dass der ursprüngliche Inhalt nicht mehr nachprüfbar oder erkennbar ist. Deshalb sind Radieren, Rasieren, Überkleben, Löschen, Bleistifteintragungen nicht erlaubt. • Unbeschriebene Zwischenräume sind durch sogenannte Buchhalternasen auszufüllen, um nachträgliche Eintragungen auszuschließen. • Die Aufzeichnungen und Bücher sind in der Bundesrepublik Deutschland entsprechend den gesetzlichen Vorschriften aufzubewahren.

Grundsätze ordnungsmäßiger Buchführung (GoB)	
Grundsatz	**Erläuterung**
Vollständigkeit, Rechtzeitigkeit und **Richtigkeit** (materieller Grundsatz)	• Die Eintragungen in den Büchern und Aufzeichnungen sind vollständig, wahrheitsgemäß, rechtzeitig und geordnet vorzunehmen. • Es dürfen keine Belege und Buchungen fehlen. Die Aufzeichnungen sind lückenlos und zeitlich geordnet zu führen. • Die Buchungen und Bücher müssen mit dem ursprünglichen Inhalt der Belege übereinstimmen; sie müssen wahr sein. • Kasseneinnahmen und Kassenausgaben sind täglich aufzuzeichnen. • Die Buchungen sind zeitgerecht vorzunehmen, d. h., zwischen Geschäftsfall und Buchung darf nur eine kurze Zeit liegen.

GoBD

© domoskanons-stock.adobe.com

Die Regelungen zu den **GoBD** (**G**rundsätze zur **o**rdnungsmäßigen Führung und Aufbewahrung von **B**üchern, Aufzeichnungen und Unterlagen in elektronischer Form sowie zum **D**atenzugriff) übertragen die Grundsätze ordnungsmäßiger Buchführung in die Welt der elektronischen Datenverarbeitung. Die GoBD traten zum 01.01.2015 in Kraft und sollen eine reibungslose Betriebsprüfung bei Verwendung von EDV in der Buchführung sicherstellen. Dies bedeutet, dass alle Anforderungen, die für die GoB formuliert sind, auch für eine Buchführung mittels Datenverarbeitungssystemen gelten.

Mit der Einführung der GoBD dürfen Buchführungsunterlagen und Belege auf digitalen Speichermedien aufbewahrt werden, wenn die spätere Datenwiedergabe mit den Buchungsbelegen und Handelsbriefen bildlich und inhaltlich übereinstimmt.

Die Unterlagen müssen

→ während der Dauer der Aufbewahrungsfrist jederzeit verfügbar sein und

→ unverzüglich lesbar gemacht werden können.

Die wichtigsten Neuerungen bei der Überarbeitung der GoBD zum 01.01.2020 sind:

→ Das Abfotografieren von Belegen mittels Smartphone ist jetzt erlaubt.

→ Buchhaltungssoftware als Cloudlösung darf verwendet werden.

Aufbewahrungsfristen

10 Jahre	6 Jahre
• Bücher der Buchführung • Inventare • Eröffnungsbilanzen • Jahresabschlüsse • Lageberichte • Buchungsbelege	• empfangene Handelsbriefe (z. B. Angebote) • Kopien/Zweitschriften abgesandter Handelsbriefe (z. B. Bestellungen)

Gesetzliche Aufbewahrungsfristen

Jeder Kaufmann ist verpflichtet, die Unterlagen der Buchführung geordnet und unter Einhaltung gesetzlicher Fristen aufzubewahren. Diese Aufbewahrungspflicht dient zur Sicherung der Verfügbarkeit von Buchführungsunterlagen

→ für Prüf- und Beweiszwecke,

→ für die Besteuerung und

→ bei Rechtsstreitigkeiten.

Die gesetzlichen Aufbewahrungsfristen betragen zehn und sechs Jahre, wobei alle bedeutenden Buchführungsunterlagen generell zehn Jahre aufzubewahren sind. Über eine Verkürzung der Aufbewahrungsfristen wir derzeit diskutiert (Stand 7/2024).

Aufgrund ihrer besonderen Bedeutung müssen **Jahresabschlüsse** (Bilanz und Gewinn- und Verlustrechnung) und Eröffnungsbilanzen in **Papierform** ausgedruckt aufbewahrt werden.

Merke

Die **Aufbewahrungsfrist** beginnt mit dem **Ende des Kalenderjahres**, in dem der Vorgang entstanden ist.

Beispiel

Die Buchhaltung der Young Cosmetics KG erhält von einem Lieferanten am 06.02.2024 noch eine Rechnung für das vergangene Jahr. Die Rechnung wird am 08.02.2024 gebucht und am gleichen Tag bezahlt.

Beginn der Aufbewahrungspflicht: 31.12.2024 (24:00 Uhr)

Ende der Aufbewahrungspflicht: 31.12.2034 (24:00 Uhr)

1.4 Zusammenfassung und Aufgaben

Zusammenfassung

Güter-, Geld- und Informationsströme im Unternehmen

Aufgaben des Rechnungswesens:

- Dokumentation
- Information
- Kontrolle und Planung

Die betriebliche Leistungserstellung erfordert **Güter- und Geldströme**.

Güterströme führen Betriebsmittel, Arbeitskräfte, Waren und andere notwendige Vorräte zum Unternehmen hin. Nach betrieblicher Leistungserstellung verlassen Güterströme in Form von fertigen Erzeugnissen, Waren oder Dienstleistungen das Unternehmen.

Entgegengesetzt zum Güterstrom verläuft der **Geldstrom** (z. B. Zahlungseingänge für den Verkauf von Waren, Zahlungsausgänge für den Einkauf von Waren).

Informations- und Kommunikationsströme unterstützen die optimale Verwirklichung der betrieblichen Ziele.

Aufgabenbereiche des betrieblichen Rechnungswesens

Die **Finanzbuchführung** als **externes Rechnungswesen** ist für die lückenlose, zeitlich und sachlich geordnete Aufzeichnung aller Geschäftsfälle zuständig. Unter Berücksichtigung **gesetzlicher Vorschriften** erhalten sowohl **interne** als auch **externe Interessenten** Einblick z. B. in die Vermögens- und Ertragslage des Unternehmens.

Die **Kosten- und Leistungsrechnung** ist nicht an gesetzliche Vorgaben gebunden und damit **als internes Rechnungswesen** eine innerbetriebliche Angelegenheit.

Sie ermöglicht u. a. die Festlegung von marktgerechten Verkaufspreisen sowie eine Kontrolle der Wirtschaftlichkeit.

Die **Statistik** vergleicht betriebliche Daten mittels **Kennziffern, Übersichten** und **Grafiken** und liefert so Entscheidungsgrundlagen.

Planung und **Controlling** unterstützen die Steuerung des gesamten Unternehmensablaufs durch Aufstellen betrieblicher Pläne.

Kaufmännische Buchführungspflicht

Jeder Kaufmann ist verpflichtet, Bücher zu führen. Kaufleute haben dabei unterschiedliche gesetzliche Vorschriften zu beachten:
handelsrechtliche (z. B. HGB), steuerrechtliche (z. B. AO) und rechtsformspezifische (z. B. GmbHG) Vorschriften.

Es sind die **Grundsätze ordnungsmäßiger Buchführung** (GoB bzw. GoBD) einzuhalten, z. B.

- Grundsatz der Klarheit, der Übersichtlichkeit und Nachprüfbarkeit und
- Grundsatz der Vollständigkeit, Rechtzeitigkeit und Richtigkeit.

Die **Aufbewahrung** der Buchführungsunterlagen erfolgt

- für alle bedeutenden Unterlagen (z. B. Buchungsbelege, Bilanzen) 10 Jahre und
- für alle nachrangigen Belege (z. B. Kopien von Angeboten, Bestellungen) 6 Jahre.

Die Aufbewahrungsfrist beginnt stets mit dem Ende des Kalenderjahres (31.12., 24:00 Uhr).

Eröffnungsbilanzen und Jahresabschlüsse sind in **Papierform** aufzubewahren.

Aufgaben

1. Prüfen Sie folgende Aussagen auf ihre Richtigkeit. Die Antwort ist jeweils zu begründen.
   (1) Güter- und Geldströme können sich wertmäßig unterscheiden.
   (2) Die Finanzbuchführung beschäftigt sich insbesondere mit der Aufbereitung, Auswertung und dem Vergleich von Unternehmensdaten.
   (3) Das Handelsgesetz verpflichtet Kaufleute, nach den Grundsätzen ordnungsmäßiger Buchführung Bücher zu führen.
   (4) Bilanzen und Handelsbriefe müssen 10 Jahre aufbewahrt werden.
   (5) Belege dürfen auf digitalen Datenträgern gespeichert werden.
2. Nennen Sie Beispiele für Güterströme in Ihrem Ausbildungsunternehmen.
3. Nennen Sie Beispiele für Geldströme in Ihrem Ausbildungsunternehmen.
4. Erklären Sie die Unterschiede zwischen der Finanzbuchführung und der Kosten- und Leistungsrechnung.
5. Nennen Sie fünf Gesetze, die bei der Erstellung der Buchführung beachtet werden müssen.
6. Erläutern Sie die folgenden Grundsätze ordnungsmäßiger Buchführung: Klarheit, Übersichtlichkeit und Nachprüfbarkeit.
7. Erklären Sie, warum es für die Buchführung einheitliche Grundsätze gibt.
8. Geben Sie den Beginn und das Ende der Aufbewahrungsfrist einer Rechnung mit dem heutigen Datum an.
9. Geben Sie für folgende Unterlagen die Aufbewahrungsfrist an. Entscheiden Sie dabei auch, ob eine Aufbewahrung ausschließlich auf Datenträgern erlaubt ist:
   - Eingangsrechnungen
   - Lieferscheine
   - Angebotsbriefe/-mails
   - Bilanzen
   - Kontoauszüge

2 Das System der doppelten Buchführung verstehen

Das System der doppelten Buchführung ist die zentrale Methode der Buchführung, bei der jeder Geschäftsvorfall doppelt erfasst wird – auf einem Konto und einem Gegenkonto.

Die doppelte Buchführung benutzen buchführungspflichtige Unternehmen zur Gewinnermittlung durch Aufstellen von Bilanz und Gewinn- und Verlustrechnung.

2.1 Bilanz als Dokumentation von Vermögen und Kapital

Die Buchführung kommt ihrer Verpflichtung zur Dokumentation der Vermögens- und Ertragslage unter Berücksichtigung der gesetzlichen Vorschriften durch eine zusammenfassende Darstellung von **Vermögen** und **Kapital** zu bestimmten Zeitpunkten (i. d. R. zum Geschäftsjahresende) nach.

Jegliches **Vermögen** eines Unternehmens muss durch Kapital (Eigenkapital oder Fremdkapital) finanziert worden sein. Andersherum gedacht bedeutet das: Das **Kapital** eines Unternehmens muss „irgendwo" im Vermögen des Unternehmens investiert worden sein. Daraus ergibt sich, dass Vermögen und Kapital immer einander entsprechen, also wertmäßig stets gleich groß sind.

Die Gegenüberstellung von Vermögen und Kapital wird deshalb als Bilanz bezeichnet (italienisch: bilancia = Waage). Diese Waage befindet sich definitionsgemäß immer im Gleichgewicht.

§§§

§ 242 HGB

(1) Der Kaufmann hat zu Beginn seines Handelsgewerbes und für den Schluss eines jeden Geschäftsjahrs einen das Verhältnis seines Vermögens und seiner Schulden darstellenden Abschluss (Eröffnungsbilanz, Bilanz) aufzustellen.

Inhalt und Aufbau der Bilanz

§ 266 HGB

Die Bilanz ist grundsätzlich in **Kontenform** zu erstellen. Die linke Seite wird als **Aktivseite** (Aktiva) bezeichnet und gliedert das Vermögen in **Anlagevermögen** und **Umlaufvermögen**. Die rechte Seite wird als **Passivseite** (Passiva) bezeichnet und gliedert das Kapital in **Eigenkapital** und **Fremdkapital**. Das Eigenkapital ergibt sich aus der Differenz zwischen Vermögen und Schulden (Fremdkapital).

Die Bilanz dokumentiert

- → auf der Aktivseite die Verwendung des Kapitals (Mittelverwendung, Investition),
- → auf der Passivseite die Quellen des Kapitals (Mittelherkunft, Finanzierung).

Beispiel

Aktiva	Bilanz der Young Cosmetics KG zum 31.12.20.. (in EUR)		Passiva
I. Anlagevermögen		**I. Eigenkapital**	
1. Bebaute Grundstücke	85 000,00	1. Samia Lang	90 000,00
2. Gebäude	40 000,00	2. Selina Lang	55 000,00
3. Techn. Anlagen/Maschinen (TAM)	8 000,00	**II. Fremdkapital (Verbindlichkeiten)**	
4. Fuhrpark	34 000,00	1. Langfristige Bankverbindlichkeiten (Darlehen)	109 000,00
5. Büromaschinen/Kommunikationsanlagen (BMKA)	12 000,00	2. Verbindlichkeiten aus Lieferungen und Leistungen	15 000,00
6. Büromöbel/Geschäftsausstattung (BGA)	28 000,00	3. Sonstige Verbindlichkeiten	3 000,00
II. Umlaufvermögen			
1. Rohstoffe	7 000,00		
2. Hilfs-/Betriebsstoffe	4 000,00		
3. Waren	15 000,00		
4. Fertige Erzeugnisse	5 000,00		
5. Forderungen aus Lieferungen und Leistungen	17 000,00		
6. Kasse	2 000,00		
7. Bank	15 000,00		
	272 000,00		**272 000,00**

Ordnung nach steigender Liquidität (Aktiva) – Ordnung nach steigender Fälligkeit (Passiva)

Dresden, 28. April 20..

Samia Lang

Aus der Bilanz der Young Cosmetics KG lassen sich einige schematische Zusammenhänge ableiten, die immer Gültigkeit haben:

Aktiva	Bilanz zum ...	Passiva
Anlagevermögen		Eigenkapital
Umlaufvermögen		Fremdkapital

Die Aktivseite gibt Auskunft über
- Vermögen
- Mittelverwendung
- Investition

Die Passivseite gibt Auskunft über
- Kapital
- Mittelherkunft
- Finanzierung

Aus der wertmäßigen Übereinstimmung von Aktiva (Vermögen) und Passiva (Kapital) lassen sich verschiedene Bilanzgleichungen ableiten:

Bilanzgleichungen	
Grundgleichung	Summe Aktiva = Summe Passiva Vermögen = Kapital
abgeleitete Bilanzgleichungen (Beispiele)	Eigenkapital = Vermögen – Fremdkapital Fremdkapital = Vermögen – Eigenkapital Vermögen = Eigenkapital + Fremdkapital

© fotomek-stock.adobe.com

Gliederungsprinzipien der Bilanz

Die Anordnung der **Vermögensposten** erfolgt nach **steigender Liquidität** (Flüssigkeit).

Zuerst werden die Vermögensposten aufgeführt, die tendenziell schwieriger in Geld umzuwandeln sind.

Beispiel

Betriebsgrundstücke dienen dem Unternehmen langfristig. Eine Veräußerung bedarf einer notariellen Beurkundung.

Im Anschluss folgen nach und nach die Vermögensposten, die prinzipiell einfacher (bzw. schneller) in flüssige Mittel umgewandelt werden können. Die höchste Liquidität weist das Bankguthaben auf, über das im Rahmen von Online-Banking in vollem Umfang jederzeit verfügt werden kann.

Beispiel

Forderungen aus Lieferungen und Leistungen sind i. d. R. nach wenigen Tagen fällig und führen damit zeitnäher zu einem Anstieg der flüssigen Mittel als z. B. der Bestand an Waren/Vorräten, für die ja erst noch ein Käufer gefunden werden muss.

Das **Kapital** ist nach **steigender Fälligkeit** (Dringlichkeit der Rückzahlung) geordnet.

Nach dem Eigenkapital, das dem Unternehmen dauerhaft zur Verfügung steht, werden langfristige Schulden zuerst aufgeführt (z. B. Verbindlichkeiten gegenüber Kreditinstituten/Darlehen). Danach folgen die kurzfristigen Schulden (z. B. Verbindlichkeiten aus Lieferungen und Leistungen).

Beispiel

Eigenkapital steht dem Unternehmen i. d. R. am langfristigsten zur Verfügung, da es erst bei Auflösung des Unternehmens zurückgezahlt wird. Verbindlichkeiten aus Lieferungen und Leistungen müssen dagegen i. d. R. sehr kurzfristig beglichen werden.

©Stefan Rajewski-stock.adobe.com

Unterzeichnung der Bilanz

Die Bilanz ist mit Ort und Datum zu versehen und zu unterzeichnen:

- → bei einem Einzelunternehmen (e. K.) durch den Inhaber,
- → bei der KG durch alle persönlich haftenden Gesellschafter (Komplementäre),
- → bei der GmbH durch alle Geschäftsführer.

Eine Delegierung der Unterschriftsleistung an Dritte (Prokurist, Steuerberater, Wirtschaftsprüfer, Familienangehörige) ist nicht statthaft.

©Robert Kneschke-stock.adobe.com

2.2 Veränderung der Bilanz durch erfolgsneutrale Geschäftsfälle

2.2.1 Geschäftsfälle und Belege

Geschäftsfälle

Die Schlussbilanz stellt eine Momentaufnahme der Lage des Unternehmens am Abschlussstichtag dar. Eine Vielzahl von Bewegungen in den Güter- und Geldströmen des Unternehmens verändert die Struktur des Vermögens bzw. des Kapitals täglich. Jede dieser Veränderungen wird als **Geschäftsfall** (Geschäftsvorfall) bezeichnet.

Vor der lückenlosen Erfassung der Geschäftsfälle eines Geschäftsjahres muss zunächst festgestellt werden, wie hoch Vermögen und Kapital zu Beginn des Geschäftsjahres sind. Deshalb wird zu Beginn eines jeden Geschäftsjahres eine **Eröffnungsbilanz** erstellt, die die Werte der **Schlussbilanz** des vorausgegangenen Jahres übernimmt (Grundsatz der Bilanzidentität, § 252 HGB).

Belege

Die Erfassung von Geschäftsfällen darf gemäß gesetzlicher Vorschriften und kaufmännischer Erfordernisse nur auf der Grundlage von Belegen erfolgen. Der **Beleg** ist das Dokument, das Auskunft gibt über die **Art des Geschäftsfalls**, die **Höhe des Betrags** in EUR und den **Zeitpunkt**. Die Belege sind Beweis für die Richtigkeit und Vollständigkeit der Geschäftsbuchführung.

Belegarten

Man unterscheidet nach der Herkunft zwischen Fremdbelegen und Eigenbelegen:

- → **Fremdbelege** (externe Belege) erhält das Unternehmen von seinen Geschäftspartnern. Dazu zählen z. B. Eingangsrechnungen, Bankbelege (Kontoauszüge), Quittungen und Handelsbriefe.

Duftstoffe Naturkosmetik
Anneliese Kaiser e. Kfr.

Telefon: 0671 123456
Telefax: 0671 123459
E-Mail: duftstoffe@t-online.de

Duftstoffe A. Kaiser e. Kfr. • Bachgasse 15 • 55543 Bad Kreuznach
Young Cosmetics KG
Mittlere Straße 30
01070 Dresden

Bankverbindung: Postbank Bad Kreuznach
IBAN: DE60 7601 0085 0234 4567 89
BIC: PBNKDEFFXXX

Unser Zeichen: KA.2367
Name: Frau Kaiser
Datum: 04.01.20..

Rechnungs-Nr.: 2367

Artikel-Nr.	Bezeichnung	Menge	Einzelpreis in EUR	Gesamtpreis in EUR
24670	Parfüm „ELBE" 60 ml	100 St.	20,00	2.000,00
	19 % Umsatzsteuer			380,00
	Rechnungsbetrag (brutto)			**2.380,00**

Zahlungsbedingungen: ohne Abzüge zahlbar bis 04.02.20..

Inhaberin
Anneliese Kaiser

Amtsgericht Bad Kreuznach
HRA 1223
USt-IdNr.: DE123456780

Quittung

Netto EURO 119,32
+ 19 % MwSt./EURO 22,67
Nr. 2054 Brutto EURO 141,99
EURO in Worten einhunderteinundvierzig
von Young Cosmetics KG
für Rechnung Nr. 02618 vom 02.04.20..
dankend erhalten.
Ort und Datum Leipzig, 13.04.20..
Buchungsvermerke

Davida – Kosmetikbedarf GmbH
Sonnenallee 45
04209 Leipzig
Tel.: 0341 37941457-0

Girokonto 1234567890	BLZ 900 080 00	Kontoauszug	3
Sparbank Dresden, USt-IdNr. DE170135071		Blatt	1

Datum	Erläuterungen		Betrag
Kontostand 17.01.20..,	Auszug Nr. 2		718,00 +
19.01.	Ina Schöne R.-Nr. 14-00115	Wert: 19.01	2.193,17 +
19.01.	Miete incl. Nebenkosten Januar 20..	Wert: 19.01	1.866,00 -
20.01.	Telekom R.-Nr. 40576 incl. 19 % USt	Wert: 20.01	93,80 -
20.01.	Beauty and more R.-Nr. 14-00173 abzgl. 3 % Skonto	Wert: 20.01	2.885,75 +

Young Cosmetics KG
Mittlere Str. 30
01070 Dresden

Int. Bank Account Number:
DE60 9000 8000 1234 5678 90
BIC: STDDDE81XXX

→ **Eigenbelege** (interne Belege) erstellt das Unternehmen selbst. Dazu zählen z. B. Ausgangsrechnungen, Gehaltslisten, Kassenbücher, Materialentnahmescheine, Reisekostenabrechnungen und Umbuchungen.

Gehaltsliste - Monat Februar

Young Cosmetics KG
Young Cosmetics KG
Mittlere Str. 30
01070 Dresden

Name, Vorname	Bruttogehalt	Steueranteil	AN-Anteil zur SV	Gesamtabzüge	Nettobezüge/ Auszahlung	AG-Anteil zur SV
Krüger, Sophia	2 100,00 EUR	238,15 EUR	434,18 EUR	672,33 EUR	1 427,67 EUR	434,18 EUR
Genau, Gisela	1 600,00 EUR	322,56 EUR	330,80 EUR	653,36 EUR	946,64 EUR	330,80 EUR
Richter, Monika	1 550,00 EUR	78,91 EUR	320,47 EUR	399,38 EUR	1 150,62 EUR	320,47 EUR
Schneider, Christoph	1 500,00 EUR	93,75 EUR	310,13 EUR	403,88 EUR	1 096,12 EUR	310,13 EUR
Neubert, Stephanie	1 500,00 EUR	96,30 EUR	313,88 EUR	410,18 EUR	1 089,82 EUR	313,88 EUR
Lindner, Alisa	620,00 EUR	0,00 EUR	128,19 EUR	128,19 EUR	491,81 EUR	128,19 EUR
Summe	**8 870,00 EUR**	**829,67 EUR**	**1 837,65 EUR**	**2 667,32 EUR**	**6 202,68 EUR**	**1 837,65 EUR**

Kassenbuch vom 02.01.20.. bis 11.01.20.. Seite: 22

Young Cosmetics KG, Dresden

Währung Euro Einnahmen Brutto	Ausgaben Brutto	Kassenbestand	Datum	Beleg Nr.	USt-Satz	Text
----------------	----------------	1.307,40		--------	--------	Übertrag Vormonat:
	60,00	1.247,40	02.01.	134	--------	Postwertzeichen
	178,50	1.068,90	03.01.	135	19	ER 1324 - Duftstoffe GmbH
	236,00	832,90	03.01.	136	19	Reisekosten Frau Genau
300,00		1.132,90	04.01.	137	--------	Umbuchung Sparkasse
	102,30	1.030,60	05.01.	138	19	Restaurant „Alte Post"
	385,70	644,90	08.01.	139	19	Mc Paper AG
500,00		1.144,90	08.01.	140	--------	Umbuchung Sparkasse
265,30		1.410,20	09.01.	141	19	AR14-00099 Wellness-Oase
	108,25	1.301,95	10.01.	142	19	ARAL
300,00		1.601,95	11.01.	143	--------	Vorschuss Frau Genau
Summe 1.365,30	Summe 1.070,75					

Übertrag von Seite 21	1.307,40
+ Einnahmen	1.365,30
- Ausgaben	1.070,75
= Endbestand	1.601,95

Unterschrift 22.01.20.. C. Schneider
geprüft 25.01.20.. M. Richter
gebucht 25.01.20.. M. Richter

RECHNUNG Mittlere Str. 30 • 01070 Dresden YOUNG COSMETICS KG

Young Cosmetics KG • Mittlere Str. 30 • 01070 Dresden
Kosmetiksalon Ina Schöne e. K.
Äußerer Ring 107
09117 Chemnitz

Ihr Zeichen: schoe
Ihre Nachricht vom: 20..-03-16

Unser Zeichen:
Unsere Nachricht vom:
Name:

Telefon: 0351 99999
E-Mail: info@young-cosmetics.de
Internet: www.young-cosmetics.de

Rechnungsdatum: 20..-03-22

Rechnung

Sehr geehrte Frau Schöne,

vielen Dank für Ihren Auftrag vom 20..-03-16. Wir lieferten Ihnen

Anzahl	Artikelbezeichnung	Einzelpreis	Gesamtpreis
100	Nagellack „Ultra"	6,00 EUR	600,00 EUR
100	Lippenstift „Extrema"	6,50 EUR	650,00 EUR
100	Wimperntusche „X-300"	5,50 EUR	550,00 EUR
100	Lidschatten „Smokey"	6,25 EUR	625,00 EUR
		gesamt	**2.425,00 EUR**
		+ 19 % USt	460,75 EUR
		Rechnungsbetrag	**2.885,75 EUR**

Zahlungsbedingungen: zahlbar bis 22.04.20..
Abzug von 3 % Skonto bei Zahlung innerhalb 14 Tagen

Sparbank Dresden
IBAN: DE60 9000 8000 1234 5678 90
BIC: STDDDE81XXX

Amtsgericht Dresden
HRA 451

Ein **Not-** oder **Ersatzbeleg** als besondere Form des Eigenbelegs ist auszustellen, wenn ein Fremdbeleg als Originalbeleg nicht zu erhalten ist oder wenn er verloren gegangen ist.

Belegarten am Beispiel der Rechnung

Anhand der Rechnung, einem der häufigsten Belege im Rechnungswesen, können die Belegarten exemplarisch aufgezeigt werden.

Zunächst ist jede Rechnung ein Eigenbeleg, denn sie wird in einem Unternehmen erstellt und als Ausgangsrechnung verschickt.

Für das einzelne Unternehmen ist es aber enorm wichtig, zwischen **erhaltenen Rechnungen** (Eingangsrechnungen) und **verschickten Rechnungen** (Ausgangsrechnungen) zu unterscheiden.

Merke

Lieferer
= Gläubiger
= Kreditor
↓
buchendes Unternehmen
↓
Käufer
= Schuldner
= Debitor

- Die **Eingangsrechnung** stellt einen **Fremdbeleg** für eine erhaltene Leistung (Güterstrom) dar. Dafür fordert der Lieferer den Rechnungsbetrag (Geldstrom).
- Die **Ausgangsrechnung** ist ein **Eigenbeleg** und zeigt einen entgegengesetzten Geschäftsprozess. Für die erbrachte Leistung (Güterstrom) wird das entsprechende Entgelt gefordert (Geldstrom).

Eingangsrechnungen stellen aus Sicht des buchenden Unternehmens **Verbindlichkeiten** aus Lieferungen und Leistungen dar. Der Lieferer (Gläubiger) wird im Rechnungswesen auch als Kreditor bezeichnet (lat. „credere" = „glauben"); er räumt bis zur Begleichung der Rechnung einen Kredit ein.

Ausgangsrechnungen bedeuten dagegen **Forderungen** aus Lieferungen und Leistungen an den Käufer (Schuldner). Dieser wird im Rechnungswesen auch als Debitor bezeichnet (lat. „debere" = „schulden"); er schuldet dem buchenden Unternehmen die Zahlung bis zum Ausgleich der Rechnung.

2.2.2 Bilanzveränderungen durch Geschäftsfälle

Jeder Geschäftsfall weist bezüglich der **Änderung von Aktiv- und Passivposten** und der **Wirkung auf die Bilanzsumme** bestimmte Merkmale auf.

Die folgende Übersicht zeigt die unterschiedlichen **Arten der Bilanzveränderung**. Dabei wird zunächst die vereinfachende Annahme getroffen, dass ausschließlich erfolgsneutrale Geschäftsfälle vorliegen.

Alle Geschäftsfälle verändern mindestens zwei Posten der Bilanz und die Summe der Vermögensseite (Aktivseite) entspricht wertmäßig immer der Summe der Kapitalseite (Passivseite). Daraus folgt, dass es prinzipiell vier Arten der Bilanzveränderung gibt.

4 Arten der Bilanzveränderung				
Nr.	**Geschäftsfälle**	**betroffene Bilanzposten**	**Wertveränderungen der Bilanzposten**	**Art der Bilanzveränderung**
1.	Wir zahlen 200,00 EUR aus der Geschäftskasse auf unser Bankkonto ein.	Bank Kasse	Aktivposten/Mehrung + Aktivposten/Minderung –	**Aktivtausch**
2.	Wir wandeln eine Liefererschuld (Verbindlichkeiten aus Lieferungen und Leistungen) in ein einjähriges Bankdarlehen um.	Darlehen Verbindlichkeiten aus LL	Passivposten/Mehrung + Passivposten/Minderung –	**Passivtausch**
3.	Wir kaufen einen Lkw auf Ziel (Rechnungsbetrag fällig in 30 Tagen).	Fuhrpark Verbindlichkeiten aus LL	Aktivposten/Mehrung + Passivposten/Mehrung +	**Aktiv-Passiv-Mehrung**
4.	Wir bezahlen eine offene Liefererrechnung durch Banküberweisung.	Bank Verbindlichkeiten aus LL	Aktivposten/Minderung – Passivposten/Minderung –	**Aktiv-Passiv-Minderung**

Diese vier Grundfälle weisen folgende Merkmale auf:

Merkmale der 4 Arten von Bilanzveränderungen	
Aktivtausch	**Passivtausch**
Die Wertveränderungen betreffen **nur** die **Aktivseite**. Ein Aktivposten nimmt zu, ein anderer nimmt in gleichem Maße ab. Die **Bilanzsumme** bleibt **unverändert**.	Die Wertveränderungen betreffen **nur** die **Passivseite**. Ein Passivposten nimmt zu, ein anderer nimmt in gleichem Maße ab. Die **Bilanzsumme** bleibt **unverändert**.
Aktiv-Passiv-Mehrung	
Die Wertveränderungen betreffen die **Aktivseite** und die **Passivseite**. Ein Aktiv- und ein Passivposten **nehmen** in gleichem Maße **zu**. Die **Bilanzsumme** wird dadurch **erhöht** (Bilanzverlängerung).	
Aktiv-Passiv-Minderung	
Die Wertveränderungen betreffen die **Aktivseite** und die **Passivseite**. Ein Aktiv- und ein Passivposten **nehmen** in gleichem Maße **ab**. Die **Bilanzsumme** wird dadurch **verringert** (Bilanzverkürzung).	

2.3 Erfassen von Geschäftsfällen auf Bestandskonten

Jeder Geschäftsfall ändert die Höhe von einzelnen Bilanzpositionen. Aus diesem Grunde wäre eigentlich nach jedem Geschäftsfall die Bilanz zu ändern. Es ist offensichtlich, dass diese Vorgehensweise zu aufwändig und nicht praktikabel ist. Deshalb werden die Veränderungen für alle Bilanzpositionen getrennt auf eigenen Konten aufgezeichnet.[1] Ausgangspunkt sind jeweils die Anfangsbestände der unterschiedlichen Bilanzpositionen, die der Eröffnungsbilanz entnommen werden können.

Bestandskonten

Die Buchhaltung erfasst alle Geschäftsfälle auf sogenannten „Konten". D. h., für jede Bilanzposition muss ein eigenes Konto eingerichtet und geführt werden. Ausgehend von den beiden Seiten der Bilanz (Aktiva/Passiva) werden die Konten unterschieden in

→ **Vermögenskonten/Aktivkonten (aktive Bestandskonten)** und

→ **Kapitalkonten/Passivkonten (passive Bestandskonten)**.

Zu Beginn des Geschäftsjahres werden diese Konten mit dem jeweiligen **Anfangsbestand** eröffnet. Durch Erfassen (Buchen) der Geschäftsfälle im Laufe des Geschäftsjahres verändern sich die Werte der Konten ständig. Erst am Ende des Geschäftsjahres wird für jedes Bestandskonto der **Schlussbestand** ermittelt.

Der Vorteil der Buchung auf Konten besteht darin, dass die Bilanz nicht nach jedem Geschäftsfall geändert werden muss. Erst am Ende einer Rechnungsperiode (z. B. Monat, Quartal, Jahr) erfolgt die Aufstellung einer Zwischenbilanz bzw. Schlussbilanz.

Tipp

Alle **Aktiva** stehen in der Bilanz auf der „linken" Seite – entsprechend werden bei Aktivkonten der Anfangsbestand und alle Mehrungen ebenfalls auf der „linken" Seite erfasst.
Alle **Passiva** stehen in der Bilanz auf der „rechten" Seite – entsprechend werden bei Passivkonten der Anfangsbestand und alle Mehrungen ebenfalls auf der „rechten" Seite erfasst.
Minderungen und Schlussbestände erscheinen auf der jeweils anderen Kontenseite.

Die linke Seite eines Kontos wird immer mit dem Begriff **„Soll"** (S), die rechte Seite immer mit dem Begriff **„Haben"** (H) bezeichnet.

Soll	Konto	Haben

Buchungsregeln

Nach festgelegten Buchungsregeln werden alle Geschäftsfälle im Soll und im Haben gebucht.

Vermögenskonten (Aktivkonten):
Anfangsbestand und **Mehrungen** stehen auf der **Sollseite, Minderungen** und **Schlussbestand** auf der **Habenseite**.

Kapitalkonten (Passivkonten):
Anfangsbestand und **Mehrungen** stehen auf der **Habenseite**, **Minderungen** und **Schlussbestand** auf der **Sollseite**.

Merke

Soll	Aktivkonto Haben
Anfangsbestand	Minderungen (–)
Mehrungen (+)	Schlussbestand

Soll	Passivkonto Haben
Minderungen (–)	Anfangsbestand
Schlussbestand	Mehrungen (+)

[1] Grundbuch und Hauptbuch werden grundsätzlich in EUR geführt; die Angabe EUR wird daher nicht gesondert ausgewiesen.

Die **Anfangsbestände der Konten** werden der Eröffnungsbilanz entnommen.

Die **Schlussbestände der Konten** werden durch Saldieren ermittelt. Als **Saldo** bezeichnet man die Differenz zwischen der größeren und der kleineren Kontenseite.

Der Schlussbestand der vergangenen Periode ist zugleich der **Anfangsbestand** der nächsten Periode: Schlussbestand 31.12.01 = Anfangsbestand 01.01.02.

Tipp

In 4 Schritten zum Schlussbestand:

1. Ermitteln Sie die wertmäßig größere Kontenseite.
2. Reservieren Sie auf der wertmäßig kleineren Kontenseite eine Zeile für den Schlussbestand.
3. Berechnen Sie auf der wertmäßig größeren Kontenseite die Summe und übertragen Sie diese Summe auf die wertmäßig kleinere Seite.
4. Ermitteln Sie den Schlussbestand als verbleibende Differenz auf der wertmäßig kleineren Seite.

Beispiel

Auf dem **Aktivkonto** „Kasse" sind folgende Geschäftsfälle einzutragen:

(1) Anfangsbestand (bei Aktivkonten immer im Soll)	560,00 EUR
(2) Ein Kunde zahlt eine Rechnung bar **Kasse:** Aktivkonto/Mehrung →	840,00 EUR **Soll**
(3) Kauf eines Computers bar **Kasse:** Aktivkonto/Minderung →	610,00 EUR **Haben**
(4) Abhebung vom Bankkonto und Einzahlung in Kasse **Kasse:** Aktivkonto/Mehrung →	500,00 EUR **Soll**
(5) Schlussbestand (bei Aktivkonten immer im Haben)	???

Soll		Kasse			Haben
(1)	**Anfangsbestand**	**560,00**	(3)	Barauszahlung für Computer	610,00
(2)	Barzahlung des Kunden	840,00	(5)	**Schlussbestand**	**1 290,00**
(4)	Bareinzahlung vom Bankkonto	500,00			
		1 900,00			1 900,00

Merke

Nicht vermeidbare Leerräume auf den Konten werden durch eine sogenannte **„Buchhalternase"** entwertet.

Beispiel

Auf dem **Passivkonto** „Verbindlichkeiten aus Lieferungen und Leistungen" sind folgende Geschäftsfälle einzutragen:

(1) Anfangsbestand (bei Passivkonten immer im Haben)	60 000,00 EUR
(2) Erhalt einer Eingangsrechnung (ER) für einen Schreibtischstuhl **Verbindlichkeiten aus LL:** Passivkonto/Mehrung →	1 250,00 EUR **Haben**
(3) Begleichen einer Eingangsrechnung (ER) durch Überweisung **Verbindlichkeiten aus LL:** Passivkonto/Minderung →	4 000,00 EUR **Soll**
(4) Schlussbestand (bei Passivkonten immer im Soll)	???

Soll		Verbindlichkeiten aus LL			Haben
(3)	Begleichen der ER	4 000,00	**(1)**	**Anfangsbestand**	**60 000,00**
(4)	**Schlussbestand**	**57 250,00**	(2)	Erhalt der ER	1 250,00
		61 250,00			61 250,00

2.4 Buchen auf Bestandskonten

Bisher haben wir bei den Geschäftsfällen nur jeweils **ein** Konto in den Blick genommen. Jeder Geschäftsfall verändert jedoch mindestens **zwei** Positionen der Bilanz.

Prinzip der doppelten Buchführung

Aufgrund der Festlegung, dass

→ bei **Aktivkonten Mehrungen im Soll** und **Minderungen im Haben** gebucht werden

und

→ bei **Passivkonten Mehrungen im Haben** und **Minderungen im Soll**,

ergeben sich folgende, allgemeingültige Regeln für jede Buchung:

→ Jeder Geschäftsfall wird **doppelt** (auf Konto und Gegenkonto) erfasst und berührt damit immer mindestens zwei Konten.

→ Es erfolgt mindestens **eine Buchung im Soll** und mindestens **eine Buchung im Haben**.

→ Der **Wert der Sollbuchungen** entspricht dem **Wert der Habenbuchungen**.

Die bisher nur auf **einem** Konto gebuchten Geschäftsfälle werden folglich durch die Buchung auf **dem zugehörigen Gegenkonto** vervollständigt.

Beispiel 1

Geschäftsfall: Kauf eines Computers bar 610,00 EUR

Kasse: Aktivkonto/Minderung → **Haben**

Durch den Geschäftsfall wird noch eine weitere Bilanzposition verändert. Die Position Büromaschinen/Kommunikationsanlagen (BMKA) erhöht sich um den gleichen Wert, um den sich die Kasse verringert. Daraus folgt:

BMKA: Aktivkonto/Mehrung → **Soll**

Aktivkonto		
Soll	**BMKA**	**Haben**
Mehrung 610,00		

Aktivkonto		
Soll	**Kasse**	**Haben**
		Minderung 610,00

→ **Aktivtausch** ←

Der Geschäftsfall des Beispiels 1 ist nun auf den beiden betroffenen Konten vollständig erfasst (gebucht). Auf der Sollseite des Aktivkontos „Büromaschinen/Kommunikationsanlagen" wurde die Mehrung gebucht und auf der Habenseite des Aktivkontos „Kasse" wurde die Minderung erfasst. Es handelt sich somit um einen Aktivtausch.

Beispiel 2

Geschäftsfall: Begleichen einer Eingangsrechnung (ER) durch Banküberweisung — 4 000,00 EUR

Verbindlichkeiten aus LL: Passivkonto/Minderung ⟶ **Soll**

Als weitere Bilanzposition verändert sich das Bankkonto:

Bank: Aktivkonto/Minderung ⟶ **Haben**

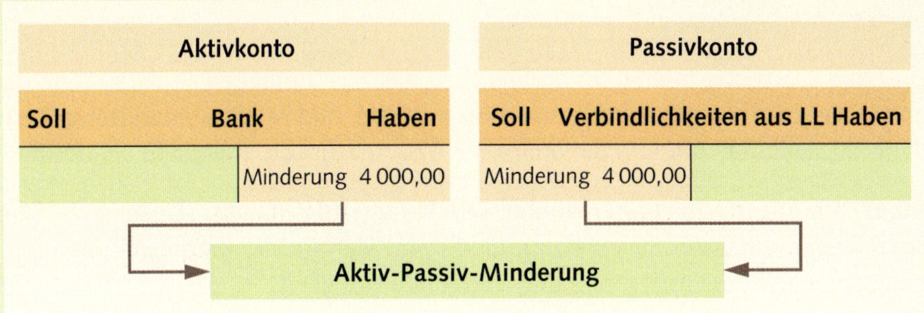

Im zweiten Beispiel sind ein Aktivkonto und ein Passivkonto betroffen. Auf der Sollseite des Passivkontos „Verbindlichkeiten aus LL" wurde die Minderung erfasst. Da es sich beim Konto „Bank" um ein Aktivkonto handelt, wird die Minderung hier im Haben erfasst.

Vorüberlegungen zur Buchung auf Bestandskonten

Vor der Buchung eines Geschäftsfalles sind stets folgende Überlegungen notwendig:

1. **Welche Konten** werden durch den Geschäftsfall angesprochen:
   z. B. Bank, Kasse, BMKA, Verbindlichkeiten aus LL?
2. Um welche Kontenart handelt es sich:
   Ist das jeweilige Konto ein **Aktivkonto** oder ein **Passivkonto**?
3. Welche Wertveränderungen ergeben sich:
   Entsteht eine **Mehrung** oder eine **Minderung**?
4. Auf welcher Kontoseite wird nach den Buchungsregeln gebucht:
   im **Soll** oder im **Haben**?

Beispiel

Vorüberlegungen			
Geschäftsfall	**betroffene Konten**	**Kontenart Mehrung/Minderung**	**Kontoseite**
Kauf eines Pkw auf Ziel (Eingangsrechnung mit Zahlungsziel 30 Tage)	Fuhrpark Verbindlichkeiten aus LL	Aktivkonto/Mehrung Passivkonto/Mehrung	Soll Haben
Kunde zahlt Ausgangsrechnung durch Banküberweisung	Bank Forderungen aus LL	Aktivkonto/Mehrung Aktivkonto/Minderung	Soll Haben
Umwandlung einer Verbindlichkeit aus Lieferungen und Leistungen in ein Darlehen	Verbindlichkeiten aus LL Darlehen	Passivkonto/Minderung Passivkonto/Mehrung	Soll Haben

2.5 Zusammenfassung und Aufgaben

Zusammenfassung

Bilanz als Dokumentation von Vermögen und Kapital

Die **Bilanz** ist eine kurzgefasste, **wertmäßige** Darstellung von **Vermögen** und **Kapital** des Unternehmens in Kontenform.

Die linke Bilanzseite nennt man **Aktiva**. Sie stellt das **Vermögen** (Anlagevermögen und Umlaufvermögen) dar, in das investiert wurde, und zeigt so die Mittelverwendung (Investition). Ordnungskriterium der Aktivseite ist die **steigende Liquidität**.

Die rechte Bilanzseite nennt man **Passiva**. Sie zeigt das **Kapital** (Eigenkapital und Fremdkapital), das zur Finanzierung dient, und klärt so die Mittelherkunft. Ordnungskriterium der Passivseite ist die **steigende Fälligkeit**.

Beide Bilanzseiten sind wertmäßig gleich **(bilancia = Waage)**.

Bilanzveränderungen durch erfolgsneutrale Geschäftsfälle

Güter- und Geldströme lösen Geschäftsfälle aus, die zu Bilanzveränderungen führen.

Geschäftsfälle werden durch Belege dokumentiert. Es können drei Belegarten unterschieden werden:
- Eigenbelege (ggf. als Notbelege)
- Fremdbelege

Jeder Geschäftsfall verändert mindestens zwei Bilanzposten.

Es existieren vier **Arten der Bilanzveränderung:**
- Aktivtausch
- Passivtausch
- Aktiv-Passiv-Mehrung
- Aktiv-Passiv-Minderung

Erfassen von Geschäftsfällen auf Bestandskonten

In der Finanzbuchhaltung werden alle Geschäftsfälle des laufenden Geschäftsjahres auf separaten Konten erfasst. Die Konten werden geführt als
- Vermögenskonten/aktive Bestandskonten **(Aktivkonten)**,
- Kapitalkonten/passive Bestandskonten **(Passivkonten)**.

Die linke Seite eines Kontos wird mit **„Soll“** bezeichnet, die rechte Seite mit **„Haben“**.

Buchen auf Bestandskonten – doppelte Buchführung

Jeder Geschäftsfall wird doppelt (auf Konto und Gegenkonto) erfasst:
- Es erfolgt mindestens eine Soll-Buchung und eine Haben-Buchung.
- Der Wert aller Soll-Buchungen entspricht dem Wert aller Haben-Buchungen.

Buchungsregeln für Bestandskonten

Soll	Aktivkonto Haben
Anfangsbestand	Minderungen (–)
Mehrungen (+)	Schlussbestand

Soll	Passivkonto Haben
Minderungen (–)	Anfangsbestand
Schlussbestand	Mehrungen (+)

Aufgaben

1. Prüfen Sie folgende Aussagen auf ihre Richtigkeit. Die Antwort ist jeweils zu begründen.
   (1) Das in der Bilanz ausgewiesene Eigenkapital gibt Auskunft über die Mittelherkunft, das Fremdkapital über die Mittelverwendung.
   (2) Das Eigenkapital in der Bilanz kann auch als Differenz von Vermögen und Fremdkapital aufgefasst werden.
   (3) Die Aktivseite einer Bilanz gibt Auskunft über die Mittelherkunft.
   (4) Die Passivseite einer Bilanz ist nach abnehmender Fälligkeit geordnet.
   (5) Die Bilanz muss vom Eigentümer oder ersatzweise vom Prokuristen unterschrieben werden.
   (6) Bei einem Aktivtausch nehmen beide Aktivposten zu.
   (7) Bei einem Passivtausch erfolgt keine Änderung der Bilanzsumme.
   (8) Bei einer Aktiv-Passiv-Mehrung nimmt ein Aktivposten zu und ein Passivposten nimmt um den gleichen Betrag ab.
   (9) Bei einer Aktiv-Passiv-Minderung nehmen Aktiv- und Passivposten gleichmäßig ab.
   (10) Das Prinzip der doppelten Buchführung besagt, dass auf einem Konto im Soll und auf dem zugehörigen Gegenkonto im Haben gebucht wird.
   (11) Bei aktiven Bestandskonten wird der Anfangsbestand im Soll gebucht und bei passiven Bestandskonten im Haben.
   (12) Bei passiven Bestandskonten steht der Schlussbestand (Saldo) im Haben.

2. Bilanz
   a) Beschreiben Sie den Aufbau einer Bilanz und die Gliederungsprinzipien für die Aktiv- und Passivposten.
   b) Geben Sie für die folgenden Bilanzpositionen an, ob sie den Aktiva oder Passiva zuzuordnen sind: Fuhrpark, Bank, Verbindlichkeiten aus LL, Forderungen aus LL, Verbindlichkeiten ggü. Kreditinstituten (Darlehen), Eigenkapital, Büromöbel und sonstige Geschäftsausstattung (BGA).
   c) Begründen Sie, warum in der Bilanz das Eigenkapital vor dem Fremdkapital aufgeführt wird und die fertigen Erzeugnisse vor den Forderungen stehen müssen.

3. Stellen Sie möglichst viele verschiedene Bilanzgleichungen auf. Verwenden Sie dabei die Begriffe: Kapital, Eigenkapital, Fremdkapital, Vermögen, Anlagevermögen, Umlaufvermögen.

4. a) Ermitteln Sie die Höhe des Eigenkapitals:
   Anlagevermögen 77 500,00 EUR
   Umlaufvermögen 112 500,00 EUR
   Fremdkapital 98 000,00 EUR

   b) Ermitteln Sie die Höhe des Anlagevermögens:
   Umlaufvermögen 178 500,00 EUR
   Eigenkapital 205 900,00 EUR
   Fremdkapital 207 600,00 EUR

5. Nennen Sie die Buchungsregeln für aktive und passive Bestandskonten.

6. Beschreiben Sie, welche Vorüberlegungen einer Buchung vorausgehen.

7. Stellen Sie für die aufgeführten Geschäftsfälle fest, auf welchen Konten und auf welcher Kontenseite (Soll/Haben) jeweils zu buchen ist. Bestimmen Sie auch die Art der Bilanzveränderung.
   a) Kauf eines Lkw auf Ziel
   b) Aufnahme eines Darlehens bei der Bank
   c) Kauf von Büromöbeln gegen Bankscheck
   d) Umwandlung von Verbindlichkeiten aus LL in ein Darlehen
   e) Verkauf eines Pkw auf Ziel
   f) Kunde begleicht eine Rechnung per Online-Überweisung
   g) Begleichung einer Verbindlichkeit mit Banküberweisung

8. Ermitteln Sie, welcher Geschäftsfall den folgenden Kontenveränderungen zugrunde liegen könnte. Bezeichnen Sie auch die jeweilige Art der Bilanzveränderung.
   a) Büromöbel und sonstige Geschäftsausstattung (BGA): Haben; Kasse: Soll
   b) Langfristige Bankverbindlichkeiten: Haben; Verbindlichkeiten aus LL: Soll
   c) Verbindlichkeiten aus LL: Soll; Bank: Haben
   d) Fuhrpark: Soll; Verbindlichkeiten aus LL: Haben
   e) Forderungen aus LL: Haben; Bank: Soll

3 Grundbuch und Hauptbuch führen

Ein erfahrener Buchhalter wird die Vorüberlegungen, auf welchen Konten und auf welcher Kontenseite zu buchen ist, in der Praxis nur gedanklich vollziehen. Das Ergebnis teilt er in einer knappen Buchungsanweisung mit, die als **Buchungssatz** bezeichnet wird. Die Auflistung aller Buchungssätze nennt man **Grundbuch**.

Die Buchungssätze werden anschließend in T-Konten übertragen; die Aufstellung aller T-Konten wird als **Hauptbuch** bezeichnet.

3.1 Buchungssatz (Grundbuch)

Der **Buchungssatz** ist die **kurzgefasste Anweisung** für die Erfassung des Geschäftsfalls in der Finanzbuchführung. Er enthält die Kontenbezeichnungen und die Beträge der Soll- und Habenseite. Da es in jedem Buchungssatz immer mindestens zwei Konten mit mindestens einer Buchung im Soll und einer Buchung im Haben gibt, die wertmäßig einander entsprechen, hat man folgende Vereinbarung getroffen:

- → Das Konto, auf dem die Buchung im **Soll** erfolgt, wird **zuerst** genannt.
- → **Danach** wird das Konto genannt, auf dem die Buchung im **Haben** erfolgt.
- → Zur eindeutigen Unterscheidung wird zwischen Soll-Buchung und Haben-Buchung das Wörtchen **„an"** gesetzt.
- → Ein **Buchungssatz** lautet also stets: „Konto mit Sollbuchung" an „Konto mit Habenbuchung".

Merke

„Soll" an „Haben"

Der vollständige Buchungssatz ist noch um die im Soll bzw. Haben zu buchenden Beträge ergänzt.

Beispiel

Geschäftsfall:
1. Kauf eines Pkw auf Ziel 25 000,00 EUR

Vorüberlegung:

Nr.	Konten	Kontenart/ Mehrung oder Minderung	Kontoseite
1	Fuhrpark Verbindlichkeiten aus LL	Aktivkonto/Mehrung Passivkonto/Mehrung	Soll Haben

Buchung:

Nr.	Buchungssatz	Beträge	
		Soll	Haben
1	Fuhrpark an Verbindlichkeiten aus LL	25 000,00	 25 000,00

Einfacher Buchungssatz

Ein Geschäftsfall, der auf **genau zwei Konten** mit je einer Soll- und einer Habenbuchung erfasst wird, erfordert nur einen **einfachen Buchungssatz**.

Beispiel

Geschäftsfälle:

1. Ausgleich einer Liefererrechnung (Eingangsrechnung) durch Banküberweisung — 5 000,00 EUR
2. Kauf eines Lagerregals auf Ziel — 800,00 EUR

Vorüberlegung:

Nr.	Konten	Kontenart/ Mehrung oder Minderung	Kontoseite
1	Verbindlichkeiten aus LL Bank	Passivkonto/Minderung Aktivkonto/Minderung	Soll Haben
2	BGA Verbindlichkeiten aus LL	Aktivkonto/Mehrung Passivkonto/Mehrung	Soll Haben

Buchung:

Nr.	Buchungssatz	Beträge	
		Soll	Haben
1	Verbindlichkeiten aus LL an Bank	5 000,00	 5 000,00
2	BGA an Verbindlichkeiten aus LL	800,00	 800,00

Zusammengesetzter Buchungssatz

In der Praxis sind oftmals **zusammengesetzte Buchungssätze** notwendig, um einen Geschäftsfall zu erfassen. Dabei wird auf **mehr als zwei Konten** gebucht. Bei jedem zusammengesetzten Buchungssatz muss die Summe der Beträge im Soll genauso groß sein wie die Summe der Beträge im Haben.

Beispiel

Geschäftsfälle:

1. Ausgleich einer Liefererrechnung (Eingangsrechnung)
   durch Banküberweisung — 4 000,00 EUR
   und Barzahlung — 1 000,00 EUR
2. Ein Kunde begleicht eine Ausgangsrechnung
   durch Banküberweisung — 2 500,00 EUR
   und Barzahlung — 1 500,00 EUR

Vorüberlegung:

Nr.	Konten	Kontenart/ Mehrung oder Minderung	Kontoseite
1	Verbindlichkeiten aus LL Bank Kasse	Passivkonto/Minderung Aktivkonto/Minderung Aktivkonto/Minderung	Soll Haben Haben
2	Bank Kasse Forderungen aus LL	Aktivkonto/Mehrung Aktivkonto/Mehrung Aktivkonto/Minderung	Soll Soll Haben

Buchung:

Nr.	Buchungssatz	Beträge	
		Soll	Haben
1	Verbindlichkeiten aus LL an Bank an Kasse	5 000,00	 4 000,00 1 000,00
2	Bank Kasse an Forderungen aus LL	2 500,00 1 500,00	 4 000,00

■ Vorkontierung der Belege für die Buchung

Merke

„Keine Buchung ohne Beleg!"

Buchungssätze werden aufgrund von **Belegen** gebildet, anhand derer die Richtigkeit der Buchung überprüfbar ist.

Nach einer sachlichen und rechnerischen Prüfung der Belege werden diese nach Belegarten vorsortiert (z. B. Eingangsrechnungen oder Ausgangsrechnungen). Jeder Beleg erhält eine laufende Nummer und einen Vermerk mit den beteiligten Konten und Beträgen. Dieser Vermerk wird mittels eines **Kontierungsstempels** auf dem Beleg angebracht.

Dem Kontierungsvermerk ist zu entnehmen, auf welchem Konto welcher Betrag im Soll und auf welchem Konto welcher Betrag im Haben gebucht werden soll.

3.2 Grundbuch und Hauptbuch

Nach den Grundsätzen ordnungsmäßiger Buchführung (GoB) ist eine **zeitliche** und **sachliche** Gliederung aller Geschäftsfälle in sogenannten „Büchern“ vorzunehmen.

Im **Grundbuch** (Synonyme: Journal, Primanota) werden alle Geschäftsfälle in **zeitlicher Reihenfolge** (chronologisch) lückenlos erfasst, sodass ein schnelles Auffinden und Überprüfen eines Geschäftsfalles sichergestellt ist. In das Grundbuch gehören das Datum, die Belegnummer, der Buchungssatz und die Beträge.

Beispiel

Grundbuch				
Datum	**Beleg-Nr.**	**Buchungssatz**	**Beträge**	
			Soll	**Haben**
09.01.20..	1	Bank an Kasse	1 500,00	 1 500,00

Allerdings lässt sich dem Grundbuch nicht der jeweilige Stand des Vermögens und des Kapitals entnehmen. Deshalb werden alle Geschäftsfälle nach **sachlichen Gesichtspunkten** auch auf sogenannten **T-Konten** (Sachkonten) erfasst. Dies erfolgt im **Hauptbuch**. Das Grundbuch bildet die Grundlage für die Buchungen im Hauptbuch.

Merke

Im **Grundbuch** werden Geschäftsfälle **zeitlich geordnet** (chronologisch) als **Buchungssätze** erfasst.

Im **Hauptbuch** werden Geschäftsfälle **sachlich geordnet** auf **T-Konten** erfasst.

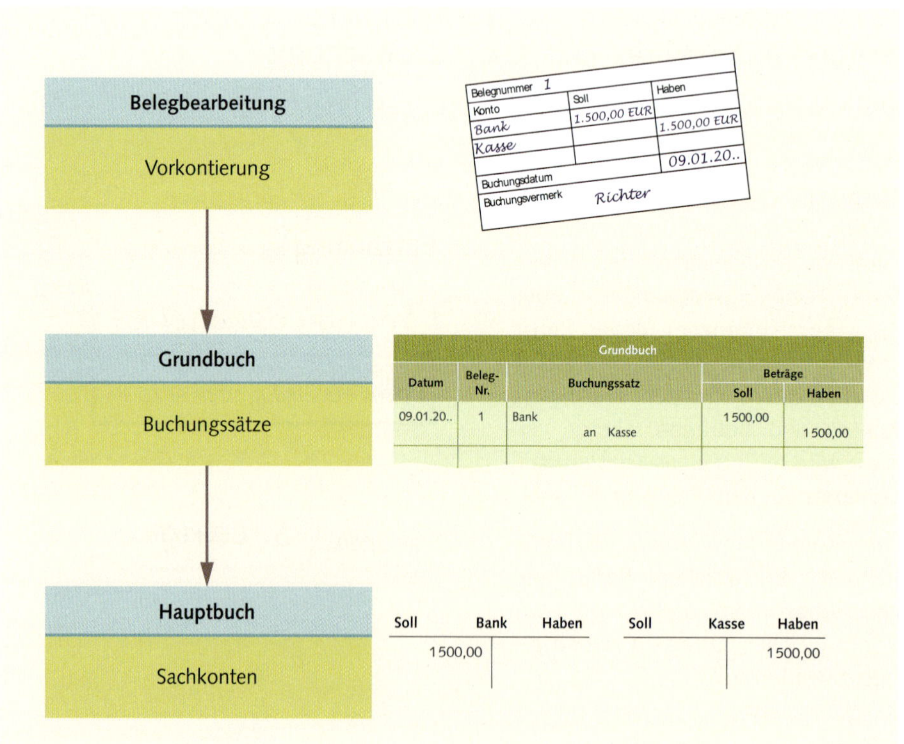

3.3 Eröffnung und Abschluss der Bestandskonten

Die doppelte Erfassung aller Geschäftsfälle auf Bestandskonten entspricht erst vollständig den Buchungsregeln und Vorschriften der GoB, wenn

- ➔ die **Anfangsbestände** über das Eröffnungsbilanzkonto auf die jeweiligen Aktiv- und Passivkonten **gebucht** werden,
- ➔ die durch Saldieren ermittelten **Schlussbestände** der Aktiv-und Passivkonten in das Schlussbilanzkonto **gebucht** werden.

Dann ist nach den festgelegten Buchführungsregeln **jeder** Buchungsvorgang in doppelter Weise buchhalterisch erfasst.

3.3.1 Eröffnungsbilanzkonto

Für die Eröffnung der Bestandskonten ist deshalb die vereinfachende Vorgehensweise der bloßen Übertragung der Anfangsbestände in die Konten aufzugeben und ein entsprechender Buchungssatz zu bilden. Dazu wird ein Gegenkonto benötigt. Dieses Konto wird als **Eröffnungsbilanzkonto (EBK)** bezeichnet.

Nach den Buchungsregeln werden die **Anfangsbestände (AB)** auf **Aktivkonten** im **Soll** gebucht, auf **Passivkonten** im **Haben**.

Für das **Eröffnungsbilanzkonto** als Gegenkonto zu den Bestandskonten ergibt sich dann z. B. folgendes Bild:

Beispiel

Soll	**Eröffnungsbilanzkonto (EBK)**		**Haben**
Eigenkapital	AB	Gebäude	AB
langfr. Bankverbindlichkeiten (Darlehen)	AB	Fuhrpark	AB
Verbindlichkeiten aus LL	AB	BGA	AB
		Waren	AB
		Forderungen aus LL	AB
		Kasse	AB
		Bank	AB
	Summe		Summe

Merke

Alle **Aktivkonten** stehen im **Eröffnungsbilanzkonto** auf der **Habenseite.**

Alle **Passivkonten** stehen im **Eröffnungsbilanzkonto** auf der **Sollseite.**

LERNFELD 6

Der allgemeine Buchungssatz für die **Eröffnung** der **Aktivkonten** lautet:

Aktivkonto
an Eröffnungsbilanzkonto (EBK)

Der allgemeine Buchungssatz für die **Eröffnung** der **Passivkonten** lautet:

Eröffnungsbilanzkonto (EBK)
an Passivkonto

Das Beispiel oben zeigt, dass das **Eröffnungsbilanzkonto** das **Spiegelbild** der **Eröffnungsbilanz** darstellt: Die Positionen, die in der Eröffnungsbilanz „links" (auf der Aktivseite) stehen, tauchen im Eröffnungsbilanzkonto „rechts" (auf der Habenseite) auf. Auch die Bilanzpositionen der Passivseite erscheinen im EBK auf der entgegengesetzten Seite. Das Eröffnungsbilanzkonto wird allein aus Gründen des in sich geschlossenen Regelwerkes der doppelten Erfassung aller Buchungsvorgänge benötigt und gilt deshalb als Hilfskonto. Das Eröffnungsbilanzkonto kann als „Vermittler" zwischen Eröffnungsbilanz und den einzelnen Bestandskonten aufgefasst werden. Die Werte für das Eröffnungsbilanzkonto werden aus der Eröffnungsbilanz übernommen.

Das **Eröffnungsbilanzkonto** ist deshalb stets **„von alleine" wertmäßig ausgeglichen.**

Merke

Das **Eröffnungsbilanzkonto** (EBK) ist das **Gegenkonto** zur Buchung der Anfangsbestände in die Bestandskonten (Aktivkonten/Passivkonten).

Nach Eröffnung der Bestandskonten kann mit der Erfassung der laufenden Geschäftsfälle begonnen werden.

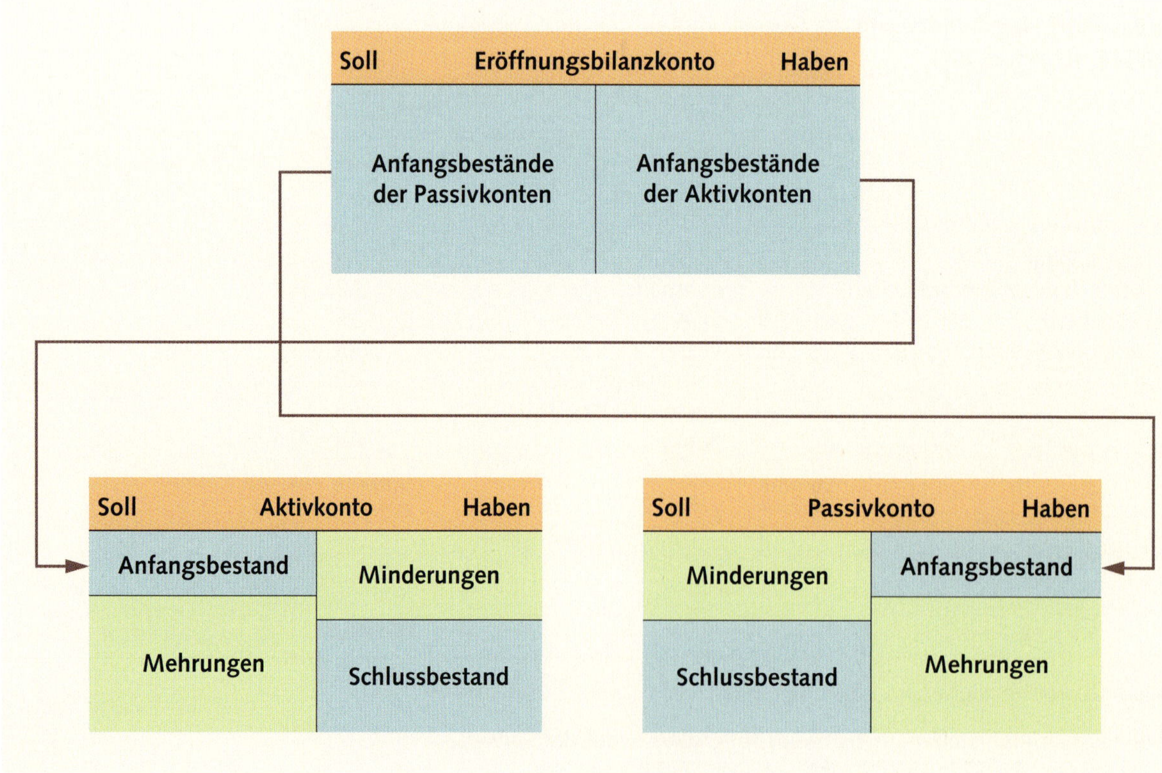

3.3.2 Schlussbilanzkonto

Nach Eröffnung der Bestandskonten und Erfassung aller laufenden Geschäftsfälle im Grund- und Hauptbuch sind die Konten am Ende der Rechnungsperiode (z. B. zum 31.12.) abzuschließen. Dazu wird ein Konto benötigt, das die Gegenbuchung für die Schlussbestände der Bestandskonten aufnimmt.

Dieses Konto bezeichnet man als **Schlussbilanzkonto** (SBK). Die Schlussbestände (SB) der **Aktivkonten** stehen im Schlussbilanzkonto auf der **Sollseite** und die Schlussbestände der **Passivkonten** auf der **Habenseite**. Damit ergibt sich für das Schlussbilanzkonto z. B. folgendes Bild:

Schlussbilanz
Schlussbilanzkonto

Beispiel

Soll	Schlussbilanzkonto		Haben
Gebäude	SB	Eigenkapital	SB
Fuhrpark	SB	langfr. Bankverbindlichkeiten	
BGA	SB	(Darlehen)	SB
Waren	SB	Verbindlichkeiten aus LL	SB
Forderungen aus LL	SB		
Kasse	SB		
Bank	SB		
	Summe		Summe

Merke

Alle **Aktivkonten** stehen im **Schlussbilanzkonto** auf der **Sollseite.**

Alle **Passivkonten** stehen im **Schlussbilanzkonto** auf der **Habenseite.**

Die Positionen der Schlussbilanz werden im Schlussbilanzkonto also nicht „seitenverkehrt" abgebildet.

Der allgemeine Buchungssatz für den **Abschluss** der **Aktivkonten** lautet:

Schlussbilanzkonto (SBK)
an Aktivkonto

Der allgemeine Buchungssatz für den **Abschluss** der **Passivkonten** lautet:

Passivkonto
an Schlussbilanzkonto (SBK)

Merke

Das **Schlussbilanzkonto** (SBK) ist das **Gegenkonto** für den **Abschluss** der **Bestandskonten** (Aktivkonten/Passivkonten).

Bei korrekter Anwendung aller Buchungsregeln ist auch das **Schlussbilanzkonto „von alleine" wertmäßig ausgeglichen.** Eine Differenz zwischen Soll- und Habenseite des Schlussbilanzkontos belegt, dass beim Buchen (mindestens) ein Fehler unterlaufen ist, der selbstverständlich zu suchen und zu korrigieren ist.

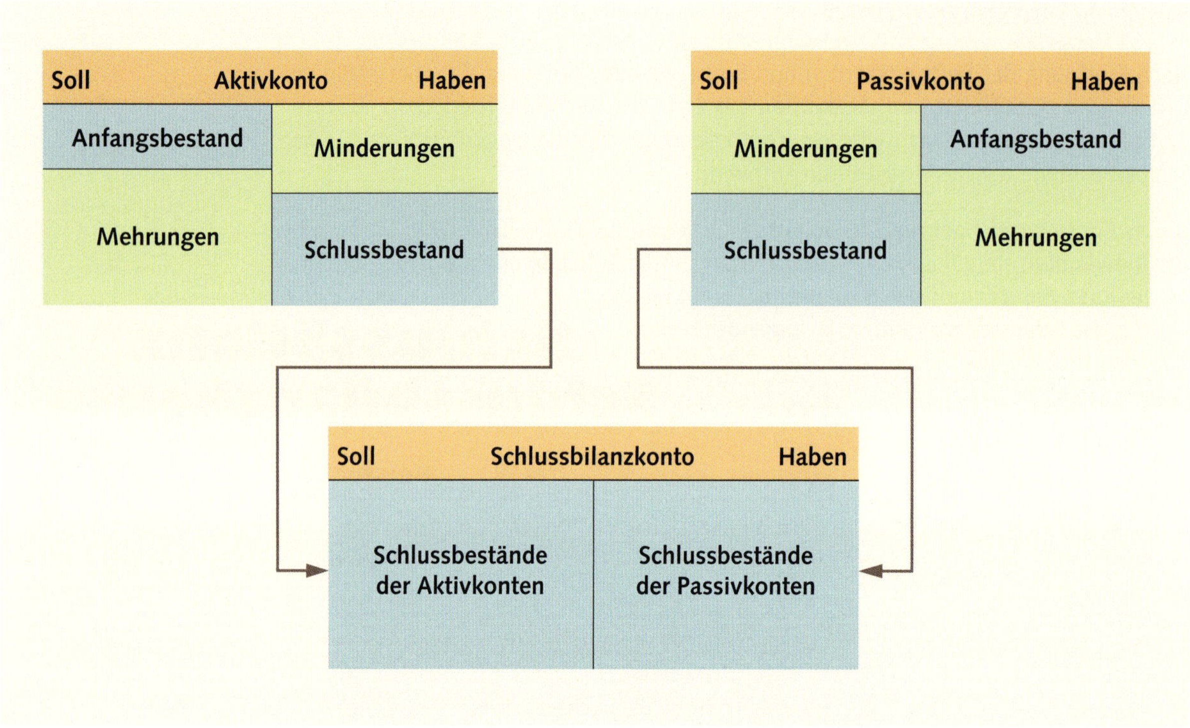

3.3.3 Vom Eröffnungsbilanzkonto zum Schlussbilanzkonto

Das Regelwerk der Buchführung führt stets zu ausgeglichenen Konten. Damit ist es stabil, aber fehlerintolerant.

In der Praxis kann es aus unterschiedlichen Gründen (z. B. nicht erfasster Verderb, Diebstahl) vorkommen, dass die **Sollwerte** der Buchführung nicht mit den tatsächlichen **Istwerten** des Unternehmens übereinstimmen.

Der Gesetzgeber sieht vor, dass die tatsächlichen **Istwerte** mindestens einmal im Jahr durch eine Bestandsaufnahme **(Inventur)** ermittelt werden. Die Ergebnisse dieser Bestandsaufnahme werden in der **Schlussbilanz** dokumentiert.

Die **Schlussbilanz** steht aus diesem Grund **außerhalb** des **geschlossenen Systems der Buchführung.** Das **Schlussbilanzkonto** dagegen stellt das Ergebnis aller im Kontensystem der Buchführung erfassten **Sollwerte** dar.

Entsprechen die Sollwerte der Buchführung im Schlussbilanzkonto nicht den Istwerten der Schlussbilanz, so sind die Differenzen durch **Korrekturbuchungen** auszugleichen.

Merke

Schlussbilanzkonto → Sollwerte
Schlussbilanz → Istwerte

Tipp

Der Zusammenhang von Inventur, Inventar und Bilanz wird ausführlich in Kapitel 9 behandelt.

Die folgende schematische Darstellung zeigt noch einmal die **Zusammenhänge** vom **Eröffnungsbilanzkonto** über die **Erfassung der Geschäftsfälle auf Bestandskonten** bis zum **Schlussbilanzkonto.**

Grundbuch

Datum	Beleg-Nr.	Buchungssatz	Soll	Haben
		Eröffnungsbuchungen		
		laufende Buchungen		
		Abschlussbuchungen		

Hauptbuch

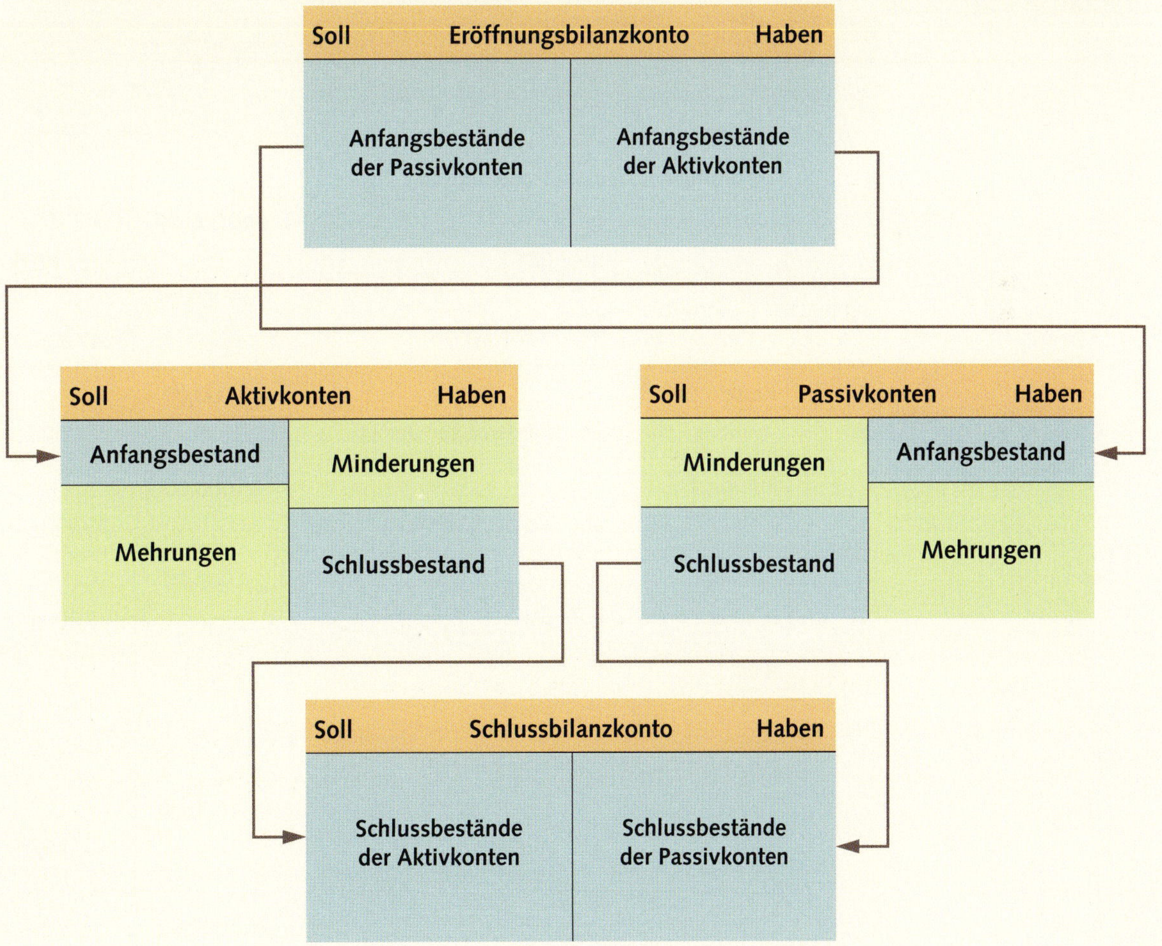

LERNFELD 6

Vollständiger Buchungsgang mit Grundbuch und Hauptbuch

Beispiel

Anfangsbestände:

Gebäude	100 000,00 EUR	Kasse	1 000,00 EUR
Fuhrpark	40 000,00 EUR	Bank	19 000,00 EUR
BGA	35 000,00 EUR	Eigenkapital	140 000,00 EUR
Waren	30 000,00 EUR	Darlehen	80 000,00 EUR
Forderungen aus LL	20 000,00 EUR	Verbindlichkeiten aus LL	25 000,00 EUR

Geschäftsfälle:

1. Ein Kunde zahlt eine bereits gebuchte Rechnung bar. 3 000,00 EUR
2. Wir kaufen einen Geschäftswagen auf Ziel. 25 000,00 EUR
3. Wir überweisen die monatliche Tilgungsrate für ein Darlehen. 2 000,00 EUR
4. Wir zahlen Geld aus der Tageskasse auf das Bankkonto. 1 500,00 EUR

Buchungssätze im Grundbuch:

Grundbuch			
Beleg-Nr.	**Buchungssatz**	**Beträge**	
		Soll	**Haben**
	Eröffnungsbuchungen (schematisch):		
	Aktivkonten	245 000,00	
	an EBK		245 000,00
	EBK	245 000,00	
	an Passivkonten		245 000,00
1	Kasse	3 000,00	
	an Forderungen aus LL		3 000,00
2	Fuhrpark	25 000,00	
	an Verbindlichkeiten aus LL		25 000,00
3	Darlehen	2 000,00	
	an Bank		2 000,00
4	Bank	1 500,00	
	an Kasse		1 500,00
	Abschlussbuchungen (schematisch):		
	SBK	268 000,00	
	an Aktivkonten		268 000,00
	Passivkonten	268 000,00	
	an SBK		268 000,00

Hauptbuch

Soll – Eröffnungsbilanzkonto – Haben

Soll		Haben	
Eigenkapital	140 000,00	Gebäude	100 000,00
Darlehen	80 000,00	Fuhrpark	40 000,00
Verbindlichkeiten aus LL	25 000,00	BGA	35 000,00
		Waren	30 000,00
		Forderungen aus LL	20 000,00
		Kasse	1 000,00
		Bank	19 000,00
	245 000,00		245 000,00

Merke

Bei Eintragungen im Hauptbuch ist vor jedem Betrag das Gegenkonto anzugeben.

Soll – Gebäude – Haben

Soll		Haben	
EBK	100 000,00	SBK	100 000,00
	100 000,00		100 000,00

Soll – Fuhrpark – Haben

Soll		Haben	
EBK	40 000,00	SBK	65 000,00
Vbk	25 000,00		
	65 000,00		65 000,00

Soll – BGA – Haben

Soll		Haben	
EBK	35 000,00	SBK	35 000,00
	35 000,00		35 000,00

Soll – Waren – Haben

Soll		Haben	
EBK	30 000,00	SBK	30 000,00
	30 000,00		30 000,00

Soll – Forderungen aus LL – Haben

Soll		Haben	
EBK	20 000,00	Ka	3 000,00
		SBK	17 000,00
	20 000,00		20 000,00

Soll – Kasse – Haben

Soll		Haben	
EBK	1 000,00	Ba	1 500,00
Fo	3 000,00	SBK	2 500,00
	4 000,00		4 000,00

Soll – Bank – Haben

Soll		Haben	
EBK	19 000,00	Darl.	2 000,00
Ka	1 500,00	SBK	18 500,00
	20 500,00		20 500,00

Soll – Eigenkapital – Haben

Soll		Haben	
SBK	140 000,00	EBK	140 000,00
	140 000,00		140 000,00

Soll – Darlehen – Haben

Soll		Haben	
Ba	2 000,00	EBK	80 000,00
SBK	78 000,00		
	80 000,00		80 000,00

Soll – Verbindlichkeiten aus LL – Haben

Soll		Haben	
SBK	50 000,00	EBK	25 000,00
		Fuhrp	25 000,00
	50 000,00		50 000,00

Soll – Schlussbilanzkonto – Haben

Soll		Haben	
Gebäude	100 000,00	Eigenkapital	140 000,00
Fuhrpark	65 000,00	Darlehen	78 000,00
BGA	35 000,00	Verbindlichkeiten aus LL	50 000,00
Waren	30 000,00		
Forderungen aus LL	17 000,00		
Kasse	2 500,00		
Bank	18 500,00		
	268 000,00		268 000,00

3.4 Zusammenfassung und Aufgaben

Zusammenfassung

Buchungssatz

Alle Belege erhalten vor der eigentlichen Buchung einen **Kontierungsvermerk** mit Datum, laufender Belegnummer, den im Soll bzw. Haben beteiligten Konten und Beträgen.

Der Buchungssatz ist eine **kurzgefasste Anweisung** für die Erfassung eines Geschäftsfalls im System der Buchführung.

Ein **einfacher Buchungssatz** besteht aus **einer Soll-** und **einer Haben-Buchung** mit den entsprechenden Beträgen.

Bei einem **zusammengesetzten Buchungssatz** wird auf mehr als zwei Konten gebucht. Zu beachten ist dann, dass die Summe der Soll-Buchungen der Summe der Haben-Buchungen entspricht.

Grundbuch und Hauptbuch

Im System der Buchführung wird jeder Geschäftsfall
zeitlich geordnet (chronologisch) im **Grundbuch** als **Buchungssatz** und
sachlich geordnet im **Hauptbuch** auf **T-Konten** erfasst.

Bei der Buchung auf Sachkonten wird vor dem Betrag das **Konto der Gegenbuchung**, mindestens jedoch die **laufende Nummer** des Geschäftsfalls angegeben, um eine Zuordnung von Geschäftsfall und Buchung auf dem Sachkonto zu ermöglichen.

Eröffnungsbilanzkonto und Schlussbilanzkonto

Das **Eröffnungsbilanzkonto** (EBK) ist ein Hilfskonto für die Buchung der **Anfangsbestände** auf den Aktiv- und Passivkonten.

Die entsprechenden allgemeinen Buchungssätze zur Eröffnung der Aktiv- und Passivkonten lauten:

- **Aktivkonto an EBK** und
- **EBK an Passivkonto**.

Durch seine Funktion als Gegenkonto für die Anfangsbestände aller Bestandskonten zeigt das **Eröffnungsbilanzkonto** ein **Spiegelbild der Eröffnungsbilanz.**

Am Jahresende werden alle **Schlussbestände** (Salden) der Bestandskonten auf das **Schlussbilanzkonto (SBK)** gebucht.

Die entsprechenden allgemeinen Buchungssätze für den Abschluss der Aktiv- und Passivkonten lauten:

- **SBK an Aktivkonto** und
- **Passivkonto an SBK.**

Aufgaben

1. Prüfen Sie folgende Aussagen auf ihre Richtigkeit. Die Antwort ist jeweils zu begründen.

(1) Das Eröffnungsbilanzkonto ist ein Hilfskonto und dient der Eröffnung der passiven Bestandskonten.

(2) Doppelte Buchführung bedeutet, dass mindestens auf einem Konto im Soll und einem Gegenkonto im Haben gebucht wird.

(3) Das Grundbuch stellt die Sachkonten dar und das Hauptbuch die Buchungssätze.

(4) Bei aktiven und passiven Bestandskonten wird der Anfangsbestand jeweils im Soll gebucht.

(5) Im Schlussbilanzkonto stehen die Salden der aktiven Bestandskonten im Haben und die Salden der passiven Bestandskonten im Soll.

(6) Das Schlussbilanzkonto dokumentiert die Istwerte am Ende des Geschäftsjahres.

2. Beschreiben Sie die Schritte und Vorüberlegungen, die zu einem ordnungsgemäßen Buchungssatz führen.

3. Erklären Sie den Aufbau eines vollständigen Eröffnungsbilanzkontos.

4. Buchen Sie die folgenden Geschäftsfälle im Grundbuch:

1.	Wir zahlen auf unser Geschäftskonto bar ein	150,00 EUR
2.	Ein Kunde zahlt eine Ausgangsrechnung per Überweisung auf unser Postbankkonto	700,00 EUR
3.	Wir begleichen eine Eingangsrechnung über unser Geschäftskonto	600,00 EUR
4.	Wir verkaufen eine gebrauchte Computeranlage auf Ziel	2 500,00 EUR
5.	Wir kaufen eine Maschine auf Ziel	4 500,00 EUR
6.	Wir erwerben ein bebautes Grundstück und finanzieren	
	über Darlehen	100 000,00 EUR
	und Überweisung	15 000,00 EUR
7.	Wir kaufen einen Bürocomputer mit Drucker auf Ziel	2 000,00 EUR
8.	Ein Kunde begleicht eine Rechnung durch Banküberweisung	3 000,00 EUR
9.	Wir wandeln eine Liefererschuld (Verbindlichkeit aus LL) in ein Darlehen um	10 000,00 EUR
10.	Wir zahlen eine Eingangsrechnung	
	durch Banküberweisung	5 000,00 EUR
	durch Barzahlung	2 000,00 EUR

5. Überlegen Sie, welche Geschäftsfälle durch die folgenden Buchungssätze abgebildet werden könnten.

1.	Verbindlichkeiten aus LL	an	Bank
2.	Bank	an	Darlehen
3.	Kasse	an	Bank
4.	Forderungen aus LL	an	Fuhrpark
5.	Fuhrpark	an	Verbindlichkeiten aus LL
6.	Postbank	an	Bank
7.	BGA	an an	Verbindlichkeiten aus LL Kasse
8.	Kasse Bank	 an	 Forderungen aus LL

6. Erstellen Sie einen vollständigen Geschäftsgang mit Grundbuch und Hauptbuch.

a) Eröffnen Sie die Konten im Grundbuch und im Hauptbuch.

b) Buchen Sie die Geschäftsfälle zuerst im Grundbuch und erfassen Sie die Buchungen dann im Hauptbuch.

c) Schließen Sie die Konten im Grundbuch und im Hauptbuch ab.

I. Anfangsbestände:

Grundstücke	175 000,00 EUR	Forderungen aus LL	7 000,00 EUR
Geschäftsbauten	45 000,00 EUR	Kasse	500,00 EUR
Maschinen	60 000,00 EUR	Bank	10 000,00 EUR
Fuhrpark	80 000,00 EUR	Eigenkapital	? EUR
BGA	25 000,00 EUR	Darlehen	67 500,00 EUR
Waren	30 000,00 EUR	Verbindlichkeiten aus LL	75 000,00 EUR

II. Geschäftsfälle:

1.	Verkauf einer gebrauchten Maschine zum Buchwert, auf Ziel	5 000,00 EUR
2.	Kauf eines neuen Pkw, mit Darlehen finanziert	25 000,00 EUR
3.	Bankabhebung für die Geschäftskasse	2 000,00 EUR
4.	Banküberweisung vom Kunden zum Ausgleich einer Rechnung	2 000,00 EUR
5.	Tilgung eines Bankdarlehens vom Bankkonto	3 000,00 EUR
6.	Überweisung einer Eingangsrechnung	2 500,00 EUR
7.	Verkauf eines Grundstückes gegen Bankscheck	50 000,00 EUR

4 Auf Erfolgskonten buchen und die Gewinn- und Verlustrechnung erstellen

©XtravaganT-fotolia.com

Alle bisherigen Geschäftsfälle haben ausschließlich Bestandskonten berührt, deshalb hat sich das Eigenkapital in seiner Höhe nicht verändert. Allein durch die Umschichtung von Vermögen und Kapital können weder **Gewinne noch Verluste** erzielt werden. Der Unternehmer (Eigenkapitalgeber) ist jedoch besonders an einem **Gewinn** interessiert: Er stellt Eigenkapital zur Verfügung und rechnet natürlich mit einer angemessenen **Verzinsung**, für seine Tätigkeit im Unternehmen erwartet er eine **Entlohnung** und für sein Risiko eine **Risikoprämie.** Gewinne sind darüber hinaus **Grundlage für neue Investitionen** und ein zentraler Maßstab für den Markterfolg des Unternehmens.

Im Geschäftsleben sind deshalb vor allem die Geschäftsfälle von Bedeutung, die **erfolgswirksam** sind, d.h. das **Eigenkapital erhöhen** oder **mindern**.

4.1 Erfolgskonten

Mehrungen des Eigenkapitals werden als **Erträge**, Minderungen des Eigenkapitals werden als **Aufwendungen** bezeichnet.

Das folgende Schaubild zeigt einige Beispiele für erfolgswirksame Vorgänge und verdeutlicht deren Auswirkung auf das Eigenkapital.

©nmann77-fotolia.com

Soll	Eigenkapital Haben
Aufwendungen mindern das Eigenkapital, z. B.:	**Anfangsbestand**
Aufwendungen für Waren **Löhne und Gehälter** **Zinsaufwendungen** **Mieten, Pachten** **Aufwendungen für Energie** **Fremdinstandhaltung** **...**	**Erträge** mehren das Eigenkapital, z. B.: **Umsatzerlöse für Waren** **Umsatzerlöse für eigene Erzeugnisse** **Nebenerlöse aus Vermietung und Verpachtung** **Zinserträge** **...**
Schlussbestand	

Alle Aufwendungen und Erträge könnten direkt auf dem Eigenkapitalkonto gebucht werden. Das hätte aber den Nachteil, dass bei einer i. d. R. großen Anzahl von erfolgswirksamen Geschäftsfällen

- ➔ das **Eigenkapitalkonto unübersichtlich** würde und
- ➔ die **Quellen des Erfolgs nicht** hinreichend **erkennbar** wären.

LERNFELD 6

Deshalb erfolgt **keine direkte Buchung** der erfolgswirksamen Geschäftsfälle **auf dem Eigenkapitalkonto**, sondern eine Erfassung auf **Unterkonten** des Eigenkapitals. Gemäß ihrer Erfolgswirksamkeit werden diese Konten als **Aufwandskonten** oder als **Ertragskonten** bezeichnet. Aufwands- und Ertragskonten bilden gemeinsam die **Erfolgskonten.**

Merke

Aufwandskonten und **Ertragskonten** sind **Unterkonten** des **Eigenkapitalkontos.** Sie werden gemeinsam auch als **Erfolgskonten** bezeichnet.

Erfolgskonten haben grundsätzlich **keine Anfangsbestände**, da der Erfolg eines Unternehmens jährlich neu ermittelt wird. Aufwendungen und Erträge dürfen nicht miteinander verrechnet werden.

Das folgende Schaubild zeigt die Zusammenhänge:

Soll	Eigenkapitalkonto	Haben
Minderungen = Aufwendungen		Anfangsbestand
Schlussbestand		Mehrungen = Erträge

Erfolgskonten

Soll	Aufwandskonten	Haben
Aufwendungen		Saldo

Soll	Ertragskonten	Haben
Saldo		Erträge

Buchen auf Erfolgskonten

Als Unterkonten des Eigenkapitalkontos gelten für die Erfolgskonten die Buchungsregeln für passive Bestandskonten. Das bedeutet, dass

→ alle **Aufwendungen** (Minderungen des Eigenkapitals) im **Soll** gebucht werden und

→ alle **Erträge** (Mehrungen des Eigenkapitals) im **Haben** erfasst werden.

Merke

- **Aufwendungen** werden im **Soll** gebucht.
- **Erträge** werden im **Haben** gebucht.

Eine Buchung auf einem Erfolgskonto führt gleichzeitig zu einer Veränderung auf (mindestens) einem Bestandskonto (doppelte Buchführung).

Beispiel

Geschäftsfälle:

1.	Wir kaufen Büromaterial (z. B. Papier) bar.	200,00 EUR
2.	Wir zahlen Miete durch Banküberweisung.	800,00 EUR
3.	Wir verkaufen Waren auf Ziel und gegen Barzahlung.	 1 500,00 EUR 150,00 EUR

©Ildogesto-fotolia.com

Vorüberlegung:

Nr.	Konten	Kontenart/ Mehrung oder Minderung	Kontoseite
1	Büromaterial Kasse	Aufwandskonto/Mehrung Aktivkonto/Minderung	Soll Haben

Grundbuch			
Beleg-Nr.	**Buchungssatz**	**Beträge**	
		Soll	**Haben**
1	Büromaterial an Kasse	200,00	 200,00
2	Mieten, Pachten an Bank	800,00	 800,00
3	Forderungen aus LL Kasse an Umsatzerlöse	1 500,00 150,00	 1 650,00

Abschluss der Erfolgskonten

Nach Buchung aller erfolgswirksamen Geschäftsfälle auf den jeweiligen Aufwandskonten bzw. Ertragskonten müssen die Salden aller Erfolgskonten wieder dem Eigenkapitalkonto zugeführt werden. Aus Gründen der Übersichtlichkeit werden jedoch zunächst alle Salden der Erfolgskonten auf ein **Sammelkonto** gebucht. Dieses Konto wird als **Gewinn- und Verlustkonto (GuV-Konto)** bezeichnet.

©Picture-Factory-fotolia.com

Der allgemeine Buchungssatz für den **Abschluss der Aufwandskonten** lautet:

GuV an Aufwandskonto

Der allgemeine Buchungssatz für den **Abschluss der Ertragskonten** lautet:

Ertragskonto an GuV

Gewinn- und Verlustkonto

Auch das Gewinn- und Verlustkonto muss abgeschlossen werden: Es ergibt sich entweder ein Saldo im Soll (= Gewinn) oder ein Saldo im Haben (= Verlust). Der **Saldo des Gewinn- und Verlustkontos** wird auf das **Eigenkapitalkonto** gebucht.

Der allgemeine Buchungssatz für den **Abschluss des GuV-Kontos** bei einem **Gewinn** lautet:

GuV
an Eigenkapital

Der allgemeine Buchungssatz für den **Abschluss des GuV-Kontos** bei einem **Verlust** lautet:

Eigenkapital
an GuV

Beispiel

Das Beispiel zeigt das Hauptbuch für die Erfolgskonten, nachdem die 3 Geschäftsfälle aus dem obigen Beispiel verbucht und die Erfolgskonten abgeschlossen sind.

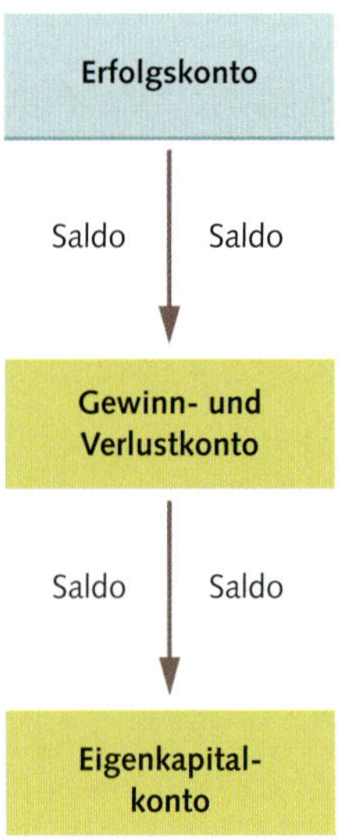

S	Büromaterial		H
Kasse	200,00	GuV	200,00
	200,00		200,00

S	Umsatzerlöse		H
GuV	1650,00	Fo/Ka	1 650,00
	1 650,00		1 650,00

S	Mieten, Pachten		H
Bank	800,00	GuV	800,00
	800,00		800,00

S	Gewinn- und Verlustkonto		H
Büromaterial	200,00	Umsatzerlöse	1 650,00
Mieten, Pachten	800,00		
Eigenkapital (Gewinn)	650,00		
	1 650,00		1 650,00

S	Eigenkapital		H
Schlussbestand (SBK)	140 650,00	Anfangsbestand (EBK)	140 000,00
		GuV	650,00
	140 650,00		140 650,00

4.2 Überblick: Das System der doppelten Buchführung mit Bestands- und Erfolgskonten

Bestands- und Erfolgskonten im Hauptbuch

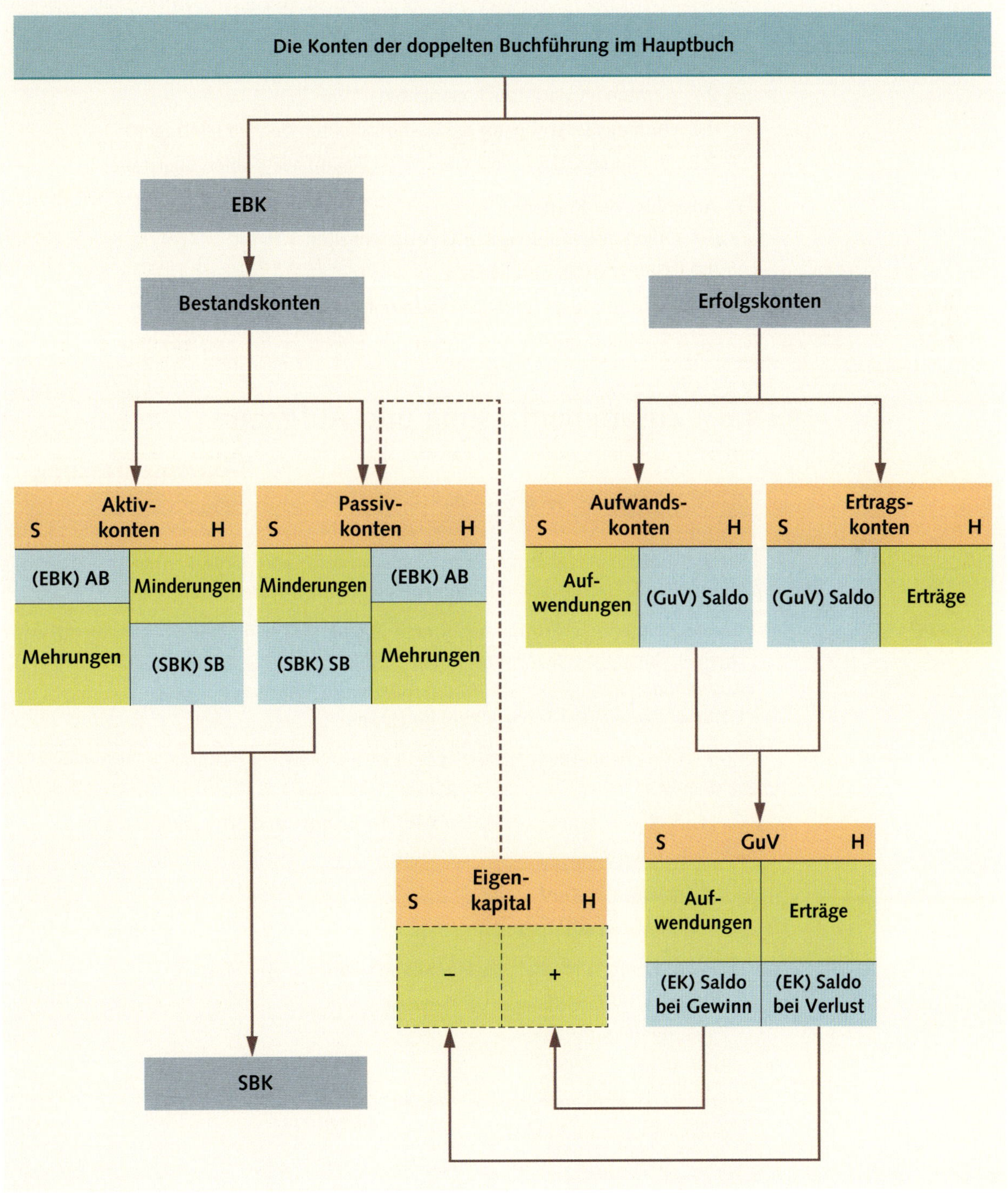

Vorgehensweise zur buchhalterischen Erfassung von Geschäftsfällen auf Bestands- und Erfolgskonten

1. **Vorbereitung:**
   1.1 Vorüberlegungen treffen
   1.2 Buchungssätze im Grundbuch bilden
2. **Durchführung:**
   2.1 Konten im Hauptbuch einrichten
   2.2 Anfangsbestände auf die Bestandskonten buchen (eintragen)
   2.3 Buchungssätze für die Geschäftsfälle auf alle Konten übertragen
3. **Abschluss der Konten:**
   3.1 Alle Erfolgskonten über GuV abschließen
   3.2 GuV über EK abschließen
   3.3 EK und alle anderen Bestandskonten über SBK abschließen

4.3 Zusammenfassung und Aufgaben

Zusammenfassung

Erfolgskonten

Erfolgskonten (Aufwands- und Ertragskonten) sind **Unterkonten** des Kontos **Eigenkapital.** Erfolgskonten haben **keinen Anfangsbestand.**

Aufwendungen und Erträge bucht man entsprechend ihrer Auswirkungen auf das Eigenkapitalkonto (Passivkonto), also:
Aufwendungen (Eigenkapital-Minderungen) **im Soll** und
Erträge (Eigenkapital-Mehrungen) **im Haben.**

Gewinn- und Verlustkonto

Das GuV-Konto nimmt die **Salden aller Aufwands- und Ertragskonten** auf.

Buchung der Salden:
- **Ertragskonto** an **GuV**
- **GuV** an **Aufwandskonto**

Das GuV-Konto wird über das **Eigenkapitalkonto** abgeschlossen.
- Erträge > Aufwendungen = **Gewinn**
  Buchung des GuV-Saldos:
  GuV an **EK**
- Erträge < Aufwendungen = **Verlust**
  Buchung des GuV-Saldos:
  EK an **GuV**

Aufgaben

1. Prüfen Sie folgende Aussagen auf ihre Richtigkeit. Die Antwort ist jeweils zu begründen.

(1) Auf Erfolgskonten werden Geschäftsfälle gebucht, die das Vermögen betreffen.

(2) Erfolgsbuchungen mindern oder erhöhen das Eigenkapital.

(3) Die Unterkonten des Eigenkapitals nennt man Aufwands- und Erfolgskonten.

(4) Aufwendungen und Erträge werden miteinander verrechnet.

(5) Durch Aufwendungen erfolgt eine Minderung des Eigenkapitals.

(6) Aufwands- und Ertragskonten werden über das Eigenkapitalkonto abgeschlossen.

(7) Die Salden der Aufwandskonten stehen im Haben des GuV-Kontos und die Salden der Erträge stehen im Soll des GuV-Kontos.

(8) Der Anfangsbestand auf einem Aufwandskonto steht immer im Soll.

2. Bilden Sie die Buchungssätze für folgende Geschäftsfälle:

1.	Barkauf von Büromaterial	50,00 EUR
2.	Überweisung unseres Mieters für die Büromiete	400,00 EUR
3.	Lastschrift unseres Energieversorgers	120,00 EUR
4.	Eingang der Rechnung für die Reparatur des Kopierers	45,00 EUR
5.	Verkauf von Waren auf Ziel	450,00 EUR
6.	Überweisung der Provisionszahlung an unseren Handelsvertreter	200,00 EUR
7.	Barzahlung von Postgebühren	15,00 EUR
8.	Banküberweisung der Gehälter	5 000,00 EUR
9.	Tilgung eines Darlehens und Zinszahlung durch Banküberweisung	1 000,00 EUR 250,00 EUR
10.	Verkauf von Waren gegen Bankscheck und Barzahlung	 300,00 EUR 30,00 EUR

3. Buchen Sie die folgenden Geschäftsfälle im Grundbuch. Führen Sie im Hauptbuch nur die Erfolgskonten und schließen Sie diese über das GuV-Konto bis zum Eigenkapital ab.

1.	Gehaltsüberweisung	5 800,00 EUR
2.	Abbuchung der Zinszahlung für ein Darlehen	300,00 EUR
3.	Provisionsertrag für die Vermittlung eines Auftrages, bar	450,00 EUR
4.	Barverkauf von Waren	1 500,00 EUR
5.	Kauf von Büromaterial auf Ziel	350,00 EUR
6.	Verkauf von Waren auf Ziel	8 500,00 EUR
7.	Banküberweisung für eine bereits gebuchte Eingangsrechnung	2 000,00 EUR
8.	Überweisung eines offenen Rechnungsbetrages durch einen Kunden	500,00 EUR

5 Kontenrahmen und Kontenplan als Organisationsmittel einsetzen

Für die Buchung der Geschäftsfälle stehen als Organisationsmittel der **Kontenrahmen** und der **betriebliche Kontenplan** zur Verfügung. Sie sind der Leitfaden zur **einheitlichen Erfassung** aller Geschäftsfälle und ermöglichen dadurch **Zeit- und Betriebsvergleiche.**

Industriekontenrahmen (IKR) – Auszug für den Schulgebrauch

AKTIVA		
Anlagevermögen		Umlaufvermögen
0 Immaterielle Vermögensgegenstände und Sachanlagen	**1** Finanzanlagen	**2** Umlaufvermögen und aktive Rechnungsabgrenzung
00 Ausstehende Einlagen 01 Frei **02 Konzessionen, gewerbliche Schutzrechte** **03 Geschäfts- oder Firmenwert** 04 Frei **05 Grundstücke, grundstücksgleiche Rechte und Bauten** 0500 Unbebaute Grundstücke 0510 Bebaute Grundstücke 0530 Betriebsgebäude 06 Frei **07 Technische Anlagen und Maschinen** 0720 Anlagen und Maschinen der Materialbearbeitung, -verarbeitung 0790 Geringwertige Anlagen und Maschinen	10 Frei 11 Frei 12 Frei **13 Beteiligungen** 14 Frei **15 Wertpapiere des Anlagevermögens** **16 Sonstige Finanzanlagen** 17 Frei 18 Frei 19 Frei	**20 Roh-, Hilfs- und Betriebsstoffe** 2000 Rohstoffe/Fertigungsmaterial 2001 Bezugskosten 2002 Nachlässe 2010 Vorprodukte/Fremdbauteile 2011 Bezugskosten 2012 Nachlässe 2020 Hilfsstoffe 2021 Bezugskosten 2022 Nachlässe 2030 Betriebsstoffe 2031 Bezugskosten 2032 Nachlässe **21 Unfertige Erzeugnisse** 2100 Unfertige Erzeugnisse **22 Fertige Erzeugnisse und Waren**

Neben dem **Industriekontenrahmen**, der im Folgenden verwendet wird, gibt es in der Wirtschaft weitere spezielle Kontenrahmen (z. B. DATEV Standardkontenrahmen SKR 03/04).

Der **Kontenrahmen** bildet das Grundgerüst für eine betriebsindividuelle Anpassung in Form eines Kontenplans. Der **Kontenplan** enthält nur genau die Konten, die tatsächlich im Unternehmen geführt werden.

Merke

Der **Kontenrahmen** ist ein allgemeines, auf die **Branche** bezogenes Organisationsmittel für die Kontierung von Geschäftsfällen.

Der **Kontenplan** ist ein nach **betriebsindividuellen** Gesichtspunkten angepasster Kontenrahmen.

5.1 Aufbau des Industriekontenrahmens

Der Grundaufbau jedes Kontenrahmens ist gleich. Nach dem dekadischen System (Zehnersystem) enthält jeder Kontenrahmen **zehn Kontenklassen** (Kontenklasse 0 bis Kontenklasse 9).

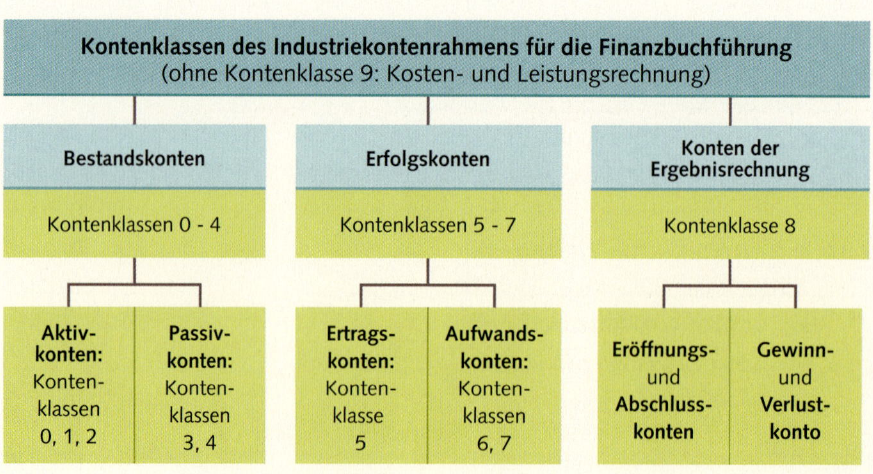

Im Industriekontenrahmen bilden die **Kontenklassen 0 - 8** das Ordnungssystem für die Finanzbuchführung, die **Kontenklasse 9** übernimmt diese Aufgabe für die **Kosten- und Leistungsrechnung.** Die Reihenfolge der Kontenklassen richtet sich im Industriekontenrahmen nach der Gliederung der Bilanz- und GuV-Rechnung **(Abschlussgliederungsprinzip).**

Jede **Kontenklasse** gliedert sich in **Kontengruppen** (maximal 10 je Kontenklasse), **Kontenuntergruppen (Kontenart)** und **Konten (Kontenunterart).** Zur eindeutigen Unterscheidung sind jeder Ebene unterschiedlich viele Ziffern zugeordnet.

Aufbau des IKR am Beispiel der Kontenklasse 2		
Aufbau des IKR		**Beispiel (Kontenklasse 2)**
Kontenklasse ↓	einstellig	**2** Umlaufvermögen
Kontengruppe ↓	zweistellig	**28** Flüssige Mittel
Kontenuntergruppen (Kontenart) ↓	dreistellig	**280** Guthaben bei Kreditinstituten (Bank)
Konto (Kontenunterart)	vierstellig	Im betrieblichen Kontenplan werden die Konten i. d. R. vierstellig geführt. **2800** Sparbank Dresden

Jeder Geschäftsfall wird durch mindestens eine **vierstellige Kontennummer** im Soll und eine vierstellige Kontennummer im Haben abgebildet. Eine solche Kontierung unterstützt z. B.

- → **die einheitliche, vergleichbare** und **numerische Zuordnung** der Geschäftsfälle,
- → **die rechnerische Aufbereitung** für die **GuV-Rechnung** und **Bilanz**,
- → **innerbetriebliche Auswertungen,**
- → die Möglichkeit von **außerbetrieblichen Kontrollen** (z. B. durch Bank, Finanzamt),
- → die Durchführung von **Zeitvergleichen** und **Betriebsvergleichen/ Branchenvergleichen** (Benchmarking).

Eine **elektronische Buchführung** ist ohne genau definierten Kontenplan nicht möglich.

Überblick: Die Kontenklassen des IKR			
Konten-klasse	**Bezeichnung**	**Bestands-/ Erfolgskonten**	**Beispiel mit Kontonummer**
0	Immaterielle Vermögensgegenstände und Sachanlagen	Aktivkonten	0840 Fuhrpark
1	Finanzanlagen	Aktivkonten	1500 Wertpapiere des Anlagevermögens
2	Umlaufvermögen und aktive Rechnungsabgrenzung	Aktivkonten	2400 Forderungen aus Lieferungen und Leistungen
3	Eigenkapital und Rückstellungen	Passivkonten	3000 Eigenkapital
4	Verbindlichkeiten und passive Rechnungsabgrenzung	Passivkonten	4400 Verbindlichkeiten aus Lieferungen und Leistungen
5	Umsatzerlöse und sonstige Erträge	Ertragskonten	5100 Umsatzerlöse für Waren
6	Betriebliche Aufwendungen	Aufwandskonten	6200 Löhne
7	Weitere Aufwendungen	Aufwandskonten	7030 Kraftfahrzeugsteuer
8	Ergebnisrechnungen	Eröffnungs- und Abschlusskonten	8010 Schlussbilanzkonto
9	Kosten- und Leistungsrechnung	vorgesehen für KLR (Rechnungskreis II)	9300 Kostenstellen

5.2 Zusammenfassung und Aufgaben

Zusammenfassung

Kontenrahmen und Kontenplan

Der **Kontenrahmen** stellt eine geordnete **Übersicht aller Konten** einer Branche dar. Er ist ein **Leitfaden** für die ordnungsgemäße und einheitliche Kontierung von Geschäftsfällen.

Der **betriebliche Kontenplan** ist die **betriebsindividuelle** Ausgestaltung des Kontenrahmens.

Aufgrund der einheitlichen Anwendung von **Kontennummern** können innerbetriebliche **Zeitvergleiche** und außerbetriebliche **Kontrollen** von Dritten (Finanzamt, Kreditinstitute, Behörden) vorgenommen werden.

Industriekontenrahmen (IKR)

Der Industriekontenrahmen ist nach dem **Abschlussgliederungsprinzip** geordnet.

Der Kontenrahmen beinhaltet **10 Kontenklassen** mit **10 Kontengruppen, Kontenuntergruppen** und **Konten.**

Jede Kontennummer ist vierstellig und wie folgt aufgebaut:

0840 Fuhrpark

- → Kontenklasse
- → Kontengruppe
- → Kontenuntergruppe (Kontenart)
- → Konto

Jeder Geschäftsfall wird mit mindestens einer **vierstelligen Kontennummer** im Soll und einer vierstelligen Kontennummer im Haben im Buchungssystem erfasst.

Aufgaben

1. Prüfen Sie folgende Aussagen auf ihre Richtigkeit. Die Antwort ist jeweils zu begründen.

(1) Der Kontenrahmen stellt eine Systematik von Konten zur ordnungsmäßigen und einheitlichen Buchung aller Geschäftsfälle dar.

(2) In der Buchhaltung eines Betriebes sind stets ein Kontenrahmen und ein Kontenplan einzusetzen.

(3) Der Industriekontenrahmen (IKR) sieht für die Finanzbuchführung 10 Kontenklassen vor.

(4) Im Industriekontenrahmen gibt es 10 Kontenklassen (Kontenklasse 0 bis Kontenklasse 10) mit mindestens 10 Kontengruppen.

(5) Büromaterial wird auf dem Konto 0870 gebucht.

2. Ordnen Sie den folgenden Positionen die vierstellige Kontennummer des IKR zu.

a) Bank
b) Forderungen aus LL
c) Umsatzsteuer
d) Vorsteuer
e) Gehälter
f) Gewinn- und Verlustkonto
g) Aufwendungen für Waren
h) Kasse
i) Fuhrpark
j) Verbindlichkeiten aus LL
k) Eigenkapital
l) Umsatzerlöse für Waren
m) Büromaterial

3. Buchen Sie im Grund- und im Hauptbuch vom Eröffnungsbilanzkonto bis zum Schlussbilanzkonto. Verwenden Sie dabei neben den Kontenbezeichnungen auch die Kontennummern des IKR.

I. Anfangsbestände:

0500	Unbebaute Grundstücke	80 000,00 EUR
0510	Bebaute Grundstücke	102 000,00 EUR
0840	Fuhrpark	45 000,00 EUR
0870	Betriebs- und Geschäftsausstattung	31 000,00 EUR
2280	Waren (Handelswaren)	35 000,00 EUR
2400	Forderungen aus LL	77 000,00 EUR
2800	Bank	12 000,00 EUR
2850	Postbank	6 500,00 EUR
2880	Kasse	1 500,00 EUR
4200	Kurzfristige Bankverbindlichkeiten	120 000,00 EUR
4250	Langfristige Bankverbindlichkeiten	100 000,00 EUR
4400	Verbindlichkeiten aus LL	40 000,00 EUR

II. Geschäftsfälle:

1.	Wir verkaufen Waren auf Ziel.	2 000,00 EUR
2.	Wir überweisen eine Provision per Bank für die Vermittlung eines Auftrages.	3 500,00 EUR
3.	Die Bank belastet uns mit Zinsen.	900,00 EUR
4.	Wir bezahlen eine Lieferantenrechnung durch Banküberweisung.	11 000,00 EUR
5.	Wir zahlen eine Werbeanzeige bar.	110,00 EUR
6.	Lastschrift für Telefon und Internetanschluss wird abgebucht.	350,00 EUR
7.	Wir begleichen eine Reparaturrechnung für den Kopierer per Postbank.	400,00 EUR
8.	Kfz-Steuer für die Geschäftswagen wird per Lastschrift abgebucht.	1 500,00 EUR
9.	Ein Kunde zahlt per Banküberweisung.	8 000,00 EUR
10.	Wir verkaufen Waren	
	bar	500,00 EUR
	auf Ziel.	15 000,00 EUR
11.	Wir erhalten eine Eingangsrechnung der Reinigungsfirma.	850,00 EUR
12.	Wir heben Geld vom Bankkonto ab und legen es in die Geschäftskasse.	2 000,00 EUR
13.	Ein Kunde zahlt eine Ausgangsrechnung bar.	3 500,00 EUR
14.	Wir tilgen ein Darlehen bar.	4 000,00 EUR
15.	Wir verkaufen ein unbebautes Grundstück gegen Bankscheck.	20 000,00 EUR
16.	Wir erhalten Zinsen auf unser Postbankkonto.	300,00 EUR

6 Umsatzsteuer und Vorsteuer buchen

Die **Umsatzsteuer,** auch „**Mehrwertsteuer**" genannt, ist eine Gemeinschaftssteuer, die sowohl Bund und Ländern als auch Gemeinden zugute kommt. Sie gehört mit einem Anteil von etwa einem Drittel am gesamten Steueraufkommen zu den bedeutenden Einnahmequellen des Staates.

Der **Umsatzsteuer unterliegen** nach § 1 Umsatzsteuergesetz (UStG) unter anderem

- alle **Umsätze aus Waren** und **Leistungen** (Güter, Dienstleistungen) eines Unternehmers gegen Entgelt,
- **Wareneinfuhren aus Drittländern,**
- **innergemeinschaftliche Erwerbe.**

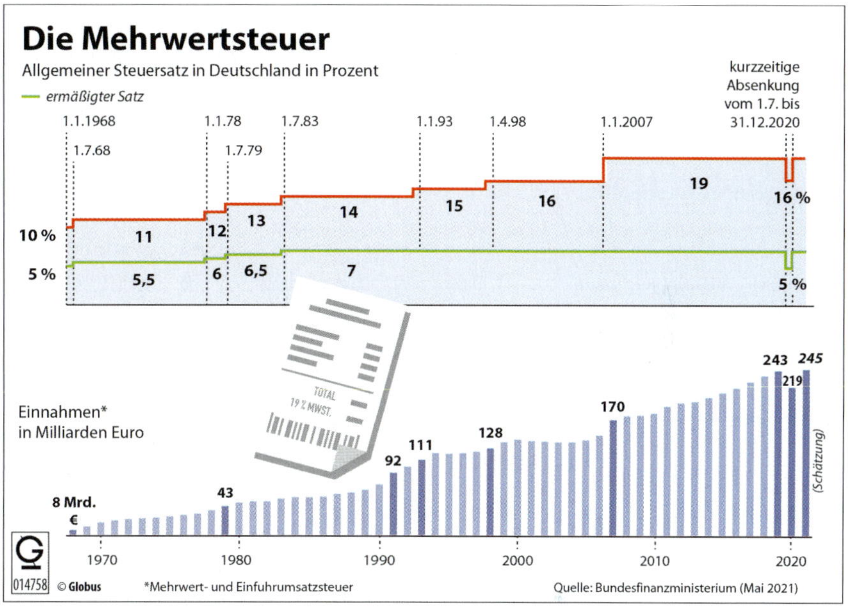

Beim Bezug von Waren aus dem Ausland muss das importierende deutsche Unternehmen die Umsatzsteuer (Einfuhr-Umsatzsteuer) an das deutsche Finanzamt zahlen.

Von der **Steuerpflicht befreit** sind z. B. Warenausfuhren, Umsätze im Geld- und Kapitalverkehr, Umsätze der Binnenschifffahrt und Umsätze aus Vermietung und Verpachtung von Grundstücken und Gebäuden sowie Standardleistungen (Briefmarken) für die Beförderung von Ansichtskarten, Briefen, Einschreiben und Päckchen.

Besteuerungsgrundlage sind die vereinbarten Entgelte. Werden diese durch nachträgliche Nachlässe (z. B. Skonti, Boni) vermindert, ist die berechnete Umsatzsteuer zu korrigieren.

Der **Verbraucher** entrichtet beim **Kauf** die **Umsatzsteuer.** Dabei spielt seine persönliche Leistungsfähigkeit – anders als z. B. bei der Lohn- und Einkommensteuer – grundsätzlich keine Rolle. Allerdings hat der Gesetzgeber für die wichtigsten Güter des täglichen Lebens einen geringeren Steuersatz vorgesehen.

Der **Regelsteuersatz** für Lieferungen und sonstige Leistungen beträgt **19 %**. Dem **ermäßigten Steuersatz** von **7 %** unterliegen nur einige ausgewählte Waren, z. B. viele Lebensmittel, lebende Pflanzen und Tiere sowie Bücher (vgl. Anlage 2 zum Umsatzsteuergesetz: Liste der dem ermäßigten Steuersatz unterliegenden Gegenstände). Auch bestimmte Leistungen (z. B. Hotelübernachtungen oder Essen zum Mitnehmen) werden durch den ermäßigten Steuersatz von 7 % begünstigt.

Tipp

Der ermäßigte Steuersatz von 7 % gilt z. B. für:
Backwaren, Bücher, Eier, Gewürze, Milch, Milchgetränke, Schokolade, Speisesalz, Kaffee, Tee, Wurstwaren.

6.1 Das System der Umsatzsteuer

Das Unternehmen hat die von Kunden eingenommene Umsatzsteuer an das Finanzamt abzuführen. Die **wirtschaftliche Belastung trägt** jedoch der **Endverbraucher**.

Umsatzsteuer, Vorsteuer und Umsatzsteuerzahllast/Vorsteuerüberhang

Bemessungsgrundlage für die Umsatzsteuer ist das Entgelt **ohne** Umsatzsteuer (Nettobetrag). Der Käufer hat den Rechnungsbetrag **einschließlich** Umsatzsteuer (Bruttobetrag) zu begleichen. Auf der **Rechnung** sind

Sehr geehrte Frau Schwarz,

vielen Dank für Ihren Auftrag vom 20..-12-02. Wir lieferten Ihnen

Anzahl	Artikelbezeichnung	Einzelpreis	Gesamtpreis
10	Schminkkoffer „Glamour"	135,00 EUR	1350,00 EUR
30	Creme „Exotic"	40,00 EUR	1200,00 EUR
10	Körpermilch „Sinne"	45,00 EUR	450,00 EUR
		gesamt	**3000,00 EUR**
		+ 19 % USt	570,00 EUR
		Rechnungsbetrag	**3570,00 EUR**

→ das Entgelt für die Leistung (netto),
→ der Umsatzsteuerbetrag,
→ der Steuersatz in Prozent und
→ die Gesamtsumme (brutto)

gesondert auszuweisen.

Bei **Kleinbetragsrechnungen** bis **250,00 EUR** (brutto) darf der Rechnungsbetrag auch ausschließlich als Gesamtsumme mit Angabe des Steuersatzes (7 % oder 19 %) angegeben werden.

Beim Verkauf von Leistungen erstellt ein Unternehmen eine **Ausgangsrechnung** (3 570,00 EUR). Es erhält von seinen Kunden ein Entgelt für die Leistung (3 000,00 EUR) und für die anteilige Umsatzsteuer (570,00 EUR). Die **Umsatzsteuer** (570,00 EUR) muss das Unternehmen an das Finanzamt abführen.

Tipp

Als **Vorsteuer** wird die auf **Eingangsrechnungen** ausgewiesene Umsatzsteuer bezeichnet.

Beim Einkauf von Leistungen erhält ein Unternehmen eine **Eingangsrechnung** (z. B. 1 190,00 EUR). Es hat ein Entgelt für die Leistung (1 000,00 EUR) und ebenso den Umsatzsteueranteil (190,00 EUR) zu bezahlen. Unternehmen sollen die Steuerlast aber nicht tragen. Deshalb wird die von Unternehmen gezahlte Umsatzsteuer (= **Vorsteuer**) vom Finanzamt erstattet.

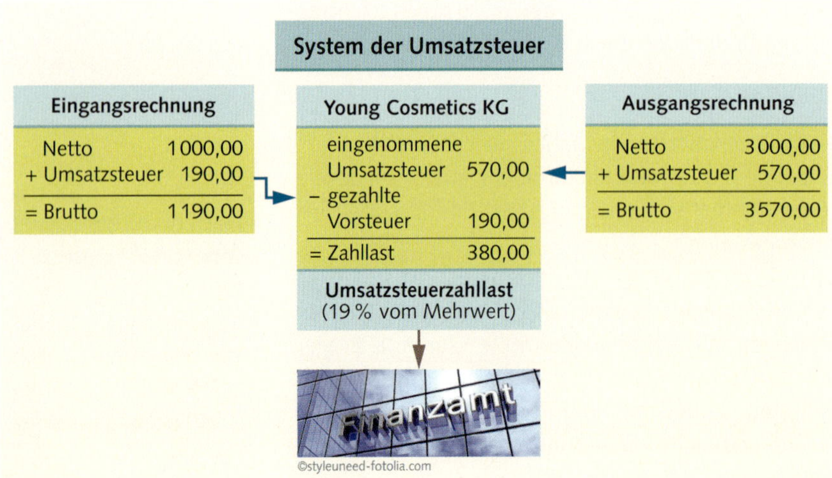

©styleuneed-fotolia.com

Vorsteuerabzugsberechtigt ist ein Unternehmen nicht nur beim Einkauf von Waren, die weiterveräußert werden, sondern auch für erworbene Güter und Leistungen, die im eigenen Unternehmen in den Leistungsprozess eingehen (z. B. Anschaffung von Büroausstattung). Im Ergebnis bewirkt der Vorsteuerabzug damit, dass **Unternehmen alle Leistungen**, die in den Leistungsprozess eingehen, **ohne Umsatzsteuerbelastung** erwerben.

Um unnötige Geldströme zwischen Finanzamt und Unternehmen zu vermeiden, wird die eingenommene **Umsatzsteuer** (570,00 EUR = Verbindlichkeit gegenüber dem Finanzamt) mit der gezahlten **Vorsteuer** (190,00 EUR = Forderung an das Finanzamt) bereits im Unternehmen verrechnet. Die **Zahllast** (380,00 EUR = Verbindlichkeit gegenüber dem Finanzamt) entspricht damit 19 % des vom Unternehmen geschaffenen Mehrwerts von 2 000,00 EUR.

Als **Mehrwert** bezeichnet man den Wertzuwachs, den das Unternehmen durch seine Leistung geschaffen hat (Wert der Leistung bei Verkauf 3 000,00 EUR – Wert der Leistung bei Einkauf 1 000,00 EUR = Mehrwert 2 000,00 EUR).

Damit ergibt sich folgendes **System**:

- → Jeder **Verkauf** führt bei Unternehmen zu einer **Einnahme von Umsatzsteuer** (und damit zu einer Steuerschuld/Verbindlichkeit gegenüber dem Finanzamt).
- → Jeder **Einkauf** führt bei Unternehmen zu **einer Zahlung von Vorsteuer** (und damit zu einer Forderung an das Finanzamt).

Merke

Eingangsrechnung → **Vorsteuer** (Forderung an das Finanzamt)
Ausgangsrechnung → **Umsatzsteuer** (Verbindlichkeit an das Finanzamt)

Die Umsatzsteuer-Verbindlichkeit wird mit der Vorsteuer-Forderung verrechnet:

- → Ist die eingenommene Umsatzsteuer größer als die gezahlte Vorsteuer, muss das Unternehmen die dadurch entstandene **Umsatzsteuerzahllast** an das Finanzamt **überweisen.**
- → Ist die Vorsteuer größer als die Umsatzsteuer (**Vorsteuerüberhang), erstattet** das Finanzamt dem Unternehmen den zu viel geleisteten Betrag.

Merke

Umsatzsteuerzahllast:
Umsatzsteuer > Vorsteuer
Vorsteuerüberhang:
Vorsteuer > Umsatzsteuer

Somit entsteht **Unternehmen** aus der Einnahme von Umsatzsteuer und aus der Zahlung von Vorsteuer **kein Aufwand;** sie verwalten diese Zahlungsströme lediglich. Die Umsatzsteuer ist aus Unternehmenssicht also ein **durchlaufender Posten.**

Die **Steuerlast trägt** allein der **Endverbraucher:** Er bezahlt den Bruttoverkaufspreis, bekommt die darin enthaltene Umsatzsteuer aber nicht vom Finanzamt zurück.

Beispiel

Die Young Cosmetics KG kauft Waren im Wert von **2 000,00 EUR** (netto).
Die Vorsteuer beträgt **380,00 EUR**. Zu zahlen sind entsprechend 2 380,00 EUR.

Die Ware wird zu einem Preis von **4 500,00 EUR** (netto) weiterverkauft.
Die anteilige Umsatzsteuer beträgt **855,00 EUR.**
Eingenommen werden entsprechend 5 355,00 EUR.

Die Umsatzsteuerzahllast ergibt sich aus der Differenz von Umsatzsteuer und Vorsteuer:

	eingenommene Umsatzsteuer	855,00 EUR
–	gezahlte Vorsteuer	380,00 EUR
=	**Umsatzsteuerzahllast**	**475,00 EUR**

Auf dieser Umsatzstufe wurde ein Mehrwert von 2 500,00 EUR geschaffen:

	Verkauf (netto)	4 500,00 EUR
–	Einkauf (netto)	2 000,00 EUR
=	**Mehrwert**	**2 500,00 EUR**

Die an das Finanzamt abzuführende Umsatzsteuerzahllast (475,00 EUR) entspricht genau der Steuer vom Mehrwert, den die Young Cosmetics KG geschaffen hat (19 % von 2 500,00 EUR = 475,00 EUR).

Eingangsrechnung

Duftstoffe Naturkosmetik
Anneliese Kaiser e. Kfr.

Telefon: 0671 123456
Telefax: 0671 123459
E-Mail: duftstoffe@t-online.de

Duftstoffe A. Kaiser e. Kfr. • Bachgasse 15 • 55543 Bad Kreuznach
Young Cosmetics KG
Mittlere Straße 30
01070 Dresden

Bankverbindung: Postbank Bad Kreuznach
IBAN: DE60 7601 0085 0234 4567 89
BIC: PBNKDEFFXXX

Unser Zeichen: KA.2367
Name: Frau Kaiser
Datum: 04.01.20..

Rechnungs-Nr.: 2367

Artikel-Nr.	Bezeichnung	Menge	Einzelpreis in EUR	Gesamtpreis in EUR
24670	Parfüm „ELBE" 60 ml	100 St.	20,00	2.000,00
	19 % Umsatzsteuer			380,00
	Rechnungsbetrag (brutto)			**2.380,00**

Zahlungsbedingungen: ohne Abzüge zahlbar bis 04.02.20..

Inhaberin
Anneliese Kaiser

Amtsgericht Bad Kreuznach
HRA 1223
USt-IdNr.: DE123456780

Ausgangsrechnung

RECHNUNG Mittlere Str. 30 • 01070 Dresden

Young Cosmetics KG

Young Cosmetics KG • Mittlere Str. 30 • 01070 Dresden
Beauty and more KG
Am Hafen 100
20200 Hamburg

Telefon: 0351 99999
Telefax: 0351 999998
E-Mail: info@young-cosmetics.de
Internet: www.young-cosmetics.de

USt-IdNr.: DE999999999
Rechnungsnr.: 14-00173
Liefer-/Leistungsdatum: 20..-01-16
Rechnungsdatum: 20..-01-17

Rechnung

Sehr geehrte Damen und Herren,

vielen Dank für Ihren Auftrag vom 20..-01-03. Wir lieferten Ihnen

Anzahl	Artikelbezeichnung	Einzelpreis	Gesamtpreis
100	Parfüm „ELBE" 60 ml	45,00 EUR	4.500,00 EUR
		gesamt	**4.500,00 EUR**
		+ 19 % USt	855,00 EUR
		Rechnungsbetrag	**5.355,00 EUR**

Zahlungsbedingungen: zahlbar bis 17.02.20..
Abzug von 3 % Skonto bei Zahlung innerhalb 14 Tagen

Sparbank Dresden
IBAN: DE60 9000 8000 1234 5678 90
BIC: STDDDE81XXX

Amtsgericht Dresden
HRA 451

■ Umsatzsteuervoranmeldung

Das Unternehmen hat bis zum 10. Tag nach Ablauf eines Voranmeldezeitraums (in der Regel spätestens am 10. Tag des Folgemonats) dem Finanzamt eine **Umsatzsteuervoranmeldung** nach amtlich vorgeschriebenem Vordruck auf elektronischem Wege zu übermitteln und gleichzeitig die Umsatzsteuerzahllast zu überweisen. Bei nicht fristgerechter Einreichung sind Verspätungszuschläge und bei nicht fristgerechter Zahlung Säumniszuschläge fällig.

In jedem Voranmeldezeitraum wird aus der vereinnahmten Umsatzsteuer und der gezahlten Vorsteuer die **Umsatzsteuerzahllast** ermittelt, die als Vorauszahlung auf die Jahressteuerschuld zu leisten ist. Übersteigt die gezahlte Vorsteuer die vereinnahmte Umsatzsteuer ergibt sich ein **Vorsteuerüberhang,** der auf Antrag vom Finanzamt erstattet wird. Vorsteuerüberhänge entstehen z. B. bei Saisongeschäften oder Neugründungen von Unternehmen, wenn durch Einkäufe für Lagerbestände bereits viel Vorsteuer angefallen ist, aber noch kein Verkauf (und damit keine Einnahme von Umsatzsteuer) stattgefunden hat. Gleiches gilt für Unternehmen mit hohen Exporten: Exporte sind umsatzsteuerbefreit, ein Zufluss von Umsatzsteuer fehlt entsprechend.

Am Jahresende wird unter Anrechnung der bereits geleisteten Zahlungen (Umsatzsteuerzahllasten) bzw. erhaltenen Erstattungen (Vorsteuerüberhänge) eine **Umsatzsteuer-Jahreserklärung** erstellt.

6.2 Buchhalterische Erfassung der Umsatzsteuer

Das System der Umsatzsteuer hat gezeigt, dass sich die **Umsatzsteuerzahllast** bzw. der **Vorsteuerüberhang** aus der **Umsatzsteuer der Ausgangsrechnungen** abzüglich der **Vorsteuer der Eingangsrechnungen** ergibt. Daraus folgt:

→ Die **auf Eingangsrechnungen ausgewiesene Umsatzsteuer (Vorsteuer)** stellt eine **Forderung** des Unternehmens gegenüber dem Finanzamt dar. Sie wird deshalb auf einem Forderungskonto (Aktivkonto) mit der Bezeichnung **„Vorsteuer"** gebucht.

→ Die **auf Ausgangsrechnungen ausgewiesene Umsatzsteuer** stellt eine **Verbindlichkeit** gegenüber dem Finanzamt dar. Sie wird deshalb auf einem Verbindlichkeitenkonto (Passivkonto) mit der Bezeichnung **„Umsatzsteuer"** gebucht.

Merke

Das Konto **2600 Vorsteuer** ist ein **Aktivkonto.**

Das Konto **4800 Umsatzsteuer** ist ein **Passivkonto.**

Die Konten Umsatzsteuer und Vorsteuer

Die buchhalterische Erfassung der gezahlten bzw. eingenommenen Umsatzsteuer auf den entsprechenden Konten erfolgt nach den bekannten Buchungsregeln für Bestandskonten:

→ bei **Eingangsrechnungen:** Buchung der Umsatzsteuer auf dem Konto **Vorsteuer im Soll** (Aktivkonto/Mehrung der Forderungen),

→ bei **Ausgangsrechnungen:** Buchung der Umsatzsteuer auf dem Konto **Umsatzsteuer im Haben** (Passivkonto/Mehrung der Verbindlichkeiten).

Eingangsrechnung

Davida – Kosmetikbedarf GmbH
Sonnenallee 45
04103 Leipzig

Davida - Kosmetikbedarf GmbH– Sonnenallee 45 - 04103 Leipzig
Young Cosmetics KG
Mittlere Str. 30
01070 Dresden

Ihr Zeichen:
Ihre Nachricht vom:
Unser Zeichen:
Unsere Nachricht vom:

Name:
Telefon: 0341 37941457-0
Telefax: 0341 37941457-19
E-Mail: info@davida.online

Datum: 20.03.20..

Rechnungs-Nr. 02314

Artikelbezeichnung	Menge	Einzelpreis	Gesamtpreis
Nagellack „Ultra"	100	1,50 EUR	150,00 EUR
Lippenstift „Extrema"	100	1,00 EUR	100,00 EUR
Wimperntusche „X-300"	100	2,00 EUR	200,00 EUR
Lidschatten „Smokey"	100	1,50 EUR	150,00 EUR
		Nettorechnungsbetrag	600,00 EUR
		zzgl. 19 % USt	114,00 EUR
		Rechnungsbetrag	**714,00 EUR**

Zahlbar innerhalb von 14 Tagen mit 2 % Skonto oder innerhalb von 30 Tagen ohne Abzug.

Vielen Dank für Ihren Auftrag.

Village Bank Leipzig
IBAN DE68 3002 9050 5742 6389 78
BIC VILLDEDDXXX

Geschäftsführer
Daniel Muscowitzky

Amtsgericht Leipzig
HRB 4510
USt-IdNr.: DE837493224

Ausgangsrechnung

RECHNUNG Mittlere Str. 30 • 01070 Dresden

YOUNG COSMETICS KG

Young Cosmetics KG • Mittlere Str. 30 • 01070 Dresden
Kosmetiksalon Ina Schöne e. K.
Äußerer Ring 107
09117 Chemnitz

Telefon: 0351 99999
Telefax: 0351 999998
E-Mail: info@young-cosmetics.de
Internet: www.young-cosmetics.de

USt-IdNr.: DE999999999
Rechnungsnr.: 15-00244
Liefer-/Leistungsdatum: 20..-03-12
Rechnungsdatum: 20..-03-14

Rechnung

Sehr geehrte Damen und Herren,

vielen Dank für Ihren Auftrag vom 20..-03-06. Wir lieferten Ihnen

Anzahl	Artikelbezeichnung	Einzelpreis	Gesamtpreis
100	Nagellack „Ultra"	5,50 EUR	550,00 EUR
100	Lippenstift „Extrema"	5,00 EUR	500,00 EUR
100	Wimperntusche „X-300"	4,50 EUR	450,00 EUR
100	Lidschatten „Smokey"	5,00 EUR	500,00 EUR
		gesamt	**2.000,00 EUR**
		+ 19 % USt	380,00 EUR
		Rechnungsbetrag	**2.380,00 EUR**

Zahlungsbedingungen: zahlbar bis 14.04.20..
Abzug von 3 % Skonto bei Zahlung innerhalb 14 Tagen

Sparbank Dresden
IBAN: DE60 9000 8000 1234 5678 90
BIC: STDDDE81XXX

Amtsgericht Dresden
HRA 451

Die Young Cosmetics KG erfasst die **Eingangsrechnung** (1) bzw. die **Ausgangsrechnung** (2) wie folgt:

Grundbuch			
Nr.	**Buchungssatz**	**Beträge**	
		Soll	**Haben**
1	6080 Aufwendungen f. Waren 2600 Vorsteuer an 4400 Verbindlichkeiten aus LL	600,00 114,00	 714,00
2	2400 Forderungen aus LL an 5100 Umsatzerlöse f. Waren an 4800 Umsatzsteuer	2 380,00	 2 000,00 380,00

S	4400 Verbindlichkeiten aus LL		H
		6080/2600	714,00

S	2400 Forderungen aus LL		H
5100/4800	2 380,00		

S	6080 Aufwendungen f. Waren		H
4400	600,00		

S	5100 Umsatzerlöse f. Waren		H
		2400	2 000,00

S	2600 Vorsteuer		H
4400	114,00		

S	4800 Umsatzsteuer		H
		2400	380,00

■ Buchhalterische Ermittlung der Zahllast

Im **Regelfall** ergibt sich eine **Umsatzsteuerzahllast** an das Finanzamt. Die erzielten Umsatzerlöse des Unternehmens waren dann im Abrechnungszeitraum höher als die Aufwendungen für die eingekauften Waren und die bezogenen Leistungen.

Für den Abschluss der Konten Vorsteuer und Umsatzsteuer gilt grundsätzlich: Zuerst wird das Konto mit dem kleineren Saldo über das Konto mit dem größeren Saldo abgeschlossen. Bei einer **Umsatzsteuerzahllast** weist das Konto „Vorsteuer" den kleineren Saldo aus. Eine buchhalterische Ermittlung der Zahllast erfordert deshalb zunächst den **Abschluss** des Kontos **„Vorsteuer"** über das Konto **„Umsatzsteuer".** Der **Saldo** beim Abschluss des **Umsatzsteuerkontos** entspricht dann der **Umsatzsteuerzahllast.** Diese wird innerhalb der vorgesehenen Frist vom Bankkonto an das Finanzamt überwiesen.

Tipp

Vorüberlegung: Welches Konto ist saldenmäßig kleiner?

Soll	Vorsteuer	Haben
114,00		

Soll	Umsatzsteuer	Haben
		380,00

Saldenmäßig kleiner! Also: Vorsteuer über Umsatzsteuer abschließen.

S	2600 Vorsteuer		H
4400	114,00	4800	114,00
	114,00		114,00

S	4800 Umsatzsteuer		H
2600	114,00	2400	380,00
2800	266,00		
	380,00		380,00

Nr.	Buchungssätze zur Ermittlung und Überweisung der Umsatzsteuerzahllast	Beträge	
		Soll	Haben
1	4800 Umsatzsteuer an 2600 Vorsteuer	114,00	114,00
2	4800 Umsatzsteuer an 2800 Bank	266,00	266,00

Beim Jahresabschluss ist die **Zahllast** i. d. R. noch nicht an das Finanzamt überwiesen, da sie ja erst zum 10. des Folgemonats fällig ist. Sie stellt deshalb zum Zeitpunkt des Jahresabschlusses eine Verbindlichkeit dar und ist zu **passivieren.** In diesem Fall bildet das Schlussbilanzkonto das Gegenkonto für die Abschlussbuchung des Kontos „Umsatzsteuer".

Buchungssatz bei Passivierung der Zahllast am 31.12.	Beträge	
	Soll	Haben
4800 Umsatzsteuer an 8010 SBK	266,00	266,00

Vorsteuerüberhang

Im Ausnahmefall kann in einer Abrechnungsperiode die gezahlte **Vorsteuer höher als** die vereinnahmte **Umsatzsteuer** sein. In diesem Fall ergibt sich der kleinere Saldo auf dem Konto „Umsatzsteuer", das entsprechend über das Konto „Vorsteuer" abzuschließen ist. Der Abschlusssaldo im Konto „Vorsteuer" zeigt dann die Höhe des Vorsteuerüberhangs, der vom Finanzamt zu erstatten ist.

Beispiel

Die Summe aller Buchungen auf dem Umsatzsteuerkonto beträgt 12 000,00 EUR; die Summe aller Buchungen auf dem Vorsteuerkonto beträgt 15 000,00 EUR.

S	2600 Vorsteuer		H
4400	15000,00	4800	12000,00
		2800	3000,00
	15000,00		15000,00

S	4800 Umsatzsteuer		H
2600	12000,00	2400	12000,00
	12000,00		12000,00

Nr.	Buchungssätze zur Ermittlung und Erstattung des Vorsteuerüberhangs	Beträge	
		Soll	Haben
1	4800 Umsatzsteuer an 2600 Vorsteuer	12000,00	12000,00
2	2800 Bank an 2600 Vorsteuer	3000,00	3000,00

Beim Jahresabschluss ist der **Vorsteuerüberhang** vom Finanzamt i. d. R. noch nicht beglichen worden. Diese Forderung gegenüber dem Finanzamt ist deshalb zum Zeitpunkt des Jahresabschlusses entsprechend zu **aktivieren.** Auch in diesem Fall bildet das Schlussbilanzkonto das Gegenkonto für die Abschlussbuchung.

Buchungssatz bei Aktivierung des Vorsteuerüberhangs am 31.12.	Beträge	
	Soll	Haben
8010 SBK an 2600 Vorsteuer	3000,00	3000,00

Merke

Die **buchhalterische Ermittlung einer Umsatzsteuerzahllast** (bzw. eines Vorsteuerüberhangs) erfolgt grundsätzlich in zwei Schritten:

1. Das **saldenmäßig kleinere** Konto wird über das **saldenmäßig größere** Konto abgeschlossen.
2. Das verbleibende (saldenmäßig größere) Konto wird über Bank bzw. SBK abgeschlossen. Es weist als **Saldo** die **Umsatzsteuerzahllast** (bzw. den Vorsteuerüberhang) aus.

6.3 Zusammenfassung und Aufgaben

Zusammenfassung

Das System der Umsatzsteuer

Die **Umsatzsteuer (Mehrwertsteuer)** ist eine Gemeinschaftssteuer. Der Besteuerung unterliegen z. B. **Umsätze** aus Waren und Leistungen.

Es werden Umsätze mit dem **Regelsteuersatz von 19 %**, dem **ermäßigten Steuersatz von 7 %** und Umsätze mit **Steuerbefreiungen** (z. B. Warenausfuhren) unterschieden.

Die Umsatzsteuer wird vom **Endverbraucher** getragen.

Das Unternehmen zahlt Vorsteuer an seine Vorlieferanten und behält die von seinen Kunden gezahlten Umsatzsteuerbeträge ein. Diese Umsatzsteuer wird saldiert mit den Vorsteuerbeträgen der Eingangsrechnungen. Der Saldo aus vereinnahmter Umsatzsteuer und geleisteter Vorsteuer ergibt i. d. R. die **Umsatzsteuerzahllast**, die an das Finanzamt abzuführen ist. In Ausnahmefällen entsteht ein **Vorsteuerüberhang,** der vom Finanzamt erstattet wird.

Durch das System der Verrechnung von Umsatzsteuer bzw. Vorsteuer mit dem Finanzamt ist die Umsatzsteuer für das Unternehmen ein **durchlaufender Posten (erfolgsneutral).**

Bis zum **10. des Folgemonats** ist eine Umsatzsteuervoranmeldung auf elektronischem Weg zu übermitteln und die Zahlung an das zuständige Finanzamt zu überweisen.

Die Buchung von Umsatzsteuer und Vorsteuer

Die eingenommene **Umsatzsteuer** stellt eine **Verbindlichkeit** gegenüber dem Finanzamt dar.
Die Umsatzsteuer-Mehrung wird im **Haben** des Passivkontos Umsatzsteuer gebucht.

Die gezahlte **Vorsteuer** stellt eine **Forderung** gegenüber dem Finanzamt dar.
Die Vorsteuer-Mehrung wird im **Soll** des Aktivkontos Vorsteuer gebucht.

Im Regelfall ist die **Umsatzsteuer größer** als die Vorsteuer **(Umsatzsteuerzahllast).**
Die **Abschlussbuchungen** lauten dann:

1. Umsatzsteuer an Vorsteuer
2. a) Umsatzsteuer an SBK (bei Passivierung der Zahllast)
   oder
   b) Umsatzsteuer an Bank (bei Überweisung der Zahllast)

Im Ausnahmefall ist die **Vorsteuer größer** als die Umsatzsteuer **(Vorsteuerüberhang).**
Die **Abschlussbuchungen** lauten dann:

1. Umsatzsteuer an Vorsteuer
2. a) SBK an Vorsteuer (bei Aktivierung des Vorsteuerüberhangs)
   oder
   b) Bank an Vorsteuer (bei Erstattung des Vorsteuerüberhangs).

Aufgaben

1. Prüfen Sie folgende Aussagen auf ihre Richtigkeit. Die Antwort ist jeweils zu begründen.
(1) Eine Erhöhung des Umsatzsteuersatzes belastet den Gewinn des Unternehmens.
(2) Ist die vereinnahmte Umsatzsteuer größer als die abziehbare Vorsteuer, entsteht eine Zahllast.
(3) Der Zeitpunkt der Überweisung der monatlichen Zahllast an das Finanzamt kann durch die Buchhaltung des Unternehmens selbst bestimmt werden.
(4) Der Abschluss des Kontos Umsatzsteuer erfolgt über das Schlussbilanzkonto mit dem Buchungssatz: SBK an Umsatzsteuer.

(5) Ist die gezahlte Vorsteuer größer als die vereinnahmte Umsatzsteuer, erfolgt eine Erstattung des Vorsteuerüberhangs durch das Finanzamt.

(6) Postwertzeichen (Briefmarken) sind mit dem ermäßigten Steuersatz von 7 % umsatzsteuerpflichtig.

2. In einem Betrieb sind im Monat Dezember folgende Geschäftsfälle zu berücksichtigen. Alle Vorgänge werden über das Bankkonto beglichen.

Aufgaben zu a), b) und c):

1. Buchen Sie die Geschäftsfälle im Grundbuch.
2. Stellen Sie die Konten Umsatzsteuer und Vorsteuer im Hauptbuch dar.
3. Schließen Sie die Konten Umsatzsteuer und Vorsteuer im Hauptbuch ab.
4. Bilden Sie die Abschlussbuchungssätze für diese beiden Konten im Grundbuch.
5. Geben Sie jeweils an, ob sich eine Zahllast oder ein Vorsteuerüberhang ergibt.

a)	Kauf eines Pkw (netto)	15 000,00 EUR
	Kauf von Büromaterial (brutto)	595,00 EUR
	Verkauf von Waren (brutto)	14 280,00 EUR
	Reparatur des Kopierers (brutto)	142,80 EUR
	Verkauf von Waren (brutto)	26 180,00 EUR
	Lastschrift für Telekommunikation (netto)	750,00 EUR
	Werbungskosten (netto)	1 500,00 EUR
b)	Einkauf von Waren (netto)	25 000,00 EUR
	Kauf von Büromaterial (netto)	1 500,00 EUR
	Verkauf von Waren (netto)	4 000,00 EUR
	Energierechnung (brutto)	190,40 EUR
	Verkauf von Waren (netto)	6 000,00 EUR
	Verkauf von Waren (brutto)	26 180,00 EUR
	Einkauf von Fachbüchern (brutto)	428,00 EUR
	Kauf von Geschäftsausstattung (netto)	11 000,00 EUR
c)	Kauf einer neuen PC-Anlage (netto)	7 000,00 EUR
	Verkauf von Waren (brutto)	23 800,00 EUR
	Rechnung für Internetnutzung (brutto)	47,60 EUR
	Verkauf von Waren (netto)	8 500,00 EUR
	Einkauf von Fachbüchern (netto)	200,00 EUR
	Rechnung des Steuerberaters (netto)	3 500,00 EUR

3. Die Young Cosmetics KG feiert Firmenjubiläum. Es werden eingekauft:

- Kuchen für 80,00 EUR netto,
- Sekt und Bier für 180,00 EUR netto,
- Kekse und Schokolade für 42,80 EUR brutto,
- Luftballons, Laternen und Gartenfackeln für 35,70 EUR brutto.

a) Welcher Betrag muss insgesamt bezahlt werden?

b) Wie hoch sind der Umsatzsteuer-Betrag und der Nettobetrag?

7 Warengeschäfte buchen

In Handelsunternehmen kommt den Warengeschäften eine besondere Bedeutung für die Erreichung der wirtschaftlichen Ziele zu. Den **Aufwendungen für Waren** stehen die **Umsatzerlöse aus Warenverkäufen** gegenüber. Die Differenz aus dem i. d. R. höheren Verkaufspreis und dem niedrigeren Einkaufspreis wird als **Rohgewinn** bezeichnet.

Merke

Umsatzerlöse für Waren (Nettoverkaufserlöse)
– tatsächliche Aufwendungen für Waren (Wareneinsatz)
= Rohgewinn

Waren, die nicht verkauft wurden, verbleiben im Lager. Der Lagerbestand wird mindestens einmal im Jahr durch eine körperliche Bestandsaufnahme (Inventur) festgestellt (weitere Informationen zur Inventur s. Kapitel 9.)

©Style Media & Design-fotolia.com

Für Buchungen im Einkaufs- und Verkaufsbereich einschließlich der Lagerhaltung werden **drei Konten** benötigt – zwei Erfolgskonten und ein Bestandskonto:

- → **6080 Aufwendungen für Waren** (Aufwandskonto),
- → **5100 Umsatzerlöse für Waren** (Ertragskonto) und
- → **2280 Waren (Handelswaren)** (Aktivkonto).

7.1 Aufwandsorientierte Buchung des Wareneinkaufs

©Marco2811-fotolia.com

Beim **aufwandsorientierten** Verfahren werden die Wareneinkäufe grundsätzlich sofort als Aufwand erfasst. Diesem Verfahren liegt der Gedanke zugrunde, dass Lagerhaltung mit hohen Kosten verbunden ist und Waren deshalb weitgehend erst bei Bedarf angeliefert werden (Just-in-Time Konzept). Lieferung und Verbrauch (Aufwand) fallen dann theoretisch zusammen und es werden deshalb i. d. R. nur noch kleine Lager gehalten.

Wenn zunächst alle **Wareneinkäufe** pauschal als **Aufwand** erfasst und somit auf dem Konto „6080 Aufwendungen für Waren" im Soll gebucht werden, muss entsprechend zum Bilanzstichtag festgestellt werden, ob die Annahme korrekt war, dass alle eingekauften Waren in den Leistungsprozess eingegangen sind, also verkauft wurden. Dazu ist im Bestandskonto „2280 Waren" zu prüfen, ob sich der Lagerbestand verändert hat. Drei Varianten sind hier möglich:

1. Der **Schlussbestand** an Waren ist **gleich** dem **Anfangsbestand.** Dann sind tatsächlich alle in der Abrechnungsperiode eingekauften Waren auch abgesetzt (in den Leistungsprozess eingebracht) worden. Eine Korrektur des beim Einkauf erfassten Warenaufwandes ist nicht erforderlich.

Merke

Aufwendungen für Waren lt. ER (Wareneinkäufe)
\+ Bestandsminderungen
oder
– Bestandsmehrungen
= **Wareneinsatz**

In der Regel wird in der Praxis aber einer der beiden anderen Fälle vorkommen.

2. Der **Schlussbestand** ist **höher** als der **Anfangsbestand (Bestandsmehrung):** Das bedeutet, dass (entgegen der ursprünglichen Annahme) doch nicht alle Waren, die eingekauft wurden, auch verkauft worden sind. Diese Waren befinden sich noch im Lager, sie sind also fälschlicherweise als Aufwand erfasst worden. Die zuvor für den Wareneinkauf gebuchten **Aufwendungen** müssen deshalb um die Bestandsmehrung **gekürzt** werden.
3. Der **Schlussbestand** ist **niedriger** als der **Anfangsbestand (Bestandsminderung):** Das zeigt, dass neben den eingekauften Waren zusätzlich Waren dem Lager entnommen und verkauft wurden. Das Einbringen des Lagerbestandes in den Leistungsprozess muss als Aufwand erfasst werden. Die **Aufwendungen** sind entsprechend um die Bestandsminderung zu **erhöhen.**

Im Hauptbuch sieht das folgendermaßen aus:

Bestandsmehrung (Schlussbestand > Anfangsbestand) | **Bestandsminderung** (Schlussbestand < Anfangsbestand)

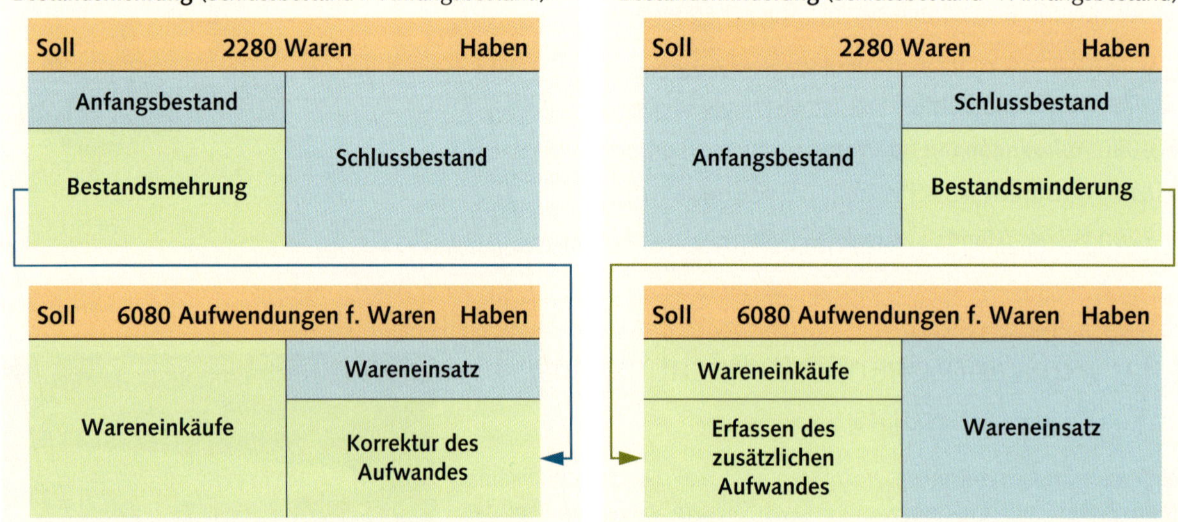

Buchungssatz:
(Umbuchung der Bestandsmehrung)
2280 Waren
an 6080 Aufwendungen f. Waren

Buchungssatz:
(Umbuchung der Bestandsminderung)
6080 Aufwendungen f. Waren
an 2280 Waren

Buchungssatz: (Abschluss des Kontos „6080 Aufwendungen f. Waren")
8020 GuV
an 6080 Aufwendungen f. Waren

Merke

Der Saldo des Kontos „6080 Aufwendungen für Waren" geht in das Gewinn- und Verlustkonto und zeigt den **Wareneinsatz.** D. h., in die Gewinn- und Verlustrechnung gehen durch Berücksichtigung von Veränderungen des Lagerbestandes nur die **tatsächlichen Aufwendungen** ein.

Buchung einer Bestandsmehrung

Beispiel

Geschäftsfälle:

1. Anfangsbestand an Waren: 500 Stück zu je 20,00 EUR — 10 000,00 EUR
2. Wareneinkäufe auf Ziel (netto): 800 Stück zu je 20,00 EUR — 16 000,00 EUR
3. Warenverkäufe auf Ziel (netto): 700 Stück zu je 30,00 EUR — 21 000,00 EUR
4. Schlussbestand an Waren: 600 Stück zu je 20,00 EUR — 12 000,00 EUR
5. Bestandsmehrung: 100 Stück zu je 20,00 EUR — 2 000,00 EUR
6. Abschluss der Erfolgskonten (6080 und 5100) — ? EUR

Kontendarstellung (nur Warenkonten und GuV):

S	6080 Aufwendungen f. Waren		H
4400	16 000,00	2280	2 000,00
		8020	14 000,00
	16 000,00		16 000,00

S	5100 Umsatzerlöse f. Waren		H
8020	21 000,00	2400	21 000,00
	21 000,00		21 000,00

S	2280 Waren		H
8000	10 000,00	8010	12 000,00
6080	2 000,00		
	12 000,00		12 000,00

S	8020 GuV		H
6080	14 000,00	5100	21 000,00
(Wareneinsatz)		(Nettoverkaufserlöse)	

Rohgewinn 7 000,00

Das Konto „6080 Aufwendungen f. Waren" zeigt, dass der beim Wareneinkauf gebuchte Aufwand (16 000,00 EUR) um den Betrag der Bestandsmehrung (2 000,00 EUR) korrigiert wurde. Tatsächlich ist nur ein **Wareneinsatz** von 14 000,00 EUR entstanden. Der **Rohgewinn** (Nettoverkaufserlöse - Wareneinsatz) beträgt 7 000,00 EUR.

Nr.	Buchungssatz	Beträge Soll	Beträge Haben
1	2280 Waren an 8000 EBK	10 000,00	 10 000,00
2	6080 Aufwendungen f. Waren 2600 Vorsteuer an 4400 Verbindlichkeiten aus LL	16 000,00 3 040,00	 19 040,00
3	2400 Forderungen aus LL an 5100 Umsatzerlöse f. Waren an 4800 Umsatzsteuer	24 990,00	 21 000,00 3 990,00
4	8010 SBK an 2280 Waren	12 000,00	 12 000,00
5	2280 Waren an 6080 Aufwendungen f. Waren	2 000,00	 2 000,00
6	8020 GuV an 6080 Aufwendungen f. Waren 5100 Umsatzerlöse f. Waren an 8020 GuV	14 000,00 21 000,00	 14 000,00 21 000,00

LERNFELD 6

Buchung einer Bestandsminderung

Beispiel

Geschäftsfälle:

1. Anfangsbestand an Waren: 500 Stück zu je 20,00 EUR — 10 000,00 EUR
2. Wareneinkäufe auf Ziel (netto): 400 Stück zu je 20,00 EUR — 8 000,00 EUR
3. Warenverkäufe auf Ziel (netto): 600 Stück zu je 30,00 EUR — 18 000,00 EUR
4. Schlussbestand an Waren: 300 Stück zu je 20,00 EUR — 6 000,00 EUR
5. Bestandsminderung: 200 Stück zu je 20,00 EUR — 4 000,00 EUR
6. Abschluss der Erfolgskonten (6080 und 5100) — ? EUR

Kontendarstellung (nur Warenkonten und GuV):

S	6080 Aufwendungen f. Waren		H
4400	8 000,00	8020	12 000,00
2280	4 000,00		
	12 000,00		12 000,00

S	5100 Umsatzerlöse f. Waren		H
8020	18 000,00	2400	18 000,00
	18 000,00		18 000,00

S	2280 Waren		H
8000	10 000,00	8010	6 000,00
		6080	4 000,00
	10 000,00		10 000,00

S	8020 GuV		H
6080	12 000,00	5100	18 000,00

(Wareneinsatz) (Nettoverkaufserlöse)

Rohgewinn 6 000,00

Das Konto „Aufwendungen f. Waren" zeigt, dass zusätzlich zu den Wareneinkäufen (8 000,00 EUR) auch die Entnahme von Waren aus dem Lager (Bestandsminderung 4 000,00 EUR) als Aufwand erfasst wird. Damit ergibt sich ein **Wareneinsatz** von 12 000,00 EUR. Der **Rohgewinn** (Nettoverkaufserlöse - Wareneinsatz) beträgt 6 000,00 EUR.

Nr.	Buchungssatz	Beträge	
		Soll	Haben
1	2280 Waren an 8000 EBK	10 000,00	 10 000,00
2	6080 Aufwendungen f. Waren 2600 Vorsteuer an 4400 Verbindlichkeiten aus LL	8 000,00 1 520,00	 9 520,00
3	2400 Forderungen aus LL an 5100 Umsatzerlöse f. Waren an 4800 Umsatzsteuer	21 420,00	 18 000,00 3 420,00
4	8010 SBK an 2080 Waren	6 000,00	 6 000,00
5	6080 Aufwendungen f. Waren an 2280 Waren	4 000,00	 4 000,00
6	8020 GuV an 6080 Aufwendungen f. Waren 5100 Umsatzerlöse f. Waren an 8020 GuV	12 000,00 18 000,00	 12 000,00 18 000,00

7.2 Frachtkosten, Warenrücksendungen und Skonti im Einkauf und Verkauf

Beim Einkauf und Verkauf von Waren sind Besonderheiten wie z. B. **Frachtkosten, Rücksendungen** und **nachträgliche Nachlässe** in Form von Skonti buchhalterisch gesondert zu erfassen.

7.2.1 Fracht- und Verpackungskosten

■ Bezugskosten beim Einkauf

„Warenschulden sind Holschulden." Damit ist der Käufer gesetzlich verpflichtet, alle anfallenden Fracht- und Verpackungskosten zu übernehmen, die beim Einkauf für den Transport der Ware anfallen **(Bezugskosten)**. Vertragliche Regelungen können von der gesetzlichen Regelung abweichen (vgl. Lernfeld 4 Kapitel 3.3.1). Um einen genaueren Überblick über die anfallenden Bezugskosten zu erhalten, werden diese auf einem Unterkonto des jeweiligen Aufwandskontos erfasst. Hierzu müssen die Bezugskosten auf Eingangsrechnungen getrennt ausgewiesen sein bzw. separat in Rechnung gestellt werden.

© picture alliance / Caro I Heinrich

Als **Unterkonten** kommen in Frage:

6001 Bezugskosten für Rohstoffe

6021 Bezugskosten für Hilfsstoffe

6031 Bezugskosten für Betriebsstoffe

6081 Bezugskosten für Waren.

Die Unterkonten werden über die zugehörigen Aufwandskonten (6000, 6020, 6030, 6080) abgeschlossen.

Beispiel

Die Young Cosmetics KG kauft bei der Davida-Kosmetikbedarf GmbH Waren im Wert von 1 300,00 EUR (netto) auf Ziel. Die Rechnung weist zusätzlich Versandkosten in Höhe von 25,00 EUR (netto) aus.

Buchungssatz beim Wareneinkauf	Beträge	
	Soll	Haben
6080 Aufwendungen f. Waren 6081 Bezugskosten f. Waren 2600 Vorsteuer an 4400 Verbindlichkeiten aus LL	1 300,00 25,00 251,75	 1 576,75

Buchungssätze beim Jahresabschluss	Beträge	
	Soll	Haben
6080 Aufwendungen f. Waren an 6081 Bezugskosten f. Waren	25,00	 25,00
8020 GuV an 6080 Aufwendungen f. Waren	1 325,00	 1 325,00

S	6080 Aufwendungen f. Waren		H
4400	1 300,00	8020	1 325,00
6081	25,00		
	1 325,00		1 325,00

S	6081 Bezugskosten f. Waren		H
4400	25,00	6080	25,00
	25,00		25,00

S	2600 Vorsteuer		H
4400	251,75		

S	4400 Verbindlichkeiten aus LL		H
		6080, 6081	1 576,75

S	8020 GuV		H
6080	1325,00		

Fracht- und Nebenkosten beim Verkauf

Entstehen Fracht- oder Verpackungskosten für den Versand der Ware an Kunden und werden diese Kosten aus Marketinggründen (vgl. Lernfeld 5, Kapitel 3.2.3, Konditionenpolitik) vom Verkäufer übernommen, so bucht der Verkäufer die angefallenen Kosten über das Aufwandskonto „6140 Frachten und Nebenkosten", das am Geschäftsjahresende über das Konto „8020 GuV" abgeschlossen wird.

Beispiel

Die Young Cosmetics KG liefert der Beauty and more KG Kosmetikprodukte aus eigener Herstellung. Aus Marketinggründen übernimmt die Young Cosmetics in diesem Monat für alle Stammkunden die Versandkosten. Die Spedition stellt für die Auslieferung 35,00 EUR (netto) in Rechnung.

Buchungssatz für die Speditionsrechnung (Eingangsrechnung)	Beträge	
	Soll	Haben
6140 Frachten und Nebenkosten	35,00	
2600 Vorsteuer	6,65	
an 4400 Verbindlichkeiten aus LL		41,65

Buchungssätze beim Jahresabschluss	Beträge	
	Soll	Haben
8020 GuV	35,00	
an 6140 Frachten und Nebenkosten		35,00

S	6140 Frachten u. Nebenkosten		H
4400	35,00	8020	35,00
	35,00		35,00

S	4400 Verbindlichkeiten aus LL		H
		6140, 2600	41,65

S	2600 Vorsteuer		H
4400	6,65		

S	8020 GuV		H
6140	35,00		

7.2.2 Warenrücksendungen

©bofotolux-fotolia.com

Falschlieferungen oder mangelhafte Lieferungen können zu Rücksendungen von Waren sowohl im Einkauf als auch im Verkauf führen. Eine Rücksendung bewirkt eine Gutschrift und erfordert eine Korrektur der ursprünglichen Buchung.

Die Rücknahme bzw. Rückgabe wird in der Buchhaltung durch eine **Stornobuchung** (Korrekturbuchung) dokumentiert: Durch **Umkehrung des ursprünglichen Buchungssatzes** werden alle zuvor beteiligten Positionen korrigiert.

Rücksendungen an Lieferer

Ursprünglicher Buchungssatz bei Wareneinkauf:
6080 Aufwendungen f. Waren
2600 Vorsteuer
an 4400 Verbindlichkeiten aus LL

Buchungssatz für Rücksendung an Lieferer:
4400 Verbindlichkeiten aus LL
an 6080 Aufwendungen f. Waren
an 2600 Vorsteuer

Rücksendungen von Kunden

Ursprünglicher Buchungssatz bei Warenverkauf:
2400 Forderungen aus LL
an 5100 Umsatzerlöse f. Waren
an 4800 Umsatzsteuer

Buchungssatz für Rücksendung von Kunden:
5100 Umsatzerlöse f. Waren
4800 Umsatzsteuer
an 2400 Forderungen aus LL

Warenrücksendungen an Lieferer

Beispiel

Auf eine bereits gebuchte **Eingangsrechnung** über 1 000,00 EUR (netto) wird nachträglich ein Nachlass von 100,00 EUR gewährt, weil 10 % der **Ware** versteckte Mängel aufweisen und an den Lieferer **zurückgesendet** werden.

Durch eine Umkehrbuchung sind die Aufwendungen für Waren und die Vorsteuer jeweils um 10 % zu korrigieren, auch die Verbindlichkeiten aus LL vermindern sich entsprechend.

©vege-fotolia.com

Buchungssatz bei Wareneinkauf	Beträge	
	Soll	Haben
6080 Aufwendungen f. Waren	1 000,00	
2600 Vorsteuer	190,00	
an 4400 Verbindlichkeiten aus LL		1 190,00

Buchungssatz bei Warenrücksendung an Lieferer	Beträge	
	Soll	Haben
4400 Verbindlichkeiten aus LL	119,00	
an 6080 Aufwendungen f. Waren		100,00
an 2600 Vorsteuer		19,00

LERNFELD 6

S	6080 Aufwendungen f. Waren		H
4400	1 000,00	4400	100,00

S	4400 Verbindlichkeiten aus LL		H
6080/2600	119,00	6080/2600	1 190,00

S	2600 Vorsteuer		H
4400	190,00	4400	19,00

Warenrücksendungen von Kunden

Beispiel

Auf eine bereits gebuchte **Ausgangsrechnung** über 2 000,00 EUR (netto) erteilen wir unserem Kunden aufgrund einer Falschlieferung nachträglich eine Gutschrift von 20 %. Die **Ware** wurde bereits **zurückgesendet**.

Durch eine Umkehrbuchung sind die Umsatzerlöse für Waren und die Umsatzsteuer jeweils um 20 % zu korrigieren, auch die Forderungen aus LL vermindern sich entsprechend.

Buchungssatz bei Warenverkauf	Beträge	
	Soll	Haben
2400 Forderungen aus LL an 5100 Umsatzerlöse f. Waren an 4800 Umsatzsteuer	2 380,00	 2 000,00 380,00

Buchungssatz bei Warenrücksendung von Kunden	Beträge	
	Soll	Haben
5100 Umsatzerlöse f. Waren 4800 Umsatzsteuer an 2400 Forderungen aus LL	400,00 76,00	 476,00

S	2400 Forderungen aus LL		H
5100/4800	2 380,00	5100/4800	476,00

S	5100 Umsatzerlöse f. Waren		H
2400	400,00	2400	2 000,00

S	4800 Umsatzsteuer		H
2400	76,00	2400	380,00

7.2.3 Skonti

Skonti sind **nachträgliche Preisnachlässe,** die bei Zahlung innerhalb einer bestimmten Frist vom Rechnungsbetrag abgezogen werden. Die Inanspruchnahme von **Skonto vermindert den ursprünglichen Zahlungsbetrag** und damit die Aufwendungen im Einkaufsbereich bzw. die Umsatzerlöse im Verkaufsbereich. Die Skontogewährung wird auf **Unterkonten** erfasst.

- Nachträgliche **Nachlässe beim Einkauf** von Waren (Eingangsrechnungen) sind auf dem Konto **„6082 Nachlässe“** (Unterkonto von 6080 Aufwendungen f. Waren) zu buchen.
- Nachträgliche **Nachlässe beim Verkauf** von Waren (Ausgangsrechnungen) sind auf dem Konto **„5101 Erlösberichtigungen“** (Unterkonto von 5100 Umsatzerlöse f. Waren) zu buchen.

©fotomek-fotolia.com

Mit der Überweisung des Rechnungsbetrages unter Abzug von Skonto erfolgt auch ein Ausbuchen der Verbindlichkeiten aus LL bzw. Forderungen aus LL und eine Korrektur des Vorsteuer- bzw. Umsatzsteuerbetrages in entsprechender Höhe.

Zum Schluss sind die **Unterkonten abzschließen**:

- **6082 Nachlässe** über **6080 Aufwendungen f. Waren** und
- **5101 Erlösberichtigungen** über **5100 Umsatzerlöse f. Waren**.

Tipp

Auch bei der **Erfassung von Skonti** wird der ursprüngliche **Buchungssatz „umgedreht“**. Allerdings sind hier noch zwei Besonderheiten zu beachten:

1. Das Konto „6080 Aufwendungen f. Waren“ wird ersetzt durch das **Unterkonto** „6082 Nachlässe"; das Konto „5100 Umsatzerlöse f. Waren" wird ersetzt durch das Unterkonto „5101 Erlösberichtigungen" .
2. Gleichzeitig mit der Korrekturbuchung findet der **Zahlungsausgleich über Bank oder Kasse** statt.

Liefererskonto

Ursprünglicher Buchungssatz bei Wareneinkauf:
6080 Aufwendungen f. Waren
2600 Vorsteuer
an 4400 Verbindlichkeiten aus LL

Buchungssatz für die Zahlung an Lieferer unter Abzug von Skonto:
4400 Verbindlichkeiten aus LL
an 2800 Bank
an 6082 Nachlässe
an 2600 Vorsteuer

Abschluss des Kontos „Nachlässe“:
6082 Nachlässe
an 6080 Aufwendungen f. Waren

Kundenskonto

Ursprünglicher Buchungssatz bei Warenverkauf:
2400 Forderungen aus LL
an 5100 Umsatzerlöse f. Waren
an 4800 Umsatzsteuer

Buchungssatz für die Zahlung vom Kunden unter Abzug von Skonto:
2800 Bank
5101 Erlösberichtigungen
4800 Umsatzsteuer
an 2400 Forderungen aus LL

Abschluss des Kontos „Erlösberichtigungen“:
5100 Umsatzerlöse f. Waren
an 5101 Erlösberichtigungen

Bei dem dargestellten Verfahren handelt es sich um das sogenannte **Nettoverfahren:** Die entsprechende Korrektur der Steuer wird jeweils **direkt** auf dem Konto **Vorsteuer bzw. Umsatzsteuer** vorgenommen.

■ Liefererskonto

Beispiel

Wir bezahlen eine bereits gebuchte **Eingangsrechnung** über 2 000,00 EUR (netto) unter Abzug von 2 % Skonto.

	Rechnungsbetrag	Korrekturbetrag/ Nachlass (2 %)	Überweisungsbetrag
brutto	**2 380,00**	47,60	**2 332,40**
Vorsteuer	380,00	**7,60**	372,40
netto (Warenwert)	2 000,00	**40,00**	1 960,00

Die Tabelle zeigt in übersichtlicher Form die Korrekturbeträge für Warenwert und Vorsteuer sowie den noch verbleibenden Überweisungsbetrag für den Ausgleich der Rechnung.

Buchungssatz zur Überweisung an Lieferer mit Skontoabzug	Beträge Soll	Beträge Haben
4400 Verbindlichkeiten aus LL	2 380,00	
an 2800 Bank		2 332,40
an 6082 Nachlässe		40,00
an 2600 Vorsteuer		7,60

Buchungssatz zum Abschluss des Kontos „Nachlässe“	Beträge Soll	Beträge Haben
6082 Nachlässe	40,00	
an 6080 Aufwendungen f. Waren		40,00

S 6080 Aufwendungen f. Waren H

S		H	
4400	2 000,00	6082	40,00

S 6082 Nachlässe H

S		H	
6080	40,00	4400	40,00

S 2600 Vorsteuer H

S		H	
4400	380,00	4400	7,60

S 4400 Verbindlichkeiten aus LL H

S		H	
2800/...	2 380,00	6080	2 380,00

S 2800 Bank H

S		H	
		4400	2 332,40

Kundenskonto

Beispiel

Ein Kunde zahlt eine bereits gebuchte **Ausgangsrechnung** über 4 000,00 EUR (netto) unter Abzug von 3 % Skonto.

©Uwe Bumann-fotolia.com

	Rechnungsbetrag	Korrekturbetrag/ Erlösberichtigung (3 %)	Überweisungsbetrag
brutto	**4 760,00**	142,80	**4 617,20**
Umsatzsteuer	760,00	**22,80**	737,20
netto (Warenwert)	4 000,00	**120,00**	3 880,00

Die Tabelle zeigt in übersichtlicher Form die Korrekturbeträge für Warenwert und Umsatzsteuer sowie den noch verbleibenden Überweisungsbetrag für die Zahlung des Kunden.

Buchungssatz zur Überweisung vom Kunden mit Skontoabzug	Beträge	
	Soll	Haben
2800 Bank	4 617,20	
5101 Erlösberichtigungen	120,00	
4800 Umsatzsteuer	22,80	
an 2400 Forderungen aus LL		4 760,00

Buchungssatz zum Abschluss des Kontos „Erlösberichtigungen“	Beträge	
	Soll	Haben
5100 Umsatzerlöse f. Waren	120,00	
an 5101 Erlösberichtigungen		120,00

S	5100 Umsatzerlöse f. Waren		H
5101	120,00	2400	4 000,00

S	5101 Erlösberichtigungen		H
2400	120,00	5100	120,00

S	4800 Umsatzsteuer		H
2400	22,80	2400	760,00

S	2400 Forderungen aus LL		H
5100/4800	4 760,00	2800/…	4 760,00

S	2800 Bank		H
2400	4 617,20		

7.3 Zusammenfasssung und Aufgaben

Zusammenfassung

Erfassung von Einkauf und Verkauf auf Warenkonten

Die Buchungen beim Einkauf und Verkauf von Waren erfordern drei Warenkonten:
- **6080 Aufwendungen für Waren** (Aufwandskonto)
- **5100 Umsatzerlöse für Waren** (Ertragskonto)
- **2280 Waren** (Aktivkonto)

Zusätzlich ist die Vorsteuer/Umsatzsteuer zu erfassen.

Beim **aufwandsorientierten** Verfahren wird jeder **Einkauf** von Waren direkt auf dem **Konto „6080 Aufwendungen für Waren“** gebucht.

Eine Veränderung der Lagerbestände wird erst zum Geschäftsjahresende festgestellt. Buchhalterisch werden **Bestandsveränderungen** erfasst, indem der Saldo aus dem Konto „2280 Waren“ in das Konto „6080 Aufwendungen f. Waren“ umgebucht wird.

Jeder **Verkauf** von Waren wird auf dem Konto **„5100 Umsatzerlöse f. Waren“** erfasst.

Bestandsveränderungen bei aufwandsorientierter Buchung

Ist der **Schlussbestand** an Waren **kleiner** als der **Anfangsbestand** an Waren, handelt es sich um eine **Bestandsminderung**; für den Verkauf wurden Waren dem Lager entnommen. Die Bestandsminderung **erhöht** die **Aufwendungen** für Waren bzw. den tatsächlichen Wareneinsatz und wird bei Abschluss des Kontos „2280 Waren“ auf dem Gegenkonto „6080 Aufwendungen für Waren“ im Soll erfasst:

6080 Aufwendungen f. Waren an 2280 Waren

Ist der **Schlussbestand** an Waren **größer** als der **Anfangsbestand** an Waren, handelt es sich um eine **Bestandsmehrung**; ein Teil der Wareneinkäufe wurde nicht verkauft, sondern ins Lager gestellt. Die Bestandsmehrung **mindert** die **Aufwendungen** für Waren bzw. den tatsächlichen Wareneinsatz. Die Bestandsmehrung wird bei Abschluss des Kontos „2280 Waren“ auf dem Gegenkonto „6080 Aufwendungen für Waren“ im Haben erfasst.

2280 Waren an 6080 Aufwendungen f. Waren

Rohgewinn = Nettoverkaufserlöse – Wareneinsatz

Der **Wareneinsatz** zeigt an, welcher Warenwert (bewertet mit Einkaufspreisen) nach Berücksichtigung von Bestandsveränderungen, Rücksendungen und Skonti tatsächlich für den Verkauf eingesetzt wurde.

Der Verkauf von Waren erfolgt in einem Handelsbetrieb i. d. R. zu einem Preis, der über dem Einkaufspreis liegt. Die **Nettoverkaufserlöse** zeigen, welchen Verkaufswert die abgesetzte Ware nach Berücksichtigung von Rücksendungen und Skonti tatsächlich erzielt hat.

Die Differenz zwischen den **Nettoverkaufserlösen** (Saldo des Kontos „5100 Umsatzerlöse f. Waren“) und dem **Wareneinsatz** (Saldo des Kontos „6080 Aufwendungen f. Waren“) bezeichnet man als **Rohgewinn.**

Buchung von Frachtkosten, Rücksendungen und Skonti
Wareneinkauf

Jeder Wareneinkauf wird auf dem Konto „6080 Aufwendungen f. Waren" im Soll gebucht.

Buchung der **Eingangsrechnung für Waren:**

6080 Aufwendungen f. Waren		
2600 Vorsteuer	an	4400 Verbindlichkeiten aus LL

Bezugskosten werden, sofern sie auf der Rechnung ausgewiesen sind bzw. separat berechnet werden, auf dem entsprechenden Unterkonto (z. B. „6081 Bezugskosten für Waren") erfasst.

Buchung der **Eingangsrechnung für Waren und Bezugskosten:**

6080 Aufwendungen f. Waren		
6081 Bezugskosten f. Waren		
2600 Vorsteuer	an	4400 Verbindlichkeiten

Das Konto „6081 Bezugskosten" wird über das entsprechende Aufwandskonto „6080 Aufwendungen f. Waren" abgeschlossen:

6080 Aufwendungen f. Waren	an	6081 Bezugskosten f. Waren

Für **Rücksendungen** von Waren an den Lieferer wird eine **Stornobuchung** erstellt; der ursprüngliche Buchungssatz wird umgekehrt:

4400 Verbindlichkeiten aus LL	an	6080 Aufwendungen f. Waren
	an	2600 Vorsteuer

Nachträgliche Nachlässe im Einkauf (z. B. **Liefererskonti**) werden bei Rechnungsausgleich auf dem Unterkonto „6082 Nachlässe" im Haben gebucht.

4400 Verbindlichkeiten aus LL	an	2800 Bank
	an	6082 Nachlässe
	an	2600 Vorsteuer

Das Unterkonto „6082 Nachlässe" ist über das Konto „6080 Aufwendungen f. Waren" abzuschließen.

6082 Nachlässe	an	6080 Aufwendungen f. Waren

Diese Buchung zeigt, dass Nachlässe von Lieferern die Aufwendungen f. Waren mindern.

Warenverkauf
Jeder Warenverkauf führt zu Umsatzerlösen. Der Zugang der Umsatzerlöse wird durch eine Buchung auf dem Konto **„5100 Umsatzerlöse f. Waren"** im Haben erfasst. Buchung der **Ausgangsrechnung für Waren:** 2400 Forderungen aus LL an 5100 Umsatzerlöse f. Waren an 4800 Umsatzsteuer **Fracht- oder Verpackungskosten** für den Versand von Ware an Kunden werden auf dem Aufwandskonto „6140 Frachten und Nebenkosten" erfasst. Buchung der **Fracht-/Verpackungskosten für Warenversand an Kunden:** 6140 Frachten und Nebenkosten 2600 Vorsteuer an 4400 Verbindlichkeiten aus LL Das Konto „6140 Frachten und Nebenkosten" wird über „8020 GuV" abgeschlossen: 8020 GuV an 6140 Frachten und Nebenkosten **Rücksendungen** von Waren durch Kunden werden über eine **Stornobuchung** berücksichtigt; der ursprüngliche Buchungssatz wird umgekehrt: 5100 Umsatzerlöse f. Waren 4800 Umsatzsteuer an 2400 Forderungen aus LL **Nachträgliche Nachlässe** im Verkauf (z. B. **Kundenskonti**) werden bei Rechnungsausgleich auf dem Unterkonto „5101 Erlösberichtigungen" im Soll gebucht: 2800 Bank 5101 Erlösberichtigungen 4800 Umsatzsteuer an 2400 Forderungen aus LL Das Unterkonto „5101 Erlösberichtigungen" ist über das Konto „5100 Umsatzerlöse f. Waren" abzuschließen. 5100 Umsatzerlöse f. Waren an 5101 Erlösberichtigungen Diese Buchung zeigt, dass Nachlässe an Kunden die Umsatzerlöse schmälern.

Aufgaben

1. Prüfen Sie folgende Aussagen auf ihre Richtigkeit. Die Antwort ist jeweils zu begründen.

(1) Der Bestand an Waren gehört zum Vermögen eines Unternehmens und zwar zum Anlagevermögen.

(2) Beim aufwandsorientierten Verfahren werden die Wareneinkäufe direkt auf dem Konto „Aufwendungen für Waren" gebucht.

(3) Ein Minderbestand ergibt sich, wenn der Schlussbestand an Waren größer ist als der entsprechende Anfangsbestand.

(4) Der Rohgewinn ist die Differenz zwischen Umsatzerlösen und Wareneinkauf.

(5) Die Wareneinkäufe plus Bestandsmehrung ergeben den Wareneinsatz.

(6) Bezugskosten werden auf einem Unterkonto erfasst, um eine größere Kostentransparenz zu erreichen.

(7) Skonto ist ein nachträglicher Preisnachlass für vorzeitige Zahlung.

(8) Erhaltene Skonti (Liefererskonti) erhöhen die Aufwendungen für Waren.

(9) Gutschriften für an den Lieferer zurückgesandte Waren werden auf dem Konto „Aufwendungen für Waren" im Soll gebucht.

(10) Liefererskonti werden auf dem Konto „6082" im Soll gebucht.

(11) Gewährte Skonti (Kundenskonti) werden auf dem Konto „6082" im Haben gebucht.

(12) Für Rücksendungen von Kunden wird ein Umkehrbuchungssatz gebildet. Der Betrag für die zurückgesandte Ware wird auf dem Konto „5100 Umsatzerlöse für Waren" im Haben gebucht.

(13) Kundenskonti werden direkt im Gewinn- und Verlustkonto erfasst.

(14) Lieferanten- und Kundenskonti dürfen miteinander verrechnet werden.

2. Die Eröffnungsbilanz weist folgende Bestände aus:

0870 BGA	80 000,00 EUR
2280 Waren	220 000,00 EUR
2400 Forderungen aus LL	55 000,00 EUR
2800 Bank	70 000,00 EUR
2880 Kasse	25 000,00 EUR
3000 Eigenkapital	? EUR
4400 Verbindlichkeiten aus LL	260 000,00 EUR

LERNFELD 6

II. Geschäftsfälle

1.	Wareneinkauf auf Ziel (netto)	5 000,00 EUR
2.	Kunden zahlen Rechnungen mit Banküberweisung	30 000,00 EUR
3.	Warenverkauf auf Ziel (netto)	25 000,00 EUR
4.	Abbuchung der Telefongebühren (netto)	180,00 EUR
5.	Warenverkauf bar (netto)	10 000,00 EUR
6.	Kauf einer Scannerkasse gegen Rechnung (brutto)	13 920,00 EUR
7.	Kauf von Fachbüchern bar (netto, 7 % USt)	180,00 EUR
8.	Gehaltszahlung per Banküberweisung	3 000,00 EUR

Der zum Geschäftsjahresende durch Inventur ermittelte Warenbestand beträgt 214 000,00 EUR.

a) Ermitteln Sie die Höhe des Eigenkapitals.

b) Buchen Sie alle Geschäftsfälle im Grundbuch.

c) Stellen Sie die Konten „2280 Waren", „6080 Aufwendungen f. Waren", „5100 Umsatzerlöse f. Waren" und „8020 GuV" im Hauptbuch dar.

d) Schließen Sie die Konten im Hauptbuch ab und führen Sie das Grundbuch für die Umbuchung der Bestandsveränderung und für die Abschlussbuchungen.

e) Ermitteln Sie den Wareneinsatz und den Rohgewinn.

3. Buchen Sie aus der Sicht der Young Cosmetics KG die folgenden Geschäftsfälle:

a) Die Young Cosmetics KG kauft Kosmetikartikel im Wert von 20 000,00 EUR (netto) auf Ziel ein. Der Spediteur berechnet 250,00 EUR Frachtkosten, netto.

b) Nach Sichtung der gelieferten Kosmetikartikel stellt die Chefeinkäuferin der Young Cosmetics KG unerwartete Qualitätsmängel fest. Daraufhin werden Waren im Nettowert von 2 000,00 EUR an den Lieferer zurückgesandt.

c) Der restliche Rechnungsbetrag wird unter Abzug von 3 % Skonto über das Bankkonto beglichen.

4. Buchen Sie aus der Sicht der Young Cosmetics KG die folgenden Geschäftsfälle:

a) Die Young Cosmetics verkauft an die Wellness-Oase Berlin Kosmetikwaren auf Ziel im Wert von 4 224,50 EUR (brutto).

b) Die Wellness-Oase sendet der Young Cosmetics KG beschädigte Artikel im Wert von 3 570,00 EUR (brutto) zurück.

c) Die Wellness-Oase überweist unter Inanspruchnahme von 2 % Skonto den restlichen Rechnungsbetrag auf das Bankkonto der Young Cosmetics KG.

5. Buchen Sie aus Sicht der Young Cosmetics KG folgende Geschäftsfälle:
   a) Die Young Cosmetics KG kauft bei einem neuen Lieferanten Waren im Wert von 14 280,00 EUR (brutto) gegen Rechnung ein. Zahlungsbedingung 10 Tage 3 % Skonto oder 30 Tage netto.
   b) Die Young Cosmetics KG bezahlt nach 30 Tagen per Banküberweisung.
   c) Berechnen Sie, welcher Skontobetrag der Young Cosmetics KG entgangen ist, da sie erst nach 30 Tagen an den neuen Lieferanten gezahlt hat.
   d) Die Young Cosmetics KG verkauft an die Wellness-Oase Pflegeprodukte für 1 785,00 EUR (brutto) auf Ziel; Zahlungsbedingung 8 Tage 2,5 % Skonto oder 30 Tage netto.
   e) Die Wellness-Oase überweist die Rechnung unter Abzug von 2,5 % Skonto.

6. Buchen Sie aus der Sicht der Young Cosmetics KG folgende Geschäftsfälle:
   a) Die Young Cosmetics kauft bei Duftstoffe Anneliese Kaiser e. Kfr. 50 Flacons Parfüm zum Nettostückpreis von 18,50 EUR auf Ziel. Auf der Rechnung werden 45,00 EUR (netto) Frachtkosten gesondert ausgewiesen.
   b) Die Zahlungsbedingung für die Eingangsrechnung lautet: „Zahlbar innerhalb von 10 Tagen unter Abzug von 2,5 % Skonto oder 30 Tage netto." Die Young Cosmetics begleicht die Rechnung am 10. Tag per Banküberweisung.
   c) Begründen Sie, warum die Young Cosmetics am 10. Tag zahlt und nicht früher oder später.

7. Buchen Sie aus der Sicht der Young Cosmetics KG folgende Geschäftsfälle:
   a) Die Young Cosmetics verkauft an die Beauty and more KG 25 Flaschen Körpermilch zum Nettostückpreis von 12,50 EUR. Die Lieferbedingung lautet „frei Haus". Der Paketdienst berechnet der Young Cosmetics Frachtkosten in Höhe von 18,25 EUR (netto, Barzahlung).
   b) Die Zahlungsbedingung auf der Ausgangsrechnung lautet: „Zahlbar innerhalb von 7 Tagen unter Abzug von 3 % Skonto oder 30 Tage netto". Die Beauty and more GmbH zahlt nach 7 Tagen.
   c) Erläutern Sie die gesetzliche Regelung zur Übernahme von Bezugskosten und erklären Sie, warum die Young Cosmetics hier von dieser Regelung abweicht.

8 Anlagevermögen buchhalterisch erfassen

Ein Unternehmen benötigt für den Vertrieb von Waren oder für die Produktion von eigenen Leistungen und Erzeugnissen, die es auf dem Markt anbietet, ein entsprechendes Anlagevermögen. Dazu zählen u. a. Grundstücke, Betriebsgebäude, Maschinen und Anlagen, Fuhrpark und Büro- und Geschäftsausstattung.

©fischer-cg.de-fotolia.com

Das Anlagevermögen wird zum Zeitpunkt der Anschaffung mit den **Anschaffungskosten aktiviert,** d. h., es wird auf den entsprechenden Aktivkonten (z. B. Fuhrpark) als Mehrung im Soll erfasst. **Ein Aufwand entsteht zum Anschaffungszeitpunkt nicht.** Im Laufe der Nutzung verliert das Anlagevermögen aber i. d. R. an Wert. Damit der aktuelle Wert auf den Anlagekonten richtig dargestellt wird, ist die **Wertminderung** jeweils am Jahresende buchhalterisch als **Aufwand** zu erfassen.

8.1 Einkauf von Anlagevermögen – Ermittlung der Anschaffungskosten

Anschaffungskosten sind Zahlungen, die einmalig geleistet werden, um einen Vermögensgegenstand zu erwerben und das Wirtschaftsgut in einen betriebsbereiten Zustand zu versetzen.

Neben dem eigentlichen **Anschaffungspreis** (Zieleinkaufspreis) sind **nachträgliche Preisminderungen** (z. B. durch Mängelrügen oder Skonti), **Anschaffungsnebenkosten** (z. B. Transportkosten, Transportversicherung, Verpackung) und gegebenenfalls **nachträgliche Anschaffungskosten** (z. B. nach dem Kauf angeschaffte Zubehörteile, Um- und Einbauten) zu berücksichtigen.

Nicht zu den Anschaffungskosten zählen regelmäßig anfallende Kosten des laufenden Betriebes (z. B. Energiekosten, Finanzierungskosten, Wartung).

§ 255, I HGB

Merke

Die Anschaffungskosten für Anlagegüter werden mit folgenden Nettowerten berechnet:

	Anschaffungspreis (Zieleinkaufspreis)
–	**Anschaffungspreisminderungen**
+	**Anschaffungsnebenkosten**
+	**nachträgliche Anschaffungskosten**
=	**Anschaffungskosten**

Tipp

Skonto wird i. d. R. ausschließlich auf den **Zieleinkaufspreis** gewährt.

Beispiel

Anschaffung einer Büroausstattung auf Ziel:

Zieleinkaufspreis (netto) (10 Tage 2 %, 30 Tage netto Kasse)	6 500,00 EUR
Transport (Barzahlung an Spediteur)	200,00 EUR
Montage (Barzahlung an Spediteur)	100,00 EUR

Nr.	Buchung von Anschaffungspreis, Transport und Montage	Beträge	
		Soll	Haben
1	0870 BGA 2600 Vorsteuer an 4400 Verbindlichkeiten aus LL	**6 500,00** 1 235,00	 7 735,00
2	0870 BGA 2600 Vorsteuer an 2880 Kasse	**300,00** 57,00	 357,00

Durch Rechnungsausgleich unter Abzug von Skonto vermindern sich die Anschaffungskosten. Entsprechend sind Überweisungsbetrag und Vorsteuer zu korrigieren.

	Rechnungsbetrag	Korrekturbetrag/ Nachlass (2 %)	Überweisungsbetrag
netto	6 500,00	**130,00**	6 370,00
Vorsteuer	1 235,00	**24,70**	1 210,30
brutto	**7 735,00**	154,70	**7 580,30**

Buchung des Rechnungsausgleichs unter Abzug von Skonto	Beträge	
	Soll	Haben
4400 Verbindlichkeiten aus LL an 2800 Bank an 0870 BGA an 2600 Vorsteuer	7 735,00	 7 580,30 **130,00** 24,70

Tipp

Das Konto „6082 Nachlässe" darf nur für Nachlässe auf Waren genutzt werden.

Nachlässe für Gegenstände des **Anlagevermögens** sind direkt **im Haben des** entsprechenden **Aktivkontos** zu **erfassen.**

Berechnung der Anschaffungskosten:

	Anschaffungspreis (Zieleinkaufspreis)	6 500,00 EUR
–	Anschaffungspreisminderungen	130,00 EUR
+	Anschaffungsnebenkosten	300,00 EUR
=	Anschaffungskosten	**6 670,00 EUR**

S 0870 BGA H

S		H	
4400	6 500,00	4400	130,00
2880	300,00	8010	6 670,00
	6 800,00		6 800,00

S 4400 Verbindlichkeiten aus LL H

S		H	
2800/…	7 735,00	0870/2600	7 735,00
	7 735,00		7 735,00

S 2600 Vorsteuer H

S		H	
4400	1 235,00	4400	24,70
2880	57,00		

S 2800 Bank H

S		H	
		4400	7 580,30

S 2880 Kasse H

S		H	
		0870/2600	357,00

8.2 Abschreibung auf Sachanlagen

Merke

Die **Abschreibung** ist das Verfahren, mit dem die Anschaffungskosten auf die Nutzungsdauer verteilt werden und die jährliche Wertminderung buchmäßig erfasst wird.

Die meisten Gegenstände des Anlagevermögens unterliegen im Laufe ihrer Nutzungsdauer einer **Wertminderung. Gründe** für den Wertverlust sind z. B.:

- → Abnutzung durch **Gebrauch** (z. B. Motorverschleiß),
- → **natürlicher Verschleiß** (z. B. Materialermüdung, Korrosion),
- → **technischer Fortschritt** (Veralten, Ablösung durch Neuentwicklungen).

Die Wertminderung muss buchhalterisch erfasst werden, damit die Schlussbilanz die tatsächlichen Werte des Anlagevermögens ausweist. Um die Wertminderung vereinfacht zu berechnen, werden die **Anschaffungskosten** auf die **Nutzungsdauer** verteilt.

Jeweils zum Ende des Geschäftsjahres wird die Wertminderung auf dem Aufwandskonto **„6520 Abschreibungen auf Sachanlagen"** im Soll erfasst; die Gegenbuchung findet auf dem Anlagenkonto (Aktivkonto) im Haben statt.

Merke

Abschreibungen sind **Aufwendungen** und wirken **erfolgsmindernd.**

In der Finanzbuchführung sind **Abschreibungen Aufwendungen,** die über das Gewinn- und Verlustkonto (GuV) abgeschlossen werden und demzufolge zu einer Verringerung des Erfolgs führen.

Die angenommene Nutzungsdauer beeinflusst somit den Erfolg (Gewinn/Verlust) des Unternehmens: Eine **kürzere Nutzungsdauer** führt zu höheren jährlichen Abschreibungen (Aufwendungen) und damit zu einer **höheren Gewinnminderung.**

Da wiederum der Gewinn die wesentliche Größe für die Berechnung der zu entrichtenden Gewinnsteuern darstellt, hat die Finanzverwaltung ein Interesse an Regulierung: Sie legt für die Nutzungsdauer von Anlagegütern **amtliche Abschreibungstabellen** (sogenannte AfA-Tabellen: **A**bsetzung **f**ür **A**bnutzung) fest, die die anzusetzende Nutzungsdauer grundsätzlich regeln.

Amtliche Abschreibungstabelle (Auszug)	
Anlagegüter	**Nutzungsdauer (Jahre)**
Pkw	6
Lkw	9
Büromöbel	13
Kopiergeräte	7
Drucker, Scanner	3
Aktenvernichter	8
Kassen	6
Kartenleser (Kredit-, Debit-)	8

8.2.1 Berechnung der Abschreibung

Das Handelsgesetz schreibt vor, dass bei Vermögensgegenständen des **Anlagevermögens,** deren **Nutzung zeitlich begrenzt** ist, die Anschaffungskosten um **planmäßige Abschreibungen** zu vermindern sind. Im **Abschreibungsplan** werden die Anschaffungskosten auf die Nutzungsdauer lt. AfA-Tabelle verteilt.

§ 255 III HGB

Für die wertmäßige Verteilung der Anschaffungskosten stehen unterschiedliche Berechnungsmethoden zur Verfügung, z. B. die lineare und die degressive Abschreibung.

→ **Lineare Abschreibung:** Bei dieser Methode werden die **Anschaffungskosten gleichmäßig auf** die **Nutzungsjahre** laut AfA-Tabelle verteilt.

→ **Degressive Abschreibung:** Bei dieser Methode wird jährlich ein **bestimmter Prozentsatz vom** jeweils aktuellen **Buchwert** des Vermögensgegenstandes abgeschrieben. Dadurch werden die ersten Jahre der Nutzung stärker belastet, denn mit sinkendem Buchwert sinkt auch der Abschreibungsbetrag pro Jahr der Nutzungsdauer. Die degressive Abschreibung entspricht damit eher der tatsächlichen Wertminderung. Mit der degressiven Abschreibung können aufgrund der höheren Abschreibungsbeträge in den ersten Jahren erhebliche Steuervorteile in Anspruch genommen werden. Deshalb erlaubt der Gesetzgeber die degressive Abschreibung nicht ständig, sondern nur in Zeiten abflauender Konjunktur zur Wachstumsförderung. Laut Steuerrecht darf die degressive Abschreibung seit dem 01.08.2008 (steuerrechtliche Ausnahme: 2020 bis 2022, Coronahilfe für Unternehmen) nicht mehr angewendet werden.

Berechnung der linearen Abschreibung

Anschaffungskosten und **Nutzungsdauer** bestimmen die Höhe des jährlichen linearen Abschreibungsbetrages, da die Anschaffungskosten gleichmäßig auf die Nutzungsjahre zu verteilen sind.

Merke

Abschreibungsbetrag (in EUR) $= \dfrac{\text{Anschaffungskosten}}{\text{Nutzungsdauer lt. AfA-Tabelle}}$

Abschreibungssatz (in %) $= \dfrac{100\ \%}{\text{Nutzungsdauer lt. AfA-Tabelle}}$

Beispiel

Anschaffung eines Pkws mit Anschaffungskosten von 36000,00 EUR; laut AfA-Tabelle wird der Pkw über 6 Jahre linear abgeschrieben.

Abschreibungsbetrag $= \dfrac{36\,000{,}00\ \text{EUR}}{6\ \text{Jahre}} = 6000{,}00\ \text{EUR/Jahr}$

Abschreibungssatz $= \dfrac{100\ \%}{6\ \text{Jahre}} = 16\tfrac{2}{3}\ \%/\text{Jahr}$

LERNFELD 6

Die folgende Tabelle zeigt die Verteilung der Anschaffungskosten auf die Nutzungsjahre und die Auswirkung der jährlichen Abschreibung auf den Buchwert (Schlussbestand in der Bilanz) am Ende jeden Nutzungsjahres.

©papalapapp-fotolia.com

Abschreibungsplan	
Anschaffungskosten – Abschreibung Ende 1. Jahr	36 000,00 EUR 6 000,00 EUR
= **Buchwert Ende 1. Jahr** – Abschreibung Ende 2. Jahr	**30 000,00 EUR** 6 000,00 EUR
= **Buchwert Ende 2. Jahr** – Abschreibung Ende 3. Jahr	**24 000,00 EUR** 6 000,00 EUR
= **Buchwert Ende 3. Jahr** – Abschreibung Ende 4. Jahr	**18 000,00 EUR** 6 000,00 EUR
= **Buchwert Ende 4. Jahr** – Abschreibung Ende 5. Jahr	**12 000,00 EUR** 6 000,00 EUR
= **Buchwert Ende 5. Jahr** – Abschreibung Ende 6. Jahr	**6 000,00 EUR** 5 999,00 EUR
= **Buchwert Ende 6. Jahr**	**1,00 EUR**

Wird das Anlagegut am Ende der Nutzungsdauer lt. AfA-Tabelle noch weiter genutzt, so verbleibt es mit einem „Erinnerungswert“ von 1,00 EUR in der Bilanz.

■ Zeitanteilige Abschreibung

©Wolfilser-fotolia.com

Bisher wurde unterstellt, dass das Anlagegut zu Beginn des Jahres gekauft wird und somit im ersten Nutzungsjahr vollständig zur Verfügung steht. Das ist unrealistisch: Unternehmen tätigen während des gesamten Geschäftsjahres Anschaffungen, sodass lt. § 7 EStG zeitanteilig mit vollen Monaten abgeschrieben werden muss. Beim **Kauf** ist der **Monat der Anschaffung** voll zu berücksichtigten.

Beispiel

Ein Pkw mit Anschaffungskosten von 36 000,00 EUR wird am 20. April des Jahres gekauft. Laut AfA-Tabelle wird der Pkw über 6 Jahre linear abgeschrieben. Der Abschreibungsbetrag pro Jahr beträgt damit 6 000,00 EUR.

Im **ersten Nutzungsjahr** wird die **zeitanteilige Abschreibung** für 9 Monate berücksichtigt; entsprechend sind 9/12 des jährlichen Abschreibungsbetrages anzusetzen:

$$\text{Abschreibungsbetrag (Jahr 1)} = \frac{6\,000{,}00\ \text{EUR} \cdot 9\ \text{Monate}}{12\ \text{Monate}} = 4\,500{,}00\ \text{EUR}$$

Die am Ende verbleibende Abschreibung für 3 Monate wird im 7. Nutzungsjahr nachgeholt. Die gesamte Nutzungsdauer beträgt weiterhin 6 Jahre.

Merke

Für den **Kaufmonat** ist **abzuschreiben**, für den **Verkaufmonat** ist **nicht abzuschreiben.**

Nutzungsdauer 6 Jahre

April 20x1 – März 20x7

Nutzungsjahr	1	2	3	4	5	6	7
AfA-Betrag	4500	6000	6000	6000	6000	6000	1499

Der Abschreibungsplan des obigen Beispiels ändert sich wie folgt:

Abschreibungsplan	
Anschaffungskosten	36 000,00 EUR
– Abschreibung Ende 1. Jahr (9/12)	4 500,00 EUR
= Buchwert Ende 1. Jahr	**31 500,00 EUR**
– Abschreibung Ende 2. Jahr (12/12)	6 000,00 EUR
= Buchwert Ende 2. Jahr	**25 500,00 EUR**
– Abschreibung Ende 3. Jahr (12/12)	6 000,00 EUR
= Buchwert Ende 3. Jahr	**19 500,00 EUR**
– Abschreibung Ende 4. Jahr (12/12)	6 000,00 EUR
= Buchwert Ende 4. Jahr	**13 500,00 EUR**
– Abschreibung Ende 5. Jahr (12/12)	6 000,00 EUR
= Buchwert Ende 5. Jahr	**7 500,00 EUR**
– Abschreibung Ende 6. Jahr (12/12)	6 000,00 EUR
= Buchwert Ende 6. Jahr	**1 500,00 EUR**
– Abschreibung Ende 7. Jahr (3/12)	1 499,00 EUR
= Buchwert Ende 7. Jahr	**1,00 EUR**

©Jonnystockphoto-fotolia.com

8.2.2 Buchung der Abschreibungen

Die buchhalterische Erfassung der Abschreibungen erfolgt am Geschäftsjahresende auf dem Aufwandskonto **„6520 Abschreibungen auf Sachanlagen"** im Soll. Die Gegenbuchung findet auf dem entsprechenden Anlagenkonto (Aktivkonto) im Haben statt und mindert damit den buchhalterischen Wert des Anlagegutes.

Beispiel

Der Pkw aus dem vorherigen Beispiel wird auf Ziel gekauft und am Ende des 1. Jahres zeitanteilig mit 4 500,00 EUR abgeschrieben.

Buchung des Kaufs	Beträge	
	Soll	**Haben**
0840 Fuhrpark	36 000,00	
2600 Vorsteuer	6 840,00	
an 4400 Verbindlichkeiten aus LL		42 840,00

Buchung der Abschreibung	Beträge	
	Soll	**Haben**
6520 Abschreibungen a. S.	4 500,00	
an 0840 Fuhrpark		4 500,00

Nr.	Abschluss der Konten	Beträge	
		Soll	**Haben**
1	8010 SBK	31 500,00	
	an 0840 Fuhrpark		31 500,00
2	8020 GuV	4 500,00	
	an 6520 Abschreibungen a. S.		4 500,000

S	**0840 Fuhrpark**		H
4400	36 000,00	6520	4 500,00
		8010	31 500,00
	36 000,00		36 000,00

S	**6520 Abschreibungen a. S.**		H
0840	4 500,00	8020	4 500,00
	4 500,00		4 500,00

= Erfassung der Wertminderung als Aufwand

= gemindertes Vermögen im Fuhrpark

S	**8010 SBK**		H
0840	31 500,00		

S	**8020 GuV**		H
6520	4 500,00		

Das Hauptbuch zeigt, dass die Erfassung der **Abschreibung** zu einer Aufwandsmehrung im Gewinn- und Verlustkonto und damit zu einer **Gewinnminderung** führt und gleichzeitig der **Buchwert** des Pkws (Schlussbestand im SBK) angepasst/**vermindert** wurde.

8.3 Zusammenfassung und Aufgaben

Zusammenfassung

Anschaffungskosten von Anlagegütern

Gegenstände des Anlagevermögens werden mit den tatsächlichen **Anschaffungskosten** auf dem jeweiligen Aktivkonto im Soll erfasst (aktiviert) und auf einem anderen Bestandskonto (Kasse, Bank oder Verbindlichkeiten aus LL) gegengebucht. Im Zeitpunkt der Anschaffung entsteht damit **kein Aufwand.**

Anschaffungskosten sind Zahlungen, die einmalig geleistet werden, um einen **Vermögensgegenstand** zu **kaufen** und das Wirtschaftsgut in einen **betriebsbereiten Zustand** zu versetzen.

Die **Anschaffungskosten** setzen sich aus folgenden **Nettowerten** zusammen:

	Anschaffungspreis (Zieleinkaufspreis)
–	Anschaffungspreisminderungen (z. B. Skonto)
+	Anschaffungsnebenkosten (z. B. Transportkosten, Transportversicherung)
+	nachträgliche Anschaffungskosten (z. B. Zubehörteile, Um- und Einbauten)
=	**Anschaffungskosten**

Die Anschaffungskosten sind Bemessungsgrundlage für die Abschreibung.

Abschreibung auf Sachanlagen

Abschreibungen erfassen den jährlichen **Werteverlust** des Anlagevermögens, der durch **Gebrauch, natürlichen Verschleiß und technischen Fortschritt** entsteht.

Die Buchung der Abschreibung erfolgt im **Soll** auf dem Aufwandskonto **„6520 Abschreibung auf Sachanlagen".** Abschreibungen erhöhen damit die Aufwendungen und mindern den Gewinn.

Die Gegenbuchung erfolgt im **Haben** auf dem **Aktivkonto** des jeweiligen **Anlagegutes** (z. B. Fuhrpark) und erfasst so die Minderung des Vermögens.

Buchung der Abschreibung am Geschäftsjahresende:
6520 Abschreibung a. S. an 0840 Fuhrpark

Für die **Abschreibung** in der Finanzbuchführung wird die **Nutzungsdauer** von Anlagegütern durch amtliche **Abschreibungstabellen** (AfA-Tabellen) der Finanzverwaltung festgelegt.

Die **lineare** Abschreibungsmethode führt zu **gleichbleibenden Abschreibungsbeträgen:**

$$\textbf{jährlicher Abschreibungsbetrag in EUR} = \frac{\text{Anschaffungskosten}}{\text{Nutzungsdauer}}$$

$$\textbf{Abschreibungssatz in \%} = \frac{100}{\text{Nutzungsdauer}}$$

Im Jahr der Anschaffung erfolgt eine **zeitanteilige (monatsgenaue)** Abschreibung; für den **Kaufmonat** ist bereits **abzuschreiben.**

LERNFELD 6

Aufgaben

1. Prüfen Sie folgende Aussagen auf ihre Richtigkeit. Die Antwort ist jeweils zu begründen.

(1) Skonti verändern die Anschaffungskosten von Anlagegütern nicht.

(2) Alle Güter des Anlagevermögens werden planmäßig abgeschrieben.

(3) Die Anschaffungskosten zuzüglich der jährlichen Betriebskosten sind die Bemessungsgrundlage für die Abschreibung.

(4) Durch Abschreibung wird die Wertminderung eines Anlagegutes als Aufwand erfasst.

(5) Abschreibungen führen zu einer Erhöhung der Steuerlast.

(6) Die Nutzungsdauer eines Anlagegutes wird den amtlichen Abschreibungstabellen der Finanzverwaltung entnommen.

(7) Es ist stets der Jahresbetrag abzuschreiben.

(8) Der lineare jährliche Abschreibungsbetrag errechnet sich aus dem Zieleinkaufspreis geteilt durch die Nutzungsdauer des Wirtschaftsgutes.

(9) Monatsgenaue Abschreibung bedeutet, dass für den Verkaufsmonat, nicht aber für den Kaufmonat abzuschreiben ist.

(10) Der Restbuchwert entspricht den Anschaffungskosten minus Abschreibungsbeträgen.

2. Die Young Cosmetics KG kauft am 12.11. des Jahres eine neue Geschäftsausstattung zum Bruttorechnungspreis von 59 500,00 EUR. Die Rechnung wird unter Abzug von 3 % Skonto bezahlt. Für die Bezahlung wird ein Darlehen bei der Sparbank Dresden aufgenommen. Die Finanzierungskosten für den Kredit belaufen sich im ersten Jahr auf 1 300,00 EUR.

a) Ermitteln Sie die tatsächlichen Anschaffungskosten der Geschäftsausstattung.

b) Buchen Sie die Anschaffung der Geschäftsausstattung auf Ziel.

c) Buchen Sie die Bezahlung der Anschaffung über die Aufnahme eines Darlehens.

d) Ermitteln und buchen Sie die Abschreibung der Geschäftsausstattung für das Jahr der Anschaffung, wenn die Nutzungsdauer 13 Jahre beträgt.

e) Ermitteln Sie den Restbuchwert für die Geschäftsausstattung zum 31.12. des 1. Nutzungsjahres.

3. Die Young Cosmetics KG kauft zwecks schnellerer Auslieferung am 3. April einen Kleinwagen von einem befreundeten Autohaus. Im Zusammenhang mit dem Kauf des Pkw liegen folgende Angaben vor:

Nutzungsdauer des Fahrzeuges:	6 Jahre
Listeneinkaufspreis (netto):	10 000,00 EUR
Firmenlogo und Sonderausstattung (netto):	300,00 EUR

LERNFELD 6

Im Januar des Folgejahres wird der Pkw mit einer Anhängerkupplung für 500,00 EUR (netto) versehen.

a) Ermitteln Sie die tatsächlichen Anschaffungskosten des Fahrzeuges im Anschaffungsjahr.

b) Buchen Sie den Kauf des Fahrzeugs gegen Bankscheck.

c) Ermitteln und buchen Sie die lineare Abschreibung für das erste Nutzungsjahr.

d) Ermitteln Sie den Restbuchwert am Ende des ersten Nutzungsjahres.

e) Ermitteln Sie den Restbuchwert des Fahrzeuges am Ende des zweiten Nutzungsjahres.

4. Die Young Cosmetics KG erwirbt am 15. August einen Aktenvernichter zum Listeneinkaufspreis von 5500,00 EUR (netto). Als guter Kunde erhält die Young Cosmetics KG auf den Einkauf einen Skontoabzug von 3 %.
Die betriebsgewöhnliche Nutzungsdauer für den Aktenvernichter beträgt 8 Jahre.

a) Buchen Sie den Einkauf des Aktenvernichters auf Ziel.

b) Buchen Sie die Bezahlung des Aktenvernichters unter Inanspruchnahme des Skontoabzuges.

c) Ermitteln Sie den Abschreibungsbetrag und den Buchwert am Ende des ersten Jahres.

5. Die Young Cosmetics KG hat im Anschaffungsjahr zum 31. Januar einen repräsentativen Firmenwagen für die Inhaberinnen erworben.

Als Anschaffungskosten wurden 88000,00 EUR verbucht.

Zu **Beginn des vierten Abschreibungsjahres** betrug die bis dahin aufgelaufene (kumulierte) Abschreibung 33000,00 EUR.

Ermitteln Sie

a) den jährlichen Abschreibungsbetrag (EUR),

b) die betriebsgewöhnliche Nutzungsdauer,

c) den Abschreibungssatz (%),

d) den Buchwert zum Ende des 4. Jahres,

e) wie viel Prozent zu Beginn des 5. Jahres noch abzuschreiben sind.

9 Den Jahresabschluss erstellen und den wirtschaftlichen Erfolg bewerten

Die bisherigen Darstellungen haben gezeigt, dass das **Kontensystem der doppelten Buchführung** eine in sich **geschlossene Einheit** bildet, die bei Einhaltung des Regelwerkes fehlerfrei funktioniert. Das Schlussbilanzkonto z. B. weist die Werte aus, die aufgrund der Anfangsbestände und Mehrungen bzw. Minderungen als Schlussbestand vorhanden sein sollten **(Sollwerte).** Aufgrund von Unregelmäßigkeiten wie z. B. Diebstahl, Verderb, Beschädigungen oder auch Berechnungsfehlern stimmen die tatsächlichen Werte **(Istwerte)** aber nicht immer mit den Sollwerten überein.

©fotodo-fotolia.com

Der Istbestand an Vermögen und Schulden ist deshalb nach gesetzlichen Vorschriften mindestens einmal im Jahr mittels Inventur zu erheben, zu dokumentieren und mit den Sollwerten zu vergleichen. **Differenzen** zwischen Soll- und Istwerten werden buchhalterisch ausgeglichen.

Das Handelsgesetzbuch verpflichtet jeden Kaufmann

vgl. § 240 HGB

- → bei der **Gründung** seines Handelsgewerbes,
- → für den **Schluss eines jeden Geschäftsjahres,**
- → bei **Aufgabe** der **Geschäftstätigkeit** und
- → bei **Verkauf** des Unternehmens

sein **Vermögen** und seine **Schulden** genau zu verzeichnen.

Das Verfahren zur Ermittlung der tatsächlichen Bestände **(Istwerte)** wird als **Inventur** bezeichnet. Als Ergebnis der Inventur entsteht das **Inventar,** ein ausführliches Bestandsverzeichnis, das die Mengen und Werte der Vermögenspositionen und der Schulden ausweist.

Die **Bilanz** nimmt die Werte des Inventars nur in Kurzform auf und dient der Information von internen und externen Interessenten.

9.1 Inventur

Bei der Inventur werden alle Vermögensteile und Schulden mengen- und wertmäßig aufgenommen, d. h., alle körperlichen Vermögensgegenstände sowie nicht körperliches Vermögen (z. B. Forderungen) und alle Schulden sind zu erfassen und zu dokumentieren (vgl. § 240 HGB).

©Style Media & Design-fotolia.com

Merke

Die **Inventur** ist die **mengen- und wertmäßige** Bestandsaufnahme aller **Vermögensteile** und aller **Schulden** eines Unternehmens zu einem bestimmten **Zeitpunkt.**

9.1.1 Durchführung der Inventur und Inventurarten

©carmenbobo – stock.adobe.com

Inventurarbeiten sind grundsätzlich mit einem hohen personellen und zeitlichen **Aufwand** verbunden. Es bedarf deshalb einer guten Vorbereitung und Organisation der Inventur. Für die praktische Abwicklung ist es ratsam, eine Inventurleitung einzusetzen. Diese erstellt spezielle Anweisungen und Ablaufpläne, aus denen ersichtlich ist, in welchen Zeiträumen welche Bestände und betrieblichen Gegenstände zu erfassen sind. Unter Umständen ist eine Teilschließung von Unternehmensbereichen und der Einsatz zusätzlicher Arbeitskräfte notwendig.

Körperliche Inventur

©Bacho Foto-fotolia.com

Die Inventur der **körperlichen Vermögensgegenstände** erfordert zwei Arbeitsschritte:

- Zunächst sind alle Waren (in Produktionsunternehmen auch Roh-, Hilfs- und Betriebsstoffe, unfertige und fertige Erzeugnisse) sowie alle anderen körperlichen Vermögensgegenstände des Unternehmens (z. B. Maschinen, Fahrzeuge, Büro- und Geschäftsausstattung) durch eine **körperliche Bestandsaufnahme** nach Art, Menge und Beschaffenheit aufzunehmen. Das erfolgt je nach Art der Gegenstände durch **Zählen, Messen** oder **Wiegen** und gegebenenfalls auch durch **Schätzen** (z. B. bei großen Mengen mit geringem Wert).
- Nach der mengenmäßigen Aufnahme sind die Gegenstände zu **bewerten,** d. h., ihr Wert in EUR ist zu ermitteln.

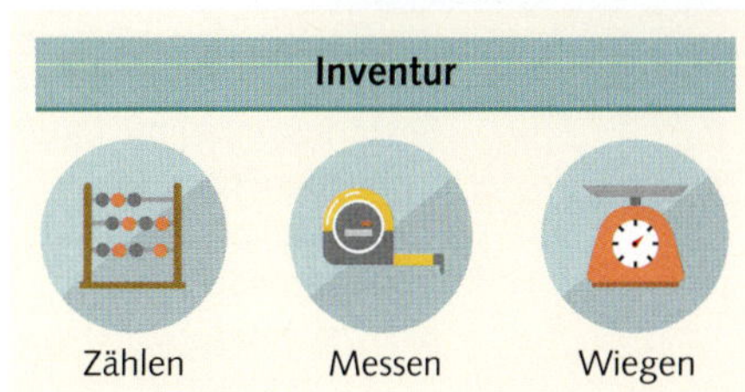

Young Cosmetics KG **Inventur-Aufnahmeliste Nr.:** **Warengruppe:**				**Datum:** **Abteilung/Lager:**		
Körperliche Aufnahme durchgeführt:				Bewertung durchgeführt:		
Nr.	**Bezeichnung**	**Artikel-Nr.**	**Menge**	**Einstandspreis**	**Wertabschläge**	**Wert gesamt**

Buchinventur

Nicht jedes Vermögen des Unternehmens kann körperlich erfasst werden. Der Wert der nicht körperlichen Vermögensposten (z. B. Forderungen aus LL, Bankguthaben) und des Fremdkapitals (z. B. Verbindlichkeiten aus LL, Darlehen) muss den Büchern (Konten) entnommen werden. Eine **Buchinventur** erfasst entsprechend nur die **Buchwerte.** Diese können aber über Bankbelege, Rechnungen oder Verträge nachgewiesen werden.

9.1.2 Inventurverfahren/Inventurvereinfachungsverfahren

Für die **zeitliche Abwicklung** der Inventur kann sich das Unternehmen für folgende Inventurverfahren (häufig auch als Inventurvereinfachungsverfahren bezeichnet) entscheiden:

- **Stichtagsinventur** (zeitnahe Inventur),
- **verlegte Inventur** (vor- oder nachverlegte Inventur),
- **permanente Inventur** (fortlaufende Inventur).

©fotomek-fotolia.com

Alle Inventurverfahren besitzen sowohl Vor- als auch Nachteile. Zu beachten ist: Je weiter die Zeitspanne für die körperliche Bestandsaufnahme vom Bilanzstichtag entfernt ist, umso fehleranfälliger sind die Inventurwerte. Denn für die Mengen- und Wertangaben, mit denen bis zum Stichtag fortgeschrieben oder zurückgerechnet wird, muss auf Sollwerte zurückgegriffen werden.

Inventurverfahren	Merkmale	Zu- und Abgänge	Vorteile	Nachteile
Stichtagsinventur	Bestandsaufnahme innerhalb einer Frist von **10 Tagen vor** und bis zu **10 Tagen nach** dem Bilanzstichtag	mengen- und wertmäßige Fortschreibung und Rückrechnung	zeitliche Nähe zum Abschlussstichtag, geringe Fehlerquote	starke Zeitbegrenzung, hoher personeller Aufwand, ggf. Betriebsunterbrechungen
verlegte Inventur	Bestandsaufnahme innerhalb einer Frist von **3 Monaten vor** und bis zu **2 Monaten nach** dem Bilanzstichtag	nur wertmäßige Fortschreibung und Rückrechnung	freie Zeiteinteilung, kaum zusätzlicher personeller Aufwand, meist keine Betriebsunterbrechung notwendig	ggf. höhere Fehlerquote aufgrund von Fortschreibung und Rückrechnung mit Sollwerten
permanente Inventur	**fortlaufende** Inventur mittels Warenwirtschaftssystem, aber: einmal **jährlich** eine **körperliche Bestandsaufnahme** zur Ermittlung der Ist-Werte erforderlich	permanente Aufzeichnung aller Zu- und Abgänge	tägliche Verfügbarkeit der Sollbestände, freie Zeiteinteilung bei der körperlichen Inventur, keine Betriebsunterbrechung notwendig, geringe Fehlerquote	Warenwirtschaftssystem erforderlich, hohe Sorgfaltsanforderung an die Bestandsfortschreibung
Stichprobeninventur	Die sogenannte **Stichprobeninventur** ist ein Verfahren zur Optimierung der dargestellten Inventurverfahren. Anhand von Stichproben wird mithilfe mathematisch-statistischer Methoden auf den Bestand hochgerechnet. So lässt sich Zeit einsparen und Ungenauigkeiten beim Zählen großer Mengen können vermieden werden.			

Findet die Inventur nicht genau am Bilanzstichtag statt, müssen die zwischenzeitlichen Zu- und Abgänge berücksichtigt werden und der Bestand zum Geschäftsjahresende muss ausgehend von den Inventurwerten rechnerisch ermittelt werden. Bei **Inventur vor dem Bilanzstichtag** ist eine **Wertfortschreibung** durchzuführen: Alle Zugänge bis zum Bilanzstichtag werden noch addiert, alle Abgänge subtrahiert.

Bei **Inventur nach dem Bilanzstichtag** ist eine **Wertrückrechnung** durchzuführen: Die Zugänge nach dem Bilanzstichtag müssen wieder rausgerechnet (subtrahiert) werden, die Abgänge nach dem Bilanzstichtag müssen addiert werden, denn am Bilanzstichtag selbst waren diese Abgänge ja noch da.

Wertfortschreibungen bzw. Wertrückrechnungen werden anhand von Belegen oder Aufzeichnungen vorgenommen.

Beispiel

Inventur vor dem Bilanzstichtag	
Wertfortschreibung:	
Bestand am Tag der Inventur (01.10.)	32 800 EUR
Wert der Zugänge (01.10. – 31.12.)	58 300 EUR
Wert der Abgänge (01.10. – 31.12.)	76 300 EUR
Berechnung des Inventurbestands:	
Bestand am Tag der Inventur (01.10.)	32 800 EUR
+ Wert der Zugänge (01.10. – 31.12.)	58 300 EUR
– Wert der Abgänge (01.10. – 31.12.)	76 300 EUR
= Bestand am 31.12.	**14 800 EUR**

Inventur nach dem Bilanzstichtag	
Wertrückrechnung:	
Bestand am Tag der Inventur (20.02.)	43 600 EUR
Wert der Abgänge (01.01. – 20.02.)	22 800 EUR
Wert der Zugänge (01.01. – 20.02.)	15 200 EUR
Berechnung des Inventurbestands:	
Bestand am Tag der Inventur (20.02.)	43 600 EUR
– Wert der Zugänge (01.01. – 20.02.)	15 200 EUR
+ Wert der Abgänge (01.01. – 20.02.)	22 800 EUR
= Bestand am 31.12.	**51 200 EUR**

9.2 Inventar

©fotodo-fotolia.com

Nachdem die körperliche Bestandsaufnahme und die Buchinventur durchgeführt sind, werden alle Vermögensposten und Schulden in einem Bestandsverzeichnis, dem **Inventar,** systematisch geordnet.

Die Ordnung der einzelnen Posten des Inventars entspricht den **Gliederungsprinzipien** der Bilanz:

- ➔ **Vermögen:** Ordnung nach steigender **Liquidität** (Flüssigkeit der Mittel),
- ➔ **Schulden:** Ordnung nach steigender **Fälligkeit** (Dringlichkeit der Rückzahlung).

Allerdings erfolgt die Aufstellung des Inventars in **Staffelform** und es erscheinen **Mengenangaben** sowie **Einzel- und Gesamtwerte.**

Aus der Differenz zwischen Vermögen (Rohvermögen) und Schulden wird das **Reinvermögen (Eigenkapital)** errechnet.

Das Inventar ist damit folgendermaßen gegliedert:

A. Vermögen

B. Schulden

C. Ermittlung des Reinvermögens (Eigenkapital)

Merke

Das **Inventar** stellt das Ergebnis der Inventur in einem **ausführlichen Bestandsverzeichnis** aller Vermögenswerte und Schulden dar. Die Auflistung erfolgt in **Staffelform.** Üblicherweise wird im Inventar auch das Reinvermögen ermittelt.

§ 240 HGB

LERNFELD 6

Mittlere Str. 30 • 01070 Dresden

YOUNG COSMETICS KG

Inventar zum 31.12.20..

	Einzelwert (EUR)	Gesamtwert (EUR)
A. Vermögen		
I. Anlagevermögen		
1. Grundstücke und Bauten		115 000,00
2. Maschinen und Anlagen		8 000,00
3. Fuhrpark		
Pkw 1	14 000,00	
Pkw 2	20 000,00	34 000,00
4. Betriebs- und Geschäftsausstattung		
Abt. Verwaltung lt. Inventurliste	10 000,00	
Abt. Verkauf lt. Inventurliste	18 000,00	
Abt. Lager lt. Inventurliste	12 000,00	40 000,00
II. Umlaufvermögen		
1. Waren		
Warengruppe I	12 000,00	
Warengruppe II	30 500,00	
Warengruppe III	5 500,00	48 000,00
2. Forderungen aus LL		17 000,00
3. Kassenbestand		300,00
4. Bankguthaben		
Sparbank Dresden	8 500,00	
Postbank	1 200,00	9 700,00
Summe des Vermögens (Rohvermögen)		**272 000,00**
B. Schulden		
I. Langfristige Schulden		
1. Hypothekenschulden	76 500,00	
2. Darlehen	34 000,00	110 500,00
II. Kurzfristige Schulden		
1. Verbindlichkeiten aus LL	16 000,00	
2. Sonstige Verbindlichkeiten	700,00	16 700,00
Summe der Schulden		**127 200,00**
C. Ermittlung des Reinvermögens (Eigenkapital)		
Summe Vermögen		**272 000,00**
- Summe Schulden		**127 200,00**
= Reinvermögen (Eigenkapital)		**144 800,00**

9.3 Zusammenhang von Buchführung und Bilanz

Nachdem die Inventur durchgeführt und das Inventar erstellt ist, wird die **Bilanz** – ausgehend von den Werten des Inventars – aufgestellt. Sie ist eine **kurzgefasste, wertmäßige Darstellung** von Vermögen und Kapital in Kontenform (siehe auch Kapitel 2.1).

Von der Inventur zur Bilanz		
Inventur ↓	→	mengen- und wertmäßige Bestandsaufnahme aller Vermögenswerte und Schulden (Fremdkapital)
Inventar ↓	→	ausführliches Verzeichnis aller Vermögenswerte (Mengen, Einzelpreise und Gesamtwerte) und Schulden (Fremdkapital) in Staffelform, Ermittlung des Reinvermögens (Eigenkapital)
Bilanz	→	kurzgefasste, wertmäßige Darstellung von Vermögen und Kapital in Kontenform

Der Zusammenhang zwischen Inventur, Inventar und Bilanz verdeutlicht, dass die Bilanz am Ende des Geschäftsjahres die tatsächlich vorhandenen Werte aufzeigt. Die **Bilanz** als Dokumentation der **Istwerte** von Vermögen und Schulden steht damit **außerhalb des geschlossenen Systems** der Buchführung.

Die Ergebnisse der in sich geschlossenen Buchführung sind darauf zu überprüfen, ob sie den tatsächlichen Beständen entsprechen.

Stimmen die **Sollwerte** der Buchführung mit den in der Inventur ermittelten **Istwerten** nicht überein, so entstehen **Inventurdifferenzen.** Die Ursachen dafür können vielfältig sein:

- Ein **zu hoher Sollwert** (Buchbestand) entsteht z. B. durch nicht erfasste Warenabgänge (Diebstahl, Ausbuchung vergessen, ...).
- Ein **zu niedriger Sollwert** (Buchbestand) entsteht z. B. durch nicht erfasste Warenzugänge (Einbuchung von Wareneingang oder von Kundenretouren vergessen, ...).

Inventurdifferenzen sind in Art, Menge und Wert aufzuklären. Ist eine Aufklärung nicht möglich, muss die Buchhaltung korrigiert werden, denn **maßgeblich** sind die durch **Inventur** ermittelten Bestände. Der Buchbestand (Sollwert) ist durch **Berichtigungsbuchungen** an den Istbestand anzupassen: Ein durch Inventur festgestellter Minderbestand muss buchhalterisch als außerordentlicher Aufwand nacherfasst werden, ein Mehrbestand ist entsprechend als außerordentlicher Ertrag zu buchen.

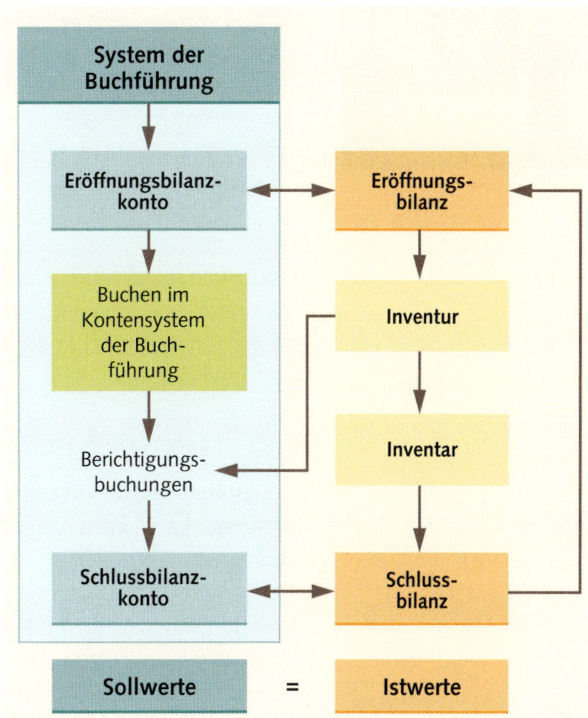

Beispiel

1. In der Kasse ergibt sich ein Fehlbetrag von 100,00 EUR.
2. Beim Warenbestand ergibt sich ein Überschuss von 160,00 EUR.

Die Differenzen zum Buchbestand können nicht aufgeklärt werden.

Merke

Der Buchbestand (Sollbestand) ist an den Istbestand anzupassen.

Nr.	Berichtigungsbuchungen	Beträge	
		Soll	Haben
1	6170 Sonstige Aufwendungen	100,00	
	an 2880 Kasse		100,00
2	2280 Waren	160,00	
	an 5430 Sonstige Erträge		160,00

Nach Durchführung der Berichtigungsbuchungen weisen alle Konten die Istbestände aus. **Schlussbilanzkonto** und **Schlussbilanz** sind dann wertmäßig **identisch**. Die **Schlussbilanz** am **Ende des Geschäftsjahres** ist gleichzeitig die **Eröffnungsbilanz** des **folgenden Geschäftsjahres.**

9.4 Bewertung des wirtschaftlichen Erfolgs

Der **Jahresabschluss** in Form von **Bilanz** und **Gewinn- und Verlustrechnung** ist Grundlage für die Analyse und Auswertung der betrieblichen Werteströme. Aufbereitete Daten von Bilanz und Gewinn- und Verlustrechnung zeigen die **Vermögens-, Finanz-** und **Erfolgslage** des Geschäftsjahres.

©fotogestoeber-fotolia.com

Die **Entscheidungsträger des Unternehmens** (Eigentümer) erhalten Informationen zu betrieblichen Stärken und Schwächen und treffen notwendige Entscheidungen für die zukünftige Entwicklung auf Basis gesicherter Daten.

Externe Interessenten wie Banken, Lieferanten, Gläubiger und Finanzbehörden werden aufgrund einer umfassenden Bilanzanalyse ebenfalls die wirtschaftliche Situation des Unternehmens beurteilen können.

Betriebswirtschaftliche Auswertungen können in vielfältiger Weise erfolgen (z. B. durch Kennziffernanalyse, Statistiken, Bilanzbericht und Lagebericht). Alle Auswertungen werden durch das aufbereitete Datenmaterial der Finanzbuchführung erst möglich bzw. unterstützt.

■ Wirtschaftlichkeit

©fotodo-fotolia.com

Die **Gewinn- und Verlustrechnung** mit allen Aufwendungen und Erträgen weist als Ergebnis den Erfolg (Gewinn/Verlust) des Unternehmens aus. Das **Gewinn- und Verlustkonto** beinhaltet aber nicht nur Aufwendungen und Erträge, die im engeren Sinne mit der betrieblichen Leistungserstellung verbunden sind, sondern auch neutrale Aufwendungen und Erträge, die nicht in direktem Zusammenhang mit der betrieblichen Hauptaufgabe stehen.

LF 10

Für die Berechnung der Wirtschaftlichkeit kommen nur die gewöhnlichen betrieblichen Erträge **(Leistungen)** und gewöhnlichen betrieblichen Aufwendungen **(Kosten)** der Abrechnungsperiode in Betracht und werden zueinander ins Verhältnis gesetzt.

Die **Wirtschaftlichkeit** gibt an, welche Leistungen (z. B. in Form von Umsatzerlösen) pro eingesetztem Euro Kosten erzielt wurden.

Das Ergebnis sollte **größer als 1** sein, andernfalls überstiegen die Kosten die Leistungen.

Merke

Wirtschaftlichkeit

$$= \frac{\text{Leistungen}}{\text{Kosten}}$$

Beispiel

Die Leistungen betragen 286 462,03 EUR,
die Kosten 263 512,07 EUR.

$$\textbf{Wirtschaftlichkeit} = \frac{286\,462{,}03 \text{ EUR}}{263\,512{,}07 \text{ EUR}} = \textbf{1,09} \text{ (keine Einheit)}$$

Das Ergebnis der Wirtschaftlichkeit besagt, dass auf 1,00 EUR Kosten ein Erlös von 1,09 EUR und damit ein Gewinn von 0,09 EUR entfallen ist.

Rentabilität

Die **Rentabilität** ist eine weitere wichtige Kennzahl zur Bewertung des wirtschaftlichen Erfolgs. Unter Rentabilität wird das prozentuale Verhältnis des Gewinns zu einer Bezugsgröße (z. B. zum eingesetzten Kapital) verstanden. Die benötigten Werte entstammen der Bilanz (z. B. Eigenkapital oder Gesamtkapital) und der Gewinn- und Verlustrechnung (Gewinn, ggf. auch Verlust).

©textune-fotolia.com

In Abhängigkeit vom betrachteten Kapital kann die Rentabilität als Eigenkapitalrentabilität oder als Gesamtkapitalrentabilität berechnet werden.

Die **Eigenkapitalrentabilität** gibt Auskunft darüber, ob und in welcher Höhe sich das eingesetzte Eigenkapital verzinst hat. Als Berechnungsgrundlage wird üblicherweise das durchschnittlich eingesetzte Eigenkapital zugrunde gelegt, bei fehlenden Daten vereinfachend auch nur das Eigenkapital am Anfang des Geschäftsjahres. Das Ergebnis kann mit alternativen marktgängigen Finanzanlagen (z. B. Bankzinsen) verglichen werden, um so einschätzen zu können, ob sich die Investition des Eigenkapitals in das Unternehmen gelohnt hat.

Merke

Eigenkapitalrentabilität

$$= \frac{\text{Gewinn}}{\text{Ø EK}} \cdot 100$$

Beispiel

Gewinn am Ende des Geschäftsjahres	22 300,00 EUR
Eigenkapital am Anfang des Geschäftsjahres	136 300,00 EUR
Eigenkapital am Ende des Geschäftsjahres	144 800,00 EUR

Ø EK (136 300,00 EUR + 144 800,00 EUR) : 2 = 140 550,00 EUR

$$\textbf{Eigenkapitalrentabilität} = \frac{22\,300{,}00 \text{ EUR}}{140\,550{,}00 \text{ EUR}} \cdot 100 = \textbf{15,8 \%}$$

Das Ergebnis der Eigenkapitalrentabilität besagt, dass sich das durchschnittlich eingesetzte Eigenkapital mit 15,8 % verzinst hat bzw. dass auf 1,00 EUR Eigenkapital 0,16 EUR (gerundet) Gewinn entfallen sind.

Die **Gesamtkapitalrentabilität** gibt die Verzinsung des gesamten Kapitals (Eigen- und Fremdkapital) an. Bei der Berechnung der Gesamtkapitalrentabilität sind neben dem in der GuV ausgewiesenen **Gewinn** deshalb auch die **Fremdkapitalzinsen** zu berücksichtigen. Denn auch die Zinsen für die Bereitstellung von Fremdkapital wurden vom Unternehmen erwirtschaftet; diese Fremdkapitalzinsen sind im Gewinn aber nicht mehr sichtbar, weil sie im Laufe des Geschäftsjahres bereits als Zinszahlungen (Zinsaufwendungen) an die Geldgeber abgeflossen sind. Soll die Verzinsung des **Gesamtkapitals** ermittelt werden, muss deshalb der Gewinn lt. GuV zuzüglich der Fremdkapitalzinsen ins Verhältnis zum Gesamtkapital gesetzt werden.

Merke

Gesamtkapitalrentabilität

$$= \frac{\text{Gewinn} + \text{FK-Zinsen}}{\varnothing\ \text{EK} + \varnothing\ \text{FK}} \cdot 100$$

Beispiel

Gewinn am Ende des Geschäftsjahres	22 300,00 EUR
gezahlte Fremdkapitalzinsen	12 600,00 EUR
durchschnittlich gebundenes Eigenkapital	98 500,00 EUR
durchschnittlich gebundenes Fremdkapital	200 000,00 EUR

$$\textbf{Gesamtkapitalrentabilität} = \frac{22\,300{,}00\ \text{EUR} + 12\,600{,}00\ \text{EUR}}{98\,500{,}00\ \text{EUR} + 200\,000{,}00\ \text{EUR}} \cdot 100$$

$$= \mathbf{11{,}69\ \%}$$

Das Ergebnis der Gesamtkapitalrentabilität besagt, dass sich das Gesamtkapital mit 11,69 % verzinst hat bzw. dass auf 1,00 EUR Kapitaleinsatz 0,12 EUR (gerundet) Gewinn entfallen.

Bilanzkennziffern

Um eine umfassende Aussage über die Unternehmenslage zu ermöglichen, ist es ratsam, weitere Kennziffern in die Analyse mit einzubeziehen. Dazu zählen vorrangig **horizontale** und **vertikale Bilanzkennziffern,** in denen Aktivposten bzw. Passivposten zueinander ins Verhältnis gesetzt werden.

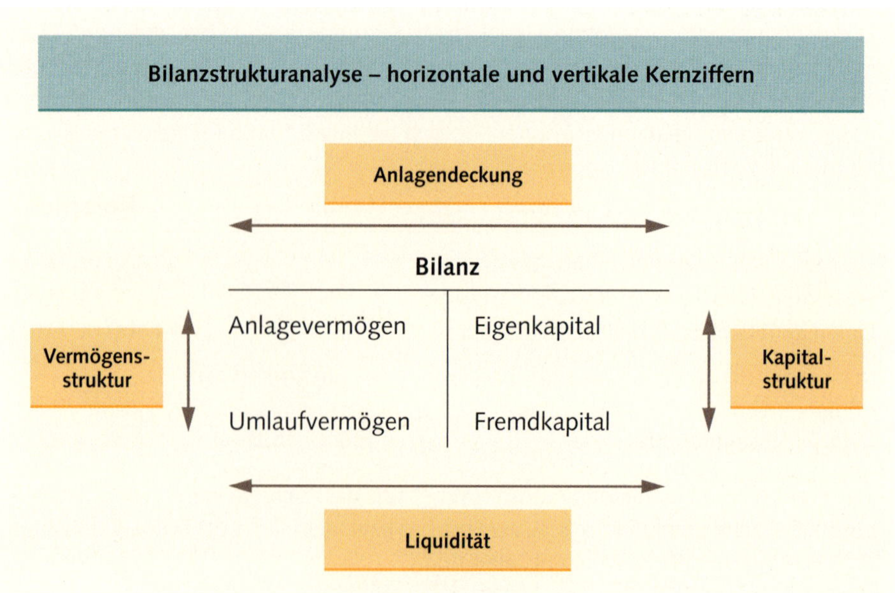

Liquidität

Als **horizontale Bilanzkennziffer** gibt die **Liquidität** Auskunft über die Zahlungsfähigkeit des Unternehmens.

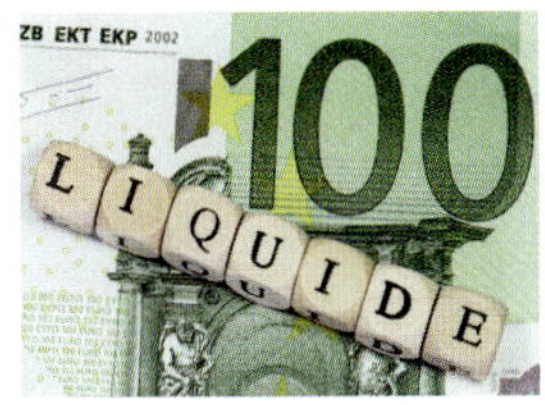

©D. Junker-fotolia.com

Für die Barliquidität **(Liquidität 1. Grades)** werden die Vermögenspositionen Bank und Kasse (flüssige Mittel) zum kurzfristigen Fremdkapital (kurzfristige Verbindlichkeiten) ins Verhältnis gesetzt. Das Ergebnis zeigt, wie viel Prozent der kurzfristigen Verbindlichkeiten unmittelbar (aus Bank und Kasse) beglichen werden können. Hier beträgt der Zielwert zwischen 10 % und 30 %. Dieser Zielwert gilt als ausreichend, denn es stehen auch Forderungen aus LL und ggf. noch Vorräte zur Deckung der kurzfristigen Verbindlichkeiten zur Verfügung.

Die **Liquidität 2. Grades** sollte für eine ausreichende Liquiditätslage mindestens den Wert von 100 % erreichen. Das bedeutet: Bank- und Kassenbestand müssen zusammen mit den noch ausstehenden Forderungen ausreichen, um die kurzfristigen Verbindlichkeiten vollständig zu begleichen.

Merke

Liquidität 1. Grades

$$= \frac{\text{flüssige Mittel}}{\text{kurzfristiges Fremdkapital}} \cdot 100$$

Merke

Liquidität 2. Grades

$$= \frac{\text{flüssige Mittel + Forderungen}}{\text{kurzfristiges Fremdkapital}} \cdot 100$$

Anlagendeckung

Die **Anlagendeckung I** als **weitere horizontale Kennziffer** zeigt, inwieweit das Anlagevermögen durch Eigenkapital gedeckt ist. Eigenkapital steht dem Unternehmen zeitlich unbegrenzt zur Verfügung, muss also nicht im laufenden Betrieb zurückgezahlt werden, während Kredite von den Gläubigern gekündigt werden können. Wird das Anlagevermögen zu 100 % durch Eigenkapital abgedeckt, ist die Betriebsbereitschaft des Unternehmens dauerhaft gesichert.

Merke

Anlagendeckung I

$$= \frac{\text{Eigenkapital}}{\text{Anlagevermögen}} \cdot 100$$

Eigenkapitalquote/Fremdkapitalquote (Kapitalstruktur)

Die **vertikalen Kennziffern** zur Kapitalstruktur geben an, zu welchem Prozentsatz das Unternehmen mit Eigenkapital bzw. Fremdkapital ausgestattet ist.

Eine hohe Fremdkapitalquote kann problematisch sein: **Fremdkapital** schmälert den Erfolg durch die anfallenden Zinsaufwendungen und belastet die Liquidität bzw. Flexibilität des Unternehmens durch Zins- und Tilgungszahlungen, die zwingend zu leisten sind. Weiterhin besteht eine Abhängigkeit von Kreditgebern, die i. d. R. einen Nachweis über die Kreditverwendung und Sicherheiten fordern.

Eine hohe Eigenkapitalquote ist i. d. R. vorteilhaft: Ein hohes Maß an **Eigenkapital** (Haftungskapital) stabilisiert das Unternehmen, sorgt für Flexibilität (z. B. bei risikobehafteten Investitionen sowie bei Gewinnausschüttungen) und lässt Spielraum für weitere Kreditaufnahmen.

Merke

Fremdkapitalquote

$$= \frac{\text{Fremdkapital}}{\text{Gesamtkapital}} \cdot 100$$

Merke

Eigenkapitalquote

$$= \frac{\text{Eigenkapital}}{\text{Gesamtkapital}} \cdot 100$$

Anlagenintensität (Vermögensstruktur)

Auf der Aktivseite der Bilanz gibt die **vertikale Kennziffer Anlagenintensität** Auskunft über den Anteil des Anlagevermögens am Gesamtvermögen.

Eine hohe Anlagenintensität vermindert die Anpassungsfähigkeit des Unternehmens an Kapazitätsschwankungen, da es hohe Fixkosten (hohe Abschreibungen und i. d. R. auch Zinsbelastungen) verkraften muss.

Merke

Anlagenintensität

$$= \frac{\text{Anlagevermögen}}{\text{Gesamtvermögen}} \cdot 100$$

9.5 Zusammenfassung und Aufgaben

Zusammenfassung

Zusammenhang von Inventur, Inventar und Bilanz

Die **Inventur** ist die **mengen-** und **wertmäßige Bestandsaufnahme** aller Vermögensteile und Schulden.

Inventurverfahren:
- Stichtagsinventur/zeitnahe Inventur
  (ab 10 Tage vor und bis 10 Tage nach Bilanzstichtag)
- verlegte Inventur (ab 3 Monate vor und bis 2 Monate nach Bilanzstichtag)
- permanente Inventur

Inventurarten:
- körperliche Inventur
- Buchinventur

Das **Inventar** ist ein **geordnetes Verzeichnis** aller Vermögensteile (Mengen, Einzel- und Gesamtwerte) und Schulden in **Staffelform:**

	A. Vermögen
–	B. Schulden
=	**C. Reinvermögen (Eigenkapital)**

Die **Bilanz** ist die kurzgefasste, wertmäßige Darstellung von Vermögen und Kapital in Kontenform.

Zusammenhang von Buchführung und Bilanz

Die **Bilanz** weist am Ende des Geschäftsjahres die durch Inventur ermittelten **Istwerte** von Vermögen und Kapital aus.

Im **geschlossenen Konten-System der Buchführung** werden die **Sollwerte** ermittelt.

Bei **Abweichungen** von Soll- und Istwerten (z. B. aufgrund von nicht ausgebuchtem Verderb, Diebstahl) sind die **Sollwerte** durch Berichtigungsbuchungen zu **korrigieren**, sodass auch die Buchführung am Ende die tatsächlich vorhandenen Istwerte ausweist.

Schlussbilanzkonto und **Schlussbilanz** entsprechen einander am Ende des Geschäftsjahres wertmäßig.

Erfolgskennziffern

Wichtige Bewertungskriterien für den Erfolg eines Unternehmens sind die **Wirtschaftlichkeit** und die **Rentabilität.**

$$\textbf{Wirtschaftlichkeit} = \frac{\text{Leistungen}}{\text{Kosten}}$$

Ein Ergebnis größer als 1 zeigt an, dass Gewinn erwirtschaftet wurde.

Eigenkapitalrentabilität $= \frac{\text{Gewinn}}{\text{Ø EK}} \cdot 100$

Gesamtkapitalrentabilität $= \frac{\text{Gewinn + FK-Zinsen}}{\text{Ø EK + Ø FK}} \cdot 100$

Die Rentabilität zeigt, mit wie viel Prozent das durchschnittlich eingesetzte Kapital (Eigenkapital bzw. Gesamtkapital) verzinst wurde.

Bilanzkennziffern

Liquidität 1. Grades $= \frac{\text{flüssige Mittel}}{\text{kurzfristiges Fremdkapital}} \cdot 100$

Liquidität 2. Grades $= \frac{\text{flüssige Mittel + Forderungen}}{\text{kurzfristiges Fremdkapital}} \cdot 100$

Die **Liquidität** gibt Auskunft darüber, zu welchem Prozentsatz kurzfristige Verbindlichkeiten durch die flüssigen Mittel (Bank und Kasse) kurzfristig beglichen werden können. Die Liquidität 2. Grades sollte nicht unter 100 % liegen.

Anlagendeckung I $= \frac{\text{Eigenkapital}}{\text{Anlagevermögen}} \cdot 100$

Die **Anlagendeckung** gibt an, inwieweit die Finanzierung des Anlagevermögens durch Eigenkapital gesichert ist.

Eigenkapitalquote $= \frac{\text{Eigenkapital}}{\text{Gesamtkapital}} \cdot 100$

Fremdkapitalquote $= \frac{\text{Fremdkapital}}{\text{Gesamtkapital}} \cdot 100$

Die **Kapitalstruktur** eines Unternehmens gibt an, in welchem Maße das Unternehmen mit Eigenkapital bzw. Fremdkapital ausgestattet ist.

Anlagenintensität $= \frac{\text{Anlagevermögen}}{\text{Gesamtvermögen}} \cdot 100$

Die **Anlagenintensität** zeigt, welchen Anteil das Anlagevermögen am Gesamtvermögen hat, und gibt damit einen Hinweis auf die Anpassungsfähigkeit des Unternehmens.

Aufgaben

1. Prüfen Sie folgende Aussagen auf ihre Richtigkeit. Die Antwort ist jeweils zu begründen.

(1) Jeder Kaufmann hat regelmäßig eine Inventur durchzuführen.

(2) Die Inventur ist die wertmäßige Bestandsaufnahme aller Vermögensteile und Schulden (Fremdkapital).

(3) Die mengenmäßige Bestandsaufnahme einer Inventur besteht aus Zählen, Messen und Wiegen.

(4) Die Stichtagsinventur hat am Bilanzstichtag stattzufinden.

(5) Bei der verlegten Inventur kann die körperliche Bestandsaufnahme bis zu zwei Monate vor und drei Monate nach dem Bilanzstichtag erfolgen.

(6) Die Aufstellung eines Inventars ist bei einer ordnungsgemäß durchgeführten Inventur nicht notwendig.

(7) Die Bilanz wird in Staffelform aufgestellt, wobei Angaben als Einzel- und Gesamtwerte erfolgen.

(8) Das Reinvermögen errechnet sich aus Anlagevermögen plus Umlaufvermögen plus Schulden (Fremdkapital).

(9) Für die Berechnung der Wirtschaftlichkeit benötigt man Angaben zum Eigenkapital.

(10) Bei der Berechnung der Gesamtkapitalrentabilität wird der Gewinn ins Verhältnis zum Gesamtkapital gesetzt.

2. Zählen Sie Vermögensteile eines Betriebes auf, die

a) einer körperlichen Inventur,

b) ausschließlich einer Buchinventur

unterliegen.

3. Erläutern Sie Vor- und Nachteile der permanenten Inventur.

4. Beschreiben Sie den zeitlichen und sachlichen Zusammenhang zwischen Bilanz, Inventar und Inventur.

5. Ordnen Sie die Begriffe Inventur, Inventar und Bilanz den folgenden Aussagen zu:

a) geordnetes Verzeichnis aller Vermögensgegenstände und Schulden (Fremdkapital) in Staffelform,

b) kurzgefasste, wertmäßige Darstellung von Vermögen und Kapital in Kontenform,

c) wert- und mengenmäßige Bestandsaufnahme aller Vermögensteile und Schulden (Fremdkapital).

6. Im Zeitraum vom 23. Dezember bis zum 10. Januar des Folgejahres erfolgt in der Young Cosmetics KG (Bilanzstichtag 31. Dezember) die jährliche Inventur. Es werden von der Inventurleitung am 23. Dezember zu folgenden Artikeln Daten aufgenommen:

Artikel	Stück	Einkaufspreis/Stück
Körpermilch „Wolke"	17	12,20 EUR
Körperlotion „Sinne"	11	17,50 EUR
Parfum „Citrus"	21	19,90 EUR

Bis zum 10. Januar des Folgejahres sind noch folgende Vorgänge angefallen:

Datum	Stück	Stück
24. Dezember	Verkauf Körpermilch „Wolke" Verkauf Körperlotion „Sinne" Lieferung Körpermilch „Wolke"	2 5 5
27. Dezember	Verkauf Parfum „Citrus" Verkauf Körperlotion „Sinne"	1 2
28. Dezember	Lieferung Körpermilch „Wolke" Lieferung Körperlotion „Sinne"	3 3
29. Dezember	Verkauf Parfum „Citrus" Verkauf Körperlotion „Sinne"	1 3

a) Welches Inventurverfahren hat das Unternehmen genutzt?

b) Welcher Bestand ergibt sich mengen- und wertmäßig jeweils für die Kosmetikprodukte „Wolke", „Sinne" und „Citrus" zum Bilanzstichtag am 31. Dezember?

7. Ermitteln Sie

a) die Höhe des Anlagevermögens und des Eigenkapitals:

Vermögen	370 000,00 EUR
Umlaufvermögen	266 000,00 EUR
Fremdkapital	147 000,00 EUR

b) die Höhe des Umlaufvermögens und des Eigenkapitals:

Gesamtkapital	1 121 000,00 EUR
Anlagevermögen	467 000,00 EUR
Fremdkapital	659 000,00 EUR

c) die Höhe des Umlaufvermögens und des Fremdkapitals:

Bilanzsumme	4 267 322,00 EUR
Anlagevermögen	2 518 423,00 EUR
Fremdkapital	3 001 452,00 EUR

8. Die Young Cosmetics KG hat zum 31. Dezember des Jahres folgende Bestände ermittelt. Erstellen Sie das Inventar!

Posten		Werte (EUR)
Anlagevermögen		
Bebautes Grundstück		220 000,00
Technische Anlagen und Maschinen		50 000,00
1 Pkw Geschäftsleitung		17 500,00
1 Pkw Vertriebsleiter		10 000,00
Büro- und Geschäftsausstattung		57 000,00
Umlaufvermögen		
Waren:		
50	Creme „Exotic"	je 53,00
50	Geschenkset „Furore"	je 50,00
300	Körperlotion „Sinne"	je 17,50
100	Parfüm „Elbe"	je 25,00
100	Körpermilch „Wolke"	je 12,20
100	Parfüm „Citrus"	je 19,90
30	Schminkkoffer „Glamour"	je 39,99
200	Deo-Spray „Modern"	je 5,00
Forderungen aus LL:		
Firma Schwarz, Hannover		10 500,00
Kosmetiksalon Schöne, Chemnitz		2 940,00
Mode und Kosmetik, Leipzig		2 800,00
Zeit-für-Mich Salon, Hamburg		6 400,00
Wellness-Oase, Berlin		4 400,00
Kassenbestand:		350,00
Bankguthaben:		
Postbank Dresden		2 200,00
Sparbank Dresden		41 000,00
Bank 2100 Berlin		6 600,00
Schulden		
Darlehen:		
Sparbank Dresden		115 000,00
Volksbank Berlin		40 000,00
Verbindlichkeiten aus LL:		
Beautychemie GmbH, Köln		15 500,00
Duftstoffe, Bad Kreuznach		8 700,00
Kosmetik Großhandel, München		13 000,00
Weingut Keller, Meißen		100,00

9. Erstellen Sie anhand des Inventars (Aufgabe 8) die Bilanz zum 31. Dezember für die Young Cosmetics KG Dresden (Gesellschafterin Samia Lang).

10. Ermitteln Sie die Eigenkapital- und die Gesamtkapitalrentabilität der Young Cosmetics KG, wenn der Gewinn 52 000,00 EUR und die Zinsaufwendungen des Jahres 18 000,00 EUR betragen. Interpretieren Sie Ihre Ergebnisse.

11. Berechnen Sie aus den Werten der Bilanz (Aufgabe 9) die folgenden Bilanzkennziffern und interpretieren Sie die Ergebnisse. Geben Sie auch jeweils die Berechnungsformel an.
- Liquidität 1. Grades, Liquidität 2. Grades,
- Anlagendeckung I,
- Eigenkapitalquote/Fremdkapitalquote,
- Anlagenintensität.

12. Die Römer & Koch KG weist zum 31.12.20.. die folgende Bilanz (mit Vorjahreswerten) auf:

Bilanz der Römer & Koch KG		
Aktiva	**Berichtsjahr (EUR)**	**Vorjahr (EUR)**
Betriebs- u. Geschäftsausstattung	100 400,00	120 000,00
Fuhrpark	120 200,00	150 000,00
Anlagevermögen	**220 600,00**	**270 000,00**
Waren	80 500,00	60 700,00
Forderungen aus LL	35 000,00	25 000,00
Flüssige Mittel	24 500,00	20 600,00
Umlaufvermögen	**140 000,00**	**106 300,00**
Gesamtvermögen	**360 600,00**	**376 300,00**
Passiva	**Berichtsjahr (EUR)**	**Vorjahr (EUR)**
Kapital Römer (Komplementär)	60 000,00	60 000,00
Kapital Koch (Kommanditist)	84 000,00	55 000,00
Eigenkapital	**144 000,00**	**115 000,00**
langfr. Bankverbindlichkeiten	111 600,00	146 500,00
langfr. Fremdkapital	**111 600,00**	**146 500,00**
kurzfr. Bankverbindlichkeiten	20 000,00	14 800,00
Verbindlichkeiten aus LL	85 000,00	100 000,00
kurzfr. Fremdkapital	**105 000,00**	**114 800,00**
Gesamtkapital	**360 600,00**	**376 300,00**

a) Berechnen Sie die Eigenkapitalquote, die Anlagendeckung I sowie die Anlagenintensität und die Liquidität ersten und zweiten Grades für das Berichtsjahr und das Vorjahr.

b) Interpretieren Sie Ihre Ergebnisse. Beachten Sie auch die Veränderungen zum Vorjahr.

c) Die Römer & Koch KG weist zum 31.12.20.. folgende Umsatz- und Gewinnzahlen (mit Vorjahreswerten) aus:

(Angaben in EUR)	Berichtsjahr	Vorjahr
Umsatz	552 500,00	520 000,00
Gewinn	44 200,00	39 000,00

Berechnen Sie die Umsatzrendite und interpretieren Sie Ihr Ergebnis.

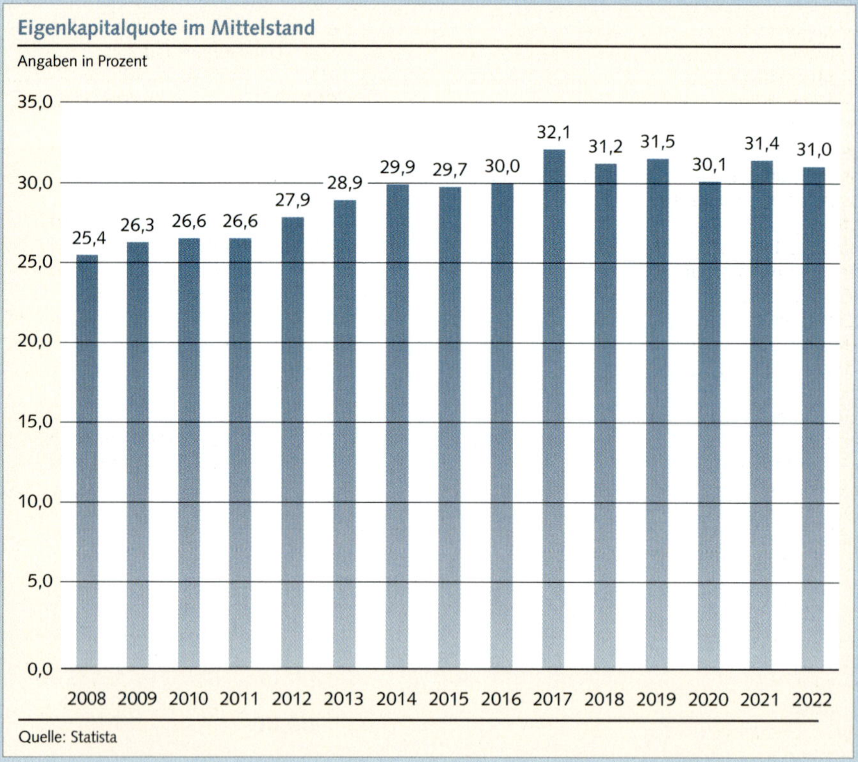

A

B

C

D

E

H

I

J

K

L

P

Q

R

S

T

U